AF860199

Les rapports entre l'ordre juridique constitutionnel et les ordres juridiques européens

Analyse à partir du droit constitutionnel grec

Logiques Juridiques
Collection dirigée par Gérard Marcou

Le droit n'est pas seulement un savoir, il est d'abord un ensemble de rapports et pratiques que l'on rencontre dans presque toutes les formes de sociétés. C'est pourquoi il a toujours donné lieu à la fois à une littérature de juristes professionnels, produisant le savoir juridique, et à une littérature sur le droit, produite par des philosophes, des sociologues ou des économistes notamment.
Parce que le domaine du droit s'étend sans cesse et rend de plus en plus souvent nécessaire le recours au savoir juridique spécialisé, même dans des matières où il n'avait jadis qu'une importance secondaire, les ouvrages juridiques à caractère professionnel ou pédagogique dominent l'édition, et ils tendent à réduire la recherche en droit à sa seule dimension positive. À l'inverse de cette tendance, la collection « Logiques juridiques » des éditions L'Harmattan est ouverte à toutes les approches du droit. Tout en publiant aussi des ouvrages à vocation professionnelle ou pédagogique, elle se fixe avant tout pour but de contribuer à la publication et à la diffusion des recherches en droit, ainsi qu'au dialogue scientifique sur le droit. Comme son nom l'indique, elle se veut plurielle.

Dernières parutions

Boris BARRAUD, *La Recherche juridique. Sciences et pensées du droit*, 2016.
Bolleri PYM, *Le statut juridique des établissements de microfinance (EMF) en zone CEMAC, L'encadrement de la « petite finance » du secteur informel vers le secteur formel*, 2016.
Aurore GRANERO, *Les personnes publiques spéciales*, 2016.
Khaled MEJRI, *Le droit international humanitaire dans la jurisprudence internationale*, 2016.
Tiphaine THAUVIN, *Les services sociaux dans le droit de l'Union européenne*, 2016.
Louis-Marie LE ROUZIC, *Le droit à l'instruction dans la jurisprudence de la Cour européenne des droits de l'Homme*, 2015
Delphine COUVEINHES-MATSUMOTO, *Les droits des peuples autochtones et l'exploitation des ressources naturelles en Amérique latine*, 2015
Michel LASCOMBE Gilles TOULEMONDE, *Le droit constitutionnel de la Ve République*, 2015.
Sabrine Maya BOUYAHIA, *La proximité en droit international privé de la famille*, 2015.

Daphne AKOUMIANAKI

Les rapports entre l'ordre juridique constitutionnel et les ordres juridiques européens

Analyse à partir du droit constitutionnel grec

Préface de Bertrand Mathieu

L'Harmattan

© L'Harmattan, 2016
5-7, rue de l'Ecole-Polytechnique, 75005 Paris

http://www.harmattan.fr
diffusion.harmattan@wanadoo.fr

ISBN : 978-2-343-09762-6
EAN : 9782343097626

Remerciements

Ce travail n'aurait pu voir le jour sans le soutien de M. le Professeur Bertrand MATHIEU qui a dirigé cette thèse. Sa disponibilité, ses conseils et la confiance qu'il m'a accordée ont été précieux tout au long de ces années de travail. Qu'il me soit permis de lui adresser mes plus sincères remerciements.

Mes remerciements vont aussi à ma famille, mes parents et mon frère pour leur aide, leurs conseils et leur soutien moral infaillible. Ils ont toujours été là pour moi, de près comme de loin.

Ce long cheminement n'aurait pu aboutir sans le soutien de mes amis à Paris et à Athènes qui ont su rendre cette épreuve moins solitaire. Je ne peux qu'exprimer ma profonde gratitude à mes amis Ariana, Andréas et Stella, de même qu'à Katerina, Chrysa, Margarita, Maria et Marilena. Je vous remercie d'avoir démontré que les liens de longue date résistent bien à la distance géographique. Je dois aussi exprimer ma reconnaissance à Dimitris pour son soutien fidèle et son aide qui ont été déterminants.

Je tiens également à remercier Ariana MACAYA, Apostolis VLACHOGIANNIS, Andréas KALLERGIS, Chloé MATHIEU, Noémie PORTE, Stella THANOU, Dimitra KIRANOUDI et Anastasie KAZAKOU pour avoir gentiment accepté de relire mes épreuves.

Je dois enfin remercier l'Université d'Athènes qui a partiellement financé ma recherche et tous ceux qui, bien que non explicitement évoqués, sauront se reconnaître dans le sentiment de gratitude qui imprègne ces lignes.

Préface

Cet ouvrage est issu d'une thèse de Daphné Akoumaniaki, que l'auteur de cette préface au eu le plaisir de diriger, dont la qualité a été reconnue par une mention très honorable avec les félicitations à l'unanimité des membres du jury. Cette étude est intéressante à plus d'un titre. D'abord, elle concerne l'une des questions les plus difficiles et les plus prégnantes du droit constitutionnel, celle du rapport entre les ordres juridiques. Par ailleurs, elle aborde cette question générale à partir d'une approche du droit constitutionnel grec. Or cette question intéresse un pays dont les relations avec les ordres juridiques européens, et notamment, l'ordre juridique de l'Union européenne, sont particulièrement emblématiques. Le contexte juridique et le contexte politique revêtent, de ce point de vue, une importance particulière et permettent à la fois une approche générale et une approche nationale, dans un contexte de crise.

Ainsi, cette analyse rend compte, à la fois, d'une approche commune aux États européens et d'une approche nationale propre à une identité constitutionnelle, trop souvent négligée au profit d'une vision trop abstraite et de ce fait faussée.

L'analyse des rapports entre les trois ordres juridiques (constitutionnel national, de l'Union européenne et de la Convention européenne des droits de l'homme) est conduite à partir des problèmes rencontrés et des solutions trouvées par le système juridique grec. On ne trouvera pas là un modèle, mais au contraire une illustration de cette situation qui veut que des modèles intégrationniste (l'Union européenne) et d'harmonisation (le droit de la Convention européenne des droits de l'homme) s'insèrent dans le cadre de systèmes nationaux dont l'existence se justifie par des caractéristiques, historiques, culturelles, juridiques, propres.

Les quelques lignes qui suivent n'ont pas vocation à présenter une analyse synthétique de cette recherche, mais seulement à dégager quelques pistes de réflexion dont cette thèse a tracé la carte.

D'abord les rapports entre les systèmes juridiques et les normes qui en émanent n'obéissent pas une logique hiérarchique. Ce constat remet en cause la conception traditionnelle, notamment pyramidale, du droit. L'imbrication des ordres juridiques engendre de la complexité plus que du flou.

Deuxième observation, la Constitution devient le creuset dans lequel se réalise l'alchimie de l'interpénétration des ordres et des normes. Elle détient en effet la clef de l'intégration de normes allogènes, qui paradoxalement visent à établir une certaine homogénéité. C'est l'une des raisons pour lesquelles l'étude de ces mécanismes sous le prisme constitutionnel est particulièrement riche.

En revanche, la Constitution ne sort pas indemne de cette opération. Non seulement, elle reçoit et intègre mais encore elle est transformée. Formellement, ou plus souvent implicitement, comme le montre l'exemple grec, la Constitution, tant sur le plan substantiel que sur le plan procédural, se transforme et finalement perd une partie de cette spécificité qui est sa raison d'être en ce qu'elle a vocation à exprimer les valeurs d'une nation et les modalités de gouvernement d'un Peuple.

Cette adaptation s'opère donc essentiellement par des mutations souterraines et implicites. De ce point de vue le recours à l'interprétation conforme peut conduire à une modification des règles et principes constitutionnels, sans que la lettre n'en soit modifiée. Or l'acteur de cette opération est le juge. Les analyses conduites dans cette thèse démontrent très clairement que la régulation des rapports de système est, pour l'essentiel, l'œuvre du juge. C'est une réalité, ici vérifiée, mais qu'il est permis de généraliser. L'analyse de la manière dont le juge grec a, d'abord, résisté à l'insertion des droits européens avant de s'en faire le promoteur, démontre clairement que c'est le juge qui est le véritable décideur. Cette situation est l'un des facteurs les plus puissants du renforcement du pouvoir juridictionnel, au détriment (même si cette question n'est pas directement abordée dans les pages qui suivent) du pouvoir politique, donc du principe démocratique. Cette place occupée par le juge est d'autant plus importante en Grèce qu'il n'existe pas de juge constitutionnel spécifique et que le Conseil d'État joue un rôle essentiel en exerçant à la fois un contrôle de constitutionnalité et un contrôle de conventionnalité. L'auteur explique de manière très claire comment ce double contrôle exercé par un même organe tend à ce que les normes conventionnelles supplantent, de facto, les normes constitutionnelles. Alors que certaines voix s'élèvent en France pour suggérer que le Conseil constitutionnel exerce également un contrôle de conventionnalité, cette réalité mérite d'être prise en compte.

L'analyse précise et non univoque de ces relations entre le droit constitutionnel grec et les droits européens, démontre que la Constitution peut cependant être, non pas également, mais occasionnellement, un instrument de résistance.

Il en est ainsi, en Grèce, à propos des questions financières faisant suite au plan de relance. La prise en compte de cette irruption des contraintes économiques dans le droit donne également à ce travail un éclairage particulier qui permet de dépasser les analyses souvent trop théoriques et générales concernant les rapports entre les ordres juridiques. Alors que la soumission de la Grèce à un plan de sauvetage, décidé, surveillé dans sa mise œuvre, pour l'essentiel, par des autorités financières indépendantes entraîne une perte partielle de souveraineté nationale sur laquelle les organes étatiques, pouvoir politique et pouvoir juridictionnel confondus, ont peu de prise, la Constitution, siège et symbole du principe de souveraineté, devient le point d'ancrage de l'affirmation des intérêts nationaux. Mais cette résistance est entravée par le fait que la légitimité se déplace du terrain juridique sur le terrain économique.

Plus généralement, cette question de la Constitution, outils de résistance, renvoie à la question de l'identité nationale. En Grèce, cette situation concerne, notamment, la liberté religieuse et la liberté de l'enseignement supérieur. Daphné Akoumaniaki montre la nécessité d'une réflexion doctrinale en Grèce sur cette question de l'identité constitutionnelle nationale, alors qu'elle est engagée dans d'autres pays. De ce point de vue, c'est à partir d'analyses et de réflexions nationales sur ce qu'est l'identité de chaque pays européen, que cette question fondamentale et politique, de plus en plus sensible, pourra se développer. Elle doit permettre de tracer les lignes entre ce qui relève de l'identité commune européenne et ce qui relève des identités nationales. Le principe de subsidiarité, largement invoqué dans cette étude, peut constituer un instrument pertinent pour ce faire, mais la réflexion doit aussi, et d'abord, porter, sur la substance de chacune de ces identités.

De ce point de vue, comme l'a souligné le Professeur Anne Levade lors de la soutenance, il serait souhaitable que de telles études puissent être réalisées et rendues publiques pour chacun des États de l'Union européenne.

Ce travail pionnier, venant après les études globales qui ont tracé des cadres, constitue, de ce point de vue, un modèle, dont on souhaite qu'il inspire d'autres vocations.

Remilly, juin 2016,

Bertrand MATHIEU
Professeur à l'École de droit de la Sorbonne – Université Paris 1

À ma famille.
Στην οικογένειά μου.

SOMMAIRE

LISTE DES PRINCIPALES ABRÉVIATIONS

En langue française

AFDI	Annuaire français de droit international
AIDH	Annuaire international des droits de l'homme
AJDA	Actualité juridique, droit administratif
BCE	Banque centrale européenne
BVerfGE	Bundesvervassungsgericht
CAA	Cour administrative d'appel
CC	Conseil constitutionnel
CCC	Cahiers du Conseil constitutionnel
CDE	Cahiers de droit européen
CE	Conseil d'État français
CEE	Communauté économique européenne
CJCE	Cour de justice des communautés européennes
CJUE	Cour de justice de l'Union européenne
Convention EDH	Convention européenne des droits de l'homme
Cour EDH	Cour européenne des droits de l'homme
D.	Recueil Dalloz
dir.	sous la direction de
éd.	édition
FMI	Fonds monétaire international
JCP G	JurisClasseur périodique édition générale
JO/JORF	Journal officiel/Journal officiel de la République française
LF	Loi fondamentale (de la République fédérale d'Allemagne)
LPA	Les Petites affiches
MES	Mécanisme européen de stabilité
NCCC	Nouveux cahiers du Conseil constitutionnel
RAE	Revue des affaires européennes
RCADI	Recueil des cours de l'Académie de droit international de la Haye
RDP	Revue du droit public et de la science politique
RDUE	Revue du droit de l'Union européenne
Rec.	Recueil des arrêts de la Cour de justice de l'Union européenne
RFDA	Revue française de droit administratif
RFDC	Revue française de droit constitutionnel
RGDIP	Revue générale de droit international public
RHDI	Revue hellénique de droit international
RTDE	Revue trimestrielle de droit européen

RTDH	Revue trimestrielle des droits de l'homme
RUDH	Revue universelle des droits de l'homme
t.	tome
TFUE	Traité sur le fonctionnement de l'Union européenne
TSCC	Traité sur la stabilité, la coordination et la gouvernance
TUE	Traité sur l'Union européenne
UE	Union européenne
Vol.	volume

En langue grecque

Armenopoulos	Αρμενόπουλος [Revue juridique de Thessalonique]
DEN	ΔΕΝ : Δελτίον εργατικής νομοθεσίας (Bulletin du droit du travail)
Diki	Δίκη (Procès)
DiDik	ΔιΔικ : Διοικητική δίκη (Procès administratif)
DiMEE	ΔίΜΕΕ : Δίκαιο μέσων ενημέρωσης & επικοινωνίας (Droit de médias)
DEE	ΔΕΕ : Δίκαιο επιχειρήσεων και εταιρειών (Droit des entreprises et des sociétés)
DtA	ΔτΑ Δικαιώματα του Ανθρώπου (Droits de l'homme)
DforN	ΔΦορΝ : Δελτίο φορολογικής νομοθεσίας (Bulletin de legislation fiscale)
EDDD	ΕΔΔΔ : Επιθεώρηση δημοσίου και διοικητικού δικαίου (= Revue de droit public et administratif)
EDKA	ΕΔΚΑ : Επιθεώρηση δικαίου κοινωνικών ασφαλίσεων
EllDik	ΕλλΔνη : Ελληνική δικαιοσύνη (Justice hellénique)
EEEurD	ΕΕΕυρΔ : Ελληνική επιθεώρηση ευρωπαϊκού Δικαίου (Revue hellénique de droit européen)
EfDD	ΕφΔΔ : εφαρμογές δημοσίου δικαίου (Applications de droit public)
EfimDD	ΕφημΔΔ : Εφημερίδα διοικητικού δικαίου (Journal de droit administratif)
EErgD	ΕΕρΔ : επιθεώρηση εργατικού δικαίου (Revue du droit du travail)
NoV	ΝοΒ : Νομικό Βήμα (Tribune juridique) [Revue juridique du Barreau d'Athènes]
ThPDD	ΘΠΔΔ : Θεωρία και πράξη διοικητικού δικαίου (Théorie et pratique de droit administratif)
ToS	ΤοΣ : Το Σύνταγμα (La Constitution)

En langue anglaise

EJIL	European journal of international law
AJIL	American journal of international law

En Latin

cf[*].	*confer*
ibid.	*ibidem*
loc. cit.	*locus citatus*
op. cit.	*opus citatum*

[*] Selon le lexique des règles typographiques en usage à l'Imprimerie nationale, cette abréviation ne s'écrit pas en italique (éd. 2002, p. 7).

INTRODUCTION GENERALE

> « *La galaxie juridique contemporaine est constituée de planètes qui évoluent les unes par rapport aux autres et dont la course se croise à des multiples reprises. Ce ballet devrait être réglé par les lois de la mécanique céleste, mais le Grand Architecte ne semble guère s'en être soucié* », J. - P. JACQUE, « L'instabilité des rapports de système entre ordres juridiques », *RFDC*, n°69, 2007, p. 6.

Entamer un travail juridique sur une problématique dotée d'une complexité intrinsèque paraît décourageant. Les ordres constitutionnels et européens obéissant à des logiques différentes, les rapports entre eux sont marqués par l'imprévisibilité et le manque de cohérence. Un état de « désordre » imprègne alors ces rapports. Or, c'est en effet cette situation de désordre qui constitue la motivation principale pour un travail tenant à expliquer l'imbrication complexe entre ordres juridiques et à proposer des moyens susceptibles de permettre le bon fonctionnement entre eux. « Le désordre est le délice de l'imagination »[1]. Cette affirmation poétique incite en effet la recherche juridique afin de rétablir la cohérence entre ordres juridiques.

Le terme 'ordre juridique' renvoie à « l'ensemble, structuré en système, de tous les éléments entrant dans la constitution d'un droit régissant l'existence et le fonctionnement d'une communauté humaine »[2]. En premier lieu, en ce qui concerne la communauté humaine comme élément de

[1] P. CLAUDEL, *Le soulier de satin*, Paris : éd. Gallimard, 1957, p. 11.
[2] Ch. LEBEN, « Ordre juridique », *in* D. ALLAND, St. RIALS (dir.), *Dictionnaire de la culture juridique*, Paris : PUF, 2003, pp. 1113 - 1119, (p. 1113).

référence d'un ordre juridique, elle peut regrouper directement les personnes d'un ordre juridique étatique, mais aussi les regrouper de façon médiate seulement, comme la communauté des États de l'ordre juridique international[3]. En second lieu, l'ordre juridique doit être « structuré en système », ce qui signifie qu'il faut créer un ensemble organisé et articulé d'éléments interdépendants formant une unité[4]. Il ne peut guère être conçu simplement comme un assemblage de normes posées[5].

En s'appuyant sur cette définition de l'ordre juridique, il faut constater qu'à côté des ordres étatiques, il existe, au plan international, d'autres ordres juridiques externes qui ne se construisent pas à partir d'un État ; tels sont l'ordre juridique de l'Union européenne (UE) et l'ordre juridique spécifique qui se dégage progressivement de la Convention européenne des droits de l'homme (Convention EDH). Les rapports de l'ordre juridique constitutionnel avec l'ordre juridique de l'Union européenne[6] et l'ordre juridique conventionnel appellent l'intérêt dans le cadre de cette étude.

Il s'agit de trois ordres dont l'imbrication est complexe. La manifestation principale de cette complexité est apparue au niveau étatique. L'influence des deux ordres européens sur le droit national se manifeste tantôt par la simple interaction entre eux tantôt par l'émergence des conflits. C'est pourquoi le droit constitutionnel ne saurait rester cantonné à l'étude de l'ordre national. Il est donc impératif d'étudier son imbrication avec les deux ordres européens[7] et de penser le rôle de l'ordre juridique constitutionnel par rapport « au cours des planètes »[8].

À cet égard, une réactualisation du contexte théorique est nécessaire, compte tenu de la spécificité de l'objet étudié. La formule « rapports de systèmes » est pertinente pour apporter des éclairages en ce qui concerne l'imbrication entre l'ordre constitutionnel et les deux ordres européens.

---

[3] *ibid.* p. 1114.

[4] Cf. aussi la détermination de l'ordre juridique par J. CHEVALLIER, « L'ordre juridique » *in* J. CHEVALLIER (dir.), *Le droit en procès*, Paris : PUF, 1983, pp. 7 - 49, (p. 7).

[5] O. PFERSMANN, « Hiérachie des normes », *in* D. ALLAND, St. RIALS (dir.), *Dictionnaire de la culture juridique*, Paris : PUF, 2003, pp. 779 - 783, (p. 780).

[6] L'entrée en vigueur du traité de Lisbonne le 1er décembre 2009 remplaçant l'Union et la Communauté européenne par une seule Union européenne, a rendu actuellement inopérant le terme « communautaire ». On utilise alors aux développements de cette étude la formule « de l'Union européenne ». Toutefois, en vue d'éviter les anachronismes, on garde l'abréviation « CJCE » pour les arrêts rendus par la Cour de justice avant l'entrée en vigueur du Traité de Lisbonne et on applique la formule « CJUE » pour les arrêts rendus après le traité de Lisbonne.

[7] B. MATHIEU, *Constitution : rien ne bouge et tout change*, Paris : Lextenso, 2013, p. 61.

[8] J. - P. JACQUE, « L'instabilité des rapports de système entre ordres juridiques », *RFDC*, n°69, 2007, pp. 3 - 37, (p. 7).

S'agissant des droits issus de l'ordre interne et des ordres européens, leur imbrication en système implique une conception des rapports qui se distingue de la hiérarchisation et de la subordination d'un ordre à un autre[9].

Les deux notions de « système » et d'« ordre » sont considérées comme synonymes dans le discours positiviste[10]. Toutefois, le terme « système » désigné comme « un ensemble d'énoncés à fonction prescriptive produit par des acteurs juridiques »[11] est plus convenable afin de mettre l'accent « sur le mode particulier d'agencement des normes visant à préserver la stabilité de l'ordre juridique »[12]. À cet égard, il y a lieu d'affirmer qu'alors que suffisamment imbriqués les ordres juridiques disposent des caractéristiques qui leur sont propres.

L'imbrication entre le droit de l'Union, la Convention EDH et le droit constitutionnel sont issus des ordres juridiques. Néanmoins, essayant d'expliquer cette imbrication qui renvoie à des rapports non hiérarchiques, il y a lieu d'affirmer que tant l'ordre juridique interne que les deux ordres européens fonctionnent comme des systèmes, « au cours de planètes » qui obéit à cette logique des ordres enchevêtrés.

En outre, la formule « rapports de systèmes », au pluriel, se distingue de la formule utilisée principalement chez Kelsen : « rapports de système »[13]. Kelsen, dans le cadre de sa théorie moniste, envisageait le droit international comme un « droit étatique externe »[14]. La norme supérieure était donc la norme internationale[15], ce qui permettait de concevoir la réunion des différents ordres au sein d'un ordre juridique global. À l'inverse, l'expression « rapports de systèmes », retenue à propos de cette étude, en désignant deux substantifs au pluriel, relève de la logique des rapports multiples, qui ne forment pas, ou pas encore, dans l'état actuel du droit, un système global.

---

[9] Th. PAPADIMITRIOU, *La régulation des rapports entre l'ordre constitutionnel français et l'ordre juridique de l'Union européenne par le Conseil constitutionnel*, thèse en droit, Université Paris I, 2010, p. 32 et suiv.

[10] M. TROPER, « Système juridique et Etat », *in Archives de philosophie du droit*, 1986, t. 31, « système juridique », pp. 29 - 44, (p. 30).

[11] V. CHAMPEIL - DESPLATS, M. TROPER, « Proposition pour une théorie des contraintes juridiques », *in* M. TROPER, V. CHAMPEIL - DESPLATS, Ch. GRZEGORCZYK (dir.), *Théorie des contraintes juridiques*, Bruxelles Paris : Bruylant LGDJ, 2005, pp. 11 - 23, (p. 13).

[12] Th. PAPADIMITRIOU, *La régulation des rapports entre l'ordre constitutionnel français et l'ordre juridique de l'Union européenne par le Conseil constitutionnel*, *op. cit.*, p. 6.

[13] H. KELSEN, « Les rapports de système entre le droit interne et le droit international », *RCADI*, t. 14, 1926, pp. 229 - 332, (p. 296).

[14] *ibid.*, p. 324.

[15] Pour l'analyse de cette approche chez Kelsen : H. KELSEN, « La transformation du droit international en droit interne », *RGDIP*, 1936, pp. 5 - 49.

À ce propos, l'affirmation de rapports multiples (I), ainsi que le refus d'appliquer le principe hiérarchique pour les rapports de systèmes (II), permettent d'esquisser, sous l'angle de l'ordre juridique interne (III), les moyens de trouver une cohérence et d'éviter ou de dépasser les conflits entre plusieurs ordres « sédimentés les uns aux autres »[16].

I. L'émergence de rapports multiples

Longtemps, le débat sur les rapports de systèmes opposait les tenants de la théorie dualiste[17] à ceux de la théorie moniste[18]. Les premiers, défendant la thèse d'une indépendance des ordres juridiques, s'opposent à la thèse des seconds, qui soutiennent l'idée d'une fusion, et ce sous deux formes différentes, selon que la primauté est reconnue au droit international ou au droit interne. Si ces positions semblent, en l'occurrence, inadaptées à décrire les rapports de systèmes dans l'état actuel du droit, d'autres concepts ont émergé en tenant compte de l'imbrication entre les ordres juridiques[19]. Ces concepts amènent à refuser l'existence de leur unification dans le cadre d'un ordre juridique commun (A), et à affirmer l'émergence de rapports multiples qui s'organisent différemment (B).

A. L'impossible affirmation de l'existence d'un ordre juridique commun

La situation actuelle d'imbrication du fonctionnement des ordres juridiques engendre une complexité considérable susceptible de nuire gravement à la sécurité juridique[20]. La définition de certaines notions de base permet d'aboutir au constat que, malgré l'existence de plusieurs ordres juridiques distincts, leurs rapports ne sont pas flous, mais *multiples*, et susceptibles de conduire à une situation de cohérence. L'ordre juridique de l'Union européenne et l'ordre juridique spécifique qui se construit à partir de la Convention EDH et qui est intégré dans l'ordre international constituent deux ordres externes, non étatiques, et qui se développent de façon complémentaire, mais aussi concurrente face aux ordres juridiques étatiques.

---

[16] B. BONNET, *Repenser les rapports entre ordres juridiques*, Paris : Lextenso, 2013, p. 68.

[17] Les tenants principaux de cette théorie sont Heinrich TRIEPEL et Dionisio ANZILOTTI.

[18] Les tenants principaux de cette théorie sont Hans KELSEN, Alfred VERDROSS.

[19] P. BRUNET, « L'articulation des normes Analyse critique du pluralisme ordonné », *in* J.-B. AUBY (dir.), *L'influence du droit européen sur les catégories du droit public*, Paris : Dalloz, 2010, pp. 195 - 213, (p. 196).

[20] J.-P. JACQUE, « L'instabilité des rapports de système entre ordres juridiques », *op. cit.*, p. 5.

D'une part, l'UE, s'appuyant sur les traités constituants, bénéficie d'une « autonomie de validité »[21], qui se fonde principalement sur des dispositions qui énoncent les conditions de production des normes européennes et leur confèrent leur validité. Le droit de l'UE est également organisé selon un système hiérarchique dotant l'ordre juridique dans lequel il s'inscrit d'une cohérence interne[22]. Il crée aussi des obligations pour les États membres et met en œuvre un véritable ordre juridique, dépassant la simple constitution d'une organisation internationale. À cet égard, l'UE est une unité politique qui, « bien que n'étant pas couverte par une force étatique congruente, jouit vis - à - vis de ses membres de l'autorité d'un processus juridique ayant force d'obligation »[23].

D'autre part, la Convention EDH incarne, selon l'affirmation de G. COHEN - JONATHAN, « un ordre européen des libertés publiques dont l'impact n'est pas négligeable à l'égard des Etats parties »[24]. En effet, c'est principalement la jurisprudence issue de la Cour européenne des droits de l'homme (Cour EDH) qui tente de donner à la Convention la forme d'un ordre juridique *spécifique* de protection des droits de l'homme, imposant un ensemble de règles fondamentales.

Son impact sur l'ordre constitutionnel national est différent de celui du droit de l'UE. D'abord parce que certains États parties s'appuient directement sur les dispositions de la Convention pour protéger les droits tandis que d'autres disposent d'un catalogue de droits assez élaboré, et qui n'est que complété par les dispositions de la Convention. Ensuite parce que, contrairement au droit de l'UE, elle n'est pas organisée selon le principe hiérarchique. La Convention demeure néanmoins un instrument juridique obligatoire pour les États parties[25]. Son originalité réside dans le fait qu'elle ne se contente pas de reconnaître les droits individuels, mais qu'elle leur confère un régime protecteur, en vertu d'un mécanisme institutionnel de

---

[21] Expression de R. KOVAR, cité par J. - Cl. GAUTRON, « Un ordre juridique autonome et hiérarchisé », *in* J. RIDEAU (dir.), *De la Communauté de droit à l'Union de droit*, Paris : LGDJ, 2000, pp. 25 - 64, (p. 28).

[22] Th. PAPADIMITRIOU, *La régulation des rapports entre l'ordre constitutionnel français et l'ordre juridique de l'Union européenne par le Conseil constitutionnel*, *op. cit.*, p. 23.

[23] J. HABERMAS, Ch. BOUCHINDHOMME, *La Constitution de l'Europe*, Paris : éd. Gallimard, 2012, p. 90.

[24] G. COHEN - JONATHAN, « Conclusions générales », *in* P. TAVERNIER (dir.), Quelle Europe pour les droits de l'homme ?, Bruxelles : Bruylant, pp. 477 - 509, (p. 501).

[25] F. SUDRE, *Droit européen et international des droits de l'homme*, Paris : PUF, 11e ed., 2012, p. 139.

protection[26]. Dans les premiers arrêts rendus, la Cour EDH qualifie la Convention comme un instrument d'ordre international[27].

Dans un espace juridique complexe, la « construction européenne » peut s'envisager à partir de l'existence et du fonctionnement parallèle de l'Union européenne et de la Convention EDH. L'ordre constitutionnel national se trouve ainsi face à la multiplication des ordres juridiques. Chaque ordre constitutionnel règle d'une façon qui lui est propre l'intégration ainsi que la place des droits européens, dans l'ordre interne. De cette façon, la notion *d'un ordre public européen* comme un dénominateur commun des ordres publics nationaux constitue, dans l'état actuel du droit, une notion fragmentée, et notamment en raison de l'absence d'un *droit public européen*[28]. De la même façon, le postulat de l'ordre public européen peut être utilisé pour décrire l'Europe institutionnelle[29]. Cette notion, utilisée *a priori* pour désigner l'ordre public de l'UE et celui de la Convention EDH, « exprime leur essence commune, révélée à travers la symétrie de leurs

---

[26] *ibid.*, p. 139.

[27] M. de SALVIA, *Compendium de la CEDH : les principes directeurs de la jurisprudence relative a la convention européenne des droits de l homme, vol. 1. Jurisprudence 1960 à 2002*, Kehl Strasbourg Arlington, Va. :N.P. Engel, 2003, p. 3. Cour EDH, plénière, 23 juillet 1968, *affaire linguistique belge*, n°s 1474/62 1677/62 1691/62 1769/63 1994/63 2126/64, §3 : « *la Convention et le protocole additionnel, portant sur des matières qui relèvent normalement de l'ordre juridique interne des Etats contractants, sont des instruments internationaux ayant essentiellement pour objet de fixer certaines normes internationales à respecter par les Etats contractants dans leurs rapports avec les personnes placées sous leur juridiction (article 1er de la Convention)* ».

[28] A. Von BOGDANDY, « The past and promise of doctrinal constructivism. A strategy for responding to the challenges facing constitutional scholarship in Europe », *International Journal of Constitutional Law*, vol. 7, 2009, pp. 364 - 400, (p. 399).

[29] Pour la notion de l'ordre public européen comme un dénominateur commun des ordres publics nationaux, comme une conception européenne de l'ordre public national et aussi comme l'ordre public propre de l'Europe institutionnelle (notion qu'on aborde ici) voir C. PICHERAL, *L'ordre public européen droit communautaire et droit européen des droits de l'homme*, Paris : La documentation française, 2001. Il s'agit d'une notion qui est relativement peu explorée par la doctrine, voir principalement F. SUDRE, « Existe - t - il un ordre public européen ? », *in* P. TAVERNIER (dir.), *Quelle Europe pour les droits de l'homme ?*, Bruxelles : Bruylant, 1996, pp. 39 - 81 ; F. SUDRE, « L'ordre public européen », *in* M. - J. REDOR (dir.), *L'ordre public : Ordre public ou ordres publics Ordre public et droits fondamentaux*, Bruxelles : Bruylant, 2001, pp. 109 - 132 ; J. ANDRIANTSIMBAZOVINA, « L'ordre public européen des droits de l'homme :la réaffirmation de l'autonomie du droit né de la Convention européenne des droits de l'homme ? Quelques réflexions sur le droit né de la Convention européenne des droits de l'homme », *Annuaire de droit européen*, vol. V, 2007, pp. 29 - 40.

fondements et le parallélisme de leurs fonctions »[30]. La notion d'ordre public européen, absente des Traités instituant l'Union européenne et de la Convention EDH[31], trouve pourtant sa consécration dans la jurisprudence de la Cour de justice[32], ainsi que dans celle de la Cour EDH[33]. Si cette notion est pertinente dans une certaine mesure, elle est descriptive et ne permet pas d'expliciter les différents mécanismes d'intégration des droits européens et la participation de chaque ordre juridique national au dialogue avec chacun des deux ordres juridiques externes.

En outre, une question est absolument essentielle pour esquisser les points communs entre les différents systèmes est celle de savoir si les deux ordres européens constituent aussi des ordres constitutionnels. Une réponse affirmative permettrait de parler *d'un ordre constitutionnel européen* qui pourrait être analysé dans le cadre d'un seul système.

Il faut cependant constater que chaque ordre juridique a sa propre conception de l'ordre constitutionnel. La Convention EDH est qualifiée par la Cour de Strasbourg d'« instrument constitutionnel »[34]. De façon similaire, la CJUE qualifie la Convention de Rome de « charte constitutionnelle »[35] d'une communauté de droit, à savoir de la communauté économique européenne (CEE). Toutefois, d'un point de vue méthodologique, il est nécessaire de trouver une définition uniforme de ce qui qualifie l'ordre constitutionnel[36]. Pour ce faire, il faut étudier le degré de développement constitutionnel de chaque ordre juridique concerné.

Il est possible de partir de la définition selon laquelle « l'ordre constitutionnel, c'est l'ensemble de ce qui doit être respecté en vertu de la

---

[30] C. PICHERAL, *L'ordre public européen droit communautaire et droit européen des droits de l'homme*, *op. cit.*, p. 361.

[31] H. GAUDIN, « Primauté, la fin d'un mythe ? Autour de la jurisprudence de la Cour de Justice », *in* J. - Cl. MASCLET et.al. (dir.), *L'Union européenne. Union de droit, union des droits, Mélanges en l'honneur du Professeur Philippe Manin,* Paris : éd. A. Pédone, 2010, pp. 639 - 656, (p. 650).

[32] Voir les conclusions de l'avocat général Dámaso RUIZ JARABO COLOMER, dans l'affaire de la CJUE, 7 janvier 2004, *K.B.*, C - 117/01, présentées le 10 juin 2003, point 75 :» *la Cour doit veiller non seulement à ce que l'exercice des droits protégés par le Traité soit exempt de toute discrimination prohibée, mais également à ce que ces droits ne soient pas subordonnés à des conditions contraires à l'ordre public européen* ».

[33] Cour EDH, Grande chambre, 23 mars 1995, *Loizidou contre Turquie*, n°15318/89, notant que la Convention est « *un instrument constitutionnel de l'ordre public européen* ».

[34] *ibid.*, §75.

[35] CJCE, 23 avril 1986, *Parti écologiste "Les Verts" contre Parlement européen*, aff. 294/83, Rec. 1986, p. 1339, point 23.

[36] Ph. DANN, « Thoughts on a Methodology of European Constitutional Law », *German Law review*, vol. 6, 2005, pp. 1453 - 1474, (p. 1456).

Constitution »[37]. Terme explicitement prévu au sein de la Loi fondamentale d'Allemagne[38], la notion d'ordre constitutionnel prend alors un sens au regard de ce que recouvre la notion de Constitution[39]. Il n'est pas contestable que la notion de Constitution puisse être appréhendée de diverses façons. Pour répondre à la question de savoir si les deux ordres juridiques européens peuvent être qualifiés d'ordres juridiques constitutionnels ou si cette qualification demeure un privilège étatique, il convient de distinguer la définition matérielle et la définition formelle de la Constitution[40].

On définit traditionnellement la Constitution au sens matériel, c'est - à - dire du point de vue de son contenu, comme l'ensemble des dispositions « organisant les pouvoirs publics, le fonctionnement des institutions et les libertés des citoyens », dispositions auxquelles on peut ajouter le critère d'organisation territoriale[41]. La Constitution au sens formel ne fait intervenir que des critères de forme et renvoie ainsi à une norme écrite et contresignée dans un document unique[42]. Une Constitution formelle existe si elle prévoit une procédure spécifique pour établir et modifier les normes explicitement qualifiées de « constitutionnelles »[43]. Ces définitions permettent de conclure

---

[37] J. - M. BLANQUER, « Bloc de constitutionnalité ou ordre constitutionnel ? », *in Mélanges Jacques Robert : libertés*, Paris : Montchrestien, 1998, pp. 227 - 238, (p. 235).

[38] Il s'agit du terme verfassungsmässige Ordnung évoqué à l'article 20 (al. 3) de la LF de l'Allemagne, comme cité par A. LE DIVELLEC, « Un ordre constitutionnel confus. Indicibilité et incertitudes de la Constitution française », *in* D. CHAGNOLAUD E. BALLADUR (dir.), *Les 50 ans de la Constitution : 1958 - 2008*, Paris : Litec, 2008, pp. 147 - 158, (p. 157).

[39] J. - M. BLANQUER, « L'ordre constitutionnel d'un régime mixte. Le sens donné à la Constitution par le Conseil constitutionnel », *RDP*, n°5 - 6, 1998, pp. 1527 - 1540, (p. 1535).

[40] Cf. aussi M. de VILLIERS, A. LE DIVELLEC, *Dictionnaire de droit constitutionnel*, Paris : Sirey, 9e éd., 2013, pp. 73 - 78 pour l'appréhension de la Constitution de diverses manières (Constitution descriptive, Constitution normative, Constitution écrite, Constitution matérielle et Constitution formelle, Constitution souple et Constitution rigide, Constitution vivante).

[41] L. FAVOREU, et al., *Droit constitutionnel*, Paris : Dalloz, 16e éd., 2013, pp. 77 - 78, cf. aussi sur la notion de la Constitution formelle et matérielle, CORNU Gérard (dir.), *Vocabulaire juridique*, Paris : PUF, 10e éd., 2014, p. 250.

[42] A. LE DIVELLEC, « Un ordre constitutionnel confus. Indicibilité et incertitudes de la Constitution française », *in Les 50 ans de la Constitution :1958 - 2008*, *op. cit.*, p. 152.

[43] L. FAVOREU, et al., *Droit constitutionnel*, *op. cit.*, p. 81 et O. BEAUD, « Constitution et droit constitutionnel», *in* D. ALLAND, St. RIALS (dir.), *Dictionnaire de la culture juridique*, Paris : PUF, 2003, pp. 257 - 266. Pour une analyse de la notion de Constitution formelle voir L. HEUSCHLING, « La Constitution formelle », *in* M. TROPER, D. CHAGNOLAUD (dir.), *Traité international de droit constitutionnel t.1. Théorie de la Constitution*, Paris : Dalloz, 2012, pp. 265 - 296.

que, si l'existence d'une Constitution matérielle conditionne l'existence d'un État, un État peut ne pas avoir de Constitution formelle. C'est notamment le cas de la Grande-Bretagne.

Il est possible de choisir une description simple de la Constitution qui serait un ensemble de normes juridiques qui ont un caractère spécifique et qui conditionnent l'édiction des autres normes. Selon cette définition, la Constitution est liée à la notion d'État souverain, qui a le monopole de l'édiction de règles générales et inconditionnées. Néanmoins, la question qui se pose est celle de savoir si la Constitution, et par conséquent, l'ordre juridique constitutionnel, présupposent l'existence d'un État. En partant de la définition d'Aristote qui affirme que la Constitution « est une organisation des pouvoirs dans les cités, fixant leur mode de réparation, et la nature du pouvoir souverain dans l'Etat et de la fin propre à chaque communauté »[44], il est possible de répondre négativement. Cette communauté politique regroupe des individus soumis à certaines règles communes. Cette communauté doit forcément être dotée d'une habilitation générale et ne pas être régie par le principe de spécialité[45].

De ce point de vue, la question se pose de savoir si on peut appliquer le terme « constitutionnel » aux fins de qualifier certains aspects de la Convention EDH[46]. Il semble qu'il faille répondre négativement en considérant que la Convention EDH ne constitue pas un ordre constitutionnel. Tout d'abord, parce qu'elle n'est pas dotée d'une Constitution au sens formel. Mais aussi parce qu'elle n'est pas dotée d'une Constitution au sens matériel. Il est vrai que la Convention contient certains éléments que l'on retrouve dans les textes constitutionnels tels que les règles fondamentales concernant les droits fondamentaux et codifiant les valeurs et les buts principaux qui régissent une communauté politique. En outre, elle présente la qualité d'un texte obligatoire pour tous les États l'ayant ratifiée et elle a une durée indéterminée[47]. Toutefois, malgré sa spécificité en matière

---

[44] ARISTOTE, *Constitution d'Athènes*, Paris : Les belles lettres, 8e tirage, 1972, texte et traduction par B. HAUSSOULIER et G. MATHIEU, p. 146 cité par J. - M. DENQUIN, « L'objet du droit constitutionnel : Etat, Constitution, Démocratie ? », *in* M. TROPER, D. CHAGNOLAUD (dir.), *Traité international de droit constitutionnel, t.1. Théorie de la Constitution*, Paris : Dalloz, 2012, pp. 39 - 65, (p. 53).

[45] Ph. ARDANT, B. MATHIEU, *Droit constitutionnel*, Paris : LGDJ, 25e éd., 2013, p. 59.

[46] G. COHEN - JONATHAN, « La fonction quasi constitutionnelle de la Cour européenne des droits de l'homme », *in Renouveau du droit constitutionnel : mélanges en l'honneur de Louis Favoreu*, Paris : Dalloz, 2007, pp. 1127 - 1153, (p. 1128).

[47] G. PINAKIDIS, « Le sens constitutionnel de la Convention européenne des droits de l'homme », *DtA*, n°33, 2007, pp. 71 - 94, (p. 81).

de droits fondamentaux, elle demeure silencieuse[48] quant aux règles relatives au gouvernement et à l'organisation des pouvoirs. En outre, elle constitue une communauté politique qui est marquée par le principe de spécialité. Il n'est donc pas possible de la qualifier d'ordre juridique constitutionnel.

La question devient plus complexe en ce qui concerne l'ordre juridique de l'Union européenne. À l'instar de la Convention EDH, l'Union européenne n'est pas dotée d'une Constitution au sens formel[49]. Cependant, la question de savoir si l'UE constitue un ordre juridique constitutionnel est susceptible de recevoir une réponse affirmative si l'on admet que l'UE dispose d'une Constitution matérielle. En effet, l'Union s'est vue attribuer des compétences qui relèvent d'un État et est dotée de règles de fonctionnement et d'organisation, ainsi que d'un système de valeurs communes aux États membres[50]. Enfin, elle constitue une communauté politique au sens large, bien que son caractère fédéral ne soit pas affirmé[51].

Néanmoins, l'UE ne constitue pas un ordre constitutionnel au sens normatif du terme[52] en raison de l'absence de deux caractéristiques spécifiques. Premièrement, l'absence de la souveraineté propre prive l'Union de sa qualité d'ordre constitutionnel. Deuxièmement, même si l'on affirme l'existence d'une Constitution au sens matériel, la « Constitution européenne » n'est pas susceptible de conférer sa validité aux autres normes issues d'un ordre juridique différent[53]. Ainsi, la Constitution de l'UE reste une notion imparfaite qui n'est pas affirmée aujourd'hui de façon effective.

---

[48] E. A. ALKEMA, « The European Convention as a constitution and its Court as a constitutional Court », *in Protection des droits de l'homme : la perspective européenne mélanges à la mémoire de Rolv Ryssdal*, Köln Berlin Bonn etc. : C. Heymanns, 2000, pp. 41 - 63, (p. 42).

[49] Le traité établissant une constitution pour l'Europe, signé à Rome par les chefs d'Etat et de gouvernement de l'Union européenne le 29 octobre 2004, n'est jamais mis en vigueur en manque de condition de sa ratification par chacun des vingt - cinq Etats signataires.

[50] Ph. ARDANT, B. MATHIEU, *Droit constitutionnel*, *op. cit.*, p. 59.

[51] Il est à constater que l'Union européenne, faute de détenir la souveraineté comme source de pouvoir et la capacité de déterminer elle - même l'étendue des compétences ne peut pas être qualifiée comme un Etat fédéral *stricto sensu*. cf. *contra* l'article de J. - Cl. PIRIS, « L'Union européenne, vers une nouvelle forme de fédéralisme », *RTDE*, n°41, 2005, pp. 243 - 260, (p. 251 et suiv.) qui s'appuie sur le terme de « fédéralisme partiel » pour exposer la thèse fédéraliste.

[52] B. MATHIEU, *Constitution : rien ne bouge et tout change, op. cit.*, p. 59 cf. aussi Y. LAURENS, *Recherches sur la catégorie juridique de constitution et son adaptation aux mutations du droit contemporain* thèse en droit, Université de Nancy 2, 2009, p. 398, qui soutien que l'ordre constitutionnel reste finalement un ordre normatif il est avant tout une catégorie des normes.

[53] B. MATHIEU, *Constitution : rien ne bouge et tout change, op. cit.*, p. 59.

À cet égard, en l'état actuel du droit, et malgré les jalons d'un droit constitutionnel européen[54], on ne peut pas affirmer que le droit constitutionnel européen est une discipline autonome qui peut conduire à l'affirmation de l'existence de l'ordre constitutionnel construit à partir du droit de l'UE. Le « droit constitutionnel européen »[55] peut ainsi s'implanter comme une branche supplémentaire de la discipline constitutionnelle, au regard des textes constitutionnels et de la jurisprudence nationale consacrée à l'Union européenne.

Cependant, l'ordre constitutionnel national est essentiellement mis en œuvre par le juge national[56]. C'est en effet sa tâche de définir les conditions de réalisation de l'ordre juridique constitutionnel et notamment de la Constitution elle - même. Dans ce contexte, le juge national est amené à vérifier, en vertu de la Constitution, le respect d'une norme issue du droit de l'UE ou du droit de la Convention EDH. Il s'agit alors de « normes déduites »[57], de normes que le juge national fait respecter pour que la Constitution elle - même soit respectée. Même si elles ne relèvent pas de la Constitution *stricto sensu*, elles participent à l'ordre constitutionnel national. L'autorité de toute norme juridique en droit interne dépend de sa conformité à la norme constitutionnelle. Elle est la source du droit interne, mais aussi le socle de l'autorité des normes qui dépendent de l'ordre externe[58]. On renvoie ainsi au Professeur D. de BECHILLON qui affirme que « ce sont les droits internes constitutionnels ou jurisprudentiels et eux seuls, qui situent le droit international dans leur propre ordonnancement »[59].

C'est alors en vertu de l'ordre constitutionnel national que le droit de l'UE et celui de la Convention EDH se constitutionnalisent. C'est aussi en vertu de la Constitution nationale que le droit européen peut prévaloir sur la loi nationale et les normes internes en général. La « constitutionnalisation du droit de l'UE », son existence, et ses compétences sont conditionnées par la volonté des États membres. C'est pourquoi il s'agit d'une notion qui peut être envisagée au regard de son intégration dans l'ordre interne sans pour

---

[54] St. PINON, « Le droit constitutionnel européen, une discipline autonome ? », *Annuaire de droit européen*, vol. VI, 2008, pp. 61 - 73, (pp. 68 - 71).

[55] Voir à ce titre la chronique de la revue RFDC confiée à F. CHALITIER, notamment *RFDC*, n°69, 2007, pp. 161 - 173 ; n°74, 2008, pp. 339 à 350 ; n°78, 2009, pp. 367 - 375 ; n°82, 2010, pp. 407 - 416.

[56] J. - M. BLANQUER, « L'ordre constitutionnel d'un régime mixte. Le sens donné à la Constitution par le Conseil constitutionnel », *RDP*, n°5 - 6, 1998, pp. 1526 - 1540, (p. 1538).

[57] Expression de J. - M. BLANQUER, « La distance parcourue : de l'ordre institutionnel à l'ordre constitutionnel », *in Le Conseil constitutionnel a 40 ans*, Paris : LGDJ, pp. 25 - 33, (p. 30).

[58] B. BONNET, *Repenser les rapports entre ordres juridiques*, *op. cit.*, p. 50.

[59] D. de BECHILLON, *Hiérarchie des normes et hiérarchie des fonctions normatives de l'Etat*, Paris : Economica, 1996, p. 268.

autant l'appréhender dans le sens d'une subordination du droit de l'UE au droit national. C'est toutefois à partir de l'ordre interne et de son application au sein de celui - ci que le droit de l'UE se constitutionnalise en s'éloignant du droit international. À ce propos, l'affirmation selon laquelle savoir si l'ordre juridique de l'UE relève du champ du droit constitutionnel constitue « une question qui relève incontestablement de la compétence des constitutionnalistes »[60], semble tout à fait pertinente.

De même, les autorités nationales sont liées par les exigences de la Convention EDH et doivent donc satisfaire à la protection des droits garantis par elle dans l'ordre interne. Le rang attribué à la Convention EDH par les dispositions nationales, mais aussi l'obligation de l'appliquer, renforce la place de la Convention dans l'ordre interne et contribue à sa constitutionnalisation[61]. La question de la constitutionnalisation de la Convention ne porte donc pas sur les qualités constitutionnelles qu'elle - même possède, mais sur sa relation structurelle avec l'ordre interne et le rôle qui lui est attribué au sein de ce dernier[62].

C'est alors l'ordre juridique national qui se développe à partir d'un système dynamique en évolution constante et c'est l'ordre constitutionnel national qui attribue leur valeur juridique interne aux deux droits européens. Si donc les deux droits européens sont significativement « constitutionnalisés », c'est par le biais de l'ordre interne. Il faut alors retenir, à la lecture des auteurs qui soutiennent tant le constitutionnalisme de la Convention EDH[63] que celui du droit de l'UE[64], que le degré d'invocation

---

[60] B. MATHIEU, M. VEPREAUX, *Droit constitutionnel*, Paris : PUF, 2004, p. 26.

[61] A. STONE SWEET, « Sur la Constitutionnalisation de la Convention européenne des droits de l'homme : cinquante ans après son installation, la Cour européenne des droits de l'homme conçue comme une Cour constitutionnelle », *RTDH*, n°80, 2009, pp. 923 - 944, (p. 934).

[62] H. KELLER A. STONE SWEET, « Introduction: The Reception of the ECHR in National Legal Orders »*in* H. KELLER A. STONE SWEET (dir.), *A Europe of rights, the impact of the ECHR on national legal systems*, Oxford New York: Oxford University Press, 2008, pp. 11 - 36, (p. 15).

[63] A. STONE SWEET, « The European Convention on human rights and national constitutional reordering », *Cardozo Law Review*, vol. 33, 2012, pp. 1859 - 1869 ; G. MARTINICO, « Is the European Convention going to be supreme ? A comparative - constitutionnal overview of ECHR and EU law before National Courts », *EJIL*, vol. 23, 2012, pp. 401 – 424 ; G. MARTINICO, O. POLLICINO, *The national judicial treatment of the ECHR and EU laws: a comparative constitutional perspective* Groningen : Europa Law Pub., 2010 et G. REPETTO, *The constitutional relevance of the ECHR in domestic and European law : an Italian perspective*, Cambridge : Intersentia, 2013.

[64] En guise d'exemple Fl. CHALTIEL, « La Constitutionnalisation de l'Union européenne vision croisées des Etats membres », *in* J. - Cl. MASCLET et al. (dir.), *L'union européenne. Union de droit, union des droits. Mélanges en l'honneur du*

et d'intégration de ces deux droits dans l'ordre interne affecte de façon considérable l'ordre constitutionnel interne. Le lien entre ce qui est national et ce qui est européen devient intense.

À ce propos, le transfert des compétences à l'UE affecte largement le principe de souveraineté[65]. La majorité des États membres a jugé que l'élan d'intégration résultant des traités exigeait une révision afin d'inclure la Constitution des dispositions spécifiques visant l'appartenance à l'UE ou des clauses de réserves constitutionnelles[66]. De même, la ratification de la Convention EDH et son introduction dans l'ordre interne, malgré l'absence de transfert de compétences à l'ordre conventionnel, ont pour effet la limitation de l'exercice de la souveraineté nationale en ce qui concerne les droits garantis par le texte, sans pour autant l'anéantir[67].

Or, bien que l'influence des deux droits européens sur l'ordre constitutionnel interne soit incontestable, cela ne peut pas conduire, dans l'état actuel du droit, à l'affirmation d'une « constitutionnalisation européenne », et par conséquent à l'affirmation de la création d'un ordre constitutionnel européen. C'est toujours le droit national qui constitue l'ordre juridique normatif fondamental qui subit toutefois des changements majeurs et qui se réorganise en vue de la progression de la construction

---

Professeur Philippe Manin, Paris : éd. A. Pédone, 2010, pp. 69 - 77 ; H. GAUDIN, D. ROUSSEAU, « Le droit constitutionnel européen en débat », *RDP*, n°3, 2008, pp. 721 - 730 ; H. GAUDIN, « Quelle(s) définition(s) pour le droit constitutionnel européen ? », *Annuaire de droit européen*, vol. VI, 2008, 2011, pp. 19 - 31, (p. 27). Voir aussi Ph. MANIN, *Droit constitutionnel de l'union européenne*, Paris : éd. A. Pédone, 2004 et J. - Cl. JACQUE, *Droit institutionnel de l'Union européenne*, Paris : Dalloz, 7e éd., 2012, chapitre intitulé « la charte constitutionnelle de l'Union ».

[65] D. ROUSSEAU, *Droit du contentieux constitutionnel*, Paris : LGDJ, 10e éd., 2013, pp. 380 - 388. Il est à noter que le Conseil constitutionnel affirme dans un premier temps la distinction de la formule « limitations de souveraineté' » permises par la Constitution sous réserve de réciprocité de la formule « transferts de souveraineté » qui ne sont pas autorisés par la Constitution (Décision n°76 - 71 DC du 30 décembre 1976, *Décision du Conseil des communautés européennes relative à l'élection de l'Assemblée des Communautés au suffrage universel direct*, Recueil, p. 15, *JO* du 31 décembre 1976, p. 7651). Finalement, à propos de la décision n° 92 - 308 DC du 9 avril 1992, *Traité sur l'Union européenne*, Recueil, p. 55 - *JO* du 11 avril 1992, p. 5354, le Conseil préfère la formule « transferts de compétences » que la formule « limitations de souveraineté », expressément prévue dans le quinzième alinéa du Préambule de 1946.

[66] Cf. à ce propos, R. GOSALBO BONO, « Sur la théorie de la souveraineté et son application à (et dans) l'Union européenne », *in A Man for all treaties : liber amicorum en l'honneur de Jean - Claude Piris*, Bruxelles : Bruylant, 2012, pp. 195 - 318, (pp. 248 - 249).

[67] B. DELZANGLES, *Activisme et autolimitation de la Cour européenne des droits de l'homme*, Paris : LGDJ, 2009, p. 163.

européenne[68]. Il ne s'agit donc plus d'une question d'ordre constitutionnel sans État, mais d'une conception différente de l'ordre constitutionnel étatique, sous l'influence complexe de multiples droits européens.

Plutôt que de s'interroger sur la notion de pluralisme constitutionnel[69] ou de droit constitutionnel européen[70], il y a lieu d'affirmer la multiplicité des rapports entre des ordres juridiques distincts qui ont des caractéristiques spécifiques par rapport aux caractéristiques étatiques.

B. L'affirmation d'une pluralité des rapports obéissant à des logiques différentes

La pluralité des rapports, élément de l'imbrication entre droit national et droit international, est clairement affirmée dès 1964 par Michel VIRALLY qui remarquait, de façon novatrice et loin des conceptions traditionnelles sur le monisme et le dualisme, que les ordres juridiques national et européen « reconnaissent mutuellement leurs validités et entretiennent entre eux des rapports multiples »[71].

Au sein de la sphère européenne se crée ainsi une relation triangulaire. Les angles de ce triangle sont occupés par l'ordre constitutionnel national, le droit de l'UE et le droit de la Convention EDH. Chaque ordre juridique organise ses interactions avec les ordres juridiques environnants tout en préservant une autonomie identitaire. Dans le cadre de cette étude, cette relation sera examinée du point de vue de l'angle national. Ceci conduit à l'examen de la multiplicité des rapports c'est - à - dire, d'une part, de la relation entre droit constitutionnel et ordre de l'UE, et d'autre part, de la relation entre droit constitutionnel et Convention EDH.

Néanmoins, cette étude n'a pas pour objet d'esquisser les rapports entre le droit de l'UE et la Convention EDH. Leurs rapports font déjà l'objet d'une abondante littérature[72]. Matériellement, la Convention EDH est comme

---

[68] J. SCHWARZE, « Introduction », *in* J. SWHARZE (dir.), *La naissance d'un ordre constitutionnel européen: l'interaction du droit constitutionnel national et européen*, Baden - Baden Bruxelles : Nomos Verl. Bruylant, 2001, pp. 11 - 21, (p. 12) ; A. STONE SWEET, « The European Convention on human rights and national constitutional reordering », *op. cit.*, pp. 1864 - 1867.

[69] A. STONE SWEET, « Sur la Constitutionnalisation de la Convention européenne des droits de l'homme : cinquante ans après son installation, la Cour européenne des droits de l'homme conçue comme une Cour constitutionnelle », *op. cit.*, pp. 938 - 944.

[70] H. GAUDIN, D. ROUSSEAU, « Le droit constitutionnel européen en débat », *op. cit.*

[71] M. VIRALLY, « Sur un pont aux ânes : les rapports entre droit international et droit interne », *in Problèmes de droit des gens, Mélanges offerts à H.Rolin*, Paris : éd. A. Pedone, 1964, pp. 488 - 505, (p. 503).

[72] On retiendra à ce propos J. DUTHEIL DE LA ROCHERE, J. GALLEWAERT, J. - Cl. BONICHOT, interventions sur « Les interférences entre les sources de droit européen

source d'inspiration des droits fondamentaux dans l'ordre de l'UE[73]. Ceci étant, la Convention EDH est invoquée par la CJUE[74] qui envisage la Convention de Rome et la jurisprudence de la Cour EDH comme une source d'inspiration des principes de l'UE pertinents[75]. Réciproquement, l'invocation du droit de l'UE par la Cour EDH[76], et surtout de la Charte des

---

et les influences croisées entre la Cour de justice de l'Union européenne et la Cour européenne des droits de l'homme », *in* J. - M. SAUVE (dir.), *Le droit européen des droits de l'homme: un cycle de conférences du Conseil d'État*, Paris : La documentation française, 2011, pp. 87 - 102, et P. PESCATORE, « La Cour de justice des communautés européennes et la Convention européenne des Droits de l'homme », *in Protection des droits de l'homme mélanges en l'honneur de Gérard J. Wiarda*, Köln : C. Heymanns, 2e éd. 1990, pp. 441 - 455.

[73] J. ANDRIANTSIMBAZOVINA, « La Convention européenne des droits de l'homme, instrument de convergence des droits constitutionnels nationaux et du droit communautaire », *in* H. GAUDIN, J. - M. GARRIGOU - LAGRANGE (dir.), *Droit constitutionnel droit communautaire : vers un respect constitutionnel réciproque ?* Paris Aix - en - Provence : Economica Presses universitaires d'Aix - Marseille, 2001, pp. 169 - 204, (p. 175).

[74] R. BISMUTH, « L'invocabilité de la Convention européenne des droits de l'homme dans l'ordre juridique de l'Union européenne », *in Union européenne et droit international, Mélanges Patrick Daillier*, Paris : éd. A. Pedone, 2012, pp. 642 - 653. Cf. aussi en guise d'exemple les arrêts CJUE, Grande chambre, 24 avril 2012, *Kamberaj*, C - 571/10, Publié au Recueil numérique, note de A. LEVADE, « Le droit de l'Union ne régit pas les relations entre Convention européenne des droits de l'homme et droit national », *Constitutions*, n°2, 2012, pp. 290 - 292 et CJUE, Grande chambre, 3 septembre 2008, *Kadi et Al Barakaat International Foundation contre Conseil et Commission*, C - 402/05 P et C - 415/05 P, Rec. 2008 p. I - 6351.

[75] A. TIZANO, « Notes sur le rôle de la Cour de justice », *in* V. KRONENBERGER et al. (dir.), *De Rome à Lisbonne: les juridictions de l'Union européenne à la croisée des chemins mélanges en l'honneur de Paolo Mengozzi*, Bruxelles : Bruylant, 2013, pp. 223 - 244, surtout p. 238 - 241 sur les relations entre la Cour de justice et la Cour de Strasbourg.

[76] Cour EDH, Grande chambre, 30 juin 2005, *Bosphorus Hava Yollari Turizm ve Ticaret Anonim Sirketi contre Irlande*, n°45036/98 et Cour EDH, 20 septembre 2011, *Ullens de Schooten et Rezabek contre Belgique*, nos 3989/07 et 38353/07, L. DONNAY, « L'obligation incombant au juge de poser une question préjudicielle à la Cour de justice, élément vaporeux du procès équitable », *RTDH*, n°96, 2013, pp. 887 - 908. voir aussi les arrêts Cour EDH, 24 juin 2010, *Schalk et Kopf contre Autriche*, n°30141/04 où la Cour se fonde sur la Charte des droits fondamentaux de l'UE pour considérer qu'il y a une évolution de la conception du mariage, réservé selon la Convention EDH aux couples hétérosexuels ainsi que l'arrêt Cour EDH, Grande chambre, 23 février 2012, *Hirsi Jamaa contre Italie*, n°27765/09 où la Cour fait référence de la Charte des droits fondamentaux de l'UE à propos de l'éloignement des étrangers.

droits fondamentaux[77], présente un intérêt majeur pour envisager comment la Convention est appréhendée par le juge de Luxembourg, et inversement, comment le droit de l'UE est appréhendé par le juge de Strasbourg. De plus, l'éventuelle ratification par l'Union européenne de la Convention EDH[78] reste à l'ordre du jour[79], en tout cas d'un point de vue doctrinal[80]. En l'état actuel du droit, les rapports entre l'Union européenne et la Convention EDH sont indéniables bien que l'UE n'ait pas adhéré à la Convention EDH[81].

Or, le volume ainsi que le but de cette étude ne permettent pas d'appréhender cet autre angle de rapport présenté sous le schéma

---

[77] Cf. à cet égard, K. LENAERTS, « The EU charter of fundamental rights scope of application and methods of interpretation », *in* V. KRONENBERGER et al. (dir.), *De Rome à Lisbonne: les juridictions de l'Union européenne à la croisée des chemins mélanges en l'honneur de Paolo Mengozzi*, Bruxelles : Bruylant, 2013, pp. 107 - 143.

[78] Selon l'article 6 du traité de Lisbonne. Voir aussi le protocole n°14 de la Convention EDH, signé le 13 mai 2004 et entré en vigueur le 1er juin 2010 pour l'intégration dans la Convention d'une stipulation permettant, du point de vue du Conseil de l'Europe l'adhésion de l'UE à la Convention EDH. Selon alors l'article 59 §2 de la Convention EDH « *l'union européenne peut adhérer à la présente Convention* ».

[79] Selon le traité de Lisbonne l'adhésion de l'Union européenne à la Convention EDH est possible. Toutefois, l'avis de la CJUE 2/13 du 18 décembre 2014 a conclu que le projet d'accord sur l'adhésion de l'Union européenne à la CEDH n'était pas compatible avec les dispositions du droit de l'Union.

[80] Cf. A. LEVADE, « L'adhésion de l'Union européenne à la Cour européenne des droits de l'homme », *AIJC*, n°28, 2012, pp. 601 - 618 ; J. - Cl. BONICHOT, « La Convention européenne des droits de l'homme et l'Union européenne : avec ou sans contrat de mariage ? », *in* C. TEITGEN - COLLY (dir.), *La Convention européenne des droits de l'homme, 60 ans et après ?,* Paris : LGDJ - Lextenso, 2013, pp. 135 - 148 ; J. - P. COSTA, *La Cour européenne des droits de l'homme : des juges pour la liberté*, Paris : Dalloz, 2013, p. 237 et suiv ; J. ROSSETTO, « Quelques observations sur les conditions de l'adhésion de l'Union européenne à la CEDH », *in* Ch. BOUTAYEB et al. (dir.), *La Constitution, l'Europe et le droit : liber amicorum discipulorumque, mélanges en l'honneur de Jean - Claude Masclet*, Paris : éditions de la Sorbonne, 2013, pp. 927 - 939 ; P. TAVERNIER, « De la protection équivalente. La jurisprudence Bosphorus à l'heure de l'adhésion de l'Union européenne à la Convention des droits de l'homme », *in* Ch. BOUTAYEB et al. (dir.), *La Constitution, l'Europe et le droit : liber amicorum discipulorumque, mélanges en l'honneur de Jean - Claude Masclet*, Paris : éditions de la Sorbonne, 2013, pp. 1003 - 1018 ; J. ANDRIATSIMBAZOVINA, « Unité ou dualité du système de protection des droits fondamentaux de l'Union européenne depuis le Traité de Lisbonne ? Brèves réflexions théoriques sur les droits fondamentaux de l'Union européenne », *in* de N. GROVE - VALDEYRON, M. BLANQUET, V. DUSSART (dir.), *Mélanges en l'honneur du Professeur Joël Molinier*, Paris : LGDJ, 2012, pp. 15 - 21.

[81] La Charte est juridiquement contraignante depuis la ratification du traité de Lisbonne.

triangulaire. Toutefois, des constats seront présentés lorsque seront observés l'influence et le fonctionnement parallèles des deux droits européens sur l'ordre interne. En ce qui concerne donc les rapports entre l'ordre juridique national et le dynamisme des deux droits européens, la multiplicité des rapports correspond à la mise en place d'un dialogue internationalisé, élément qui manifeste le décloisonnement territorial du dialogue[82]. Les échanges entre les ordres juridiques européens et l'ordre juridique national se réalisent très différemment : on a donc l'instauration d'un dialogue qui s'exerce de façon *multidimensionnelle*[83]. C'est aux juges qu'il incombe de coordonner les rapports multiples.

L'ordre juridique de la Convention EDH semble complexe en ce qu'il instaure une juridiction internationale qui admet le recours individuel[84]. La Convention EDH n'a pas, en apparence, un fort rayonnement au sein des ordres juridiques internes. Toutefois, depuis la signature de la Convention le 4 novembre 1950 et son entrée en vigueur le 3 septembre 1953, celle - ci a connu, au - delà de l'élargissement continu de son champ d'application territorial[85], un élargissement conséquent de son champ matériel[86]. Ainsi, à l'instar de l'Union européenne, le Conseil de l'Europe s'engage à un rythme croissant dans l'intégration régionale[87].

Le juge de Strasbourg se voit en effet reconnaître un rôle créateur de la Convention en vertu du protocole 11[88] qui restructure le mécanisme de

---

[82] L. BURGORGUE - LARSEN, « De l'internationalisation du dialogue des juges », *in Le dialogue des juges : mélanges en l'honneur du président Bruno Genevois*, Paris : Dalloz, 2009, pp. 95 - 130, (p. 97).
[83] *loc. cit.*
[84] R. DRAGO, « Conclusion sur le dossier spécial : le juge administratif français et la Convention européenne des Droits de l'Homme », *RUDH*, dossier spécial, 1991 pp. 368 - 369, (p. 368).
[85] Le Conseil de l'Europe compte actuellement 47 Etats membres : Albanie, Allemagne, Andorre, Arménie, Autriche, Azerbaïdjan, Belgique, Bosnie Herzégovine, Bulgarie, Chypre, Croatie, Danemark, Espagne, Estonie, Finlande, France, Géorgie, Grèce, Hongrie, Irlande, Islande, Italie, Lettonie, ex - République yougoslave de Macédoine, Liechtenstein, Lituanie, Luxembourg, Malte, Moldova, Monaco, Monténégro, Norvège, Pays - Bas, Pologne, Portugal, République tchèque, Roumanie, Royaume - Uni, Russie, Saint - Marin, Serbie, Slovaquie, Slovénie, Suède, Suisse, Turquie et Ukraine.
[86] C. TEITGEN - COLLY, « Le rayonnement de la Convention européenne des droits de l'homme, propos introductif », *in* C. TEITGEN - COLLY (dir.), *Cinquantième anniversaire de la Convention européenne des droits de l'homme*, Bruxelles : Nemessis Bruyant, 2002, pp. 69 - 96, (p. 86).
[87] Y. LECUYER, *Les droits politiques dans la jurisprudence de la Cour européenne des droits de l'homme*, Paris : Dalloz 2009, p. 454.
[88] Le protocole 11 est adopté le 11 mai 1994 et entré en vigueur le 1er novembre 1998. Sur les mécanismes de contrôle de la Convention européenne des droits de

contrôle mis en place à l'origine[89] et qui attribue le contrôle du respect de la Convention EDH à la Cour EDH. Le juge de Strasbourg est alors « celui qui fait passer le texte de son statut d'écrit à son statut de norme, celui qui fait muter le texte par ses développements jurisprudentiels, celui qui construit un *corpus* de droits où se révèlent les présupposés idéologiques de la Convention »[90].

En outre, les États ont transmis à la Cour leur autorité pour « compléter » ou « interpréter » le droit conventionnel, le rendant plus précis dans le temps pour toutes les parties contractantes, et ce malgré les différences nationales[91]. Ainsi, la Cour jouit d'une grande autorité : « la nature et l'étendue des droits conventionnels sont identifiés, clarifiés et développés par ses arrêts, évoluant dans le temps au gré des circonstances »[92].

D'autant plus que cette juridiction, qui applique et interprète le droit de la Convention, n'appartient pas, comme la Cour de Luxembourg, à un système intégré qui, même s'il ne prévoit pas le recours individuel, engage considérablement les ordres juridiques nationaux, en application des dispositions de l'article 267 du TFUE. Ce dernier réserve en effet à la Cour de Luxembourg la compétence de statuer sur des questions concernant l'interprétation du droit de l'UE et qui émergent devant les juridictions nationales.

Les rôles respectifs des juridictions nationales et de la Cour de justice sont marqués par la distinction entre le généraliste et le spécialiste : « Ces rôles sont différents, mais aussi complémentaires à certains égards. Le juge généraliste qu'est le juge national est celui auquel on s'adresse normalement et en premier lieu. Le juge spécialiste est celui qui est appelé à intervenir dans certains cas, et généralement par l'entremise du généraliste »[93]. La procédure de renvoi préjudiciel est prévue par l'ancien article 234 du TCE (article 267 TFUE). Grâce à de légères modifications, la compétence de la

---

l'homme cf. aussi J. - Fr. RENUCCI, *Traité de droit européen des droits de l'homme*, Paris : LGDJ, 2012, p. 933 et suiv.

[89] A l'origine il y avait un organe d'enquête et de conciliation (la Commission), un organe politique de décision (le Conseil des ministres du Conseil de l'Europe) et un organe judiciaire de décision (la Cour européenne des droits de l'homme).

[90] D. ROUSSEAU, « Synthèse : bonne fête à la Convention européenne des Droits de l'Homme », *LPA*, n°254, 2010, numéro spécial sur les 60 ans de la Convention européenne des Droits de l'Homme, colloque organisé par l'ICEE, pp. 47 - 48, (p. 47).

[91] A. STONE SWEET, « Sur la Constitutionnalisation de la Convention européenne des droits de l'homme : cinquante ans après son installation, la Cour européenne des droits de l'homme conçue comme une Cour constitutionnelle », *op. cit.*, p. 928.

[92] *ibid.*, p. 930.

[93] J. PERTEK, *La pratique du renvoi préjudiciel en droit communautaire. Coopération entre CJCE et juges nationaux*, Paris : Litec 2001, p. 11.

Cour de justice a été ajustée à l'évolution dynamique du droit de l'UE[94]. Ainsi, il existe une obligation pour les Cours nationales de contrôler la conformité d'une disposition nationale au droit de l'UE, même lorsque les parties au litige ne l'ont pas demandé[95], ainsi que de s'adresser à la CJUE pour poser une question préjudicielle, toujours indépendamment de la demande des parties[96]. Sont actuellement prévues la possibilité pour les cours nationales ordinaires, et l'obligation pour les cours nationales suprêmes, de renvoyer des questions préjudicielles à la CJUE, afin d'obtenir des clarifications quant à l'interprétation des traités ou quant à la validité et l'interprétation des actes pris par les institutions, organes ou organismes de l'Union[97].

De plus, le fait que l'objectif principal de la CJUE soit d'assurer l'homogénéité du droit de l'UE dans l'ensemble de l'espace juridique où il s'applique oblige les cours nationales à ne pas appliquer les règles du droit national, même lorsqu'il s'agit des règles constitutionnelles[98] dès lors qu'elles sont contraires aux dispositions et aux principes du droit de l'Union. Également, les cours nationales ne doivent pas méconnaître l'obligation de rechercher l'interprétation authentique du droit de l'UE, si besoin en saisissant la Cour de justice à titre préjudiciel.

De cette façon, le dialogue du juge interne avec les deux ordres européens l'engage considérablement. Ainsi, le développement du droit interne rencontre un phénomène parallèle et concurrent de la construction européenne qui s'appuie sur l'application juridictionnelle de la Convention EDH et du droit de l'UE, orchestrée sous les termes d'un dialogue institutionnalisé avec l'UE, et sous les termes d'un dialogue moins structuré avec la Convention EDH reconnaissant le droit à un recours individuel.

---

[94] G. DELLIS, « Le Traité de Lisbonne et les défis procéduraux du droit de l'Union européenne », *EfDD*, 2010, volume spécial, pp. 47 - 79, (p. 59).

[95] CJCE, 11 juillet 1991, *Verholen e.a. contre Sociale Verzekeringsbank Amsterdam*, C - 87, 88 - 89/90, Rec. 1991, p. I - 3757 où la Cour énonce que « *Le droit communautaire n'empêche pas une juridiction nationale d'apprécier d'office la conformité d'une réglementation nationale avec les dispositions précises et inconditionnelles d'une directive dont le délai de transposition est expiré, lorsque le justiciable n'a pas invoqué devant la juridiction le bénéfice de cette directive* ».

[96] Ch. PAPADIMITRIOU, « La protection procédurale des droits découlant du droit communautaire dans les ordres juridiques nationaux, sous le prisme de la jurisprudence récente de la CJCE », *Diki*, 2008, pp. 1005 - 1018, (p. 1017).

[97] D. CHALMERS, G. MONTI, *European Union Law, Updating Supplement*, Cambridge: Cambridge University Press, 2008, p. 84.

[98] P. PARARAS, « L'acquis de la culture européenne constitutionnelle », *DtA*, n°10, 2001, pp. 543 - 570, (p. 554).

II. la création de rapports non hiérarchises

À l'égard des rapports de systèmes, chaque système « répond à une logique propre, parfaitement cohérente au regard de l'organisation politique dans laquelle il s'inscrit, et se définit 'souverainement' comme un ordre autonome, structuré et hiérarchisé »[99]. En partant de cette affirmation, l'existence de concepts hiérarchiques qui diffèrent entre l'ordre juridique national et les ordres juridiques européens est incontestable. Or, si ce constat semble conduire, en premier lieu, à déplorer l'absence d'une solution hiérarchique entre les ordres juridiques (A), il faut constater qu'il s'agit seulement d'une lacune de type axiologique par laquelle on exprime le souhait, mais aussi la conviction qu'il peut en être autrement[100]. Des solutions peuvent donc être recherchées (B).

A. La dissociation de différentes logiques hiérarchiques

« L'idée de hiérarchie est inhérente à tout ordre juridique. Séduisante pour l'esprit, elle est fondamentale pour asseoir la légitimité du pouvoir »[101]. Cette affirmation conduit à penser que chaque ordre juridique obéit à un système hiérarchique.

Toutefois, compte tenu de la multiplicité des ordres juridiques sur le plan européen, la question de la hiérarchie des normes se dédouble selon qu'on l'aborde sous l'angle des deux droits européens ou sous l'angle interne. Il en va de même en ce qui concerne leur aspect au regard de la primauté. Notion étroitement liée au principe hiérarchique, la primauté désigne ce qui est premier, ce qui vient au premier rang et est lié à l'idée de supériorité[102].

Tout d'abord, il y a lieu de constater qu'au sein de l'ordre juridique national, la Constitution est au sommet de la hiérarchie des normes internes.

---

[99] M. GUYOMAR, D. SIMON, « La hiérarchie des normes en Europe », *Gazette du Palais*, n°42 - 43, 2009, pp. 256 - 260, (p. 256).

[100] P. BRUNET, « L'articulation des normes Analyse critique du pluralisme ordonné », *in L'influence du droit européen sur les catégories du droit public*, *op. cit.*, p. 200.

[101] O. JACOT - GUILLARMOD, « La hiérarchie des règles dans l'ordre juridique constitutionnel de l'Union européenne », *in De la Constitution : études en l'honneur de Jean - François Aubert*, Bâle Francfort - sur - le - Main : Helbing & Lichtenhahn, 1996, pp. 41 - 55, (p. 41).

[102] B. BONNET, *Repenser les rapports entre ordres juridiques*, *op. cit.*, p. 73. Cf. A. REY et J. REY - DEBOVE (dir.), *Le Petit Robert, Dictionnaire alphabétique et analogique de la langue française*, Paris : Le Robert, 2010, p. 2021, qui définissent la primauté comme « supériorité de ce qui est premier » et donnent comme synonymes les mots prédominance, prééminence, prépondérance, supériorité, suprématie et J. FLORENT, C. GIRAC - MARINIER (dir.), *Le Petit Larousse illustré 2014*, Paris : Larousse, p. 925, qui définissent la primauté comme « supériorité de rang ; prééminence ».

La Constitution confère aussi une place aux deux droits européens dans l'ordre interne. Elle situe l'ordre externe dans son propre ordonnancement[103]. C'est pourquoi la place du droit international dans l'ordre interne, même la place qui lui confère une valeur égale à celle de la Constitution, doit découler du texte constitutionnel lui - même, qu'il s'agisse du texte originaire ou du texte issu d'une révision constitutionnelle *ad hoc*.

Respectivement, la primauté du droit international est expressément énoncée par l'article 27 de la Convention de Vienne qui prévoit qu'une partie ne peut invoquer son droit interne pour s'exonérer de l'exécution du traité[104]. Les deux droits européens, droit de l'UE et droit de la Convention EDH, qui s'inscrivent dans le droit international, ne sont pas pourtant rattachés qu'à ce visa.

Bien que le principe hiérarchique et consécutivement l'exigence de leur primauté sur l'ordre interne soient absents tant des traités de l'Union européenne que de la Convention EDH, des affirmations jurisprudentielles plus ou moins explicites tendent à les confirmer. À cet égard, le Traité instituant une Constitution pour l'Europe contenait une déclaration de primauté du droit de l'UE (article I - 6 TECE). Toutefois, le traité de Lisbonne n'a pas repris cette disposition et se borne à renvoyer à la jurisprudence de la Cour de justice[105]. De cette façon, et avec une

---

[103] D. de BECHILLON, *Hiérarchie des normes et hiérarchie des fonctions normatives de l'Etat*, *op. cit.*, p. 268.

[104] Article 27 alinéa 1er de la Convention de Vienne sur le droit des traités entre Etats et organisations internationales ou entre organisations internationales (1969) : « *Un Etat partie à un traité ne peut invoquer les dispositions de son droit interne comme justifiant la non - exécution du traité* ».

[105] Seule la déclaration n°17 fait référence à la primauté : « *La Conférence rappelle que, selon une jurisprudence constante de la Cour de justice de l'Union européenne, les traités et le droit adopté par l'Union sur la base des traités priment sur le droit des États membres, dans les conditions définies par ladite jurisprudence. En outre, la Conférence a décidé d'annexer au présent Acte final l'avis du Service juridique du Conseil sur la primauté tel qu'il figure au document 11197/07 (JUR 260)* ». cf. aussi l'avis du Service juridique du Conseil du 22 juin 2007 : « *Il découle de la jurisprudence de la Cour de justice que la primauté du droit communautaire est un principe fondamental dudit droit. Selon la Cour, ce principe est inhérent à la nature particulière de la Communauté européenne. À l'époque du premier arrêt de cette jurisprudence constante (arrêt du 15 juillet 1964 rendu dans l'affaire 6/64, Costa contre ENEL (1), la primauté n'était pas mentionnée dans le traité. Tel est toujours le cas actuellement. Le fait que le principe de primauté ne soit pas inscrit dans le futur traité ne modifiera en rien l'existence de ce principe ni la jurisprudence en vigueur de la Cour de justice.(1) "Il [en] résulte (...) qu'issu d'une source autonome, le droit né du traité ne pourrait donc, en raison de sa nature spécifique originale, se voir judiciairement opposer un texte interne quel qu'il soit, sans perdre son caractère communautaire et sans que soit mise en cause la base juridique de la Communauté elle - même"* ».

formulation moins solennelle que celle prévue dans le TECE, le principe de primauté demeure toujours un principe jurisprudentiel, reconnu exclusivement par la Cour de justice qui affirme le caractère consubstantiel du principe de primauté à l'existence même de l'ordre juridique européen[106].

Pour autant, le principe de primauté ne règle pas uniquement les relations entre les normes juridiques, il organise surtout le domaine des compétences, plus spécifiquement la compétence des organes étatiques dans l'application des règles de l'UE, et ce au détriment même des règles nationales de tous les niveaux[107]. En effet, il exclut la possibilité pour un État membre d'opposer au droit de l'UE les droits garantis par la Constitution nationale. La primauté du droit de l'UE est solennellement énoncée à partir du célèbre arrêt *Costa contre E.N.E.L.*[108] puis elle a évolué principalement avec les arrêts *Internationale Handelsgesellschaft*[109] *et Simmenthal*[110]. Selon la jurisprudence de la Cour de justice de l'Union européenne, la primauté dispose donc d'un caractère général[111] dès lors que les règles de l'UE priment toutes les normes nationales.

Son raisonnement est fondé sur la spécificité du droit de l'UE par rapport au droit international classique[112]. Le but de l'affirmation du principe de primauté, du point de vue du droit de l'UE, est simple : la garantie de l'unité et de l'efficacité du droit de l'UE de sorte que la validité des actes arrêtés par les institutions de la Communauté ne saurait être appréciée qu'en fonction du

---

[106] A. DIETRIECH, « Nature juridique de l'Union européenne et Conseil constitutionnel », *in* G. ECKERT, (dir.), *Incidences du droit communautaire sur le droit public français*, Strasbourg : Presses universitaires de Strasbourg, 2007 pp. 39 - 62, (p. 41).

[107] L. PAPADOPOULOU, *Constitution nationale et droit communautaire, La question de primauté,* é Athènes - Komotini : éd. A. Sakkoulas, 2009, p. 243.

[108] CJCE, 15 juillet 1964, *Costa contre E.N.E.L.*, aff. 6/64, Rec. 1964, p. 11411, cf. commentaire M. KARPENSIF, C. NOURISSAT (dir.), *Les grands arrêts de la jurisprudence européenne*, Paris : PUF, 2010, pp. 15 - 20.

[109] CJCE, 17 décembre 1970, *Internationale Handelsgesellschaft*, aff. 11/70, Rec. 1970, p. 1125.

[110] CJCE, 9 mars 1978, *Simmenthal*, aff. 106/72, Rec. 1978, p. 629. cf. commentaire M. KARPENSIF, C. NOURISSAT (dir.), *Les grands arrêts de la jurisprudence européenne, op. cit.*, pp. 82 - 85.

[111] G. CANIVET, « Constitution nationale et Europe. La dialectique du Un et du Deux », *in Constitutions et pouvoirs : mélanges en l'honneur de Jean Gicquel*, Paris : Montchrestien, 2008, pp. 73 - 96, (p. 76).

[112] Notamment CJCE, *Costa contre E.N.E.L.*, précité, p. 1160 : « *que le transfert opéré par les Etats de leur ordre juridique interne au profit de l'ordre juridique communautaire, des droits et obligations correspondant aux dispositions du traité, entraîne...une limitation définitive de leurs droits souverains contrez laquelle ne saurait prévaloir un acte unilatéral ultérieur incompatible avec la notion de communauté* ».

droit de l'UE et non pas en fonction de règles ou notions juridiques du droit national[113].

Contrairement au droit de l'UE, et surtout à la jurisprudence de la CJUE qui soutient depuis longtemps la primauté de celui - ci sur le droit national, aucune jurisprudence équivalente explicite n'a été rendue par la Cour de Strasbourg. Ce système conventionnel « n'a jamais connu son arrêt Costa »[114]. Toutefois, la Cour de Strasbourg, chargée en dernier ressort du respect des droits garantis par la Convention, assure aussi la primauté de la Convention sur les normes internes, quelles que soient leur nature et la qualité de l'organe dont ils émanent[115].

La Convention l'emporte alors clairement sur les actes constitutionnels comme la jurisprudence de la Cour de Strasbourg semble le confirmer[116]. La Cour EDH est amenée à constater que la Convention « *ne fait aucune distinction quant au type de normes ou de mesures en cause et ne soustrait aucune partie de la 'juridiction' des États membres à l'empire de la Convention. C'est donc par l'ensemble de leur 'juridiction' – laquelle, souvent, s'exerce d'abord à travers la Constitution – que lesdits États répondent de leur respect de la Convention* »[117]. Au fil des années, elle confirmera solennellement ce considérant en entreprenant le contrôle de l'activité des juridictions constitutionnelles nationales[118].

En raison de cette activité de la Cour, et déjà très tôt et depuis les années quatre - vingts[119], une discussion sur sa « fonction constitutionnelle »[120] a été

---

[113] G. CANIVET, « 'Constitution nationale et ordre juridique communautaire' 'contre - éloge de la tragédie' », *in* J. - Cl. MASCLET et al. (dir.), *L'Union européenne. Union de droit, union des droits, Mélanges en l'honneur du Professeur Philippe Manin,* Paris : éd. A. Pédone, 2010, pp. 611 - 624, (p. 613).

[114] D. SZYMCZAK, « L'identité constitutionnelle dans la jurisprudence conventionnelle », *in* L. BURGORGUE - LARSEN (dir.), *L'identité constitutionnelle saisie par les juges en Europe*, Paris : éd. A. Pédone Paris, 2011, pp. 45 - 60, (p. 51).

[115] F. SUDRE, *Droit européen et international des droits de l'homme, op. cit.*, p. 201 voir aussi les arrêts Cour EDH, plénière, 29 octobre 1992, *Open Door et Dublin Welle woman contre Irlande*, n^{os}14234/88 et 14235/88, §72 et Cour EDH, plénière, 23 juin 1993, *Ruiz Mateos contre Espagne*, n°12952/87, §24.

[116] Voir en guise d'exemple les arrêts Cour EDH, *Open Door et Dublin Welle woman contre Irlande*, précité et Cour EDH, Grande chambre, 30 janvier 1998, *Parti communiste unifié de Turquie et autres contre Turquie*, n°19392/92.

[117] Cour EDH, *Parti communiste unifié de Turquie et autres contre Turquie*, précité, §29.

[118] Voir en guise d'exemple les arrêts Cour EDH, *Ruiz Mateos contre Espagne*, précité et Cour EDH, Grande chambre, 28 octobre 1999, *Zielinski et Pradal et Gonzalez et autres contre France*, n°s 24846/94 et 34165/96 à 34173/96.

[119] Cf. les citations sur J. - Fr. FLAUSS, « Droit constitutionnel et Convention européenne des Droits de l'Homme 1ere partie, Le droit constitutionnel national devant les instances de contrôle de la Convention européenne des Droits de l'Homme », *RFDC*, n°30, 1997, pp. 377 - 399, (p. 377). Et plus récemment A.

initiée. Il est incontestable que la mission première du juge européen, à savoir la protection des droits fondamentaux, figure parmi les missions des cours constitutionnelles[121]. Toutefois, malgré le dynamisme de sa jurisprudence, la Cour européenne se distingue clairement des Cours constitutionnelles quant à sa structure, sa composition, mais aussi son fonctionnement[122], et notamment du fait des solutions dégagées dans ses arrêts et des effets qu'ils engendrent[123]. Concrètement, le fait que la Cour européenne ne puisse pas se prononcer sur l'annulation d'une loi ou d'un règlement national qui viole la Convention constitue la différence majeure, quant à son fonctionnement, par rapport à celui d'une cour constitutionnelle nationale[124].

Pour autant, il est indéniable que la Cour de Strasbourg est chargée d'un « contrôle européen »[125] dont les résultats sont considérables et apparaissent au travers d'une jurisprudence relative à l'ordre européen des droits de l'homme : « Gardienne et praticienne d'un corps normatif (la Convention et ses protocoles), qu'elle a d'ailleurs toujours interprété d'une façon très

---

STONE SWEET, « Sur la Constitutionnalisation de la Convention européenne des droits de l'homme : cinquante ans après son installation, la Cour européenne des droits de l'homme conçue comme une Cour constitutionnelle », *op. cit.* et G. MARTINICO, « Is the European Convention going to be supreme ? A comparative - constitutionnal overview of ECHR and EU law before National Courts », *op. cit.*

[120] L. GARLICHI, « Contrôle de constitutionnalité et contrôle de conventionnalité sur le dialogue des juges », *in La conscience des droits, mélanges en l'honneur de Jean - Paul Costa*, Paris : Dalloz, 2011, pp. 271 - 280, (p. 271). Voir aussi sur la même problématique J. - P. COSTA, « La Cour européenne des Droits de l'Homme est - elle une Cour constitutionnelle », *in Constitutions et pouvoirs : mélanges en l'honneur de Jean Gicquel*, Paris : Montchrestien, 2008, pp. 145 - 156.

[121] L. FAVOREU, « Les Cours de Luxembourg et de Strasbourg ne sont pas des Cours constitutionnelles », *in Mélanges en l'honneur de Louis Dubouis*, 2002, Paris : Dalloz, pp. 35 - 45, (p. 44).

[122] *loc. cit.*

[123] J. - P. COSTA, « La Cour européenne des Droits de l'Homme est - elle une Cour constitutionnelle », *op. cit.*, pp. 147 - 149.

[124] Néanmoins, selon l'avis d'A. STONE SWEET, plus un Etat aura incorporé la Convention dans son ordre interne, en la considérant directement applicable, et plus cet Etat aura conféré à la Convention un rang supra législatif, moins cette objection que la Cour ne dispose pas du pouvoir d'annulation des normes et des actes nationaux est importante, voir A. STONE SWEET, « Sur la Constitutionnalisation de la Convention européenne des droits de l'homme : cinquante ans après son installation, la Cour européenne des droits de l'homme conçue comme une Cour constitutionnelle », *op.cit.*, p. 934.

[125] J. - P. COSTA, « La Cour européenne des Droits de l'Homme est - elle une Cour constitutionnelle », *in Constitutions et pouvoirs : mélanges en l'honneur de Jean Gicquel*, *op. cit.*, p. 156.

évolutive et dynamique, la Cour de Strasbourg veille à sa cohérence et à sa primauté »[126].

À l'instar de la Cour EDH, la CJUE, ne peut pas être qualifiée non plus de Cour constitutionnelle en raison de l'absence d'une constitution formelle par rapport à laquelle elle exercera son contrôle ainsi qu'en raison du mode de désignation de ses membres[127]. Néanmoins, c'est en vertu de son fonctionnement que la Cour de justice se constitutionnalise[128] ; son fonctionnement porte sur l'interprétation authentique du droit de l'UE ainsi que sur une « panoplie » des voies de droit dont elle dispose[129].

Dans un contexte plus général, le principe hiérarchique est un outil essentiel dans la résolution des conflits de normes. Il suppose un agencement pyramidal des normes qui fait dépendre la validité de chaque norme de sa conformité formelle aux conditions émises par la norme supérieure[130]. Cette conception pyramidale ne peut raisonnablement être utilisée dans un milieu européen au sein duquel il existe plusieurs ordres juridiques certes imbriqués, mais distincts. C'est pourquoi même si la pyramide des normes telle que conçue chez Kelsen « est toujours debout »[131], son application se limite aux frontières d'un ordre juridique.

« La » hiérarchie ne peut pas alors être affirmée[132]. Il existe en réalité une pluralité des hiérarchies. Des auteurs ont déjà proposé une lecture éloignée de la conception pyramidale des normes qui correspond à un système vertical des rapports et qui semble inefficace pour régir le développement parallèle de systèmes différents. La logique du « réseau » est alors susceptible de se substituer à la conception pyramidale et semble plus

---

[126] *loc. cit.*

[127] Cf. L. FAVOREU, « Vers une justice constitutionnelle communautaire ? » *in* J. - V. LOUIS, D. WAELBROECK, *Le Parlement européen dans l'évolution institutionnelle*, Bruxelles : Editions de l'Université de Bruxelles, 1989, pp. 233 - 249, (p. 245) et L. FAVOREU, « La notion de Cour constitutionnelle » *in* A. AUER, P. ZEN - RUFFINEN (dir.), *De la Constitution : études en l'honneur de Jean - François Aubert*, Bâle Francfort - sur - le - Main : Helbing & Lichtenhahn, 1996, pp. 15 - 27, (p. 25).

[128] A. STONE SWEET, « The european court of justice », *in* P. CRAIG, Gr. De BURCA (dir.), *The evolution of EU law*, Oxford: university press, 2e éd., 2011, pp. 121 - 153, (p. 128 et suiv.)

[129] H. GAUDIN, « La Cour de justice, juridiction constitutionnelle », *RAE*, n°3, 2000 pp. 209 - 222, (p. 215).

[130] Pour la formulation du principe, cf. H. KELSEN, *Théorie pure du droit*, *op. cit.*, p. 224.

[131] M. TROPER, « La pyramide est toujours debout ! Réponse à Paul Amselek », *RDP*, n°6, 1978, pp. 1523 - 1536.

[132] V. CHAMPEIL - DESPLATS, « Hiérarchie des normes, principe justificatif de la suprématie de la Constitution », *in* M. TROPER, D. CHAGNOLAUD (dir.), *Traité international de droit constitutionnel*, *t. 1. Théorie de la Constitution*, Paris : Dalloz, 2012, pp. 733 - 764, (p. 737).

pertinente pour apporter des réponses face au « droit polycentrique »[133]. Toutefois, elle peut s'avérer relativement faible pour réglementer les rapports lorsque la conception « hypercomplexe » qui régit les ordres juridiques passe d'une logique d'articulation à une logique de confrontation qui mérite une régulation[134].

La conception des rapports de systèmes s'appréhende plus aisément dans un processus visant à « maintenir une séparation, sans imposer la fusion, et pourtant construire quelque chose comme un ordre, ou un espace ordonné »[135]. Dans ce cadre, la réglementation des conflits pourrait être conçue comme un « champ ouvert et hétérogène organisé selon des conceptions multiples comme des lignes de fuite ou des rhizomes »[136].

Il faut donc admettre que la conception pyramidale, telle que présentée tout d'abord chez Kelsen[137], ne constitue qu'une alternative dans la multiplicité des solutions, qui peuvent également se construire selon des logiques de réseaux et de pluralisme[138]. Face à ces «hiérarchies discontinues »[139], il est néanmoins toujours possible d'éviter la discordance des solutions.

B. La concordance des solutions non hiérarchisées

« En l'absence de rapports hiérarchisés clairement établis entre les différentes normes applicables », il incombe principalement aux juges, chacun dans son propre champ de compétences, de « dégager les lignes directrices leur permettant d'assurer une homogénéité d'ensemble du droit applicable »[140].

---

[133] Fr. OST, M. van der KERCHOVE, *De la pyramide au réseau ? Pour une théorie dialectique du droit*, Bruxelles : Facultés universitaires Saint - Louis, 2002, p. 12.

[134] Voir à ce propos, M. DELMAS - MARTY, *Le pluralisme ordonné*, Paris : éd. du Seuil, 2006, pp. 279 - 280 et J. - P. JACQUE, « L'instabilité des rapports de système entre ordres juridiques », *op. cit.*, p. 6.

[135] M. DELMAS - MARTY, *Le pluralisme ordonné*, *op. cit.*, p.26.

[136] M. DELMAS - MARTY, « Les nouveaux lieux et les nouvelles formes de régulation des conflits », texte disponible sur le site du réseau européen Droit & Société : http://www.reds.msh - paris.fr/communication/textes/cplx01.htm.

[137] H. KELSEN, *Théorie pure du droit*, *op. cit.*

[138] Pour un regard synthétique de différentes approches sur les constructions en réseaux, pyramides ou pluralisme, cf. J. VANDERLINDEN, *Les pluralismes juridiques*, Bruxelles : Bruylant, 2013, p. 201 et suiv.

[139] M. DELMAS - MARTY, *Pour un droit commun*, Paris : éd. du Seuil, 1994, p. 92 et s.

[140] M. GUYOMAR, D. SIMON, « La hiérarchie des normes en Europe », *op. cit.*, 257. Cf. aussi à ce propos Th. PAPADIMITRIOU, *La régulation des rapports entre l'ordre constitutionnel français et l'ordre juridique de l'Union européenne par le Conseil constitutionnel*, *op. cit.*, pp. 3 - 4.

Toutefois, comme il a déjà été affirmé, « chaque hiérarchie a sa logique propre, ses étalons et sa norme suprême »[141]. Ceci n'est pas *a priori* incompatible avec la coexistence d'ordres juridiques différents et distincts. Or, la multiplicité des concepts hiérarchiques commence à susciter des problèmes dans des hypothèses concrètes qui impliquent des passages d'une hiérarchie des normes à une autre[142]. Il s'agit des hypothèses où dans un contexte donné, l'application du droit est envisagée à des niveaux différents ce qui emporte le passage d'un niveau hiérarchique défini au sein d'un ordre juridique donné à un niveau hiérarchique qui se trouve dans un ordre juridique différent.

Ainsi, une norme issue du droit national peut être appliquée au niveau interne où elle obéit à la hiérarchie des normes interne, mais elle peut aussi être appliquée au niveau européen par l'une des deux Cours européennes. Une norme issue du droit de l'UE ou du droit de la Convention EDH est susceptible d'application et d'interprétation soit par la Cour de justice de l'Union européenne soit aussi par la Cour européenne des droits de l'homme, mais elle est aussi appliquée dans l'ordre interne par le juge national.

Le juge a, dans la plupart des cas, la capacité de concilier les normes données, anticipant le « passage » d'une hiérarchie définie dans un ordre à une hiérarchie définie dans un autre ordre, en recourant à des outils juridiques pertinents tels que l'interprétation conforme. Dans ce cas, la coexistence de plusieurs hiérarchies au sein des différents ordres juridiques n'affecte pas l'application du droit.

Or, dans ces hypothèses, des incompatibilités au moment de l'application du droit dans un contexte autre que celui initialement conçu peuvent émerger. La pluralité des contextes ainsi que le nombre des circonstances particulières susceptibles de mobiliser l'application du droit national ou européen à un niveau différent de celui qui était initialement prévu ne permet pas de développer toutes les solutions possibles.

Il convient néanmoins de remarquer que les constructions susmentionnées, à savoir les constructions pyramidales, en réseau, mais aussi les approches monistes, dualistes[143], tentent de proposer un cadre de

---

[141] B. BONNET, *Repenser les rapports entre ordres juridiques*, *op. cit.*, p. 40.

[142] Voir en la matière article de J. - S. BERGE, « De la hiérarchie des normes au droit hiérarchisé : figures pratiques de l'application du droit à différents niveaux », *Journal du droit international*, n°1, 2013, pp. 3 - 25.

[143] Pour une présentation synthétique des différentes thèses dualistes et monistes, voir par exemple A. BERRAMDANE, *La hiérarchie des droits : Droits internes et droits européen et international*, Paris Budapest Torino : l'Harmattan, 2002, p. 17 et suiv. et J. COMBACAU, « Sources internationales et européennes du droit constitutionnel », *in* M. TROPER, D. CHAGNOLAUD (dir.), *Traité international de droit constitutionnel, t. 1. Théorie de la Constitution*, Paris : Dalloz, 2012, pp. 405 - 439, (pp. 410 - 413).

résolutions des conflits. Toutefois, cette approche n'est pas susceptible d'apporter des solutions concrètes compte tenu de la multiplicité des rapports de systèmes.

Au regard des termes du dialogue de l'ordre juridique constitutionnel avec les deux droits européens, il incombe surtout au juge national, en ce qui concerne la relation de la Constitution avec les droits européens, d'exercer un pouvoir créateur en maintenant les liens entre les normes constitutionnelles et les normes et principes européens[144]. Si les juges européens demeurent centrés sur une interprétation systémique et téléologique[145] en cherchant à garantir la primauté des droits européens, le juge interne, centré sur une interprétation systémique, mais tenant à l'interprétation conforme, peut dissoudre ou prévenir les antinomies en évitant de tirer d'une disposition textuelle une norme qui serait incompatible avec une autre norme issue d'un autre système.

Il lui incombe alors, dans un premier temps, de chercher la conciliation des normes constitutionnelles avec les normes européennes en dépassant les rapports hiérarchiques et en évitant le passage des normes internes au niveau européen où les liens hiérarchiques sont différents de ceux retenus. C'est au juge interne que revient la tâche d'examiner la constitutionnalité d'une loi, sa conventionnalité, mais aussi la compatibilité des engagements européens avec la norme constitutionnelle. Il s'agit de notions qui bien que descriptives ont toutefois un contenu très important. Le rapport de constitutionnalité correspond à la relation de subordination d'une règle législative à une règle constitutionnelle. C'est au juge national qu'il revient d'accomplir ce contrôle de constitutionnalité.

La question s'avère plus complexe quant au terme choisi pour décrire la tâche du juge national lorsqu'il contrôle la conformité d'une disposition législative avec les engagements internationaux. Dans ce cas, sera choisi le terme de « contrôle de conventionnalité »[146]. Dans le cadre de cette étude, le terme « contrôle de conventionnalité » correspond *lato sensu* au contrôle d'une loi par rapport au droit de l'UE et au droit de la Convention EDH. Il s'agit d'un contrôle qui se distingue du contrôle de constitutionnalité parce que le juge interne s'appuie sur des normes de référence différentes de celles qui relèvent du contrôle de constitutionnalité[147].

---

[144] B. MATHIEU, *Constitution : rien ne bouge et tout change, op. cit.*, p. 120.

[145] P. BRUNET, « L'articulation des normes Analyse critique du pluralisme ordonné », *in L'influence du droit européen sur les catégories du droit public, op. cit.*, p. 206.

[146] P. AVRIL, J. GICQUEL, *Lexique de droit constitutionnel*, Paris : PUF, 2013, p. 33.

[147] E. ZOLLER, *Introduction au droit public*, Paris : Dalloz, 2e éd., 2013, pp. 197 - 199 qui justifie sur le plan théorique que le contrôle de constitutionnalité et le contrôle de conventionnalité sont deux contrôles distincts.

Le contrôle exercé prend une autre dimension lorsque le juge opère le contrôle de la conformité d'un engagement international avec la Constitution elle - même. C'est ici qu'il y a un risque de tenter de hiérarchiser les normes. Dans ce dernier cas, qui est plus exceptionnel par rapport au contrôle de conventionnalité, le juge est appelé à exercer un contrôle de compatibilité des engagements internationaux avec la Constitution elle - même. C'est alors le terme « contrôle de compatibilité » qui est le plus pertinent. En effet, le terme « contrôle de conformité » paraît inadéquat pour deux raisons. D'une part, le terme de conformité renvoie à « un rapport positif entre deux objets parfaitement individualisés [...]. La conformité définit [...] une régularité positive »[148]. D'autre part, même si on peut parler de « compatibilité » entre deux objets particularisés, « la compatibilité peut aussi bien être envisagée comme un rapport négatif et se vérifier ou s'apprécier entre un objet particulier et un objet global »[149]. Elle définit ainsi une régularité négative et décrit le rapport entre deux normes qui ne sont pas en contradiction entre elles.

La conformité entraîne nécessairement la compatibilité. L'objet conforme est par essence objet compatible. Ainsi, si par exemple en termes d'exercice de contrôle de constitutionnalité, le caractère de conformité est exigé avec une règle spécifique, cela inclut aussi effectivement sa compatibilité avec ladite règle. Or, la réciproque n'est pas vraie. La notion de compatibilité n'inclut nullement celle de conformité[150].

Dans ce contexte, on entend par contrôle de compatibilité des engagements nationaux avec la Constitution, leur *non-contrariété* avec les règles et principes constitutionnels. Exigence moindre par rapport à celle de conformité qui implique comme conséquence non seulement la non-contrariété, mais aussi la similitude des normes produites ce qui renvoie aussi à une notion de subordination dans le sens où parmi les deux objets compatibles l'un doit servir de modèle à l'autre, être reproduit ou réalisé par lui. La conformité est ainsi liée à un contrôle exercé sur les normes produites au sein du même ordre juridique ce qui implique le lien de cette notion avec le contrôle de constitutionnalité : les règles législatives doivent être conformes aux règles constitutionnelles[151]. Toutefois, il semble plus pertinent de considérer que l'objet du contrôle opéré sur les normes internationales est d'assurer la compatibilité des celles - ci avec la norme

---

[148] Ch. EISENMANN, *Le droit administratif t le principe de légalité*, Paris : imprimerie nationale, 1957, p. 31.

[149] *loc. cit.*

[150] *ibid.*, p. 32.

[151] Pour le rapport de constitutionnalité et la conception de la notion de conformité cf. L. FAVOREU, « Le principe de constitutionnalité, essai de définition d'après la jurisprudence du Conseil constitutionnel », *in Recueil d'études en hommage à Charles Eisenmann*, Paris : éditions Cujas, 1977, pp. 33 - 48, (pp. 41 - 47).

suprême nationale, l'une et l'autre étant le fruit d'une production normative autonome[152].

Dans ce dernier cas, l'examen de la compatibilité des traités par les Cours constitutionnelles peut conclure à la nécessité d'une révision de la Constitution, mais peut aussi se résumer à l'établissement de limites par le juge interne, et notamment les limites liées à l'exercice de la souveraineté nationale ou à la protection de l'identité constitutionnelle de l'État concerné.

Le développement de cette étude privilégiera la présentation des exemples les plus probants et il faudra, notamment, mettre l'accent sur une solution qui soit cohérente avec le bon fonctionnement des trois ordres juridiques imbriqués et qui traite de l'application du droit d'un ordre juridique à l'autre. Dans les hypothèses abordées ici, « c'est le passage d'une application du droit dans le contexte national à une application du droit dans le contexte international et *vice versa* qui permet de dessiner une voie potentielle de passage d'une hiérarchie définie à un niveau à une hiérarchie définie à un autre niveau »[153]. À côté de la multiplicité des rapports, on observe une pluralité des logiques hiérarchiques ce qui produit une imbrication complexe des systèmes. Il faudra donc analyser les rapports au cas par cas en adoptant un point de vue opérationnel de la norme, et non pas dogmatique.

Il faut en effet mettre l'accent sur la *priorité d'application* d'une norme externe au sein d'un ordre juridique et non pas s'appuyer sur des théories hiérarchiques. La hiérarchie entraîne mécaniquement la prévalence de la norme externe sur des normes issues du même ordre juridique. Or, cela ne relève pas d'une question de primauté. La primauté, telle que conçue ci-dessus, peut être affirmée et exigée au sein d'un même ordre juridique. Ainsi, dans le cadre de la coexistence de plusieurs ordres juridiques, primauté européenne et suprématie constitutionnelle peuvent coexister. La suprématie de la Constitution est affirmée et solennellement protégée. Néanmoins, pour assurer l'application uniforme de la règle commune à laquelle les États ont consenti, il est plus important de s'attacher à la cohérence qu'à la supériorité[154]. Parfois, l'application de la Constitution cède devant l'exigence d'application d'une norme issue d'un des deux droits européens.

---

[152] B. MATHIEU, A. LEVADE, « L'internationalisation du droit constitutionnel acteurs - domaines - techniques », *Revue européenne de droit public*, n°1, 2006, pp. 161 - 214, (p. 169).

[153] J.-S. BERGE, « De la hiérarchie des normes au droit hiérarchisé : figures pratiques de l'application du droit à différents niveaux », *op. cit.*, p. 7.

[154] T. OLSON, P. CASSIA, *Le droit international, le droit européen et la hiérarchie des normes*, Paris : PUF, 2006, p. 8.

III. La place de l'ordre constitutionnel national dans les rapports de systèmes

Le point de vue dans lequel s'inscrit la problématique relative à l'étude des rapports de systèmes est l'ordre constitutionnel national. Le rôle de la Constitution, miroir de la construction européenne dans l'ordre interne, ainsi que le rôle du juge national face à la conciliation des normes internes et externes sont au cœur de l'analyse.

Afin d'arriver à des constats précis et à des propositions institutionnelles qui peuvent régir les rapports de systèmes, cette étude s'appuiera essentiellement sur l'étude de l'ordre juridique grec (A). S'appuyant sur des outils méthodologiques adéquats (B), il y a lieu de construire une problématique qui porte sur le fonctionnement des rapports de systèmes (C) suivant un plan d'étude en deux parties (D).

A. L'intérêt de l'ordre juridique grec dans le cadre de la problématique

L'ordre constitutionnel grec suscite l'intérêt juridique pour cette étude sur les rapports entre l'ordre constitutionnel et les ordres européens. D'une part, pour des raisons scientifiques qui portent sur les caractéristiques spécifiques de la Constitution nationale et du système procédural grec. Et d'autre part, pour des raisons d'actualité qui portent sur la transformation du fonctionnement traditionnel des institutions de l'ordre juridique national, après la crise financière qui a affecté la Grèce à partir de 2010.

En ce qui concerne l'intérêt scientifique, après la chute du régime de colonels, en 1974, la Grèce a adopté en juin 1975 une Constitution de 120 articles. Focalisée sur le rétablissement de la démocratie et la protection des droits fondamentaux, la Constitution grecque contient, à côté des normes destinées à instituer les organes constitutionnels et les normes habilitantes destinées à leur attribuer des compétences, un catalogue exhaustif des droits fondamentaux.

De même, la Constitution grecque présente une très grande rigidité. La procédure de révision constitutionnelle étant soumise à de nombreuses conditions procédurales[155], la Constitution n'a été révisée que trois fois depuis 1975[156]. La forme rigide de la Constitution joue un rôle important quant à la relation de la Grèce avec la construction européenne. D'une part, celle - ci plie devant les impératifs et interdits constitutionnels explicitement prévus dans la Constitution. D'autre part, la Constitution est susceptible de devenir flexible en vue de la construction européenne qui peut affecter la

[155] Article 110 de la Constitution sur la procédure de révision constitutionnelle.
[156] Il s'agit des révisions qui ont eu lieu en 1986, 2001 et 2008.

Constitution non seulement de façon expresse, à propos de sa révision, mais aussi et surtout de façon indirecte.

Ensuite, à côté des caractéristiques constitutionnelles que lui sont propres, l'ordre juridique grec opte, selon la citation de L. FAVOREU, pour « un type original de justice constitutionnelle »[157] qui se distingue de ceux des autres pays de l'Europe occidentale. Le contrôle de constitutionnalité en Grèce s'exerce uniquement *a posteriori* et présente les caractéristiques d'un contrôle diffus et concret qui s'exerce par voie d'exception et produit un effet *inter partes*. Toutefois, le contrôle de constitutionnalité devient concentré et abstrait, dans le cas d'un conflit jurisprudentiel entre les Cours suprêmes. Ainsi, le Professeur M. FROMONT range la Grèce parmi les pays qui ont « retouché le système américain »[158], en combinant les caractéristiques d'un contrôle diffus et celles d'un contrôle concentré.

Il est remarquable que la Grèce soit l'un des premiers pays à avoir adopté le système de contrôle de constitutionnalité diffus[159]. La première affirmation jurisprudentielle de la compétence des juges de contrôler la constitutionnalité des lois et des actes législatifs se trouve à la décision 23/1897 de la Cour de Cassation. Ensuite, l'institution du Conseil d'État, qui fonctionne en Grèce comme un juge constitutionnel, contribue à la création d'une jurisprudence constitutionnelle constante. Il faut noter qu'après

---

[157] L. FAVOREU, « Cours constitutionnelles nationales et Cour européenne des droits de l'homme », *in Libertés, justice, tolérance, mélanges en hommage au Doyen Gérard Cohen - Jonathan*, Bruxeles : Bruylant, 2004, pp. 789 - 811, (p. 791).

[158] M. FROMONT, « La diversité de la justice constitutionnelle en Europe », *in Droit et politique à la croisée des cultures, Mélanges Philippe Ardant*, Paris : LGDJ, 1999, pp. 47 - 59, (p. 50).

[159] L'étude historique l'a montré que les premiers pays à avoir reconnu à tous leurs juges la compétence de trancher une question de constitutionnalité dans le cadre des voies de recours, ont été les pays latino - américains. Un système de contrôle de constitutionnalité des lois diffus et incident est aussi institué aux pays scandinaves, tout d'abord en Norvège à la fin du 20e siècle et ensuite au Danemark et en Suède. Certains éléments de contrôle diffus sont aussi remarqués en Suisse, en Roumanie et au Portugal. Voir A. MANITAKIS, « Les éléments historiques du contrôle juridictionnel de constitutionnalité des lois en Grèce et ses prérequis raisonnables », *ToS*, 2003, pp. 13 - 47, (p. 22) et E. VENIZELOS, K. CHRYSOGONOS, *Le problème de la justice constitutionnelle en Grèce*, Athènes - Komotini : éd. A. Sakkoulas, 2006, pp. 64 - 102 pour une étude en droit comparé. Voir aussi dans la doctrine française, D. ROUSSEAU, *La justice constitutionnelle en Europe*, Paris : Montchrestien, 3e éd., 1998, et aussi une présentation des Cours constitutionnelles de Autriche, Allemagne, Italie, France, Espagne, Portugal, Belgique (conditions de nomination, statut de membres, fonctionnement, compétences etc.) le livre de L. FAVOREU, W. MASTOR, *Les Cours constitutionnelles*, Paris : Dalloz, 2011, ainsi que M. FROMONT, *La justice constitutionnelle dans le monde*, Paris : Dalloz, 1996, pp. 41 - 80 et C. GREWE, H. RUIZ FABRI, *Droits constitutionnels européens*, Paris :PUF, 1995, pp. 66 - 97.

l'institution du Conseil d'État par la Constitution de 1927[160], il a rendu l'arrêt 1/1929[161] qui occupe une place particulière dans l'histoire de la justice constitutionnelle grecque. Il s'agit du premier arrêt où le Conseil d'État, en exerçant un contrôle de constitutionnalité *a posteriori*, vérifie la conformité de la loi aux principes inscrits dans la Constitution.

L'idée d'instituer une Cour constitutionnelle figure parmi les idées les plus débattues au cours de deux révisions constitutionnelles[162]. Pendant la procédure révisionnelle de 2001, deux propositions étaient formulées quant au contrôle de constitutionnalité : d'une part, le projet de l'opposition parlementaire sur la centralisation du contrôle des lois au profit de la Cour suprême spéciale dénommée « Cour constitutionnelle », et d'autre part, le projet de la majorité sur la concentration du contrôle des lois au profit des Assemblées plénières des hautes juridictions[163]. Quelques années plus tard, en 2008, la France a initié une révision constitutionnelle en vue d'instaurer le contrôle de constitutionnalité *a posteriori*.

À cet égard, le Professeur D. ROUSSEAU remarque : « la Grèce connaît depuis longtemps un contrôle de constitutionnalité diffus et se pose la question de sa possible réforme au profit d'un contrôle concentré entre les mains d'une Cour constitutionnelle. La France a choisi en 1958 un contrôle concentré exercé par un Conseil constitutionnel et s'interroge depuis les années 90 sur la possibilité d'introduire un contrôle par voie préjudicielle qui donnerait aux juges ordinaires le pouvoir d'apprécier le sérieux d'une contestation en inconstitutionnalité de la loi. Les dieux de l'Olympe

---

160 Le Conseil d'État fut institué en Grèce pour la première fois en 1835. Considéré comme instrument du régime monarchique, il fut supprimé par la Constitution de 1844. La Constitution de 1864 prévoyait l'instauration du Conseil d'État mais les dispositions le concernant furent abrogées par un acte constitutionnel de 1865. Ensuite, la Constitution révisée de 1911 prévoyait à nouveau l'institution du Conseil d'État qui n'a néanmoins jamais fonctionné. Ce n'est qu'avec la Constitution de 1927 que le Conseil d'État fut institué et fonctionne depuis. Cf. E. SPILIOTOPOULOS, « L'évolution des compétences juridictionnelles du Conseil d'État en Grèce », *in Etudes en l'honneur de G. Timsit,* Bruxelles : Bruylant, 2004, pp. 569 - 577, (pp. 569 - 571).

161 I. SARMAS, *La jurisprudence constitutionnelle et administrative du Conseil d'État*, Athènes - Komotini : éd. A. Sakkoulas, 1994, pp. 11 - 20.

162 C. BACOYANNIS, « Le débat récent sur la nécessité d'une institution de justice constitutionnelle », *in Renouveau du droit constitutionnel, mélanges en l'honneur de Louis Favoreu*, Paris : Dalloz, 2007, pp. 41 - 59, (p. 42).

163 Cf. A. PANAGOPOULOS, « La révision de la Constitution hellénique et la justice constitutionnelle », *RFDC*, n°51, 2002, pp. 677 - 682 et M. PIKRAMENOS, « L'exercice du contrôle de constitutionnalité des lois, selon l'article 100 al. 5 de la Constitution, et la problématique sur l'institution d'une Cour constitutionnelle », *in* X. KONTIADIS (dir.), *5 ans après la révision constitutionnelle, appréciation et propositions pour une nouvelle révision constitutionnelle*, Athènes - Komotini : éd. A. Sakkoulas, 2006, pp. 775 - 811, (pp. 783 - 786).

pourraient sourire du tohu - bohu que soulèvent dans ces deux pays ces perspectives inversées. »[164]. Cela montre en effet que l'organisation du contrôle de constitutionnalité des lois selon tel ou tel système est le résultat de l'histoire propre d'un pays. Toutefois, l'histoire continue et peut « appeler » un autre modèle que celui initialement suivi[165].

Les propositions opposées de la réforme du système procédural, abouties en France, mais pas en Grèce suscitent l'intérêt de notre recherche. De plus, la France ayant maintenant adopté un système de contrôle juridictionnel exercé aussi *a posteriori*, ceci se rapproche au système grec qui reste depuis très longtemps centré sur l'exercice d'un contrôle juridictionnel exercé uniquement *a posteriori*. À cet égard, étudier le fonctionnement du système procédural grec et surtout les interactions de celui - ci avec les mécanismes de contrôle de deux ordres européens présente un intérêt sur une étude effectuée en France.

Enfin, l'étude de l'ordre constitutionnel grec qui est profondément affecté par la crise économique constitue un sujet d'actualité. En l'état actuel du droit, l'économie occupe une place importante en droit constitutionnel. La Grèce qui est actuellement dans une situation économique particulière doit s'adapter aux exigences issues du plan de sauvetage accordé avec le Fonds monétaire international (FMI) et l'Union européenne. Le risque de dévalorisation de la Constitution est dans ce contexte patent, avec sa soumission aux exigences économiques externes.

Le poids de la dette influence même le pouvoir du parlement national face au programme financier adopté et réduit sa marge de manœuvre[166]. De même, le rôle du juge est très complexe. D'une part, compétent dans l'exercice du contrôle de constitutionnalité et de conventionnalité des dispositions législatives votées conformément au plan de sauvetage, le juge interne devient le gardien de l'orthodoxie économique et financière. D'autre part, à propos de l'exercice juridictionnel exercé, il est appelé à veiller à la protection des droits fondamentaux. La conciliation de ces deux fonctions est difficile au sein d'un État profondément endetté et soumis à des contraintes externes. De cette façon, la crise économique et financière entre dans le champ de l'ordre constitutionnel. Elle touche ainsi aux interrogations les plus fondamentales du droit constitutionnel national, en affectant l'organisation interne, les rapports nationaux avec les ordres juridiques externes, la souveraineté nationale et en menaçant son autonomie constitutionnelle et la volonté politique.

---

[164] D. ROUSSEAU, « Faut - il une Cour constitutionnelle pour contrôler la constitutionnalité des lois », *in Constitutions et pouvoirs : mélanges en l'honneur de Jean Gicquel*, Paris : Montchrestien, 2008, pp. 465 - 474, (p. 465).
[165] *loc. cit.*
[166] B. MATHIEU, *Constitution : rien ne bouge et tout change, op. cit.*, p. 76.

Après avoir présenté l'intérêt du choix de l'ordre juridique grec, il y a lieu de proposer les outils méthodologiques de l'étude.

B. La méthode suivie

Le droit positif constitue le point de départ de toute l'analyse effectuée au sein de cette étude. En outre, les perspectives ou les appréciations en opportunité en vue de proposer des mutations institutionnelles s'appuient également sur des constatations de droit positif. Ce choix méthodologique exclut de la grille d'analyse l'approche exclusivement théorique centrée sur les arguments de théorie du droit pour aborder les questions posées.

Étude s'intéressant sur le fonctionnement effectif des différents ordres imbriqués, le matériau jurisprudentiel des deux Cours européennes, mais aussi du juge national[167] constituera l'axe de notre argumentation. En l'absence d'une Cour constitutionnelle en Grèce, toutes les juridictions, ordinaires et suprêmes sont compétentes pour l'exercice de contrôle diffus de constitutionnalité et de conventionnalité des lois. Les juridictions suprêmes de Grèce sont le Conseil d'État, la Cour de Cassation et la Cour des comptes. De plus, la Cour suprême spéciale constitue une juridiction suprême saisie *ad hoc*. Alors que le système juridictionnel de contrôle des lois en Grèce est diffus et incident, la Cour suprême spéciale exerce un contrôle concentré et abstrait intervenant pour juger les contestations sur l'inconstitutionnalité d'une loi formelle, au cas où le Conseil d'État, la Cour de cassation ou la Cour des comptes auraient prononcé des arrêts contradictoires au même sujet. Les compétences de la Cour suprême sont prévues de façon limitative à l'article 100 de la Constitution. Par conséquent, dans le cadre de sa jurisprudence, la Cour suprême spéciale détermine aussi par autolimitation ses compétences face aux trois Cours suprêmes[168].

Face à un *corpus* jurisprudentiel considérable, il est opportun de privilégier l'étude de la jurisprudence des juridictions suprêmes, plutôt que la jurisprudence rendue par les Cours de première instance et les Cours d'appel. C'est surtout les juridictions suprêmes qui opèrent dans leurs jugements un contrôle de constitutionnalité et de conventionnalité.

---

[167] De manière à privilégier la présentation des différents exemples jurisprudentiels seront avancées autant que nécessaires pour l'analyse les références aux articles doctrinaux ainsi qu'à leurs commentaires.

[168] E. VENIZELOS, K. CHRYSOGONOS, *Le problème de la justice constitutionnelle en Grèce*, *op. cit.*, p. 59 et G. GERAPETRITIS, « Equilibre des pouvoirs et interventionnisme juridique : esquisses comparées sur le fonctionnement du Conseil d'État grec et de la Cour suprême fédérale des Etats - Unis », *in livre jubilaire pour les 75 ans du Conseil d'État grec*, Athènes - Thessalonique : éd. Sakkoulas, 2004, pp. 197 - 227 (p. 198).

Toutefois, d'une part, l'étude de la jurisprudence de la Cour des comptes ne semble pas opportune en raison du champ limité des compétences de la Cour[169]. D'autre part, il en va de même pour la Cour de cassation dont la saisine demeure assez exceptionnelle. Au contraire, devant le Conseil d'État, l'accès est plus direct. Parmi les compétences du Conseil d'État explicitement prévues par la Constitution[170], la compétence la plus essentielle est l'annulation des actes des autorités administratives[171]. Ainsi, le Conseil d'État, juge de droit commun pour le contentieux d'annulation il exerce le contrôle de constitutionnalité et de conventionnalité de façon interne et couvre un champ très élargi[172]. À l'égard du contrôle exercé, le Conseil d'État interprète la Constitution et les normes faisant l'objet du contrôle de conventionnalité de façon exhaustive[173]. Ainsi, il adopte des interprétations très constructives contribuant à la mise au point de nouveaux champs de l'interprétation constitutionnelle sans s'attacher strictement à la lettre de la Constitution[174]. L'exhaustivité de son contrôle est marquante à la fois quant aux jugements qui confirment la conventionnalité et constitutionnalité des lois et quant aux jugements qui concluent sur leur inconstitutionnalité et inconventionnalité d'une règle législative.

De cette façon, le Conseil d'État est un organe d'attribution de la justice constitutionnelle[175] et le vecteur principal de la garantie de l'état de droit[176].

---

[169] V. SKOURIS, E. VENIZELOS, *Le contrôle juridictionnel de la constitutionnalité des lois*, Athènes - Komotini, éd. A. Sakkoulas, 1985, pp. 66 - 67. Cf. aussi article 98 de la Constitution pour les compétences de la Cour des comptes.

[170] Ph. VEGLERIS, « Les caractéristiques du Conseil d'État grec », *in Livre jubilaire pour le Conseil d'État grec, 1929 - 1979*, Athènes - Thessalonique : éd. Sakkoulas, 1979, pp. 13 - 43, (p. 21).

[171] Article 95 de la Constitution. Cf. Aussi E. SPILIOTOPOULOS, *Manuel de droit administratif, t. 2,* Athènes : éd. Nomiki Vivliothiki, 2011, n°449 et Th. VEGLERIS, *Le Conseil d'État : étude de droit public,* Athènes : éd. Tzaka - Delagrammatika, 1963, pp. 11 - 14 où l'auteur met l'accent sur le rôle du Conseil d'État en tant qu'organe juridique mais aussi organe consultatif.

[172] E. VENIZELOS, « Les particularités du système grec de contrôle juridictionnel de constitutionnalité des lois : facteur d'amplification ou de limitation de contrôle ? », *ToS*, 1988, pp. 454 - 473, (p. 465).

[173] E. VENIZELOS, « Les particularités du système grec de contrôle juridictionnel de la constitutionnalité des lois : facteur d'amplification ou de limitation de contrôle ? », *op. cit.*, p.466.

[174] *loc. cit.*

[175] N. ALIVIZATOS, *La Constitution et ses ennemis*, Athènes : éd. Polis, 2011, p. 541 et I. SARMAS, *La jurisprudence constitutionnelle et administrative du Conseil d'État, op. cit.*, p. 17.

[176] I. SIMEONIDIS, « Les récentes reformes de la justice administrative et le dialogue qui a ouvert sur une nouvelle voie de cette branche », *EfimDD*, n°3, 2011, pp. 384 - 393, (p. 388), A. MANITAKIS, « Les éléments historiques du contrôle juridictionnel de constitutionnalité des lois en Grèce et ses pré requis raisonnables », *op. cit.*, p. 27

Le Conseil d'État, institution administrative influencée par le modèle français[177], s'occupe de l'examen de la constitutionnalité des lois de façon pertinente[178] depuis le début de son fonctionnement[179]. Son rôle évolue constamment tant à propos de l'exercice du contrôle de constitutionnalité des lois qu'à propos de l'exercice du contrôle de conventionnalité des règles européennes. L'étude de la jurisprudence du Conseil d'État joue ainsi un rôle important dans le cadre de l'étude des rapports de systèmes. Comme l'affirme Y. GAUDEMET, « le Conseil d'État hellénique ne renie pas sa parenté très proche avec le Conseil d'État en France ; il la cultive au contraire et s'enrichit »[180]. D'après les éclaircissements avancés, cette étude sera concentrée sur la jurisprudence du Conseil d'État, mais aussi de la jurisprudence issue de la Cour suprême spéciale qui bien que limitée suscite un intérêt particulier en altérant les caractéristiques principales du contrôle juridictionnel tel qu'exercé en Grèce.

Il faut également préciser que cette étude qui traite les droits issus des deux ordres européens, ce qu'on appelle à propos des développements « les droits européens », appréhende aussi la problématique des engagements issus du plan de sauvetage. Dans la mesure où ces engagements, y compris l'assistance accordée avec le FMI, sont intégrés à la décision 2010/320[181] du Conseil, l'alignement de la Grèce sur ces engagements doit être conçu comme une conformation à des obligations découlant du droit européen[182].

---

et K. KASOULIS, « La place du Conseil d'État dans le système grec d'Etat de droit », *in La révision de la Constitution et le Conseil d'État*, Athènes - Komotini, éd. A. Sakkoulas, 2001, pp. 117 - 121, (p. 118).

[177] M. FROMONT, *Droit administratif des Etats européens*, Paris : PUF, 2006, p. 30.

[178] Ph. VEGLERIS, « Le Conseil d'État et l'examen de la constitutionnalité des lois », *in Studi in onore di Silvio Lessona*, Bologna : Zanichelli Editore, 1961, pp. 597 - 655, (p. 602).

[179] Les premières ébauches de création du Conseil d'État hellénique remontent à la monarchie absolue. Il s'agit d'un décret du 18 septembre 1835. Toutefois, la Constitution de 1844 abrogea le Conseil d'État. Il fut rétabli en 1911 mais il n'avait jamais fonctionné jusqu'à sa prévision par l'article 102 de la Constitution républicaine du 3 juin 1927.

[180] Y. GAUDEMET, « Les nouvelles méthodes du juge administratif français », *in* PARARAS Petros (dir.), *Etat - loi administration : mélanges en l'honneur de Epaminondas P. Spiliotopoulos*, Athènes - Bruxelles, éd. Sakkoulas et Bruyant, pp. 147 - 158, (p. 147).

[181] La décision 2010/320 du Conseil a été modifiée trois fois par les décisions 2010/486 du 7 septembre décembre 2010, 2011/57 du 20 décembre 2010 et 2011/257 du 7 mars 2011. Le 12 juillet 2011 la décision 2010/320 fut abrogée puis remplacée par la décision 2011/734 du 19 juillet 2011 qui a été aussi modifiée par la décision 2011/791 du Conseil du 8 novembre 2011.

[182] Cf. à ce propos les conclusions du rapporteur M. SARP sous l'arrêt Conseil d'État, Assemblée plénière 668/2012.

Il convient de plus de préciser qu'au cours de nos analyses, la protection des droits fondamentaux occupera une place prépondérante. Alors qu'il ne s'agit pas d'une étude exclusivement centrée sur les droits et libertés, ce volet est essentiel, car la thématique des droits de l'homme est susceptible de couvrir l'ampleur du contrôle exercé par le juge.

Enfin, en ce qui concerne les éléments tirés du droit comparé, ils constitueront une source essentielle dans le cadre de notre étude. L'objet de l'étude étant déjà défini, il faut désormais esquisser les éléments de droit comparé qui compléteront ponctuellement les développements et seront susceptibles de confirmer ou de nuancer les analyses. Loin d'être un travail de droit comparé, cette étude s'appuie pourtant sur la micro comparaison[183], en essayant de rechercher les solutions apportées par d'autres ordres juridiques. L'examen critique d'autres systèmes nationaux sera proposé et servira aux développements de la problématique.

C. Problématique de l'étude

En 1974, après la chute du régime des colonels, la Grèce a ratifié la Convention EDH[184]. Elle a ensuite adhéré à la Communauté économique européenne (devenue Union européenne) en 1981. Dès lors, depuis les années quatre-vingt, les rapports entre l'ordre constitutionnel grec et les ordres juridiques européens s'ordonnent en termes de *complémentarité, d'articulation, de confrontation et d'affectation réciproque*.

Si, du point de vue de l'ordre constitutionnel grec, la complexité des rapports paraît indéniable, il y a lieu de mettre en avant les moyens institutionnels et procéduraux qui permettent de privilégier la complémentarité et d'atténuer la concurrence entre l'ordre constitutionnel et les deux ordres européens.

Les ordres européens présentent une organisation fonctionnelle imparfaite par rapport à l'ordre interne. D'une part, la CJUE s'appuie sur les organes étatiques et le système procédural national pour que soit garanti le respect du droit de l'UE. D'autre part, pour la Cour EDH, malgré le dynamisme de sa jurisprudence, sa saisine est conditionnée à l'épuisement des voies de recours internes et au fait qu'elle reconnaît aux États parties une « marge d'appréciation », notion qui définit un rapport de compatibilité entre les mesures nationales et la norme conventionnelle[185]. Dans la mesure où

---

[183] Cf. pour la technique de microcomparaison et macrocomparaison E. MOUSTAIRA, *Droit comparé*, Athènes : éd. Nomiki Viviliothiki, 2012, pp. 26 - 31.

[184] La première ratification a eu lieu en 1953. Ensuite, le septennat du régime dictatorial a eu pour conséquence la sortie de la Grèce du Conseil de l'Europe. Une seconde ratification de la Convention intervient dès lors en 1974, après le rétablissement du régime démocratique.

[185] F. SUDRE, *Droit européen et international des droits de l'homme*, *op. cit.*, p. 231.

l'ordre constitutionnel grec s'articule autour d'une norme suprême, et se trouve doté de moyens procéduraux susceptibles de servir aux exigences européennes, il peut jouer un rôle fondamental pour garantir l'efficacité des droits européens dans l'ordre interne. Ensuite, l'ordre grec s'enrichit substantiellement au niveau normatif par les deux droits européens, ce qui crée une situation d'interdépendance entre les trois ordres imbriqués.

Toutefois, les deux droits européens se développent en termes différents. L'attachement de chaque ordre juridique à une logique hiérarchique différente est la raison de la concurrence entre les différents ordres imbriqués. Cette concurrence se traduit au niveau jurisprudentiel par « la rivalité des juges » et est susceptible de créer des impasses en raison des différentes solutions juridiques retenues.

Or, il incombe au juge grec d'ordonner le pluralisme des rapports auxquels il participe, mais aussi de s'y conformer. Si les deux juges européens ordonnent le pluralisme de façon téléologique en étant toujours inspirés par le but d'assurer l'application du droit dont ils sont les garants, le juge grec ordonne les rapports au sein de l'ordre constitutionnel en donnant la priorité à l'interprétation conforme. Dans le cas où la compatibilité des droits issus d'ordres différents n'est pas affirmée, il revient au juge interne de prioriser l'application du droit au cas d'espèce en vue de garantir la conciliation entre les différents ordres juridiques, en atténuant la possibilité des conflits normatifs. En toute hypothèse, en l'état actuel du droit, l'imbrication entre les trois ordres ne se pose pas en termes de hiérarchie ni même d'autorité. Il serait difficile d'affirmer qu'il existe une autorité absolue des deux droits européens dans l'ordre constitutionnel, car ni la Cour EDH ni la Cour de justice ne disposent d'organes qui leur sont directement subordonnés dans les ordres juridiques visés par leurs décisions[186].

Il convient alors de réorganiser les rapports entre l'ordre constitutionnel grec et les ordres juridiques européens passant d'une logique hiérarchique à une logique tentant de garantir l'effectivité d'application des droits imbriqués. Examinant les rapports entre l'ordre constitutionnel et les ordres européens sous l'angle de l'ordre interne qui a vocation d'être, en vertu de la Constitution, le vecteur, mais peut être aussi le frein de la construction européenne, il y a lieu d'analyser les modes d'organisation des rapports entre les trois ordres imbriqués afin de constater les évolutions constitutionnelles et européennes.

---

[186] O. PFERSMANN, « Le nouveau constitutionnalisme comparé et les rapports entre juridictions suprêmes », *in* J. ILIOPOULOS - STRANGAS (dir.), *Cours suprêmes nationales et cours européennes : concurrence ou collaboration ? in memoriam Louis Favoreu*, Athènes Bruxelles : éd. A. Sakkoulas Bruylant, 2007, pp. 45 - 60, (p. 60).

D. Annonce du plan

Afin d'aborder la question des rapports entre ordre constitutionnel et ordres européens et d'arriver à des propositions des mutations institutionnelles susceptibles de contribuer à garantir le bon fonctionnement de l'ensemble des ordres imbriqués, l'analyse suit une logique progressive.

En premier lieu, il importe d'appréhender comment les concepts traditionnels de l'ordre constitutionnel grec s'adaptent aux rapports avec les deux ordres européens. S'attachant aux rapports complexes entre ordres qui résultent de leur interdépendance, il faudra à ce propos retracer la fonction de la source principale du droit interne, à savoir la Constitution, au regard du développement de la construction européenne. En état d'interdépendance entre les trois ordres imbriqués, le fonctionnement de la Constitution grecque, à la fois comme cadre pour l'intégration des droits européens dans l'ordre interne, mais aussi comme instrument garantissant leur application est donc au centre de l'analyse (**Partie I**).

En second lieu, quittant le terrain de la simple interaction, la place de l'ordre constitutionnel grec change lorsqu'il est confronté à une situation concurrentielle avec les deux ordres européens. Les logiques différentes qui imprègnent chaque ordre créent des effets multiples au sein de l'ordre interne, milieu d'interaction du droit national avec les droits européens et d'évolution des rapports normatifs complexes entre eux. Par conséquent, l'ordre interne fonctionnant en tant qu'ordre garantissant l'effectivité de la construction européenne devient aussi ordre soumis aux exigences issues des ordres européens et subordonné à une mutation forcée. Alors que cette situation semble créer des impasses, le constat n'est que provisoire. En étudiant les moyens de régulation des conflits entre l'ordre constitutionnel et les ordres européens, il y a lieu d'affirmer qu'il incombe au juge grec de permettre de conjurer le risque de rapports concurrentiels. Il convient donc de retracer à ce propos les limites constitutionnelles face à la construction européenne et les voies constitutionnelles contribuant à un ordonnancement cohérent des rapports (**Partie II**).

Partie I. L'interdépendance entre l'ordre juridique constitutionnel et les ordres juridiques européens

Partie II. La concurrence entre l'ordre juridique constitutionnel et les ordres juridiques européens

PREMIÈRE PARTIE
L'INTERDÉPENDANCE ENTRE L'ORDRE JURIDIQUE CONSTITUTIONNEL ET LES ORDRES JURIDIQUES EUROPEENS

L'ordre constitutionnel et les deux ordres juridiques européens sont étroitement liés, mais demeurent distincts. Il faut appréhender les rapports entre les trois ordres au regard de leur indépendance aussi que de leur étroite imbrication. L'imbrication entre les différents ordres ne porte pas sur le mode de production des normes. En effet, aucun ordre n'est susceptible d'abroger les normes produites dans le cadre d'un autre ordre juridique. Ni les juges internes, ni la Cour de justice de l'Union européenne, ni la Cour européenne des droits de l'homme, malgré leur très forte interdépendance, ne sont compétents pour constater l'invalidité d'une norme appartenant à un ordre juridique autre que celui auquel ils appartiennent.

Toutefois, il existe une imbrication substantielle entre les normes dont sont constitués les ordres juridiques, d'où leur proximité. Il s'agit d'une imbrication qui porte « sur les contenus et non plus sur les contenants »[187] et qui est susceptible de décrire les rapports entre des ordres distincts[188]. En effet, les ordres juridiques étudiés s'organisent en termes d'interdépendance et d'interaction, en raison de la proximité matérielle des normes dont ils sont constitués et du but qui est visé : garantir la cohérence dans un milieu doté d'une complexité intrinsèque.

Du point de vue de l'ordre interne, à partir du moment où un État adhère à l'UE et ratifie la Convention EDH, il devient le vecteur de la construction européenne. L'ordre interne s'enrichit substantiellement des droits garantis par les deux ordres européens et la Constitution nationale « s'européanise » en redéfinissant les matières qui entrent en interaction avec les ordres européens.

Du point de vue de l'UE, il s'agit de l'existence d'un ordre juridique intégré à celui des États membres, distinct de l'ordre juridique international[189], qui vise à garantir son efficacité au sein des ordres internes. Le rapport entre l'UE et l'ordre interne est fondé sur le principe de

---

[187] P. BRUNET, « L'articulation des normes Analyse critique du pluralisme ordonné », *in* J. - B. AUBY (dir.), *L'influence du droit européen sur les catégories du droit public*, Paris : Dalloz, 2010, pp. 195 - 213, (p. 202).

[188] *ibid.*, p. 203.

[189] CJCE, 15 juillet 1964, *Costa contre E.N.E.L.*, aff. C - 6/64, Rec. 1964, p. 11411. Cette formule a été évoquée par le Conseil constitutionnel décision n°2004 - 505 DC du 19 novembre 2004, *Traité établissant une Constitution pour l'Europe*, Recueil p. 173, *JO* du 24 novembre 2004, p. 19885, considérant 9.

répartition des compétences. De plus, l'Union renvoie au droit national le soin de mettre en œuvre le droit européen. L'obligation pour les États membres d'exécuter le droit de l'Union est fondée sur l'article 4 §3 TUE qui pose le principe de coopération loyale. En vertu de ce principe, les États membres doivent notamment prendre « *toutes mesures générales ou particulières, propres à assurer l'exécution des obligations découlant des traités ou résultant des actes des institutions de l'Union* ». En découle pour les États membres une obligation d'assurer l'effet utile du droit de l'Union.

Du point de vue de la Convention EDH, ordre d'harmonisation et non d'intégration, la Cour EDH vise à consacrer une union plus étroite des droits conformément à l'article 1er de la Convention. S'agissant de la Convention EDH, elle met l'accent sur l'effectivité des droits proclamés. Dans l'arrêt *Airey*[190] la Cour affirme que la Convention protège « *des droits non pas théoriques ou illusoires, mais concrets et effectifs* »[191]. Le juge européen fournit alors un fondement matériel à l'individu pour l'exercice effectif de ses droits. Or, la réalisation des droits énoncés par la Convention renvoie à l'obligation des États « *d'adopter des mesures raisonnables et adéquates pour protéger les droits* »[192] que les individus tirent de la Convention[193].

Comparés aux ordres juridiques nationaux, les droits européens sont, par essence, lacunaires. Tout d'abord, les compétences exercées au niveau européen doivent au préalable avoir été consenties par les États membres. Ensuite, ni l'Union européenne ni le Conseil de l'Europe, ne disposent d'une plénitude de compétence. Ces organisations s'appuient sur le droit national pour exister[194].

Si l'interdépendance entre les ordres n'est pas contestable, c'est dans l'ordre national que se révèle son dynamisme. En effet, la construction européenne dépend essentiellement de la Constitution[195]. La Constitution grecque organise la construction européenne et constitue le fondement de l'application des droits européens dans l'ordre interne. Tout d'abord, c'est la Constitution qui conditionne l'intégration des droits européens dans l'ordre juridique grec et leur accorde une place en vue de leur application (**Titre I**). Ensuite, c'est également en vertu de la Constitution et conformément aux

---

190 Cour EDH, 9 octobre 1979, *Airey contre Irlande*, n°6289/73.

191 *ibid.*, §24.

192 Cour EDH, 9 décembre 1994, *Lopez Ostra contre Espagne*, n°16798/90, §51.

193 F. SUDRE, *Droit européen et international des droits de l'homme*, Paris : PUF, 11e éd., 2012, p. 258.

194 J. - S. BERGE, S. ROBIN - OLIVIER, *Droit européen*, Paris : PUF, 2e éd., 2011, p. 29.

195 E. PICARD, « Construction européenne et droit constitutionnel », *in* V. HEUZE, J. HUET, Fr. TERRE (dir.), *Construction européenne et Etat de droit*, Paris : éditions Panthéon - Assas diff. LGDJ, 2012, pp. 37 - 103, (p. 42).

règles procédurales qu'elle prévoit que les droits européens s'appliquent dans l'ordre interne (**Titre II**).

Titre I. La Constitution comme fondement : l'institutionnalisation des rapports

Titre II. La Constitution comme instrument : la garantie de l'effectivité des droits européens dans l'ordre interne

Titre I. La Constitution comme fondement : l'institutionnalisation des rapports

A priori, il y a une neutralité des deux ordres européens quand il faut répondre à la question des moyens d'incorporation des droits européens dans l'ordre interne et du rang qui leur est attribué par le droit national.

D'une part, l'ordre conventionnel en tant qu'ordre d'harmonisation et l'ordre de l'UE en tant qu'ordre d'intégration jouissent de l'applicabilité directe dans l'ordre interne. Ni la lettre ni la jurisprudence conventionnelle n'imposent l'intégration de la Convention dans l'ordre interne. Plus précisément, l'article 1er de la Convention oblige les États à reconnaître à toute personne relevant de leur juridiction les droits et libertés définis par la Convention. Il est toutefois avéré qu'en remplaçant l'expression « s'engagent à reconnaître » par le vocable « reconnaissent », les rédacteurs tiennent à préciser que les droits doivent être immédiatement respectés par les États parties sans qu'un acte interne d'incorporation ne soit requis[196]. De plus, l'absence d'obligation de ratifier la Convention est confirmée dans l'arrêt *James* dans lequel la Cour affirme que les États « *Bien que donc non tenus d'incorporer la Convention à leur système juridique national, ils n'en doivent pas moins, (...) y assurer à quiconque relève de leur juridiction la substance des droits et libertés reconnus* »[197]. La Convention EDH, jouit donc de l'effet direct[198]. En vertu de leur engagement conventionnel, les États sont tenus de donner effet à la Convention dans l'ordre interne[199].

À l'instar de l'ordre conventionnel, l'ordre de l'UE établit le principe de l'effet direct pour le droit primaire dans l'arrêt *Van Gend en Loos*[200]. Or, ce principe est également étendu au droit dérivé, exception faite des directives qui ne disposent de l'effet direct que lorsque leurs dispositions sont inconditionnelles et suffisamment claires et précises[201]. En toute hypothèse, l'effet direct des directives ne peut être que de nature verticale, jouant dans les relations entre les particuliers et l'État et n'est valable que si les États membres n'ont pas transposé la directive dans les délais[202].

---

196 D. SZYMCZAK, *La Convention européenne des droits de l'homme et le juge constitutionnel national*, Bruxelles : Bruylant, 2006, p. 34.

197 Cour EDH, plénière, 21 février 1986, *James et autres contre Royaume Uni*, n°8793/79, §84.

198 F. SUDRE, *Droit européen et international des droits de l'homme*, Paris : PUF, 11e 2012, p. 206. Voir à titre d'exemple l'arrêt Cour EDH, 6 novembre 1980, *Van Oosterwijck contre Belgique*, n°7654/76, §33.

199 B. DELZANGLES, *Activisme et autolimitation de la Cour européenne des droits de l'homme*, Paris : LGDJ, 2009, p. 219.

200 CJCE, 5 février 1963, *Van Gend en Loos contre Administratie der Belastingen*, aff. 26/62, Rec. 1963, p. 3.

201 CJCE, 4 décembre 1974, *Van Duyn contre Home Office*, aff. 41/74 Rec. 1974, p. 1337.

202 CJCE, 5 avril 1979, *Ratti*, aff. 148/78, Rec. 1979, p. 1629.

D'autre part, le rang des normes conventionnelles dans l'ordre interne lorsqu'elles s'y sont incorporées ne constitue pas un domaine dans lequel la Convention intervient. En outre, du point de vue de l'UE, les normes européennes ne tirent leur validité que de l'ordre européen[203]. Alors que les deux ordres européens ont une conception propre de la hiérarchie, les ordres internes sont tenus de régler la question de la place des droits européens dans l'ordre interne conformément aux dispositions constitutionnelles, mais afin de mettre en œuvre les exigences européennes. Il existe dès lors une autonomie institutionnelle nationale vis - à - vis de la place conférée aux droits européens dans l'ordre interne, conditionnée par l'obligation de respecter l'autorité et de garantir l'efficacité des droits européens.

L'ordre interne est donc tenu à une obligation de *résultat* et non pas de *moyens* face aux ordres européens. Pour y satisfaire, l'institutionnalisation des rapports est la première étape. À cet égard, la « réception » des droits européens (Chapitre I) ainsi que la question de leur place dans l'ordre grec (Chapitre II) relèvent du régime constitutionnel de l'État.

Chapitre I. Les modalités d'intégration des droits européens dans l'ordre interne

Chapitre II. La place des droits européens dans l'ordre interne

---

203 J. COMBACAU, « Sources internationales et européennes du droit constitutionnel », *in* M. TROPER, D. CHAGNOLLAUD (dir.), *Traité international de droit constitutionnel. t. I, Théorie de la Constitution*, Paris : Dalloz, 2012, pp. 405 - 439, (p. 429).

Chapitre I. Les modalités d'intégration des droits européens dans l'ordre interne

Pour aborder la question de la « réception » du droit de l'UE et du droit issu de la Convention EDH dans l'ordre juridique grec, il importe de mettre l'accent sur trois éléments. En premier lieu, à l'inverse de la grande majorité des pays européens qui prévoient un contrôle préventif des traités[204], la Grèce ne retient pas un tel contrôle[205]. La raison réside dans le fait que le contrôle de constitutionnalité s'exerce exclusivement *a posteriori*, ce qui prive les juges de la compétence de contrôle avant l'intégration des règles issues des deux ordres européens dans l'ordre interne.

En deuxième lieu, la Constitution grecque étant rigide, sa révision est soumise à un certain nombre des conditions strictes. D'un côté, la Constitution désigne les dispositions qui sont susceptibles de révision. Sont *a priori* exclues la base et la forme du régime comme République parlementaire, le respect de la protection de la valeur humaine et un certain nombre d'autres dispositions explicitement mentionnées à l'article 110 de la Constitution[206]. D'un autre côté, la phase procédurale de la révision se définit en deux étapes. Deux Assemblées successives doivent approuver la révision constitutionnelle ce qui implique nécessairement la tenue des élections. De plus, la révision des dispositions constitutionnelles n'est pas permise avant que cinq ans ne soient écoulés depuis la révision précédente. Par conséquent, la ratification des traités internationaux et européens ne saurait pas être conditionnée par la révision préalable de la Constitution[207].

En dernier lieu, si on pouvait considérer que les deux éléments susmentionnés sont susceptibles d'entraîner la ratification des traités, même à l'encontre de la Constitution, tel n'est pas le cas. La Constitution grecque dispose d'une clause générale d'intégration du droit international dans l'ordre interne, encadrant la réception et la ratification des traités par un

---

[204] Voir à ce propos O. LE BOT, « Contrôle de constitutionnalité *a priori* et *a posteriori* en Europe », *NCCC*, n°40, 2013, pp. 117 - 135, (pp. 132 - 135).

[205] Il en va de même pour la Belgique qui prévoit un système de contrôle exclusivement *a posteriori*. Le contrôle des traités n'est pas prévu par son texte constitutionnel. La jurisprudence admet néanmoins qu'un contrôle des traités puisse s'exercer à l'occasion du contrôle de la loi de ratification, O. LE BOT, « Contrôle de constitutionnalité *a priori* et *a posteriori* en Europe », *op. cit.*, p. 119.

[206] Article 110, alinéa 1er de la Constitution : « *1. Les dispositions de la Constitution peuvent faire l'objet d'une révision, à l'exception de celles qui déterminent la base et la forme du régime politique en tant que République parlementaire, et de celles des articles 2, paragraphe 1 ; 4, paragraphes 1, 4 et 7 ; 5, paragraphes 1 et 3 ; 13, paragraphes 1 et 26* ».

[207] Pour une description détaillée de la procédure de révision constitutionnelle voir P. POULIS, *Droit constitutionnel et institutions helléniques : organisation de l'État, libertés individuelles, administration, fonctionnaires*, Paris : L'Harmattan, 2008, pp. 57 - 59.

nombre des conditions précises, susceptibles de poser des entraves constitutionnelles et d'empêcher les violations éventuelles de la norme suprême nationale. Si l'alinéa 1er de l'article 28 vise l'intégration des règles du droit international généralement reconnues et les conventions internationales (Section 1), les deux alinéas suivants systématisent les modalités d'intégration du droit de l'UE : ils prévoient, d'une part, la possibilité de reconnaître des compétences étatiques à des organes d'organisations internationales, et d'autre part, des restrictions à l'exercice de la souveraineté nationale (Section 2).

Section 1. La clause constitutionnelle relative à l'intégration du droit international conventionnel

Selon l'article 28 alinéa 1er de la Constitution, « *Les règles du droit international généralement reconnues, ainsi que les conventions internationales dès leur ratification par la loi et leur entrée en vigueur conformément aux dispositions de chacune d'elles, font partie intégrante du droit grec interne (...) L'application des règles du droit international et des conventions internationales à l'égard des étrangers est toujours soumise à la condition de réciprocité* ». Il s'agit d'une règle générale qui précise les modalités d'intégration du droit conventionnel dans l'ordre interne. Cette disposition est demeurée sans modification depuis le vote de la Constitution en 1975 et a servi comme fondement constitutionnel pour l'intégration des nombreux textes conventionnels. L'importance de cette clause est très grande, car elle contribue à la continuité aussi qu'à la stabilité de la Constitution. Afin d'examiner l'application de cet alinéa il est important de mettre l'accent sur les modalités de ratification de deux traités considérablement différente ; d'une part, un traité adopté récemment, le Traité sur la stabilité, la coordination et la gouvernance dans l'Union économique et monétaire (TSCG), et d'autre part, la Convention EDH. Alors que le fondement constitutionnel pour leur intégration dans l'ordre interne est le même, les conditions de leur ratification et leur entrée en vigueur furent très différentes. Suivant l'ordre chronologique de l'intégration des deux traités, il est opportun d'étudier dans un premier temps la « double intégration » de la Convention EDH dans l'ordre interne survenue dans un contexte historique spécifique et suivant des modalités particulières (§1). Dans un second temps, on abordera la ratification et l'entrée en vigueur du TSCG suivant une application stricte de l'alinéa 1er de la Constitution, conformément au caractère très précis de ses énoncés (§2).

§1. Les particularités de l'intégration de la Convention EDH dans l'ordre interne

Le droit européen des droits de l'homme est *a priori* assimilé au droit international commun. Ceci étant, l'ordre conventionnel se singularise par l'absence d'obligation faite aux États d'introduire la Convention EDH dans l'ordre interne. En outre, la Cour EDH place hors de son champ d'application la question de l'incorporation de la Convention au sein de l'ordre juridique interne[208].

Toutefois, la généralisation de l'introduction formelle atténue les effets de cette neutralité conventionnelle et met en avant la volonté des États membres de procéder à une « introduction substantielle » des droits garantis

[208] R. ABRAHAM, « Les incidences de la CEDH sur le droit constitutionnel et administratif des Etats parties », *RUDH*, n°10 - 11, 1992, pp. 409 - 418, (p. 410).

par la Convention dans l'ordre interne. L'intégration de la Convention EDH dans l'ordre juridique grec fut très particulière, en raison de circonstances historiques spécifiques. Il existe deux tentatives d'intégration de la Convention dans l'ordre interne. La première intervient en 1953, à la suite de la signature de la Convention de Rome (A). Ensuite, le septennat du régime dictatorial a eu pour conséquence la sortie de la Grèce du Conseil de l'Europe. Une seconde ratification de la Convention intervient en 1974, immédiatement après le rétablissement du régime démocratique, mais avant l'entrée en vigueur de la Constitution de 1975 (B). Toutefois, la Constitution entrée en vigueur ultérieurement s'applique à l'égard de cette seconde intégration. La double ratification[209] induit les particularités de l'intégration de la Convention dans l'ordre interne et la nécessité d'appliquer les dispositions prévues visant l'intégration du droit européen conventionnel de façon *sedes materiae*.

A. La première tentative d'intégration de la Convention EDH dans l'ordre interne

La Grèce fut un des premiers pays à contresigner la Convention EDH et à l'intégrer dans l'ordre interne (1). Néanmoins, sous le régime des colonels, la Grèce quitta le Conseil de l'Europe (2).

1. La ratification du traité en 1953

La Convention européenne fut élaborée à partir du 12 juillet 1949 dans le cadre du Conseil de l'Europe[210]. Après la signature du statut du Conseil de

---

[209] La première ratification a eu lieu en 1953. Ensuite, le septennat du régime dictatorial a eu pour conséquence la sortie de la Grèce du Conseil de l'Europe. Une seconde ratification de la Convention intervient dès lors en 1974, après le rétablissement du régime démocratique.

[210] La création du Conseil de l'Europe était une initiative des organisations non gouvernementales de certains pays européens qui avaient pour but d'allier un « mouvement européen ». Elles se sont réunies en « Conseil de l'Europe » à la Haye en 1948 sous la présidence de Winston Churchill. Cf. K. CHRYSOGONOS, « La convention européenne des droits de l'homme, un demi-siècle après sa ratification », *in* Y. KTISTAKIS (dir.), *L'influence de la convention européenne des droits de l'homme dans l'interprétation et l'application du droit grec*, Athènes - Komotini : éd. A. Sakkoulas, 2002, pp. 31 - 74, (p. 32) ; P. NASKOU - PERRAKI, *Le droit des organismes internationaux*, Athènes - Komotini : éd. A. Sakkoulas, 1993, pp. 256 - 276 ; L. - E. PETTITI, « Les Etats parties et leurs engagements », *in* L. - E. PETTITI (dir.), *La convention européenne des droits de l'homme*, Paris : Economica, 2e éd., 1999, pp. 3 - 25, (pp. 5 - 6).

l'Europe à Londres, le 5 mai 1949[211], par dix États de l'Europe de l'Ouest[212], « la Convention de sauvegarde des droits de l'homme et des libertés fondamentales » a été signée à Rome le 4 novembre 1950, sur le fondement d'un projet soumis à l'examen de l'Assemblée consultative du Conseil de l'Europe. Cette convention était une tentative de renforcement de la protection des droits fondamentaux au niveau international, après les atrocités des deux guerres mondiales[213], tout en mettant l'accent sur l'existence d'une juridiction européenne sanctionnant les violations des droits de l'homme au sein des États démocratiques[214].

---

211 Sur l'historique de la Convention, les initiatives et les travaux préparatoires réalisés, E. REAU, « La genèse de la Convention européenne des droits de l'homme », *in* C. TEITGEN - COLLY (dir.), *Cinquantième anniversaire de la Convention européenne des droits de l'homme*, Bruxelles : Némésis Bruylant, 2002, pp. 47 - 58 ; J. VELU, R. ERGEC, *La convention européenne des droits de l'homme*, Bruxelles : Némésis Bruylant, 1990, pp. 37 - 39 ; D. EVRYGENIS, « L'œuvre juridique du conseil de l'Europe », *Armenopoulos*, 1955, pp. 105 - 119 et D. EVRYGENIS, *Scripta Demetrii I. Evrigenis*, Université Aristote de Thessalonique, Faculté des sciences juridique et économiques, *volume B'*, Thessalonique 1992, pp. 911 - 935.

212 Il s'agissait de la Belgique, de la France, du Danemark, de l'Irlande, de l'Italie, du Luxembourg, de la Grande Bretagne, de la Norvège, de la Hollande et de la Suède.

213 Selon la conclusion du rapport de synthèse de la commission juridique, approuvée par le Comité des ministres et l'Assemblée par un vote à l'unanimité, « *L'assistance internationale, les enquêtes internationales, la mobilisation de l'opinion publique peuvent sauver la situation. Mais elle ne le sera que si l'Europe se prononce en prééminence du droit. Une telle convention serait une phase très importante pour certains peuples qui se trouvent maintenant encore sous l'oppression totalitaire. Ce serait donc un passeport pour le retour de leurs pays en notre sein* », E. DU REAU, « La genèse de la Convention européenne des droits de l'homme », *in Cinquantième anniversaire de la Convention européenne des droits de l'homme, op. cit.*, pp. 47 - 58.

214 C'était surtout la position ferme du rapporteur pour l'élaboration de la Convention européenne des droits de l'homme Pierre - Henri TEITGEN : instituer une juridiction européenne. Il était favorable au contrôle juridictionnel en deux étapes, avec une première phase d'enquête et de conciliation, puis en cas d'échec, le recours à une juridiction, avec la Création d'une cour de justice européenne. Il a mis l'accent sur la nécessité d'institution d'une Cour européenne pour éviter les violations des droits de l'homme existant dans les Etats démocratiques. Voir C. RUSSO, « Le rôle joué par le Professeur Pierre - Henri Teitgen dans l'élaboration de la Convention européenne des droits de l'homme », *in* C. TEITGEN - COLLY (dir.), *Cinquantième anniversaire de la Convention européenne des droits de l'homme*, Bruxelles : Némésis Bruylant, 2002, pp. 59 - 66, (p. 61).

La Convention EDH, a été contresignée par la Grèce, quelques jours après, le 28 novembre de la même année[215]. Elle a ensuite été ratifiée dans l'ordre juridique grec par la loi 2329/1953[216], et est entrée en vigueur le 3 septembre 1953[217]. Cependant, cette loi de ratification de la convention internationale ne lui attribuait pas valeur supra - législative[218]. Selon la Constitution de 1952, les conventions internationales disposaient une valeur législative.

Il est vrai qu'à l'époque où la Convention a été contresignée et ratifiée par la Grèce, elle jouissait d'un niveau de protection peu satisfaisant.[219]. Ph. VEGLERIS souligne que « la Convention est restée un texte inutile dans la vie juridique, mis à côté de façon systématique par des dispositions nationales équivalentes, soit postérieures soit antérieures à l'entrée en vigueur de la convention dans l'ordre juridique interne, sans qu'aucun effort d'interprétation et d'application commune de ces deux sources juridiques (la Constitution et la Convention) soit fait »[220]. Ce constat est confirmé par l'étude de la jurisprudence de l'époque. Le Conseil d'État n'appliquait que très rarement la Convention au cours de cette période et avec une grande réticente.

L'une des premières questions traitées par le Conseil d'État concernait la compatibilité avec la Convention de la disposition de l'article 2 du décret législatif 2500/1953 selon lequel le dévouement aux idéaux nationaux était le critère de continuité d'occupation des fonctionnaires publics ou de leur licenciement. La Haute juridiction administrative a jugé ladite disposition compatible avec l'article 3 de la Constitution de 1952 visant l'égalité devant la loi et, avec la Convention de Rome, mais sans faire référence à une disposition concrète de celle - ci[221]. Selon un motif similaire, le Conseil d'État a conclu à la compatibilité du décret 516/1948 concernant le contrôle de l'esprit légaliste des fonctionnaires publics avec les articles 9 et 10 de la Convention EDH, en jugeant que ces règles nationales étaient nécessaires pour la protection de l'ordre et de la sécurité publique[222]. En outre, le Conseil

---

[215] K. CHRYSOGONOS, *L'intégration de la convention européenne des droits de l'homme dans l'ordre juridique interne*, Athènes - Komotini : éd. A. Sakkoulas, 2001, p. 175.

[216] Loi 2329/1953 *Journal officiel*, A' 68 de l'année 1953.

[217] A. KAIDATZIS, « L'influence de la Convention européenne des droits de l'homme en droit public grec », *EDDD*, 1999, pp. 20 - 55, (p. 20).

[218] S. KTISTAKI, *L'application de la convention européenne des droits de l'homme par le Conseil d'État*, Athènes - Komotini : éd. A. Sakkoulas, 2009, p. 19.

[219] Ph. VEGLERIS, *La convention des droits de l'homme et la Constitution*, Athènes : éd. Sakkoulas, 1977, p. 31.

[220] *ibid.*, p. 55 et Ph. VEGLERIS, « La Convention européenne des droits de l'homme et la Constitution », *ToS*, 1976, pp. 533 - 571, (p. 571).

[221] Conseil d'État 1115/1954 et 1796/1954.

[222] Conseil d'État 607/1967.

d'État, a jugé conforme à la Convention EDH et à la Constitution une loi qui exigeait comme condition pour la fondation des maisons de prière l'autorisation préalable de l'évêque (orthodoxe) compétent ainsi que la ratification de cette autorisation par le ministre d'éducation et de cultes[223]. Dans ce jugement, il a statué de nouveau en faveur de la conformité de cette disposition tant avec les articles 1 et 3 de la Constitution de 1952 qu'avec les dispositions de la Convention de Rome protégeant la liberté religieuse. Ainsi, le Conseil d'État n'a pas osé déclarer la loi en cause contraire à la Convention, alors même que cette loi lui était antérieure[224].

La synthèse des exemples d'application de la Convention EDH par le Conseil d'État pendant cette première période permet de constater d'une part l'absence totale d'application positive de la Convention EDH, et d'autre part, en comparaison avec les dispositions de la Constitution, que l'invocation de ce texte international reste subsidiaire[225]. La Haute juridiction administrative considérait de façon constante qu'il n'était pas concevable que la protection des droits fondamentaux telle que prévue par la Convention EDH puisse avoir un champ d'application plus large que celle garantie par la Constitution[226]. La Cour refusait ainsi de reconnaître à la Convention son propre champ d'application[227]. Par conséquent, elle rejetait les griefs invoquant la contrariété d'une disposition législative avec la Convention EDH même lorsque la loi en cause était postérieure à la loi 2329/1953 ratifiant la Convention. Le Conseil d'État était ainsi conduit soit à examiner le grief d'inconventionnalité, mais à statuer sur la non-violation de la Convention pour des raisons tenant au respect de l'ordre et d'intérêt public, soit à refuser l'examen du grief d'inconventionnalité de la loi en cause, cet examen étant considéré comme inopérant dans les cas où un contrôle de constitutionnalité l'avait précédé.

2. Le contexte historique de l'abandon du Conseil de l'Europe par la Grèce

Quelques années plus tard, la Grèce est passée sous le régime des colonels[228]. Ainsi, en septembre 1967[229], quatre pays membres du Conseil de

[223] Article de la loi 1363/1938 remplacé par l'article 24 de la 2200/1940 qui a été remis en valeur avec l'article 9 du décret législatif. 586/1941.
[224] Conseil d'État 239/1966.
[225] C. YANNAKOPOULOS, « Les droits fondamentaux dans la jurisprudence du Conseil d'État », *in* M. TSAPOGAS, D. CHRISTOPOULOS (dir.), *Les droits en Grèce, 1953 - 2003 : De la fin de la guerre civile jusqu'à la restitution de la démocratie*, Athènes : éd. Kastanioti, 2004, pp. 439 - 468 (p. 460).
[226] F. ARNAOUTOGLOU, « Conseil d'État et Cours européennes », *NoV*, 2005, pp. 1977 - 1982 (p. 1980).
[227] K. ANDRIKAKI et al., *La convention européenne des droits de l'homme dans la jurisprudence du Conseil d'État*, Athènes :Komotini : éd. A. Sakkoulas, 2001, p. 12.
[228] Pour la période allant de 1967 à 1974.

l'Europe[230] ont initié la première requête interétatique devant la Commission européenne, contre la Grèce[231].

L'Assemblée désigna un rapporteur chargé de suivre l'affaire et d'examiner si le projet de nouvelle Constitution élaboré par le régime militaire en Grèce garantissait les droits individuels. La réponse étant négative, l'Assemblée adopta une résolution constatant la violation des droits et libertés en Grèce et recommanda au Comité des ministres, le 30 janvier 1969, de prendre en conséquence des mesures appropriées. De son côté, le Comité des ministres, organe politique du Conseil de l'Europe, adopta en mai 1969 une résolution fixant un délai au gouvernement grec pour que celui - ci tire les conclusions appropriées des débats de l'Assemblée[232].

En marge des discussions devant les organes politiques de la Convention, l'organe judiciaire, c'est - à - dire la Commission, a déclaré recevables les requêtes déposées et a conclu dans son rapport que le gouvernement grec avait violé les dispositions des articles 3, 5, 6, 8, 9, 10, 11, 13 et 14 de la Convention EDH ainsi que l'article 3 du protocole additionnel n°1[233]. Le 8 novembre 1969 la Commission a transmis son rapport de plus de 400 pages au Comité des ministres[234]. Pendant la réunion du Comité à Paris, où la majorité des États contractants, soit onze États, proposa la suspension de la Grèce du Conseil des ministres, le gouvernement dictatorial grec déclara le rapport de la Commission « nul et non avenu » et se considéra

---

229 L'instauration du régime des colonels a eu lieu au mois d'avril 1967.

230 Il s'agit des gouvernements du Danemark, de la Norvège et de Suède lesquels ont déposé trois requêtes identiques contre le gouvernement grec (n°3321/67, 3322/1967, 3323/67) le 20 septembre 1967. Plus tard, le 27 septembre 1967, une autre requête a été déposée de la part du gouvernement des Pays - Bas (n°3344/67). De plus, trois autres Etats membres du Conseil de l'Europe (la Belgique, l'Islande et le Luxembourg) ont informé le Secrétaire général de l'institution qu'ils soutenaient les gouvernements requérants.

231 Le 10 avril 1970, une deuxième requête a été suivie par les gouvernements du Danemark, de la Norvège et de la Suède, lesquels accusaient le gouvernement grec de la violation des articles 3 et 6 de la Convention. P. VOGIATZIS, « Les affaires grecques devant la Cour de Strasbourg avant et après la reconnaissance de la requête individuelle », *in* M. TSAPOGAS, D. CHRISTOPOULOS (dir.), *Les droits en Grèce, 1953 - 2003 : De la fin de la guerre civile jusqu'à la restitution de la démocratie,* Athènes : éd. Kastanioti, 2004, pp. 487 - 498, (p. 489).

232 N. VALTICOS, « Droit de l'homme et démocratie : la Crise grecque », *in* C. TEITGEN - COLLY (dir.), *Cinquantième anniversaire de la Convention européenne des droits de l'homme*, Bruxelles : Némésis Bruylant, 2002, pp. 97 - 105, (p. 99).

233 Le rapport de la Commission date du 5 novembre 1969.

234 I. O. KABOGLU, S. - I. KOUTNATZIS, « The reception process in Greece and Turkey", *in* H. KELLER A. STONE SWEET (dir.), *A Europe of rights, the impact of the ECHR on national legal systems*, Oxford New York : Oxford University Press, 2008, pp. 451 - 529, (p. 453).

« juridiquement dégagé ». Il procéda à la dénonciation tant du Statut du Conseil de l'Europe que de la Convention elle - même[235]. Cependant, le 15 avril 1970, le Comité des ministres approuva la décision DH (70)1 en adoptant la position de la Commission concernant les violations de la Convention EDH par le gouvernement grec[236]. En outre, les trois gouvernements scandinaves saisirent la Commission des droits de l'homme d'une nouvelle requête en avril 1970 contre le gouvernement grec. Pourtant, cette requête fut sans effet dans la mesure où la Grèce n'était plus liée par la Convention[237].

L'intérêt essentiel de cette décision repose sur deux éléments. D'une part, il s'agit de la première décision visant à assurer une protection globale des droits fondamentaux, comme c'est écrit au préambule de la Convention, et elle concerne un très grand nombre de personnes. D'autre part, les violations de la Convention constatées étaient la conséquence des décisions et pratiques gouvernementales directement contraires au principe de l'état de droit. Ainsi, même si le régime des colonels n'a pas été explicitement condamné, le jugement relatif à toutes ces violations de la Convention EDH vaut en lui - même condamnation[238].

B. L'intégration actuelle de la Convention EDH dans l'ordre interne

La Convention EDH est à nouveau entrée en vigueur sous un contexte historique particulier et avant l'adoption de la Constitution de 1975. Cette entrée en vigueur antérieure à 1975 induit certaines particularités relatives à la procédure ayant conduit à sa seconde ratification. Néanmoins, elle est conforme aux dispositions de l'article 28 introduites dans la Constitution de 1975 (1). Il convient d'ailleurs de mettre l'accent sur la spécificité de l'application de la Convention dans l'ordre juridique interne en ce qu'elle repose en effet sur la non-application du principe de réciprocité (2).

---

[235] Cette convention a été dénoncée par la décision n°01 - 16 du ministre des relations extérieures du 5/13 février 1970 (*Journal officiel* A 36).

[236] Voir St. PERRAKIS, *L'« affaire grecque » devant les organismes internationaux (1967 - 1974) : Droit et politique de la protection internationale des droits de l'homme*, Athènes - Komotini : éd. A. Sakkoulas, 1997.

[237] N. VALTICOS, « Droit de l'homme et démocratie : la Crise grecque », *in Cinquantième anniversaire de la Convention européenne des droits de l'homme*, *op. cit.*, p. 103 et Ph. VEGLERIS, « L'affaire grecque devant le Conseil de l'Europe et la Commission européenne des droits de l'Homme », *AFDI*, 1971, pp. 889 - 931.

[238] P. VOGIATZIS, « Les affaires grecques devant la Cour de Strasbourg avant et après la reconnaissance de la requête individuelle », *in Les droits en Grèce, 1953 - 2003 : De la fin de la guerre civile jusqu'à la restitution de la démocratie*, *op. cit.*, pp. 489 - 490.

1. La particularité de la nouvelle intégration

Après la chute du régime des colonels, le 24 juillet 1974, Konstantinos Karamanlis a formé, sous sa présidence, le gouvernement transitoire d'« unité nationale ». Quelques jours plus tard, le 1er août, un acte constitutionnel visant la restauration du régime démocratique et la réglementation de la vie publique fut voté, dans l'attente de la nouvelle Constitution grecque. Cet acte constitutionnel remettait en vigueur la Constitution de 1952. Déjà, le 29 juillet 1974, la Commission permanente du Conseil de l'Europe a approuvé la restauration du régime démocratique ainsi que la chute du régime des colonels en exprimant aussi sa volonté de réintégrer la Grèce au Conseil de l'Europe[239].

Dans ce cadre, une fois les libertés publiques restaurées, le gouvernement grec post - dictatorial opéra l'intégration de la Convention EDH dans l'ordre juridique interne. Ainsi, le décret législatif 53/1974[240] a été adopté afin de permettre la réintégration de la Grèce au sein du Conseil de l'Europe.

Par la suite, alors que le comité des ministres jugeait que la Grèce pourrait reprendre sa place au Conseil de l'Europe avant d'avoir procédé aux élections nationales, l'Assemblée parlementaire du Conseil de l'Europe en décida autrement. Tout en reconnaissant les efforts de la Grèce jusqu'à cette époque, elle jugea qu'afin de satisfaire aux exigences du règlement de la Convention et d'être à nouveau intégrée au Conseil de l'Europe, la Grèce devrait procéder à des élections parlementaires et à la formation d'un gouvernement élu par le peuple.

Ainsi, suite aux élections du 17 novembre 1974, la Grèce réintégra le Conseil de l'Europe. Précisément, le 28 novembre 1974[241], le Conseil des ministres invita la Grèce à redevenir membre du Conseil de l'Europe en

[239] Ph. VEGLERIS, « Statut de la Convention des droits de l'homme dans le droit grec », *in Mélanges dédiés à Robert Pelloux*, Lyon : Ed. l'Hermès, 1980, pp. 299 - 318, (p. 302).

[240] Par le même décret législatif 53/1974 (*Journal officiel* A'256) le protocole additionnel n°1 a été ratifié. Ensuite, les protocoles n°2, 3 et 5 ont été ratifiés par le décret législatif 215/1974 (Journal *officiel* A' 365), le protocole n°6 par la loi 2610/1998 (*Journal officiel* A' 110), le n°7 par la loi 1705/1987 (*Journal Officiel* A' 89), le n°8 par la loi 1841/1989 (*Journal officiel* A' 94), le n°11 par la loi 2400/1996 (*Journal officiel* A' 96), le n°13 par la loi 3289/2004 (*Journal officiel* A' 227) et le n°14 par la loi 3344/2005 (*Journal officiel* A' 135). Enfin, les protocoles n°4, 10 et 12 n'ont pas été ratifiés par la Grèce tandis que le protocole n°9 a été abrogé. A. MAGGANAS, L. KARATZA, *La Convention européenne des droits de l'homme, décision et pratique de la Cour européenne*, Athènes : éd. Nomiki Vivliothiki, 2e éd., 2005, p. 411 et St. MATHIAS (dir.), *La Convention européenne des droits de l'homme*, Athènes - Komotini : éd. A. Sakkoulas, 1999, p. 12.

[241] Décision 74(34). St. PERRAKIS, *L'« affaire grecque » devant les organismes internationaux (1967 - 1974) : Droit et politique de la protection internationale des droits de l'homme, op. cit.*, pp. 176 - 177.

signant de nouveau le règlement de la Convention. Au niveau national, le même jour, la Grèce répondit à l'invitation européenne par une décision du ministre des Affaires extérieures qui donna au secrétaire général du Conseil G. KAHN - ACKERMAN les documents de ratification de la Convention. Après plus de sept ans d'absence, la Grèce fut à nouveau membre du Conseil de l'Europe. L'évolution majeure pour les droits de l'homme, c'est - à - dire l'égalité devant la loi et l'état de droit, eut lieu en 1974, année de grandes attentes et de grands espoirs suite à la restauration du régime démocratique[242].

Enfin, bien que les procédures d'instauration de la Constitution n'aient commencé qu'en janvier 1975, il est admis que l'article 28 de la Constitution actuelle s'applique *sedes materiae* dans le cas de la Convention EDH[243].

Précisément, la cinquième Chambre des députés en charge de la révision[244], issue des élections[245], était soumise à des règles posées auparavant par le gouvernement transitoire, dit gouvernement d'« unité nationale ». Tel fut le cas du décret législatif 53/1974. Il faut se poser la question de savoir comment une autorité dont la légitimité démocratique ne s'appuyait que sur une présomption pourrait imposer ses vues à l'Assemblée, organe investi d'autorité par un acte libre et exprès du peuple souverain. C'est bien par l'intermédiaire du peuple que les actes du gouvernement transitoire ont pu être légitimés. Les forces politiques soutenant la procédure constituante et les mesures prises par le gouvernement transitoire l'emportent aux élections et deviennent majoritaires dans la Chambre. Celle - ci se trouve automatiquement obligée de se conformer aux règles issues de la volonté populaire et d'approuver les normes constitutionnelles de la transition[246].

---

[242] N. ALIVIZATOS, « De l'Etat de conflits à un Etat de droit européen », *in* M. TSAPOGAS, D. CHRISTOPOULOS (dir.), *Les droits en Grèce, 1953 - 2003 : De la fin de la guerre civile jusqu'à la restitution de la démocratie*, Athènes : éd. Kastanioti, 2004, pp. 513 - 517 (p. 514 - 515).

[243] K. CHRYSOGONOS, *L'intégration de la convention européenne des droits de l'homme dans l'ordre juridique interne*, *op. cit.*, p. 176.

[244] Il importe de préciser que la chambre issue des élections de 1974 n'est pas véritablement une chambre de révision mais est une Assemblée constituante, étant libre en droit d'observer ou de rejeter les règles d'organisation, de procédure ou de fond posées par l'acte constitutionnel du 3/4 octobre 1974. Elle fut toutefois nommée « cinquième assemblée de révision » par les autorités installées au pouvoir qui étaient censées élaborer ou approuver les normes constitutionnelles de la transition. Voir G. KAMINIS, *La transition constitutionnelle en Grèce et en Espagne*, Paris : Librairie générale de droit et de jurisprudence, 1993, pp. 279 - 280.

[245] Les élections parlementaires ont eu lieu le 17 novembre 1974.

[246] G. KAMINIS, *La transition constitutionnelle en Grèce et en Espagne*, *op. cit.*, p. 278.

Ainsi, la Convention, dès son renouvellement de ratification par décret législatif et son entrée en vigueur, fait partie intégrante du droit grec interne et prime sur toute disposition législative contraire.

2. Le réserve de non-application du principe de réciprocité

Selon l'article 28 dont l'application est affirmée à propos de la Convention EDH, l'application des conventions internationales est subordonnée à la condition de réciprocité[247]. Le principe de réciprocité concrétise une condition garantissant l'interaction entre les ensembles juridiques et la symétrie institutionnelle et juridictionnelle[248]. Néanmoins, on le rencontre uniquement dans les Constitutions française[249] et grecque. Or, cette clause ne s'applique pas à la Convention EDH. De façon générale, la réserve de réciprocité ne s'applique ni en matière de protection internationale des droits de l'homme, conformément à l'article 60 §5 de la Convention de Vienne de 1969 sur le droit des traités[250] et en raison du caractère « objectif » du régime posé[251], ni au droit de l'Union européenne[252]. La Convention EDH, selon le texte et la jurisprudence de la

---

[247] Article 28 alinéa 1er: « *L'application des règles du droit international et des conventions internationales à l'égard des étrangers est toujours soumise à la condition de réciprocité* ».

[248] M. DELMAS - MARTY, *Les forces imaginantes du droit (II) Le pluralisme ordonné*, Paris : éd. du Seuil, 2006, p. 63.

[249] A. RAIKOS, *Droit constitutionnel, t. I*, Athènes - Komotini : éd. A. Sakkoulas, 4e éd., 2011, pp. 400 - 401.

[250] E. ROUCOUNAS, « Le droit international dans la Constitution de la Grèce du 9 juin 1975 », p. 70. Voir l'article 60§1,3 et 5 de la Convention de Vienne « *1. Une violation substantielle d'un traité bilatéral par l'une des parties autorise l'autre partie à invoquer la violation comme motif pour mettre fin au traité ou suspendre son application en totalité ou en partie…3. Aux fins du présent article, une violation substantielle d'un traité est constituée par : a) Un rejet du traité non autorisé par la présente Convention ; ou b) La violation d'une disposition essentielle pour la réalisation de l'objet ou du but du traité…5. Les paragraphes 1 à 3 ne s'appliquent pas aux dispositions relatives à la protection de la personne humaine contenues dans des traités de caractère humanitaire, notamment aux dispositions excluant toute forme de représailles à l'égard des personnes protégées par lesdits traités* ».

[251] D. CARREAU, *Droit international*, Paris : éd. A. Pédone, 10e éd., 2009, p. 399.

[252] L. DUBOUIS, « Le Conseil d'État français et le droit de l'Union européenne », *ToS*, 1988, pp. 433 - 453, (p. 443). Le droit de l'Union européenne n'est pas fondé sur la réciprocité mais bien sur l'intégration. Dès lors, la violation par l'un des pays membres de l'une de ses obligations au titre du droit de l'UE ne vaut pas autorisation pour les autres pays membres de suspendre de leur côté leurs obligations communautaires. Voir précisément les affaires CJCE, 14 décembre 1971, *Commission contre République française*, aff. 7/71 Rec. 1971, p. 1003 et CJCE, 13 novembre 1964, *Commission contre Grand - Duché de Luxembourg et Royaume de Belgique*, aff. 90 - 91/63 Rec. 1978, p. 927.

Cour, ne reconnaît pas le principe de réciprocité[253] et la Convention s'impose indépendamment de son application effective par l'un ou plusieurs des États l'ayant ratifiée[254]. Elle crée en outre « *des obligations objectives qui, aux termes de son préambule, bénéficient d'une garantie collective* »[255] et exprime l'intention des parties contractantes de créer directement des droits pour les particuliers[256].

Ainsi, le Conseil Constitutionnel français ne s'assure pas du respect du principe de réciprocité mentionné à l'article 55 de la Constitution de 1958 au sujet de la Convention européenne ni des autres conventions internationales. Initialement, dans la décision IVG de 1975, le Conseil constitutionnel a évoqué la condition de réciprocité pour souligner la différence de nature existant entre le contrôle de constitutionnalité et le contrôle de conformité d'une loi avec un traité qui a un caractère relatif[257]. Il s'est par conséquent estimé incompétent pour juger de la conformité d'une loi aux traités.

---

[253] Ch. ROUSSEAU, *Droit international public, t. II*, Paris : Dalloz, 1974, p. 723. Voir aussi la décision de la Commission européenne des droits de l'homme du 11 janvier 1961 Autriche contre Italie, n°788/60 (décision sur la recevabilité) : « *en concluant la Convention, les Etats contractants n'ont pas voulu se concéder des droits et des obligations réciproques utiles à la poursuite de leurs intérêts nationaux respectifs, mais réaliser les objectifs et les idéaux du Conseil de l'Europe tels que les énonce le statut et instaurer un ordre public communautaire* ». Elle énonce par ailleurs que « *les obligations souscrites par les Etats contractant dans la convention ont essentiellement un caractère objectif du fait qu'ils visent à protéger les droits fondamentaux des particuliers contre les empiétements des Etats contractants plutôt qu'à créer des droits subjectifs et réciproques entre les deux* ».

[254] Cour EDH, plénière, 18 janvier 1978, *Irlande contre Royaume Uni*, n°5310/71. Voir N. LENOIR, « Les rapports entre le droit constitutionnel français et le droit international à travers le filtre de l'article 54 de la Constitution de 1958 », *in* P. - M. DUPUY (dir.), *Droit international et droit interne dans la jurisprudence comparée du Conseil constitutionnel et du Conseil d'État*, Paris : éd. Panthéon - Assas, diff. LGDJ, 2001, pp. 11 - 30, (p. 28).

[255] Cour EDH, *Irlande contre Royaume Uni*, précité, §239. K. IOANNOU, « The application of the European convention on human rights in the greek legal order », *EEEurD*, n°2, 1996, pp. 223 - 250. Selon le doyen H. LABAYLE, cela constitue « la première originalité du droit européen des droits fondamentaux », H. LABAYLE, « Droits fondamentaux et droit européen », *AJDA,* n°spécial, 1998, pp. 75 - 91 et M. - A. EISSEN, « Vers un ordre juridictionnel européen des droits et libertés ? L'intégration de la Convention européenne des Droits de l'homme au bloc de constitutionnalité », *in Conseil constitutionnel et Cour européenne des droits de l'homme : droits et libertés en Europe*, Paris : STH, 1990, pp. 117 - 153, (p. 121).

[256] F. SUDRE, *Droit européen et international des droits de l'homme*, Paris : PUF, 11e éd., 2012, pp. 205 - 206.

[257] G. COHEN - JONATHAN, *La convention européenne des droits de l'homme*, Aix - en - Provence Paris : Presses universitaires d'Aix - Marseille Economica, 1989, p. 249.

Néanmoins, en principe, son raisonnement a ignoré la distinction manifeste entre la Convention EDH et les traités que le constituant visait en rédigeant l'article 55 de la Constitution[258]. Enfin, dans la décision n°98 - 408 du 22 janvier 1999, le Conseil Constitutionnel a écarté l'application de la réserve de réciprocité prévue à l'article 55 de la Constitution quant aux traités sur les droits de l'homme, en atténuant ainsi l'argumentation retenue pour fonder la jurisprudence IVG de 1975[259]. De même, les juridictions grecques, conformément à la position de la Convention EDH ainsi que du juge constitutionnel français, n'appliquent pas la condition de réciprocité par rapport à la Convention EDH, car cela constituerait une violation de ces dispositions[260].

La réserve absolue de réciprocité prévue par l'article 28 alinéa 1er de la Constitution grecque a provoqué des critiques, car il a été considéré que l'exigence de réciprocité ne correspondait pas aux exigences contemporaines des relations internationales[261] et démontrait « une méfiance *a priori* peu habituelle vis - à - vis des autres États membres de la société internationale »[262].

En outre, pour des raisons pratiques, cette condition de nature politico - juridique[263], ne peut pas toujours être respectée. Ainsi, il ne serait pas possible pour l'État grec, afin de se conformer à ses engagements internationaux dans la protection des droits fondamentaux des personnes étrangères restant sous sa compétence, de chercher systématiquement si le pays d'origine des personnes concernées respecte ou non les droits reconnus aux citoyens grecs[264].

Enfin, pendant la procédure de révision constitutionnelle de 2001, la Commission pour la révision de la Constitution avait proposé la suppression de la condition de réciprocité, en considérant qu'elle n'était pas conforme

---

[258] J. RIVERO, « Contrôle de la constitutionnalité des lois, commentaire à la décision du 15 janvier 1975 », *AJDA*, n°3, 1975, pp. 134 - 138, (p. 135).

[259] N. LENOIR, « Les rapports entre le droit constitutionnel français et le droit international à travers le filtre de l'article 54 de la Constitution de 1958 », *op. cit.*, p. 29.

[260] K. IOANNOU, « The application of the European convention on human rights in the greek legal order », *op. cit.*, p. 229.

[261] Y. DROSOS, *L'ordre constitutionnel grec et les communautés européennes aux relations internationales*, Athènes - Komotini : éd. A. Sakkoulas, 1987, p. 68.

[262] C. ECONOMIDES, « La révision des dispositions de la Constitution hellénique concernant les relations internationales », *in* R. - J. DUPUY (dir.), L. - A. SICILIANOS (coord.), *Mélanges en l'honneur de Nicolas Valticos, Droit et Justice*, Paris : éd. A. Pédone, 1999, pp. 643 - 654, (p. 646).

[263] A. PAPAKONSTANTINOU, *Etat et droit international, Le cadre constitutionnel des relations entre le droit interne et le droit international, op. cit.*, p. 399.

[264] Ch. SATLANIS, *Introduction au droit de la protection internationale des droits de l'homme*, Athènes - Komotini : éd. A. Sakkoulas, 2003, p. 186.

aux valeurs de l'état de droit actuel[265]. Cependant, cette proposition n'a pas recueilli la majorité requise des trois cinquièmes du nombre total des députés et est donc restée inchangée[266].

§2. L'application de la procédure constitutionnelle de ratification des traités à propos du Traité sur la stabilité, la coordination et la gouvernance au sein de l'Union économique et monétaire

Les règles relatives à la formation et à la validité internationale des actes internationaux sont dictées par le droit international. Toutefois, il incombe au droit interne de déterminer les autorités compétentes pour participer à la procédure internationale et les formalités nécessaires pour conférer aux actes internationaux validité en droit interne[267]. Dans ce cadre, la Constitution grecque dans son article 28 alinéa 1er vise une procédure de ratification des traités qui est nécessaire pour la mise en œuvre du droit conventionnel dans l'ordre interne. Cette procédure a été appliquée pour la ratification du Traité sur la stabilité, la coordination et la gouvernance dans l'Union économique et monétaire (TSCG) qui présente cependant deux particularités.

Premièrement, arrêté le 30 janvier 2012 à Bruxelles entre les chefs d'État et de gouvernement et signé par 25 des 27 États de l'Union européenne[268] le 2 mars 2012, le TSCG ne lie que ses parties contractantes, soit un nombre d'États plus restreint que celui des vingt - huit États membres. Mettant en place une intégration différenciée le traité ne pouvait donc être appréhendé à proprement parler comme un traité de l'Union[269]. Or, il s'agit d'un traité

---

[265] E. VENIZELOS, *Rapport de la Commission pour la révision de la Constitution du parlement hellénique*, 2000, p. 34 et 99 cette thèse n'a pas été soutenue par le parti libéral de l'opposition.

[266] E. VENIZELOS, *Cours de droit constitutionnel*, Athènes - Komotini : éd. A. Sakkoulas, nouvelle édition, 2008, p. 195. Voir aussi en la matière le discours du rapporteur du parti majoritaire ainsi que du parti de l'opposition quant à la proposition d'enlever le terme de réciprocité à l'article 28 alinéa 1 Parlement grec, période I, session parlementaire A, séance ΡΙΔ, 14 février 2001 (matin), procès - verbaux des séances, pp. 4851 - 4854.

[267] M. VIRALLY, « Cours général de droit international public, Souveraineté des Etats et autorité de droit », *RCADI*, t. 183, 1983, pp. 165 - 246, (p. 211).

[268] Le Royaume - Uni avait été, en décembre 2011, le premier pays de l'UE à refuser d'y adhérer. Lors du sommet de Bruxelles du 9 décembre 2011, le premier ministre David CAMERON avait menacé de mettre son veto à un accord à 27 qui ne préserverait pas suffisamment les intérêts britanniques Ensuite, La République tchèque, qui a fait état de « raisons constitutionnelles », a créé la surprise en annonçant le 30 janvier 2012 son refus d'adhérer à ce Traité.

[269] A. LEVADE, « TSCG et Constitution française : quand l'interprétation fait la compatibilité ! Cons. const., 9 août 2012 », *Constitutions*, n°4, 2012, pp. 575 - 580, (p. 576).

international. Deuxièmement, ce traité prévoit une « règle d'équilibre budgétaire » qui devrait, selon les énoncés du Traité, être transposée dans l'ordre interne au moyen de dispositions contraignantes, permanentes et de préférence constitutionnelles. Cette deuxième particularité porte sur le fait que c'est la première fois qu'un traité incite les États contractants à insérer une règle au rang constitutionnel, nécessairement suite à une révision constitutionnelle (A). En dépit de l'incitation européenne prévue dans le traité pour la transposition de la règle budgétaire, communément appelée « règle d'or » dans la Constitution grecque, la procédure de révision de la Constitution ne saurait être transgressée en raison de l'incitation européenne (B).

A. Le pouvoir constituant dérivé face aux exigences du traité

La « règle d'or », inscrite dans le cadre du renforcement de la surveillance budgétaire au sein de l'UE, prévoit que l'objectif structurel à moyen terme (OMT) d'un État doit être inférieur à - 0,5% du produit intérieur brut[270]. Le Traité suggère une transposition de cette règle au sein de la Constitution nationale (1). Cependant, la procédure de ratification excluant le recours parallèle à la révision constitutionnelle, la ratification ne peut avoir lieu que par voie législative (2).

1. L'« exhortation » européenne en faveur de la révision de la Constitution

Jusqu'à la crise économique, débutée en Europe avec l'instabilité financière de la Grèce en 2010, la gouvernance économique européenne était basée sur deux piliers : la surveillance budgétaire établie par le pacte de stabilité et de croissance[271] et la coordination socio - économique prévue par la stratégie de Lisbonne. Or, les impératifs économiques nécessitent la coordination de la politique de l'Union en vue de la gestion de la crise de l'euro[272] et dans ce cadre, un gouvernement économique européen susceptible de donner une nouvelle vigueur aux exigences européennes

---

[270] Article 3, §1b TSCG. Toutefois, la limite de l'OMT est de - 1% du PIB si l'Etat détient une dette inférieure à 60% du PIB et présente de faibles risques de soutenabilité à long terme des finances publiques.

[271] Règlement 1466/97 du Conseil du 7 juillet 1997 modifié par le règlement 1055/2005 du Conseil du 27 juin 2005, règlement 1467/97 du Conseil du 7 juillet 1997 modifié par le règlement 1056/2005 du Conseil du 27 juin 2005 et résolution du Conseil européen du 17 juin 1997 relative au pacte de stabilité et de croissance.

[272] Voir O. CLERC, *La gouvernance économique de l'Union européenne*, Bruxelles : Bruylant, 2012 pour une étude sur l'évolution de la gouvernance économique européenne depuis la création de l'Union économique et monétaire en 1992 lors du Traité de Maastricht.

envisagées[273]. Dans un premier temps, le Traité de Maastricht a proposé une valeur de référence qui devait être respectée en tant que règle de discipline budgétaire. Selon cette règle, le rapport entre le déficit public prévu ou effectif et le produit intérieur brut devait se limiter à 3%[274].

Ensuite, en matière de discipline budgétaire, le TFUE concrétise la politique d'action puisque l'article 121 prévoit que « *Les États membres considèrent leurs politiques économiques comme une question d'intérêt commun* ». Il a également repris la règle prévue au Traité de Maastricht et relative au déficit nominal ou effectif qui doit être inférieur à 3% du PIB[275] dans son article 126 §2 : « *Les États membres évitent les déficits publics excessifs (...)* ». En outre, l'article 136 TFUE prévoit l'institution de mesures pour renforcer la coordination et la surveillance de la discipline budgétaire des États membres. Le but était alors de fixer un engagement des États à respecter à moyen terme l'objectif d'une position budgétaire proche de l'équilibre voire en excédent[276].

Compte tenu de l'ampleur de la crise économique, le besoin de mesures de discipline budgétaire et de stabilité est devenu impératif. Le Conseil des États membres de la zone euro, saisi le 11 mars 2011, a indiqué dans ses conclusions que « *les États membres de la zone euro s'engagent à traduire dans leur législation nationale les règles budgétaires de l'UE figurant dans le pacte de stabilité et de croissance. Les États membres conserveront le choix de l'instrument juridique à utiliser au niveau national, mais veilleront à ce qu'il soit par nature suffisamment contraignant et durable (par exemple, la Constitution ou une législation cadre)* ». Le Conseil a alors ajouté que « *la formulation exacte de la règle sera également arrêtée par chaque pays (il pourrait par exemple s'agir d'un "frein à l'endettement", d'une règle liée au solde primaire ou d'une règle portant sur les dépenses), mais elle devrait garantir la discipline budgétaire tant au niveau national qu'aux niveaux*

---

[273] J. HABERMAS, Ch. BOUCHINDHOMME, *La Constitution de l'Europe*, Paris . éd. Gallimard, 2012, p. 70 et 84.

[274] Article 104C §2 du Traité de Maastricht et Article 1er du Protocole sur la procédure concernant les déficits excessifs, selon lequel « *Les valeurs de référence visées à l'article 104 C paragraphe 2 du traité sont les suivantes: - 3 % pour le rapport entre le déficit public prévu ou effectif et le produit intérieur brut aux prix du marché* ».

[275] Article 126, §2 TFUE et Article 1er du Protocole n°12 sur la procédure concernant les déficits excessifs, selon lequel « *Les valeurs de référence visées à l'article 126, paragraphe 2, du traité sur le fonctionnement de l'Union européenne sont les suivantes : - 3 % pour le rapport entre le déficit public prévu ou effectif et le produit intérieur brut aux prix du marché* ».

[276] G. ORSONI, « Faut - il juridiciser l'équilibre budgétaire ? », *in* N. de GROVE - VALDEYRON, M. BLANQUET, V. DUSSART (dir.), *Mélanges en l'honneur du Professeur Joël Molinier*, Paris : LGDJ, 2012, pp. 483 - 493, (p. 490).

inférieurs »[277]. Puis la nécessité d'instituer des règles budgétaires a été exprimée sous la même forme par le Conseil européen dans sa décision du 25 mars 2011[278], qui est venue amender partiellement l'article 136 du TFUE[279].

Enfin, la nouvelle règle budgétaire, aujourd'hui communément dénommée « règle d'or »[280], a été concrétisée dans le TSCG[281]. Selon le TSCG, la situation budgétaire des administrations publiques d'une partie contractante est en équilibre ou en excédent si le solde structurel annuel des administrations publiques correspond à l'objectif à moyen terme spécifique à chaque pays, tel que défini dans le pacte de stabilité et de croissance révisé. Il prévoit que l'objectif structurel à moyen terme (OMT) d'un État doit être inférieur à - 0,5% du produit intérieur brut. Le TSCG invite les États membres à mettre en vigueur les règles énoncées au sein de leur droit national « *au plus tard un an après l'entrée en vigueur du présent traité, au moyen de dispositions contraignantes et permanentes, de préférence constitutionnelles, ou dont le plein respect et la stricte observation tout au long des processus budgétaires nationaux sont garantis de quelque autre façon* ».

---

277 Bruxelles, le 11 mars 2011, Conclusions des chefs d'Etat ou de gouvernement de la zone euro du 11 mars 2011, p. 10, règles budgétaires nationales.

278 Bruxelles le 20 avril 2011, Conseil européen 24 et 25 mars 2011, conclusions, p. 20, règles budgétaires nationales.

279 Décision du Conseil Européen du 25 mars 2011 modifiant l'article 136 du traité sur le fonctionnement de l'Union européenne en ce qui concerne un mécanisme de stabilité pour les Etats membres dont la monnaie est l'euro (2011/199/UE) Selon ladite décision, « *À l'article 136 du traité sur le fonctionnement de l'Union européenne, le paragraphe suivant est ajouté : ' 3. Les États membres dont la monnaie est l'euro peuvent instituer un mécanisme de stabilité qui sera activé si cela est indispensable pour préserver la stabilité de la zone euro dans son ensemble. L'octroi, au titre du mécanisme, de toute assistance financière nécessaire, sera subordonné à une stricte conditionnalité*' ».

280 Voir en titre indicatif J. - Cl. ZARKA, « Le traité sur la stabilité, la coordination et la gouvernance dans l'Union économique et monétaire (TSCG) », *D.*, n°14, 2012, pp. 893 - 900.

281 Comme le constate Ph. MANIN: « La situation créée par la crise financière a amené les Etats membres de l'Union à entreprendre une révision de l'article 136 et les Etats membres de la zone euro à conclure à un traité fondé sur cette disposition révisée. (ESM). Dans les deux autres cas, à savoir l'EFSM et le traité sur la stabilité et la gouvernance - l'on se trouve en présence de procédures d'adaptation non fondées sur les traités », Ph. MANIN, « Une conséquence de la crise financière : la révision et l'adaptation des traités constitutifs de l'Union européenne », *in* Ch. BOUTAYEB (dir.), *La Constitution l'Europe et le droit, mélanges en l'honneur de Jean - Claude Masclet*, Paris : Publication de la Sorbonne, 2013, pp. 695 - 711, (pp. 697 - 698).

Cette « constitutionnalisation de normes financières »[282] répond surtout aux exigences de l'Allemagne qui a imposé le vote d'un tel traité pour ancrer la discipline budgétaire de la zone euro dans des règles ayant une valeur contraignante[283].

On relèvera que ce Traité, dont les négociations ont été assez semblables à celles d'un traité européen classique, permettant ainsi aux principaux acteurs d'afficher leurs positions, a prévu, dans ses deux premières versions[284], une disposition différente concernant la « règle d'or ». Précisément, le Traité avait prévu que la transposition de la « règle d'or » devait se faire par des « dispositions de nature constitutionnelle ou équivalente ». Néanmoins, devant les difficultés soulevées, l'Allemagne a été contrainte d'accepter que plusieurs pays inscrivent la « règle d'or » dans un simple texte de loi. Le nouveau Traité prévoit que la transposition de la « règle d'or » aura lieu par la voie de dispositions contraignantes et permanentes, de préférence constitutionnelles[285]. Il existe également des mesures de vérification, à l'échelle européenne, de la « règle d'or » au niveau national[286].

Cette règle et surtout la suggestion de la transposer au rang constitutionnel, engendre toute une série de problèmes dans l'ordre juridique national, qui découlent notamment du fait que ces sujets concernent le budget étatique qui, comme tout autre sujet relatif aux mesures financières et budgétaires, relève *a priori* de la compétence du Parlement, en tant que garantie de l'état de droit social[287]. Enfin, il faut souligner que pour la première fois, un Traité invite les États à attribuer à une règle européenne un

---

282 Phrase de M. BOUVIER ; Ph. MARINI, M. BOUVIER, J. - R. ALVENTOSA, « L'introduction de la « règle d'or » budgétaire dans la Constitution », *Constitutions*, n°1, 2011, pp. 23 - 38, (p. 24).

283 J. - Cl. ZARKA, « Accord sur le projet de Traité européen de discipline budgétaire », *D.*, n°1, 2012, p.16.

284 La première version du Traité (datée du 16 décembre 2011) et la version finale (datée du 30 janvier 2012), voir V. KREILINGERS, « Le « making - of » d'un nouveau traité : six étapes de négociations politiques », *Notre Europe, Les brefs*, n°52, février 2012, pp. 1 - 6, (p. 1).

285 J. - Cl. ZARKA, « Le Traité sur la stabilité, la coordination et la gouvernance dans l'Union économique et monétaire », *op. cit.*, (p. 896).

286 Ce pouvoir est conféré uniquement aux Etats parties par l'article 8 du TSCG, ce qui a d'ailleurs été décidé contre l'avis émis par l'Allemagne qui souhaitait l'implication directe de la Commission européenne voir J. - Cl. ZARKA, « Le traité sur la stabilité, la coordination et la gouvernance dans l'Union économique et monétaire », *op. cit.*, p. 897.

287 D. KONTOGEORGA - THEOCHAROPOULOU, L. THEOCHAROPOULOS, « 'Sous le signe' des crises : administration publique et gestion budgétaire », *EfimDD*, n°3, 2010, pp. 274 - 289, (p. 288).

rang spécifique et en l'occurrence, constitutionnel[288]. Néanmoins, la procédure de ratification des traités étant toujours encadrée par la Constitution, la Grèce n'a pas opéré de révision constitutionnelle et a simplement ratifié le traité conformément à la procédure prévue à l'article 28.

2. Le cadre constitutionnel de la ratification des traités

En absence du contrôle juridique préventif des traités, leur ratification est soumise aux conditions prévues dans l'article 28 de la Constitution et surtout au consentement du Parlement[289]. Ensuite, un contrôle *a posteriori* de la loi

---

[288] Il est à noter que la gouvernance économique dans la zone euro se renforce toujours : Le 12 mars 2013, le Parlement européen a adopté à une très large majorité un ensemble de deux projets de règlements, appelé « two - pack », visant à renforcer la gouvernance économique au sein de la zone euro. Voir J. - Cl. ZARKA, « Union européenne (gouvernance économique) : accord sur le « two - pack » », *D.*, n°11, 2013, p. 709. Le premier règlement renforce encore la surveillance budgétaire en accroissant les pouvoirs de contrôle de la Commission et du Conseil sur les politiques budgétaires nationales (Règlement 473/2013 du Parlement européen et du Conseil du 21 mai 2013). Le deuxième règlement organise une surveillance des Etats membres présentant des risques d'instabilité financière et, en cas d'assistance financière, ancre dans le droit européen la négociation des conditions de cette aide prévue dans le programme d'ajustement macroéconomique (Règlement 472/2013 du Parlement européen et du Conseil du 21 mai 2013). Voir A. de STREEL, « La gouvernance économique européenne réformée », *RTDE*, n°3, 2013, pp. 455 - 481, (p. 459).

[289] Avec la ratification des traités par une loi, le pouvoir législatif obtient un rôle essentiel dans la conclusion des traités, la ratification parlementaire fut prévue aussi dans l'article 32 de la Constitution de 1952 selon lequel le Parlement donne son consentement avec la promulgation d'une loi ratifiant le traité, après la signature de la Convention. Une autorisation préalable n'était pas nécessaire. Cf. Ph. Vegleris, « *La convention des droits de l'homme et la Constitution* », *ToS*, 1976, pp. 533 - 571, (p. 535). Plus précisément, l'article 32 de la Constitution de 1952 disposait : « *Le Roi en tant que chef d'Etat...conclut des conventions de paix, des traités d'alliance ou de commerce si l'intérêt national ou la sécurité publique le permet. Et informe le Parlement national en faisant les clairances nécessaires. Les traités de commerce et tous les autres traités qui comportent des concessions étatiques selon les dispositions de la Constitution ne peuvent pas être signés sans la promulgation d'une loi. De même, les traités qui entraînent la surcharge des grecs n'ont pas de valeur législative sans le consentement du parlement national* », D. KALODOUKAS, *La Constitution de 1952*, Athènes : éd. Ioannou Zacharopoulou, 1952, p. 69. L'article 32 de la Constitution de 1952, reproduit les dispositions des Constitutions précédentes en la matière (article 82 de la Constitution de 1927, a. 79 C 1925, a. 32 C 1911, a, 32 C 1864 et a. 25 C 1844) et a pour modèle l'article 68 de la Constitution belge.

transposant le traité et de sa compatibilité avec la Constitution est toujours possible.

L'article 28 de la Constitution[290] précise les conditions et de fond et de forme selon lesquelles le droit international est généralement intégré dans l'ordre juridique interne[291]. Il présente un lien très étroit avec l'article 36 de la Constitution qui précise le rôle du Président de la République à l'égard de la mise en vigueur des conventions internationales[292], affirmant qu'il représente l'État sur le plan international.

Selon l'article 36 alinéa 2[293], les conventions internationales relatives à certains domaines doivent être ratifiées en vertu d'une loi. Il s'agit des traités de commerce, ainsi que de ceux qui concernent l'imposition, la coopération économique ou la participation aux organisations ou unions internationales et tous ceux qui comportent des concessions qui, selon d'autres dispositions de la Constitution, nécessitent une disposition législative ou qui créent des charges individuelles pour les Grecs[294]. L'intervention du pouvoir législatif dans la procédure de ratification des conventions internationales ne peut pas

---

[290] Article 28 alinéa 1er : « *Les règles du droit international généralement reconnues, ainsi que les conventions internationales dès leur ratification par la loi et leur entrée en vigueur conformément aux dispositions de chacune d'elles, font partie intégrante du droit hellénique interne et priment toute disposition de loi contraire. L'application des règles du droit international et des conventions internationales à l'égard des étrangers est toujours soumise à la condition de réciprocité* ».

[291] L. PAPADOPOULOU, « L'« autodestruction créative » de la Constitution ou comment la Constitution reçoit le phénomène du droit communautaire », *in Union de jeunes chercheurs d'études européennes, 20 ans depuis l'intégration de la Grèce à l'Union européenne : Bilan et perspectives*, Athènes - Komotini : éd. A. Sakkoulas, 2002, pp. 23 - 45 (p. 27).

[292] *loc. cit.*

[293] Article 36 alinéa 2 : « *Les traités de commerce, ceux qui concernent l'imposition, la coopération économique ou la participation aux organismes ou unions internationaux, ainsi que ceux qui comportent des concessions pour lesquelles, selon d'autres dispositions de la Constitution, rien ne peut être disposé sans loi, ou qui grèvent individuellement les Hellènes, ne prennent effet qu'après avoir été ratifiés par une loi formelle* ».

[294] De plus, la représentation de l'Etat sur le plan international par le Président de la République nécessite que les actes du Président de la République soient contresignés par le ministre compétent et publiés au *Journal Officiel*. Cf. E. ROUCOUNAS, « Le droit international dans la Constitution de la Grèce du 9 juin 1975 », *op. cit.*, p. 57 ; E. ROUCOUNAS, *Droit international, volume premier, relations entre droit interne et droit international*, Athènes - Komotini : éd. A. Sakkoulas, 3e éd., 2004, p. 139 et K. CHRYSOGONOS, *Droit constitutionnel*, Athènes - Thessalonique : éd. Sakkoulas, 2003, p. 187.

être tacite[295]. Le consentement du Parlement, exprimé par une loi ratifiant la convention, est nécessaire à son entrée en vigueur. Cette loi contient le texte exact de la convention signée ou reprend son contenu[296]. Il faut par ailleurs relever que la ratification des conventions par voie législative présente une différence essentielle par rapport à la procédure de vote des lois ordinaires. Selon la procédure parlementaire, les lois ordinaires sont votées par le Parlement en trois étapes : tout d'abord sur le principe, puis article par article, et enfin *in globo*. À l'inverse, les lois de ratification des conventions sont votées selon une procédure en une seule étape, celle *in globo,* où le Parlement peut seulement approuver ou rejeter le texte dans son ensemble, sans avoir la possibilité d'en modifier le contenu. Le vote de la loi ratifiant une convention internationale constitue l'étape la plus importante concernant l'intégration de celle - ci dans l'ordre juridique interne, car c'est dans cette loi que la convention « se nationalise » et s'intègre au droit national[297]. Néanmoins, cette autorisation législative ne suffit pas à l'entrée en vigueur de la convention dans l'ordre interne[298].

Suite au vote de la loi, la ratification de la convention par le Chef de l'État est une condition nécessaire à son entrée en vigueur. Cet acte complète la procédure de ratification. Il est à noter que cette ratification constitue un acte unilatéral national, mais aussi un acte du droit international[299]. Elle exprime ainsi la volonté de l'État de s'engager au niveau international. Dans le cas où le Président de la République, Chef de l'État, procède à la ratification d'une convention sans l'autorisation parlementaire exigée, cette

---

[295] Lors des travaux préparatoires avant le vote de la Constitution de 1975, la proposition tendant à introduire une procédure d'approbation tacite, à l'instar de la Constitution des Pays Bas, n'a pas abouti, voir E. ROUCOUNAS, « Grèce : Les traités », *in* P. - M. EISEMANN (dir.), *L'intégration du droit international et communautaire dans l'ordre juridique national étude de la pratique en Europe*, The Hague London : Kluwer Law international, 1996, pp. 287 - 315, (p. 292).

[296] E. ROUCOUNAS, *Droit international, volume premier, relations entre droit interne et droit international, op. cit.*, p.161.

[297] M. KYPRAIOS, « Le contrôle de constitutionnalité des lois par les Cours, interprétation de l'article 28 de la Constitution pour l'intégration de la Grèce à la communauté économique européenne », *in livre jubilaire pour le Conseil d'État, 1929 - 1979,* Athènes - Komotini : éd. A. Sakkoulas, 1979, pp. 201 - 270, (p. 225).

[298] K. IOANNOU, K. OIKONOMIDIS, Ch. ROZAKIS, A. FATOUROS, *Droit public international, vol. B, sémitome A*, Athènes - Komotini : éd. A. Sakkoulas, 1983, pp. 94 - 95.

[299] A. PAPAKONSTANTINOU, « Le cadre constitutionnel de la compétence internationale, le modèle de la géométrie variable avec un souverain institutionnel », *EDDD*, 2004, pp. 237 - 271, (p. 256). Pour le terme « ratification » qui est à la fois acte de droit international et acte de droit interne voir aussi P. PACTET, F. MELIN SOUCRAMANIEN, *Droit constitutionnel*, Paris : Dalloz Sirey, 33e éd., 2014, pp. 575 - 576.

convention n'entre pas en vigueur dans l'ordre juridique interne. Selon certains auteurs, son autorité au niveau international ne serait pas pour autant affectée[300]. Or, en l'absence de ratification d'un traité, ce dernier ne revêt aucune efficience dans l'ordre juridique interne[301].

Enfin, la loi ratifiant la Convention doit être publiée au *Journal Officiel* dans un délai raisonnable. Si, pour quelque raison que ce soit, le Président de la République n'ordonne pas la publication de la loi, la procédure de ratification doit être reprise par le Parlement[302]. Le dernier acte exigé est la publication au *Journal officiel* de l'État[303], afin que les citoyens s'informent officiellement sur les droits et les obligations découlant de la convention. Une partie minoritaire de la doctrine a soutenu que si une convention internationale est publiée au *Journal officiel*, elle entre en vigueur même si la loi de ratification n'a pas été votée[304]. Toutefois, cette position est contraire à l'article 28 alinéa 1er de la Constitution qui précise que les règles du droit international généralement reconnues, ainsi que les conventions internationales, dès leur ratification par la loi et leur entrée en vigueur conformément aux dispositions de chacune d'elles, font partie intégrante du droit interne. Cette position ne saurait donc être admise, car selon la Constitution actuelle, le pouvoir exécutif ne dispose pas d'une compétence exclusive en matière de ratification des traités et conventions[305].

---

[300] K. IOANNOU, K. OIKONOMIDIS, Ch. ROZAKIS, A. FATOUROS, *Droit public International, vol. B, sémitome A*, *op. cit.*, p. 104.

[301] N. SARIPOLOS, *Le système de droit constitutionnel grec en comparaison avec les systèmes des Etats étrangers, vol. B,* Athènes - Komotini : éd. A. Sakkoulas, 4e éd., 1987, p. 378.

[302] E. ROUCOUNAS, *Droit international, volume premier, relations entre droit interne et droit international, op. cit.*, p. 165.

[303] Voir Conseil d'État 2011/1976, 3531/1976, 2183/1983 cités par A. PAPAKONSTANTINOU, *Etat et droit international, Le cadre constitutionnel des relations entre le droit interne et le droit international*, Athènes - Komotini : éd. A. Sakkoulas, 2001, p. 393, selon ces arrêts une convention internationale doit être publiée au Journal officiel afin d'entrer en vigueur dans l'ordre juridique interne.

[304] Voir cet avis à K. IOANNOU, K. OIKONOMIDIS, Ch. ROZAKIS, A. FATOUROS, *Droit international public, Les relations entre le droit international et le droit interne*, Athènes - Komotini: éd. A. Sakkoulas, 1990, pp. 165 - 166 et 173.

[305] K. CHRYSOGONOS, *Droit constitutionnel, op. cit.*, p. 189.

B. Le pouvoir constituant dérivé encadré par la Constitution

La ratification du TSCG est à ce jour achevée dans la grande majorité des États concernés[306]. De même, la « règle d'or » connaît maintenant une introduction dans l'ordre interne dans plusieurs États membres (1). Dans l'ordre grec le TSCG a été inséré conformément à la procédure constitutionnelle de ratification de traités. En raison de la soumission de la procédure révisionnelle à un certain nombre des conditions strictes, le recours à la révision de la Constitution pour la transposition de la « règle d'or » n'est pas possible.

1. Les exemples du droit comparé

En effet, la « règle d'or » n'est insérée au niveau constitutionnel que dans un nombre limité d'États. La Suisse, qui n'est pas membre de l'UE, fut le premier État à introduire dans sa Constitution la « règle d'or », qui est appliquée depuis 2003. Ainsi, l'article 126 de la Constitution suisse prévoit l'équilibre à terme des dépenses et des recettes du budget national. Néanmoins, des besoins financiers exceptionnels, liés à la récession économique ou à des catastrophes naturelles, peuvent justifier un relèvement approprié du plafond des dépenses, ce qui sera décidé par une majorité renforcée de l'Assemblée fédérale[307]. La Pologne[308], elle est un pays membre

---

[306] Les pays ayant ratifié le TSCG : Allemagne le 29 juin 2012, Autriche le 17 juillet 2012, Chypre le 6 juillet 2012, Danemark le 31 mai 2012, Espagne le 25 juillet 2012, Estonie le 5 novembre 2012, Finlande le 2 novembre 2012, France le 23 octobre 2012 loi autorisant la ratification du TSCG et loi organique n°2012 - 1403 du 17 décembre 2012 relative à la programmation et à la gouvernance des finances publiques, Grèce le 30 mars 2012, Hongrie le 29 mars 2013, Irlande le 3 juillet 2012 Italie le 19 juillet 2012, Lettonie le 13 juin 2012, Lituanie le 4 juillet 2012, Luxembourg le 27 février 2013, Malta le 11 juin 2013, Pays Bas le 26 mars 2013, Pologne 27 février 2013, Portugal le 3 juillet 2012, Roumanie le 20 juin 2012, Slovaque le 17 janvier 2013 (date de notification de la ratification au Conseil européen), Slovénie le 14 mai 2012 et Suède le 6 mars 2013. La ratification est encore pendante en Belgique (dernière ratification par le Sénat le 23 mai 2013. Le traité doit être aussi ratifié par le Parlement wallon, le Parlement de Bruxelles, le Parlement de la Communauté française et le Parlement de la communauté germanophone).

[307] Voir article 126 de la Constitution fédérale de la confédération suisse Accepté en votation populaire du 2 décembre 2001 (AF du 22 juin 2001, ACF du 4 fév. 2002 ; RO 2002 241 ; FF 2000 4295, 2001 2255 2741, 2002 1156) avec disposition transitoire. « *La Confédération équilibre à terme ses dépenses et ses recettes .2 Le plafond des dépenses totales devant être approuvées dans le budget est fixé en fonction des recettes estimées, compte tenu de la situation conjoncturelle. 3 Des besoins financiers exceptionnels peuvent justifier un relèvement approprié du plafond des dépenses cité à l'al. 2. L'Assemblée fédérale décide d'un tel relèvement conformément à l'art. 159, al. 3, let. c. 4 Si les dépenses totales figurant dans le*

dans lequel la « règle d'or » existait dans la Constitution avant la signature du TSCG. C'est également le cas de la République Fédérale d'Allemagne. En Allemagne, avec la révision constitutionnelle du 1er août 2009, les dispositions concernant l'économie et la politique budgétaire ont été renforcées avec l'introduction de dispositions plus strictes concernant la clause générale relative au déficit public[309]. À l'image de la Suisse, l'État fédéral d'Allemagne institue le principe d'un budget étatique à terme en équilibre[310]. Des exceptions sont toutefois prévues en vue de parer une éventuelle perturbation de l'équilibre économique suite aux effets d'une évolution anormale de la conjoncture, en cas de catastrophe naturelle, ou encore en présence de situations exceptionnelles d'urgence échappant au contrôle de l'État[311]. Concernant les règles exceptionnelles, des règles

---

compte d'Etat dépassent le plafond fixé conformément aux al. 2 ou 3, les dépenses supplémentaires seront compensées les années suivantes. 5 La loi règle les modalités », St. DANNIGER, 'A new rule « the swiss Debt brake »', january 2002, IMF working paper, pp. 1 - 27, V. TZEMOS, « Etat de droit démocratique, données économiques difficiles et clause de frein à l'endettement », *ThPDD*, n°4 - 5, 2011, pp. 496 - 506, (p. 500) et P. MANTZOUFAS, « La règle d'or dans la Constitution. Résolution du problème ou encore un obstacle à l'adaptation économique et la protection des droits », *in* Ch. AKRIVOPOULOU, N. PAPACHRISTOS (dir.), *Le défis de la révision constitutionnelle*, Athènes - Komotini : éd. Sakkoulas, 2013, pp. 123 - 139.

308 Article 216 alinéa 5 de la Constitution de Pologne « *Ne peuvent être émis des emprunts ou octroyés des garanties ou cautionnements à la suite desquels la dette publique de l'Etat dépasserait les trois cinquième du produit intérieur brut annuel. Une loi définit le mode de calcul de la valeur du produit intérieur brut annuel et de la dette publique de l'Etat* ».

309 Voir les articles 109, 115 et 143 de la LF d'Allemagne.

310 V. TZEMOS, « Etat de droit démocratique, données économiques difficiles et clause de frein à l'endettement », *op. cit.*, p. 501.

311 Article 109 alinéa 3 de la LF allemande, réforme constitutionnelle du 29 juillet 2009 « *Les budgets de la Fédération et des Länder doivent être par principe équilibrés sans les recettes provenant des emprunts. La Fédération et les Länder peuvent prévoir des règles tendant à prendre en compte de façon symétrique en période de croissance et de récession les effets d'une évolution anormale de la conjoncture ainsi que des règles exceptionnelles en cas de catastrophe naturelle ou de situations exceptionnelles d'urgence qui échappent au contrôle de l'État et qui compromettent considérablement les finances publiques. Pour les règles exceptionnelles, des règles corrélatives de remboursement doivent être prévues. Pour le budget fédéral, l'article 115 fixe les modalités de ces règles, étant entendu qu'il est satisfait à la phrase 1 lorsque les recettes provenant des emprunts ne dépassent pas 0,35 pour cent du produit national brut. Pour les budgets des Länder, ceux - ci fixent les règles dans le cadre de leurs compétences constitutionnelles, étant entendu qu'il n'est satisfait à la phrase 1 que si aucune recette provenant d'emprunts n'est admise* » voir en la matière FLIZOT Stéphanie, « Les règles

corrélatives de remboursement doivent être prévues. Une disposition constitutionnelle institue précisément que « *pour le budget fédéral, l'article 115 fixe les modalités de ces règles, étant entendu qu'il est satisfait à la phrase 1 lorsque les recettes provenant des emprunts ne dépassent pas 0,35 pour cent du produit national brut* »[312]. Cette règle permettant de freiner la dette publique est en réalité beaucoup plus sévère que la « règle d'or » mise en œuvre par le TSCG[313]. En Allemagne, pays qui se montre « plus rigoureux que jamais »[314], la nouvelle « règle d'or » sera appliquée en 2016[315] au niveau fédéral et en 2020[316] au niveau des *Länder*[317].

L'Espagne, de son côté, a approuvé une « règle d'or » de stabilité budgétaire le 7 septembre 2011, devenant le deuxième pays, après l'Allemagne, à introduire la règle dans sa Constitution. L'Espagne impose par ailleurs, dans une loi organique, une limite de 0,4% du déficit budgétaire d'ici à 2020[318]. En Italie, la « règle d'or » a été introduite dans le projet du

---

constitutionnelles de limitation de l'endettement public : l'exemple allemand », *Jus politicum*, n°8 : La théorie de l'État entre passé et avenir.

[312] Article 109 par. 3 alinéa 3 de la LF allemande.

[313] J. - Cl. ZARKA, « Le traité sur la stabilité, la coordination et la gouvernance dans l'Union économique et monétaire », *op. cit.*, p. 897 et J. - Cl. ZARKA, « accord sur le projet de traité européen de discipline budgétaire », *op. cit.*, p.16.

[314] S. CAZAILLET, « La relance peut - elle se passer de rigueur », *Hebdo fiscale*, n°452, 2011, p. 4 de la version électronique. L'Allemagne a fait partie des premiers Etats à annoncer en juin 2010 un plan de rigueur afin d'économiser 86 milliards d'euros sur 4 ans.

[315] Article 143d par. 1 alinéa 2 de la LF allemande.

[316] Article 143d par. 1 alinéa 5 de la LF allemande.

[317] F. RUEDA, « 'Règle d'or' ou règles d'or. De la discipline budgétaire en droit comparé européen », *in* N. de GROVE - VALDEYRON, M. BLANQUET, V. DUSSART (dir.), *Mélanges en l'honneur du Professeur Joël Molinier*, Paris : LGDJ, 2012, pp. 605 - 622, (pp. 610 - 611).

[318] Article 135 de la Constitution espagnole « *1. Toutes les administrations publiques conforment leur action au principe de stabilité budgétaire. 2. L'Etat et les communautés autonomes ne peuvent encourir un déficit structurel qui dépasse les limites fixées, le cas échéant, par l'Union européenne pour ses Etats membres. Une loi organique fixe le déficit structurel maximal autorisé pour l'Etat et les communautés autonomes, par rapport à leur produit intérieur brut. Les collectivités locales doivent respecter l'équilibre budgétaire. (...). Disposition additionnelle. 1. La loi organique prévue à l'article 135 de la Constitution doit être adoptée avant le 30 juin 2012.2. Cette loi prévoira les mécanismes qui permettront le respect de la limite d'endettement visée à l'article 135, al. 3 de la Constitution. 3. Les limites du déficit structurel établies à l'article 135, al. 2 de la Constitution entreront en vigueur à partir de 2020* » [Texte modifié par la loi constitutionnelle du 27 septembre 2011, B.O.E., n°233, du 27 septembre 2011].

nouveau plan de rigueur, sous forme d'amendement constitutionnel[319]. Le 17 avril 2012, l'Italie a adopté sa « règle d'or » budgétaire[320] avec la modification de l'article 81 de la Constitution et l'introduction d'une obligation d'équilibrer le budget qui entre en vigueur en 2014[321].

À l'opposé de ces exemples dans lesquels l'insertion de « la règle d'or » dans la Constitution est aisée, la possibilité est amoindrie pour les pays dont la procédure de révision constitutionnelle exige de longues démarches. C'est le cas de l'Autriche, État dont la Constitution est rigide, et dont la révision est soumise, sous certaines conditions, au referendum[322]. De même, en

---

[319] S. CAZAILLET, « La relance peut - elle se passer de rigueur », *Hebdo fiscale*, n°452, 2011, p.3 de la version électronique.

[320] La Chambre des députés avait dans un premier temps voté le projet de loi sur la « règle d'or » le 30 novembre 2011, suivie le 15 décembre par le Sénat. La chambre basse avait adopté la troisième et avant - dernière fois le projet le 6 mars. Ainsi que la dernière le 17 avril 2012.

[321] Article 81 de la Constitution italienne modifié par la loi de révision n°1 du 20 avril 2012, dont l'article 6 précise que ces dispositions s'appliqueront à compter de l'exercice financier 2014 : « *L'Etat assure l'équilibre entre les recettes et les dépenses de son budget, en tenant compte des phases favorables et des phases défavorables du cycle économique. Le recours à l'endettement n'est autorisé que pour tenir compte des effets du cycle économique et, après autorisation des chambres donnée à la majorité absolue de leurs membres respectifs lorsque des circonstances exceptionnelles se produisent.*

Toute loi qui comporte la création ou l'aggravation d'une charge publique doit indiquer les moyens d'y faire face. Les chambres approuvent chaque année la loi des finances et la loi de règlement des comptes présentées par le gouvernement. L'exercice provisoire du budget ne peut être accordé que par la loi et pour des périodes ne dépassant pas un total de quatre mois. Le contenu de la loi des finances, les normes fondamentales et les critères visant à assurer l'équilibre entre les recettes et les dépenses des budgets ainsi que la possibilité de faire face à la dette de l'ensemble des administrations publiques sont fixés par une loi adoptée à la majorité absolue des membres de chaque chambre, conformément aux principes établis par la loi constitutionnelle ».

[322] Article 44, alinéa 3 de la Loi constitutionnelle fédérale du 1er octobre 1920 : « *(3) Toute modification totale de la Constitution fédérale - et sur demande d'un tiers des membres du Conseil national ou du Conseil fédéral également une modification partielle - doit être soumise à un référendum de l'ensemble des citoyens de la Fédération à la fin de la procédure prévue à l'article 42 mais avant l'authentification par le président fédéral* ». En ce qui concerne l'adhésion de l'Autriche à l'Union européenne, elle a été soumise au referendum car elle a été vue comme une modification totale de la Constitution. Cela pourrait également être le cas pour le TSCG si ce traité est considéré comme une autre modification totale de la Constitution ou si un tiers des membres du Conseil national ou du Conseil fédéral demande également sa soumission au referendum. Voir M. STELZER, *The Constitution of the Republic of Austria*, Oxford and Portland, Oregon : Hart publishing, 2011, p. 27et pp. 134 - 136.

Irlande, la révision constitutionnelle est ratifiée par un referendum et chaque ratification de Traité international est obligatoirement soumise au referendum[323]. L'organisation d'un referendum est en effet considérée par la Haute juridiction irlandaise[324] comme une condition de transmission des droits de la part de la démocratie irlandaise à l'Union européenne[325]. Dans ce cadre, les Irlandais ont approuvé à une majorité de 60,3 % le TSCG soumis à referendum le 31 mai 2012. Cette adoption fut saluée par l'Union européenne et considérée comme un « pas important vers la reprise et la stabilité ».

La Hongrie s'est également engagée, dans les dispositions de la Loi fondamentale, à insérer la « règle d'or » au niveau constitutionnel, mais la règle est prescrite de façon assez vague. L'article 36 de la Loi fondamentale[326] interdit aux députés de voter un budget « *qui conduirait à l'augmentation de la dette publique dans une mesure dépassant la moitié du produit national total* » [327]. Tant que l'endettement est supérieur à ce niveau, les députés ne peuvent « *adopter qu'une loi sur le budget national prévoyant une diminution de la proportion de la dette publique par rapport au produit national total* »[328]. Ainsi, la Hongrie ne peut « s'écarter » de ces deux obligations que lors d'une période d'ordre légal particulier, dans la mesure où cela s'avère nécessaire pour atténuer les effets causés par des circonstances exceptionnelles ou, dans le cas d'une rechute durable et significative de l'économie nationale, dans la mesure où cela s'avère nécessaire au rétablissement de l'équilibre économique national[329]. Enfin, le Luxembourg a

---

[323] L. PAPADOPOULOU, « La codification du gouvernement à plusieurs niveaux dans les Constitutions de l'Europe ancienne », *in* X. KONTIADIS (dir.), *5 ans après la révision constitutionnelle, appréciation et propositions pour une nouvelle révision constitutionnelle,* Athènes - Komotini : éd. A. Sakkoulas, 2006, pp. 179 - 220, (p. 187).

[324] Voir l'arrêt Crotty v. An Taoiseach, 1987, IR 713. Cet arrêt a exigé la ratification de l'acte unique européen par referendum. Un referendum a également eu lieu avant l'entrée dans les communautés européennes, en juin 1972.

[325] Voir l'article 29 alinéa 4 n°10 de la Constitution d'Irlande : « *10. L'Etat peut ratifier le traité sur la la stabilité, la coordination et la gouvernance au sein de l'Union économique et monétaire, fait à Bruxelles le 2 mars 2012. Aucune disposition de la présente Constitution n'annule les règles, lois ou mesures prises par l'Etat qui sont rendues nécessaires par les obligations de l'Etat en vertu de ce traité ni n'empêche les lois ou mesures adoptées par les organes compétents en vertu de ce traité d'avoir force de loi dans l'Etat. [N°10 ajouté par le 30e amendement, 2012.]* ».

[326] Loi fondamentale de la Hongrie du 25 avril 2011.

[327] Article 36 alinéa 4.

[328] Article 36 alinéa 5.

[329] Article 36 alinéa 6.

déjà fait savoir que la règle d'or ne serait pas introduite dans son texte constitutionnel, mais qu'elle ferait l'objet d'une loi[330].

2. Le refus de Grèce de réviser la Constitution

Tout d'abord, il convient de se référer à la jurisprudence allemande[331] et française concernant la compatibilité de la TSCG avec la Constitution. S'agissant de la Cour constitutionnelle allemande, elle a validé le dispositif[332] en autorisant son entrée en vigueur et en déclarant infondés six recours directs qui contestaient, à travers une atteinte à la responsabilité du *Bundestag* en matière budgétaire, une méconnaissance du principe démocratique qui relève de l'identité constitutionnelle allemande[333]. La Cour de Karlsruhe a jugé que contrairement aux reproches exprimés dans les six plaintes, émanant notamment des députés de la gauche radicale, d'un élu conservateur et d'une association, le TSCG pourrait entrer en vigueur étant en conformité avec l'exigence constitutionnelle que la souveraineté budgétaire demeure entre les mains du *Bundestag*.

S'agissant du Conseil constitutionnel français[334], il a privilégié des arguments de nature à permettre de conclure à la compatibilité du Traité

---

330 J. - Cl. ZARKA, « Le Traité sur la stabilité, la coordination et la gouvernance dans l'Union économique et monétaire », *op. cit.*, p. 896.

331 En Allemagne, le contrôle de constitutionnalité *a priori* ne peut porter que sur la loi d'approbation, il a donc nécessairement lieu après l'adoption de cette loi. Toutefois, la Cour a accepté d'être saisie avant la promulgation de la loi par le Président fédéral, cf. BVerfGE, 30 juillet 1952, I BvF 1/52 (loi sur le statut de l'Allemagne) M. FROMONT, « Les juges constitutionnels allemand et français, défenseurs de la souveraineté nationale face à la construction européenne », *in* Ch. BOUTAYEB et al. (dir.), *La Constitution, l'Europe et le droit : liber amicorum discipulorumque mélanges en l'honneur de Jean - Claude Masclet*, Paris : Publications de la Sorbonne, pp. 593 - 615(p. 598)

332 BVerfGE, 12 septembre 2012, 2BVR 1390/12, demande d'injonction provisoire pour empêcher la ratification du traité sur le Mécanisme européen de stabilité (MES) et le traité sur la stabilité, la coordination et la gouvernance (TSCG) ; A. LEVADE, « MES et TSCG et Loi Fondamentale allemande : compatibilité à préciser [C. const. féd. allemande, BVerfGE, 12 sept. 2012, 2 BvR 1390/12, 2 BvR 1421/12, 2BvR 1438/12, 2BvR 1439/12, 2 BvR 1440/12, 2 BvE 6/12] », *Constitutions* n°4, 2012, pp. 581 - 582. Voir BVerfGE, 18 mars 2014, 2BVR 1390/12 rejetant définitivement les requêtes déposées en la matière.

333 G. TUSSEAU, « Le pacte de stabilité devant les juridictions constitutionnelles. La décision de la Cour constitutionnelle fédérale allemande du 12 septembre 2012 », *RFDA*, n°6, 2012, pp. 1058 - 1068.

334 Conseil constitutionnel, décision n°2012 - 653 DC du 9 août 2012, *Traité sur la stabilité, la coordination et la gouvernance au sein de l'Union économique et monétaire*, précité. A. LEVADE, « TSCG et Constitution française : quand l'interprétation fait la compatibilité ! Cons. const., 9 août 2012 », *op. cit.* pp. 575 -

avec la Constitution et, ainsi, à éviter qu'une révision constitutionnelle ne s'impose. Il souligne que l'article 3 paragraphe 2 du TSCG permet aux États de donner effet aux règles d'équilibre budgétaire « *soit "au moyen de dispositions contraignantes et permanentes, de préférence constitutionnelles", soit au moyen de dispositions "dont le respect et la stricte observance tout au long des processus budgétaires nationaux sont garantis de quelque autre façon"* »[335]. Le juge permet, selon la « seconde branche de l'alternative », que le traité soit respecté et transposé par des normes législatives permanentes encadrées par la loi organique. Le traité est alors mis en œuvre par voie législative[336]. Cela étant, le Gouvernement français a présenté un projet de loi organique destinée à mettre en œuvre les stipulations du traité, dont la ratification a été par ailleurs autorisée par une loi du 22 octobre 2012[337]. En reconnaissant au législateur organique la faculté de mettre en œuvre les stipulations du TSCG, le Conseil constitutionnel a confirmé partiellement et avec réserve d'interprétation la constitutionnalité de la loi votée[338].

Ensuite, la Grèce, suivant ces paradigmes, mais en absence d'un contrôle préventif, elle était l'un des premiers pays à ratifier ce Traité, mais par voie législative, le 28 mars 2012[339]. Une mention spécifique aux procès - verbaux parlementaires implique que le Traité a été inséré dans l'ordre interne conformément à l'article 28 alinéa 1er de la Constitution[340]. En dépit de la spécificité dudit Traité, le TSCG a été inséré dans l'ordre interne

---

580 et J. - Cl. BONICHOT, « Le juge constitutionnel français et la « règle d'or » : Réviser ou ne pas réviser la Constitution ? That was the question », *in* V. KORNENBERGER Vincent, M. - T. D'ALESSIO, V. PLACCO (dir.), *De Rome à Lisbonne : les juridictions de l'Union européenne à la croisée des chemins, mélanges en l'honneur de Paolo Mengozzi*, Bruxelles : Bruylant, 2013, pp. 371 - 384.

335 CC n°2012 - 653, précité, considérant 19.

336 E. OLIVA, « Le pacte de stabilité devant les juridictions constitutionnelles », *RFDA* n°6, 2012, pp. 1043 - 1057, (p. 1050).

337 Loi 2012 - 1171 du 22 octobre 2012 autorisant la ratification du traité sur la stabilité, la coordination et la gouvernance au sein de l'Union économique et monétaire.

338 Conseil constitutionnel, 13 décembre 2012, n°2012 - 658, *Loi organique relative à la programmation et à la gouvernance des finances publiques* Recueil, p. 667 - *JO* du 18 décembre 2012, p. 19856. Voir E. OLIVA, « La loi organique du 17 décembre 2012 relative à la programmation et à la gouvernance des finances publiques : l'inclusion dans l'ordre juridique national de la règle d'équilibre et des administrations publiques », *RFDA* n°2, 2013, pp. 440 - 456.

339 Procès - verbaux de la séance ΡΙΣΤ' de l'Assemblée plénière du parlement, du 28 mars 2012, et ensuite loi 4063/2012.

340 Parlement grec, période ΙΓ, session parlementaire Γ, séance ΡΙΣΤ, 28 mars 2012, procès - verbaux des séances, p. 8094.

conformément à la procédure standard pour la ratification des traités et non pas conformément aux clauses pour l'intégration du droit de l'UE.

En raison de la procédure de révision de la Constitution soumise à un nombre des conditions strictes, la révision constitutionnelle pour la transposition de la « règle d'or » n'a pas été envisagée. La Constitution s'oppose donc à l'insertion dans la Constitution d'une disposition aussi spécifique concernant l'ordre économique et la politique budgétaire crée un « constitutionnalisme économique »[341] qui affecte la protection des droits fondamentaux et des droits sociaux. Sur un plan général, cette règle budgétaire viole le statut constitutionnel en conduisant à une « frénésie normative »[342] qui, comme phénomène d'ordre qualitatif et quantitatif, influence de façon négative la norme suprême dans la hiérarchie des normes interne. La modernisation économique et le changement de modèle de développement ne peuvent être imposés par une règle constitutionnelle, car, aux termes de l'économie mondialisée et des conditions économiques toujours en mutation, les marges de la politique économique devraient rester très amples[343]. Ainsi les règles constitutionnelles susceptibles de guider la politique économique impliquent le danger de restrictions des possibilités et des choix dans un domaine où la mutation des circonstances est décisive[344]. Par conséquent, prôner des politiques économiques « conformes aux règles » et des budgets « disciplinés » ne paraît pas satisfaire à l'exigence de flexibilité[345], pourtant nécessaire pour un environnement politique et économique marqué par la crise économique.

Ainsi, l'obligation instituée par l'article 3 paragraphe 2 du TSCG n'est pas anodine et pourrait être interprétée comme une injonction faite au pouvoir constituant d'intégrer ces règles dans la Constitution, car le processus de révision, initié et contraint par des facteurs externes[346], n'est plus

---

[341] V. TZEMOS, « Etat de droit démocratique, données économiques difficiles et clause de frein à l'endettement », *op. cit.*, p. 199.

[342] B. - L. COMBRADE, « Libres propos... Et maintenant l'introduction de l'équilibre budgétaire dans la Constitution, La « frénésie normative » continue ! », *LPA*, n°74, 2011, p. 9.

[343] P. MANTZOUFAS, « La règle d'or dans la Constitution. Résolution du problème ou encore un obstacle à l'adaptation économique et la protection des droits », *in Le défis de la révision constitutionnelle*, *op. cit.*, p. 133.

[344] D. SKIADAS, « Constitution et règles budgétaires : une relation difficile », *EfimDD*, n°1, 2011, pp. 11 - 20, (p. 18) avec le même raisonnement se pose aussi contre la révision constitutionnelle : Y. DROSOS, « Constitutionnalisme et crise économique », *EfimDD*, n°6, 2011, pp. 764 - 778.

[345] J. HABERMAS, « L'Europe après la crise grecque. Le sort de l'Europe », *Esprit*, n°7, 2010, pp. 22 - 28.

[346] G. DESMOULIN, « L'émergence de règles financières supra - nationales : une menace pour la maîtrise du pouvoir budgétaire », *in* N. de GROVE - VALDEYRON, M.

l'expression de la souveraineté nationale. Il s'agit d'une obligation sans précédent en matière de construction européenne qui restreint les marges de manœuvre des États pour déterminer souverainement quelles sont les conditions préalables et nécessaires à l'intégration des normes européennes[347].

Certes, afin d'envisager de façon efficace la crise économique, une conciliation entre la protection des droits sociaux et les exigences économiques est aujourd'hui nécessaire. Mais l'insertion de la « règle d'or » dans la Constitution relève toujours du pouvoir constituant dérivé, indépendamment de la suggestion du TSCG. À cet égard, pour des raisons tant institutionnelles que légales, ainsi que pour des raisons procédurales portant sur révision constitutionnelle de chaque pays, sans doute serait - il plus convenable d'insérer la « règle d'or », non pas dans la Constitution, mais dans la loi. Le rang législatif de la disposition permettrait d'ailleurs sa modification et faciliterait son application dans l'ordre interne.

Il convient donc d'affirmer, que les conditions constitutionnelles prévues pour la révision ont servi dans le cas de la Grèce pour empêcher une telle révision suggérée par l'UE, mais pourtant inopportune. En définitive, le choix du retour à l'équilibre n'a pas besoin d'être inscrit dans la Constitution pour être atteint : c'est un choix qu'il incombe au pouvoir exécutif et un objectif qu'il lui appartient d'atteindre[348].

BLANQUET, V. DUSSART (dir.), *Mélanges en l'honneur du Professeur Joël Molinier*, Paris : LGDJ, 2012, pp. 157 - 174, (p. 167).

[347] E. OLIVA, « Le pacte de stabilité devant les juridictions constitutionnelles », *op. cit.*, p. 1050.

[348] M. LASCOMBE, « Les vicissitudes de la « règle d'or » budgétaire », *in* N. de GROVE - VALDEYRON, M. BLANQUET, V. DUSSART (dir.), *Mélanges en l'honneur du Professeur Joël Molinier*, Paris : LGDJ, 2012, pp. 373 - 386, (p. 374).

Section 2. La clause constitutionnelle relative à l'intégration du droit de l'Union européenne

La volonté de la Grèce d'adhérer aux évolutions européennes et précisément à la CEE (maintenant Union européenne) s'exprime aux alinéas 2 et 3 de l'article 28.

Le constituant grec ayant pris en considération, d'une part, la volonté politique exprimée par le Parlement chargé de la révision en vue de l'adhésion de la Grèce à la CEE[349] et, d'autre part, les difficultés auxquelles étaient confrontés les États membres dépourvus d'articles constitutionnels relatifs à l'adhésion à l'UE, a inclu dans la Constitution de nouvelles dispositions. Elles sont en principe susceptibles de donner, après interprétation adéquate, une réponse précise[350] à la question de l'intégration du droit de l'UE dans l'ordre interne (§1). Toutefois, tel ne fut pas le cas en raison de difficultés majeures dans la gestion de la crise économique. En conséquence de la crise économique, la Grèce a dû suivre un plan de sauvegarde et a été engagée par les stipulations des actes signés. L'interprétation des règles constitutionnelles, à propos de la procédure de ratification des engagements issus du plan du sauvetage, est fortement contestée (§2).

§1. La procédure d'intégration du droit de l'Union européenne. L'interprétation créative de la Constitution

L'adhésion de la Grèce à la CEE a eu lieu en vertu de la loi 945/1979. Cette loi détermine l'entrée en vigueur du droit de l'Union dans l'ordre interne. Cependant, elle ne constitue pas le fondement de la valeur juridique du droit de l'UE. Indépendamment de l'incorporation dans l'ordre interne, le droit de l'Union, issu d'un ordre autonome, est applicable de plein droit dans l'ordre étatique. Il importe de noter que l'article 28 constitue, comme le confirme la clause interprétative, la base de la participation de la Grèce au processus d'intégration européenne. Or, ce n'est qu'ultérieurement, à propos de la révision constitutionnelle de 2001, que fut insérée cette clause interprétative à l'article 28 de la Constitution. La Grèce ne faisait alors pas partie des pays disposant d'une clause explicite concernant leur adhésion à l'Union européenne (A). Toutefois, l'interprétation combinée des alinéas 2 et 3 de l'article 28, en vertu de l'unité structurelle qu'ils présentent, sert de

---

[349] G. PAPADIMITRIOU, *La Constitution et la procédure d'unification européenne, le fondement constitutionnel et l'articulation de la fonction unificatrice, vol. A*, Athènes - Komotini : éd. A. Sakkoulas, 1982, pp. 141 - 165.

[350] J. ILIOPOULOS - STRANGAS, « Constitution hellénique et intégration européenne », *in Défense nationale - intégration européenne, les réponses constitutionnelles*, Bruxelles - Athènes : Bruylant éd. A. Sakkoulas, 2002, pp. 71 - 112, (p. 73).

fondement constitutionnel à l'adhésion de la Grèce à l'Union européenne et à la ratification des traités (B).

A. L'absence d'un fondement constitutionnel précis à l'adhésion de la Grèce à l'Union européenne

Bien que la Constitution ait été adoptée peu de temps avant l'adhésion de la Grèce à l'UE, le texte constitutionnel n'a pas été explicitement «européanisé », comme ce fut le cas d'autres pays européens (1). Toutefois, la clause générale de l'article 28 de la Constitution sert de fondement constitutionnel à l'adhésion de la Grèce à l'UE (2).

1. Le paradigme grec au regard des paradigmes étrangers en vue de l'européanisation

À l'occasion de l'adhésion à l'UE, une grande partie des pays concernés a adopté une pratique de « révisionnisme » constitutionnel[351]. Au début des années soixante - dix, parmi les six pays fondateurs de la CEE, c'est - à - dire, l'Allemagne de l'Ouest, la France, l'Italie, la Belgique, le Luxembourg et les Pays - Bas, seuls les trois premiers disposaient d'un fondement constitutionnel admettant la restriction de leur souveraineté nationale[352], tandis que les trois derniers devaient procéder à une révision de leur Constitution afin d'y introduire les dispositions spécifiques qui pourraient servir de base à leur participation à la CEE. Plus précisément, les Constitutions de la Belgique[353], du Luxembourg[354] et des Pays - Bas[355], qui

---

[351] J. - Fr. FLAUSS, « L'internationalisation de l'exercice de la fonction constitutionnelle : une nouvelle forme de constitutionnalisme? », *in Essays in honour of Georgios I. Kassimatis*, Athènes - Komotini Bruxelles Berlin : éd. A. Sakkoulas, Bruylant, Berliner Wissenschafts - Verl, pp. 401 - 433, (pp. 422 - 427).

[352] Article 24 de la LF d'Allemagne « *(1) La Fédération peut transférer, par voie législative, des droits de souveraineté à des Institutions internationales* » ; Préambule de la Constitution de 1946 de la France, article 15 « *Sous réserve de réciprocité, la France consent aux limitations de souveraineté nécessaires à l'organisation et à la défense de la paix* » ; article 11 de la Constitution italienne « *L'Italie consent, dans des conditions de réciprocité avec les autres États, aux limitations de souveraineté nécessaires à un ordre qui assure la paix et la justice entre les Nations ; elle suscite et favorise les organisations internationales poursuivant ce but* ».

[353] Révision de la Constitution belge de 1970 et ajout des articles 25bis (aujourd'hui 34) « *L'exercice de pouvoirs déterminés peut être attribué par un traité ou par une loi à des institutions de droit international public* » et 68 par. 2 et 3 (aujourd'hui articles 167 - 169) ; titre IV des relations internationales.

[354] Révision de la Constitution de Luxembourg en 1956 et ajout de l'article 49 bis. [Révision du 25 octobre 1956] « *L'exercice d'attributions réservées par la*

ne comportaient que des dispositions générales relatives à la conclusion et la ratification des traités internationaux, n'étaient pas suffisantes à l'adhésion à la CEE et la participation de ces pays à celle - ci. Une révision constitutionnelle était donc nécessaire[356]. En outre, le Danemark, l'Irlande, et la Grande - Bretagne, qui ont adhéré en 1973, ont également fait le choix d'une révision constitutionnelle. La Norvège se trouvait dans la même situation, mais elle n'a finalement pas adhéré à la CEE. Ce choix était admissible, car il s'agissait non seulement de l'adhésion de chacun de ces pays, mais également de l'incorporation du droit dérivé dans l'ordre interne. Ainsi, le Danemark[357], l'Irlande[358], ainsi que la Norvège[359] ont procédé à une

---

Constitution aux pouvoirs législatif, exécutif et judiciaire peut être temporairement dévolu par traité à des institutions de droit international ».

[355] Article 67 de la Constitution néerlandaise, rajouté en 1953 (aujourd'hui article 92) « *Des compétences législatives, administratives et judiciaires peuvent être conférées par un traité, ou en vertu d'un traité, à des organisations de droit international public, sous réserve de l'observation, si nécessaire, des dispositions de l'article 91, paragraphe 3.* » voir aussi l'article 94 : « *Les dispositions légales en vigueur dans le Royaume ne sont pas appliquées si leur application n'est pas compatible avec des dispositions de traités ou de décisions d'organisations de droit international public qui engagent chacun* ».

[356] G. PAPADIMITRIOU, « Le fondement constitutionnel de l'adhésion aux communautés européennes », *in* G. PAPADIMITRIOU (dir.), *Etudes européennes (1975 - 2005), volume II, Unification européenne, constitutionnalisation de l'Union européenne, le problème de chypre et la Constitution environnementale*, Athènes - Thessalonique : éd. Sakkoulas, 2007, pp. 3 - 21, (p. 7).

[357] Article 20 de la Constitution de Danemark de 5 Juin 1953 : « *1. Les attributions dont sont investies les autorités du Royaume aux termes de la présente Constitution peuvent être déléguées par une loi et, dans une mesure à déterminer, à des autorités en vertu d'une convention passée par accord réciproque avec d'autres États en vue de promouvoir la coopération et l'ordre juridique internationaux. 2. Pour l'adoption d'un projet de loi à cet effet, une majorité des cinq sixièmes des membres du Folketing est requise. Si cette majorité n'est pas obtenue, mais bien celle qui est nécessaire pour l'adoption de projets de lois ordinaires, et que le gouvernement maintienne le projet, celui - ci sera soumis aux électeurs du Folketing pour être approuvé ou rejeté, conformément aux règles fixées à l'article 42 concernant les référendums.* »

[358] Article 29§ 4 de la Constitution d'Irlande, point n°3 qui a été rajouté par l'amendement n°3 de 1973 : « *L'État peut devenir membre de la Communauté européenne du charbon et de l'acier (établie par le traité signé à Paris le 18 avril 1951), de la Communauté économique européenne (établie par le traité signé à Rome le 25 mars 1957) et de la Communauté européenne de l'énergie atomique (établie par le traité signé à Rome le 25 mars 1957). L'État peut ratifier l'Acte unique européen (signé au nom des États membres des Communautés à Luxembourg le 17 février 1986 et à La Haye le 28 février 1986)* cf. aussi l'actuel point n°4 : « *L'Irlande se déclare attachée à l'Union européenne, au sein de laquelle les*

révision constitutionnelle. La Grande-Bretagne, n'ayant pas de Constitution au sens formel, a élargi le champ normatif de certains principes fondamentaux et règles générales afin d'ajuster la législation nationale aux nouvelles exigences découlant de l'adhésion à la CEE. Enfin, l'Espagne a fait le choix de « pré - européaniser » sa Constitution[360] afin qu'elle contienne une disposition spécifique, permettant la reconnaissance de certaines compétences au bénéfice de certaines organisations internationales[361].

Au regard de ces éléments, il apparaît clairement que la volonté des pays instituant la CEE, ou adhérant à celle - ci, était d'inclure dans leur Constitution un fondement concret afin de procéder à une autolimitation de leur souveraineté nationale[362].

Inspirés par ces exemples, les rédacteurs de la Constitution grecque ont essayé, à travers les dispositions de l'article 28, d'instituer un fondement solide tant à l'adhésion à la CEE, qu'à la ratification du traité institutif et des révisions ultérieures de celui - ci[363].

Etats membres travaillent ensemble pour promouvoir la paix, les valeurs partagées et le bien - être de leurs peuples. » rajouté par l'amendement n°28 de 2009.

359 Article 93 de la Constitution de Norvège: « *Afin d'assurer la paix et la sécurité internationales et de promouvoir l'ordre juridique international et la coopération internationale, le Storting peut à la majorité des trois quarts des voix, accepter qu'une organisation internationale à laquelle la Norvège adhère ou va adhérer puisse, dans un domaine défini, exercer des pouvoirs qui en vertu de la présente Constitution sont dévolus aux autorités norvégiennes, à l'exception toutefois du pouvoir de modifier ladite Constitution. Comme pour les délibérations portant sur les révisions de la Constitution, deux tiers au moins du nombre des membres du Storting doivent être présents lorsque celui - ci donne son approbation. Les dispositions du présent article ne sont pas applicables dans le cas de l'adhésion à une organisation internationale dont les décisions s'appliquent à la Norvège exclusivement dans le cadre du droit international* ».

360 B. MATHIEU, *Constitution, rien ne bouge et tout change*, Paris : éd. Lextenso, 2013, p. 63.

361 Article 93 de la Constitution espagnole de 27 décembre 1978 : « *La loi organique peut autoriser la conclusion de traités qui attribuent à une organisation ou à une institution internationale l'exercice de compétences provenant de la Constitution. Il incombe aux Cortès générales ou au gouvernement selon le cas, de garantir l'exécution de ces traités et des résolutions émanant des organisations internationales ou supranationales bénéficiaires de la cession* ».

362 G. PAPADIMITRIOU, « Le fondement constitutionnel de l'adhésion aux communautés européennes », *op. cit.*, p. 9.

363 L. PAPADOPOULOU, *Constitution nationale et droit communautaire, La question de primauté,* éd. Athènes - Komotini : éd. A. Sakkoulas, 2009, p. 388. La discussion sur la formulation de ces dispositions a commencé très tôt, voir. Procès - verbaux des séances des sous - comités pour l'institution de la Constitution de 1975, Athènes 1975, p. 115, Procès - verbaux de l'Assemblée plénière du Comité constitutionnel de

Il convient de remarquer que la Constitution du 9/11 juin de 1975 par laquelle l'article 28 est entré en vigueur, a été votée juste avant l'adhésion de la Grèce à la CEE. Le 12 juin 1975, le gouvernement a déposé au Conseil des ministres une demande d'adhésion de la République hellénique à la CEE[364].

2. La recherche d'un fondement aux dispositions des alinéas 2 et 3 de l'article 28 de la Constitution

Le fondement constitutionnel à l'adhésion de la Grèce à la CEE n'a pas la même précision que le fondement à l'intégration des conventions internationales dans l'ordre juridique interne[365]. Les alinéas 2 et 3 de l'article 28 de la Constitution servent de fondement constitutionnel à l'adhésion et la participation de la Grèce à l'Union européenne. Toutefois, les choses sont complexes quant à l'interprétation de ces deux alinéas qui ne visent pas explicitement la participation de la Grèce à l'UE.

Selon, l'article 28, alinéa 2 : « *Afin de servir un intérêt national important et de promouvoir la collaboration avec d'autres États, il est possible de reconnaître, par voie de traité ou d'accord, des compétences prévues par la Constitution à des organes d'organisations internationales. Pour l'adoption de la loi ratifiant le traité ou l'accord, la majorité des trois cinquièmes du nombre total des députés est requise* ». De cette façon, la Constitution grecque, inspirée par les dispositions équivalentes d'autres Constitutions de pays européens, choisit de transférer certaines compétences étatiques à l'Union européenne[366]. Si la souveraineté nationale est ainsi limitée dans la mesure où certaines compétences ne sont plus définies par l'État lui - même[367], le transfert de compétences étatiques ne peut en revanche en aucun cas conduire à une cession totale de la souveraineté nationale.

1975, Athènes 1975, p. 278 et Procès - verbaux des séances du Parlement sur l'instauration de la Constitution de 1975, Athènes 1975, p. 96.

364 La demande concernait aussi l'adhésion à Communauté européenne du charbon et de l'acier et la Communauté européenne de l'énergie atomique. Tous les membres de la CEE étaient de même membres des deux autres communautés. E. VENIZELOS, *Cours du droit constitutionnel, op. cit.*, p. 196 et L. PAPADOPOULOU, *Constitution nationale et droit communautaire, La question de primauté, op. cit.*, p. 388.

365 Pour une évaluation historique de ces deux dispositions après la mise en vigueur de la Constitution voir Pr. DAGTOGLOU, « La nouvelle Constitution et les communautés européennes », *NOV*, 1976, pp. 497 - 500.

366 K. KAKOURIS, « La relation entre l'ordre juridique communautaire et l'ordre juridique national des Etats membres », *EEEurD,* n°2 - 3, 1986, pp. 525 – 591, (p. 548).

367 A. MANITAKIS, *Droit constitutionnel grec, volume I, des Notions fondamentales*, Atnènes - Komotini : éd. A. Sakkoulas, 2004, p. 385 et 382.

À cet alinéa, des conditions tant procédurales que de fond sont fixées pour le transfert de compétences aux organisations internationales. Les deux conditions de fond visent l'existence d'un intérêt général important et la promotion de la collaboration avec d'autres États. L'existence d'un intérêt général constitue une notion juridique indéfinie qui échappe au contrôle juridictionnel et est soumise seulement au contrôle parlementaire[368].

Le constat de la satisfaction de ces deux conditions est confié au Parlement qui peut voter une loi ratifiant le traité avec la majorité des trois cinquièmes du nombre total des députés. Les conséquences procédurales sont au nombre de deux ; il s'agit de la conclusion d'un traité ou accord et du vote d'une loi le ratifiant à la majorité des trois cinquièmes du nombre total des députés[369].

Selon l'article 28 alinéa 3, « *La Grèce procède librement, par une loi adoptée à la majorité absolue du nombre total des députés, à des restrictions à l'exercice de la souveraineté nationale, dans la mesure où cela est dicté par un intérêt national important, ne lèse pas les droits de l'homme et les fondements du régime démocratique et est effectué sur la base du principe d'égalité et sous condition de réciprocité* ». Cet alinéa prévoit des conditions de fond et de procédure précises aux restrictions de la souveraineté nationale. Les conditions de fond visent l'existence d'un intérêt général important, l'absence de violation des droits de l'homme et des fondements du régime démocratique, et enfin le respect de l'égalité ainsi que du principe de réciprocité, ce qui exclut la possibilité d'engagements unilatéraux face aux États étrangers[370]. Il est certain que ces conditions ne concernent pas seulement l'adhésion de la Grèce à la CEE, mais également sa participation, au - delà de l'adhésion initiale. L'organe compétent chargé d'examiner la satisfaction de ces conditions est le Parlement national. Cependant, concernant les conditions procédurales, l'adoption d'une loi nationale, à la majorité absolue - et non renforcée - du nombre total des députés est suffisante, en tant qu'acte unilatéral de la République hellénique, afin de procéder à la restriction de souveraineté nationale[371]. Il importe dès lors de souligner que les conditions procédurales fixées par l'alinéa 3 sont moins exigeantes que celles de l'alinéa 2, alors même que l'alinéa 3 impose des

---

[368] Y. DROSOS, *L'ordre constitutionnel grec et les communautés européennes aux relations internationales, étude sur les tendances modernes de la pratique des conventions internationales*, *op. cit.*, p. 102.

[369] E. VENIZELOS, *Cours de droit constitutionnel*, *op. cit.*, pp. 197 - 198.

[370] A. FATOUROS, « International law in the New Greek Constitution », *AJIL*, 1976, pp. 492 - 506, (p. 499).

[371] D'autres Etats membres prennent des engagements solennels à travers des actes unilatéraux. M. KYPRAIOS, « Le contrôle de constitutionnalité des lois par les Cours, interprétation de l'article 28 de la Constitution pour l'intégration de la Grèce à la communauté économique européenne », *in livre jubilaire pour le Conseil d'État*, 1929 - 1979 *op. cit.*, p. 250.

conditions de fond beaucoup plus strictes. De façon générale, la reconnaissance de compétences étatiques aux organisations internationales entraîne nécessairement une restriction de la souveraineté nationale. Toutefois, cette dernière pourrait avoir lieu sans ce transfert de compétences. Il est donc difficile de considérer le dernier alinéa de l'article 28 comme plus spécifique que l'alinéa 2[372].

Enfin, il reste à savoir de manière plus exacte dans quelle disposition de l'article 28 de la Constitution se trouve le fondement constitutionnel de l'adhésion et de la participation de la Grèce à l'Union européenne.

B. L'application combinée des alinéas 2 et 3 de l'article 28 de la Constitution pour l'adhésion et la participation de la Grèce à l'Union européenne

Il existe un lien structurel fort entre les alinéas 2 et 3 de l'article 28. Leur interprétation combinée sert donc de fondement solide à l'intégration du droit de l'Union européenne dans l'ordre grec (1), tout en évitant la révision de la Constitution en fonction du mécanisme quasi révisionnel de l'article 28 (2).

1. L'instauration d'une clause générale dans les alinéas 2 et 3 de l'article 28

Parmi les trois alinéas de l'article 28, les alinéas 2 et 3 peuvent s'appliquer à la participation de la Grèce à l'Union européenne ainsi qu'à la réception du droit découlant de celle - ci. Les dispositions de ces deux alinéas étant très générales, il est difficile d'identifier quelle disposition exacte de l'article 28 doit être appliquée dans le cas de la ratification des traités de l'Union européenne. Précisément, l'alinéa 2 renvoie à la possibilité de reconnaître, par voie de traité ou d'accord, des compétences prévues par la Constitution à des organes d'organisations internationales, tandis que le troisième alinéa renvoie aux conditions qui pourraient permettre des restrictions à l'exercice de la souveraineté nationale. Il paraît donc opportun d'analyser ces deux alinéas de l'article 28 afin de comprendre la fonction unificatrice de l'article 28 pris dans sa globalité[373], et de chercher les fondements constitutionnels de la participation de la Grèce à l'Union européenne.

En s'appuyant sur le contexte historique, les difficultés interprétatives ne sont pas résolues par les lois ratifiant les traités fondamentaux de l'Union européenne. Plus précisément, la loi ratifiant le traité de Rome, qui entraînait également l'adhésion de la Grèce à la CEE se réfère de manière très générale

---

[372] E. VENIZELOS, *Cours de droit constitutionnel, op. cit.*, pp. 198 - 199.

[373] G. PAPADIMITRIOU, *Démocratie et intégration européenne, trois articles*, Athènes - Komotini : éd. A. Sakkoulas, 1993, p. 18.

à l'article 28 de la Constitution, sans aucune mention spécifique aux alinéas 2 ou 3. Ladite loi fut votée avec une large majorité de 191 députés sur 300, satisfaisant donc la condition procédurale la plus stricte, visée par la disposition de l'alinéa 2, à savoir le vote de la loi par la majorité des trois cinquièmes du nombre total des députés. Toutefois, selon une déclaration gouvernementale, la loi ratifiant le Traité de Rome n'impliquait pas que le Parlement ait suivi la procédure instituée à l'alinéa 2 de l'article 28 pour la ratification des traités[374].

La confusion demeure, car la loi ratifiant l'adhésion de l'Espagne et du Portugal à la CEE[375], ainsi que celle ratifiant l'Acte unique européen qui a modifié les traités instituant la CEE[376], ont suivi la procédure de ratification prévue par les articles 28 alinéa 1 et 36, sans aucune référence aux alinéas 2 et 3 de l'article 28[377]. De plus, la ratification des autres traités n'a pas contribué à la résolution de ce problème interprétatif sur le véritable fondement constitutionnel de la participation de la Grèce à la CEE, car les grands partis du Parlement avaient toujours une position favorable à l'intégration et la participation de la Grèce à l'Union européenne.

La question du fondement constitutionnel de la participation à l'Union européenne persistant après la ratification des traités de l'UE, la doctrine s'est partagée. Il a d'abord été soutenu[378] que l'adhésion initiale de la Grèce à

---

[374] V. SKOURIS, « Le droit communautaire dans la législation grecque, législation et jurisprudence, problématique de base », *EEEurD*, n°1 - 2, 1985, pp. 3 - 16, (p. 3) ; E. VENIZELOS, *Cours de droit constitutionnel*, *op. cit.*, p. 199 et TSATSOS Dimitris, *Droit constitutionnel, A' le fondement doctrinal*, Athènes - Komotini : éd. A. Sakkoulas, 3e éd., 1985, p. 285.

[375] Loi 1572/1985 *Journal officiel* A'193.

[376] Loi 1681/1987 *Journal officiel* A' 10.

[377] Après son adhésion aux Communautés européennes, la Grèce a ratifié les traité de Maastricht (Loi. 2077/1992 *Journal officiel* A' 136), d'Amsterdam (Loi 2691/1999 *Journal officiel* A' 671) de Nice (Loi 3001/2002 *Journal officiel* A' 73) le traité d'adhésion de l'Autriche, de la Finlande et de la Suède (Loi 2727/1997 *Journal officiel* A' 123 adhésion de l'Autriche, Finlande et Suède), de l'adhésion d'encore 10 pays (Loi. 3236/2004 *Journal officiel* A' 60 adhésion de la République tchèque, de la République d'Estonie, de la République de Chypre, de la République de Lettonie, de la République de Lituanie, de la République de Hongrie, de la République de Malte, de la République de Pologne, de la République de Slovénie et de la République slovaque), de l'adhésion de Bulgarie et de la Roumanie (Loi 3417/2005 *Journal officiel* A' 286, adhésion de la Bulgarie et de la Roumanie) et enfin le traité de Lisbonne (Loi 3671/2008 *Journal officiel* A' 129).

[378] E. ROUCOUNAS, « Le droit international dans la Constitution de la Grèce », *op. cit.*, pp. 61 - 62 ; Ph. VEGLERIS, *La Convention européenne des droits de l'homme et la Constitution*, *op. cit.*, p. 131 ; G. PAPADIMITRIOU, *Le fondement constitutionnel de l'adhésion aux communautés européennes*, *op. cit.*, pp. 13 - 14 ; Y. TASOPOULOS, « L'unification européenne dans l'œuvre de Georges Papadimitriou », *in Constitution, Démocratie et institutions politiques, colloque en mémoire de George*

la CEE s'appuyait sur l'alinéa 2 de l'article 28. Précisément, selon cette opinion[379], l'adhésion de la Grèce à la CEE présuppose le transfert des compétences des pouvoirs législatif, exécutif et juridictionnel aux organes le la CEE. Un deuxième argument en faveur de l'application de l'alinéa 2 et non de l'alinéa 3 de l'article 28 repose sur l'interprétation authentique dudit alinéa, fondée sur les procès - verbaux de la 5e Chambre des députés en charge de la révision de la Constitution en 1975[380]. Une autre partie minoritaire de la doctrine se prononce pour l'application de l'alinéa 3 de l'article 28, car cette adhésion entraînant des restrictions de la souveraineté nationale, le vote d'une loi à la majorité absolue du nombre total des députés aurait été suffisant[381]. Il a également été soutenu que le « noyau normatif » [382] de ce dernier alinéa de l'article 28 comporte un contenu plus substantiel compte tenu du fait que tous les traités sont considérés comme portant des restrictions à la souveraineté étatique[383].

Néanmoins, l'interprétation combinée des alinéas 2 et 3, semble constituer la solution appropriée pour servir de fondement constitutionnel solide à l'adhésion de la Grèce à la CEE[384]. Il est donc opportun de joindre l'application des conditions substantielles plus strictes de l'alinéa 3 avec l'application des conditions procédurales plus strictes prévues par l'alinéa 2[385], car ces deux alinéas présentent une cohérence interprétative[386] et devraient dès lors s'appliquer cumulativement. Ces deux alinéas forment une « unité normative »[387] et présentent une interdépendance selon laquelle la

---

Papadimitriou, Athènes - Thessalonique : éd. Sakkoulas, 2011, pp. 183 - 195, (p. 188) ; M. KYPRAIOS, *La relation entre la constitution et le droit européen*, Athènes - Komotini : éd. A. Sakkoulas, 1987, p. 13 - 14, E. SPILIOTOPOULOS, *Droit administratif, t.1*, Athènes : éd. Nomiki Vivliothiki,14e éd., 2011, n°71.

379 M. KYPRAIOS, « Le contrôle de constitutionnalité des lois par les Cours, interprétation de l'article 28 de la Constitution pour l'intégration de la Grèce à la communauté économique européenne », *in Volume d'honneur pour le Conseil d'État*, *op. cit.*, p. 251.

380 G. PAPADIMITRIOU, « Le fondement constitutionnel de l'adhésion aux communautés européennes », *op. cit.*, p. 13.

381 Pr. DAGTOGLOU, « Le juriste grec et le droit communautaire », *NOV*, 1976, pp. 929 - 934 (p. 932).

382 K. IOANNOU, K. OIKONOMIDIS, Ch. ROZAKIS, A. FATOUROS, *Droit international public, Les relations entre le droit international et le droit interne*, *op. cit.*, p. 76.

383 A. FATOUROS, « International law in the New Greek Constitution », *op. cit.*, p.499.

384 K. IOANNOU, K. OIKONOMIDIS, Ch. ROZAKIS, A. FATOUROS, *Droit international public, Les relations entre le droit international et le droit interne, op. cit.*, p. 93.

385 E. VENIZELOS, *Cours de droit constitutionnel*, *op. cit.*, p. 200.

386 Y. DROSOS, *L'ordre constitutionnel grec et les communautés européennes*, *op. cit.*, p. 386.

387 L. PAPADOPOULOU, *Constitution nationale et droit communautaire, La question de primauté*, *op. cit.*, p. 408 ; J. ILIOPOULOS - STRANGAS, *Droit constitutionnel grec*

restriction de la souveraineté nationale comporte également un transfert de compétences aux organes d'une organisation internationale[388]. Par conséquent, la participation à l'Union entre simultanément dans le champ d'application des deux dispositions constitutionnelles précitées[389]. Les procès - verbaux de la 6e Chambre des députés en charge de la révision de la Constitution qui a eu lieu en 2001 renforcent l'argument de l'application cumulative des alinéas 2 et 3 quant aux ratifications des traités de l'Union européenne. Dans le cadre de la révision constitutionnelle, la problématique du lien interprétatif de ces deux alinéas et de la recherche du fondement constitutionnel de la Grèce par rapport à la construction européenne a émergé de nouveau. Afin d'assurer l'application cumulative desdits alinéas, il a été proposé d'insérer une déclaration interprétative ayant le contenu suivant : « *afin de faciliter la participation du pays aux procédures de la construction européenne, sous respect des principes prévus aux dispositions de l'article 28, alinéa 2 et 3* »[390]. Cette proposition, qui n'a pas été retenue, démontre l'unité structurelle de ces deux alinéas susceptibles de servir de fondement à l'intégration européenne.

Enfin, réunissant une large majorité du nombre total des députés, la déclaration interprétative suivante a été adoptée par la Chambre des députés en charge de la révision de la Constitution de 2001 : « *L'article 28 constitue le fondement de la participation de la Grèce au processus d'intégration européenne* »[391]. Cette clause interprétative est fondamentale, car, pour la

---

et Unification européenne, aspects critiques des relations internationales avant et après la signature du traité de Maastricht, Athènes - Komotini : éd. A. Sakkoulas, 1996, p. 37 et K. Chrysogonos, *Droit constitutionnel, op. cit.*, p. 207.

[388] A. Manitakis, *Droit constitutionnel grec, op. cit.*, p. 385 et J. Rideau, *Droit institutionnel de l'Union européenne*, Paris : LGDJ, 6e ed., 2010, pp. 1276 - 1277.

[389] J. Iliopoulos - Strangas, « Constitution hellénique et intégration européenne », *in Défense nationale - intégration européenne, les réponses constitutionnelles, op. cit.*, p. 77.

[390] E. Venizelos, *Cours de droit constitutionnel, op. cit*, p. 200.

[391] Voir L'avis de A. Peponis, « La Grèce dans l'union européenne, article 28 et 70 de la Constitution, rapport au comité pour la révision de la Constitution », *ToS*, 1998, pp. 59 - 65. Selon cet avis, la déclaration interprétative ne peut pas résoudre cette matière mais confirme l'application des conditions essentielles plus strictes du paragraphe 3 et des conditions procédurales plus strictes du paragraphe 2. Le même avis à J. Iliopoulos - Strangas, *Droit constitutionnel grec et Unification européenne, op. cit.*, p. 273. Il est à noter que le même article a été proposé pour la révision en 2006 par le parti majoritaire. Cette révision avait pour but d'instaurer l'article 28 alinéa 3 de la Constitution comme fondement constitutionnel de la participation de la Grèce à l'Union européenne et de ne nécessiter que la majorité absolue du nombre total des députés pour la ratification des traités. Cette proposition a été rejetée par la majorité du nombre total des députés. Voir sur la procédure révisionnelle le discours du rapporteur du parti majoritaire ainsi que du parti de l'opposition quant à la proposition d'enlever le terme de réciprocité par l'article 28

première fois, le texte constitutionnel contient une mention précise de la notion d'intégration européenne et la concrétise en tant que but national[392].

2. La fonction quasi - révisionnelle des alinéas 2 et 3 de l'article 28

Dans la mesure où l'intégration européenne complexifie les rapports entre le droit constitutionnel et le droit de l'Union européenne, certaines Constitutions des États membres contiennent des dispositions explicites interdisant la ratification d'un traité contraire à la Constitution sans modification préalable de la Constitution[393]. Il s'agit notamment des Constitutions des Pays - Bas[394] et de la France[395]. La Grèce, ne dispose pas d'une clause équivalente. Pourtant, comme le démontre la pratique, l'article 28 joue ce rôle en instituant une sorte de révision tacite de la Constitution.

Les clauses générales prévues par l'article 28 de la Constitution étaient nécessaires tant pour la ratification des traités de l'Union européenne que pour la transposition des directives dans l'ordre juridique grec, sans révision préalable de la Constitution. Il y a à cela deux raisons. Tout d'abord, le système grec ne disposant pas d'une Cour constitutionnelle, il ne prévoit pas non plus de contrôle de constitutionnalité préalable à la ratification des traités internationaux. Ensuite, la Constitution grecque prévoit sa révision formelle dans son article 110[396] en imposant des conditions très strictes[397].

---

alinéa 1, Parlement grec, période I, session parlementaire A, séance ΡΙΔ, 14 février 2001 (matin), procès - verbaux des séances, pp. 4851 - 4854.

392 E. VENIZELOS, *L'acquis révisionnel*, Athènes - Komotini : éd. A. Sakkoulas, 2002, p. 234 voir toutefois l'avis de V. SKOURIS, « La position discrète de la Constitution en la matière d'intégration européenne », *in* D. TSATSOS, E. VENIZELOS (dir.), *La nouvelle Constitution*, Athènes - Komotini : éd. A. Sakkoulas, 2001, pp. 457 - 464, (p. 459) selon l'auteur l'ajout de cette déclaration interprétative dans la Constitution a laissé ouvert le débat sur le fondement constitutionnel réel de l'intégration européenne, reposant surtout sur les interprétations différentes des alinéas 2 et 3 de l'article 28.

393 V. CONSTANTINESCO, « Les rapports entre les traités et la Constitution : du droit interne au droit communautaire », *in Libertés, justice, tolérance, mélanges en hommage au Doyen Gérard Cohen - Jonathan*, Bruxelles : Bruylant, 2004, pp. 463 - 481, (p. 465).

394 Article 91§3 de la Constitution néerlandaise : « *Lorsqu'un traité comporte des dispositions qui dérogent à la Constitution ou contraignent à y déroger, les Chambres ne peuvent donner leur approbation qu'aux deux tiers au moins des voix exprimées* ».

395 Article 54 de la Constitution française : « *Si le Conseil constitutionnel, saisi par le Président de la République, par le Premier ministre, par le président de l'une ou l'autre assemblée ou par soixante députés ou soixante sénateurs, a déclaré qu'un engagement international comporte une clause contraire à la Constitution, l'autorisation de ratifier ou d'approuver l'engagement international en cause ne peut intervenir qu'après révision de la Constitution* ».

396 Article 110 de la Constitution grecque.

C'est pourquoi dans l'ordre juridique grec, il ne serait pas possible, afin de ratifier les traités de l'Union européenne, de procéder systématiquement à la révision de la Constitution, car la procédure prévue à l'article 110 est très rigide et longue[398].

Par conséquent, les dispositions des alinéas 2 et 3 de l'article 28 constituent des clauses générales pour l'intégration du droit de l'UE dans l'ordre juridique interne et conduisent ainsi à une sorte de révision constitutionnelle tacite. Compte tenu de la rigidité de la Constitution[399], une partie de la doctrine a exclu la fonction révisionnelle de l'article 28, en mettant l'accent sur l'existence d'une procédure révisionnelle précise de l'article 110, qui ne permet pas l'existence d'autres procédures parallèles ou concomitantes de révision constitutionnelle[400] susceptibles d'affaiblir, voire de violer l'article 110 de la Constitution[401]. En outre, même au niveau jurisprudentiel, il a été considéré par le Conseil d'État que l'article 110 instituait une procédure révisionnelle exclusive[402].

Cependant, il serait convenable de considérer l'article 28 alinéa 3 de la Constitution comme *lex specialis* dont le contenu se détermine chaque fois selon les restrictions de la souveraineté nationale[403]. Cette position aiderait en outre à éclaircir le rôle de l'article 28 et de la fonction qu'il accomplit quant à la réception du droit issu de l'Union européenne.

L'article 28 pose une fonction révisionnelle de caractère informel et implicite. De cette façon, cet article instaurant une clause générale, permet l'intégration dans l'ordre juridique grec du droit issu de l'UE et l'adoption des révisions des traités. La pratique de ratification des traités et de leurs révisions en est la preuve. Par conséquent, les modifications entraînées par l'article 28 concernent seulement l'adhésion de la Grèce à l'Union européenne et il s'ensuit que l'article 28, dont la matière est très limitée, est bien plus spécifique que l'article 110 qui prévoit la procédure formelle de

---

[397] J. ILIOPOULOS - STRANGAS, « Table ronde, constitutions nationales et constitution européenne : Grèce », *AIJC*, vol. XXI, 2005, pp. 145 - 184, (p. 153).

[398] G. PAPADIMITRIOU, *Une route qui traine vers la fédéralisation européenne, problématiques de l'actualité*, Athènes - Komotini : éd. A. Sakkoulas, 1997, p. 110.

[399] A. MANITAKIS, *Droit constitutionnel, op. cit.*, p. 359.

[400] E. VENIZELOS, *Les limites de la révision de la Constitution de 1975*, Thessalonique : éd. Paratiritis, 1984, pp. 231 - 247 ; E. VENIZELOS, *Cours de droit constitutionnel, op. cit.*, p. 203 ; E. VENIZELOS, « La relation entre l'ordre juridique grec et l'ordre juridique communautaire et le droit national comme objet de révision constitutionnelle », *ToS*, 2000, pp. 493 - 508.

[401] G. KATROUGALOS, « La relation entre la Constitution et le droit communautaire », *NOV*, 2000, pp 1089 - 1113, (p. 1111).

[402] Conseil d'État, 3242/2004, 3243/2004 concernant le cas d'actionnaire majoritaire, voir infra Partie II, Titre I, chapitre I et II.

[403] Y. DROSOS, *L'ordre constitutionnel grec et les communautés européennes aux relations internationales, op. cit.*, p. 79.

révision constitutionnelle[404]. Ce type de révision informelle ou même tacite de la Constitution paraît très opportun, car le texte constitutionnel demeure immuable et n'en perd pas sa rigidité. Toutefois, la Constitution matérielle s'adapte aux changements de conditions et à la formation de nouvelles pratiques[405]. Cette fonction révisionnelle originale prévue par l'article 28 peut être considérée comme une révision non pas *de facto*, mais *de jure* dans la mesure où cette procédure est prévue par voie d'interprétation dans la Constitution elle - même et qu'elle contribue à l'articulation harmonieuse de cet article avec l'article 110 de la Constitution.

Enfin, en dehors de la liaison entre les articles 28 et 110 de la Constitution et de la fonction quasi révisionnelle qu'elle joue, il convient de remarquer que cette clause générale rend les avancées possibles tout en prévoyant les limites constitutionnelles encadrant la construction européenne. La Grèce évite ainsi la révision constitutionnelle à plusieurs reprises pour la ratification des traités, ce qui aurait en outre pour effet d'inclure l'existence de dispositions conditionnées ou provisoires dans la Constitution et de remettre en question sa cohérence globale ainsi que l'articulation des dispositions constitutionnelles entre elles[406]. Les dispositions de l'article 28 constituent la *sedes materiae* non seulement pour l'adhésion, mais également pour l'ensemble des rapports entre l'ordre juridique grec et l'ordre juridique de l'Union européenne. Elles restent applicables lors des nouvelles étapes de l'intégration européenne[407].

§2. La procédure d'intégration dans l'ordre interne des engagements prévus par le plan de sauvetage. Le caractère équivoque de l'interprétation constitutionnelle adoptée

L'une des caractéristiques de la période actuelle en Grèce est que la crise ne se limite pas au champ économique. Depuis longtemps, elle affecte aussi drastiquement le fonctionnement des institutions de l'État ainsi que les

---

[404] L. PAPADOPOULOU, *Constitution nationale et droit communautaire, La question de primauté*, *op. cit.*, p. 449 et J. ILIOPOULOS - STRANGAS, *Droit constitutionnel grec et Unification européenne, aspects critiques des relations internationales avant et après la signature du traité de Maastricht*, *op. cit.*, p. 38 et J. ILIOPOULOS - STRANGAS, E. GEORGITSI, « Grèce : juges constitutionnels et parlements », *AIJC*, vol. XXVII, 2011, pp. 267 - 279, (p. 271).

[405] A. MANITAKIS, *Droit constitutionnel*, *op. cit.*, p. 443.

[406] Voir sur ce point l'article de L. GUILLOUD, « Révision constitutionnelle et intégration européenne, l'insoutenable légèreté de la Constitution », *RDP*, n°2, 2009, pp. 397 - 424.

[407] J. ILIOPOULOS - STRANGAS, « Constitution hellénique et intégration européenne », *in Défense nationale - intégration européenne, les réponses constitutionnelles*, *op. cit.*, p. 74.

relations sociopolitiques[408] en confirmant ainsi le lien étroit entre droit et économie, sous le prisme de la monnaie commune et de l'européanisation des aspects financiers[409].

Dès mai 2010, lorsque le premier paquet d'aide financière à la Grèce a été contresigné avec la Troïka (Fonds Monétaire international - FMI, Banque centrale européenne - BCE et Commission européenne), les objectifs financiers et structurels que l'État grec allait devoir rechercher pour assurer le versement des prêts ont été déterminés de manière détaillée. Ainsi, la tâche des gouvernements grecs consiste à éviter l'effondrement financier du pays et son exclusion de la zone euro[410].

Néanmoins, les circonstances exceptionnelles de la crise économique requièrent des règles exceptionnelles qui ont pour effet d'affecter la légitimité constitutionnelle.

L'aspect constitutionnel de la crise économique est apparu dans un premier temps à propos de la validation des actes signés, conditionnant le premier paquet d'aide financière à la Grèce. Des vifs débats politiques et doctrinaux relatifs à la détermination de la nature de ces actes se sont tenus (A), car cette détermination affecterait les moyens et la procédure adoptée pour leur entrée en vigueur dans l'ordre interne (B).

A. La détermination difficile de la nature des documents signés conditionnant le premier paquet d'aide financière à la Grèce

Sur un plan général, une réforme de la gouvernance économique européenne a été provoquée par l'instabilité financière de la Grèce. Afin d'éviter la faillite du pays, les États membres de la zone euro se sont accordés à lui octroyer, en mai 2010, des prêts bilatéraux d'un montant de 80 milliards d'euros. Ces prêts ont été coordonnés par la Commission[411]. Or, cette mesure se révélant insuffisante, deux autres types d'assistance furent prévus, l'un au niveau de l'Union et l'autre au niveau intergouvernemental. C'est dans ce cadre que le Conseil a adopté un règlement établissant le

---

[408] Y. DROSOS, « Questions de l'organisation constitutionnelle, de protection constitutionnelle et de démocratie à l'époque de la crise actuelle », *ThPDD,* n°6, 2012, pp. 465 - 471, (p. 466).

[409] M. TUDEL, « L'évolution de la relation droit - économie au prisme de la mondialisation », *JCP G*, n°19, 2013, p. 959.

[410] I. KAMTSIDOU, « L'intérêt public au temps de crise », publié sur constitutionnalism.gr : [http://www.constitutionalism.gr/site/linteret - public - aux - temps - de - crise].

[411] Afin de garantir sa validité au regard du droit de l'Union, l'attribution à la Commission de la gestion des prêts bilatéraux octroyés par les Etats de la zone euro a fait l'objet d'un accord de tous les Etats membres de l'Union lors de la réunion des représentants des Etats membres du 5 mai 2010, doc 9417/10, voir A. de STREEL, « La gouvernance économique européenne réformée », *op. cit.*, p. 456.

mécanisme européen de stabilisation financière (MESF)[412]. Celui - ci ne garantissant pas une crédibilité suffisante, les États de la zone euro ont également établi, pour trois ans, une entité *ad hoc* intergouvernementale : le fonds européen de stabilité financière (FESF) qui pourrait accorder un prêt aux États membres de la zone euro en difficulté sur la base d'un Memorandum of Understanding et des lignes directrices établies par une décision du Conseil adoptée en application de l'article 136 TFUE[413]. Ces mécanismes ont été instaurés pour appréhender la réalité économique difficile de cette époque au détriment parfois de la rigueur juridique[414]. Finalement, en application de la procédure de révision simplifiée, fut ajouté un troisième paragraphe à l'article 136 TFUE[415]. Sur la base de ce nouveau paragraphe a été élaboré le Traité établissant le mécanisme européen de stabilité (MES) signé en février 2012 qui a remplacé les deux mécanismes susmentionnés[416].

Sur un plan concret, le mécanisme de soutien financier accordé à la Grèce est souvent désigné dans l'ordre interne par le terme « memorandum »[417]. Il s'agit en réalité des divers actes signés à propos de l'activation du mécanisme accordé.

À propos de la validation dans l'ordre interne des engagements prévus par le plan de sauvetage, un débat majeur a eu lieu, visant notamment la

---

412 Règlement 407/2010 du Conseil du 11 mai 2010 établissant un mécanisme européen de stabilisation financière, adopté conformément à l'article 122 §2 TFUE.

413 Décision du 10 mai 2010 des représentants des gouvernements des Etats membres de la zone euro réunis au sein du Conseil de l'Union européenne, doc. 9614/10 et accord intergouvernemental entre les Etats de la zone euro du 7 juin 2010.

414 C. YANNAKOPOULOS, « Un Etat devant la faillite : entre droit et non - droit » publié sur constitutionnalism.gr [http://www.constitutionalism.gr/site/etat - devant - la - faillite - entre - droit - et - non - droit]. Sur la base de ce mécanisme on a mis en place les plans de sauvetage de l'Irlande (novembre 2010), du Portugal (avril 2011) et de l'Espagne (juin 2012).

415 Paragraphe 3 ajouté à l'article 136 TFUE (entré en viguer le 1er mai 2013): « *Les États membres dont la monnaie est l'euro peuvent instituer un mécanisme de stabilité qui sera activé si cela est indispensable pour préserver la stabilité de la zone euro dans son ensemble. L'octroi, au titre du mécanisme, de toute assistance financière nécessaire, sera subordonné à une stricte conditionnalité* ».

416 Pour le traité MES voir E. SACHPEKIDOU, *Droit européen*, Athènes - Thessalonique : éd. Sakkoulas, 2e éd., 2013, p. 346 et suiv. et A. de STREEL, « La gouvernance économique européenne réformée », *op. cit.*, pp. 455 - 481.

417 Le plan de sauvetage, instaurant un mécanisme de soutien financier, est souvent invoqué dans l'ordre interne par le terme « memorandum » lequel regroupe tout les documents signés (memoranda of understanding et convention d'emprunt) dans ce cadre. C'est pourquoi le titre « memorandum » est souvent utilisé dans les titres d'articles et livres de la bibliographie grecque récente.

question de savoir si les actes signés constituent, en substance, des actes juridiquement contraignants (2) ou un programme de finances publiques (1).

1. L'interprétation des actes signés comme un programme économique à moyen terme sans portée juridique

Afin de répondre à la question qui vise à déterminer la nature des textes signés avec les prêteurs, il est nécessaire d'aborder cette question séparément pour chaque texte signé. Tout d'abord, un "*arrangement*" a été signé en tant qu'acte général par tous les intéressés, c'est - à - dire l'Eurogroup, le gouvernement grec, le FMI, et les pays membres de la zone euro, afin d'instituer et d'activer le mécanisme de soutien financier. Ce texte ne semble pas être de nature juridique, car il s'agit d'une déclaration et non d'un texte juridiquement contraignant. Par la suite, des textes connus comme le 'memorandum of understanding'[418] ont été adoptés par la Grèce et la Commission européenne, instituant les fondements et les buts du programme de soutien financier[419].

En ce qui concerne le "memorandum of understanding" soit memorandum d'entente, il s'agit d'un *accord international atypique* qui consiste en un ensemble d'actes unilatéraux ainsi que de décisions et d'accords qui ont été contractés conformément au droit international économique ainsi qu'au droit de l'UE[420]. Or, ce document détermine le cadre de la politique économique que doit suivre la Grèce de façon très détaillée.

En plus du "memorandum of understanding", deux conventions de prêt ont été signées, qui sont d'une nature juridique tout à fait différente. Il s'agit de la convention de prêt entre la République hellénique et les pays membres de la zone euro et de l'accord de confirmation entre la République hellénique et le FMI. En ce qui concerne ce dernier, il ne s'agit pas littéralement d'une convention de prêt, car la Grèce, en adressant une lettre au FMI, comme cela est prévue par son règlement, a demandé un programme d'ajustement et de transformation économique des autorités. Ce type de prêt ne peut pas être considéré comme une convention internationale dans le sens des dispositions de la Convention de Vienne relatives à la notion de la Convention

---

[418] Memorandum of Understanding setting the economic policy conditionality. Cf. aussi ''Memorandum of Economic and Financial Policies (MEFP)', et 'Technical Memorandum of Understanding (TMU).

[419] Pour ces informations voir A. MANITAKIS, « Les questions constitutionnelles du memorandum », *DtA*, n°51, 2011, pp. 689 - 719, (pp. 690 - 693) ; G. KASIMATIS, « L'inconventionnalité des conditions essentielles des conventions de prêt avec la Constitution », *DtA*, n°49, 2011 pp. 11 - 24, (pp. 14 - 15) et P. GLAVINIS, *Le memorandum de Grèce*, Athènes - Thessaloniki : éd. Sakkoulas, 2010, pp. 113 - 115.

[420] A. MANITAKIS, « Les questions constitutionnelles du memorandum », *op. cit.*, p. 690.

internationale[421]. Il pourrait néanmoins être considéré comme un texte contenant des règles de *soft law,* qui ne sont pas *a priori* juridiquement contraignantes, mais dont les conséquences, en cas de défaillance d'une des parties, sont principalement d'ordre politique, en raison de la méconnaissance du principe de bonne foi en droit international[422].

En revanche, le cadre juridique se présente différemment quant à la convention de prêt signée par la Grèce et les pays membres de la zone euro le 8 mai 2010. Ladite convention conditionnait sa mise en œuvre par deux facteurs spécifiques ; premièrement, la soumission de l'avis juridique de deux conseilleurs juridiques de l'État, conformément à la disposition 4 §2 de la convention de prêt ; deuxièmement, la date où la Commission européenne recevra toutes les confirmations d'engagement par les pays membres de la zone euro. Sous réserve de satisfaire à ces deux conditions, l'UE engagerait les bailleurs de fonds à fournir leur aide financière à la Grèce afin de sauvegarder la stabilité financière dans l'ensemble de l'UE[423]. Pour une partie de la doctrine, ce type de contrat ne constitue pas une convention internationale, à cause de l'absence des caractéristiques terminologiques juridiques, conformément à la Constitution nationale et au droit international. Concrètement, cette convention de prêt ne contient pas de règles juridiques et les parties contractantes n'entendent pas donner une force obligatoire au texte signé, qui contient pourtant des règles juridiquement contraignantes[424]. De plus, selon un avis relatif à ce dernier, les règles issues de la convention de prêt ne constituent qu'un programme d'assainissement du marché financier par un accord de prêt entre la zone euro et la Grèce[425]. Néanmoins, tant la structure de cette convention que son contenu et les engagements stipulés ne correspondent pas à cette approche.

Aussi, l'on ne peut considérer le memorandum d'entente comme un accord signé selon une procédure simplifiée[426]. Cette catégorie d'accords est

---

[421] Article 2§1 de Convention de Vienne : « *l'expression «traité» s'entend d'un accord international conclu par écrit entre Etats et régi par le droit international, qu'il soit consigné dans un instrument unique ou dans deux ou plusieurs instruments connexes, et quelle que soit sa dénomination particulière* ».

[422] A. GERONTAS, « Le memorandum et la procédure d'élaboration des lois », *Efimdd*, n°5, 2010, pp. 705 - 728, (p. 713 et suiv.) et K. CHRYSOGONOS, « La gloire perdue de la démocratie grecque », *NoV*, 2010 pp. 1353 - 1374.

[423] P. GLAVINIS, *Le memorandum de Grèce*, *op. cit.*, p. 113.

[424] A. GERONTAS, *Droit public économique*, Athènes - Thessalonique : éd. Sakkoulas, 2011, pp. 588 - 589.

[425] G. KASIMATIS, *Les conventions de prêt de la Grèce avec l'UE et le FMI*, Athènes : éd. du Barreau d'Athènes, 2010, p. 12.

[426] K. CHRYSOGONOS, « La gloire perdue de la démocratie grecque », *op. cit.*, p. 1353 et suiv. et P. PAVLOPOULOS, « Remarques sur la nature juridique du memorandum et les conséquences juridiques du 'memorandum' », *in Le droit public*

signée, après représentation de l'État concerné, par le ministre délégué ou tout autre organe compétent pour représenter juridiquement l'État ; mais ils ne concernent que des accords techniques ou administratifs n'ayant pas une importance majeure, sans quoi ils correspondent à des conventions déjà signées[427]. Dans le cas du mécanisme d'aide financière grecque, bien que l'État ait été représenté par le ministre de l'Économie ainsi que par le gouverneur de la banque de Grèce, la deuxième condition, visant la simplicité des sujets traités par l'accord, n'est en aucun cas satisfaite, au regard de l'importance et de la gravité des mesures accordées. Par conséquent, eu égard au contenu des règles issues des documents signés, cet avis devrait être écarté.

Il est à remarquer que le memorandum d'entente vise en régler en détail tous les domaines visant à régler des aspects de la vie publique tels que la politique des revenus et la politique de protection sociale. Également, il faut noter que la convention de prêt signée entre la République hellénique et les pays membres de la zone euro, renvoie au memorandum pour la mise en œuvre des exigences prévues. Ainsi, il ne semble pas pertinent de considérer que cette convention constitue une convention de procédure simplifiée[428] ou un accord de *soft law*. Au contraire, les engagements prévus par la Convention de prêt sont juridiquement contraignants.

2. L'interprétation des actes signés comme étant juridiquement contraignants

À l'opposé des options envisagées ci - dessus, se trouve l'idée selon laquelle l'ensemble des actes signés conformément au mécanisme de soutien financier instauré devrait s'interpréter comme des actes juridiquement contraignants. Il s'agit donc d'une sorte de contrat, prenant la forme d'une convention réglementant des conditions de prêt, dans le cadre du droit international général[429].

Même si aucun des trois textes mentionnés ci - dessus ne fait spécifiquement mention des termes contrat et convention internationale, ils constituent des actes juridiquement contraignants. Et ce principalement parce

---

en évolution, études en l'honneur du Professeur Petros Pararas, Athènes - Komotini : éd. A. Sakkoulas, 2012, pp. 791 - 809, (pp. 803 - 804).

[427] E. ROUCOUNAS, *Droit international relations entre droit interne et droit international, les façons de dérivation de droit international*, *op. cit.*, p. 127 et suiv.

[428] E. DIKAIOS, *Droit, économie et politique à l'époque des memoranda*, éd. Sakkoulas Athènes - Thessalonique 2012, p. 199, et E. DIKAIOS, « La question de la nature juridique du « memorandum » et ses conséquences », *EfimDD*, n°1, 2011, pp. 21 - 36, (p. 26).

[429] E. ROUCOUNAS, *Droit international, relations entre droit interne et droit international, les façons de dérivation de droit international*, *op. cit.*, p. 101.

que les accords signés définissent de façon très exhaustive les règles et les conditions du soutien financier en Grèce par les pays membres de la zone euro ainsi que par le FMI, en instituant un cadre spécifique de fixation *ex ante* de la politique économique, financière et sociale à moyen terme[430]. Au surplus, y sont décrites des mesures très détaillées, dont l'application doit avoir lieu conformément au calendrier indiqué. Par conséquent, il n'existe pas de possibilité de modification unilatérale de ses termes sans le consentement de l'autre partie. La Grèce s'engage dès lors de façon très explicite dans un programme politique et économique, tel que décrit dans le cadre du mécanisme de soutien financier, tandis que les prêteurs fondent un mécanisme de soutien financier afin de fournir la somme de prêt accordée. De plus, la Grèce s'engage à présenter au Conseil et à la Commission, tous les trimestres, un rapport exposant les mesures prises conformément aux accords signés afin d'obtenir le soutien financier du prêteur[431].

Ces éléments démontrent très clairement l'intention des parties d'entrer dans une relation contractuelle[432] susceptible de produire des effets juridiques et donc d'avoir des conséquences juridiques en cas de méconnaissance des obligations accordées. Ainsi, indépendamment du fait que le memorandum d'entente n'ait pas de force obligatoire, cela ne va pas de soi pour la convention de prêt entre la Grèce et les pays membres de la zone euro elle - même[433] qui se conçoit comme une convention internationale. De plus, le memorandum d'entente, signé entre la Grèce et la Commission, constitue une sorte d'accord préparatoire à la signature finale des deux conventions de prêt (avec le FMI et les États membres de la zone euro), sans lequel il ne serait pas possible que les parties concernées se mettent en accord[434]. Il semble ainsi pertinent de considérer que tous les textes signés entre les prêteurs et la Grèce sont étroitement liés et donc, par leur nature juridique, que l'un ne peut pas être examiné indépendamment de l'autre[435]. Par ailleurs, l'article 12 §2 de la Convention prévoit explicitement

---

[430] E. DIKAIOS, *Droit, économie et politique à l'époque des memoranda*, *op. cit.*, p. 206.

[431] P. GLAVINIS, *Le memorandum de Grèce*, *op. cit.*, p. 97.

[432] E. DIKAIOS, *Droit, économie et politique à l'époque des memoranda*, *op. cit.*, p. 215 et E. DIKAIOS, « La question de la nature juridique du « memorandum » et ses conséquences », *op. cit.*, p. 21 et suiv.

[433] G. KATROUGALOS, « Memoranda sunt Servanda ? La constitutionnalité de la loi 3845/2010 et du memorandum pour les mesures d'applications des accords avec le FMI, l'UE et la BCE », *EfimDD*, n°2, 2010, pp. 151 - 163 (p. 155 et suiv.).

[434] E. DIKAIOS, *Droit, économie et politique à l'époque des memoranda*, *op. cit.*, p. 218.

[435] G. KASIMATIS, *Les conventions de prêt de la Grèce avec l'UE et le FMI*, *op. cit.*, p. 10 et suiv.

que le préambule et les annexes de cette convention (renvoyant au memorandum d'entente) font partie intégrante de celle - ci[436].

Par conséquent, le lien entre le memorandum d'entente et les deux conventions de prêts conduit à conclure qu'il ne s'agit pas d'un simple programme de respect de trajectoire pour la diminution du déficit, mais bien d'un texte juridiquement contraignant[437].

En outre, dans la mesure où les engagements prévus dans les textes signés, y compris l'assistance accordée avec le FMI, sont intégrés le 8 mai 2010 à la décision 2010/320[438] du Conseil, l'alignement de la Grèce sur ces engagements se conçoit comme une conformation à des obligations découlant du droit de l'UE[439]. Par conséquent, les documents signés ont force juridique dans l'ordre interne.

En termes de droit comparé, il convient de souligner que les règles visées par le plan de sauvetage, dans le cas de l'Irlande, ont été ratifiées le 15 octobre 2010 par le Dail en suivant la procédure prévue par l'article 29 §5 de la Constitution irlandaise relatif à la ratification d'une convention internationale. Cet article dispose que « *L'État n'est pas lié par un accord international entraînant une charge pour les fonds publics, à moins que les termes de cet accord aient été approuvés par le Dail* »[440].

De même, le programme d'assistance financière qui a été récemment signé par l'État chypriote, sans la participation du FMI, a également été considéré comme une convention internationale[441]. En l'espèce la convention

---

[436] Article 12 (2): « *the preambule and the Annexes of this agreement form an integral part of this agreement* ».

[437] K. CHRYSOGONOS, « La gloire perdue de la démocratie grecque », *op. cit.*, p. 1353 et suiv. et P. PAVLOPOULOS, « Remarques sur la nature juridique du memorandum et les conséquences juridiques du « memorandum » », *op. cit.*, pp. 806 - 808, G. KATROUGALOS, « Memoranda sunt Servanda ? La constitutionnalité de la loi 3845/2010 et du memorandum pour les mesures d'applications des accords avec le FMI, l'UE et la BCE », *op. cit.*, p. 155.

[438] La décision 2010/320 du Conseil a été modifiée trois fois par les décisions 2010/486 du 7 septembre décembre 2010, 2011/57 du 20 décembre 2010 et 2011/257 du 7 mars 2011. Le 12 juillet 2011 la décision 2010/320 fut abrogée puis remplacée par la décision 2011/734 du 19 juillet 2011 qui a été aussi modifiée par la décision 2011/791 du Conseil du 8 novembre 2011.

[439] Cf. à ce propos les conclusions dans l'affaire n°668/2012 de l'Assemblée plénière du Conseil d'État.

[440] Il a été voté ainsi par le Dail, avec 81 votes pour et 75 contre. Pour le texte du memorandum irlandais voir [http://www.finance.gov.ie/viewdoc.asp?DocID=6856] ainsi que les textes de memoranda et ses mises à jour : [http://ec.europa.eu/economy_finance/assistance_eu_ms/ireland/index_en.htm].

[441] Il a été voté par le parlement chypriote le 30 avril 2013 avec 29 votes pour et 27 votes

a été introduite à l'Assemblée plénière du parlement chypriote pour ratification conformément à l'article 169 §2 de la Constitution qui dispose que : « *Tout autre traité, convention ou accord international est négocié et signé par décision du Conseil des ministres ; il entre en vigueur et lie la République lorsqu'il est approuvé par une loi adoptée par la Chambre des représentants, sur quoi il est ratifié* » ce qui démontre par ailleurs qu'il s'agit bien d'une convention internationale.

Enfin, dans le cas du Portugal, le programme signé par le gouvernement portugais le 17 mai 2011, a été approuvé conformément au règlement 407/2010 du Conseil du 11 mai 2010 établissant un mécanisme européen de stabilisation financière[442] en suivant ensuite la décision n°2011/344/UE d'exécution du Conseil du 30 mai 2011 sur l'octroi d'une assistance financière de l'Union au Portugal, qui en son article 3§5 décrit les mesures qui devront être adoptées par le Portugal conformément aux spécifications du protocole d'accord[443]. Ainsi, eu égard au fait que le protocole d'accord constitue un texte ayant force juridique dans l'ordre portugais, le Parlement portugais a approuvé des mesures financières d'austérité conformément à celui - ci, à propos du vote de la loi de finances de 2012 et 2013[444].

---

contre : [http://ec.europa.eu/economy_finance/assistance_eu_ms/cyprus/index_en.htm].

[442] The Memorandum consists of three documents: Gov't. of port., memorandum of economic and financial policies (May 17, 2011), technical memorandum of understanding, memorandum of understanding on specific economic policy conditionality [http://ec.europa.eu/economy_finance/assistance_eu_ms/portugal/index_en.htm].

[443] Article 3§5 de la décision 2011/344 du Conseil Le Portugal adopte les mesures suivantes avant la fin de 2011, conformément aux spécifications du protocole d'entente :

« *a) le Portugal met pleinement en œuvre les mesures d'assainissement budgétaire prévues dans le budget 2011, qui se montent à environ 9 milliards EUR, ainsi que les mesures supplémentaires introduites avant mai 2011, qui se montent à plus de 400 millions EUR. [...]*

b) le Portugal adopte des mesures pour renforcer une stratégie budgétaire crédible et renforcer le cadre budgétaire. [...]c) le Portugal adopte une première série de mesures visant à améliorer le fonctionnement du marché du travail en limitant les indemnités de licenciement et en autorisant un assouplissement des horaires de travail [...]

d) dans le secteur de l'énergie, le Portugal prend des mesures visant à faciliter l'entrée sur le marché et à promouvoir la mise en place d'un marché ibérique du gaz, et réexamine les systèmes d'aide et de compensation pour la production d'électricité. Pour les autres industries de réseau et notamment les transports, les télécommunications et les services postaux, le Portugal adopte des mesures supplémentaires qui favorisent la concurrence et la flexibilité ; [...] ».

[444] Tribunal constitutionnel portugais, 5 juillet 2012, n°353/2012.

B. La spécificité de l'entrée en vigueur des mesures prévues dans le *Memorandum I* conditionnant le premier paquet d'aide financière à la Grèce

bien que la question de la nature des règles issues du mécanisme de soutien financier reste toujours sans réponse, les engagements résultant du memorandum d'entente devraient être intégrés dans l'ordre interne. Le premier paquet d'aide financière est entré en vigueur dans l'ordre interne, suivant une procédure constitutionnellement critiquable (1). Le caractère particulier de la ratification des engagements issus du mécanisme de soutien financier correspond à la particularité de sa nature, mais n'est pas forcement conforme aux règles constitutionnelles (2).

1. L'entrée en force dans l'ordre interne des mesures prévues dans le *Memorandum I*

Le 6 mai 2010 fut déposé au Parlement le projet de loi intitulé « Mesures de mise en œuvre du mécanisme de soutien de l'économie hellénique par les États membres de la zone euro et par le Fonds monétaire international », qui ratifiait seulement le memorandum d'entente, en ce qui concernait les relations entre la Grèce et les États membres de la zone euro et pas la Convention de prêt. Le projet de loi fut voté le même jour par 172 voix pour[445], et la loi 3845/2010 est entrée en vigueur.

Il convient de s'attarder sur la structure et le contenu de l'article premier de cette loi. Précisément, les trois premiers paragraphes décrivent l'historique de la création du mécanisme de soutien financier au sein de la zone euro d'une façon générale et non de manière concrète à propos des problèmes touchants la Grèce en tant que pays membre de la zone euro[446]. L'article premier se réfère également à la signature des memoranda d'entente qui étaient joints à la loi en annexes[447]. Ensuite, le paragraphe 4 du

---

[445] Cette loi a été votée par le parti de la majorité gouvernementale (PASOK) à l'exception de quatre députés qui ont ensuite été expulsés de ce parti. Elle a aussi été votée par les députés de l'Alerte populaire orthodoxe (LAOS), petit parti de droite populiste, ainsi que par une députée de l'opposition parlementaire qui a également été expulsée de son parti par la suite.

[446] E. DIKAIOS, *Droit, économie et politique à l'époque des memoranda, op. cit.*, p. 174.

[447] Plus précisément, comme annexes à loi, ont été joints les déclarations de soutien de la Grèce par les chefs d'Etats des Etats membres de la zone euros suite aux réunions européennes du 25 mars 2010 et du 11 avril 2010, le memorandum de politique économique et financier du 3 mai 2010 ainsi que le schéma du programme et les conditions spécifiques de la politique économique à suivre. S. MAVRIDIS, *Les critères de la discipline financière à la construction de la zone euro, Le cas de la Grèce*, Athènes - Thessalonique : éd. Sakkoulas, 2011, p. 308.

même article nomme comme représentant de l'État grec le ministre de l'Économie, afin qu'il puisse signer tout memorandum de coopération et toute convention de prêt bilatérale ou multilatérale avec la Commission européenne, les pays membres de la zone euro, le FMI et la BCE, susceptibles de mettre en application le programme de soutien financier en Grèce. Il est aussi explicitement prévu que les memoranda d'entente ainsi que les conventions signées sont présentés au Parlement en vue de leur ratification.

Or, le 7 mai 2010 un projet de loi intitulé « Réajustement des allocations des fêtes de Noël et de Pâques et de l'allocation de congés concernant les retraités de la fonction publique » a été introduit au Parlement. Bien que le titre de ce projet de loi soit sans aucun rapport direct avec la loi 3845/2010, il contenait cependant une modification essentielle de celle - ci. Précisément, le projet de loi du 7 mai 2010, devenu la loi 3847/2010, contenait une modification selon laquelle la ratification (des memoranda d'entente ainsi que des conventions signées) était remplacée par leur simple introduction au Parlement, pour discussion et débat. Par conséquent, leur ratification ne constituerait plus une condition préalable pour leur entrée en vigueur et leur application dans l'ordre interne. En dépit des réactions très fortes de la part de l'opposition parlementaire, le ministre de l'Économie a fait référence à cette modification comme un « petit problème technique »[448] et a souligné que le motif de l'insertion de cette modification était une demande de reformulation de la part des États membres prêteurs, insinuant ainsi qu'elle avait été imposée par les prêteurs, sans la volonté du gouvernement national[449].

D'une part, on observe que cette modification semble être en accord avec la convention de prêt signée avec les États membres de la zone euro. Cette convention fait dépendre l'entrée en vigueur des règles de deux conditions déjà mentionnées : 1. la soumission de l'avis juridique de deux conseillers juridiques de l'État conformément à la disposition 4 §2 de la convention de prêt ; 2. la date à laquelle la Commission européenne recevra toutes les confirmations d'engagement par les pays membres de la zone euro. Ces deux conditions ayant été satisfaites, la convention est entrée en vigueur, conformément à l'article 15 de celle - ci, à compter du jour de sa signature. Par conséquent, la ratification parlementaire n'a pas constitué une condition préalable à l'entrée en vigueur[450].

---

[448] Parlement grec, période IΓ, session parlementaire A, séance PIΣT, 7 mai 2010 procès - verbaux des séances, p. 6883, intervention de G. PAPAKONSTANTINOU, ministre des finances.

[449] E. DIKAIOS, *Droit, économie et politique à l'époque des memoranda*, *op. cit.*, p. 187.

[450] G. KASIMATIS, *Les conventions de prêt de la Grèce avec l'UE et le FMI*, *op. cit.*, p. 12 - 13.

D'autre part, il faut constater un certain nombre de violations de la Constitution qui ont eu lieu après cette modification législative. La disposition de la loi 3845/2010 telle que modifiée par la loi 3847/2010 fut fortement critiquée par la doctrine, comme contraire à la disposition de l'article 36 alinéa 2 de la Constitution, lequel prévoit la ratification parlementaire pour tous les traités et conventions qui impliquent des charges individuelles pour les Grecs. La convention de prêt entrant dans le cadre juridique de cette disposition en ce qu'elle implique une contribution majeure de tout le peuple nécessiterait une ratification parlementaire et non un simple débat du Parlement[451].

En outre, étant donné que la Grèce a signé la convention de prêt, celle - ci devrait être ratifiée par une loi formelle[452]. En effet, l'article 36 alinéa 2 de la Constitution prévoit explicitement que les traités de commerce, ceux qui concernent l'imposition, la coopération économique ou la participation aux organismes ou unions internationaux, ainsi que ceux qui comportent des concessions pour lesquelles, selon d'autres dispositions de la Constitution, rien ne peut être imposé sans loi, ne prennent effet qu'après avoir été ratifiés par une loi formelle[453].

La question de la nature juridique des actes signés conformément au mécanisme de soutien financier, ainsi que la question de la nécessité de sa ratification, ont été résolues au niveau jurisprudentiel, à travers l'arrêt 668/2012 de l'Assemblée plénière du Conseil d'État[454]. Dans cet arrêt, le Conseil a jugé que les règles instituées par le memorandum d'entente annexé à la loi 3845/2010 validant l'aide financière ne constituent qu'un programme du gouvernement grec ayant pour but de résoudre la grave crise financière. Il

---

[451] Pour : K. CHRYSOGONOS, « La gloire perdue de la démocratie grecque », *op. cit.*, pp. 1353 - 1374 ; G. KASIMATIS, « Les conventions de prêt de la Grèce avec l'UE et le FMI », *op. cit.* ; P. PAVLOPOULOS, « Remarques sur la nature juridique du memorandum et les conséquences juridiques du « memorandum » » *op. cit.*, pp. 791 - 809 ; G. KATROUGALOS, « Memoranda sunt Servanda ? La constitutionnalité de la loi 3845/2010 et du memorandum pour les mesures d'applications des accords avec le FMI, l'UE et la BCE », *op. cit.*, pp. 151 - 163 ; C. YANNAKOPOULOS, « Entre ordre juridique national et ordre juridique de l'UE : le memorandum en tant que reproduction de la crise de l'étant de droit », *op. cit.* ; *contra* P. GLAVINIS, *Le memorandum de Grèce*, *op. cit.* et A. MANITAKIS, « Les questions constitutionnelles du memorandum », *op. cit.*, pp. 689 - 719.

[452] C. YANNAKOPOULOS, « Entre ordre juridique national et ordre juridique de l'UE : le memorandum en tant que reproduction de la crise de l'Etat de droit », *op. cit.*, pp. 3 - 4.

[453] G. KATROUGALOS, « Memoranda sunt Servanda ? La constitutionnalité de la loi 3845/2010 et du memorandum pour les mesures d'applications des accords avec le FMI, l'UE et la BCE », *op. cit.*, p. 157.

[454] L. KARELOS, « Nature juridique du memorandum et obligation de sa ratification », *NoV*, 2012, pp. 2709 - 2724.

s'ensuit, selon la Haute juridiction administrative, que ce programme gouvernemental ne reconnaît pas de compétences à des organes d'organisations internationales, mais que son entrée en vigueur dans l'ordre interne, nécessite l'édition, par les organes compétents de l'État, des actes nationaux et des règles qui y sont relatives. Aussi, les parties contractantes n'endossent aucune responsabilité juridique et les règles contenues dans les memoranda n'ont pas de caractère contraignant. Il va de soi, dans cette optique, que sa ratification par le Parlement grec n'est pas nécessaire.

Toutefois, cette approche semble contestable. Les règles instituées par tous les textes, décrits comme 'memorandum', ne constituent pas un programme, mais bien un ensemble de règles contraignantes. C'est pourquoi il semble que la ratification par le Parlement national était nécessaire. Enfin, dans la mesure où ces engagements, y compris l'assistance accordée avec le FMI, sont intégrés, quelques jours après la signature du memorandum et des conventions de prêts, à la décision 2010/320 du Conseil, l'alignement de la Grèce sur ces engagements se conçoit comme une conformation à des obligations découlant du droit de l'UE. Une ratification de ces engagements dans l'ordre interne devrait donc avoir lieu conformément aux clauses de l'article 28 de la Constitution.

2. Les procédures suivies pour l'entrée en vigueur des engagements financiers oscillant entre respect et violation de la Constitution

Les engagements prévus par le memorandum d'entente sont entrés en vigueur dans l'ordre interne sans ratification, mais seulement avec un débat du Parlement sur les textes signés. Compte tenu du fait que la loi 3845/2010 fut modifiée, par le remplacement du terme « ratification » par le terme « débat », et en dépit des réactions, l'introduction d'un projet de loi, un mois après l'accord du mécanisme de sauvetage, intitulé « Ratification de la convention de prêt signé le 8 mai 2010 ainsi que du programme d'ajustement signé avec le fonds monétaire international le 10 mai 2010 »[455] ne semble pas nécessaire. On peut dès lors s'interroger sur l'opportunité de l'introduction de ce projet de loi, dans la mesure où le gouvernement a, par la modification de la loi en vigueur, supprimé la condition de la ratification nationale. Cette intervention peut être perçue comme une violation de la Constitution, visant la non-ratification de l'ensemble des actes instaurant le mécanisme de soutien financier et renforçant les questionnements sur la procédure constitutionnelle suivie au moment de leur entrée en vigueur dans l'ordre interne.

De plus, l'argument de la violation de la Constitution est renforcé si on examine les procédures suivies pour le vote de validation du deuxième

---

[455] Projet de loi déposé au Parlement par le ministre de finances, le 4 juillet 2010.

paquet d'aide financière[456] à la Grèce dit *memorandum II,* ainsi que de la loi prévoyant des mesures à moyen terme de stabilité financière 2013 - 2016, fruit de la dernière négociation avec les prêteurs. Concrètement, les vives réactions populaires, contre le programme du memorandum I et les mesures législatives qui ont suivi, ont conduit le Premier ministre de l'époque à la démission (novembre 2011). Le gouvernement du technocrate L. Papadémos, dit de «salut national» et soutenu par trois partis du Parlement totalisant 250 députés sur 300, avait pour mission essentielle de conclure le deuxième paquet d'aide financière, lui-même accompagné par des mesures supplémentaires. Il faut noter, à propos du vote du deuxième paquet d'aide financière, qu'a été recherchée une ratification ainsi qu'une majorité renforcée des députés[457]. En effet, ce deuxième paquet d'aide financière a été voté avec une ample majorité de 199 députés le 12 février 2012, en période de troubles sociaux et de manifestations publiques importants[458]. Le parlement grec a fait explicitement mention des articles 2 et 3 et a par la suite considéré ces engagements comme faisant partie des engagements de la Grèce découlant du droit de l'UE.

Néanmoins, le vote des mesures mettant en œuvre le mécanisme de stabilité financière a perduré. Après les élections législatives qui ont suivi la démission du gouvernement Papadémos, la fragmentation du système des partis a conduit à l'impossibilité de former un gouvernement stable. Par conséquent, de nouvelles élections ont eu lieu le mois suivant. Aucun parti ne disposant de la majorité absolue dans la Chambre de députés, une coalition de trois partis politiques[459] constitua un gouvernement d'alliance, accordant une priorité absolue aux buts fixés par les memoranda.

Les négociations entre le gouvernement grec et la troïka ont été longues et ont abouti à un nouveau programme financier prévoyant des mesures à moyen terme de stabilité financière pour les années 2013 - 2016. Un très long projet de loi a alors été soumis au Parlement prévoyant, entre autres modifications, l'âge obligatoire de départ à la retraite, une réduction des pensions ainsi que des indemnités des fonctionnaires. Ce projet de 216 pages, prévoyant des mesures d'austérité de 18.9 milliards d'euros, dont 9.4 milliards concernant l'année 2013, a été déposé le 5 novembre 2012. Grâce au gouvernement d'alliance, il a été approuvé le 7 novembre 2012, par 153 votes au Parlement[460] et sans aucune mention aux clauses constitutionnelles de l'article 28 de la Constitution.

---

[456] Deuxième programme de soutien financier réajusté.

[457] K. TRAKAS, « La situation financière actuelle de la Grèce, est - est conforme avec le budget et les bilans budgétaires de l'Etat ? Qu'est qu'il faut faire », *ThPDD*, n°10 - 11, 2011, pp. 900 - 906, (p. 901).

[458] Loi 4046/2012.

[459] Il s'agit de partis politiques de ND, Pasok et la Gauche Démocratique.

[460] Loi 4093/2012.

Il ressort clairement de ces éléments que les procédures d'entrée en vigueur des mesures d'austérité en Grèce furent très aléatoires. Cela relève plus d'un passage en force que d'une entrée en vigueur, ce qui est à la limite, voire dépasse, la légitimité constitutionnelle. Précisément, la non-ratification du premier memorandum d'entente des conventions de prêts implique un déficit de légitimité constitutionnelle. Cette observation est confirmée par la validation du deuxième paquet d'aide financière à une majorité renforcée au sein du Parlement, ainsi que par la recherche d'une légitimité parlementaire renforcée pour l'entrée en vigueur des nouvelles mesures d'austérité. Il faut relever, au sujet du vote de la loi 4046/2012 de validation du deuxième paquet d'aide financière, que tant les memoranda d'entente que les accords de prêts furent ratifiés par le parlement.

De plus, il est avéré que plusieurs mesures de discipline économique qui ont gravement affecté la vie sociale du pays ont été instaurées à travers des décrets présidentiels et des actes gouvernementaux, et non pas par des lois formelles, ce qui met également en cause leur légitimité et fait peser le soupçon d'être non conformes à la répartition des compétences prévues par la Constitution[461]. Même s'il a été admis à juste titre que les lois mettant en œuvre le plan de sauvetage ne constituent pas des lois cadre[462], l'affirmation demeure contestée. Ces lois prévoyaient l'entrée en vigueur de plusieurs mesures d'austérité par des décrets présidentiels ou des actes gouvernementaux. Ceci renforce l'idée que dans le cadre du sauvetage économique du pays face à une crise si profonde, le gouvernement a sciemment tenu à garder une certaine marge de manœuvre, tant au stade initial de la signature des conventions de prêts qu'au stade de l'entrée en vigueur des mesures d'austérité, en ne suivant dans aucun des deux cas les règles constitutionnelles précises en la matière. Le respect de ces règles aurait néanmoins entouré cette crise de la légitimité nécessaire vis - à - vis du peuple compte tenu des fortes mutations sociales initiées par ces engagements[463].

---

[461] A. GERONTAS, « Le memorandum et la procédure d'élaboration des lois », *EfimDD*, n°5, 2010, pp. 705 - 728, (p. 711 et suiv.).

[462] *Contra* P. PAVLOPOULOS, « Remarques sur la nature juridique du memorandum et les conséquences juridiques du 'memorandum' », *op. cit.*

[463] A. GERONTAS, « Le memorandum et la procédure d'élaboration des lois », *op. cit.* et C. YANNAKOPOULOS, « Entre ordre juridique national et ordre juridique de l'UE : le memorandum en tant que reproduction de la crise de l'étant de droit », *op. cit.*

Conclusion du chapitre I

Depuis le vote de la Constitution de 1975, l'article 28 a servi de « clause de réception » des droits européens et est demeuré le même, exception faite de l'ajout, en 2001, de la déclaration interprétative visant la participation de la Grèce au processus d'intégration européenne. Toutefois, les dispositions de cet article ont été appliquées de façon très différente dans l'introduction des normes juridiques européennes dans l'ordre interne.

En premier lieu, s'agissant de la Convention EDH, ratifiée à deux reprises, l'article 28 alinéa 1er n'était pas directement applicable en l'espèce étant donné que les deux ratifications ont eu lieu avant l'entrée en vigueur de cet article. L'article 28 sert dès lors de fondement à la validation *ex post* de l'incorporation de la Convention EDH dans l'ordre juridique interne et s'applique *sedes materiae*.

En deuxième lieu, il importe de constater une application *stricto sensu* de cet article à propos de la ratification du TSCG dans l'ordre juridique grec. En dépit des incitations européennes pour une révision constitutionnelle permettant l'introduction de la « règle d'or » au rang constitutionnel, l'article 28 alinéa 1er a été appliqué et les conditions strictes de révision constitutionnelle ont été mises en avant, empêchant ainsi que cette règle est dotée une valeur constitutionnelle.

En troisième lieu, s'agissant du droit de l'UE, une application, créative était nécessaire pour pouvoir participer à l'intégration européenne et reconnaître des compétences aux organes de l'UE. En vertu de l'unité structurelle des alinéas 2 et 3, leur application combinée sert de fondement à l'adhésion et à la participation de la Grèce à l'UE. L'article 28 dispose aussi d'un pouvoir implicite révisionnel, ce qui permet l'adaptation de la Grèce aux exigences de l'UE, sans révision préalable de la Constitution.

En quatrième lieu, s'agissant des règles issues du plan de sauvetage, il importe de constater une application aléatoire de la clause de réception voire sa non-application à propos des engagements issus du premier plan du sauvetage. Le caractère équivoque de l'interprétation constitutionnelle détermine dans ce cas l'application de cet article.

En dernier lieu, les énoncés généraux, mais clairs de l'article 28 servent de fondement solide à la réception des droits européens. En dépit de l'absence de contrôle *a priori* des traités et d'une révision constitutionnelle soumise à des conditions strictes, l'article 28 relève d'un dynamisme considérable qui permet l'adaptation de la Constitution aux nouvelles exigences européennes, mais aussi la garantie de son autorité. La non-application de cette clause d'intégration à propos des engagements économiques ne diminue en aucun cas sa qualité normative. Elle met toutefois en avant les défaillances constitutionnelles face à une situation économique d'urgence.

Chapitre II. La place des droits européens dans l'ordre interne

« Tout ordre juridique confère aux destinataires de ses normes des droits et pouvoirs juridiques qu'ils ne sauraient s'attribuer sans lui ; il leur impose des obligations, qui les lient. Par là même, tout ordre juridique s'affirme supérieur à ses sujets »[464]. Faute de quoi l'ordre juridique ne pourrait exister. La raison d'être de la primauté relève ainsi d'une *nécessité* logique, inhérente à tout ordre juridique. L'ordre juridique de la Convention EDH ainsi que celui du droit de l'UE s'appuient sur le principe de primauté sur le droit national.

S'agissant de l'ordre conventionnel, ce principe n'a pas été explicitement adopté par la Cour EDH, qui a toutefois eu l'occasion de préciser qu'un État ne pouvait s'abriter derrière une norme nationale pour justifier une violation de la Convention[465], qu'il s'agisse d'une norme législative ou réglementaire ou d'une norme constitutionnelle.

S'agissant de l'ordre de l'UE, le principe a été explicitement adopté par la CJUE, bien qu'il soit absent des traités. La primauté du droit de l'UE correspond à l'affirmation d'un ordre juridique, intégré, immédiat et effectif[466].

Face à cette nécessité logique des ordres européens se dresse la défense de la suprématie par l'ordre constitutionnel national. La primauté constitue alors une réalité pour les trois ordres juridiques imbriqués. Néanmoins, si on passe de la logique de *nécessité* à la logique d'*effectivité*[467], nous constatons qu'une nouvelle approche peut être adoptée lorsque l'on aborde la problématique de la place des droits européens dans l'ordre interne. En s'éloignant des concepts purement hiérarchiques, il faut alors aborder la

---

[464] M. VIRALLY, « Sur un pont aux ânes : les rapports entre droit international et droit interne », *in Mélanges offerts à H.Rolin : Problèmes de droit des gens*, Paris : éd. A. Pedone, 1964, pp. 488 - 505, (p. 497).

[465] Cour EDH, plénière, 29 octobre 1992, *Open Door et Dublin Welle woman contre Irlande*, n°s 14234/88 et 14235/88 ; Cour EDH, Grande chambre, 28 octobre 1999, *Zielinski et Pradal et Gonzalez et autres contre France*, n°s 24846/94 et 34165/96 à 34173/96.

[466] CJCE, 15 juillet 1964, *Costa contre E.N.E.L.*, aff. C - 6/64, Rec. 1964, p. 11411 ; CJCE, 17 décembre 1970, *Internationale Handelsgesellschaft*, aff. 11/70, Rec. 1970, p. 1125 ; CJCE, 9 mars 1978, *Simmenthal*, aff. 106/72, Rec. 1978, p. 629.

[467] Cf. V. CONSTANTINESCO, « La primauté du droit communautaire, mythe ou réalité ? », *in* G. LÜKE (dir.), *Rechtsvergeichung, Europarecht und Staatenintegration : Gedächtnisschrift für Léontin - Jean Constantinesco*, Köln Berlin etc. : C. Heymann, 1983, pp. 109 - 123, (p. 122).

place accordée à la Convention EDH, ordre d'harmonisation (Section 1) et la place accordée au droit de l'UE, ordre d'intégration (Section 2).

Section 1. La place de la Convention EDH dans l'ordre interne

Depuis la signature de la Convention le 4 novembre 1950 et son entrée en vigueur le 3 septembre 1953, celle - ci a connu, au - delà de l'élargissement continu de son champ d'application territorial[468], un élargissement conséquent de son champ d'application matériel[469]. Dès les premiers arrêts, la Cour énonce que « *la Convention et le protocole additionnel, portant sur des matières qui relèvent normalement de l'ordre juridique interne des États contractants, sont des instruments internationaux ayant essentiellement pour objet de fixer certaines normes internationales à respecter par les États contractants dans leurs rapports avec les personnes placées sous leur juridiction (...) que la compétence de la Cour s'étend à toutes les affaires concernant l'interprétation et l'application de ces mêmes instruments(...)* »[470]. La Cour européenne semble ainsi portée par une application efficiente des garanties conventionnelles et elle est conçue dès l'origine comme une instance de régulation, et d'ultime protection des droits[471]. Le dynamisme de ce mouvement permet de qualifier la Convention européenne « d'instrument vivant »[472] de la protection européenne des droits fondamentaux.

Néanmoins, elle constitue aussi un traité « à géométrie variable »[473], car les engagements prévus ne sont pas systématiquement identiques pour tous les États membres. De même, le statut de la Convention dans l'ordre juridique national de chaque État partie varie en fonction des règles nationales. C'est donc la Constitution nationale grecque qui confère un rang à la Convention dans l'ordre interne. Le rang accordé à la Convention conformément à la Constitution et son application en termes strictement hiérarchiques est susceptible de restreindre le dynamisme de l'ordre conventionnel (§1). Or, une analyse approfondie des exigences constitutionnelles et conventionnelles mène au constat que celles - ci peuvent être réconciliées et que les principes institutionnels régissant les

---

468 Y. LECUYER, Les droits politiques dans la jurisprudence de la Cour européenne des droits de l'homme, PARIS : Dalloz, 2009, p. 454.

469 C. TEITGEN - COLLY, « Le rayonnement de la Convention européenne des droits de l'homme, propos introductif », *in* C. TEITGEN - COLLY (dir.), *Cinquantième anniversaire de la Convention européenne des droits de l'homme*, Bruxelles : Némésis Bruylant, 2002, pp. 69 - 96, (p. 86).

470 Cour EDH, plénière, 9 février 1967, *Affaire linguistique belge*, n os 1474/62 1677/62 1691/62 1769/63 1994/63 2126/64, (décision).

471 B. PASTRE - BELDA, « La Cour européenne des droits de l'homme, entre promotion de la subsidiarité et protection effective des droits », *RTDH*, n°94, 2013, pp. 251 - 273, (p. 262).

472 Cour EDH, 25 avril 1978, *Tyrer contre Royaume - Uni*, n°5856/72.

473 J. - Fr. FLAUSS, « Convention européenne des droits de l'homme », *in* D. CHAGNOLAUD, G. DRAGO (dir.), *Dictionnaire des droits fondamentaux*, Paris : Dalloz, 2010, pp.69 - 108, (p. 69 et pp. 74 - 75).

deux ordres, national et conventionnel, se posent en termes de complémentarité et non pas de concurrence (§2).

§1. Le dynamisme de la Convention EDH face aux exigences constitutionnelles

Au sein de la Convention, il n'existe pas de disposition précise prescrivant aux États contractants une manière spécifique d'assurer l'application de la Convention dans l'ordre juridique interne. L'intégration de la Convention dans l'ordre juridique national dépend du rang qui est assigné à la Convention dans la hiérarchie des normes en droit interne[474]. En droit grec, conformément à l'article 28 de la Constitution, la Convention jouit d'un rayonnement intense dans l'ordre interne (A). La Convention EDH a largement imprégné les ordres juridiques des États parties, de telle façon que le recours à la hiérarchie des normes, notion *a priori* figée, ne semble pas satisfaire au dynamisme conventionnel et à l'exigence d'application effective de la Convention. Une nouvelle approche dynamique de la place de la Convention dans l'ordre interne, qui ne se pose pas en termes purement hiérarchiques, est requise (B).

A. Le statut formel de la Convention accordé par la Constitution : l'expression d'une approche statique

L'article 28, alinéa 1er de la Constitution dispose que « *les règles du droit international généralement reconnues, ainsi que les conventions internationales dès leur ratification par la loi et leur entrée en vigueur conformément aux dispositions de chacune d'elles, font partie intégrante du droit interne et priment toute disposition de loi contraire* ». Cet article constitue le fondement constitutionnel de l'intégration de la Convention EDH dans l'ordre juridique interne (1). En outre, cette disposition constitutionnelle témoigne que la Grèce suit le système moniste (2).

---

[474] G. COHEN - JONATHAN, *La convention européenne des droits de l'homme*, Aix - en - Provence Paris : Presses universitaires d'Aix - Marseille Economica, 1989, p. 247.

1. La place accordée à la Convention conformément à l'article 28 alinéa 1er de la Constitution

Selon l'article 28, alinéa 1er, la Convention EDH, dispose, comme toute autre convention internationale, depuis sa ratification et publication, d'une valeur supralégislative[475].

Jusqu'à l'entrée en vigueur de la Constitution de 1975, la primauté des règles du droit international sur les lois nationales n'était pas affirmée. Selon la Constitution de 1952, dans le cadre de laquelle la Convention EDH a été, dans un premier temps, ratifiée, les conventions internationales disposaient d'une simple valeur législative. En outre, il faut remarquer que la loi de ratification de la convention contient la mention « *cette convention entre en vigueur et dispose d'une force de loi nationale* »[476]. De même, la Convention européenne telle que ratifiée de nouveau en 1974, c'est - à - dire après la chute du régime dictatorial, mais avant l'entrée en vigueur de la Constitution de 1975, disposait alors d'une valeur législative[477]. Toutefois, tant la doctrine[478] que la jurisprudence[479] s'accordent à signaler que la disposition de l'article 28 alinéa 1er de la Constitution de 1975 s'applique également aux

---

[475] Selon E. ROUCOUNAS, *Droit international, relations entre droit interne et droit international, vol. I,* Athènes - Komotini : éd. A. Sakkoulas, 3e éd., 2004, p. 75, la Constitution grecque, dans son article 28, était la première Constitution à attribuer une valeur supra - législative non seulement aux conventions internationales, mais également aux règles du droit international généralement reconnues, c'est - à - dire le droit coutumier.

[476] Il convient de souligner que le texte de la première loi ratifiant la Convention européenne des droits de l'homme (loi 2329/1953) faisait seulement mention de la valeur législative de la Convention et le texte du décret législatif 53/1974 contenait une mention sur la valeur législative de la Convention selon la Constitution de 1952. Ph. VEGLERIS, « La convention des droits de l'homme et la Constitution », *ToS*, 1976, pp. 533 - 571, (pp. 537 - 538).

[477] La première ratification a eu lieu en 1953. Ensuite, le septennat du régime dictatorial a eu pour conséquence la sortie de la Grèce du Conseil de l'Europe. Une seconde ratification de la Convention intervient dès lors en 1974, après le rétablissement du régime démocratique.

[478] K. CHRYSOGONOS, *Droit constitutionnel,* Athènes - Thessalonique : éd. Sakkoulas, 2003, p. 176 ; Ph. VEGLERIS, « La Convention européenne des droits de l'homme et la Constitution », *ToS*, 1977, pp. 199 – 250 ; A. PAPAKONSTANTINOU, *Etat et droit international, La réglementation constitutionnelle des relations entre le droit interne et le droit international*, Atnènes - Komotini : éd. A. Sakkoulas, 2001, pp. 397 – 398 ; F. ARNAOUTOGLOU, « Une loi contraire à une convention internationale est - elle inconstitutionnelle ? », *ToS*, 1982, pp. 546 - 564, (p. 562).

[479] Conseil d'État, 395/1978, 4183/1987, 1975/1991, (*ToS* 1991 pp. 392 - 399), 1333/2001, (*ToS* 2001, pp. 917 - 937 et note de A. PAPAKONSTANTINOU). Voir aussi M. KYPRAIOS, *La relation entre le la constitution et le droit européen*, Athènes : éd. Sakkoulas, 1987, p. 226.

conventions internationales antérieures à l'entrée en vigueur de la Constitution. Cette affirmation nous semble cohérente et conforme à l'esprit de l'article 28 alinéa 1er. Précisément, cet article n'accorde par une valeur supra législative qu'aux conventions internationales, mais également aux règles de droit international généralement reconnues, lesquelles sont *a priori* antérieures à l'entrée en vigueur de la Constitution de 1975. De plus, cette solution est conforme à la nature restrictive de la Constitution grecque, qui impose notamment des règles supérieures primant sur toutes les dispositions législatives qui leur sont contraires. Par conséquent, la valeur supra - législative de la convention européenne est incontestable, en dépit de son entrée en vigueur antérieure à celle de la Constitution de 1975.

En revanche, selon la grande majorité de la doctrine[480], la Convention possède une valeur infra - constitutionnelle dans l'ordre interne. Cette affirmation s'appuie sur le raisonnement selon lequel il ne serait pas logique que la Constitution reconnaisse à une autre règle, qu'elle soit nationale ou internationale, une valeur supérieure à la sienne. De plus, compte tenu de la valeur supra - législative accordée par la Constitution aux instruments internationaux, la Constitution est le fondement du rang hiérarchique des normes internationales dans le système juridique national[481]. Le point de vue qui promeut la valeur juridique supra - législative, mais infra - constitutionnelle des conventions internationales est renforcé au regard de l'interprétation de l'article 55 de la Constitution française de 1958, qui a constitué une source d'inspiration pour la rédaction de l'article 28 de la Constitution grecque[482]. En vertu de l'article 55 de la Constitution française, la Convention EDH prime sur la législation interne. Cet article lui confère

---

[480] Ph. VEGLERIS, « La Convention européenne des droits de l'homme et la Constitution » *ToS*, 1977, pp. 199 - 250, (pp. 213 - 214) ; E. VENIZELOS, *Cours de droit constitutionnel,* Athènes - Komotini : éd. A. Sakkoulas, nouvelle édition, 2008, p. 193 ; K. CHRYSOGONOS, *L'intégration de la Convention européenne des droits de l'homme dans l'ordre juridique national*, Athènes - Komotini : éd. A. Sakkoulas, 2001, p.177 ; E. ROUCOUNAS, « Le droit international dans la constitution de la Grèce du 9 juin 1975 », *RHDI*, 1976, pp. 51 - 73, (p. 65) ; A. RAIKOS, *Droit constitutionnel, t. I,* Athènes - Komotini : éd. A. Sakkoulas, 4e éd., 2011, pp. 396 - 400 ; K. CHRYSOGONOS, *Droit constitutionnel, op. cit.*, p. 191 ; E. ROUCOUNAS, *Droit international, relations entre droit interne et droit international, vol. I, op. cit.*, p. 75 ; F. ARNAOUTOGLOU, « Une loi contraire à une convention internationale est - elle inconstitutionnelle ? », *ToS*, 1982, pp. 546 - 564, (p. 563).

[481] E. VENIZELOS, *Cours de droit constitutionnel*, *op. cit.*, p.193.

[482] Ph. VEGLERIS, « Statut de la Convention des droits de l'homme dans le droit grec » *in Mélanges dédiés à Robert Pelloux*, Lyon : Ed. l'Hermès, 1980, pp. 299 - 318, (p. 314).

alors une autorité supérieure à celle de la loi, mais pourtant inférieure à celle de la Constitution, comme le confirme la doctrine[483].

2. La position moniste de la Grèce

Le monisme et le dualisme sont les deux principales théories qui ont incité les États à adopter un système régissant les relations hiérarchiques entre le droit interne et le droit international[484]. Ces théories, présentent des caractéristiques distinctes. En outre, elles sont toutes deux vivement critiquées. Notons que selon H. KELSEN, la théorie dualiste « correspond à celle des peuples primitifs incapables de concevoir un ordre juridique en dehors de celui qui régit leur propre communauté»[485].

Plusieurs objections se dressent également contre la théorie moniste. Il a été soutenu que le monisme supprime l'existence autonome du droit interne, et qu'il est contraire à l'évolution historique du droit, puisque le droit interne précède le droit international. De plus, l'on constate dans plusieurs États de tradition moniste qu'en cas de contrariété directe de dispositions de nature constitutionnelle avec le droit international, les premières priment.

La Grèce suit le système moniste. Il faut souligner que les règles du droit international font partie intégrante du droit interne, depuis la fin du XIXe siècle, soit bien avant l'entrée en vigueur de la Constitution de 1975. Précisément, l'Assemblée plénière de la Cour de Cassation, lors de sa décision 14/1896, affirme que « *le droit international fait partie intégrante du droit hellénique interne et dispose d'une valeur législative (...)* ». Ainsi, la Cour de Cassation a adopté une conception moniste des relations entre le droit interne et le droit international[486].

---

483 Voir en guise d'exemple Ch. ROUSSEAU, « Etendue du caractère obligatoire de la Convention européenne des droits de l'homme (Cour d'appel de Paris, 29 février 1980, Georges Audrieu) », *RGDIP*, n°1, 1983, pp. 225 - 226 ; J. RIVERO, « Contrôle de la constitutionnalité des lois, commentaire à la décision du 15 janvier 1975 », *AJDA*, n°3, 1975, pp. 134 - 138, (p. 135) ; G. COHEN - JONATHAN, *La convention européenne des droits de l'homme*, *op. cit.*, p. 24 ; B. CHANTEBOUT, *Droit constitutionnel*, éd. Sirey 30e éd., 2013, pp. 607 - 611.

484 K. IOANNOU, K. OIKONOMIDIS, Ch. ROZAKIS, A. FATOUROS, *Droit international public, les relations entre le droit international et le droit interne,* Athènes - Komotini : éd. A. Sakkoulas, 1990, p. 27 et suiv. ; K. GEORGOPOULOS, *Droit constitutionnel*, Athènes - Komotini : éd. A. Sakkoulas, 11e éd., 2000, p. 156 - 147 et A. RAIKOS, *Droit constitutionnel, t. I, op. cit.*, pp. 384 - 385.

485 H. KELSEN, *Théorie pure du droit. Suivie de L'influence de Kelsen sur les théories du droit dans l'Europe francophone*, ouvrage adapté de l'allemand par M. Van De KERCHOVE et H. THEVENAZ, Neuchâtel : éd. de la Baconnière, 2e éd., 1988, p. 185.

486 Ph. VEGLERIS, « La convention des droits de l'homme et la Constitution, *op. cit.*, p. 534, et E. VENIZELOS, *Cours de droit constitutionnel, op. cit.*, p. 188.

De plus, selon l'article 28 de la Constitution, les conventions internationales ainsi que les règles du droit international généralement reconnues « *font partie intégrante du droit interne* », ce qui témoigne que la Grèce adopte la théorie moniste. Toutefois, cette disposition n'entraîne pas l'intégration automatique du droit international dans l'ordre juridique grec ; avant qu'un traité international n'entre en vigueur dans l'ordre juridique grec, il existe des conditions procédurales nécessaires telles que la négociation, la conclusion d'un traité et finalement sa ratification par une loi nationale et sa publication.

Alors qu'il est donc possible d'affirmer la Grèce obéit à la théorie moniste, on peut se demander si l'approche de ce sujet est nécessaire au regard, d'une part, de l'inefficacité actuelle de ces deux théories et d'autre part, de l'interdépendance complexe des ordres juridiques national et conventionnel.

B. Une nouvelle approche dynamique

L'impact de la Convention EDH dans l'ordre interne est très sensible. Une nouvelle approche dynamique est plus opportune pour aborder le système de la Convention EDH. À ce propos, il faut s'éloigner des théories moniste et dualiste (1). Il en va de même d'une hiérarchisation des normes (2).

1. L'inopportunité du recours aux théories moniste et dualiste lors de l'intégration de la Convention EDH dans l'ordre interne

Dans la plupart des États, les rapports entre la Constitution nationale et la Convention EDH constituent une question dont la complexité croît d'autant que le dynamisme de la Convention progresse. On constate d'une part une tendance vers la théorie moniste, consacrée dans plusieurs pratiques constitutionnelles, et d'autre part l'émergence de difficultés pratiques liées à l'introduction de l'ordre international dans l'ordre interne[487]. Le dualisme ou le monisme tentent de répondre à la question des rapports entre différents ordres juridiques, mais d'une façon qui ne paraît pas satisfaisante. Ni le système moniste ni le système dualiste ne peuvent de nos jours appréhender la complexité des rapports entre le système national et les systèmes européens, dans la mesure où il existe plusieurs ordres juridiques ainsi que plusieurs juridictions nationales et internationales. C'est pourquoi ces théories sont remplacées par des méthodes diverses d'insertion des traités

[487] N. VALTICOS, « Le juge national et les conventions internationales sur les droits de l'homme. Problèmes pratiques de l'application de ces conventions », *in Mélanges en l'honneur de Aristovoulos Manessis, t. II*, Athènes : éd. Sakkoulas, 1999, pp. 663 - 678, (p. 676).

dans l'ordre interne. À titre d'exemple, l'Espagne, la France, le Luxembourg, le Portugal, mais aussi les Pays - Bas pour les traités auto - exécutoires ne lient la validité et l'opposabilité d'un traité dans l'ordre juridique national qu'à sa publication après ratification ou approbation par le Parlement. La procédure suivie en Grèce est également celle du Danemark, de l'Italie (pour les traités suffisamment précis) et de l'Allemagne, qui procèdent à l'insertion des traités sous forme d'une loi ou d'un ordre d'exécution. En outre, en Italie et aux Pays - Bas, la procédure d'insertion des traités ne suit pas une méthode uniforme, mais varie en fonction du caractère auto - exécutoire du traité[488].

Ces divergences sont vérifiées à travers l'incorporation de la Convention EDH dans les ordres nationaux. *A priori*, la Convention EDH ne définit pas un système d'intégration spécifique dans l'ordre interne. L'essentiel n'est pas la manière dont elle est intégrée, mais son application effective au niveau national.

C'est pourquoi il n'y a pas de rapport probant entre l'adoption de la part de chaque pays d'un système moniste ou dualiste *ex ante* et le statut que la Convention EDH obtient *ex post* dans l'ordre juridique. Dans certains pays monistes, tels que l'Espagne et les Pays - Bas, le monisme renforce le rôle de la Convention EDH dans l'ordre interne et son application par les juridictions nationales[489]. De plus, l'Autriche, qui oscille entre monisme et dualisme, s'oriente vers une conception moniste en ce qui concerne la Convention EDH. Cela contribue à compléter l'énumération, non exhaustive, des droits fondamentaux consacrés par la Constitution autrichienne[490].

Au contraire, certains États qui choisissent *a priori* le monisme considèrent la Convention EDH comme un droit purement étranger et celle - ci demeure sans effet utile dans l'ordre interne. Tel est le cas de la Turquie ou de l'Ukraine[491].

---

[488] J. A. FROWEIN, K. OELLERS - FRAHM, « L'application des traités dans l'ordre juridique interne », *in* P. - M. EISEMANN (dir.), *L'intégration du droit international et communautaire dans l'ordre juridique national étude de la pratique en Europe*, The Hague London : Kluwer Law International, 1996, pp. 11 - 38, (pp. 12 - 13).

[489] Concernant spécifiquement les Pays - Bas voir A. - W. HERINGA, Ph. KIIVER, *Constitutions compared, An introduction to comparative constitutional law*, Antwerpen Maastricht : Intersentia METRO, 3e éd., 2012, pp. 183 - 184.

[490] D. THÜRNHERR, « The reception process in Austria and Switzerland », *in* H. KELLER, A. STONE SWEET (dir.), *A Europe of rights, the impact of the ECHR on national legal systems,* Oxford New York : Oxford University Press, 2008, pp. 311 - 392.

[491] H. KELLER, A. STONE SWEET, « Assessing the impact of the ECHR on National Legal Systems », *in* H. KELLER, A. STONE SWEET (dir.), *A Europe of rights, the impact of the ECHR on national legal systems,* Oxford New York : Oxford University Press, 2008, pp. 677 - 712, (p. 679).

Enfin, prenons l'exemple des pays dualistes. L'Allemagne a intégré la Convention EDH dans l'ordre interne conformément à la théorie dualiste et l'a traitée conformément au principe *lex posterior derogat priori* en lui attribuant une valeur législative. Or, à travers une jurisprudence évolutive de la Cour constitutionnelle fédérale, la Convention EDH est maintenant traitée comme *lex specialis* et ses dispositions garantissant les droits fondamentaux ont été promues[492]. De plus, au Royaume-Uni, pays traditionnellement dualiste, la Convention EDH bénéficiait pour longtemps une « incorporation indirecte »[493]. Cependant, en vertu du 'Human Rights Act' qui est désormais en vigueur, les requérants peuvent très souvent invoquer devant les tribunaux la Convention européenne et les juges renforcent sa valeur dans l'ordre interne en la faisant primer sur les lois nationales qui lui sont contraires[494].

Ces exemples confirment l'inopportunité de lier le dualisme ou monisme *ex ante* à la réception et l'application de la Convention EDH dans l'ordre interne[495].

2. L'inopportunité de la hiérarchisation des normes issues de différents ordres juridiques

La place réservée à la Convention européenne dans les ordres juridiques nationaux est très variable. L'Espagne et le Portugal reconnaissent pour leur part un statut spécial quant aux traités internationaux. Ainsi, l'article 10 de la Constitution espagnole[496] et l'article 16 de la Constitution portugaise[497] contiennent des déclarations concernant l'interprétation conforme à la Convention EDH des normes constitutionnelles. Selon une hiérarchisation plus classique, la Convention dispose en Autriche et aux Pays - Bas d'une

---

[492] *ibid.*, p. 686.

[493] J. - Fr. Flauss, « L'incorporation indirecte des traités de protection des droits de l'homme », *RTDH*, n°29, 1997, pp. 35 - 40, (pp. 38 - 40).

[494] H. Keller, A. Stone Sweet, « Assessing the impact of the ECHR on National Legal Systems », *in A Europe of rights, the impact of the ECHR on national legal systems*, *op. cit.*, p. 685.

[495] *ibid.*, pp. 682 - 686.

[496] Article 10 §2 de la Constitution espagnole : « *2. On interprète les normes relatives aux droits fondamentaux et aux libertés reconnues par la Constitution conformément à la Déclaration universelle des droits de l'homme et aux traités et accords internationaux en la matière ratifiés par l'Espagne* ».

[497] Article 16 de la Constitution portugaise : « *1. Les droits fondamentaux consacrés par la Constitution n'excluent aucun des autres droits provenant des lois et des règles de droit international applicables. 2. Les normes constitutionnelles et légales se rapportant aux droits fondamentaux doivent être interprétées et appliquées conformément à la Déclaration universelle des droits de l'homme* ».

valeur supra - constitutionnelle[498]. Dans d'autres pays tels que la France, la Belgique et la Grèce, la Convention dispose d'une valeur supra - législative, tandis qu'au Royaume-Uni elle a simplement une valeur législative. De son côté, la Cour EDH garantit la primauté de la Convention sur les normes internes quelles que soient leur nature et la qualité de l'organe dont ils émanent[499].

En dépit de ces positions nationale et conventionnelle opposées, il faut constater qu'un rapprochement est possible. Il incombe au juge interne, qui met en œuvre la Convention, de satisfaire à ce but. La place accordée à la Convention dans l'ordre interne permet au juge de mettre en œuvre le droit de la Convention au niveau interne, c'est - à - dire dans un espace juridique autre que celui où le droit de la Convention a pris naissance[500]. Le but du juge est alors de garantir la pleine efficacité de la Convention dans l'ordre interne, afin d'éviter les recours contre la décision interne devant la Cour de Strasbourg.

La place qu'il faut alors accorder à la Convention ne repose pas *a priori* sur la hiérarchisation, mais sur la finalité de la Convention qui consiste à l'appliquer dans l'ordre interne conformément à la fois aux exigences issues du système européen et aux dispositions nationales garantissant les droits fondamentaux.

Il faut souligner que plus un État aura incorporé la Convention dans son ordre juridique interne en la considérant directement applicable, plus cet État aura conféré à la Convention un rang supra - législatif, et plus la Cour de Strasbourg pourra influencer le droit et les pratiques de cet État, dans un sens comparable à celui d'une Cour constitutionnelle nationale[501]. La Convention EDH peut alors jouir une place prépondérante dans l'ordre interne. Concrètement, il est admis, que la marge d'appréciation laissée au juge

---

498 Ph. CEDE, « Report on Austria and Germany », *in* G. MARTINICO, O. POLLICINO (eds), *The National Judicial Treatment of the ECHR and EU Laws: A Comparative Constitutional Perspective*, Groningen: Europa Law Pub, 2010, pp. 55 - 80.

499 F. SUDRE, *Droit européen et international des droits de l'homme*, Paris : PUF, 11e éd., 2012, p. 201 voir aussi les arrêts Cour EDH, plénière, *Open Door et Dublin Welle woman contre Irlande*, précité, §72 et Cour EDH, plénière, 23 juin 1993, *Ruiz Mateos contre Espagne*, n°de requête 12952/87, §24.

500 J. - S. BERGE, « Circulation et application du droit au niveau national, international, européen », *in Le droit entre tradition et modernité : mélanges à la mémoire de Patrick Courbe*, Paris : Dalloz, 2012, pp. 21 - 37, (p. 21) et J. - S. BERGE, « La comparaison du droit national, international, européen : De quelques présupposés et finalités » *in Liber amicorum : mélanges en l'honneur de Camille Jauffret - Spinosi*, Paris : Dalloz, 2013, pp. 97 - 101, (p. 90).

501 A. STONE SWEET, « Sur la Constitutionnalisation de la Convention européenne des droits de l'homme : cinquante ans après son installation, la Cour européenne des droits de l'homme conçue comme une Cour constitutionnelle », *RTDE*, n°80, 2009, pp. 923 - 944, (p. 934).

interne lui permet, dans la plupart des cas, d'aboutir à une interprétation conforme de la Convention avec la Constitution dont les champs d'application se recoupent fréquemment en matière de droits fondamentaux[502]. En outre, la protection des droits fondamentaux prévue par les dispositions constitutionnelles peut être élargie par une autre règle, telle que la Convention européenne des droits de l'homme[503]. De même, le fait que la Constitution prévoit un certain niveau de protection n'interdit en aucun cas l'élargissement de cette protection par d'autres règles, issues de la Convention EDH. Une position contraire empêcherait la reconnaissance de nouveaux droits sociaux et civils, consacrée de façon dynamique par la jurisprudence conventionnelle.

Enfin, si la relation entre la Convention et la Constitution nationale fait encore l'objet de controverses[504], il y a lieu de tenter de trancher le débat en d'autres termes que la hiérarchisation. Une telle solution semble opportune et concilie le principe de suprématie constitutionnelle avec les principes opposés issus de l'ordre conventionnel. Il faut distinguer la notion de hiérarchie des normes de la notion de prévalence des normes, qui ne renvoie pas à une logique hiérarchique, mais à l'idée de priorité d'application[505]. La suprématie de la Constitution est maintenue, mais le risque que se développent des divergences entre l'ordre juridique interne et l'ordre juridique international est écarté[506]. Conformément à cette distinction qui est

---

[502] K. CHRYSOGONOS, *Droit constitutionnel, op. cit.*, p. 191.

[503] K. IOANNOU, K. OIKONOMIDIS, Ch. ROZAKIS, A. FATOUROS, *Droit international public, les relations entre le droit international et le droit interne*, *op. cit.*, pp. 190 - 191.

[504] G. MARTINICO, « Is the European Convention going to be supreme ? A comparative - constitutionnal overview of ECHR and EU law before National Courts », *EJIL*, vol. 23, 2012, pp. 401 - 424, (pp. 403 - 404).

[505] B. MATHIEU, « Droit constitutionnel français et construction européenne », *in Défense nationale - intégration européenne, les réponses constitutionnelles*, Athènes - Komotini - Bruxelles : éd. A. Sakkoulas et Bruylant, 2002, pp. 47 - 70, (p. 61).

[506] Voir une approche similaire qui propose, dans un cas similaire, l'application dans l'ordre juridique français du 14e alinéa du Préambule de 1946 selon lequel la France se conforme aux règles du droit public international, B. MATHIEU, « Droit constitutionnel français et construction européenne », *in Défense nationale - intégration européenne, les réponses constitutionnelles, op. cit.*, pp. 61 - 62. Selon cette opinion, en ne se référant qu'à l'article 55 de la Constitution, le Conseil d'État « oublie », dans l'arrêt Sarran, d'autres textes constitutionnels. Cette lacune le conduit ainsi à n'opérer aucune distinction entre la place d'une norme dans la hiérarchie et la prévalence d'une norme sur une autre. Pourtant, il fallait aussi appliquer à propos de cette question le 14° alinéa du Préambule de 1946 selon lequel la France se conforme aux règles du droit public international. Ce texte ne vise pas directement les traités, dont la place dans la hiérarchie des normes est fixée par l'article 55. L'auteur souligne que cet alinéa ne semble pas concerner l'ensemble des

conforme à la logique de l'article 28 de la Constitution, il incomberait au juge interne d'accorder à la Convention cette prévalence qui aura pour résultat d'éviter le conflit dans le cas d'une contradiction entre les deux types de normes. Il lui incombe alors, soit de prioriser son application et donc sa prévalence dans un cas d'espèce précis, soit d'appliquer la Convention, mais de façon à sauvegarder la suprématie constitutionnelle, en recourant à la marge nationale d'appréciation dans la mise en œuvre de la Convention.

Une étude des principes qui imprègnent le système conventionnel peut mener au constat que le risque de conflit est marginal et que les exigences constitutionnelles et européennes sont en effet régies par des rapports de complémentarité et non pas de concurrence.

§2. La conciliation des exigences constitutionnelles et conventionnelles

La suprématie constitutionnelle et la garantie de la souveraineté nationale sont des notions conciliables avec la prévalence des normes conventionnelles. Ce dernier ne constitue pas un principe inhérent à la structure de la Convention. En vertu du principe de subsidiarité, lorsqu'une affaire est portée devant la Cour EDH, la prévalence des normes conventionnelles est invoquée, de façon exceptionnelle, contre les règles ou pratiques nationales qui ont entraîné la violation de la Convention. Au contraire, l'ordre conventionnel repose sur le principe de subsidiarité. Il s'agit là d'un principe directeur des rapports entre ordres interne et conventionnel. Généralement, le principe de subsidiarité envisagé dans le cadre de la Convention comme une subsidiarité complémentarité[507] renvoie à la souveraineté des États parties[508]. L'application des droits conventionnels repose essentiellement sur les dispositions nationales et exige donc la complémentarité. Le principe de subsidiarité ne renvoie pas alors à une logique de hiérarchisation des règles garantissant la protection des droits de l'homme (A), mais repose sur une logique de hiérarchisation des compétences en vue de la mise en œuvre de la Convention, en attribuant priorité aux États parties (B).

---

principes généraux ou des règles coutumières relevant du droit international, mais seulement les principes fondamentaux régissant le droit public international. Or, parmi ces principes figure le principe « pacta sunt servanda » auquel le Conseil constitutionnel a reconnu valeur constitutionnelle.

[507] J. ANDRIANTSIMBAZOVINA, « La subsidiarité devant la Cour de justice des communautés européennes et la Cour européenne des droits de l'homme », *RAE*, 1998, pp. 28 - 47, (p. 29).

[508] B. DELZANGLES, *Activisme et autolimitation de la Cour européenne des Droits de l'Homme*, Paris : LGDJ, 2009, p. 310.

La « subsidiarité positive »[509] suscite la saisine de la Cour dans un second temps, si le droit national échoue à satisfaire les exigences européennes. Or, la Cour n'ayant pas vocation « à constituer un énième niveau de juridiction, mais simplement une instance de régulation dont la mission est de veiller au fonctionnement correct du système de garanties des droits de l'homme »[510], elle juge au regard de la marge nationale d'appréciation.

A. Le principe de subsidiarité défavorisant la hiérarchie entre les normes européennes et nationales

Le principe de subsidiarité est inhérent au système de protection des droits instauré par la Convention européenne. C'est un principe qui trouve ancrage dans le texte de la Convention. Plusieurs de ces dispositions attestent de son impact sur le système de protection institué par elle[511]. Récemment, le Protocole n°15, qui n'est pas encore entré en vigueur, a introduit à la fin du préambule de la Convention une référence explicite au principe de subsidiarité et à la doctrine de la marge nationale d'appréciation. Selon le rapport explicatif de ce préambule, cet ajout, « *est destiné à renforcer la transparence et l'accessibilité de ces caractéristiques du système de la Convention et à rester cohérent avec la doctrine de la marge d'appréciation telle que développée par la Cour dans sa jurisprudence. En formulant cette proposition, la Déclaration de Brighton a également rappelé l'engagement des Hautes Parties contractantes à donner plein effet à leur obligation de garantir les droits et libertés définis dans la Convention* »[512].

Alors que le principe de subsidiarité est, selon le rapport explicatif, explicitement lié à la notion de pleine efficacité, il ne semble pas pour autant

---

[509] Le principe de subsidiarité relève du dynamisme et recouvre deux dimensions : elle a d'abord une dimension négative en ce qu'elle constitue une limite à l'intervention de la Cour EDH, mais aussi une dimension positive car elle fait naître, pour la Cour, une obligation d'agir en cas de carence des juges internes. Pour la distinction générale de la subsidiarité entre subsidiarité positive et négative ou subsidiarité active et passive cf. J. ANDRIANTSIMBAZOVINA, « La subsidiarité devant la Cour de justice des communautés européennes et la Cour européenne des droits de l'homme », *op. cit.*, p. 29 et O. DUBOS, « La subsidiarité », *in La compétence, actes de colloque*, Paris : Litec, 2008, pp. 193 - 218, (p. 194).

[510] B. PASTRE - BELDA, « La Cour européenne des droits de l'homme, entre promotion de la subsidiarité et protection effective des droits », *RTDH*, n°94, 2013, pp. 251 - 273, (p. 261).

[511] Cf. notamment les articles 1er, 13, 35 et 53 de la Convention. J. CALLEWAERT, « La subsidiarité dans l'Europe des droits de l'homme :la dimension substantielle », *in* M. VERDUSSEN (dir.), *L'Europe de la subsidiarité*, Bruxelles : Bruylant, 2000, pp. 13 - 61, (p. 15).

[512] Rapport explicatif au protocole n°15 [http://www.conventions.coe.int/Treaty/FR/Reports/Html/213.htm], point 7.

présenter de lien avec le principe hiérarchique. Cette affirmation s'appuie sur deux constats. Tout d'abord, le principe de subsidiarité prend une dimension particulière dans l'ordre conventionnel, ordre marqué par l'absence de transfert de compétences (1). Ensuite, les dispositions conventionnelles conduisant à concrétiser ce principe renvoient à la complémentarité et non pas à la hiérarchisation des protections accordées par l'ordre interne et l'ordre conventionnel (2).

1. La subsidiarité dans l'ordre conventionnel, ordre marqué par l'absence de transfert de compétences

La Convention EDH institue un ordre juridique spécifique moins complet que celui de l'UE. Il s'agit d'un ordre dépourvu d'organes exécutif et législatif, mais doté d'organes de contrôle des actions et des mesures des États membres[513]. L'absence de transfert de compétences est inhérente à l'ordre juridique institué par la Convention EDH. Or, les États contractants s'engagent à respecter les droits garantis par la Convention.

À l'égard des rapports entre ordres internes et ordre conventionnel, le principe de subsidiarité joue un rôle essentiel, en contribuant au fonctionnement harmonieux des rapports. Ce principe prend une dimension particulière au sein de la Convention EDH pour deux raisons. D'un côté, il doit être appréhendé conformément à l'hypothèse que les États ne délèguent pas au système européen leurs pouvoirs en matière de droits de l'homme. De l'autre côté, ce principe doit être combiné avec le pouvoir des États d'exprimer le souhait, au moment de leur adhésion, que certains domaines ne soient pas couverts par la Convention.

Tout d'abord, l'absence de transfert de compétences a pour corollaire que les États parties à la Convention demeurent souverains. La ratification de la Convention a pour seul effet de limiter l'exercice de leur souveraineté dans les domaines régis par le texte. Or, les États disposent d'une liberté d'appréciation dans la mise en œuvre de la Convention. Sur le plan international, dire d'un État qu'il est souverain signifie qu'il n'est soumis à aucun pouvoir de même nature[514]. Cette affirmation est corroborée dès 1968 par la Commission européenne des droits de l'homme qui affirme qu'elle ne se livre pas à mettre sous tutelle les États contractants. La souveraineté internationale sera affirmée également par la Cour qui renvoie à la liberté

---

[513] J. ANDRIANTSIMBAZOVINA, « La subsidiarité devant la Cour de justice des communautés européennes et la Cour européenne des droits de l'homme », *op. cit.*, p. 28.

[514] G. GUILLAME, J. SALMON (dir.), *Dictionnaire de droit international public*, Bruxelles : Bruylant 2001, p. 1045 cité par B. DELZANGLES, *Activisme et autolimitation de la Cour européenne des Droits de l'Homme*, *op. cit.*, p. 163.

d'appréciation de l'État défendeur ou encore aux instruments internationaux auxquels les États parties ont « librement souscrit »[515].

Le poids de la jurisprudence de la Cour de Strasbourg est donc contrebalancé par le caractère relatif de l'engagement des États membres. En l'absence de transfert de compétences, les échanges jurisprudentiels entre le juge européen et le juge national laissant une certaine place aux spécificités et aux traditions nationales[516]. Bien entendu, la compétence de la Cour EDH serait amplifiée si les États parties avaient transféré au système européen leurs pouvoirs en matière de droits fondamentaux. Toutefois, les États gardent leurs compétences propres en matière de droits fondamentaux.

De plus, conformément à l'article 57 de la Convention, « *tout Etat peut, au moment de la signature de la présente Convention ou du dépôt de son instrument de ratification, formuler une réserve au sujet d'une disposition particulière de la Convention, dans la mesure où une loi alors en vigueur sur son territoire n'est pas conforme à cette disposition. Les réserves de caractère général ne sont pas autorisées aux termes du présent article* ». Les réserves constituent une manière pour les États de maîtriser leurs engagements, en excluant certains domaines, ou en précisant le sens d'une disposition conformément à une interprétation donnée[517]. Néanmoins, les réserves ne vont pas jusqu'à permettre aux États de relativiser leurs engagements d'une façon telle que cela rendrait la Cour EDH incompétente à connaître des domaines couverts par les réserves. La réserve doit en effet être formulée au moment de la signature de la Convention ou de sa ratification. Elle doit s'appuyer sur une loi interne, susceptible d'entrer en contradiction avec la Convention sur des points précis et non pas à titre général[518].

L'invocation des réserves valides et applicables au cas d'espèce limite la compétence de la Cour EDH dans le sens où il ne lui appartient plus de constater la violation d'une disposition nationale couverte par la réserve. Toutefois, il incombe à la Cour de confirmer la validité de la réserve qui doit

---

[515] Cour EDH, Grande chambre, 30 juin 2005, *Affaire Bosphorus contre Irlande*, n°45036/98, §157 ; Cour EDH, Grande chambre, 18 février 1999, *Matthews contre Royaume - Uni*, n°24833/94, §33.

[516] M. GUYOMAR, « Le dialogue des jurisprudences entre le Conseil d'État et la Cour de Strasbourg : appropriation, anticipation, émancipation », *in La conscience des droits, mélanges en l'honneur de Jean Paul Costa*, Paris : Dalloz, 2011, pp. 311 - 320, (p. 320).

[517] B. DELZANGLES, *Activisme et autolimitation de la Cour européenne des Droits de l'Homme*, *op. cit.*, p. 173, pour la liste des réserves et déclarations d'interprétation des Etats parties de la Convention voir le site : [http://conventions.coe.int/Treaty/Commun/ListeDeclarations.asp?CL=FRE&CM=8&NT=005&VL=0].

[518] B. DELZANGLES, *Activisme et autolimitation de la Cour européenne des Droits de l'Homme*, *op. cit.*, p. 174.

obligatoirement porter sur une disposition précise de la Convention et se référer à une loi spécifique en vigueur[519].

Si le principe de subsidiarité, au sein de l'ordre conventionnel semble dans un premier temps lier la compétence nationale à la création de limites, il semble aussi, dans un second temps, engager les États parties non pas à une hiérarchisation des protections, mais à une complémentarité des protections des droits prévues par la Convention et par les ordres nationaux.

2. L'objectif de complémentarité des protections des droits

Le principal objectif du principe de subsidiarité est d'établir une logique de complémentarité des protections des droits. Cette complémentarité emporte des conséquences tant sur le plan matériel que juridictionnel.

Contrairement au droit de l'UE, qui prévoit de façon explicite et même exhaustive le principe de subsidiarité substantielle ainsi que du contrôle de l'application du droit, la Convention EDH n'apporte que des références implicites. La dimension substantielle du principe de subsidiarité apparaît, indirectement, à l'article 53 qui dispose qu'« *aucune des dispositions de la présente convention ne sera interprétée comme limitant ou portant atteinte aux droits [...] reconnus conformément aux lois de toute Partie contractante ou à toute autre Convention à laquelle cette Partie contractante est partie* ». Cet article vise à établir un *standard minimum de protection* des droits fondamentaux[520], qui ne peut être transgressé. La Convention EDH ne vise donc pas à se substituer au droit national, mais à le compléter afin de garantir un standard minimum de protection[521]. La subsidiarité substantielle justifie la reconnaissance, au profit des États, d'une marge nationale d'appréciation dans l'interprétation et l'application des droits conventionnels. Cette reconnaissance est tributaire du principe de subsidiarité, dont l'inhérence au système de la Convention EDH est manifeste[522]. Il s'agit en effet de l'expression jurisprudentielle du principe de subsidiarité, qui confère aux États un pouvoir d'appréciation dans la mise en œuvre des limitations aux droits protégés et marque la retenue du contrôle européen[523].

---

[519] Cour EDH, plénière, 29 avril 1988, *Belilos contre Suisse*, n°10328/83.

[520] G. COHEN - JONATHAN, « La fonction quasi constitutionnelle de la Cour européenne des droits de l'homme, Renouveau du droit constitutionnel », *in Mélanges en l'honneur de Louis Favoreu*, Paris : Dalloz, 2007, pp. 1127 - 1153, (p. 1138).

[521] D. SZYMCZAK, *La Convention européenne des droits de l'homme et le juge constitutionnel national*, Bruxelles : Bruylant, 2006, pp. 252 - 253.

[522] Th. PAPADIMITRIOU, *La régulation des rapports entre l'ordre constitutionnel français et l'ordre juridique de l'Union européenne par le Conseil constitutionnel*, Thèse, Université Paris I, 2010, p. 169.

[523] F. SUDRE, *Droit européen et international des droits de l'homme*, PUF, 11e éd., 2012, p. 231 et 792. Selon l'auteur, « de cette priorité du système national de

Le juge européen, en considérant que les autorités nationales ont une meilleure connaissance des circonstances nationales d'application de la Convention, constate qu'il leur incombe en premier lieu le soin de mettre en œuvre les exigences de la Convention[524]. Cet article concrétise la priorité nationale dans la protection des droits de l'homme en donnant lieu à protection nationale plus développée par rapport à celle fournie par la Convention EDH. Le caractère subsidiaire de la compétence de la Cour dans la mise en œuvre des droits de l'homme le conduit à tenir compte des données du droit national lorsqu'il s'agit d'apporter des réponses à l'ingérence de la Convention.

Par conséquent, si la norme nationale est plus protectrice que la norme européenne, c'est la norme nationale qui doit s'appliquer. Inversement, si la norme de la Convention européenne est plus protectrice, elle doit prévaloir sur la norme nationale, même s'il s'agit d'une norme constitutionnelle. Les Cours nationales peuvent alors, en vertu de cette exigence européenne, mettre en œuvre la Convention sans lui attribuer de rang hiérarchique spécifique dans l'ordre interne, mais en essayant de garantir la protection des droits fondamentaux conformément aux dispositions de la Convention.

Enfin, le caractère subsidiaire de la Convention traduit l'absence de hiérarchisation des normes garantissant la protection des droits fondamentaux. Or, ce même principe demande la mobilisation du juge national, afin de compléter le droit interne avec les exigences issues de la Convention. La complémentarité des protections des droits se reflète ainsi sur le plan juridictionnel où la priorité est accordée aux États parties pour mettre en œuvre la Convention.

B. Le principe de subsidiarité conduisant à la hiérarchisation des compétences pour la mise en œuvre de la Convention EDH

Les dispositions de la Convention européenne se contentent, en principe, de poser un seuil de protection. Or, la Convention n'a pas pour objet de dicter à leurs destinataires la manière précise de le réaliser. Elle laisse ainsi aux parties contractantes une liberté pour organiser la garantie des droits dans l'ordre juridique interne[525]. Cette liberté inhérente au principe de subsidiarité se traduit en premier lieu par la *priorité étatique* dans la mise en

protection des droits de l'homme, issue de la règle de l'épuisement des voies de recours internes, la Cour tire une conséquence qui va bien au - delà de l'article 35 de la Convention. Selon elle, cette analyse qui fonde la théorie dite de la "marge d'appréciation" autolimite de manière quelque peu surprenante le contrôle judiciaire européen ».

[524] F. SUDRE, *Droit européen et international des droits de l'homme*, *op. cit.*, p. 231.

[525] B. DELZANGLES, *Activisme et autolimitation de la Cour européenne des Droits de l'Homme*, *op. cit.*, p. 237.

œuvre de la Convention (1). Ce n'est alors que si les États parties échouent à satisfaire cet objectif que la Cour EDH peut se saisir (2).

1. La priorité laissée aux États parties dans la mise en œuvre de la Convention

Selon la jurisprudence de la Cour EDH, « *en vertu de l'article 1 de la Convention, (...) ce sont les autorités internes qui sont responsables au premier chef de la mise en œuvre et de la sanction des droits et libertés garantis. Le mécanisme de plainte devant la Cour revêt un caractère subsidiaire par rapport aux systèmes nationaux de sauvegarde des droits de l'homme. Cette subsidiarité s'exprime dans les articles 13 et 35 § 1 de la Convention* »[526]. La subsidiarité au sein de la Convention EDH se reflète donc également au niveau procédural. Le principe de subsidiarité juridictionnelle implique que les juridictions nationales sont les premières actrices de la mise en œuvre de la Convention.

Le juge de Strasbourg intervient en aval après toutes les instances nationales[527]. Le principe de subsidiarité juridictionnelle est implicitement prévu dans la Convention EDH de telle façon qu'on peut affirmer l'existence d'une subsidiarité « accentuée »[528]. Fondée principalement sur l'article 35 §1 de la Convention, la règle de l'épuisement des voies de recours internes implique la priorité du système national de protection et le caractère subsidiaire du système européen[529]. Dans ce contexte, la Convention a nécessairement un caractère second par rapport aux droits nationaux en ne visant pas à se substituer aux règles de droit interne.

Quant à la mise en œuvre du principe de subsidiarité juridictionnelle, la Cour de Strasbourg précise qu'elle « *ne saurait se substituer aux autorités nationales compétentes, faute de quoi elle perdrait de vue le caractère subsidiaire du mécanisme international de garantie collective instaurée par*

---

526 Voir entre autres, Cour EDH, Grande chambre, 26 octobre 2000, *Kudla contre Pologne*, n°30210/96, §152 ; Cour EDH, Grande chambre, 14 décembre 2006, *Markovic et autres contre Italie*, n°1398/03, §109 ; Cour EDH, Grande chambre, 21 janvier 2011, *M.S.S. contre Belgique et Grèce*, n°30696/09, §287 ; Cour EDH, Grande chambre, 13 décembre 2012, *De Souza Ribeiro contre France*, n°22689/07, §77.

527 J. CALLEWAERT, « La subsidiarité dans l'Europe des droits de l'homme : la dimension substantielle », *in* Verdussen Marc (dir.), *L'Europe de la subsidiarité*, Bruxelles : Bruylant, 2000, pp. 13 - 61, (p. 16).

528 J. ANDRIANTSIMBAZOVINA, « La subsidiarité devant la Cour de justice des communautés européennes et la Cour européenne des droits de l'homme », *op. cit.*, p. 31.

529 J. ANDRIANTSIMBAZOVINA, « La Cour européenne des droits de l'homme à la croisée des chemins », *CDE*, n°5 - 6, 2002, pp. 736 - 771, (p. 760).

la convention »[530]. Cette affirmation est complétée à l'issue de l'arrêt *Handyside* qui met lui aussi l'accent sur le caractère subsidiaire du mécanisme de sauvegarde instauré par la Convention par rapport aux systèmes nationaux de garantie des droits de l'homme[531].

La règle de l'épuisement des voies de recours internes « a pour but essentiel de protéger leur ordre juridique national »[532]. Ainsi, l'article 35 de la Convention « *dispense les États de répondre de leurs actes devant un organe international avant d'avoir eu l'occasion d'y remédier dans leur ordre juridique* »[533]. Dans ce contexte la Cour de Strasbourg affirme de façon solennelle que « *les autorités de l'État se trouvent en principe mieux placées que le juge international pour se prononcer sur les restrictions aux droits énoncés par la convention* »[534]. Ainsi, la Cour ne vise pas à supplanter le droit interne, mais à pallier les défaillances.

L'exigence de subsidiarité juridictionnelle vise à ménager la souveraineté et la susceptibilité des États en leur permettant de remédier par leurs propres ressources juridiques aux situations attentatoires aux droits fondamentaux[535]. La priorité laissée aux États membres, combinée avec l'exigence de complémentarité de protection en vertu de la subsidiarité substantielle, constitue une motivation pour la mise en œuvre effective de la Convention dans l'ordre interne. La suprématie constitutionnelle peut être assurée par le juge, mais aussi renforcée à travers l'application combinée de règles internes et de dispositions conventionnelles.

Enfin, la Cour EDH s'inscrit sur une politique jurisprudentielle de « responsabilisation » de ces États dans la mise en œuvre et la protection des

---

[530] Cour EDH, plénière, 23 juillet 1968, *Affaire linguistique belge*, n^os^1474/62 1677/62 1691/62 1769/63 1994/63 2126/64.

[531] Cour EDH, plénière, 7 décembre 1976, *Handyside contre Royaume Uni*, n°5493/72, §48.

[532] Cour EDH, plénière, 18 juin 1971, *De wilde Ooms et Versyp contre Belgique* n°s 2832/66 2835/66 2899/66 cité par O. JACOT - GUILLARMOD, « Autonomie procédurale des Etats (articles 6, 13, 35 et 46 CEDH) : de l'apport possible de la jurisprudence de Luxembourg à celle de Strasbourg », », *in* F. MATSCHER, P. MAHONEY, H. PETZOLD (dir.), *Protection des droits de l'homme : la perspective européenne mélanges à la mémoire de Rolv Ryssdal*, Köln Berlin Bonn etc. : C. Heymanns, 2000, pp. 617 - 633, (p. 620).

[533] Cour EDH, Objections préliminaires, 15 novembre 1996, *Ahmet Sadik contre Grèce*, n°18877/91, §30.

[534] Cour EDH, *Handyside contre Royaume Uni*, précité, §48.

[535] Voir les décisions de la Commission EDH, 16 décembre 1961, *Retimag S.A. contre Republique Fédérale d'Allemagne*, n°712/60 et la décision de la Commission EDH, 5 mars 1964, *cinquante - sept habitants de Louvain et des environs de cette ville contre la Belgique*, n°1994/63.

droits garantis par la Convention[536] et ne doit en aucun cas être définie comme un mécanisme se substituant à ceux qui existent au niveau interne. Sous l'angle du rapport juridique interne entre l'individu et l'État, la responsabilité de ce dernier sera engagée dans le cas où il viole ses obligations découlant de la Convention vis - à - vis de la personne privée en ne reconnaissant pas l'effectivité des droits qu'elle doit se voir reconnaître en droit interne[537].

Cette dernière affirmation amène la Cour EDH, lorsqu'elle intervient en dernier ressort, à statuer sur la violation alléguée de la Convention dans le respect de la marge nationale d'appréciation.

2. La compétence de dernier ressort accordée à la Cour EDH, statuant dans le respect de la marge nationale d'appréciation

Ce n'est que dans un second temps, si le juge interne ne satisfait pas, en premier lieu, les exigences issues de la Convention que le juge européen peut se saisir. En préservant le droit commun, la priorité accordée aux juridictions nationales est l'expression du respect par le système de la Convention de l'autonomie des États parties. Le principe de subsidiarité s'impose ainsi comme un élément permettant à la fois de garantir l'intervention *ultime* du juge européen en cas de défaillance des autorités nationales, mais aussi d'encourager la diversité et ainsi la richesse culturelle en Europe. Cette fonction du contrôle européen donne lieu à l'émergence de la « marge nationale d'appréciation »[538]. Cette notion est d'abord l'expression d'une nécessité fonctionnelle[539]. C'est en vertu de cette notion que la priorité dans la mise en œuvre de la Convention incombe aux États et reflète le caractère

---

[536] J. ANDRIANTSIMBAZOVINA, « La Cour européenne des droits de l'homme à la croisée des chemins », *op .cit.*, p. 761.

[537] S. TOUZE, « Pour une lecture anzilotienne de la Convention européenne des droits de l'homme. A travers la subsidiarité un dualisme oublié ? », *Droits*, n°56, 2012, pp. 255 - 273, (p. 268).

[538] La Cour européenne depuis l'arrêt Cour EDH, 23 juillet 1961, *Lawless contre Irlande*, n°332/57 fait explicitement référence à la notion de marge nationale d'appréciation lorsqu'elle renvoie aux dérogations justifiées par les restrictions nécessaires dans une société démocratique. En outre, depuis l'arrêt *Handyside,* la Cour reconnaît que les législateurs nationaux et les juridictions nationales disposent d'une marge d'appréciation dans l'application de la Convention. Sur la notion de marge nationale d'appréciation et de marge de manœuvre voir F. SUDRE, *Droit européen et international des droits de l'homme*, *op. cit.*, pp. 230 - 241 ; F. SUDRE, « Les obligations positives dans la jurisprudence européenne des droits de l'homme », *RUDH* 1995, pp. 363 - 384, (pp. 375 - 378) ; G. LETSAS, « Two Concepts of the Margin of Appreciation », *Oxford Journal of Legal Studies*, vol. 26, 2006, pp. 705 - 732.

[539] F. SUDRE et al., *Les grands arrêts de la Cour européenne des droits de l'homme*, Paris : PUF, 6e éd., 2012, p. 77.

accessoire du mécanisme européen qui empêche la Cour d'être qualifiée de « juge de troisième ou quatrième instance »[540]. Or, la marge d'appréciation relève aussi d'une « exigence idéologique »[541] susceptible d'exprimer le pluralisme à l'intérieur de la communauté et de conduire au respect de la diversité.

De cette façon, le respect de la Convention ne donne pas lieu à une application uniforme[542]. Ordre d'harmonisation et non pas d'intégration, la Cour vise à consacrer une union plus étroite des droits conformément à l'article 1er de la Convention, mais pas à imposer l'uniformité[543] ni à régir de manière centralisée et exclusive la sauvegarde des droits[544]. Comme elle le précise, elle « *ne saurait ignorer les données de droit et de fait caractérisant la vie de la société dans l'État qui, en qualité de Partie contractante, répond de la mesure contestée* »[545]. La Convention n'impose alors aucune « *uniformité absolue* »[546] et accepte une grande variété de solutions nationales sous réserve qu'il n'y ait pas de violation de la Convention. L'appréciation juridictionnelle étant laissée aux États en vue de la mise en œuvre de la Convention, elle leur attribue une marge de manœuvre qui est étroite ou large selon la matière concernée[547].

En premier lieu, l'autolimitation de la Cour est évidente lorsqu'elle écarte sa compétence pour interpréter et appliquer le droit national, compétence qui incombe aux autorités nationales, et singulièrement aux Cours et tribunaux[548]. Il n'appartient pas non plus à la Cour d'apprécier les prétendues erreurs de droit ou de fait commises par le juge interne, sauf si et dans la

540 Cour EDH, 24 novembre 1994, *Kremmache contre France*, n°17621/91, §44.

541 F. SUDRE et al., *Les grands arrêts de la Cour européenne des droits de l'homme*, *op. cit.*, p. 78.

542 Cour EDH, plénière, 26 avril 1979, *Sunday Times contre Royaume Uni*, n°6538/74, §61.

543 A. LEVADE, « Identités constitutionnelles et hiérarchies », *AIJC*, 2010, pp. 453 - 477, (pp. 466 - 467).

544 D. SZYMCZAK, *La Convention européenne des droits de l'homme et le juge constitutionnel national*, *op. cit.*, p. 15.

545 Cour EDH, *Affaire linguistique Belge*, précité.

546 Cour EDH, *Sunday Times contre Royaume Uni*, précité, §61.

547 M. DELMAS MARTY (dir.), *Critique de l'intégration normative, L'apport du droit comparé à l'harmonisation des droits*, Presses universitaires de France, 2004, pp. 31 - 32. Sur un plan général sur l'activisme et l'autolimitation de la Cour de Strasbourg voir la thèse de B. DELZANGLES, *Activisme et autolimitation de la Cour européenne des Droits de l'Homme*, *op. cit.*

548 Cour EDH, 22 février 1996, *Bulut contre Autriche*, n°17358/90 et Cour EDH, 1 juin 1996, *Gallego Garcia contre Espagne*, n°42036/98 (décision).

mesure où elles pourraient avoir porté atteinte aux droits garantis par la Convention[549].

En deuxième lieu, des domaines spécifiques révèlent le respect des spécificités nationales de la part de la Cour. Le juge de Strasbourg affirmant « *qu'on ne peut dégager du droit interne des États contractants une notion uniforme de la morale* »[550], ce constat le conduit à respecter les particularismes locaux qui relèvent du « climat moral [...] en matière sexuelle » en Irlande de Nord[551]. Une ample marge de manœuvre est également accordée à propos de la fécondation *in vitro*, interrogation d'ordre moral où il n'y a pas encore de communauté de vues claire entre les États membres[552].

En troisième lieu, l'approche jurisprudentielle de la Cour à l'égard de la liberté religieuse révèle une tendance du juge européen à valider les choix des États, qu'ils aillent ou non dans le sens du respect de la laïcité[553]. À cet égard, la Cour tient à respecter la spécificité de la tradition religieuse en Irlande[554], la présence des signes religieux dans les classes des écoles publiques[555], l'enseignement d'une religion dans les écoles[556], mais aussi l'interdiction de porter des signes religieux dans les établissements d'enseignement public prescrite aux enseignants[557] ou aux élèves et étudiantes[558]. Récemment la Cour EDH, au regard de l'ample marge

---

[549] Cf aussi Cour EDH, Grande chambre, 21 janvier 1999, *Garcia Ruiz contre Espagne*, n°30544/96, §28 comme cité par J. - P. COSTA, « La Cour européenne des Droits de l'Homme : un juge qui gouverne », *in Etudes en l'honneur de G. Timsit,* Bruxelles : Bruylant, 2004, pp. 67 - 88, (p. 84).

[550] Cour EDH, plénière, 19 octobre 1992, *Open Door et Dublin Well woman*, n°s 14234/88, 14235/88, §72.

[551] Cour EDH, pélinère, 22 octobre 1981, *Dudgeon contre Royaume Uni*, n°7525/76, §57.

[552] Cour EDH, Grande chambre, 3 novembre 2011, *S.H et autres contre Autriche*, n°57813/00, §97.

[553] B. PASTRE - BELDA, « La Cour européenne des droits de l'homme, entre promotion de la subsidiarité et protection effective des droits », *op. cit.*, p. 258.

[554] Cour EDH, 10 juillet 2003, *Murphy contre Irlande*, n°44179/98 : interdiction faite à un pasteur de diffuser sur une radio locale une annonce publicitaire à des fins religieuses.

[555] Cour EDH, Grande chambre, 18 mars 2011, *Lautsi et autres contre Italie*, n°30814/06.

[556] Cour EDH, Grande chambre, 29 juin 2007, *Folgerø et autres contre Norvege*, n°15472/02.

[557] Cour EDH, 24 janvier 2001, décision, *Kurtulmuş contre Turquie*, n°65500/01 et Cour EDH, 15 février 2001, décision, *Dahlab contre la Suisse*, n°42393/98.

[558] Voir, notamment, Cour EDH, Grande chambre, 10 novembre 2005, *Leyla Şahin contre Turquie*, n°44774/98 ; Cour EDH, 24 janvier 2006, *Köse et 93 autres contre Turquie*, n°26625/02 (décision) ; Cour EDH, 4 décembre 2008, *Kervanci contre France*, n°31645/04 ; Cour EDH, décision, 30 juin 2009, *Aktas contre France* ,

d'appréciation dont disposent les États en matière de liberté religieuse a respecté l'interdiction complète du port du voile intégral dans les espaces publics[559].

En dernier lieu, la marge d'appréciation est assez large en ce qui concerne les jugements relatifs aux droits politiques[560]. Cette politique jurisprudentielle initiée en 1987[561] par la Cour de Strasbourg a été confirmée à plusieurs reprises[562].

Sans pouvoir répertorier les spécificités nationales susceptibles de rester hors du champ du contrôle européen, la jurisprudence conventionnelle attribue à certains égards une large marge de manœuvre aux États parties. « [A]ux actes qui peuvent s'en réclamer, la marge d'appréciation confère ce qui apparaît, à l'analyse, comme une forme atténuée d'immunité, entraînant un contrôle européen moins interne que celui que la Cour pourrait exercer au titre de la 'plénitude de juridiction' dont l'investit l'article 32 nouveau de la Convention »[563]. On peut alors affirmer qu'à travers la marge d'appréciation, des actes juridiques nationaux déploient certains effets contraignants à l'égard de la Cour. De cette façon, « une sorte d'arbitrage entre la

---

n°43563/08 ; Cour EDH, 30 juin 2009, décision, *Ranjit Singh contre France* n°27561/08, sur l'obligation de retirer un élément vestimentaire connoté religieusement dans le cadre d'un contrôle de sécurité, Cour EDH, 4 mars 2008, *El Morsli contre France*, n°15585/06, (décision).

[559] Cour EDH, Grande chambre, 1er juillet 2014, *S.A.S. contre France*, n°43835/11, §151 : « *Consciente que l'interdiction contestée pèse essentiellement sur une partie des femmes musulmanes, elle relève qu'elle n'affecte pas la liberté de porter dans l'espace public des habits ou éléments vestimentaires qui n'ont pas pour effet de dissimuler le visage et qu'elle n'est pas explicitement fondée sur la connotation religieuse des vêtements mais sur le seul fait qu'ils dissimulent le visage* ». Cet arrêt démontre en effet que la marge d'appréciation « est bien opportunément mobilisée par la Cour », B. BONNET, « La Cour EDH et l'interdiction de la dissimulation du visage dans l'espace public », *JCP G*, n°29, 2014, pp. 1425 - 1428.

[560] S. MARCUS - HELMONS, « Premier protocole additionnel. Article 3 », *in* L. - E. PETTITI et al. (dir.), *La Convention européenne des droits de l'homme commentaire article par article*, Paris : Economica, 1995, pp. 1011 - 1020.

[561] Cour EDH, plénière, 2 mars 1987, *Mathieu - Mohin et Clerfayt contre Belgique*, n°9267/81.

[562] Voir en titre indicatif Cour EDH, 1er juillet 1997, *Gitonas et autres contre Grèce*, nos 18747/91 19376/92 19379/92 28208/95 27755/95 ; Cour EDH, 2 septembre 1998, *Ahmed et Autres contre Royaume Uni*, n°22954/93 ; Cour EDH, 29 juin 2000, *Sandra Brike contre Lettonie*, n°47135/99, (décision) ; Cour EDH, Grande chambre, 16 mars 2006, *Zdanoka contre Lettonie*, n°58278/00.

[563] J. CALLEWAERT, « Quel avenir pour la marge d'appréciation », *in* F. MATSCHER, P. MAHONEY, H. PETZOLD (dir.), *Protection des droits de l'homme : la perspective européenne mélanges à la mémoire de Rolv Ryssdal*, Köln Berlin Bonn etc. : C. Heymanns, 2000, pp. 147 - 166, (p. 149).

souveraineté des autorités nationales et la mission de contrôle de la Cour »[564] est opérée.

La conciliation des exigences européennes et conventionnelles s'opère alors en vertu de la priorité accordée au juge interne dans la mise en œuvre de la Convention, en complétant la protection interne et non pas en hiérarchisant les règles internes et conventionnelles. Enfin, la marge d'appréciation dont il dispose est reconnue par la Cour EDH et est susceptible de relativiser l'harmonisation de la protection des droits prévue par la Convention, justifiant explicitement des restrictions aux droits et libertés qu'elle reconnaît[565]. En effet, c'est à propos de la doctrine de la marge nationale d'appréciation que la conciliation entre les exigences européennes et nationales est exprimée. « La marge d'appréciation que la Cour reconnaît aux États leur offre, à l'aune du droit de la Convention, la même souplesse que l'invocation de l'identité nationale leur assure dans le cadre de l'Union »[566].

---

564 *ibid.*, pp. 149 - 150.

565 Th. PAPADIMITRIOU, *La régulation des rapports entre l'ordre constitutionnel français et l'ordre juridique de l'Union européenne par le Conseil constitutionnel*, *op. cit.*, p. 170.

566 A. LEVADE, « Identités constitutionnelles et hiérarchies », *op. cit.*, p. 467.

Section 2. La place du droit de l'Union européenne dans l'ordre interne

Le droit de l'Union européenne se distingue du droit international classique en raison, d'un côté, de l'ampleur des compétences étatiques qui sont transférées à l'Union européenne et de l'autre côté, en raison de son influence dans l'ordre juridique des États membres. Il s'agit ainsi d'un système juridique normatif complet et bien articulé. En outre, les compétences étatiques sont transmises à l'Union européenne et à ses organes suivant des procédures prévues dans la Constitution nationale. Il s'agit d'une sorte d'auto - engagement ayant pour objet d'assurer l'application uniforme du droit de l'Union européenne[567].

Alors que le droit de l'Union européenne présente certains éléments entrant classiquement en opposition avec la suprématie constitutionnelle, la place qui lui est accordée dans l'ordre grec se fonde sur une conciliation des principes constitutionnels et européens (§1). Néanmoins, les quatre dernières années, les engagements issus du plan de sauvetage constituent un ensemble relevant également du droit de l'UE. La place qui leur est accordée dans l'ordre interne est « exceptionnelle » dans la mesure où elle ne se fonde pas sur le respect des principes constitutionnels et européens, mais sur une finalité commune des deux ordres, devant une situation économique d'urgence (§2).

§1. La place accordée au droit de l'Union européenne dans l'ordre interne : la conciliation des valeurs européennes et constitutionnelles

En premier lieu, comme affirmé depuis l'arrêt *Costa*, l'ordre de l'Union constitue un ordre nouveau, intégré, immédiat et effectif[568]. C'est en vertu de son caractère d'ordre d'intégration que le droit de l'UE affirme sa primauté face au droit national. De la même façon, l'ordre national, ordre autonome qui ne constitue pas un ordre commun avec l'ordre européen, conduit à défendre la suprématie constitutionnelle au sein de l'ordre interne. Il importe alors d'aborder la question du rapport entre la primauté européenne et la suprématie constitutionnelle afin d'examiner la place du droit de l'UE dans l'ordre interne (A).

En second lieu, en dépit de sa qualité d'ordre d'intégration, l'ordre de l'UE n'est pas un ordre parfaitement autonome. Il confie aux États membres un rôle important pour la mise en œuvre du droit de l'UE[569]. L'efficacité du

---

[567] Y. DROSOS, *L'ordre constitutionnel grec et les communautés européennes aux relations internationales, étude sur les tendances modernes de la pratique des conventions internationales*, Athènes - Komotini : éd. A. Sakkoulas, 1987, p. 42.

[568] CJCE, *Costa contre E.N.E.L.*, précité.

[569] Cf. J. - S. BERGE, S. ROBIN - OLIVIER, *Droit européen : Union européenne, Conseil de l'Europe*, Paris : PUF, 2011, pp. 492 - 506, sur la distinction entre

droit de l'UE est donc mise en avant. Dans ce contexte, on concrétise la place du droit de l'UE au sein de l'ordre interne en choisissant une logique non strictement hiérarchisante et en essayant de dépasser la controverse sur la primauté, car elle renvoie soit à des concepts plus anciens[570] soit à des concepts directement conflictuels (B).

A. Le rapport entre suprématie constitutionnelle et primauté constitutionnelle

D'une part, la Constitution qui est au sommet de la hiérarchie des normes interne constitue la norme suprême nationale. La question qui se pose est donc de savoir si, conformément à la Constitution, sa suprématie est opposable au droit de l'UE (1).

D'autre part, à l'égard du rapport entre suprématie constitutionnelle et primauté du droit de l'UE, la question est essentiellement celle qui est relative au champ d'application du droit de l'UE. Définir le champ d'application du droit de l'UE consiste à déterminer le champ d'application du principe de primauté et réciproquement, les compétences étatiques qui doivent s'exercer sous influence européenne, et celles qui restent l'apanage des entités nationales[571] (2).

1. La suprématie constitutionnelle posée par l'article 28 de la Constitution

L'absence d'une clause d'intégration explicite du droit de l'UE détermine la position de la Constitution grecque. Seule la clause interprétative introduite à l'article 28 contient une mention précise de la notion d'intégration européenne[572]. Or, le droit de l'Union en tant qu'expression spécifique du droit international dispose d'une valeur supra - législative dont le fondement juridique se trouve à l'alinéa 1er de l'article 28 de la Constitution. Sa valeur supra - législative est explicitement reconnue par la loi 945/1979 sur l'adhésion de la Grèce aux Communautés européennes[573].

---

primauté d'un ordre intégré et primauté d'un ordre qui n'est pas absolument autonome.

[570] J. - P. PUISSOCHET, St. GERVASONI, « Droit communautaire et droit national : à la recherche des situations de l'ordre interne », *in Juger l'administration, administrer la justice, Mélanges en l'honneur de Daniel Labetoulle*, Paris : Dalloz, 2007, pp. 717 - 732, (p. 726).

[571] *ibid.*, p. 718.

[572] Selon la clause interprétative de l'article 28 *« L'article 28 constitue le fondement de la participation de la Grèce au processus d'intégration européenne »*.

[573] Loi 945/1979 « *concernant la ratification du traité pour l'adhésion de la Grèce à la Communauté économique européenne et la Communauté européenne de l'énergie*

Néanmoins, la question se pose toujours de l'éventuelle affirmation de la primauté du droit de l'UE sur les règles constitutionnelles. Même si la possibilité d'une contradiction entre une norme européenne et Constitution est en réalité marginale[574], la primauté du droit de l'UE sur la Constitution est toujours contestée, aussi bien par la doctrine que par la jurisprudence[575].

En ce qui concerne la relation entre la Constitution nationale et le droit de l'Union européenne, deux positions doctrinales sont formulées sous l'angle de la hiérarchie des normes. Une partie de la doctrine, s'exprime en faveur de la primauté du droit de l'UE, et ce même à l'égard de la Constitution. Elle fonde principalement son argumentation sur la nature du droit de l'Union européenne et voit dans l'article 28 de la Constitution[576] un fondement constitutionnel à l'affirmation de la primauté du droit de l'UE. Concrètement, la primauté européenne peut se fonder sur les alinéas 2 et 3 de cet article qui prévoient le transfert des compétences prévues par la Constitution à des organes d'organisations internationales et des restrictions à l'exercice de la souveraineté nationale, dans la mesure où cela est dicté par un intérêt national important. À l'inverse, une importante partie de la doctrine conteste vivement la primauté absolue du droit de l'UE. L'argumentation repose d'une part, sur le fait que la Constitution est le fondement juridique de la mise en œuvre des Traités et du droit dérivé de l'Union européenne[577], et d'autre part, sur le constat que des *limites* aux

---

atomique ainsi que l'accord pour l'adhésion de la Grèce à la Communauté européenne du charbon et de l'acier ».

574 Ph. VEGLERIS, *La Convention européenne des droits de l'homme et la Constitution*, Athènes : éd. Sakkoulas, 1977, p. 132.

575 J. ILIOPOULOS - STRANGAS, « Constitution hellénique et intégration européenne », *in Défense nationale - intégration européenne, les réponses constitutionnelles*, Bruxelles Athènes : Bruylant, éd. A. Sakkoulas, 2002, pp. 71 - 112, (p. 78).

576 Pr. DAGTOGLOU, *Droit européen communautaire I*, Athènes :éd. A. Sakkoulas, 2e éd., 1985, pp. 55 - 56, 75, 198 - 199 ; E. KROUSTALAKIS, « L'application du droit communautaire par les tribunaux nationaux et ses problèmes », *Justice*, 1978, pp. 225 - 239, (p. 239) ; A. KALOGEROPOULOS, « Le principe de primauté du droit communautaire face au droit des états membres », *ToS*, 1980, pp. 1 - 76, (p. 22) ; C. KAKOURIS, Le rapport entre l'ordre juridique communautaire et les ordres juridiques des Etats membres, *EEEyD*, 1986, pp. 525 - 555, A. MANITAKIS, « Les limites de la compétence communautaire et leur vision constitutionnelle », *ToS*, 1984, pp. 476 - 498, (pp. 476 - 477).

577 A. KATRANIS, « Démocratie, droits fondamentaux et la primauté du droit communautaire », *ToS*, 1987, pp. 651 - 677, (p. 659). Il s'agit aussi d'une pratique du juge grec, principalement pendant les premières années d'application juridictionnelle du droit communautaire ; voir en la matière K. IOANNOU, *Le juge grec appliquant le droit communautaire (1981 - 1985)*, *EEEurD*, n°1 - 2, 1985, pp. 73 - 118, (p. 82).

compétences transmises à l'Union européenne peuvent être posées par les Constitutions nationales et non par l'Union elle - même[578].

La relation entre le droit de l'Union européenne et la Constitution nationale est bien plus complexe que celle de la Constitution avec le droit international général. Par conséquent, la réticence à l'égard de l'affirmation du principe de primauté du droit de l'Union européenne par la Constitution paraît justifiée.

A priori, la Constitution est par nature supérieure à toutes les normes juridiques dont elle fixe les modalités d'introduction dans l'ordre interne et elle détermine leur valeur[579]. La Constitution grecque en tant que source juridique pour l'intégration du droit de l'UE dans l'ordre interne ne reconnaît pas à une autre source de droit une valeur qui lui serait supérieure. La place du droit de l'UE dans l'ordre interne, même la place qui lui confère une valeur égale à celle de la Constitution, doit découler du texte constitutionnel lui - même, qu'il s'agisse du texte originaire ou du texte issu d'une révision constitutionnelle *ad hoc*. Deux exemples, celui de l'Autriche et celui des Pays bas, qui reconnaissent une valeur supra - constitutionnelle au droit de l'UE, présentent des dispositions explicites[580]. Il importe de constater que la Grèce reconnaît explicitement une valeur supra - législative au droit de l'UE néanmoins, sa valeur supra - constitutionnelle n'est pas affirmée par la Constitution elle - même. Toutefois, l'article 28 de la Constitution permet d'appréhender la place du droit de l'Union européenne dans l'ordre interne sous l'angle d'une logique non strictement hiérarchisante. Cette logique ne se borne pas à une juxtaposition directe de la suprématie constitutionnelle et de la primauté européenne. Dans ce cadre, l'enjeu se déplace en premier lieu vers la délimitation du champ d'application de la primauté du droit de l'UE.

2. Le champ d'application du droit de l'Union européenne, frontière du principe de primauté

« Il est inévitable que, dans des constructions basées sur une répartition des compétences, des problèmes d'ajustement se posent. Il est compréhensible que la revendication de la primauté pour son droit que postule l'intégration européenne se heurte à l'affirmation des souverainetés

[578] A. MANESSIS, « La Constitution au seuil du XXIe siècle », *in* R. - J. DUPUY, L. - A. SICILIANOS (dir.), *Mélanges en l'honneur de Nicolas Valticos, Droit et Justice*, Paris : éd. A. Pédone, 1999, pp. 673 - 694, (p. 685) ; Y. DROSOS, L*'ordre constitutionnel grec et les communautés européennes aux relations internationales, étude sur les tendances modernes de la pratique des conventions internationales*, *op. cit.*, p.28, 32, 38, 43 45.

[579] B. STIRN, *Les sources constitutionnelles du droit administratif*, Paris : LGDJ, 7e éd., 2011, p. 27.

[580] Article 44 alinéa 1er et 50 alinéa 3 de la Constitution autrichienne et article 91 alinéa 3 de la Constitution néerlandaise.

nationales »[581]. D'une manière générale, définir les compétences de l'UE revient également à définir le champ d'application du droit de l'UE, et ce afin de « déterminer les compétences étatiques qui doivent s'exercer sous tension communautaire, en délimitant ce faisant la portée matérielle du principe de primauté, et réciproquement, identifier les terrains d'action qui restent l'apanage des entités nationales »[582].

Définir le champ d'application du droit de l'UE contribue en même temps à délimiter le champ où le principe de primauté du droit de l'UE s'étend. Le principe de primauté ne serait invoqué que dans « *le domaine à l'intérieur duquel s'exerce le pouvoir législatif de la Communauté* »[583]. La délimitation des compétences de l'UE contribue alors à la définition négative du principe de primauté. Cette tâche, à la fois nécessaire et opportune, est néanmoins extrêmement complexe.

Tout d'abord, l'article 5 TUE peut être qualifié de « charte constitutionnelle » de la répartition des compétences, avec en particulier une mention spécifique au principe de subsidiarité[584]. Le système de la répartition des compétences, objet des plusieurs dispositions du TUE[585] et du TFUE[586], obéit à un certain nombre de principes issus notamment des traités, mais aussi de la jurisprudence. Le principe de la compétence d'attribution est la confirmation de la distinction entre compétence exclusive et compétence partagée[587]. Cette distinction devrait conduire à une stabilisation des compétences de l'UE en vue de délimiter celles qui n'ont pas été dévolues à

---

581 J. - V. LOUIS, « La primauté du droit de l'Union, un concept dépassé ? », *in* G. COHEN - JONATHAN, V. CONSTANTINESCO, V. MICHEL (dir.), *Chemins d'Europe : mélanges en l'honneur de Jean - Paul Jacqué*, Paris : Dalloz, pp. 443 - 461, (p. 461).

582 J. - P. PUISSOCHET, St. GERVASONI, « Droit communautaire et droit national : à la recherche des situations de l'ordre interne », *in Juger l'administration, administrer la justice, in mélanges en l'honneur de Daniel Labetoulle, op. cit.*, p. 718.

583 CJCE, *Simmenthal*, précité, H. GAUDIN, « Primauté, la fin d'un mythe ? Autour de la jurisprudence de la Cour de justice », *in* J. - Cl. MASCLET et al. (dir.), *L'union européenne. Union de droit, union des droits, Mélanges en l'honneur du Professeur Philippe Manin*, Paris : éd. A. Pédone, 2010, pp. 639 - 656, (p. 643).

584 Cl. BLUMANN, L. DUBOUIS, *Droit institutionnel de l'Union européenne*, Paris : Lexisnexis, 5e éd., 2013, p. 409.

585 Il s'agit notamment des articles 4 et 5 du TUE.

586 Il s'agit notamment des articles 2 à 6 du TFUE.

587 On reste sur la division entre compétences exclusives et compétences partagées étant que pour les compétences d'appui (article 6 du TFUE) l'UE ne peut intervenir que pour soutenir, coordonner ou compléter l'action des États membres. Elle ne dispose donc pas de pouvoir législatif dans ces domaines et ne peut pas interférer dans l'exercice de ces compétences réservées aux États membres.

l'Union européenne par les États membres et où ces derniers restent souverains[588].

Néanmoins, la délimitation des compétences européennes relève d'un dynamisme considérable. S'agissant du domaine des compétences exclusives, le pouvoir législatif est transmis de façon absolue[589] par les États membres à l'Union européenne. Dans ce cas, les États membres n'exercent leur compétence que dans la mesure où l'Union n'a pas exercé la sienne. Ainsi, afin d'éviter de créer une lacune juridique, précisément dans le cas d'un manquement à l'exercice du pouvoir législatif par les organes de l'Union, il est possible d'instituer des mesures nationales, sous la seule condition d'autorisation préalable par un des organes institutionnels de l'Union européenne[590]. Dès l'instant où l'Union exerce ses compétences dans une matière donnée, cette compétence devient exclusive et le principe de primauté s'applique.

Le principe de primauté constitue un sujet beaucoup plus délicat dans le cadre du champ des compétences partagées[591], car les États membres disposent également du pouvoir de légiférer, lorsque l'Union n'exerce pas sa compétence, ou lorsqu'elle a cessé de l'exercer, dans un certain domaine[592]. Il s'agit des « compétences concurrentes »[593]. Il est par conséquent fondamental d'examiner si un domaine entre dans le champ d'application des compétences étatiques ou européennes ; et s'il entre dans le champ des

---

588 J. - L. CLERGERIE, *Le principe de subsidiarité*, Paris : Ellipses, 1997, p. 41.

589 Article 2 TFUE : « *1. Lorsque les traités attribuent à l'Union une compétence exclusive dans un domaine déterminé, seule l'Union peut légiférer et adopter des actes juridiquement contraignants, les États membres ne pouvant le faire par eux - mêmes que s'ils sont habilités par l'Union, ou pour mettre en œuvre les actes de l'Union* ».

590 CJCE, 15 décembre 1976, *Donckerwolke e.a. contre Procureur de la République e.a.*, aff. 41/76, Rec.1976 p. 1921 et CJCE, *Simmenthal*, précité.

591 Article 4 TFUE « *1. L'Union dispose d'une compétence partagée avec les États membres lorsque les traités lui attribuent une compétence qui ne relève pas des domaines visés aux articles 3 et 6.2. Les compétences partagées entre l'Union et les États membres s'appliquent aux principaux domaines suivants : a) le marché intérieur ; b) la politique sociale, pour les aspects définis dans le présent traité ; c) la cohésion économique, sociale et territoriale ; d) l'agriculture et la pêche, à l'exclusion de la conservation des ressources biologiques de la mer ; e) l'environnement ; f) la protection des consommateurs ; g) les transports ; h) les réseaux transeuropéens ; i) l'énergi ; 9.5.2008 FR Journal officiel de l'Union européenne C 115/51 ; j) l'espace de liberté, de sécurité et de justic ; k) les enjeux communs de sécurité en matière de santé publique, pour les aspects définis dans le présent Traité* ».

592 R. VAN OOIK, « The European Court of justice and the division of Competence in the European Union », *in* D. OBRADOVIC, N. LAVRANOS (dir.), *Interface between EU law and national Law*, Groningens : Europa law publ., 2007, pp. 11 - 40, (p. 20).

593 J. - L. CLERGERIE, *Le principe de subsidiarité*, *op. cit.*, p. 41.

compétences partagées, il y a lieu d'examiner si l'Union européenne a déjà légiféré en la matière, sa compétence devenant alors exclusive. Il s'agit également d'écarter tout risque de conflit, susceptible de compromettre les bases de la construction européenne, mais aussi d'éviter une extension des pouvoirs de l'Union au détriment des pouvoirs étatiques[594]. Ainsi, il est possible de se soustraire à la logique de définition positive des compétences, en identifiant à l'inverse des critères permettant à une situation de rester exclusivement de l'ordre des compétences internes et d'être « dépourvue de tout magnétisme juridique communautaire »[595]. Le principe de subsidiarité influe sur la répartition des compétences dans un sens potentiellement favorable au maintien de la liberté des États dans le champ des exercices européens[596]. Sans remettre en cause l'attribution des compétences au sein de l'UE, elle ajoute des conditions pour pouvoir les exercer[597]. Elle peut ainsi conduire à une augmentation de la marge de manœuvre des États membres, illustrée par l'hypothèse de la flexibilité du droit de l'UE[598]. Il ne s'agit en aucun cas d'imaginer une quelconque modification de la répartition gravée dans le marbre des traités, mais de fournir des orientations permettant de trancher les hésitations possibles dans les hypothèses de compétences concurrentes. Alors que l'application du principe de proportionnalité concerne tant les compétences exclusives que les compétences partagées, le principe de subsidiarité se limite aux seules compétences partagées et est un principe régulateur des compétences. Ainsi, le respect du principe de subsidiarité conditionne le déclenchement de l'action de l'UE tandis que le principe de proportionnalité affecte son contenu et son étendue[599].

Au delà de son caractère organisationnel et régulateur des compétences, le principe de subsidiarité doit être rapproché du principe de proximité[600] prévu dans le préambule du TUE qui se réfère à une Union au sein de

---

[594] *ibid.*, p. 43.

[595] J. - P. PUISSOCHET, St. GERVASONI, « Droit communautaire et droit national: à la recherche des situations de l'ordre interne », *in Juger l'administration, administrer la justice, mélanges en l'honneur de Daniel Labetoulle*, *op. cit.*, p. 719 ; B. LE BAUT - FERESSE, « Dans quelle situation le droit communautaire trouve - t - il à s'appliquer en droit interne ? », *LPA*, n°97, 2005, pp. 4 - 9 ; J. de BEYS, « Le droit européen est - il applicable aux situations purement internes ? », *JTDE*, n°80, 2001, pp. 137 - 144.

[596] S. MARCIALI, *La flexibilité du droit de l'Union européenne*, Bruxelles : Bruylant, 2007, p. 77.

[597] D. SIMON, « Etat de droit et compétences de l'Union européenne », *in* V. HEUZE, J. HUET, Fr. TERRE (dir.), *Construction européenne et Etat de droit*, Paris : Éditions Panthéon - Assas diff. LGDJ, 2012, pp. 21 - 35, (p. 29).

[598] S. MARCIALI, *La flexibilité du droit de l'Union européenne*, *op. cit.*, pp. 79 - 80.

[599] *ibid.*, p. 76.

[600] Fr. FINES, « Le principe de subsidiarité », *Annuaire de droit européen*, vol. VI, 2008, pp. 211 - 222, (p. 211).

laquelle « les décisions sont prises le plus près possible des citoyens, conformément au principe de subsidiarité ».

Précisément, le principe de subsidiarité constituait déjà, depuis l'adoption de l'Acte Unique Européen en 1986[601], le contrepoids le plus efficace face à l'élargissement du champ de compétences de l'Union au détriment des compétences étatiques[602]. Pour autant, ce principe ne constituait pas un principe général du droit communautaire avant la mise en vigueur du traité de Maastricht[603] et selon la jurisprudence de la CJUE, le principe n'est pas rétroactif[604]. Or, comme le principe s'inscrit dans l'évolution de la construction européenne, il est lui - même évolutif[605]. À l'égard du contrôle juridictionnel du principe de subsidiarité substantielle, on est passé d'un contrôle limité[606] à un contrôle plus approfondi[607] par la CJUE. Toutefois, la jurisprudence se borne à suivre le législateur dans son appréciation de la présence du critère de subsidiarité à savoir l'insuffisance étatique et la meilleure réalisation par une action européenne d'un objectif de l'Union[608]. Ceci étant, la réticence et les hésitations du juge européen à l'égard du principe de subsidiarité demeurent entières. À notre connaissance, le juge européen n'a à ce jour jamais annulé ou remis en cause un acte de l'Union au motif de la violation du principe de subsidiarité. Dans ce contexte, « les

---

[601] Le principe de subsidiarité date de l'Acte unique européen (il avait été initialement introduit dans le seul domaine de la politique communautaire de l'environnement).

[602] G. DELLIS, « Le Traité de Lisbonne et les défis procéduraux du droit de l'Union européenne », *EfDD*, 2010, Volume spécial, pp. 47 - 79, (p. 67).

[603] Il s'agit d'une initiative de l'Allemagne que le Royaume Uni a aussi soutenue, E. SACHPEKIDOU, *Droit de l'Union européenne*, Athènes - Thessalonique : éd. Sakkoulas, 2013, p. 224.

[604] Tribunal de première instance des communautés européennes, 12 janvier 1993, *Vereniging van Samenwerkende Prijsregelende Organisaties in de Bouwnijverheid et autres contre Commission européenne*, T - 29/92, Rec. 1993, p. II - 00001, point 331.

[605] Fr. SCHWERER, « Le principe de subsidiarité dans la construction européenne » *in* J. BICHOT, P. COULANGE, J. - D. LECAILLON (dir.), *La subsidiarité*, Aix - en - Provence : Presses Universitaires d'Aix - Marseille, 2014, pp. 67 - 83, (p. 68).

[606] Cf. en guise d'exemple, CJCE, 13 mai 1997, *RFA contre Parlement et Conseil*, C - 233/94, Rec. I - 2405.

[607] Cf. en guise d'exemples les arrêts CJCE, 9 octobre 2001, *Pays - Bas contre Parlement et Conseil* C - 377/98, Rec. 2001 p. I - 7079 ; CJCE 10 décembre 2002, *British American Tobacco (Investments) et Imperial Tobacco*, C - 491/01, Rec. 2002 p. I - 11453 ; CJCE, Grande chambre, 12 juillet 2005, *Alliance for Natural Health e.a.* C - 154/04 et C - 155/04, Rec. 2005 p. I - 6451 ; CJUE, Grande chambre, 8 juin 2010, *Vodafone e.a.* C - 58/08, Rec. 2010 p. I - 4999.

[608] CJCE, 12 novembre 1996, *Royaume - Uni contre Conseil*, C - 84/94, Rec. 1996 p. I - 5755.

choix du juge européen ont toujours été entérinés »[609]. De ce point de vue, la mise en œuvre du principe de subsidiarité par le juge n'a pas pour conséquence une flexibilité du droit de l'UE[610] et une limitation des compétences partagées en faveur des États membres.

En outre, il existe des cas dans lesquels la délimitation des compétences et du champ d'application du droit de l'UE s'avère complexe, car l'étendue de ces compétences est « par nature susceptible d'évoluer continuellement »[611]. On invoque sur ce point les affaires *Viking* et *Laval* relatives au droit de grève[612]. Par application de l'article 137 TCE (article 153 TFUE), le droit du travail demeure de la compétence des États membres, l'Union ne faisant que soutenir et compléter leur action dans ce domaine. Or, la Cour de justice a considéré que le droit du travail a fini « par être subordonné à la libre concurrence et à la liberté d'établissement des entreprises dans les frontières communautaires »[613].

En effet, l'application insatisfaisante du principe de subsidiarité en faveur de la compétence des États membres, mais aussi l'évolution dynamique du champ d'application du droit de l'UE démontrent que la définition du principe de primauté est à la fois difficile et variable. Il en va de même des critères permettant à une situation de rester exclusivement dans le cadre des

---

[609] Cl. BLUMANN, « Le contrôle juridictionnel des principes de subsidiarité et de proportionnalité en droit de l'Union européenne », *in* Ch. BOUTAYEB et al. (dir.), *La Constitution, l'Europe et le droit Mélanges en l'honneur de Jean - Claude Masclet*, Paris : Publications de la Sorbonne, 2013, pp. 439 - 461, (p. 459).

[610] S. MARCIALI, *La flexibilité du droit de l'Union européenne*, *op. cit.*, p. 94.

[611] Déclaration de compétences de la Communauté européenne sur les questions pour lesquelles ses Etats membres lui ont conféré compétence, annexée à la décision du Conseil relative à la Conférence de la Haye de droit international privé, point 8, cf. C. FLAESCH - MOUGIN, « Déclarations de compétences et affirmation de l'identité de l'Union européenne sur la scène internationale », *in* N. de GROVE - VALDEYRON, M. BLANQUET, V. DUSSART (dir.), *Mélanges en l'honneur du Professeur Joël Molinier*, Paris : LGDJ, 2012, pp. 233 - 253, (p. 251).

[612] CJCE, Grande chambre, 11 décembre 2007, *The International Transport Workers' Federation et The Finnish Seamen's Union* C - 438/05, Rec. 2007 p. I - 10779 ; CJCE, Grande chambre, 18 décembre 2007, *Laval un Partneri* C - 341/05, Rec. 2007 p. I - 11767. M. LUCIANI, « L'interprétation conforme et le dialogue des juges », *in Le dialogue des juges, Mélanges en l'honneur du président Bruno Genevois*, Paris : Dalloz 2009, pp. 695 - 707, (pp. 700 - 702) et Ai. IOANNIDOU, « Le droit social fondamental d'action collective, le droit d'établissement et la liberté de prestation des services du Traité CE, Préoccupations sur les aspects d'équilibre et de cohérence systémique dans le cadre du droit communautaire, à propos des arrêts Viking (C - 438/05) et Laval (C - 341/05) de la Cour de justice des communautés européennes », *ThPDD*, n°3, 2010, pp. 265 - 180.

[613] Voir M. LUCIANI, « L'interprétation conforme et le dialogue des juges, le dialogue des juges », *in Mélanges en l'honneur du président Bruno Genevois*, *op. cit.*, p. 701.

compétences internes. En effet, alors que le principe d'attribution des compétences est fondamental pour l'UE, les traités ne prévoient pas expressément une sphère de compétences réservées aux États membres[614].

Ordre d'intégration, le droit de l'UE concrétise de façon dynamique ses compétences et par la suite le champ d'application du principe de primauté du droit de l'UE. Ordre d'intégration, l'ordre de l'Union ne constitue pas pour autant un ordre parfaitement autonome. Ainsi, la primauté n'est pas inconditionnelle ; elle exprime la nécessité de garantir le respect des caractéristiques de fond d'un droit fondé sur l'objectif d'intégration[615]. Afin d'y satisfaire le droit de l'UE repose sur les ordres internes. Il faut ainsi se soustraire à une logique qui ne s'appuie pas sur le principe hiérarchique pour appréhender les rapports entre ordre interne et européen, mais sur le principe garantissant l'efficacité du droit de l'UE et la garantie de la cohérence interne.

B. La place accordée au droit de l'Union européenne, conformément à une logique non hiérarchique

Ordre qui présente une organisation fonctionnelle imparfaite, l'ordre de l'UE renvoie aux États membres l'application effective du droit de l'UE sans pour autant établir une hiérarchie déclinée à la fois sur le plan normatif et sur le plan organique[616] (1). Afin de satisfaire à ce but, les ordres internes sont amenés à appliquer prioritairement le droit de l'UE sans pour autant méconnaître le principe de suprématie constitutionnelle (2).

1. La coordination du principe de primauté et du principe de subsidiarité juridictionnelle en vue de garantir l'efficacité du droit de l'Union européenne

Du point de vue du droit de l'UE, le but de l'affirmation du principe de primauté est la garantie de l'unité et de l'efficacité du droit de l'UE de sorte que la validité des actes arrêtés par les institutions de l'Union ne saurait être appréciée qu'en fonction du droit de l'UE et non pas en fonction de règles ou notions juridiques du droit national[617].

---

[614] Fr. - X. MILLET, *L'Union européenne et l'identité constitutionnelle des Etats membres*, Paris : LGDJ, 2013, p. 293.

[615] A. LEVADE, « Identités constitutionnelles et hiérarchies », *op. cit.*, p. 459.

[616] Th. PAPADIMITRIOU, *La régulation des rapports entre l'ordre constitutionnel français et l'ordre juridique de l'Union européenne par le Conseil constitutionnel*, *op. cit.*, p. 17.

[617] G. CANIVET, « 'Constitution nationale et ordre juridique communautaire' 'contre - éloge de la tragédie' », *in* J. - Cl. MASCLET et al. (dir.), *L'union européenne. Union de droit, union des droits, Mélanges en l'honneur du Professeur Philippe Manin*, Paris : éd. A. Pédone, 2010, pp. 611 - 624, (p. 613).

En effet, la doctrine de l'effet utile qui se projette dans les rapports avec les ordres juridiques nationaux au même titre que l'effet direct et la primauté est indissociable du devoir de coopération loyale qui s'impose aux États membres et du mécanisme *décentralisé* d'application juridictionnelle qui caractérise l'ordre juridique de l'UE[618]. Ainsi, la solution apportée à l'absence de moyens propres visant à garantir l'exécution du droit de l'UE est liée aux moyens institutionnels et procéduraux mis au service de l'application du droit de l'UE, et nommément du rôle assigné en la matière au juge national[619]. L'ordre de l'Union repose donc sur la garantie de son efficacité par le juge national.

C'est dans ce contexte qu'apparaît la notion de subsidiarité juridictionnelle. La subsidiarité juridictionnelle n'est pas un principe explicitement prévu dans les Traités. Néanmoins, il imprègne la régulation des compétences entre les juridictions de l'Union et les juridictions nationales. En tant qu'organes régulateurs, la Cour de justice et les juges constitutionnels ou suprêmes nationaux se chargent de ce contrôle de la normativité spécifique qui se fait jour dans l'articulation entre les exigences issues des ordres juridiques nationaux et celles du droit de l'Union[620]. La subsidiarité juridictionnelle apparaît alors comme un « concept régulateur »[621].

À cet égard, il renvoie à l'autonomie procédurale des États membres et à la marge d'appréciation des autorités nationales en vue d'assurer l'application homogène du droit de l'UE. Les États sont donc tenus, en faisant appel aux moyens fournis par le droit constitutionnel et administratif, d'atteindre les objectifs fixés par les Traités[622]. Le respect des diversités nationales est inhérent à la logique de subsidiarité. Il s'agit en effet des diversités qui sont susceptibles d'être respectées à l'issue du principe de l'autonomie institutionnelle et procédurale.

En effet, c'est à l'occasion des arrêts *Lück*[623] et *Salgoil*[624] que la Cour de justice affirme qu'il appartient aux organes et juridictions nationaux

---

[618] J. L. DA CRUZ VILAÇA, « Le principe de l'effet utile du droit de l'Union dans la jurisprudence de la Cour », *in* A. ROSAS, E. LEVITS, Y. BOT (dir.), *La Cour de Justice et la construction de l'Europe : analyses et perspectives de soixante ans de jurisprudence*, The Hague : Asser Press, 2013, pp. 279 - 306, (p. 280).

[619] Th. PAPADIMITRIOU, *La régulation des rapports entre l'ordre constitutionnel français et l'ordre juridique de l'Union européenne par le Conseil constitutionnel*, *op. cit.*, p. 14.

[620] *ibid.*, p. 34

[621] D. SIMON, *Le système juridique communautaire*, *op. cit.*, p. 151.

[622] D. SIMON, « Etat de droit et compétences de l'Union européenne », *in Construction européenne et Etat de droit*, *op. cit.*, p. 27.

[623] CJCE, 4 avril 1968, *Lück*, aff.34/67, Rec. 1968, p.359.

[624] CJCE, 13 décembre 1968, *Salgoil c. Ministerio del commercio con l'estero*, aff. 13/68, Rec. 1969, p. 661. cf. aussi M. STRUYS, L. FLYNN, « La subsidiarité au sein

compétents de décider des moyens susceptibles de garantir la conformité des normes internes au droit de l'Union. Les États sont ainsi libres d'organiser leur procédure nationale comme ils le souhaitent, cette liberté étant affirmée dans les arrêts *Rewe* et *Comet*[625]. Ces deux arrêts confirment, en dépit du silence des arrêts *Van Gend en loos* et *Costa,* que l'ordre juridique interne assume une responsabilité capitale pour la sauvegarde des droits issus de l'UE[626].

Globalement, on peut dire que les États membres sont tenus dans la mise en œuvre du droit de l'Union d'une obligation de *résultat*, en usant des moyens que leur fournit leur droit constitutionnel et administratif national pour atteindre les objectifs qu'ils se sont fixés en signant les traités[627]. Le renvoi à l'autonomie procédurale et institutionnelle des États membres est la règle[628]. Sur un plan général, le principe de primauté combiné à la doctrine de l'effet utile se décline en termes de *rang* et pas de *validité*[629]. Ainsi, la garantie de l'efficacité du droit de l'UE, source et raison d'être de la primauté, devient le synonyme d'une priorité d'application du droit de l'UE dans l'ordre interne et pas une exigence conduisant à la subordination hiérarchique des ordres juridiques des États membres à l'ordre de l'UE[630]. La garantie de l'efficacité du droit de l'UE renvoyant au principe de subsidiarité, il va de soi que les juridictions internes deviennent compétentes pour garantir la spécificité de leur ordre juridique de rattachement[631]. Or, la

---

de l'Union européenne : la dimension juridictionnelle », *in* M. Verdussen (dir.), *L'Europe de la subsidiarité*, Bruxelles : Bruylant, 2000, pp. 201 - 250, (p. 229 et suiv.).

625 CJCE, 16 décembre 1976, *Comet*, aff. 45/76, Rec.1976, p. 2043 ; CJCE, 7 juillet 1981, *Rewe*, aff. 158/80, Rec. 1981, p. 1805, point 44, le traité « *n'a pas entendu créer devant les juridictions nationales, en vue du maintien du droit communautaire, des voies de droit autres que celles établies par le droit national* ».

626 M. KARPENSCHIF, C. NOURISSAT, *Les grands arrêts de la jurisprudence de l'Union européenne*, Paris : PUF, 2010, p. 76.

627 CJCE, 15 décembre 1971, *International Fruit Company NV et autres contre Produktschap voor groenten en fruit*, aff. 51 à 54/71, Rec. 1972, p. 1219, point 4.

628 L'autonomie institutionnelle et procédurale est reconnue et affirmée depuis longtemps par la Cour de justice (à propos des arrêts *Rewe* et *Commet*, précités). Toutefois, la traduction de la notion d'autonomie institutionnelle et procédurale en termes conceptuels apparaît dans la jurisprudence de la Cour assez tardivement (CJCE, 16 mars 2006, *Kapferer*, C - 234/04, Rec. 2006 p. I - 2585, point 22 et CJCE, 29 janvier 2009, *Petrosian*, C - 19/08, Rec. 2009 p. I - 495 point 47et 52).

629 Fr. - X. MILLET, *L'Union européenne et l'identité constitutionnelle des Etats membres*, *op. cit.*, p. 292.

630 Th. PAPADIMITRIOU, *La régulation des rapports entre l'ordre constitutionnel français et l'ordre juridique de l'Union européenne par le Conseil constitutionnel*, *op. cit.*, p. 17.

631 *ibid.*, p. 176.

prépondérance des règles internes sera toujours accordée à l'objectif de pleine efficacité du droit de l'UE[632].

2. La coordination de la priorité d'application du droit de l'Union européenne, de la suprématie constitutionnelle et de l'identité constitutionnelle

Aborder la question de la place du droit de l'UE dans l'ordre interne en s'appuyant sur la notion de primauté du droit de l'UE ou de suprématie constitutionnelle ne semble pas satisfaisant pour décrire le rapport entre le droit de l'UE et le droit constitutionnel national. La primauté européenne, reste un principe explicitement affirmé qui imprègne l'ordre de l'UE. Or, ce principe renvoie à des rapports conflictuels. On ne saurait alors s'appuyer sur le principe de primauté pour assurer la complémentarité des rapports entre droit constitutionnel et droit de l'Union qui tend garantir l'effectivité du droit de l'UE dans l'ordre interne. La hiérarchisation des règles n'a donc d'utilité en dehors de la structuration d'un seul ordre juridique[633]. Il semble dès lors préférable d'aborder la question de la place du droit de l'Union dans l'ordre interne, en s'éloignant de la théorie traditionnelle de la hiérarchie des normes. Afin de satisfaire aux exigences européennes et aux exigences constitutionnelles, la question de la place du droit de l'UE dans l'ordre interne se pose en termes de prévalence du droit de l'UE. Cette notion ne renvoie pas à un agencement hiérarchique entre le droit constitutionnel et européen, mais est conçue en tant que priorité d'application du droit de l'UE, en vue de garantir l'efficacité du droit de l'UE sans pour autant affirmer la supériorité normative de la règle qui conduit à son application prioritaire[634]. Dans ce contexte, le respect du principe de suprématie constitutionnelle n'est pas méconnu.

En effet, la suprématie constitutionnelle semble être une notion conciliable avec la priorité d'application qu'exige le droit de l'Union. La priorité d'application du droit de l'UE répond à une exigence de cohérence interne ; la Constitution permet elle - même l'intégration du pays ainsi que sa participation à l'Union européenne, elle devrait également permettre

---

[632] C. KAKOURIS, « Existe - t - il une « autonomie » procédurale judiciaire des Etats membres ? » *in Etat - Loi - Administration : melanges en l'honneur de Epaminondas P. Spiliotopoulos*, Athènes - Bruxelles : éd. A. Sakkoulas, Bruylant, 1998, pp. 159 - 179, (p. 174). L'auteur pense qu'il n'existe pas une autonomie procédurale et que la primauté des dispositions communautaires matérielles ne peut être écartée pour des raisons procédurales. Le droit procédural national n'est applicable que dans la mesure où il contribue à l'objectif de pleine efficacité du droit de l'Union.

[633] B. BONNET, *Repenser les rapports entre ordres juridiques*, Paris : Lextenso, 2013, p. 28.

[634] *ibid.*, p. 71.

l'application des règles de l'UE, conformément aux engagements pris par la Grèce[635]. Cet argument est renforcé par l'existence de fondements constitutionnels à la réception du droit de l'Union dans le système national. La distinction du droit de l'Union européenne et du droit international général est fondée par la Constitution elle - même et par l'existence des alinéas 2 et 3 de son article 28, lesquels, bien que ce ne soit pas explicitement affirmé, concernent prioritairement le droit de l'UE. Il semble logique que, sous certaines conditions, la délégation des compétences puisse parfois conduire le juge grec à prioriser l'application du droit de l'UE y compris au détriment des dispositions constitutionnelles équivalentes[636]. En outre, la restriction de la souveraineté nationale, également prévue par la Constitution en faveur du droit de l'Union européenne, vient au soutien de l'argument de la priorité d'application du droit de l'UE.

De plus, la subsidiarité juridictionnelle, invoquée en vue de la garantie de l'efficacité du droit de l'UE, implique que les compétences de la Cour de justice seraient mieux garanties par la vigilance, notamment, des juridictions nationales. Or, le principe de subsidiarité juridictionnelle, qui relève également du respect de l'autonomie institutionnelle et procédurale, donne aux juges internes la possibilité de poser des limites et de définir les éléments relevant de leur identité constitutionnelle. De ce point de vue, il revient au juge national de définir les principes relevant de l'identité constitutionnelle selon les caractéristiques propres à l'ordre juridique national auquel il est rattaché. Dans l'ordre grec, les limites nationales, en raison de la primauté du droit de l'UE, sont donc principalement liées aux conditions posées par l'article 28 alinéa 3 de la Constitution grecque qui vise les conditions des restrictions à l'exercice de la souveraineté nationale.

§2. La place « exceptionnelle » des engagements issus du plan de sauvetage : La concordance des buts européens et étatiques

Si la place accordée au droit de l'UE dans l'ordre interne se concilie tant avec les principes constitutionnels qu'européens, il n'en va pas de même des engagements issus du plan de sauvetage, conçus comme des règles de conformation à des obligations découlant du droit européen. La crise économique en Grèce est si profonde que le pays a été mis en situation de dépendance financière par ses créanciers[637]. Il convient de constater qu'en dehors du cadre juridique, la souveraineté des États est fortement liée à leur

---

[635] E. VENIZELOS, *Le traité de Maastricht et l'espace communautaire constitutionnel*, Athènes - Komotini : éd. A. Sakkoulas, 1994, p. 14.

[636] L. PAPADOPOULOU, *Constitution nationale et droit communautaire, La question de primauté*, *op. cit.*, p. 424.

[637] A. GERONTAS, *Droit public économique*, éd. Sakkoulas, Athènes - Thessalonique, 2011, p. 593.

indépendance économique[638]. Toutefois, la stabilité budgétaire, relative à la stabilité des prix sur les marchés et à la discipline budgétaire, est un but essentiel de l'ordre juridique de l'UE ainsi qu'une condition nécessaire pour le bon fonctionnement et le développement économique et social de tous les pays membres de l'UE[639].

Cela étant, un nouveau droit économique apparaît, dont la mise en œuvre remet en cause la légitimité constitutionnelle (B) au moment même où la Grèce est juridiquement et actuellement obligée de respecter des règles imposées par ses créanciers et organes prêteurs. Or, leur mise en œuvre est susceptible de porter atteinte tant aux règles constitutionnelles qu'européennes[640] (A).

A. L'engagement de la Grèce à suivre la politique prescrite par le plan du sauvetage. La mise en cause des règles européennes et constitutionnelles

L'exemple de la Grèce est significatif, car son statut de pays endetté semble rendre son autonomie constitutionnelle strictement théorique[641]. Ainsi, la Grèce cède tacitement une partie de sa souveraineté nationale, ce qui constitue une clause implicitement prévue par la convention de prêt signée entre les pays membres de la zone euro et la République hellénique (1). Elle est de plus soumise aux exigences de ses créanciers et de ses organes prêteurs (2).

1. L'abandon de segments de la souveraineté nationale, clause implicite de la convention de prêt signée entre les pays membres de la zone euro et la République hellénique

Bien qu'aucune clause ne limite explicitement la souveraineté ou ne consacre de transfert de souveraineté, *de facto*, il existe un transfert de compétence et une limitation de la souveraineté nationale, en vertu des

---

[638] B. MATHIEU, *Constitution : rien ne bouge et tout change*, Paris : Lextenso, 2013, p. 81.

[639] K. GOGOS, « 'crime' et châtiment : la procédure de déficit excessif à l'union économique et monétaire entre loi et politique », *EfimDD*, n°4, 2010, pp. 426 - 437.

[640] A noter que le plan de sauvetage, instaurant un mécanisme de soutien financier, est souvent invoqué dans l'ordre interne par le terme « memorandum ». Ce terme renvoie à tous les documents signés (memoranda of understanding et convention d'emprunt) dans ce cadre. Ce pourquoi le titre « memorandum » est souvent utilisé dans les articles et ouvrages grecs récents.

[641] B. MATHIEU, *Constitution : rien ne bouge et tout change*, *op. cit.*, p. 81.

règles prévues par la convention de prêt signée entre les pays membres de la zone euro et la République hellénique[642].

Par ailleurs, l'application du droit anglo - saxon, telle que prévue par la convention de prêt signé entre la Grèce et les pays membres de la zone euro (article 14 §1), a donné lieu à un très long débat, principalement sur la clause prévue par la convention et relative à la renonciation de la Grèce à toute *immunité*, dans le cas d'une exécution forcée (article 14 §5)[643], sous réserve que ceci ne soit pas interdit par une « disposition légale impérative » (*mandatory law*)[644]. La même clause est prévue dans le deuxième plan de sauvetage (article 13 §1 de la convention)[645].

Cette clause d'une grande rigidité fut expliquée dans l'avis juridique de deux conseillers de l'État grecs, qui ont explicitement mentionné que ni l'emprunteur ni la propriété publique ne jouissent d'une immunité grâce à la souveraineté nationale ou pour toute autre raison.

---

642 Sur la différence entre limitations de souveraineté et transfert de souveraineté D. ROUSSEAU, *Droit du contentieux constitutionnel*, Paris : LGDJ - Lextenso, 10e éd., 2013 p.380 - 388 Aussi CC n°92 - 308 DC du 09 avril 1992, *Traité sur l'Union européenne*, Recueil, p. 55, *JO* du 11 avril 1992, p. 5354 considérant 13 :» *le respect de la souveraineté nationale ne fait pas obstacle à ce que la France consente à des transferts de compétence* ».

643 Une partie de la doctrine a considéré comme inconstitutionnel l'abandon de l'immunité dans le cas de l'exécution des décisions K. CHRYSOGONOS, « La gloire perdue de la démocratie grecque », *op. cit.*, pp. 1353 - 1374 ; G. KASIMATIS, *Les conventions de prêt de la Grèce avec l'UE et le FMI*, Athènes : éd. du Barreau d'Athènes, 2010, p. 21 et suiv. ; G. KATROUGALOS, « Memoranda sunt Servanda ? La constitutionnalité de la loi 3845/2010 et du memorandum pour les mesures d'applications des accords avec le FMI, l'UE et la BCE », *EfimDD*, n°2, 2010, pp. 151 - 163 ; C. YANNAKOPOULOS, « Entre ordre juridique national et ordre juridique de l'UE : le memorandum en tant que reproduction de la crise de l'Etat de droit », publié sur constitutionnalism : [http://constitutionalism.gr/site/wp - content/mgdata/pdf/giannakopoulos.pdf] *contra* P. GLAVINIS, *Le memorandum de Grèce*, *op. cit.*

644 Article 14 (5) Loan facility agreement signé le 8 mai 2010 : « *The Borrower hereby irrevocably and unconditionally waives all immunity to which it is or may become entitled, in respect of itself or its assets, from legal proceedings in relation to this Agreement, including, without limitation, immunity from suit, judgement or other order, from attachment, arrest or injunction prior to judgement, and from execution and enforcement against its assets to the extent not prohibited by mandatory law* ».

645 Article 14 (5) Loan facility agreement signé le 8 mai 2010 et article 13 (4) du deuxième loan facility agreement tel que ratifié par le Parlement grec le 12 février 2012 par la 4046/2012. G. MATSOS, « Aspects financiers et constitutionnels des conventions de prêts étatiques régies par le droit étranger », *in Finances publiques et droit, volume d'honneur pour le Professeur Nikolaos I. Mparmpas*, éd. Sakkoulas, Athènes - Thessalonique, 2013, pp. 211 - 239, (p. 211).

Il a ainsi été soutenu que la clause de renonciation à toute immunité, visant également la souveraineté nationale, n'est pas exceptionnelle. Il s'agit au contraire d'une clause standard, utilisée dans le cadre des échanges internationaux et des conventions de prêts, dans le cadre des garanties fournies par les emprunteurs. Un engagement est ainsi prévu à propos des émissions libellées en euro, ce qui était un moyen d'emprunt largement utilisé en Grèce auparavant. L'absence d'immunité, qu'il s'agisse de privilèges de nature substantielle ou procédurale, était également prévue lorsque l'État devenait emprunteur[646].

Or, cette clause insérée dans la convention de prêt semble très générale et engage considérablement l'ordre grec. Il convient à cet égard de souligner que les deux conseillers juridiques de l'État l'ont acceptée sans la faire dépendre de la satisfaction de la condition mentionnée par le texte de la convention, à savoir l'interdiction de cette clause par des dispositions nationales impératives[647]. Il est alors indéniable qu'il s'agit d'une renonciation implicite à une partie de la souveraineté étatique, susceptible de violer tant le droit constitutionnel que les règles du droit international et de l'UE.

Pour ce qui est du droit national, cette clause est directement contraire au principe de respect de la souveraineté étatique, qui implique que soient garantis les moyens qui assurent le fonctionnement et l'existence de la République grecque[648], et exclut dès lors la possibilité de saisir la propriété publique. De plus, le privilège du prêteur de déléguer ses droits à un État tiers, prévu dans la Convention de prêt[649], constitue une violation manifeste tant du principe d'égalité que du principe de proportionnalité, en raison de l'importante contrainte qu'elle implique.

Pour ce qui est du droit international, cette clause très rigoureuse et générale pourrait entraîner la violation de la convention de Vienne au regard de la situation économique de la Grèce au moment de la signature de la convention de prêt. Précisément, cette clause viole l'indépendance politique de la Grèce, ce qui est prohibé par l'article 4 § 2 de la Charte des Nations Unies et peut entraîner la nullité de la convention, en vertu de l'article 53 de la Convention de Vienne[650].

---

[646] A. MANITAKIS, « Les questions constitutionnelles du memorandum face à la souveraineté nationale partagée et à la politique financière surveillée » publié sur [http://constitutionalism.gr/site/wp - content/mgdata/pdf/manitakis_2011_11_3_20_0_23.pdf].

[647] G. KASIMATIS, Les conventions de prêt de la Grèce avec l'UE et le FMI, *op. cit.*, pp. 22 - 25.

[648] K. CHRYSOGONOS, « La gloire perdue de la démocratie grecque », *op. cit.*, p. 1359.

[649] Article 2 § 3 et 13 de la Convention de prêt.

[650] Article 53 de la Convention de Vienne : « *Est nul tout traité qui, au moment de sa conclusion, est en conflit avec une norme impérative du droit international général.*

Enfin, concernant le droit européen, il convient de se demander si cette clause, imposée à la Grèce par d'autres États membres de l'Union, respecte l'égalité et le principe de coopération loyale entre les pays membres, ainsi que l'égalité des États membres devant les traités. Elle semble également porter atteinte à l'identité nationale des États, inhérente à leurs structures fondamentales politiques et constitutionnelles, y compris en ce qui concerne l'autonomie locale et régionale et les fonctions essentielles de l'État, telles que prévues à l'article 4 du traité sur l'UE[651].

2. L'encadrement de la politique économique par des organes non étatiques. La légitimité ambiguë des actes adoptés par l'Union européenne

Le memorandum d'entente signé entre la Grèce et la Commission européenne suite à la signature de la Convention de prêt, prévoit le cadre de la politique économique que la Grèce doit suivre[652]. Il est mis à jour tous les trois mois après concertation de la Grèce avec la Troïka (composée des représentants de la Commission européenne, de la BCE et du FMI), et a pour but d'encadrer les politiques économiques de la Grèce en s'appuyant sur le memorandum d'entente et en évaluant ensuite les mesures prises à l'échelle nationale.

De plus, concomitamment à la signature du memorandum d'entente le 4 mai 2010, la Commission européenne a arrêté une recommandation[653] qui s'appuie sur deux articles du TFUE. D'une part, l'article 136 §1 TFUE qui prévoit la possibilité d'adopter des mesures spécifiques pour les États membres dont la monnaie est l'euro, en vue de renforcer la coordination et la surveillance de leur discipline budgétaire. D'autre part, cette recommandation s'appuie sur l'article 126 TFUE qui dispose que les États membres doivent éviter les déficits publics excessifs et définit à cette fin la procédure de déficit excessif.

Conformément à cette recommandation de la Commission, le Conseil a adressé à la Grèce, le 8 juin 2010, la décision n°2010/320[654], en vue de

---

Aux fins de la présente Convention, une norme impérative du droit international général est une norme acceptée et reconnue par la communauté internationale des Etats dans son ensemble en tant que norme à laquelle aucune dérogation n'est permise et qui ne peut être modifiée que par une nouvelle norme du droit international général ayant le même caractère ».

651 C. YANNAKOPOULOS, « Entre ordre juridique national et ordre juridique de l'UE : le memorandum en tant que reproduction de la crise de l'étant de droit », *op. cit.*, p.11.

652 A. DIMITROPOULOS, « La Constitution et la détermination à l'avance de la politique gouvernementale », *EDDD*, n°1, 2014, pp. 5 - 12.

653 Sec (2010) texte final Bruxelles le 4 mai 2010.

654 La décision 2010/320 du Conseil a été modifiée trois fois par les décisions 2010/486 du 7 septembre décembre 2010, 2011/57 du 20 décembre 2010 et

renforcer et d'approfondir la surveillance budgétaire et afin de mettre la Grèce en demeure d'instaurer des mesures susceptibles de contribuer à la réduction du déficit jugée nécessaire en vue d'un redressement économique. Les engagements prévus dans les textes signés, afin que le plan de sauvetage soit mis en vigueur, sont intégrés à cette décision. Il convient par ailleurs de noter que cette décision prévoie explicitement que les bailleurs de fonds ont subordonné leur aide au respect de la présente décision par la Grèce. Cette dernière devrait notamment prendre les mesures décrites dans la présente décision, conformément au calendrier indiqué. Dans ce cadre, le mouvement de solidarité financière, qui est le principe directeur de l'UE pour surmonter la crise des dettes souveraines, reste assez hypothétique dans le cas de la Grèce au vu de l'importance des transformations exigées[655].

Ainsi, cette décision constitue un texte juridiquement contraignant pour la Grèce, imposant des mesures d'application des règles prévues dans le memorandum d'entente. Cette décision semble être à la limite tant de la légitimité constitutionnelle que de la légitimité du droit de l'UE[656]. Il convient de souligner que la souscription des prêts en échange de concessions à prêteurs, qui sont en l'espèce des pays membres de la zone euro, et l'édiction des lois aux organes compétents de la Grèce, ne sont pas destinées à promouvoir la coopération avec d'autres États, mais à répondre aux besoins de trésorerie de l'emprunteur[657].

Ainsi, il ne semble pas que les difficultés relatives à la compétence législative et la souveraineté étatique survenues après la signature du memorandum et l'adoption de la décision 2010/320 du Conseil, aient été résolues dans le cadre de la participation de la Grèce à la zone euro, laquelle restreint la souveraineté nationale et principalement l'autonomie budgétaire des pays membres[658]. Cette autonomie budgétaire nationale n'est cédée à l'UE que partiellement, pour les besoins du bon fonctionnement de la zone

---

2011/257 du 7 mars 2011. Le 12 juillet 2011 la décision 2010/320 fut abrogée puis remplacée par la décision 2011/734 du 19 juillet 2011 qui a été aussi modifiée par la décision 2011/791 du Conseil du 8 novembre 2011.

[655] Fr. FINES, « La construction européenne au défi de la crise des dettes souveraines dans la zone euro », *in* N. de GROVE - VALDEYRON, M. BLANQUET, V. DUSSART (dir.), *Mélanges en l'honneur du Professeur Joël Molinier,* Paris : LGDJ, 2012, pp. 220 - 232, (p. 222).

[656] S. MAVRIDIS, « Les critères de la discipline financière à la construction de la zone euro, Le cas de la Grèce », *op. cit.*, pp. 328 - 329.

[657] G. MATSOS, « Aspects financiers et constitutionnels des conventions de prêts étatiques régies par le droit étranger », *in Finances publiques et droit, volume d'honneur pour le Professeur Nikolaos I. Mparmpas*, *op. cit.*, p. 227.

[658] *Contra* P. GLAVINIS, *Le memorandum de Grèce*, *op. cit.*, p. 122, A. MANITAKIS, « Les questions constitutionnelles du memorandum », *op. cit.*, pp. 703 - 705, ainsi que Conseil d'État Assemblée plénière, arrêt 668/2012 (considérant n°28).

euro[659]. Par ailleurs, la *Bundesverfassungericht*, dans l'arrêt sur le mécanisme de soutien financier[660], a signalé l'importance de l'autonomie budgétaire, très affaiblie dans le cas de la Grèce tant en raison de la surveillance étroite de la Troïka à l'égard de la politique économique, qu'en raison de la contrainte d'adopter des mesures spécifiques afin de réduire le déficit excessif, mesures prévues par la décision susmentionnée.

Il convient de remarquer que cette décision et tous les plans d'action « recommandés » par les instances européennes n'ont pas été adoptés suite à un débat démocratique au Parlement européen.

Dans ce contexte, l'UE impose l'instauration de mesures législatives, ce qui restreint l'initiative de la fonction législative, qui appartient en Grèce à la Chambre des députés et au Président de la République. Par ailleurs, l'invocation, à propos de l'édiction de cette décision, des articles 126 §9 et 136 TFUE ne résout pas les problèmes de légitimité de ces plans d'action à la fois inconstitutionnels et contraires au droit primaire de l'UE. Ce raisonnement se borne à souligner les règles de droit qui ont déjà été adoptées à un niveau généralement contraignant, en essayant ainsi de légitimer une procédure illégale. L'engagement de la République hellénique[661], en vertu de la décision 2010/320 du Conseil modifiée, d'appliquer les mesures indiquées, ne supprime en rien la question de l'incompatibilité de ces actes avec le droit de l'UE. Le fait d'imposer des mesures législatives à un État membre ne peut être lié ni au principe de primauté du droit de l'UE ni aux compétences de l'UE à propos de la construction de la zone euro. L'Union européenne peut délimiter des critères quantitatifs pour lutter contre le déficit excessif et suggérer des mesures à prendre, mais ne peut pas engager la politique financière d'un État en lui imposant d'instaurer certaines règles.

Le choix du Conseil de déterminer avec autant de détail les mesures législatives que la Grèce doit adopter, conformément aux dispositions du memorandum d'entente, démontre la volonté de l'UE d'engager la Grèce dans cette direction, alors même que l'Union ne disposait pas à l'époque de

---

659 Pour l'évolution du principe de l'autonomie et de la souveraineté financières, voir l'article de Cl. ZIMMERMAN, « The concept of Monetary Sovereignty Revisited», *EJIL*, vol. 2, 2013, pp. 797 - 818

660 BVerfGE 1390/12 du 12 septembre 2012, demande d'injonction provisoire pour empêcher la ratification du traité sur le Mécanisme européen de stabilité (ESM) et le traité sur la stabilité, la coordination et la gouvernance (TSCG), voir E. SAULNIER - CASSIA, « Le Traité instituant le mécanisme européen de stabilité et le Traité sur la stabilité, la coordination et la gouvernance au sein de l'Europe, sous contrôles constitutionnels », *RTDE*, n°1, 2013, pp. 160 - 163. Voir aussi la décision BVerfGE 1390/12 du 18 mars 2014 rejetant définitivement les requêtes déposées sur cette question.

661 Toujours sous réserve de la conformité de la convention de prêt avec l'article 125§1 TFUE ce qui est pourtant contestable.

cadre institutionnel adéquat pour ce faire[662]. Cela prouve par ailleurs que « nous ne sommes pas en présence d'un gouvernement économique démocratique de l'Europe, mais d'un gouvernement de l'Europe à partir de l'économie »[663]. En effet, les analyses de la crise financière qui frappe la zone euro semblent corroborer la thèse d'un retour des États dans la gouvernance économique et monétaire de l'Union. Or, la crise a en fait révélé de nombreuses carences dans la gouvernance de l'Union[664] et des politiques financières se sont imposées aux pouvoirs politiques du pays. Il faut dès lors remarquer que les mécanismes prévus pour la gestion de la crise grecque ont été façonnés par la réalité économique et le pragmatisme politique[665]. Toutefois, le cadre juridique de l'UE, et concrètement le cadre juridique de l'article 136 TFUE ne lui attribuait pas à l'époque les compétences pour les actes adoptés.

Ainsi, dans le cadre de la réunion du Conseil européen des 16 et 17 décembre 2010, et en vue de légitimer toutes les mesures convenues, il a été décidé d'insérer un nouveau paragraphe à l'article 136 TFUE, par ailleurs nécessaire afin d'apporter une « réponse structurelle à une situation de crise »[666] et au regard des mesures déjà adoptées[667].

---

[662] L'Union européenne, en essayant de dépasser les risques survenus dans la zone euro, tend à sous estimer la légitimité du projet d'intégration, (the Unions attempt to 'save' the eurozone risks undermining the substantive balance that sustains the legitimacy of the integration project) ; M. DAWSON, F. de WITTE, « Constitutional balance in the EU after the Euro - Crisis », *The modern law review*, vol. 76, 2013, pp. 817 - 844, (p. 826).

[663] Fr. B. CALLEJON, « Crise économique et crise constitutionnelle en Europe », *Constitutions*, n°2, 2013, pp. 133 - 143, (p. 142).

[664] R. DEHOUSSE, L. BOUSSAGUET, « L'impact de la crise sur la gouvernance européenne », *RFDC*, n°2, 2014, pp. 7 - 18, (p. 10).

[665] C. YANNAKOPOULOS, « Un Etat devant la faillite : entre droit et non - droit », Intervention au colloque « La fin du droit ? » organisé par le Centre de recherche Versailles Saint - Quentin Institutions Politiques, le jeudi 5 et le vendredi 6 décembre 2013, à la Faculté de Droit et de Science Politique de l'Université Versailles Saint - Quentin, publié sur [http://www.constitutionalism.gr/site/wp - content/uploads/2013/12/2013.12_Fin - du - droit_intervention_Yannakopoulos.pdf].

[666] Fr. QUEROL, « La crise financière mondiale et la gouvernance au sein de la zone euro : entre logique intergouvernementale et logique fédérale », *in* N. de GROVE - VALDEYRON, M. BLANQUET, V. DUSSART (dir.), *Mélanges en l'honneur du Professeur Joël Molinier*, Paris : LGDJ, 2012, pp. 551 - 572 (p. 558).

[667] Article 136 §3 : « *Les États membres dont la monnaie est l'euro peuvent instituer un mécanisme de stabilité qui sera activé si cela est indispensable pour préserver la stabilité de la zone euro dans son ensemble. L'octroi, au titre du mécanisme, de toute assistance financière nécessaire, sera subordonné à une stricte conditionnalité* ».

L'article 136 du TFUE fut modifié suivant la procédure accélérée de révision des traités. Ainsi un troisième paragraphe à cet article est ajouté, disposant que « *Les États membres dont la monnaie est l'euro peuvent instituer un mécanisme de stabilité qui sera activé si cela est indispensable pour préserver la stabilité de la zone euro dans son ensemble. L'octroi, au titre du mécanisme, de toute assistance financière nécessaire, sera subordonné à une stricte conditionnalité* »[668]. Cette modification a été considérée comme nécessaire afin de garantir la validité du traité établissant le mécanisme européen de stabilité (MES)[669] au regard du droit européen[670]. Toutefois, la question de la validation de la décision du Conseil européen 2011/199 modifiant cet article, ainsi que de la conformité du MES avec le droit de l'Union ont été posées à la CJUE par la Cour suprême irlandaise par voie préjudicielle[671].

---

[668] Décision 2011/199 du Conseil du 25 mars 2011 modifiant l'article 136 TFUE en ce qui concerne un mécanisme de stabilité pour les Etats membres dont la monnaie est l'euro. Elle est entrée en vigueur le 1er mai 2013.

[669] Ce traité crée une institution financière internationale permanente et remplace le mécanisme européen de stabilisation financière (MESF) ainsi que le Fonds européen de stabilité financière (FESF), mécanismes adoptés en 2010 lorsque l'instabilité financière de la Grèce était à son point critique. Voir J. BOURRINET, « Vers une refondation de la gouvernance économique de la zone euro ? », *in* Ch. PHILIP et al. (dir.), *Réalisations et défis de l'Union européenne : droit, politique, économie, mélanges en hommage à Panayotis Soldatos*, Bruxelles : Bruylant, 2012, pp. 131 - 153, (pp. 144 - 148).

[670] Le TMES a été conclu le 11 juillet 2011 par les 17 États membres de la zone euro et une version modifiée a été conclue le 2 février 2012 pour élargir les possibilités d'intervention du MES en permettant une assistance octroyée à titre de précaution et l'achat de titres publics sur le marché primaire et secondaire. Voir A. de STREEL, « La gouvernance économique européenne réformée », *RTDE*, n°3, 2013, pp. 455 - 481, (p. 458). Aujourd'hui tous les pays ayant signé le MES l'ont approuvé. Voir http://www.europarl.europa.eu/webnp/webdav/site/myjahiasite/users/fboschi/public/art.%20136%20ESM%20fiscal%20compact%20ratprocess.pdf, Autriche le 17 juillet 2012, Belgique le 14 juin 2012, Chypre le 22 juin 2012, Estonie le 30 aout 2012, Finlande le 3 juillet 2012, France le 8 mars 2012, Allemagne le 29 juin 2012, Grèce le 30 mars 2012, Irlande le 3 juillet 2012, Italie le 19 juillet 2012, Luxembourg le 5 juillet 2012, Malte le 17 juillet 2012, Pays bas le 12 juillet 2012, Portugal le 19 juin 2012, Slovaquie le 28 juin 2012, Slovénie le 14 mai 2012, Espagne le 6 juin 2012, . En n'étant pas membres de la zone euros les pays suivants ont ratifié uniquement la modification de l'article 136TFUE ; Bulgarie le 27 juillet 2012, République Tchèque le 3 mars 2013, Hongrie le 6 mars 2012, Lettonie le 9 mai 2012, Lituanie le 21 juin 2012, Pologne le 2 juillet 2012, Roumanie le 22 juin 2012, Suède le 19 juin 2012, Royaume Uni le 10 septembre 2012.

[671] CJUE, Assemblée plénière, 27 novembre 2012, *Pringle*, C - 370/12 non encore publié. M. PERRAKIS, « Présentation et commentaire sur l'arrêt de la Cour de justice de l'Union européenne Pringle (C - 370/12) concernant le mécanisme européen de stabilité », *NoV*, 2013, pp. 572 - 594. ; J. - P. JACQUE, « L'apport de la Cour de

La Cour de justice a jugé en premier lieu que la modification litigieuse n'empiétait pas sur la compétence exclusive reconnue à l'Union dans le domaine de la politique monétaire pour les États membres dont la monnaie est l'euro. En deuxième lieu, il a été jugé que la modification litigieuse n'affectait pas non plus la compétence reconnue à l'Union dans le domaine de la coordination des politiques économiques des États membres.

Par ailleurs, la Cour a constaté que l'attribution, par le traité MES, de nouvelles fonctions à la Commission, à la BCE et à la Cour était compatible avec leurs attributions telles que définies dans les traités[672]. La Cour a souligné notamment que les fonctions confiées à la Commission et à la BCE dans le cadre du traité MES ne comportaient aucun pouvoir décisionnel propre et que les activités exercées par ces deux institutions dans le cadre du même traité n'engageaient que le MES. En dernier lieu, en ce qui la concerne, la Cour relève qu'elle est compétente pour statuer sur tout différend entre États membres en lien avec l'objet des traités, si ce différend lui est soumis en vertu d'un compromis[673], et que rien n'empêche qu'un tel accord soit donné préalablement par référence à une catégorie de différends prédéfinis. La CJUE, directement confrontée à la question du contrôle juridictionnel de l'exercice du pouvoir constituant européen dérivé, n'a pas souhaité accentuer le caractère extraordinaire de cette situation de crise[674].

De cette façon, on constate alors une sorte de légitimation *ex post* des mesures ayant été prises *ex ante* au niveau européen pour résoudre la crise économique.

---

justice à la mise en œuvre et à l'interprétation du traité de Lisbonne », *RTDE*, n°3, 2013, pp. 610 - 619 ; M. KERBER, « Une apologie téléologique sans limites (la décision Pringle de la CJUE comme acte juridique *ultra vires*, ou la cécité volontaire envers toute raison économique », *LPA*, n°211, 2013, pp. 7 - 11. Par ailleurs, le TMES a fait également l'objet d'un recours devant la Cour de Karlsruhe. Dans un arrêt rendu le 12 septembre 2012 en référé (BvR 1390/12), la Cour constitutionnelle allemande a autorisé la ratification de ce traité par l'Allemagne. Voir BVerfGE, 12 septembre 2012, 2BVR 1390/12 rejetant définitivement les requêtes déposées en la matière.

[672] Voir à cet égard l'article 13 TFUE.

[673] Article 273 TFUE.

[674] Fl. GIORGI, « Le pouvoir constituant européen, « L'arlésienne » du constitutionnalisme européen ? Quelques réflexions à propos de l'arrêt Pringle », *in* V. KORNENBERGER, M. T. D'ALESSIO, V. PLACCO (dir.), *De Rome à Lisbonne : les juridictions de l'Union européenne à la croisée des chemins, Mélanges en l'honneur de Paolo Mengozzi*, Bruxelles : Bruylant, 2013, pp. 265 - 278, (p. 277).

B. L'émergence d'un droit économique « d'exception » face à la légitimité constitutionnelle

Un nombre important de difficultés a émergé à propos de l'instauration des mesures conformément au memorandum d'entente et la décision 2010/320UE. Précisément, le niveau de détail des mesures à prendre ainsi que les délais très courts imposés par les créanciers pour la satisfaction des buts visés engagent le législateur grec à un point tel qu'est soulevée la question de leur légitimité constitutionnelle et celle du risque de la violation des règles et principes constitutionnels (1). Par ailleurs, l'adoption de plusieurs mesures conformément au memorandum d'entente et à la décision 2010/320UE, donne lieu à l'exercice d'un contrôle parallèle de constitutionnalité et de conventionnalité des lois édictées, dont l'intensité n'est pas toujours satisfaisante compte tenu de la gravité des problèmes en cause et des violations éventuelles constatées (2).

1. La mise en cause de la légitimité des engagements issus du memorandum d'entente et de la décision 2010/320UE face aux principes constitutionnels

Un sujet sensible et susceptible d'entraîner la violation des droits fondamentaux fut l'institution des mesures prévues au memorandum d'entente et dans la décision du Conseil concernant la diminution des indemnités des salaires et des pensions. L'introduction d'un barème d'imposition progressive de toutes les sources de revenus et un traitement unifié horizontalement pour les revenus du travail et du capital, la suppression des primes de Pâques, d'été et de Noël versées aux retraités et aux fonctionnaires, une augmentation du taux de TVA, etc[675].

Toutes ces mesures ont été concrétisées par des lois formelles[676] qui furent vivement critiquées par une grande partie de la doctrine[677].

---

[675] G. KASIMATIS, « L'inconventionnalité des conditions essentielles des conventions de prêt avec la Constitution », *DtA*, n°49, 2011 pp. 11 - 24, (p. 19).

[676] A titre d'exemple : deux lois ratifiant les memoranda signés n°3845/2010 et 4046/2012 ainsi que la loi ratifiant le programme à moyen terme avec sa mise à jour (loi 4127/2013). Voir également : loi 3863/2010 : nouveau système de sécurité sociale et autres dispositions, réglementations des relations de travail, loi 3833/2010 : diminution des salaires des fonctionnaires, cotisation financière exceptionnelle, restriction des embauches, TVA et autres mesures, loi 3896/2011 mesures du programme à moyen terme, législation du travail, législation fiscale etc, loi 4024/2011, retraites, fonctionnaires mis en réserve etc, loi 4051/2012, diminution des sommes de retraites et autres dispositions d'application des règles du memorandum, loi 4021/2011, établissements de crédit, taxe spéciale additionnelle sur les biens immobiliers, loi 4172/2013 sur la mise en réserve des fonctionnaires publics.

Précisément, la légitimité de ces mesures est contestée quant à leur conformité aux principes et règles constitutionnels, mais également au droit de l'Union.

Une première violation concerne *l'acquis social*. Cette notion ne signifie pas qu'il y ait un cadre constitutionnel qui engage de manière absolue le législateur. Néanmoins, en vertu de l'acquis social, il faut admettre qu'il ne peut procéder ni à l'abrogation des droits sociaux déjà reconnus et acquis ni à l'affaiblissement de leur protection d'une manière telle que cela porterait atteinte au principe de confiance légitime[678]. Parallèlement, le principe d'acquis social engage les pouvoirs législatif, exécutif et juridictionnel à instaurer un cadre juridique plus complet visant la protection sociale et à ne pas la restreindre de manière disproportionnée, comme c'est le cas en l'espèce[679]. En vertu de ses raisonnements, la protection des droits sociaux est mise en danger. Dans l'ordre interne, il existe un cadre constitutionnel très développé visant le respect des droits sociaux à travers le principe d'égalité. Ainsi, la Constitution grecque dicte à l'État certaines obligations, lui prescrit des devoirs, en disposant qu'il doit veiller à la santé des citoyens (article 21 alinéa 3), au plein emploi (article 22 alinéa 3) et à la sécurité sociale des travailleurs (article 22 alinéa 5)[680]. En outre, les droits visant les indemnités des fonctionnaires du secteur public et privé, ainsi que les créances des affiliés à la sécurité sociale, sont protégés non pas uniquement sous l'angle des droits sociaux, mais aussi sous l'angle du droit de propriété. La garantie de la protection du droit de propriété comprend ainsi les aspects économiques des droits sociaux et du droit du travail. Ces droits relèvent également de la protection de l'article 1 du Protocole additionnel n°1 de la

---

[677] G. KASIMATIS, *Les conventions de prêt de la Grèce avec l'UE et le FMI*, *op. cit.* ; G. KASIMATIS, « L'inconventionnalité des conditions essentielles des conventions de prêt avec la Constitution », *op. cit.* ; P. Lazaratos, « La constitutionnalité des exceptions de titres par la procédure du 'PSI' », *EfimDD*, n°1, 2012, pp. 139 - 144 ; G. AGAPITOS, « Le PSI diminue la dette publique mais augmente les taux de chômage », *DEN*, 2012, pp. 481 - 484 ; A. PETROGLOU, « Le memorandum of understanding de la loi 4046/2012 et les réformes accordées pour la sécurité sociale », *EDKA* 2012, pp. 75 - 78 ; K. CHRYSOGONOS, A. KAIDATZIS, «Le vain sacrifice d'Iphigénie. Réflexions préliminaires sur l'inconstitutionnalité de la loi 4093/2012 », *NoV*, 2012, pp. 2682 - 2708.

[678] Pour le cadre général de la protection du droit au travail voir G. KATROUGALOS, *Les droits sociaux*, Athènes - Komitini, éd. A. Sakkoulas, 2006, pp. 133 - 142.

[679] D. KAVVADA, M. OIKONOMOU, « Crise économique : un nouvel aspect du rôle de l'Etat et de la constitution économique », *ThPDD*, n°10 - 11, 2011, pp. 918 - 933, (p. 922).

[680] S. KTISTAKI, « L'influence de la crise économique sur les droits sociaux », *EDKA*, 2012, pp. 481 - 506, (p. 482).

Convention EDH ainsi que de l'article 17 de la Charte des droits fondamentaux[681].

La légitimité des mesures contextuelles s'examine en définitive à travers l'équilibrage des concepts contradictoires de la protection des droits, d'une part, et des intérêts financiers, d'autre part. Précisément, les mesures instaurées en vue de pallier la crise économique doivent garantir un juste équilibre entre le but visé et l'intérêt public, ainsi que le respect des droits sociaux et de l'acquis social comme expression du principe de confiance légitime.

En espèce, il semble que le besoin de gérer la crise économique amplifie la notion d'intérêt général en conduisant à une nouvelle conception de celui - ci en tant que fondement de l'activité étatique. Ainsi, le besoin de réduire le déficit, combiné avec l'effort d'éviter la faillite et de prendre des mesures d'assainissement budgétaire[682], peut venir justifier, en se référant à des circonstances exceptionnelles, une sorte de « droit en cas de nécessité », susceptible de cautionner les restrictions apportées aux droits sociaux par rapport aux restrictions tolérées en temps normal[683].

Par conséquent, un contrôle juridictionnel est nécessaire pour déterminer si l'intérêt budgétaire et financier peut se différencier du simple intérêt de trésorerie et justifier en ce sens les restrictions apportées à la protection des droits de l'homme, tant du point de vue de la légitimité constitutionnelle que du point de vue de la protection européenne.

2. L'examen de la conventionnalité et de la constitutionnalité des lois d'application des mesures prévues dans le memorandum d'entente

L'arrêt de l'Assemblée plénière du Conseil d'État 668/2012[684] a porté sur la constitutionnalité et la conventionnalité des dispositions législatives adoptées conformément aux mesures prévues dans le *Memorandum I*, conditionnant le premier paquet d'aide financière à la Grèce, telles qu'elles furent validées par la loi 3485/2010. Le contrôle juridictionnel exercé visait principalement les mesures de diminution des salaires, des pensions et des prestations sociales sur le fondement de la violation du droit de propriété prévu à l'article 17 de la Constitution et à l'article 1er du premier protocole

[681] G. KASIMATIS, *Les conventions de prêt de la Grèce avec l'UE et le FMI*, *op. cit.*, pp. 40 - 41.

[682] S. MAVRIDIS, « Les critères de la discipline financière à la construction de la zone euro, Le cas de la Grèce », *op. cit.*, pp. 310 - 311.

[683] S. KTISTAKI, « L'influence de la crise économique sur les droits sociaux », *op. cit.*, pp. 500 - 501.

[684] Conseil d'État, Assemblée plénière, 668/2012, commentaire de I. MATHIOUDAKIS, *Armenopoulos*, 2012 pp. 634 - 636, *EDKA* 2012, pp. 580 - 582 ; *EfimDD*, n°1, 2012, pp. 85 - 87 (résumé).

additionnel de la Convention EDH, ainsi que sur le fondement du principe de proportionnalité dans la contribution aux charges publiques et du principe de respect de la dignité humaine. Il convient de préciser que l'intensité du contrôle varie selon qu'il s'agit du contrôle de la violation du droit de propriété ou du contrôle du respect du principe de proportionnalité.

Tout d'abord, la Cour procède à un contrôle restrictif du droit de propriété en mettant l'accent sur le fait que le droit de propriété ne garantit pas le droit à une indemnité de salaire ou de pension d'un montant spécifique et que leur différenciation peut être prévue à propos des lois formelles, dès lors qu'elle est justifiée par des motifs d'intérêt public.

Ensuite, le contrôle juridictionnel de constitutionnalité et le contrôle de l'existence d'un motif d'intérêt public général prennent une toute autre dimension à propos du contrôle final du respect du principe de proportionnalité par les mesures instituées[685]. Il est important de préciser que la Cour n'a pas procédé à une invocation simple des circonstances exceptionnelles en vue de la satisfaction de l'intérêt budgétaire de l'État. Au contraire, les mesures instaurées ont été contrôlées quant à leur pertinence et leur nécessité au regard du contrôle de proportionnalité *stricto sensu*, c'est - à - dire principalement par rapport à la nécessité de protéger les intérêts économiques et budgétaires dans le cadre d'une situation de crise[686]. Toutefois, et malgré la constitutionnalité des mesures contrôlées, la Haute juridiction administrative s'est réservée le droit de modifier sa position à l'avenir[687], dans le cas où de nouvelles mesures viendraient à être adoptées, qui pourraient remettre en cause le caractère social de l'État et la protection des droits de l'homme. La Cour a en effet confirmé que les restrictions apportées aux droits fondamentaux pour envisager la crise économique doivent avoir une durée de vie limitée, compte tenu des conséquences sur le mode de vie des individus[688].

Malgré les critiques exprimées contre cet arrêt[689], lesquelles semblent fondées en raison de son importance et de la gravité du contexte économique

---

[685] G. GERAPETRITIS, « Le contrôle des choix financiers par le juge : Projection du new deal », *Efimdd*, n°3, 2011, pp. 460 - 472 (p. 469).

[686] C. YANNAKOPOULOS, « L'intérêt public sous l'aspect de la crise économique », *op. cit.*, p. 112.

[687] J. ILIOPOULOS - STRANGAS, « Juges constitutionnels et parlements : Grèce », *AIJC*, vol. XXVII, 2011, pp. 267 - 279, (p. 278).

[688] D. RIBES, « L'incidence financière des décisions du juge constitutionnel », *CCC*, n°24, 2008, pp. 104 - 108.

[689] Voir à titre d'exemple X. KONTIADIS, A. FOTIADOU, « Droits sociaux, proportionnalité et crise financière, remarques à propos de l'arrêt Conseil d'État Assemblée plénière 668/2012 », *DtA* n°53, 2012, pp. 27 - 51 ; Th. ANTONIOU, « L'arrêt du Conseil d'État pour le memorandum, une affaire européenne sans approche européenne », *ToS*, 2012, pp. 197 - 222 ; G. KASIMATIS, « Les mesures inconstitutionnelles des conventions de prêts, Les positions prises par l'arrêt

qui l'entoure, la Cour EDH semble l'avoir confirmé au sujet de deux requêtes déposées par la Confédération des syndicats des fonctionnaires publics (ADEDY)[690]. Précisément, la Cour EDH a examiné la conventionnalité des mesures nationales de baisse des salaires et des pensions opérées par les lois d'application des memoranda sur le fondement du Premier protocole de la Convention EDH. Les requêtes ont été rejetées

---

668/2012 de l'Assemblée plénière du Conseil d'État », *NoV*, 2012, pp. 2648 - 2678 et I. KAMTSIDOU, « L'intérêt public au temps de crise », publié sur constitutionnalism [http://www.constitutionalism.gr/site/wp - content/uploads/2013/08/2013_Kamtsidou_Linteret - general - et - la - crise - final.pdf].

[690] Cour EDH, 7 mai 2013, *Koufaki et Adedy contre Grèce*, n°s 57665/12, 57657/12 (décision) ,*ThPDD*, n°7, 2013, pp. 656 - 663 avec commentaire de S. TREKLI, pp. 663 - 666, voir aussi la décision relative au cas du Portugal Cour EDH, 8 octobre 2013, *Da Conceição Mateus et Santos Januário contre Portugal*, (n°62235/12 et 57725/12, (décision sur la récevabilité) dans laquelle la Cour rejette par l'adoption d'un jugement similaire, les requêtes contre les mesures de diminution des pensions, adoptés après la signature du memorandum portugais.

Cf. aussi le renvoi des questions préjudicielles par le Tribunal do Trabalho de Porto, (CJUE, 7 mars 2013, *Sindicato dos Bancários do Norte e.a.*, C - 128/12, non encore publié (ordonnance) ; CJUE, 26 juin 2014, *Sindicato Nacional dos Profissionais de Seguros e Afins*, C - 264/12, non encore publié (ordonnance)). A propos de l'affaire C - 128/12, la Cour demande à la CJUE de statuer sur la conformité de la réduction de la rémunération des fonctionnaires du secteur public, prévue par la loi 55 - A/2010, portant adoption de la loi de finances pour 2011 en vue d'assainissement des finances publiques dans la situation de grave crise économico - financière avec la charte des droits fondamentaux. La CJUE a considéré que sa compétence n'est pas établie pour connaître de la demande de décision préjudicielle compte tenu que la décision de renvoi ne contient aucun élément concret permettant de considérer que ladite loi vise à mettre en œuvre le droit de l'Union. Les questions posées à propos de l'affaire C - 264/12 portent sur les mêmes matières. A l'opposé de cet arrêt se trouvent les décisions n°65 et 66/2011 du Comité européen des Droits sociaux du 18 juin 2012 statuant sur la violation de la charte des droits sociaux par des mesures instaurées conformément aux memoranda d'entente. (Ch. DELIGIANNI - DIMITRAKOU, « Les décisions du Comité européen des Droits sociaux concernant les mesures grecques d'austérité et leur effectivité », *EErgD*, 2013, pp. 135 - 157) Ces décisions ne sont pas exécutoires car le Comité ne constitue pas une juridiction. Toutefois, le Comité des Ministres a adopté deux Résolutions CM/ResChS(2013) n°2 et 3 le 5 février 2013 statuant sur la violation de l'article 4 § 4 de la Charte de 1961 en vertu de l'article 17 § 5 de la loi 3899 du 17 décembre 2010 qui ne prévoit pas de délais de préavis ni d'indemnité de licenciement dans les cas d'interruption d'un contrat de travail qualifié par elle de « à durée indéterminée » pendant une période probatoire qu'elle étend à un an.

comme manifestement mal fondées en application de l'article 35 § 3a et § 4 de la Convention[691].

En l'espèce, la Cour européenne semble néanmoins rejoindre l'arrêt 668/2012 en mettant l'accent sur le fait que les restrictions introduites par les lois litigieuses ne sauraient être considérées comme une « privation de propriété », comme le prétendaient les requérants, mais plutôt comme une ingérence dans la jouissance du droit au respect des biens au sens de la première phrase du premier paragraphe de l'article 1 du Protocole I[692].

La Cour insiste ensuite sur le fait que la notion d'« utilité publique » soit par nature ample. Selon le raisonnement adopté, il s'avère que la décision d'adopter des lois portant sur l'équilibre entre les dépenses et les recettes budgétaires de l'État implique d'ordinaire l'examen de questions politiques, économiques et sociales et le législateur dispose à cette fin d'une grande latitude pour mener sa politique économique et sociale. La Cour européenne semble donc respecter la manière dont le Conseil d'État conçoit les impératifs de l'« utilité publique ». On constate ainsi qu'à travers l'autolimitation de la Cour EDH, l'arrêt du Conseil d'État a été légitimé au niveau européen.

Cependant, il ne faut pas omettre le fait que le Conseil d'État à propos de son arrêt 668/2012 commenté ici, n'a pas procédé au contrôle de conformité des mesures nationales avec le droit de l'UE. Précisément, les mesures votées ont introduit plusieurs règles imposées par le Memorandum ainsi que par la décision du Conseil 2010/320 précitée[693]. Le Conseil d'État aurait dès lors dû contrôler non seulement la constitutionnalité des dispositions en cause, mais également leur conformité avec le droit de l'UE, en s'appuyant sur les motifs que la Cour de justice avait développés lors du contrôle de la validité de la décision n°2010/320/UE, en se référant aux articles 1, 17, 20, 21 et 31 de la Charte des droits fondamentaux de l'Union européenne[694]. Par ailleurs, il est très peu probable que les articles 126 §9 et 136 §1 TFUE, sur la base desquels fut adoptée la décision 2010/320/UE, permettent de justifier la compétence du Conseil européen pour imposer à la Grèce des mesures économiques aussi détaillées avant la modification effectuée à l'article 136 TFUE[695]. Dans ce contexte, la décision du Conseil susmentionnée semble

---

[691] Article 35 § 3 (a) et § 4 de la convention EDH « *3. La Cour déclare irrecevable toute requête individuelle introduite en application de l'article 34 lorsqu'elle estime : a) que la requête est incompatible avec les dispositions de la Convention ou de ses Protocoles, manifestement mal fondée ou abusive ; [...] 4. La Cour rejette toute requête qu'elle considère comme irrecevable par application du présent article. Elle peut procéder ainsi à tout stade de la procédure* ».

[692] Cour EDH, *Koufaki et Adedy*, précité, §34.

[693] Voir l'article 2§1 point f. de la décision 2010/320 du Conseil.

[694] C. YANNAKOPOULOS, « Le juge national, le droit de l'Union européenne et la crise financière », *RTDE*, n°1, 2013, pp. 147 - 152, (p. 151).

[695] *ibid.*, p. 151.

bien se trouver en dehors de la compétence européenne. Selon la Cour de Karlsruhe, le dépassement des compétences de l'UE constitue une limite au principe de primauté du droit de l'UE[696]. C'est pourquoi le renvoi d'une question préjudicielle à la CJUE pour examiner la validité de la décision du Conseil serait pertinent[697]. Or, le non-recours du Conseil d'État au mécanisme de renvoi des questions préjudicielles démontre la volonté du juge grec de légitimer les actes adoptés par l'UE. De cette façon, l'objectif d'envisager la crise économique devient un but primordial et le droit de l'UE occupe, dans ce contexte, une place particulière.

La réticence du Conseil d'État grec semble être en contraste avec les jugements adoptés par trois autres Cours constitutionnelles, à propos de mesures nationales similaires à celles votées en Grèce. Précisément, les Cours constitutionnelles de Lettonie[698] et de Roumanie[699] ont jugé inconstitutionnelles les diminutions apportées aux pensions conformément à un accord de prêt signé avec ces pays et le FMI. Les Cours constitutionnelles susmentionnées ont conclu à l'inconstitutionnalité de ces mesures en invoquant les garanties constitutionnelles concernant les droits sociaux.

Il convient de remarquer que la Cour constitutionnelle lettone a conclu concrètement à l'inconstitutionnalité de ces mesures en appliquant les articles 1 et 109 de la Constitution lettone garantissant le régime

---

[696] BVerfGE, 30 juin 2009, 2BvE 2/08, 2BvE 5/08, 2BvR 1010/08, 2BvR 1022/08, 2BvR 1259/08 et 2BvR 182/09, notamment considérant n°241, F. SCHORKOPF, « Note sous Federal Constitutional Court of Germany, 30 June 2009, Case Nos. 2 BvE2/08, 2BvE5/08, 2BvR1010/08, 2BvR1259/08, and 2BvR182/09 », *AJIL*, vol. 104, 2010, pp. 259 - 265, A. VON UNGERN - STERNBERG, « L'arrêt Lisbonne de la Cour constitutionnelle fédérale allemande, la fin de l'intégration européenne ? », *RDP*, n°1, 2010, pp. 171 - 195 et P. BUHLER, la puissance au XXe siècle Les nouvelles définitions du monde, Paris : éd. CNRS, 2011, pp. 378 - 383.

[697] G. KATROUGALOS, « Le Conseil d'État et la deuxième « loi contre constitutionnelle » », *ToS*, 2012, pp. 171 - 195, (pp. 190 - 192). Cela a été également prévu par l'ordonnance du Tribunal Tribunal de l'Union européenne, 27 novembre 2012, *ADEDY e.a. contre Conseil*, T - 541/10, non encore publié où la Cour, bien qu'elle ait rejeté le recours contre la décision 2010/320 en considérant que les requérants ne satisfaisaient pas à l'une des conditions de recevabilité posées par l'article 263, quatrième alinéa, TFUE, à savoir celle relative à l'affectation directe, précise que les requérants ont la possibilité d'attaquer ces mesures d'application devant le juge national et, dans le contexte de ce contentieux, faire valoir l'invalidité des actes attaqués, amenant ainsi le juge national à adresser une question préjudicielle à la Cour (point 89 - 90 de l'arrêt).

[698] Cour constitutionnelle lettone, 21 décembre 2009, n°2009 - 43 - 1. C. YANNAKOPOULOS, « L'Etat de droit et la souveraineté nationale devant le FMI », *EfimDD*, n°1, 2010, pp. 2 - 3.

[699] Cour constitutionnelle de Roumanie, 25 juin 2010, n°872/2010.

démocratique ainsi que le droit à la protection des droits sociaux[700]. De la même façon, la Cour constitutionnelle de Roumanie a également conclut à l'inconstitutionnalité des mesures équivalentes en invoquant les articles 41 et 47 §2 de la Constitution roumaine garantissant le droit au travail et à la sécurité sociale ainsi que la protection sociale visant le développement économique, ce qui a conduit la Cour à conclure au même jugement[701].

Un syllogisme similaire se trouve enfin dans deux arrêts rendus par le Tribunal constitutionnel portugais à propos de la suspension du paiement des primes de Noël et des primes de vacances d'été ainsi que d'autres avantages conférés aux fonctionnaires et aux retraités du secteur public, correspondant à un 13e et un 14e mois de salaire. Toutes ces mesures furent déclarées contraires au principe d'équité dans le partage des charges publiques, conformément à l'article 13 de la Constitution portugaise[702]. Néanmoins, le

---

[700] Article 1 de la Constitution lettone : « *La Lettonie est une République démocratique indépendante* » et article 109 « *Chacun a droit à la sécurité sociale s'il est âgé, handicapé, au chômage et dans les autres cas prévus par la loi* ».

[701] Article 41 de la Constitution roumaine : « *(1) Le droit au travail ne peut être limité. Le choix de la profession, du métier ou de l'occupation, ainsi que du lieu de travail est libre. (2) Les salariés ont droit aux mesures de protection sociale. Ces mesures portent sur la sécurité et la santé des salariés, le régime de travail des femmes et des jeunes, l'institution d'un salaire minimum brut au niveau national, le repos hebdomadaire, les congés payés, la prestation du travail en conditions particulières ou spéciales, la formation professionnelle, ainsi que sur d'autres situations spécifiques, établies par la loi. (3) La durée normale de la journée de travail est, en moyenne, au maximum de huit heures. (4) Pour un travail égal, les femmes reçoivent un salaire égal à celui des hommes. (5) Le droit aux négociations collectives en matière de travail et le caractère obligatoire des conventions collectives sont garantis. » et article 47 §2 (2) « Les citoyens ont droit à une pension de retraite, au congé de maternité payé, à l'assistance médicale dans les établissements sanitaires de l'Etat, à l'aide en cas de chômage et à d'autres formes d'assurances sociales publiques ou privées, prévues par la loi. Les citoyens ont également droit aux mesures d'assistance sociale, conformément à la loi* ».

[702] Article 13 de la Constitution portugaise : « *Principe de l'égalité 1. Tous les citoyens ont la même dignité sociale et sont égaux devant la loi. 2. Nul ne peut être privilégié, avantagé, défavorisé, privé d'un droit ou dispensé d'un devoir en raison de son ascendance, de son sexe, de sa race, de son territoire d'origine, de sa religion, de ses convictions politiques ou idéologiques, de son instruction, de sa situation économique, de sa condition sociale ou de son orientation sexuelle* », Ch. AKRIVOPOULOU, « Constitution et suspension de paiement du 13eme et 14eme salaire au Portugal, arrêt 353/2012 », *EfimDD*, n°5, 2012, pp. 628 - 657, voir aussi sous le même esprit Cour constitutionnelle italienne, 11 octobre 2012 n°223/2012 dans laquelle la Cour constitutionnelle italienne a déclaré inconstitutionnelles les diminutions imposées aux indemnités des juges avec le decretto - legge n°78/2010 (misure urgenti di stabilizzazione finanziaria e di competitivita economica) Ch. AKRIVOPOULOU, « Constitution et suspension de paiement du 13eme et 14eme mois de salaire au Portugal, arrêt n°353/2012 », *op. cit.*, p. 651 et Cour constitutionnelle

même arrêt a accepté que les circonstances d'urgence causée par l'insolvabilité du pays nécessitent l'exécution du programme d'aide financière extérieure, et que l'incapacité de respecter le budget annuel par d'autres mesures équivalentes, imposées conformément à l'article 282 alinéa 4[703] de la Constitution portugaise, imposait d'accepter la suspension des primes susmentionnés au cours de l'exécution du budget 2012.

Il faut noter, cependant, que contrairement à l'arrêt susmentionné, le Tribunal constitutionnel portugais a déclaré, dans la décision 187/2013, que l'inconstitutionnalité des dispositions équivalentes contenues dans le budget de l'État portugais de l'année 2013 était immédiatement exécutoire (avec effet rétroactif au 1er janvier 2013)[704]. Il convient de plus de remarquer que le FMI a averti le Portugal que si la Cour constitutionnelle continuait à rejeter les mesures instaurées conformément au but du programme d'ajustement budgétaire, le gouvernement serait dans l'obligation de voter des mesures alternatives, conformément au programme signé, en mettant au même moment l'accent sur des problèmes éventuels provoqués en cas de nouveau rejet par la justice portugaise des mesures instaurées[705]. Or, la même solution jurisprudentielle a récemment été répétée à propos du jugement d'inconstitutionnalité par le Tribunal constitutionnel portugais d'autres mesures d'austérité visant la réduction des pensions des fonctionnaires publics de 10%[706].

Ces arrêts, issus de pays qui ont procédé à l'accord des conventions de prêts avec l'UE et le FMI, expriment des différences quant à l'intensité du

---

italienne, 3 juin 2013, n°116/2013, jugeant inconstitutionnelles les mesures législatives imposant aux retraités une contribution de solidarité afin d'envisager la crise financière (Art. 18, c. 22° bis, del decreto legge 06/07/2011 n. 98, convertito, con modificazioni, dalla legge 15/07/2011 n. 111, come modificato dall'art. 24, c. 31° bis, del decreto legge 06/12/2011, n. 201, convertito con modificazioni dalla legge 22/12/2011, n. 214).

[703] Article 282 §4 de la Constitution portugaise : « *Article 282 Effets de la déclaration d'inconstitutionnalité ou d'illégalité 4. Si des raisons de sécurité juridique, d'équité ou d'intérêt public d'importance exceptionnelle, dont le motif sera mentionné, l'exigent, le Tribunal constitutionnel pourra attribuer aux effets de l'inconstitutionnalité ou de l'illégalité une portée plus restrictive qu'il n'est prévu aux paragraphes 1er et 2e* ».

[704] Tribunal constitutionnel portugais, 5 avril 2013, n°187/2013, C. YANNAKOPOULOS, *L'influence du droit de l'Union européenne sur le contrôle juridictionnel de constitutionnalité des lois*, Athènes - Thessalonique : éd. Sakkoulas, 2013, p. 328.

[705] voir IMF Country Report No. 13/324 Portugal :eighth and ninth reviews under the extended arrangement and request for waivers of applicability of end - September performance criteria, novembre 2013 ainsi que Portugal - Transcipt of a Conference Call on the Release of the Staff Report on the 8th and 9th Review under the EFF du 13 novembre 2013.

[706] Tribunal constitutionnel portugais, 19 décembre 2013, n°862/2013.

contrôle de constitutionnalité visant la garantie des droits. Les juridictions constitutionnelles pourraient témoigner, de même, du développement d'un sentiment de défiance des juges nationaux vis - à - vis des acteurs constitutionnels de l'Union européenne, et inaugurer un mouvement d'entrée en dissidence qui pourrait faire des émules[707]. On constate alors que le contrôle de constitutionnalité effectif des mesures nationales n'est pas *a priori* incompatible avec les programmes de stabilité financière imposés par l'UE et le FMI.

707 G. TUSSEAU, « Le constitutionnalisme européen aux prises avec la « désobéissance institutionnelle » des juges nationaux », *RFDA,* n°1, 2013, pp. 149 - 157 et G. TUSSEAU, « Les budgets d'austérité face aux principes constitutionnels », *RFDA*, n°3, 2013, pp. 672 - 679.

Conclusion du chapitre II

La coexistence des droits européens au sein de l'ordre interne pose toujours la délicate question de l'articulation entre ces ordonnancements[708]. Afin d'aborder la problématique de la place des droits européens dans l'ordre interne, il a fallu s'éloigner des rapports purement hiérarchiques. Règle de résolution de conflits, la hiérarchie renvoie à trois concepts différents lorsque l'on aborde la question du point de vue de l'ordre interne, de l'ordre de l'Union ou de la Convention. Si la place des droits européens dans l'ordre interne ne peut être abordée en termes purement hiérarchiques, l'étude sur les principes qui imprègnent les ordres juridiques démontre que ceux - ci sont conciliables. Sans pour autant méconnaître le principe de primauté du droit de l'UE ou du droit de la Convention EDH, on découvre au principe de subsidiarité un rôle essentiel dans l'ordre interne.

En effet, le principe de subsidiarité et concrètement la subsidiarité juridictionnelle, devient un instrument d'articulation entre les ordres[709] et renvoie au juge national le soin de garantir l'efficacité des droits européens dans l'ordre interne. Ce principe est différemment conçu selon que l'on parle de l'ordre conventionnel ou de l'ordre de l'UE.

S'agissant de la Convention européenne, la subsidiarité du mécanisme conventionnel a la valeur d'une règle de rattachement[710]. Elle obéit ainsi à trois impératifs. Un impératif pragmatique, car il n'y a aucune raison de ne pas utiliser des relais procéduraux nationaux qui fonctionnent, un impératif d'efficacité si ces relais procéduraux nationaux sont en mesure d'atteindre les objectifs poursuivis par le droit européen et enfin un impératif politique et culturel qui est l'expression du pluralisme démocratique dont se réclament les États[711].

S'agissant de l'UE, ordre d'intégration, la subsidiarité s'inscrit dans une perspective plus concrète visant l'efficacité du droit de l'UE dans l'ordre interne.

En dépit des différences entre les deux ordres sur le concept de subsidiarité, on peut atteindre la conciliation des exigences constitutionnelles et européennes en vertu de la priorité d'application des droits européens qui peut en tout état de cause garantir l'effectivité de leur application dans

[708] M. VERDUSSEN, E. WILLEMART, « Observations de synthèse. La subsidiarité européenne, instrument d'articulation des ordres juridiques », *in* M. VERDUSSEN (dir.), *L'Europe de la subsidiarité*, Bruxelles : Bruylant, 2000, pp. 251 - 277, (p. 253).

[709] *ibid.*, p. 277.

[710] *ibid.*, p. 259.

[711] O. JACOT GUILLARMOD, « Autonomie procédurale des Etats (articles 6, 13, 35 et 46 CEDH) : de l'apport possible de la jurisprudence de Luxembourg à celle de Strasbourg », *in Protection des droits de : la perspective européenne mélanges à la mémoire de Rolv Ryssdal*, Köln Berlin Bonn etc. : C. Heymanns, 2000, pp. 617 - 633, (pp. 622 - 623).

l'ordre interne. De plus, la subsidiarité juridictionnelle est aussi susceptible de donner naissance à des entraves constitutionnelles. Il y a alors un lien certain entre les principes de primauté, de subsidiarité juridictionnelle et l'émergence de la notion d'identité constitutionnelle, évoquée et concrétisée à partir des échanges entre les juridictions internes et européennes.

Enfin, s'agissant spécifiquement des engagements issus, voire imposés, conformément au plan de sauvetage en lien avec le FMI, la BCE et la Commission européenne, leur place dans l'ordre interne est exceptionnelle. Il n'est alors pas possible d'entamer un raisonnement en termes de conciliation de principes, mais en termes de coordination de buts économiques. Ces buts ne sont pas opposés dans l'ordre interne et l'ordre de l'Union, car ils envisagent l'équilibre budgétaire. Toutefois, l'étude des engagements prévus par le plan de sauvetage révèle une légitimité assez douteuse de ces derniers.

Conclusion du Titre I

Les fonctions multiples de l'article 28 de la Constitution, qui constitue le fondement de l'institutionnalisation des rapports dans l'ordre interne, ont été présentées. Cet article constitue une « clause générale » et prévoit le rang des droits européens dans l'ordre interne. Il est demeuré sans modification depuis le vote de la Constitution en 1975, exception faite de la déclaration interprétative ajoutée lors de la révision constitutionnelle de 2001. Elle prévoit que l'article 28 constitue la base de la participation de la Grèce au processus d'intégration européenne. Le dynamisme dont cet article fait l'objet dans les interprétations qui sont retenues de la « réception » des droits européens est déterminant dans la garantie de l'autorité de la Constitution.

Tout d'abord, l'alinéa premier exprime une vision concrète de la façon d'intégrer des conventions internationales dans l'ordre interne, ainsi que de leur place hiérarchique. En raison de la rigidité de la Constitution, cet article n'avait pas permis de réviser la Constitution pour le TSCG. De plus, à l'égard de la Convention EDH, cet alinéa s'applique *sedes materiae,* en raison du contexte historique spécifique qui a obligé la Grèce à une double intégration. Il lui attribue un rang qui est compatible avec les principes conventionnels et notamment celui de subsidiarité. L'application de cet article dans deux situations très différentes révèle la volonté de garantir la stabilité et l'adaptation de la Constitution. Les deuxième et troisième alinéas de cet article concernent de façon générale la participation de la Grèce à des organisations internationales ainsi que les conditions relatives aux restrictions à l'exercice de la souveraineté nationale. Ces deux alinéas ont été appliqués lors de l'adhésion de la Grèce à l'Union européenne ainsi que lors de l'intégration des traités modifiant le traité sur l'UE, sans que la révision constitutionnelle soit nécessaire. De plus, il ne définit pas de façon précise la place hiérarchique du droit de l'UE dans l'ordre interne. Si son rang supra - législatif est affirmé, l'article ne prévoit pas son rang constitutionnel. Néanmoins, cette « ambigüité » de la disposition constitutionnelle laisse ouvertes les voies du dialogue avec l'UE, contribuant ainsi à l'évolution des rapports entre l'ordre juridique national et le droit de l'UE, et permettant d'accorder la priorité d'application au droit de l'UE.

En outre, l'article 28 ne s'applique pas aux engagements issus du plan de sauvetage. Il y a là une intégration forcée, sans que la procédure constitutionnelle soit suivie. *De facto*, on a une hiérarchisation en faveur des normes imposées par les *memorandum* d'entente. Le débat à propos de la place des engagements issus du plan de sauvetage se résume à la formule de Christine Lagarde qui, en faisant référence aux choix de la politique de l'UE dans le cadre de la zone euro, déclara que pour sauver la zone euro, « *nous avons enfreint toutes les règles* »[712]. Il en va ainsi tant des règles européennes que des règles constitutionnelles.

Enfin, l'interdépendance des rapports entre les trois ordres juridiques imbriqués ne se résume pas à la seule recherche des fondements constitutionnels. La garantie de l'efficacité des droits européens dans l'ordre interne devient une tâche nationale.

---

712 B. M. CARNEY, A. JOLIS, « Toward a United States of Europe », entretien du 17 décembre 2010 disponible sur [http://online.wsj.com/articles/SB10001424052748704034804576025681087342502] la phrase de Christine LAGARDE en anglais : « We violated all the rules because we wanted to close ranks and really rescue the euro zone ».

Titre II. La Constitution comme instrument : La garantie de l'effectivité des normes européennes dans l'ordre interne

En dépit des différences que les deux ordres européens présentent du point de vue de leur organisation et de leur fonctionnement, tous les deux confient aux États le soin de garantir l'effectivité des normes européennes dans l'ordre interne.

L'ordre juridique de l'Union, en vertu du principe d'autonomie institutionnelle et procédurale, renvoie aux États membres le soin de désigner les organes compétents pour mettre en œuvre les actes de l'Union et le soin de déterminer les modalités procédurales. Les principes d'équivalence et d'effectivité conditionnent l'autonomie procédurale et institutionnelle nationale[713]. En l'état du droit de l'UE, et en l'absence de procédures européennes et nationales comparables, le principe d'équivalence est difficile à interpréter et la jurisprudence de la Cour de justice très limitée[714]. En revanche, le principe d'effectivité concrétise l'exigence qui incombe aux États membres d'assurer l'application effective du droit de l'Union[715]. Celle - ci présente un lien étroit avec le principe de protection juridictionnelle effective. Principe général du droit de l'Union, inspiré de l'article 6 de la Convention EDH, le droit à une protection juridictionnelle effective est consacré par l'article 47 de la Charte des droits fondamentaux de l'Union[716], mais aussi par l'article 19 du Traité sur l'Union européenne

---

[713] Par deux arrêts rendus le 16 décembre 1976, la Cour de justice précise à cet effet que « *(...) les modalités procédurales appliquées ne peuvent être moins favorables que celles concernant les recours similaires de nature interne ni aboutir à rendre en pratique impossible l'exercice des droits que les juridictions nationales ont l'obligation de sauvegarder* », CJCE, 16 décembre 1976, *Rewe*, aff. 33/76, Rec.1976, p.1989, point 5 ; CJCE, 16 décembre 1976, *Comet*, aff. 45/76, Rec. 1976, p. 835, point 13.

[714] La Cour de justice établit des critères à destination des juridictions nationales compétentes pour apprécier si un recours ouvert par le droit national est un recours de nature interne similaire à celui visant à faire valoir les droits conférés par le droit de l'Union, « *la juridiction nationale doit vérifier la similitude des recours concernés sous l'angle de leur objet, de leur cause et de leurs éléments essentiels* », CJCE, 1er décembre 1998, *Levez*, C - 326/96, Rec. 1998, p. I - 7835, points 41 - 43 ; CJCE, 16 mai 2000, *Preston e.a.*, C - 78/98, Rec. 2000, p. I - 3201, points 55 - 57.

[715] CJCE, Grande chambre, 13 mars 2007, *Unibet*, C - 432/05, Rec. 2007, p. I - 2271, points 43 - 44.

[716] Article 47 de la charte des droits fondamentaux de l'Union européenne : « *Droit à un recours effectif et à accéder à un tribunal impartial Toute personne dont les droits et libertés garantis par le droit de l'Union ont été violés a droit à un Recours effectif devant un tribunal dans le respect des conditions prévues au présent article. Toute personne a droit à ce que sa cause soit entendue équitablement, publiquement et dans un délai raisonnable par un tribunal indépendant et impartial, établi*

qui dispose que « *Les États membres établissent les voies de recours nécessaires pour assurer une protection juridictionnelle effective dans les domaines couverts par le droit de l'Union* ». Cette dernière disposition reflète le système décentralisé de la justice dans le cadre de l'Union européenne et précise l'obligation des États membres de protéger le droit de l'UE par voie procédurale[717].

S'agissant du droit issu de la Convention EDH, l'engagement général des États de reconnaître « *à toute personne relevant de leur juridiction les droits et libertés consacrés par la Convention* »[718] concrétise l'obligation positive des États de mettre en œuvre les droits et libertés garantis par la Convention, conformément au principe de subsidiarité, mais aussi au droit à un recours effectif devant une instance nationale.

En vue de satisfaire aux exigences européennes, le juge national voit son office élargi. Gardien de la Constitution, le juge grec devient aussi gardien des normes issues des deux ordres européens. Il a donc une obligation de résultat : garantir l'effectivité d'application des droits européens. Les normes de référence appliquées dans le cadre du contrôle juridictionnel des lois sont, d'une part, les normes européennes, et d'autre part, les normes constitutionnelles. Dans ce contexte, les moyens procéduraux d'exercice du contrôle de conventionnalité des lois ainsi que leur interaction avec le contrôle de constitutionnalité sont d'une importance majeure (Chapitre I). La tâche du juge est complexe, car il vise à garantir la compatibilité d'une disposition législative avec tant les exigences constitutionnelles que les exigences européennes. Cet objectif amène le juge grec à rendre ses jugements dans la perspective d'une relation triangulaire, entre la loi, les droits européens et la Constitution (Chapitre II).

Chapitre I. Les mécanismes d'exercice du contrôle de constitutionnalité et du contrôle de conventionnalité par le juge grec

Chapitre II. La formation d'une relation triangulaire : Constitution, droits européens et loi

---

préalablement par la loi. Toute personne a la possibilité de se faire conseiller, défendre et représenter. Une aide juridictionnelle est accordée à ceux qui ne disposent pas de ressources suffisantes, dans la mesure où cette aide serait nécessaire pour assurer l'effectivité de l'accès à la justice ».

717 C. YANNAKOPOULOS, « Le caractère diffus et incident du contrôle de constitutionnalité des lois en Grèce, sous l'aspect du droit européen communautaire », *EfimDD*, n°6, 2009, pp. 825 - 847, (p. 831).

718 Article 1er de la Convention. Cf. Cour EDH, Grande chambre, 8 juillet 2004, *Ilaşcu et autres contre Moldova et Russie*, n°48787/99, §310 - 319.

Chapitre I. Les mécanismes d'exercice du contrôle de constitutionnalité et du contrôle de conventionnalité par le juge grec

Le contrôle de constitutionnalité des lois est la manifestation de la supériorité constitutionnelle[719]. La Constitution de 1975 assure la supériorité constitutionnelle en mettant en place un contrôle de constitutionnalité des lois, c'est - à - dire un contrôle du respect de la Constitution par l'ensemble des normes juridiques. En Grèce, le contrôle juridictionnel de constitutionnalité des lois s'exerce de façon diffuse et uniquement *a posteriori*, soit d'office soit après demande des parties du procès.

Respectivement, le juge national est aussi habilité à contrôler la conventionnalité des lois internes à l'égard des deux droits européens. L'exercice du contrôle de conventionnalité trouve son fondement tant dans la Constitution que dans les prescriptions du droit de l'UE et de la Convention EDH. D'un côté, en vertu de l'application directe du droit de l'UE dans l'ordre interne, le juge national doit devenir juge européen et appliquer le droit de l'UE, mais aussi refuser d'appliquer une loi nationale s'il apparaît que celle - ci viole le droit de l'UE[720]. De l'autre côté, la Convention EDH est prise en considération dans l'exercice du contrôle de conventionnalité à partir de son intégration dans l'ordre interne. Dans ce contexte, la Cour de Strasbourg a récemment conclu que « *les tribunaux doivent examiner avec rigueur les moyens ayant trait aux droits et libertés garantis par la Convention dont ils sont saisis et il s'agit là d'un corollaire du principe de subsidiarité* »[721].

En Grèce, les deux types de contrôle juridictionnel sont coordonnés, présentant ainsi une articulation procédurale (Section 1). Or, les deux contrôles ne sont pas pour autant identiques. Par conséquent, la distinction procédurale des deux contrôles est mise en évidence, surtout dans l'hypothèse où le contrôle *a posteriori* perd son caractère diffus et se transforme en contrôle concentré (Section 2).

---

[719] M. VERPEAUX, *Droit constitutionnel français*, Paris : PUF, 2013, p. 497.

[720] CJCE, 9 mars 1978, *Simmenthal*, aff. 106/72, Rec. 1978, p. 629. cf. aussi l'arrêt récent, CJUE, Grande chambre, 26 février 2013, *Åkerberg Fransson*, C - 617/10, F. PICOD, « La Charte doit être respectée dès qu'une réglementation nationale entre dans le champ d'application du droit de l'Union », *JCP G*, n°11, 2013, p. 505.

[721] Cour EDH, 28 juin 2007, *Wagner et J.M.W.L. contre Luxembourg*, n°76240/01, §96 ; Cour EDH, 10 mai 2012, *Magnin contre France*, n°26219/08 ; Cour EDH, Grande chambre, 7 février 2013, *Fabris contre France*, n°16574/08, §72.

Section 1. L'interdépendance procédurale du contrôle de constitutionnalité et du contrôle de conventionnalité

Le droit positif permet d'illustrer les nombreuses différences entre le contrôle de constitutionnalité et le contrôle de conventionnalité. D'un côté, il importe de remarquer une *distinction formelle*. En effet, les normes de référence des deux contrôles sont distinctes : d'une part de la Constitution et d'autre part de l'ensemble du droit de l'Union européenne, ou de la Convention EDH. De même, les habilitations pour l'exercice du contrôle de constitutionnalité et de conventionnalité ne se confondent pas. D'un autre côté, il y a lieu de constater une *distinction matérielle* entre les normes de référence pour les deux types de contrôle. Au niveau de la proclamation textuelle, les droits et libertés inscrits dans la Constitution ne se recoupent pas totalement avec les dispositions européennes. À titre d'exemple, la Constitution nationale est beaucoup plus exhaustive par rapport à la protection des droits sociaux, tandis que dans la Convention EDH ces droits ne sont qu'implicitement protégés principalement en vertu de l'article 1er du Protocole additionnel n°1. De façon similaire, l'égalité entre femmes et hommes est conçue différemment selon qu'on l'examine au niveau de l'ordre juridique de l'Union, de la Convention EDH ou l'ordre juridique national. Or, la relation entre les contrôles de constitutionnalité et de conventionnalité des lois ne se limite pas aux droits et aux libertés ; malgré l'importance de cet aspect, les deux contrôles trouvent aussi des points de rencontre sur des aspects beaucoup plus techniques, notamment après application du droit européen dérivé[722].

En dépit de ses différences apparentes, les deux contrôles sont, en réalité, de même nature juridique et ont, en pratique, la même portée[723]. L'objet du contrôle est le même ; il porte sur des textes de nature et de contenu

---

722 J. BONNET, « L'indépendance du contrôle de conventionnalité des lois », *in* M. CLAPIE et al. (dir.), *Indépendance(s). Études offertes au Professeur Jean - Louis Autin, Vol. 2*, Montpellier : Université de Montpellier 1, 2012, pp. 1231 - 1252, (pp. 1234 - 1235) et les exemples cités en droit français. En effet, le Conseil d'État français a été amené à écarter l'application d'une loi en raison de la méconnaissance des réglementations communautaires relatives aux pommes de table (CE, 24 septembre 1990, Boisdet, Rec., p. 250) à la fixation du prix de tabac (CE, 28 février 1992, SA Rothmans International Rec., p. 81) ou aux dates d'ouverture de la chasse (CE, 3 décembre 1999, Association ornithologique et mammalogique de Saône et Loire, Rec. p. 381).

723 O. DUTHEILLET DE LAMOTHE, « Contrôle de constitutionnalité et contrôle de conventionnalité », *in Juger l'administration, administrer la justice, mélanges en l'honneur de Daniel Labetoulle*, Paris : Dalloz, 2007, pp. 315 - 327, (p. 325).

identique, les lois en général. Ceci établit inévitablement un lien entre eux[724] (§1) et justifie l'exercice des deux contrôles par le même juge (§2).

§1. Le rapprochement des mécanismes du contrôle de constitutionnalité et du contrôle de conventionnalité

La convergence entre le contrôle de constitutionnalité et le contrôle de conventionnalité est remarquable. Loin d'être exclusifs l'un de l'autre, les deux contrôles se combinent et s'entremêlent, entretenant en réalité des relations normatives très étroites[725]. Dans l'ordre juridique grec, le contrôle de conventionnalité est dès lors assimilé à un type de contrôle procédural dont la conception juridique est similaire à celle de constitutionnalité (B). C'est ce qui justifie que l'on suive une procédure identique pour l'exercice des deux contrôles (A).

A. Une procédure identique

Le contrôle de constitutionnalité ainsi que le contrôle de conventionnalité s'exercent simultanément dans l'ordre juridique grec. Même si les normes de référence pour l'exercice du contrôle de constitutionnalité et de conventionnalité des lois ne sont pas identiques, elles sont cependant similaires (1). De plus, les caractéristiques des deux types de contrôle présentent des ressemblances notables (2).

1. Les dispositions constitutionnelles déterminant l'exercice du contrôle

Le pouvoir judiciaire est chargé de l'exercice du contrôle de constitutionnalité des lois conformément au principe de séparation des pouvoirs et dans la mesure où il dispose des garanties d'un pouvoir indépendant et impartial[726]. Cependant, il est vrai que le contrôle diffus, incident et concret de constitutionnalité - et de conventionnalité des lois - tel qu'il s'exerce en Grèce, peut conduire à des troubles institutionnels dans

[724] P. GAIA, « Les interactions entre les jurisprudences de la Cour européenne des Droits de l'Homme et du Conseil Constitutionnel », *RFDA*, n°28, 1996, pp. 725 - 745, (pp. 730 - 731).
[725] Gh. ALBERTON, « Peut - on encore dissocier exception d'inconstitutionnalité et exception d'inconventionnalité ? », *AJDA*, n°18, 2008, pp. 967 - 973, (p. 969).
[726] A. MANITAKIS, « Les éléments historiques du contrôle juridictionnel de constitutionnalité des lois en Grèce et ses prérequis raisonnables », *ToS*, 2003, pp. 13 - 47, (p. 42).

l'hypothèse où il n'y aurait plus une harmonie idéologique fondamentale entre la majorité parlementaire et la masse des magistrats des deux ordres[727].

La compétence du juge pour l'exercice du contrôle de constitutionnalité trouve un fondement constitutionnel précis. La Constitution de 1975 a expressément consacré le contrôle de constitutionnalité des lois en introduisant deux dispositions relatives à l'exercice du contrôle de constitutionnalité. En premier lieu, l'article 87, alinéa 2 dispose que les magistrats sont soumis seulement à la Constitution et aux lois et qu'ils ne sont en aucun cas obligés de se conformer à des dispositions prises en violation de la Constitution[728]. En second lieu, l'article 93, alinéa 4 attribue aux Cours la compétence de ne pas appliquer une loi dont le contenu est contraire à la Constitution[729].

Ces deux dispositions reflètent le contenu de la coutume constitutionnelle[730], conformément à la première affirmation jurisprudentielle de la compétence des juges pour le contrôle de la constitutionnalité des lois et des actes législatifs[731]. L'ordonnancement constitutionnel grec introduit donc un système de constitutionnalité des lois diffus et répressif, selon lequel toutes les juridictions ont le pouvoir, et même l'obligation de contrôler *a posteriori* la constitutionnalité d'un acte législatif.

Le contrôle diffus et incident de constitutionnalité, tel qu'il est appliqué aujourd'hui dans le système juridique grec, est inspiré par le système du contrôle juridictionnel de constitutionnalité des États - Unis et s'appuie sur trois fondements. Tout d'abord, l'idée que la Constitution incarne la loi fondamentale suprême. Elle dispose dès lors d'un caractère contraignant et s'impose à l'ensemble des citoyens. Ensuite, le contrôle de constitutionnalité reflète le caractère rigide de la Constitution et concrétise sa primauté face aux autres règles nationales[732]. Enfin, l'exercice du contrôle de

---

[727] Ph. VEGLERIS, *Le Conseil d'État et l'examen de la constitutionnalité des lois en Grèce*, Bologna : Zanichelli, 1961, p. 655.

[728] Article 87, alinéa 2 de la Constitution: « *Dans l'exercice de leurs fonctions, les magistrats sont soumis seulement à la Constitution et aux lois ; ils ne sont en aucun cas obligés de se conformer à des dispositions prises en violation de la Constitution* ».

[729] Article 93, alinéa 4 de la Constitution: « *Les tribunaux sont tenus de ne pas appliquer une loi dont le contenu est contraire à la Constitution* ».

[730] E. SPILIOTOPOULOS, « Les méthodes de travail des juridictions constitutionnelles », *AIJC*, vol. VIII, 1992, pp. 267 - 274, (p. 268).

[731] Décision n°23/1897 de la Cour de Cassation. V. SKOURIS, « Les systèmes de contrôle juridictionnel de constitutionnalité des lois », *ToS*, 1982 pp. 507 - 545, (pp. 534 - 535).

[732] Pour la contestation de la théorie de la justification du contrôle de constitutionnalité par la suprématie de la Constitution voir M. TROPER, *Le droit et la nécessité*, Paris : PUF, 2011, pp. 113 - 123. L'auteur conteste que le contrôle de constitutionnalité soit impliqué par la suprématie de la Constitution (thèse soutenue

constitutionnalité s'appuie sur le principe de séparation des pouvoirs, qui entraîne la distinction entre le pouvoir législatif, le pouvoir exécutif et le pouvoir judiciaire et confie le contrôle des lois au pouvoir judiciaire[733].

À l'instar des normes de référence pour l'exercice du contrôle de constitutionnalité, la compétence juridique relative au contrôle de conventionnalité des lois dérive de l'article 28 de la Constitution. Cet article, mise à part sa fonction en tant que « règle de réception » du droit international, assure aussi l'effet direct et la supériorité du droit international sur les lois ordinaires, même postérieures, en l'absence d'indication contraire. Cela étant, compte tenu du fait que les traités et accords régulièrement ratifiés et publiés s'intègrent dans l'ordre interne, les juges traitent le droit international transposé comme une loi nationale. Par conséquent, le contrôle de conventionnalité des lois s'exerce en principe de la même façon et présente les mêmes caractéristiques que le contrôle de constitutionnalité. En outre, compte tenu du rang supra législatif des règles du droit international général, le juge doit nécessairement, lorsqu'il exerce un contrôle de constitutionnalité, prendre en considération les normes internationales. Faute de quoi, il violerait l'article 28 de la Constitution, qui prévoit la primauté du droit international sur les lois nationales ordinaires. Il existe ainsi une obligation du juge national d'appliquer, même d'office, les règles du droit européen et international général[734] ; de cette façon, il devient juge de la constitutionnalité, mais aussi de la conventionnalité des lois ordinaires.

2. Les caractéristiques d'un contrôle exercé uniquement *a posteriori*

Le contrôle de constitutionnalité ainsi que de conventionnalité est exercé uniquement *a posteriori*. Il ne porte donc que sur des règles déjà entrées en

---

par John Marshall dans la décision Marbury versus Madison et Carré de Malberg) ainsi que la thèse selon laquelle le contrôle de constitutionnalité est le seul moyen de réaliser la suprématie de la Constitution (Hans Kelsen). L'auteur conclut qu'« *il est tout simplement faux que le contrôle de constitutionnalité soit un moyen pour réaliser la suprématie de la constitution. Elle est bien un moyen, mais ce qu'elle permet de réaliser, c'est la suprématie de normes constitutionnelles produites par l'autorité du contrôle* » TROPER Michel, *Le droit et la nécessité, op. cit.*, p. 123.

[733] A. MANITAKIS, « Les éléments historiques du contrôle juridictionnel de constitutionnalité des lois en Grèce et ses prérequis raisonnables », *op. cit.*, pp.16 - 17. Pour une définition du terme « séparation des pouvoirs » ainsi que l'existence de deux théories interprétatives distinctes (la doctrine traditionnelle et la doctrine développée postérieurement par MM. EISENMANN et M. TROPER voir M. LAHMER, « séparation et balances des pouvoirs », *in* D. ALLAND, St. RIALS (dir.), *Dictionnaire de la culture juridique*, Paris, : PUF, 2003, pp. 1406 - 1411.

[734] G. PAPADIMITRIOU, « L'internationalisation et la communautarisation de la protection législative », *NoV*, 1996, pp. 569 - 573, (pp. 570 - 571).

vigueur[735]. Il s'agit alors d'un contrôle de l'application de la loi[736] qui présente trois caractéristiques essentielles. Il s'agit d'un contrôle *diffus*, *incident* et *concret*. Ces caractéristiques déterminent la structure du contrôle juridictionnel tel qu'il est prévu par la Constitution grecque et exercé depuis longtemps par l'ensemble des ordres juridictionnels.

La première caractéristique du contrôle est sa nature diffuse. Toute juridiction, ordinaire comme suprême, est compétente en matière de contrôle de constitutionnalité et de conventionnalité. Or, étant donné que toutes les instances juridictionnelles sont habilitées par la Constitution à trancher le litige, elles peuvent adopter des solutions jurisprudentielles différentes, ce qui est par conséquent susceptible de porter atteinte au principe de sécurité juridique, en raison de divergences dans les solutions jurisprudentielles retenues par les différentes juridictions statuant sur la même matière[737].

Une loi adoptée récemment a apporté de légères modifications au caractère diffus du contrôle de constitutionnalité et de conventionnalité des lois, au sein de la justice administrative, en lui attribuant les caractéristiques d'un contrôle concentré. Cette loi vise à garantir l'harmonisation jurisprudentielle et par la suite à assurer le respect du principe de sécurité juridique. En effet, la loi 3900/2010[738] prévoit la possibilité, lorsqu'il s'agit d'un sujet d'intérêt général ayant des conséquences pour un nombre considérable de personnes, de déférer le procès directement devant le Conseil d'État afin d'édicter des arrêts pilotes. Dans la même hypothèse, à savoir lorsqu'il s'agit d'une question d'intérêt général, les juridictions administratives ordinaires saisissent le Conseil d'État par voie préjudicielle. Le renvoi préjudiciel porte essentiellement sur la question de la constitutionnalité et de la conventionnalité d'une disposition législative.

En outre, il est prévu la possibilité de se pourvoir en cassation[739] ou d'interjeter appel[740] devant le Conseil d'État si la décision d'une cour administrative a jugé une disposition législative inconstitutionnelle ou

---

735 P. BON, « Contrôle a posteriori », *in* O. DUHAMEL, Y. MENY (dir.), *Dictionnaire constitutionnel*, Paris : PUF, 1992, pp. 225 - 226, (p. 225).

736 Pour la distinction entre contrôle de constitutionnalité de la loi et contrôle de constitutionnalité de l'application de la loi comme critère de différenciation entre les différents types de contrôle de constitutionnalité voir A. ROUX, « Contrôle de constitutionnalité. Organisations juridictionnelles », *in* M. TROPER, D. CHAGNOLLAUD (dir.), *Traité International de droit constitutionnel, t.III Suprématie de la Constitution*, Paris : Dalloz, 2012, pp. 108 - 146, (pp. 141 - 142).

737 C. PAPANIKOLAOU, *Le contrôle de constitutionnalité des lois en droit public hellénique*, thèse soutenue à Paris 2 Panthéon - Assas, 2003, p. 238.

738 Pour des détails sur cette loi voir *EfimDD*, n°3, 2011 pp. 370 - 472 et F. ARNAOUTOGLOU, *L'arrêt pilot devant le Conseil d'État*, Athènes : éd. Nomiki Vivliothiki, 2012.

739 Dans le cas de litige de pleine juridiction.

740 Dans le cas de litige d'annulation.

contraire à une disposition supra législative, c'est - à - dire inconventionnelle, et sous condition que le litige en cause ne soit pas déjà tranché suivant une jurisprudence constante du Conseil d'État rendue en la matière[741].

Ces mécanismes procéduraux, qui sont institués à travers une loi ordinaire et non lors d'une révision constitutionnelle, ne changent pas en principe le caractère diffus du contrôle de constitutionnalité et de conventionnalité des lois[742] ; l'application desdites dispositions repose sur des conditions procédurales strictes, dont la satisfaction relève du pouvoir discrétionnaire des juges.

La deuxième caractéristique du contrôle juridictionnel est son caractère incident. Le contrôle de constitutionnalité ainsi que de conventionnalité sont exercés par les cours, à propos d'un litige soulevé devant elles. Le juge doit donc attendre la naissance du litige, à l'initiative d'une personne ayant un intérêt légitime susceptible de justifier son recours aux tribunaux, afin d'exercer ce contrôle[743]. Par conséquent, le contrôle de constitutionnalité et de conventionnalité ne constituent jamais l'objet principal du recours ; l'inexistence d'un procès spécial, relatif à la seule constitutionnalité d'une loi, est déterminante dans l'ordre grec. La question de l'inconstitutionnalité d'une loi peut être posée par toute personne poursuivie devant une juridiction pour avoir méconnu une loi suspectée d'inconstitutionnalité.

Enfin, le contrôle en droit grec est un contrôle concret. Il se limite à l'examen de la constitutionnalité ou de la conventionnalité des dispositions en cause dans le cadre d'un procès dont le juge est saisi, et dans lequel il doit appliquer la loi litigieuse[744]. Le juge n'examine pas la constitutionnalité de toute la loi. Il est seulement compétent pour se prononcer sur la constitutionnalité de la disposition en cause, sans pouvoir étendre son jugement à l'ensemble de la loi[745]. De plus, le juge n'est pas compétent pour se livrer à une interprétation libre et abstraite de la disposition en cause. Néanmoins, lorsqu'il doit motiver chaque décision rendue, quant au

---

[741] Voir K. GOGOS, « Mesures de la loi 3900/2010 visant l'accélération de procédure devant les cours administratives », *in Finances publiques et droit, volume d'honneur pour le Professeur Nikolaos I. Mparmpas*, Athènes - Thessalonique : éd. Sakkoulas, 2013, pp. 17 - 28.

[742] C. YANNAKOPOULOS, *L'influence du droit de l'Union européenne au contrôle juridictionnel de constitutionnalité des lois*, Athénes - Thessalonique : éd. Sakkoulas, 2013, pp. 60 - 61.

[743] C. BACOYANNIS, « Le conseil d'Etat grec devant deux questions fondamentales liées à l'exercice du contrôle de constitutionnalité », *AIJC*, vol. V, 1991, pp. 577 - 600, (p. 594).

[744] P. BON, « Contrôle concret », *in Dictionnaire constitutionnel*, *op. cit.*, p. 227.

[745] E. VENIZELOS, *Cours de droit constitutionnel*, Athènes - Komotini : éd. A. Sakkoulas, nouvelle édition 2008, p. 246.

jugement de la constitutionnalité ou de la conventionnalité de la disposition en cause, son interprétation revêt inévitablement un certain caractère abstrait[746]. Dès lors, l'obligation de motiver les décisions sert de limite procédurale au pouvoir des juges de se prononcer sur la conformité des lois à la Constitution et au droit découlant de l'Union européenne ou de la Convention européenne des droits de l'homme[747].

Il convient alors de préciser que ce n'est pas parce que le juge a la faculté de déclarer une disposition législative contraire à la Constitution qu'il se substitue aux autres organes étatiques compétents et surtout au pouvoir législatif. Au contraire, dans le cas où une disposition est jugée inconstitutionnelle, c'est au juge qu'appartient la tâche soit d'annuler l'acte administratif qui est édicté selon la disposition en cause, soit d'écarter l'application de la disposition en cause et d'invoquer une autre disposition législative applicable en l'espèce[748]. C'est au législateur qu'il revient ensuite d'adopter une nouvelle règle, susceptible à son tour d'être ensuite contrôlée par le juge concernant sa compatibilité avec la Constitution[749].

B. Une conception similaire des deux types de contrôles juridictionnels

Si les procédures d'exercice des contrôles de constitutionnalité et de conventionnalité sont similaires, il en va de même s'agissant de la conception retenue par le juge de chacun de ces contrôles. En effet, tant l'objet du contrôle (1) que la sanction prononcée (2) sont les mêmes pour les deux contrôles.

1. Une identité d'objet du contrôle

A priori, la garantie juridictionnelle de la Constitution conduit à intégrer dans le champ d'application du contrôle de constitutionnalité tous les actes qui sont immédiatement subordonnés à la Constitution, c'est - à - dire les lois, ordinaires comme organiques, les règlements et les actes administratifs[750]. En outre, les normes du droit international et européen qui

---

746 C. PAPANIKOLAOU, *Le contrôle de constitutionnalité des lois en droit public hellénique*, *op. cit.*, p. 239.

747 E. VENIZELOS, *L'interprétation de la Constitution et les limites du contrôle juridictionnel de la constitutionnalité des lois*, Athènes - Komotini : éd. A. Sakkoulas, 1994, pp. 136 - 137.

748 V. SKOURIS, E. VENIZELOS, *Le contrôle juridique de constitutionnalité des lois*, Athènes - Komotini : éd. A. Sakkoulas, 1985, pp. 108 - 110.

749 C. BACOYANNIS, « Le conseil d'Etat grec devant deux questions fondamentales liées à l'exercice du contrôle de constitutionnalité », *op. cit.*, p.594.

750 E. ZOLLER, *Droit constitutionnel*, Paris : PUF, 2e éd., 1999, pp. 156 - 157.

sont transposées dans l'ordre interne sont aussi contrôlées par rapport à leur conformité avec la Constitution.

En principe, il importe de noter que dans le système juridictionnel grec, il y a une distinction entre la constitutionnalité substantielle et la « constitutionnalité formelle », ce qui joue un rôle fondamental par rapport à l'objet du contrôle. D'une part, le terme « constitutionnalité formelle » correspond au respect des conditions procédurales prévues dans des dispositions constitutionnelles spécifiques. D'autre part, le terme « constitutionnalité de fond » vise le cas où une règle législative est édictée conformément aux conditions constitutionnelles procédurales, mais dont le contenu est pourtant susceptible de violer la Constitution et surtout les droits fondamentaux dont la protection est prévue aux articles 4 à 25 de la Constitution grecque.

Cette distinction est d'une importance majeure dans le système de contrôle juridictionnel grec, car selon une jurisprudence constante, les juges, dans le cadre du contrôle de constitutionnalité des lois, sont uniquement compétents pour contrôler la constitutionnalité de fond et non pas la constitutionnalité formelle ou autrement dit les *interna corporis* du Parlement[751]. Précisément, les *interna corporis* relèvent des dispositions constitutionnelles visant les conditions d'exercice de la fonction législative du Parlement (articles 73 - 77 de la Constitution). Ainsi, il s'agit des matières s'appuyant sur l'exercice ainsi que les limites du droit d'initiative de proposition des lois (article 73), l'existence de l'exposé de motifs aux projets et aux propositions de lois, (article 74, alinéa 1er), la confection des lois au sein des commissions parlementaires (article 74, alinéa 2), les règles qui régissent le dépôt des amendements et des projets ou des propositions de loi visant à la modification d'une disposition de loi, (article 74, alinéa 3 à 5), les procédures spécifiques de vote suivies pour les projets de loi déposés par des ministres et grevant le budget ainsi que toutes les dispositions concernant la discussion et la vote des propositions et des projets de loi à l'Assemblée plénière du Parlement et à ses Sections (article 76)[752].

La jurisprudence a très tôt refusé d'étendre la compétence du juge au contrôle des *interna corporis*[753]. Selon l'opinion dominante en Grèce, le

---

[751] G. GERAPETRITIS, *Constitution et Parlement, autonomie et manque de contrôle aux interna corporis*, Athènes : éd. Nomiki Vivliothiki, 2012, p. 111 et suiv.

[752] E. VENIZELOS, K. CHRYSOGONOS, *Le problème de la justice constitutionnelle en Grèce*, Athènes - Komotini : éd. A. Sakkoulas, 2006, p. 84.

[753] C. PAPANIKOLAOU, *Le contrôle de constitutionnalité des lois en droit public hellénique*, *op. cit.*, p.173 et I. SARMAS, *La jurisprudence constitutionnelle et administrative du Conseil d'État. Etude évolutive des grandes questions*, Athènes - Komotini : éd. Sakkoulas, 1994, p. 16. Voir entre autres les arrêts du Conseil d'État en Assemblée plénière 71/1929, 27/1931, 614/1933, et Conseil d'État 1852/1977, 665/1978, 3845/1980, 4129/1980,902 - 3/1981, 1721/1991, 444/1995, 1686/2003, 1913/2003, 2185/2004, 2927/2004, 3086/2011, cités par C. YANNAKOPOULOS,

contrôle constitutionnel des lois se limite au contenu de la disposition applicable au cas d'espèce. Ainsi, les cours, après avoir constaté qu'il s'agit d'une disposition ayant toutes les caractéristiques extérieures d'une loi, peuvent procéder au contrôle de son contenu[754]. Dans le cas où le contenu de la loi est conforme à la Constitution, le juge est tenu de l'appliquer. Le juge n'examine pas pour autant le respect des règles constitutionnelles fondamentales visant la satisfaction des conditions de mise en œuvre de la procédure législative. Pour les *interna corporis,* seul le contrôle parlementaire est prévu[755]. Il revient donc à l'Assemblée nationale de veiller au respect des conditions procédurales prévues par la Constitution pendant la procédure de vote des lois ainsi qu'au Président de la République lors de la promulgation et de la publication des lois votées[756]. Dans ce contexte, le Président de la République peut, dans un délai d'un mois, renvoyer à l'Assemblée nationale un projet de loi voté, en exposant aussi les motifs du renvoi.

La volonté jurisprudentielle de ne pas contrôler les *interna corporis* s'appuie également sur la lettre constitutionnelle. En effet, l'article 93, alinéa 4 de la Constitution ordonne que les tribunaux soient tenus de ne pas appliquer une loi dont *le contenu* est contraire à la Constitution. Ce faisant, la Constitution semble éliminer la possibilité d'un contrôle des règles

---

L'influence du droit de l'Union européenne au contrôle juridictionnel de constitutionnalité des lois, *op. cit.*, p. 151.

754 Les traits extérieurs qu'une loi doit avoir sont principalement l'approbation par l'Assemblée nationale ainsi que la promulgation et la publication de la loi au Journal officiel par le Président de la République, conformément à l'article 42 de la Constitution. Il est important de noter que le contrôle concernant la forme extérieure de la loi se limite à constater les faits de l'adoption d'un texte par le Parlement national ainsi que sa promulgation et sa publication par le Chef de l'Etat. Toutefois, il ne va pas jusqu'à veiller au respect des règles relatives à l'adoption de la loi ou au respect du délai de la promulgation et de la publication. Voir C. BACOYANNIS, « Le conseil d'Etat grec devant deux questions fondamentales liées à l'exercice du contrôle de constitutionnalité », *op. cit.*, p.581.

755 Ch. TSILIOTIS, « Le contrôle parlementaire de constitutionnalité des lois », *Armenopoulos*, 2011, pp. 1941 - 1956. Au contraire, en France, et ce malgré le renforcement du contrôle parlementaire des actes du gouvernement par le Parlement, le Conseil constitutionnel procède au contrôle des « *interna corporis* » et au contrôle des procédures de vote des lois à l'Assemblée nationale ; Voir A. LEVADE, « Le cadre constitutionnel du contrôle de l'action du gouvernement par le parlement devant le conseil constitutionnel », *in* X. MAGNON, R. GHEVONTIAN, M. FATIN - ROUGE STEFANINI (dir.), *Pouvoir exécutif et Parlement: de nouveaux équilibres ? l'impact de la révision constitutionnelle du 23 juillet 2008 sur le rééquilibrage des institutions*, Aix en Provence : Presses universitaires d'Aix Marseille, 2012, pp. 67 - 90.

756 A. RAIKOS, *Droit constitutionnel, t. I,* Athènes - Komotini : éd. A. Sakkoulas, 2012, pp. 334 - 335.

parlementaires procédurales. Plus explicitement encore, l'article 100, alinéa 1er, point (e) de la Constitution sur le fonctionnement de la Cour suprême spéciale[757] dispose notamment que la Cour est compétente pour la levée d'une contestation portant sur *l'inconstitutionnalité de fond* ou sur le sens d'une disposition de la loi formelle, dans l'hypothèse où des arrêts divergents ont été rendus par le Conseil d'État, la Cour de Cassation ou la Cour des comptes[758].

La jurisprudence en la matière fut constante pendant plusieurs décennies[759], à l'appui de cette interprétation constitutionnelle. Chaque loi votée en violation des dispositions relatives aux *interna corporis* était exclue du contrôle juridictionnel de constitutionnalité dans la mesure où il s'agissait d'une règle de la procédure législative interne au Parlement.

Une tentative visant à ouvrir la voie au contrôle juridictionnel des *interna corporis* fut remarquée dans l'arrêt 2304/1995 rendu par l'Assemblée plénière du Conseil d'État[760]. Cette affaire traitait des conditions du partage des compétences entre l'Assemblée plénière et les Sections parlementaires telles qu'elles sont définies dans le cadre de l'article 72, alinéa 1er de la Constitution. Cet article dispose notamment que les projets et propositions de lois relatifs à l'exercice et à la protection des droits et libertés publiques sont discutés et votés en Assemblée plénière du Parlement. En l'espèce, la

---

757 Article 100 alinéa 1er point (e) : « *1. Il est constitué une Cour supérieure spéciale, à laquelle ressortissent : [...]*
e) Le règlement des contestations sur l'inconstitutionnalité de fond ou sur le sens des dispositions d'une loi formelle, au cas où le Conseil d'État, la Cour de cassation ou la Cour des comptes ont prononcé des arrêts contradictoires à leur sujet ».

758 A cela s'oppose cependant l'argument, adopté par l'opinion dissidente de la décision n°1721/1991 du Conseil d'État, selon lequel l'interprétation de l'article 93, alinéa 4 permet un contrôle qui ne se limite pas à la compatibilité de la règle de droit posée aux règles et principes se situant au rang supérieur, mais s'étend à la procédure ayant conduit au vote de la disposition. De plus, l'article 100, alinéa 1er relatif au contrôle constitutionnel exercé par la Cour spéciale suprême se réfère à la constitutionnalité de fond pour définir le domaine de son contrôle, lequel ne pourrait pas être identique à celui auquel se réfère l'article 93, alinéa 4. Voir sur C. BACOYANNIS, « Le Conseil d'État devant deux questions fondamentales liées à l'exercice du contrôle de constitutionnalité », *op. cit.*, pp. 588 - 589.

759 Voir à titre indicatif les arrêts du Conseil d'État n°1270/1977, 4129 - 30/1980, *ToS*, 1981 pp. 681 - 689, et Conseil d'État, Assemblée plénière, n°902 - 3/1981, *ToS* 1981, pp. 701 - 706, Conseil d'État n°1721/1991, *ToS*, 1991, pp. 430 - 435 avec commentaire de S. MARKATIS et I. SARMAS, *La jurisprudence constitutionnelle et administrative du Conseil d'État. Etude évolutive des grandes décisions*, *op. cit.*, pp. 692 - 699.

760 Conseil d'État, Assemblée plénière 2304/1995, *ToS*, 1997, pp.417 - 422 et commentaire de P. PARARAS, « L'article 72, alinéa 1er de la Constitution ne s'applique pas aux lois concernant les droits sociaux. Commentaire sur l'arrêt du Conseil d'État 2304/1995 (Assemblée plénière) », *ToS*, 1997, pp. 413 - 416.

Haute juridiction administrative a jugé que cette disposition précise la répartition des compétences entre les Sections parlementaires et l'Assemblée en indiquant que toute violation de cette prescription constitutionnelle devrait être sanctionnée. Elle définit ensuite la notion de lois relatives à l'exercice et la protection des droits et libertés publiques, qui figurent au premier alinéa de l'article 72 de la Constitution. Enfin, la Cour conclut que les lois qui portent sur les droits sociaux, tel qu'en l'espèce le droit de jouissance et d'usage de l'environnement naturel n'entrent pas dans le champ d'application de cet article, lequel prescrit la compétence exclusive de l'Assemblée plénière pour la discussion et le vote des lois. La Cour rejette donc l'exception d'inconstitutionnalité fondée sur l'incompétence législative de la Section parlementaire qui a adopté la loi en cause en exerçant néanmoins, en l'espèce, un contrôle implicite des *interna corporis*[761].

En outre, l'arrêt 668/2012 de l'Assemblée plénière du Conseil d'État[762], à propos de l'examen de constitutionnalité des engagements issus du plan de sauvetage a aussi contrôlé le respect des majorités parlementaires requises pour la ratification des règles du droit international telles que prévues à l'article 28, alinéa 2 et 3 de la Constitution. En dépit de ce contrôle implicite, la jurisprudence grecque demeure constante et affirme son abstention pour le contrôle des *interna corporis*. Ainsi, on est loin de constater un revirement jurisprudentiel.

Il est soutenu qu'en l'absence de dispositions particulières précises, qui visent les questions échappant au contrôle du juge, le contrôle juridictionnel des *interna corporis* ne pouvait pas être *a priori* exclu[763]. Or, cette opinion est très fragile. Dans le cadre du contrôle de constitutionnalité diffus et *a posteriori* tel que prévu par les dispositions constitutionnelles spécifiques déjà citées, le juge, qui intervient uniquement après la promulgation et l'application de la loi, ne peut en réalité élargir son contrôle à la procédure législative ; le respect de celle - ci ne peut être, en fait, assuré que dans le cadre d'un contrôle préventif précédant l'application de la loi[764]. Par conséquent, le juge pourrait élargir son contrôle uniquement après révision constitutionnelle des dispositions qui limitent aujourd'hui explicitement le contrôle de constitutionnalité au contenu de la loi. De plus, le caractère incident des contrôles de constitutionnalité et de conventionnalité substantielle d'une disposition législative présuppose que les normes

[761] C. PAPANIKOLAOU, *Le contrôle de constitutionnalité des lois en droit public hellénique*, *op. cit.*, pp. 235 - 236.

[762] Conseil d'État, Assemblée plénière 668/2012.

[763] C. BACOYANNIS, « Le Conseil d'État devant deux questions fondamentales liées à l'exercice du contrôle de constitutionnalité », *op. cit.*, p. 591.

[764] C. BACOYANNIS, « Le débat récent sur la nécessité d'une institution de justice constitutionnelle », *in Renouveau du droit constitutionnel, mélanges en l'honneur de Louis Favoreu*, Paris : Dalloz 2007, pp. 41 - 59, (p. 46).

subordonnées au contrôle constituent la base légale pour l'édiction des actes administratifs attaqués lors du litige. Par conséquent, il demeure toujours la possibilité d'arguer de l'inconstitutionnalité d'une loi devant le Conseil d'État à l'appui d'un recours en annulation d'un acte administratif. L'annulation de cet acte ou la cassation du jugement administratif qui avait admis sa validité peut être motivée par l'illégalité des formes requises pour son émission ou son contenu. Elle peut aussi être fondée sur l'inconstitutionnalité de la loi qui constitue la base légale pour l'édiction de l'acte en cause[765]. Néanmoins, l'objet du contrôle juridictionnel tant de conventionnalité que de constitutionnalité ne pourrait être directement une loi, même si celle - ci contient des dispositions directement attentatoires aux droits fondamentaux, car cela méconnaîtrait le caractère incident du contrôle de constitutionnalité ainsi que l'absence d'une voie de recours spéciale visant directement le contrôle de constitutionnalité des lois.

Cela soulève deux types de problèmes. Tout d'abord, la protection juridictionnelle effective, telle qu'elle est prévue par les articles 20 de la Constitution et 6 de la Convention EDH, devient inopérante puisque le justiciable ne peut pas attaquer directement la loi si les actes administratifs relatifs qui la concrétisent ne sont pas édictés. Ensuite, l'inexistence d'un recours, afin de contester directement la constitutionnalité d'une loi, met en cause la conformité de cette condition procédurale par rapport au droit de l'UE. Dans ce cas, l'impossibilité de contrôler la constitutionnalité de cette loi entraîne également l'impossibilité de contrôler sa conventionnalité par rapport au droit de l'UE, compte tenu de ce que les deux types de contrôle disposent des mêmes caractéristiques.

2. Une identité d'effet produit

Du point de vue textuel, il existe une distinction matérielle entre les normes de référence du contrôle de constitutionnalité et du contrôle de conventionnalité[766]. Ainsi, d'une part, se trouve l'ensemble des normes et des principes constitutionnels et, d'autre part, les règles de la convention EDH ainsi que les règles du droit primaire et dérivé du droit de l'UE. Or, les effets produits par le contrôle exercé sont identiques.

La décision rendue par chaque Cour exerçant un contrôle de constitutionnalité ainsi que de conventionnalité, produit un effet *inter partes*. Ainsi, la disposition jugée contraire à la Constitution ou à une règle de droit européen ne s'applique pas dans le cadre du litige en cause. Toutefois, elle

---

[765] C. PAPANIKOLAOU, *Le contrôle de constitutionnalité des lois en droit public hellénique*, *op. cit.*, p. 241.

[766] J. BONNET, « L'indépendance du contrôle de conventionnalité des lois », *in Indépendance(s). Études offertes au Professeur Jean - Louis Autin*, *Vol. 2*, *op. cit.*, pp. 1232 - 1234.

demeure en vigueur. Cela étant, il existe toujours la possibilité qu'elle soit jugée constitutionnelle et conventionnelle à l'occasion d'un futur litige, au sein de la même juridiction. Il est remarquable que le constat de l'inconstitutionnalité ainsi que de l'inconventionnalité de la disposition en cause se trouve souvent uniquement dans les motifs de l'arrêt et non dans son dispositif. C'est pourquoi la décision rendue dispose de l'autorité de la chose jugée qui lie que les parties concernées. Elle s'apprécie pourtant aussi en fonction de l'autorité que détient la juridiction intéressée[767].

Le juge qui statue sur l'inconstitutionnalité ou l'inconventionnalité de la loi en cause est habilité à ne pas l'appliquer dans le cas d'espèce[768]. Or, la loi demeure en vigueur. Cela entraîne la possibilité qu'une certaine question portant sur la constitutionnalité d'une loi puisse conduire à la production d'une jurisprudence contradictoire, voire aléatoire. Compte tenu du fait que la décision rendue ne produit que des effets *inter partes*, ceci n'empêche pas pour autant que la même question soit soulevée à propos d'un litige différent, et qu'il y soit apporté des solutions qui varient[769].

Les dispositions de la loi 3900/2010 tentent de remédier à cette imperfection du système procédural grec, en prévoyant l'édiction d'un'arrêt pilot, qui limite considérablement l'édiction d'une jurisprudence aléatoire. Au surplus, la fonction de la Cour suprême spéciale, dont les décisions ont un effet *erga omnes*, renforce le principe de sécurité juridique.

§2 Les juridictions compétentes pour le contrôle de constitutionnalité et le contrôle de conventionnalité

Le contrôle de constitutionnalité et de conventionnalité des lois, en Grèce, est un contrôle diffus. La Constitution habilite dès lors toutes les juridictions à exercer ce contrôle (A). Par ailleurs, hormis la saisine *ad hoc* de la Cour suprême spéciale, le système du contrôle juridictionnel grec ne connaît pas l'existence d'une Cour constitutionnelle, bien que deux révisions constitutionnelles aient tenté d'instaurer une telle institution. L'absence d'une Cour constitutionnelle détermine le système actuel de contrôle juridictionnel des lois (B). Cette absence de juridiction constitutionnelle soulève des critiques croissantes, qui mettent l'accent sur la nécessité

---

[767] C. SAKELLAROPOULOU, « Le contrôle de constitutionnalité des lois selon l'article 100 par.5 de la Constitution, Vers une organisation procédurale ou une restriction de l'exercice de contrôle diffus ? » *ToS*, 2007, pp. 789 - 812, (pp. 790 - 791).

[768] A. MANITAKIS, *Droit constitutionnel grec, volume I, des Notions fondamentales*, Athènes - Komotini : éd. A. Sakkoulas, 2004, p. 466.

[769] V. SKOURIS, « Les systèmes de contrôle juridictionnel de constitutionnalité des lois », *op. cit.*, pp. 539 - 540.

d'instituer une Cour constitutionnelle par une révision de la Constitution.

A. Les juridictions ordinaires et suprêmes compétentes pour l'exercice du contrôle de constitutionnalité et de conventionnalité

Des dispositions constitutionnelles précises donnent compétence aux cours divisées en trois branches pour exercer le contrôle de constitutionnalité et de conventionnalité des lois (1). Cette compétence constitue d'ailleurs une obligation juridique (2).

1. Les dispositions constitutionnelles attribuant aux cours la compétence de contrôle

En Grèce, les juges ordinaires jouissent de l'indépendance et de la compétence de juger la constitutionnalité de la loi. Selon le système procédural grec, le pouvoir juridictionnel est subdivisé en trois branches distinctes. La première branche, de justice civile et pénale, comprend les tribunaux de première instance, les cours d'appel et la Cour de cassation. Les jugements de droit privé et pénal relèvent de la compétence de ces juridictions. La seconde branche compétente pour connaître des litiges administratifs, comprend les tribunaux administratifs de première instance, les cours administratives d'appel et le Conseil d'État. Enfin, la troisième branche est constituée par la Cour des comptes[770].

L'objet du contrôle varie en fonction de la branche de la juridiction. Au procès devant la justice civile, c'est le bien-fondé du recours qui est attaqué. Ainsi, dans le cas où la disposition litigieuse est jugée inconstitutionnelle, une autre règle sera appliquée au cas d'espèce. Devant les juridictions pénales, la constitutionnalité vise la légalité de la charge ou de la règle procédurale applicable dans le cas d'espèce. Enfin, s'agissant du contrôle de la constitutionnalité devant les juridictions administratives, celui - ci concerne soit le bien-fondé du procès en cours soit l'inconstitutionnalité de l'acte administratif attaqué en cas de recours en annulation.

Les trois juridictions suprêmes, c'est - à - dire le Conseil d'État, la Cour de cassation et la Cour des comptes, sont couronnées par la Cour suprême spéciale, dont les compétences sont limitativement prévues par l'article 100 de la Constitution. Il est à noter que la Constitution prévoit aussi d'autres Cours spéciales. La Cour spéciale prévue à l'article 99 de la Constitution a deux compétences. Elle juge les recours dirigés contre les magistrats en raison du fonctionnement défectueux de la justice et elle tranche les litiges concernant toutes les rémunérations et pensions des magistrats selon l'article

[770] E. SPILIOTOPOULOS, « Le juge constitutionnel : Grèce », *AIJC*, vol. IV, 1988, pp. 155 - 163, (p. 154).

88, alinéa 2 de la Constitution. En outre, la Haute Cour spéciale est compétente pour juger les litiges concernant les membres et les anciens membres du Conseil des ministres ainsi que les secrétaires d'État[771]. Au sommet de ce schéma se trouve la Cour suprême spéciale, une juridiction saisie *ad hoc*.

Il est remarquable que le contrôle de constitutionnalité s'exerce à tous les degrés de juridiction[772]. Par conséquent, il est possible qu'il soit exercé soit d'office, soit après demande des parties au litige, même dans le cadre d'un pourvoi en cassation ou d'un recours en annulation[773].

Alors que le pouvoir de contrôler la constitutionnalité ainsi que la conventionnalité d'une loi appartient à tous les tribunaux, ce sont surtout les trois hautes juridictions (Conseil d'État, Cour de cassation et Cour des comptes) qui produisent la jurisprudence dite « constitutionnelle ». Ceci s'explique, d'une part, par le fait que les tribunaux ordinaires hésitent, en l'absence d'une jurisprudence consolidée par l'une des trois hautes juridictions, à considérer une disposition législative comme inconstitutionnelle et, d'autre part, par le fait que la partie ayant intérêt à ce

---

[771] Article 86, alinéa 4 de la Constitution. E. VENIZELOS, K. CHRYSOGONOS, *Le problème de la justice constitutionnelle en Grèce*, *op. cit.*, p. 12.

[772] M. KYPRAIOS, « Le contrôle de constitutionnalité des lois par les Cours, interprétation de l'article 28 de la Constitution pour l'intégration de la Grèce à la communauté économique européenne », *in livre jubilaire pour le Conseil d'État, 1929 - 1979,* vol. A', Athènes - Komotini : éd. A. Sakkoulas, 1979, pp. 201 - 270, (p. 206).

[773] Voir l'arrêt 3195/2000 du Conseil d'État selon lequel, le contrôle de constitutionnalité des lois d'office peut être exercé pour la première fois même à propos du pourvoi de cassation. Voir P. PARARAS, « L'interprétation jurisprudentielle de l'article 93, alinéa 4 de la Constitution, présentation de l'arrêt 3195/2000 du Conseil d'État », *DtA*, n°16, 2002, pp. 1171 - 1174. Selon C. YANNAKOPOULOS, « Le contrôle d'office d'(in)constitutionnalité des lois, commentaire sur l'arrêt 3195/2000 du Conseil d'État », *DtA*, n°16, 2002, pp. 1175 - 1193, (p. 1190), cet arrêt montre pourtant que le Conseil d'État a voulu exclure la création d'un motif de cassation supplémentaire dans le cas où le contrôle de constitutionnalité d'office ne fut pas exercé aux degrés de juridiction précedentes. Enfin selon G. GERAPETRITIS, « Contrôle de constitutionnalité des lois exercé d'office aussi au pourvoi en cassation ?, commentaire sur l'arrêt du Conseil d'État 3195/2000 », *DtA*, n°16, 2002, pp. 1195 - 1202, (pp. 1195 - 1196), le pourvoi en cassation ne constitue pas un moyen d'annulation mais un moyen d'attaque de la légalité de la décision juridictionnelle rendue. Ainsi, le contrôle du juge se limite uniquement à l'exercice du contrôle de constitutionnalité des lois d'office en ce qui concerne les motifs de cassation. Pourtant, le contrôle de constitutionnalité des lois constitue un outil méthodologique très important. C'est pourquoi il est permis, à l'appui d'un pourvoi en cassation, d'examiner les motifs visant la constitutionnalité de la disposition appliquée par les juridictions précédentes.

que soit examinée la constitutionnalité et la conventionnalité d'une loi tient à soumettre sa cause au contrôle définitif de la haute juridiction compétente[774].

2. L'obligation constitutionnelle d'exercice incident du contrôle juridictionnel de constitutionnalité et de conventionnalité

L'article 93 alinéa 4 de la Constitution dispose que « *les tribunaux sont tenus de ne pas appliquer une loi dont le contenu est contraire à la Constitution* ». Il en découle dès lors une obligation juridictionnelle d'exercer ce contrôle, même d'office. Cette obligation pourrait se justifier même en l'absence de disposition constitutionnelle, en s'appuyant sur la procédure hiérarchique de production des normes juridiques ainsi que sur principe de primauté de la Constitution[775].

Une partie de la doctrine rattache l'existence de l'obligation juridictionnelle d'exercer le contrôle de constitutionnalité des lois à la satisfaction de certaines conditions procédurales telles que l'existence d'un intérêt à agir ou la recevabilité du recours juridictionnel[776]. Or, dans la mesure où le contrôle de constitutionnalité des lois constitue, selon la Constitution, une obligation du juge, il est tenu de l'exercer, quand bien même les conditions procédurales énoncées ne seraient pas remplies[777]. La seule condition procédurale à satisfaire est que le requérant ait légitimement soulevé le litige en cause devant le juge compétent pour le trancher[778]. Cela

---

774 C. BACOYANNIS, « Chronique : Grèce », *AIJC*, vol. VI, 1990, pp. 683 - 732, (p. 683).

775 C. YANNAKOPOULOS, « Le contrôle d'office d'(in)constitutionnalité des lois, commentaire à l'arrêt 3195/2000 du Conseil d'État », *op. cit.*, pp. 1176 - 1177.

776 A. MANITAKIS, « Les (auto)limitations du juge quant au contrôle incident d'(in)constitutionnalité des lois », *ToS*, 2006, pp. 403 - 429, (p. 425), où il considère que le pourvoi doit être recevable afin que le contrôle de constitutionnalité d'office puisse s'exercer et aussi que l'intérêt à agir soit qualifié pour les parties du litige. Voir aussi les arrêts relatif, Conseil d'État n°3118/1996, *ToS*, 1996, pp. 1055 - 1060 et 1357/2000, *ToS*, 2001, pp. 166 - 172 avec commentaire de A. PAPAIOANNOU.

777 Pourtant, l'opinion contraire s'exprime tant dans la doctrine que dans la jurisprudence. Le Professeur C. YANNAKOPOULOS soutient qu'il n'est pas nécessaire que le pourvoi soit recevable afin que le juge procède à l'examen de constitutionnalité d'office. C. YANNAKOPOULOS, « Le contrôle d'office d'(in)constitutionnalité des lois, commentaire à l'arrêt 3195/2000 du Conseil d'État », *op. cit.*, pp. 1077 - 1078 et la jurisprudence citée qui renforce cette position, Conseil d'État arrêt 3195/2000 et 1521/1992, *DiDIk*, 1993, pp. 1077 - 1078.

778 C. YANNAKOPOULOS, *L'influence du droit de l'Union européenne au contrôle juridictionnel de constitutionnalité des lois*, *op. cit.*, pp. 164 - 165.

est tout à fait conforme au caractère incident du contrôle, lequel présuppose l'exercice d'un recours initié par les requérants avant qu'il soit exercé[779].

Si cette condition procédurale est satisfaite, le juge compétent a l'obligation d'examiner la constitutionnalité d'une loi, même si l'intérêt à agir n'est pas qualifié[780], ou encore si la question de constitutionnalité n'est pas proprement formée selon les règles procédurales applicables[781].

Néanmoins, le Conseil d'État affirme, à propos d'un arrêt, que les cours ont le droit, mais non l'obligation de procéder d'office au contrôle de constitutionnalité[782]. Or, le terme « droit » quant à l'exercice du contrôle de constitutionnalité des lois est inopérant. Les cours et les organes étatiques ne peuvent pas se prévaloir de droits à l'égard de l'État compte tenu de ce que les organes de l'État ne peuvent pas être bénéficiaires de droits acquis à son encontre. Ils disposent uniquement de compétences, exercées pour le compte de l'État[783].

D'après ce jugement il ne faut toutefois pas conclure que les juges ont le droit et non l'obligation d'examiner la constitutionnalité d'une loi. Au contraire, la jurisprudence consolidée du Conseil d'État confirme l'existence d'une obligation d'exercer d'office ce contrôle de constitutionnalité qui découle de la Constitution[784]. Toutefois, cette obligation se limite, conformément au caractère concret du contrôle, à l'examen de la constitutionnalité de la loi applicable au litige, et ne s'étend pas au contrôle

---

[779] C. YANNAKOPOULOS, « Le contrôle d'office d'(in)constitutionnalité des lois, commentaire à l'arrêt 3195/2000 du Conseil d'État », *op. cit.*, p. 1179.

[780] L'Assemblée plénière du Conseil d'État dans son arrêt 106/1991 *(DiDik*, 1992, pp.1053 - 1057 et *ToS* 1991 pp.146 - 152) a jugé qu'il existe une obligation d'exercice du contrôle de constitutionnalité des lois d'office même si l'intérêt à agir n'est pas qualifié.

[781] Voir les arrêts Conseil d'État n°1521/1992, 1528/2003 ainsi que Conseil d'État, Assemblée plénière n°2788/1984, 173/1998, 3503/2009.

[782] Cette phrase est issue de l'arrêt 3195/2000 du Conseil d'État. Selon le Professeur C. YANNAKOPOULOS, le terme « droit » quant à l'exercice du contrôle de constitutionnalité des lois est inopérant car toutes les cours, de même que tous les organes étatiques, ne peuvent pas se prévaloir de droits à l'égard de l'Etat car les organes de l'Etat ne peuvent pas être bénéficiaires de droits acquis à son encontre. Ils disposent uniquement de compétences, exercées pour le compte de l'Etat. Voir sur ce point, C. YANNAKOPOULOS, *La notion des droits acquis en droit administratif*, Paris : LGDJ, 1997, pp. 674 - 675, p. 356.

[783] Voir sur ce point, C. YANNAKOPOULOS, *La notion des droits acquis en droit administratif*, *op. cit.*, n°. 674 - 675, p. 356.

[784] Conseil d'État, Assemblée plénière n°106/1991, *DiDik*, 1992, pp.1053 - 1057 et *ToS* 19991, pp. 146 - 152 ; et Conseil d'État 1521/1992, *ToS*, 1993, pp. 191 - 193 ; Conseil d'État, Assemblée plénière, n°173/1998, *EDDD*, 1998 pp. 296 - 299 (comte rendu de l'arrêt).

du respect des règles constitutionnelles applicables à un stade antérieur comme l'édiction de l'acte administratif[785].

Enfin, l'obligation faite au juge de procéder d'office à l'exercice du contrôle de constitutionnalité des lois n'implique pas l'obligation de mentionner l'exercice de ce contrôle dans les motifs de la décision, dans le cas où il conclut à la conformité de la disposition en cause avec la Constitution. Néanmoins, la Cour est obligée de motiver sa décision portant sur l'inconstitutionnalité de la loi, dans l'hypothèse où elle n'exercerait pas le contrôle d'office, mais après invocation d'un requérant[786].

À l'instar du contrôle de constitutionnalité d'office, le contrôle de conventionnalité d'office est explicitement admis par les dispositions de la Convention EDH ainsi que dans ses protocoles. Ainsi, le Conseil d'État a constamment jugé qu'il lui appartient d'examiner d'office si les dispositions en cause sont conformes aux dispositions de l'article 6§1 de la Convention EDH, qui bénéficie d'ailleurs dans l'ordre juridique interne d'une valeur supra législative[787]. De plus, il a été admis que la Cour est compétente pour l'examen d'office d'une violation éventuelle de la Convention EDH, même en cassation. Ceci a entraîné la cassation d'un arrêt au motif que les dispositions appliquées par la cour d'appel étaient contraires à la Convention EDH ; l'arrêt devrait donc être cassé[788].

En revanche, le Conseil d'État a adopté une conception différente s'agissant du contrôle de conventionnalité d'office des lois conformément au droit de l'UE. Selon la jurisprudence du Conseil d'État, la cour doit se limiter à l'objet du litige tel que soulevé devant elle par les parties. Le motif de non-conformité des mesures nationales avec le droit de l'UE invoqué directement à propos de l'appel de seconde instance a été rejeté, au motif que cela amplifie l'objet du litige et donc que le juge n'est pas tenu de l'examiner[789]. Néanmoins, il convient de remarquer ici la méconnaissance par le Conseil d'État de son obligation d'exercer d'office le contrôle des lois par rapport au droit de l'UE. Précisément, alors que selon les règles procédurales applicables, l'amplification de l'objet du litige n'est pas permise en second degré, le juge devrait néanmoins examiner la conventionnalité de la disposition législative en cause lorsqu'il estime que le droit de l'Union est applicable en l'espèce. Dès lors que, en vertu du droit

[785] Conseil d'État n°1337/2012. C. YANNAKOPOULOS, *L'influence du droit de l'Union européenne sur le contrôle juridictionnel de constitutionnalité des lois*, *op. cit.*, pp. 167 - 168.

[786] C. YANNAKOPOULOS, « Le contrôle d'office d'(in)constitutionnalité des lois, commentaire à l'arrêt 3195/2000 du Conseil d'État », *op. cit.*, pp. 1179 - 1188.

[787] Conseil d'État, Assemblée plénière n°3319/2010 et 3320/2010.

[788] E. PREVEDOUROU, *L'influence du droit européen au procès devant le conseil d'Etat*, Athènes : éd. Nomiki Vivliothiki, 2012, pp. 96 - 97.

[789] Conseil d'État 1386, 1387, 1388/2010, 2097/2011.

national, les juridictions doivent soulever d'office les moyens de droit tirés d'une règle interne qui n'auraient pas été avancés par les parties ou qui n'ont pas respectés les règles procédurales applicables telles que décrites ci-dessus, une telle obligation s'impose également pour des règles contraignantes issues du droit de l'UE[790].

De plus, l'objectif principal de la CJUE, qui est d'assurer l'homogénéité du droit dans l'ensemble de l'espace juridique où s'applique le droit de l'Union, oblige les cours nationales à ne pas méconnaître l'obligation de rechercher l'interprétation authentique du droit de l'UE, si besoin en saisissant la Cour de justice à titre préjudiciel, et ce même lorsque les parties au litige ne l'ont pas demandé[791]. Ainsi, ces arrêts limitent de façon injustifiée le contrôle incident de constitutionnalité et de conventionnalité en le faisant dépendre de la satisfaction de conditions procédurales supplémentaires.

B. L'absence d'une Cour constitutionnelle

Le système de contrôle diffus et incident de constitutionnalité et de conventionnalité des lois en Grèce n'est pas un système sans défaillances. C'est pourquoi, au cours de deux procédures de révision constitutionnelle, la modification des articles concernant l'exercice du contrôle de constitutionnalité fut proposée, en incitant surtout à l'institution d'une Cour constitutionnelle (1). Or, l'opportunité de sa création est contestée (2).

1. L'échec des révisions de la Constitution tendant à instaurer une Cour constitutionnelle

Le fonctionnement d'une Cour constitutionnelle a été prévu dans l'ordre juridique grec uniquement par les « Constitutions » adoptées par la dictature de colonels ; elle constituait un « *organe politique fonctionnant sous un voile*

---

[790] Voir aussi les arrêts CJUE, Grande chambre, 14 décembre 1995, *Van Schijndel contre Stichting Pensioenfonds voor Fysiotherapeuten*, C - 430/93 et C - 431/93, Rec. 1995 p. I - 4705.

[791] CJCE 11 juillet 1991, *Verholen e.a. / Sociale Verzekeringsbank Amsterdam*, C - 87/90, C - 88/90 et C - 89/90, Rec. 1991 p. I - 3757, où la Cour énonce que « *Le droit communautaire n'empêche pas une juridiction nationale d'apprécier d'office la conformité d'une réglementation nationale avec les dispositions précises et inconditionnelles d'une directive dont le délai de transposition est expiré, lorsque le justiciable n'a pas invoqué devant la juridiction le bénéfice de cette directive* ». Ch. PAPADIMITRIOU, « La protection procédurale des droits découlant du droit communautaire dans les ordres juridiques nationales, sous le prisme de la jurisprudence récente de la CJCE », *Diki*, 2008, pp. 1005 - 1018, (p. 1017).

judiciaire »[792]. Précisément, selon les textes constitutionnels dictatoriaux de 1968 et 1973, la Cour constitutionnelle était compétente entre autres pour prononcer la déchéance des citoyens de leurs droits et libertés, la dissolution des partis politiques, le contrôle de la régularité des procédures électorales, etc. De plus, c'était le Conseil des ministres qui désignait les onze à quinze membres de cette juridiction[793]. Il s'agissait donc d'une institution plus politique que juridictionnelle, qui servait les intérêts du régime des colonels. C'est donc pour des raisons historiques que l'instauration d'un tribunal constitutionnel était jusque là exclue. Néanmoins, le débat est relancé depuis peu, et des révisions constitutionnelles ont pu être envisagées.

Tout d'abord, à propos de la révision constitutionnelle qui a eu lieu en 2001, le parti de l'opposition parlementaire a déposé une proposition de révision selon laquelle la Cour suprême spéciale serait nommée « Cour constitutionnelle ». Elle serait composée de juges tirés au sort pour un mandat triennal et exclusif (article 100 de la proposition) et dotée d'un pouvoir d'annulation des lois inconstitutionnelles, sur renvoi de toute juridiction ordinaire (article 93, alinéa 4 de la Constitution)[794]. Précisément, cette proposition prévoyait que « *si la juridiction (de fond) juge que la loi qu'elle est appelée à appliquer est contraire à la Constitution, elle renvoie la question de constitutionnalité à la Cour suprême nationale conformément à l'article 100§1 cas f* ». La majorité parlementaire a également déposé une proposition de révision du système de contrôle de constitutionnalité, confirmant le besoin de révision de l'exercice du contrôle de constitutionnalité[795].

Conformément à la procédure de révision constitutionnelle, la nécessité de la révision doit être constatée par une résolution de la Chambre des députés prise à la majorité des trois cinquièmes du nombre total de ses

---

[792] N. ALIVIZATOS, *Les institutions politiques de la Grèce à travers les crises : 1922 - 1974*, éd. Librairie générale de droit et de jurisprudence, 1979, p. 535.

[793] Selon l'article 98, alinéa 1 et 2 de la constitution dictatoriale, N. ALIVIZATOS, *Les institutions politiques de la Grèce à travers les crises : 1922 - 1974*, *op. cit.*, pp. 535 - 536.

[794] A. PANAGOPOULOS, « Une Cour constitutionnelle en Grèce, remarques sur l'institution proposée par l'opposition dans le cadre de la révision constitutionnelle », *AIJC*, vol. XI, 1995, pp. 75 - 88, (p. 76). Pour le texte de la proposition de révision constitutionnel voir G. PAPADIMITRIOU, *La révision de la Constitution*, Athènes - Komotini : éd. A. Sakkoulas, 1995, pp. 65 - 76 pour la proposition du parti de l'opposition parlementaire (Nouvelle Démocratie) pour l'article 94 alinéa 3 voir p.94, et pour l'article 100, alinéa 1 et 2 voir pp. 96 - 97. Voir aussi l'analyse de cette proposition par le rapporteur général de ce parti, pendant la procédure révisionnelle, I. VARVITSIOTIS, *La Grèce devant 2000*, Athènes - Komotini : éd. A. Sakkoulas, 1998, pp. 227 - 236.

[795] G. PAPADIMITRIOU, *La révision de la Constitution*, *op. cit.*, pp. 35 - 36.

membres, lors de deux scrutins distincts devant se dérouler à au moins un mois d'intervalle. Toutefois, ces propositions ne sont pas entrées en discussion au comité parlementaire compétent. Ensuite, le Parlement, a été dissout avant la fin de la période parlementaire régulière, en août 1996. Par conséquent, les scrutins prévus pour la validation de la nécessité de révision de la Constitution n'ont pas eu lieu.

Ensuite, après l'élection de la nouvelle chambre des députés, en juin 1997, deux nouvelles propositions, identiques aux précédentes, ont été déposées[796], mais n'ont néanmoins pas été validées par la Chambre des députés. En effet, l'opinion de la majorité parlementaire a dominé[797]. Cela étant, l'article 100 de la Constitution fut révisé, non pas en prévoyant l'institution d'une Cour constitutionnelle, mais en renforçant les pouvoirs juridictionnels des Assemblées plénières des Cours suprêmes afin qu'elles puissent se saisir pour statuer définitivement sur une question de constitutionnalité[798].

Enfin, à propos de la nouvelle révision constitutionnelle qui a commencé en 2006, le parti disposant à l'époque de la majorité parlementaire a réintroduit, dans le cadre de la nouvelle procédure pour la révision de la Constitution, la proposition concernant l'institution d'une Cour constitutionnelle, légèrement modifiée. Plus précisément, cette proposition, dont certains aspects rappellent grandement la QPC instaurée en France dans le cadre de la révision constitutionnelle de 2008, prévoyait l'institution d'un système de contrôle diffus de constitutionnalité des lois, mais ayant aussi certains éléments d'un système de contrôle concentré. Selon cette proposition, chaque cour considérant qu'une loi pouvait être inconstitutionnelle devrait poser une question préjudicielle en la matière à l'Assemblée plénière de la Cour suprême correspondante. De leur côté, les

---

[796] E. VENIZELOS, *La révision de la Constitution le projet global pour la Grèce du 21e siècle*, Athènes - Komotini : éd. A. Sakkoulas, 1998, pp. 183 - 210 pour la proposition du parti socialiste PASOK, et spécifiquement pour la révision de l'article 100 et 93, alinéa 4, p.207 ; pour la proposition du parti Nouvelle démocratie sur la révision de l'article 93, alinéa 4, p. 241 ; pour la révision de l'article 100, alinéa1 et 2, pp. 243 - 244.

[797] La proposition du parti libéral et conservateur de l'opposition fut rejetée par la décision du 20 mai 1998 à une majorité de 179 voix sur 300, voir A. PANAGOPOULOS, « La révision de la Constitution hellénique et la justice constitutionnelle », *RFDC*, n°51, 2002, pp. 677 - 682, (p. 680).

[798] La proposition du parti de la Nouvelle démocratie concernant l'institution d'une Cour constitutionnelle ainsi que seule visant le mécanisme de renvoi de question de constitutionnalité à celle - ci, n'a pas réussi à figurer parmi les dispositions susceptibles d'être révisées car ladite proposition de l'article 100 a recueilli seulement 103 votes et la proposition pour la révision de l'article 93, alinéa 4 visant le renvoi préjudiciel de constitutionnalité à la Cour constitutionnelle a recueilli 100 votes au suffrage du 20 mai 1998.

Assemblées plénières des Cours suprêmes confirmant l'inconstitutionnalité potentielle de la loi devraient renvoyer la matière pour un jugement définitif à la Cour constitutionnelle[799]. Cette proposition instaure deux filtres de constitutionnalité. Par ailleurs, elle prévoyait - et c'est là une différence majeure avec le système adopté dans l'ordre juridique français en 2008 - que la Cour constitutionnelle instituée serait aussi compétente pour le jugement final de conventionnalité d'une loi, conformément à l'article 28 de la Constitution[800].

Après la tenue des élections en 2008, la nouvelle Chambre des députés s'est réunie pour se prononcer sur les dispositions à réviser. Or, cette proposition n'a pas abouti pendant la révision constitutionnelle de 2008 : elle n'a pas acquis les votes exigés par la majorité parlementaire et le système de constitutionnalité de lois est donc resté le même.

La question de l'institution d'une Cour constitutionnelle reste ouverte et un nouveau débat est relancé lors de la prochaine révision constitutionnelle[801]. Toutefois, l'opportunité d'une telle institution est fortement contestée.

2. L'inopportunité d'instituer une Cour constitutionnelle en Grèce

L'exercice du contrôle de constitutionnalité diffus et incident de l'ordre juridique grec aux côtés d'un contrôle de constitutionnalité concentré et abstrait contribuerait éventuellement à l'harmonie jurisprudentielle et à la sécurité juridique[802]. Néanmoins, il est bien certain que la combinaison de ces deux types de contrôles en Grèce rencontrerait plusieurs problèmes.

---

799 Voir aussi l'opinion de E. VENIZELOS, « L'institution d'une Cour constitutionnelle dans le cadre du système grec de contrôle de constitutionnalité des lois », *ToS*, 2006, pp. 35 - 64, (p. 50).

800 Ch. TSILIOTIS, « La proposition pour l'institution d'une Cour constitutionnelle des lois, une tranche dans le vif pour le système grec de constitutionnalité des lois ou «la montagne accouche d'une souris » », *EfimDD*, n°2, 2007, pp. 241 - 256. Cette proposition a recueilli 159 votes, au scrutin du 22 février 2007 et 160 au scrutin du 29 mars 2007. Il est d'ailleurs à noter que les députés du parti de l'opposition parlementaire n'ont pas participé à ce scrutin.

801 M. NTOSTRAS, « La prochaine révision constitutionnelle et la justice », publié sur [http://constitutionalism.gr/site/wp - content/mgdata/pdf/ntostas.pdf].

802 E. VENIZELOS, K. CHRYSOGONOS, *Le problème de la justice constitutionnelle en Grèce*, *op. cit.*, voir l'étude de droit comparé aux pp. 64 - 102 ; voir aussi les sources françaises, D. ROUSSEAU, *La justice constitutionnelle en Europe*, Paris: Montchrestien, 3e éd., 1998, et aussi une présentation des Cours constitutionnelles de Autriche, Allemagne, Italie, France, Espagne, Portugal, Belgique (conditions de nomination, statut de membres, fonctionnement, compétences etc) dans L. FAVOREU, W. MASTOR, *Les Cours constitutionnelles*, Paris : Dalloz, 2011 ; M. FROMONT, *La justice constitutionnelle dans le monde*,

Une raison historique et une raison portant sur l'interaction du droit national avec les droits européens tempèrent l'opportunité d'institution d'une Cour constitutionnelle en Grèce. D'un point de vue historique, il y a lieu de constater que c'est à cause du régime des colonels, seul à avoir institué un Tribunal constitutionnel, que la Grèce se méfie autant du contrôle de constitutionnalité exercé par une Cour constitutionnelle[803].

Ensuite, même s'il a été jugé par l'Assemblée plénière du Conseil d'État[804] que l'article 100 de la Constitution, qui concerne notamment

---

Paris : Dalloz, 1996, pp. 41 - 80 ; GREWE Constance, H. RUIZ FABRI, *Droits constitutionnels européens*, Paris : PUF, 1995, pp. 66 - 97.

[803] Article 110, alinéa 1er de la Constitution « *1. Les dispositions de la Constitution peuvent faire l'objet d'une révision, à l'exception de celles qui déterminent la base et la forme du régime politique en tant que République parlementaire, et de celles des articles 2, paragraphe 1 ; 4, paragraphes 1, 4 et 7 ; 5, paragraphes 1 et 3 ; 13, paragraphes 1 et 26* ». Voir les arguments historiques à V. ROTIS, *Le contrôle juridictionnel de constitutionnalité des lois, en rapport avec la dynamique constitutionnelle*, Athènes - Komotini : éd. A. Sakkoulas, 1998, pp. 61 - 77, et pp. 73 - 75 qui se réfère à la méfiance au système d'une Cour constitutionnelle à cause de l'existence d'une telle institution pendant les 7 ans du régime de colonels. Voir en la matière aussi, K. CHRYSOGONOS, « La nécessité d'institution d'une Cour constitutionnelle en Grèce », *EfimDD*, n°4, 2006, pp. 510 - 518, (pp. 513 - 516) ; E. VENIZELOS, K. CHRYSOGONOS, *Le problème de la justice constitutionnelle en Grèce*, *op. cit.*, pp.111 - 113 ainsi que O. PAPADOPOULOU, Ch. AKRIVOPOULOU, « La problématique d'une Cour constitutionnelle en Grèce dans le contexte d'une nouvelle révision constitutionnelle », *AIDH,* vol. III, 2008, pp. 551 - 566, (pp. 555 - 560).

[804] Voir le rapport consultatif de l'Assemblée plénière du Conseil d'État 621/2002, *DtA*, n°21, 2004, pp. 270 - 273 avec commentaire de P. PARARAS. Toutefois, selon l'opinion très stricte d'un Conseiller d'Etat, l'article 93 alinéa 4 de la Constitution relatif au système actuel du contrôle constitutionnel diffus doit être considéré comme faisant partie des dispositions constitutionnelles « *déterminant la base et la forme du régime politique en tant que République parlementaire aux termes de l'article 110 de la Constitution ces dernières dispositions « ne peuvent faire l'objet d'une révision* ». Cette opinion est aussi adoptée par une partie de la doctrine : voir P. PARARAS, « Le contrôle de constitutionnalité des lois dans la ligne de mire de la révision constitutionnelle », *DtA*, n°9, 2001, pp. 75 - 81, (p. 81) ainsi que A. MANITAKIS, « L'institution d'une Cour Constitutionnelle, une tentative de politisation de la Constitution à travers la constitutionnalisation de la politique », *ToS*, 2008, pp. 3 - 28, (pp. 27 - 28) où l'auteur soutient que les dispositions des articles 20 alinéa 1er, 93 alinéa 4 et 87, alinéa 2 de la Constitution constituent un ensemble de dispositions qui garantissent l'Etat de droit. Par conséquent, l'affaiblissement du contrôle incident de constitutionnalité des lois, exercé par le juge ordinaire, et de son pouvoir d'invoquer la Constitution pour fonder ses jugements, conduirait à l'affaiblissement de l'Etat de droit et violerait les limites de la révision constitutionnelle.

l'exercice du contrôle de constitutionnalité, pourrait être révisé[805], le système de contrôle diffus et incident de constitutionnalité, tel qu'il existe en Grèce, est institué après une longue tradition constitutionnelle, consacrant les lignes jurisprudentielles suivies en la matière. Il est vrai que ce système fonctionne de façon satisfaisante en renforçant l'esprit politique ainsi que l'approche des sujets concernant la constitutionnalité et la conventionnalité des lois, avec la contribution de tous les juges, de toutes les branches et de tous les degrés de juridiction[806]. En outre, ce système permettant à tous les justiciables d'invoquer l'inconstitutionnalité d'une loi respecte la protection juridictionnelle effective[807] et contribue à l'évolution de la conscience sociale et à l'interprétation évolutive de la loi ainsi que de la Constitution elle - même. En revanche, l'institution d'une Cour constitutionnelle, seule compétente pour exercer le contrôle de constitutionnalité ne garantirait pas l'application plus effective de la Constitution. Au contraire, elle contribuerait à un contrôle plus restreint de constitutionnalité des lois[808].

Le second argument concerne l'interaction entre le droit national et les droits européens particulièrement le droit issu de la Convention EDH ainsi que le droit de l'Union. L'application de plus en plus étendue des droits européens risquerait d'entraîner une complexification et un encombrement de la justice. D'une part, l'institution d'une question préjudicielle de constitutionnalité est susceptible d'entraîner un grand retard dans le déroulement du procès et par la suite, le risque de condamnation de la Grèce par la Cour EDH pour non-respect du droit à un recours effectif serait grand. D'autre part, un problème important se poserait par rapport au droit de

---

[805] Compte tenu qu'il n'est pas parmi les disposions qui selon l'article 110, alinéa 1er de la Constitution ne peuvent pas faire l'objet d'une révision.

[806] M. PIKRAMENOS, « L'exercice du contrôle de constitutionnalité des lois, selon l'article 100 alinéa 5 de la Constitution, et la problématique sur l'institution d'une Cour constitutionnelle », *in* X. KONTIADIS (dir.), *5 ans après la révision constitutionnelle, appréciation et propositions pour une nouvelle révision constitutionnelle,* Athènes - Komotini, éd. A. Sakkoulas, 2006, pp. 775 - 811, (p. 811).

[807] A. MANITAKIS, « L'institution de la Cour constitutionnel, entre les symplégades de la justice constitutionnelle et ordinaire », *in* A. MANITAKIS, A. FOTIADOU (dir.), *La Cour constitutionnelle au sein d'un système incident de contrôle de constitutionnalité des lois* Athènes - Thessalonique, éd. Sakkoulas 2008, pp. 67 - 105, (p. 79).

[808] K. MENOUDAKOS, « La Cour constitutionnelle au sein d'un système incident de contrôle de constitutionnalité des lois », *in* A. MANITAKIS, A. FOTIADOU (dir.), *La Cour constitutionnelle au sein d'un système incident de contrôle de constitutionnalité des lois* Athènes - Thessalonique, éd. Sakkoulas 2008, pp. 3 - 12 (pp. 8 - 9) et M. STAHOPOULOS, *Théorie Générale de Droit, Droits fondamentaux, Pouvoir juridictionnel et Constitution,* Athènes - Komotini : éd. A. Sakkoulas, 2007, pp. 858 - 859.

l'Union européenne, dans la mesure où les tribunaux seraient obligés de renvoyer des questions préjudicielles successives à la Cour constitutionnelle, pour ce qui concerne la conformité d'une loi avec la Constitution et à la Cour de justice, pour ce qui est de la conformité de la même loi avec le droit de l'UE[809]. Devant un tel sujet, où les Cours suprêmes devraient traiter simultanément une question de constitutionnalité ainsi qu'une question de conventionnalité[810], elles auraient trois options effectives. Dans la première hypothèse, selon la jurisprudence *Simmenthal*, elles devraient ne pas appliquer la loi comme n'étant pas conforme au droit découlant de l'Union européenne. Par conséquent, elles devraient éviter le renvoi d'une question préjudicielle devant la Cour constitutionnelle. Dans la deuxième hypothèse, en respectant la primauté de la Constitution, les cours suprêmes devraient d'abord renvoyer une question préjudicielle à la Cour constitutionnelle. Enfin, dans la troisième hypothèse, elles poseraient des questions préjudicielles consécutivement tant à la Cour constitutionnelle nationale qu'à la Cour de justice de l'Union européenne en prenant alors le risque d'obtenir des réponses contradictoires de la part des deux Cours[811].

L'opportunité d'instituer une Cour constitutionnelle est dès lors fortement débattue. Enfin, il est prouvé que plusieurs défaillances du système procédural sont résolues au niveau jurisprudentiel ou législatif. Or, en ce qui concerne l'élargissement du contrôle de constitutionnalité afin de couvrir les *interna corporis*, une reforme semble nécessaire. Bien que le système de contrôle *a posteriori* n'interdise pas l'élargissement du contrôle de constitutionnalité aux *interna corporis*[812], cela semble cependant être une exigence inconciliable avec l'état du droit actuel et le principe de sécurité juridique. À ce propos, un système de contrôle *a priori* et abstrait, suivant l'exemple de la France, offrirait les garanties nécessaires pour satisfaire au principe de sécurité juridique[813]. Ainsi, la création d'une institution munie de compétences ayant un caractère exceptionnel et exercées *a priori* semblerait adéquate. Ses compétences concerneraient principalement l'interprétation des dispositions relatives aux rapports entre les pouvoirs publics, et plus

---

809 C. YANNAKOPOULOS, « Cour constitutionnelle et droit communautaire européen : Taking European Law Seriously », *EfimDD*, n°1, 2006, pp. 10 - 11.

810 Ch. ANTHOPOULOS, « La perspective de l'institution d'une Cour constitutionnelle », *EfimDD*, n°1, 2006, pp. 11 - 12.

811 C. YANNAKOPOULOS, « Cour constitutionnelle et droit communautaire européen : Taking European Law Seriously », *op. cit.*, pp. 10 - 11.

812 G. GERAPETRITIS, *Constitution et Parlement, autonomie et manque de contrôle aux interna corporis*, *op. cit.*, p. 140 et suiv.

813 Voir en guise d'exemple : CC, Décision n°2012 - 655 DC du 24 octobre 2012, *Loi relative à la mobilisation du foncier public en faveur du logement et au renforcement des obligations de production de logement social*, Recueil, p. 557 *JO* du 27 octobre 2012, p. 16704 qui a déclaré la loi en cause contraire à la Constitution pour violation de l'article 42 de la Constitution.

particulièrement l'exercice de la fonction législative, la procédure d'élection du président de la République ou la mise en accusation des membres du gouvernement après autorisation de la Chambre des députés[814]. Par ailleurs, ces compétences pourraient tout aussi bien être confiées à la Cour suprême spéciale, institution déjà prévue dans l'ordre grec. En tout état de cause, la nécessité de l'extension du contrôle aux *interna corporis* semble être un besoin impérieux, en raison de la déformation de la procédure législative qui engendre également des violations constitutionnelles considérables.

[814] N. ALIVIZATOS, *La modernisation incertaine et la révision constitutionnelle floue*, Athènes : éd. Polis, 2001, pp. 64 - 65. E. VENIZELOS, « L'institution d'une Cour constitutionnelle dans le cadre du système grec de contrôle de constitutionnalité des lois », *op. cit.*, p. 57 où l'auteur soutient que le contrôle des organes directs de l'Etat (Président de la République, chambre des députés et gouvernement) n'est pas nécessaire dans un Etat unitaire comme la Grèce.

Section 2. La distinction procédurale des deux contrôles

Le contrôle de constitutionnalité et de conventionnalité ne s'exercent pas toujours de façon coordonnée. La dissociation de leur exercice est possible, notamment en vertu des mécanismes de renvoi d'une question de constitutionnalité par les juridictions ordinaires à la Cour constitutionnelle. Il s'agit généralement d'une technique selon laquelle le juge ordinaire, compétent pour examiner la constitutionnalité d'une loi doit, en cas de doute, surseoir à statuer et saisir la juridiction constitutionnelle ou suprême. Ce mécanisme procédural est en effet présent dans le système juridique de plusieurs États européens. D'abord prévu en Italie[815], où le juge peut saisir la Cour constitutionnelle en cas de doute sur la constitutionnalité d'une loi, il connaît aujourd'hui une vaste application dans plusieurs pays européens. Ainsi, en Allemagne, les juridictions ordinaires peuvent saisir la Cour de Karlsruhe si elles estiment qu'une loi dont la validité conditionne leur décision est inconstitutionnelle[816]. En Belgique, il suffit que le juge ait à traiter d'une question de constitutionnalité pour saisir la Cour constitutionnelle[817]. En France, selon le système adopté lors de la révision constitutionnelle de 2008, le Conseil constitutionnel, suite au filtrage exercé par les Cours suprêmes, est saisi de la constitutionnalité d'une disposition qui porterait atteinte aux droits et libertés fondamentaux que la Constitution garantit[818]. En Autriche, seules les juridictions d'appel et la Cour suprême peuvent saisir la Cour constitutionnelle[819], tandis qu'en Espagne, le Tribunal constitutionnel peut être saisi directement, c'est - à - dire sans filtrage, par le

[815] La Cour constitutionnelle italienne peut être saisie d'une question préjudicielle par toute autorité juridictionnelle devant laquelle une partie ou le ministère public soulève une question de constitutionnalité, en vertu de l'article 23 de la loi 87 du 11 mars 1953.

[816] Ce système est applicable pour les lois postérieures au 23 mai 1949. Article 100, alinéa 1er de la LF d'Allemagne : « *Si un tribunal estime qu'une loi dont la validité conditionne sa décision est inconstitutionnelle, il doit surseoir à statuer et soumettre la question à la décision du tribunal compétent pour les litiges constitutionnels du Land s'il s'agit de la violation de la constitution d'un Land, à la décision de la Cour constitutionnelle fédérale s'il s'agit de la violation de la présente Loi fondamentale. 2Il en est de même s'il s'agit de la violation de la présente Loi fondamentale par le droit d'un Land ou de l'incompatibilité d'une loi de Land avec une loi fédérale* ».

[817] Article 142, alinéa 3 de la Constitution belge : « … *La Cour peut être saisie par toute autorité que la loi désigne, par toute personne justifiant d'un intérêt ou, à titre préjudiciel, par toute juridiction* ».

[818] Article 61 - 1 de la Constitution française.

[819] Article 89, alinéa 2 de la Constitution d'Autriche : « … *Si la Cour suprême ou une juridiction d'appel doute de la constitutionnalité d'une loi qu'elle doit appliquer, elle introduira une demande d'annulation auprès de la Cour constitutionnelle* ».

juge ordinaire à l'occasion d'un litige portant sur constitutionnalité d'une disposition, soit d'office, soit à la demande des parties[820].

Suivant ces exemples européens, la Constitution grecque prévoit deux mécanismes de renvoi de la question portant sur la constitutionnalité d'une loi. Ces mécanismes connaissent des conditions restrictives. Seules les trois hautes juridictions, c'est - à - dire le Conseil d'État, la Cour de cassation ainsi que la Cour des comptes saisissent l'Assemblée plénière respective pour trancher la question de constitutionnalité de la loi en cause (§2). En outre, en cas de divergence entre la jurisprudence de ces trois juridictions, ces dernières doivent saisir la Cour suprême spéciale[821] qui constitue une juridiction saisie *ad hoc* pour statuer définitivement sur la constitutionnalité de la loi (§1).

§1. L'existence d'un mécanisme de renvoi à la Cour suprême spéciale

Selon la citation de L. FAVOREU, la Grèce dispose d'« *un type original de justice constitutionnelle* »[822]. Le système procédural grec réunit en effet des éléments d'un système diffus et d'un système concentré. Le constituant, sans nier l'importance du contrôle diffus, institue une Cour suprême spéciale chargée, entre autres, de trancher le litige créé par deux jurisprudences contraires sur une question de constitutionnalité. Dans le cas d'une saisine de la Cour suprême spéciale, le contrôle de constitutionnalité diffus et concret se transforme en un contrôle concentré et abstrait[823] (A). Il en va ainsi lorsque la Cour suprême spéciale est tributaire d'un rôle fondamental en ce qui concerne le contrôle juridictionnel de constitutionnalité des lois (B).

---

[820] Il est nécessaire que le juge qui met en mouvement la procédure ait un doute sur la constitutionnalité de la norme à appliquer et que l'issue du litige qui lui est soumis dépende de la conformité de cette norme à la constitution. Le procès est suspendu jusqu'à la décision du Tribunal constitutionnel. Voir sur la question d'inconstitutionnalité posée par des juges et des tribunaux, la loi organique n°2 du 3 octobre 1979, modifiée par la loi organique 6/2007, articles 35 - 37.

[821] M. FROMONT, *Justice constitutionnelle comparée*, Paris : Dalloz, 2013, p. 117.

[822] L. FAVOREU, « Cours constitutionnelles nationales et Cour européenne des droits de l'homme », *in Libertés, justice, tolérance, mélanges en hommage au Doyen Gérard Cohen - Jonathan*, Bruxelles : Bruyant, 2004, pp. 789 - 811, (p. 791).

[823] V. SKOURIS, E. VENIZELOS, *Le contrôle juridique de constitutionnalité des lois*, *op. cit.*, p.68 et Z. MICHALOPOULOU, « Les conséquences de la déclaration d'inconstitutionnalité d'une loi par la Cour suprême spéciale » *EfimDD*, n°3, 2010, pp. 330 - 356, (p. 338).

A. La transformation d'un contrôle diffus et incident en un contrôle concentré et concret

L'institution de la Cour suprême spéciale est significative, d'une part, de l'influence du modèle de justice adopté dans le reste des pays européens dans lesquels il y a une dualité des juridictions ainsi qu'un tribunal ou une cour constitutionnelle et, d'autre part, de l'effort fait afin de remédier aux inconvénients générés par la complexité de la structure du pouvoir judiciaire grec. La création de la Cour suprême spéciale permet de remédier à la division juridictionnelle et de rétablir la sécurité juridique en tranchant définitivement les questions constitutionnelles qui sont posées. Ainsi, les arrêts de la Cour spéciale qui concluent à l'inconstitutionnalité d'une loi ne se soldent pas seulement par la non-applicabilité de la loi litigieuse. En effet, ils entraînent l'annulation de la loi avec un effet *erga omnes*[824] de telle sorte qu'« *on glisse ainsi insensiblement du contrôle diffus aux méthodes du contrôle concentré* »[825].

L'article 100 de la Constitution prévoit l'institution et les compétences de la Cour suprême spéciale, susceptibles de remédier aux défaillances du contrôle diffus de constitutionnalité des lois (1). Toutefois, on constate à travers la jurisprudence de la Cour que cette dernière interprète de façon restrictive les compétences qui lui sont attribuées (2).

1. Les compétences de la Cour suprême spéciale susceptibles de remédier aux défaillances du contrôle diffus

Les divergences jurisprudentielles produites par des jugements contradictoires sur la même matière constituent une faiblesse considérable du système diffus de contrôle de constitutionnalité, qui entraîne inévitablement une certaine insécurité juridique. Il faut alors prévoir des mécanismes correctifs. En Grèce, l'institution et le fonctionnement de la Cour suprême spéciale ont pour objet de permettre l'harmonisation jurisprudentielle.

La Cour suprême spéciale est une institution, saisie *ad hoc*, dont l'organisation et les modalités de saisine sont prévues par la Constitution et précisées par la loi organique 345/1976[826]. Selon l'article 100, alinéa 2 de la Constitution, cette juridiction est constituée par les présidents du Conseil d'État, de la Cour de cassation et de la Cour des comptes, ainsi que par quatre conseillers d'État et quatre conseillers à la Cour de cassation, désignés par tirage au sort tous les deux ans. C'est le plus ancien des présidents du Conseil d'État ou de la Cour de cassation qui préside la Cour suprême

[824] M. FROMONT, *Justice constitutionnelle comparée*, *op. cit.*, p. 128.
[825] C. GREWE, H. RUIZ FABRI, *Droits constitutionnels européens*, *op. cit.*, p. 71.
[826] Voir en la matière P. TZIFRAS, *La Cour suprême spéciale*, Athènes : éd. A. Sakkoulas, 1976.

spéciale. Deux professeurs de droit tirés au sort, avec leurs suppléants, sont également membres de la Cour, pour une même durée de deux ans[827]. La Cour suprême spéciale se prononce sur les divergences jurisprudentielles des trois cours suprêmes portant sur la question de la constitutionnalité des lois[828].

En outre, la Cour assume les compétences de juge électoral. La Cour suprême spéciale est dès lors compétente pour juger les recours portant sur des infractions électorales[829]. Elle est aussi juge de l'éligibilité de parlementaires ; lorsqu'un parlementaire se trouve dans un cas d'incompatibilité, il incombe à la Cour suprême spéciale de se prononcer sur sa déchéance.[830]. La Cour valide également les résultats de referendum[831] et arbitre les contestations qui portent sur le caractère de règles de droit international général, conformément à l'alinéa 1er de l'article 28[832]. Enfin, la Cour suprême spéciale est compétente pour le règlement des conflits d'attributions entre les juridictions et les autorités administratives, ou entre les tribunaux de différentes branches du pouvoir judiciaire[833].

Comme chaque autre juge national de l'ordre juridique grec, la Cour suprême spéciale peut examiner, à l'occasion du litige dont elle est saisie, la conventionnalité des dispositions, et ce même d'office, conformément au principe *ius novit curia*[834]. Une application d'office de la Convention EDH peut être constatée dans les arrêts 56/1997[835] et 57/1997[836] de la Cour suprême spéciale, à l'occasion de jugements portant sur la validité d'élections des députés pour l'année 1997. Dans le cadre de ces jugements, la Cour a rejeté les allégations des requérants qui étaient soumises à son examen après la fin de l'audience juridique et donc ne respectaient pas les règles procédurales applicables. Or, la Cour a ainsi procédé à un contrôle

---

827 Selon l'article 100 alinéa 2 de la Constitution, les deux professeurs de droit ne participent à la composition de la Cour que lorsqu'elle celle - ci se prononce sur les divergences jurisprudentielles des trois cours suprêmes quant à la conformité des normes à la Constitution et aussi quand la Cour règle les conflits d'attributions entre les juridictions et les autorités administratives, ou entre les tribunaux de différentes branches du pouvoir judiciaire.

828 Article 100 alinéa 1er cas (e) de la Constitution.

829 Article 100 alinéa 1er cas (a) de la Constitution.

830 Article 100 alinéa 1er cas (c) de la Constitution.

831 Article 100 alinéa 1er cas (b) de la Constitution.

832 Article 100 alinéa 1er cas (f) de la Constitution.

833 Article 100 alinéa 1er cas (d) de la Constitution. Voir aussi K. YANNOPOULOS, *La Cour suprême spéciale*, Athènes : éd. Nomiki Vivliothiki, 2009, pp. 72 - 75.

834 K. CHRYSOGONOS, *L'intégration de la Convention européenne des droits de l'homme dans l'ordre juridique national*, Athènes - Komotini : éd. A. Sakkoulas, 2001, p. 226.

835 Cour suprême spéciale 56/1997, *EDDD*, 2000, pp. 538 - 543.

836 Cour suprême spéciale 57/1997, *EDDD*, 2000, pp. 543 - 547.

d'office de la légalité de sa composition, à l'aune de l'article 6 de la Convention EDH. À l'instar de ce raisonnement, dans l'hypothèse où la Cour serait saisie d'une question de constitutionnalité en cas de divergence en provenance des Cours suprêmes, elle pourrait également examiner la conventionnalité de la disposition législative dont la constitutionnalité est contestée.

Toutefois, la saisine de la Cour est exclue en cas des divergences jurisprudentielles entre les trois Cours suprêmes portant sur la conventionnalité de dispositions législatives[837]. La jurisprudence de la Cour suprême spéciale confirme son incompétence sur cette question. Dans l'arrêt 29/1999[838], la Cour décline sa compétence pour trancher un litige portant sur la compatibilité d'une loi nationale avec une règle du droit communautaire, en invoquant le fait que seule la Cour de justice est compétente pour interpréter les dispositions européennes. De façon similaire, la Cour suprême spéciale affirme qu'elle n'est pas compétente pour statuer sur les divergences jurisprudentielles portant sur le sens de règles de la Convention EDH[839], en vertu de l'article 100 de la Constitution[840].

---

[837] Cet avis est aussi soutenu par une grande partie de la doctrine, voir, K. CHRYSOGONOS, *L'intégration de la Convention européenne des droits de l'homme dans l'ordre juridique national*, *op. cit.*, pp. 226 - 227 ; F. ARNAOUTOGLOU, « Une loi contraire à une convention internationale est - elle inscostitutionnelle ? », *ToS* 1982, pp. 546 - 564, (p. 654) ; D. BRIOLAS, « L'application de la Convention européenne des droits de l'homme dans l'ordre juridique des Etats contractants : Théorie et pratique helléniques », *in* J. ILIOPOULOS - STRANGAS (dir.), *Grundrechtsschutz im europaiscgen Raum*, Baden - Baden : Nomos, 1993, pp. 83 - 112, (p. 94). Toutefois, la Cour suprême spéciale, saisie d'une divergence jurisprudentielle entre le Conseil d'État et la Cour de cassation sur la conformité d'une loi ordinaire à l'égard de l'article 6 de la Convention EDH, a jugé que la Convention EDH, après sa transposition doit être considérée comme une loi nationale et n'a dès lors pas refusé sa compétence pour statuer à cette matière. Néanmoins, la Cour a conclu que la requête manquait de base légale et qu'il n'y avait pas ede divergence jurisprudentielle effective entre les arrêts rendus respectivement par le Conseil d'État et la Cour de cassation (Il s'agit de l'arrêt 1/1993 de la Cour suprême spéciale, *Elldik* 1994, pp.316 - 318).

[838] Cour suprême spéciale 29/1999, *EllDik*, 1999, pp. 1565 - 1566.

[839] *ibid.* point 4, arrêt 1/2012 et 2/2012 point 3.

[840] Voir K. CHRYSOGONOS, *L'intégration de la Convention européenne des droits de l'homme dans l'ordre juridique national*, *op. cit.*, pp.227. *Contra* D. BRIOLAS, « L'application de la Convention européenne des droits de l'homme dans l'ordre juridique des Etats contractants : Théorie et pratique helleniques », *in Grundrechtsschutz im europaiscgen Raum*, *op. cit.*, p. 94, note n°57, Ph. VEGLERIS, « La Convention européenne des droits de l'homme et la Constitution », *ToS*, 1977, pp. 199 - 250, (p. 237) où l'auteur soutient que les conventions internationales comme la Convention EDH constituent après leur intégration dans l'ordre interne des règles nationales, et qu'il est donc opportun de ne pas avoir de jugements

La fonction de la Cour suprême spéciale marque dès lors la différence entre le contrôle de constitutionnalité et de conventionnalité. Les dispositions constitutionnelles qui instaurent la Cour suprême mettent l'accent sur la compétence de cette dernière pour se prononcer sur une contestation créée par deux jurisprudences divergentes quant à la conformité d'un acte législatif aux prescriptions constitutionnelles, mais non sur sa conventionnalité. C'est pourquoi le contrôle de conventionnalité exercé par la Cour reste très limité et ne se constate que rarement dans les arrêts rendus[841].

Il convient de noter que, depuis son entrée en activité en 1978, la Cour n'a rendu que peu d'arrêts. Cela ne signifie pas que la question de constitutionnalité n'est pas fréquemment soulevée devant les juridictions suprêmes. Toutefois, les divergences jurisprudentielles entre les trois Cours suprêmes en matière de constitutionnalité demeurent relativement peu nombreuses.

Afin de rendre un arrêt portant sur la constitutionnalité d'une disposition, la Cour peut être saisie par requête du ministre de la justice, du procureur général à la Cour de cassation, du Commissaire général d'État à la Cour des comptes, du Commissaire général pour la justice administrative ou encore de toute personne qui a un intérêt pour agir. Elle peut aussi être saisie par jugement de renvoi de la Cour suprême devant laquelle la question de constitutionnalité est posée. Il importe enfin de noter qu'une fois saisie, la Cour est obligée de rendre une décision, même à propos d' affaires pour lesquelles elle ne s'estime pas compétente conformément aux règles procédurales applicables[842].

2. L'interprétation jurisprudentielle restrictive des dispositions relatives aux compétences de la Cour

Au fil des années, la jurisprudence de la Cour suprême spéciale se montre très réservée, interprétant de façon restrictive ses compétences en matière de contrôle de constitutionnalité des lois. D'abord, ce constat est confirmé par

juridiques contradictoires portant sur leur sens. Pourtant, seule la Cour de Strasbourg est en effet compétente pour interpréter les dispositions de la Convention EDH.

[841] En guise d'exemple Cour suprême spéciale arrêts 56/1997, 57/1997, 1/2012, 2/2012.

[842] Voir certains exemples dans l'article de D. KALDIS, « Réflexions et propositions pour la révision de la justice constitutionnelle », *DForN*, 2006, pp. 325 - 328, (p. 325) où l'auteur se réfère à l'arrêt 2705/1991 par lequel le Conseil d'État a confirmé sa thèse selon laquelle la protection constitutionnelle de la propriété (article 17 de la Constitution) ne s'étendait qu'aux droits réels. Dans un arrêt postérieur de la Cour de cassation (40/1998) il a été jugé que la protection de la propriété s'étendait aussi aux droits des obligations. Pourtant, l'affaire n'a pas été transférée devant la Cour suprême spéciale, afin qu'elle tranche définitivement cette question.

l'affirmation de la Cour selon laquelle sa compétence ne s'étend pas à l'interprétation des dispositions constitutionnelles elles - mêmes.

Dans un premier temps, la question de la compétence de la Cour suprême spéciale en cas de contestation portant sur le sens d'une disposition constitutionnelle a été abordée, par une partie de la doctrine, tout au début du fonctionnement de la Cour. Elle a plaidé en faveur de la compétence de la Cour pour statuer sur une telle contestation[843]. Selon les tenants de cette théorie, l'harmonisation de l'interprétation des dispositions constitutionnelles est un objectif beaucoup plus important que l'harmonisation de la jurisprudence des tribunaux. En outre, il est soutenu que le contrôle de constitutionnalité exercé par la Cour suprême en cas de contestation portant sur l'interprétation d'une disposition de la loi formelle présuppose sa compétence pour se prononcer sur les interprétations contradictoires de la même disposition constitutionnelle.

Dans un deuxième temps, avec l'arrêt 16/1983[844], la Cour suprême spéciale a donné raison à cette argumentation, en affirmant sa compétence pour se prononcer sur l'interprétation d'une disposition constitutionnelle, de même que sur l'interprétation des lois formelles, en cas de désaccord entre les hautes juridictions. En l'espèce, il s'agissait d'une divergence jurisprudentielle relative à l'interprétation de l'article 22 la Constitution, prévoyant la rémunération égale pour un travail de valeur égale, et ce sans distinction de sexe. Le Conseil d'État avait pour sa part, dans l'arrêt 763/1982, soutenu que cette disposition était applicable exclusivement aux employés du secteur privé. Tandis que pour leur part, la Cour de cassation, dans la décision 810/1980, et la Cour des comptes, dans l'arrêt 276/1980 avaient jugé que l'application de cette disposition s'étendait aussi aux fonctionnaires du secteur public. La Cour suprême spéciale a donné raison au Conseil d'État, dans un arrêt donnant lieu à une série de vives critiques.

En effet, une partie de la doctrine a estimé que seul le pouvoir constituant était compétent pour livrer une interprétation authentique de la Constitution. En outre, si la Cour disposait de la compétence d'examiner la conformité d'une disposition constitutionnelle avec la Constitution, cela aurait pour résultat l'établissement d'une « hiérarchie au sein de la Constitution »[845].

Dans un troisième temps, l'arrêt 38/1989[846] de la Cour suprême spéciale a confirmé cette position doctrinale en effectuant un revirement jurisprudentiel par rapport à l'arrêt 16/1983. En l'espèce, la Cour suprême spéciale a jugé

---

[843] P. PARARAS, « Le régime juridique crucial applicable aux actes administratifs et la compétence de la Cour suprême spéciale en cas de controverse. Remarques sur l'arrêt de la Cour de Cassation 1003/76 », *ToS*, 1977, pp. 607 - 622, (p. 615).

[844] Cour suprême spéciale 16/1983 *Journal des juristes grecs*, 1984, pp. 149 - 150.

[845] E. VENIZELOS, « La Cour suprême spéciale et l'interprétation authentique de la Constitution », *EDDD*, 1988, pp. 225 - 235, (p. 232).

[846] *DiDik*, 1990, pp. 274 - 276.

qu'elle était compétente pour assurer l'harmonisation de l'interprétation et de l'application des lois, et, par voie de conséquence, pour trancher les litiges portant uniquement sur le sens des dispositions des lois formelles, mais non les litiges portant sur le sens des disposions constitutionnelles. Pour ces dernières, la Constitution prévoit des règles spécifiques régissant les procédures de vote et de révision des lois, de telle sorte que leur interprétation échappe à la compétence de la Cour suprême[847]. Toutefois, parmi les treize membres de la Cour, cinq ont exprimé une opinion dissidente en considérant qu'il y avait une nécessité d'élargir le pouvoir de la Cour suprême en lui reconnaissant une compétence pour l'interprétation des dispositions constitutionnelles.

La jurisprudence de la Cour respecte la structure hiérarchique adoptée par l'ordre juridique national, en mettant hors du champ d'exercice du contrôle de constitutionnalité la Constitution elle - même, par respect dû au principe de séparation des pouvoirs, et en considérant que seul le pouvoir constituant ordinaire et dérivé est compétent pour l'interprétation de la Constitution elle - même[848].

L'interprétation restrictive affirmée par cette jurisprudence a été confirmée par l'arrêt 19/1990. En l'espèce, la Cour suprême spéciale a refusé de mettre fin à la contradiction issue des interprétations différentes de la disposition 21 alinéa 3 du texte constitutionnel de 1968. Elle a considéré que les dispositions de cette Constitution, élaborée par le régime des colonels ne faisait pas partie de la notion des lois formelles qui fonde la compétence de la Cour pour se prononcer en la matière.

En outre, conformément à une interprétation très restrictive de ses compétences, la Cour suprême spéciale se montre très réservée quant aux divergences jurisprudentielles justifiant son intervention. Ainsi, la Cour a à maintes reprises refusé de trancher le litige issu d'interprétations juridiques divergentes, mais qui ne portent pas exactement sur la même disposition[849]. Elle a également refusé d'intervenir à propos de l'application des dispositions législatives différentes ayant un contenu identique[850]. La Cour a dénoncé aussi sa compétence de statuer dans un litige où la même disposition législative a été interprétée par deux hautes juridictions de façon

[847] En l'espèce il s'agit de l'interprétation de l'article 22 alinéa 4 de la Constitution qui prévoit que la sécurité sociale des travailleurs est une obligation pour l'Etat. La question en cause a été soulevée après deux arrêts contradictoires rendus d'une part, par le Conseil d'État (arrêt 5024/1987) et d'autre part, par la Cour de Cassation (décision 644/1987).

[848] E. VENIZELOS, *L'acquis révisionnel*, Athènes - Komotini : éd. A. Sakkoulas, 2002, p. 79.

[849] Cour suprême spéciale 7/1977, 47/1982, 17/1983, 78/1985, 4/1986, 3/1989 ainsi que l'article de C. BACOYANNIS, « Chronique : La jurisprudence de la Cour spéciale suprême de la Grèce en 1989 », *op. cit.*, pp. 529 - 530.

[850] Cour suprême spéciale 4/1986, 44/1991.

différente, sans pour autant que le dispositif de l'arrêt rendu soit fondé sur cette disposition[851]. De même, quand la notion de « délit » est interprétée de façon différente par le juge pénal et par le Conseil d'État, compétent pour imposer des sanctions administratives, la Cour suprême spéciale refuse d'intervenir[852].

De manière générale, la Cour suprême ne s'estime compétente que lorsque la disposition législative interprétée par deux hautes juridictions est identique. Un nombre très limité d'arrêts fait exception à cette règle générale, déterminant ainsi une évolution à l'interprétation restrictive des compétences de la Cour. Cette dernière a tout d'abord accepté, dans l'arrêt 27/1999, de statuer sur une question de constitutionnalité bien que les deux hautes juridictions (en l'espèce le Conseil d'État et la Cour de cassation) n'interprètent pas la même disposition, mais se réfèrent indirectement à elle en statuant sur sa constitutionnalité. En l'espèce, le litige portait sur la délimitation de la notion de forêt. La définition de cette notion constitue en effet un paramètre important qui contribue à la protection de l'environnement, mais également à l'harmonisation de la jurisprudence, ainsi qu'à la protection de la sécurité juridique[853]. De même, la Cour s'est estimée compétente dans l'hypothèse où la disposition législative est identique, mais où les deux Cours suprêmes, à savoir le Conseil d'État et la Cour de cassation, ont conclu par des jugements contradictoires relatifs à sa constitutionnalité, en s'appuyant sur des dispositions constitutionnelles différentes à propos du contrôle juridictionnel effectué. La Cour a jugé, dans ce contexte, que le principe de sécurité juridique impose l'élimination des jugements contradictoires des juridictions suprêmes sur la constitutionnalité de la même disposition, sans que l'identité des dispositions constitutionnelles auxquelles il est porté atteinte soit nécessaire[854].

Enfin, en dépit de ce nombre limité d'arrêts faisant preuve de l'extension interprétative de ses compétences, il y a lieu de remarquer que la jurisprudence de la Cour suprême spéciale s'avère très modérée[855]. Une autolimitation très stricte de son pouvoir de contrôle de constitutionnalité détermine donc la jurisprudence rendue par la Cour suprême spéciale.

---

[851] Cour suprême spéciale 3/1989.

[852] Cour suprême spécial 18/1990.

[853] Voir l'arrêt 27/1999 de la Cour suprême spéciale, *DiDik*, 2000, pp.315 - 318 et *ToS*, 2000, pp.150 - 154 aussi que P. PARARAS, « L'extension interprétative de la juridiction de la Cour suprême spéciale », *ToS*, 2000, pp. 145 - 150, (p. 149).

[854] Cour suprême spéciale arrêt 14/2013.

[855] C. BACOYANNIS, « Le débat récent sur la nécessité d'une institution de justice constitutionnelle », *in Renouveau du droit constitutionnel, mélanges en l'honneur de Louis Favoreu, op. cit.*, p. 50.

B. Le rôle de la Cour suprême spéciale

Bien que la Cour suprême spéciale dispose d'un certain nombre de compétences, similaires à celles confiées aux Cours constitutionnelles européennes, particulièrement en matière de contentieux électoral, il est cependant assez discutable qu'elle puisse être qualifiée de véritable Cour constitutionnelle (1). En outre, l'interaction de la Cour suprême spéciale avec les deux Cours européennes est faible, ce qui fait obstacle à ce que la Cour soit considérée comme organe régulateur des rapports entre l'ordre interne et les deux ordres européens (2).

1. Les interrogations autour de la qualification de Cour constitutionnelle

Conformément à l'article 100, alinéa 4 de la Constitution[856], les arrêts de la Cour suprême spéciale statuant sur l'inconstitutionnalité de la loi litigieuse produisent un effet *erga omnes*[857] après leur publication. Il importe toutefois de noter que la Constitution, par respect du principe de séparation des pouvoirs, écarte l'utilisation du terme « annulation » pour la loi jugée inconstitutionnelle. Elle se réfère aux conséquences des arrêts de la Cour suprême spéciale, en prévoyant qu'une disposition législative déclarée inconstitutionnelle par la Cour suprême spéciale devient « caduque »[858]. Néanmoins, la Cour n'a pas l'obligation de renvoyer la loi au Parlement comme cela peut être le cas dans des pays disposant d'une Cour constitutionnelle, comme la Pologne ou le Portugal. En l'espèce, dans le cadre d'un contrôle *préventif*, les Cours constitutionnelles, après la déclaration d'inconstitutionnalité d'une disposition législative, ont l'obligation de renvoyer la loi en cause au Parlement, seul compétent pour l'abroger, la modifier ou la confirmer par un vote à la majorité de deux tiers[859].

La réticence de la Cour sur les questions de constitutionnalité est très significative ; c'est seulement huit ans après sa création qu'elle se prononce, dans l'arrêt 30/1985[860], sur l'inconstitutionnalité d'une loi et par suite, sur

---

[856] Article 100 alinéa 4 de la Constitution « *Les arrêts de la Cour sont irrévocables. Une disposition de loi déclarée inconstitutionnelle devient caduque à partir de la publication de l'arrêt afférent ou de la date fixée par celui - ci* ».

[857] M. KYPRAIOS, « *Le contrôle de constitutionnalité des lois par les Cours, interprétation de l'article 28 de la Constitution pour l'intégration de la Grèce à la communauté économique européenne* », *in livre jubilaire pour le Conseil d'État, 1929 - 1979*, *op. cit.*, pp. 211 - 212.

[858] Article 100, alinéa 4 de la Constitution. E. SPILIOTOPOULOS, « Chronique de la jurisprudence grecque », *AIJC,* vol. I, 1985, pp. 435 - 456.

[859] D. ROUSSEAU, *La justice constitutionnelle en Europe*, *op. cit.*, p. 100.

[860] Cour suprême spéciale 30/1985 *Armenopoulos* 1985, pp. 916 - 924.

l'annulation d'une disposition législative pour non-conformité aux prescriptions constitutionnelles. En l'espèce, la Cour a jugé qu'une disposition législative portant sur l'organisation et le fonctionnement des établissements d'enseignement supérieur[861] était contraire à la Constitution. Elle a précisément considéré que l'article de la loi en cause prévoyant la participation des maîtres assistants aux collèges électoraux universitaires pour l'élection des autorités administratives universitaires, méconnaissait le principe d'égalité, ainsi que la liberté académique[862].

La Cour suprême spéciale, par cet arrêt, a confirmé son rôle de juridiction compétente pour trancher les questions relatives à la constitutionnalité. Toutefois, le dynamisme de cette jurisprudence demeure peu conséquent, ce qui explique que le premier arrêt jugeant une disposition inconstitutionnelle n'intervienne que huit ans après la création de la Cour. En raison de sa compétence limitée et de la réticence des juges, une partie de la doctrine considère que la Cour suprême spéciale devrait davantage être qualifiée de Tribunal des conflits, dans la mesure où elle se prononce sur une contestation créée par deux jurisprudences divergentes concernant la constitutionnalité d'un acte législatif[863]. Ce sont alors seulement les compétences attribuées à la même Cour, en matière de contentieux électoral, qui figurent parmi celles qui sont attribuées à des juridictions constitutionnelles[864]. On peut cependant douter de ce que le constituant grec, lorsqu'il a créé la Cour suprême spéciale, avait l'intention de créer une Cour constitutionnelle telle qu'on en rencontre dans les pays de l'Europe occidentale[865].

Cela se justifie de deux manières. D'une part, l'absence d'interprétations jurisprudentielles susceptibles de renforcer la compétence de la Cour suprême spéciale démontre la volonté de cette Cour de défendre l'autonomie

---

[861] L'article 16 §6 alinéa a et b de la loi 1268/1982.

[862] Les arrêts divergents à l'origine du litige devant la Cour suprême spéciale sont les arrêts 2805, 2806, 2810, 2811 et 2786 - 8/1984 de l'Assemblée plénière du Conseil d'État ainsi que l'arrêt 1314/1984 de la Cour de cassation.

[863] E. SPILIOTOPOULOS, « première table ronde internationale sur les techniques juridictionnelles du contrôle de constitutionnalité des lois, contrôle diffus et dualité des juridictions sont ils conciliables ? », *AIJC*, vol. 1985, pp. 98 - 105, (p. 98).

[864] C. BACOYANNIS, « Le débat récent sur la nécessité d'une institution de justice constitutionnelle », *in Renouveau du droit constitutionnel, mélanges en l'honneur de Louis Favoreu*, *op. cit.*, p. 47.

[865] Le fait que la Cour soit nommée Cour suprême spéciale et pas Cour constitutionnelle, n'exclut pas *a priori* la possibilité de la définir en tant que Cour ayant des attributions de juge constitutionnel comme par exemple d'autres juridictions spécialisées comme le Conseil constitutionnel ou le Tribunal Constitutionnel, Voir C. GREWE, « Cours constitutionnelles européennes », *in* D. CHAGNOLAUD, G. DRAGO (dir.), *Dictionnaire des droits fondamentaux*, Paris : Dalloz, 2e éd., 2010, pp. 182 - 195.

des trois hautes juridictions qui sont concernées par son intervention[866] et de renforcer le système de contrôle diffus et *a posteriori* de constitutionnalité des lois[867]. Cela paraît logique dans la mesure où la Cour suprême spéciale est composée des présidents des trois hautes juridictions, ainsi que de quatre conseilleurs d'État et quatre conseillers à la Cour de cassation. Ceux - ci doivent en effet se sentir plus proches de leur juridiction d'origine et plus à même de défendre leur capacité à se prononcer sur la constitutionnalité des lois au sein d'un système de contrôle diffus et incident.

D'autre part, c'est la composition de la Cour qui ne correspond pas à celle d'une Cour constitutionnelle. D'abord, il s'agit d'une Cour constituée *ad hoc*. Dès lors, les juges siégeant à la Cour suprême, au cours de leur mandat, continuent à appartenir à leur juridiction d'origine et d'exercer leurs fonctions en tant que membres de celle - ci. En outre, la durée limitée des mandats des membres de la Cour ainsi que leur désignation par tirage au sort ne sont pas favorables à l'autonomie de l'institution et à sa qualification en tant que Cour constitutionnelle. Ces deux caractéristiques ne correspondent pas à la notion de Cour constitutionnelle telle que la conçoit L. FAVOREU, lequel considère que « la Cour doit être composée de juges nommés directement en son sein, pour la durée d'un mandat long non révocable et non renouvelable »[868].

Il est donc manifeste que la Constitution de 1975, n'avait pas pour but d'introduire une Cour constitutionnelle, mais « une Cour chargée de fonctions très spéciales et insuffisantes pour mettre en doute le modèle du contrôle constitutionnel diffus exercé par voie d'exception »[869]. Ceci est par ailleurs conforté par le fait que ladite institution est nommée « Cour suprême spéciale » et non « Cour constitutionnelle ». La différence majeure entre les Cours suprêmes et les Cours constitutionnelles est soulignée explicitement par L. FAVOREU, qui observe qu'au - delà de certaines caractéristiques communes, il existe des grandes différences entre ces deux types de Cours, qui peuvent être distinguées par les spécialistes de la justice

---

[866] C. BACOYANNIS, « Le débat récent sur la nécessité d'une institution de justice constitutionnelle », *in Renouveau du droit constitutionnel, mélanges en l'honneur de Louis Favoreu, op. cit.*, p. 50.

[867] C. BACOYANNIS, « La Cour suprême spéciale : compte tenu des premières vingt années », *in colloque sur les vingt premières années de l'application de la Constitution*, Athènes - Komotini : éd. A. Sakkoulas, 1998, pp. 311 - 337, (pp. 336 - 337).

[868] L. FAVOREU, « La notion de Cour constitutionnelle », *in De la Constitution : études en l'honneur de Jean - François Aubert*, Bâle Francfort - sur - le - Main : Helbing & Lichtenhahn, 1996, pp. 15 - 27, (p. 25).

[869] C. BACOYANNIS, « Chronique : La jurisprudence de la Cour spéciale suprême de la Grèce en 1989 », *AIJC*, vol. V, 1989, pp. 521 - 544, (p. 524).

constitutionnelle[870]. Il semble dès lors assez peu probable que la Cour suprême spéciale grecque puisse être considérée comme une véritable Cour constitutionnelle[871].

2. L'interaction de la Cour suprême spéciale avec les deux Cours européennes

La création de la Cour suprême spéciale dans l'ordre juridique grec détermine la distinction procédurale des contrôles de constitutionnalité et de conventionnalité. En dépit de son rôle important à l'égard du contrôle de constitutionnalité des lois, il importe de remarquer l'interaction marginale entre la Cour suprême spéciale et les deux Cours européennes et l'absence de dialogue de la Cour suprême spéciale avec la Cour de justice.

Tout d'abord, la Cour suprême spéciale ne s'estime pas compétente pour transmettre des questions préjudicielles à la CJUE. La Cour justifie son incompétence en invoquant le fait que son habilitation éventuelle pour saisir la Cour de justice de questions préjudicielles porterait atteinte à la jurisprudence *Simmenthal*[872] d'où découle l'obligation des juridictions nationales d'écarter toute norme contraire et ce, en passant outre des obstacles procéduraux posés par l'ordre juridique interne tel que la déclaration préalable d'inconstitutionnalité[873]. D'après ce raisonnement, la Cour suprême spéciale renvoie aux juridictions ordinaires et suprêmes le soin d'exercer le contrôle de conventionnalité des dispositions législatives, en saisissant le cas échéant la Cour de justice d'une question préjudicielle, en défendant parallèlement sa compétence pour statuer définitivement sur les questions de constitutionnalité.

Ce raisonnement de la Cour est susceptible de porter atteinte au droit de l'UE et aux exigences qui en découlent. Sur le plan du droit de l'Union, la faculté de saisir la Cour de justice d'un renvoi préjudiciel en interprétation ou en appréciation de validité se transforme en obligation, lorsqu'il s'agit du juge qui statue en dernier ressort, selon les critères du droit interne[874]. La question serait ainsi de savoir si la Cour suprême spéciale serait susceptible d'être considérée comme une juridiction statuant, en droit interne, en dernier

---

[870] L. FAVOREU, « Cours constitutionnelles », *in* O. DUHAMEL, Y. MENY (dir.), *Dictionnaire constitutionnel*, Paris : PUF, 1992, pp. 255 - 256.Voir aussi la citation de F. Rubio Liorentre « …le fait demeure que les Cours constitutionnelles ne sont pas des Cours suprêmes » *in* Law in the making a comparative survey, éd. Pizzorusso, New York, Springer Verlag, 1988, p.171 comme cité par L. FAVOREU, *Cours constitutionnelles*, *op. cit.*, pp. 255.

[871] C. BACOYANNIS, « Chronique : La jurisprudence de la Cour spéciale suprême de la Grèce en 1989 », *op. cit.*, pp. 522 - 523.

[872] CJCE, *Simmenthal*, précité.

[873] Cour suprême spéciale, 29/1999, point 4.

[874] Article 267 §3 TFUE.

ressort. La réponse est apportée par l'article 100 de la Constitution qui prévoit que les arrêts de la Cour sont irrévocables et, dès lors, ne sont susceptibles d'aucun recours. C'est dans cet esprit que toutes les juridictions grecques se sont ralliées officiellement à l'autorité attachée aux arrêts de la Cour suprême spéciale, lesquels sont en outre dotés d'un effet *erga omnes*.

Par conséquent, la Cour suprême spéciale remplit les exigences nationales tenant à la « juridiction statuant en dernier ressort », et ne peut pas être *a priori* exonérée de l'obligation du renvoi préjudiciel, alors que sa saisine demeure exceptionnelle dans le système procédural grec. Dès lors, il existe une incompatibilité sous-jacente entre l'exigence d'application du droit de l'Union et le refus pour la Cour suprême spéciale de recourir au renvoi préjudiciel.

Ensuite, les interactions entre la Cour suprême spéciale et la Cour EDH demeurent très faibles. Certes, l'obligation de poser une question préjudicielle concernant l'interprétation d'une disposition européenne, comme c'est le cas pour le droit issu de l'Union européenne, oblige les juridictions suprêmes à traiter de façon spécifique le contrôle de constitutionnalité et de conventionnalité. Toutefois, l'absence d'une telle obligation de renvoi préjudiciel à la Cour EDH, ne doit pas amener la Cour suprême à méconnaître la jurisprudence de la Cour de Strasbourg. En outre, le refus de la Cour suprême d'exercer un contrôle de conventionnalité par rapport aux règles de la Convention EDH a pour conséquence la prise en compte très limitée de la jurisprudence de la Cour[875]. Il apparaît que la Cour suprême n'a jusqu'à maintenant jamais exercé un contrôle coordonné de constitutionnalité et de conventionnalité des lois lorsqu'elle est saisie d'une question constitutionnelle. Néanmoins, l'entrée en vigueur du protocole n°16 de la Convention EDH, prévoyant la possibilité pour les plus hautes juridictions des États parties d'adresser des demandes d'avis consultatif à la Cour, sur des questions relatives à l'interprétation ou à l'application des droits et libertés définis par la Convention et ses protocoles, devrait nécessairement inciter la Cour suprême à s'adresser à la Cour de Strasbourg. De cette façon, la Cour suprême serait non seulement garante d'une jurisprudence harmonisée en matière de constitutionnalité, par voie de dialogue avec la Cour EDH, mais également vecteur d'une harmonisation jurisprudentielle en matière d'application de la Convention.

§2. Le mécanisme grec de QPC : le renvoi de la question de constitutionnalité aux Assemblées plénières des Cours suprêmes

La révision constitutionnelle de 2001 a conduit à ajouter un cinquième alinéa à l'article 100 de la Constitution, instituant un second mécanisme de renvoi préjudiciel. Cette révision était le fruit d'une confrontation majeure

[875] Cour Suprême Spéciale 1/2012.

entre les pouvoirs exécutif et législatif, d'une part, et le pourvoir judiciaire, d'autre part. La réforme adoptée avait pour but d'empêcher l'« activisme juridique » de la 5ème Section du Conseil d'État. En effet, cette Section a été accusée à plusieurs reprises d'excès de pouvoir. Elle mettait systématiquement en doute la constitutionnalité de plusieurs normes législatives principalement relatives à la gestion de l'environnement[876]. Il est vrai que l'activisme juridique excessif qui amène à la substitution du juge au législateur, seul compétent pour légiférer aux termes de la Constitution[877] n'est pas souhaitable. Néanmoins, la révision constitutionnelle n'était pas le moyen approprié pour restreindre l'activisme des juges (A). C'est pourquoi l'application de la procédure révisée, connaît, depuis le jour de sa mise en application, une réticence majeure de la part des Cours suprêmes (B).

A. Une procédure controversée, fruit d'une révision constitutionnelle ambiguë

La doctrine grecque a fortement critiqué la révision constitutionnelle tant pendant la procédure de révision de la Constitution qu'au stade ultérieur de l'application de la procédure instituée (2). La critique s'appuie principalement sur le fait qu'il s'agit d'une procédure modifiant légèrement le statut du contrôle juridictionnel de constitutionnalité des lois dans l'ordre juridique grec (1).

1. Une légère modification du statut du contrôle juridictionnel de constitutionnalité à travers la nouvelle règle constitutionnelle

L'alinéa 5 de l'article 100 de la Constitution prévoit que lorsqu'une formation d'une Cour suprême (Conseil d'État, Cour de cassation civile et criminelle et Cour des comptes) est appelée, à l'occasion d'un litige, à examiner la constitutionnalité d'une disposition législative, elle doit saisir

---

[876] C. YANNAKOPOULOS, « Les droits fondamentaux dans la jurisprudence du Conseil d'État », *in* M. TSAPOGAS, D. CHRISTOPOULOS (dir.), *Les droits en Grèce, 1953 - 2003 : De la fin de la guerre civile jusqu'à la restitution de la démocratie, Union grecque pour les droits de l'homme*, Athènes : éd. Kastanioti, 2004, pp. 439 - 468.

[877] Voir Y. TASOPOULOS, « La position constitutionnelle de la justice dans le cadre du système politique grec », *in* D. TSATSOS, E. VENIZELOS (dir.), *La nouvelle Constitution, congrès pour la Constitution révisée de 1975/1986/2001*, Athènes - Komotini : éd. A. Sakkoulas, 2001, pp. 357 - 384, (pp. 364 - 372) concernant la critique du rôle politique du juge exprimée par le Parlement dans le cadre de la révision constitutionnelle de 2001.

l'Assemblée plénière respective pour statuer définitivement sur cette question[878].

Cette procédure conduit donc nécessairement à la transformation du contrôle diffus vers un contrôle concentré. En outre, ce mécanisme favorise également la distinction entre le contrôle de constitutionnalité et le contrôle de conventionnalité des lois, car dans le cas où la Section d'une Cour suprême juge qu'une disposition législative n'est pas conforme à une règle internationale ou européenne, il n'est pas prévu qu'elle soumettra une telle question à l'Assemblée plénière respective.

Ceci est confirmé par la pratique antérieure à la mise en application de ce mécanisme. Précisément, l'obligation de renvoi à l'Assemblée plénière de la question de constitutionnalité était prévue avant la révision constitutionnelle, par voie législative, pour les Sections de la Cour de cassation qui, si elles jugeaient une loi contraire à la Constitution, devraient renvoyer cette question à l'Assemblée plénière de la Cour, conformément à l'article 563 §2 alinéa 2 du code de procédure civile[879]. Or, selon la jurisprudence constante de la Cour de cassation, cette obligation de renvoi ne couvrait pas la question de l'inconventionnalité éventuelle des dispositions législatives en cause. [880].

Cette procédure prévue par l'article 100, alinéa 5 de la Constitution alourdit le fonctionnement de la justice, ce qui renforce le risque de condamnation de la Grèce pour violation du droit à un recours effectif devant la Cour EDH. Cela étant, le contrôle de conventionnalité attire la préférence tant des juges, qui procèdent à l'exercice de ce type de contrôle même d'office, mais également des justiciables, qui préfèrent invoquer la non-conformité d'une disposition législative non pas avec la Constitution, mais avec une norme du droit européen, afin d'éviter la procédure instituée dans l'article 100 alinéa 5.

2. Les critiques doctrinales sur la procédure instituée

Le fait que l'activisme jurisprudentiel soit à l'origine de cette révision constitutionnelle entraîne un certain nombre de critiques quant à sa légitimité. À ce propos, il a été soutenu que le principe de séparation des pouvoirs ainsi que le contrôle diffus de constitutionnalité des lois

---

[878] Il est à noter que cette proposition, déposée par le parti majoritaire du parlement, a été voté par 174 députés lors du scrutin du 20 mai 1998 ainsi que par 172 députés lors du scrutin du 24 juin 1998. Ensuite, devant le parlement chargé de la révision de la Constitution, cette proposition a été votée tant par la parti majoritaire que par le parti de l'opposition parlementaire, voir la délibération du 6 avril 2001, (oui : 267, non : 11).

[879] K. CHRYSOGONOS, *L'intégration de la Convention européenne des droits de l'homme dans l'ordre juridique national*, *op. cit.*, p. 228.

[880] Cour de cassation décision n°1400/2000 *ElIDik*, 2001, pp. 415 - 416.

déterminent la base et la forme du régime politique grec, en tant que République parlementaire. Dès lors, le système de contrôle de constitutionnalité de la Grèce n'est pas susceptible de révision, aux termes de l'article 110 de la Constitution[881]. En outre, selon cette disposition, l'article 94 alinéa 3 de la Constitution, relatif au contrôle de constitutionnalité des lois, reflète une pratique juridique des Cours grecques développée depuis plus de 100 ans, et constitutionnalisée pour la première fois en 1927[882]. Dans ce contexte, l'article 100, alinéa 5 présente un lien étroit avec l'article 94, alinéa 3 qui attribue la compétence pour contrôler la constitutionnalité des lois à tous les juges. Ce dernier article fut ainsi implicitement révisé à travers l'institution de la nouvelle procédure, laquelle réserve désormais cette compétence aux seules Assemblées plénières des Cours suprêmes, et en prive par conséquent les Sections de ces mêmes Cours[883].

Ces positions contestent fortement la mutation du système de constitutionnalité des lois instituée par la révision constitutionnelle. Toutefois, cette révision semble être absolument légitime dans la mesure où elle a été instaurée conformément à la Constitution. Ceci a d'ailleurs été confirmé par les rapports consultatifs 6/2000 et 4/2001 où l'Assemblée plénière du Conseil d'État[884] a exprimé sa position concernant toutes les dispositions susceptibles d'être révisées. De plus, l'Assemblée plénière du Conseil d'État, sur renvoi d'une affaire par les Sections, a été amenée à plusieurs reprises, et ce avant l'entrée en vigueur de cette révision, à se prononcer sur la constitutionnalité d'une loi en raison de son importance majeure[885].

Ainsi, il n'y a pas lieu de contester la légitimité de cette révision. L'ajout de cet alinéa constitue en effet, du point de vue de l'organisation procédurale du contrôle de constitutionnalité des lois, un transfert de compétences des Sections des Cours suprêmes aux Assemblées plénières de ces Cours, sans

---

[881] P. PARARAS, « Le contrôle de constitutionnalité des lois dans la ligne de mire de la révision constitutionnelle », *op. cit.*, p.81.

[882] *loc. cit.*

[883] S. VLACHOPOULOS, « Le contrôle de constitutionnalité des lois, exercé par les Sections des Cours suprêmes », *DtA*, n°9, 2001, pp.83 - 97, (p. 89).

[884] Voir aussi la reprise de cet avis au rapport consultatif de l'Assemblée plénière du Conseil d'État 621/2002, publié à *DtA*, n°21, 2004 pp.270 - 273 avec commentaire de P. PARARAS. Ce rapport consultatif, revient à la matière à propos d'un jugement de constitutionnalité d'un décret présidentiel et soutient, comme le rapport consultatif précédent 4/2001, la légalité de la révision de cet article.

[885] M. PIKRAMENOS, « L'exercice du contrôle de constitutionnalité des lois, selon l'article 100 par. 5 de la Constitution, et la problématique sur l'institution d'une Cour constitutionnelle », *in 5 ans après la révision constitutionnelle, appréciation et propositions pour une nouvelle révision constitutionnelle, centre de droit européen et constitutionnel, op. cit.*, p. 783.

que l'on s'écarte pour autant du système de contrôle de constitutionnalité diffus et incident existant[886]. Pourtant, sans changer le système existant du contrôle diffus et incident de constitutionnalité des lois, cette révision introduit un contrôle de constitutionnalité concentré[887].

Or, il importe de s'interroger, au regard des raisonnements exprimés par l'Assemblée plénière du Conseil d'État dans son avis consultatif[888], ainsi que par une partie de la doctrine[889], sur l'opportunité d'une révision constitutionnelle. S'agissant des avantages de ce mécanisme, l'on constate qu'en saisissant les Assemblées plénières des Cours suprêmes pour statuer sur les questions de constitutionnalité, l'harmonie jurisprudentielle est assurée et le risque de divergences jurisprudentielles est écarté. Ce système favorise dès lors la sécurité juridique, car il est indéniable que les décisions rendues par les Assemblées plénières des Cours suprêmes sont revêtues d'une grande légitimité[890] et d'une force juridique considérable[891]. De plus,

---

[886] C. SAKELLAROPOULOU, « Le contrôle de constitutionnalité des lois selon l'article 100 par.5 de la Constitution, Vers une organisation procédurale ou une restriction de l'exercice de contrôle diffus ? », *op. cit.*, p. 800 et E. VENIZELOS, « L'assimilation de la révision constitutionnelle à travers la jurisprudence du Conseil d'État », *in livre jubilaire pour les 75 ans du Conseil d'État*, Athènes - Thessalonique : éd. Sakkoulas, 2004, pp. 133 - 144, (p. 136).

[887] C. YANNAKOPOULOS, « Le caractère diffus et incident du contrôle de constitutionnalité des lois en Grèce, sous l'aspect du droit européen communautaire », *op. cit.*, p. 827 et K. MAVRIAS, *Droit constitutionnel*, Athènes - Komotini, éd. A. Sakkoulas, 5e éd., 2014, pp. 293 - 295.

[888] Rapport consultatif de l'Assemblée plénière du Conseil d'État 4/2001, Comité des juges au Conseil d'État, *La révision de la Constitution et le Conseil d'État*, Athènes - Komotini : éd. A. Sakkoulas, 2001, pp. 15 - 24, ainsi que la citation de ce rapport et de la thèse qu'il soutient concernant la possibilité d'une révision de ce système procédural de renvoi des questions constitutionnelles aux Assemblées plénières des Cours suprêmes par le εισηγητή/rapporteur du parti majoritaire, E. VENIZELOS, Z' parlement révisionnel grec, Période I de démocratie présidée, Séance A', comptes rendus de l'Assemblée plénière du Parlement sur les dispositions révisionnelles de la Constitution, présidence de Kaklamanis Apostolos, Athènes 2002, rapport de E. VENIZELOS, pp. 10 - 45, (p. 40).

[889] M. PIKRAMENOS, « L'exercice du contrôle de constitutionnalité des lois, selon l'article 100 par. 5 de la Constitution, et la problématique sur l'institution d'une Cour constitutionnelle », *in 5 ans après la révision constitutionnelle, appréciation et propositions pour une nouvelle révision constitutionnelle, centre de droit européen et constitutionnel, op. cit.*, pp.797 et S. VLACHOPOULOS, « Le contrôle de constitutionnalité des lois, exercé par les Sections des Cours suprêmes », *op. cit.*, p. 93.

[890] Voir aussi V. SKOURIS, *Questions de protection judiciaire, à propos de la révision de la Constitution*, Athènes - Komotini : éd. A. Sakkoulas, 2000, pp. 122 - 125.

cette révision contribue à la requalification du pouvoir de contrôler la constitutionnalité de loi, en incitant les Cours à l'exercer avec prudence[892] et réticence, notamment quand il s'agit de juger une disposition inconstitutionnelle[893].

S'agissant des inconvénients, le plus important s'appuie sur le fait qu'une disposition constitutionnelle pourrait conduire à un schéma d'organisation procédurale contrastée. Tandis que le juge ordinaire est compétent pour se prononcer sur la constitutionnalité des dispositions législatives et ne pas les appliquer s'il les juge non conformes à la Constitution, les Sections des Cours suprêmes spéciales sont obligées de renvoyer la question de constitutionnalité aux Assemblées plénières respectives[894]. Ce fait révèle une méfiance vis - à - vis des juges suprêmes, laquelle n'est pas justifiée compte tenu de leur qualification et de leur expérience juridique[895]. En outre, le franchissement de cette étape procédurale supplémentaire pour le jugement définitif de la constitutionnalité d'une loi a pour conséquence d'allonger le délai de traitement d'une affaire. Ceci met en doute la conformité de cette mesure au droit à un procès équitable et à la règle du délai raisonnable, exigences conventionnelles qui s'imposent également au pouvoir constituant dérivé[896]. On peut de plus douter de la conventionnalité d'une telle mesure étant donné que les juges siégeant au sein des Sections des Cours suprêmes participent aussi au jugement renvoyé devant l'Assemblée plénière de la Cour qui rendra le jugement définitif. L'arrêt *Procola*[897] qui a affirmé la

---

[891] C. SAKELLAROPOULOU, « Le contrôle de constitutionnalité des lois selon l'article 100 par.5 de la Constitution, Vers une organisation procédurale ou une restriction de l'exercice de contrôle diffus ? », *op. cit.*, p. 801.

[892] D. TSATSOS, *L'interprétation de la Constitution*, Athènes - Komotini : éd. A. Sakkoulas, 1995, p. 58 : « *la compétence interprétative du juge se limite au contrôle de l'observance des limites du pouvoir discrétionnaire du législateur, au delà desquelles, les options du pouvoir législatif, violeraient les fondements constitutionnels* ».

[893] S. VLACHOPOULOS, « Le contrôle de constitutionnalité des lois, exercé par les Sections des Cours suprêmes », *op. cit.*, p. 90.

[894] P. PARARAS, « Le contrôle de constitutionnalité des lois dans la ligne de mire de la révision constitutionnelle », *op. cit.*, p.79 et S. VLACHOPOULOS, « Le contrôle de constitutionnalité des lois, exercé par les Sections des Cours suprêmes », *op. cit.*, p. 91.

[895] C. SAKELLAROPOULOU, « Le contrôle de constitutionnalité des lois selon l'article 100 par.5 de la Constitution, Vers une organisation procédurale ou une restriction de l'exercice de contrôle diffus ? », *op. cit.*, p. 800.

[896] A. MANESIS, « La Constitution au seuil du XXIe siècle », *in mélanges en l'honneur de Nicolas Valticos, droit et justice*, Paris : éd. A. Pédone, 1999, pp. 673 - 694, (pp. 675 - 676 où il constate d'ailleurs une « tendance à l'internationalisation de réglementations constitutionnelles »).

[897] Cour EDH, 28 septembre 1995, *Procola contre Luxembourg*, n°14570/89.

nécessité d'impartialité et d'indépendance de chaque juridiction renforce d'autant plus cette interrogation.

Il importe dès lors de mettre en avant la pertinence du constat selon lequel la révision constitutionnelle commentée est une révision intentionnelle « *dans la mesure où derrière l'apparence d'un renforcement du contrôle juridictionnel des lois par voie de sa centralisation auprès des juridictions spéciales, se cache l'affaiblissement du contrôle juridictionnel des lois par la voie du transfert des compétences des juridictions activistes vers des juridictions réservées* »[898]. En tout état de cause, l'application insatisfaisante de ce mécanisme introduit dans la Constitution fait la preuve de son opportunité relative.

B. L'application de la procédure prévue dans l'article 100 alinéa 5 de la Constitution par les Sections du Conseil d'État

Il est opportun de souligner que le système de renvoi des questions de constitutionnalité à l'Assemblée plénière des Cours suprêmes, ne fonctionne pas de façon satisfaisante, dans la mesure où la pratique jurisprudentielle apparaît très favorable au contrôle diffus et déconcentré de constitutionnalité des lois.

Dès les premières années d'application de la procédure prévue dans l'article 100 alinéa 5 de la Constitution, on a pu constater que les Sections du Conseil d'État avaient tendance à éviter son application. Les motifs invoqués par les Sections pour ne pas renvoyer la question constitutionnelle à l'Assemblée plénière sont divers.

Elles ont d'abord interprété strictement les conditions procédurales prévues par la Constitution en refusant à deux reprises de renvoyer à l'Assemblée plénière la question de constitutionnalité traitée, au motif que l'affaire en cause avait été introduite avant l'entrée en vigueur de la révision constitutionnelle[899]. De façon similaire, la Section du Conseil d'État a refusé le renvoi de la question de constitutionnalité relative à l'abolition de la prolongation des contrats de location des biens immobiliers de l'organisation nationale de tourisme[900], en jugeant que la disposition en cause avait déjà été jugée inconstitutionnelle par l'Assemblée plénière[901].

Ensuite, on remarque une interprétation critiquable des conditions procédurales posées. L'article 100 alinéa 5, dispense les formations des Cours suprêmes de l'obligation de saisir l'Assemblée plénière de la question constitutionnelle si cette dernière ou la Cour suprême spéciale ont déjà statué

---

898 A. PANAGOPOULOS, « La révision de la Constitution hellénique et la justice constitutionnelle », *op. cit.*, p. 682.

899 Conseil d'État 1750/2001 et Conseil d'État 4078/2001.

900 Article 6 de la loi 2206/1994.

901 Conseil d'État 3199/2003

sur cette matière dans le cadre d'un litige antérieur. À ce propos, le Conseil d'État a refusé le renvoi de question de constitutionnalité dans une série d'arrêts, au motif que la règle en cause était analogue à des dispositions déjà jugées inconstitutionnelles, soit par l'Assemblée plénière[902], soit par un arrêt de la Cour suprême spéciale[903].

Le Conseil d'État procède ainsi à une appréciation essentielle du contenu de chaque disposition en cause, en jugeant qu'en dépit des différences constatées entre les dispositions déjà jugées inconstitutionnelles et les dispositions en cause, leur contenu identique rendait inopportun le renvoi du jugement à l'Assemblée plénière[904].

En outre, au fils du temps, le Conseil d'État semble substituer le contrôle de constitutionnalité des lois au contrôle de celles - ci par rapport à d'autres dispositions législatives infraconstitutionnelles, afin d'éviter l'application de la procédure de renvoi. Une telle pratique peut être observée dans l'arrêt 3186/2006 du Conseil d'État. En l'espèce, il s'agissait du licenciement d'un employé à la poste nationale, au motif qu'il avait méconnu son obligation de fournir, dans le délai prévu, une copie certifiée de son titre d'études[905]. Afin d'éviter l'application de la procédure de renvoi au cas d'espèce, la Cour a choisi, non pas d'interpréter cette disposition à la lumière de la Constitution, ce qui entraînerait sa non-application, mais de l'interpréter à la lumière de dispositions relatives du code de procédure administrative. Ainsi, il a été jugé que la demande de participation à la procédure d'embauche sert selon la loi, de déclaration sur l'honneur. Dès lors, l'administration, conformément au code de procédure administrative, peut accepter des certificats tels que les titres d'études présentés même en photocopie non certifiée. Le Conseil

---

[902] Conseil d'État 1476/2004. Cet arrêt concerne deux dispositions législatives, (article 18 §2 de la loi 1868/1989 et article 4 §1 alinéa 1, de la loi 2479/1997) qui concernent la suspension du délai pour l'exercice des recours judiciaires devant le Conseil d'État.

[903] Conseil d'État 2094/2004 et 3794/2004 ; en l'espèce il s'agissait des dispositions de l'article 12 de la loi 2470/1997 concernant l'allocation pour charges des familles et les dispositions des articles 21 de la loi 2515/1997 qui prévoyait la « prestation mensuelle d'une allocation familiale » uniquement pour un des époux.

[904] Voir pour cette série de décisions, M. PIKRAMENOS, « L'exercice du contrôle de constitutionnalité des lois, selon l'article 100 par. 5 de la Constitution, et la problématique sur l'institution d'une Cour constitutionnelle », *in 5 ans après la révision constitutionnelle, appréciation et propositions pour une nouvelle révision constitutionnelle, centre de droit européen et constitutionnel, op. cit.*, pp. 792 - 793 et l'article de C. SAKELLAROPOULOU, « Le contrôle de constitutionnalité des lois selon l'article 100 par.5 de la Constitution, Vers une organisation procédurale ou une restriction de l'exercice de contrôle diffus ? », *op. cit.*, pp. 802 - 803.

[905] Selon la disposition de l'article 20 §7 de la loi 2738/1999.

d'État a réitéré ce raisonnement dans l'arrêt 1471/2007[906] à l'occasion duquel il devait interpréter la même disposition législative[907] et ainsi annuler la décision administrative qui prévoyait la non-autorisation d'embauche à la banque agricole de Grèce d'une candidate qui remplissait les conditions pour le poste. En l'espèce, la décision, en interprétant la disposition en cause conformément au principe de la confiance légitime et non pas conformément aux principes constitutionnels d'égalité et de proportionnalité, a jugé qu'il est permis d'accepter des certificats déposés après expiration des délais concernant la preuve de la qualité déclarée par la candidate dans les délais prévus dans le cas où ces certificats présentent des vices juridiques dus aux fautes de l'organe administratif compétent[908].

Enfin, il est à noter que d'après une recherche opérée sur la jurisprudence du Conseil d'État, treize ans après l'application de cette procédure constitutionnelle, dans cent - huit arrêts de renvoi des Sections à l'Assemblée plénière du Conseil d'État, aux quatre-vingts - quatre arrêts, l'Assemblée a accepté le jugement de la Section concernant l'inconstitutionnalité de la disposition en cause, dans seize arrêts elle a statué pour la constitutionnalité et enfin dans huit arrêts le litige renvoyé n'a pas été tranché pour des raisons qui varient[909].

Ces éléments montrent que les prises de position différente entre les Sections et l'Assemblée plénière dans le cadre de litiges concernant la constitutionnalité des lois sont très rares, mais aussi que le nombre des affaires renvoyées est très limité[910].

---

906 Composition de Section de 7 membres. Voir aussi l'arrêt identique du Conseil d'État n°1472/2007. Cette affaire a été renvoyée à la composition de Section de 7 membres selon l'arrêt 3552/2006.

907 L'article 20 §7 de la loi 2738/1999.

908 Voir sur cette série de décisions, P. ZONTANOS, « Procédures de jugements à un délai raisonnable et protection judiciaires des personnes placées aux organismes publics, réflexions à propos des retards provoqués par l'article 100 par. 5 de la Constitution » *EDKA*, 2008, pp. 14 - 34, (pp. 18 - 32).

909 Il s'agit d'une étude operée à partir de tous les arrêts rendus par l'Assemblée plénière du Conseil d'État depuis 2001 conformement à la procédure prévue à l'article 100 alinéa 5. Dernière mise à jour de cette recherche le 15 octobre 2014.

910 Voir aussi K. MENOUDAKOS, « L'application de l'article 100 par.5 de la Constitution dans la jurisprudence du Conseil d'État, (note préliminaire de Papaspyros N.) », *EfimDD*, n°3, 2006, pp.191 - 193 pour une étude pendant les 5 premières années de l'application de cette procédure. Voir sur ces éléments, C. SAKELLAROPOULOU, « Le contrôle de constitutionnalité des lois selon l'article 100 par.5 de la Constitution, Vers une organisation procédurale ou une restriction de l'exercice de contrôle diffus ? », *op. cit.*, pp. 805 - 810 et M. PIKRAMENOS, « L'exercice du contrôle de constitutionnalité des lois, selon l'article 100 par. 5 de la Constitution, et la problématique sur l'institution d'une Cour constitutionnelle », *in 5 ans après la révision constitutionnelle, appréciation et propositions pour une*

Conclusion du chapitre I

L'exercice d'un contrôle diffus et coordonné de constitutionnalité et de conventionnalité des lois détermine le système procédural grec. Néanmoins, des réformes adoptées récemment ont pour corollaire l'apparition des caractéristiques de contrôle concentré au sein du système *a posteriori* et diffus des lois. D'une part, ces réformes sont adoptées suite aux révisions constitutionnelles. L'article 100 alinéa 5 de la Constitution amène donc à la concentration du contrôle aux Assemblées plénières des Cours suprêmes en disposant que, lorsqu'une formation d'une Cour suprême est appelée à l'occasion d'un litige à examiner la constitutionnalité d'une disposition législative, elle doit saisir l'Assemblée plénière. Cette procédure connaît une application peu satisfaisante et assez aléatoire par les Cours suprêmes. D'autre part, des réformes ont été adoptées suite au vote de la loi 3900/2010 qui prévoit la saisine du Conseil d'État pour des questions préjudicielles portant sur des sujets d'importance majeure tels que la constitutionnalité et la conventionnalité des dispositions litigieuses.

En effet, alors que la France s'est récemment dotée d'un mécanisme de contrôle *a posteriori* auquel participent les juges ordinaires et suprêmes au mécanisme de la QPC, la Grèce semble évoluer dans le sens inverse en adoptant des éléments de contrôle concentré[911].

Or, si des réformes sont nécessaires pour pallier les insuffisances du contrôle diffus, il ne semble pas souhaitable d'engager une révision qui transformerait le système de contrôle *a posteriori* en contrôle *a priori*[912]. L'opportunité de la création d'une Cour constitutionnelle en Grèce est contestée pour des raisons portant sur l'histoire constitutionnelle du pays, mais aussi sur ces rapports avec les deux ordres européens.

Néanmoins, il permettrait tout à la fois de renforcer le rôle de la Cour suprême spéciale, dont la saisine reste exceptionnelle, son interaction avec les Cours européennes très faible et ses compétences très limitées afin de chercher, à travers le renforcement de son rôle des solutions juridiques portant remède aux faiblesses procédurales.

---

nouvelle révision constitutionnelle, centre de droit européen et constitutionnel, op. cit., pp.795 - 808.

911 Voir le même constat sur D. ROUSSEAU, « Faut - il une Cour constitutionnelle pour contrôler la constitutionnalité des lois », *in Constitutions et pouvoirs mélanges en l'honneur de Jean Gicquel*, Paris : Montchrestien, 2008, pp. 465 - 474, (p. 465) et C. YANNAKOPOULOS, *L'influence du droit de l'Union européenne au contrôle juridictionnel de constitutionnalité des lois*, *op. cit.*, p. 67.

912 A. RANTOS, « La proposition révisionnelle pour l'institution d'une Cour constitutionnelle en Grèce », *in* A. MANITAKIS, A. FOTIADOU (dir.), *La Cour constitutionnelle au sein d'un système incident de contrôle de constitutionnalité des lois*, Athènes - Thessalonique : éd. Sakkoulas, 2008, pp. 13 - 22, (p. 15).

Chapitre II. La formation d'une relation triangulaire: Constitution, droit européen et loi

Il arrive très souvent qu'une disposition législative nationale soit contrôlée tant au regard de la Constitution qu'au regard d'une disposition soit de la Convention EDH soit du droit de l'Union européenne. Les contrôles de constitutionnalité et de conventionnalité s'articulent avec une densité particulière en matière de protection des droits fondamentaux. Dans la mesure où la Constitution nationale et la Convention EDH énumèrent les droits de l'homme et que ces normes sont codifiées de façon similaire, le contrôle parallèle d'une disposition législative par rapport aux deux textes, constitutionnel et conventionnel, est fréquent. À l'inverse, le contrôle parallèle d'une disposition législative par rapport à la Constitution et le droit de l'UE est plus rare dès lors que l'UE manquait jusqu'à récemment d'un catalogue systématique des droits fondamentaux[913].

Quant à la protection de ces derniers, le contrôle juridictionnel de constitutionnalité et de conventionnalité paraît *a priori* aléatoire, et le fait que le même droit soit protégé par plusieurs instruments est susceptible de conduire à un conflit de normes[914]. Or, c'est dans cette matière que le juge confirme son rôle primordial, en déterminant l'interprétation des droits[915]. Le rôle du juge, et en l'occurrence du juge grec, s'avère cependant très difficile, car « *l'existence d'un double système européen de protection des droits fondamentaux* »[916] - celui du droit de l'UE et celui de la Convention EDH - soulève plusieurs difficultés.

De plus, pour ce qui est de l'articulation entre le droit constitutionnel et le droit de l'UE, le problème du contrôle parallèle de constitutionnalité et de conventionnalité ne se concrétise pas seulement à travers la question de la protection des droits fondamentaux, dans la mesure où il existe de plus en plus de domaines où le droit de l'Union européenne prévaut, ainsi que la jurisprudence de la CJUE. Cela étant, d'une part, les juges nationaux sont obligés de s'aligner sur la jurisprudence européenne et d'autre part, une redéfinition constante de la répartition des compétences est exigée en raison du développement de plus en plus croissant du droit de l'UE.

---

913 La Charte des droits fondamentaux est juridiquement contraignante depuis la ratification du traité de Lisbonne.

914 E. ROUCOUNAS, « Engagements parallèles et contradictoires », *RCADI*, 1987, pp. 197 - 221, (pp. 199 - 200).

915 C. YANNAKOPOULOS, « Les droits fondamentaux dans la jurisprudence du Conseil d'État », *in* M. TSAPOGAS, D CHRISTOPOULOS (dir.), *Les droits en Grèce, 1953 - 2003 : De la fin de la guerre civile jusqu'à la restitution de la démocratie*, Athènes : éd. Kastanioti, 2004, pp. 439 - 468, (p. 465).

916 J. WALINE, « L'influence des décisions de la Cour européenne des droits de l'homme sur le droit positif français », *in Libertés, justice, tolérance : mélanges en hommage au doyen Gérard Cohen - Jonathan, t. II,* Bruxelles : Bruyant, 2004, pp. 1707 - 1727, (p. 1708).

L'exercice coordonné du contrôle de conventionnalité et du contrôle de constitutionnalité par le juge grec n'a pas toujours été satisfaisant. Souvent, notamment dans le passé, le Conseil d'État écartait les règles des droits européennes et favorisait le contrôle de constitutionnalité (Section 1). Toutefois, de nombreux exemples démontrent une bonne articulation entre le contrôle de constitutionnalité et le contrôle de conventionnalité des lois qui donnent lieu à une jurisprudence nationale constructive (Section 2).

Section 1. La mise à l'écart du contrôle de conventionnalité par rapport au contrôle de constitutionnalité

Le Conseil d'État méconnaissant très souvent l'importance de son rôle en tant que juge des droits fondamentaux, cela avait des conséquences négatives. Ainsi, dans l'ordre juridique interne, apparaissait une tendance de « conflit de compétences » entre le juge et l'administration[917], ainsi que la production d'une jurisprudence qui ne fut pas toujours cohérente. C'est pourquoi le juge administratif, en essayant de préserver les normes nationales face à la Convention européenne, appliquait cette dernière de manière insatisfaisante. De plus, les points de friction entre le droit de l'Union et la Constitution grecque proviennent essentiellement du fait qu'il s'agit de textes très différents dont l'interprétation jurisprudentielle peut varier[918], car les buts nationaux et européens ne coïncident pas toujours.

Par conséquent, les relations entre le droit national et les deux ordres européens se posent en termes différents : la jurisprudence rendue en matière d'application subsidiaire des normes découlant de la Convention EDH (§1) est très différente de la jurisprudence visant l'application subsidiaire des normes découlant du droit de l'Union européenne (§2). Néanmoins, elle dispose d'une caractéristique similaire : elle démontre la détermination du juge à ne pas voir l'intensité du contrôle de constitutionnalité affectée par les exigences découlant du droit de l'Union européenne ou de celui de la Convention EDH.

---

[917] Dans l'ordre juridique grec, il existe une tendance à remettre en cause les compétences juridictionnelles du Conseil d'État. En guise d'exemple, l'insertion de l'article 100, alinéa 5 de la Constitution qui prévoit l'obligation de renvoi de la question de constitutionnalité à l'Assemblée plénière du Conseil d'État, la proposition pour l'institution d'une Cour constitutionnelle, le fait d'éviter le contrôle annulatif ainsi que la protection juridictionnelle provisoire à travers l'édition d'actes administratifs individuels mais sous la forme de loi, la critique doctrinale sur la jurisprudence rendue par le Conseil d'État en matière de la protection de l'environnement ainsi que la critique gouvernementale des arrêts du Conseil d'État traitant des travaux publics, voir C. YANNAKOPOULOS, « Le système de justice administrative selon la Constitution (réflexions sur la procédure de la nouvelle révision de la Constitution) », *EfimDD*, n°5, 2006, pp. 554 - 559, (pp. 557 - 558).

[918] F. ARNAOUTOGLOU, « Les points de vue des juridictions nationales (sur le dialogue des juges), Grèce : le Conseil d'État », *in* J. ILIOPOULOS - STRANGAS (dir.), *Cours suprêmes nationales et Cours européennes : concurrence ou collaboration ?*, Athènes - Bruxelles : éd. A. Sakkoulas, Bruylant, 2007, pp. 179 - 185, (p. 182).

§1. L'application subsidiaire des dispositions de la Convention EDH

Très souvent, le juge grec procédait à une invocation cumulative des dispositions constitutionnelles et conventionnelles protégeant le même droit, sans pour autant clairement distinguer les deux types de contrôle. Cette structure de jugement avait pour corollaire l'absence d'approche interprétative de la Convention ainsi que l'absence d'interaction entre la Convention et le droit national. Néanmoins, elle permettait au juge national de rejeter les griefs d'inconstitutionnalité et d'inconventionnalité[919]. L'attitude passée du juge administratif grec face à l'application de la Convention EDH ne constitue pas un cas particulier. Cette même attitude se retrouvait aussi ailleurs, notamment en France où le juge administratif français avait tendance « *à privilégier les moyens fondés sur une méconnaissance du droit interne et à n'appliquer la Convention que 'par défaut' allant même jusqu'à utiliser des principes généraux du droit de préférence aux stipulations de la Convention* »[920]. Quand bien même le Conseil d'État français ne déniait pas au requérant la possibilité de se prévaloir de la Convention, non seulement à l'encontre d'une disposition réglementaire, mais aussi à l'encontre d'un acte individuel, statuant ainsi implicitement sur l'applicabilité directe des dispositions conventionnelles invoquées devant lui[921], il se contentait d'une simple référence à l'existence de limitations autorisées par la Convention[922].

En Grèce, l'attitude du juge administratif fut la même. L'application insatisfaisante de la Convention entraînait sa dévalorisation, car elle ne s'appliquait que soit pour confirmer le contrôle de constitutionnalité déjà opéré[923], sans véritable interaction entre les deux types de contrôle (A), soit pour éviter la confrontation directe entre la Constitution et la Convention (B).

---

919 A. MANITAKIS, « L'interaction entre le contrôle juridictionnel de constitutionnalité avec le contrôle de conventionnalité des lois à l'égard de la CEDH dans l'exemple des créances personnelles », *NoV*, 2008, pp. 2541 - 2567, (pp. 2548 - 2549).

920 F. SUDRE, « L'influence de la Convention européenne des droits de l'homme sur l'ordre juridique interne », *RUDH*, dossier spécial le juge administratif français et la Convention européenne des droits de l'homme, 1991, pp. 259 - 274, (p. 262).

921 R. ABRAHAM, « L'applicabilité directe de la Convention devant la juridiction administrative », *RUDH,* dossier spécial le juge administratif français et la Convention européenne des droits de l'homme, 1991, pp. 275 - 280, (pp. 275 - 276).

922 P. WACHSMANN, « Les limitations à l'exercice des droits et l'étendue du contrôle juridictionnel », *RUDH*, dossier spécial le juge administratif français et la Convention européenne des droits de l'homme, 1991, pp. 289 - 295, (p. 290).

923 K. CHRYSOGONOS, « La (non) application de la CEDH par les Cours grecques », *ToS*, 2002, pp. 677 - 684, (pp. 679 - 680).

A. Une interaction faible entre normes européennes et constitutionnelles

La préférence accordée aux normes internes au détriment de la Convention européenne avait pour résultat de la rendre inefficace, comme si elle n'avait rien à ajouter à la protection des droits de l'homme par rapport au droit interne (1). Longtemps, la Convention rencontrait des limites nationales à son champ d'application (2).

1. L'inefficacité interne de la protection conventionnelle des droits

L'inefficacité interne de la protection conventionnelle des droits est remarquable en matière de vie privée et de liberté d'expression. Dans ce champ, il y a lieu d'observer une différence notable entre la jurisprudence conventionnelle et la jurisprudence nationale.

Au niveau conventionnel, la protection de la vie privée jouit d'une protection très large. Comme cela a été observé, « la vie privée se sent plus qu'elle se définit »[924]. La jurisprudence européenne ne dément pas cette phrase. Ainsi, dans son arrêt *Niemietz contre Allemagne*, la Cour indique qu'elle « *ne juge ni possible ni nécessaire de chercher à définir de manière exhaustive la notion de la vie privée* »[925]. De même, dans un arrêt rendu dix années plus tard, la Cour rappelle que la « *notion de vie privée est une notion large non susceptible d'une définition exhaustive* »[926]. Au fil du temps, cette notion a évolué et s'est élargie. C'est le juge de Strasbourg qui, en procédant à une interprétation dynamique et constructive de la Convention EDH[927], a fait évoluer la notion de vie privée, le but de la Convention n'étant pas seulement la sauvegarde, mais aussi le développement de ce droit.

De même, la protection de la liberté d'expression, prévue par l'article 10 de la Convention, joue un rôle fondamental. La Cour européenne a toujours affirmé que la liberté d'expression jouait un rôle fondamental dans une société démocratique[928]. Ainsi, elle a pu utiliser le fondement de l'article 10

---

[924] J. VELU, R. ERGEC, « Convention européenne des droits de l'homme », *Repp. Prat. Dr. Belge*, n°652.

[925] Cour EDH, 16 décembre 1992, *Niemitz contre Allemagne*, n°13710/88, §29 ; F. SUDRE, et al., *Les grands arrêts de la Cour européenne des droits de l'homme*, Paris : PUF, 6e éd., 2011, p. 515 et suiv.

[926] Cour EDH, 29 avril 2002, *Pretty contre Royaume Uni*, n°2346/02, §61.

[927] C'est - à - dire, à une interprétation qui « *partant du texte de la Convention, en tire une conception élargie des droits proclamés, voire de l'existence des droits qui n'ont pas été primitivement perçus comme en faisant partie* ». P. ROLLAND, « Le contrôle de l'opportunité par la Cour Européenne des Droits de l'Homme », *in* D. ROUSSEAU et F. SUDRE (dir.), *Conseil Constitutionnel et Cour Européenne des Droits de l'Homme*, Paris : STH, 1990, pp. 47 - 75, (p. 70).

[928] M. VEPREAUX, *La Liberté d'expression*, Strasbourg : éditions du Conseil de l'Europe, 2009, p. 181.

dans ses arrêts concernant la liberté d'expression et de la presse : « *la presse joue un rôle indispensable de chien de garde* » ; « *la liberté d'expression constitue l'un des fondements essentiels d'une société démocratique, l'une des conditions primordiales de son progrès et de l'épanouissement de chacun* »[929]. Également, la Cour européenne protège les sources journalistiques en les considérant comme « *l'une des pierres angulaires de la liberté de la presse* »[930]. En outre, dans le cadre du Conseil de l'Europe, le principe de la liberté d'expression est explicité et concrétisé dans le domaine de la télévision, par la Convention européenne sur la télévision transfrontière du 5 mai 1989[931].

De son côté, la Cour EDH élabore une jurisprudence concernant les restrictions de la liberté d'expression selon l'article 10 §2 de la Convention. La majorité de ces restrictions visent la protection de la vie privée et de la personnalité. De plus, la jurisprudence de la Cour prend en considération les particularités de chaque litige et applique le principe de proportionnalité[932].

Malgré la jurisprudence très constructive de la Cour de Strasbourg, au niveau national, l'application de la Convention fut très différente. La Haute

---

[929] Cour EDH, plénière, 7 décembre 1976, *Handyside contre Royaume - Uni*, n°5493/72 ; Cour EDH, plénière, 8 juillet 1986, *Lingens contre Autriche*, n°9815/82. La même formulation a été reprise dans plusieurs arrêts comme : Cour EDH, plénière, 26 avril 1979, *Sunday Times contre Royaume - Uni*, n°6538/74 et Cour EDH, plénière, 26 novembre 1991, *Observer et Guardian contre Royaume - Uni*, n°13585/88. De la même façon, dans l'arrêt Cour EDH, 25 mars 1985, *Barthold contre Allemagne*, n°8734/79, la Cour estime que « *la liberté d'expression occupe une place éminente dans une société démocratique. Elle constitue l'un des fondements essentiels et l'une des conditions primordiales de son progrès et de l'épanouissement de chacun* ». Dans l'arrêt, Cour EDH, Grande chambre, 23 septembre 1994, *Jersild contre Denmark*, n°15890/89, la Cour européenne indique que : « *la liberté d'expression constitue l'un des fondements essentiels d'une société démocratique et les garanties à accorder à la presse revêtent donc une importance particulière* ». Enfin, plus récemment, dans son arrêt Cour EDH, Grande chambre, 21 janvier 1999, *Fressoz et Roire contre France*, n°29183/95 la Cour affirme que « *la liberté d'expression constitue l'un des fondements essentiels d'une société démocratique* » et que « *la presse joue un rôle éminent dans une société* ».

[930] Cour EDH, Grande chambre, 27 mars 1996, *Goodwin contre Royaume Uni*, n°17488/90, §39, M. VEPREAUX, *La Liberté d'expression*, *op. cit.*, p. 183.

[931] Révisée le 1er octobre 1998. D. de BELLESCIZE, L. FRANCESCHINI, *Droit de la communication*, Paris : PUF, 2005, p. 44.

[932] T. ZOLOTAS, « Liberté d'expression et protection de l'honneur selon la CEDH », *ToS*, 2008, pp. 546 - 578, Il est à noter qu'il y a plusieurs condamnations de la Grèce concernant cet article voir en guise d'exemple Cour EDH, 27 mai 2004, *Rizos et Daskas contre Grèce*, n°65545/01 ; Cour EDH, 5 juillet 2007, *Lionarakis contre Grèce*, n°1131/05 ; Cour EDH, 11 octobre 2007, *Kanellopoulou contre Grèce*, n°28504/05 ; Cour EDH, 6 décembre 2007, *Katrami contre Grèce*, n°19331/05 ; Cour EDH, 17 janvier 2008, *Vasilakis contre Grèce*, n°25145/05.

juridiction administrative a d'abord adopté une approche restrictive du terme « vie privée », à l'opposé de l'interprétation large que la Cour européenne adopte[933]. Le Conseil d'État paraît ainsi très réticent à l'idée de sortir de la « sphère privée » de la personne[934].

L'application des dispositions de la Convention EDH s'avérait, par ailleurs, subsidiaire au contrôle de la légalité des sanctions imposées à une station radiophonique, pour traitement illégal des données personnelles sensibles. Au départ, le Conseil d'État appliquait les dispositions constitutionnelles visant la protection de la personnalité et la liberté d'expression (articles 5 et 14 de la Constitution[935]). Il jugeait que ces dispositions ne protègent pas la diffusion des informations portant sur la sphère privée des individus dans le noyau de laquelle se trouve leur vie sexuelle. Ensuite, le Conseil a jugé conforme à l'article 8 de la Convention EDH l'imposition de sanctions à la station radiophonique afin que la vie privée soit protégée de manière satisfaisante. Enfin, il s'est prononcé sur la non - violation des dispositions de l'article 10 de la Convention du fait de telles sanctions[936]. Il importe de noter que même si le Conseil a, au début, délimité le droit à la vie privée au regard des dispositions, tant constitutionnelle (article 9[937]), que conventionnelle (article 8), il a, par la suite, statué au regard de la Constitution, et notamment des dispositions de l'article 9, sans se référer à la Convention européenne.

En outre, le Conseil d'État cite régulièrement l'article 10 de la Convention EDH depuis 1986. Dans la plupart des cas, l'invocation de cet

---

933 Voir également pour la protection de la famille au sein de la Convention EDH, D. PAPAGIANNIS, « La protection des droits fondamentaux par les Cours de Strasbourg et de Luxembourg », *DtA* n°39, 2008, pp. 753 - 787, (pp. 769 - 770) où l'auteur cite que « *la disposition de l'article 8 de la CEDH détermine la notion de la famille non pas avec des critères juridiques pures mais avec une approche plutôt réaliste qui met comme critère l'existence d'un vrai lien familial. Ainsi, la protection de l'article 8 de la convention est aussi assurée pour les enfants nés hors du mariage* ».

934 Conseil d'État 495/1993 et 3078/1997. S. KTISTAKI, *L'application de la Convention européenne des droits de l'homme par le Conseil d'État*, Athènes - Komotini : éd. A. Sakkoulas, 2009, p. 30.

935 Article 5, alinéa 1er de la Constitution : « *Chacun a le droit de développer librement sa personnalité et de participer à la vie sociale, économique et politique du pays, pourvu qu'il ne porte pas atteinte aux droits d'autrui ou aux bonnes mœurs ni ne viole la Constitution* ». Article 14, alinéa 1er: « *Chacun peut exprimer et diffuser ses pensées oralement, par écrit et par la voie de la presse, en observant les lois de l'État* ».

936 Conseil d'État 3545/2002 (composition de sept membres), 2544/1999 (composition de sept membres).

937 Article 9, alinéa 1er de la Constitution: « *Le domicile de chacun constitue un asile. La vie privée et familiale de l'individu est inviolable. La perquisition domiciliaire n'est opérée que dans les cas et les formes déterminés par la loi, et toujours en présence de représentants du pouvoir judiciaire* ».

article est très générale et le contrôle exercé par rapport à la violation de la liberté d'expression semble subsidiaire par rapport au contrôle de constitutionnalité.

Les arrêts se réfèrent à l'article 10, notamment à propos de l'autorisation préalable pour la création et le fonctionnement d'une station radiophonique ou de télévision, à l'interruption du fonctionnement d'une station de télévision et à l'imposition d'amendes pour cause de diffusion des informations personnelles. Plus précisément, concernant le rejet de la demande d'autorisation de création d'une station de télévision privée en raison du monopole public prévu par la loi 230/1975, le Conseil d'État considéra que ladite disposition législative ne violait pas les articles 15 de la Constitution et 10 de la Convention EDH[938]. La Cour juge en l'espèce que ces dispositions n'imposent pas le monopole d'État, mais qu'il relève du pouvoir discrétionnaire du législateur de prévoir le monopole d'État, la coexistence des secteurs public et privé sur le plan des émissions télévisuelles, ainsi que la radiotélévision privée[939]. Il s'agit d'ailleurs d'une question dont le Conseil d'État s'est beaucoup préoccupé, en citant l'article 10 de la Convention EDH, et en se qualifiant en même temps « *d'arrière - garde du monopole d'État* »[940] dans les émissions télévisées.

La même logique s'applique concernant les décisions relatives à la légalité d'une disposition qui prévoyait que les partis politiques avaient droit au temps télévisé gratuit. Cette disposition a été jugée conforme à l'article 15

---

938 Conseil d'État, Assemblée plénière 5040/1987, *ToS*, 1987 pp. 727 - 730 ; Conseil d'État 989/1987 (*Elldik*, 1988, pp.774 - 776) ; Conseil d'État, Assemblée plénière 1144/1988 (*Armenopoulos*, 1989, pp. 698 - 709) ; Conseil d'État, Assemblée plénière 1145/1988. Toutefois, l'avis dissident de cette affaire affirme qu'il ne peut pas être considéré que l'article 15 de la Constitution permet l'institution d'un monopole grec mais il prévoit un contrôle direct de l'Etat en tant que mesure d'intervention étatique. Selon cet avis, les autorisations administratives préalables sont conformes à l'article 10 de la Convention EDH. Voir aussi note sous l'arrêt du Conseil d'État 5040/1987, D. ANAGNOSTOU, « Les limites constitutionnels de l'intervention étatique à la radio - télévision, (Conseil d'État 5040/87) », *ToS*, 1987, pp. 718 - 735, (pp. 720 - 721). Cet avis dissident a été validé plus tard par la Cour européenne, Cour EDH, 10 janvier 2002, *Informationsverein Lentia contre Autriche*, n°37093/97, décision). Voir K. CHRYSOGONOS, *L'intégration de la convention européenne des droits de l'homme dans l'ordre juridique interne*, *op. cit.*, p. 249.

939 E. KROUSTALAKIS, « L'application de la Convention Européenne des Droits de l'Homme dans l'ordre juridique des Etats contractants : Théorie et pratiques helléniques », *in* J. ILIOPOULOS - STRANGAS (dir.), *La protection des droits de l'homme dans le cadre européen*, Baden Baden : Nomos, 1993, pp. 117 - 129, (p. 126).

940 E. VENIZELOS, « Les initiatives maladroites de la législation hellénique sur la radiotélévision dans le cadre de l'article 15 par. 2 de la Constitution », *EEEurD*, n°2, 1989, pp. 207 - 219.

de la Constitution[941] et à l'article 10 de la Convention EDH, sans que la décision n'évoque un motif concret.[942]

Enfin, la jurisprudence du Conseil d'État est prépondérante en matière de contrôle de la légalité de sanctions administratives contre une station de télévision qui diffusa des images très personnelles[943], des scènes érotiques de personnages publics[944], ainsi que des informations portant sur des données personnelles sensibles[945] . Cette jurisprudence mit l'accent sur la protection de la vie privée des personnes concernées conformément aux dispositions constitutionnelles, mais sans que l'article 10 de la Convention ne soit pas appliqué.

2. Les limites nationales à l'extension du champ d'application de la Convention

Même si l'article 1 du protocole additionnel n°1 de la Convention EDH protège d'une façon très ample tant le droit à la propriété que le droit au respect des biens, dans l'ordre interne, il rencontre des limites restreignant son champ d'application. Selon la jurisprudence de la Cour de Strasbourg relative à l'article 1 du protocole additionnel n°1, cet article contient trois normes distinctes: « *la première, qui s'exprime dans la première phrase du premier alinéa et revêt un caractère général, énonce le principe du respect de la propriété ; la deuxième, figurant dans la seconde phrase du même alinéa, vise la privation de propriété et la subordonne à certaines conditions ; quant à la troisième, consignée dans le second alinéa, elle reconnaît aux États contractants le pouvoir, entre autres, de réglementer l'usage des biens conformément à l'intérêt général. La deuxième et la troisième, qui ont trait à des exemples particuliers d'atteintes au droit de propriété, doivent s'interpréter à la lumière du principe consacré par la première* »[946].

Cependant, pendant longtemps, l'article 1 du protocole additionnel n°1 était appliqué différemment par la jurisprudence du Conseil d'État grec. Il servait souvent uniquement de complément au contrôle de constitutionnalité, exercé par rapport à l'article 17 de la Constitution protégeant le droit de

---

941 Article 15, alinéa 1er de la Constitution : « *1. Les dispositions de l'article précédent relatives à la protection de la presse ne s'appliquent pas au cinéma, au disque, à la radio, à la télévision ni à tout autre moyen similaire de transmission de parole ou d'image* ».

942 Conseil d'État 4331/1996, *ToS*, 1997, pp. 400 - 405.

943 Conseil d'État 2544/1999.

944 Conseil d'État 553 - 4/2003.

945 Conseil d'État 3545/2002, *DEE*, 2003, pp. 690 - 697, *EDKA*, 2003, pp. 591 - 604 et *NoV*, 2003 pp. 348 - 359 avec note de V. VOUTSAKIS.

946 Cour EDH, 9 décembre 1994, *Les saints monastères contre Grèce*, nos 13092/87 et 13984/88, §56.

propriété et le droit au respect des biens. Il en va ainsi que cette jurisprudence n'a pas permis une application étendue de la Convention susceptible de servir comme instrument d'interprétation des droits constitutionnels.

En effet, toute une série d'arrêts statue sur la non-violation de ces articles par des dispositions législatives en matière d'urbanisme prévoyant la possibilité pour l'administration de procéder à un amendement du plan urbain même dans les régions où des permis de construire ont déjà été édictés[947] ; ou la mesure de suspension d'édiction des permis de construire[948] ; ou enfin, l'interdiction d'édification des immeubles domiciliaires dans des terrains en pente ou dans des terrains qui ne disposent pas d'accès direct sur une voie publique[949].

De plus, en se basant sur l'article 1 du protocole additionnel n°1 ainsi que sur l'article 17 de la Constitution concernant le droit au respect des biens, le Conseil d'État grec, dans trois arrêts rendus en Assemblée plénière[950] vise la décision d'expropriation d'un site appartenant en partie à la commune et en partie à un particulier en vue de l'installation d'un radar. En l'espèce, il conclut que : « *la décision attaquée est suffisamment motivée quant au choix du site approprié pour l'installation du radar (...) et le grief visant à mettre en cause l'appréciation de l'administration concernant ce choix doit être rejeté. L'allégation selon laquelle il n'y a pas de lien de causalité entre l'utilité publique et l'expropriation des terrains litigieux doit être rejetée comme irrecevable, car ces terrains sont situés (...) à l'endroit choisi pour l'installation du radar. Compte tenu de ce qui précède il n'y a pas eu dépassement des limites du pouvoir discrétionnaire de l'administration (...)* ». Le Conseil d'État a donc constaté que la décision d'exproprier avait été prise et que le recours en annulation contre celle - ci devrait être rejeté. Cependant, quelques années plus tard, la Grèce fut condamnée par la Cour de Strasbourg pour violation de l'article 1 du protocole additionnel n°1 du fait de l'impossibilité dans laquelle le requérant se trouvait d'obtenir le montant de l'indemnité d'expropriation qui lui avait été alloué devant le juge judiciaire[951].

La Grèce fut par ailleurs condamnée par la Cour de Strasbourg, suite à une série d'arrêts rendus par le Conseil d'État concernant la propriété de l'ex - roi de Grèce. En l'espèce, quelques années après le rétablissement du régime démocratique et aussi l'éloignement du roi par la Grèce, le parlement grec a adopté, la loi 2215/1994 qui disposait que l'État devenait propriétaire

---

947 Conseil d'État 3632/2007.

948 Conseil d'État 2544/2005 et 2202 - 3/2004 renvoyé à la composition de sept membres, 2674/2007.

949 Conseil d'État 2604 - 8/2005 ainsi que Conseil d'État 3848 - 50/2005.

950 Conseil d'État, Assemblée plénière 3451/1998, 3452/1998, 3453/1998.

951 Cour EDH, 11 avril 2002, *Hatzitakis contre Grèce*, n°48392/99.

de tous les biens immobiliers de l'ex - roi de Grèce, ainsi que de la propriété de sa famille, et ordonnait l'expropriation de celle - ci sans prévoir d'indemnisation[952]. La Haute juridiction administrative a déclaré la loi contestée conforme à la Constitution. Il a également jugé que le litige en cause ne présentait pas de lien avec la Convention EDH et les droits protégés par celle - ci[953]. L'affaire a été transmise à la Cour suprême spéciale[954] qui a validé la constitutionnalité de la loi en cause et à nouveau au Conseil d'État qui a statué de la même manière : il a fait valoir une nouvelle fois la primauté des dispositions constitutionnelles par rapport aux dispositions de la Convention EDH[955]. L'affaire a été ainsi portée devant la Cour EDH qui a donné raison à l'ex - roi de Grèce, en concluant à la violation de l'article 1er du protocole additionnel 7 n°1. La Cour a estimé que l'absence de toute indemnisation pour la mainmise sur les biens en exécution de la loi 2215/1994 avait rompu, en défaveur des requérants, le juste équilibre entre la protection de la propriété et les exigences de l'intérêt général[956] et détermina la somme correspondant à une indemnisation satisfaisante pour l'expropriation de ladite propriété[957].

Enfin, en outre du droit, étroitement délimité, de la protection de propriété, l'article 1er du protocole additionnel n°1 sauvegarde aussi le droit au respect des biens. L'arrêt 5057/1987[958] du Conseil d'État a fait apparaître une première application tout à fait subsidiaire de l'article 1er du protocole additionnel n°1, qui concerne le patrimoine agricole et forestier des monastères relevant de l'Église de Grèce. Précisément, il fut jugé que les dispositions de la loi 1700/1987, selon lesquelles certains biens immobiliers de l'Église passaient sous propriété de l'État, étaient compatibles avec l'article 17, alinéa 1er de la Constitution et l'article 1er du protocole additionnel n°1 de la Convention EDH. Il est à noter que l'avis dissident de cet arrêt a considéré lesdites dispositions comme contraires aux deux articles précités du fait des engagements internationaux pris par l'État grec en tant que membre du Conseil de l'Europe[959]. Cet avis fut d'ailleurs confirmé

---

952 Loi 2215/1994 adoptée le 16 avril 1994.

953 Conseil d'État, Assemblée plénière 4575/1996.

954 Cour suprême spéciale 45/1997. En cas de conflit de jurisprudence entre les Cours suprêmes en matière de constitutionnalité, la Cour suprême spéciale est obligatoirement saisi en vertu de l'article 100 de la Constitution. En l'espèce, la Cour de cassation a statué sur l'inconstitutionnalité de la loi en cause.

955 Conseil d'État, Assemblée plénière 1930 - 2/1998 et 1937/1998.

956 P. LAMBERT, *La Grèce devant la Cour européenne des droits de l'homme*, Bruxelles, Athènes : Bruylant, Nemesis, Sakkoulas, 2003, p. 84.

957 Conseil d'État, Assemblée plénière 1930/1998.

958 Conseil d'État 5057/1987 *ToS*, 1988, p. 123.

959 K. CHRYSOGONOS, *L'intégration de la convention européenne des droits de l'homme dans l'ordre juridique interne*, *op. cit.*, pp. 250 ainsi que K. ANDRIKAKI et

quelques années plus tard, quand l'affaire fut portée devant la Cour européenne, laquelle a conclut à une violation de l'article 1 du protocole additionnel n°1, ainsi que de l'article 6 de la Convention, car la loi en cause[960] privait les Saints monastères de la possibilité d'exprimer leurs contestations concernant la gestion de leur propriété et le respect des biens[961].

B. L'invocation des normes européennes pour éviter la confrontation directe entre la Constitution et la Convention EDH

Le juge administratif grec évite dans un certain nombre de cas d'harmoniser les normes nationales et les normes européennes, et applique la Convention afin de couvrir des lacunes constitutionnelles, en invoquant justement la compatibilité des règles nationales avec les règles européennes équivalentes. Cette pratique jurisprudentielle s'observe notamment en matière de liberté religieuse (1), où même aujourd'hui la protection constitutionnelle présente une orientation très différente de celle prévue par la Convention EDH, et en matière d'application inefficace de la protection juridictionnelle (2), ce qui constitue d'ailleurs un point d'achoppement pour plusieurs États parties du Conseil de l'Europe entraînant leur condamnation par la Cour de Strasbourg.

1. Une incompatibilité entre la protection nationale et la protection conventionnelle *a priori* évidente : l'exemple de la liberté religieuse

Les droits protégés par l'article 9 de la Convention EDH sont la liberté de pensée, la liberté de conscience et la liberté de religion. La liberté de conscience religieuse est garantie à l'article 13 de la Constitution grecque. Le développement libre de la conscience religieuse qui se matérialise à travers l'éducation est protégé par l'article 16, alinéa 2 de la Constitution.

Depuis longtemps, il existe une incompatibilité entre, d'une part, la jurisprudence de la Cour EDH sur la liberté religieuse et, d'autre part, l'approche équivalente des règles grecques. Cette incompatibilité est due à deux raisons : premièrement, l'existence, au sein de la Constitution grecque, de dispositions très analytiques concernant la protection des droits fondamentaux, et en l'occurrence la liberté religieuse ; deuxièmement, le fait que la Grèce n'a pas procédé, comme la plupart des pays d'Europe et d'Amérique, à l'instauration d'une neutralité religieuse qui entraînerait la

---

al., *La convention européenne des droits de l'homme dans la jurisprudence du Conseil d'État*, *op. cit.*, pp. 87 - 88.

[960] Loi 1700/1987.

[961] Cour EDH, *Les saints monastères contre Grèce*, précité.

séparation de l'Église et de l'État (laïcité)[962]. Au contraire, l'Église Orthodoxe grecque, qui est d'ailleurs l'église dominante[963] en vertu de l'article 3 de la Constitution[964], jouit de plusieurs privilèges dans l'ordre juridique interne[965], et se montre très interventionniste en empiétant sur des sujets qui concernent les politiques de l'État, tels que la religion[966]. Ainsi,

---

[962] M. STATHOPOULOS, « Les relations entre l'Etat et l'Eglise et la révision Constitutionnelle de 2001 », *in* X. KONTIADIS (dir.), *5 ans après la révision constitutionnelle, appréciation et propositions pour une nouvelle révision constitutionnelle,* Athènes : Komotini, 2006, pp. 575 - 599 ; opinion minoritaire de la doctrine qui pense que la réglementation sur les relations entre l'Eglise et l'Etat est satisfaisante G. KOURTIS, « La contribution de la jurisprudence du Conseil d'État à l'interprétation de l'article 3 paragraphe 1 de la Constitution de 1975/2001 », *in livre jubilaire pour les 75 ans du Conseil d'État,* Athènes - Thessalonique : éd. Sakkoulas, 2004, pp. 287 - 300, (p. 299) et A. MARINOS, « Les rôles distincts de l'Etat et de l'Eglise », *EDDD*, 2008, pp. 561 - 569.

[963] Voir la classification des relations Etat - Eglise de Fr. MESSNER, « Les rapports entre les Eglises et les Etats en Europe : La laïcité comme modèle ? », *in* G. GONZALEZ (dir.), *Laïcité, liberté de religion et Convention européenne des droits de l'homme*, Bruxelles : Nemessis - Bruyant, 2006, pp. 51 - 80, (p. 58). L'auteur se réfère à trois types de relations Etat - religion, c'est à dire, les Eglises nationales, les Eglises établies et l'Eglise dominante (Grèce). Selon une autre classification de J. ROBERT, « Les relations des églises et de l'Etat en Europe », *in La liberté religieuse et la Convention européenne des droits de l'homme*, Bruxelles : Nemessis - Bruyant, 2004, pp. 25 - 40, (p. 27), en Europe on trouve le système d'Eglises d'Etat (Angleterre, Danemark, Grèce, Suède, Finlande), des régimes de séparation (France, Pays - Bas, Irlande) et des régimes des collaboration - coopération (Allemagne, Belgique, Espagne, Italie, Autriche, Portugal).

[964] Article 3 alinéa 1er de la Constitution : « *1. La religion dominante en Grèce est celle de l'Église orthodoxe orientale du Christ. L'Église orthodoxe de Grèce, reconnaissant pour chef Notre Seigneur Jésus - Christ, est indissolublement unie, quant au dogme, à la Grande Église de Constantinople et à toute autre Église chrétienne du même dogme, observant immuablement, comme celles - ci, les saints canons apostoliques et synodiques ainsi que les saintes traditions. Elle est autocéphale et administrée par le Saint - Synode, qui est composé des évêques en fonction, et par le Saint - Synode permanent qui, émanant de celui - ci, est constitué comme il est prescrit par la charte statutaire de l'Église, les dispositions du Tome Patriarcal du 29 juin 1850 et de l'Acte synodique du 4 septembre 1928 étant observées.* ».

[965] Voir sur ce point N. ALIVIZATOS, « The costitutional treatment of religius minorities in Greece », *in Mélanges en l'honneur de Nicolas Valticos*, Paris : éd. A. Pédone, 1999, pp. 629 - 642.

[966] F. BOTSIS, « La liberté religieuse dans le cadre de l'ordre juridique grec : réalité ou desideratum invétéré ?, (Une approche critique de la jurisprudence nationale récente) », *EfDD*, 2004, pp. 49 - 91 (p. 60 et suiv.) et P. FOUNTEDAKI, « Les relations entre l'Etat et l'Eglise dans l'espace européen », *ToS*, 2000 pp. 647 - 723, (pp. 660 - 661). L'auteur considère que la particularité de la réalité grecque ne réside

très souvent, l'impératif de neutralité, qui implique avant tout pour l'État l'obligation d'assurer le respect des convictions de chacun[967], ne pourrait être satisfait au sein de la société grecque.

Le droit à la liberté religieuse, et les différents niveaux de protection garantis par l'ordre juridique interne et par la Convention européenne, ont suscité plusieurs condamnations de la Grèce devant la Cour de Strasbourg, et un grand retard d'exécution desdites décisions a été observé. Elles ont cependant conduit à un revirement jurisprudentiel ou à une modification législative. Les décisions condamnant la Grèce, en matière d'application de l'article 9 de la Convention EDH, concernent principalement trois matières.

En premier lieu, il s'agit du cas du prosélytisme. Le fait que l'article 13, alinéa 2 de la Constitution dispose que le prosélytisme est interdit, couplé à l'existence d'une loi grecque ancienne qui le criminalise[968], ont suscité la condamnation de la Grèce devant la Cour européenne à propos de l'arrêt *Kokkinakis*[969] où la Cour, en favorisant le pluralisme religieux[970], a affirmé que les croyants doivent tolérer le rejet par autrui de leurs croyances religieuses voire même la propagation de croyances hostiles à leur foi[971].

---

pas dans le fait qu'il existe une religion prédominante protégée par la Constitution, mais est liée au fait qu'il existe beaucoup de dispositions concernant la relation entre l'Etat et l'Eglise (dans aucun autre pays européen on ne rencontre un lien si fort entre l'Etat et l'Eglise).

[967] M. LEVINET, Société démocratique et laïcité dans la jurisprudence de la Cour européenne des droits de l'homme, *in* G. GONZALEZ (dir.), *Laïcité, liberté de religion et Convention européenne des droits de l'homme*, Bruxelles : Nemessis - Bruyant, 2006, pp. 81 - 114, (p. 90) et M. de SALVIA, « Liberté de religion, esprit de tolérance et laïcité dans la jurisprudence de la Cour européenne des droits de l'homme », *in Libertés, justice, tolérance, mélanges en hommage au Doyen Gérard Cohen - Jonathan, t. I*, Bruxelles :Bruylant, 2004, pp. 591 - 606.

[968] Article 4 de la loi 1363/1938 modifié par l'article 2 de la loi 1672/1939.

[969] Cour EDH, 25 mai 1993, *Kokkinakis contre Grèce*, n°14307/88, voir commentaire à I. SARMAS, *La jurisprudence de la Cour européenne des droits de l'homme et de la Commission*, Athènes - Komotini : éd. A. Sakkoulas, 1998, pp. 345 - 358, et Y. BEN ACHOUR, *La Cour européenne des droits de l'homme et la liberté de religion*, Paris : éd. A. Pédone, 2005, pp. 32 - 35. cf. Cour EDH, 24 février 1998, *Larissis et autres contre Grèce*, n°s 23372/94, 26377/94, 26378/94.

[970] M.Ai. LATOURNERIE, « Le libre exercice du culte », *in* Th. MASSIS, Ch. PETTITI Christophe (éd.), *La liberté religieuse et la Convention européenne des droits de l'homme*, Bruxelles : Nemesis Bruylant, 2004, pp. 131 - 145, (p. 131) et P. ROLLAND, « Synthèse et conclusion », *in* G. GONZALEZ (dir.), *Laïcité, liberté de religion et Convention européenne des droits de l'homme*, Bruxelles : Nemessis - Bruyant, 2006, pp. 249 - 266, (p. 255).

[971] Th. MASSIS, « Respect des croyances, dignité et liberté d'expression », *in* Th. MASSIS, Ch. PETTITI (éd.), *La liberté religieuse et la Convention européenne des droits de l'homme*, Bruxelles : Nemesis Bruylant, 2004, pp. 115 - 129, (p. 123).

En deuxième lieu, à propos de l'exigence d'une autorisation préalable pour la fondation d'un temple ou d'une maison de prière la Grèce fut à nouveau condamnée pour violation de l'article 9 de la Convention[972].

En troisième lieu, protection de la minorité musulmane de Thrace occidentale a aussi constitué un sujet épineux[973]. En l'occurrence, l'arrêt rendu, par la Cour EDH[974] a condamné à nouveau la Grèce pour violation de l'article 9 de la Convention. Selon cet arrêt, en décembre 1990, les deux membres musulmans indépendants du Parlement de Xanthe et de Rhodope ont demandé à l'État d'organiser des élections, conformément à la loi alors en vigueur, afin de pourvoir aux postes de mufti de Rhodope et de mufti de Xanthe, l'autre chef religieux musulman de Thrace. Ne recevant pas de réponse, ils ont décidé d'organiser eux - mêmes des élections dans les mosquées le vendredi 28 décembre 1990, à l'issue des prières. Entre temps, le 24 décembre 1990, le Président de la République, sur proposition du Conseil des ministres et en vertu de l'article 44, alinéa 1er de la Constitution, a édicté un décret - loi modifiant le mode de désignation des muftis, et ce, en opposition aux musulmans qui ont malgré tout organisé des élections le 28 décembre 1990. Le requérant a alors été élu mufti de Rhodope le 28 décembre 1990. Par la suite, le 4 février 1991, le Parlement a adopté la loi 1920/1991, avec effet rétroactif, validant de ce fait le décret - loi du 24 décembre 1990. Le requérant a été accusé d'usurpation des fonctions de ministre d'une « religion connue » et a été condamné à une peine fixée à six mois d'emprisonnement, commuée en amende. La Cour EDH a par la suite condamné la Grèce pour violation de l'article 9 de la Convention. Après l'édiction de cette dernière décision de la part de la Cour de Strasbourg, le Comité national pour la protection des droits de l'homme a proposé l'élection des Muftis à la décision du ministre de l'éducation et des Cultes, mais à travers un catalogue de trois candidats que la communauté musulmane de Thrace aurait présélectionnés.

Dans toutes ces affaires, l'exécution des arrêts rendus, ainsi que leur acceptation par la jurisprudence grecque, fut très lente[975]. Dès le départ, la

---

[972] Cour EDH, *26 Septembre 1996*, *Manoussakis contre Grèce*, n°18748/91 ; Cour EDH, 10 juillet 1998, *Sidiropoulos et autres contre Grèce*, n°26695/95.

[973] I. KTISTAKIS, « Les minorités religieuses (la conformation défectueuse aux décisions de Strasbourg) », *ToS*, 2003, pp. 273 - 280 ; P. NASKOU - PERRAKI, « La jurisprudence de la Cour européenne des droits de l'homme concernant la protection de la liberté religieuse en Grèce », *EEEurD*, n°4, 1999 pp. 785 - 814, (p. 792) ; G. KAMINIS, « Conclusions générales, (l'exécution des arrêts de la Cour européenne des droits de l'homme) », *ToS*, 2003, pp. 281 - 293 où il est soutenu que l'exécution des arrêts de la Cour EDH par la Grèce est une exécution obligatoire et de nature idéologique.

[974] Cour EDH, 14 décembre 1999, *Serif contre Grèce*, n°38178/97.

[975] Les condamnations de la Grèce ne s'arrêtent pas ici. Cf. les arrêts Cour EDH, 18 décembre 1996, *Valsamis contre Grèce*, n°21787/93 ; Cour EDH, 18 décembre

Haute juridiction administrative a adopté une attitude négative face à la Convention, dont l'application fut souvent contournée afin de protéger les discriminations religieuses, et afin de justifier la demande d'autorisation administrative préalable pour la création d'un temple ou d'une maison de prière.

Il est vrai que la liberté religieuse est protégée de manière plus large et, par conséquent, plus satisfaisante par l'article 9 de la Convention EDH. Cependant, son application par la jurisprudence administrative grecque est subsidiaire.

Ainsi, il a été jugé à plusieurs reprises[976] que l'obligation pour les objecteurs de conscience (en majorité, des personnes qui appartiennent à la secte orthodoxe des témoins de Jéhovah) d'accomplir leur service militaire de manière non armée n'entraîne pas en même temps la dispense de l'engagement d'exécuter le service militaire en raison d'opinions politiques ou religieuses différentes. Une fois encore, le rôle de la Convention EDH et le contrôle juridique exercé par rapport à l'article 9 de celle - ci sont restés subsidiaires.

La même logique a inspiré deux autres arrêts du Conseil d'État[977] concernant la légalité du refus de l'administration d'approuver le recrutement d'un candidat ayant réussi le concours en tant que commissaire aux comptes en raison de son refus précédent d'accomplir le service militaire de manière non armée.

Enfin, un autre sujet délicat révèle la légitimation jurisprudentielle d'une inconstitutionnalité évidente à travers l'application de la Convention : la demande d'autorisation préalable pour la création d'un temple ou d'une maison de prière. Depuis longtemps, la jurisprudence de la Cour de

---

1996, *Efstratiou contre Grèce*, n°24095/94 ; Cour EDH, 29 mai 1997, *Georgiadis contre Grèce*, n°21522/93 ; Cour EDH, Grande chambre, 6 avril 2000, *Thlimmenos contre Grèce*, n°34369/97, cf. N P. NASKOU - PERRAKI, « La jurisprudence de la Cour européenne des droits de l'homme concernant la protection de la liberté religieuse en Grèce », *op. cit.*, p. 801 et P. NASKOU - PERRAKI, I. KTISTAKIS (dir.), *Les affaires grecques à Strasbourg, t. A* 1991 - 2001, Athènes - Komotini : éd. Sakkoulas, 2006, pp. 321 - 353. Plus récemment, la Grèce a été à nouveau condamnée pour violation de la liberté religieuse. A propos de l'arrêt Cour EDH, 21 avril 2008, *Alexandridis contre Grèce*, n°195116/06, la Cour de Strasbourg a jugé que le fait qu'un avocat soit obligé de révéler, à l'occasion de sa prestation de serment, qu'il n'était pas chrétien orthodoxe portait atteinte à son droit de ne pas manifester ses convictions. Voir aussi l'article de Th. MASSIS, « L'avocat et la liberté de croire ou de ne pas croire (À propos de l'arrêt de la Cour EDH Alexandridis c / Grèce du 21 février 2008) », *Gazette du Palais*, n°103, 2008, p. 12.

[976] Conseil d'État 4508/2001, 284/2003, 1845/2007.

[977] Conseil d'État, Assemblée plénière 3439/1994 et 3604/1996, K. ANDRIKAKI, et al., *La Convention européenne des droits de l'homme dans la jurisprudence du Conseil d'État*, *op. cit.*, p. 58.

Cassation affirmait que la disposition législative exigeant une autorisation préalable de l'Église Orthodoxe pour la création d'une maison de prière[978] n'était pas contraire à l'article 13 de la Constitution ni à l'article 9 de la Convention EDH. La Cour effectuait alors un contrôle cumulatif du grief d'inconstitutionnalité et du grief d'inconventionnalité, mais sans qu'aucune justification approfondie de son jugement ne soit réalisée[979]. Néanmoins, le régime de la loi 1363/1938 était clairement contraire tant à la Constitution qu'à la Convention, comme l'a fait observer une grande partie de la doctrine[980]. Ainsi, l'affaire fut portée devant la Cour de Strasbourg et la Grèce fut condamnée. La Cour européenne a en effet estimé que la condamnation pénale des requérants du fait de la création d'une maison de prière sans l'autorisation préalable prévue dans la loi violait l'article 9 de la Convention[981].

Après la condamnation de la Grèce, l'autorisation préalable de l'Église orthodoxe pour la création des maisons de prière fut remplacée par l'autorisation administrative. Or, même la conformité de cette mesure avec la Constitution et la Convention européenne fut contestée[982]. Toutefois, ce

---

978 Article 1 de la loi 1363/1938, tel qu'il a été amendé par l'article 1 de la loi 1672/1969.

979 Voir en guise d'exemple, Cour de Cassation 1107/1985 *ToS*, 1986, pp. 231 - 233 et Cour de Cassation 421/1991. Toutefois, dans le contexte de la fondation des maisons de culte, la décision 20/2001 de la Cour de Cassation a invoqué en même temps la Constitution et la Convention européenne afin de juger la constitutionnalité mais aussi la conventionnalité de la loi 1363/1938 concernant l'autorisation préalable, et elle a conclu à l'inconstitutionnalité de ladite loi. Cette décision constitue un bon exemple du « dialogue » entre la Constitution et la Convention et du rôle que joue cette dernière dans l'articulation du contrôle de constitutionnalité et de conventionnalité, voir A. CHARALAMPAKIS, « La liberté de la conscience religieuse selon la CEDH, la Constitution et les lois », *DtA*, n°21, 2004, pp. 23 - 41, (p. 37).

980 I. KAMTSIDOU, *Le préjudice de loi comme restriction, garantie et médiane des libertés* Athènes - Thessalonique : éd. Sakkoulas, 2001, pp. 290 - 291.

981 Cour EDH, *Manoussakis contre Grèce*, précité.

982 Conseil d'État 2188/2010, A. KAIDATZIS, « Fonctionnement de maison de prière et liberté religieuse », *EfimDD*, n°6, 2010, pp. 765 - 774, voir aussi l'article 27 de la loi 3467/2006, qui dispose que « *pour la fondation, édification ou fonctionnement d'un temple ou d'une maison de culte de n'importe quel culte ou religion, sauf celui du culte orthodoxe, la permission ou l'avis d'une autorité de l'Eglise Orthodoxe n'est pas nécessaire. Chaque disposition législative qui règle ledit sujet de manière différente est abrogée* » l'article 41 de la loi 1369/1938 « *La demande pour la fourniture d'une permission de fondation, édification ou fonctionnement d'un temple de n'importe quel culte sauf celui du culte orthodoxe, est soumise directement au ministère de l'éducation nationale et des cultes et pas à l'autorité ecclésiastique. Chaque disposition législative qui règle ledit sujet de manière différente est abrogée* » (article 1 du décret royal 20.5/2.6.1939).

n'est que récemment que l'Assemblée plénière du Conseil d'État[983] a admis la constitutionnalité et la conventionnalité de cette nouvelle disposition, mais seulement dans la mesure où l'autorisation préalable dépend de la seule condition que la création de la maison de prière concerne une religion dont les pratiques sont connues, et non pas de la satisfaction d'autres conditions telles que la preuve de l'existence des besoins religieux des croyants. Malgré le jugement final, l'opinion dissidente de la décision fut partagée par un grand nombre de conseilleurs qui signalaient surtout l'inconventionnalité de cette mesure avec l'esprit de la Convention européenne.

2. Une incompatibilité entre la protection nationale et la protection conventionnelle née du mode d'application de la Convention par le juge grec : l'exemple de la protection juridictionnelle effective

L'article 6 de la Convention européenne garantit les droits relatifs au procès équitable. Concrètement, son champ d'application contient le droit de toute personne à ce que sa cause soit entendue équitablement, publiquement et dans un délai raisonnable, par un tribunal indépendant et impartial ; la présomption d'innocence ainsi que les droits procéduraux que le paragraphe 3 énonce[984].

Également, dans la Constitution grecque, le droit à un procès équitable est garanti par l'article 20 qui protège aussi le droit d'accès à un tribunal, le droit à l'audition préalable, ainsi que le droit à la protection juridictionnelle effective[985]. Dans la plupart des cas, les dispositions de la Convention et celles de la Constitution grecque se recoupent. Or, la jurisprudence grecque n'accepte pas toujours l'étendue du champ d'application de l'article 6 telle qu'elle est définie par la jurisprudence de la Cour de Strasbourg.

---

[983] Conseil d'État, Assemblée plénière 4202/2012, *ThPDD,* n°12, 2012, pp. 1105 - 1113 avec commentaire de I. KASTANAS, pp. 1110 - 1103.

[984] Article 6, § 3 de la Convention EDH : « *a. à être informé, dans le plus court délai, dans une langue qu'il comprend et d'une manière détaillée, de la nature et de la cause de l'accusation portée contre lui ; b. disposer du temps et des facilités nécessaires à la préparation de sa défense ; c. se défendre lui - même ou avoir l'assistance d'un défenseur de son choix et, s'il n'a pas les moyens de rémunérer un défenseur, pouvoir être assisté gratuitement par un avocat d'office, lorsque les intérêts de la justice l'exigent ; d. interroger ou faire interroger les témoins à charge et obtenir la convocation et l'interrogation des témoins à décharge dans les mêmes conditions que les témoins à charge ; e. se faire assister gratuitement d'un interprète, s'il ne comprend pas ou ne parle pas la langue employée à l'audience* ».

[985] Article 20 de la Constitution : « *1. Chacun a droit à la protection légale par les tribunaux et peut exposer devant eux ses points de vue sur ses droits et intérêts, ainsi qu'il est prévu par la loi. 2. Le droit de la personne intéressée à l'audition préalable s'applique également à toute action ou mesure administrative prise au détriment de ses droits ou intérêts* ».

De son côté, la Cour EDH met l'accent sur le fait que les restrictions imposées par la législation nationale au droit au procès équitable ne devraient pas empêcher l'accès à un tribunal. Ces restrictions doivent servir un but de sécurité publique afin que le droit au procès équitable reste un droit essentiel et non pas simplement un droit prévu par la loi[986]. Dans ce cadre, la jurisprudence constante du Conseil d'État est fortement contestée. Concrètement, selon l'article 19 du décret présidentiel 18/1989 concernant les recours jugés devant le Conseil d'État, le recours en annulation doit impérativement s'introduire avec un dépôt de l'acte de requête au secrétariat du Conseil d'État ou à une autre autorité administrative. Or, il a été constamment jugé que dans le cas où l'acte du recours en annulation est déposé auprès d'une autorité administrative et non pas au secrétariat du Conseil d'État, celui - ci doit impérativement avoir une mention du numéro de protocole ainsi que de la date d'enregistrement, à défaut de quoi le recours est déclaré irrecevable[987].

De manière assez artificielle, cette disposition a été jugée compatible, tant avec l'article 20 de la Constitution, qu'avec l'article 6 de la Convention EDH, sans qu'aucune justification de cette restriction du droit d'accès au tribunal n'intervienne.

La jurisprudence du Conseil d'État a cependant radicalement changé après la décision *Koutras ATTE contre Grèce*[988]. La Cour de Strasbourg a jugé, dans cette décision, que le droit au procès équitable, prévu par l'article 6 de la Convention EDH, est soumis à des réglementations procédurales, votées par le législateur national, qui pourraient entraîner certaines restrictions quant à la jouissance dudit droit. Pour autant, ces restrictions ne pourraient pas aller jusqu'à l'annulation du droit au procès équitable.

Dans sa jurisprudence postérieure, le Conseil d'État montre qu'il a adopté ladite jurisprudence de la Cour de Strasbourg en jugeant en Assemblée plénière que l'absence de mention du numéro de protocole à l'acte d'un recours n'entraîne pas l'irrecevabilité de celui - ci, et que ce manquement pourrait être suppléé afin que le recours ne soit pas rejeté[989]. On retrouve une

---

[986] L. KARELOS, « L'influence de la jurisprudence de la Cour européenne des droits de l'homme dans la jurisprudence grecque, hommage pour les cinquante ans de la Cour européenne », *NoV*, 2009, pp. 1928 - 1938, (p. 1929).

[987] Conseil d'État 2027/1996, 4212/1997, 4459/1997, 4799/1997, 2099/1991, 4746/1996, voir aussi l'opinion dissidente aux arrêts du Conseil d'État, Assemblée plénière 1438/1996 et 4613/1997 où il est soutenu que la non observation des formes procédurales ne peut pas avoir comme corollaire le rejet de la voie de recours comme irrecevable car cela entraînerait une contrariété avec les articles 20 de la Constitution et 6 de la Cour EDH voir l'analyse à S. KTISTAKI, *L'application de la convention européenne des droits de l'homme par le Conseil d'État*, *op. cit.*, p. 40.

[988] Cour EDH, 16 novembre 2000, *Sotiris et Nikos Koutras ATEE contre Grèce*, n°39442/98.

[989] Conseil d'État, Assemblée plénière 602 - 3/2002.

telle logique à l'occasion de la procédure d'introduction d'une action en intervention à un recours en annulation. À cette occasion, la Cour a jugé que le non-respect des conditions procédurales n'entraîne pas l'invalidité de l'action en intervention, dès lors qu'il n'existe aucun doute concernant l'authenticité de la pièce de la requête[990]. La jurisprudence du Conseil d'État invoque à plusieurs reprises l'arrêt *Koutras*[991] ce qui démontre que le Conseil d'État a commencé, d'abord avec réticence, à adopter la jurisprudence de la Cour de Strasbourg.

Or, pendant la période de crise économique, l'application subsidiaire de la Convention EDH semble revenir sur la scène jurisprudentielle du Conseil d'État, comme moyen de justification des mesures prises pour remédier aux problèmes financiers du pays. Dans ce cadre, fut intégré dans le code de procédure administrative un article prescrivant un montant excessif des frais de dépôt judiciaire pour un recours fiscal ou douanier[992]. Cette mesure tentait effectivement d'enrayer la multiplication des recours contre les nouvelles mesures fiscales instaurées en Grèce et semblait donc avoir une finalité très précise et difficilement conciliable avec le droit à un recours effectif tel que prévu par la Constitution et la Convention EDH. Néanmoins, le Conseil d'État, a légitimé cette mesure en considérant, sans plus de développements, qu'elle était conforme au droit à la protection juridictionnelle effective tel que prévu par l'article 20 de la Constitution et 6 de la Convention EDH, ainsi qu'au principe de proportionnalité[993].

§2. L'application subsidiaire des normes découlant du droit de l'Union européenne

Le Conseil d'État interprétait souvent de façon très restrictive la règle de l'UE qui devrait s'appliquer au cas d'espèce[994], ce qui entraînait la restriction du champ d'application du droit de l'UE manifestait une occasion qui pourrait conduire à un conflit frontal entre droit national et droit de l'UE.

De plus, selon les conclusions de l'avocat général dans l'affaire *Traghetti del Mediterraneo*[995], « *à ces différentes hypothèses de violation du droit communautaire, il convient de rattacher la situation où une juridiction suprême méconnaîtrait l'obligation de renvoi préjudiciel en interprétation*

---

[990] Conseil d'État 536/2003.

[991] Voir les arrêts Conseil d'État 592/2009, 1793/2002, 3339/2002.

[992] Article 277 §3 et 4 du code de procédure administrative tel que remplacé par l'article 45§1 de la loi 3900/2010 et complété par l'article 65§4 de la loi 3994/2011.

[993] Conseil d'État 726/2014.

[994] A. GERONTAS, *L'« européanisation » du juge national administratif et du droit procédural,* Athènes - Thessalonique : éd. Sakkoulas, 2009, p. 257.

[995] Conclusions de l'avocat général M. Philippe LEGER dans l'affaire *Traghetti del Mediterraneo*, C - 173/03, présentées le 11 octobre 2005, point 65.

du droit communautaire, qui pèse sur elle en vertu de l'article 234, troisième alinéa, CE ».

« *En effet, le manquement à une telle obligation risque de conduire la juridiction concernée à commettre une erreur relevant de l'une ou l'autre de ces hypothèses, que ce soit une erreur dans l'interprétation du droit communautaire applicable ou dans la déduction des conséquences qu'il convient d'en tirer pour l'interprétation conforme du droit interne ou pour l'appréciation de la compatibilité de celui - ci avec le droit communautaire* »[996].

Malgré le risque de violation du droit de l'UE, la jurisprudence du Conseil d'État reconnaissait depuis longtemps un champ très limité au droit de l'UE (A), et refusait de recourir au mécanisme de renvoi préjudiciel (B).

A. La reconnaissance très limitée du champ d'application du droit de l'Union européenne

La jurisprudence rendue par le Conseil d'État à propos de l'application du droit de l'UE est aléatoire. Cela semble justifié jusqu'à un certain point par le fait que le Conseil d'État n'est pas une Cour constitutionnelle classique chargée de juger des matières purement constitutionnelles. Mais il faut relever que, dans le passé récent et surtout ces dernières années marquées par la crise économique, le Conseil d'État semble ne pas suivre les prescriptions du droit de l'UE et les lignes jurisprudentielles de la Cour de justice. Ainsi, le juge administratif grec s'oscille entre le traitement aléatoire du droit de l'UE (1) et le refus absolu de son application (2).

1. L'application aléatoire du droit de l'Union européenne

La jurisprudence relative à l'affirmation de la primauté du droit de l'UE démontre elle - même un traitement aléatoire de ce droit par le Conseil d'État. Plusieurs arrêts adoptent en la matière des solutions très différentes. La ligne jurisprudentielle principale suivie par le Conseil d'État pendant plusieurs années était de ne pas prendre position sur la relation entre le droit de l'UE et le droit national. Dès lors que « *la réponse à la question de (la) primauté n'était (pas) nécessaire dans le cadre du litige en cause* », cette solution paraît « *prudente et peut être aussi appropriée* », à la condition qu'elle ne conduise pas à la marginalisation de l'application des règles de l'UE en faveur des dispositions nationales[997].

Pour autant, les arrêts de la Haute juridiction administrative présentaient une certaine incohérence, car ils déclaraient tantôt la primauté de la

---

[996] *ibid.*, point 66.
[997] V. SKOURIS, « Discours du Président de la Cour des communautés européennes, hommage aux 75 du Conseil d'État grec », *NoV*, 2004, pp. 1523 - 1531 (p. 1529).

Constitution nationale et tantôt celle du droit de l'UE. La question de la primauté de la Constitution grecque face au droit de l'UE a été abordée pour la première fois en 1985, dans les conclusions du rapporteur qui ont conduit à l'arrêt 297/1985 de l'Assemblée plénière du Conseil d'État[998]. Cependant, la question de la primauté n'a pas été tranchée dans cette affaire, car la Cour a rejeté le pourvoi comme irrecevable pour des raisons procédurales.

Il faut cependant relever que le rapporteur a rejeté la position exprimée dans la jurisprudence de la CJUE concernant la primauté du droit de l'UE face aux Constitutions nationales en invoquant le fondement constitutionnel de l'intégration du droit de l'UE dans l'ordre juridique interne, à savoir l'article 28 de la Constitution qui prévoit la valeur supra - législative, mais infra - constitutionnelle du droit de l'UE. Selon cet avis, même si l'article 28 de la Constitution prévoit la reconnaissance aux organismes nationaux des compétences exercées par l'État et par le Parlement national, il n'est pas permis de transmettre la compétence par laquelle seul le Parlement national est chargé de réviser la Constitution. Ainsi, il n'existe pas de possibilité de révision tacite de la Constitution à travers l'application du droit européen[999].

Par la suite, le rapporteur conclut qu'en raison de la primauté constitutionnelle, dans le cas où le droit de l'UE interdit une restriction à la liberté de service des entreprises que la Constitution garantit, le juge national ne peut pas, en donnant priorité au droit de l'UE, annuler la restriction prévue par une loi nationale. Or, la déclaration de primauté de la Constitution nationale apparaît en l'espèce inopportune, car il n'existait aucune contradiction directe entre le droit constitutionnel et le droit de l'UE, la restriction en cause n'était pas directement prévue par la Constitution, mais par une loi. Ainsi, en interdisant au juge administratif national d'annuler une loi nationale objectivement contraire au droit européen, le Conseil d'État refuse également de procéder à l'exercice du contrôle de conventionnalité du droit national avec le droit de l'UE[1000]. Au cours des années qui ont suivi, la primauté de la Constitution nationale fut à plusieurs reprises invoquée à propos d'affaires traitant d'une incompatibilité très forte avec le droit de l'UE primaire ou dérivé.

Néanmoins, plusieurs arrêts vont en sens contraire et mettent l'accent sur la primauté du droit de l'UE. Elles concernent la conformité des lois nationales relatives à l'interdiction faite aux endettés de l'organisme de

---

[998] Rapport du juge MPOTOPOULOS, *NoV*, 1985, pp. 184 - 201.

[999] G. APOSTOLAKIS, « Droit constitutionnel grec et droit communautaire : Quel droit prédomine ? », *Elldik*, 1999, pp. 1014 - 1027.

[1000] J. ILIOPOULOS - STRANGAS, *Droit constitutionnel grec et Unification européenne, aspects critiques des relations internationales avant et après la signature du traité de Maastricht*, Athènes - Komotini, éd. A. Sakkoulas, 1996, p. 80.

sécurité sociale de quitter le territoire[1001] à l'article 39 TCE (article 45 TFUE) relatif à la libre circulation des travailleurs et à l'article 43 TCE (article 49 TFUE) relatif à l'interdiction des restrictions à la liberté d'établissement des ressortissants d'un État membre dans le territoire d'un autre État membre. En cette matière, la 4e Section du Conseil d'État composée de cinq membres[1002] a conclu, dans son arrêt 3502/1994, à l'incompatibilité de ces restrictions nationales avec les dispositions précitées du droit primaire qui selon la haute juridiction ont une valeur supra - constitutionnelle[1003]. Cet arrêt revêt un caractère très important, car il reconnaît la valeur supra - constitutionnelle du droit de l'UE et met l'accent sur l'obligation du juge grec de ne pas appliquer les règles nationales qui sont contraires aux dispositions du traité. En allant plus loin, le même arrêt reconnaît que la Convention EDH, grâce à son évocation au sein du Traité de Maastricht, s'intègre au droit communautaire primaire[1004]. Pour autant, la 4e Section du Conseil d'État a décidé de renvoyer l'affaire devant la même Section composée de sept membres, laquelle a adopté une position totalement différente. La primauté de l'UE fut également affirmée à propos de l'arrêt 249/1997[1005] rendu par la même 4e Section de la Haute juridiction administrative, suite à l'arrêt qui, en admettant l'incompatibilité de l'interdiction avec le droit communautaire, a repris la position adoptée dans l'arrêt 3502/1994 en se prononçant *expressis verbis* et sans aucune réserve pour la reconnaissance - après l'entrée en vigueur du Traité sur l'Union

---

[1001] Lois 395/1976, 1882/1990 et 1902/1990.

[1002] Conseil d'État 3502/1994, *Armenopoulos* 1995 pp. 90 - 93, *DiDik* 1995 pp. 448 - 450, *Diki*, 1995 pp. 937 - 949 avec commentaire de A. PAPAVASILEIOU, pp. 941 - 949 *DforN*, 1995, pp. 308 - 312, *Le comptable*, 1995, p. 83, *ToS*, 1995, pp. 891 - 896.

[1003] *ToS*, 1995, pp. 895 - 896 et Ch. PAPADIMITRIOU, « L'impossible exercice de contrôle de constitutionnalité aux normes du droit communautaire par les Cours nationales », *Diki*, 2006, pp. 517 - 529, (p. 522).

[1004] Ch. PAPADIMITRIOU, « Résumé et critique de la jurisprudence des hautes juridictions relativement à la valeur supra constitutionnelle du droit communautaire », *Fiche de la jurisprudence*, 2006, pp. 306 - 314, (p. 308).

[1005] Conseil d'État 249/1997. I. PETROGLOU, « Valeur supra constitutionnelle du droit communautaire et de la CEDH. Inconstitutionnalité de l'interdiction aux contribuables endettés au fisc de quitter le territoire. Commentaire sur l'arrêt 249/1997 du Conseil d'État (4e Section) », *EDKA*, 1997, pp. 73 - 77 ; Ch. SYNODINOS, « L'incompatibilité éventuelle entre la législation concernant interdiction aux contribuables endettés à l'Organisme de sécurité sociale (IKA) de quitter le territoire avec le droit communautaire, réflexions à propos de l'arrêt 249/1997 du Conseil d'État », *EDKA*, 1997, pp. 565 - 569 ; A. PAPAVASILEIOU, « La mesure de l'interdiction aux contribuables endettés au fisc de quitter le territoire sous le prisme de l'application du droit communautaire », *DforN*, 1994, pp. 1628 - 1630.

européenne - de la primauté du droit de l'UE[1006]. La Section du Conseil d'État a en outre considéré que la loi en cause est contraire à la Convention EDH[1007]. En précisant l'argumentation concernant la supra-constitutionnalité du droit de l'UE et du droit issu de la Convention EDH, la Cour a conclu que la Constitution n'interdisait pas l'instauration de certaines restrictions au droit à la libre circulation, mais que leur incompatibilité avec le droit de l'UE suffisait pour conclure à leur illicéité[1008]. Parallèlement, elle a mis l'accent sur l'obligation du juge grec d'examiner, même d'office, la conformité de l'acte contesté avec le droit de l'UE.

Ces arrêts sont évidemment importants, car ils renversent la jurisprudence constante du Conseil d'État[1009] qui, d'une part, établissait la valeur infra constitutionnelle du droit de l'UE et qui, d'autre part, légitimait l'interdiction faite aux endettés de l'organisme de sécurité sociale de quitter le territoire pour des raisons d'intérêt général, et ce également au regard de l'article 5, alinéa 4 de la Constitution[1010].

Il faut relever que ces deux arrêts sont rendus par une Section du Conseil d'État et non pas par son Assemblée plénière[1011]. L'Assemblée plénière du Conseil d'État où l'affaire a été renvoyée en raison de son importance[1012] a cependant renversé la jurisprudence analysée ci - dessus. Or, dès lors qu'il s'agit du même sujet, cette jurisprudence aléatoire montre la confusion du juge grec face au droit de l'UE, et surtout au cours des premières années d'application.

1006 J. ILIOPOULOS - STRANGAS, « Constitution hellénique et intégration européenne », *in Défense nationale - intégration européenne, les réponses constitutionnelles*, Athènes - Komotini, Bruxelles : éd. Sakkoulas, Bruylant, 2002, pp. 71 - 112, (p. 80).

1007 F. ARNAOUTOGLOU, « Les points de vue des juridictions nationales (sur le dialogue des juges), Grèce : le Conseil d'État », *in* J. ILIOPOULOS - STRANGAS (dir.), *Cours suprêmes nationales et Cours européennes : concurrence ou collaboration ?*, Athènes - Bruxelles : éd. A. Sakkoulas, Bruylant, 2007, pp. 179 - 185, (p. 181).

1008 L. PAPADOPOULOU, *Constitution nationale et droit communautaire, La question de primauté,* éd. Athènes - Komotini : éd. A. Sakkoulas, 2009, p. 472.

1009 Conseil d'État, Assemblée plénière, 2313/1976, 1767/1977, 2858/1985, 17/1988 et Conseil d'État, 2565/1990, 2567/1990, 1849/1992, 3585/1992, 3799/1992, 4261/1995.

1010 Article 5, alinéa 4 de la Constitution : « *Toute mesure administrative individuelle de nature à restreindre le libre déplacement ou le libre établissement dans le pays, ainsi que la liberté de tout Hellène d'y entrer et d'en sortir est interdite. De telles mesures peuvent être prises en tant que pénalités additionnelles sur décision d'une juridiction pénale, en cas urgence extraordinaire et uniquement pour prévenir des actes criminels, ainsi qu'il est prévu par la loi* ».

1011 G. KATROUGALOS, « Le rapport entre la Constitution et le droit communautaire », *NoV*, 2000, pp. 1089 - 1133, (p. 1089).

1012 Conseil d'État 1545/1995 et Conseil d'État, Assemblée plénière 4674 - 5/1998.

2. Le refus du juge grec d'appliquer le droit de l'Union européenne

Le refus du juge grec d'appliquer le droit de l'UE est manifesté depuis les premières années de l'adhésion de la Grèce à l'Union européenne. Il convient, en premier lieu, de citer l'arrêt 815/1984 de l'Assemblée plénière du Conseil d'État. En l'espèce, il a été jugé que l'interdiction d'importation des bananes constituait une mesure raisonnée et bien justifiée afin de protéger et promouvoir la production interne. La Cour invoque aussi que l'absence d'organisation commune au niveau européen concernant le marché de la banane, pendant une période transitoire jusqu'à la fin de 1985, est susceptible de justifier les restrictions prévues dans l'ordre national. Toutefois, afin de conclure à ce raisonnement, la Cour ne tient pas compte de la liberté de circulation des marchandises dont la méconnaissance en l'espèce est évidente. Or, la juridiction grecque semble ignorer la liberté des circulations des marchandises à propos de cette matière qui viole de façon évidente cette exigence européenne.

En second lieu, la difficulté des juridictions grecques à gérer une éventuelle incompatibilité des lois nationales avec le droit de l'UE est manifeste dans la jurisprudence qui consiste, à propos de la même matière, à tantôt reconnaître la primauté du droit de l'UE, et tantôt refuser de l'appliquer. Dans ce contexte, l'arrêt 1545/1995[1013], de la 4e Section du Conseil d'État composée de sept membres a statué, contrairement aux arrêts rendus antérieurement sur la même matière, sur la légalité de l'interdiction imposée aux endettés de l'organisme de sécurité sociale de quitter le territoire en jugeant la mesure conforme tant avec les articles 5, alinéa 3 et 4 de la Constitution qu'avec les articles 39 du TCE (article 48 TFUE), 8 §1 du Traité de Maastricht et 5 de la Convention EDH. Le Conseil d'État procède à une interprétation très vague des dispositions litigieuses en invoquant des raisons d'intérêt public qui, selon les Traités européens, justifient des restrictions à la liberté de circulation des personnes. Parallèlement, la Cour a interprété l'article 5 de la Convention EDH en concluant que les restrictions litigieuses sont licites et que leur application dépend du pouvoir discrétionnaire de chaque État[1014]. De surcroît, cet arrêt ajoute que le Traité

[1013] Conseil d'État, Assemblée plénière 1545/1995, *Fiche de la jurisprudence*, 1995 pp. 608 - 612 avec commentaire de NIKOLAIDES Christos, pp. 612, *EDKA*, 1995, pp. 669 - 675 avec commentaire de M. KYPRAIOS, et G. PSILOS, « Interdiction aux contribuables endettés à l'Organisme de sécurité sociale (IKA) de quitter le territoire », *DEN*, 1995, pp. 897 - 904.

[1014] Ch. PAPADIMITRIOU, *L'influence du droit communautaire à la protection juridique des droits fondamentaux*, Athènes : Sakkoulas, 2002, p. 52.

de Maastricht n'était pas applicable *ratione temporis*[1015], car la mesure nationale litigieuse était antérieure au Traité.

Néanmoins, il y a lieu de préciser que deux des sept conseillers ont exprimé une opinion dissidente selon laquelle, après la ratification et l'entrée en vigueur du Traité CE, il dispose d'une valeur supra - constitutionnelle dans l'ordre juridique interne, et que la mesure litigieuse aurait dû être annulée, car contraire au droit de l'UE. Il faut souligner que d'autres arrêts rendus en cette matière, à savoir l'arrêt 4674/1998[1016] de l'Assemblée plénière du Conseil d'État et l'arrêt 4675/1998[1017], ont également considéré que le sujet était en - dehors du champ d'application du droit de l'UE, mais en adoptant une justification différente.

L'Assemblée plénière conclut à la constitutionnalité de la mesure. Elle reconnaît que le droit de tout citoyen de l'Union européenne de circuler et de séjourner librement sur le territoire des États membres constitue un principe essentiel du droit de l'UE. Toutefois, en mettant l'accent sur l'importance des limitations prévues aux articles 39 (article 45§3 TFUE), 46 (article 52§1 TFUE) et 55 du Traité CE (article 62 TFUE), elle affirme que « *l'invocation de dispositions communautaires est acceptable uniquement dans le cas où une disposition législative nationale entre aussi elle - même dans le champ d'application du droit communautaire* », ce qui n'était pas le cas en l'espèce selon elle, car les requérants étaient de nationalité grecque et résidents grecs[1018]. En outre, elle considère qu'il n'y a aucune raison de poser une question préjudicielle[1019].

Ici encore, il faut relever l'opinion minoritaire de deux conseillers qui ont soutenu que « *les limitations précitées sont contraires à la disposition de l'article 5§1 alinéa premier de la Convention européenne des droits de l'homme (...) ainsi qu'au Protocole additionnel n°1, textes qui sont intégrés au droit communautaire primaire à travers leur invocation au sein du Traité de Maastricht, étant donné que ces deux articles ne permettent pas l'imposition d'une telle limitation à l'égard des citoyens* ». Il est remarquable que leur opinion ne fasse pas allusion à l'article 5 de la Constitution. Au contraire, elle propose l'annulation de l'acte administratif

---

[1015] J. ILIOPOULOS - STRANGLAS, « Constitution hellénique et intégration européenne », *in Défense nationale - intégration européenne, les réponses constitutionnelles*, *op. cit.*, p. 81.

[1016] Conseil d'État, Assemblée plénière 4674/1998, *EDKA*, 1999 pp. 922 - 930 avec commentaire de Ch. SYNODINOS.

[1017] Conseil d'État, Assemblée plénière 4675/1998, *Armenopoulos* 1999 pp. 745 - 751 avec commentaire de D. NIKOPOULOS. Cet arrêt de l'Assemblée du Conseil d'État a été rendu après l'arrêt de renvoi de la Section du Conseil d'État 1863/1997.

[1018] Ch. PAPADIMITRIOU, *L'influence du droit communautaire à la protection juridique des droits fondamentaux*, *op. cit.*, p. 54.

[1019] L. PAPADOPOULOU, *Constitution nationale et droit communautaire, La question de primauté, op. cit.*, p. 479.

attaqué en s'appuyant exclusivement sur le droit de l'UE et en écartant ainsi l'application de l'article 5 de la Constitution, adoptée par la majorité pour « sauver » la constitutionnalité et conventionnalité de la mesure interdisant aux débiteurs de franchir les frontières du pays. Cette thèse reprend celle de l'arrêt 249/1997.

Il apparaît une différence nette entre les opinions dissidentes et la majorité. L'opinion minoritaire se prononce en faveur de la reconnaissance de la valeur supra - constitutionnelle du droit de l'UE alors que la majorité des juges ont finalement adopté une solution interprétative totalement différente afin de constater la conformité de la mesure au droit de l'UE et de mettre le litige hors de son champ d'application[1020]. Cette pratique jurisprudentielle aléatoire est incompatible avec le droit de l'UE. Finalement, et par anticipation d'une éventuelle condamnation par la Cour de justice, la question de l'interdiction de quitter le territoire pour les endettés de l'organisme de sécurité sociale fut réglée par l'abrogation des articles[1021].

Bien que le refus d'appliquer le droit de l'UE reflète une pratique des années passées, la période actuelle marquée par la crise économique a vu le Conseil d'État revenir à sa pratique jurisprudentielle précédente. Dans l'arrêt le plus important du Conseil d'État statuant sur la conformité à la Constitution et aux droits européens des mesures prises conformément au plan de sauvetage, il a évité d'exercer le contrôle de conformité de la loi nationale avec le droit de l'UE[1022] et n'a statué que sur la conformité des mesures avec le droit de la Convention EDH. Or, la conformité des mesures concernées avec le droit primaire et dérivé de l'UE méritait en l'espèce un examen exhaustif[1023]. L'arrêt du Tribunal de paix d'Athènes 599/2012, qui concernait la non-conformité des mesures budgétaires avec la Constitution et la Convention EDH n'a pas procédé autrement : la conformité avec le droit de l'UE n'a pas été contestée et le juge n'a pas procédé au renvoi d'une question préjudicielle[1024]. Il en va de même pour le constat de constitutionnalité de la mesure visant la réduction de 53,5% des créances des créanciers privés en vue de la restructuration de la dette grecque[1025]. Encore une fois, le Conseil d'État n'a pas considéré pertinent le contrôle de cette mesure avec le droit de l'UE ni le renvoi d'une question préjudicielle à la

---

[1020] G. KATROUGALOS, « Le rapport entre la Constitution et le droit communautaire », *op. cit.*, pp. 1089 - 1133.

[1021] Articles 13 de la loi 2873/2000 et 23 de la loi 2768/1999.

[1022] Conseil d'État, Assemblée plénière 668/2012.

[1023] C. YANNAKOPOULOS, *L'influence du droit de l'Union européenne au contrôle juridictionnel de constitutionnalité des lois*, Athènes - Thessalonique : éd. Sakkoulas, 2013, p. 457.

[1024] Tribunal de Paix d'Athènes décision 599/2012 *EErgD*, 2012, pp. 731 - 748.

[1025] Mesure prévue par la loi 4050/2012, conformément aux engagements de la Grèce en vue du deuxième plan de sauvetage.

CJUE en vue de son éventuel désaccord avec le principe de proportionnalité et l'article 63 TFUE concernant l'interdiction de toutes les restrictions aux mouvements de capitaux[1026]. Cette attitude, qui fut caractérisée d'« introversion jurisprudentielle »[1027], est confirmée par des arrêts ultérieurs statuant sur l'inconstitutionnalité des mesures instaurées conformément au plan de discipline budgétaire. À ce propos, deux arrêts sont concernés. Premièrement, l'arrêt 1972/2012 de l'Assemblée plénière du Conseil d'État[1028] décide de l'inconstitutionnalité de la mesure de coupure d'électricité pour non - paiement d'un impôt spécial sur les biens immobiliers annexé à la facture d'électricité[1029]. Or, les règles y relatives du droit de l'UE, à savoir la directive concernant les règles communes pour le marché intérieur de l'électricité[1030], ne furent mentionnées que par une opinion concordante d'une Conseillere[1031]. De la même façon, l'arrêt de l'Assemblée plénière du Conseil d'État 3354/2013[1032] déclare inconstitutionnelle une disposition de la loi sur le licenciement automatique des employés qui sont placés en disponibilité avant la retraite[1033] en raison de la violation du principe de proportionnalité et du principe d'égalité constitutionnellement protégés. La Cour considère que cette mesure n'est pas fondée sur une redéfinition préalable des fonctions de l'État et une réforme des besoins de l'organisation de l'administration d'une manière raisonnable, compte tenu des fonds et des instruments généraux existants et dans le respect du cadre constitutionnel existant. Or, elle n'évoque aucune des règles du droit de l'UE relatives au cas d'espèce, par exemple la directive 2000/78CE portant création d'un cadre général en faveur de l'égalité de traitement en matière d'emploi et de travail[1034].

[1026] Conseil d'État, Assemblée plénière 1116/2014 et 1117/2014.

[1027] G. GERAPETRITIS, « La crise économique comme élément de déstabilisation de la hiérarchie des normes : respect des lois ou prétexte ? », *NoV*, 2012, pp. 2754 - 2761, (p. 2755).

[1028] Conseil d'État, Assemblée plénière 1972/2012 (inconstitutionnalité de la mesure de coupure d'électricité pour non paiement d'un impôt spécial sur les biens immobiliers annexé à la facture d'électricité) ; *NoV*, 2012, pp. 1550 - 1572 ; *Armenopoulos* 2012, pp. 1454 - 1475 avec commentaire de I. MATHIOUDAKIS.

[1029] Article 53 §11 de la loi 4021/2011.

[1030] Directive 2009/72/CE du Parlement européen et du Conseil du 13 juillet 2009 concernant des règles communes pour le marché intérieur de l'électricité.

[1031] C. YANNAKOPOULOS, *L'influence du droit de l'Union européenne au contrôle juridictionnel de constitutionnalité des lois*, *op. cit.*, p. 460.

[1032] Conseil d'État, Assemblée plénière 3354/2013, *ThPDD*, n°10, 2013, pp. 883 - 892 avec commentaire de P. KAPOTAS.

[1033] Article 33 de la loi 4024/2011.

[1034] Directive 2000/78/CE du Conseil du 27 novembre 2000 portant création d'un cadre général en faveur de l'égalité de traitement en matière d'emploi et de travail.

Il est ainsi manifeste que la Haute juridiction administrative voulait éviter de mettre en doute le mécanisme de discipline budgétaire. C'est pourquoi, en acceptant *a priori* sa conformité avec le droit de l'UE, elle évite de statuer sur cette question.

B. La réticence du juge face au mécanisme de renvoi préjudiciel

En ce qui concerne les renvois préjudiciels de la part des Cours grecques, depuis 1986, année du premier renvoi d'une question préjudicielle[1035], et jusqu'à la fin de l'année 2013, il y a eu au total cent - soixante - six renvois, parmi lesquels dix sont issus des décisions de la Cour de Cassation, cinquante - et - un des arrêts du Conseil d'État et enfin cent - cinq des décisions du reste des juridictions judiciaires et administratives[1036].

Le nombre de renvois est donc relativement limité et par conséquent, le rythme d'application du mécanisme prévu par l'article 267 TFUE ne peut être considéré comme satisfaisant[1037]. Évidemment, la question ne se limite pas à la quantité de renvois préjudiciels. Elle porte davantage sur les points que les Cours nationales essaient de régler concernant des sujets relatifs à l'application du droit de l'Union européenne[1038]. La réponse à cette seconde problématique ne fut pas, jusqu'à récemment, satisfaisante, car les décisions traitant du sujet relatif à l'application du droit de l'UE ne représentaient que quinze arrêts sur les 4500 à 5000 que rend chaque année le Conseil d'État[1039]. Ce rythme s'est néanmoins accru au cours des dernières années.

Dans le cas de la France, les statistiques sont similaires[1040]. Jusqu'en 2013, le Conseil d'État français a procédé à quatre-vingts - trois renvois

---

[1035] Le premier renvoi de question préjudicielle de la part d'une Cour grecque a eu lieu en 1986, c'est - à - dire six ans après l'adhésion de la Grèce aux communautés européennes. Il s'agissait de la Cour d'appel d'Athènes et de l'arrêt 8777/1985, *NoV*, 1986, p. 84 avec commentaire de N. FRAGKAKIS ainsi que *EllDik*, 1986, pp. 327 - 333 avec commentaire de A. MPAKOPOULOS. Cf. aussi Conseil d'État, Assemblée plénière 2605/1986 qui est le premier arrêt rendu par la Haute juridiction administrative envoyant une question préjudicielle à la CJCE.

[1036] Rapport annuel de la Cour de justice pour 2013 [Clôture de rédaction : le 1er janvier 2014], annexes n°19 et 20 disponible sur [http://curia.europa.eu/jcms/upload/docs/application/pdf/2014 - 06/qdag14001frc.pdf].

[1037] Ch. GERARIS, « CJCE - Question préjudicielle », *EEEurD*, n°1, 1995, pp. 297 - 312, (p. 312).

[1038] V. SKOURIS, « Le droit communautaire dans la législation et la jurisprudence grecque - certaines questions de base », *EEEurD*, n°1, 1985, pp. 3 - 16, (p.11).

[1039] F. ARNAOUTOGLOU, « Le Conseil d'État et les Cours européennes », *NoV*, 2005, pp. 1977 - 1982, (p. 1979).

[1040] Le premier arrêt du Conseil d'État français qui procède à un renvoi date du 22 avril 1988, *Association générale des Producteurs de Blé et autres*, n°78042. J. - Fr.

préjudiciels[1041]. Cependant, le Conseil d'État français est une juridiction plus familière de l'institution du renvoi préjudiciel. Ainsi, de 1990 à 1999, il a saisi onze fois la Cour de justice[1042]. De 2000 à 2008, il lui a posé vingt - deux questions préjudicielles. Plus de la moitié des quarante questions renvoyées jusqu'en 2008 l'ont été au cours des huit dernières années avec, pour cette période, un rythme comparable à celui des Cours suprêmes des autres pays européens.

La réticence du juge national grec quant aux arrêts admettant d'éventuelles incompatibilités entre le droit national et le droit de l'UE est très clairement illustrée par le fait que le juge national évite de poser une question préjudicielle à la Cour de justice en procédant lui - même à une interprétation, souvent contestable, du droit de l'UE, et en se substituant ainsi à la Cour de justice. Même si cette tendance reflète une pratique du passé, elle est néanmoins assez répandue et apparaît dans plusieurs arrêts (2). Cette tendance paraît ignorer ou supplanter l'importance du renvoi préjudiciel en conduisant à une interprétation dilatoire des exceptions prévues par la jurisprudence de la Cour de justice qui permet le non - renvoi de questions préjudicielles (1).

COUZINET, « Le Conseil d'État, la Cour de cassation et le renvoi préjudiciel : des progrès mais peuvent mieux faire », *in Mélanges en hommage à Guy Isaac, 50 ans de droit communautaire, t. 2,* Toulouse : éd. Presses de l'Université des sciences sociales de Toulouse, 2004, pp. 803 - 820, (p. 806).

[1041] B. STIRN, « Le Conseil d'État et les juridictions communautaires : un demi - siècle de dialogue des juges », *Gazette du Palais*, n°45, 2009, pp. 289 - 293, (pp. 289 - 291). L'auteur cite que « le premier renvoi décidé par le Conseil d'État a été prononcé le 10 juillet 1970, par une décision Syndicat national du commerce extérieur des céréales : Dans les années qui ont suivi, le renvoi demeure exceptionnel : on n'en compte pas que 7 de 1970 à 1989. La pratique devient ensuite beaucoup plus régulière, avec souvent plusieurs renvois dans l'année : De 1990 à 1999, le Conseil d'État a saisi 11 fois la Cour de justice. De 2000 à 2008, il lui a posé 22 questions préjudicielles : plus de la moitié des 40 questions renvoyées au total depuis l'origine l'ont été au cours des huit dernières années, avec pour une période, un rythme comparable à celui des Cours suprêmes des autres pays européens ». cf. aussi le Rapport annuel de la Cour de justice pour 2013 [Clôture de rédaction : le 1er janvier 2014], annexes n°19 et 20.

[1042] En ce qui concerne la période 1984 - 2000, environ soixante décisions du Conseil d'État français évoquent un possible renvoi à la Cour de justice et seulement huit d'entre elles donnent effectivement lieu à une question préjudicielle. J. - Fr. COUZINET, « Le Conseil d'État, la Cour de cassation et le renvoi préjudiciel : des progrès mais peuvent mieux faire », *in Mélanges en hommage à Guy Isaac, 50 ans de droit communautaire*, *op. cit.*, p. 806.

1. La jurisprudence de la CJUE reconnaissant la possibilité de s'abstenir du mécanisme de renvoi préjudiciel

La collaboration entre les Cours nationales et la CJUE, prévue à travers la procédure de renvoi des questions préjudicielles, constitue « la pierre angulaire du système juridictionnel communautaire »[1043]. Jusqu'à aujourd'hui, il faut remarquer que certaines juridictions nationales de dernier ressort estiment qu'elles n'ont pas toujours l'obligation de renvoyer des questions préjudicielles. On constate donc souvent une invocation large de la jurisprudence européenne énonçant les conditions qui permettent de s'abstenir de l'obligation de renvoi[1044].

D'abord, les conditions de relativisation de l'obligation du juge national ont été énoncées dans les décisions *Da Costa en Schaake* et *CILFIT* [1045] et peuvent se résumer à deux théories : la théorie de l'acte éclairé et la théorie de l'acte clair.

D'une part, selon la théorie de l'acte éclairé, le juge national est dispensé de son obligation de renvoyer une question préjudicielle quand la matière relative à l'interprétation du droit de l'UE a déjà été résolue dans une décision rendue à titre préjudiciel[1046]. Ainsi, si un litige porté devant la juridiction nationale met en cause une règle de l'UE déjà interprétée, la CJUE demande au juge national de ne pas la saisir sur la même question[1047]. Il faut noter que la théorie de l'acte éclairé a été régulièrement appliquée auparavant par les hautes juridictions françaises, belges et allemandes[1048].

Ensuite, la théorie de l'acte clair, énoncé par l'arrêt *CILFIT* inclut la théorie de l'acte éclairé et la fait évoluer. Suivant la logique de la théorie de l'acte clair, la Cour de justice considère que l'obligation de renvoi ne pèse plus sur le juge national, lorsque « *l'application du droit communautaire peut s'imposer avec une évidence telle qu'elle ne laisse aucun doute*

[1043] M. VILARAS, « Le juge communautaire en tant que juge administratif », *in livre jubilaire pour les 75 ans du Conseil d'État*, Athènes - Thessalonique : éd. Sakkoulas, 2004, pp. 1240 - 1261.

[1044] P. BERLIOZ, « Cour de justice de l'Union européenne : du dialogue à la cassation ? », *in* J. BOUDON (dir.), *Concurrence des contrôles et rivalité des juges*, Paris : mare&martin, 2012, pp. 85 - 131, (pp. 91 - 92).

[1045] CJCE, 27 mars 1963, *Da Costa*, aff. 28/62, Rec. 1963, p. 61 et CJCE, 6 octobre 1982, *Cilfit*, aff. 283/81, Rec. 1982, p. 3415.

[1046] CJUE, *Da costa*, précité, p. 76.

[1047] Mais si le juge estime qu'il y a lieu de faire une nouvelle interprétation, la CJUE pourra être à nouveau saisie. E. SACHPEKIDOU, « Une approche des conditions de renvoi préjudiciel prévues aux paragraphes 2 et 3 de l'article 177 Traité CEE - A propos de l'arrêt CILFIT de la CJCE », *EEEurD*, n°3, 1983, pp. 335 - 364, (p. 353).

[1048] D. ANDERSON, M. DEMETRIOU, *References to the European Court*, London : Sweet & Maxwell, 2002, p. 174 et U. EVERLING, « Le renvoi préjudiciel de l'article 177 du Traité CEE et la collaboration entre les Cours nationales et la Cour de justice de communauté européenne », *RTDE*, 1984, pp. 226 - 281, (p. 254).

raisonnable sur la manière de résoudre la question posée »[1049]. Le juge national est dès lors dispensé de son obligation de renvoi si la règle applicable est claire et obéit au postulat « *in claris no fit interpretatio* »[1050].

L'arrêt *CILFIT* ne reste pas sans critique. Précisément, l'avocat général JACOBS dans l'affaire *Wiener*, soutenait que les Cours ne devraient être obligées de poser une question préjudicielle que dans le cas où il s'agirait d'un sujet d'intérêt général et dans les affaires où le renvoi préjudiciel serait adéquat pour la réalisation des buts visés à l'article 234 TCE (article 267 TFUE)[1051]. Si la CJUE acceptait les conclusions de l'avocat général, les hautes juridictions administratives se seraient désengagées de l'obligation de poser des questions préjudicielles touchant des sujets techniques ou sans importance majeure[1052]. Or, tel ne fut pas le cas.

Par ailleurs, en 2005, à propos de l'affaire *Gaston Schul*[1053], l'avocat général COLOMER a soutenu, mais que son avis soit retenu par la Cour, que « *la Cour doit assumer ses responsabilités et rectifier la jurisprudence CILFIT ou, du moins, nuancer son contenu, pour l'adapter aux exigences de l'époque* »[1054].

Même aujourd'hui et bien qu'une modification de cette jurisprudence semble nécessaire et qu'elle soit demandée par les juridictions nationales, la CJUE n'a pas abandonné les conditions posées dans l'arrêt *CILFIT*. En 2002, à propos de l'affaire *Lyckeskog*[1055], la Cour d'Appel suédoise (Hovrätten) l'a invitée à reconsidérer les conditions de l'arrêt *CILFIT*[1056], en lui demandant si, en tant que juridiction visée à l'article 234 §3 TCE (267 TFUE), elle pourrait s'abstenir de poser une question préjudicielle lorsqu'elle considère que la façon dont les questions de droit de l'UE méritent d'être tranchées est claire, alors même que ces questions ne relèvent pas de la théorie de l'acte clair ou de l'acte éclairé. La CJUE évite de répondre à la

---

[1049] CJCE, *Cilfit*, précité, point 16.

[1050] Ch. GERARIS, « L'ouverture du dialogue entre juge communautaire et juge grec », *NoV*, 1988, pp. 1037 - 1044, (p. 1040).

[1051] Conclusions de l'avocat général M. F. G. JACOBS dans l'affaire *Wiener*, C - 338/95, présentées le 10 juillet 1997, point 50.

[1052] D. ANDERSON, M. DEMETRIOU, *References to the European Court, op. cit.*, p. 181, M. BROBERG, « Acte clair revisited: adapting the acte clair criteria to the demands of the times », *Common Market Law Review*, n°45, 2008, pp. 1383 - 1397, (p. 1388).

[1053] CJCE, Grande chambre, 6 décembre 2005, *Gaston Schul Douane - expediteur*, C - 461/03, Rec. 2005 p. I - 10513.

[1054] Conclusions de l'avocat général Dámaso RUIZ - JARABO COLOMER dans l'affaire CJUE, *Gaston Schul*, précitée, présentées le 30 juin 2005, point 58.

[1055] CJCE, 4 juin 2002, *Lyckeskog*, C - 99/00, Rec. 2002 p. I - 4839.

[1056] D. ANDERSON, M. DEMETRIOU, *References to the European Court, op. cit.*, p. 181.

question préjudicielle en relevant que la Cour de renvoi n'est pas une Cour de dernière instance selon l'article 234 §3 du Traité CE[1057].

De plus, la Cour de justice relativise l'obligation de renvoi préjudiciel en matière de procédure de référé[1058]. La CJUE a rendu en la matière des arrêts *Hoffmann La Roche* et *Morson – Jhanjan* dans lesquels elle a indiqué qu'« *une juridiction nationale, dont les décisions ne sont pas susceptibles d'un recours juridictionnel de droit interne, n'est pas tenue de saisir la Cour d'une question d'interprétation au sens de l'alinéa 1 de cet article, lorsque la question est soulevée dans une procédure en référé et que la décision à prendre ne lie pas la juridiction qui sera ultérieurement saisie de l'affaire au fond, à condition qu'il appartienne à chacune des parties d'ouvrir ou d'exiger l'ouverture d'une procédure au fond, même devant les juridictions d'un autre ordre juridictionnel, au cours de laquelle toute question de droit communautaire tranchée provisoirement dans la procédure sommaire peut être réexaminée et faire l'objet d'un renvoi en vertu de l'article 177* »[1059].

Par conséquent, les Cours, statuant en référé et normalement soumises à l'application du paragraphe 3 de l'article 267 TFUE, sont, selon à cette jurisprudence, soumises à l'application du paragraphe 2 du même article, ce qui leur donne une marge de manœuvre plus grande quant au renvoi des questions préjudicielles[1060]. Leur marge de manœuvre dépend de deux facteurs : les Cours doivent dans tous les cas pondérer, d'une part, l'utilité du mécanisme de renvoi de la question préjudicielle prévu par l'article 267 TFUE et, d'autre part, les conséquences qui peuvent survenir en raison du retard éventuel du jugement dans l'attente de la réponse à la question préjudicielle[1061]. Or, c'est la combinaison des deux facteurs qui compte et

---

[1057] M. BROBERG, « Acte clair revisited: adapting the acte clair criteria to the demands of the times », *op. cit.*, p. 1387.

[1058] Pour le renvoi préjudiciel au jugement des mesures provisoires voir C. YANNAKOPOULOS, « Le renvoi préjudiciel au jugement des mesures provisoires selon le droit communautaire », *in Droit communautaire, 25 ans de son application en Grèce,* Athènes - Komotini : éd. A. Sakkoulas, pp. 57 - 82.

[1059] CJCE, 24 mai 1979, *Hoffmann - La Roche*, aff. 107/76, Rec. 1977, p. 957, point 6 ; CJCE, 27 octobre 1982, *Morson et Jhanjan*, aff. 35 - 36/82, Rec. 1982 p. 3723, point 10 ; CJCE, 21 février 1991, *Zuckerfabrik Süderdithmarschen and Zuckerfabrik Soest*, aff. jointes 143/88 et C - 92/89, Rec. 1991, p. I - 415 ; CJCE, 9 novembre 1995, Atlanta *Fruchthandelsgesellschaft e.a.*, C - 465/93, Rec. 1995 p. I - 3761 ; CJCE, 21 mars 2000, *Greenpeace France e.a.*, C - 6/99, Rec. 2000 p. I - 1651 et l'arrêt de la Commission des sursis du Conseil d'État 1137/2006. A. GERONTAS, « La responsabilité de l'Etat membre pour les décisions illicites des Cours nationales suprêmes », *DtA*, n°35, 2007, pp. 851 - 894, (p. 881).

[1060] E. SACHPEKIDOU, P. STANGOS, *Droit des communautés européennes et de l'Union européenne*, Athènes - Thessalonique : éd. Sakkoulas, 2009, p. 755.

[1061] V. SKOURIS, *L'interprétation des Traités pour l'Union européenne et la communauté européenne*, Athènes - Komotini : éd. A. Sakkoulas, 2003, p. 1402.

non pas la durée du jugement, car comme la Cour de justice l'a précisé en cette matière, « *une diminution de la durée de la procédure ne saurait être invoquée afin de justifier une atteinte à la compétence exclusive du juge communautaire pour statuer sur la validité du droit communautaire* »[1062].

Il est vrai que grâce à cette exception de l'obligation de renvoi, la procédure en référé peut fonctionner efficacement, car son but n'est pas le jugement définitif du litige, mais la sauvegarde du droit en cause[1063]. Cette jurisprudence de la Cour de justice est appliquée par le Conseil d'État grec d'une façon approximative.

2. La résistance volontaire et involontaire du juge grec face au mécanisme de renvoi préjudiciel

La spécificité du droit de l'UE révèle une certaine réticence des juges nationaux relative à son application dans l'ordre juridique interne, ainsi qu'une tendance à préserver l'ordre juridique national face à l'« invasion » d'un droit d'ordre supranational[1064]. Les Cours nationales adoptent au début une position défensive face au droit de l'UE[1065]. Il faut relever que le temps moyen écoulé jusqu'à un premier renvoi était d'environ trois ans et que neuf ans furent nécessaires pour que les Cours nationales des six pays - membres de l'UE renvoient des questions préjudicielles[1066].

La résistance des juridictions nationales peut être volontaire, soit qu'elles refusent de se soumettre au pouvoir de la Cour de justice, soit qu'elles y soient réticentes. Or, la résistance peut aussi être involontaire et relever d'une mauvaise mise en œuvre, par les juridictions nationales, des prérogatives qui leur sont accordées[1067].

Sur le premier plan annoncé, de la résistance volontaire du juge face au mécanisme de renvoi préjudiciel, on constate un type de résistance active,

---

[1062] CJCE, 6 décembre 2005, *Gaston Schul Douane - expediteur*, C - 461/03, Rec. 2005 p. I - 10513.

[1063] E. SACHPEKIDOU, P. STANGOS, *Droit des communautés européennes et de l'Union européenne*, *op. cit.*, p. 292.

[1064] E. KROUSTALAKIS, « La Contribution des juristes à la consolidation de l'Europe Unie à propos de l'application des règles du droit communautaire », *EEEurD*, n°1, 1992, pp. 19 - 30, (p. 27).

[1065] E. KROUSTALAKIS, « Le droit communautaire et la jurisprudence grecque, le droit communautaire dans la pensée juridique, le cas de la Grèce », *EEEurD*, n°1 - 2, 1985, pp. 59 - 72, (p. 67) et A. METAXAS, *La responsabilité de l'Etat face aux violations du droit communautaire par les décisions des Cours suprêmes nationales*, Athènes - Thessalonique : éd. Sakkoulas, 2005, pp. 67 - 75.

[1066] Ch. PAPADIMITRIOU, « Résumé et critique de la jurisprudence des hautes juridictions relativement à la valeur supra constitutionnelle du droit communautaire », *op. cit.*, p. 310, note n°21.

[1067] P. BERLIOZ, « Cour de justice de l'Union européenne : du dialogue à la cassation ? » *in Concurrence des contrôles et rivalité des juges*, *op. cit.* p. 113.

qui tient à une interprétation *lato sensu* de la jurisprudence sur l'acte clair, et un type de résistance passive. La résistance passive s'explique par une difficulté, et notamment des hautes juridictions nationales, à se dessaisir de leur prérogative d'interprétation du droit comme il est exigé d'elles par le droit européen. Sur ce point, le juge grec s'est trouvé devant une difficulté juridique : la distinction entre le rôle du juge - interprète du droit et le rôle du juge - appliquant le droit. Dès lors, il était légitime, pour le juge national, surtout durant les premières années de l'application du droit de l'UE, de manifester une certaine réticence à l'égard de cet ordre juridique étranger, car la distinction entre son application et son interprétation était difficile[1068].

La résistance volontaire active se rencontre surtout durant les premières années d'application du droit de l'UE où le Conseil d'État, pour éviter de poser des questions préjudicielles, optait pour une interprétation dilatoire de l'article 177 TCE (article 267 TFUE), ainsi que de la théorie de l'acte clair[1069].

En ce qui concerne l'omission du Conseil d'État de poser des questions préjudicielles dans le champ du droit matériel, on peut évoquer les arrêts 4674/1998 et 4675/1998 rendus par l'Assemblée plénière et déjà cités à propos des endettés de l'organisme de sécurité sociale. Les jugements contradictoires rendus en la matière démontrent qu'il s'agit d'un sujet délicat dans lequel l'interprétation du droit communautaire et l'application de la théorie de l'acte clair sont complexes[1070]. Malgré l'existence d'une opinion dissidente très critique mettant l'accent sur des doutes sérieux quant à l'interprétation du droit communautaire, la Cour n'a posé aucune question à

1068 E. KROUSTALAKIS, « Le droit communautaire et la jurisprudence grecque, le droit communautaire dans la pensée juridique, le cas de la Grèce », *op. cit.*, p. 68.

1069 D. DOUKAS, « Le renvoi préjudiciel : Le dialogue du juge grec et du juge communautaire à travers l'évolution de la jurisprudence de la CJCE », *EEEurD*, n°2, 1995, pp. 331 - 348, (p. 333). On rencontre une position similaire de la part du Conseil d'État français qui a longtemps évité le mécanisme de renvoi préjudiciel, en application de la théorie de l'acte clair (CE Ass 19 juin 1964 *Sté des pétroles Shell Berre et autres*, cf. conclusions des commissaires du gouvernement et l'arrêt sur *RDP* n°5, 1964 pp. 1019 - 1041). Voir Fl. CHALTIEL, « L'application du droit communautaire par le juge national », *in Mélanges en hommage à Guy Isaac, 50 ans de droit communautaire*, *t. 2,* Toulouse : éd. Presses de l'Université des sciences sociales de Toulouse, 2004, pp. 843 - 865, (p. 852). Toutefois, on ne devrait pas ignorer l'approche de plus en plus approfondie au fil des années, voir J. WALINE, « La boite de Pandore : droit administratif et droit communautaire », *in Mélanges en l'honneur de Louis Dubouis, au carrefour des droits*, Paris : Dalloz, 2004, pp. 461 - 489, (p. 464 et suiv.).

1070 Ch. PAPADIMITRIOU, « Résumé et critique de la jurisprudence des hautes juridictions relativement à la valeur supra constitutionnelle du droit communautaire », *op. cit.*, p. 311.

la CJUE[1071]. Par ailleurs, la jurisprudence récente, déjà analysée et concernant la conformité des règles instaurées conformément au plan du sauvetage[1072], aurait pu à plusieurs reprises entraîner le renvoi d'une question préjudicielle dès lors que la conformité des mesures avec le droit de l'UE n'était pas certaine. Or, tel n'a pas été le cas.

L'omission du renvoi préjudiciel est moins fréquente en matière de droit procédural. L'influence du droit de l'UE dans le champ du droit national procédural est plus complète. On trouve peu d'arrêts qui manquent à l'obligation de renvoi préjudiciel. Les Cours nationales, et surtout le Conseil d'État grec[1073], reconnaissent le principe d'interprétation conforme au droit communautaire dans le champ du droit procédural[1074]. Ainsi, en cas de confrontation entre une règle procédurale nationale et une règle équivalente du droit de l'Union européenne, la règle nationale cède si la règle de droit de l'UE octroie une protection plus vaste au droit en cause[1075].

Nonobstant, on rencontre des signes de résistance passive dans les arrêts où le Conseil d'État, en invoquant des motifs procéduraux, refuse d'examiner d'office la conformité des dispositions réglementaires au droit communautaire. C'est le cas dans l'arrêt 1415/2000[1076] dans lequel la Haute juridiction administrative a refusé, à propos d'une proclamation de travaux publics, d'examiner un motif d'annulation concernant l'incompatibilité de la mesure avec le droit communautaire. Cette omission n'est pas justifiée, car le juge national a toujours le devoir d'examiner d'office l'appui légal de l'acte litigieux et que le Conseil d'État est la première, mais aussi la dernière juridiction à pouvoir saisir la Cour de justice d'une question préjudicielle.

[1071] L. PAPADOPOULOU, *Constitution nationale et droit communautaire, La question de primauté, op. cit.*, p. 479.

[1072] Voir en guise d'exemple les arrêts du Conseil d'État, Assemblée plénière, n°668/2012, 1972/2012 et 3354/2013 précités.

[1073] Voir les arrêts de la Commission des sursis du Conseil d'État 355/1995 (*DiDik* 1996, pp. 467 - 474, *EDKA* 1996, pp. 603 - 605), Conseil d'État 3381/1995 (*EEEurD,* n°2, 1996, pp. 397 - 411 avec commentaire de D. ANAGNOSTOPOULOU, *DiDik* 1996, pp. 1053 - 1054, *EllDik* 1996, pp. 765 - 766, avec commentaire de I. MATHIOUDAKIS), Conseil d'État 1424/1992 et 2409/1993.

[1074] Voir C. YANNAKOPOULOS, « L'obligation d'interprétation conforme et d'application des règles de procédure administrative, conformément au droit communautaire », *EfimDD*, n°1, 2008, pp. 102 - 124.

[1075] Ch. PAPADIMITRIOU, « Résumé et critique de la jurisprudence des hautes juridictions relativement à la valeur supra constitutionnelle du droit communautaire », *op. cit.*, pp. 313.

[1076] Conseil d'État, Assemblée plénière 1415/2000, *DiDik*, 2001 pp. 81 - 84.

Aucune autre juridiction n'est compétente pour examiner la conformité de la proclamation concernée avec le droit de l'Union[1077].

Sur le second plan annoncé, de la résistance involontaire du juge, la réticence des Cours nationales à saisir la Cour de justice d'une question préjudicielle se retrouve en matière de procédure de référé relative à l'examen précontractuel des contrats publics[1078]. Il s'agit d'une pratique de résistance involontaire où la Haute juridiction administrative procède à une mise en œuvre erronée de la jurisprudence de la Cour de justice qui lui accorde des prérogatives nationales.

S'il ne s'agit que d'interpréter des règles du droit de l'UE, le juge des référés n'est pas obligé de poser une question préjudicielle à la CJUE dès lors que la matière concernée peut être réglée de façon définitive au sein de la demande au principal[1079]. Ainsi, sauf cas exceptionnels[1080], la réticence nationale face à la saisine de la Cour de justice se retrouve renforcée dans le champ d'application de ce droit procédural. La Commission des sursis du Conseil d'État, composé de trois juges dispose en effet du pouvoir de prononcer le sursis à exécution ou d'ordonner toute autre mesure provisoire qu'elle estime nécessaire à propos d'un acte attaqué devant elle par recours, aux conditions posées par la loi[1081]. Or, il arrive très souvent à la Commission des sursis d'invoquer la jurisprudence *Hoffmann - La Roche* et *Morson - Jhanjan* pour justifier l'absence de renvoi préjudiciel, dès lors que la question, concernant l'interprétation des dispositions du droit communautaire, pourra être examinée dans le cadre du jugement de la demande au principal[1082].

[1077] C. YANNAKOPOULOS, « Les proclamations des travaux publics, et le contrôle incident des actes réglementaires, commentaire sur l'arrêt du Conseil d'État (Assemblée plénière) 1415/2000 », *DtA*, n°14, 2002, pp. 513 - 540, (p. 532).

[1078] C. YANNAKOPOULOS, « Le renvoi préjudiciel au jugement des mesures provisoires selon le droit communautaire, 25 ans de son application en Grèce », *op. cit.*, p. 465.

[1079] CJCE, *Hoffmann - La Roche*, précité, point 5, et CJCE, *Morson et Jhanjan*, précité, points 8 - 10.

[1080] Les seuls cas de renvoi de question préjudicielle aux procès des mesures provisoires conformément à la loi 2522/1997 sont les arrêts de la Commission des sursis du Conseil d'État 643 - 645/2004 concernant l'interprétation des dispositions de l'article 30 §4 de la directive 93/37 CEE relatives au rejet des offres jugées trop basses dans la conclusion des marchés publics.

[1081] Article 52 - 8 du décret présidentiel 18/1989, relatif au Conseil d'État grec.

[1082] Arrêts de la Commission des sursis du Conseil d'État 73/1999, 684/2003, 690/2003, 240/2004, 80 - 83/2005, 326/2008 et 919/2008.

Section 2. L'exercice coordonné du contrôle juridictionnel de constitutionnalité et de conventionnalité

« L'afflux du droit européen dans le droit national »[1083] provoque de nombreuses divergences jurisprudentielles. Pour envisager les incompatibilités existantes, le juge national passe d'une application marginale des droits européens à une application créative et à une prise en compte de plus en plus évidente de la jurisprudence rendue par les deux Cours.

Tant les arrêts issus de la Cour de Strasbourg que les arrêts issus de la Cour de Luxembourg sont revêtus de l'autorité de la chose interprétée. S'agissant de la jurisprudence de la Cour EDH, un État n'est pas tenu, aux termes de l'article 46 de la Convention que de se conformer aux décisions rendues dans les litiges auxquels il est directement partie. Or, un État ne pouvant raisonnablement se désintéresser des décisions constatant des violations dans d'autres États, alors que son propre droit est susceptible de présenter les mêmes imperfections. De plus, un faisceau d'indices s'étant progressivement forgé en vue d'accréditer l'idée selon laquelle les arrêts de Strasbourg seraient revêtus d'une autorité de chose interprétée. Ainsi l'article 32 de la Convention EDH qui prévoit que « *la compétence de la Cour s'étend à toutes les questions concernant l'interprétation et l'application de la Convention et de ses Protocoles (...)* » tend à légitimer l'idée d'une mission d'interprétation collective de la Convention[1084].

S'agissant du droit de l'UE, La formule 'autorité de la chose interprétée' est appliquée par J. BOULOIS à propos de la fonction normative de la jurisprudence de la Cour de justice[1085]. En dépit de l'absence d'une jurisprudence de la Cour de justice posant de manière explicite ce principe, un renvoi préjudiciel en interprétation soulevant une question déjà jugée par la Cour de justice dans des circonstances analogues entraînera la communication du précédent au juge concerné.

Le Conseil d'État grec, en tant que juge commun de la Constitution, du droit de l'UE et du droit de la Convention EDH, doit « manier la dialectique »[1086] du respect des droits européens et de la jurisprudence issue qui revêtue de l'autorité de la chose interprétée. L'exercice coordonné du

[1083] Phrase de Fr. CHEVALIER cité par Gh. ALBERTON, « Peut - on encore dissocier exception d'inconstitutionnalité et exception d'inconventionnalité ? », *AJDA*, n°18, 2008, pp. 967 - 973, (p. 967).

[1084] J. - P. MARGUENAUD, *La Convention européenne des droits de l'homme*, Paris : Dalloz, 6e éd., 2012, p. 176.

[1085] J. BOULOIS, « Remarques sur l'œuvre jurisprudentielle de la Cour de justice des communautés européennes », *in mélanges Marcel Waline*, *t. I*, Paris : LGDJ, 1974, pp. 149 - 171, (pp. 155 - 157).

[1086] J. ANDRIANTSIMBAZOVINA, L. SERMET, « Jurisprudence administrative et Convention européenne des droits de l'homme », *RFDA*, n°4, 2009, pp. 715 - 728, (p. 715).

contrôle de constitutionnalité et de conventionnalité a comme résultat l'alignement de la jurisprudence nationale sur les exigences européennes (§1). De plus, la prise en compte de plus en plus croissante des droits européens et l'interprétation constructive adoptée par le juge interne conduisent aussi à l'enrichissement jurisprudentiel (§2).

§1. L'alignement de la jurisprudence nationale sur les exigences européennes

Malgré le refus initial des Cours d'appliquer la jurisprudence européenne, ce qui avait pour corollaire les nombreuses condamnations de la Grèce devant la Cour de Strasbourg[1087] au cours de ces dernières années, la jurisprudence grecque agit progressivement de concert avec la jurisprudence européenne[1088]. Ainsi, la protection nationale des droits de l'homme et la protection des droits issus de la Convention européenne évoluent dans le cadre d'un dialogue créatif et s'articulent bien[1089]. Il en va de même pour les rapports entre le droit de l'UE et le droit national. Le refus initial du juge grec d'appliquer le droit de l'UE a cédé devant l'intégration de plus en plus croissante du droit de l'UE dans l'ordre interne et la jurisprudence dynamique de la Cour de justice, laquelle engage considérablement le juge interne.

[1087] A titre d'exemple, voir les arrêts Cour EDH, *Kokkinakis contre Grèce*, précité ; Cour EDH, *Larissis et autres contre Grèce*, précité ; Cour EDH, *Manoussakis contre Grèce*, précité ; Cour EDH, *Serif contre Grèce*, précité ; Cour EDH, Grande chambre, 6 avril 2000, *Thlimmenos contre Grèce*, n°34369/97 qui concernent la violation de la liberté religieuse ; mais aussi les arrêts Cour EDH, 29 mai 1997, *Georgiadis contre Grèce*, n°21522/93 ; Cour EDH, 17 octobre 2000, *Karakasis contre Grèce*, n°38194/97 ; Cour EDH, 15 mars 2002, *Adamogiannis contre Grèce*, n°47734/99 ; Cour EDH, 21 mars 2002, *Vasilopoulou contre Grèce*, n°47541/99 ; Cour EDH, 15 janvier 2004, *Sakkopoulos contre Grèce*, n°61828/00 ; Cour EDH, 19 février 2004, *Yarenios contre Grèce*, n°64413/01 qui concernent les droits procéduraux sauvegardés par l'article 6 de la Convention EDH. Au cours de l'année 2008, pas moins de 74 décisions ont été rendues contre la Grèce et 73 sur 74 étaient des décisions de condamnation source : site du Conseil de l'Europe, [http://www.coe.int/aboutcoe/index.asp?page=47pays1europe&l=fr].

[1088] La modification effectuée en novembre 1998 avec le protocole additionnel n°11 et l'institution de la Cour européenne des droits de l'homme ainsi que la suppression du comité européen fut évidemment fondamentale, voir sur ce sujet I. SARMAS, *La jurisprudence de la Cour européenne des droits de l'homme et de la* Commission, *op. cit.*, pp. 9 - 26 et Ch. ROZAKIS, « Quelques réflexions sur la nouvelle Cour européenne des droits de l'homme », *ToS*, 2002, pp. 13 - 28.

[1089] G. PAPADIMITRIOU, « L'interaction de la protection nationale, internationale et communautaire des droits de l'homme », *NoV*, 2004, pp. 1137 - 1142, (pp. 1138, 1142).

C'est pourquoi le Conseil d'État choisit, d'abord, d'appliquer le principe d'interprétation conforme. En substance, il s'agit d'une interprétation conforme de la loi soit avec la Constitution et le droit de l'Union européenne[1090], soit avec la Constitution et le droit issu de la Convention EDH (A).

En outre, les Cours nationales, ont un double rôle : d'une part, elles continuent d'être les juges nationaux qui ont pour tâche de trancher les litiges relevant du droit national, et, d'autre part, elles sont appelées à trancher des litiges relevant du droit de l'UE, en acquérant ainsi le statut de juge du droit de l'Union européenne[1091] ainsi que du droit de la Convention EDH. Elles contribuent ainsi à la conciliation raisonnée entre normes européennes et nationales (B).

A. Les mécanismes de mise en œuvre du principe d'interprétation conforme

La technique d'interprétation conforme, qui est caractérisée par la doctrine comme un principe de droit[1092], impose une interprétation active du juge afin qu'il trouve l'interprétation de la loi qui sera conforme tant avec la Constitution qu'avec les textes internationaux[1093]. Il est prévu dans la Constitution espagnole[1094] qui, en son article 10, alinéa 2, dispose que les normes relatives aux droits et aux libertés que reconnaît la Constitution seront interprétées conformément à la Déclaration universelle des droits de l'homme et aux traités et accords internationaux portant sur les mêmes matières ratifiés par l'Espagne. Une disposition équivalente figure dans la Constitution portugaise[1095]. De même, la Constitution bulgare, en son article

---

[1090] K. CHRYSOGONOS, « L'interprétation des lois conformément à la Constitution dans la jurisprudence de Conseil d'État », *ToS*, 1994, pp. 223 - 279. Au regard de notre recherche, il n'existe jusqu'à maintenant aucun cas jugeant une disposition législative conforme au droit de l'UE mais contraire à la Constitution.

[1091] Ch. PAPADIMITRIOU, *L'influence du droit communautaire sur la protection juridique des droits fondamentaux*, *op. cit.*, p. 157.

[1092] A. GERONTAS, « L'interprétation conforme selon la Constitution », *ToS*, 1983, pp. 1 - 13.

[1093] Pour l'application du principe d'interprétation conforme voir Ph. SPYROPOULOS, *L'interprétation conforme selon la Constitution, application ou dépassement de la méthodologie juridique traditionnelle ?*, Athènes - Komotini : éd. A. Sakkoulas, 1999, p. 171.

[1094] Article 10 §2 de la Constitution espagnole : « *les normes relatives aux droits et aux libertés que reconnaît la Constitution seront interprétées conformément à la Déclaration universelle des droits de l'homme et aux traités et accords internationaux portant sur les mêmes matières ratifiés par l'Espagne* ».

[1095] Article 16 de la Constitution portugaise : « *1. Les droits fondamentaux consacrés par la Constitution n'excluent aucun des autres droits prévenant des lois*

5[1096], reconnaît la primauté du droit international sur le droit interne ainsi que l'obligation d'interpréter le droit national d'une manière conforme au droit international.

L'utilisation de l'interprétation conforme comme principe jurisprudentiel est une technique de la jurisprudence de la Cour fédérale allemande[1097], qui a récemment considéré que la détention préventive était inconstitutionnelle en s'appuyant sur une interprétation extensive de la Loi fondamentale ainsi que sur la jurisprudence de Strasbourg[1098]. Par ailleurs, à la lecture de l'article 53 de la Convention EDH, le rôle de la Convention vise à déterminer, en matière de droits fondamentaux, « *un standard minimum qui peut être dépassé, mais qui ne saurait être transgressé* »[1099]. Le juge national doit donc compléter ou infléchir le droit national à la lumière de la Convention européenne. En raison de l'extension du champ d'application de la Convention[1100], le Conseil d'État tend à l'appliquer en utilisant la technique de l'interprétation conforme, souvent après avoir effectué un revirement de jurisprudence (1). Cette interprétation permet une lecture de la loi nationale compatible avec le texte de la Convention EDH[1101].

De même, la Cour de Luxembourg a développé une jurisprudence constante sur l'obligation d'interpréter le droit national conformément aux dispositions des directives non transposées, en vertu du devoir de

---

et des règles de droit international applicables. 2. Les normes constitutionnelles et légales se rapportant aux droits fondamentaux doivent être interprétées et appliquées conformément à la Déclaration universelle des droits de l'homme ».

1096 Article 5 (4) (4) de la Constitution bulgare : « *Les accords internationaux, ratifiés selon l'ordre constitutionnel, publiés et entrés en vigueur à l'égard de la République de Bulgarie, font partie du droit interne de l'État. Ils ont la priorité sur les normes de la législation interne qui sont en contradiction avec eux* ».

1097 BVerfGE, 7 mai 1953, 1BvL 104/52: « *n'est pas anticonstitutionnelle une loi susceptible d'être interprétée conformément à la Constitution pourvu qu'elle reste raisonnable dans cette interprétation* ». Sur le principe d'interprétation conforme voir K. CHRYSOGONOS, « L'interprétation des loi conformément à la Constitution dans la jurisprudence de Conseil d'État », *op. cit.*, p. 226 ; P. PARARAS, « L'acquis de la culture constitutionnelle européenne », *DtA*, n°10, 2001, pp. 543 - 570 (pp. 546 - 547) ; G. PINAKIDIS, « L'« interprétation conforme selon la Constitution ». Technique du contrôle juridictionnel de constitutionnalité des lois ou méthode d'interprétation de la Loi d'après la Constitution ? », *ToS*, 2001, pp. 461 - 494 (pp. 446 - 447).

1098 BVerfGE, 19 juillet 2011, 2BvR 2365/09.

1099 G. COHEN - JONATHAN, *Aspects européens des droits fondamentaux*, Paris : Montchrestien, 2002, pp. 81 - 82.

1100 J. - Cl. BONICHOT, « Le Conseil d'État et la Convention européenne des droits de l'homme », *in* C. TEITGEN - COLLY (éd) *cinquantième anniversaire de la Convention européenne des droits de l'homme*, Bruxelles : Nemessis Bruyant, 2002, pp. 239 - 256, (p. 250).

1101 *ibid.*, p. 241.

coopération loyale dans l'obtention prévue par la directive. La Cour de justice a donc très tôt affirmé l'obligation du juge national d'interpréter « *son droit national à la lumière du texte et de la finalité de la directive pour atteindre le résultat visé* »[1102]. Clarifiant cette jurisprudence, la Cour décida que l'exigence d'une interprétation conforme du droit national était inhérente au système du traité, car seule elle permet à la juridiction nationale d'assurer, dans le cadre de ses compétences, la pleine efficacité du droit communautaire lorsqu'elle tranche le litige dont elle est saisie[1103]. Le juge grec s'adapte à cette jurisprudence. Néanmoins, dans plusieurs affaires, il applique le principe d'interprétation conforme uniquement *ex post*, à savoir après une condamnation de la Grèce par la Cour de justice (2).

1. L'application du principe d'interprétation conforme après un revirement jurisprudentiel

En matière de protection du droit de propriété et du droit au respect des biens, il est à constater qu'au cours des dernières années, la réticence du Conseil d'État à appliquer le droit européen a cédé la place à une jurisprudence créative qui met en œuvre l'interprétation conforme en cette matière. Durant plusieurs années, l'article 17 de la Constitution sur la protection de la propriété, tel qu'interprété par la jurisprudence grecque, ne protégeait que les droits réels et non pas les droits personnels[1104].

Le problème a vu le jour en raison de la formulation très étroite dudit article et de la mention du terme « propriété ». Derrière ce refus de la jurisprudence grecque de reconnaître la protection du droit au respect des biens se trouve en réalité la difficulté de la société grecque à s'adapter aux nouveaux standards économiques et sociaux. De plus, la jurisprudence grecque voulait faciliter les interventions étatiques dans le domaine de la protection du droit au respect des biens et de la protection des intérêts

---

[1102] CJCE, 16 avril 1984, *Von Colson et Kamann*, aff. C - 14/83, Rec. 1984, p. 1891 point 26 ; CJCE, 13 novembre 1990, *Marleasing contre Comercial Internacional de Alimentación*, aff. C - 106/89, Rec. 1990, p. 395.

[1103] CJCE, Grande chambre, 5 octobre 2004, *Pfeiffer e.a.*, C - 397/01 à C - 403/01, Rec. 2004 p. I - 8835, point 114.

[1104] Selon l'arrêt Conseil d'État Assemblée plénière 2705/1991 en vertu de l'article 17 de la Constitution tous les droits réels sont protégés. Toutefois, selon la décision 40/1998 de la Cour de Cassation, ce ne sont pas que les droits réels mais également les droits personnels. Cf. aussi TAKIS Andreas, « Certaines culpabilités pour les droits personnels », *ToS*, 1996, pp. 901 - 936 où l'auteur se réfère à la jurisprudence grecque solide de cette époque, (Cour de Cassation 391/1985, 335/1985, Conseil d'État 1094 - 5/1987, Conseil d'État 2705/1991, Cour de Cassation 721/1992), il fait également référence à la condamnation de la Grèce par la Cour de Strasbourg, (Cour EDH, 9 décembre 1994, *Raffineries grecques Stran et Statis Andreadis contre Grèce* n°13427/87) et conclut à la nécessité d'un revirement de jurisprudence.

financiers de l'État. Dans la plupart des cas, le refus de reconnaître le droit au respect des biens s'est exprimé dans des cas de suppression législative rétroactive de créances pécuniaires[1105]. Cependant, il arrive souvent qu'après une condamnation par la Cour de Strasbourg[1106], les normes internes soient « retravaillées »[1107] par le juge interne pour les rendre compatibles avec les exigences de la Convention EDH. Les Cours grecques ont donc abandonné leur réticence initiale[1108] et ont procédé à un revirement jurisprudentiel, notamment dans la décision 40/1998 de la Cour de Cassation[1109]. Elles acceptent dorénavant que la notion de propriété couvre également les obligations[1110].

Depuis ladite décision, la Grèce s'est alignée sur la jurisprudence de la Cour de Strasbourg[1111] et le principe de l'interprétation conforme a été

[1105] F. ARNAOUTOGLOU, « Les points de vue des juridictions nationales (sur le dialogue des juges), Grèce : le Conseil d'État », *in Cours suprêmes nationales et Cours européennes : concurrence ou collaboration ?, memoriam Louis Favoreu, op. cit.*, p. 182.

[1106] Cour EDH, *Raffineries grecques Stran et Statis Andreadis*, précité. X. KONTIADIS, « Les points de friction entre la Constitution et le système juridique européen », *ToS*, 2006, pp. 1071 - 1090, (p. 1082) et Th. MELFOS, « La protection des droits personnels selon la Constitution et la convention européenne des droits de l'homme, commentaire à propos de la décision de la Cour de Cassation (Assemblée plénière) 40/1998 », *ToS*, 2001, pp. 87 - 120.

[1107] D. SZYMCZAK, *La Convention européenne des droits de l'homme et le juge constitutionnel national*, Bruxelles : Bruylant, 2006, p. 310.

[1108] F. ARNAOUTOGLOU, « Les points de vue des juridictions nationales (sur le dialogue des juges), Grèce : le Conseil d'État », *in Cours suprêmes nationales et Cours européennes : concurrence ou collaboration ?, memoriam Louis Favoreu, op. cit.*, p. 182.

[1109] P. MANTZOUFAS, « L'influence de la jurisprudence de la CEDH dans la formation du procès équitable à la justice civile », *ToS*, 2008, pp. 331 - 349, (p. 335) et K. MPEIS, « L'influence du droit européen au droit grec procédural », *Diki*, 1999, pp. 971 - 983 (p. 973) où ladite décision est commentée de façon positive comme un cas de réajustement de la jurisprudence aux exigences du droit européen.

[1110] Cette jurisprudence a été consolidée voir aussi la décision de la Cour de Cassation 43/2002, ainsi que le commentaire A. PAPAKONSTANTINOU, « La protection des droits personnels au niveau supra législatif : entre une doctrinaire juridique et les besoins modernes, (observation à propos de la décision 43/2002 de la Cour de Cassation) », *ToS*, 2002, pp. 411 - 445.

[1111] La Cour de Cassation reconnaît la valeur supra législative de l'article 1 du protocole additionnel n°1 ainsi que la protection de la propriété. I. KASTANAS, « Le droit à la propriété : pour l'enrichissement du contenu réglementaire et pour la levée des déficits juridiques », *in* M. TSAPOGAS, D. CHRISTOPOULOS (dir.), *Les droits en Grèce, 1953 - 2003 : De la fin de la guerre civile jusqu'à la restitution de la démocratie, Union grecque pour les droits de l'homme*, Athènes : éd. Kastanioti, 2004, pp. 235 - 243, (pp. 238 - 239).

appliqué à plusieurs reprises afin que la disposition constitutionnelle concernant le droit de propriété inclue la protection des droits personnels.

Également, on retrouve la mise en œuvre de l'interprétation conforme en matière de protection de la vie privée. L'arrêt 888/2008 du Conseil d'État contribue à l'harmonisation des dispositions constitutionnelles et conventionnelles. Cet arrêt procède à un revirement de jurisprudence par rapport à l'arrêt 395/1978 de l'Assemblée plénière de la Cour[1112]. Dans l'arrêt de 2008[1113], le Conseil d'État a annulé la révocation d'un officier de marine décidée parce qu'il avait des relations sexuelles avec l'épouse d'un de ces collègues. La Cour a considéré que, bien qu'il soit licite d'imposer des restrictions à la jouissance du droit à la vie privée, l'interdiction qui concerne la vie sexuelle de chacun ne l'est pas, car elle ne contribuait pas à la préservation de l'ordre public. De plus, selon l'avis de deux Conseilleurs d'État, l'article 5 de la Constitution, interprété à la lumière de l'article 8 de la Convention EDH, sauvegarde la liberté absolue de la vie sexuelle et érotique, à laquelle les limitations imposées doivent être prévues par la loi et doivent dans tous les cas respecter le principe de proportionnalité.

2. L'application du principe d'interprétation conforme après une condamnation de la Grèce par la CJUE

Une question semble avoir été traitée de façon satisfaisante par le Conseil d'État, et ce avant comme après l'intervention de la CJCE qui a toutefois condamné la Grèce. Il s'agit de l'application de la loi 3037/2002 qui institue l'interdiction d'installation de tous les types de jeux électriques, électromécaniques et électroniques, y compris tous les jeux pour ordinateurs, dans tous les lieux publics ou privés, à l'exception des casinos.

Sa contrariété à l'article 5, alinéa 1er de la Constitution, qui protège la liberté économique, et à l'article 25, alinéa 1er, qui vise le respect du principe de proportionnalité, a toujours semblé évidente, et notamment en raison de la généralité de l'interdiction. Elle fut également critiquée au regard des articles 43 et 49 du Traité CE (article 49 et 56 TFUE) qui concernent la liberté d'établissement et la libre prestation de services.

La loi fut pour la première fois contestée devant les Cours grecques en 2004[1114], et en l'occurrence devant la Commission des sursis du Conseil

---

[1112] Conseil d'État, Assemblée plénière 395/1978.

[1113] Conseil d'État 888/2008 (composition de 7 membres) suite à l'arrêt de renvoi de la Section du Conseil d'État 435/2007.

[1114] Commission des sursis du Conseil d'État 158/2004, A. GERONTAS, Z. PAPAIOANNOU, « Une constitutionnalité et incompatibilité éventuelle avec les dispositions du droit communautaire, de la loi 3037/2002 et de l'arrêté ministériel commun, édicté après habilitation législative, Avis juridique, » *DiDIk*, 2005, pp. 1123 - 1140.

d'État. Dans cette affaire, la Commission procéda à la suspension de l'exécution d'un acte réglementaire (et non pas individuel). Selon le droit administratif procédural grec, la suspension de l'exécution d'un tel acte administratif est permise sous certaines conditions très précises, parmi lesquelles l'inconstitutionnalité évidente de l'habilitation législative. Ainsi, il a été jugé que le motif d'annulation de l'acte invoquant sa contrariété à l'article 5, alinéa 1er de la Constitution était manifestement bien-fondé, car les dispositions de l'article 3 de la loi prévoyant l'interdiction générale étaient contraires à la liberté économique du requérant qui possédait une entreprise où des jeux électroniques étaient installés. L'acte ministériel commun[1115], qui concrétisait les dispositions législatives en disposant qu'en ce qui concerne les entreprises offrant des services web, les jeux via internet ou via des sites intranet n'étaient pas permis, fut de même jugé contraire à la liberté économique du requérant protégée par l'article 5.

Les dispositions, qui étaient également contraires au droit de l'UE, furent portées, après avis de la Commission européenne[1116], devant la CJCE qui condamna la Grèce pour violation des articles 28 et 30 CE (articles 34 et 36 TFUE) sur la libre circulation des marchandises ainsi que des articles 43 et 49 CE (article 49 et 56 TFUE) sur la libre prestation de services[1117].

Dans la mesure où l'arrêt rendu par la CJCE interprète une disposition européenne afin de constater s'il existe une violation de cette disposition par une règle nationale, les Cours nationales avaient le devoir de s'aligner sur l'interprétation de la Cour de Luxembourg[1118] et parallèlement, le législateur national devait amender ou abroger la disposition nationale violant le droit de l'UE.

L'État grec, en reconnaissant ses obligations, s'est exactement conformé à la décision d'un point de vue tant jurisprudentiel que législatif[1119]. Depuis,

[1115] Acte ministériel commun n°1107414/1491/Τ&ΕΦ/2003.

[1116] Voir en la matière E. MALLIOS, « Jeux électroniques et internet cafés. Encore une condamnation de la Grèce devant la CJCE », *DiMEE,* 2004, pp. 505 - 506.

[1117] CJCE, 26 octobre 2006, *Commission contre Grèce*, C - 65/05, Rec. 2006 p. I - 10341.

[1118] CJCE, 19 janvier 1993, *Commission contre Italie*, C - 101/91, Rec. 1993 p. I - 191.

[1119] Après cet arrêt, un projet de loi amendant la loi 3037/2002 et ses dispositions concernant les jeux électroniques a été déposé. Pourtant, selon un avis de la commission, (ENTR/C3 - SZ/kkD (2008) 24666) cette loi n'était pas tout à fait conforme aux dispositions communautaires. Enfin, la loi en cause (3037/2002) a été amendée, conformément au droit de l'Union européenne par la loi 4002/2011. Voir A. ARGYRIADIS, « Le projet de loi proposé concernant les jeux techniques et électroniques et les jeux d'animations et son incompatibilité avec le droit communautaire », *DiMEE*, 2008, pp. 303 - 311.

le Conseil d'État, en évoquant les violations constatées, a reconnu son obligation de se conformer à cet arrêt[1120].

Dans un arrêt récent[1121], il a ajouté qu'en outre des « *raisons précises qui rendent la loi 3037/2002 incompatible avec le droit de l'Union européenne* », les mêmes dispositions sont contraires au principe de proportionnalité, consacré par l'article 25 de la Constitution grecque. La Cour a donc appliqué le principe d'interprétation conforme dans un contexte autre que celui initialement consacré par la Cour de justice, à savoir l'interprétation des directives non transposées. Elle a mis en œuvre l'interprétation conforme des lois nationales tant avec la Constitution qu'avec le droit primaire de l'UE.

Enfin, deux arrêts récents de l'Assemblée plénière du Conseil d'État concernent la législation grecque qui, pour atteindre l'objectif consistant à limiter l'offre de jeux de hasard, concède le droit exclusif d'administrer, de gérer, d'organiser et d'exploiter les jeux de hasard à une entreprise unique. Ces arrêts marquent l'interaction du droit national avec le droit de l'UE : le Conseil d'État[1122] a considéré qu'il fallait renvoyer des questions préjudicielles à la CJUE, afin d'éviter que la législation nationale viole les articles 43 CE (article 49 TFUE) sur la liberté d'établissement et 49 CE (article 56 TFUE) sur la libre prestation de services[1123].

Cet exemple est tout à fait remarquable, car, dès lors qu'il y avait déjà eu une condamnation de la Grèce, le Conseil d'État admet qu'il y a une possibilité de violation du droit de l'UE et essaie donc de l'éviter en posant une question préjudicielle. Par là même, il évite également une nouvelle condamnation de la Grèce.

B. La conciliation raisonnée entre normes européennes et nationales

Au cours des dernières années, le juge national a eu tendance à interpréter les dispositions du droit national à la lumière du droit de la Convention et de la jurisprudence des organes de Strasbourg, de manière à faire « *coïncider*

[1120] Conseil d'État 2144/2009, *Armenopoulos*, 2009, pp.1579 - 1585 ainsi que les articles A. PREZAS, « L'incompatibilité avec le droit communautaire, selon l'arrêt rendu par la CJCE, des dispositions de la loi 3037/2002 concernant l'interdiction des jeux électroniques, est le seul élément permettant la révocation des arrêts édictés après demande de suspension des amendes imposées en application des dispositions de ladite loi », *DforN*, 2008, pp. 588 - 591.

[1121] Conseil d'État 482/2010.

[1122] Il s'agit des arrêts Conseil d'État, Assemblée plénière 231/2011, *ThPDD*, n°3, 2011, pp. 280 - 292 et Conseil d'État, Assemblée plénière 232/2011, *NoV*, 2011, pp. 594 - 611 avec commentaire de K. SAMARTZIS.

[1123] CJUE, 24 janvier 2013, *Stanleybet International e.a.*, C - 186/11 et C - 209/11, non encore publié.

autant que possible le contenu exact de la norme interne et celui du principe conventionnel »[1124].

C'est pourquoi l'application du droit national à la lumière de la Convention est privilégiée, et notamment lorsque les dispositions constitutionnelles et conventionnelles ont une portée analogue[1125]. Il existe ainsi une création jurisprudentielle nationale qui corrige les imperfections ou les lacunes du système national de protection des droits fondamentaux à la lumière de la jurisprudence de la Cour de Strasbourg. Cette interprétation favorise l'intégration de la Convention, la prise en compte de l'autorité de la chose jugée par les arrêts de la Cour[1126] et de la chose interprétée[1127]. C'est l'application du principe de l'interprétation neutralisante du droit de la Convention EDH (1).

Quant au droit de l'UE, les États membres ont le devoir de procéder à la mise en œuvre du droit primaire ou dérivé, selon des voies et moyens de recours appropriés. *A priori*, l'Union européenne ne s'immisce pas dans les choix des institutions étatiques et n'indique pas les moyens juridictionnels adéquats pour contribuer au respect du droit de l'UE. Ainsi, les États ordonnent librement leurs institutions et leurs voies procédurales[1128]. Néanmoins, le juge national doit faire tout ce qui est nécessaire pour éviter les incompatibilités entre le droit de l'Union et la Constitution nationale[1129]. Dans ce cadre, la Haute juridiction administrative grecque, afin d'éviter d'écarter des dispositions du droit national, prend soin de respecter le droit de l'Union européenne (2).

[1124] R. ABRAHAM, « Les incidences de la CEDH sur le droit constitutionnel et administratif des Etats parties », *RUDH*, n°10 - 11, 1992, pp. 409 - 418, (p. 412).

[1125] Voir en la matière l'arrêt de la Cour d'arbitrage belge, 22 juillet 2004, n°136/2004 : « *lorsqu'une disposition conventionnelle liant la Belgique a une portée analogue à une ou plusieurs des dispositions constitutionnelles précitées, les garanties consacrées par cette disposition conventionnelle constituent un ensemble indissociable avec les garanties inscrites dans les dispositions constitutionnelles en cause* », voir P. BON, D. MAUS (dir.), *Les grandes décisions des cours constitutionnelles européennes*, Paris : Dalloz, 2008, pp. 410 - 413.

[1126] T. ZOLOTAS, « L'engagement du juge national par la jurisprudence et l'autorité de la chose jugée de la Cour européenne des droits de l'homme », *EfimDD*, n°1, 2010, pp. 102 - 113.

[1127] P. GAIA, « Les interactions entre les jurisprudences de la Cour européenne des droits de l'homme et du Conseil Constitutionnel », *RFDC*, n°28, 1996, pp. 725 - 745, (p. 729).

[1128] R. MEHDI, « L'exécution nationale du droit communautaire. Essai d'actualisation d'une problématique au cœur des rapports de systèmes », *in Mélanges en hommage à Guy Isaac, 50 ans de droit communautaire, t. 2*, Toulouse : éd. Presses de l'Université des sciences sociales de Toulouse, 2004, pp. 615 - 637, (p. 619).

[1129] V. SKOURIS, « Discours du Président de la Cour des communautés européennes, hommage aux 75 du Conseil d'État grec », *op. cit.*, p. 1530.

1. L'application du principe de « l'interprétation neutralisante » du droit issu de la Convention EDH

La technique de l'interprétation neutralisante est similaire à celle de l'interprétation conforme. Il s'agit d'une technique par laquelle le juge administratif opère une conciliation entre les dispositions nationales et la Convention européenne en adoptant une interprétation des normes internes qui soit compatible avec le texte européen. Cette technique est mise en œuvre par le Conseil constitutionnel et le Conseil d'État français et concerne des cas où la loi nationale ne contient pas de dérogation au profit de certaines matières et est donc susceptible d'entrer en contradiction avec la Convention. L'arrêt du 3 septembre 1986 du Conseil constitutionnel, qui porte sur la loi relative aux conditions d'entrée et de séjour des étrangers, est particulièrement représentatif[1130]. Le Conseil constitutionnel a en effet considéré que les dispositions législatives qui ne prévoyaient pas, concernant le droit d'asile, de dérogations au profit des réfugiés n'étaient pas contraires à la Constitution, dans la mesure où le statut des réfugiés est régi par la Convention du 28 juillet 1951 relative au statut des réfugiés, qui précise que son « *respect s'impose, même dans le silence de la loi* »[1131].

Le Conseil constitutionnel constate donc une contrariété de la loi avec la Convention, car elle ne prévoyait aucun régime particulier pour les réfugiés. Mais grâce à la technique de l'interprétation neutralisante, ladite loi ne saurait se comprendre comme ayant privé les réfugiés du bénéfice du droit d'asile reconnu par la Convention internationale de 1951. Ainsi, le juge constitutionnel « neutralise » le silence de la loi afin de la déclarer compatible avec la Convention[1132]. Cette compatibilité passe donc par la « *réécriture de la loi par le juge* »[1133]. Cette technique, qui permet d'éviter une mise en cause radicale du droit national tout en le faisant évoluer dans le sens de la Convention européenne[1134], est également mise en œuvre par la Haute juridiction administrative grecque. C'est ainsi que dans l'ordre juridique grec, les exemples d'interprétation neutralisante se répètent à propos de la protection de la liberté religieuse. En général, les dispositions

---

[1130] CC, n°86 - 216 du 3 septembre 1986, *Loi relative aux conditions d'entrée et de séjour des étrangers en France*, Recueil, p. 135, *JO* du 5 septembre 1986, p. 10790.

[1131] *ibid.*, considérant 6.

[1132] D. ROUSSEAU, « Vers un ordre juridictionnel européen des droits et libertés ? L'intégration de la Convention européenne des Droits de l'homme au bloc de constitutionnalité », *in* D. ROUSSEAU et F. SUDRE (dir.), *Conseil Constitutionnel et Cour Européenne des Droits de l'Homme*, Paris : STH, 1990, pp. 117 - 153, (p. 125).

[1133] J. - Cl. BONICHOT, « Le Conseil d'État et la Convention européenne des droits de l'homme », *in cinquantième anniversaire de la Convention européenne des droits de l'homme, op. cit.*, p. 243.

[1134] *ibid.*, p. 242.

nationales protégeant la liberté religieuse sont *a priori* contraires à l'esprit de la convention européenne en ce qu'elles sont très protectrices du culte chrétien et nient la laïcité.

Or, dans son arrêt 466/2003, le Conseil d'État grec a admis la légalité de l'acte administratif renouvelant le mandat du mufti. La désignation du mufti est évidemment problématique quant à l'esprit des dispositions constitutionnelles protégeant la liberté religieuse, et notamment le culte chrétien. Le Conseil d'État a cependant opté pour une interprétation neutralisante, en effaçant l'incompatibilité des dispositions nationales avec les dispositions conventionnelles équivalentes. Ainsi, il a admis la compatibilité de l'acte administratif avec les articles 9 de la Constitution et 9 de la Convention EDH. Cet arrêt examine séparément et de manière complète la question de la constitutionnalité et celle de la conventionnalité, mais sans faire référence à la jurisprudence abondante de la Cour EDH.

De plus, en l'absence de laïcité et en raison de l'existence d'une religion dominante, le culte orthodoxe chrétien, les lois grecques prévoient souvent la prestation du serment religieux et non pas la prestation du serment sur l'honneur. L'incompatibilité d'une telle pratique avec le droit issu de la Convention est évidente. Le Conseil d'État a jugé que le refus de l'administration de permettre aux étudiants ayant obtenu leur diplôme de prêter un serment sur l'honneur plutôt qu'un serment religieux était contraire aux articles 13 de la Constitution et 9 de la Convention. La Cour a par la suite adopté la technique de l'interprétation neutralisante. Au lieu de juger la disposition législative applicable en l'espèce sur la prestation de serment[1135] contraire à la Constitution et à la Convention en ce qu'elle ne prévoyait pas la possibilité de prêter de serment sur l'honneur, la Cour a statué de manière à la rendre conforme tant à la Constitution qu'à la Convention, en jugeant qu'elle devrait s'interpréter comme permettant, au - delà du serment religieux, un serment sur l'honneur [1136].

2. Le renvoi des questions préjudicielles pour « éviter » l'incompatibilité d'une disposition législative avec le droit de l'UE

Dans le cas d'une éventuelle incompatibilité d'une disposition nationale avec le droit de l'UE, le juge national choisit souvent le renvoi des questions à la Cour de Luxembourg formulées d'une façon susceptible de concilier les dispositions nationales avec les dispositions européennes.

La pratique du renvoi préjudiciel fut répétée à propos d'un sujet délicat au regard de sa compatibilité avec les dispositions du droit de l'UE : la détermination des conditions et de la durée d'un emploi de droit privé au sein de l'administration et du secteur public. En cette matière, les juridictions grecques, en posant des questions préjudicielles à la CJUE et en développant le dialogue avec le juge européen, ont réussi à harmoniser les dispositions

[1135] Article 192 de la loi 5343/1932.
[1136] Conseil d'État 2601/1998.

nationales tant avec la Constitution qu'avec les dispositions de l'UE. La disposition constitutionnelle y relative, introduite au cours de la révision constitutionnelle de 2001, était très descriptive[1137] et risquait donc d'être incompatible avec la directive 1999/70 sur le travail à durée déterminée.

La directive fut transposée dans l'ordre juridique interne par trois décrets présidentiels : les décrets 81/2003, 164/2004 et le 180/2004. Ils étaient conformes à la disposition constitutionnelle précitée prévoyant l'interdiction de la conversion par la loi d'un emploi à durée déterminée en emploi permanent de durée indéterminée. Le décret 180/2004 prévoyait une disposition transitoire (article 11) permettant la transformation des contrats à durée déterminée en contrats à durée indéterminée sous certaines conditions précises. Cette disposition était en accord avec la disposition transitoire de la Constitution qui permettait également la transformation de certains contrats en contrats à durée indéterminée pour ceux qui avaient été conclus avant la révision constitutionnelle de 2001[1138].

Ainsi, les Cours jugeaient[1139], en respectant tant l'interdiction constitutionnelle que les dispositions transitoires prévues par l'article 118, alinéa 7 de la Constitution et 11 du décret présidentiel 164/2004, que la transformation de contrats de travail de durée déterminée en contrats à durée indéterminée n'était permise que dans les affaires en instance, mais pas dans les affaires ayant été introduites après la révision constitutionnelle de 2001[1140].

Or, ces arrêts n'examinaient le litige en cause que du point de vue de la constitutionnalité des dispositions et non pas au regard de leur conformité au droit de l'UE et de la bonne transposition de la directive. La question de la conventionnalité, et notamment de la conformité des décrets présidentiels à la directive 1999/70 et à l'accord - cadre sur le travail à durée déterminée,

---

[1137] Précisément, la disposition révisé de l'article 103, alinéa 8 de la Constitution prévoit « *qu'une loi précise les conditions et la durée d'un emploi de droit privé au sein de l'administration et du secteur public, tel que défini chaque fois, pour couvrir des besoins temporaires ou imprévisibles et urgents conformément au second alinéa du paragraphe en ajoutant en même temps qu'il est interdit la conversion par la loi d'un emploi en rapport avec le personnel du premier alinéa en emploi permanent ou la conversion par la loi de ces contrats de travail en contrats de travail à durée indéterminée est interdite* ».

[1138] Article 118, alinéa 7 de la Constitution : « *Les modalités législatives concernant la mise au point du statut du personnel relevant du paragraphe 8 de l'article 103, continuent à s'appliquer jusqu'à ce que les procédures les concernant soient achevées* ».

[1139] Conseil d'État 1253 - 6/2006, 4411/2007, 2228 - 9/2007, Cour des comptes 68/2007 et Cour de Cassation 19 - 20/2007.

[1140] Ch. MOUKIOU, « Des revirements jurisprudentiels et des convergences jurisprudentielles à propos du sujet des employés contractuels dans le secteur public », *EfimDD*, n°3, 2007 pp. 324 - 330, (pp. 325 - 326).

conclu le 18 mars 1999, qui figure en annexe de la directive 1999/70/CE, a été pour la première fois évoquée par le Tribunal de première instance de Réthymnon qui a décidé de renvoyer des questions préjudicielles devant la CJUE. Le juge de renvoi souhaitait que soient précisées les conséquences qui découleraient, pour les juridictions nationales, d'une incompatibilité éventuelle du décret présidentiel 164/2004 avec les dispositions de l'accord - cadre[1141].

En réponse aux questions préjudicielles posées, la CJUE[1142] a admis la conformité du décret présidentiel 164/2004 avec le droit de l'UE et incité le juge national à interpréter le décret de façon conforme au droit de l'UE et notamment en mettant en œuvre des mesures préventives de l'utilisation abusive de contrats ou de relations de travail à durée déterminée successifs[1143].

Depuis cet arrêt, la Haute juridiction administrative, tout en maintenant la même motivation juridique, a commencé à interpréter les dispositions nationales, et précisément le décret présidentiel 164/2004, à la lumière de la directive. Elle a jugé que les réglementations nationales doivent contenir au moins une des mesures indiquées à la clause 5, point 1, de l'accord - cadre. Conformément à l'arrêt rendu par la CJUE, la Cour a considéré que l'accord-cadre laisse aux États membres un certain pouvoir d'appréciation ainsi que le pouvoir de prévoir des sanctions pour l'employeur en vue de prévention des abus découlant de l'utilisation de relations de travail à durée déterminée successive avec en même temps l'assurance des revenus pour l'employé et de son indemnité. Par ailleurs, le décret présidentiel 164/2004 transposant la directive 1999/70CE ainsi que l'accord - cadre qu'elle contient interdit en principe la succession de contrats de travail à durée déterminée, mais énonce des exceptions dont les conditions précises figurent dans l'article 11[1144]. Par conséquent, il a été jugé que les dispositions du décret sont conformes tant avec la Constitution nationale qui interdit la conversion de contrats à durée déterminée en contrats à durée indéterminée qu'avec le droit de l'UE[1145].

[1141] L. KIOSSE - PAVLIDOU, *Les contrats de travail à durée déterminée dans le secteur public, aux personnes morales de droit public, La nouvelle situation des contractuels*, Athènes - Thessalonique : éd. Sakkoulas, 2010, pp. 434 - 449.

[1142] CJCE, 23 avril 2009, *Angelidaki e.a.*, C - 378/07, C - 379/07 et C - 380/07, Rec. 2009 p. I - 3071. cf. CJCE, Grande chambre, 4 juillet 2006, *Adeneler e.a.*, C - 212/04, Rec. 2006 p. I - 6057 ; CJCE, 12 juin 2008, *Vasilakis e.a.*, C - 364/07, Rec. 2008 p. I - 90*, Pub.somm, (Ordonnance) ; CJCE, 24 avril 2009, *Koukou*, C - 519/08, Rec. 2009 p. I - 65*, Pub.somm, (Ordonnance). Voir sur la même matière la question préjudicielle posée par Le Conseil d'État Italien, CJUE, 18 octobre 2012, *Valenza e.a.*, C - 302/11 à C - 305/11, Publié au Recueil numérique.

[1143] CJCE, *Angelidaki e.a*, précité, point 214.

[1144] Conseil d'État 1041/2009.

[1145] Voir aussi les arrêts avec le même motif, Conseil d'État 2639/2008, 28 - 9/2009, 5/2010, 2718/2010, 3200, 3462/2010.

§2. L'enrichissement de la jurisprudence nationale par les droits européens

La reconnaissance du recours individuel a joué un rôle primordial dans l'évolution de la jurisprudence nationale et l'application de la Convention EDH[1146]. Cette reconnaissance a eu lieu le 20 novembre 1985[1147]. Comme le constate Ph. VEGLERIS, « la reconnaissance du 20 novembre constitue un pas pour la sauvegarde plus assurée des principes de droit»[1148]. En effet, depuis la reconnaissance du recours individuel, la jurisprudence grecque est remarquablement influencée par la jurisprudence de la Cour de Strasbourg qui modifie les mentalités quant à la protection des droits fondamentaux[1149]. Ainsi, le Conseil d'État applique la Convention européenne à un rythme accéléré[1150] ce qui a comme conséquence positive l'enrichissement normatif de l'ordre national à travers les apports jurisprudentiels de la Cour EDH.

Il faut d'ailleurs mentionner que les facultés du juge national face aux interprétations fournies par la CJUE sont différentes de celles dont il dispose face aux interprétations de la Cour de Strasbourg. La raison en est claire. Même s'il n'existe pas, dans le droit de l'Union, la possibilité d'un recours individuel susceptible de renforcer la protection juridictionnelle des droits de

---

1146 K. IOANNOU, « The application of the European convention on human rights in the greek legal order », *EEEurD*, n°2, 1996, pp. 223 - 250 et S. KTISTAKI, *L'application de la convention européenne des droits de l'homme par le Conseil d'État*, *op. cit.*, pp.17 - 18.

1147 A cette date, le ministre des affaires extérieures suppléant M. Th. Pagkalos a adressé au Secrétaire général du Conseil de l'Europe une déclaration du gouvernement grec qui acceptait pendant trois ans la compétence de la Commission européenne des droits de l'homme selon l'article 25 de la convention.

1148 Ph. VEGLERIS, « La requête individuelle devant le Comité européen des droits de l'homme », *ToS*, 1985, pp. 497 - 505, (p. 498).

1149 N. ALIVIZATOS, « Les affaires grecques devant la Cour de Strasbourg », *ToS*, 2002, pp. 1 - 4.

1150 Voir aussi les statistiques pour l'application de la Convention EDH par le Conseil d'État français où le rythme est croissant aussi sur O. DUTHEILLET DE LAMOTHE, « Contrôle de constitutionnalité et contrôle de conventionnalité », *in Juger l'administration, administrer la justice, mélanges en l'honneur de Daniel Labetoulle*, Paris : Dalloz, 2007, pp. 315 - 327, (p. 321). En outre, il y a 96 décisions et avis contentieux dans lesquels la Conv. EDH a été visée par le Conseil d'État en 2008 (J. ANDRIANTSIMBAZOVINA, L. SERMET, « Jurisprudence administrative et Convention européenne des droits de l'homme », *op. cit.*, p. 715) et 108 avis et ordonnances du Conseil d'Etat destinés à être mentionnés ou publiés au Recueil Lebon pour l'année 2009 dans lesquels la Convention EDH est visée (J. ANDRIANTSIMBAZOVINA, L. SERMET, « Jurisprudence administrative et Convention européenne des droits de l'homme », *RFDA*, n°3, 2010, pp. 594 - 603, (p. 594)).

l'homme au niveau européen[1151], il existe toujours la possibilité d'un renvoi préjudiciel qui permet au juge de l'Union, comme interprète authentique du droit de l'UE, de procéder à l'interprétation des dispositions en cause et de rendre une jurisprudence relative à la matière. Par conséquent, le juge national dispose de certaines données interprétatives précises, fournies par la CJUE et qui méritent d'être respectées par lui.

Le Conseil d'État vise donc à construire la jurisprudence nationale sous un aspect synthétique[1152], en affirmant que la jurisprudence de la Cour EDH ou de la CJUE ne se résume pas à une réalité distincte, se situant hors des systèmes façonnés par les juridictions nationales. Cela étant, la tâche de la Haute juridiction administrative est non seulement de s'aligner sur un volumineux corps jurisprudentiel généré par les deux juridictions européennes, en traduisant les divergences dans le même sens[1153], mais aussi d'enrichir sa jurisprudence à travers l'exercice coordonné du contrôle de constitutionnalité et de conventionnalité par rapport à la Convention EDH (B) et par rapport au droit de l'UE (A).

A. L'enrichissement de la jurisprudence à travers l'application du droit européen dérivé

Le Conseil d'État utilise le mécanisme de renvoi préjudiciel afin d'enrichir le droit national en matière de protection juridictionnelle effective (1). De plus, la saisine de la Cour de justice par voie préjudicielle permet au juge interne d'assimiler les dispositions constitutionnelles avec le droit dérivé de l'UE (2).

[1151] Sauf dans des cas très rares comme le recours en annulation (article 263 TFUE), le recours en manquement (article 265 TFUE) et le recours en indemnité (article 268 TFUE). Ch. PAPADIMITRIOU, « Des moyens pour le renforcement de la protection juridique des droits de l'homme au niveau de droit de l'Union européenne dans l'ordre juridique grec », *DtA*, n°35, 2006, pp. 823 - 838 (pp. 829 - 830) et Ch. PAPADIMITRIOU, « L'application du droit communautaire par le juge national et la possibilité de recours des individus aux Cours de l'Union européenne selon le droit en cours et le Traité de Lisbonne », *Procès international*, 2008, pp. 1113 - 1131, (pp. 1120 - 1121).

[1152] B. ZUPANCIC, « Droit constitutionnel et jurisprudence de la Cour européenne des droits de l'homme », *Revue de justice constitutionnelle est - européenne*, n°spécial, 2003, pp. 93 - 101, (p. 98).

[1153] M. - L. TREGUIER, « Cours constitutionnelles, Cour de justice des communautés européennes et droits fondamentaux », *in* J. RIDEAU (dir.), *Les droits fondamentaux dans l'Union européenne dans le sillage de la Constitution européenne*, Bruxelles : Bruxelles, 2009, pp. 249 - 275, (pp. 250 - 251).

1. Les questions préjudicielles tendant à renforcer la protection juridictionnelle effective

Un certain nombre d'exigences précises sont instaurées par le droit de l'UE, et notamment le droit dérivé, concernant les procédures de passation de marchés publics[1154], ce qui encadre par la suite le droit de la procédure administrative de chaque État membre. En respectant les dispositions du droit de l'UE, le Conseil d'État tente de concilier les règles nationales avec les engagements européens, tout en renforçant la protection juridictionnelle effective pour les administrés.

La question qui s'est posée dans un cas d'espèce, à savoir si une demande en annulation contre un acte s'inscrivant dans une procédure de passation de marché public pouvait être exercée seulement par l'ensemble des membres d'un groupement dépourvu de personnalité juridique ayant participé sans succès à une procédure de passation de marché public et non par ses membres à titre individuel, a préoccupé le Conseil d'État[1155]. À propos de ce sujet, la CJUE a jugé dans l'arrêt *Consorzio Elisoccorso San Raffaele*[1156] qu'un seul des membres d'une association, momentanée sans personnalité juridique, ayant participé, en tant que telle, à une procédure d'attribution de marché public et ne s'étant pas vu attribuer ledit marché, pouvait former, à titre individuel, un recours à l'encontre de la décision d'attribution de celui - ci.

Le Conseil d'État, a cherché, par voie préjudicielle une réponse sur le même sujet. Précisément, l'article 47 §1 du Décret présidentiel 18/1989 portant codification de diverses dispositions sur le Conseil d'État grec était interprété par la Cour comme restreignant l'intérêt à agir aux seuls membres de l'association ayant participé aux passations de marchés publics et non aux membres à titre individuel. Toutefois, le Conseil d'État a décidé de saisir la Cour de justice par voie préjudicielle sur cette question[1157]. La CJUE a

---

[1154] Directive 92/50/CEE du Conseil du 18 juin 1992, portant coordination des procédures de passation des marchés publics de services et Directive 89/665/CEE du Conseil du 21 décembre 1989, portant coordination des dispositions législatives, réglementaires et administratives relatives à l'application des procédures de recours en matière de passation des marchés publics de fournitures et de travaux.

[1155] C. YANNAKOPOULOS, « L'obligation d'interprétation conforme et d'application des règles de procédure administrative, conformément au droit communautaire », *EfimDD*, n°1, 2008, pp. 102 - 124, (p. 119).

[1156] CJCE, 4 octobre 2007, *Consorzio Elisoccorso San Raffaele*, C - 492/06, Rec. 2007 p. I - 8189, (Ordonnance), point 30.

[1157] Conseil d'État, Assemblée plénière 605 - 606/2008 *Armenopoulos*, 2008, pp. 1406 - 1419 avec commentaire de A. TZELOU, *ThPDD* n°10, 2010 et pp. 1055 - 1075 commentaire de Ch. SYNODINOS.

confirmé la position adoptée dans l'arrêt *Consorzio Elisoccorso San Raffaele*[1158].

Dès lors, l'Assemblée plénière du Conseil d'État suit la jurisprudence de la Cour de justice en jugeant, conformément aux réponses de la CJUE, qu'un membre d'un consortium peut, à titre individuel, et sans l'accord des autres, attaquer une procédure de passation d'un marché public, lorsque l'affaire litigieuse relève du champ d'application de la directive procédurale 89/665. Le Conseil d'État interprète ainsi l'article 47 du décret présidentiel conformément au droit dérivé de manière à pouvoir se défendre en tant qu'administré et, de plus, à ne pas être dépourvu de la possibilité d'obtenir des dommages et intérêts[1159]. La Haute juridiction administrative renforce la protection juridictionnelle effective tout en reformulant l'interprétation des règles procédurales selon les exigences du droit dérivé.

2. La création d'un ensemble indissociable entre normes nationales et normes du droit européen dérivé

La question de l'égalité de traitement entre hommes et femmes a mis en scène une interaction entre normes constitutionnelles et normes de l'UE qui a contribué à la création d'un ensemble indissociable au fondement des motifs et des jugements définitifs. Les normes constitutionnelles applicables sont assez détaillées : en plus de la disposition générale de l'article 4, alinéa 2 qui prévoit que « *les hommes et les femmes grecs ont des droits égaux et des obligations égales* », il existe une disposition spécifique selon laquelle « *l'adoption de mesures positives pour la promotion de l'égalité entre l'homme et la femme ne constitue pas une discrimination fondée sur le sexe. L'État prête attention à l'élimination des inégalités existant actuellement, spécialement au détriment des femmes* »[1160]. Dans les jugements, ces dispositions constitutionnelles sont combinées avec les directives européennes concernant le congé parental ainsi que l'égalité de traitement en matière d'emploi et de travail[1161].

1158 Voir les arrêts CJUE, 6 mai 2010, *Club Hotel Loutraki e.a.*, C - 145/08 et C - 149/08, Rec. 2010 p. I - 4165.

1159 Conseil d'État, Assemblée plénière 3471 - 2/2011. Ch. SYNODINOS, « Commentaire aux arrêts du Conseil d'État Assemblée plénière 3470 - 2/2011 », *ThPDD*, n°12, 2010, pp. 1116 - 1131, (p. 1131).

1160 Article 116, alinéa 2 de la Constitution. Voir l'analyse de G. GERAPETRITIS, *Egalité et mesures positives*, Athènes - Komotini : éd. A. Sakkoulas, 2007.

1161 Il s'agit surtout des dispositions du droit de l'UE dérivé et précisément, les directives 96/34CE du 3 juin 1996, concernant l'accord - cadre sur le congé parental conclu par l'UNICE, le CEEP et la CES, la directive 97/75/CE du 15 décembre 1997 modifiant et étendant au Royaume - Uni la directive 96/34/CE concernant l'accord - cadre sur le congé parental conclu par l'UNICE, le CEEP et la CES et enfin la directive 2000/78CE portant création d'un cadre général en faveur de l'égalité de

Un premier sujet à propos duquel les Cours nationales grecques appliquent à la fois les dispositions constitutionnelles et les dispositions européennes concerne l'attribution d'un congé rémunéré de neuf mois prévu pour élever un enfant, qui ne bénéficiait qu'aux magistrates. Très rapidement, la question fut portée devant le Conseil d'État.

Afin que la disposition législative applicable en espèce[1162] soit également appliquée aux hommes magistrats, le Conseil d'État l'a interprétée conformément à l'article 4, alinéa 2 de la Constitution ainsi qu'aux dispositions du droit européen dérivé relatives au congé parental, et notamment deux directives[1163].

Selon ces directives, il est important de concilier la vie professionnelle et familiale et de promouvoir l'égalité des chances et de traitement entre les hommes et les femmes tant dans le secteur public que dans le secteur privé. Il est essentiel, afin que les parents puissent s'occuper de leur enfant, d'avoir un congé qui permette tant aux femmes qu'aux hommes de combiner leurs obligations professionnelles avec leurs responsabilités parentales, et surtout d'encourager les hommes à assumer des responsabilités familiales. Ainsi, à la lumière de cette directive, en combinaison avec la disposition constitutionnelle de l'article 4, alinéa 2 de la Constitution, la Cour a interprété la disposition nationale comme permettant aussi aux hommes magistrats de prendre un congé de neuf mois pour élever leur enfant. Il faut d'ailleurs noter qu'il s'agit d'une jurisprudence constante du Conseil d'État[1164].

L'interaction entre la Constitution et le droit de l'Union européenne est également remarquable à l'égard d'une particularité grecque en matière d'égalité de traitement entre hommes et femmes. Dans la mesure où le service militaire est obligatoire pour les hommes en Grèce et qu'il s'agit d'un service d'environ un an, cette durée est décomptée dans le cas d'un avis de concours pour le recrutement à un poste lorsqu'un âge maximal est prévu,

---

traitement en matière d'emploi et de travail et plus particulièrement l'article 6 de cette directive sur la justification des différences de traitement fondées sur l'âge.

[1162] Article 44 §21 de la loi 1756/1988, modifiée par la loi 4239/2014.

[1163] La directive 96/34CE du 3 juin 1996, concernant l'accord - cadre sur le congé parental conclu par l'UNICE, le CEEP et la CES ainsi que la directive 97/75/CE du Conseil de l'Union européenne du 15 décembre 1997 modifiant et étendant au Royaume - Uni la directive 96/34/CE concernant l'accord - cadre sur le congé parental conclu par l'UNICE, le CEEP et la CES.

[1164] Voir les arrêts du Conseil d'État 1540/2012, 2060/2011, 3074/2011, 3226/2010, 3227/2010, 1006/2010, 899/2010, 569/2010, 2118/2009, 2112/2009, 3337/2008, 2135/2008, 3/2008, 3311/2007, 120/2007, 3551 - 3/2006, 3405/2006, 1550/2006, 2/2006. S. KOUKOULI - SPILIOTOPOULOU, « L'harmonisation de la vie familière et professionnelle des hommes et des femmes : l'acquis communautaire et national (à propos de l'arrêt du Conseil d'État Assemblée plénière 3216/2003) », *DiDik*, 2004, pp. 572 - 592.

et afin d'éviter la violation du droit national et européen[1165] qui protège l'égalité des sexes. D'ailleurs, l'institution d'un âge maximal pour la participation aux concours et aux examens sert l'intérêt général[1166] et il s'agit d'une condition conforme aux dispositions de la directive 2000/78 CE portant création d'un cadre général en faveur de l'égalité de traitement en matière d'emploi et de travail et notamment de son article 6 portant sur la justification des différences de traitement fondées sur l'âge. Cependant, selon le Conseil d'État, le non-accomplissement du service militaire constitue un empêchement de recrutement, car il établit une condition spécifique, laquelle n'est pas contraire au principe d'égalité de traitement prévu au niveau constitutionnel et européen[1167].

En général, la jurisprudence du Conseil d'État préserve d'une façon constante l'égalité de traitement entre hommes et femmes et se prononce en faveur de l'instauration de mesures positives qui portent remède à une situation inégale. Dans son arrêt 1933/1998, l'Assemblée plénière considère que l'article 29 de la loi 2085/1992, qui exigeait la participation d'au moins une femme aux conseils de service, est conforme à la Constitution et souligne que « *par ailleurs, de telles mesures correctrices sont prévues par la directive 76/207 CEE* »[1168].

En validant les mesures positives en faveur des femmes qui leur assurent une participation aux conseils de service, le Conseil d'État procède à une application substantielle du principe d'égalité[1169]. Ainsi, il est admis qu'après la révision constitutionnelle de 2001, qui a également entraîné la modification de l'article 116, alinéa 2, le principe d'égalité des sexes et le principe d'égalité de traitement entre hommes et femmes ont été renforcés : les discriminations au détriment de l'un ou de l'autre sexe sont permises si elles sont justifiées pour des raisons d'intérêt général et remplissent des conditions très précises.

Cette position est aussi adoptée par le Conseil d'État statuant sur la constitutionnalité d'une disposition introduisant une exception à l'égalité de

---

[1165] Conseil d'État 851/2011 et 3762/2010.

[1166] Pour une analyse de l'invocation du principe de l'intérêt général voir E. VENIZELOS, *L'intérêt général et les restrictions des droits constitutionnels*, Thessalonique : éd. Paratiritis, 1990.

[1167] Conseil d'État 612/2009 et 2061/2006.

[1168] Conseil d'État, Assemblée plénière 1933/1998, considérant n°4.

[1169] A. YOTOPOULOU - MARAGKOPOULOU, « Commentaire aux arrêts du Conseil d'État Assemblée plénière, 1933/98 et 1917 - 1929/98 », *ToS*, pp. 773 - 792, (p.787) ; E. SPILIOTOPOULOS, « Table ronde, les discriminations positives, le cas de la Grèce », *AIJC*, vol. XIII, 1997, pp. 175 - 183 (p. 182) ; K. CHIOLOS, « L'égalité entre les deux sexes », *Fiche de la jurisprudence*, 2005, pp. 850 - 852 ; Ch. TSILIOTIS, « La problématique constitutionnelle de la prise des mesures positives pour la restitution de l'égalité essentielle entre hommes et femmes, à propos de l'arrêt du Conseil d'État Assemblée plénière 1922/1998 », *ToS*, 1999, pp. 263 - 295.

traitement entre hommes et femmes. Il s'agit des affaires concernant la disposition législative[1170], qui institue une dérogation au principe de l'égalité entre les deux sexes quant à l'accès et la formation au métier d'agent de la force publique. Le pourcentage de femmes susceptibles d'être recrutées était limité à 15%. La Haute juridiction administrative va tenir compte à la fois des dispositions de l'article 4, alinéa 2 et 116, alinéa 2 de la Constitution concernant l'égalité de sexes et des dispositions de l'article 2 §2 de la directive 76/207CEE selon laquelle « *la présente directive ne fait pas obstacle à la faculté qu'ont les États membres d'exclure de son champ d'application les activités professionnelles et, le cas échéant, les formations y conduisant, pour lesquelles, en raison de leur nature ou des conditions de leur exercice, le sexe constitue une condition déterminante* ». Le Conseil d'État en conclut que le principe d'égalité vaut également pour l'accès aux différents métiers et pour la formation nécessaire à leur exercice. Toutefois, des dérogations dans l'application du principe d'égalité sont permises lorsqu'il s'agit de mesures positives pour les femmes et qui ont pour but l'élimination des inégalités. Il en va de même dans les cas où l'exception est demandée pour des raisons très spécifiques. En l'espèce, il fut jugé que le poste d'agent de la force publique demande certaines qualifications corporelles dont les femmes, en raison de leur nature, ne disposent pas. C'est pourquoi le recrutement de femmes à ces postes, limité à un pourcentage de 15%, fut jugé conforme à la Constitution nationale ainsi qu'aux dispositions du droit de l'Union européenne[1171].

B. L'interdépendance des protections nationale et conventionnelle

Le juge national n'hésite pas à se livrer à une interprétation constructive des dispositions de la Convention exploitant avec dynamisme les potentialités qui lui offre l'instrument conventionnel[1172] pour l'exercice de

---

[1170] Il s'agit de l'article 1 §2 alinéa premier de la loi 2226/1994, amendé par l'article 12§1 de la loi 2713/1999.

[1171] Conseil d'État 1850/2002, 1851 - 9/2002, 1893/2002, 2336/2002, 3118/2002, 3714 - 3735/2002, 1000/2004, 1137/2005, 1837 - 9/2005, 1843 - 4/2005, 1847/2005, 1850/2005, 1851/2005, 261/2006, 414/2006, 415/2006, 2164/2008, 1395 - 9/2006, 3536/2006, 418/2006, 879/2009. Voir aussi une problématique similaire où la Cour a adopté le même motif. Il s'agit du recrutement pour le corps des sapeurs - pompiers (Conseil d'État 2551/2006) ainsi que du recrutement pour le personnel de surveillance extérieure des établissements pénitentiaires (Conseil d'État 622 - 635/2004). *Contra* les arrêts précédents du Conseil d'État 1861 - 52/1999, 4496/1998, 3826/1998, Conseil d'État, Assemblée plénière 920/1998, Conseil d'État, 5645 - 57/1996, *DiDik*, 1997, pp.130 - 133.

[1172] F. SUDRE, « A propos du 'dialogue des juges' et du contrôle de conventionnalité », *in Les dynamiques du droit européen en début du siècle. Etudes en l'honneur de J - C Gautron*, Paris : éd. A. Pedone, 2004, pp. 205 - 224, (p. 218).

son contrôle de conventionnalité et son articulation avec le contrôle de constitutionnalité. L'exemple de la protection juridictionnelle effective prouve ce constat et conduit à la complémentarité des protections nationale et conventionnelle (1). De plus, la complémentarité des protections est aussi évidente suite à l'exercice du contrôle qui conclut sur l'inconstitutionnalité et l'inconventionnalité de la disposition litigieuse (2).

1. Le dynamisme du contrôle de conventionnalité et de constitutionnalité portant sur la protection juridictionnelle effective

Comme le remarque J. - F. FLAUSS, à propos du droit français, « *le juge administratif est moins porté, semble - t - il, à attendre que l'affaire ait été jugée par la Cour ou qu'elle ait déjà donné lieu à un rapport de violation établi par la commission pour prendre en considération les solutions arrêtées par la Cour de Strasbourg dans des espèces similaires rendues contre d'autres États ou en découlant avec certitude* »[1173]. L'ordre juridique grec semble confirmer ce constat, car la Haute juridiction administrative, afin de corriger les imperfections ou lacunes du système national, infléchit le droit national en fonction de la jurisprudence de la Cour européenne des droits de l'homme. Le but de la politique jurisprudentielle du Conseil d'État est de rechercher l'équilibre entre l'autonomie du juge administratif et la prise en compte de la Convention EDH telle qu'elle est interprétée par la Cour européenne des droits de l'homme[1174] ; ainsi on retrouve une jurisprudence dynamique et notamment en ce qui concerne l'application de l'article 6 de la Convention et la mise en œuvre des droits substantiels.

L'article 6 de la Convention EDH est l'un des articles les plus emblématiques de la Convention et c'est pourquoi le nombre d'arrêts de la Cour qui y sont relatifs est très élevé. En outre, il existe un nombre considérable de condamnations de la Grèce[1175]. Environ 60% des décisions

---

[1173] J. - Fr. FLAUSS, « De l'influence de la Convention européenne des droits de l'homme sur le juge administratif français », *Europe* n°hors série, 1999, pp. 22 - 26, (p. 23).

[1174] J. ANDRIANTSIMBAZOVINA, L. SERMET, « Jurisprudence administrative et Convention européenne des droits de l'homme », *op. cit.*, p. 716.

[1175] Cour EDH, 27 aout 1991, *Philis contre Grèce*, n°12750/87 13780/88 14003/88 ; Cour EDH, 16 décembre 1992, *Hatjianastasiou contre Grèce*, n°12945/87 ; Cour EDH, 9 décembre 1994, *Stran et Stratis Andreadis contre Grèce*, n°13427/87 ; Cour EDH, 19 mars 1997, *Hornsby contre Grèce*, n°18357/91 ; Cour EDH, 29 mai 1997, *Georgiadis contre Grèce*, n°21522/93 ; Cour EDH, 11 janvier 2001, *Platakou contre Grèce*, n°38460/97 ; Cour EDH, 11 avril 2002, *Smokovitis contre Grèce*, n°46356/99 ; Cour EDH, 20 juin 2002, *Koskinas contre Grèce*, n°47760/99 ; Cour EDH, 27 juillet 2006, *Efstathiou et autres contre Grèce* n°36998/02 ; Cour EDH, 22 février 2007, *Perlala contre Grèce*, n°17721/04 ; Cour EDH, 22 octobre 2007, *Papageorgiou contre Grèce*, n°24628/94.

rendues par la Cour européenne contiennent une invocation de l'article 6. C'est peut - être pourquoi on constate une interprétation attentive de l'article 6 par le Conseil d'État ainsi qu'une harmonisation avec l'article 20 de la Constitution qui protège le même droit.

La Haute juridiction administrative, en tenant compte de la jurisprudence de la Cour de Strasbourg relative à l'intervention législative rétroactive, a adopté un arrêt représentatif de l'interprétation et de la promotion tant de la Convention EDH que de la disposition constitutionnelle équivalente. Le Conseil d'État a analysé l'intervention législative rétroactive à la lumière des garanties prévues par la Convention[1176]. Après avoir statué sur le contenu du droit au procès équitable tel que garanti par l'article 6 de la convention, la Cour se réfère à l'article 20 de la Constitution et continue son raisonnement en mettant en exergue les conclusions jurisprudentielles de la Cour de Strasbourg. Plus particulièrement, après une invocation explicite des décisions rendues par elle[1177] et selon lesquelles la législation rétroactive est permise à la condition qu'elle n'ait pas pour seul but de servir les intérêts de l'État, le Conseil d'État conclut [1178] que l'établissement rétroactif du plafonnement des prix n'est pas contraire aux articles 6 de la convention et 20 de la Constitution, car en l'occurrence, il s'agit d'une règle générale et abstraite qui a pour objet de servir l'intérêt public[1179].

[1176] Cour EDH, *Stran et Stratis Andreadis*, précité ; Cour EDH, *Georgiadis*, précité, Cour EDH, 7 novembre 2000, *Anagnostopoulos contre Grèce*, n°39374/98.

[1177] Cour EDH, 23 octobre 1997, *National & Provincial Building Society, Leeds Permanent Building Society et Yorkshire Building Society (Building Societies) contre Royaume - Uni*, n°s 21319/93, 21449/93, 21675/93 ; Cour EDH, 27 mai 2004, *Ogis - institut Stanislas, Ogec st. pie x et blanche de castille et autres contre France*, n°s 42219/98 et 54563/00.

[1178] Conseil d'État, Assemblée plénière 3633/2004.

[1179] Appliquant la jurisprudence européenne précitée à un sujet similaire, le Conseil d'État a conclu à la constitutionnalité et à la conventionnalité d'une disposition législative (Article 20 alinéa B' §. 3 de la loi 3144/2003). La Cour a considéré que cette disposition n'était pas contraire à l'article 6§1 de la Convention EDH car elle n'impliquait pas que le résultat du procès aille au profit de IKA. Au contraire, la Caisse de sécurité sociale (I.K.A.) dispose du droit à l'audition préalable (Conseil d'État 2993 - 2994/2007 (composition de 7membres), 337/2009, 340/2009, 732 - 3/2009, 1342/2009, 1757/2009,1779/2009, 1996/2009 143/2008, 438/2008, 646/2008, 664/2008, 1041/2008, 1203/2008, 1632/2008,2006 - 7/2008, 3601/2008, 2993 - 2994/2007, 3198/2007 voir aussi la jurisprudence concernant la restriction des décisions de première instance susceptibles d'appel, qui peut être instituée avec une loi rétroactive sans violer les articles 4 et 20 de la Constitution ainsi que 6 par. 1 de la Convention EDH car ces dispositions n'entraînent ni une obligation du législateur d'instituer deux degrés de juridiction ni un « droit procédural acquis » à l'appel. (Conseil d'État 2371/1997 et Conseil d'État 2711/1997 et aussi les arrêts relatifs du Conseil d'État 5495/1996,5512 - 6/1996) aussi que l'application rétroactive de la loi qui institue une nouvelle limite quant à la demande du recours

D'autre part, la jurisprudence de la Cour EDH prévoit que la nature de l'infraction ainsi que la nature et le degré de gravité de la sanction que risque de subir l'intéressé permettent de qualifier certaines sanctions, accompagnées d'amendes, de « sanctions en matière pénale », quand bien même selon le droit du pays, ce sont des sanctions administratives[1180].

En interprétant cette jurisprudence, le Conseil d'État a décidé que des litiges concernant des amendes administratives très élevées ont le caractère de litiges judiciaires de nature pénale et entrent dans le champ d'application de l'article 6 §1. Ils doivent dont être jugés par une cour qui présente les garanties relatives au procès équitable, indépendamment de leur nature administrative[1181].

Le Conseil d'État a donc respecté l'interprétation des notions autonomes comme méthode de formation d'un droit commun visant à pallier l'imprécision des termes conventionnels en l'absence d'homogénéité entre les droits nationaux[1182]. Il a ainsi intégré dans le champ d'application de l'article 6, conformément à la décision *Pellegrin contre France*[1183], les litiges relatifs aux sanctions administratives et disciplinaires des fonctionnaires publics à condition que les actes délictueux concernés ne soient pas strictement liés à l'exercice de l'autorité publique et ne subissent pas un contrôle juridictionnel essentiel[1184].

Enfin, l'influence de la Convention EDH dans l'ordre juridique interne s'est exprimée dans le vote de la loi 4055/2012 qui concerne le droit au procès équitable dans un délai raisonnable[1185] et qui prévoit un recours offrant redressement pour dépassement du délai raisonnable devant les juridictions administratives[1186]. La raison principale de l'adoption de la loi se

---

en cassation (496/2006 et 1017/2005 1400/2005 490/2003,1977/2003, 3191/2002,3387/2002 ou l'application rétroactive de la loi quant à la demande du recours d'appel 3747/1998, 7/1997, 2371/1997) .

[1180] Cour EDH, 24 septembre 1997, *Garyfallou AEBE contre Grèce*, n°18996/91.

[1181] E. PREVEDOUROU, *L'influence du droit européen au procès devant le Conseil d'État*, *op. cit.*, p. 10, Conseil d'État, Assemblée plénière 3319/2010 cf. aussi les arrêts du Conseil d'État 689/2009, 1734/2009, 1522/2009, 2112/2009, 3182/2010 et 2067/2011 concernant des amendes en raison de trafic illicite de marchandises même si en tant que sanction financière elle n'a pas le caractère pénal des sanctions privatives de liberté : *EfimDD*, n°6, 2011, pp. 812 - 818 (texte de l'arrêt 2067/2011).

[1182] Pour les principes d'interprétation autonome cf. F. SUDRE, *Droit européen et international des droits de l'homme*, Paris : PUF, 11e éd., 2012, Paris, pp. 253 - 256.

[1183] Cour EDH, Grande chambre, 8 décembre 1999, *Pellegrin contre France*, n°28541/95.

[1184] Conseil d'État 2522/2001.

[1185] Cf. en la matière, DELLIS Georges, *La justice administrative à la recherche de vitesse*, Athènes : éd. Nomiki Vivliothiki 2013.

[1186] La durée de la procédure est la première cause des violations constatée par la Cour EDH, voir I. SARMAS, « Spécificités nationales : le cas grec », *LPA*, n°254, trouve dans la jurisprudence concrète de la Cour EDH sur le droit d'accès à un Tribunal[1187], le droit à un recours effectif[1188], mais surtout la condamnation de la Grèce dans l'arrêt *Athanasiou contre Grèce*[1189]. La mise en œuvre de cette loi fut assez spectaculaire, car quelques mois après son vote, le Conseil d'État[1190] a donné raison à un justiciable dont le procès avait tardé pendant huit ans, six mois et dix - huit jours[1191]. La Cour a donc appliqué avec conscience les critères énoncés par la Cour de Strasbourg, en tenant compte de sa jurisprudence sur le délai raisonnable tels que codifiés dans la loi grecque[1192], et en accordant au justiciable une indemnisation pour satisfaction équitable. Plus récemment a été votée une loi qui prévoit un recours offrant redressement pour dépassement du délai raisonnable devant les juridictions pénales, civiles et devant la Cour des comptes[1193].

2010, pp. 44 - 46. La durée excessive des procédures est aussi constatée par une étude de la Commission européenne, cf. http://ec.europa.eu/justice/effective - justice/files/cepj_study_scoreboard_2014_en.pdf, étude sur le fonctionnement des systèmes judiciaires aux pays membres de l'UE.

1187 F. SUDRE, et al., *Les grands arrêts de la Cour européenne des droits de l'homme*, *op. cit.*, p. 292.

1188 *ibid.* p. 444 et suiv.

1189 Cour EDH, 21 décembre 2010, *Athanasiou contre Grèce*, n°5097/2008 ; St. THANOU, « Le principe du délai raisonnable et le droit de recours effectif devant l'autorité nationale selon la Convention EDH (Cour EDH 50973/08, 21.12.2010 Vasileios Athanasiou et autres contre Grèce) », *EfimDD*, n°2, 2011, pp. 227 - 245.

1190 Il s'agit de l'arrêt Conseil d'État 4467/2012, *EfimDD*, n°6, 2012 pp. 756 - 760 ; DtA n°58, 2013, pp. 584 - 592 ; *ThPDD*, n°12, 2012 pp. 1088 - 1097 avec commentaire de N. FRAGKAKIS. Voir aussi Conseil d'État 1/2013, DELLIS George, *La demande de satisfaction équitable de la loi 4055/2012*, Athènes : éd. Nomiki Vivliothiki, 2013, pp.155 - 161, M. VILARAS, « Demande de satisfaction équitable en raison de dépassement du délai raisonnable au procès administratif », *in* M. PIKRAMENOS (dir.), *La Cour européenne des droits de l'homme et le Conseil d'État en dialogue permanent*, Athènes - Thessalonique : éd. Sakkoulas, 2013, pp. 85 - 100.

1191 Depuis la mise en vigueur de cette loi, le Conseil d'État a déjà rendu 36 arrêts offrant redressement pour dépassement du délai raisonnable (dernière mise à jour 15.10.2014) à savoir les arrêts : 4467/2012, 1/2013, 1856/2013, 2632/2013, 2876 - 9/2013, 2974/2013, 2975/2013, 3017/2013, 3151 - 3/2013, 3217/2013, 3517/2013, 4062/2013, 4731/2013, 4732/2013, 1 - 3/2014, 100/2014, 150/2014, 213/2014, 214/2014, 414/2014, 758/2014, 1114/2014, 1115/2014, 1182/2014, 1183/2014, 2273/2014, 2492/2014, 2549/2014, 2550/2014.

1192 Article 57.

1193 Il s'agit de la loi 4239/2014, édictée après deux arrêts condamnatoires par la Cour EDH. L'arrêt Michelioudakis (Cour EDH, 3 juillet 2012, *Michelioudakis contre Grèce*, n°54447/10) qui a condamné la Grèce pour violation de l'article 6 de la Convention EDH en raison de la durée excessive des procédures devant les juridictions pénales et l'absence en droit interne d'un recours permettant aux intéressés d'obtenir la sanction de leur droit à voir leur cause entendue dans un délai

Il est ainsi indéniable qu'en matière de droit à un procès équitable et de ses garanties générales, la jurisprudence grecque a beaucoup évolué en s'appuyant sur la jurisprudence de la Cour de Strasbourg.

2. L'inapplicabilité du droit national face à des situations d'inconventionnalité et d'inconstitutionnalité évidente

Il serait tout à la fois contraire à l'intérêt national et à l'esprit de la Convention européenne que le Conseil d'État attende passivement une condamnation européenne pour réagir et se conformer aux exigences de la Convention. Il est souhaitable que le juge interne précède la Cour européenne en la dispensant de sanctionner une violation de la Convention. Quand bien même l'on n'attache qu'une autorité relative à la chose interprétée par la Cour, le juge national peut s'inspirer de sa jurisprudence[1194]. En l'espèce, B. GENEVOIS y voyait un « impératif de discipline juridictionnelle », dans la mesure où la saisine individuelle peut conduire à une condamnation de la France. Il mettait d'ailleurs l'accent sur le fait que les jurisprudences respectives du Conseil d'État et de la Cour européenne n'étaient pas nécessairement très différentes et essayait ainsi de mettre en relief l'esprit des solutions au - delà des décisions concrètes[1195].

En réalité, il existe un effet incitatif dès lors que la crainte d'être condamné par la Cour EDH conduit les États à développer ou à perfectionner leurs contrôles[1196], en vue soit de privilégier une coordination des règles nationales et conventionnelles soit de laisser inappliquées les règles internes qui sont inconventionnelles.

C'est en 1978 que le Conseil d'État grec a pour la première fois jugé qu'une disposition législative était contraire tant à la Constitution qu'à la

---

raisonnable et de l'arrêt Glykantzi (Cour EDH, 30 janvier 2013, *Glykantzi contre Grèce*, n°40150/09) qui a conclu selon le même raisonnement à la violation de l'article 6 de la Convention EDH en raison de la durée excessive des procédures devant les juridictions civiles. Les deux arrêts ont affirmé que la Grèce devra, dans un délai d'un an à compter de la date à laquelle les arrêts seront devenus définitifs, mettre en place un recours interne effectif apte à offrir un redressement adéquat et suffisant dans les cas de dépassement du délai raisonnable dans le cadre des procédures pénales et civiles.

1194 P. ROLLAND, « L'interprétation de la Convention », *RUDH*, dossier spécial le juge administratif français et la Convention européenne des droits de l'homme, 1991, pp. 280 - 288, (p. 287).

1195 Conclusions B. GENEVOIS sous l'arrêt CE Assemblée plénière, 11 juillet 1984 *Subrini*, n°41.744.

1196 J. - Fr. FLAUSS, « Des incidences de la Convention européenne des droits de l'homme sur le contrôle de constitutionnalité des lois en France », *LPA*, n°148, 1988, pp. 3 - 7, (pp. 5 - 7).

Convention EDH[1197]. Il a jugé que la loi qui impose au militaire d'obtenir une autorisation préalable du chef militaire pour pouvoir se marier pourrait sous certaines conditions être considérée comme constitutionnelle, mais qu'elle était explicitement contraire à la convention européenne. Ce jugement n'a pas été répété, car l'Assemblée plénière de la Cour qui s'est saisie a annulé l'acte administratif en cause pour une raison plus générale[1198]. En évitant de statuer sur la conventionnalité de ladite disposition, la Cour a jugé qu'indifféremment de la compatibilité de ces dispositions avec la Constitution et l'article 12 de la Convention EDH, le refus explicite du Chef de l'armée d'autoriser la conclusion du mariage devait être annulé, car il ne contenait pas de motif concret de refus[1199].

Depuis cette période, des incompatibilités concernant des droits substantiels ont été traitées. Il s'agit notamment d'affaires traitant de matières incompatibles avec le droit à la vie privée et à la liberté d'expression tels qui sont prévus par la convention européenne[1200]. Au cours des dernières années, on constate un élargissement des notions de force obligatoire et d'exécution des arrêts de la Cour de Strasbourg qui figurent à l'article 46 de la Convention, ainsi que de la notion d'autorité de la chose interprétée[1201].

Le respect de la force obligatoire des arrêts rendus par la Cour de Strasbourg s'exprime très clairement dans l'arrêt 4643/2011[1202] du Conseil d'État, qui a jugé que dans le cas où un acte administratif national a été jugé contraire à la Convention par un arrêt de la Cour de Strasbourg, les autorités

---

[1197] Conseil d'État 1460/1978, F. Arnaoutoglou, « Le Conseil d' Etat et les Cours européennes », *NoV*, 2005, pp. 1977 - 1982, (p. 1980).

[1198] Conseil d'État, Assemblée plénière 3634/1978.

[1199] Article 65 du décret législatif 1400/1973.

[1200] Pour la violation de la vie privée à cause de la diffusion des informations concernant la vie érotique et l'orientation sexuelle des personnes concernées voir les arrêts Conseil d'État 1337/2013 et 4395/2013, *NoV*, 2014, pp. 411 - 422 avec commentaire de K. Tsirovasili.

[1201] St. Perrakis, « Le juge grec et la Cour de Strasbourg », *in* P. Tavernier, P. - H. Imbert (dir.), *Quelle Europe pour les droits de l'homme ?* Bruxelles : Bruylant, 1996, pp. 171 - 187, (p. 175). Olivier Dubos remarque l'inadaptation de la notion de chose interprétée aux arrêts de la Cour européenne des droits de l'homme parce qu'il s'agit d'une notion consubstantielle aux arrêts préjudiciels en interprétation rendus par la Cour de justice. Il propose alors les termes précédent, jurisprudence et autorité interprétative pour décrire l'autorité des arrêts de la Cour EDH, voir O. Dubos, Les arrêts des juridictions européennes, quelles forces ? », *in* N. de Grove - Valdeyron, M. Blanquet, V. Dussart (dir.), *Mélanges en l'honneur du Professeur Joël Molinier*, Paris : LGDJ, 2012, pp. 175 - 190, (pp. 177 - 183).

[1202] *EfimDD*, n°2, 2012 pp. 198 - 199.

administratives nationales ont le devoir, conformément à l'article 46 de la Convention EDH, de réviser l'affaire[1203].

Dans ce contexte, l'autorité de la chose interprétée des arrêts rendus par la Cour EDH semble de mieux en mieux respectée par l'ordre national. Dès lors que la Cour s'est assignée la tâche spécifique d'assurer l'interprétation authentique de la Convention[1204], l'interprétation donnée à ses dispositions engage tous les États parties à suivre la même interprétation à propos d'une affaire portant sur un sujet où la Cour EDH a déjà statué. C'est en ce sens que la Cour de Strasbourg affirme d'emblée la vocation de sa jurisprudence à harmoniser les régimes juridiques nationaux des droits de l'homme autour du standard minimum assuré par la Convention[1205].

Sous l'influence de la jurisprudence de la Cour européenne, mais aussi de l'arrêt 1460/1978 du Conseil d'État, il a été jugé que les restrictions relatives au libre choix d'une épouse par les militaires ne se justifient pas pour des raisons d'intérêt public et sont contraires tant à la Constitution qu'à la Convention EDH[1206]. Ainsi, le Conseil d'État, saisie en Assemblée plénière[1207], a jugé cette restriction inacceptable. Notamment, et y compris pour les personnes qui servent l'État, comme les militaires, l'exigence d'une autorisation préalable au mariage est contraire à la protection de la vie privée protégée par la Constitution et l'article 12 de la Convention EDH. La Cour a examiné le grief de l'inconventionnalité après avoir examiné la constitutionnalité de la disposition[1208].

Enfin, une disposition législative permettant la diffusion audiovisuelle d'une image saisie avec une caméra cachée a été jugée contraire tant aux dispositions de la Constitution que de la Convention EDH par l'Assemblée

---

[1203] P. PARARAS, « Le droit européen des droits de l'homme », *DtA*, n°56, 2012, pp. 1131 - 1190, (p. 1142).

[1204] F. SUDRE, *Droit européen et international des droits de l'homme*, *op. cit.*, p. 860 et V. COUSSIRAT COUSTERE, « Convention européenne et droit interne : primauté et effet direct », *in La convention européenne des droits de l'homme*, Bruxelles : Nemessis, 1992, pp.11 - 23, (p. 20).

[1205] Cour EDH, plénière, 18 janvier 1978, *Irlande contre Royaume* Uni, n°5310/71, §158 : « ses *arrêts servent non seulement à trancher les cas dont on est saisie, mais plus largement à clarifier, sauvegarder et développer les normes de la Convention et à contribuer de la sorte au respect, par les Etats, des engagements qu'ils ont assumés en leur qualité de Parties contractantes* ».

[1206]. K. ANDRIKAKIet al., *La convention européenne des droits de l'homme dans la jurisprudence du Conseil d'État*, *op. cit.*, p. 69.

[1207] Conseil d'État, Assemblée plénière 867/1988.

[1208] S. KTISTAKI, *L'application de la convention européenne des droits de l'homme par le Conseil d'État op. cit.*, p. 53.

plénière du Conseil d'État[1209]. En citant la jurisprudence de la Cour EDH[1210], la Haute juridiction administrative grecque conclut que l'enregistrement visuel avec une camera cachée constitue une violation du droit à la personnalité et du respect de la vie privée de chaque personne telle que protégée par l'article 9 de la Constitution nationale et l'article 10 de la Convention EDH. Cet arrêt combine donc l'application des dispositions constitutionnelles et conventionnelles.

[1209] Conseil d'État, Assemblée plénière 1213/2010, *DiMEE*, 2010, pp. 116 - 122, Ch. AKRIVOPOULOU, « La « caméra cachée », le droit à l'image et le respect de la vie privée des personnages publics » *EfimDD*, n°1, 2011, pp. 101 - 112.

[1210] Cour EDH, 21 février 2002, *Schüssel conte Autriche*, n°42409/98 (décision sur la recevabilité) ; Cour EDH, 26 juin 2004, *Von Hannover contre Allemagne*, n°59320/00 ; Cour EDH, 11 janvier 2005, *Sciacca contre Italie*, n°50774/99.

Conclusion du chapitre II

Dans le contexte général de cette relation triangulaire entre la Constitution, les droits européens et la loi, il est plus fréquent qu'une disposition législative nationale soit contrôlée au regard du droit de la Convention européenne qu'au regard du droit de l'UE. Ce constat tend à prouver qu'en matière de droits fondamentaux, où la Convention EDH dispose d'un catalogue systématisé des droits, le contrôle de constitutionnalité et le contrôle de conventionnalité se rencontrent plus fréquemment.

Il importe de constater que le Conseil d'État passe d'une application marginale à une application maximale tantôt du droit issu de la Convention EDH, tantôt du droit issu de l'UE. Doit toutefois être également observé un « retour en arrière » résultant des jugements rendus pendant la période actuelle de la crise économique. Le Conseil d'État, dans le cadre du contrôle des mesures instaurées conformément au plan du sauvetage, évite d'examiner leur compatibilité avec le droit de l'UE.

S'agissant du droit de la Convention EDH, les raisons qui expliquent son application marginale par le Conseil d'État sont au nombre de deux. Tout d'abord, la jurisprudence nationale concerne les droits dont la protection, attribuée par la Convention et concrétisée par la Cour de Strasbourg, est très ample. Ces droits, et notamment le droit à la vie privée, à la liberté d'expression ainsi que le droit à la propriété, rencontrent les limites nationales ainsi que le refus du juge national de faire évoluer la protection des droits dans l'imbrication du contrôle de constitutionnalité et du contrôle de conventionnalité. Ensuite, cette jurisprudence vise des droits qui sont difficilement conciliables avec les dispositions législatives internes, et notamment la liberté religieuse.

À l'inverse, il semble qu'il n'y ait qu'une seule raison à l'application subsidiaire du droit de l'UE. Il s'agit en effet de la consécration du principe de primauté par la jurisprudence européenne qui déstabilise le juge grec, ce notamment au cours des premières années de son application, lesquelles ont vu émerger des conflits presque frontaux.

Ensuite, cette première approche du juge grec donne sa place à une jurisprudence constructive qui favorise l'application du principe d'interprétation conforme, y compris à l'égard de matières dans lesquelles, auparavant, le Conseil d'État faisait une application subsidiaire des droits européens. Le Conseil d'État adopte une approche qui permet l'harmonisation des normes nationales et européennes à travers le recours à l'interprétation neutralisante pour la Convention EDH, mais aussi à travers la combinaison des règles nationales et des règles du droit européen dérivé. De plus, l'enrichissement de la jurisprudence nationale fut effectué en renforçant la protection prévue par les règles nationales à travers l'application effective des droits européens.

Enfin, l'amplification du contrôle de constitutionnalité exercé et sa coordination avec le contrôle de conventionnalité valorise la place des droits européens dans l'ordre interne.

Conclusion du titre II

La Constitution grecque habilite le juge national à exercer le contrôle de constitutionnalité et le contrôle de conventionnalité et précise les modalités procédurales de l'exercice de ces deux types de contrôles juridictionnels. Ainsi, la norme suprême interne devient l'instrument de l'effectivité des règles européennes dans l'ordre interne.

La Constitution grecque prévoit un système de contrôle de constitutionnalité et de conventionnalité diffus. De légères réformes ont été adoptées qui attribuent au système procédural les caractéristiques d'un contrôle concentré. Toutefois, la mise en application œuvre de ces réformes par le juge n'est pas toujours satisfaisante.

De plus, l'exercice exclusivement *a posteriori* du contrôle juridictionnel des lois présente une faiblesse fondamentale : l'absence de contrôle des *interna corporis*. En effet, ce contrôle vise à garantir le respect de la procédure constitutionnelle de vote de la loi. Ce contrôle ne peut s'exercer qu'*a priori*, c'est - à - dire avant la promulgation. Or, en l'absence d'une Cour constitutionnelle, seul le contrôle parlementaire est prévu dans le système grec.

Néanmoins, le système procédural grec attribue le soin d'exercer le contrôle des lois à tout juge et de façon diffuse, ce qui présente l'intérêt d'une articulation procédurale du contrôle de constitutionnalité et de conventionnalité. En effet, les normes de référence des deux contrôles sont distinctes. Or l'objet du contrôle exercé sous la double facette de la constitutionnalité et de la conventionnalité est le même : il porte sur des textes de nature et de contenu identiques, les lois en général. Ceci établit inévitablement un lien entre les deux contrôles et justifie leur exercice par le même juge. Ce contrôle de la loi conduit à l'émergence d'une relation triangulaire entre la loi, la Constitution et les règles européennes ce qui permet de garantir l'application effective des droits européens conformément aux règles nationales et européennes.

En Grèce, le premier stade d'une jurisprudence tenant à affaiblir le contrôle de conventionnalité par rapport au contrôle de constitutionnalité a cédé la place à une jurisprudence innovante et stable, qui conduit à la prise en compte croissante des jurisprudences des deux Cours européennes. Cette jurisprudence créative permet l'alignement de l'ordre interne sur les exigences européennes ainsi que l'enrichissement normatif par l'application effective des droits européens.

Néanmoins, sur le plan jurisprudentiel, la crise économique a conduit à un retour en arrière : le Conseil d'État a eu tendance à revenir à son attitude antérieure. Dans ce cadre, ses jugements portant sur la légalité des mesures instaurées conformément aux memoranda d'entente sont marqués par l'absence de contrôle de conventionnalité des dispositions législatives. Le but poursuivi, à savoir l'application des engagements issus du plan de sauvetage, s'avère primordial et s'impose au détriment de la protection européenne prévue par la Convention EDH ou le droit de l'UE.

CONCLUSION DE LA PREMIÈRE PARTIE

Dans cette première partie, l'interdépendance complexe et dynamique des rapports entre l'ordre juridique constitutionnel et les ordres européens a été mise en exergue. Dans ce contexte, la Constitution est le vecteur principal de la construction européenne. La norme suprême nationale est ainsi le miroir des droits européens dans l'ordre interne, en s'adaptant aux évolutions européennes. La Constitution grecque semble être suffisamment européanisée et susceptible d'absorber les interactions avec les droits européens. S'agissant de l'interaction entre l'ordre interne et les droits européens, certains éléments ont contribué à une évolution harmonieuse des rapports ainsi qu'à l'anticipation des conflits.

En premier lieu, il faut constater la fonction positive de la clause générale de l'article 28 de la Constitution. Elle prévoit l'intégration et la place des droits européens dans l'ordre interne. L'encadrement des ordres juridiques par la Constitution à travers leur institutionnalisation formelle s'avère positive, permettant non le changement, mais l'évolution vivante de cette clause générale.

En second lieu, la fonction de la Constitution en tant qu'instrument, semble, en principe, satisfaisante. Les lignes jurisprudentielles suivies à propos de sujets traitant d'éventuelles contradictions des dispositions législatives nationales avec le droit de l'UE, ou le droit issu de la Convention EDH, ont varié plusieurs années, limitant dans un premier temps l'application des règles européennes. Or, dans un second temps, cette méfiance jurisprudentielle a laissé place à une jurisprudence créative où les contrôles de constitutionnalité et de conventionnalité combinés ont contribué au renforcement de la protection des droits et à la garantie de l'effectivité des droits européens dans l'ordre interne, tout en évitant de possibles condamnations de la Grèce devant la Cour de Strasbourg ou celle de Luxembourg. C'est dans ce contexte qu'une relation triangulaire, à savoir entre la Constitution, le droit européen et la loi, s'est développée. C'est le signe de l'efficacité du système procédural qui, dans un milieu contentieux européen complexe, parvient à apporter des solutions susceptibles d'éviter les conflits.

Toutefois, certains éléments négatifs ont été mis en relief. Tout d'abord, la dissociation du contrôle de constitutionnalité et de conventionnalité s'est avérée problématique. À ce propos, la pratique du nouveau mécanisme de transmission des questions préjudicielles de constitutionnalité aux Assemblées plénières des Cours suprêmes, ainsi que la réticence de la Cour suprême spéciale à exercer le contrôle de conventionnalité, en sont la preuve.

Ensuite, la réforme indirecte de la Constitution, qui n'est pas légitime, est pourtant venue satisfaire aux exigences de l'UE face à la crise économique. Ainsi, la rigidité de la Constitution a cédé face à la réception des engagements issus du plan de sauvetage, à leur hiérarchie et à leur gestion jurisprudentielle. À cela s'ajoute l'omission, voire le refus du Conseil d'État de contrôler les règles adoptées conformément aux engagements du plan de sauvetage par rapport au droit de l'UE. Cette absence de contrôle est critiquable. Or, elle vise d'une part à ne pas mettre en doute la crédibilité du plan du sauvetage et d'autre part à ne pas créer un conflit insurmontable entre la Constitution nationale et le droit de l'UE dans le cadre de la gestion de la crise financière.

Si dans une situation d'interdépendance, les finalités des ordres imbriqués se concilient légitimement, il n'en va pas de même du rapport spécifique de l'ordre interne avec l'ordre de l'UE qui se construit en vue de la gestion de la crise économique. Dans ce dernier cas, la finalité commune des ordres, qui se résume à dépasser les risques menaçant la monnaie commune, conduit les acteurs internes et européens à agir à la limite des légitimités européenne et nationale.

Ces constats positifs et négatifs sur l'interaction entre les ordres européens et l'ordre constitutionnel serviront également à appréhender l'effectivité des moyens de régulation dans le cadre de situations concurrentielles. Précisément, il faut rechercher comment l'ordre interne met en œuvre les moyens institutionnels et procéduraux dont il dispose, mais aussi comment les carences nationales influencent négativement la régulation des rapports.

Enfin, en ce qui concerne l'interaction des deux ordres européens avec l'ordre national, les divergences éventuelles sont absorbées par l'évolution de l'ordre interne. Toutefois, les rapports de systèmes prennent une autre dimension lorsque la Constitution et les règles européennes s'opposent.

SECONDE PARTIE
LA CONCURRENCE ENTRE L'ORDRE JURIDIQUE CONSTITUTIONNEL ET LES ORDRES JURIDIQUES EUROPEENS

La procédure européenne est caractérisée par une étroite imbrication. Une règle nationale peut être successivement examinée par le juge interne puis par les juges européens lors d'une question préjudicielle portée devant la CJUE ou d'une requête individuelle présentée devant la Cour EDH[1211]. L'attachement de chaque ordre juridique à une logique hiérarchique différente explique la nature concurrentielle des rapports entre les trois ordres juridiques. La dissociation des logiques relatives à la hiérarchie normative peut éventuellement avoir pour résultat la discordance des solutions retenues. En effet, chaque juge, national et européen, se prononce au regard de l'instrument dont il tire sa compétence. Soucieuses d'assurer l'application effective des droits européens dans l'ordre interne, les deux Cours européennes sont dès lors habilitées de se prononcer de plus en plus souvent sur la compatibilité des dispositions nationales au regard du droit de l'UE et du droit issu de la Convention EDH. L'absence de convergence des solutions n'est guère surprenante[1212].

Les conflits trouvent leur source dans les différentes interprétations adoptées sur le même sujet. Les dispositions constitutionnelles sont également subordonnées aux contrôles exercés par la Cour de justice et la Cour EDH. Si la Constitution est la norme suprême nationale, cela n'empêche pas les deux ordres européens de la soumettre à leur contrôle. Cela peut être le cas si la Constitution porte atteinte à l'application effective des droits européens. De plus, les procédures et les compétences constitutionnelles, telles que la question préjudicielle de constitutionnalité, les recours juridictionnels prévus dans les ordres internes ou les modalités d'exécution des décisions juridictionnelles, sont souvent au centre des jugements rendus par les deux Cours européennes.

Dans le cadre de cette nature concurrentielle des conflits, l'ordre constitutionnel grec est largement saisi par les ordres européens. Par voie de conséquence, il incombe au juge interne d'ordonner les rapports au sein de l'ordre constitutionnel non pas en termes hiérarchiques, mais en termes de priorité d'application des règles applicables dans le cas d'espèce. En dépit des outils procéduraux dont dispose le juge grec, les faiblesses

---

[1211] J. - S. BERGE, « De la hiérarchie des normes au droit hiérarchisé : figures pratiques de l'application du droit à différents niveaux », *Journal du droit international*, n°1, 2013, pp. 3 - 25, (p. 15).

[1212] J. - P. JACQUE, « L'instabilité des rapports de système entre ordres juridiques », *RFDC*, n°69, 2007, pp. 3 - 37, (p. 7).

constitutionnelles sont mises en avant et l'on a une résolution pragmatique des conflits. Le niveau d'intégration du droit européen est tel que les jugements adoptés les juges européens ont été nécessairement intégrés à l'ordre interne qui se transforme sous la pression des engagements européens (**Titre I**).

Toutefois, en s'éloignant de concepts hiérarchiques, il faut penser aux moyens de désamorcer les conflits. Face aux rapports de nature concurrentielle, L. FAVOREU souligne que « la solution ne peut venir que d'une reconsidération générale des rôles respectifs de l'ensemble des acteurs (juges ordinaires, constitutionnels, juges de Strasbourg, juges de Luxembourg) dans une Europe profondément transformée »[1213]. Il y a lieu de résoudre les conflits en vue de garantir le bon fonctionnement des rapports de systèmes. En effet, dès lors que les deux Cours européennes statuent très souvent sur des questions constitutionnelles, la réflexion aboutit à modifier les perceptions traditionnelles des ordres juridiques nationaux. Un règlement institutionnel des conflits est donc envisageable tout en renforçant la Constitution grecque et restructurant les termes du dialogue entre le juge national et les juges européens (**Titre II**).

Titre I. Une résolution pragmatique et casuistique des conflits
Titre II. La résolution institutionnalisée des conflits

[1213] L. FAVOREU, « Cours constitutionnelles nationales et Cour européenne des Droits de l'Homme », *in Libertés, justice, tolérance, mélanges en hommage au Doyen Gérard Cohen - Jonathan*, Bruxelles : Bruylant, 2004, pp. 789 - 811, (p. 809).

Titre I. Une résolution pragmatique et casuistique des conflits

L'intensité du conflit entre le droit interne et les droits européens prend une tout autre dimension lorsque ce conflit est hissé au rang constitutionnel, autrement dit lorsque c'est la Constitution nationale qui est la source du conflit et non une disposition législative intermédiaire susceptible, elle, de faire l'objet du contrôle de constitutionnalité et de conventionnalité[1214]. La régulation des conflits entre le droit constitutionnel et les droits européens diffère en fonction de la norme qui se trouve en conflit avec la norme suprême nationale, c'est - à - dire soit le droit de l'UE, soit la Convention EDH. La différence dans le traitement juridique du conflit résulte de deux phénomènes.

D'une part, en raison des mécanismes procéduraux tout à fait distincts des deux ordres européens, les voies d'interaction entre le juge interne et le juge européen sont très différentes. Alors que le dialogue entre le juge interne et la Cour de justice peut, ou même doit, se réaliser par le renvoi de questions préjudicielles au juge de l'Union, le rapport entre le juge interne et la Cour de Strasbourg est caractérisé par l'absence de moyens institutionnels de dialogue. Le juge de Strasbourg n'intervient qu'en aval en sanctionnant ou en approuvant les solutions du juge national. Le rôle du juge interne est donc essentiel pour pallier les carences institutionnelles.

D'autre part, les compétences du juge national quant à l'étendue du contrôle jouent un rôle primordial dans la gestion des conflits. Alors qu'il existe toujours une interdépendance entre le contrôle de constitutionnalité et le contrôle de conventionnalité dans les arrêts du Conseil d'État, la Cour suprême spéciale se borne au contrôle de constitutionnalité. Ceci empêche l'interaction interprétative des règles constitutionnelles et européennes.

Dans un premier temps, ces deux facteurs, qui dépendent des termes du dialogue, mais également des compétences du juge interne, conditionnent le règlement jurisprudentiel des conflits (Chapitre I). Ensuite, ils conditionnent les effets de cette régulation qui sont évidents au sein de l'ordre interne. Les deux Cours européennes interviennent en vue d'assurer l'effectivité des droits européens dans l'ordre interne. Les apports du dialogue sont alors exigeants et finissent par saisir largement l'ordre constitutionnel grec. Les effets de la régulation portent sur l'interprétation de la Constitution et le

[1214] Cf. B. BONNET, « L'identité du droit public et le traitement juridictionnel des conflits entre norme interne et norme internationale », *in* X. BIOY (dir.), *L'identité du droit public*, Toulouse Paris : Presses de l'Université Toulouse 1 Capitole LGDJ, 2011, pp. 175 - 192, (p. 175) qui distingue aussi, quant à la difficulté de traitement, les conflits entre la loi nationale et le droit de l'UE des conflits entre une norme constitutionnelle et une norme de l'UE.

fonctionnement du système procédural et résultent de changements soit directs soit indirects dans l'ordre interne (Chapitre II).

Chapitre I. Le règlement jurisprudentiel des conflits
Chapitre II. Les mutations forcées de l'ordre juridique constitutionnel

Chapitre I. Le règlement jurisprudentiel des conflits

La gestion des conflits par le juge interne est différente selon qu'il s'agisse d'un conflit entre la Constitution et une règle du droit de l'UE ou une disposition de la Convention EDH.

Dans le cas d'un conflit entre la Constitution et le droit de l'UE, le juge exerçant le contrôle de conventionnalité devrait examiner, premièrement, si le domaine du litige relève de la compétence exclusive de l'UE, deuxièmement, si les champs d'application de la règle nationale et européenne coïncident et troisièmement, dans le cas d'une réponse affirmative à l'étape précédente, essayer d'adopter une interprétation conforme susceptible de permettre la conciliation de deux types de règles. Enfin, quatrièmement, si la troisième étape n'est pas concluante, le juge devrait entamer une *hiérarchisation d'application* des règles en cause[1215] et, le cas échéant, *prioriser l'application* du droit de l'UE.

En premier lieu, il importe de constater que le juge grec anticipe en utilisant les outils procéduraux dont il dispose et essaie de distinguer les champs d'application des règles en cause tout en optant, en même temps, pour la hiérarchisation des règles en faveur de la Constitution. En second lieu, lorsque sa marge de manœuvre est plus étroite en raison d'une incompatibilité éventuelle avec le droit de l'Union ou d'un changement, le cas échéant, de circonstances, le juge opte pour l'instauration d'un dialogue avec le juge européen.

Dans le cas d'un conflit entre la Constitution et le droit issu de la Convention EDH, la protection juridictionnelle des droits fondamentaux est à l'objectif du contrôle juridique. Le rôle du juge national est de mettre en mouvement l'interaction du droit constitutionnel avec le droit conventionnel afin de contribuer au dépassement des conflits émergés. Dans ce cadre, l'interdépendance du contrôle juridictionnel de constitutionnalité et de conventionnalité est d'une importance primordiale. Or, le juge grec se limite souvent à la défense de la primauté de la Constitution et tente de fermer les voies de dialogue avec la Cour EDH en vue de la gestion des conflits.

En effet, en dépit des différenciations méthodologiques et de la légère différenciation du point de vue de la source de règle (issue du droit de l'UE ou de la Convention EDH), défendre la norme suprême interne ce qui reflète une position souverainiste fut la première réaction du juge, face aux conflits émergeant entre les deux droits européens et la Constitution (Section 1). Cependant, dans un second temps, la résistance du juge national a cédé en donnant lieu à l'instauration d'un dialogue avec les juges européens (Section 2).

[1215] L. PAPADOPOULOU, *Constitution nationale et droit communautaire, La question de primauté*, Athènes - Komotini : éd. A. Sakkoulas, 2009, p. 496.

Section 1. La conception souverainiste du juge interne, excluant toute voie de dialogue avec les juges européens

La Constitution grecque fut votée en 1975, après la chute du régime autoritaire qui a duré 7 ans. Ainsi, le pouvoir constituant a pris soin d'assurer la légalité démocratique et la protection des droits. Afin de garantir la continuité entre la nouvelle Constitution et les Constitutions antérieures au régime autoritaire, les dispositions constitutionnelles visent la protection des droits de façon détaillée et exhaustive. On rencontre le même esprit dans la Constitution portugaise votée après la chute de la dictature qui présente aussi un caractère très détaillé et est composée de 311 articles.

À propos de révisions constitutionnelles qui ont suivi en Grèce, afin de renforcer la protection des droits et libertés, des dispositions très détaillées furent insérées. L'existence dans la Constitution de règles particulièrement précises ou détaillées renforce nécessairement leur effectivité et leur lisibilité, ce qui engage le législateur ordinaire, ainsi que le juge, à tenir compte de la volonté expresse du constituant[1216]. Or, cela a aussi comme résultat l'émergence de conflits entre les dispositions constitutionnelles et les dispositions européennes, soit qu'il s'agisse de dispositions issues de la Convention EDH, soit des dispositions découlant du droit de l'UE.

Dans un premier stade de gestion jurisprudentielle de ces conflits issus des règles insérées dans la Constitution dans sa version initiale votée en 1975 (§1) ou des règles insérées ultérieurement, par le biais d'une révision (§2), le juge a adopté une conception souverainiste. Cette conception se concrétise soit par l'accentuation de la suprématie de la Constitution soit par la négation de toutes les voies de dialogue avec les juges européens.

§1. La défense de la Constitution de 1975 face au droit de l'Union européenne

La Constitution grecque contient un grand nombre des dispositions exhaustives et très précises (A). Ces dispositions sont restées invariables et n'ont pas été modifiées lors des révisions constitutionnelles qui ont suivi[1217]. Or, au fil du temps, les finalités exprimées directement dans la Constitution se sont souvent trouvées opposées aux objectifs européens. Le juge grec a

---

[1216] B. MATHIEU, « De la difficulté et de l'utilité de modifier les droits fondamentaux inscrits dans la Constitution », *in Terres du droit : mélanges en l'honneur d'Yves Jégouzo*, Paris : Dalloz, 2009, pp. 149 - 156, (p. 150).

[1217] Parmi ces dispositions se trouvent aussi les dispositions transitoires de la Constitution qui assurent la continuité de l'Etat après le rétablissement de la démocratie en 1974 et contribuent à éviter les vides juridiques. Il s'agit des articles 111 - 119 de la Constitution qui ne feront pas l'objet de notre analyse parce qu'ils ne présentent pas d'intérêt particulier concernant les rapports avec les deux droits européens.

été alors appelé à affronter les conflits sous - jacents avec les droits européens. Toutefois, l'existence de dispositions extrêmement précises et expressément consacrées dans le texte même de la Constitution laisse au juge une marge de manœuvre très faible quant à l'interprétation constitutionnelle. Ainsi, lorsqu'il est confronté à un conflit d'une intensité majeure entre la Constitution et les droits européens, le juge essaie de défendre la suprématie constitutionnelle tout en tentant de défendre le sens des dispositions historiquement attachées à la Constitution (B).

A. Une Constitution détaillée afin de garantir la protection des droits

En vue de garantir la liaison avec les Constitutions antérieures, le constituant grec a pris soin d'assurer le même niveau de protection des droits que les Constitutions précédentes, voire de l'élargir. Des règles très précises ont été intégrées dans le texte de la Constitution (1) et la marge de mise en œuvre de ces règles par le pouvoir législatif a été très limitée (2).

1. L'inscription dans le texte initial de la Constitution de règles précises

Un exemple d'inscription dans le texte de la Constitution de règles précises se trouve à l'article 16 de la Constitution garantissant le droit à l'éducation. Sur un plan général, le droit à l'éducation constitue l'un des premiers droits sociaux ayant joui d'une protection constitutionnelle au niveau européen. Il a ainsi trouvé sa place dans les Constitutions révolutionnaires de la France[1218].

En Grèce, le droit à l'éducation fut le premier droit social établi au niveau constitutionnel, ainsi qu'il ressort de la lecture des premières Constitutions révolutionnaires. L'article 11 de la Constitution de 1844 disposait que « *l'instruction supérieure est à la charge de l'État. L'État concourt aussi à l'institution des écoles communales, en proportion des besoins des communes* ». Cette disposition resta invariable dans la Constitution de 1864,

[1218] M. VERPEAUX, *Textes constitutionnels révolutionnaires français*, Paris : PUF, 1988, pp. 36 - 38 et 80 - 82 : Nouveau pacte social, présenté au nom du comité de Constitution, par Condorcet à la convention nationale les 15 et 16 février 1793 (ou Constitution girondine). Projet de déclaration des droits naturels, civils et politiques des hommes, Article 23 : « *L'instruction élémentaire est le besoin de tous, et la société le doit également à tous ses membres* », l'adjectif élémentaire n'existe pas au Moniteur universel, journal de l'époque révolutionnaire qui reproduisait les débats des Assemblées et les textes qui en étaient issus. Constitution du 24 juin 1793 ou Constitution de l'An I : Déclaration des droits de l'homme et du citoyen, Article 22 : « *L'instruction est le besoin de tous. La société doit favoriser de tout son pouvoir les progrès de la raison publique, et mettre l'instruction à la portée de tous les citoyens* ».

sous l'article 16. Ensuite, le droit à l'éducation fut élargi quant à la protection qui lui est accordée avec l'adoption de la Constitution de 1911 qui établit le système éducatif aux frais de l'État et sous sa haute surveillance en stipulant que la gratuité de l'éducation élémentaire pour tous[1219]. Ce niveau élargi de protection fut conservé dans les Constitutions ultérieures de 1927 et de 1952, alors qu'avec l'adoption de la Constitution de 1975, le droit de tous les grecs à l'éducation gratuite, à tout degré de l'enseignement, fut prévu à l'article 16 alinéa 4. L'introduction de cette disposition, reflète la volonté du pouvoir constituant d'offrir une solidité constitutionnelle à l'obligation de l'État d'assurer une éducation gratuite. En outre, elle démontre le progrès réalisé par rapport aux Constitutions précédentes avec l'élargissement de la protection dudit droit à « *tout degré* », y inclus, désormais, l'enseignement supérieur.

Le cadre constitutionnel de l'enseignement supérieur est complété par les alinéas 5 et 8 de l'article 16 en vertu desquels l'enseignement supérieur constitue un service public[1220]. Ainsi, la fondation d'écoles d'enseignement supérieur par des particuliers est interdite. En effet, l'enseignement supérieur doit être assuré uniquement par des établissements constituant des personnes morales de droit public[1221]. Bien que, lors des travaux préparatoires de la Constitution de 1975, il ait été suggéré d'étendre également cette interdiction aux autres degrés d'enseignement, cette proposition n'a pas été retenue[1222]. Or, cette proposition confirme la méfiance de l'État envers l'éducation privée, notamment celle offerte par des établissements étrangers[1223].

L'interdiction explicite de l'alinéa 8 de l'article 16[1224], combinée avec celle de l'alinéa 5[1225], résulte à ce que l'enseignement supérieur peut être

---

[1219] N. SARIPOLOS, *Le système de droit constitutionnel grec en comparaison avec les systèmes des Etats étrangers*, Athènes : imp. Raftani, 1923, pp. 150 - 153.

[1220] Th. ALAMANIS, *La privatisation de l'enseignement supérieur*, Athènes - Komotini : éd. A. Sakkoulas, 1989, p. 61.

[1221] V. KARAKOSTAS, E. GEORGOPOULOU - ATHANASOULI, *La Constitution, commentaires interprétatifs et jurisprudence, t.III, article 11 - 16*, Athènes : éd. Nomiki vivliothiki, 1996, p. 337.

[1222] N. PAPACHRISTOS, « L'enseignement privé dans la jurisprudence du Conseil d'État », *in livre jubilaire pour les 75 ans du Conseil d'État*, Athènes - Thessalonique : éd. Sakkoulas, pp. 415 - 426, (p. 415).

[1223] V. SKOURIS, E. KOUTOUPA - REGKAKOU, *Le droit à l'éducation*, Athènes - Thessalonique : éd. Sakkoulas, 4e éd., 2009, p. 126.

[1224] Article 16, alinéa 8 : « *La loi fixe les conditions et les termes dans lesquels sont accordées les autorisations de fondation et de fonctionnement d'établissements d'enseignement n'appartenant pas ΰ l'Etat, les modalités de la tutelle exercée sur ceux - ci, ainsi que le statut de leur personnel enseignant. La fondation d'écoles d'enseignement supérieur par des particuliers est interdite* ».

[1225] Article 16, alinéa 5 : « *L'enseignement supırieur est assuré uniquement par des établissements, qui constituent des personnes morales de droit public, pleinement* garanti en Grèce uniquement par des personnes morales de droit public et les particuliers ne peuvent pas fonder d'établissements pour la prestation de l'enseignement supérieur[1226]. Cela dit, il est évident qu'il s'agit d'une interdiction constitutionnelle précise et absolue exprimant la volonté du pouvoir constituant. Il est à constater que l'objectif principal de la disposition n'était autre que de protéger le droit à l'éducation, ce dernier ayant constitué une priorité dès les premiers textes constitutionnels grecs. Cependant, l'interdiction de fonder des établissements privés d'enseignement supérieur fut établie pour la première fois dans la Constitution de la dictature de 1968[1227]. La justification, selon les travaux préparatoires de cette Constitution, semble être, d'une part, le doute quant à la qualité de l'éducation offerte par des personnes morales de droit privé[1228] et d'autre part, la peur de création d'établissements d'enseignement supérieur dirigés par des étrangers[1229]. Par la suite, cette interdiction fut conservée de manière absolue dans la Constitution de 1975, malgré les trois révisions constitutionnelles qui ont eu lieu depuis[1230].

2. L'absence de marge de manœuvre du législateur, résultat des règles constitutionnelles précises

La disposition constitutionnelle visant l'interdiction de la création d'établissements d'enseignement supérieur privés étant très précise, elle n'appelait donc pas de précision par voie législative. C'est pourquoi le texte constitutionnel ne contient pas une habilitation constitutionnelle en ce sens. Néanmoins, dans le cadre d'un contexte social spécifique, cette disposition se trouve mise à mal d'une part par la création abondante en Grèce de « centres d'études libres » offrant en dehors du cadre institutionnel prévu des diplômes d'enseignement supérieur et d'autre part, par les exigences qui

---

décentralisés. Ces établissements se trouvent sous la tutelle de l'Etat, ont droit à son aide financière et fonctionnent conformément aux lois relatives à leurs statuts d'organisation. La fusion ou la division des établissements d'enseignement supirieur peut être réalisée même par dérogation à toute autre disposition contraire, ainsi qu'il est prévu par la loi. Une loi spéciale règle tout ce qui concerne les associations estudiantines et la participation des étudiants à celles - ci ».

1226 Ch. ANTHOPOULOS, « Les Universités non Etatiques et la nature publique de l'éducation universitaire », *EfimDD*, n°4, 2006, pp. 423 - 434, (p. 425).

1227 M. IOANNIDIS, « L'interdiction constitutionnelle de création des Universités privées », *ToS*, 2009, pp. 823 - 871, (p. 828).

1228 Conseil ministériel, *Procès - verbaux pour la nouvelle constitution de 1968*, p.107.

1229 Conseil ministériel, *Procès - verbaux pour la nouvelle constitution de 1968*, p. 118 et p. 808 et N. ALIVIZATOS, *Au delà de l'article 16*, Athènes : éd. Metaichmio, 2007, pp. 62 - 63.

1230 Il s'agit de révisions constitutionnelles de 1986, 2001 et 2008.

découlent des dispositions des directives européennes en matière de reconnaissance des formations professionnelles.

D'abord, une forte tendance d'immigration étudiante a eu lieu depuis les années 1980 en Grèce, et ceci pour deux raisons principales. Premièrement, il existe un système d'entrée à l'enseignement de troisième degré qui est fort compétitif, combiné, de surcroît, à un *numerus clausus* strict concernant le nombre des admis. L'interdiction constitutionnelle rigoureuse de fonder d'établissements d'enseignement supérieur par des particuliers[1231] renforce ce mouvement. Secondement, l'Union européenne et les possibilités qu'offre la libre circulation jouent un rôle considérable dans cette tendance. En particulier, l'UE encourage la mobilité des étudiants grâce à de nombreux programmes éducatifs ainsi que par le biais des directives qui règlent la question de reconnaissance des diplômes lorsqu'une partie d'études est effectuée dans différents États membres.

Dans une tentative d'exploiter la volonté d'immigration étudiante, pas accessible à tous, financièrement, plusieurs « centres d'études libres » ont été institués offrant de façon atypique des études supérieures. Il s'agit d'institutions fondées par des entrepreneurs privés. Elles sont nommées « centres d'études libres », car il leur est interdit, sous peine de sanctions, de revendiquer le titre d'« Universités » ou d'« Écoles » ou de « Collèges » ou encore d'« Académies »[1232] du fait de l'interdiction constitutionnelle précitée. Ce type de centres est régi soit par le droit grec, soit partiellement par le droit étranger, ce qui leur permet de conclure ensuite des conventions entre des Universités d'autres pays membres de l'UE et des étudiants grecs. Ces derniers, après avoir accompli une partie « préparatoire » de leurs études en Grèce, peuvent ensuite se rendre à l'étranger, afin de les poursuivre dans une Université agréée et y obtenir leurs diplômes. Délivrés par des Universités étrangères, ces titres présentent la particularité de sanctionner une scolarité effectuée auprès de deux organismes au statut différent : l'un national, non - universitaire, et l'autre étranger et universitaire, dans deux États membres de l'Union[1233].

Dans ce cadre éducatif et social, des mécanismes de reconnaissance des titres d'études étrangers furent créés en Grèce[1234]. Le système grec de

---

[1231] E. TARARA, « La reconnaissance des titres d'études étrangers, une approche nationale et communautaire », *DtA*, n°41, 2009, pp. 115 - 177, (p. 116 et suiv.).

[1232] Voir décret législatif 9/9.10.1935 et article 15 et 16 de la loi 1966/1991.

[1233] E. MOUAMELETZI, « La reconnaissance des diplômes de l' 'étranger' et la nouvelle dimension du franchising éducatif », *NoV*, 1999, pp. 1056 - 1076, (p. 1058).

[1234] Jusqu'en 1979, les Universités grecques étaient elles - mêmes chargées de la reconnaissance des titres d'études universitaires. Cependant, en 1979, en raison de l'important flux migratoire d'étudiants précité et de l'introduction de diplômes étrangers en Grèce, le Centre interuniversitaire de reconnaissance des titres d'études (DIKATSA) fut créé par la loi 741/1977. Il s'agit du seul organisme responsable de reconnaissance des diplômes universitaires est intégré dans un système plus général de reconnaissance des diplômes, qui est largement conditionné désormais par le droit de l'UE. Comme règle générale, l'article 165 §1 TFUE énonce que l'Union a pour mission de « *contribuer au développement d'une éducation de qualité en encourageant la coopération entre États membres et, si nécessaire, en appuyant et en complétant leur action* ».

Par conséquent, l'organisation même du système éducatif ne relève pas de la compétence de l'UE. Néanmoins, alors que le refus du système grec de reconnaître des diplômes étrangers lorsqu'ils sont acquis partiellement ou entièrement auprès de « centres d'études libres » est conforme à l'interdiction constitutionnelle de création d'établissements d'enseignement supérieur privés, elle révèle des points d'incompatibilités du régime grec avec le droit de l'UE. Concrètement, des incompatibilités émergent avec les dispositions du droit primaire qui garantissent les libertés fondamentales de circulation et d'installation des personnes et le droit dérivé issu en matière de reconnaissance de diplômes de l'enseignement supérieur[1235].

En outre, au droit dérivé, on rencontre, progressivement, un nombre croissant de textes concernant non pas l'éducation en soi, mais la reconnaissance des droits professionnels. En particulier, suite à l'abandon du système des directives sectorielles de reconnaissance des professionnels qui prévoyait l'adoption de directives jumelées pour chaque profession, c'est-à-dire une directive en matière de coordination des conditions de formation et une autre en matière de reconnaissance mutuelle des titres professionnels respectifs, un système général de reconnaissance des diplômes a été prévu. C'est dans ce cadre que la directive 89/48/CEE relative à un système général de reconnaissance des diplômes d'enseignement supérieur fut adoptée[1236]. Cette directive prévoit un système assez complexe de reconnaissance des diplômes qui sanctionnent des formations professionnelles d'une durée minimale de trois ans. En effet, l'article 3 précise l'obligation de l'État membre d'accueil de permettre l'accès à une profession réglementée sur son territoire ou son exercice au titulaire d'un diplôme délivré par un autre État

---

la reconnaissance des titres universitaires depuis avril 1979. Le fonctionnement de cette institution fut critiqué pour ses retards et un climat de corruption. C'est pour cette raison qu'en 2005, un nouvel organisme fut créé et chargé de la mise en œuvre de la procédure de reconnaissance des diplômes, contribuant ainsi à la rationalisation de l'ensemble de la procédure. Il s'agit de l'Organisme interscientifique de reconnaissance des titres d'études de l'étranger (DOATAP) ; il est intégré dans le cadre d'un réseau étendu d'organismes similaires qui fonctionnent dans d'autres Etats européens.

[1235] L. PAPADOPOULOU, *Constitution nationale et droit communautaire, La question de primauté, op. cit.*, pp. 535 - 536.

[1236] Directive 89/48/CEE du Conseil du 21 décembre 1988, relative à un système général de reconnaissance des diplômes d'enseignement supérieur qui sanctionnent des formations professionnelles d'une durée minimale de trois ans.

membre et qui entre dans le champ d'application de la directive dans un objectif d'éliminer les frontières intérieures. Par ailleurs, l'article 4 définit les cas dans lesquels l'État membre d'accueil a la possibilité, dans l'hypothèse où l'équivalence entre les titres en cause ferait défaut, d'exiger du titulaire du diplôme délivré dans un autre État membre des qualifications supplémentaires, à savoir soit de démontrer une expérience professionnelle soit d'accomplir un stage ou de passer une épreuve d'aptitude[1237].

En Grèce, la mise en œuvre de ladite directive a créé des problèmes considérables. Pendant des années, elle n'a pas été transposée que pour certaines professions : celles d'avocat[1238], de comptable assermenté[1239] ou celles du secteur paramédical[1240]. Par la suite, la Grèce n'a transposé cette directive dans l'ordre interne que par le décret présidentiel 165/2000 alors que le délai de transposition avait expiré depuis le 4 janvier 1991.

Au niveau européen, le cadre institutionnel de la directive 89/48/CEE fut complété plus tard par la directive 92/51/CEE[1241] qui visait à étendre le système de reconnaissance aux formations professionnelles post secondaires d'une durée d'au moins un an[1242]. Les deux directives furent abrogées le 20 octobre 2007. L'adoption de la nouvelle directive 2005/36 CE du 7 septembre 2005, relative à la reconnaissance des qualifications professionnelles, a systématisé dans un texte unique les réglementations des directives précédentes en mettant en œuvre un système général de reconnaissance de diplômes et en contribuant à la rationalisation des règles qui régissent les différents systèmes de reconnaissance[1243].

Il en résulte, bien évidemment, que, du point de vue du droit grec, l'articulation entre les dispositions de l'Union et les dispositions nationales, en matière de reconnaissance des diplômes étrangers, est problématique lorsqu'une partie des études est effectuée dans un « centre d'études libres » privé, fonctionnant en tant qu'annexe d'une Université étrangère en Grèce.

[1237] V. HATZOPOULOS, *Le principe communautaire d'équivalence et de reconnaissance mutuelle dans la libre prestation de services*, Athènes Bruxelles : Sakkoulas Bruylant, 1999 p. 463.

[1238] Décret présidentiel 52/1993.

[1239] Décret présidentiel 121/1993.

[1240] Arrêté ministériel A 4/4112 de 24.7.1992 Reconnaissance des formations professionnelles pour l'exercice des métiers de la santé et du bien être conformément à la directive 89/48CEE du Conseil.

[1241] Directive 92/51/CEE du Conseil du 18 juin 1992, relative à un deuxième système général de reconnaissance des formations professionnelles qui complète la directive 89/48/CEE.

[1242] L'intégration de cette directive dans l'ordre public grec a eu lieu par le décret présidentiel 231/1998, voir E. MOUAMELETZI, « La reconnaissance des diplômes de l' 'étranger' et la nouvelle dimension du franchising éducatif », *op. cit.*, p. 1065.

[1243] E. TARARA, « La reconnaissance des titres d'études étrangers, une approche nationale et communautaire », *DtA*, n°41, 2009, pp. 115 - 177, (pp. 150 - 151).

Comme la Constitution interdit explicitement la création d'Universités par des particuliers, les juridictions grecques n'acceptaient pas, en mettant en œuvre la disposition constitutionnelle, la reconnaissance de ces diplômes acquis partiellement après des études effectuées auprès de tels centres privés fonctionnant en Grèce. La situation se complique davantage avec les directives précitées, qui créent l'obligation pour les États membres de reconnaître les diplômes étrangers sanctionnant des études effectuées dans deux États membres différents, en dépit de la particularité constitutionnelle de la Grèce. Par conséquent, alors que la disposition constitutionnelle en soi n'était pas incompatible avec le droit de l'UE, des points de conflits ont émergé en vertu de l'interdiction constitutionnelle de création d'établissements d'enseignement supérieur par des personnes morales de droit privé ou par des particuliers, qui sont allés jusqu'au refus de la reconnaissance des droits professionnels acquis en vertu de diplômes sanctionnant des études effectuées en partie à l'étranger et en partie aux « centres d'études libres » installés en Grèce.

B. La défense jurisprudentielle du niveau de protection des droits garantis par la Constitution

L'interdiction de la création des Universités privées en Grèce ne laisse pas de marge de manœuvre interprétative au juge. Ainsi, les juridictions ont affronté les conflits émergeant avec le droit européen à travers un prisme souverainiste, en mettant l'accent sur la suprématie constitutionnelle. Dans ce cadre, le Conseil d'État refuse la reconnaissance des diplômes sanctionnant des études en partie effectuées dans des « centres d'études libres » en Grèce en invoquant l'interdiction constitutionnelle de création des Universités privées. Le juge défend ainsi sa compétence pour l'organisation du système éducatif (1). Respectivement, le juge grec opère une hiérarchisation au sein du droit de l'UE. En invoquant la suprématie du droit primaire face au droit dérivé, le juge défend aussi la suprématie de la Constitution, dont les dispositions s'alignent sur le droit primaire de l'UE (2).

1. La défense de la compétence nationale pour l'organisation du système éducatif

L'interdiction absolue de création des Universités privées énoncée dans la Constitution conditionne considérablement la jurisprudence du Conseil d'État rendue en matière de reconnaissance des diplômes acquis par les « centres d'études libres » fonctionnant en Grèce dans l'hypothèse où une partie des études a eu lieu auprès de ces institutions et une autre, dans une Université à l'étranger.

La question qui se pose est de savoir si la compétence de reconnaissance des titres, provenant de ces « centres d'études » installés en Grèce, incombait tant au droit grec qu'au droit de l'Union (primaire et dérivé) et si cela était le cas, de rechercher si les règles des deux ordres juridiques, révélées, ainsi, contradictoires, pouvaient s'harmoniser[1244].

Il convient, en premier lieu, de relever que le droit de l'UE laisse l'organisation de l'enseignement du deuxième et troisième cycle à la charge des États membres, tandis que l'Union peut entreprendre seulement quelques actions de coordination, conformément aux articles 165 et 166 TFUE. En substance, le choix constitutionnel d'interdire la création d'Universités privées relève de la compétence étatique. Toutefois, il ressort de la jurisprudence de l'UE que l'interdiction de reconnaissance des diplômes, ayant été obtenus en totalité ou en partie au moyen d'études effectuées auprès des centres d'études installés en Grèce, est contraire aux dispositions du droit de l'UE et notamment aux dispositions relatives aux libertés fondamentales, telles que la libre circulation des employés et la liberté d'établissement des professionnels indépendants à l'intérieur du territoire européen. En associant, en outre, la reconnaissance des titres d'études aux directives européennes susmentionnées, la CJUE juge, qu'au regard de la liberté d'établissement d'une entreprise, l'État membre d'accueil est obligé de permettre le fonctionnement d'un établissement éducatif en tant que filiale ou agence d'un autre établissement éducatif légalement fondé selon le droit d'un autre État membre et installé dans son territoire[1245].

Cependant, la jurisprudence du Conseil d'État a fait preuve d'une « persistance rare »[1246] à protéger la lettre de l'article 16 de la Constitution, au détriment des dispositions du droit de l'UE. Cette jurisprudence, constante depuis 1988, a porté sur la question de reconnaissance des diplômes acquis par un « centre d'études libres » grec[1247]. Le Conseil d'État estimait, déjà dans un premier temps, qu'une telle reconnaissance signifierait la reconnaissance indirecte des Universités privées et par extension, la violation de la Constitution[1248].

[1244] L. PAPADOPOULOU, *Constitution nationale et droit communautaire, La question de primauté, op. cit.*, p. 536.

[1245] CJUE, 13 novembre 2003, *Neri*, C - 153/02, Rec. 2003 p. I - 13555.

[1246] N. ALIVIZATOS, *Au delà de l'article 16*, *op. cit.*, p. 149.

[1247] Voir l'arrêt Conseil d'État 2739/1988 qui a renvoyé l'affaire à la composition élargie de la Section (7 membres). La composition élargie de la Section a pour sa part renvoyé l'affaire à l'Assemblée plénière du Conseil d'État (arrêt 1964/1989). L'Assemblée plénière a rendu l'arrêt 2274/1990 (*Armenopoulos*, 1990, pp. 679 - 681 et *ToS*, 1990, pp. 617 - 618).

[1248] E. MOUAMELETZI, « La reconnaissance des diplômes de l' 'étranger' et la nouvelle dimension du franchising éducatif », *op. cit.*, p. 1065. Le même sujet a été réexaminé à propos de l'arrêt 626/1994 du Conseil d'État, (*Armenopoulos*, 1994, pp. 1429 - 1431 et *ToS*, 1994, pp. 845 - 47 avec commentaire de G. TSIMEKAS).

La même question a été soulevée dans l'affaire qui a donné lieu à l'arrêt 2809/1997[1249] du Conseil d'État, qui refusait la reconnaissance d'une équivalence d'une Université étrangère du fait qu'une partie des études avait été effectuée dans un « centre d'études libres » installé en Grèce[1250]. Au regard de l'importance de la question, l'Assemblée plénière a été saisie[1251] et rendu ensuite l'arrêt emblématique 3457/1998[1252].

Cet arrêt, parvenant à la même conclusion que celui précité, s'appuie sur trois arguments de base. Il s'agit, en premier lieu, de la distinction stricte entre reconnaissance académique des titres d'études et reconnaissance des droits professionnels. En deuxième lieu, il invoque le critère de la territorialité en matière de compétence de l'organisation du système éducatif au sein de l'UE. En dernier lieu, il défend les compétences nationales quant à la détermination du contenu de l'enseignement et l'organisation du système éducatif et de l'enseignement professionnel[1253]. Le Conseil d'État souligne, notamment, que « *le maintien de la diversité culturelle et linguistique* » des États membres, auquel fait expressément référence l'article 126 du TCE (devenu article 165 TFUE), est d'importance suprême puisque l'éducation

---

1249 Conseil d'État 2807/1997 (*DiDik*, 1997, pp. 1151 - 1161, *ToS*, 1998, pp. 943 - 961) et J. ILIOPOULOS - STRANGAS, « Constitution hellénique et intégration européenne », *in Défense nationale - intégration européenne, les réponses constitutionnelles*, Bruxelles - Athènes : Bruylant, A. Sakkoulas, 2002, pp. 71 - 112, (p. 81).

1250 E. TARARA, « La reconnaissance des titres d'études étrangers, une approche nationale et communautaire », *op. cit.*, p. 160 et G. XYLOURIS, « La relation entre le droit communautaire et le droit constitutionnel », *DiDik*, 2000, pp. 16 - 25, (p. 21). Il est à noter que la Cour invoque l'article 28 de la Constitution pour défendre la primauté constitutionnelle face au droit de l'UE, en précisant que la disposition 28 de la Constitution prévoit la valeur supralégislative mais infraconstitutionnelle du droit de l'UE. Cet avis est complété par un argument d'un conseilleur d'Etat qui se réfère aux procédures de vote de la Constitution de 1975, et cite que puisque la Grèce envisageait la possibilité d'intégration de la Grèce aux C.E.E. depuis cette époque, et le pouvoir constituant a choisi de ne pas prévoir explicitement la primauté du droit des CEE face au droit constitutionnel, la Constitution nationale prime.

1251 L'article 14 alinéa 2 du décret présidentiel 18/1989 portant codification de diverses dispositions sur le Conseil d'État dispose que la Section du Conseil d'État peut renvoyer une affaire à l'assemblée plénière en raison de son importance.

1252 Conseil d'État, Assemblée plénière 3457/1998, *Armenopoulos*, 1999, pp. 125 - 135, *DEE*, 1999, pp. 664 - 666, *EDKA*, 1999, pp. 111 - 121, *NoV*, 1999, pp. 1019 - 1037 avec commentaire de N. FRAGKAKIS *ToS*, 1999, pp. 961 - 979 avec commentaire de Ch. SYNODINOS, *et ToS*, 1999, pp. 977 - 979 avec commentaire A. PAPAKONSTANTINOU.

1253 Pour cette triple division voir C. YANNAKOPOULOS, « L'article 16 de la Constitution, le droit communautaire et le Conseil d'État...dix ans plus tard », *EfimDD*, n°2, 2007, pp. 140 - 147, (p. 147) et Ch. SYNODINOS, « Commentaire à l'arrêt 3457/1998 du Conseil d'État », *NoV*, 1999, pp. 1033 - 1037, (p. 1034).

est indispensable pour la « garantie de l'identité nationale » ainsi que de l'héritage linguistique et culturel d'un peuple[1254]. Il importe de constater à ce propos la défense implicite d'une idée qui ressemble fortement à ce qui est appelé, en France, l'identité constitutionnelle, néanmoins pas explicitement affirmée par le Conseil d'État.

Malgré l'opinion dissidente de 11 conseillers, selon laquelle l'évaluation de l'équivalence du diplôme étranger devrait être effectuée en prenant exclusivement en compte le niveau de connaissances et de qualités certifiées par le diplôme en cause, en vertu des dispositions du droit de l'Union, primaire et dérivé, et notamment de la liberté de circulation des personnes, cette jurisprudence du Conseil d'État, introduite pour la première fois avec l'arrêt 3457/1998, a été constante pendant plusieurs années[1255].

2. La hiérarchisation des règles du droit de l'Union européenne comme moyen de renforcement de la suprématie constitutionnelle

La Haute juridiction administrative grecque, affrontée à des litiges portant sur la reconnaissance de diplômes délivrés par des « centres d'études libres » installés en Grèce, évitait systématiquement depuis des années de saisir la CJUE d'une question préjudicielle, malgré le lien évident de ce problème juridique avec le droit de l'UE.

En premier lieu, dans l'arrêt 2809/1997, le Conseil d'État a évité de poser une question préjudicielle en privilégiant la supériorité constitutionnelle. La Cour a d'abord estimé qu'une question de compatibilité se posait entre règles européennes et constitutionnelles. Toutefois, elle a choisi de hiérarchiser les règles applicables en l'espèce afin de privilégier l'application de la Constitution[1256]. Par la suite, elle a décidé de saisir l'Assemblée plénière dans cette affaire, en raison de son importance majeure[1257], au lieu de poser directement une question préjudicielle à la CJUE portant sur l'interprétation des dispositions européennes applicables en l'espèce[1258].

À l'opposé de cet arrêt, l'Assemblée plénière du Conseil d'État, saisie par la suite, a fait la distinction dans son arrêt 3457/1998, entre la disposition de

---

[1254] Conseil d'État, Assemblée plénière 3457/1998, considérant n°16.

[1255] Voir aussi les arrêts Conseil d'État 1680/1990, 2274/1990 (*Armenopoulos*, 1990, pp. 679 - 681 et *ToS*, 1990, pp. 617 - 618), Conseil d'État 1440/2000, 2709/2001 (*DiDik*, 2003, pp. 891 - 892), Conseil d'État 2667/2003, 2392/2004, 2709/2004, 2716/2005, 1841/2006, 1843/2006 (*EDDD*, 2006, pp. 748 - 751).

[1256] C. BACOYANNIS, « Chroniques : Grèce », *AIJC*, vol. XIV, 1998, pp. 791 - 820, (p. 795).

[1257] En vertu du décret présidentiel 18/1989 portant sur les compétences du Conseil d'État, les Sections du Conseil d'État peuvent saisir l'Assemblée plénière à propos d'une affaire présentant une importance majeure (article 14 alinéa 2).

[1258] E. MOUAMELETZI, « La reconnaissance des diplômes de l' 'étranger' et la nouvelle dimension du franchising éducatif », *op. cit.*, p. 1067.

l'article 16 de la Constitution, régissant le système éducatif national, et la directive 89/48, relative à la protection de la libre circulation des personnes. Ainsi, le Conseil d'État a distingué la question de la reconnaissance des diplômes du point de vue académique de la reconnaissance des diplômes du point de vue des droits professionnels[1259]. Il a dès lors défendu sa compétence nationale pour la reconnaissance des diplômes du point de vue académique en s'appuyant en particulier sur les dispositions de l'article 126 du TCE (article 165 TFUE). Enfin, afin d'éviter l'entrave du renvoi d'une question préjudicielle, le Conseil d'État a précisé que les dispositions du droit dérivé, à savoir celles de la directive 89/48, disposaient d'une valeur hiérarchique inférieure par rapport à l'article 126 TCE (article165 TFUE)[1260]. Il a enfin proposé une interprétation de la directive 89/48, conforme à l'esprit de l'article 126 du Traité, notamment en ce qui concerne l'organisation de l'éducation supérieure par les États membres[1261]. Ainsi, le Conseil d'État s'est substitué au rôle du juge de l'Union qui est en effet l'interprète authentique du droit de l'Union.

À travers cette approche, qui revient en effet à avantager une application simultanée de dispositions relevant du droit constitutionnel (article 16 de la Constitution) et du droit primaire de l'Union (article 165 TFUE), en rejetant parallèlement une application simultanée de dispositions relevant du droit primaire et dérivé, le juge grec essaie de défendre ses compétences exclusives à propos de l'organisation de l'éducation supérieure en dépit de l'élargissement continu du champ d'application du droit de l'UE[1262].

Cependant, l'opinion dissidente dans cette affaire, qui souligne la pertinence du renvoi d'une question préjudicielle suffit à démontrer que la question relevant de l'interprétation du droit de l'Union n'avait pas de réponse claire ou indisputable. Ce fait même aurait dû inciter le Conseil d'État à saisir la Cour de justice afin de préciser l'interprétation des dispositions européennes applicables dans ce cas d'espèce.

[1259] S. KTISTAKI, « La reconnaissance des titres d'études étrangères et le rôle de DIKATSA, réflexions sur l'arrêt 3457/1998 de l'Assemblée plénière du Conseil d'État », *DtA*, n°8, 2000, pp. 1019 - 1024, (p. 1022).

[1260] St. MATHIAS, « La reconnaissance de titre d'études par les Universités de pays membres de l'Union européenne », *ToS*, 2003, pp. 1 - 11, (p. 6).

[1261] G. GERAPETRITIS, « The hellenic Council of state vis - à - vis the European court of justice: from voluntary seclusion to inevitable constitutional dialogue », *in Essays in honour of Georgios I. Kassimatis*, Athens, Komotini Bruxelles Berlin : éd. A. Sakkoulas, Bruylant, Berliner Wissenschafts - Verl., 2004, pp. 83 - 100, (p. 90).

[1262] L. PAPADOPOULOU, *Constitution nationale et droit communautaire, La question de primauté, op. cit.*, p. 549.

§2. La défense de la Constitution révisée face au droit de l'Union européenne et à la Convention EDH

Après son adoption en 1975, la Constitution fut révisée en 2001 afin que son adaptation à l'évolution des besoins du pays soit assurée. Les objectifs de cette révision étaient surtout d'améliorer la transparence des institutions[1263], de lutter contre la corruption et de délimiter les liens entre les espaces public et privé. Ces objectifs légitimes et honorables ont toutefois conduit à l'adoption de dispositions constitutionnelles extrêmement détaillées, avec un contenu particulièrement rigoureux, pour lesquelles la marge de manœuvre du législateur était minime (A). Face aux éventuelles incompatibilités de ces règles avec les droits européens, le juge grec a fermé les voies de dialogue entre les juridictions nationales et européennes, en défendant la suprématie constitutionnelle (B).

A. Une Constitution bavarde issue de la révision

La révision de 2001 a eu lieu dans un climat consensuel, permettant que la plupart des dispositions soient votées tant par le gouvernement que par l'opposition parlementaire. Des nouvelles dispositions sont ajoutées à la Constitution. Elles reflètent les besoins sociaux du pays et contribuent à pallier les irrégularités observées (1). Or, cela a conduit à l'adoption de règles extrêmement détaillées dotées d'une normativité variable à cause notamment des habilitations constitutionnelles qu'elles contiennent (2). Ces règles sont éventuellement, par leur nature, susceptibles d'entrer en conflit avec un certain nombre de règles relevant des ordres juridiques européens.

1. La révision de la Constitution dans le cadre de la lutte contre la corruption : l'inscription des règles dotées d'une normativité à géométrie variable

La lutte contre la corruption constituait un but primordial à atteindre lors de la révision constitutionnelle de 2001. Deux dispositions constitutionnelles prévoyant des incompatibilités *ex ante* ont ainsi été adoptées. La première a été introduite à l'article 14, garantissant la liberté d'expression. Est ainsi prévu un nombre considérable de restrictions et de garanties en matière de fonctionnement des médias d'information. La seconde, a été introduite à l'article 57 de la Constitution et prévoit une incompatibilité absolue entre l'exercice d'une activité professionnelle et le mandat de député. Les

---

[1263] X. KONTIADIS, « La délimitation de la relation du pouvoir politique avec les médias. Pluralisme et transparence au système communicatif selon les articles 14 et 15 de la nouvelle Constitution », *in* TSATSOS Dimitris, E. VENIZELOS (dir.), *La nouvelle Constitution*, Athènes - Komotini : éd. A. Sakkoulas, 2001, pp. 265 - 345, (p. 268).

habilitations constitutionnelles, prévues par ces dispositions, compliquent davantage les choses en raison de l'éventuel report de la mise en œuvre de ces dernières, du fait de leur entrée en vigueur différée, et de la contradiction qui émerge ainsi inévitablement avec l'applicabilité directe de la Constitution[1264].

D'abord en ce qui concerne l'article 14 alinéa 9, il systématise l'exigence de transparence économique des moyens d'information. Dans un premier temps, et bien avant la révision constitutionnelle de 2001, en vue de la lutte contre la corruption et le danger d'échanges déloyaux entre des acteurs économiques et des personnes politiques, ou des fonctionnaires, dans le secteur des marchés et des travaux publics, une loi fut votée en 1995[1265]. Cette loi prévoyait l'« *incompatibilité* » des activités parallèles dans le domaine des médias et dans celui des marchés publics[1266]. L'instauration de cette incompatibilité visait donc à empêcher des transactions entre des propriétaires de moyens d'information, ayant parallèlement des intérêts dans le secteur des marchés publics, et des acteurs politiques appartenant au gouvernement, ou exerçant une fonction étatique au sens large, dans le but d'obtenir des avantages dans le cadre de futures attributions de marchés[1267]. La constitutionnalité de cette loi avait été sérieusement remise en cause par la doctrine[1268]. Toutefois, s'agissant de la question de sa constitutionnalité, qui fut examinée indirectement[1269] par le Conseil d'État[1270], celui - ci a statué

1264 Th. RAPTOPOULOS, « L'applicabilité des dispositions constitutionnelles contenant d'habilitations constitutionnelles restant inactives. Quelques réflexions sur le pouvoir normatif de la Constitution à la suite des arrêts Lykourezos et Sitaropoulos de la CEDH », *EfimDD*, n°1, 2011, pp. 138 - 155, (p. 148).

1265 Loi 2328/1995.

1266 Article 1 §11 de la loi 2328/1995.

1267 Ch. ANTHOPOULOS, « L'incompatibilité prévue pour les propriétaires des médias avant et après l'article révisé 14 paragraphe 9 de la Constitution », *in* X. KONTIADIS (dir.), *5 ans après la révision constitutionnelle, appréciation et propositions pour une nouvelle révision constitutionnelle*, Athènes - Komotini : éd. Sakkoulas, 2006 pp. 313 - 366, (pp. 320 - 322).

1268 A titre d'exemple, on cite les opinions de A. TSEVAS, « L'incompatibilité de l'« actionnaire majoritaire » entre la liberté de communication et le droit communautaire de contrats publics », *DiMME*, n°3, 2004, pp. 323 - 328, (p. 327) et D. CHARALAMPIS, « Réflexions à propos de la transparence, des « qualités incompatibles » et l'« actionnaire majoritaire » », *DiMME*, n°1, 2004, pp. 21 - 40, (p. 34) qui soutiennent la constitutionnalité de la loi en cause.

1269 La constitutionnalité de cette disposition a été implicitement reconnue car l'objet de cet arrêt du Conseil d'État était de juger le traitement différent de la presse et des stations audiovisuelles, à propos desquelles la loi imposait des sanctions, dans le cas d'existence d'incompatibilités prévues.

1270 Conseil d'État 1882/2003, *NoV*, 2004, pp. 137 - 151 avec commentaire de Ch. SYNODINOS, et *Armenopoulos*, 2005, pp. 432 - 443 avec note sous l'arrêt de E. ANASTIADOU.

en faveur de sa constitutionnalité[1271]. Cette loi est restée, cependant, inappliquée en raison de vives réactions de la part des personnes concernées et de l'inefficacité des mécanismes de contrôle étatique[1272]. Toutefois, c'est l'esprit de cette même loi qui est reflété dans la disposition constitutionnelle de l'article 14 alinéa 9. Ainsi, la Constitution emprunte en effet, à cet égard, des caractéristiques de la loi ordinaire, même en ce qui concerne la forme, surtout quant à la complexité de sa rédaction[1273]. Pendant la procédure de révision, et dans un climat tendu où la nécessité de lutter contre la corruption était mise en avant, l'alinéa 9 de l'article 14 fut introduit dans la Constitution. Il convient de noter que, la Constitution de 2001 est le premier texte constitutionnel qui fixe des limites entre le pouvoir économique et celui des médias d'information[1274]. Alors que la proposition initiale du rapporteur de la majorité parlementaire était plutôt modérée, reflétant les principes du pluralisme et de la transparence, et confiait au législateur ordinaire la tâche de spécifier la disposition constitutionnelle, finalement, c'est une disposition très détaillée qui a été votée. Cette disposition instaure une incompatibilité générale entre le secteur des travaux publics et celui des médias. Elle prévoit que la qualité de propriétaire, partenaire, actionnaire majoritaire ou de cadre directeur d'une entreprise de médias est incompatible avec notamment la fonction de directeur d'une entreprise qui est chargée, par l'État au sens large, de l'exécution de travaux publics[1275]. De cette façon, ladite disposition constitutionnelle exclut une catégorie entière d'entrepreneurs de travaux publics sur la base d'une présomption irréfragable.

Finalement, l'article 14 alinéa 9 renvoie à la loi ordinaire pour la définition de matières plus spécifiques et pour la mise en œuvre de sanctions. Cette disposition constitutionnelle, visant avec détail et exhaustivité à la mise en œuvre du principe de transparence, s'est trouvée en conflit avec les

---

[1271] E. VENIZELOS, « L'assimilation de la révision constitutionnelle par la jurisprudence du Conseil d'État », *in livre jubilaire pour les 75 ans du Conseil d'État*, Athènes - Thessalonique : éd. Sakkoulas, pp. 133 - 144, (p. 141).

[1272] K. CHRYSOGONOS, *Droits et libertés fondamentaux*, Athènes : éd. Nomiki vivliothiki, 2006, p. 313.

[1273] Sur la même problématique dans l'ordre juridique français voir P. de MONTALIVET, « La dégradation de la qualité de la norme constitutionnelle sous la Ve République », *RDP*, n°4, 2012, pp. 925 - 946, (p. 928).

[1274] Des dispositions similaires sont également présentes dans la Constitution portugaise, (article 38 et suiv.) sans pour autant sanctionner de façon similaire les incompatibilités telles que prévues à l'article 14 alinéa 9 de la Constitution grecque. Voir en la matière X. KONTIADIS, « La délimitation de la relation du pouvoir politique avec les médias. Pluralisme et transparence au système communicatif selon les articles 14 et 15 de la nouvelle Constitution », *in La nouvelle Constitution*, *op. cit.*, p. 269.

[1275] E. VENIZELOS, *L'acquis révisionnel*, Athènes - Komonini : éd. A. Sakkoulas, 2002, pp. 105 - 106.

dispositions de l'Union qui régissent des domaines similaires. En particulier, trois directives européennes établissent des procédures communes de passation de marchés publics afin d'éliminer toute action arbitraire de la part des pouvoirs adjudicateurs[1276]. Ces directives, combinées avec les dispositions du droit primaire ayant comme objectif ultime la mise en œuvre de la liberté d'installation, la libre prestation de services et circulation de capitaux, visent à permettre l'ouverture des marchés publics dans le cadre de la libre concurrence.

Le problème de compatibilité du droit constitutionnel avec le droit de l'UE se pose en termes différents, en ce qui concerne du deuxième régime d'incompatibilités prévues, celui concernant les activités professionnelles incompatibles avec le mandat de député. La disposition de l'article 57 de la Constitution prévoit les activités incompatibles avec le statut du député. Il est à noter que la notion de l'*incompatibilité* parlementaire trouve ses racines dans le système juridique français et plus particulièrement dans la période de la Révolution française. À ce propos, les décrets du 22 décembre 1789 et du 11 janvier 1790, relatifs à la constitution des assemblées primaires et des assemblées administratives, ont institué l'incompatibilité dans toute relation de la personne éligible, limitant son indépendance en tant que citoyen libre et le mettant dans une position d'agent rémunéré[1277]. Le système constitutionnel grec dispose, depuis la Constitution de 1952, de règles portant sur les incompatibilités parlementaires[1278]. Une jurisprudence riche a été établie et consolidée par la Cour suprême spéciale, juridiction compétente en vertu de la Constitution[1279] de statuer sur l'existence ou non d'incompatibilités parlementaires[1280]. Bien que l'article 57 de la Constitution

---

[1276] Il s'agit des directives 93/36 CEE du Conseil du 14 juin 1993 portant coordination des procédures de passation des marchés publics de fournitures, la directive 92/50/CEE du conseil du 18 juin 1992 portant coordination des procédures de passation des marchés publics de services ainsi que la directive 93/38/CEE du Conseil du 14 juin 1993 portant coordination des procédures de passation des marchés dans les secteurs de l'eau, de l'énergie, des transports et des télécommunications. Ces directives ont été modifiées ultérieurement par les directives 97/52, 98/4 et 2001/78 et sont transposées dans l'ordre juridique interne par les décrets présidentiels 105/00, 334/00, 18/00, 22/2002, 336/2002. Ch. SYNODINOS, « L'incompatibilité entre les médias et les entreprises des contrats publics, objet d'incompatibilité avec le droit communautaire », *Revue contrats publics et aides d'Etat*, n°1, 2004, pp. 15 - 27, (p. 18).

[1277] D. TSATSOS, *Les incompatibilités parlementaires dans le droit constitutionnel grec*, Athènes : éd. A. Sakkoulas, 1966, p. 38.

[1278] Articles 71 et 72 de la Constitution de 1952.

[1279] Article 100, alinéa 1er cas (b) de la Constitution de 1975.

[1280] K. MPOTOPOULOS, *Les inéligibilités parlementaires sous la lumière de la jurisprudence de la Cour suprême spéciale*, Athènes - Komotini : éd. A. Sakkoulas, 1999, p. 59.

soit très détaillé et exhaustif, la nécessité de réadapter cet article à la réalité contemporaine et aux fonctions économiques et politiques de l'État[1281] était évidente[1282].

Ainsi à l'occasion de la révision constitutionnelle de 2001, des dispositions relatives aux incompatibilités parlementaires[1283] ont été votées et révisées afin de réadapter les incompatibilités traditionnelles aux nouvelles données économiques et institutionnelles et d'arriver à l'exclusion de la vie publique de personnes qui exercent un contrôle substantiel sur différents types d'entreprises de médias[1284]. Dans ce cadre institutionnel, l'incompatibilité professionnelle absolue pour les députés fut votée lors de la révision de 2001. En d'autres termes, l'alinéa 1er de l'article 57 prévoit, après une longue liste d'incompatibilités parlementaires que « *Le mandat de député est également incompatible avec l'exercice de toute profession* »[1285].

2. L'ampleur de la marge de manœuvre du législateur dans la mise en œuvre des habilitations constitutionnelles

L'analyse des dispositions des articles 14, alinéa 9, et 57, alinéa 1er, de la Constitution permet de constater qu'ils définissent deux incompatibilités *ex ante*, pour lesquelles une sanction *ex post* est prévue ; il s'agit de sanctions financières et administratives dans le cas de l'article 14 alinéa 9 (a.) et la déchéance de la qualité de député dans le cas de l'article 57 (b.). Cependant, une différence essentielle existe entre les dispositions constitutionnelles déterminant lesdites sanctions.

1281 K. MPOTOPOULOS « L' 'incompatibilité parlementaire' : une boussole toujours actuelle pour l'approche des empêchements et incompatibilités », *in Constitution, Etat grec, confédération européenne, hommage à Dimitris Tsatsos*, Athènes - Komotini : éd. A. Sakkoulas, 2004, pp. 371 - 389, (p. 381).

1282 E. VENIZELOS, *La révision de la Constitution : le projet global pour la Grèce du 21e siècle : une révision consensuelle II*, Athènes - Komotini : éd. A. Sakkoulas, 1998, p. 134.

1283 G. SOTIRELIS, « Le cadre juridique concernant les empêchements et les incompatibilités parlementaires », *in* X. KONTIADIS (dir.), *5 ans après la révision constitutionnelle, appréciation et propositions pour une nouvelle révision constitutionnelle*, Athènes - Komotini : éd. A. Sakkoulas, 2006, pp. 669 - 699, (p. 685).

1284 K. MPOTOPOULOS, « L' 'incompatibilité parlementaire' : une boussole toujours actuelle pour l'approche des empêchements et incompatibilités », *in Constitution, Etat grec, confédération européenne, hommage à Dimitris Tsatsos*, *op. cit.*, p. 384.

1285 Il s'agit alors d'une disposition très détaillée, ne faisant l'objet, dans la majorité des autres Etats, que d'une prévision législative, P. FOUNTEDAKI, *Les droits des députés*, Athènes - Komotini : éd. A. Sakkoulas, 1993, p. 11.

a. L'article 14 alinéa 9 de la Constitution

S'agissant de l'article 14 alinéa 9, la disposition constitutionnelle stipule qu'une loi ordinaire définit les sanctions encourues pour les incompatibilités prévues. La Constitution renvoie ainsi à la loi obligeant le législateur à légiférer dans les limites imposées par l'article 14 alinéa 9 de la Constitution[1286]. Dès lors, il est évident que l'adoption de la loi d'application de la Constitution est nécessaire. Il ressort d'ailleurs, de la formulation de cette dernière, que la loi a pour objet de prévoir les sanctions, les mécanismes de contrôle et les garanties, aux fins d'éviter tout contournement éventuel des dispositions constitutionnelles.

Néanmoins, déjà avant le vote de la loi d'application de la Constitution, une éventuelle incompatibilité entre l'article 14 alinéa 9 de la Constitution et le droit voté a été mise en avant. En effet, des directives règlent la question de passation de marchés publics et prévoient, pour tout intéressé, la possibilité de participer aux procédures de passation de marchés publics en énumérant parallèlement les raisons pour lesquelles une entreprise peut être exclue de la procédure de passation d'un marché public. De telles raisons consistent en une éventuelle faillite, le non - paiement d'impôts et de cotisations sociales etc[1287]. L'énumération des critères pouvant être pris en compte afin d'exclure un soumissionnaire d'une procédure de passation de marché public semble alors être exhaustive dans ces directives[1288]. Alors qu'il paraît que la tendance de la jurisprudence de la CJUE est de justifier certaines divergences nationales, s'agissant de ce type de restrictions[1289],

[1286] G. KASIMATIS, « L'incompatible de la qualité de propriétaire, d'associé, d'actionnaire majoritaire ou de cadre dirigeant d'une entreprise de médias, d'information, avec la qualité de personnes chargées de l'exécution de travaux, de fournitures ou de prestations de services », *ToS*, 2003, pp. 295 - 310, (pp. 298 - 299). Ph. SPYROPOULOS, « Approches spécifiques de la liberté économique », *ToS*, 2006, pp. 1147 - 1150, (p. 1148).

[1287] Ch. SYNODINOS, « L'incompatibilité entre les médias et les entreprises des contrats publics, objet d'incompatibilité avec le droit communautaire », *op. cit.*, p. 19.

[1288] Cela ressort d'ailleurs des directives qui ne permettent pas d'en faire une mention indicative, davantage du caractère respectif de mention aux moyens de preuve qui engagent les Etats membres. Il serait donc contradictoire que les autorités nationales s'engagent en matière de moyens de preuve des raisons d'exclusion mentionnées et qu'elles réservent la facilité de prévoir des raisons supplémentaires cf. à ce propos C. YANNAKOPOULOS, *La transparence exigée par le droit communautaire de la concurrence en matière des contrats publics*, Athènes - Komotini : éd. A. Sakkoulas, 2003, pp. 121 - 122, surtout note n°228.

[1289] Premièrement, il convient de mentionner les restrictions, sans distinction. Deuxièmement, ces restrictions doivent être justifiées par des raisons d'intérêt général. Troisièmement, ces restrictions doivent en mesure de garantir la réalisation l'incompatibilité absolue telle que prévue par la disposition constitutionnelle paraît problématique quant à sa conformité avec le droit de l'UE. Dans un climat fort tendu, la loi d'application de la Constitution 3021/2002 fut votée par l'Assemblée nationale, qui a tenté de remédier à ces incompatibilités éventuelles avec le droit de l'UE.

En effet, alors que la disposition constitutionnelle exclut une catégorie entière d'entrepreneurs de travaux publics sur la base d'une présomption irréfragable, la loi votée, prévoit une présomption refragable. Cette loi, jugée inconstitutionnelle par le Conseil d'État[1290] a été remplacée par la loi ultérieure 3310/2005, qui suivait la lettre de l'article 14 alinéa 9 et donc prévoyant une présomption irréfragable et une incompatibilité générale entre le secteur des travaux publics et celui des médias. Compte tenu de la formulation absolue de la loi de 2005, la Commission européenne a réagi en envoyant deux avis motivés et en envisageant cette affaire sous l'aspect de la liberté économique et de concurrence. Considérant que cette loi établissait des incompatibilités qui n'étaient pas prévues dans les directives portant sur les marchés publics et que ces dispositions allaient clairement à l'encontre de principes fondamentaux de l'Union, tels que celui de la non - discrimination et de l'égalité des soumissionnaires, elle adressa le 27 avril 2005 un avis motivé à la Grèce, en vertu de l'article 226 du TCE (article 258 TFUE). Le gouvernement grec, se conformant à l'avis motivé, procéda à l'adoption d'une troisième loi concernant l'actionnaire majoritaire et commença, en même temps, des consultations auprès des services de la Commission européenne afin de conclure en une solution permettant d'assurer tant l'application de la Constitution grecque que le respect des principes du droit de l'UE[1291].

Il semble que les dispositions de cette dernière loi pourraient s'aligner sur les principes généraux et les directives de l'UE ainsi qu'avec les droits

---

de l'objectif recherché. Enfin, elles ne doivent pas aller au - delà de ce qui est absolument nécessaire pour leur accomplissement. Voir les arrêts CJCE, 25 juillet 1991, *Säger contre Dennemeyer*, C - 76/90, Rec. 1991 p. I - 4221 ; CJCE, 31 mars 1993, *Kraus contre Land Baden - Württemberg*, C - 19/92, Rec. 1993 p. I - 1663 ; CJCE, 30 novembre 1995, *Gebhard contre Consiglio dell'Ordine degli Avvocati e Procuratori di Milano*, C - 55/94, Rec. 1995 p. I - 4165 ; CJUE, 5 juin 1997, *Syndesmos ton en Elladi Touristikon kai Taxidiotikon Grafeion contre Ypourgos Ergasias*, C - 398/95, Rec. 1997 p. I - 3091 ; CJCE, 9 mars 1999, *Centros*, C - 212/97, Rec. 1999 p. I – 1459 ; CJCE 23 mai 2000, *Commission contre Italie*, C - 58/99, Rec. 2000 p. I - 3811, cités par X. KONTIADIS, Ch. SYNODINOS, « L'actionnaire majoritaire et le nouvel avis motivé de la commission européenne, réflexions sur les limites de l'interprétation conforme avec le droit communautaire », *EfimDD*, n°4, 2007, pp. 412 - 420 (p. 416 note n°39).

[1290] Voir les arrêts Conseil d'État 3242 - 3/2004 et Conseil d'État Assemblée plénière 3670/2006.

[1291] Il s'agit de la loi 3414/2005.

fondamentaux protégés par la Constitution. Cependant, elles se sont éloignées, de manière considérable, de la lettre et de l'esprit de la disposition de l'article 14 alinéa 9.

b. L'article 57 alinéa 1er de la Constitution

S'agissant de l'article 57 alinéa 1er, la Constitution elle - même détermine la sanction en cas de violation de l'incompatibilité professionnelle absolue et renvoie à la loi ordinaire pour ce qui est des exceptions à l'incompatibilité absolue, c'est - à - dire la détermination des activités qui pourrait être compatibles avec la qualité de député. À cet égard, l'article 115, alinéa 7 de la Constitution énonce que « *L'incompatibilité entre le mandat parlementaire et l'exercice de toute profession, prévue par l'avant - dernier alinéa du paragraphe 1 de l'article 57 entre en vigueur avec la promulgation de la loi prévue dans la même disposition et* ***le 1er janvier 2003 au plus tard*** »[1292]. Il en s'ensuit donc que l'article 57 alinéa 1er est directement applicable à partir le 1er janvier 2003 même en absence de vote de la loi d'application.

En effet, la révision de la Constitution dont date la disposition en cause a eu lieu à mi - chemin du mandat parlementaire. Il allait de soi qu'en dépit de l'incompatibilité professionnelle absolue prévue dans l'article 57, les députés devaient avoir le choix entre leur carrière professionnelle ou leur mandat de député avant de se lancer dans la conquête d'un siège au Parlement. De surcroît l'article 115 alinéa 7, servait à ce but en fixant une date limite pour l'application de l'article 57.

En application de la disposition constitutionnelle, le gouvernement a présenté un projet de loi déterminant les fonctions compatibles avec le mandat de député, telles que l'activité scientifique, la création artistique, à condition qu'elle ne soit pas exercée comme profession. Cependant, ce projet de loi a suscité de vives réactions et a été rejeté par l'Assemblée plénière du Parlement avec 149 voix contre, tandis que 140 députés avaient voté pour[1293].

La position du Parlement vis - à - vis de ce projet de loi ne peut pas être interprétée comme une volonté de maintenir l'incompatibilité absolue prévue dans la Constitution. Elle exprime plutôt, au contraire, la conviction des parlementaires selon laquelle, en absence d'une loi votée, la disposition constitutionnelle en cause resterait inapplicable.

Néanmoins, en prenant appui sur la lettre et sur la finalité de la disposition constitutionnelle de l'alinéa 7 de l'article 115, il y a lieu de

---

1292 [Nous soulignons].

1293 Projet de loi du ministère de l'Intérieur : « Incompatibilité professionnelle et professions compatibles avec les fonctions parlementaires » déposé au parlement le 7 janvier 2003, P. PARARAS, « L'incompatibilité professionnelle des députés », *DtA*, n°42, 2009, pp. 545 - 552, (pp. 550 - 551).

considérer que l'incompatibilité professionnelle de l'article 57 s'applique, *ipso facto*, depuis le 1er janvier 2003, indépendamment du vote de la loi d'application de la Constitution. Le terme « au plus tard » dans l'article 115 alinéa 7, marque la date limite pour la mise en œuvre de l'incompatibilité[1294]. Cette incompatibilité s'applique de même pour les députés déjà élus depuis 2001, à savoir avant l'entrée en vigueur de la nouvelle disposition constitutionnelle. L'application de cet article pour les députés déjà élus soulevait déjà la question de la violation éventuelle du principe de la confiance légitime[1295].

Dans un climat tendu et en dépit des réactions exprimées, cette disposition constitutionnelle de l'article 57 fut dotée d'une applicabilité directe[1296]. Cela a généré des conflits avec la Convention EDH en raison de son application jurisprudentielle directe, d'une part, au niveau national, par la Cour suprême spéciale et d'autre part, au niveau européen par la Cour EDH.

B. La négation de tout type de dialogue avec les Cours européennes

Une des premières étapes du processus juridictionnel consiste à déterminer si la demande litigieuse relève non seulement du champ d'application du droit national, mais aussi des droits européens, à savoir du droit de l'UE et de la Convention EDH. Néanmoins, le juge national s'est limité d'une part, à exclure une série de questions de la compétence de l'UE (1) et d'autre part, à ignorer la violation alléguée de la Convention (2). Les résultats de cette négation se sont vite présentés devant les juridictions européennes.

1. Le refus d'interprétation systématique des règles constitutionnelles par rapport aux normes conventionnelles

L'article 57 de la Constitution prévoyant une incompatibilité professionnelle absolue pour les députés devait, conformément à la disposition de l'article 115 de la Constitution, entrer en vigueur au plus tard

---

1294 K. Mpotopoulos, « L' 'incompatibilité parlementaire' : une boussole toujours actuelle pour l'approche des empêchements et incompatibilités » *in Constitution, Etat grec, confédération européenne, hommage à Dimitris Tsatsos*, *op. cit.*, p. 387

1295 E. Venizelos, *L'acquis révisionnel*, *op. cit.*, p. 270.

1296 E. Venizelos, « Conscience constitutionnelle ou verve révisionnelle ?, Les 'après' et les 'avant' d'une révision constitutionnelle », *in* X. Kontiadis (dir.), *5 ans après la révision constitutionnelle, appréciation et propositions pour une nouvelle révision constitutionnelle*, Athènes - Komotini : éd. A. Sakkoulas, 2006 pp. 987 - 1073, (p. 1024).

le 1er janvier 2003 pour tous les députés qui continuaient d'exercer leur profession jusqu'à cette date. Ces derniers devaient soit renoncer à leur mandat parlementaire, soit être déchus de leur mandat après un arrêt confirmatif par la Cour suprême spéciale. Dans ce contexte, Monsieur Lykourezos, avocat qui continuait à exercer sa profession, fut déchu de son mandat par un arrêt 11/2003 prononcé par la Cour suprême spéciale[1297].

Monsieur Lykourezos, a invoqué devant la Cour suprême spéciale une série d'arguments solides, afin d'éviter la déchéance du mandat parlementaire. Il affirma, en outre, que cette incompatibilité ne pouvait s'appliquer aux députés ayant été élus avant la révision constitutionnelle. Il ajouta, plusieurs documents à l'appui, qu'à partir du 1er janvier 2003, il avait cessé de percevoir des honoraires et qu'il pratiquait ses activités à titre gracieux, de sorte qu'il ne pouvait pas être considéré comme exerçant une profession au sens de l'article 57[1298].

En répondant aux arguments exprimés par Monsieur Lykourezos, la Cour suprême spéciale refusa de considérer que l'intéressé n'exerçait plus son métier du fait qu'il n'était plus rémunéré pour ses services depuis l'entrée en vigueur de l'incompatibilité professionnelle. Elle s'est alors prononcée pour l'applicabilité directe de l'article 57 en précisant qu'en vertu de l'habilitation législative, La Constitution a seulement délégué au législateur la faculté d'introduire des exceptions à la règle générale de l'incompatibilité professionnelle en énumérant des activités professionnelles compatibles avec la fonction de député. Ainsi, elle considéra que l'application de cet article ne dépendait pas du vote d'une loi.

L'arrêt du 3 juillet 2003 de la Cour suprême prononça ainsi la déchéance du mandat parlementaire du requérant, en s'appuyant sur l'article 57 de la Constitution qui est donc considéré applicable depuis 1er janvier 2003, puisque la loi d'application n'a pas été considérée comme nécessaire à son entrée en vigueur. Le même motif a également été retenu dans le cadre de l'arrêt 7/2002 de la Cour suprême spéciale qui a examiné la conformité de l'exercice du métier de médecin avec le mandat de député, après les élections de 2001 et la mise en vigueur de la disposition 57 de la Constitution. Le motif de la Cour est conforme à sa position adoptée à propos de l'arrêt 11/2003[1299]. Cette ligne jurisprudentielle fut confirmée par

---

[1297] Cour suprême spéciale 11/2003, *EDDD*, 2004, pp. 508 - 514.

[1298] E. MALLIOS, « Incompatibilité professionnelle pour les députés ou incompatibilité de la Constitution face à la convention européenne des droits de l'homme ? », *DtA*, n°42, 2009, pp. 561 - 595, (pp. 564 - 565).

[1299] Cour suprême spéciale arrêt 7/2002, surtout le point 12 « *Considérant en plus que l'article 115* alinéa *7 de la Constitution indique que l'incompatibilité professionnelle en question entre en vigueur avec la promulgation de la loi d'application prévue par l'article 57 et, au plus tard, le 1er janvier 2003. Conformément à cette disposition, et en tant compte les fonctions exercées par le* l'arrêt 5/2006 de la Cour suprême spéciale, dans lequel le député en cause exerçait, tout comme Monsieur Lykourezos, la profession d'avocat[1300].

Postérieurement à l'arrêt 11/2003 de la Cour suprême spéciale, M. Lykourezos a saisi la Cour EDH invoquant la violation de ses droits issus de l'article 3 du protocole additionnel n°1. L'article 57 de la Constitution se trouve ainsi au cœur de conflit avec la Convention EDH.

Face à la forte probabilité d'un recours devant la Cour EDH, la Cour suprême aurait pu, en sa qualité de juridiction électorale, profiter des modalités des contrôles de constitutionnalité et de conventionnalité des lois, qui s'exercent simultanément, pour adopter une interprétation de la Constitution conforme à la règle de l'article 3 du Protocole additionnel n°1. Le principe d'interprétation conforme s'avère très utile non seulement dans le cas d'une contrariété éventuelle entre une loi combinée à la Constitution et la Convention EDH, mais également dans le cas d'une incompatibilité de la Constitution avec la Convention EDH. Cette éventualité ne peut pas être exclue *a priori*. Cependant, une disposition constitutionnelle est rarement univoque et elle est toujours susceptible de plusieurs interprétations. Dès lors, « l'effort du juge vise à éviter l'affrontement direct entre deux normes juridiques en choisissant de lire et d'interpréter la règle constitutionnelle de façon à ce que la contrariété éventuelle soit éliminée »[1301]. Même sans procéder à un contrôle direct de la conventionnalité de la disposition constitutionnelle, la Cour suprême spéciale aurait pu tenir compte de la jurisprudence de la Cour EDH en matière électorale afin d'éviter

---

défendeur, la requête examinée n'entraine pas sa déchéance de son mandat parlementaire car selon l'article 57 alinéa *1er de la Constitution, la loi prévue n'est pas promulguée et le délai prévu par l'article 115 alinéa 7 de la Constitution n'a pas expiré. Par conséquent, l'allégation concernant la déchéance du défendeur de son mandat parlementaire, s'appuyant sur le paragraphe 1 de l'article 57 est rejeté comme non fondée* ».

[1300] Cour suprême spéciale arrêt 5/2006 point 6 «*...Ensuite, conformément au paragraphe 1 de l'article 57 de la Constitution en combinaison avec le paragraphe 7 de l'article 115 de la Constitution, il est constaté que la règle d'incompatibilité des fonctions parlementaires avec toutes les professions et métiers commence au plus tard le 1.1.2003 (Cour suprême spéciale 11/2003, 7/2002) même si, la loi prévue par l'article 57 alinéa 1er qui instituerait les professions compatibles avec le mandat parlementaire en réglant aussi les sujets concernant la suspension des fonctions parlementaires les sujets d'assurance et de retraite de députés ainsi que les moyens qu'il peuvent reprendre son mandat après l'expiration de leur mandat parlementaire n'est pas promulguée. Seule conséquence de la non promulgation de la loi qui prévoyant les activités professionnelles compatibles avec le mandat parlementaire et qu'à partir du 1.1.2003 la règle constitutionnelle qui interdit toute exercice de profession et de métier par les députés est appliquée sans exception* ».

[1301] G. PAPADIMITRIOU, « Le juge grec et la CEDH », *ToS*, 2002, pp. 673 - 676, (p. 676).

l'application de cette disposition constitutionnelle pour les députés déjà élus avant l'entrée en vigueur de cet article. De cette façon, la Cour pourrait pallier le conflit sous - jacent en mettant l'accent sur l'application du principe de confiance légitime, qui constitue d'ailleurs non seulement un principe constitutionnel, mais également européen. Cette solution présentait l'avantage de ne pas remettre en cause la suprématie constitutionnelle, en évitant le développement de divergences entre l'ordre juridique interne et l'ordre juridique européen.

2. Le caractère inopérant du renvoi de questions préjudicielles à la CJUE

Le Conseil d'État fut très vite saisi de la constitutionnalité de la première loi visant l'incompatibilité prévue à l'article 14 alinéa 9 de la Constitution, souvent invoqué par la doctrine sous le nom de l'affaire de « *l'actionnaire majoritaire* ». Parallèlement, la question de la compatibilité de cette disposition constitutionnelle avec le droit dérivé de l'Union fut aussi soulevée. Concrètement, cette affaire souligne la possibilité que les incompatibilités absolues prévues à la Constitution, soient inconciliables avec les exigences des directives sur la procédure de passation des marchés publics.

En l'espèce, le Conseil d'État s'est empressé de défendre la suprématie constitutionnelle et l'application de l'article 14 alinéa 9 de la Constitution. L'arrêt 3242/2004 rendu par la quatrième section du Conseil d'État[1302], marqué par une forte opinion dissidente[1303], a essayé d'éviter un conflit direct entre la Constitution nationale et le droit de l'Union. Le Conseil d'État a dès lors statué que la demande litigieuse se situait en dehors du champ d'application de l'Union[1304]. En particulier, il a été jugé que les champs d'application des articles 14 alinéa 9 de la Constitution et 24 de la directive 37/93 CEE portant coordination des procédures de passation des marchés publics de travaux ne se recoupent pas. La Cour a aussi conclu que l'énumération des causes d'exclusion d'entreprises de travaux publics énoncées dans l'article 24 de la directive 93/37 n'est pas limitative. Elle a par la suite défendu la liberté des États membres d'établir ou de préserver l'entrée en vigueur de normes substantielles ou procédurales en matière de

---

[1302] Conseil d'État 3242/2004, 4e Section, *DiMEE*, n°4, 2004, pp. 514 - 528.

[1303] E. VENIZELOS, « Les garanties de la polyphonie et de la transparence des médias selon l'article 14 alinéa 9 et les règles d'interprétation de la Constitution et les relations entre la Constitution et le droit communautaire », *NoV*, 2005, pp. 425 - 442, (p. 436).

[1304] G. GERAPETRITIS, « La Constitution et le juge, une relation dialectique éternelle. Réflexions à propos des décisions 3242/2004 et 3243/2004 du Conseil d'État concernant l'actionnaire majoritaire », *NoV*, 2005, pp. 443 - 458, (pp. 449 - 450).

marchés publics à condition de préserver la libre prestation de services. En s'appuyant sur cet argument, le Conseil a conclu que l'existence des raisons d'intérêt public, telle que le principe de la transparence, s'alignaient avec les objectifs des directives européennes[1305]. Cependant, le juge grec procède à une interprétation du droit de l'Union, comme s'il s'agissait d'une question tout à fait indubitable, au lieu de décider de renvoyer une question préjudicielle à la CJUE[1306].

La Cour a ainsi refusé de soumettre une question préjudicielle au motif que la disposition de l'article 14 alinéa 9 de la Constitution a un caractère impératif et prime dès lors sur le droit de l'UE. De ce fait, il n'y aurait pas lieu d'entreprendre un dialogue avec la CJUE[1307]. En particulier, la primauté de la règle constitutionnelle a été mise en avant afin de justifier le caractère inopérant du renvoi des questions préjudicielles[1308]. La primauté constitutionnelle est affirmée par une série d'arguments présentés lors de cet arrêt. En premier lieu, la Cour soutient, qu'en vertu de l'article 28 de la Constitution le droit primaire de l'Union faisait partie intégrante du droit interne. Cependant, l'intégration du droit de l'Union dans l'ordre juridique grec ne pouvait pas, selon la Cour, entraîner l'engagement du pouvoir constituant dérivé par rapport aux dispositions constitutionnelles à réviser en raison d'une opposition potentielle entre les règles nationales avec le droit de l'Union[1309]. La révision de la Constitution pouvait alors s'exercer librement[1310]. En second lieu, la Cour considéra qu'elle tirait sa compétence de la Constitution elle - même. Dans ce cadre, le système juridique grec ne pouvait pas reconnaître la primauté du droit de l'UE, primaire ou dérivé, au détriment de la primauté Constitution.

En essayant d'analyser ces arguments, on constate qu'il existe pour chacun d'entre eux des observations critiques qui pourraient être évaluées afin de limiter la priorité accordée à la suprématie constitutionnelle. S'agissant du premier argument, il faut constater que la possibilité de voir

---

1305 Conseil d'État 3242/2004, considérant 18.

1306 L. PAPADOPOULOU, *Constitution nationale et droit communautaire, La question de primauté, op. cit.*, p. 502.

1307 Point 19 de l'arrêt 3242/2004. Ch. SYNODINOS, « Arrêt 3242/2004 : 'Imposition' de la primauté constitutionnelle ou bras de fer entre juge national et juge communautaire ? », *DiMEE,* 2005, pp. 34 - 54, (p. 51).

1308 Conseil d'État 3242/2004, considérant n°19 de l'arrêt concernant l'opinion dissidente et son approche sur la primauté constitutionnelle et l'opportunité de renvoi préjudiciel en la matière.

1309 En l'espèce entre les dispositions de la directive européenne et de l'article 14, alinéa 9 de la Constitution.

1310 F. ARNAOUTOGLOU, « Les points de vue des juridictions nationales (sur le dialogue des juges), Grèce : le Conseil d'État », *in* J. ILIOPOULOS - STRANGAS (dir.), *Cours suprêmes nationales et Cours européennes : concurrence ou collaboration?*, Athènes - Bruxelles : éd. A. Sakkoulas, Bruylant, 2007, pp. 179 - 185, (p. 180).

émerger un conflit direct entre la norme constitutionnelle et le droit de l'Union est toujours présente. Toutefois, au lieu que la Cour tente de concilier les normes constitutionnelles et européennes, elle continue à mettre en avant la primauté constitutionnelle.

Ainsi, la Cour aurait pu atténuer l'incompatibilité présentée en s'appuyant sur l'article 28 pour reconnaître la suprématie des principes de l'Union dans l'ordre juridique national et, par la suite, prioriser l'application du droit de l'UE dans ce cas d'espèce. En outre, il y a lieu d'admettre l'engagement du pouvoir constituant dérivé de réviser la Constitution en prenant en compte le droit de l'Union. Si tel n'était pas le cas, il serait possible au pouvoir constituant dérivé de réviser la Constitution de manière contraire au droit de l'UE[1311], ou même d'introduire des dispositions allant directement à l'encontre des libertés de l'Union, par exemple, interdire aux citoyens des autres États membres de l'Union de travailler ou d'offrir leurs services en Grèce[1312].

S'agissant du second argument qui se fonde sur la légitimité constitutionnelle du juge grec, il fait preuve, de souverainisme jurisprudentiel. La Cour met l'accent sur les articles 87, alinéa 2 et 93, alinéa 4 de la Constitution, qui prescrivent respectivement l'application de la Constitution et des lois par le pouvoir judiciaire et la non-application de règles qui sont contraires à la Constitution. Le juge se fonde alors sur les dispositions visant l'exercice du contrôle de constitutionnalité des lois l'autorité constitutionnelle et sur son engagement d'appliquer la Constitution au détriment même du droit de l'UE primaire ou dérivé. Il va de soi que ce deuxième argument reconnaît également la possibilité de conflit entre les deux ordres juridiques, et pourtant, il contourne la possibilité de le résoudre par le biais d'une confrontation interprétative, en accordant la priorité à la primauté constitutionnelle. Néanmoins, comme l'opinion dissidente le relève, la Constitution et ses dispositions qui doivent être respectées par le juge grec, n'incluent pas uniquement les dispositions de l'article 14 alinéa 9, générateur à cet égard de conflits, mais aussi celles de l'article 28 constituant la clause d'intégration du droit de l'Union dans l'ordre juridique grec. Si le fondement pour l'exercice du contrôle de constitutionnalité se trouve dans les dispositions 87 alinéa 2 et 93 alinéa 4, il importe d'invoquer aussi que l'article 28 constitue le fondement pour le contrôle de conventionnalité. Il charge dès lors le juge national de l'application de ce droit en vue de garantir l'application effective du droit de l'UE dans l'ordre juridique interne et

[1311] E. VENIZELOS, « Les garanties de la polyphonie et de la transparence des médias selon l'article 14 alinéa 9 et les règles d'interprétation de la Constitution et les relations entre la Constitution et le droit communautaire », *op. cit.*, p. 437.

[1312] D. KONDYLIS, « La relation de la constitution et du droit communautaire », *EfimDD*, n°1, 2006, pp. 7 - 9, (pp. 8 - 9).

l'élimination optimale ou gestion réussie des conflits[1313]. Enfin, au regard de l'importance de la question, l'Assemblée plénière a été saisie[1314] par la Section du Conseil d'État pour statuer définitivement.

[1313] Th. ANTONIOU, « L'opinion de la 4e Section du Conseil d'État sur la relation entre droit communautaire et droit constitutionnel, quelques remarques à propos de l'arrêt 3242/2004 du Conseil d'État sur l'« actionnaire majoritaire » », *EfDD*, 2005, pp. 29 - 44, (p. 39).

[1314] L'article 14 alinéa 2 du décret présidentiel 18/1989 portant codification de diverses dispositions sur le Conseil d'État dispose que la Section du Conseil d'État peut renvoyer une affaire à l'assemblée plénière en raison de son importance.

Section 2. Les échanges du juge national avec les juges européens comme moyen de règlement des conflits

La jurisprudence du Conseil d'État, centrée sur la défense de la suprématie constitutionnelle, a cédé sa place à une jurisprudence promouvant le dialogue avec les juridictions européennes sur les questions conflictuelles. Un changement des conditions politiques, législatives et jurisprudentielles a en effet incité le Conseil d'État à modifier sa position.

Tout d'abord, quant au sujet de « l'actionnaire majoritaire », la Commission européenne était déjà intervenue avec deux avis motivés et le danger de condamnation de la Grèce lors d'un recours en manquement était imminent. Ensuite, la jurisprudence de la CJUE en matière de reconnaissance des droits professionnels a évolué[1315] et les dispositions du droit dérivé en cette matière ont été systématisées[1316]. À la suite d'une initiative nationale et en raison du renvoi de questions préjudicielles par le Conseil d'État, un dialogue a été engagé dans une approche créatrice en matière de contrôle de compatibilité des directives européennes avec le droit constitutionnel (§1). Ensuite, au regard des conflits avec la Convention EDH, il faut observer qu'il n'y a pas eu d'évolution des acteurs politiques, mais plutôt une inaction remarquable du législateur, malgré l'habilitation prévue dans la Constitution pour le vote d'une loi. L'habilitation constitutionnelle demeurant inappliquée, la Grèce a été sévèrement condamnée par la Cour EDH. Il faut ajouter les arrêts de la CJUE sur les questions du fonctionnement des « centres d'études libres » et de l'« actionnaire majoritaire ». Les arrêts de la Cour de Luxembourg comme ceux de la Cour de Strasbourg engagent considérablement l'ordre grec et conditionnent l'efficacité des dispositions constitutionnelles qui se sont trouvées au centre des jugements européens (§2).

[1315] CJCE, *Neri*, précité, R. - E. PAPADOPOULOU, « Réflexions à propos de l'arrêt de la Cour des communautés européennes, Valentina Neri du 13 Novembre 2003 (affaire C - 153/02) », *EfDD*, 2004, pp. 31 - 48, (p. 46).

[1316] D'abord, la directive 89/48/CEE, complétant la directive 92/51/CEE du Conseil du 18 juin 1992, relative à un deuxième système général de reconnaissance de la formation professionnelle, fut modifiée par la directive 2001/19/CE du Parlement européen et du Conseil du 14 mai 2001. Par la suite, les directives susmentionnées 89/48 et 92/51/CEE furent abrogées par l'adoption de la nouvelle directive 2005/36 du Parlement européen et du Conseil du 7 septembre 2005, qui d'une part, a systématisé les directives précédentes en un seul texte consolidé, en incluant également les directives sectorielles spécifiques, et d'autre part, qui a amélioré et rationalisé les normes particulières régissant les différents systèmes, en préservant les principes et garanties en matière de liberté d'établissement. E. TARARA, « La reconnaissance des titres d'études étrangers, une approches nationale et communautaire » *op. cit.*, pp. 150 - 151 et aussi V. THEOFULAKTOU, « Liberté professionnelle et droit communautaire (note sur l'arrêt 1243/07 4e Section CE) », *ThPDD*, n°3, 2008, pp. 317 - 328, (p. 326).

§1. Les arguments créatifs du juge national

Le changement de logique des arrêts du Conseil d'État concernant l'incompatibilité du droit constitutionnel avec le droit de l'UE s'exprime dans les arrêts les plus récents. On peut y constater que la Cour modifie sa jurisprudence, apparemment de manière définitive, en passant d'une logique de suprématie de la Constitution à une logique de compromis avec le droit de l'UE. La Cour fait l'effort d'instaurer un dialogue significatif avec la CJUE.

Dans un contexte législatif et jurisprudentiel en pleine mutation, le Conseil d'État redéfinit sa relation avec le droit de l'UE. Le changement est remarquable en ce qui concerne l'abandon de la conception souverainiste qui accordait la priorité à la Constitution nationale, pour adopter une interprétation de celle - ci en conformité avec le droit de l'UE. Il faut toutefois relever des méthodes d'interprétation variées (A). Le Conseil d'État, en procédant à l'interprétation du droit de l'UE et à un contrôle exhaustif de la conventionnalité des dispositions nationales, a fait le choix du dialogue avec la CJUE (B), afin de confirmer ou de redéfinir le jugement national au regard du droit de l'Union.

A. La logique du compromis avec le droit de l'Union européenne

En ce qui concerne l'article 14 alinéa 9, l'Assemblée plénière du Conseil d'État, saisie pour statuer définitivement en la matière, a reconnu d'emblée que la disposition de l'article 14 alinéa 9 de la Constitution est susceptible de créer un conflit avec le droit de l'UE (1). Elle a donc saisi la Cour de justice pour statuer par voie préjudicielle. Le recours à des questions préjudicielles permet de proposer une interprétation des dispositions européennes pouvant rendre compatible avec ces dernières la disposition constitutionnelle en question. Dans le cas de la reconnaissance des droits professionnels à l'issue d'études fournies par des « centres d'études libres », l'effort d'harmoniser la Constitution avec le droit dérivé de l'Union pourrait n'être qu'apparent, en privilégiant le principe d'interprétation conforme (2), alors même que l'idée dominante est de garantir l'applicabilité effective de la Constitution.

1. La mise en cause de la disposition constitutionnelle en tant que source de conflit

Dans un premier temps, l'objet principal de l'arrêt 3670/2006 de l'Assemblée plénière du Conseil d'État[1317] était de contrôler la

[1317] Conseil d'État, Assemblée plénière 3670/2006 *EDDD*, 2007, pp. 133 - 187, *EfDD*, 2007, pp. 743 - 807 et *EfimDD*, n°3, 2007 pp. 287 - 289 (résumé).

constitutionnalité de la loi 3021/2002, première loi d'application de la Constitution. Dans la mesure où alors que la disposition constitutionnelle exclut une catégorie entière d'entrepreneurs de travaux publics sur la base d'une présomption irréfragable, la loi votée, prévoit une présomption refragable, son inconstitutionnalité semblait certaine. Dans un second temps, la Cour prend soin d'éclairer la compatibilité de la disposition constitutionnelle avec le droit de l'UE.

Sur le premier plan, relatif au contrôle de constitutionnalité, la Cour a précisé que l'incompatibilité absolue prévue à l'article 14 alinéa 9 avait été instituée en vue de renforcer la transparence des activités économiques de l'État et d'éviter le risque d'une influence illégitime de la part des médias dans la procédure d'attribution de marchés publics de travaux, de fournitures et de services[1318]. S'agissant de la question de la constitutionnalité de la loi en cause, la Cour a pris soin d'aborder deux questions distinctes : d'une part, la question de l'applicabilité directe de l'article 14 alinéa 9 et, d'autre part, la possibilité d'une interprétation de ladite disposition conformément au principe constitutionnel de proportionnalité et à la liberté économique. Bien que ce contrôle n'ait pas conduit à l'affirmation de la constitutionnalité de la loi, il a donné lieu à une interprétation créative de la disposition constitutionnelle. D'une part, la Cour a affirmé l'applicabilité directe de la Constitution, en interprétant simultanément le sens et l'étendue des réserves instituées par la loi, compte tenu des dispositions constitutionnelles[1319]. Elle a ainsi constaté que le législateur ordinaire est *seulement* chargé d'instituer des réglementations spécifiques « *afin d'accomplir le système des règles instituées par la Constitution, lesquelles ne peuvent pas renverser ou rendre sans effet les prévisions et interdictions constitutionnelles précises* »[1320], ainsi que de prévoir des moyens de contrôle efficaces et des garanties pour éviter la violation de la disposition constitutionnelle. Ainsi, l'Assemblée plénière du Conseil d'État limite au maximum le pouvoir discrétionnaire du législateur ordinaire en vertu de l'habilitation constitutionnelle prévue à l'article 14 alinéa 9 de la Constitution[1321].

[1318] E. VENIZELOS, *L'acquis révisionnel*, *op. cit.*, p.203 et suiv. concernant la révision de l'article 14 alinéa 9 de la Constitution qui contribue à la lutte contre la corruption.

[1319] E. VENIZELOS, « Relativisme interprétatif, contraintes procédurales et dilemmes politiques dans la jurisprudence du Conseil d'État sur les relations entre la Constitution nationale et le droit communautaire, La fonction paradigmatique de l'Assemblée plénière du Conseil d'État (arrêt 3670/2006) pour l'article 14 alinéa 9 de la Constitution », *EfimDD*, n°1, 2008, pp. 85 - 101, (p. 88).

[1320] Conseil d'État, Assemblée plénière 3670/2006, considérant n°14.

[1321] I. KAMTSIDOU, *La réserve de la loi en tant que restriction garantie et médiane des libertés*, Athènes - Komotini : éd. A. Sakkoulas, 2001, p. 343 où l'auteur soutient que la réserve de la loi, dans les dispositions concernant la protection des droits de l'homme, implique un large pouvoir discrétionnaire pour le législateur.

D'autre part, en vue de l'appréciation de la constitutionnalité de la loi 3021/2002, la Cour s'est interrogée sur la possibilité d'une interprétation systématique des dispositions de l'article 14 alinéa 9 et des restrictions qu'elles prévoient en harmonie avec les autres dispositions constitutionnelles. En analysant les restrictions établies par l'article 14 de la Constitution, la Cour répond également à la question de la conformité de cet article avec les dispositions générales de l'article 5 alinéas 1 et 3 de la Constitution relatives à la protection de la personnalité, la liberté économique et la libre participation à la vie économique[1322], ainsi qu'avec celles de l'article 25 alinéa 1 de la Constitution visant le respect du principe de proportionnalité. À la lumière de la libre participation à la vie économique et du principe de proportionnalité, la Cour considère que la présomption de dépendance financière des personnes susmentionnées devrait être réfragable. Elle affirme ainsi que la disposition constitutionnelle devrait être interprétée comme permettant à un membre de la famille, un conjoint ou une autre personne dépendante de l'actionnaire majoritaire de prouver qu'il a agi en son nom et pour son compte. Les conclusions de la Cour se fondent à la fois sur une interprétation téléologique et systématique de la disposition. En effet, d'un côté, elle prend en compte les objectifs de la disposition en visant la protection de la pluralité des médias et la transparence des marchés publics, et, d'un autre côté, elle interprète la disposition au regard de l'ensemble de la Constitution. Ainsi, l'Assemblée plénière du Conseil d'État, en acceptant le caractère réfragable de la présomption sous certaines conditions, opte pour une interprétation qui contribue à la garantie de l'équilibre dans un débat politique qui s'était intensifié après l'intervention de la Commission européenne. De plus, elle respecte le pouvoir constituant dérivé et la disposition votée sans adopter une interprétation *contra legem*, qui impliquerait que la présomption allait à l'encontre du principe de proportionnalité et de la liberté économique et devait donc être réfragable[1323].

Sur le second plan annoncé, au regard de l'intensité du conflit entre la Constitution et le droit de l'UE et le danger imminent de recours en manquement contre la Grèce suite à l'intervention de la Commission européenne, l'Assemblée plénière du Conseil d'État a choisi de se prononcer en faveur de la pertinence des questions préjudicielles Deux arguments ont contribué à cette décision. Ils sont éloignés de l'application du principe

[1322] Concernant la notion de liberté économique et sa protection dans la Constitution grecque voir K. CHRYSOGONOS, *Droits et libertés fondamentaux*, *op. cit.*, p.189 et suiv. surtout sur la liberté d'entreprise et sa protection dans la Constitution grecque par l'article 5 alinéa 1er combiné avec l'article 106 alinéa 2 (pp. 192 - 200).

[1323] L. PAPADOPOULOU, *Constitution nationale et droit communautaire, La question de primauté, op. cit.*, p. 510.

d'interprétation conforme, mais ils reflètent l'exercice du contrôle juridictionnel incident et concret.

Finalement, le Conseil d'État s'est prononcé en faveur du renvoi des questions préjudicielles à la CJUE[1324]. Cette décision démontre que le Conseil d'État prend ses distances par rapport à l'approche centrée sur la primauté constitutionnelle en matière de relations entre la Constitution nationale et le droit de l'Union. Cependant, la formulation et la gradation des questions préjudicielles reflètent la « résistance nationale »[1325] devant la suprématie de l'Union.

2. L'effort d'harmonisation entre la Constitution et le droit dérivé de l'Union

Le revirement jurisprudentiel fut également marquant en ce qui concerne le conflit né de l'interdiction constitutionnelle des Universités privées, qui semblait s'opposer aux dispositions du droit de l'UE. Avant que le Conseil d'État ne décide de renvoyer des questions préjudicielles devant la CJUE, il choisit, à travers un raisonnement jurisprudentiel particulièrement créateur, de se prononcer en faveur d'une interprétation du droit de l'UE qui soit conforme à la Constitution. Pour cela, il a procédé à un changement dans la manière de contrôler la constitutionnalité des questions afférentes, en laissant une marge de compatibilité entre la Constitution et le droit européen dérivé. La Cour a également redéfini le contrôle de conventionnalité des dispositions concernées, en posant ainsi les jalons d'une approche laquelle, une fois confirmée par la Cour de justice, pouvait déterminer une nouvelle ligne jurisprudentielle du Conseil d'État à l'égard de nouvelles questions posées.

[1324] Voir *contra* avis d'une partie de la doctrine qui considère que ni le renvoi des questions préjudicielles ni l'application du principe d'interprétation conforme ne sont possibles à propos du cas de l'article 14 par.9, en raison du fait qu'il s'agit d'une disposition constitutionnelle et que dans tous les cas, le juge national est obligé d'appliquer la Constitution. Selon cet avis, c'est au pouvoir révisionnel qu'incombe la révision de la disposition en cause afin que la Grèce évite une condamnation devant la CJUE. Voir G. PANOPOULOS, « La Constitution comme limite du pouvoir du juge, réflexions à propos de l'arrêt 81/2005 de la commission des sursis du Conseil d'État pour l'actionnaire majoritaire », *EEeurD*, n°3, 2005, pp. 579 - 594, (pp. 593 - 594).

[1325] E. VENIZELOS, « Relativisme interprétatif, contraintes procédurales et dilemmes politiques dans la jurisprudence du Conseil d'État sur les relations entre la Constitution nationale et le droit communautaire, La fonction paradigmatique de l'Assemblée plénière du Conseil d'État (arrêt 3670/2006) pour l'article 14 alinéa 9 de la Constitution », *op. cit.*, p. 93.

L'arrêt 778/2007 de la quatrième Section du Conseil d'État[1326] est important, car il marque le revirement de jurisprudence en matière de reconnaissance des droits professionnels résultant d'un titre d'études obtenu à la suite d'études effectuées partiellement en Grèce dans des « centres d'études libres ».

En l'espèce, le requérant avait effectué un cycle d'études d'optique en partie en Italie à l'Institut régional d'études d'optique et d'optométrie de Vinci et en partie en Grèce, dans un « centre d'études libres ». Souhaitant exercer la profession d'opticien en Grèce, il introduit une demande de reconnaissance d'équivalence de son diplôme d'opticien italien auprès du ministre de la Santé. Toutefois, le Conseil chargé de la reconnaissance d'équivalence des titres d'enseignement et de formation rejette la demande du requérant. Ce rejet est motivé, en substance, par le fait que le diplôme dont l'intéressé se prévaut a été délivré à l'issue d'études suivies principalement dans un « centre d'études libres » qui a son siège en Grèce et qui n'est pas reconnu comme établissement d'enseignement supérieur par la législation grecque.

Premièrement, en l'espèce, la Cour choisit de traiter différemment la matière de la reconnaissance des droits professionnels de la reconnaissance académique. Ainsi, elle évite d'envisager la question sur la base de l'article 16 alinéa 8 de la Constitution, qui interdit la création d'Universités privées. En effectuant un contrôle incident poussé de la constitutionnalité de la disposition, elle oriente le différend sur la base de l'article 16 alinéa 7 en vertu duquel : « *L'enseignement professionnel et tout autre enseignement spécial sont assurés par l'État et au moyen d'écoles de degré post-secondaire dans un cycle d'études ne dépassant pas les trois ans, comme il est prévu plus spécialement par la loi, qui en outre fixe les droits à l'activité professionnelle des diplômés de ces écoles* ». De plus, elle précise que si cet alinéa garantit la primauté de l'État en matière de formation professionnelle, il n'interdit pas la création et le fonctionnement d'établissements d'enseignement privés. Il incombe donc au pouvoir discrétionnaire du législateur de droit commun de régler les questions concernant la création d'établissements d'enseignement de formation professionnelle. Cependant, la Cour précise qu'il n'existe pas un droit individuel de création de centres d'études professionnelles. La Constitution ne fait qu'autoriser une telle création qui serait prévue par une disposition législative[1327]. Sur ce point, elle souligne la valeur supra législative du droit de l'UE et notamment les dispositions en matière de libre circulation et de libre établissement de personnes et de services ainsi que du droit dérivé qui certifie la reconnaissance de titres de formation professionnelle. Elle ouvre ainsi la voie à une interprétation de la Constitution conforme au droit dérivé de l'UE.

[1326] Conseil d'État 778/2007, *EfimDD*, n°2, 2007, pp. 131 - 139.

[1327] Conseil d'État 778/2007, considérant n°5.

En adoptant cette opinion et en plaçant la question jugée dans le cadre de l'article 16 alinéa 7, la Cour évite non seulement la hiérarchisation formelle des règles de droit, mais aussi le conflit direct entre la Constitution et le droit de l'UE[1328]. En effet, l'avis conforme négatif du Conseil compétent pour la reconnaissance des diplômes professionnels n'est donc pas fondé, eu égard au raisonnement précédent, sur la Constitution, mais sur les dispositions législatives relatives[1329], qui sont l'expression de la marge d'appréciation octroyée par l'article 16 alinéa 7 de la Constitution et qui ne reconnaissent pas comme établissement d'enseignement celui dans lequel a été effectuée une partie des études.

Ensuite, le Conseil d'État, en remettant la question de la constitutionnalité de l'interdiction de la création de « centres d'études libres » dans le cadre de l'article 16 alinéa 7, a développé un raisonnement juridique qui permet l'interaction conceptuelle des dispositions constitutionnelles et européennes en matière de reconnaissance des diplômes. En particulier, en exerçant le contrôle de conventionnalité, il a été amené à statuer sur la question de savoir si la décision de refus du Conseil s'oppose aux dispositions de la directive 92/51/CEE. En procédant au contrôle de conventionnalité, le Conseil d'État pose les jalons d'un revirement définitif de jurisprudence et modifie la portée du principe de territorialité et de compétence dans la définition et l'organisation du système éducatif[1330].

À la suite de la décision de permettre, en principe, aux dispositions législatives de prévoir la création d'établissements d'enseignement de formation professionnelle par des particuliers, la Cour se réfère très précisément aux règles de droit de l'UE. Elle fait référence à la libre circulation et au libre établissement des personnes et de prestation de services ainsi qu'aux articles 149 (article 165 TFUE) et 150 (article 166 TFUE) qui concernent la compétence des États membres dans la définition du système éducatif et la contribution de l'Union en faveur d'une formation de haut niveau en renforçant la coopération entre les États. En outre, elle renvoie de manière détaillée à l'adoption de trois directives en matière de reconnaissance des droits professionnels[1331]. Le Conseil d'État renvoie aussi au principe de la reconnaissance mutuelle des diplômes qui sanctionnent une

[1328] C. YANNAKOPOULOS, « L'article 16 de la Constitution, le droit communautaire et le Conseil d'État...dix ans plus tard », *op. cit.*, p. 144.

[1329] Loi 1966/1991 et décret législatif du 9.10.1935.

[1330] C. YANNAKOPOULOS, « L'article 16 de la Constitution, le droit communautaire et le Conseil d'État...dix ans plus tard », *op. cit.*, p. 141.

[1331] Précisément, l'arrêt renvoie aux directives 89/48 CEE et 92/51 CEE ainsi qu'à la directive 2005/36CE qui a remplacé la directive 89/48, voir point n°7 de l'arrêt.

formation professionnelle, tel que défini par la jurisprudence de la CJUE[1332]. En complétant son raisonnement, la Cour estime que si un diplôme entre dans le champ d'application de la directive 92/51/CEE, il faut qu'il soit reconnu par l'État membre d'accueil, non seulement en raison de la valeur intrinsèque de la formation certifiée, mais aussi parce qu'il donne accès, dans l'État membre de provenance, à une profession réglementée[1333].

Enfin, sur la base de ce raisonnement, le Conseil d'État conclut que le rejet de la demande du requérant par le Conseil chargé de la reconnaissance de l'équivalence des titres d'enseignement et de formation n'est pas légitime, car contraire aux objectifs et dispositions de la directive 92/51/CEE. Toutefois, une opinion dissidente formée au sein de cet arrêt relève encore du «nationalisme jurisprudentiel»[1334] rencontré dans l'arrêt 3457/1998 de l'Assemblée plénière du Conseil d'État. Malgré cela, il importe de souligner que tant la minorité que la majorité étaient favorables à l'envoi de questions préjudicielles sur l'interprétation des normes litigieuses de l'Union.

B. Le Conseil d'État comme interlocuteur de la CJUE

En procédant à un revirement de jurisprudence, le Conseil d'État adopte une approche interprétative des dispositions du droit de l'UE tout en reconnaissant à la CJUE la compétence d'interprétation authentique des dispositions de l'UE. Cette orientation transparaît dans la formulation des questions préjudicielles. La nature et le style des questions varient selon la matière traitée. D'une part, à propos de la compatibilité de l'article 14 alinéa 9 de la Constitution avec le droit de l'UE, le renvoi des questions préjudicielles à la CJUE marque un effort du Conseil d'État d'orienter la Cour de justice vers une interprétation des dispositions européennes qui permette le respect des particularités nationales prévues par la disposition constitutionnelle en cause (1). D'autre part, en ce qui concerne la question de la reconnaissance des droits professionnels à l'issue d'études dans des « centres d'études libres » fonctionnant en Grèce, les marges de « négociation » du juge national dans le cadre de l'envoi des questions préjudicielles étaient très étroites pour deux raisons. En premier lieu, parce que des recours en manquement avaient déjà été initiés contre la Grèce à

[1332] Voir les arrêts mentionnés, CJCE, 7 mai 1991, *Vlassopoulou*, C - 340/89, Rec. 1991 p. I - 2357, point 15 et 20 ; CJCE, 8 juillet 1999, *Fernández de Bobadilla*, C - 234/97, Rec. 1999 p. I - 4773, point 33 : CJUE, 13 novembre 2003, *Morgenbesser*, C - 313/01, Rec. 2003 p. I - 13467, point 62.

[1333] Conseil d'État 778/2007, considérant n°13.

[1334] C. YANNAKOPOULOS, « L'article 16 de la Constitution, le droit communautaire et le Conseil d'État...dix ans plus tard », *op. cit.*, pp. 143 - 144, ainsi que E. TARARA, « La reconnaissance des titres d'études étrangers, une approche nationale et communautaire », *op. cit.*, p. 169.

propos de ce sujet. En second lieu, parce que les dispositions du droit de l'Union susceptibles d'être appliquées à la matière étaient très précises. Dans ce cadre, les questions ont été posées sous le prisme des obligations qui dérivent du droit de l'Union (2)[1335].

1. L'interprétation du droit de l'Union européenne sous le prisme du respect des particularités nationales

L'Assemblée plénière du Conseil d'État a pris ses distances par rapport à la défense à tout prix de la suprématie constitutionnelle à propos de l'affaire de l'article 14 alinéa 9. Toutefois, elle n'a pas non plus opté pour une interprétation de la Constitution qui soit conforme au droit de l'UE. Elle a donc choisi de défendre la normativité de la disposition constitutionnelle, en limitant simultanément le pouvoir discrétionnaire du législateur[1336]. Dès lors que la source du conflit découlait de la disposition constitutionnelle elle-même, l'Assemblée plénière du Conseil d'État, dans la formulation des questions préjudicielles, s'est inscrite dans la logique de préserver le sens et les objectifs de la disposition constitutionnelle. De la même manière, elle a indirectement orienté la CJUE vers l'examen d'une opposition éventuelle entre le droit européen primaire et dérivé.

Pour parvenir à la formulation de trois questions préjudicielles à la CJUE, l'Assemblée plénière du Conseil d'État a admis, au premier chef, la rencontre entre les champs d'application du droit national et du droit européen. Elle a donc admis que l'article 24 de la directive 93/97/CEE prévoit une liste de causes d'exclusion des entrepreneurs à la procédure d'attribution des marchés publics qui est limitative et qui semble donc régler la question de manière exhaustive. En poursuivant son raisonnement, elle souligne que la directive et la disposition constitutionnelle en cause se

[1335] La même distinction est adoptée par C. YANNAKOPOULOS, « L'article 16 de la Constitution, le droit communautaire et le Conseil d'État...dix ans plus tard », *op. cit.*, p. 142, à propos des différents avis exprimés à l'arrêt 778/2007 du Conseil d'État.

[1336] La tendance à la restriction du pouvoir discrétionnaire du législateur ne reflète pas une jurisprudence constante du Conseil d'État. Pourtant, cet avis reflète l'effort de « sauver » la lettre et le sens de la disposition 14 alinéa 9 de la Constitution qui a d'ailleurs été révisée dans le cadre d'un accord entre le gouvernement et l'opposition parlementaire. Par ailleurs, concernant la création des stations de mission, le Conseil d'État (Conseil d'État 989/1987 et Assemblée plénière du Conseil d'État 5040/1987) a affirmé le large pouvoir discrétionnaire du législateur qui doit choisir les mesures législatives en tenant compte des buts qui sont prescrits par la disposition constitutionnelle (articles 15 alinéa 2). Ch. ANTHOPOULOS, « Monopole de radiodiffusion Etatique, méthodes d'interprétation et théories de la Constitution », *in livre jubilaire pour les 75 ans du Conseil d'État*, Athènes - Thessalonique : éd. Sakkoulas, pp. 113 - 131, (p. 126 et suiv.).

réfèrent au même objet matériel et disposent du même champ d'application[1337]. L'Assemblée plénière du Conseil d'État procède ainsi à la formulation de la première question préjudicielle qui constitue essentiellement la source du conflit. Alors qu'elle semble admettre que les causes d'exclusion incluses dans l'article 24 de la directive sont limitatives, elle reconnaît néanmoins la compétence de la CJUE pour l'interprétation authentique du droit de l'UE et demande à la Cour de justice de statuer sur la question de savoir si la mention des causes d'exclusion d'entrepreneurs prévue dans l'article 24 de la directive 93/37 est exhaustive.

Cependant, c'est la formulation de la deuxième question préjudicielle, clairement liée à la réponse à la première question, qui présente un intérêt particulier. Plus précisément, la réponse de la CJUE à cette première question, qu'elle soit positive ou négative, exige, en raison de l'identification du champ d'application de la directive européenne et de la Constitution, une suite logique pour ce qui est de l'interprétation de l'article 14 alinéa 9 de la Constitution et de la directive. Dans la deuxième question préjudicielle, l'Assemblée plénière du Conseil d'État s'empresse donc de demander une clarification dans le cas où la réponse à la première question serait négative. En effet, dans cette hypothèse, les États pourraient, sous condition, instituer d'autres causes d'exclusion d'entrepreneurs par la procédure d'attribution des marchés publics. Dans cette deuxième question préjudicielle, se manifeste l'attention que le Conseil d'État pour préserver la compatibilité de la disposition constitutionnelle. Le Conseil d'État demande essentiellement à la CJUE de reconnaître que les États membres ont la faculté d'instituer des cas d'exclusion supplémentaires, dès lors qu'ils poursuivent des objectifs compatibles avec les principes généraux du droit de l'Union, comme en l'espèce, c'est - à - dire le principe de transparence et de pluralité, le principe de concurrence libre et loyale ainsi que le principe communautaire de proportionnalité[1338]. Il démontre ainsi l'effort de préservation de la compatibilité de la disposition constitutionnelle grâce à l'osmose entre principe constitutionnel et européen.

Toutefois, il faut remarquer que le Conseil d'État succombe à un paradoxe. Alors qu'il propose indirectement à la CJUE de se prononcer en faveur d'une interprétation de la Constitution qui soit conforme au droit de l'Union, il l'invite à interpréter elle - même la disposition

---

[1337] Conseil d'État, Assemblée plénière 3670/2007, considérant n°26.

[1338] Voir les arrêts mentionnés CJCE, 6 novembre 2003, *Gambelli e.a.*, C - 243/01, Rec. 2003 p. I - 13031 point, 74 ; CJCE, 4 février 2002, *Commission contre Portugal*, C - 367/98, Rec. 2002 p. I - 4731, point 50 ; CJCE, 22 janvier 2002, *Canal Satellite*, C - 390/99, Rec. 2002 p. I - 607, point 35 ; CJCE, *Analir e.a.*, C - 205/99, Rec. 2001 p. I - 1271, point 35.

constitutionnelle[1339]. Pourtant, dans le cadre d'un renvoi préjudiciel, la CJUE n'est pas compétente pour interpréter les règles nationales par elles - mêmes, elle ne peut qu'interpréter le droit de l'UE de façon à ce que la solution du litige soit susceptible d'être conforme à celui - ci[1340]. Cela révèle peut être la perplexité de la juridiction nationale, qui est clairement orientée vers la préservation de la compatibilité de la disposition constitutionnelle avec le droit de l'UE, en examinant toutes les éventualités. La troisième et dernière question préjudicielle est d'ailleurs formulée dans ce contexte.

La dernière question préjudicielle posée par le Conseil d'État semble avoir pour objet de pallier l'éventualité d'une réponse négative à la deuxième question, c'est - à - dire la situation dans laquelle la CJUE considérerait que la liste des causes d'exclusion prévue dans la directive est exhaustive et donc que les États ne sauraient prévoir d'autres causes d'exclusion, ce qui signifierait également l'incompatibilité de la disposition constitutionnelle avec la directive européenne. Dans ce contexte, la troisième question préjudicielle porte sur la compatibilité de la directive avec des principes généraux du droit de l'UE. En effet, le Conseil d'État demande à la Cour si l'interdiction (éventuelle) par la directive d'établir d'autres causes d'exclusion n'est pas susceptible d'enfreindre les principes généraux de protection de la concurrence, de transparence, ainsi que la disposition de l'article 5, deuxième alinéa, TCE (article 5 TUE) qui consacre le principe de subsidiarité[1341].

Par rapport à ce point, il est possible de constater un autre paradoxe dans la formulation des questions préjudicielles. Tandis que la majorité de l'Assemblée plénière du Conseil d'État paraît s'incliner vers l'opinion selon laquelle l'énumération des causes d'exclusion dans la directive est exhaustive, cette dernière question préjudicielle soutient l'idée que la directive ainsi interprétée serait contraire aux principes généraux du droit de l'UE et notamment au principe de subsidiarité[1342]. L'intérêt de la question réside notamment dans la possible contrariété de la directive au principe de subsidiarité, principe particulièrement important dans le fonctionnement de l'Union européenne.

[1339] S. KOUKOULI - SPILIOTOPOULOU, « De l'arrêt 3242/2004 à l'arrêt 3670/2006 : le Conseil d'État et les principes constitutionnels de l'ordre juridique communautaire », *EfimDD*, n°3, 2007, pp. 290 - 304, (p. 300).

[1340] Voir en guise d'exemple les arrêts CJCE, 22 janvier 2002, *Canal Satélite Digital*, C - 390/99, Rec. 2002 p. I - 607, point 24 ; CJCE, 12 juillet 2001, *Ordine degli Architetti e.a.*, C - 399/98, Rec. 2001 p. I - 5409, point 48.

[1341] Conseil d'État, Assemblée plénière, considérant n°31.

[1342] Sur le principe de subsidiarité voir Ch. PAPADIMITRIOU, « L'application des principes de subsidiarité et de proportionnalité dans le cadre de protection juridique des droits fondamentaux par le droit communautaire », *EDKA,* 2006, pp. 88 - 105.

Évidemment, le fait que l'Assemblée plénière du Conseil d'État pose ainsi la question d'une éventuelle violation du principe de subsidiarité signifie aussi que la majorité des juges reconnaît la compétence exclusive de la Cour de justice dans l'interprétation et l'appréciation du respect de ce principe[1343]. D'une certaine façon, toute opposition entre la Constitution nationale et le droit dérivé peut essentiellement se voir comme une opposition entre droit européen primaire et droit dérivé, dès lors que dans le droit primaire de l'Union sont intégrés, entre autres, les traditions constitutionnelles communes des États membres ainsi que les principes fondamentaux de la culture juridique européenne[1344]. De ce fait, la troisième question préjudicielle posée par le Conseil d'État grec pourrait inclure également les traditions constitutionnelles des États membres, car la finalité de l'article 14 alinéa 9 de la Constitution est institutionnelle[1345], et concerne essentiellement les relations et les influences entre politique et économie au sein de la société grecque, avec toutes les particularités qu'elle présente.

C'est dans cette troisième question préjudicielle, telle qu'elle a été formulée, que réside la réserve constitutionnelle formulée par le Conseil d'État. En effet, même si l'Assemblée plénière du Conseil d'État a clairement pris ses distances par rapport à la préservation de la primauté constitutionnelle, cette dernière question préjudicielle manifeste la formation d'une réserve constitutionnelle qui demande, de façon implicite, que soit garantie l'autorité de la Constitution à travers le respect de l'identité constitutionnelle, tel qu'elle est concrétisée dans la formulation de l'article 14 alinéa 9 de la Constitution.

À cet égard, on ne peut que constater de fortes similitudes avec l'arrêt *Société Arcelor Atlantique et Lorraine* du Conseil d'État français[1346]. Saisi d'un recours contre un acte réglementaire transposant des dispositions inconditionnelles et précises d'une directive, le Conseil d'État français, fondé sur le moyen tiré de la violation de principes de valeur constitutionnelle, a estimé qu'il y avait lieu de rechercher s'il existe une disposition équivalente dans le droit primaire de l'Union ou un principe général du droit de l'UE, lequel, comme interprété par la CJUE, permettrait

---

[1343] L. PAPADOPOULOU, *Constitution nationale et droit communautaire, La question de primauté, op. cit.*, p. 499.

[1344] E. VENIZELOS, « La relation entre la Constitution nationale et le droit communautaire européen après la signature du Traité sur la Constitution européenne de 2001 », *EEurD*, n°1, 2005, pp. 1 - 36, (pp. 4 - 8).

[1345] E. VENIZELOS, « Relativisme intérpretatif, contraintes procédurales et dilemmes politiques dans la jurisprudence du Conseil d'État sur les relations entre la Constitution nationale et le droit communautaire, La fonction paradigmatique de l'Assemblée du Conseil d'État (arrêt 3670/2006) pour l'article 14 alinéa 9 de la Constitution », *op. cit.*, pp. 96 - 97.

[1346] Conseil d'État, Assemblée plénière, 8 février 2007, *Société ARCELOR Atlantique et Lorraine et autres*, n°de requête 287110.

de garantir au niveau européen le principe constitutionnel. En l'absence d'un tel principe dans le droit de l'Union, le Conseil d'État a affirmé qu'il lui revient d'examiner directement la constitutionnalité de l'acte attaqué. La juridiction a donc accepté la possibilité d'une contrariété de l'acte réglementaire attaqué au principe d'égalité, mais constatant qu'il est également garanti par le droit de l'Union européenne, il a soumis d'office à la CJUE la question de l'incompatibilité de la directive avec le principe communautaire d'égalité. Ainsi, il transforme la critique en une contestation de la validité européenne de la directive en confiant par voie préjudicielle à la Cour de justice le soin de résoudre le conflit de normes, dès lors qu'il existe une règle européenne qui assure une protection équivalente à la norme constitutionnelle invoquée[1347].

La logique similaire des questions préjudicielles posées par le Conseil d'État français et le Conseil d'État grec pourrait inciter la CJUE à formuler de nouveaux droits fondamentaux et des principes généraux de l'Union, tout en respectant la hiérarchie des normes selon laquelle le droit primaire et les principes y inclus, prévaut sur le droit dérivé[1348].

On voit là tout le bénéfice de l'émergence en droit de l'Union d'une identité constitutionnelle commune construite à partir du « patrimoine constitutionnel européen » des États membres[1349]. C'est également confirmé par les conclusions de l'avocat général M.M. Poires Maduro à propos de l'arrêt Arcelor : « *en ancrant les fondements constitutionnels de l'Union dans les principes constitutionnels communs des États membres (...) ces derniers se sont assurés que le droit de l'Union ne menacera pas les valeurs fondamentales de leurs constitutions* »[1350].

2. La tentative de délimitation des compétences constitutionnelles et européennes

Le Conseil d'État n'a pas tardé à prendre ses distances par rapport à la hiérarchisation stricte des règles de droit et à la priorité accordée à la Constitution en matière de reconnaissance des droits professionnels. En

---

[1347] D. Ritleng, « Cours constitutionnelles nationales et renvoi préjudiciel », *in* N. de Grove - Valdeyron, M. Blanquet, V. Dussart (dir.), *Mélanges en l'honneur du Professeur Joël Molinier*, Paris : LGDJ, 2012, pp. 585 - 604, (pp. 601 - 602).

[1348] S. Koukouli - Spiliotopoulou, « De l'arrêt 3242/2004 à l'arrêt 3670/2006 : le Conseil d'État et les principes constitutionnels de l'ordre juridique communautaire », *op. cit.*, p. 304

[1349] D. Rousseau, « La notion de patrimoine constitutionnel européen », *in Droit et politique à la croisée des cultures : mélanges Philippe Ardant*, Paris : LGDJ, 1999, pp. 26 - 46, (p. 26).

[1350] Conclusions de l'avocat général M.M. Poiares Maduro dans l'affaire *Société Arcelor Atlantique et Lorraine et autres*, C - 127/07, présentées le 21 mai 2008, point 16.

mettant ainsi l'accent sur le contrôle de constitutionnalité, il a instauré le dialogue avec la Cour de justice. En observant l'évolution de la jurisprudence du Conseil d'État sur ce point, il faut constater qu'il a ouvert la voie pour le renvoi des questions préjudicielles à la CJUE en ce qui concerne l'interprétation des directives applicables. Ensuite, il a contribué, à travers ses raisonnements, à la convergence de la Constitution et du droit dérivé de l'Union.

Tout d'abord, par son arrêt 3977/03[1351] le Conseil d'État affirme pour la première fois l'interaction entre normes constitutionnelles et normes européennes en matière de reconnaissances de diplômes. Cette affaire concernait l'application des directives européennes à propos d'un diplôme obtenu non pas dans un « centre d'études libres » en Grèce, mais dans un centre équivalent en Allemagne, et qui ne saurait non plus être reconnu comme une Université par la législation grecque en vue de reconnaissance des droits professionnels. En raison de la non-reconnaissance de son diplôme, le requérant s'est vu refuser aussi son inscription dans les registres de la chambre technique de la Grèce, condition nécessaire afin de pouvoir exercer la profession d'ingénieur mécanicien en Grèce.

Le requérant forma un recours devant le Conseil d'État pour demander l'annulation de l'acte de la Chambre technique de Grèce en raison de la violation des directives 89/48 et 92/51 de la CEE[1352]. Le problème primordial en l'espèce était que le demandeur avait demandé une reconnaissance de son diplôme sur la base de ces directives précises, après le délai de leur transposition dans l'ordre interne et avant l'introduction dans le droit national du décret présidentiel 231/1988 par lequel fut finalement transposée la directive 92/51[1353]. Ainsi, le Conseil d'État était appelé à exercer un examen de conventionnalité de l'acte administratif en question, non combiné avec l'examen de constitutionnalité correspondant, en tenant compte de l'engagement découlant de l'article 16 de la Constitution. Le Conseil d'État affirme en l'espèce la distinction entre équivalence académique et équivalence professionnelle et se prononce en faveur de l'application directe des directives européennes dans cette matière. La question était donc de savoir si le cas litigieux relevait du champ

---

1351 Conseil d'État 3977/03 *DtA,* n°28, 2005 pp. 1304 - 1325 et l'article E. PREVEDOUROU, « Concernant l'application directe de la directive 89/48CEE, commentaire à l'arrêt du Conseil d'État 3977/2003 », *DtA*, n°28, 2005, pp. 1277 - 1325.

1352 La directive 89/48/CEE, complétant la directive 92/51/CEE fut modifiée par la directive 2001/19/CE Par la suite, les directives susmentionnées 89/48 et 92/51/CEE furent abrogées par l'adoption de la nouvelle directive 2005/36 du Parlement européen et du Conseil.

1353 G. GERAPETRITIS, « The hellenic Council of state vis - à - vis the european court of justice : from voluntary seclusion to inevitable constitutional dialogue », *in Essays in honour of Georgios I. Kassimatis*, *op. cit.*, pp. 90 - 93.

d'application de la directive bien qu'elle n'avait pas été transposée en droit interne. Il place ainsi les autorités administratives face à leurs responsabilités, en ce sens qu'elles sont obligées d'appliquer des dispositions inconditionnelles et précises malgré leur transposition tardive par le législateur[1354].

Dans le litige au principal, le Conseil d'État estime que la décision de rejet prise par la Chambre technique de Grèce n'était pas légalement motivée. Selon la Cour, la Chambre technique aurait dû examiner la demande du requérant en recherchant si les conditions prévues par les dispositions inconditionnelles et suffisamment précises de la directive 89/48 étaient réunies. Dans l'affirmative, elle aurait dû reconnaître au requérant le droit d'exercer en Grèce la profession d'ingénieur mécanicien, en lui délivrant l'autorisation et en l'inscrivant dans son registre. La Cour affirme donc l'effet direct de la directive 89/48/CEE dès lors qu'elle ne laisse pas aux États membres la possibilité de choisir entre plusieurs alternatives et qu'au contraire, les autorités nationales compétentes sont dans l'obligation de permettre au titulaire d'un diplôme obtenu dans un autre État membre l'accès à une profession réglementée[1355].

Toutefois, le Conseil d'État grec décide de surseoir à statuer et de saisir la Cour de justice par voie préjudicielle. La première question préjudicielle concerne, en effet, la question de l'applicabilité directe et inconditionnelle de la directive par les autorités étatiques, et ce afin de juger la légalité du rejet de la demande du requérant. Par cet arrêt, le Conseil d'État accepte sur le fond non seulement l'application directe des dispositions des directives de l'Union, mais aussi, il modifie la position stricte de la Grèce en matière de reconnaissance des droits professionnels sanctionnés par des diplômes issus d'établissements éducatifs d'autres États membres de l'Union.

Ensuite, l'interprétation du Conseil d'État par rapport à l'application du droit de l'UE et au renforcement de l'efficacité du contrôle de compatibilité de la Constitution nationale avec les exigences issues du droit de l'UE est consolidée par les renvois préjudiciels de l'arrêt 778/2007. Selon la Cour, compte tenu des engagements nationaux qui découlent du droit européen dérivé, les différences en matière d'organisation et de contenu de l'éducation certifiée par le diplôme par rapport à celle offerte dans l'État membre d'accueil, c'est - à - dire la Grèce, ne suffisent pas à justifier le refus de reconnaître le diplôme équivalent en Grèce, mais peuvent, s'il s'agit de

---

1354 E. PREVEDOUROU, « Concernant l'application directe de la directive 89/48CEE, commentaire à l'arrêt du Conseil d'État 3977/2003 », *DtA*, n°28, 2005, *op. cit.*, p. 1279.

1355 V. CHATZOPOULOS, « Reconnaissance de l'équivalence professionnelle des titulaires des titres étrangers : dialogues entre le Conseil d'État et la CJCE concernant l'application directe des systèmes généraux de reconnaissance », *NoV*, 2005, pp. 237 - 250, (pp. 242 - 243).

différences substantielles, justifier l'application de mesures de compensation prévues par la directive 92/51/CEE. La juridiction ajoute, qu'en l'espèce, le refus de la Grèce, en tant qu'État membre d'accueil, de l'accès à une profession réglementée sans qu'intervienne une appréciation des qualifications certifiées par le titre en question ou une comparaison avec les qualifications exigées par la législation nationale, constituerait une violation du principe de la reconnaissance mutuelle et, en substance, de la directive 92/51/CEE. L'interprétation précitée n'est pas contraire aux dispositions des articles 149 et 150 TCE (articles 165 et 166 TFUE), car ces derniers réservent aux États membres de l'Union des compétences qui doivent être exercées de façon à respecter les libertés fondamentales garanties par le Traité UE.

Conformément à ses considérants précédents, le Conseil d'État demande par voie de question préjudicielle si, au titre des dispositions de la directive 92/51, interprétées à la lumière des articles 149 et 150 du TCE (articles 165 et 166 TFUE), la demande d'accès d'un ressortissant d'un État membre à une profession réglementée dans un État membre d'accueil peut être refusée en raison d'une disposition générale de la législation nationale.

Enfin, le Conseil d'État estime que les dispositions constitutionnelles nationales, en principe contraires au droit de l'UE, sont absolument conformes tant aux dispositions du droit primaire qu'à celles du droit dérivé si elles permettent la reconnaissance des droits professionnels même si cela n'implique pas une reconnaissance académique des diplômes acquis. De cette manière, elle reconnaît à la CJUE la compétence de définir le contenu de la directive à la lumière du droit primaire de l'Union, en déterminant ainsi le champ d'application du droit de l'UE et, *a contrario*, le champ d'application de la Constitution[1356]. Si la CJUE accepte l'interprétation du Conseil d'État, le contrôle de conventionnalité que ce dernier a opéré prend les caractéristiques d'un contrôle concret qui, après le jugement définitif de la CJUE, engage par son interprétation les juridictions nationales, en marquant ainsi un revirement définitif concernant la question de la reconnaissance des droits professionnels en Grèce pour les diplômes obtenus à l'issue d'études suivies en partie dans des « centres d'études libres ».

[1356] E. VENIZELOS, « Relativisme intérpretatif, contraintes procédurales et dilemmes politiques dans la jurisprudence du Conseil d'État sur les relations entre la Constitution nationale et le droit communautaire, La fonction paradigmatique de l'Assemblée du Conseil d'État (arrêt 3670/2006) pour l'article 14 alinéa 9 de la Constitution », *op. cit.*, p. 101.

§2. La réponse des deux Cours européennes conduisant à un engagement national

Le dialogue entrepris avec les deux Cours européennes présente plusieurs aspects positifs, car il contribue à l'interprétation des dispositions nationales de manière à ce qu'elles soient compatibles avec le droit de l'UE et la Convention EDH.

Dès lors que les mécanismes juridictionnels des deux Cours diffèrent largement, les moyens selon lesquels le dialogue a été entrepris sont également distincts. Ainsi, dans le cas de la CJUE, la Cour a été invitée à répondre à des questions d'importance nationale, soit par voie préjudicielle, soit après des recours en manquement initiés contre la Grèce. S'agissant de la Cour EDH, le « dialogue » prend la forme de deux monologues parallèles ; un monologue institué dans un jugement interne, et un second entrepris par la Cour EDH sur le fondement des recours individuels concernant des questions stratégiques.

D'une part, dans le cas de la CJUE, il s'agit d'un dialogue entre juridictions, dont la particularité réside dans le fait que les dispositions constitutionnelles elles - mêmes sont au centre du conflit, et non pas les pratiques administratives ou les choix législatifs. Les jugements de la CJUE sont donc importants, car la Cour passe au crible les dispositions constitutionnelles nationales (A). D'autre part, dans le cas de la Cour EDH, le conflit sous - jacent ne résulte pas du contenu des dispositions constitutionnelles, mais des omissions nationales graves tolérées par la lettre de la Constitution (B).

A. Un dialogue entre juridictions nationale et européenne. Les dispositions constitutionnelles nationales au crible de la CJUE

Les arrêts étudiés ici marquent un infléchissement de la compétence juridique du Conseil d'État. La CJUE est invitée à connaître de ces questions, soit à travers des questions préjudicielles, soit à travers le recours en manquement initié par la Commission européenne[1357]. Bien que les dispositions constitutionnelles nationales se trouvent au centre des litiges, la Cour de justice a évité le conflit direct entre les deux ordres juridiques. Elle a donc placé au cœur de son raisonnement les principes fondamentaux qui régissent l'ordre juridique de l'Union[1358]. Ainsi, dans l'affaire de l'actionnaire majoritaire, le centre du raisonnement juridique a été le respect du principe de proportionnalité en fonction, cependant, des conditions sociales, économiques et politiques de la nation (1). De surcroît, s'agissant

---

[1357] L. PAPADOPOULOU, *Constitution nationale et droit communautaire, La question de primauté, op. cit.*, p. 567.

[1358] *loc. cit.*

de la reconnaissance des droits professionnels par des « centres d'études libres » installés en Grèce, la CJUE s'est concentrée sur l'application effective des directives concernant la reconnaissance des droits professionnels (2).

1. Le principe de proportionnalité au cœur du raisonnement de la CJUE

Dans l'affaire de l'« actionnaire majoritaire », la décision de la Cour de justice[1359] ainsi que les conclusions de l'avocat général M.M. POIRES MADURO se focalisent sur les principes communs qui régissent les ordres juridiques national et européen afin de trouver un juste équilibre autour de la disposition constitutionnelle, en principe « problématique », de l'article 14 alinéa 9, et les dispositions de la directive 93/37, applicables en l'espèce. Même si les conclusions et la décision finale ont suivi une ligne commune, les manières d'approcher le rapport entre l'ordre constitutionnel national et l'ordre juridique européen diffèrent. Les conclusions de l'avocat général se sont centrées sur la priorité accordée au respect de l'identité constitutionnelle des États membres de l'Union, mais avec un contrôle plus intense et rigoureux de la disposition constitutionnelle alors que la Cour, en s'écartant de la référence à l'identité constitutionnelle, a adopté une interprétation plus modérée concernant les incompatibilités nationales.

Tout d'abord, dans ses conclusions, l'avocat général a répondu aux griefs du gouvernement grec, lequel a invoqué devant la CJUE le caractère irrecevable des questions préjudicielles, d'une part, parce qu'il s'agissait d'une affaire concernant une situation « purement interne » de l'État grec, d'autre part, parce que ces questions ne concernent pas une interprétation du droit de l'UE nécessaire pour la solution du litige au principal, ce dernier concernant, exclusivement, la conformité de la loi ordinaire avec la Constitution. L'avocat général, a, en premier lieu, écarté ces deux moyens d'irrecevabilité. En répondant au premier argument du gouvernement grec[1360], sur le fondement de la jurisprudence constante de la Cour[1361], il a rappelé que la CJUE est en principe obligée de répondre aux questions préjudicielles qui lui sont posées par les juridictions nationales, qui seules sont compétentes pour décider de la nécessité du renvoi préjudiciel. En répondant au deuxième moyen relatif à l'irrecevabilité des questions

---

[1359] CJCE, Grande chambre, 16 décembre 2008, *Michaniki*, C - 213/07, Rec. 2008 p. I - 9999.

[1360] *ibid.*, points 27 - 36.

[1361] CJCE, 21 janvier 2003, *Bacardi - Martini et Cellier des Dauphins*, C - 318/00, Rec. 2003 p. I - 905, point 41 ; CJCE, 13 mars 2001, *PreussenElektra*, C - 379/98, Rec. 2001 p. I - 2099, point 38 et CJCE, 15 décembre 1995, *Bosman e.a.*, C - 415/93, Rec. 1995 p. I - 4921, point 59.

préjudicielles, l'avocat général souligne que le juge national doit savoir si des exclusions telles que celles prévues par le droit national sont ou non compatibles avec le droit de l'UE pour des raisons d'économie de la procédure, comme il était soutenu par la décision de renvoi du Conseil d'État[1362].

S'agissant donc de la première question préjudicielle, l'avocat général conclut, dans un raisonnement relativement laconique, que le respect d'autres règles et principes que ceux figurant dans la directive ou qui en dérivent peut également exiger l'instauration de cas d'exclusion. Il se réfère expressément au principe d'égalité de traitement des soumissionnaires ainsi qu'au principe de transparence et conclut que la liste des causes d'exclusion d'entrepreneurs de travaux figurant à l'article 24 de la directive 93/37 n'est pas exhaustive.

Cependant, l'intérêt des conclusions de l'avocat général réside dans les raisonnements concernant la deuxième question préjudicielle, qui portait sur la possibilité de l'État membre de prévoir des exclusions supplémentaires. L'avocat général, en répondant en principe par l'affirmatif, fonde son raisonnement sur une approche tolérante à l'égard des particularités nationales et du respect de l'identité constitutionnelle des États membres, qui constitue un devoir fondamental de l'Union européenne. Il se réfère expressément à l'article 6 §3 du Traité sur l'Union[1363]. L'invocation de cette notion par l'avocat général est encore plus significative étant donné que ni l'Assemblée plénière du Conseil d'État grec ni la décision de renvoi de la section n'ont fait appel à cet argument visant le respect de l'identité constitutionnelle.

Toutefois, M.M. POIRES MADURO, en essayant de déterminer les limites du respect de l'identité constitutionnelle des États membres[1364], précise que son respect n'est pas inconditionnel. L'avocat général affirme alors que le droit de l'UE ne s'oppose pas aux incompatibilités instaurées entre le secteur des travaux publics et celui des médias, si celles - ci sont conformes au principe de proportionnalité. Il conclut en considérant que, si c'est en principe au juge national en charge du litige au principal et non à la Cour saisie sur la base de l'article 234 CE (article 267 TFUE) d'effectuer un tel contrôle, il apparaît qu'une incompatibilité d'une étendue telle que celle instaurée par l'article 14, paragraphe 9 de la Constitution grecque n'est pas conforme au principe de proportionnalité. Il convient de faire deux remarques sur ce dernier point. D'une part, il faut relever que l'avocat

---

[1362] Conclusions de l'avocat général M.M. POIARES MADURO dans l'affaire *Michaniki*, C - 213/07 présentées le 8 octobre 2008, point 18.

[1363] *ibid.*, points 30 - 33.

[1364] Ch. PAPASTYLIANOS, « L'identité constitutionnelle des Etats membres de l'Union européenne et l'application uniforme du droit communautaire par les Etats membres », *EfimDD*, n°4, 2009, pp. 538 - 541, (p. 538).

général fait une large place à la notion du respect de l'identité constitutionnelle des États membres et fonde sa réponse à la deuxième question sur la détermination de cette notion. Cette référence est particulièrement remarquable, dans la mesure où elle est faite d'office, sans aucune référence du juge grec au concept de l'identité constitutionnelle comme ligne de défense nationale. D'autre part, bien que le point de départ du raisonnement de l'avocat général soit le respect de l'identité constitutionnelle des États membres, ce qui permet d'y voir un raisonnement qui est en substance favorable, il « apparaît »[1365] que la disposition constitutionnelle de l'article 14 par. 9 de la Constitution grecque viole le principe communautaire de proportionnalité.

Il est d'ailleurs significatif que son raisonnement aboutisse à contrôler la compatibilité de la disposition constitutionnelle avec le droit, quand bien même il rappelle qu'il n'incombe pas à la Cour saisie sur le fondement de l'article 234 CE (article 267 TFUE) en matière de questions préjudicielles d'effectuer le contrôle de proportionnalité des dispositions nationales, dès lors que cette tâche incombe au juge national en charge du litige au principal, à savoir le Conseil d'État grec.

Ensuite, l'arrêt de la CJUE s'est significativement distancié de la référence au respect de l'identité constitutionnelle des États membres par le droit de l'Union. Il s'agit, cependant, d'un arrêt d'importance majeure, dont le raisonnement a été repris dans un arrêt récent de la CJUE et à propos de la même question[1366]. Il s'intègre plus généralement à la jurisprudence récente de la CJUE qui renforce le dialogue avec les juridictions nationales européennes[1367]. Dans un raisonnement conforme aux conclusions de l'avocat général, la Cour conclut que la liste des limitations de la directive 93/37 n'est pas exhaustive. Plus précisément, la Cour considère, « de façon quelque peu contradictoire »[1368], que l'article 24, premier alinéa, de la directive 93/37 doit être interprété dans le sens qu'il énumère, de manière exhaustive, les causes fondées sur des considérations objectives de qualité professionnelle, susceptibles de justifier l'exclusion d'un entrepreneur de la

---

[1365] Conclusions de l'avocat général M.M. POIARES MADURO dans l'affaire *Michaniki*, C - 213/07 présentées le 8 octobre 2008, point 35.

[1366] CJCE, 19 mai 2009, *Assitur*, C - 538/07, Rec. 2009 p. I - 4219, confirmant la jurisprudence relative au caractère exhaustif de la liste des causes pouvant être invoquées par un Etat membre afin d'exclure des candidats de la participation à un marché public, E. BERNARD, « Causes d'exclusion de la participation à un marché public », *Europe*, n°7, 2009, p. 13.

[1367] Voir à titre indicatif CJCE, Granche chambre, 13 mars 2007, *Unibet*, C - 432/05, Rec. 2007 p. I - 2271 ; CJUE, 19 janvier 2010, *Kücükdeveci*, C - 555/07, Rec. 2010 p. I - 365.

[1368] W. ZIMMER, « Motifs d'exclusion de la participation à des procédures de marchés publics », *Contrats et Marchés publics*, n°2, 2009, pp. 18 - 20, (p. 20).

participation à un marché public de travaux[1369]. La Cour considère, ensuite, que les États membres peuvent « toutefois »[1370] prévoir d'autres mesures d'exclusion visant à garantir le respect des principes d'égalité de traitement des soumissionnaires et de transparence, à condition de respecter le principe de proportionnalité.

À propos de l'examen de la deuxième question préjudicielle, la Cour affirme qu'il lui appartient de limiter son examen en fournissant une interprétation du droit de l'UE qui soit utile pour la juridiction de renvoi. En reconnaissant que les mesures établies par la directive européenne sont destinées à garantir les principes d'égalité de traitement des actionnaires et de transparence, elle reconnaît aux États membres une marge d'appréciation dans l'adoption de ces mesures, susceptibles de garantir le respect des principes susmentionnés, à la lumière de considérations historiques, juridiques, économiques ou sociales qui leur sont propres. En conséquence, la Cour considère que la volonté d'un État membre de prévenir des risques d'interférence du pouvoir des médias dans les procédures de passation des marchés publics qui pourraient menacer la transparence et fausser la concurrence peut justifier le motif d'exclusion prévu par la Constitution grecque. Toutefois, la CJUE précise qu'il est évident que l'impossibilité, générale et absolue, telle qu'elle est établie par le texte constitutionnel, d'apporter la preuve de l'absence de collusion, est inconciliable avec le principe de proportionnalité. Ainsi, dans une motivation de l'arrêt assez « économe »[1371], la CJUE juge que la disposition constitutionnelle est incompatible avec le droit de l'UE, car elle va au - delà de ce qui est nécessaire pour atteindre les objectifs allégués de transparence et d'égalité de traitement, en excluant de façon définitive et irréfragable tout entrepreneur exerçant une activité dans le secteur couvert par l'incompatibilité prévue par la Constitution[1372].

Cette jurisprudence, qui affirme la violation du principe de proportionnalité, en se livrant d'ailleurs à une véritable appréciation du droit constitutionnel national[1373], est particulièrement importante, dans la mesure

---

[1369] Cette position a également été adoptée dans l'arrêt CJCE, 9 février 2006, *La Cascina e.a.*, C - 226/04 et C - 228/04, Rec. 2006 p. I - 1347, W. ZIMMER, « Interdiction de concourir à un marché pour non respect des obligations sociales ou fiscales au sens de la directive 92/50 " services " », *Contrats Marchés publics*, n°4, 2006, comm. n 100, pp. 12 - 14.

[1370] CJCE, *Michaniki*, précité, point 49.

[1371] E. BROUSSY, Fr. DONNAT, Ch. LAMBERT, « Chronique de jurisprudence communautaire », *AJDA*, n°5, 2009, pp. 252 - 254.

[1372] B. DU MARAIS, J. - Ph. KOVAR, St. RODRIGUES, « Secteur public Cour de Justice des Communautés Européennes (CJCE), 16 décembre 2008, Michaniki (commentaire) », *Concurrences* n°1, 2009, pp. 206 - 224 (pp. 211 - 213).

[1373] CJCE, *Michaniki*, précité, E. BERNARD, « commentaire sur l'arrêt C - 213/07 », *Europe*, n°2, 2009, p. 21.

où, bien qu'elle ne se réfère pas expressément, comme l'avait fait l'avocat général M.M. POIRES MADURO, au respect de l'identité constitutionnelle des États membres, elle procède à un raisonnement à la lumière de considérations historiques, juridiques, économiques et sociales propres à l' État grec. Cet arrêt, qui suit les arrêts *Omega, Espagne contre Royaume Uni*[1374], *Eman et Sevigné*[1375] exprimant la protection jurisprudentielle de l'identité nationale, considère alors que les particularités constitutionnelles des États membres sont susceptibles d'être respectées lorsqu'elles sont conformes aux exigences et aux principes européens[1376] et, dans le cas d'espèce, au principe de proportionnalité.

2. Le principe d'effectivité au cœur du raisonnement de la CJUE

La question de la non-reconnaissance des diplômes délivrés par des autorités compétentes d'un autre État membre à l'issue d'études effectuées en partie dans un « centre d'études libres » installé en Grèce dans le cadre de formations franchisées a occupé de manière récurrente la Commission européenne qui a initié des recours en manquement contre la Grèce.

D'abord, les arrêts condamnatoires pour la Grèce s'inscrivent sur la même logique de l'arrêt *Valentina Neri*[1377], par lequel la Cour de justice a décidé que la période d'études effectuée auprès d'une filiale d'une Université britannique non reconnue en Italie ne constitue pas en elle - même un motif de rejet de la demande de reconnaissance du titre d'études conférant des droits professionnels. Cet arrêt est d'une importance majeure pour la Grèce qui mettait en œuvre la même pratique administrative. Dans l'arrêt *Valentina Neri*, l'incompatibilité du droit national avec le droit de l'Union et notamment aux articles 39 et 43 TCE (articles 45 et 49 TFUE) fut constatée en faisant un parallèle avec la pratique administrative italienne. Néanmoins, dans le cas de la Grèce, la source des refus ne se situait pas dans la pratique de l'administration, mais dans la Constitution elle - même, laquelle exige que l'enseignement supérieur soit dispensé par des personnes

---

1374 CJCE, Grande chambre, 12 septembre 2006, *Espagne contre Royaume - Uni*, C - 145/04, Rec. 2006 p. I - 7917.

1375 CJCE, Grande chambre, 12 septembre 2006, *Eman et Sevinger*, C - 300/04, Rec. 2006 p. I - 8055.

1376 H. GAUDIN, « Primauté, la fin d'un mythe ? Autour de la jurisprudence de la Cour de Justice, in L'union européenne. Union de droit, union des droits », *in* J. - Cl. MASCLET et al. (dir.), *L'union européenne. Union de droit, union des droits, Mélanges en l'honneur du Professeur Philippe Manin*, Paris : éd. A. Pédone, 2010, pp. 639 - 656, (pp. 652 - 653).

1377 C - 153/02, *Neri*, précité.

morales de droit public fonctionnant sous la surveillance de l'État[1378], ce qui rendait le traitement juridique de cette matière encore plus complexe.

Ensuite, les arrêts issus de la Cour de justice ont entraîné la limitation du contenu normatif de l'article 16, portant interdiction de création d'Universités privées. La CJUE[1379] s'est prononcée en faveur de l'effet direct de la directive 89/48/CEE et a reconnu la possibilité aux citoyens d'un État membre de se prévaloir de ladite directive afin de recevoir, dans l'État membre d'accueil, l'autorisation d'exercer une profession réglementée, telle que celle de l'ingénieur mécanicien[1380]. Le même raisonnement a été retenu dans l'arrêt C - 274/05[1381] issu après un recours en manquement. Dans cet arrêt la CJUE rappelle que « *les États ne sont définitivement plus maîtres de l'accès aux professions réglementées dans leur pays* »[1382]. À l'opposé des allégations du gouvernement grec, défendant la compétence nationale en matière de contenu de l'enseignement et d'organisation tant du système d'éducation que de la formation professionnelle, la Cour de justice a rappelé que le système général de reconnaissance des diplômes d'enseignement supérieur prévu par la directive 89/48 est en effet fondé sur la confiance mutuelle qu'ont les États membres dans les qualifications professionnelles

---

[1378] R. - E. PAPADOPOULOU, « Réflexions à propos de l'arrêt de la Cour des communautés européennes, Valentina Neri du 13 Novembre 2003 (affaire C - 153/02) », *op. cit.*, p. 46.

[1379] CJCE, 14 juillet 2005, *Peros*, C - 141/04, Rec. 2005 p. I - 7163. Fl. MARIATTE, « Invocabilité de substitution des directives n°89/48 et n°92/51 sur la reconnaissance des diplômes. CJCE, C - 141/04, Peros, CJCE et C - 142/04, Aslanidou du 14 juillet 2005 », *Europe*, n°10, 2005, comm. n°320, pp. 13 - 14.

[1380] CJUE, 5 avril 2011, *Toki*, C - 424/09, Rec. 2011 p. I - 2587, qui complète la jurisprudence précédente de l'arrêt C - 141/04, précité. P. - A. SARTZETAKI, « Reconnaissance des diplômes d'études de troisième cycle, af., C - 424/09 Christine I. Toki contre Ministre de l'éducation du 5.4.2011 », *EfimDD*, n°2, 2011, pp. 246 - 252.

[1381] CJCE, 23 octobre 2008, *Commission contre Grèce*, C - 274/05, Rec. 2008 p. I - 7969 et CJCE, 23 octobre 2008, *Commission contre Espagne*, C - 286/06, Rec. 2008 p. I - 8025. L. DRIGUEZ, « Reconnaissance mutuelle des diplômes, CJCE, 23 oct. 2008, aff. C - 274/05, Commission c/ Grèce, CJCE, 23 oct. 2008, aff. C - 286/06, Commission c/ Espagne », *Europe*, n°12, 2008, comm. n°412, pp. 19 - 20 ; E. TROVA, « L'arrêt de la CJCE C - 274/05, commission contre Grèce », *DtA*, n°40, 2008, pp. 1257 - 1285 ; Ch. PAPADIMITRIOU, « La reconnaissance des diplômes acquis par des Universités étrangères, La violation de la directive 89/48 et de l'article 49 du Traité CE par l'Etat grec », *DtA*, n°40, 2008, pp. 1287 - 1322 et G. ANAGNOSTARAS, « L'étendue de la compétence nationale en matière d'éducation. A propos de la reconnaissance des diplômes communautaires acquis sur la base des accords de franchising », *EEurD*, n°4, 2008, pp. 621 - 640.

[1382] L. DRIGUEZ, « Reconnaissance mutuelle des diplômes, CJCE, 23 oct. 2008, aff. C - 274/05, Commission c/ Grèce, CJCE, 23 oct. 2008, aff. C - 286/06, Commission c/ Espagne », *op. cit.*, p. 20.

qu'ils octroient. Ceci étant, dans la mise en œuvre de la directive 89/48, il suffit que la formation ait été acquise dans une mesure prépondérante dans la Communauté, quel que soit le pays. Si la CJUE a admis la responsabilité étatique dans la définition du contenu et de la manière dont est assurée la formation par les États membres[1383], elle reprend les conclusions de l'avocat général BOT qui rejetaient le critère de territorialité en ce qui concerne le lieu du déroulement des études. La CJUE a donc affirmé que les États membres d'accueil sont obligés de reconnaître des études d'enseignement supérieur effectuées dans un autre État membre, en ajoutant que cette approche *«ne remet pas en cause la compétence de la République hellénique en ce qui concerne le contenu de l'enseignement et l'organisation du système éducatif»*[1384], pour trois raisons. Premièrement, parce que la directive en cause concerne la reconnaissance de qualifications professionnelles et non pas la reconnaissance de diplômes ; deuxièmement, parce que cette directive n'empêche pas les États membres de définir les conditions d'accès aux différentes professions ; et troisièmement, parce qu'en vertu de l'article 4 de la directive, il est expressément autorisé d'imposer des mesures compensatoires si la formation du demandeur diffère du point de vue de sa durée ou de son contenu de la formation requise en Grèce[1385].

Dans cet arrêt, le conflit direct entre la Constitution nationale et le droit de l'UE est donc évité. Cependant, la question est réglée de telle manière qu'on ne peut pas présumer que le droit de l'Union, primaire ou dérivé, garantit la survie des articles 16 alinéas 5, 7 et 8 de la Constitution en matière d'interdiction de création d'établissements privés d'enseignement universitaire[1386]. Au contraire, il est possible de constater un élargissement des compétences de l'Union. Bien que les directives en cause soient relatives à la reconnaissance des droits professionnels, elles présentent pour autant un lien incontestable avec l'organisation du système éducatif, qui relève de la compétence exclusive des États membres.

L'épilogue des jugements condamnatoires est intervenu avec deux autres arrêts[1387], dans la continuité directe de l'arrêt C - 274/05 rendu le 23 octobre 2008. La distinction réside néanmoins dans le fait qu'ils concernent la directive 92/51/CEE du Conseil du 18 juin 1992, relative à un deuxième

---

[1383] CJCE, *Commission contre Grèce*, C - 274/05, précité, point 25.

[1384] *Commission contre Grèce*, C - 274/05, précité, point 36.

[1385] E. MARIAS, « Les 'diplômes toxiques' et la mise en question du fonctionnement des Universités grecques après les arrêts de la CJCE sur les centres des études libres », *EfimDD*, n°5, 2008, pp. 694 - 713, (p. 704).

[1386] L. PAPADOPOULOU, *Constitution nationale et droit communautaire, La question de primauté, op. cit.*, p. 563.

[1387] CJCE, 4 décembre 2008, *Commission contre Grèce*, C - 84/07, Rec. 2008 p. I - 171*, Pub.somm. et CJCE, 4 décembre 2008, *Chatzithanasis*, C - 151/07, Rec. 2008 p. I - 9013.

système général de reconnaissance des formations professionnelles d'une durée d'un à trois ans[1388].

Quand bien même il s'agit d'une réponse à une question préjudicielle, la Cour de justice adopte un raisonnement presque identique à celui des arrêts de condamnation de la Grèce, et confirme ainsi son jugement de violation des obligations découlant des directives 84/48 et 92/51/CEE. Tout en évitant la question de la répartition des compétences en matière d'enseignement, la CJUE utilise en réalité un « argument circulaire »[1389]. Ainsi, si elle reconnaît l'existence de compétences nationales en matière d'enseignement, elle considère, néanmoins, que la formation certifiée par une autorité étrangère relève de la responsabilité exclusive de cette dernière, et choisit l'interprétation qui impose la reconnaissance des diplômes.

Toutefois, certains points de ce raisonnement sont contestables. Dès lors que l'État qui délivre le diplôme dispose de la compétence, en vertu des directives de l'Union, de déterminer et de contrôler la prestation d'enseignement sur le territoire grec par des « centres d'études libres » qu'il a installés en Grèce (ce qui est interdit par la Constitution grecque), la question de la juste répartition des compétences en matière d'enseignement devrait être jugée de manière totalement différente. La CJUE devrait la considérer du point de vue de la compatibilité de l'attribution des compétences par l'État qui délivre le diplôme avec le droit européen dérivé des directives 89/48/CEE et 92/51 ainsi qu'avec le droit primaire, notamment les articles 149 et 150 TCE (articles 165 et 166 TFUE). La question d'interprétation résiderait ainsi dans la compatibilité de la directive 84/48 et 92/51 avec les articles 149 et 150 TCE. À l'aune de ce raisonnement, la contrariété entre la Constitution et le droit dérivé de l'Union peut se résumer, comme en ce qui concerne la question de l'actionnaire majoritaire, à une contrariété entre le droit primaire et le droit dérivé.

Cependant, selon cette jurisprudence consolidée, les compétences de la Grèce en matière de prestation d'enseignement, ainsi qu'elles sont reconnues par les articles 149 et 150 TCE (articles 165 et 166 TFUE), sont limitées. Les compétences de l'UE sont, en conséquence, développées en vertu des directives susmentionnées. Par conséquent, on est amené à constater, au regard de ce jugement définitif de la CJUE combiné aux autres arrêts de

[1388] L. DRIGUEZ, « Reconnaissance mutuelle du diplôme d'opticien, CJCE, 4 déc. 2008, aff. C - 84/07, Commission c/ Grèce, CJCE, 4 déc. 2008, aff. C - 151/07, Chatzithanasis », *Europe*, n°2, 2009, comm. 78, pp. 30 - 31. Précisément, l'arrêt C - 151/07 visait l'interprétation des articles 1, élément a΄, 3 et 4 de la directive 92/51/CEE, qui complète la directive 89/48 telle que modifiée par la directive 2001/19/CE.

[1389] M. IOANNIDIS, « L'interdiction constitutionnelle de création des Universités privées », *op. cit.*, p. 853.

condamnation, la limitation définitive du champ normatif de la Constitution et, en particulier, de son article 16[1390].

B. L'examen par la Cour EDH des questions constitutionnelles nationales

Un vrai dialogue a été initié à travers le renvoi des questions préjudicielles entre la Cour de justice et le juge national, visant la gestion des conflits entre Constitution et droit de l'UE. Cependant, il n'existe pas, à proprement parler, de dialogue entre les juridictions nationales et la Cour EDH. Dans ce cas, il s'agit plutôt d'une interaction entre les normes constitutionnelles et conventionnelles dans les arrêts issus de la Cour de Strasbourg.

L'article 57 alinéa 1er de la Constitution qui porte sur l'incompatibilité absolue du mandat de député avec l'exercice d'une profession, a été examiné par la Cour EDH. L'arrêt Lykourezos présente ainsi la particularité de porter sur une disposition constitutionnelle et non pas sur une loi ou un acte administratif, comme il est le cas le plus fréquent. De plus, cet article constitutionnel fut appliqué directement, malgré le fait que la loi prévue pour sa mise en œuvre ne fut jamais adoptée. L'arrêt de la Cour européenne n'a pas directement examiné la question de la contrariété de la disposition constitutionnelle à la Convention. En revanche, il l'a fait indirectement à travers, d'une part, la critique du jugement de la Cour suprême spéciale du pays (1) et, d'autre part, la critique de l'existence d'habilitations constitutionnelles inactives[1391] (2).

1. Les approches différentes de la Cour suprême spéciale et de la Cour EDH

À la suite de l'arrêt de la Cour suprême spéciale[1392] M. Alexandros *Lykourezos* a été déchu de son mandat parlementaire pour avoir continué à exercer son métier d'avocat malgré l'existence de l'incompatibilité

[1390] La dernière condamnation fut prononcée par l'arrêt CJCE, 2 juillet 2009, *Commission contre Grèce*, C - 465/08, Rec. 2009 p. I - 116, Pub.somm, qui reproche à la Grèce de ne pas avoir adopté, dans le délai prescrit, les dispositions législatives, réglementaires et administratives nécessaires pour se conformer à la directive 2005/36/CE du 7 septembre 2005, relative à la reconnaissance des qualifications professionnelles.

[1391] Th. RAPTOPOULOS, « L'applicabilité des dispositions constitutionnelles contenant d'habilitations constitutionnelles restant inactives. Quelques réflexions sur le pouvoir normatif de la Constitution à la suite des arrêts Lykourezos et Sitaropoulos de la CEDH », *op. cit.*, p. 140.

[1392] Cour suprême spéciale arrêt 11/2003.

professionnelle générale des députés, prévue dans l'article 57. L'intéressé a ensuite introduit un recours devant la Cour EDH[1393] en invoquant la violation de l'article 3 du protocole additionnel n°1 de la Convention ainsi que de l'article 8 de la Convention EDH. Dès le départ, M. Lykourezos a soutenu qu'il attaquait l'arrêt de la Cour suprême spéciale plutôt que la disposition de l'article 57 de la Constitution grecque.

En effet, il a défendu que l'interprétation extensive de l'incompatibilité professionnelle, telle qu'effectuée par la Cour Suprême spéciale, violait de façon directe son droit d'éligibilité ainsi que sa liberté professionnelle.

Pour sa part, la Cour européenne souligne qu'elle n'a pas à exprimer son point de vue sur l'interdiction générale pour les députés d'exercer toute profession. Elle se borne donc à observer que l'interdiction générale prévue par l'article 57 de la Constitution grecque établit « *une incompatibilité que l'on rencontre rarement au sein des autres États européens* »[1394]. Si, au départ, il en ressort une attitude modérée de la Cour, qui ne prend pas position quant au fond de la disposition constitutionnelle et l'incompatibilité prévue, elle se prononce sur la question de l'institution d'incompatibilités absolues, en traitant de questions de nature manifestement constitutionnelle.

Devant la Cour européenne, le requérant soutenait que l'incompatibilité professionnelle en question constitue une mesure qui ne poursuivait aucun intérêt public susceptible de la justifier et, en outre, qu'il s'agissait d'une mesure disproportionnée par rapport au but poursuivi[1395]. L'argument principal du requérant, consistait à dire que, si cette nouvelle disposition constitutionnelle devait être considérée comme directement applicable, elle ne devrait pas, cependant, être appliquée aux députés déjà élus, au regard du principe de confiance légitime. En effet, le requérant soutenait que l'incompatibilité professionnelle, en vertu de laquelle il avait été déchu de son mandat parlementaire, avait été introduite après son élection à la Chambre des députés. Cela étant, « *à l'époque de son élection pour un mandat parlementaire de quatre ans, ni le requérant ni ses électeurs, n'étaient en mesure de prévoir que le premier perdait son mandat avant la fin de la législature pour laquelle il s'était porté candidat* »[1396]. Cet

[1393] Cour EDH, 15 juin 2006, *Lykourezos contre Grèce*, n°33554/03. *AIDH*, II, 2007, pp. 622 - 642, *DtA*, n°42, 2009, pp. 574 - 595, *ToS*, 2006, pp. 891 - 896 et *EfimDD*, n°5, 2006, pp. 608 - 609. P. PETROPOULOS, « L'incompatibilité professionnelle des députés devant la Cour européenne des droits de l'homme, commentaire sur l'arrêt Lykourezos contre Grèce », *ToS*, 2006, pp. 891 - 907 et P. KAPOTAS, « Cour EDH Lykourezos contre Grèce, commentaire sur l'arrêt », *EfimDD*, n°5, 2006, pp. 608 - 615.

[1394] Cour EDH, *Lykourezos contre Grèce*, précité, §53 et §§21 - 37 pour une étude comparative sur les divers types d'incompatibilités prévues par les autres pays membres du Conseil de l'Europe.

[1395] Cour EDH, *Lykourezos contre Grèce*, précité, §41 - 42.

[1396] *ibid.*, §43.

argument, rejeté par la Cour suprême spéciale au motif que la non - application de la disposition constitutionnelle la rendrait inefficace, a constitué l'argument principal de la Cour EDH pour condamner la Grèce pour violation de l'article 3 du Protocole additionnel n°1. La Cour européenne a également précisé que l'objet litigieux consistait dans l'application de la nouvelle règle constitutionnelle au requérant, c'est - à - dire l'application immédiate et rétroactive de cette disposition, et non pas la question de la compatibilité de la norme constitutionnelle elle - même avec la Convention EDH[1397]. Ainsi, la Cour a examiné si la disposition constitutionnelle est, en principe compatible avec la Convention, par rapport à son champ d'application et, spécialement, par rapport à la légitimité de sa mise en œuvre au regard de l'article 3 du Protocole additionnel n°1.

Le raisonnement est alors centré sur la combinaison du caractère absolu de l'incompatibilité constitutionnelle avec l'élément de la difficulté objective des députés de ladite session parlementaire à prévoir une contestation a posteriori de leur qualité de député[1398]. La Cour, statuant au regard de l'article 3 du Protocole additionnel n°1, précise que « *ni l'intéressé, en tant que candidat, ni ses électeurs ne pouvaient imaginer que l'élection du premier pourrait être entachée d'un vice et être jugée défectueuse au cours de la législature pour laquelle il avait été élu, en raison d'une incompatibilité découlant de l'exercice parallèle d'une activité professionnelle* »[1399]. Elle conclut dès lors sur la méconnaissance du principe de la confiance légitime[1400].

Il convient de souligner deux points. D'une part, la Cour invoque expressément le principe de confiance légitime. Jusqu'à cet arrêt, ce principe avait été rattaché à celui de sécurité juridique, fréquemment rappelé par la jurisprudence européenne depuis le célèbre arrêt *Marckx*[1401]. Toutefois, il n'a pas été qualifié en détail. C'est donc la première fois que le principe de confiance légitime est expressément invoqué en tant que norme de référence[1402] et en faisant donc désormais « partie intégrante de l'acquis

---

[1397] *ibid.*, §53, J. - Fr. FLAUSS, « Actualité de la Convention européenne des droits de l'homme », *AJDA*, n°31, 2006, pp. 1709 - 1919, (p. 1717).

[1398] *ibid.*, §4. Th. RAPTOPOULOS, « L'applicabilité des dispositions constitutionnelles contenant d'habilitations constitutionnelles restant inactives. Quelques réflexions sur le pouvoir normatif de la Constitution à la suite des arrêts Lykourezos et Sitaropoulos de la CEDH », *op. cit.*, p. 149 et E. MALLIOS, « Incompatibilité professionnelle pour les députés ou incompatibilité de la Constitution face à la convention européenne des droits de l'homme ? », *DtA*, n°42, 2009, pp. 561 - 595, (p. 568)

[1399] *ibid.*, §54.

[1400] *ibid.*, §57.

[1401] Cour EDH, plénière, 13 juin 1979, *Marckx contre Belgique*, n°6833/74.

[1402] E. MALLIOS, « Les incompatibilités parlementaires face à la Convention européenne des droits de l'homme », *AIDH*, vol. II, 2007, pp. 609 - 621, (p. 616).

conventionnel jurisprudentiel »[1403]. D'autre part, cet arrêt est remarquable pour une seconde raison. La Cour considère en substance que le principe de confiance légitime engage aussi le pouvoir de révision. Le raisonnement de la Cour commence par un argument modéré, affirmant qu'elle n'a pas à exprimer son point de vue sur le caractère absolu de l'incompatibilité de la disposition de l'article 57 de la Constitution. Toutefois, la Cour, afin de conclure à la violation de l'article 3 du Protocole additionnel n°1, porte son contrôle sur le processus de révision constitutionnelle, laquelle a eu lieu au milieu du mandat parlementaire considérant que la révision de l'article 57 a infirmé la décision du corps électoral qui avait pourtant élu M. Lykourezos pour le représenter pendant quatre ans[1404].

En effet, le grand intérêt de cet arrêt réside dans le fait que la Cour, en appliquant le principe général du droit de confiance légitime, soulève la question de la révision constitutionnelle et juge indirectement une disposition constitutionnelle.

2. Le contrôle des omissions législatives

Il importe de souligner que l'arrêt commenté vient renforcer le contenu normatif de l'article 3 du Protocole additionnel n°1 de la Convention EDH[1405]. Dans l'arrêt *Lykourezos*, la condamnation de la Grèce porte sur une disposition constitutionnelle directement applicable malgré l'absence d'une loi d'application de la Constitution. Ainsi, c'est en effet la liberté absolue du législateur qui a pu, en l'espèce, demeurer inactif qui a fait remonter le conflit au niveau constitutionnel.

Un second exemple montre l'inaction du législateur ordinaire. Précisément, l'article 51 alinéa 4 de la Constitution prévoit : « *Les élections législatives ont lieu simultanément sur l'ensemble du territoire. Les modalités de l'exercice du droit de vote par les électeurs qui se trouvent en dehors du territoire national sont fixées par une loi adoptée à la majorité des deux tiers du nombre total des députés* ». Il contient ainsi une habilitation constitutionnelle qui est toutefois restée sans application depuis 1975, date d'entrée en vigueur de la Constitution. Ceci étant, le droit de vote

[1403] J. - Fr. FLAUSS, « Actualité de la Convention européenne des droits de l'homme », *op. cit.*, p. 1717.

[1404] E. MALLIOS, « Incompatibilité professionnelle pour les députés ou incompatibilité de la Constitution face à la convention européenne des droits de l'homme ? », *op. cit.*, p. 569.

[1405] E. MALLIOS, « Les incompatibilités parlementaires face à la Convention européenne des droits de l'homme », *op. cit.*, p. 614. Pour la jurisprudence rendue sur l'article 3 du Protocole additionnel n°1 voir L. - E. PETTITI, E. DECAUX, P. - H. Imbert, (dir.), *La Convention européenne des droits de l'homme : commentaire article par article*, 2e éd. 1999, Paris : Economica, p. 1011 et L. BURGOGUE - LARSEN, « L'autonomie constitutionnelle aux prises avec la Convention européenne des droits de l'homme », *Revue Belge de droit constitutionnel*, 2001, pp. 31 - 64.

de grecs expatriés reste inactif, en absence de vote d'une loi d'application de la Constitution[1406]. En effet, une loi était nécessaire notamment au regard de l'obligation de l'État d'assurer la participation électorale des citoyens résidant en dehors de son territoire en vertu des principes d'équité[1407] et d'universalité du vote[1408]. Par conséquent, le législateur reste inactif en absence de sanctions qui peuvent lui être imposées[1409].

En effet, si cette omission est condamnable au niveau politique, le recours judiciaire demandant la constatation ou la condamnation de l'omission n'est pas possible[1410]. Par conséquent, il convient de considérer que l'absence de contrôle et de sanction adéquats pour l'inaction du législateur constitue une omission du système juridique grec, et notamment de son contrôle de constitutionnalité qui suscite, comme en l'espèce, de fortes critiques des juridictions européennes.

[1406] D. TSATSOS, *Droit constitutionnel I, Abrégé*, Athènes : éd. A. Sakkoulas, 1982, pp. 293 - 294 et G. PAPADIMITRIOU, *Le droit de vote des citoyens expatriés*, Athènes - Komotini : éd. A. Sakkoulas, 1980, pp. 66 - 67.

[1407] Y. DROSOS, *Le droit de votes de Grecs expatriés*, Athènes - Komotini : éd. A. Sakkoulas, 1990, p. 37.

[1408] G. PAPADIMITRIOU, *Le droit de vote des citoyens expatriés*, *op. cit.*, p. 66.

[1409] P. PARARAS, *La Constitution de 1975, Corpus, tome II*, Athènes - Komotini, éd. A. Sakkoulas, 1985, p. 15 et K. MAVRIAS, *Droit constitutionnel*, Athènes - Komotini : éd. A. Sakkoulas, 5e ed., 2014, pp. 377 - 378.

[1410] K. MAVRIAS, *Droit constitutionnel*, *op. cit.*, p. 377.

Conclusion du chapitre I

Dans un premier temps, le juge grec a adopté, à propos des affaires qui entraînent un conflit entre les règles constitutionnelles et européennes, une position souverainiste. S'agissant des conflits entre le droit constitutionnel et le droit de l'UE, alors que leurs champs d'application se recoupent, le juge interne défendait sa compétence exclusive à la matière jugée ou se substituait au rôle de la Cour de justice en agissant comme interprète authentique du droit de l'UE. Dans un second temps, cette conception juridique de régulation des conflits changea face au droit de l'Union. Le Conseil d'État commença à prendre compte la jurisprudence de la CJUE ainsi que les exigences issues du droit de l'UE. Il a ainsi procédé aux renvois des questions préjudicielles dont la formulation est tant créative que pertinente et tende à la défense subtile de l'identité constitutionnelle. À propos de l'article 14 alinéa 9 de la Constitution, l'avocat général a été conduit, dans ses conclusions, à privilégier le respect de l'identité constitutionnelle nationale. La CJUE, de son côté, s'est contentée d'invoquer le respect des conditions sociales, économiques et politiques nationales.

En revanche, il importe de distinguer un jugement beaucoup plus rigoureux dans les arrêts de la CJUE sur la question de fonctionnement des « centres d'études libres » d'enseignement supérieur face à l'interdiction prévue par la Constitution de création des Universités privées. Il serait raisonnable de penser que l'interdiction constitutionnelle grecque de création d'Universités privées est susceptible d'être qualifiée comme élément identitaire de l'ordre grec, en vertu de son importance symbolique pour le pays[1411], ainsi qu'en vertu de sa liaison avec la tradition constitutionnelle grecque et à la lutte contre les déséquilibres sociaux et économiques. Néanmoins, l'intégration de cette spécificité nationale à la notion d'identité constitutionnelle comme notion opposable au droit de l'Union irait à l'encontre du respect du droit de l'Union, et en l'espèce des directives européennes concernant la reconnaissance des diplômes d'enseignement supérieur[1412].

Malgré le dialogue fructueux instauré entre le juge national et européen, l'étendue des compétences de l'UE sur les matières jugées n'a pas laissé de place pour l'application de dispositions constitutionnelles qui relativisaient l'uniformité d'application du droit de l'UE. L'impact des arrêts de la CJUE sur les règles constitutionnelles a été dès lors considérable et n'a pas permis

1411 I. KAMTSIDOU, « L'éducation supérieure et le problème des Universités privées », *in* X. KONTIADIS (dir.), *5 ans après la révision constitutionnelle, appréciation et propositions pour une nouvelle révision constitutionnelle*, Athènes - Komotini : éd. A. Sakkoulas, 2006 pp. 367 - 384, (p. 384).

1412 Directive 89/48 CEE, abrogée par la directive 2005/36/CE du Parlement européen et du Conseil du 7 septembre 2005.

de confirmer la compatibilité des dispositions constitutionnelles avec le droit de l'UE.

S'agissant des conflits entre le droit constitutionnel national et la Convention européenne le « dialogue » a pris la forme de deux monologues parallèles. Ainsi, les avancées juridiques furent très différentes. Après une décision nationale adoptée sans examiner la compatibilité de la disposition constitutionnelle en cause avec la Convention, le conflit a été mené devant le juge de Strasbourg qui a sanctionné cette omission et a profondément affecté la normativité de la disposition constitutionnelle.

Alors que l'interaction entre le juge national et les juges européens a conduit à la régulation jurisprudentielle des conflits, elle s'est toutefois faite au détriment des dispositions constitutionnelles, ce qui a conduit ensuite, à de nombreuses mutations dans l'ordre interne.

Chapitre II. Les mutations forcées de l'ordre juridique constitutionnel

Les conflits entre le droit constitutionnel et les droits européens ont des conséquences considérables dans l'ordre interne.

D'une part, le pouvoir constituant dérivé est investi par la jurisprudence européenne[1413]. Des révisions constitutionnelles peuvent être initiées à la suite d'une jurisprudence de l'une des deux Cours européennes, statuant sur l'incompatibilité de la Constitution avec les droits européens. Dans le système juridique grec, compte tenu de la rigidité de la Constitution, la procédure de révision[1414] est soumise à un certain nombre de conditions particulières[1415]. C'est pourquoi les révisions formelles de la Constitution sont rares. Toutefois, dans le but d'assurer la conciliation entre les règles nationales et européennes, l'interprétation de la Constitution change tant qu'on parle de révisions indirectes de la norme suprême nationale.

D'autre part, l'évolution des rapports entre l'ordre juridique constitutionnel et les ordres juridiques européens montre que le juge interne perçoit les droits européens et les principes qui en découlent comme une source d'obligations qui l'incite à entamer des mutations portant sur le fonctionnement du système procédural.

Les concepts traditionnels du droit constitutionnel se transforment sous la pression des exigences européennes. La Constitution nationale (Section 1) et le fonctionnement du système procédural (Section 2) sont en pleine mutation.

[1413] P. PARARAS, « L'acquis de la culture constitutionnelle européenne », *DtA*, n°10, 2001, pp. 543 - 570, (pp. 545 - 546) et X. KONTIADIS, *Le nouveau constitutionnalisme et les droits de l'homme après la révision constitutionnelle de 2001*, Athènes - Komotini : éd. Sakkoulas, 2002, p. 39.

[1414] L'article 110 de la Constitution prévoit la procédure de la révision constitutionnelle.

[1415] On renvoie notamment aux majorités parlementaires renforcées exigées par la procédure de révision. De plus, deux Assemblées successives doivent voter la révision ; l'une statue sur la nécessité de la révision et l'autre, élue lors des élections parlementaires, se prononce sur les dispositions à réviser au cours de sa première session.

Section 1. Les réformes de la norme constitutionnelle

Dans une situation conflictuelle, les buts et les principes inscrits dans la Constitution sont difficilement conciliables avec les règles et les principes posés par le droit de l'UE et la Convention EDH. Le dynamisme des règles du droit européen primaire et dérivé a des conséquences considérables sur la Constitution. La compatibilité de la Constitution avec le droit de l'UE est très contestée lors des jugements de la CJUE[1416]. Ces jugements engagent l'ordre constitutionnel et conduisent, dans le cas d'une incompatibilité constatée par la Cour de justice, à la déchéance de la résistance normative de la Constitution. Consécutivement, ces jugements influencent la norme constitutionnelle et imposent des réformes constitutionnelles afin d'assurer l'euro - compatibilité de la Constitution[1417].

En ce qui concerne le droit issu de la Convention EDH, la situation semble beaucoup plus confuse. La Convention et la Constitution nationale sont deux textes juridiques contenant des dispositions sur la protection des droits fondamentaux. Leur sens, ainsi que le niveau de protection attribuée aux droits garantis, dépendent de l'interprétation et de l'application données par le juge. Si le juge interne est juge de constitutionnalité en matière des droits fondamentaux, le juge de Strasbourg intervenant après le juge national devient aussi implicitement juge de la constitutionnalité, son interprétation étant susceptible d'affecter de manière conséquente la Constitution nationale.

Dans le cadre d'une imbrication complexe entre la Constitution et les droits européens, la norme suprême nationale est révisée soit implicitement (§1) soit explicitement (§2).

§1. La réforme implicite de la Constitution

Deux dispositions constitutionnelles au centre des jugements issus de la CJUE ont subi une réforme implicite. D'une part, en vertu de l'article 16 alinéas 5 et 8 relatifs au caractère public de l'éducation supérieure, l'ordre grec refusait pendant longtemps de reconnaître les titres d'études supérieures acquis dans des « centres d'études libres ». Ce type de centres est régi soit par le droit grec, soit partiellement par le droit étranger, ce qui leur permet de conclure ensuite des conventions entre des Universités d'autres pays membres de l'UE et des étudiants grecs et de fonctionner en Grèce sous une forme d'Universités privées. Or, le refus de reconnaissance de ces diplômes porte atteinte au droit dérivé de l'UE et précisément aux directives

---

[1416] Voir l'exemple de l'« actionnaire majoritaire », et du fonctionnement des « centres d'études libres » (de l'éducation supérieure).

[1417] C. YANNAKOPOULOS, « Entre les buts et les limites constitutionnels : l'évolution dialectique de la réalité constitutionnelle dans l'ordre juridique national et européen », *EfimDD*, n°5, 2008, pp. 733 - 752, (pp. 749 - 751).

concernant la reconnaissance des droits professionnels[1418]. La Grèce a dès lors été condamnée à plusieurs reprises par la Cour de justice[1419]. D'autre part, l'article 14 alinéa 9 de la Constitution a subi une réforme implicite suite au jugement rendu par la Cour de justice. Celle - ci a statué sur l'incompatibilité de cette disposition qui prévoyait l'exclusion absolue et irréfragable d'un certain nombre de personnes exerçant une activité dans le secteur des médias par les procédures de passation d'un marché public de travaux[1420].

Au regard des spécificités des articles 16 et 14 de la Constitution, la révision implicite de la Constitution s'est effectuée « par le bas », à travers l'entrée en vigueur de lois ordinaires (A), ainsi que par un revirement jurisprudentiel qui a considérablement affaibli le sens véritable de ces dispositions constitutionnelles (B).

A. La réforme de la Constitution à travers l'entrée en vigueur d'une loi ordinaire

Les dispositions de l'article 16 alinéas 5 et 8 de la Constitution et celles de l'article 14 alinéa 9 ont très tôt conduit à l'émergence de conflits entre le droit constitutionnel et le droit de l'Union européenne[1421]. La nécessité de leur révision était évidente. Néanmoins, les propositions de révision constitutionnelle n'ont pas été achevées (1). Par conséquent, l'objectif de rendre compatible la Constitution avec le droit de l'UE a conduit à

1418 Il s'agit de la directive 89/48/CEE, complétant la directive 92/51/CEE du Conseil du 18 juin 1992, relative à un deuxième système général de reconnaissance de la formation professionnelle. Ces directives furent abrogées par l'adoption de la nouvelle directive 2005/36 du Parlement européen et du Conseil du 7 septembre 2005 qui, d'une part, a systématisé les directives précédentes en un seul texte consolidé, en incluant également les directives sectorielles spécifiques, et d'autre part, qui a amélioré et rationalisé les normes particulières régissant les différents systèmes, en préservant les principes et garanties en matière de liberté d'établissement.

1419 CJCE, 23 octobre 2008, *Commission contre Grèce*, C - 274/05, Rec. 2008 p. I - 7969 ; CJUE, 5 avril 2011, *Toki*, C - 424/09, Rec. 2011, p. I - 2587.

1420 CJCE, 16 décembre 2008, *Michaniki*, C - 213/07, Rec. 2008 p. I - 9999 qui conclut à l'incompatibilité de cette disposition constitutionnelle avec la directive 93/37/CEE du Conseil du 14 juin 1993.

1421 Voir en titre indicatif X. KONTIADIS, « Les points de friction entre la Constitution et le système juridique européen », *ToS*, 2006, pp. 1071 - 1090, (pp. 1078 - 1081) ; E. VENIZELOS, « Conscience constitutionnelle ou verve révisionnelle ?, Les 'après' et les 'avant' d'une révision constitutionnelle », *in 5 ans après la révision constitutionnelle, appréciation et propositions pour une nouvelle révision constitutionnelle*, Athènes - Komotini : éd. A. Sakkoulas, 2006, pp. 987 - 1073, (pp. 1023 - 1024).

l'adoption de lois ordinaires qui ont considérablement modifié le sens des dispositions constitutionnelles (2).

1. Les propositions de révision constitutionnelle non abouties

L'incompatibilité des dispositions de l'article 14 alinéa 9 et de l'article 16 alinéas 5 et 8 étant constatée, les propositions relatives à leur révision ont été vivement débattues depuis l'ouverture de la révision constitutionnelle durant l'année 2006. Les conflits entre la Constitution et le droit de l'UE ayant pour origine des dispositions constitutionnelles entrées en vigueur après la révision constitutionnelle de 2001 ont conduit le gouvernement, mais aussi l'opposition parlementaire à déposer une proposition de modification de ces dispositions[1422].

Tout d'abord, l'opportunité de l'incompatibilité absolue et irréfragable prévue par l'article 14 alinéa 9 de la Constitution, dont le but était d'assurer, d'une part, la liberté et l'indépendance des médias et, d'autre part, la transparence de la procédure de passation de contrats de travaux publics[1423], était fortement mise en doute, notamment après les apports du dialogue entre le Conseil d'État et l'Union européenne[1424]. Ainsi, le parti majoritaire au Parlement, ainsi que le parti de l'opposition parlementaire[1425], ont tous deux proposé la révision de l'article 14 alinéa 9 avec toutefois de légères différences dans leurs propositions.

Précisément, le parti majoritaire a souligné que la garantie de la polyphonie des médias et de la transparence, « en association avec l'avis des organes de l'Union européenne quant au sens des dispositions du droit de l'Union équivalentes, a conduit à l'adoption d'approches interprétatives très

---

[1422] P. FOUNTEDAKI, « Tentative d'une révision constitutionnelle : à la recherche des principes fondamentaux », *ToS*, 2006, pp. 783 - 821, (p. 792).

[1423] V. TZEMOS, *Actionnaire majoritaire*, Athènes - Komotini : éd. A. Sakkoulas, 2006, p. 228.

[1424] Voir les avis motivés de la Commission adressés le 27 avril 2005 et ensuite le 18 octobre 2006 au gouvernement grec. Ces avis invoquaient la violation des articles 28, 43, 49 et 56 du Traité CE par la décision ministérielle conjointe 24014/2005, votée conformément aux dispositions de la 3310/2005, loi d'application de la Constitution conformément à l'article 14 alinéa 9.

[1425] Voir la proposition de révision constitutionnelle du parti « nea dimokratia » déposée et annoncée au Parlement par le président de la chambre le 25 mai 2006, à la séance PMB. Parlement grec, période IA, session parlementaire B, séance PMB, 25 mai 2006, procès - verbaux des séances, volume I, Athènes, 2007, pp. 5 - 14, (article 14 alinéa 9 : p. 5). Voir aussi la proposition de révision constitutionnelle du parti « pasok » déposée le 7 juin 2006 et annoncée au Parlement par le Président de la chambre le 8 juin 2006 durant la séance PNB. Parlement grec, période IA, session parlementaire B, séance PNB, 8 juin 2006, procès - verbaux des séances, volume I, Athènes, 2007, pp. 15 - 20 (article 14 alinéa 9 : p. 16).

différentes, qui ont provoqué à leur tour des problèmes d'application de cette disposition constitutionnelle (...) »[1426]. Selon la procédure de révision la première des deux Assemblées successives qui doivent voter la révision, se prononce sur les dispositions à réviser lors de deux scrutins distincts devant se dérouler à au moins un mois d'intervalle. Dans un climat de compromis, la révision de cette disposition a été approuvée lors des deux scrutins prévus par le Parlement grec[1427].

S'agissant de l'article 16 qui prévoyait l'interdiction de la création d'Universités privées, sa révision s'est présentée comme « la seule voie d'action » permettant d'éviter que ne se reproduise la sanction européenne, telle que celle relative à l'« actionnaire majoritaire »[1428]. La révision constitutionnelle était dès lors la seule voie envisageable pour régler de façon claire les modalités de fonctionnement des Universités privées et pour préserver les garanties nécessaires à la sauvegarde des valeurs relatives au fonctionnement de l'Université publique en Grèce[1429].

La possibilité de créer d'Universités privées a suscité de vives discussions pendant la procédure révisionnelle de 2001, car seul un des

---

[1426] Le parti de l'opposition parlementaire a proposé, pour sa part, la révision de cette disposition constitutionnelle en ce qui concernait d'une part, l'institution de fonctions incompatibles, et d'autre part, les sanctions imposées. Selon l'opposition, insérant « une référence au principe d'indépendance des médias du pouvoir économique et politique ainsi qu'une référence à l'assurance de l'accès des groupes sociaux et politiques aux médias sous respect de leur part du multilatéralisme » serait nécessaire. Au contraire, le parti communiste grec, dans sa proposition de révision constitutionnelle, a demandé le maintien et même le renforcement des incompatibilités prévues par l'article 14 alinéa 9 de la Constitution, tandis que l'autre parti de gauche (Syriza) s'est accordé avec les positions du parti majoritaire et du parti de l'opposition parlementaire. Proposition de révision constitutionnelle du parti communiste grec, déposée au Parlement le 5 octobre 2006 ainsi que du parti de la gauche « syriza » déposée au parlement le 9 octobre 2006. Voir N. MICHALAKIS, « Révision constitutionnelle, présentation de la procédure », *ToS*, 2007, pp. 653 - 702, (p. 656 et suiv.).

[1427] Parlement grec, période IA, session parlementaire Γ, séances ΠΔ, 22 février 2007 et PZ, 28 mai 2007 où la proposition du parti gouvernemental (nea dimokratia) a été votée par 165 voix. MICHALAKIS Nikos, « Présentation de la révision constitutionnelle, 3e partie », *ToS*, 2007, pp. 1389 - 1411, (p. 1400 et 1407). Parlement grec, période IA, session parlementaire Γ, séance ΠΔ, 22 février 2007, procès - verbaux des séances, volume II, Athènes, 2007, pp. 439 - 442 (pour le premier scrutin) et Parlement grec, période IA, session parlementaire Γ, séance PZ, 28 mai 2007, procès - verbaux des séances, volume III, p. 1138 - 1141 pour le deuxième scrutin.

[1428] X. KONTIADIS, « Les points de friction entre la Constitution et le système juridique européen », *op. cit.*, p. 1080.

[1429] X. KONTIADIS, « Traitement de la révision de l'article 16 de la Constitution », *EfimDD*, n°4, 2006, pp. 416 - 422, (p. 422).

partis parlementaires[1430] a été favorable à cette possibilité, tandis que tous les autres étaient fortement opposés à la révision de l'article 16[1431]. Néanmoins, l'effectivité des dispositions constitutionnelles relatives à l'interdiction de la création d'Universités privées[1432] a été considérablement affaiblie. D'une part, cela résulte du mode de fonctionnement des « agences franchisées » des Universités étrangères fonctionnant en Grèce qui, en tant qu'institutions d'éducation privée, ont permis aux étudiants d'effectuer leurs premières années d'études en Grèce et ensuite de les continuer à l'étranger. D'autre part, l'effectivité des dispositions constitutionnelles est affaiblie en raison de l'application parallèle des règles du droit de l'Union européenne dérivé et surtout de la nouvelle directive 2005/36CE qui prévoit la reconnaissance des qualifications professionnelles. C'est dans ce contexte qu'a été reprise la discussion relative à la nécessité de réviser l'article 16, en vue de régler les problèmes soulevés par le droit européen et afin de permettre la création d'Universités privées par des particuliers. Ainsi, la révision de l'article 16 a été proposée tant par le parti majoritaire que par le parti de l'opposition parlementaire depuis l'ouverture de la nouvelle procédure de révision constitutionnelle durant l'année 2006[1433].

Néanmoins, les deux positions étaient différentes car le parti majoritaire proposait que les Universités privées existent « d'après concession de l'État », tandis que le parti d'opposition parlementaire proposait que les Universités publiques et privées coexistent dans le cadre « d'un système

---

[1430] Voir G. SOTIRELIS, A. XIROS, *La révision de la Constitution (1993 - 2001) chronique, propositions, amendements, rapports, scrutins, sources doctrinales, études, articles, articles de presse*, Athènes - Komotini : éd. A. Sakkoulas, 2001, pp. 92 - 93.

[1431] E. VENIZELOS, *La révision de la Constitution, un schéma global pour la Grèce du 21e siècle : une révision consensuelle II*, Athènes - Komotini : éd. A. Sakkoulas, 1998, pp. 71 - 72 et les arguments cités pour refuser de prévoir dans la Constitution la possibilité de créer des Universités privées, voir aussi l'opinion consensuelle de deux autres partis parlementaires (parti communiste de Grèce et Syriza).

[1432] I. KAMTSIDOU, « L'éducation supérieure et le problème des Universités privées », *in 5 ans après la révision constitutionnelle, appréciation et propositions pour une nouvelle révision constitutionnelle*, Athènes - Komotini : éd. A. Sakkoulas, 2006, pp. 367 - 384, (p. 368).

[1433] Voir la proposition de révision constitutionnelle du parti « nea dimokratia » déposée et annoncée au Parlement par le président de la chambre le 25 mai 2006, à la séance PMB, voir Parlement grec, période IA, session parlementaire B, séance PMB, 25 mai 2006, procès - verbaux des séances, volume I, Athènes, 2007, pp. 5 - 14, (article 16 : pp.5 - 6). Voir aussi la proposition de révision constitutionnelle du parti « pasok » déposée le 7 juin 2006 et annoncée au parlement par le Président de la chambre le 8 juin 2006 durant la séance PNB de la chambre des députés, voir Parlement grec, période IA, session parlementaire B, séance PNB, 8 juin 2006, procès - verbaux des séances, volume I, Athènes, 2007, pp. 15 - 20 (article 16 : p. 16).

national d'éducation supérieure uni et uniforme », prônant ainsi une vision de l'éducation supérieure en tant que « service public »[1434]. De la même manière que pour l'article 14 alinéa 9, la révision de l'article 16 a été validée dans un premier temps par le Parlement grec au cours de deux scrutins[1435].

La convergence des partis parlementaires en vue de la révision de ces articles n'était pas contestable. Cependant, la procédure de révision n'a pas abouti lorsque la nouvelle Assemblée qui devrait approuver la révision a été élue en 2007. Le rapporteur général de la majorité parlementaire a mis l'accent tant sur l'incompatibilité de l'article 14 alinéa 9 de la Constitution avec le droit dérivé de l'UE[1436], que sur le besoin de moderniser le système éducatif à travers la création d'Universités privées[1437], en invitant tous les partis d'opposition à voter la révision[1438]. Toutefois, la Constitution grecque exige une majorité renforcée des deux tiers du nombre total des députés. Cette condition n'a pas été remplie en l'espèce, les députés du parti de l'opposition parlementaire étant absents lors de l'Assemblée plénière de la Chambre. Ainsi, après de nombreux débats parlementaires[1439], la révision de ces disposions n'a pas eu lieu[1440].

[1434] Ch. ANTHOPOULOS, « Les Universités non étatiques et la nature publique de l'éducation universitaire », *EfimDD*, n°4, 2006, pp. 423 - 434, (p. 433).

[1435] Parlement grec, période IA, session parlementaire Γ, séances ΠΔ, 22 février 2007 et PZ, 28 mars 2007, où la proposition du parti gouvernemental (nea dimokratia) pour la révision de l'article 16 a été votée par 164 voix. Voir N. MICHALAKIS, « Présentation de la révision constitutionnelle, 3e partie », *op. cit.*, p. 1400 et 1410 et Parlement grec, Période IA, Session parlementaire Γ, séance ΠΔ, 22 février 2007, procès - verbaux des séances, volume II, Athènes, 2007, pp. 367 - 382 (pour le premier scrutin) et Parlement grec, période IA, session parlementaire Γ, séance PZ, 28 mars 2007, volume III, Athènes, 2007, pp. 1078 - 1093 pour le deuxième scrutin.

[1436] Voir le rapport présenté par le rapporteur général de la majorité parlementaire, P. PANAGIOTOPOULOS, Parlement grec, période IB', H' Parlement chargé de la révision constitutionnelle, session parlementaire A, procès - verbaux de l'Assemblée plénière sur les dispositions constitutionnelles révisables, volume A, pp. 360 - 363.

[1437] *ibid.*, pp. 363 - 366.

[1438] *ibid.*, pp. 360 - 367.

[1439] Parlement grec, période IB, H' Parlement chargé de la révision constitutionnelle, session parlementaire A, séance PΛB, 6 mai 2008 (après midi), procès - verbaux des séances, Athènes 2008, pp. 63 - 93 et séance PΛΓ, 7 mai 2008, procès - verbaux des séances, Athènes, 2008, pp. 94 - 123 et ensuite procès - verbaux pour la révision de l'article 14 alinéa 9, séance PΛE, 8 mai 2008, (le matin pp. 124 - 149) ainsi que les procès - verbaux pour la révision de l'article 16 alinéas 5, 6 et 8, séance PΛH, 13 mai 2008, pp. 150 - 194.

[1440] Parlement grec, période IB, H' Parlement chargé de la révision constitutionnelle, session parlementaire A, séance PMΘ, procès - verbaux de l'Assemblée plénière sur les dispositions constitutionnelles révisables, volume B, scrutins, pp. 198 - 301, l'article 14 alinéa 9 a été voté par 162 membres et il n'a pas été révisé et pp. 306 -

Toutefois, au fil des années, le sens de ces dispositions constitutionnelles s'est profondément altéré au travers à la fois de la jurisprudence et de la législation.

2. La révision implicite de la Constitution à travers l'institution de lois ordinaires

Les problèmes soulevés à propos de l'incompatibilité de l'article 14 alinéa 9 de la Constitution avec le droit de l'UE, ont conduit, depuis 2005, à l'adoption d'une nouvelle loi compatible avec le droit de l'Union, mais qui affaiblit considérablement le sens de la disposition constitutionnelle. Alors que la Constitution prévoit une incompatibilité absolue et irréfragable des activités parallèles dans le domaine des médias et dans celui des marchés publics, la loi 3414/2005 transforme cette incompatibilité absolue en incompatibilité réfragable, qui est valide seulement dans le cas d'une décision juridique constatant l'infraction de corruption active. Il faut noter que lors de la révision constitutionnelle, le rapporteur spécial du parti de gauche (Syriza) a fait remarquer que l'article 14 alinéa 9 a été « absorbé » par la loi et que la loi d'application de la Constitution n'avait aucun point commun avec la disposition constitutionnelle[1441]. Il est vrai que la loi 3414/2005 s'éloigne du sens et des principes énoncés par l'article 14 alinéa 9. Une révision constitutionnelle a pour résultat la réforme, la précision ou l'abrogation des dispositions constitutionnelles[1442]. Cependant, dans l'affaire de l'actionnaire majoritaire, la révision a été effectuée à travers la mise en œuvre de la loi ordinaire. Bien que cette loi contribue à l'harmonisation du droit constitutionnel avec le droit de l'UE[1443], il s'agit en réalité d'une loi

321, l'article 16 alinéas 5 - 8 a été voté par 162 membres et il n'a pas été révisé non plus.

[1441] Parlement grec, période IB, H' Parlement chargé de la révision constitutionnelle, session parlementaire A, séance PKΘ, 18 avril 2008, p. 8248 de la version électronique aux procès - verbaux de l'Assemblée plénière du Parlement.

[1442] K. MAVRIAS, *Droit constitutionnel*, Athènes - Komotini : éd. A. Sakkoulas, 5e éd., 2014, pp. 299 - 308 et K. CHRYSOGONOS, *Droit constitutionnel*, Athènes - Thessalonique : éd. Sakkoulas, 2003, pp. 59 - 64.

[1443] Au. BOUVERSE, « La mise en conformité des mesures nationales contraires au droit communautaire : le retrait, une obligation à géométrie variable », *in* G. ECKERT, Y. GAUTIER, R. KOVAR, D. RITLENG (dir.), *Incidences du droit communautaire sur le droit public français*, Strasbourg : Presses Universitaires de Strasbourg, 2007, pp. 129 - 161, où l'auteur énumère les trois options qui se présentent aux instances nationales quand une mesure nationale s'avère contraire au droit de l'UE, le retrait, l'abrogation ou le maintien de l'acte. La Grèce a choisi en la matière l'abrogation et la requalification de la matière avec une nouvelle loi.

ordinaire qui se conforme aux exigences européennes[1444], mais qui est contraire à la Constitution nationale.

À l'instar de la solution adoptée pour « l'actionnaire majoritaire » et afin de favoriser l'interprétation conforme du droit national, le cadre législatif concernant la reconnaissance du fonctionnement des Universités privées en Grèce a changé, entraînant en outre la déchéance du *sens* constitutionnel de l'article 16. Précisément, quelques mois après la non-révision constitutionnelle de l'article 16, la loi 3696/2008 concernant l'institution et le fonctionnement des « collèges privés » en Grèce a été votée[1445]. Par le terme « collèges », auquel s'est substitué récemment[1446] le terme « centre d'études après scolaires », le législateur permet le fonctionnement de centres d'éducation de troisième cycle après avoir conclu des accords de validation ou de coopération (*franchising*) avec des Universités étrangères[1447].

La situation présente est alors paradoxale. La création et le fonctionnement des Universités privées en Grèce continuent d'être interdits, tandis que l'existence juridique et le fonctionnement des centres d'études et, plus spécifiquement des « centres d'études après scolaires », lesquels fonctionnent en tant qu'Universités privées, sont permis[1448].

Dans son principe, la nouvelle loi garantit la conformité du droit interne avec les règles du droit dérivé de l'Union européenne, notamment en ce qui concerne la reconnaissance des droits professionnels[1449]. Néanmoins, au fur et à mesure que cette loi a implicitement permis la création et le fonctionnement des Universités privées, la nouvelle loi relativise les

---

[1444] Voir aussi sur la problématique équivalente dans l'ordre juridique français, E. SAULNIER - CASSIA, « Le droit européen dans l'élaboration de la loi » *in* Jean - Bernard AUBY (dir.), *L'influence du droit européen sur les catégories du droit public,* Paris : Dalloz, 2010, pp. 21 - 38, (pp. 37 - 38).

[1445] Loi 3696/2008 telle que modifiée par l'article 45 de la loi 3848/2010 et l'article 31 de la loi 4027/2011, P. POULIS, *Droit de l'éducation et institutions*, Athènes - Thessalonique : éd. Sakkoulas, 5e éd., 2011, pp. 279 - 286.

[1446] Il s'agit de la loi 3848/2010 « concernant l'éducation publique et privée ».

[1447] Article 10 de la loi 3696/2008 tel que modifié par l'article 45 de la loi 3848/2010.

[1448] Ch. ANTHOPOULOS, « Les Universités non étatiques et la nature publique de l'éducation universitaire », *op. cit.*, p. 432.

[1449] Dans le même esprit, la loi 4194/2013 (article 15) modifiée par la loi 4254/2014 prévoit la possibilité pour les titulaires de titres d'études en droit de s'inscrire aux Barreaux de Grèce afin d'effectuer un stage en droit. La reconnaissance des titres d'études étrangers ou des titres d'études acquis par des centres d'études en Grèce (tel que l'idef, le département de l'Université Paris 13 fonctionnant en Grèce) n'est plus nécessaire pour exercer le droit de faire un stage en droit.

dispositions de l'article 16 de la Constitution de manière claire[1450] en favorisant l'organisation du système éducatif grec d'une façon contraire à celle prévue dans ledit article 16[1451]. De plus, cette loi conduit à organiser un système éducatif à deux vitesses ; bien que le fonctionnement des « centres d'études privés » soit permis, et consécutivement la reconnaissance des droits professionnels admise à l'égard des titulaires de titres acquis auprès des institutions grecques privées qui travaillent en coopération avec des Universités privées de l'étranger, cela n'est pas possible pour les titulaires de titres d'études privées acquis uniquement en Grèce sans coopération avec des Universités étrangères[1452].

Dans ce contexte, sans pour autant contester le pouvoir du législateur ordinaire en matière d'organisation de l'éducation supérieure[1453], l'affaiblissement normatif de la Constitution face aux règles de l'Union est évident. Alors que la Grèce n'a pas choisi la voie de la révision de la Constitution permettant d'instituer des règles rigides concernant le fonctionnement des Universités privées, elle a opté pour une solution législative qui apparaît néanmoins incohérente au regard de la disposition constitutionnelle en vigueur.

Enfin, il semble que les conflits entre l'article 14 alinéa 9 et l'article 16 de la Constitution et le droit de l'UE ont été réglés par l'entrée en vigueur d'une loi qui évacue le sens des dispositions constitutionnelles. C'est pourquoi une révision constitutionnelle paraissait indispensable. Tel n'a pas été le cas. Il est également possible que la Constitution soit révisée par la voie d'un revirement jurisprudentiel.

[1450] E. TROVA, « Discours politique et légalité, L'organisation d'éducation supérieure dans les pays membres de la communauté économique européenne », *ToS*, 1990, pp. 419 - 444, (p. 423 et suiv.).

[1451] M. IOANNIDIS, « L'interdiction constitutionnelle de création des Universités privées », *ToS*, 2009, pp. 823 - 871, (p. 865), *contra* E. TARARA, « La reconnaissance des titres d'études étrangers, une approche nationale et communautaire », *DtA*, n°41, 2009, pp. 115 - 177, (pp. 173 - 177) qui considère que la modification du système éducatif avec l'autorisation de créer des collèges privés est conforme au droit de l'UE, et que la révision de la Constitution nationale n'est pas nécessaire.

[1452] Voir aussi l'arrêt 851/2011 du Conseil d'État, *EfimDD*, n°5, 2011, pp. 654 - 655.

[1453] I. KAMTSIDOU, « L'éducation supérieure et le problème des Universités privées », *in 5 ans après la révision constitutionnelle, appréciation et propositions pour une nouvelle révision constitutionnelle, Centre de droit européen et constitutionnel, op. cit.*, p. 377.

B. La réforme de la Constitution à travers un revirement jurisprudentiel

Les nouvelles lois réglant les questions de l'« actionnaire majoritaire », ainsi que des « centres d'études privés » d'éducation supérieure ont contribué à un revirement jurisprudentiel qui a eu lieu après des arrêts de la CJUE en réponse aux questions préjudicielles posées par le Conseil d'État grec (1). Néanmoins, la mise en conformité de la jurisprudence nationale avec les exigences européennes a également eu pour conséquence la mise sous silence des dispositions constitutionnelles applicables au cas d'espèce (2).

1. L'alignement de la jurisprudence nationale sur les principes énoncés par la jurisprudence de la CJUE

La législation nationale s'aligne sur la législation européenne équivalente suite au dialogue très productif entre le Conseil d'État et la Cour de justice. Ce dialogue s'est, en outre, renforcé avec le renvoi de questions préjudicielles dont les réponses ont contribué à rendre les règles européennes plus claires afin qu'elles soient appliquées dans l'ordre national.

Concernant la question de l'« actionnaire majoritaire », le Conseil d'État, en renforçant sa coopération avec la CJUE, a rendu deux arrêts en Assemblée plénière[1454] relatifs à l'attribution des contrats publics, ainsi qu'aux incompatibilités de fonctions pour ceux qui souscrivent ces engagements, tels que prévus par l'article 14 alinéa 9. Dans ces affaires, le Conseil d'État s'est prononcé à l'unanimité pour l'inconstitutionnalité absolue de la loi 3021/2002, première loi d'application de la Constitution en matière d'actionnaire majoritaire. En tentant pour la première fois d'harmoniser les dispositions constitutionnelles avec les règles du droit de l'Union, sans pour autant défendre la suprématie constitutionnelle, le Conseil d'État a également procédé à l'harmonisation des dispositions constitutionnelles entre elles[1455]. Ainsi, le Conseil, en appliquant tant la

---

[1454] Conseil d'État, Assemblée plénière 3470/2011, *DiMEE*, 2011, pp. 540 - 546, *EfimDD*, n°1, 2012, pp. 91 - 94, *ThPDD*, n°12, 2011, pp. 1116 - 1121, Conseil d'État, Assemblée plénière 3471/2011 *EDDD*, 2012, pp. 51 - 64, *ThPDD*, n°12, 2011, pp. 1121 - 1124, Conseil d'État Assemblée plénière 3472/2011, *EDDD*, 2012, pp. 64 - 76, *NoV*, 2011 pp. 2385 - 2397, avec commentaire de A. ARGYROS, *ThPDD* n°12, 2011, pp. 1124 - 1128 et note sous les trois arrêts de Ch. SYNODINOS, pp. 1128 - 1131 et D. NIKIFOROS, « La fin de l''actionnaire majoritaire' à travers le principe de proportionnalité comme intermédiaire entre ordre juridique national et européen. Remarques à propos de l'arrêt du Conseil d'État Assemblée plénière 3470/2011 » publié sur [http://www.constitutionalism.gr/site/wp - content/uploads/2012/09/nikiforos3470 - 2011.pdf].

[1455] Ch. SYNODINOS, « commentaires aux arrêts de l'Assemblée plénière du Conseil d'État 3470 - 2/2011 », *ThPDD*, n°12, 2011, pp. 1128 - 1131, (p. 1129).

déclaration interprétative de l'article 28 de la Constitution prévoyant que ledit article constitue le fondement de la participation de la Grèce au processus d'intégration européenne, que l'article 25 dernier alinéa de la Constitution qui concrétise le respect du principe de proportionnalité, a réussi à mettre en accord les dispositions constitutionnelles avec les buts visés par le droit de l'Union européenne. En outre, en appliquant le principe de proportionnalité de manière constructive, le Conseil d'État a adopté une interprétation très ample de l'article 14 alinéa 9 permettant de la rendre conforme au droit de l'UE[1456]. Ainsi, concernant l'habilitation constitutionnelle prévue par l'article 14 alinéa 9 de la Constitution, la Haute juridiction administrative a considéré que celle - ci donne au législateur la possibilité d'instituer toutes mesures législatives susceptibles de rendre les dispositions constitutionnelles plus effectives, sous la seule condition que les règles législatives respectent les principes constitutionnels tels que le principe de proportionnalité.

Ce raisonnement de la Cour, en particulier le contrôle de proportionnalité, suit le raisonnement que la Cour de justice a suivi dans l'arrêt *Michaniki*[1457], pour conclure à l'incompatibilité des clauses prévues par l'article 14 alinéa 9 de la Constitution grecque avec le droit dérivé. En outre, le raisonnement du Conseil d'État fondé sur l'article 28 de la Constitution, qui constitue la clause générale d'intégration du droit de l'UE, révèle précisément le soin du juge de prioriser l'application du droit de l'UE. De cette façon, la Cour opère, dans l'application du principe de proportionnalité, un tempérament des incompatibilités absolues prévues dans la Constitution et renvoie au législateur ordinaire le soin de mettre en œuvre la disposition constitutionnelle conformément aux exigences de l'UE.

C'est à travers ce raisonnement que la Cour harmonise le droit national et le droit dérivé de l'Union. L'article 14 alinéa 9 de la Constitution institue des incompatibilités absolues et sans aucune exception ou toute autre condition à l'égard des propriétaires et actionnaires principaux d'une entreprise de média de contracter avec l'administration. Le juge va tempérer ces incompatibilités.

Si l'application du principe de proportionnalité contribue largement à l'alignement des exigences constitutionnelles sur les exigences européennes, elle a aussi comme résultat l'inactivité partielle de la disposition constitutionnelle. À travers cette jurisprudence, le champ d'application de l'article 14 alinéa 9 est dès lors limité. Toutefois, il s'agit d'une disposition constitutionnelle tout à fait particulière. Sa forme très analytique et son sens renvoient au contenu d'une règle législative. En outre, la distinction entre la loi et la Constitution ne porte pas uniquement sur leur valeur, mais aussi sur

---

[1456] Ch. SYNODINOS, « Note sous les arrêts du Conseil d'État, Assemblée plénière 3470 - 2/2011 », *op. cit.*, pp. 1129 - 1130.

[1457] CJCE, Grande chambre, 16 décembre 2008, *Michaniki*, C - 213/07, Rec. 2008 p. I - 9999.

leur contenu. L'insertion de telles dispositions dans la Constitution « expose » la norme constitutionnelle et conduit à l'émergence de conflits avec d'autres règles nationales ou européennes, dans le cas présent, avec les directives.

2. La mise sous silence des dispositions constitutionnelles à travers la jurisprudence du Conseil d'État

La jurisprudence nationale a profondément changé en matière d'application de l'article 16, alinéas 5 et 8 de la Constitution, concernant l'interdiction de créer des Universités privées pour les particuliers après l'intervention des jugements de la CJUE.

Tout d'abord, afin d'assurer l'harmonisation de la jurisprudence administrative avec le droit dérivé, le Conseil d'État a, à quatre reprises, saisi la CJUE de questions préjudicielles en matière de reconnaissance des droits professionnels acquis après avoir suivi un troisième cycle à l'étranger[1458]. De plus, une preuve est apportée de l'harmonisation de la jurisprudence administrative du Conseil d'État avec la jurisprudence européenne : le Conseil d'État applique la jurisprudence de la Cour de justice qui se prononce en faveur de la reconnaissance des qualifications professionnelles acquises à l'étranger dans le cas où la durée et le sujet des études réalisées dans un autre État membre étaient différents de ceux demandés en Grèce. Ainsi, le Conseil d'État fait référence aux arrêts récents de la CJUE[1459].

[1458] Cf. 2133/2009 du Conseil d'État grec et CJUE, Grande chambre, 5 avril 2011, *Toki*, C - 424/09, Rec. 2011 p. I - 2587, *ThPDD*, n°8 - 9, 2011, pp. 876 - 880 avec commentaire de A. MALLAKI. P. - A. SARTZETAKI, « Reconnaissance des diplômes d'études de troisième cycle, af., C - 424/09 Christine I. Toki contre Ministre de l'éducation du 5.4.2011 », *EfimDD*, n°2, 2011, pp. 246 - 252. Le dialogue entre le Conseil d'État grec et la CJUE s'est poursuivi à propos de l'interprétation de l'article 4 de la directive précitée avec l'édition des trois arrêts joints. Il s'agit des arrêts CJUE, 2 décembre 2010, *Vandorou e.a.*, C - 422/09, C - 425/09 et C - 426/09, Rec. 2010 p. I - 12411 (*ThPDD*, n°2, 2011, pp. 229 - 237, ainsi que *ThPDD n°*6, 2011, pp. 660 - 670 avec commentaire de Ch. SYNODINOS) rendus après renvois préjudiciels par les arrêts 1639/09, 1637/09 et 1638/09 du Conseil d'État.

[1459] Conseil d'État 1234/2007, 1477/2007, 2144/2007 et références aux arrêts de la CJCE, 4 décembre 2008, *Commission contre Grèce*, C - 84/07, Rec. 2008 p. I - 171*, Pub.somm ; CJCE, 4 décembre 2008, *Chatzithanasis*, C - 151/07, Rec. 2008 p. I - 9013 ; CJCE, 23 octobre 2008, *Commission contre Espagne*, C - 286/06, Rec. 2008 p. I - 8025. Conseil d'État 369/2008, 1639/2009, 1684/2009, 3741 - 2/2009, 853/2010, 1466/2010, 1670/2010, Conseil d'État, Assemblée plénière 2770/2011, (*NoV*, 2011, pp. 2209 - 2216, *EDDD*, 2011 pp. 972 - 980) et 2771/2011, (*NoV*, 2011, pp. 2216 - 2224, *EDDD*, 2011 pp. 980 - 988), référence à l'arrêt CJCE, 4 juillet 2005, *Aslanidou*, C - 142/04, Rec. 2005, p. I - 7181.

Alors que ces démarches contribuent incontestablement à la conciliation des règles nationales et européennes, l'application parallèle des nouvelles lois a eu pour conséquence la mise sous silence des dispositions constitutionnelles. Dans ce cadre, la nouvelle loi qui reconnaît la possibilité de créer des « collèges » en tant que catégorie spécifique de centre d'études remplissant un certain nombre de critères qualitatifs et ayant conclu des accords de coopération avec des Universités étrangères[1460] a été appliquée[1461]. Alors que le fonctionnement de ces collèges s'assimile au fonctionnement des Universités privées, la constitutionnalité de cette loi a été confirmée par le Conseil d'État[1462].

Le dialogue entre la Haute juridiction administrative et la CJUE n'est ainsi pas contestable. Pour autant, il importe de constater que les évolutions législatives et jurisprudentielles produisent des effets négatifs immédiats sur les dispositions constitutionnelles. Précisément, ces évolutions ont dans une certaine mesure « désactivé » les dispositions constitutionnelles et les buts poursuivis par la Constitution. La nouvelle loi a dès lors conduit à relativiser l'interdiction instituée par la Constitution en permettant la création et le fonctionnement des « centres d'études privés », organismes similaires aux Universités privées.

En principe, l'alignement du droit national sur le droit européen a certainement eu un effet très positif. Précisément, la priorité d'application du droit européen est susceptible, dans le cas étudié, de contribuer au bon

---

[1460] Article 10 de la loi 3696/2008 tel que modifié par l'article 45 de la loi 3848/2010, voir en la matière P. POULIS, *Droit de l'éducation et institutions*, Athènes - Thessalonique : éd. Sakkoulas, 5e éd., 2011, p. 284 et M. IOANNIDIS, « L'interdiction constitutionnelle de créer des Universités privées », *op. cit.*, pp. 863 - 866. Voir aussi l'article 11 de cette loi (modifié par l'article 10 §6 de la loi 3879/2010) qui fait dépendre l'exploitation des centres d'études libres d'une autorisation administrative. La constitutionnalité de cette disposition est contestée et en tout cas elle est considérée comme inconstitutionnelle par une partie de la doctrine car contraire à la liberté d'éducation protégée par l'article 16 alinéa 1er de la Constitution, voir avis juridique de A. MANITAKIS, « La liberté d'éducation et le principe de confiance légitime (à propos de la nouvelle loi prévoyant une autorisation administrative préalable pour le fonctionnement des centres d'études libres) », *EfimDD*, n°1, 2009, pp. 87 - 95.

[1461] Voir l'avis juridique de l'Assemblée plénière du Conseil juridique de l'Etat n°337/2011, ainsi que les avis juridiques du Conseil juridique de l'Etat n°126/2011, 276/2011 et 416/2011. Voir aussi la décision 17346/2008 du Tribunal administratif de première instance, concernant la reconnaissance des droits professionnels acquis après des études dans les centres d'études libres qui fonctionnent en Grèce, *DtA*, n°43, 2009, pp. 879 - 904 avec commentaire de E. TARARA.

[1462] Conseil d'État, Assemblée plénière, 692/2013. *NoV*, 2013, pp. 1029 - 1032 avec commentaire de A. ARGYROS, *Armenopoulos*, pp. 807 - 812 et *ThPDD*, n°2, 2013, pp. 125 - 133 avec commentaire de G. GERAPETRITIS.

fonctionnement des rapports de systèmes et de mobiliser une jurisprudence conforme avec les exigences du droit de l'UE.

Néanmoins, en l'occurrence, la règle constitutionnelle en cause est incompatible avec le droit de l'UE. Il aurait fallu ainsi une solution contribuant à une harmonisation davantage institutionnelle que jurisprudentielle. Plutôt que d'aboutir à la déchéance de la Constitution à travers des lois ordinaires et une jurisprudence contraires à son esprit, la révision est une résolution des conflits plus opportune. Le juge sert de contrepoids à l'abstention du pouvoir constituant dérivé dans la révision de l'article 16 qui pourrait influencer l'équilibre entre institutions nationales et méthodologie jurisprudentielle[1463].

§2. La réforme explicite de la Constitution

Le pouvoir constituant dérivé est considérablement investi tant par les règles que par la jurisprudence rendue par les deux Cours européennes[1464]. Pendant la procédure de révision de 2001, l'influence positive de la Convention EDH s'est exprimée à travers le renforcement de la protection des droits fondamentaux dans le texte constitutionnel[1465]. De plus, le pouvoir constituant dérivé a facilité la procédure d'intégration européenne par l'insertion d'une déclaration interprétative à l'article 28 de la Constitution[1466], ce qui signifie l'abandon de la conception souverainiste du juge et détermine l'ouverture de la Constitution au dialogue européen.

En dépit de ces révisions positives, il demeure un cas où la Constitution grecque fut révisée à la suite d'une condamnation survenue après jugement de la Cour de Strasbourg en matière d'incompatibilités parlementaires posées par la Constitution grecque (A). En outre, dans l'ordre juridique grec, le phénomène d'une révision de la Constitution s'est produit récemment à propos de la crise économique (B).

[1463] G. GERAPETRITIS, « Note sous l'arrêt du Conseil d'État Assemblée plénière 692/2013 », *ThPDD*, n°2, 2013, pp. 125 - 133 (p. 133).

[1464] P. PARARAS, « L'acquis de la culture constitutionnelle européenne », *op. cit.*, pp. 545 - 546, X. KONTIADIS, *Le nouveau constitutionnalisme et les droits de l'homme après la révision constitutionnelle de 2001*, *op. cit.*, p. 39.

[1465] Voir en titre indicatif E. VENIZELOS, *L'acquis révisionnel*, Athènes - Komotini : éd. A. Sakkoulas, 2002, pp. 92 - 93 et 103 - 108.

[1466] X. KONTIADIS, *Le nouveau constitutionnalisme et les droits de l'homme après la révision constitutionnelle de 2001*, *op. cit.*, p. 39 et E. VENIZELOS, « La relation entre l'ordre juridique grec et l'ordre juridique communautaire et le droit international comme objet de révision constitutionnelle », *ToS*, 2000, pp. 493 - 508.

A. La révision formelle conditionnée par une condamnation européenne

Après la condamnation devant la Cour de Strasbourg à l'issue de l'arrêt *Lykourezos*[1467], la Grèce, pour satisfaire à la régulation des conflits entre la Constitution et la Convention EDH, a procédé à la révision de l'article 57 de la Constitution instituant une incompatibilité professionnelle absolue pour les députés. C'est en effet l'application de cet article qu'a sanctionnée par la Cour de Strasbourg (1). Même si l'arrêt *Lykourezos* reflète l'autolimitation de la Cour de Strasbourg concernant l'application de l'article 3 du protocole additionnel n°1, dans la mesure où la condamnation mettait en cause l'application d'une disposition constitutionnelle, la révision constitutionnelle était juridiquement et politiquement nécessaire (2).

1. L'effectivité affaiblie d'une disposition constitutionnelle critiquée par la Cour EDH

L'arrêt *Lykourezos contre Grèce* constitue une exception à la jurisprudence rendue par la Cour EDH à propos de l'article 3 du protocole additionnel n°1, qui favorise un contrôle européen limité sur la restriction des droits politiques. L'article 3 du protocole additionnel n°1 étant d'une importance primordiale pour le système institutionnel des États, et tant la jurisprudence de la Commission[1468] que celle de la Cour de Strasbourg attribuent une large marge d'appréciation aux États en ce qui concerne les restrictions apportées aux droits politiques. Néanmoins, le contrôle se distingue selon que la restriction apportée concerne le droit de vote ou, à l'inverse, le droit d'éligibilité. En matière de droit de vote, la Cour effectue un contrôle plus étendu sur les dispositions légales privant une personne ou un groupe de personnes de ce droit. Au contraire, en matière d'éligibilité, le contrôle de la Cour se limite à la vérification de « l'absence d'arbitraire dans les procédures internes conduisant à priver un individu de l'éligibilité »[1469].

Ainsi, la Cour reconnaît aux États une large marge d'appréciation lorsqu'il s'agit de déterminer les cas d'inéligibilité. En effet, la Cour considère que ces cas « sont liés aux particularités historiques et politiques de chaque État » et inaugure sa ligne jurisprudentielle auto - limitative sur les droits politiques dans le premier arrêt rendu à propos de l'article 3 du

[1467] Cour EDH, 15 juin 2006, *Lykourezos contre Grèce*, n°33554/03.

[1468] Voir R. GOY, « La garantie européenne du droit à des libres élections législatives : l'article 3 du Premier Protocole additionnel à la Convention de Rome », *RDP*, 1986, pp. 1275 - 1326.

[1469] J. - Fr. FLAUSS, « Actualité de la Convention européenne des droits de l'homme », *AJDA*, n°31, 2006, pp. 1709 - 1919, (p. 1718).

protocole additionnel n°1, l'arrêt *Mathieu Mohin*[1470]. Aux termes de cet arrêt, les États peuvent, à travers leurs Constitutions, déterminer les cas d'inéligibilité des fonctionnaires et des juges[1471].

Cette politique jurisprudentielle a été confirmée à plusieurs reprises[1472]. Aux termes de l'arrêt *Sandra Brike contre Lettonie*[1473], le droit constitutionnel letton, imposant aux juges de démissionner de leur fonction avant de se porter candidat aux élections parlementaires, est compatible avec les dispositions de la Convention et, par conséquent, la requête formée par un juge mécontent est déclarée manifestement mal fondée[1474].

L'amplification de la compréhension traditionnelle[1475] des juges de Strasbourg à l'égard des règles nationales, qui impose des cas d'inéligibilité aux fonctionnaires et aux juges, s'exprime également dans l'arrêt *Zdanoka*[1476]. En l'espèce, la requérante, qui fut un ancien agent du KGB et membre dirigeant de l'ancien parti communiste letton, et après avoir été mêlée à la tentative de coup d'État de 1991 visant au rétablissement en Lettonie d'un régime communiste, se trouvait dans l'impossibilité d'être élue au Parlement letton. La Grande Chambre de la Cour de Strasbourg est venue approuver l'inéligibilité après avoir apprécié en priorité le contexte historique et politique de l'affaire. La Cour a utilisé l'argument d'un double standard temporaire d'application de la Convention[1477], en jugeant que si une telle restriction (l'inéligibilité visant la requérante) « *ne peut être admise dans le contexte d'un système politique donné, tel que celui par exemple d'un pays qui est doté d'institutions démocratiques depuis des dizaines d'années ou plusieurs siècles, elle peut être jugée acceptable en Lettonie, compte tenu du contexte historico - politique ayant conduit à son adoption et de la*

1470 Cour EDH, plénière, 2 mars 1987, *Mathieu Mohin et Cleyfart contre Belgique*, n°9267/81.

1471 L. BURGOGUE - LARSEN, « L'autonomie constitutionnelle aux prises avec la Convention européenne des droits de l'homme », *Revue Belge de droit constitutionnel*, 2001, pp. 31 - 64, (p. 38).

1472 Cour EDH, plénière, 2 septembre 1998, *Ahmed et autres contre Royaume Uni*, n°22954/93 et Cour EDH, 29 juin 2000, *Brike contre Lettonie*, n°47135/99, (décision).

1473 Cour EDH, *Brike contre Lettonie*, précité.

1474 L. BURGOGUE - LARSEN, « L'autonomie constitutionnelle aux prises avec la Convention européenne des droits de l'homme », *op. cit.*, p. 39.

1475 P. TITUIN, « Inéligibilité et convention européenne des droits de l'homme », *in Mélanges en hommage à Luis Edmond Pettiti*, Bruxelles : Bruylant, 1998, pp. 721 - 731.

1476 Cour EDH, Grande chambre, 16 mars 2006, *Zdanoka contre Lettonie*, n°58278/00.

1477 Sur la dualité du standard de protection, voir J. - Fr. FLAUSS, « Actualité de la Convention européenne des droits de l'homme », *AJDA*, n°34, 2005, pp. 1886 - 1895, (pp. 1888 - 1889).

menace que représente pour le nouvel ordre démocratique, la résurgence d'idées qui risqueraient de conduire à la restauration d'un régime totalitaire si on les laissait gagner du terrain »[1478].

Cette position jurisprudentielle a été réaffirmée à propos de l'arrêt *Lykourezos contre Grèce* qui concernait une disposition constitutionnelle introduite après la révision constitutionnelle de 2001. La Cour juge, à propos des termes imposés par les États parties sur le droit aux élections libres, qu'« *aucune des conditions imposées le cas échéant ne doit entraver la libre expression du peuple sur le choix du corps législatif – autrement dit, elles doivent refléter, ou ne pas contrecarrer, le souci de maintenir l'intégrité et l'effectivité d'une procédure électorale visant à déterminer la volonté du peuple par l'intermédiaire du suffrage universel* »[1479]. À cet égard, la Cour a adopté une position assez discrète en évitant de juger la disposition constitutionnelle *in globo*[1480], mais uniquement implicitement, sanctionnant l'application de cette disposition aux députés élus avant la révision constitutionnelle de 2001, car elle violait leur confiance légitime.

Néanmoins, cet arrêt dépasse l'autorité de la chose jugée concernant uniquement le cas d'espèce de Monsieur Lykourezos. En mettant l'accent sur l'incompatibilité implicite de la disposition constitutionnelle en cause avec l'article 3 du protocole additionnel n°1 de la Convention EDH, la révision constitutionnelle paraissait être une solution juridiquement et politiquement imposée afin d'éviter de nouvelles condamnations par la Cour de Strasbourg. En dehors de la question de la « constitutionnalisation » de la Convention EDH, l'autorité des arrêts rendus par la Cour de Strasbourg est incontestable dans cet arrêt condamnant la Grèce et qui a conduit à une révision constitutionnelle.

Il s'agissait cependant d'une révision constitutionnelle très consensuelle, dont la majorité du Parlement grec a reconnu la nécessité.

2. Une révision constitutionnelle consensuelle

Bien que la « constitutionnalisation » de la Convention EDH[1481] ne soit pas affirmée, l'autorité des arrêts rendus par la Cour de Strasbourg est

---

[1478] Cour EDH, *Zdanoka contre Lettonie*, précité, §133 voir J.-Fr. FLAUSS, « Actualité de la Convention européenne des droits de l'homme », *op. cit.*, pp. 1718 - 1719.

[1479] Cour EDH, *Lykourezos*, précité, §52.

[1480] P. PETROPOULOS, « L'incompatibilité professionnelle des députés devant la Cour européenne des droits de l'homme, commentaire sur l'arrêt Lykourezos contre Grèce », *ToS*, 2006, pp. 891 - 907, (p. 903).

[1481] Voir en la matière A. STONE SWEET, « Sur la constitutionnalisation de la Convention européenne des droits de l'homme : cinquante ans après son installation, indéniable, et notamment dans cet arrêt de condamnation de la Grèce qui conduit à la révision constitutionnelle de la disposition. Depuis décembre 2005, c'est - à - dire quelques mois avant le prononcé de l'arrêt *Lykourezos* de la Cour EDH, le gouvernement grec annonce officiellement son intention de procéder à une nouvelle révision constitutionnelle. Précisément, dans un discours présenté devant le groupe parlementaire de son parti, le Premier ministre présente les grands traits de la révision que la majorité entendait mener. Entre autres, il a fait référence à des dispositions constitutionnelles adoptées lors de la révision de 2001 dont l'application a démontré qu'elles devaient être modifiées[1482]. Parmi ces dispositions se trouvait l'article 57 de la Constitution grecque qui instituait les incompatibilités parlementaires absolues. Il est vrai que depuis 2001, date à laquelle cette disposition constitutionnelle est adoptée et appliquée, plusieurs problèmes sont intervenus. Tout d'abord, l'article 57 de la Constitution a un effet dissuasif sur une catégorie importante de personnes qui, lors des élections parlementaires de 2004, ne se sont pas portées candidates. De plus, l'interprétation de cette disposition par la Cour suprême spéciale[1483] entraînera la condamnation de la Grèce par la Cour de Strasbourg[1484].

Il faut signaler que la condamnation de la Grèce par la Cour européenne a accéléré le débat sur la nécessité de la révision constitutionnelle de l'article 57 de la Constitution. Précisément, le rapport du parti majoritaire[1485] constate que l'application des premiers alinéas du paragraphe 1 de l'article 57 est réussie, car elle contribue au développement de la qualité de la fonction

---

la Cour européenne des droits de l'homme conçue comme une Cour constitutionnelle », *RTDH*, n°80, 2009, pp. 923 - 944.

[1482] E. MALLIOS, « Les incompatibilités parlementaires face à la Convention européenne des droits de l'homme », *AIDH*, vol. II, 2007, p. 609 - 621, (p. 620).

[1483] Cour suprême spéciale arrêt 11/2003.

[1484] Cour EDH, *Lykourezos*, précité.

[1485] Voir la proposition de révision constitutionnelle du parti « nea dimokratia » déposée et annoncée au Parlement par le président de la chambre le 25 mai 2006, à la séance PMB, voir Parlement grec, période IA, session parlementaire B, séance PMB, 25 mai 2006, procès - verbaux des séances, volume I, Athènes, 2007, pp. 5 - 14, (article 57 : p. 10 - 11). Il est à noter que la révision dudit article n'a pas été soutenue par le parti de l'opposition parlementaire, voir P. FOUNTEDAKI « Tentative d'une révision constitutionnelle : à la recherche des principes fondamentaux », *op. cit.*, p. 794. Toutefois, cette révision a été votée par les deux partis de gauche, le parti communiste grec et le parti Syriza, voir N. MICHALAKIS, « Révision de la constitution, présentation de la procédure de révision constitutionnelle, La Constitution », *ToS*, 2007, pp. 653 - 702, (p. 656 et suiv.) et Parlement grec, période IA, session parlementaire B, procès - verbaux des séances, volume I, Athènes, 2007, le rapport du rapporteur du parti communiste, A. SKYLLAKOS pp. 633 - 680 et surtout p.678 ainsi que le rapport du rapporteur de Syriza, F. KOUVELIS, pp. 681 - 696, (p. 696).

parlementaire « *en permettant aux députés de s'éloigner de tout soupçon de partialité ou d'abuser de leur position pour obtenir un traitement favorable dans leurs activités professionnelles avec le pouvoir public* »[1486]. À l'inverse, selon le rapport du parti majoritaire, l'application de l'incompatibilité professionnelle absolue « *n'a pas bien fonctionné dans la pratique* ». Puis, le rapport constate que « *l'incompatibilité professionnelle absolue pose des dilemmes considérables aux personnes importantes de la vie économique et sociale de notre pays, qui hésitent à se porter candidates aux élections, car leur élection éventuelle met en cause leur vie professionnelle et leur carrière et ils sont invités à l'abandonner afin d'exercer le mandat parlementaire* »[1487]. Pour toutes ces raisons, la révision de l'article 57 de la Constitution semblait indispensable afin d'instituer des incompatibilités professionnelles relatives à la fonction parlementaire, dont les conditions de mise en œuvre seraient détaillées au sein d'une nouvelle loi d'application de la Constitution. Ainsi, le parti majoritaire a proposé que celle - ci, une fois révisée, ne soit appliquée qu'après le vote d'une nouvelle loi d'application de la Constitution prévoyant de façon détaillée les professions compatibles avec l'exercice de la fonction parlementaire, évitant ainsi une dimension absolue et sans exception, comme c'était le cas à la lecture l'article 57 de la Constitution de 2001[1488].

La révision de l'article 57 de la Constitution a été votée par le Parlement lors de deux scrutins distincts[1489]. Puis, conformément aux dispositions de la Constitution grecque, pour que la révision puisse être mise en œuvre, la proposition devait être votée par les trois cinquièmes du nombre total des députés de l'Assemblée plénière saisie à l'issue des élections parlementaires

---

[1486] Parlement grec, période IA, session parlementaire B, procès - verbaux des séances, volume I, Athènes, 2007, proposition du parti « nea dimokratia » pp. 5 - 14, (p. 11).

[1487] *loc. cit.*

[1488] P. KAPOTAS, « CEDH Lykourezos contre Grèce, commentaire sur l'arrêt », *EfimDD*, n°5, 2006, pp. 608 - 615, (p. 615).

[1489] Conformément aux articles 110 de la Constitution et 119 du Règlement de l'Assemblée nationale, par 166 voix pour lors du premier scrutin et par 165 voix pour lors du second. Période IA, Session Γ' séances ΠΔ, 22 février 2007 et PZ, 28 mars 2007, au cours de laquelle la proposition du parti gouvernemental (nea dimokratia) sur la révision de l'article 57 a été votée avec 166 votes au premier scrutin et 165 votes au deuxième scrutin. Voir N. MICHALAKIS, « Présentation de la révision constitutionnelle », 3e partie, *ToS*, 2007, pp. 1389 - 1411, (p. 1401 et 1408) et Parlement grec, période IA, session parlementaire Γ, séance ΠΔ, 22 février 2007, procès - verbaux des séances, volume II, Athènes, 2007, pp. 439 - 442 (pour le premier scrutin) et Parlement grec, période IA, session parlementaire Γ, séance PZ, 28 mars 2007, volume III, Athènes, 2007, pp. 1138 - 1141 pour le second scrutin.

de 2007. Ladite proposition, après nombre discussions au Parlement[1490], a recueilli la majorité renforcée exigée[1491].

L'article 57 prévoit désormais une incompatibilité professionnelle relative pour les députés en disposant qu'« *une loi spéciale peut définir les activités professionnelles, en sus de celles mentionnées aux alinéas précédents, dont l'exercice n'est pas permis aux députés* ». Il faut relever que la présomption prévue par le nouvel article 57 est renversée. Précisément, la Constitution supprime l'incompatibilité professionnelle absolue pour les députés, et permet l'exercice d'activités professionnelles par les parlementaires sauf si une loi spéciale prévoit de nouvelles restrictions quant à l'exercice des activités professionnelles[1492].

La nouvelle rédaction de l'article 57, qui est conforme à la logique d'une Constitution ouverte à la construction européenne[1493], soulève deux observations. D'une part, elle confirme l'idée selon laquelle une disposition aussi détaillée que celle de l'ancien article 57 ne permet pas l'adaptation de la Constitution aux évolutions sociales, politiques et économiques, tant au niveau national qu'européen[1494]. Le nouvel article 57 de la Constitution, qui fait de l'exercice d'une activité professionnelle par les députés la règle et les incompatibilités professionnelles l'exception, vient au soutien de la position selon laquelle les incompatibilités parlementaires ainsi que leurs empêchements doivent être l'objet d'une loi et non d'une disposition constitutionnelle[1495]. D'autre part, force est de constater que ladite révision de la Constitution a eu lieu après l'arrêt de condamnation de la part de la Cour EDH. Elle conduit également au constat au constat que malgré l'autolimitation jurisprudentielle de la Cour EDH sur les droits politiques protégés par l'article 3 du protocole additionnel n°1, le pouvoir discrétionnaire et les marges d'interprétation des États parties sont limités s'il existe des dispositions constitutionnelles spécifiques et analytiques

---

[1490] Parlement grec, période IB, session parlementaire A, séances PΛB, 6 mai 2008 (après midi) et PΛΓ, 7 mai 2008, procès - verbaux des séances, Athènes, 2008, pp. 63 - 93 et les procès - verbaux de la séance PΛΘ, 14 mai 2008 (matin), pp. 94 - 123.

[1491] Cette disposition fut votée par 194 députés le 27 mai 2008.

[1492] E. VENIZELOS, *Cours de droit constitutionnel*, *op. cit.*, pp. 508 - 509.

[1493] G. SOTIRELIS, « Le cadre juridique concernant les empêchements et les incompatibilités parlementaires », *in* X. KONTIADIS (dir.), *5 ans après la révision constitutionnelle, appréciation et propositions pour une nouvelle révision constitutionnelle*, Athènes - Komotini : éd. A. Sakkoulas, 2006, pp. 669 - 699, (p. 699).

[1494] P. FOUNTEDAKI, « Tentative d'une révision constitutionnelle : à la recherche des principes fondamentaux », *op. cit.*, p. 795.

[1495] G. SOTIRELIS, « Le cadre juridique concernant les empêchements et les incompatibilités parlementaires », *in 5 ans après la révision constitutionnelle, appréciation et propositions pour une nouvelle révision constitutionnelle*, *op. cit.*, p. 699.

comme celle de l'article 57 de la Constitution. Cette révision exprime l'investissement du pouvoir constituant dérivé par l'autorité de la Cour EDH[1496].

B. Une réforme effective, mais inavouée en temps de crise : une conception flexible de l'état de droit

Une réforme de la Constitution est manifestée à propos de la politique nationale adoptée pendant les quatre dernières années. Cette politique est conditionnée par la réglementation des aides financières imposée par le FMI, ainsi que par les différents mécanismes de stabilité financière de l'Union européenne. Afin de mettre en œuvre cette politique on constate souvent la mise en écart des procédures parlementaires normales (1). En outre, le contrôle juridictionnel affaibli exercé à propos des mesures votées conduit à un affaiblissement considérable des garanties juridictionnelles (2).

1. Les procédures parlementaires d'exception

Les procédures parlementaires normales prévues par la Constitution sont systématiquement mises à l'écart, voire violées. Concrètement, les décisions prises par les créanciers et les organes de l'Union européenne restreignent l'autonomie du législateur national et affectent tant le contenu que les délais de l'édiction de ces décisions[1497]. Dans ce cadre, le processus législatif s'est profondément transformé, emportant la marginalisation de l'Assemblée nationale. Ainsi, un grand nombre de normes adoptées pendant la crise économique sont d'origine gouvernementale et prennent la forme de décrets - lois. Bien que la Constitution prévoit aux articles 44 alinéa 1er et 48 alinéa 5 un pouvoir réglementaire autonome de l'exécutif, qui peut édicter des décrets - lois dans les cas exceptionnels d'une nécessité d'extrême urgence et imprévisibles, cette procédure est mise en œuvre par le gouvernement de manière systématique. À titre d'exemple, il est à noter que pendant l'année 2011, 128 lois ont été votées par l'Assemblée nationale parmi lesquelles les 48 ayant contenu réglementaire visant la ratification des

---

[1496] E. MALLIOS, « Incompatibilité professionnelle pour les députés ou incompatibilité de la Constitution face à la convention européenne des droits de l'homme ? », *DtA*, n°42, 2009, pp. 561 - 595, (p. 573).

[1497] C. YANNAKOPOULOS, « Un Etat devant la faillite : entre droit et non - droit », Intervention au colloque «La fin du droit ? » organisé par le Centre de recherche Versailles Saint - Quentin Institutions Politiques, le jeudi 5 et le vendredi 6 décembre 2013, à la Faculté de Droit et de Science Politique de l'Université Versailles Saint - Quentin, publié sur [http://www.constitutionalism.gr/site/wp - content/uploads/2013/12/2013.12_Fin - du - droit_intervention_Yannakopoulos.pdf].

engagements internationaux ou des mesures économiques. Parmi ces 48 lois, 37 contenaient des dispositions ne présentant pas de rapport avec l'objet principal des lois[1498], ce qui prouve en effet la paralysie des exigences constitutionnelles de cohérence législative[1499].

En effet, par une application extensive des articles, le gouvernement légifère par voie réglementaire en évitant le débat public sur la nécessité et l'efficacité de ces actes. En outre, ces mesures sont prises avec la célérité exigée par les créanciers. L'interdiction prévue par l'article 76 alinéa 5 de la Constitution, selon laquelle un projet ou une proposition de loi contenant des dispositions sans rapport direct avec son objet principal ne peut être mis en discussion, a été à plusieurs reprises méconnue. Il en va de même de l'interdiction des dispositions additionnelles aux textes ou des amendements sans rapport direct avec l'objet principal du projet ou de la proposition de loi. Ces articles constitutionnels ont été systématiquement violés. L'exemple le plus caractéristique est celui de la loi 4093/2012, dite « 3ème memorandum d'entente », votée en novembre 2012. Cette loi contient un unique article de cent pages, réglementant plusieurs aspects de la vie sociale et publique et affectant la protection des droits sociaux. Parmi les matières réglementées se trouvent les réductions des pensions et des salaires des fonctionnaires, la modification du code des avocats et du Code fiscal[1500].

Il est à noter que ces procédures ne sont soumises qu'à un contrôle parlementaire minime[1501] et ne sont pas contrôlées par les Cours comme cela relève des *interna corporis*. En effet ce contrôle visant à assurer la légalité des modalités de vote des lois conformément aux procédures parlementaires prévues. Cette mesure serait susceptible de remédier à la déformation de la procédure législative, phénomène actuel fruit de la crise économique, et de contribuer au rétablissement de la cohérence interne, mise en doute en raison de la crise.

1498 G. GERAPETRITIS, « La crise économique comme élément de déstabilisation de la hiérarchie des normes : respect des lois ou prétexte ? », *in études sur le mémorandum*, éd. du Barreau d'Athènes, 2013, pp. 229 - 243, (pp. 238 - 239).

1499 G. GERAPETRITIS, *Constitution et Parlement, autonomie et manque de contrôle aux interna corporis*, Athènes : éd. Nomiki Vivliothiki, 2012, pp. 221 - 229.

1500 I. KAMTSIDOU, « L'intérêt public en temps de crise », publié [http://www.constitutionalism.gr/site/wp - content/uploads/2013/08/2013_Kamtsidou_Linteret - general - et - la - crise - final.pdf].

1501 Voir en la matière l'article de G. KATROUGALOS, « La responsabilité du Président de la République face à la 'loi contre constitutionnelle' », *DtA*, n°57, 2013, pp. 109 - 116, (pp. 111 - 112) où il critique l'inactivité du Président de la République qui n'exerce pas un contrôle parlementaire préalable en ce qui concerne les décrets - lois.

2. L'affaiblissement des garanties juridictionnelles

Force est de constater des variations entre la jurisprudence du Conseil d'État avant et après la crise économique.

Tout d'abord, ces variations sont sensibles alors même que le Conseil d'État semblait avoir accepté la jurisprudence de la Convention EDH, qui distingue entre le simple intérêt de trésorerie[1502] et l'intérêt budgétaire[1503] de l'intérêt public général. La notion de l'intérêt public général est déterminée par rapport à chaque cas d'espèce. Il s'agit d'une notion dynamique ne disposant pas d'un contenu prédéfini[1504]. Le Conseil d'État semblait originellement détacher les prérogatives des droits procéduraux du public, tels que le délai de prescription biennal quant aux prétentions des individus contre l'État ou la différenciation dans la détermination du taux des intérêts moratoires en fonction du débiteur (prévoyant des taux plus hauts pour les personnes de droit public) de l'intérêt public général[1505]. Par la suite, plusieurs mesures de cette nature ont été légitimées à travers des revirements de jurisprudence, afin de répondre aux besoins de la crise économique. Ainsi, le Conseil d'État, en invoquant le changement de circonstances, a légitimé la différenciation dans la détermination du taux des intérêts moratoires profitant aux personnes morales de droit public[1506].

De plus, en introduisant dans ce jugement la notion d'« équilibre budgétaire » en tant qu'aspect de l'intérêt général[1507], la Cour a déclaré conforme à la Constitution une taxe exceptionnelle[1508], imposée de façon rétroactive. En l'espèce, il a été jugé qu'il ne s'agissait pas en réalité d'une mesure rétroactive, ce qui est interdit par la Constitution, mais d'une mesure n'étant pas inscrite dans la loi de finances annuelle[1509], ce qui n'était *a priori* pas susceptible de violer la Constitution au regard de la situation économique actuelle. Il importe de souligner qu'il s'agit de la première

---

[1502] Cour EDH, 22 mai 2008, *Meidanis contre Grèce*, n°33977/06. *Procès*, 2008, pp.704 - 716 avec commentaire de K. MPEIS.

[1503] Cour EDH, 25 juin 2009, *Zouboulidis contre Grèce*, n°36963/06. FROGER Charles, « Prescription des créances et dettes publiques et CEDH », *Droit administratif*, n°10, 2009, pp. 39 - 42.

[1504] Pr. DAGTOGLOU, *Droit constitutionnel*, Athènes - Thessalonique : éd. Sakkoulas, 4e éd., 2012, p. 151.

[1505] Conseil d'État, Assemblée plénière 1663/2009, *Armenopoulos*, 2009, pp. 925 - 929 et *DiDik*, 2010 pp. 507 - 512.

[1506] Conseil d'État 1620/2011, *DiDIk*, 2012, pp. 464 - 473.

[1507] E. PREVEDOUROU, *L'influence du droit européen au procès devant le conseil d'Etat*, Athènes : éd. Nomiki Vivliothiki, 2012, pp. 182 - 183.

[1508] Article 18 de la loi 3758/2009.

[1509] Conseil d'État 693/2011, *NoV*, 2011, pp. 611 - 621 avec commentaire de MPAKALIS Eustathios et *Armenopoulos*, 2011 pp. 820 - 830 avec commentaire de TSOGKAS Grigoris et Conseil d'État, Assemblée plénière 1685/2013 *Armenopoulos*, 2013 pp. 1332 - 1338.

référence explicite, par le Conseil d'État, à la crise économique traversée actuellement par la Grèce[1510]. Ainsi, l'intérêt budgétaire constitue un aspect important de l'intérêt public, contribuant à la conception d'un droit des situations d'urgence[1511].

Ensuite, dans le cadre plus général de la dégradation de la normativité de la Constitution, il convient d'ajouter l'affaiblissement considérable des garanties juridictionnelles, résultat d'un contrôle juridictionnel de constitutionnalité des lois affaibli par les exigences du plan de sauvetage et inscrites dans les memoranda. Sous l'influence du droit de l'UE, le juge adapte ainsi sa jurisprudence, mais évite cependant le dialogue avec la Cour de justice ; en effet, il ne lui demande pas une interprétation du droit de l'Union en posant une question préjudicielle. Il procède à une requalification des limites constitutionnelles, afin de légitimer dans l'ordre interne les mesures économiques adoptées aux fins de sortir de la crise. De nombreuses mesures ont été votées dans le cadre de la crise économique au cours des quatre dernières années et certaines d'entre elles ont fait l'objet d'un jugement relatif à leur constitutionnalité.

Très peu de jugements constatent l'inconstitutionnalité des mesures, et ils seront, d'ailleurs, susceptibles d'être contournés par une série de mesures équivalentes imposées par les créanciers[1512]. Les mesures affectent en particulier le droit de propriété ainsi que les droits sociaux, et les jugements conduisent à un contrôle limité du principe de proportionnalité prévu par la

---

1510 Conseil d'État 693/2011, SKIAS Antonios, « La crise économique en Grèce et son influence à la pensée juridique », *EfimDD*, n°1, 2012, pp. 81 - 84, (p. 81).

1511 C. YANNAKOPOULOS, « L'intérêt public sous l'aspect de la crise économique », *EfimDD*, n°1, 2012, pp. 100 - 112, (p. 104).

1512 Tribunal de paix d'Athènes, n°559/2012 (inconstitutionnalité de la loi transposant le premier mémorandum dans l'ordre interne) ; Conseil d'État, Assemblée plénière n°1972/2012 (inconstitutionnalité de la mesure de coupure d'électricité pour non paiement d'un impôt spécial sur les biens immobiliers annexé à la facture d'électricité), *NoV*, 2012, pp. 1550 - 1572, *Armenopoulos*, 2012, pp. 1454 - 1475 avec commentaire de I. MATHIOUDAKIS; Conseil d'État Assemblée plénière n°3354/2013(inconstitutionnalité d'une disposition de la loi sur le licenciement automatique des employés qui sont placés en disponibilité avant la retraite), *ThPDD*, n°10, 2013, pp. 883 - 892 avec commentaire de P. KAPOTAS et Conseil d'État, Assemblée plénière 3341/2013 (amende spéciale pour construction illégale) *ThPDD*, n°10, 2013, pp. 903 - 906 avec commentaire de Ch. DIVANI. Voir aussi C. YANNAKOPOULOS, « Un Etat devant la faillite : entre droit et non - droit », *op. cit.* A l'inverse, la jurisprudence admet la constitutionnalité de la quasi totalité des mesures adoptées pour limiter les dépenses publiques ou pour augmenter les recettes publiques au motif que le redressement de la situation financière constitue une raison d'intérêt général, voir P. MOUZOURAKI, « Table ronde, la Cour constitutionnelle et l'équilibre des finances publiques : Grèce », *AIJC*, vol. XXVIII, 2012, pp. 307 - 321, (p. 317).

Constitution[1513], ainsi qu'à une relativisation de la protection desdits droits afin de protéger l'intérêt général et, en réalité, l'intérêt financier[1514], notion plus générale que l'intérêt de trésorerie de l'État.

La Grèce a ainsi opté pour un coup d'arrêt au constitutionnalisme « social », ce qui se traduit par une forte baisse du niveau des retraites et des salaires dans le domaine public, une flexibilisation du droit du travail et une réduction du coût du travail dans le domaine privé[1515], ainsi qu'un certain nombre de mesures emportant une augmentation des cotisations fiscales.

Dans le cadre du contrôle de constitutionnalité des lois, le juge veille au respect du principe de proportionnalité et examine le rapport entre les mesures législatives et les buts qu'elles sont censées servir, c'est - à - dire leur aptitude à satisfaire l'objectif, la nécessité de la réglementation et la proportionnalité *stricto sensu*. Néanmoins, les lois dites d'application des memoranda, qui contiennent des limitations considérables aux droits et aux libertés que la Constitution garantit, ont été validées par les tribunaux, et notamment par le Conseil d'État, pour permettre au gouvernement d'atteindre ses objectifs financiers[1516]. Par ailleurs, la Cour suprême spéciale a jugé conformes à la Constitution des règles qui ont des répercussions sur les finances publiques[1517], et dont la constitutionnalité et la conventionnalité ont été vivement contestées par la Haute juridiction administrative[1518].

[1513] Article 25 dernier alinéa de la Constitution « *Les restrictions de toutes sortes qui, conformément à la Constitution, peuvent être apportées à ces droits doivent être prévues soit directement par la Constitution soit par la loi ; dans le cas où l'indication existe en faveur de celle - ci, le principe de proportionnalité doit être respecté* ».

[1514] S. KTISTAKI, « Aspects de contrôle juridictionnel de la politique budgétaire en temps de crise », *ThPDD*, n°7, 2013, pp. 577 - 587.

[1515] C. YANNAKOPOULOS, « Un Etat devant la faillite : entre droit et non - droit » *op. cit.* et B. PALLI, « Le droit du travail confronté à la faillite de l'État : le cas de la Grèce », *Droit social,* 2013, pp. 4 - 16.

[1516] Voir en exemple l'arrêt 668/2012 de l'Assemblée plénière du Conseil d'État sur les mesures instaurées par la loi transposant le premier memorandum ainsi que les arrêts Conseil d'État Assemblée plénière 1685/2013 (*DEE*, 2013, pp. 880 - 887 avec commentaire de G. PISILIS ; Conseil d'État 3408 - 9/2013 sur la proportionnalité de la cotisation fiscale exceptionnelle ainsi que l'Arrêt Commission des sursis du Conseil d'État, n°489/2013, qui n'a pas ordonné le sursis à l'exécution de l'acte réglementaire attaqué visant la suppression des postes du personnel administratif des Universités (*ThpDD*, n°11, 2013, pp. 993 - 995).

[1517] Cour suprême spéciale, arrêt 1 et 2/2012, à propos desquels elle s'est prononcée sur la constitutionnalité de deux règles instaurant des privilèges de l'État depuis des années, à savoir la prescription biennale au bénéfice de l'État, laquelle est différente du délai pour les créances similaires du droit privé ; voir aussi l'arrêt 25/2012 visant la légalité du taux d'intérêt légal ou moratoire sur toute dette de l'État, fixé à 6 % par an, c'est - à - dire à un pourcentage inferieur à celui prévu pour les créances des personnes du droit privé, *NoV*, 2013, pp. 217 - 227 avec commentaire de A.

Tant les limites prévues par la Constitution, notamment celles relatives au principe de proportionnalité, que les restrictions aux droits fondamentaux, se déforment face à la crise économique et sous la pression des règles du plan de sauvetage.

Enfin, l'état de droit, conception étroitement liée à la normativité de la Constitution et au fondement de l'état social, qui peut être lu comme un grand pacte démocratique perd sa rigidité[1519].

ARGYROS, *Armenopoulos*, 2013, pp. 339 - 349 avec commentaire de A. KAIDATZIS, *DiDik* 2013, pp. 176 - 198 avec commentaire de P. TSIRIS.

[1518] Conseil d'État, Assemblée plénière 953/2011.

[1519] G. KATROUGALOS, *La crise et le moyen d'en sortir*, Athènes : éd. Livani, Athènes 2013.

Section 2. Les évolutions portant sur le fonctionnement du système procédural

Le bon déroulement du dialogue des juges et l'intégration créative de la jurisprudence européenne dépendent essentiellement des compétences procédurales du juge interne. Sur un plan général, la Cour de justice, la Cour EDH et les Cours suprêmes nationales « ont un pouvoir de dernier mot à l'intérieur de leur ordre juridictionnel propre »[1520]. Ce pouvoir n'est d'ailleurs pas susceptible de hiérarchisation. Pour autant, l'activité parallèle des différentes Cours crée des difficultés. Tout d'abord, il est possible d'édicter des jugements contradictoires qui, en tant que tels, relèvent de l'autorité des décisions rendues par une juridiction suprême nationale et de l'autorité des arrêts de la CJUE et de la Cour EDH. Ensuite, l'activité parallèle des différentes Cours soulève des conflits de compétences. On constate un « empiétement des droits européens » sur le champ constitutionnel. Pour faire face à ces difficultés, on constate des évolutions portant sur le fonctionnement du système procédural et précisément l'exercice du contrôle juridictionnel par le Conseil d'État (§1). De plus, les divergences entre les juridictions internes et européennes ont produit des conflits relatifs à la procédure. Ces divergences ont conduit ainsi à une évolution sur le contrôle juridictionnel exercé par la Cour suprême spéciale (§2).

§1. Les évolutions portant sur l'exercice du contrôle juridictionnel par le Conseil d'État

L'exercice des droits dérivant de l'ordre juridique de l'UE et de celui de la Convention EDH est parfois difficile en raison des règles procédurales des ordres juridiques nationaux susceptibles de restreindre la protection européenne[1521].

Dans ce contexte, il faut constater une tendance à réformer indirectement le système procédural, qui est guidée notamment par l'exigence de protection juridictionnelle effective et ce, conformément tant au droit de la Convention EDH qu'au droit de l'UE. Il est également caractéristique que cette espèce de réforme indirecte résulte notamment de la jurisprudence du Conseil d'État et précisément de la valorisation des voies de recours qui élargissent le champ du contrôle juridictionnel (A) ou ont comme résultat de rendre plus attractif le contrôle de conventionnalité (B).

[1520] D. de BECHILLON, « Cinq cours suprêmes ? Apologie (mesurée) du désordre », *Pouvoirs*, n°137, 2011, pp. 33 - 45, (pp. 33 - 34).

[1521] A. GERONTAS, *L'européanisation du droit administratif national et du droit procédural*, Athènes - Thessalonique : éd. Sakkoulas, 2009, p. 283.

A. L'élargissement du champ du contrôle juridictionnel

L'exigence de protection juridictionnelle effective constitue souvent un moteur d'élargissement du champ du contrôle juridictionnel. La convergence des jurisprudences européenne et nationale conduit à un élargissement du champ des recours en annulation (1). Respectivement, le champ du contrôle de constitutionnalité et de conventionnalité des lois est élargi et notamment concernant le recours en responsabilité civile de la puissance publique. Ce recours offre une protection juridictionnelle effective conformément au principe de légalité et de l'état de droit[1522], en permettant sous certaines conditions les recours contre les omissions législatives (2).

1. L'évolution du contentieux en annulation dans le but de satisfaire les exigences de la Convention EDH

En matière de contentieux de l'annulation, la jurisprudence du Conseil d'État évolue afin de satisfaire les exigences conventionnelles. On constate cette évolution en premier lieu à propos du contrôle qui porte sur les actes des conseils disciplinaires. Selon la jurisprudence de l'arrêt *Albert et Le compte*[1523], les juridictions ordinaires statuant dans le cadre des procédures disciplinaires ou administratives sur des infractions disciplinaires, doivent satisfaire aux exigences de l'article 6 §1, ou bien être soumises au contrôle ultérieur d'un organe judiciaire de pleine juridiction présentant, lui, les garanties exigées par cet article[1524]. Sans définir la notion de pleine juridiction, la Cour juge nécessaire de garantir la jouissance du droit à un tribunal et à une solution juridictionnelle du litige « tant pour les points de fait que pour les questions de droit »[1525]. La Cour EDH s'appuie sur le droit procédural français pour définir la compétence de pleine juridiction. Précisément, l'ordre juridique français prévoit deux voies de recours possibles, le recours pour excès de pouvoir et le recours de pleine juridiction ou de plein contentieux[1526]. Par défaut, le recours de pleine juridiction constitue le moyen de contrôle le plus efficace d'un acte. Néanmoins, cela

---

1522 Pr. PAVLOPOULOS, « La responsabilité civile des organes publics selon les règles du droit public », *in* C. YANNAKOPOULOS (éd.), *Droit administratif*, Athènes - Komotini : éd. A. Sakkoulas, pp. 321 - 346, (p. 323).

1523 Cour EDH, 10 février 1983, *Albert et Le Compte contre Belgique*, n°s 7299/75 7496/76.

1524 *ibid.*, §29.

1525 *loc. cit.*

1526 Entre autres, R. CHAPUS, *Droit du contentieux administratif*, Paris : Montchrestien, 13e éd., 2008, n°277 et suivant.

n'implique pas l'interdiction des recours sur le fond et des recours en annulation[1527].

Dans l'ordre juridique grec, un élargissement du champ du recours en annulation, ainsi que l'interprétation de la notion de juridiction conformément à la Convention EDH permettent de satisfaire aux exigences conventionnelles. Dans ce contexte, l'arrêt 189/2007 de l'Assemblée plénière du Conseil d'État grec[1528] a déclaré inconstitutionnelle l'impossibilité d'un recours en annulation contre toutes les décisions des conseils disciplinaires des avocats. Le Conseil d'État a accepté que les litiges soulevés contre les actes des conseils disciplinaires des avocats soient des litiges relevant du recours en annulation. En examinant le fonctionnement des conseils disciplinaires, l'Assemblée plénière du Conseil d'État a jugé que leur fonctionnement est conforme à l'article 6 §1 de la Convention EDH. Elle a conclu que ces derniers constituent une juridiction, car les audiences peuvent être publiques et que les décisions disciplinaires sont publiées[1529]. Conformément à la jurisprudence de la Cour EDH, la notion de juridiction a un sens autonome par rapport à celui des ordres juridiques nationaux[1530]. En suivant cette jurisprudence, le Conseil d'État accepte que le conseil disciplinaire suprême des avocats constitue une juridiction et, au surplus, de pleine juridiction, en vertu de la jurisprudence de la Cour EDH[1531], et ce bien qu'il ne soit pas, en substance, une juridiction selon le système grec. Par conséquent, les décisions des conseils doivent être soumises au contrôle en annulation du Conseil d'État, c'est - à - dire, en l'occurrence, un contrôle de

---

[1527] E. PREVEDOUROU, « Le contrôle de l'annulation des actes administratifs sous le prisme de la convention européenne des droits de l'homme », *ThPDD*, n°8 - 9, 2010, pp. 858 - 895, (p. 860).

[1528] Conseil d'État, Assemblée plénière 189/2007, *EDKA*, 2007 pp. 213 - 231 avec commentaire de P. PETROGLOU, *NoV*, 2007, pp. 464 - 471, *Procès*, 2007, pp. 663 - 674, *ToS*, 2007, pp. 873 - 991 avec commentaire de K. GOGOS, pp. 891 - 903, K. CHIOLOS, « Note sous l'arrêt 189/2007 de l'Assemblée plénière du Conseil d'État », *Fiche de la jurisprudence*, 2007, pp. 525 - 526 et Th. TZIAMOU, « Actualité de la jurisprudence du Conseil d'État de l'année 2007 », *ToS*, 2008, pp. 139 - 146, (pp. 139 - 140).

[1529] Conseil d'État, Assemblée plénière 189/2007, considérant n°23.

[1530] Voir précisément L. MILANO, *Le droit à un tribunal au sens de la convention européenne des droits de l'homme*, Paris : Dalloz, 2006, p. 341.

[1531] En cette matière, la jurisprudence de la Cour EDH et de la CJUE sont très différentes. Selon la jurisprudence de la Cour EDH, les conseils disciplinaires sont considérés comme des juridictions (voir par exemple l'arrêt *Albert et le compte* précité). En revanche, la CJUE, dans son arrêt C - 506/04, a jugé que les conseils disciplinaires des avocats sont des organes administratifs et non des juridictions, cf. E. PREVEDOUROU, « La notion d'organe juridique selon la jurisprudence récente du Conseil d'État et de la CJCE », *EDDD*, 2009, pp. 287 - 327, (pp. 312 - 324).

la motivation, en conformité avec la notion de pleine juridiction[1532]. Le Conseil d'État a consolidé sa jurisprudence en statuant de nouveau sur l'inconstitutionnalité de l'absence de recours en annulation contre les actes des conseils disciplinaires des avocats[1533].

La rencontre entre la Convention EDH et la jurisprudence du Conseil d'État est également manifeste en matière de recours en annulation. En premier lieu, le juge saisi d'un recours en annulation s'est considéré compétent pour statuer sur une annulation partielle de l'acte attaqué. L'annulation partielle vise certains articles d'un acte administratif réglementaire[1534] ou correspond à l'annulation d'une condition incluse dans un acte administratif individuel[1535]. En deuxième lieu, le juge saisi d'un recours en annulation élargit son pouvoir en renvoyant l'acte annulé à l'administration, accompagné d'instructions pour pallier les carences de la loi[1536]. En dernier lieu, on constate un élargissement du champ du contrôle juridictionnel des lois qui résulte de la mutabilité de la frontière entre litiges de fond et contentieux de l'annulation. Il s'agit d'une jurisprudence pragmatique qui permet un rapprochement opportun des jurisprudences administrative et européenne.

2. Le recours en responsabilité civile de la puissance publique venant pallier les omissions législatives

Les omissions législatives ne sont pas sanctionnées dans l'ordre juridique grec[1537]. Tant la jurisprudence que la doctrine considèrent que si l'État ou l'administration s'abstiennent de légiférer ils ne commettent pas un acte

---

[1532] Contre les décisions rendues par les conseils disciplinaires, il est prévu un recours en annulation devant le Conseil d'État, voir K. CHIOLOS, « Note sous l'arrêt 189/2007 de l'Assemblée plénière du Conseil d'État », *op. cit.*, p. 525 - 526 et K. DEMETZIS, « La porte de la loi et la protection juridique de l'avocat à propos d'une affaire disciplinaire, étude avec commentaire sur 189/2007 de l'Assemblée plénière du Conseil d'État »,*op. cit.*, p. 692.

[1533] Conseil d'État 2037/2011 et 1622/2011.

[1534] Conseil d'État 3309/2003 et Conseil d'État 1448/2006, annulation d'une partie de la décision du préfet de Achaia.

[1535] E. KOUTOUPA - REGAKOU, *Des définitions additionnelles ou conséquentes concernant l'acte administratif*, Athènes - Komotini : éd. A. Sakkoulas, 1993, pp. 241 - 268 et E. PREVEDOUROU, « Le contrôle d'annulation des actes administratifs sous le prisme de la convention européenne des droits de l'homme », *op. cit.*, p. 883.

[1536] Conseil d'État 1329/2003 (*Armenopoulos*, 2003 pp. 1683 - 1685), 1332 - 3/2003, 165/2004,3065/2007, 3076/2007, 1078/2008.

[1537] Voir à ce propos l'analyse sur Partie II, Titre I, chapitre I.

illégal[1538]. Elles convergent ainsi en faveur de l'absence d'obligation en se fondant sur des éléments objectifs, et notamment l'absence de sanction de l'omission. Par voie d'exception, la responsabilité de l'État peut être constatée par la voie de l'action en dommages - intérêts, exercée conformément à l'article 105 de la loi d'introduction du Code civil[1539]. Cet article vise la réparation du dommage causé par les actions ou *omissions illégales* commises par les organes de l'État[1540]. Il s'agit en effet d'une voie de recours qui semble pouvoir pallier les omissions du législateur.

Les cours appliquent l'article 105 dans les cas où, soit l'action, soit l'omission de l'organe étatique de légiférer vont à l'encontre des règles de valeur supra législative[1541]. Ces règles sont les dispositions constitutionnelles[1542], les dispositions du droit international en général[1543] et par suite les règles issues de la Convention EDH[1544] et du droit de l'UE[1545].

L'existence d'un tel recours semble satisfaire aux exigences du droit de l'UE[1546]. Le principe selon lequel les États membres doivent réparer les dommages causés aux particuliers par les violations du droit de l'UE qui leur sont imputables, est applicable lorsque c'est par la faute du législateur national que ces violations se sont produites. En effet, selon la CJUE, « *ce principe, inhérent au système du traité, est valable pour toute hypothèse de*

[1538] M. STASINOPOULOS, *La responsabilité civile de l'Etat, des fonctionnaires publics et des personnes morales de droit public selon le code civil*, Athènes 1950, réimpression 1968, p. 94 cité par C. YANNAKOPOULOS, *L'influence du droit de l'Union européenne sur le contrôle juridictionnel de constitutionnalité des lois*, Athénes - Thessalonique : éd. Sakkoulas, 2013, p. 260.

[1539] Pr. DAGTOGLOU, *Droit du contentieux administratif*, Athènes - Thessalonique : éd. Sakkoulas, 5e éd., 2011, pp. 205 - 211.

[1540] Article 105 de la loi d'accompagnement du code civil : « *L'Etat est tenu de réparer le dommage causé par les actions ou omissions illégales commises par ses organes dans l'exercice de la puissance publique, sauf dans le cas où l'action ou l'omission en cause a méconnu une disposition existante dans le but de servir l'intérêt public. La personne fautive est solidairement responsable avec l'Etat, sous réserve des dispositions spéciales sur la responsabilité des ministres* ».

[1541] E. SPILIOTOPOULOS, *Manuel de droit administratif*, 14e éd. 2011, Athènes : éd. Nomiki vivliothiki, n°211 et Pr. PAVLOPOULOS, « La responsabilité civile des organes publics selon les règles du droit public », *in* C. YANNAKOPOULOS (éd.), *Droit administratif*, *op. cit.*, p. 330.

[1542] Voir en titre indicatif, Conseil d'État 1207/2012.

[1543] Conseil d'État, Assemblée plénière 168 - 9/2010.

[1544] Conseil d'État 1087/2010, 2658/2011, 1207/2012, 1501/2012.

[1545] Conseil d'État 798/2007.

[1546] CJCE, 16 décembre 1960, *Jean - E. Humblet contre État belge*, aff. 6/60, Rec. 1961, p. 1125 ; CJCE, 22 janvier 1976, *Carmine Antonio Russo v. Azienda di Stato per gli Interventi sul Mercato Agricolo (AIMA)*, aff. 60/75, Rec. 1976, p. 25 ; CJCE, 9 novembre 1991, *Francovich et Bonifacico contre Italie*, C - 6/90 et C - 9/90, Rec. 1991, p. I - 5357.

violation du droit communautaire par un État membre, et ce quel que soit l'organe étatique dont l'action ou l'omission en a été la cause, et l'obligation de réparation qu'il énonce ne saurait, eu égard à l'exigence fondamentale de l'ordre juridique communautaire que constitue l'uniformité d'application du droit communautaire, dépendre des règles internes de répartition des compétences entre les pouvoirs institués par la constitution »[1547].

Dans la mesure où le contrôle de constitutionnalité grec est diffus et incident et que toutes les juridictions internes sont compétentes, à travers les recours dont elles sont saisies, pour examiner les questions de constitutionnalité et de conventionnalité, l'existence de ce recours élargit le champ du contrôle juridictionnel. Les cours saisies de ce recours en réparation des dommages causés par des actions ou omissions des organes publics peuvent également trancher la question de constitutionnalité de l'omission législative ainsi que la question de sa conventionnalité[1548].

B. L'attractivité contentieuse du contrôle de conventionnalité

La jurisprudence de la Cour de justice en matière de protection juridictionnelle effective a favorisé une mutation considérable de la jurisprudence administrative grecque. Il faut constater à ce propos un activisme jurisprudentiel qui vise à assurer une protection effective même en exerçant sous certaines conditions un contrôle direct des dispositions législatives (1). Cet activisme a également pour objet de pallier les insuffisances du système procédural grec (2).

1. Les raisonnements juridiques soutenant un contrôle direct des dispositions législatives

Au cours des quinze dernières années, ont été votées certaines lois ayant une forme administrative. Le recours à l'institution de mesures individuelles par voie législative résulte de la volonté du gouvernement d'éviter le contrôle juridictionnel[1549]. Or, ce phénomène généralisé a entraîné l'affaiblissement du droit à la protection juridictionnelle[1550].

[1547] CJCE, 5 mars 1996 *Factortame e.a.*, C - 46/93 et C - 48/93, Rec. 1996 p. I - 1029, point 3 et point 25 de l'arrêt : « *...il convient de souligner que la question de l'existence et de l'étendue de la responsabilité d'un État pour des dommages découlant de la violation des obligations qui lui incombent en vertu du droit communautaire concerne l'interprétation du traité, qui, comme telle, relève de la compétence de la Cour* ».

[1548] Conseil d'État 1698/2007 et Cour administrative d'appel d'Athènes 1006 - 7/2007.

[1549] A. TSEVAS, « L'édition des actes administratifs à travers la loi », *in livre jubilaire pour les 75 ans du Conseil d'État*, Athènes - Thessalonique : éd. Sakkoulas, 2004, pp. 462 - 491 et Conseil d'État 1568/2005, Conseil d'État

Le Conseil d'État a, à plusieurs reprises, mis l'accent sur l'impossibilité du contrôle direct des dispositions législatives et a par la suite rejeté les recours en annulation portant directement sur les dispositions législatives[1551]. Néanmoins, l'opinion dissidente d'un arrêt du Conseil d'État[1552] propose une exception à cette règle. Précisément, le contrôle direct des dispositions législatives qui ne nécessitent aucune mesure d'application est admis dans le cas où ces lois sont susceptibles de porter atteinte à la Constitution ainsi qu'aux règles de valeur supra législative, c'est - à - dire aux règles européennes. La combinaison du contrôle de constitutionnalité et de conventionnalité des lois est ainsi apparue comme la seule justification pour qu'un contrôle direct des dispositions législatives soit exercé.

Dans le cadre d'arrêts plus récents, le Conseil d'État s'est prononcé en faveur de l'opportunité d'un contrôle juridictionnel direct de la constitutionnalité des dispositions législatives sous certaines conditions, et notamment dans la mesure où ce contrôle est nécessaire pour assurer la protection juridictionnelle effective[1553]. À la suite de cette jurisprudence, le Conseil d'État a recherché une solution appropriée en adaptant le contrôle juridictionnel des lois existant. Dans l'arrêt 3052/2009, l'Assemblée plénière du Conseil d'État a jugé que si les recours en annulation qui vont à l'encontre d'une loi de manière directe ne sont pas recevables, il est toutefois permis d'exercer une demande en annulation contre un acte par lequel l'administration impose des effets défavorables de la loi aux requérants[1554]. A été admis l'exercice d'un recours en annulation contre une loi. Une conception fonctionnelle de l'acte administratif exécutoire a été retenue qui a

---

Assemblée plénière 1986/2005, *EfimDD* 2006, p. 43, Conseil d'État Assemblée plénière 1847/2008.

[1550] I. KOUVARAS, « La relation entre le législateur et le juge quant au sujet des impacts sur l'environnement », *ThPDD*, n°7, 2010, pp. 748 - 757, (p. 754).

[1551] Conseil d'État 1790/1951, Conseil d'État Assemblée plénière 1046/1952, Conseil d'État 278/1957, Conseil d'État 1023/1958, Conseil d'État 155/1984, Conseil d'État 1285/1984, Conseil d'État 3257/1996, Conseil d'État Assemblée plénière 4367/1997, Conseil d'État, Assemblée plénière 1484/1999, Conseil d'État 1331/2000, Conseil d'État Assemblée plénière 3612/2002, Conseil d'État, Assemblée plénière 1249 - 50/2003, Conseil d'État 1120/2005.

[1552] Conseil d'État 391/2008, considérant n° 9 - 12.

[1553] Voir les arrêts du Conseil d'État Assemblée plénière 3976 - 78/2009 et 3980 - 81 qui concernent les recours en annulation contre les articles 11 et 12 de la loi 3481/2006 concernant le rétablissement du paysage aux régions de Votanikos et L.Alexandras.

[1554] En l'espèce il s'agissait d'un document administratif ordonnant l'application de dispositions législatives, nonobstant le fait que les trois recours en question ne mentionnaient pas de tels documents C. YANNAKOPOULOS, « Le caractère diffus et incident du contrôle de constitutionnalité des lois en Grèce, sous l'aspect du droit européen communautaire », *op. cit.*, p. 842.

permis, en application du droit administratif grec, d'attaquer par certains actes nationaux[1555]. En considérant que si le législateur peut exceptionnellement adopter des mesures individuelles qui excluent l'intervention d'actes administratifs d'application, les justiciables ne sauraient être privés de la protection juridictionnelle effective prévue par l'article 20 de la Constitution[1556], cet arrêt du Conseil d'État est très significatif.

Cette approche jurisprudentielle, confirmée explicitement par l'arrêt 3978/2009 du Conseil d'État, permet d'éviter les éventuelles incompatibilités entre le système national d'un contrôle de constitutionnalité et de conventionnalité des lois incident, et la protection juridictionnelle effective des droits qui découlent du droit de l'Union européenne[1557].

L'arrêt 4076/2010 de l'Assemblée plénière du Conseil d'État concrétise cette jurisprudence et reprend le même registre d'idées[1558]. En ce qui concerne notamment l'irrecevabilité d'un recours en annulation contre des dispositions d'une loi formelle contenant des réglementations individuelles, il y eut trois opinions concordantes. La première opinion a opté pour le contrôle des réglementations individuelles instituées par la loi par rapport aux règles constitutionnelles et européennes. La deuxième opinion a soutenu

---

[1555] Pour le rôle de la notion fonctionnelle appliquée en matière de séparation de pouvoir (et sa distinction de la notion conceptuelle) en droit administratif voir G. VEDEL, « La juridiction compétente pour prévenir, faire cesser ou réparer la voie de fait administrative », *JCP G*, 1950, article 851, cité par C. YANNAKOPOULOS « Le caractère diffus et incident du contrôle de constitutionnalité des lois en Grèce, sous l'aspect du droit européen communautaire », *op. cit.*, p. 842, note n°104 et G. TUSSEAU, « Critique d'une metanotion fonctionnelle. La notion (trop) fonctionnelle de 'notion fonctionnelle' », *RFDA*, n°4, 2009, pp. 641 - 656.

[1556] CJUE, 11 septembre 2012, *Nomarchiaki Aftodioikisi Aitoloakarnanias e.a.*, C - 43/10, Publié au Recueil numérique, réponse aux questions préjudicielles posées par le Conseil d'État grec à propos de l'affaire 3053/2009 concernant l'interprétation des Directives 85/337/CEE, 92/43/CEE, 2000/60/CE et 2001/42/CE sur la Politique communautaire dans le domaine de l'eau et la Déviation du cours d'un fleuve. G. MPALAS, « Les décisions de la CJUE et du Conseil d'État concernant la déviation du cours de Acheloos, aspects critiques », *NoV*, 2012, pp. 2231 - 2242. Le litige a été définitivement tranché dans l'arrêt de l'Assemblée plénière du Conseil d'État 26/2014.

[1557] G. VEDEL, « La juridiction compétente pour prévenir, faire cesser ou réparer la voie de fait administrative », *JCP G*, 1950, article n°851 cité par C. YANNAKOPOULOS, « Le caractère diffus et incident du contrôle de constitutionnalité des lois en Grèce, sous l'aspect du droit européen communautaire », *op. cit.*, p. 841.

[1558] Conseil d'État, Assemblée plénière 4076/2010, *ThPDD*, n°3, 2011, pp. 266 - 269 et N. KANNELOPOULOU - MALLOUCHOU, « Recours en annulation contre les mesures individuelles prévues par la loi, L'européanisation de la protection juridictionnelle effective, présentation de l'arrêt du Conseil d'État Assemblée plénière 4076/2010 », *DtA*, n°54, 2012, pp. 459 - 502.

que le contrôle de légalité, en particulier des actes implicites, définis par la loi en question, est imposé par les articles 20 alinéa 1er de la Constitution et 6 de la Convention EDH en matière de protection juridictionnelle effective. Enfin, la troisième opinion se réfère expressément à la directive 85/337 CEE[1559], applicable dans le litige en question et conclut que toute personne ayant un intérêt légitime devra être en mesure de contester la légalité substantielle ou procédurale des actes juridiques adoptés en matière de procédure de passation d'un marché devant les instances nationales, de manière que la protection juridictionnelle effective telle que reconnue par la jurisprudence européenne ne soit pas méconnue. Il apparaît dès lors évident, à partir des opinions formulées, que le Conseil d'État se concentre à trouver une solution de contrôle juridictionnel des actes individuels prévue par la loi. Néanmoins, le Conseil d'État sursoit à statuer et reporte le rendu de son arrêt, en attendant la réponse de la Cour de justice aux questions préjudicielles renvoyées par le Conseil d'État belge sur l'application de la directive. En l'espèce, la juridiction belge avait demandé si les dispositions de cette directive s'opposaient à un régime juridique où le droit de réaliser un projet est prévu par un acte législatif contre lequel n'est ouvert aucun recours juridictionnel[1560].

La réponse de la CJUE sera explicite, soutenant que lorsqu'un projet est adopté par un acte législatif, la question de savoir si cet acte législatif correspond aux exigences de la directive doit pouvoir faire l'objet d'un contrôle dans l'ordre interne. En poursuivant son raisonnement, la Cour juge également que dans l'hypothèse où aucun recours ne serait ouvert à l'encontre d'un tel acte, il appartiendrait à toute juridiction nationale, saisie dans le cadre de sa compétence, d'exercer ce contrôle et d'en tirer, le cas échéant, les conséquences juridiques en laissant inappliqué cet acte législatif.

Le Conseil d'État a suivi la ligne jurisprudentielle énoncée par la Cour de justice en optant implicitement pour un contrôle direct de la loi[1561]. Cet arrêt du Conseil d'État est significatif pour deux raisons. D'une part, il contribue au renforcement du dialogue, non seulement entre cette juridiction nationale et la CJUE ou, tout au moins, il aide à la construction du dialogue entre les juridictions des États membres, à travers l'intervention de la jurisprudence européenne. D'autre part, cet arrêt démontre la tendance du juge national à exercer le contrôle de conventionnalité des lois de façon à garantir la protection effective.

[1559] Directive 85/337/CEE du Conseil du 27 juin 1985 concernant l'évaluation des incidences de certains projets publics et privés sur l'environnement.

[1560] CJUE, Grande chambre, 18 octobre 2011, *Boxus e.a.*, C - 128/09 à C - 131/09, C - 134/09 et C - 135/09, Rec. 2011 p. I - 9711.

[1561] Conseil d'État, Assemblée plénière 376/2014.

2. Les raisonnements juridiques palliant les imperfections procédurales

Selon l'article 100 alinéa 5 de la Constitution, lorsqu'une formation d'une Cour suprême est appelée à l'occasion d'un litige à examiner la constitutionnalité d'une disposition législative, elle doit saisir l'Assemblée plénière. Cette règle procédurale, qui prévoit un mécanisme de question de constitutionnalité tente d'éliminer les dysfonctionnements du système procédural et de contribuer à la sécurité juridique[1562]. Cependant, il transforme le contrôle diffus de constitutionnalité en un contrôle concentré[1563] et dissocie le contrôle de constitutionnalité du contrôle de conventionnalité. Alors que la question de constitutionnalité devrait être prioritairement examinée, en effet, le mécanisme de question préjudicielle prévu par l'article 100 alinéa 5 de la Constitution ne prévoit pas la « priorité » de la question de constitutionnalité. Le Conseil d'État peut donc choisir l'ordre d'examen des griefs d'inconstitutionnalité et d'inconventionnalité. Ceci amène la Cour à favoriser, dans certains cas, le contrôle de conventionnalité afin d'envisager les conflits qui émergent entre le droit national et les droits européens. L'influence de cet article sur le droit procédural national de contrôle de constitutionnalité des lois est donc considérable, car il conduit à la substitution du contrôle de constitutionnalité par le contrôle de conventionnalité afin d'envisager tant les conflits avec la Convention EDH qu'avec le droit de l'UE.

S'agissant des conflits entre droit national et droit de l'Union, on peut fournir comme exemple un arrêt sur une loi manifestement inconstitutionnelle violant le principe de proportionnalité[1564]. Alors que la Commission des sursis du Conseil d'État[1565] statuant sur des mesures provisoires avait procédé à un contrôle de constitutionnalité de la loi en question, avant de suspendre l'acte administratif adopté sur la base de cette loi[1566], la Section du Conseil d'État, statuant définitivement, s'est positionnée différemment. Elle a jugé que la loi en cause allait à l'encontre

---

[1562] V. SKOURIS, *La protection juridique comme sujet de la révision de la Constitution*, Athènes - Komotini : éd. A. Sakkoulas, 2000, p. 124 et E. VENIZELOS, *L'acquis révisionnel*, *op. cit.*, p. 363 et suiv.

[1563] E. VENIZELOS, *Cours de droit constitutionnel,* Athènes - Komotini : éd. A. Sakkoulas, nouvelle édition, 2008, p. 249 et suiv.

[1564] Loi 3037/2002.

[1565] La commission des sursis du Conseil d'État, dispose en effet lu pouvoir de prononcer le sursis à exécution ou d'ordonner toute autre mesure provisoire qu'elle estime nécessaire à propos d'un acte attaqué devant elle par recours, aux conditions posées par la loi. Article 52 du décret présidentiel 18/1989, relatif au Conseil d'État grec.

[1566] Conseil d'État 158/2004, *EDKA*, 2004, pp. 444 - 449.

des dispositions de l'article 56 TFUE qui interdisent les restrictions à la libre prestation de services[1567] et a écarté son application dans le litige en cause.

Le contrôle de conventionnalité a donc été favorisé par rapport au contrôle de constitutionnalité. Cette approche jurisprudentielle offre des solutions juridiquement solides, qui permettent de gérer les points de conflit émergeant entre l'ordre juridique national et les ordres juridiques européens. De plus, il faut souligner que cet arrêt du Conseil d'État[1568] a été rendu après un arrêt de condamnation de la part de la CJCE[1569]. Un jugement d'inconstitutionnalité de la loi, qui signifierait également une obligation de renvoi de la matière à l'Assemblée plénière, aurait comme résultat un retard considérable dans l'édiction du jugement définitif et, en conséquence, entraînerait une violation du droit de l'UE, déjà constatée par la justice de l'Union européenne.

De même, « l'attractivité contentieuse »[1570] est évidente à propos de conflits entre droit national et Convention EDH. Dans l'arrêt 372/2005[1571], le Conseil d'État a jugé qu'une disposition législative rétroactive était contraire à l'article 6 §1 de la Convention EDH. Par la suite, il a jugé recevable le recours en annulation en s'appuyant sur l'inconventionnalité de la loi en cause. Selon la jurisprudence de la Cour EDH, les lois de validation sont *a priori* incompatibles avec les dispositions de la Convention, mais pourraient, par exception, être justifiées pour des motifs d'intérêt général[1572]. Cependant, la Cour de Strasbourg a à maintes reprises jugé incompatible avec l'article 6 de la Convention une disposition législative nationale rétroactive au motif qu'elle attribue des prérogatives de puissance publique aux autorités concernées et tend à influencer la solution judiciaire à l'avantage du

---

1567 Conseil d'État 2144/2009, *Armenopoulos*, 2009 pp. 1579 - 1585 et E. MALLIOS « jeux électroniques et internet cafés, une nouvelle condamnation devant la CJCE », *DiMEE*, 2004, pp. 505 - 506.

1568 Conseil d'État 2144/2009.

1569 CJCE, 26 octobre 2006, *Commission contre Grèce*, C - 65/05, Rec. 2006 p. I - 10341 et CJCE, 4 juin 2009, *Commission contre Grèce*, C - 109/08, Rec. 2009 p. I - 4657, qui a ordonné une sanction pécuniaire en raison de l'inexécution de l'arrêt C - 65/05.

1570 P. CASSIA, E. SAULNIER, « Contrôle de constitutionnalité *a posteriori* et contrôle de conventionnalité de la loi : une coexistence impossible ? », *D.*, n°3, 2008, pp. 166 - 167, (p. 166).

1571 Conseil d'État, n°372 - 5/2005, *DtA*, n°28, 2005, pp.1329 - 1344 avec commentaire de F. ARNAOUTOGLOU et F. ARNAOUTOGLOU, « Le Conseil d'État et les Cours européennes », *NoV*, 2005, pp. 1977 - 1982, (p. 1982).

1572 Par « lois de validation » on entend « un acte par lequel le législateur déclare applicable, ratifie ou régularise un acte administratif ou un contrat annulé par le juge ou susceptible de l'être », selon la définition de B. MATHIEU, *La loi*, Paris : Dalloz, 2e éd., 2010, p. 15.

public[1573]. En l'espèce, la Section Conseil d'État a jugé partiellement recevable le recours en annulation qui attaquait un acte du ministre de la Culture, concernant la liquidation des sociétés anonymes d'espèces sportives, en ce qu'il était entaché d'un excès de pouvoir[1574]. La Cour a précisément jugé que la loi 3057/2002 votée après le dépôt du recours en annulation afin de corriger les vices juridiques de l'acte ministériel en cause, est contraire à l'article 6 de la Convention EDH. Il a en outre précisé que le renvoi de l'affaire à l'Assemblée plénière de la Cour était inopportun étant donné qu'il ne s'agissait pas d'un conflit entre une disposition législative et la Constitution, mais d'un conflit avec une règle d'une convention internationale disposant d'une simple valeur supra législative. Ce jugement pourrait, selon l'ordre d'examen des actes administratifs avec les règles supérieures, se justifier en s'appuyant sur l'argument selon lequel le Conseil d'État doit, en un premier lieu, examiner la conformité d'un acte administratif avec la règle qui lui est directement supérieure dans la hiérarchie des normes, c'est - à - dire la loi et non pas la Constitution. La loi prime alors sur la disposition réglementaire. Le même jugement a été repris par plusieurs arrêts qui ont respectivement contrôlé la conformité d'une disposition législative avec la Convention EDH, précisément avec l'article 1er du premier protocole additionnel[1575].

Enfin, ces résolutions jurisprudentielles des conflits contribuent à l'atténuation des situations conflictuelles entre les trois ordres étudiés. Cependant, il importe de s'interroger sur l'opportunité d'un mécanisme qui, bien qu'il contribue au respect du principe de sécurité juridique, dissocie le contrôle de constitutionnalité du contrôle de conventionnalité afin d'envisager les conflits qui émergent avec le droit de l'UE et la Convention EDH.

1573 Voir aussi les arrêts relatifs que l'arrêt 372/2005 du Conseil d'État cite à son considérant n°14 ; Cour EDH, 21 novembre 1994, *Raffineries grecques Stran et Stratis Andreadis contre Grèce*, n°13427/87 §41 et suiv. ; Cour EDH, 22 octobre 1997, *Papageorgiou contre Grèce*, n°24628/94, §33 et suiv. ; Cour EDH, Grande chambre, 28 octobre 1999, *Zielinski et Pradal et Gonzalez contre France*, n°24846/94 et 34165/96 à 34173/96, §50 ; Cour EDH, 28 septembre 2001, *Agoudimos contre Grèce*, n°38703/97, §27 et suiv. ; Cour EDH, 11 avril 2002, *Smokovitis et al. contre Grèce*, n°46356/99, §20 et suiv. Au contraire, pour le cas d'existence d'intérêt public péremptoire, cf. les arrêts Cour EDH, et 27 octobre 1997, *National and Provincial Building Society contre Royaume Uni*, n°21319/93, 21449/93, 21675/93, §94 et suiv ; Cour EDH, 27 mai 2004, *Ogis - Institut Stanislas, Ogec St. pie X et blanche de Castille et autres contre France*, n°42219/98 et 54563/00, §56 et suiv.

1574 Selon l'article 17 §5 de la loi 2947/2001.

1575 Conseil d'État 781/2009, *Armenopoulos* 2009, pp. 929 - 930 avec commentaire de E. PAPADIMITRIOU.

§2. Les évolutions portant sur l'exercice du contrôle juridictionnel par la Cour suprême spéciale

Les condamnations strasbourgeoises des solutions retenues par les juridictions internes rencontrent souvent l'indifférence nationale. Ceci conduit nécessairement à une tension entre l'ordre interne et conventionnel. La tension est encore plus grave quand la Cour suprême spéciale du pays, dont les jugements sur la constitutionnalité d'une loi engagent toutes les juridictions nationales et produisent un effet *erga omnes*, est contraire à une jurisprudence européenne dotée d'autorité de la chose interprétée. Le développement parallèle de la jurisprudence nationale et européenne a été marqué par une évolution portant sur l'exercice du contrôle par la Cour suprême spéciale. Cette dernière a procédé implicitement à un contrôle de conventionnalité. Toutefois, l'adoption analogue d'une jurisprudence contradictoire provenant de la Cour suprême spéciale et de la Cour EDH (A) a suscité un conflit. La concurrence entre les deux juridictions est apaisée en vertu d'un revirement jurisprudentiel effectué par la Cour EDH. Or, la problématique du dernier mot a été mise en avant et la Cour suprême a tenté de nouveau d'exercer de façon implicite un contrôle de conventionnalité (B).

A. Le développement en parallèle de la jurisprudence nationale et européenne : De la Cour suprême spéciale à la Cour EDH

La Cour suprême spéciale, compétente pour statuer en dernier ressort sur la constitutionnalité d'une disposition législative n'exerce pas un contrôle parallèle de conventionnalité. L'arrêt commenté, constitue un des cas très rares où la Cour suprême, et précisément l'opinion dissidente de l'arrêt rendu, a procédé à un contrôle de conventionnalité (1). Cependant, l'arrêt rendu par la Cour EDH contredit la Cour suprême spéciale, même si la juridiction strasbourgeoise prend en compte l'arrêt rendu par la juridiction grecque (2).

1. Le jugement de la Cour suprême spéciale et l'exercice indirect du contrôle de conventionnalité

Pour comprendre le point de tension entre la Cour suprême spéciale et la Cour EDH, il convient d'indiquer avec précision les dispositions législatives concernées. En droit grec, une prescription de cinq ans est prévue pour les prétentions de l'État et des personnes morales de droit public contre les particuliers. À l'inverse, une prescription de deux ans est prévue pour les prétentions de tous les fonctionnaires et employés en vertu d'un contrat de droit public ou de droit privé, qui concernent les salaires ou les indemnités de *l'État*[1576] et *des personnes morales de droit public*[1577]. Cela a produit, durant des années, une jurisprudence conflictuelle entre la Cour de Cassation et le Conseil d'État. D'une part, pour des raisons d'intérêt général et notamment le besoin d'une liquidation rapide des créances découlant des allocations mensuelles accordées par les personnes morales de droit public, la Cour de cassation se prononçait constamment pour la constitutionnalité de cette disposition[1578].

D'autre part, le Conseil d'État s'est prononcé en faveur de l'inconstitutionnalité de la prescription biennale en raison de la violation du principe d'égalité[1579]. La Haute juridiction administrative a jugé que le délai de prescription biennale ne peut pas être justifié par la seule invocation de l'intérêt de protéger le patrimoine des personnes morales de droit public. Enfin, elle a constaté la contradiction de cet arrêt avec la jurisprudence de la Cour de cassation sur le même sujet, et a renvoyé l'affaire devant la Cour suprême spéciale pour trancher définitivement la question[1580].

Selon l'article 100 de la Constitution grecque, la Cour suprême spéciale est chargée de régler « *les contestations sur l'inconstitutionnalité de fond ou sur le sens des dispositions d'une loi formelle, dans le cas où le Conseil d'État, la Cour de cassation ou la Cour des comptes ont prononcé des arrêts contradictoires à leur sujet* ». Après que des hautes juridictions nationales (c'est - à - dire, le Conseil d'État, la Cour de Cassation et la Cour des Comptes) se sont prononcées, dans deux arrêts contradictoires, sur la constitutionnalité concernant le même sujet, l'affaire a été renvoyée devant la Cour suprême spéciale. Cette dernière a jugé constitutionnelle la prescription biennale pour les prétentions des employés de personnes morales de droit public, quand bien même la règle générale est la prescription quinquennale[1581]. Elle a justifié cette décision sur le fondement de l'intérêt public général et, en particulier, sur la nécessité d'apurer de manière prompte les dettes de l'État et d'éviter ainsi de surcharger le budget de l'État par des dépenses imprévues. Le but est donc la protection des

---

[1576] Article 90 §3 de la loi 2362/1995.

[1577] Article 4 §3 du décret législatif 496/1974.

[1578] Voir les décisions de la Cour de Cassation 145/2006, 250/2006, 31/2007, 588/2007, 1491/2007, 1560/2007, 1561/2007.

[1579] Conseil d'État 3428/2006 (section de 7 membres) qui a renvoyé l'affaire à l'Assemblée plénière, *EfDD*, 2007 pp. 384 - 391.

[1580] Voir les arrêts contradictoires en matière de constitutionnalité, Conseil d'État 3654/2008 et les décisions de la Cour de Cassation 31/2007, 1491/2007, 1560/2007, 1561/2007.

[1581] Cour suprême spéciale 9/2009, *ThPDD*, n°6, 2009, *DtA*, n°50, 2011, pp. 604 - 614, *Applications du droit civil*, 2009, pp. 798 - 801 et *EDDD*, 2010, pp. 355 - 363 et p. 741 - 747 et *EDKA*, 2009, pp. 391 - 401, A. GERONTAS, « La protection de propriété selon la jurisprudence de la CEDH - évolutions jurisprudentielles récentes », *NoV*, 2009, pp. 1884 - 1901, (pp. 1897 - 1898).

intérêts financiers de l'État. Il faut néanmoins relever une opinion dissidente très forte[1582] qui a fait référence à la jurisprudence de la Cour EDH, et en particulier à l'arrêt *Meidanis contre Grèce*[1583]. Cet arrêt opère une distinction entre la notion d'*intérêt financier*, servi par la prescription biennale et *l'intérêt public* en vertu duquel une prescription à court terme ne peut pas être justifiée par dérogation à la règle de prescription[1584]. De plus, l'opinion dissidente, en se référant aux arrêts de la Cour EDH *Platakos contre Grèce*[1585] et *Wyner contre Belgique*[1586], conclut que la prescription biennale des prétentions des employés contre les personnes morales de droit public a un effet direct et défavorable sur la possibilité qu'ont ces employés de faire valoir leurs rémunérations par voie juridictionnelle. Elle conduit ainsi de manière indirecte à une violation inacceptable de l'égalité procédurale des parties[1587].

Il faut souligner qu'il s'agit d'un des rares cas que la Cour suprême spéciale, opère un contrôle de conventionnalité, son interaction avec la Cour EDH étant toujours très faible. L'exercice de ce contrôle implicite démontre que la haute juridiction a pris en compte l'éventuelle inconventionnalité de la mesure en cause. Un arrêt rendu par la Cour EDH, confirme en effet l'inconventionnalité de cette mesure.

2. Le jugement de la Cour EDH et la prise en compte de la jurisprudence de la Cour suprême spéciale

L'arrêt du 27 mai 2009 adopté par la Cour suprême spéciale devait avoir une continuité « européenne », puisqu'environ un mois après, et précisément le 25 juin de la même année, l'arrêt *Zouboulidis contre Grèce*[1588] est rendu par la Cour EDH. Cette affaire concernait la prescription biennale des prétentions du requérant contre *l'État* lui - même, en vertu de la loi. Il s'agit donc de la même mesure, que celle jugée par la Cour suprême spéciale, mais

---

1582 Six juges (sur un total de 13 membres) ont formé une opinion dissidente. La majorité de cet arrêt était donc très faible.

1583 Cour EDH, *Meidanis contre Grèce*, précité.

1584 L'opinion dissidente de cet arrêt fait référence à la condamnation de la Grèce par la CEDH (pour violation de l'article 1 du Protocole additionnel n°1) en raison du décalage entre le taux des intérêts moratoires applicable aux dettes de l'Etat et celui applicable aux dettes des particuliers, voir l'arrêt Cour EDH, *Meidanis contre Grèce*, précité.

1585 Cour EDH, 11 janvier 2001, *Platakou contre Grèce,* n°38460/97.

1586 Cour EDH, 5 novembre 2002, *Wyner et centre hospitalier interregional Edith - Cavell contre Belgique*, n°32576/96.

1587 S. Mpei, « La prescription des créances des fonctionnaires des personnes morales de droit public », *DtA*, n°50, 2011, pp. 597 - 603, (p. 601).

1588 Cour EDH, *Zouboulidis contre Grèce*, précité. *EDDD*, pp. 355 - 363, *DtA*, n°50, 2011, pp. 615 - 626 (traduction en grec par S. Mpei), et *EDKA*, 2009, pp. 374 - 391.

fondée sur une disposition législative différente, car elle concernait une catégorie différente des employés.

Tout d'abord, la Cour constate que le délai biennal est une exception au droit civil qui régit habituellement les litiges du travail, et qu'il ne trouve pas à s'appliquer aux créances dont l'État est bénéficiaire dès lors qu'une prescription de cinq ans est prévue. Selon la Cour, l'application de privilèges étatiques doit être justifiée au regard du bon exercice des fonctions publiques. Or, le simple intérêt de trésorerie de l'État ne peut être assimilé à l'intérêt public ou général qui justifierait dans chaque cas précis l'atteinte aux droits de l'individu. Le souci d'apurer de manière prompte les dettes de celui - ci et d'éviter de surcharger son budget de dépenses imprévues ne saurait donc justifier une atteinte conséquente au droit de propriété du requérant. Dans ce contexte, la Cour de Strasbourg constate que l'application par les juridictions internes des dispositions spéciales accordant à l'État des privilèges a porté atteinte au droit du requérant au respect de ses biens et a rompu le juste équilibre à ménager entre la protection de la propriété et les exigences de l'intérêt général. Il y a donc eu violation de l'article 1 du Protocole n°1. La Cour EDH à travers le constat de l'inconventionnalité de la mesure en cause, a aussi implicitement statué sur son inconstitutionnalité.

Il faut souligner que, la Cour EDH s'est référée dans son jugement à la jurisprudence des hautes juridictions grecques, en invoquant aussi que l'affaire avait été renvoyée devant la Cour suprême spéciale pour trancher définitivement la question en cause, et qu'il ressortait du dossier que l'affaire était pendante devant ladite juridiction[1589]. Cela démontre en effet que la Cour EDH est ouverte au dialogue avec les juridictions nationales tandis que ces dernières ont tendance à fermer les voies de dialogue.

En substance, la Cour EDH a créé une jurisprudence statuant sur l'inconventionnalité de la prescription biennale des prétentions contre *l'État* alors que la Cour suprême spéciale a rendu un arrêt affirmant la constitutionnalité de la prescription biennale des prétentions contre *les personnes morales de droit public*.

B. Le développement concurrent des jurisprudences nationale et européenne. La problématique du dernier mot

Même s'il n'y a pas d'identité de parties et de causes juridiques, cette jurisprudence a donné lieu à une situation très confuse et a créé une jurisprudence à deux vitesses[1590]. Dans la mesure où la Cour suprême spéciale a jugé constitutionnelle la prescription biennale, son arrêt jouit d'un effet *erga omnes* et les juridictions civiles et la Cour de cassation se

[1589] Cour EDH, *Zouboulidis contre Grèce*, précité, §20.

[1590] G. - D. TSAPRAZIS, « Dialogue entre Cours grecques et Cour européenne des droits de l'homme », *DtA*, n°50, 2011, pp. 567 - 596, (p. 586).

conforment à cet arrêt[1591]. Simultanément, les juridictions administratives appliquaient l'arrêt de la Cour EDH en matière de prétentions des fonctionnaires contre l'État, ce qui a conduit à la création de prétentions à deux niveaux[1592]. Cette règle, cependant, « a fait de nouveau le trajet » de la Cour suprême spéciale à la Cour EDH.

La Cour suprême spéciale a été invitée à statuer sur la constitutionnalité de la mesure jugée inconventionnelle par la Cour EDH (1). Il faut souligner que pour la seconde fois, un contrôle de conventionnalité réticent ou plutôt un contrôle négatif visant à restreindre l'autorité des arrêts de la Cour EDH est remarqué. Finalement, alors que cette situation paraissait fortement concurrentielle, un revirement jurisprudentiel effectué par la Cour EDH a aligné la jurisprudence conventionnelle sur la jurisprudence constitutionnelle.

1. L'autorité de la chose interprétée des arrêts la Cour EDH et l'effet *erga omnes* des arrêts de la Cour suprême spéciale

Dans un climat déjà tendu, et malgré l'adoption parallèle des arrêts *Zouboulidis* et 9/09 de la Cour suprême spéciale, l'arrêt 951/2011[1593] de l'Assemblée plénière du Conseil d'État s'aligne sur la jurisprudence jusqu'alors adoptée, en jugeant inconstitutionnelle la prescription biennale des prétentions contre les personnes publiques, car contraire au principe d'égalité. Il faut rappeler que la même disposition avait été déclarée inconventionnelle par la Cour EDH dans l'affaire *Zouboulidis*.

L'arrêt du Conseil d'État est allé dans le même sens que la Cour européenne[1594]. Néanmoins, il était, en l'espèce, obligé de renvoyer de nouveau l'affaire à la Cour suprême spéciale en raison de l'existence d'une jurisprudence opposée de la Cour de Cassation, qui statuait sur la constitutionnalité de cette disposition pour des raisons d'intérêt général[1595]. Par conséquent, pour la seconde fois en trois ans, la Cour suprême spéciale a été invitée à prendre position sur la même question, mais sur la base d'une

---

[1591] Décisions de la Cour de Cassation 372/2010, 766/2010, 1081/2010, 1131/2010, 1132/2010, 1505/2010, 1722/2010, 1728/2010, 2/2011, 123/2011, 135/2011, 224/2011, 258/2011, 495/2011, 562/2011, 578/2011, 580/2011, 804/2011, 977/2011, 984/2011, 1555/2011, 1556/2011, 1614/2011.

[1592] Conseil d'État, Assemblée plénière 1513/2009.

[1593] Conseil d'État, Assemblée plénière 953/2011 *ThPDD*, n°5, 2011, pp. 551 - 553 *EDKA* 2011, pp. 340 - 344, *Fiche de la juridiction fiscale*, 2012, pp. 184 - 186.

[1594] Conseil d'État 953/2011, résume et commentaire de Ch. DIVANI, *ThPDD* n°5, 2011 pp. 645 - 647, (p. 646) et A. KAIDATZIS, « La prescription biennale de l'article 90 par.3 de la loi 2362/1995 et le principe d'égalité, résumé et commentaire à l'arrêt 953/2011 », *EfimDD*, n°2, 2011, pp. 188 - 195.

[1595] Voir les décisions de la Cour de Cassation 145/2006, 250/2006 et 588/2007.

autre disposition[1596]. La Cour suprême a tranché le litige, en tenant compte de la crise économique et des conséquences budgétaires qu'entraînerait la déclaration d'inconstitutionnalité[1597], en faveur de sa conformité à la Constitution[1598].

Ainsi, elle soulignera cependant, dès ses premiers considérants, qu'il « *ne relève pas de la compétence de la Cour suprême spéciale, dont les compétences sont définies de manière restrictive, de lever la contestation portant sur l'accord d'une disposition de loi formelle avec des dispositions de rang supérieur, en vertu de l'article 28 de la Constitution* »[1599]. Il est vrai que la Cour suprême spéciale n'est pas compétente pour trancher définitivement le litige en cas de divergence entre les jurisprudences rendues par les Cours suprêmes portant sur la conventionnalité d'une disposition législative.

Alors que la Cour exclut ainsi *a priori* de sa compétence la question de la conventionnalité de la loi en question, l'arrêt *Zouboulidis* est invoqué par la Cour suprême spéciale dans une opinion concordante. Pour la seconde fois, la Cour invoque alors la jurisprudence conventionnelle. Toutefois, en l'espèce, il ne s'agit pas d'un véritable contrôle de conventionnalité mais plutôt d'un effort d'exclure l'autorité des arrêts de Strasbourg dans ce cas d'espèce. Cette opinion concordante constate que même si cet arrêt porte sur la même disposition législative, celui - ci ne réunit pas les conditions de l'article 46 de la Convention EDH pour être doté de l'autorité de la chose jugée[1600]. Cette opinion fonde son raisonnement sur les règles en vertu desquelles le contrôle juridictionnel est opéré. D'une part, l'article 1er du Protocole additionnel n°1 pour la Cour EDH, d'autre part, la Constitution dans le cas de l'affaire portée devant la Cour suprême spéciale. Il est incontestable que l'autorité de la chose jugée n'est que relative : l'arrêt

---

[1596] Cour Suprême Spéciale 1/2012 et 2/2012, *EfimDD*, n°2, 2012, pp. 191 - 193, *ThPDD*, n°4 - 5, 2012, pp. 335 - 342 avec commentaire de V. KARAGOUNI, *NoV*, 2012, pp. 1579 - 1581 avec commentaire de A. ARGYROS. A propos de la législation appliquée en la matière voir D. SOLDATOS, *Prescriptions pour et contre le public, les personnes de droit public et des collectivités territoriales*, Thessalonique : éd. Tsimos, 2012, pp. 77 - 85.

[1597] Conseil d'État 953/2011, résumé et commentaire de Ch. DIVANI, *ThPDD*, n°5, 2011 pp. 645 - 647, (p. 646).

[1598] La jurisprudence au temps de la crise renforce les privilèges du public. Voir aussi à ce propos l'arrêt du Conseil d'État Assemblée plénière 9/2013 selon lequel le jugement définitif qui ordonne à une autorité publique de payer une somme à l'autre partie du litige n'est pas directement exécutoire mais son exécution dépend de la soumission de la part du bénéficiaire d'une lettre de garantie bancaire, *NoV*, 2013 pp. 2282 - 2288 avec commentaire de A. ARGYROS.

[1599] Cour suprême spéciale 1/2012, considérant n°3.

[1600] *ibid.*, Considérant n°7.

n'oblige que les parties aux litiges et pour le seul cas tranché[1601], et il est vrai que la Cour ne peut qu'interpréter une règle juridique déjà existante[1602], créée par le législateur national.

Par conséquent, la Cour de Strasbourg n'est pas centrée sur le contrôle de conventionnalité des lois nationales[1603] et ne peut, ainsi, prononcer l'annulation de lois nationales dont elle a constaté l'incompatibilité avec la Convention européenne des droits de l'homme[1604]. Néanmoins, la Cour européenne entend affirmer, à travers sa jurisprudence, un pouvoir interprétatif *erga omnes*[1605] et, dans le cas où la violation constatée résulte de l'existence d'une norme législative ou d'une pratique générale, les États membres ont pour obligation de prendre des mesures générales, en plus de celles exigées à l'égard de la victime de la violation[1606]. Il existe donc le risque de ne pas se conformer aux arrêts rendus par la Cour EDH[1607] ou de se

---

[1601] F. SUDRE, *Droit international et européen des droits de l'homme*, Paris : PUF 11e ed., 2012, pp. 841 - 842.

[1602] P. VOYATZIS, « Les effets des arrêts de la Cour européenne des droits de l'homme dans le temps juridique. Le cas du revirement de jurisprudence et de la violation potentielle », *in La Convention européenne des droits de l'homme un instrument vivant, mélanges en l'honneur de Christos L. Rozakis*, Bruxelles : Bruylant, 2011, pp. 705 - 740, (p. 708).

[1603] L. GARLICHI, « Contrôle de constitutionnalité et contrôle de conventionnalité sur le dialogue des juges », *in La conscience des droits, mélanges en l'honneur de Jean Paul Costa*, Paris : Dalloz, 2011, pp. 271 - 280, (p. 272).

[1604] J. - Fr. FLAUSS, « La Cour Européenne des Droits de l'Homme est - elle une Cour constitutionnelle ? », *RFDC*, n°36, 1998, pp. 711 - 728, (p. 723) où il cite à l'appui l'arrêt Cour EDH, 31 octobre 1995, *Papamichalopoulos contre Grèce*, n°14556/89.

[1605] Cour EDH, 29 novembre 1991, *Vermeire contre Belgique*, n°12849/87 ; Cour EDH, 22 avril 1993, *Modinos contre Chypre*, n°15070/89 ; Cour EDH, Grande chambre, 18 janvier 2001, *Chapman contre Royaume Uni*, n°27238/95, par lequel a été évoqué pour la première fois l'idée de « précédent » ; voir B. GENEVOIS, « Cour européenne des droits de l'homme et juge national : dialogue et dernier mot », *in La conscience des droits, mélanges en l'honneur de Jean Paul Costa*, Paris : Dalloz, 2011, pp. 281 - 292, (p. 285).

[1606] Cour EDH, plénière, 6 septembre 1978, Klass *et autres contre Allemagne*, n°5029/71, §33 ; Cour EDH, 22 octobre 1981, *Dudgeon contre Royaume Uni*, n°7525/76, §41 et Cour EDH, Grande chambre, 6 octobre 2005, *Draon contre France*, n°1513/03.

[1607] Voir les arrêts Cour EDH, plénière, 29 octobre 1992, *Open Door and Dublin Well Woman contre Irland*, nos 14234/88 et 14235/88, §69 et Cour EDH, Grande chambre, 30 janvier 1998, *Parti communiste unifié de Turquie et autres contre Turquie*, n°19392/92, §27, selon lesquels les cours nationales, et surtout les cours nationales qui sont compétentes pour contrôler la constitutionnalité des lois, comme dans l'ordre juridique la Cour suprême spéciale, doivent également respecter les dispositions de la Convention EDH. Le cas échéant, l'article 19 de la convention sera violé car la CEDH ne sera pas capable d'assurer le respect des engagements conformer de manière sélective. Ainsi, bien que les arrêts de la Cour de Strasbourg ne soient revêtus que de l'autorité relative de la chose jugée, ils sont évidemment pris en compte par le juge national et, donc, leur portée doit être appréhendée à la lumière de la notion d'autorité de la chose interprétée[1608]. Par ailleurs, sanctionner un État dans une affaire ultérieure introduite par un autre requérant sur la même matière peut entraîner une nouvelle condamnation par la Cour EDH pour ne pas avoir ou pour avoir mal respecté l'autorité de la chose jugée du précédent arrêt, ce qui donne à ses arrêts une autorité absolue de chose jugée alors même que ses arrêts ne s'adressent qu'aux parties à l'instance[1609].

En dépit de ces raisonnements, la Cour suprême spéciale a adopté un arrêt s'opposant à celui de la Cour EDH. Elle juge la loi constitutionnelle. L'effet *erga omnes* de l'arrêt de la Cour suprême spéciale s'opposait alors à l'autorité de la chose interprétée de la jurisprudence de Strasbourg. Au moment où la suppression de la prescription biennale a été proposée afin de se conformer à la règle générale[1610], un alignement des jurisprudences européenne et nationale a eu lieu dans le cadre d'une question portant sur le même sujet devant la Cour de Strasbourg.

---

résultant pour les Hautes Parties contractantes de la présente Convention et de ses Protocoles, voir G. - D. TSAPRAZIS, « Dialogue entre Cours grecques et Cour européenne des droits de l'homme », *op. cit.*, p. 585.

[1608] M. GUYOMAR, « Le dialogue des jurisprudences entre le Conseil d'État et la Cour de Strasbourg : appropriation, anticipation, émancipation », *in La conscience des droits, mélanges en l'honneur de Jean Paul Costa*, Paris : Dalloz, 2011, pp. 311 - 320, (p. 311).

[1609] B. DELZANGLES, *Activisme et autolimitation de la Cour européenne des droits de l'homme*, Paris : LGDJ, 2009, p. 141.

[1610] S. MPEI, « La prescription des créances des fonctionnaires des personnes morales de droit public », *op. cit.*, p. 803 et Ch. POULAKOS, « Des gigantomachies modernes entre la matière de la prescription spéciale quadriennale et le respect de la propriété individuelle », *ThPDD*, n°1, 2012, pp. 8 - 11, (p. 11). En France, par une loi de 2008 (L. n°2008 - 561, 17 juin 2008 : *Journal Officiel* 18 Juin 2008) le délai de droit commun de la prescription civile a été ramené à cinq ans. Antérieurement à la réforme de la prescription en matière civile du 17 juin 2008, l'état du droit français était comparable à celui du droit grec. D'une part, tout comme l'Etat grec, l'État français ainsi que l'ensemble des personnes publiques bénéficiaient de la brève durée de la prescription quadriennale de leurs dettes. D'autre part, en application de l'ancien article 2227 du Code civil, les créances ordinaires des personnes publiques se prescrivaient dans le délai de droit commun du droit civil : trente ans (C. civ, art. 2262 ancien), cf. Ch. FROGER, « La prescription des créances publiques », *Droit administratif* n°6, 2010, pp. 39 - 40, (p. 40).

2. La résolution du conflit par la Cour EDH à travers un revirement jurisprudentiel

Dans le cadre d'une affaire similaire à l'affaire *Zouboulidis*, l'arrêt *Giavi*[1611] qui visait l'incompatibilité de la prescription biennale avec l'article 1 du protocole additionnel n°1, la Cour européenne a statué sur la non-violation de la Convention. Elle a donc procédé à un revirement jurisprudentiel très clair, en renversant l'arrêt *Zouboulidis*. Il faut relever que la Cour a cité à plusieurs reprises les deux arrêts de la Cour suprême spéciale et le fait qu'ils soient contraignants pour toutes les juridictions nationales[1612].

Ainsi, elle conclut à la non-violation de la Convention, ainsi qu'à la distinction de l'affaire en cause par rapport à l'arrêt *Zouboulidis* pour deux raisons. Tout d'abord, la Cour met l'accent sur l'alignement de la jurisprudence nationale grâce aux deux arrêts rendus par la Cour suprême spéciale, ainsi qu'à la disparition de la divergence de jurisprudence entre le Conseil d'État et la Cour de cassation.

Ensuite, la Cour européenne insiste sur les arguments invoqués par le Gouvernement en soutenant que dans l'affaire *Zouboulidis*, ceux - ci étaient de nature « générale et abstraite », tandis que la situation « n'est plus la même dans le cadre de la présente affaire » au regard des précisions apportées par le Gouvernement[1613]. Précisément, le Gouvernement grec soutient que si les fonctionnaires de l'État bénéficient d'un délai de prescription de cinq ans, le montant des sommes à leur accorder au double du montant de celles déjà accordées, et donc, *in fine*, à plus de 448 millions d'euros. Évidemment, au regard de la situation économique très grave du pays, cela entraînerait des problèmes budgétaires majeurs.

En tenant compte de ces deux arguments, et notamment de celui portant sur la crise économique grecque, la Cour EDH s'est autolimitée et a statué en sens inverse de l'arrêt *Zouboulidis*, en indiquant qu'il existe une ample latitude au bénéfice de l'État pour prendre des mesures d'ordre général en matière économique ou sociale[1614]. Suite à cette évolution, une « conciliation » en aval entre les juridictions européenne et nationale a pu être observée. Or, il s'agit d'une solution casuistique du conflit sous jacent. Il semble donc pertinent d'affirmer qu'une réforme procédurale est nécessaire.

Précisément, il conviendrait que la Cour suprême spéciale soit compétente pour le contrôle de conventionnalité des lois. Cela permettrait la

[1611] Cour EDH, 3 octobre 2013, *Giavi contre Grèce*, n°25816/09. A. TSIRONAS, « La prescription des créances des fonctionnaires des personnes morales de droit public ne viole pas l'article 1 du Protocole additionnel n°1, Cour EDH, n°25816/2009, 3 octobre 2013, Giavi contre Grèce », *ThPDD*, n°10, 2013, pp. 935 - 941.
[1612] Cour EDH, *Giavi contre Grèce*, précité, §29.
[1613] *ibid.*, §46 et 47.
[1614] *ibid.*, §43.

prise en compte de la jurisprudence européenne en vue de réguler les conflits. Cela pourrait apporter une plus grande cohérence entre jurisprudence nationale et européenne, et pourrait aider à un dialogue constructif, notamment après l'entrée en vigueur du protocole additionnel n°16 à la Convention EDH prévoyant la possibilité pour les plus hautes juridictions des États parties d'adresser des demandes d'avis consultatif à la Cour sur des questions relatives à l'interprétation ou à l'application des droits et libertés définis par la Convention et ses protocoles[1615].

[1615] Selon l'article 1 du protocole additionnel n°16, qui n'est pas encore entré en vigueur, il est prévu que « *1. Les plus hautes juridictions d'une Haute Partie contractante, telles que désignées conformément à l'article 10, peuvent adresser à la Cour des demandes d'avis consultatifs sur des questions de principe relatives à l'interprétation ou à l'application des droits et libertés définis par la Convention ou ses protocoles.2 La juridiction qui procède à la demande ne peut solliciter un avis consultatif que dans le cadre d'une affaire pendante devant elle. 3 La juridiction qui procède à la demande motive sa demande d'avis et produit les éléments pertinents du contexte juridique et factuel de l'affaire pendante* ».

Conclusion du chapitre II

Force est de constater que l'ordre juridique national se transforme sous la pression des deux ordres européens. Les degrés de transformation ne dépendent pas uniquement de la force d'influence des ordres européens dans l'ordre interne, mais également des initiatives politiques et juridiques relatives à la gestion des conflits existants.

S'agissant des changements sur la norme constitutionnelle, des révisions manifestes de la Constitution ont eu lieu d'une part à l'issue d'un arrêt de condamnation de la Cour de Strasbourg et d'autre part sous la pression des exigences économiques en vue de la gestion de la crise financière. De plus, en l'absence de convergence politique en faveur de la révision formelle de la Constitution, celle - ci fut adoptée de façon implicite à travers des revirements jurisprudentiels qui tentaient de « réconcilier » les règles constitutionnelles et européennes ou à travers le vote de lois ordinaires.

S'agissant des réformes procédurales, en vertu de la régulation des conflits par le juge interne, il convient de constater des évolutions positives quant à la garantie de la protection juridictionnelle effective. Le Conseil d'État mobilise les mécanismes procéduraux existants afin d'envisager les conflits tant avec l'ordre de l'Union qu'avec l'ordre conventionnel. Enfin, le contrôle exercé par la Cour suprême spéciale est aussi évolué, mais de façon plus réticente. Un élargissement de son contrôle en vue de contrôler aussi la conventionnalité des dispositions litigieuses serait pertinent.

Conclusion du Titre I

Les juges internes et européens sont les acteurs principaux de la résolution pragmatique et casuistique des conflits. Les effets de ce règlement pragmatique se font sentir dans l'ordre interne.

En premier lieu, la conception souverainiste du juge grec, en dépit de sa compétence pour exercer le contrôle de conventionnalité et de prioriser l'application des droits européens, n'a que de conséquences négatives. En second lieu, cette conception souverainiste cède devant les exigences de plus en plus puissantes des droits européens dans l'ordre interne. En particulier, la structuration du raisonnement juridique en matière de contrôle de constitutionnalité et de contrôle de conventionnalité contribue à une formulation créative des questions préjudicielles. Néanmoins, la compatibilité des règles constitutionnelles avec le droit de l'UE a été fortement contestée après l'interprétation authentique du droit de l'UE fournie par la Cour de justice à propos des questions préjudicielles. En l'absence d'un dialogue institutionnalisé, le juge national a été subordonné au contrôle rigoureux de la Cour de Strasbourg, ce qui a entraîné des jugements qui affectent directement la disposition constitutionnelle qui est la cause du conflit.

En effet, c'est la particularité des règles constitutionnelles concernées qui a provoqué les jugements condamnatoires des deux Cours européennes. Concrètement, des règles dotées d'une normativité à géométrie variable, ou des règles très détaillées correspondant à des règles législatives et non pas constitutionnelles, ont suscité des jugements contraignants de la part des deux Cours. Bien que la motivation de ces normes fût loyale et pertinente – soit la lutte contre la corruption, soit la protection des droits sociaux – elles n'ont pas échappé au contrôle des deux Cours européennes. Il en découle un empiétement manifeste des droits européens sur la Constitution nationale.

Les échanges entre le juge interne et les juges européens ont apporté de nombreuses mutations dans l'ordre grec. En dépit de la « réconciliation » entre les règles constitutionnelles et européennes à travers les jugements du Conseil d'État, force est de constater que le pouvoir constituant dérivé est encadré, et notamment en ce qui concerne les États qui sont, comme la Grèce, confrontés à des arrêts de « condamnation » sanctionnant l'inconventionnalité d'une norme constitutionnelle[1616]. Ensuite, l'ordre juridique grec a subi de nombreuses mutations qui portent sur l'interprétation de la Constitution et le fonctionnement du système procédural. Les mutations de l'ordre constitutionnel et, surtout, les réformes indirectes que l'ordre constitutionnel subit sous la pression des droits européens, montrent les faiblesses constitutionnelles.

[1616] J. - Fr. FLAUSS, « Le droit constitutionnel national devant la Cour européenne des droits de l'homme », *RFDC*, n°44, 2000, pp. 843 - 877, (p. 844).

Cette résolution pragmatique qui suscite la transformation de l'ordre interne, pourrait laisser la place à une résolution institutionnalisée des conflits entre les trois ordres et susceptible de mener à un ordonnancement des rapports plus cohérent et moins concurrentiel.

Titre II. La résolution institutionnalisée des conflits

L'ordre juridique interne est largement saisi par le droit de l'UE et la Convention EDH. En vertu de l'effet utile et des principes de primauté et d'effet direct du droit de l'UE, mais également du principe d'effectivité des droits garantis par la Convention, les deux Cours européennes construisent une jurisprudence dynamique. Les effets de cette jurisprudence engagent considérablement l'ordre constitutionnel national. La Constitution se trouve alors au cœur de conflits, face à l'obligation de satisfaire aux exigences européennes, difficilement conciliables avec l'autorité constitutionnelle.

L'influence des deux ordres européens sur le droit national est si grande que certains constatent « un effet de subordination de l'ensemble du système juridique [national] et de son organisation procédurale à un engagement européen »[1617]. Il y a donc lieu de se demander si « la Constitution est (...) encore la norme fondamentale de la République »[1618].

L'application coordonnée des droits européens avec le droit constitutionnel pose des problèmes délicats[1619]. La compétence concurrente dans la protection des droits fondamentaux de la Constitution nationale et des droits de l'UE et de la Convention peut remettre en question les fondements constitutifs de l'État. En effet, la multiplication des droits et de leurs niveaux de protection constitue un phénomène très problématique[1620], facteur de divergences jurisprudentielles.

En outre, le double système juridique européen influence le contentieux ainsi que l'organisation procédurale étatique. Ainsi, la spécificité des hautes juridictions nationales, qu'il s'agisse des Cours suprêmes ou des Cours constitutionnelles, ne bénéficie pas d'une « immunité européenne »[1621]. Au contraire, l'autonomie constitutionnelle se trouve aux prises avec le système de l'Union européenne et de la Convention EDH.

Afin d'envisager cette situation de conflits multidimensionnels, il faut adopter des solutions institutionnelles dans l'ordre interne. L'exemple de la Finlande est significatif. Avant la ratification de la Convention EDH et

---

[1617] Fr. CASORLA, « La justice séparée », *LPA*, n°139, 2007, pp. 4 - 11, (p. 11).

[1618] M. - Fr. Ch. TCHAKALOFF, O. GODIN, « La Constitution est - elle encore la norme fondamentale de la République ? », *D.*, n°12, 1999, pp. 120 - 166.

[1619] J. WALINE, « L'influence des décisions de la Cour européenne des droits de l'homme sur le droit positif français », *in Libertés, justice, tolérance : mélanges en hommage au doyen Gérard Cohen - Jonathan, t. II*, Bruxelles : Bruylant, 2004, pp. 1707 - 1727, (p. 1708).

[1620] M. LUCIANI, « L'interprétation conforme et le dialogue des juges », *in Le dialogue des juges, Mélanges en l'honneur du président Bruno Genevois*, Paris : Dalloz, 2009, pp. 695 - 707, (p. 699).

[1621] L. BURGORGUE - LARSEN, « L'autonomie constitutionnelle aux prises avec la Convention européenne des droits de l'homme », *Revue Belge de droit constitutionnel*, 2001, pp. 31 - 64, (p. 55).

l'adhésion à l'Union européenne, seul le contrôle de constitutionnalité des actes de l'exécutif était admis. Dans le cadre d'un système de contrôle diffus, l'application des décrets jugés contraires à la Constitution pouvait être écartée dans le litige en cause[1622]. Or, d'une part, la ratification de la Convention EDH prévoyant le mécanisme de saisine de la Cour par des particuliers a amené les juges internes à s'appuyer sur le droit issu de la Convention pour protéger les droits fondamentaux. D'autre part, après l'adhésion de la Finlande à l'UE, le juge interne est devenu impérativement juge compétent pour contrôler la conformité de la législation nationale au droit de l'UE. Le système de contrôle juridictionnel paraissait alors insatisfaisant. La Finlande a « anticipé » afin d'éviter des condamnations éventuelles de la part des deux Cours européennes. Elle a donc étendu le champ du contrôle de constitutionnalité.

Précisément, afin de satisfaire aux exigences européennes, la Finlande a été conduite au vote d'une nouvelle Constitution entrée en vigueur le 1e mars 2000. Entre autres, l'article 106 prévoit que toute juridiction est tenue d'accorder la primauté à la Constitution, si l'application d'une disposition d'une loi au cas soumis à son examen est en évidente contradiction avec la Constitution[1623]. Cet exemple démontre que l'élargissement du contrôle de constitutionnalité peut à la fois contribuer à satisfaire au principe de sécurité juridique et à la garantie de l'autorité constitutionnelle et assurer l'efficacité des droits européens.

Pour parvenir à une résolution institutionnelle des conflits, il faut systématiser les influences des droits européens sur l'ensemble du droit national, à savoir, la Constitution et le système procédural. Ces influences qui sont le résultat des multiples exigences européennes peuvent constituer une source de réflexion sur l'opportunité des ajustements volontaires du droit national[1624]. Pour assurer un bon fonctionnement des rapports de systèmes, des ajustements doivent être effectués, ayant pour finalité le renforcement de la Constitution (Chapitre I) et la restructuration de l'architecture procédurale (Chapitre II).

Chapitre I. Le renforcement de la Constitution

Chapitre II. La restructuration du système procédural

[1622] Article 92 de l'ancienne Constitution de la Finlande : « *Si une disposition d'un décret est contraire à la Constitution ou une autre loi, il ne doit pas être appliqué par un tribunal ou une autre autorité* » cf. article 107 de la Constitution en vigueur : « *Aucune disposition d'un décret ou d'une norme de niveau inférieur à la loi, qui est en contradiction avec la Constitution ou quelque autre loi, ne peut être appliquée par un tribunal ou une autre autorité* ».

[1623] M. de VISSER, *Constitutional review in Europe: a comparative analysis*, Oxford and Portland : Hart Publishing, 2014, pp. 76 - 77.

[1624] C. YANNAKOPOULOS, « L'influence du droit de l'Union européenne sur le système de contrôle juridictionnel de constitutionnalité des lois : les paradigmes français et grec », *RFDC*, n°91, 2012, pp.537 - 561, (p. 560).

Chapitre I. Le renforcement de la Constitution

Les droits européens influent considérablement la Constitution nationale. L'exemple de la Grèce démontre que la norme suprême nationale est devenue sujet du contrôle exercé, tantôt par la Cour de justice, tantôt par la Cour EDH. La Grèce ne constitue pas une exception. L'étude de la jurisprudence européenne révèle que le contrôle exercé porte souvent sur des dispositions constitutionnelles nationales. Cette pratique se justifie par les missions des deux ordres européens, que bien que différentes, elles présentent des traits communs, visant surtout à la garantie de l'effectivité des droits européens dans l'ordre interne.

La Convention EDH, telle qu'interprétée par la jurisprudence de la Cour EDH, aboutit à constituer une résultante de la protection des droits de l'homme appliquée au sein de l'espace européen. Ainsi, la Convention EDH, institue un ordre juridique spécifique et matériellement défini[1625] d'une grande ampleur. Comme l'affirme D. EVRIGENIS, « il y a peu de domaines du système juridique et institutionnel interne, peu de secteurs de la vie sociale juridiquement organisée, qui pourraient échapper à l'influence directe ou indirecte des principes juridiques incarnés dans les droits de l'homme et les libertés fondamentales »[1626]. En même temps, il existe toujours une obligation pour les États de se mettre en conformité avec les décisions rendues, et ce, indépendamment de la valeur juridique de la norme nationale jugée incompatible au regard de la norme européenne. Ainsi, l'obligation nationale demeure si la règle en cause est d'une valeur constitutionnelle.

Sur ce point, la position de la Cour EDH est très proche de celle de la CJUE[1627], qui en vertu de la doctrine de l'effet utile et des principes de primauté et d'effet direct[1628] conditionne l'interprétation et l'application du droit national. Sa jurisprudence porte également sur des questions de nature constitutionnelle. Face à cette « thèse » développée par la CJUE, se trouve

---

[1625] G. PAPADIMITRIOU, « L'interaction de la protection nationale, internationale et communautaire des Droits de l'Homme en Europe », *NoV*, 2004, pp. 1137 - 1142, (pp. 1137 - 1138).

[1626] D. EVRIGENIS, « Réflexions sur la dimension nationale de la CEDH » *in Conseil de l'Europe, Actes du colloque sur la CEDH par rapport à d'autres instruments internationaux pour la protection des droits de l'homme*, Conseil de l'Europe : Strasbourg, 1979, p. 65.

[1627] G. PAPADIMITRIOU, « L'interaction de la protection nationale, internationale et communautaire des Droits de l'Homme en Europe », *op. cit.*, pp. 1137 - 1138.

[1628] Cf. notamment CJCE, 15 juillet 1964, *Costa contre E.N.E.L.*, aff. C - 6/1964, Rec. 1964, p. 11411 ; CJCE, 17 décembre 1970, *Internationale Handelsgesellschaft*, aff. 11/70, Rec. 1970, p. 1125 et CJCE, 9 mars 1978, *Simmenthal*, aff. 106/72, Rec. 1978, p. 629.

« l'antithèse » des Cours constitutionnelles[1629] qui défendent la Constitution nationale et l'autonomie institutionnelle nationale.

La situation controversée entre les Cours européennes et le juge national met la Constitution au centre des conflits. Le bon fonctionnement des rapports de systèmes est alors menacé par l'existence de buts qui peuvent être considérés comme opposés : d'une part, la garantie de l'autorité constitutionnelle par le juge interne et d'autre part, la garantie de l'application effective des droits européens dans l'ordre interne par les juges de l'Europe. Le nouvel équilibre dans l'interaction entre l'ordre constitutionnel national et les ordres européens repose alors sur l'action menée par les juges[1630], afin de concilier ces buts *a priori* opposés. Des initiatives nationales à l'égard de la mise en valeur de la Constitution sont donc nécessaires (Section 2), en prenant en compte les apports déterminants du contentieux européen (Section 1).

[1629] G. KATROUGALOS, « Le problème du rapport entre droit communautaire et Constitutions nationales, à la lumière du "dualisme institutionnel" de l'Union européenne », *EDDD*, 2000, pp. 1235 - 1252.

[1630] M. GUILLAUME, « La Constitution de 1958 et l'Europe, de l'Union libre au pacs », *Pouvoirs*, n°3, 2008, pp. 71 - 85, (p. 80).

Section 1. Les apports du contentieux européen en matière constitutionnelle

Les deux Cours européennes exercent un contrôle de conventionnalité *concret* sur les normes constitutionnelles nationales[1631]. Ainsi, la CJUE rend une jurisprudence abondante en ce qui concerne plusieurs matières constitutionnelles. De manière similaire, la Cour EDH ne reconnaît pas d'« exception constitutionnelle » permettant aux États de déroger, par principe, aux droits de la Convention « au nom » de la Constitution[1632].

Si, aujourd'hui, la jurisprudence européenne conventionnelle rend des jugements portant, en général, sur des règles constitutionnelles (§1), de son côté, la jurisprudence de l'UE relative aux dispositions constitutionnelles, s'inscrit de plus en plus sur le plan concret de la délimitation de la notion d'identité constitutionnelle. En vertu de l'article 4 §2 du TUE qui prévoit que « *l'Union respecte l'égalité des États membres devant les traités ainsi que leur identité nationale, inhérente à leurs structures fondamentales politiques et constitutionnelles, y compris en ce qui concerne l'autonomie locale et régionale* », se construise une jurisprudence européenne dynamique. Selon la démonstration du Professeur A. LEVADE[1633], cette disposition renvoie tant à l'identité structurelle qu'à l'identité fonctionnelle des États membres. Les apports jurisprudentiels en matière de la délimitation de l'identité constitutionnelle conduisent à sa concrétisation. Constitution et identité constitutionnelle forment deux notions qui parfois se recoupent, mais qui ne sont pas pour autant identiques. Ainsi, l'identité constitutionnelle ne se réduit pas à la somme des normes qui composent la Constitution.

Sur un plan général, on peut admettre que « l'identité nationale est la représentation que chaque État nation se fait de lui - même ; des autres, du système international et de sa place dans ce système »[1634]. Ainsi, l'identité constitutionnelle peut être respectée par l'ordre juridique de l'UE, mais également par l'ordre juridique de la Convention EDH (§2). Elle peut être appréhendée comme une notion qui s'inscrit entre les particularismes nationaux concrets et une identité abstraite reflétant les points communs

---

[1631] A. LEVADE, « Identités constitutionnelles et hiérarchies », *AIJC*, vol. XXVI, 2010, pp. 453 - 477, (p. 467).

[1632] D. SZYMCZAK, L'identité constitutionnelle dans la jurisprudence conventionnelle, *in* L. BURGORGUE - LARSEN (dir.), *L'identité constitutionnelle saisie par les juges en Europe*, Paris : éd. A. Pédone, 2011, pp. 45 - 60, (p. 48).

[1633] A. LEVADE, « Quelle identité constitutionnelle préserver face à l'Union européenne ? », *Annuaire de droit européen*, vol. II, 2004, pp. 173 - 197, (p. 185).

[1634] P. BUHLER, *La puissance au XXIe Les nouvelles définitions du monde*, Paris : éditions CNRS, 2011, p. 102.

entre les États nationaux[1635]. L'identité constitutionnelle renvoie ainsi au commun et au spécifique ; elle n'est pas définie, mais se construit à travers les interactions des jurisprudences impliquées. Elle est ainsi une notion particulièrement importante, car elle laisse en effet entendre que l'unité et la diversité peuvent être réconciliées[1636].

§1. Le contrôle européen sur les normes constitutionnelles

En raison du dynamisme de la jurisprudence issue de la Cour EDH, les dispositions constitutionnelles nationales ont perdu leur « immunité » en entrant dans le champ du contrôle juridictionnel conventionnel. L'objectif de la Cour de Strasbourg est de faire respecter les dispositions de la Convention par les États parties du Conseil de l'Europe. Or, étant donné que les dispositions de la Convention européenne visent la protection des droits fondamentaux, et que la majorité des Constitutions nationales contiennent des dispositions équivalentes, les champs d'application des règles conventionnelles et constitutionnelles se recoupent considérablement. Par conséquent, les arrêts rendus par la Cour EDH concernant la conventionnalité des normes constitutionnelles sont de plus en plus nombreux.

Afin que le respect des dispositions européennes soit assuré, la Constitution nationale devient alors l'objet d'un contrôle européen en vertu duquel la Cour, soit elle vérifie la conventionnalité d'une disposition constitutionnelle avec les règles européennes (A), soit elle statue sur l'inconventionnalité des règles constitutionnelles (B).

A. L'effet positif du contrôle européen : la reconnaissance de la compatibilité des normes constitutionnelles

En vertu de l'application de la règle de l'épuisement des recours internes, le bilan jurisprudentiel montre que le juge de Strasbourg s'est fait juge de la conventionnalité des dispositions constitutionnelles[1637], essentiellement à travers son intervention après les décisions rendues par les Cours constitutionnelles ou suprêmes (2). Néanmoins, dans des cas plus rares le juge de Strasbourg statue sur la conventionnalité d'une disposition

---

[1635] D. ROUSSEAU, « La notion de patrimoine constitutionnel européen », *in Droit et politique à la croisée des cultures, Mélanges Philippe Ardant*, Paris : LGDJ, 1999, pp. 27 - 46, (p. 40 à propos de la définition du patrimoine constitutionnel européen).

[1636] Fr. - X. MILLET, *L'Union européenne et l'identité constitutionnelle des Etats membres*, Paris : Dalloz, 2013, p. 307.

[1637] L. BURGORGUE - LARSEN, « L'"autonomie constitutionnelle" aux prises avec la Convention européenne des Droits de l'Homme », *Revue Belge de droit constitutionnel*, 2001, pp. 31 - 64, (p. 55).

constitutionnelle, en intervenant en absence de tout jugement interne rendu sur la même matière (1).

1. La confirmation de la conventionnalité des dispositions constitutionnelles

Le contrôle direct des dispositions constitutionnelles reste pour l'instant plus marginal par rapport au contrôle européen effectué après un jugement rendu par la Cour suprême ou constitutionnelle nationale. Il existe toutefois des rares occasions où les autorités nationales fondent leurs actions directement sur les normes constitutionnelles. La Cour européenne, saisie lors d'une violation éventuelle de la Convention, est amenée à statuer directement sur la conventionnalité de ces normes constitutionnelles.

En raison de la règle de l'épuisement des voies de recours internes, l'intervention directe de la Cour de Strasbourg pour statuer sur la conventionnalité des dispositions constitutionnelles sans l'intermédiaire d'une décision interne se limite à deux hypothèses. Premièrement, dans le cas où la Constitution est appliquée directement par les autorités nationales, en absence d'un jugement issu par la cour constitutionnelle. Deuxièmement, dans le cas où le législateur national omet d'exercer sa compétence fondée sur une habilitation constitutionnelle.

Sur le premier plan annoncé, dans l'arrêt *Rekvényi contre Hongrie*[1638], la Cour EDH s'est intéressée aux limites apportées à la liberté d'expression et d'association de certaines catégories de policiers par l'article 40/B §4 de la Constitution hongroise. En l'espèce, un syndicat indépendant de la police avait déposé un recours auprès de la Cour constitutionnelle en soutenant que l'article précité en cause violait les droits constitutionnels des policiers de carrière, était contraire aux principes de droit international généralement reconnus et avait été adopté par le Parlement au mépris de la Constitution. Toutefois, la Cour constitutionnelle a rejeté le recours sous motif de son incompétence pour annuler une disposition de la Constitution elle - même. Usant de son pouvoir de contrôle de la conventionnalité, la Cour de Strasbourg a confirmé la restriction susmentionnée comme étant conforme à la Convention[1639].

[1638] Cour EDH, Grande chambre, 20 mai 1999, *Rekvényi contre Hongrie*, n°25390/94.

[1639] L. GARLICHI, « Contrôle de constitutionnalité et contrôle de conventionnalité sur le dialogue des juges », *in La conscience des droits, mélanges en l'honneur de Jean - Paul Costa*, Paris : Dalloz, 2011, pp. 271 - 280.

[1639] J. - Fr. FLAUSS, « Droit constitutionnel et Convention des Droits de l'Homme », *RFDC*, n°30, 1997, pp. 377 - 399, (p. 373).

De plus, à l'occasion de l'affaire *Victor Emmanuel de Savoie contre Italie*[1640], la Cour a été à nouveau invitée à statuer sur la conventionnalité d'une norme constitutionnelle. En l'espèce, la norme constitutionnelle en cause interdisait aux membres de l'ancienne famille royale d'entrer et de séjourner sur l'État italien. Étant directement applicable, le Conseil d'État a été appelé deux fois à rendre son avis sur cette disposition constitutionnelle[1641]. La Cour de Strasbourg, aurait pu statuer sur la conventionnalité de la disposition en cause, mais celle - ci fut suspendue suite à l'amendement constitutionnel de 2002 et, consécutivement, la procédure devant la Cour de Strasbourg fut interrompue.

Sur le second plan annoncé, la Cour de Strasbourg a été amenée à statuer sur la conventionnalité d'une disposition constitutionnelle restant inactive. Il s'agit de l'article 51 alinéa 4 de la Constitution grecque. Lors de sa version d'origine[1642] et de sa version issue de la révision de 2001[1643], cette disposition constitutionnelle prévoit la promulgation potentielle d'une loi afin de fixer les conditions particulières de l'exercice du droit de vote par les Grecs qui résident à l'étranger. En dépit de nombreuses tentatives de mettre en œuvre ladite disposition constitutionnelle, cette loi n'a jamais été votée. Bien qu'il y eut des voix défendant la théorie de l'existence d'une « *obligatio et pas facultas* »[1644] du législateur de droit commun de voter une loi, la disposition constitutionnelle prévoyant ce droit politique est restée inapplicable. L'affaire a été alors menée devant la Cour de Strasbourg.

[1640] Cour EDH, 24 avril 2003, *Victor Emmanuel de Savoie contre Italie*, n°53360/99. J. - Fr. FLAUSS, « L'internationalisation de l'exercice de la fonction constituante : une nouvelle forme de constitutionnalisme ? », *in Essays in honour of Georgios I. Kassimatis*, Athènes, Berlin, Bruxelles : éd. A. Sakkoulas, Berliner Wissenschaftsverlag et Bruyant, 2004, pp. 401 - 433, (p. 429).

[1641] Pour les avis rendus par le Conseil d'État voir Cour EDH, 13 septembre 2001, *Victor Emmanuel de Savoie contre Italie*, n°53360/99, décision sur la recevabilité.

[1642] Article 51 alinéa 4 de la Constitution de 1975 : « *Les élections législatives ont lieu simultanément sur l'ensemble du territoire. La loi peut fixer les modalités de l'exercice du droit de vote par les électeurs qui se trouvent en dehors du territoire national* ».

[1643] Article 51 alinéa 4 après la révision constitutionnelle de 2001 : « *Les élections législatives ont lieu simultanément sur l'ensemble du territoire. Les modalités de l'exercice du droit de vote par les électeurs qui se trouvent en dehors du territoire national sont fixées par une loi adoptée à la majorité des deux tiers du nombre total des députés. Concernant ces personnes, le principe du vote simultané n'exclut pas l'exercice du droit de vote par voie postale ou par un autre moyen approprié, à condition que le décompte des voix et la proclamation des résultats soient achevés en même temps que dans tout le pays* ».

[1644] D. TSATSOS, *Droit constitutionnel I, Abrégé*, Athènes : éd. A. Sakkoulas, 1982, p. 294.

Dans un premier temps, l'arrêt *Sitaropoulos contre Grèce*[1645], rendu par la première Section de la Cour adopte une position critique à l'égard de l'inaction du législateur ordinaire grec, qui a omis de légiférer sur les conditions d'exercice du droit de vote des Grecs expatriés. La Section a alors statué sur l'inconventionnalité de cet article, resté inapplicable en raison de l'omission du législateur. La Cour fait référence au rang constitutionnel de la norme en question. Toutefois, elle ne dément pas son pouvoir de vérifier sa conventionnalité. Si la Cour commence par constater que l'article 3 §1 ne saurait être interprété comme « *imposant de manière générale aux autorités nationales de garantir le droit de vote aux élections législatives pour les électeurs expatriés* »[1646], elle invoque pourtant deux arguments pour statuer sur l'inconventionnalité de la disposition en cause.

D'une part, elle s'appuie sur un argument de comparaison, en constatant que la Grèce est l'un des cinq pays parmi les trente - trois États parties étudiés qui n'a adopté aucune mesure pour mettre en œuvre l'exercice du droit de vote en dehors de son territoire[1647]. Selon la Cour, la Grèce se trouve donc manifestement en - dessous du dénominateur commun des États contractants en ce qui concerne l'exercice effectif des droits électoraux par les expatriés. D'autre part, le deuxième argument est combiné au premier et consiste à constater l'inaction du législateur grec. La Cour EDH déclare alors la violation de la part de la Grèce de l'article 3 du 1er Protocole additionnel[1648].

Dans un second temps, à la suite d'une demande du Gouvernement, l'affaire fut amenée devant la Grande chambre de la Cour. L'arrêt

[1645] Cour EDH, 8 juillet 2010, *Sitaropoulos et autres contre Grèce*, n°42202/07, *ThPDD*, n°11, 2010, pp. 1207 - 1217, *EfimDD*, n°1, 2011, pp. 113 - 118 et *DTA*, n°54, 2012 pp. 513 - 522. cf. M. PAPANADREOU, « Exercice du droit de vote pour les Grecs expatriés, remarques sur l'arrêt CEDH du 8 juillet 2010 Sitaropoulos et autres contre Grèce », *DtA*, n°54, 2012, pp. 503 - 513 ; A. MANTZOUTSOS, « Commentaires sur l'arrêt Sitaropoulos contre Grèce », *ThPDD*, n°11, 2010, pp. 1218 - 1230 ; K. PANAGOULIAS, « Le droit de vote de la diaspora, une limitation excessive de la marge nationale d'appréciation, à propos de l'arrêt de la Cour européenne des droits de l'homme du 8 juillet 2010, Sitaropoulos et autres c. Grèce », *AIDH*, vol. V, 2010, pp. 697 - 718 ; Y. DROSOS, *Le droit de vote des grecs expatriés*, éd. A. Sakkoulas, 1990, pp. 30 - 40 ; V. KAPSALI, « Le vote des Grecs expatriés depuis leur lieu de résidence : à propos de l'arrêt Sitaropoulos et autres contre Grèce », *AIDH*, vol. V, 2010, pp. 677 - 696.

[1646] Cour EDH, *Sitaropoulos et autres contre Grèce*, précité, §41.

[1647] *ibid.*, §19.

[1648] M. PAPANADREOU, « Exercice du droit de vote pour les Grecs expatriés, remarques sur l'arrêt CEDH du 8 juillet 2010 Sitaropoulos et autres contre Grèce », *op. cit.*, pp. 509 - 510.

Sitaropoulos[1649] de la Grande chambre de la Cour EDH est particulièrement intéressant comme il procède à un jugement qui s'oppose à l'arrêt rendu par la Section de la Cour. Selon la Grande chambre, la disposition constitutionnelle grecque qui n'a pas été mise en œuvre par une loi d'application de la Constitution devait tout de même être respectée. La Cour a ainsi indiqué qu'« *en ce qui concerne, en particulier, la détermination du mode de scrutin, la Cour rappelle que les États contractants jouissent dans ce domaine d'une ample marge d'appréciation* »[1650] et enfin qu'« *il apparaît que si l'article 51 § 4 de la Constitution permet au législateur de mettre en œuvre l'exercice du droit de vote des Grecs expatriés depuis leur lieu de résidence, il ne l'y oblige pas pour autant. Dans ces conditions (...), la Cour estime qu'il ne lui revient pas d'indiquer aux autorités nationales à quel moment ni de quelle manière elles devraient mettre en œuvre l'article § 4 de la Constitution* »[1651]. L'arrêt de la Grande chambre s'inscrit alors dans une logique totalement différente de celle adoptée par le jugement de la Section de la Cour et manifeste l'autolimitation de la Cour EDH en matière des violations éventuelles sur la base de l'article 3 du Protocole additionnel n°1.

Il importe de remarquer que les arrêts rendus s'inscrivent dans une logique d'autolimitation de la Cour européenne au regard de l'interprétation de la Convention[1652]. En particulier, cette logique est portée à l'excès dans l'arrêt *Sitaropoulos* étant donné que le droit de vote pour les expatriés reste inactif pendant presque 40 ans. Cette autolimitation de la Cour semble toutefois conforme au caractère subsidiaire d'intervention de la Cour EDH. Comme le juge européen s'appuie sur le juge interne, juge de proximité pour la mise en œuvre de la Convention, en l'absence des jugements rendus par ce dernier, la Cour s'enferme sur une interprétation de conventionnalité des dispositions constitutionnelles caractérisée soit par la neutralité soit par une autolimitation excessive.

La confirmation de ce constat se trouve dans l'étude des jugements validant la conventionnalité des dispositions constitutionnelles après leur examen par les Cours nationales, conformément à la règle de l'épuisement des voies de recours internes. Le résultat reste toutefois le même : l'alignement de l'interprétation conventionnelle et constitutionnelle. Toutefois, le raisonnement des arrêts de la Cour EDH est plus élaboré, car le juge européen s'appuie aussi sur les raisonnements retenus par les juges internes.

[1649] Cour EDH, Grande chambre, 15 mars 2012, *Sitaropoulos et Giakoumopoulos contre Grèce*, n°42202/07.

[1650] Cour EDH, *Sitaropoulos et Giakoumopoulos contre Grèce*, précité, §65.

[1651] *ibid.*, §76.

[1652] B. DELZANGLES, *Activisme et autolimitation de la Cour européenne des Droits de l'Homme*, Paris : LGDJ, 2009, p. 33.

2. La validation de l'interprétation adoptée par les juridictions constitutionnelles

L'ordre conventionnel s'appuie sur un mécanisme d'intervention subsidiaire, laissant aux États parties le soin de mise en œuvre de la Convention[1653]. Étant donné que la majorité d'États disposent de leur propre cour constitutionnelle ou d'une cour suprême et qu'ils prévoient différentes voies de recours constitutionnels, une affaire est d'abord tranchée par la juridiction constitutionnelle nationale. Néanmoins, cette affaire pourrait être ensuite amenée devant la Cour EDH. En matière de validation des interprétations constitutionnelles adoptées par les hautes juridictions nationales, les exemples cités révèlent que la Cour EDH agit avec une prudence et une retenue particulières[1654].

En premier lieu, la reconnaissance de la conventionnalité des normes constitutionnelles peut « s'opérer à travers la confirmation de la compatibilité à la Convention d'une disposition législative mettant en œuvre un principe constitutionnel »[1655]. L'arrêt *Gustafsson contre Suède*[1656] est représentatif de ce cas de figure. La Cour européenne confirme à propos de cette affaire son rôle de juge de conventionnalité des dispositions constitutionnelles. Toutefois, elle s'aligne sur les jugements internes et confirme, en effet, la conventionnalité de l'article 17 alinéa 2 de la Constitution suédoise, permettant aux syndicats et aux groupements patronaux de prendre des mesures de rétorsion, par rapport à l'article 11 de la Convention protégeant la liberté syndicale[1657].

Ensuite, la conventionnalité d'une disposition constitutionnelle peut être validée après une « prise en considération, à titre confortatif, d'une interprétation constitutionnelle nationale, en vue d'appuyer l'interprétation que la Cour de Strasbourg va retenir d'une disposition de la

[1653] Partie I, Titre I, Chapitre II.

[1654] L. GARLICHI, « Contrôle de constitutionnalité et contrôle de conventionnalité sur le dialogue des juges », *in La conscience des droits, mélanges en l'honneur de Jean - Paul Costa, op. cit.*, p. 273.

[1655] J. - Fr. FLAUSS, « Droit constitutionnel et Convention des Droits de l'Homme », *op. cit.*, p. 379.

[1656] Cour EDH, Grande chambre, 25 avril 1996, *Gustafsson contre Suède*, n°15573/89.

[1657] Voir aussi à titre rétrospectif les arrêts Cour EDH, 6 septembre 1978, *Klaas et autres contre République fédérale d'Allemagne*, n°15473/89 ; Cour EDH 23 avril 1987, *Ettl et autres contre Autriche*, n°9273/81 et les décisions de la Commission EDH, 6 septembre 1986, *Rommelfanger contre République fédérale d'Allemagne*, n°12242/86 ; Commission EDH, 14 décembre 1989, *Habsburg - Lothringen contre Autriche*, n°15344/89.

Convention »[1658]. Deux arrêts s'appuient sur ce raisonnement. D'une part, à propos de l'arrêt *Amuur contre France*[1659], le juge de Strasbourg vient se référer très clairement à la solution retenue par le Conseil constitutionnel français[1660] afin de conclure à la conventionnalité de la privation de liberté imposée aux demandeurs d'asile retenus dans la zone internationale d'un aéroport, s'alignant ainsi sur le jugement rendu par la Cour nationale française[1661].

D'autre part, l'arrêt *Gitonas et autres contre Grèce*[1662] est emblématique en validant une norme constitutionnelle qui était toutefois « conventionnellement discutable »[1663]. La Constitution grecque était encore une fois le sujet du contrôle dans une affaire portée devant la Cour de Strasbourg. En l'espèce, l'élection des cinq requérants à la chambre des députés avait été annulée par la Cour suprême spéciale. La Cour suprême a appliqué, à cet égard, l'article 56, alinéa 3 de la Constitution. Cette disposition, visant à éviter la corruption, prévoyait l'interdiction d'éligibilité pour certains fonctionnaires publics qui avaient exercé leurs fonctions durant plus de trois mois et pendant trois années précédant de l'élection. Alors que la Commission dans son rapport a formulé l'avis qu'il y a eu violation de l'article 3 du Protocole n°1 de la Convention en raison de l'application de la disposition constitutionnelle en cause, la Cour ne s'est pas alignée sur ce dernier. De ce fait, la Cour reconnaît que le système instauré par l'article 56 de la Constitution grecque présente une certaine complexité. Toutefois, elle n'aperçoit aucune des incohérences que lui attribue la Commission[1664]. Elle conclut ainsi que la Cour suprême spéciale statuant souverainement, a estimé nécessaire de prononcer l'annulation de l'élection de ces derniers[1665]. En validant le jugement de la Cour suprême spéciale à propos de l'application de l'article 56 alinéa 3 de la Constitution, la Cour a aussi validé sa conventionnalité. Ceci prouve, en effet, le constat de J. - F. FLAUSS que

---

[1658] J. - Fr. FLAUSS, « Droit constitutionnel et Convention des Droits de l'Homme », *op. cit.*, p. 379.

[1659] Cour EDH, 25 juin 1996, *Amuur contre France*, n°19776/92.

[1660] CC, n°92 - 307 DC du 25 février 1992, *Loi portant modification de l'ordonnance n°45 - 2658 du 2 novembre 1945 modifiée relative aux conditions d'entrée et de séjour des étrangers en France*, Recueil, p. 48, *JO* du 12 mars 1992, p. 3003.

[1661] L. BURGORGUE - LARSEN, « L'autonomie constitutionnelle aux prises avec la Convention européenne des Droits de l'Homme », *op. cit.*, p.61.

[1662] Cour EDH, 1 juillet 1997, *Gitonas et autres contre Grèce*, n°s 18747/91, 19376/92, 19379/92 28208/95, 27755/95. M. LEVINET, « L'autolimitation de la Cour européenne des droits de l'homme en matière de réglementation des droits politiques », *RFDA*, n°5, 1998, pp. 1007 - 1010.

[1663] D. SZYMCZAK, *La Convention européenne des droits de l'homme et le juge constitutionnel national*, Bruxelles : Bruylant, 2006, p. 532.

[1664] Cour EDH, *Gitonas et autres contre Grèce*, précité, §41.

[1665] *ibid.*, §44.

« lorsque la Cour pratique le contrôle de conventionnalité de l'activité des juridictions constitutionnelles nationales, elle le fait avec mesure, voire même avec tact à l'occasion »[1666].

En dernier lieu, la Cour européenne a eu l'occasion, d'appliquer la même logique d'autolimitation en confirmant aussi les jugements nationaux statuant sur l'inconstitutionnalité des lois nationales[1667].

B. L'effet négatif du contrôle européen : l'incompatibilité des normes constitutionnelles

L'autolimitation de la Cour EDH exprimée par les jugements portant sur les dispositions constitutionnelles, cède parfois sa place à l'activisme. La Cour de Strasbourg statue explicitement, sur un nombre de cas, sur l'incompatibilité des dispositions constitutionnelles avec les exigences issues de la Convention (1). En outre, la jurisprudence européenne statuant sur l'inconventionnalité des normes constitutionnelles, influence considérablement le pouvoir constituant dérivé. Ainsi, des révisions constitutionnelles consécutives à une condamnation[1668] tendent à assurer la compatibilité d'une disposition constitutionnelle avec les exigences de la Convention (2).

1. L'abandon de l'autolimitation de la Cour de Strasbourg face aux contrariétés directes entre la Constitution et les normes européennes

Le contrôle de la conventionnalité des normes constitutionnelles prend une intensité particulière à propos de l'affaire *Partie communiste contre la Turquie*[1669]. Le juge de Strasbourg a ici considéré que la dissolution d'une association en application de la Constitution nationale, par la Cour

---

[1666] J. - Fr. FLAUSS, « Le droit constitutionnel national devant la Cour européenne des droits de l'homme », *RFDC*, n°44, 2000, pp. 843 - 877, (p. 848).

[1667] Voir à titre indicatif l'arrêt Cour EDH, 3 mai 2007, *Baczkowski et autres contre Pologne*, n°1543/06 où la Cour européenne, à propos de l'interdiction d'une parade de gays et lesbiennes à Varsovie, déclarée illégale par le juge national, a jugé qu'il n'était pas nécessaire d'aller au - delà des conclusions des juridictions internes. De plus, dans les arrêts : Cour EDH, Grande chambre, 28 septembre 2005, *Broniowski et autres contre*, n°31443/96 et Cour EDH, Grande chambre, 28 avril 2008, *Hutten - Czapska contre Pologne*, n°35014/97, les dispositions législatives pertinentes jugées inconstitutionnelles par le juge national ont joué un rôle considérable pour l'appréciation de la « proportionnalité » de l'ingérence dans les droits fondamentaux par le juge européen. L. GARLICHI, « Contrôle de constitutionnalité et contrôle de conventionnalité sur le dialogue des juges », *in La conscience des droits, mélanges en l'honneur de Jean - Paul Costa, op. cit.*, pp. 275 - 278.

[1668] D. SZYMCZAK, *La Convention européenne des droits de l'homme et le juge constitutionnel national, op. cit.*, p. 693.

[1669] Cour EDH, Grande chambre, 30 janvier 1998, *Parti communiste unifié de Turquie contre Turquie*, n°19392/92.

constitutionnelle, pouvait entraîner la violation de l'article 11 de la Convention protégeant la liberté d'association. Alors que le gouvernement défendeur a revendiqué la distinction entre le droit constitutionnel des droits fondamentaux et le droit constitutionnel institutionnel, le second à la différence du premier n'étant pas attaché aux exigences de la Convention[1670], la Cour de Strasbourg n'a pas retenu cette logique. Elle indique de façon claire que les États répondent du respect de la Convention à raison de « *l'ensemble de leur juridiction* », et que toute leur « *organisation institutionnelle et politique (...) doit respecter les droits et les principes inscrits dans la Convention* »[1671].

La Cour a aussi statué sur la violation du même article 10 sur la liberté d'expression à propos de l'arrêt *Open Door et Dublin Well woman*[1672]. Dans cette affaire, la Cour a mis l'accent sur la protection particulière garantie par le droit irlandais au droit à la vie des enfants à naître. Elle a affirmé aussi l'ancrage de cette protection sur de profondes valeurs morales concernant la nature de la vie qui se sont traduites dans l'attitude de la majorité du peuple irlandais qui, au referendum de 1983, a voté contre l'avortement[1673]. Néanmoins, à propos de l'interdiction de fournir aux femmes enceintes des renseignements sur les possibilités d'avortement, la Cour de Strasbourg n'a pas suivi le raisonnement adopté par la Cour suprême d'Irlande qui l'avait validée conformément à l'amendement constitutionnel adopté après le referendum de 1983. En revanche, elle a statué sur une violation disproportionnée de la liberté d'expression.

La force de la jurisprudence de la Cour EDH est encore plus marquante en matière des droits politiques garantis dans le cadre de l'article 3 du Protocole additionnel n°1[1674]. L'autolimitation de la Cour étant évidente dans

---

[1670] Cf. à ce propos J. - Fr. FLAUSS, « Le droit constitutionnel national devant la Cour européenne des droits de l'homme », *op. cit.*, p. 844.

[1671] Cour EDH, *Parti communiste unifié de Turquie contre Turquie*, précité, §29 et 30. F. SUDRE, *Droit européen et international des droits de l'homme*, Paris : PUF, 11e éd., 2012, pp. 201 - 204 et St. WOHLFAHRT, « Note sous Cour européenne des droits de l'homme, 30 janvier 1998, Parti communiste Unifié de Turquie et autres contre Turquie et 25 mai 1998, Parti Socialiste et autres contre Turquie », *Journal du droit international*, n°1, 1999, pp. 213 - 215. Il est à noter que la Turquie fut condamnée à nouveau, à la suite de la dissolution par la Cour constitutionnelle de plusieurs partis politiques. Cour EDH, 30 mai 2000, *Sadak et autres contre Turquie*, nos 25144/94, 26149/95, 26150/95, 26151/95, 26152/95, 26154/95, 27100/95, 27101/95, 26153/95.

[1672] Cour EDH, plénière, 29 octobre 1992, *Open Door et Dublin Well woman*, nos 14234/88, 14235/88.

[1673] Cour EDH, plénière, *Open Door et Dublin Well woman*, précité, §63.

[1674] Voir en guise d'exemple, M. LEVINET, « L'autolimitation de la Cour européenne des droits de l'homme en matière de réglementation des droits politiques, arrêt du 1er juillet 1997, Gitonas contre Grèce », *RFDA*, n°5, 1998, pp. 1007 - 1010.

le domaine d'application de l'article 3 du Protocole additionnel n°1, elle cède toutefois sa place à un activisme considérable portant directement sur l'examen des dispositions constitutionnelles.

Il y a lieu de citer à cet égard l'arrêt *Lykourezos contre Grèce*[1675], qui concerne la violation du droit de se porter candidat à des élections après intervention d'une modification constitutionnelle ainsi que l'arrêt *Sejdić et Finci contre Bosnie - Herzégovine*[1676]. Aux termes de ce dernier arrêt, l'impossibilité pour un Rom et un Juif de se porter candidats aux plus hautes fonctions politiques, en vertu de la Constitution de Bosnie - Herzégovine de 1995 n'autorisant que les Bosniaques, les Croates et les Serbes, qualifiés de « peuples constituants », constituait une violation de l'article 14 de la Convention, combiné à l'article 3 du Protocole additionnel n°1. Dans l'arrêt *Lykourezos* la Cour a évité d'énoncer, de façon claire, que la violation de la Convention découlait directement d'une disposition constitutionnelle. Au contraire, dans l'arrêt *Sejdić et Finci contre Bosnie - Herzégovine* la Grande Chambre affirme pour la première fois qu'une violation de la Convention pouvait découler directement d'une norme constitutionnelle[1677], tout en observant que « *le fait que la présente espèce soulève la question de la compatibilité de la Constitution nationale avec la Convention est dépourvu de pertinence à cet égard* »[1678].

Le contrôle européen de conventionnalité peut revêtir plusieurs degrés d'intensité dans la remise en cause de la norme constitutionnelle[1679]. Toutefois, de manière globale, les arrêts européens constatant une inconventionnalité présentent des traits communs. Tout d'abord, en ce qui concerne les arrêts *Parti communiste contre Turquie*, *Lykourezos* et *Sejdić et Finci contre Bosnie et Herzégovine*, et *Open Door*, tous les quatre font le constat d'une inconventionnalité d'une disposition nationale présentant une certaine spécificité inhabituelle par rapport à celles rencontrées au sein des autres ordres juridiques.

Bien que ces jugements renvoient à des particularités nationales, ceux - ci n'ont pas échappé au contrôle de la Cour. En excluant l'affaire *Open Door*, il y a lieu de remarquer que le reste des affaires étudiées portent sur le fonctionnement des institutions politiques. Ceci nous mène à constater que le fait que la Convention contienne certaines dispositions relatives au

---

[1675] Cour EDH, 15 juin 2006, *Lykourezos contre Grèce*, n°33554/03.

[1676] Cour EDH, Grande chambre, 22 décembre 2009, *Sejdić et Finci contre Bosnie et Herzégovine*, n°27996/06, 34836/06.

[1677] L. GARLICHI, « Contrôle de constitutionnalité et contrôle de conventionnalité sur le dialogue des juges », *in La conscience des droits, mélanges en l'honneur de Jean - Paul Costa*, *op. cit.*, p. 274.

[1678] Cour EDH, *Sejdić et Finci contre Bosnie et Herzégovine*, précité, §29.

[1679] D. SZYMCZAK, *La Convention européenne des droits de l'homme et le juge constitutionnel national*, *op. cit.*, p. 517.

fonctionnement des institutions politiques ne peut qu'accroître la possibilité de développement d'une contradiction directe de ces dispositions avec des dispositions constitutionnelles[1680].

2. Les jugements européens conduisant à une révision constitutionnelle

À l'heure actuelle, aucun ordre juridique national ne peut jouir d'une autonomie absolue face aux normes internationales et européennes relatives aux droits de l'homme. La mise en œuvre des engagements conventionnels oblige le pouvoir constituant national à adopter une révision constitutionnelle afin de créer les conditions normatives favorables pour rétablir la compatibilité de la Constitution avec les normes européennes[1681]. Les effets du contrôle conventionnel sur les dispositions constitutionnelles prennent alors une intensité plus profonde dans les cas où les arrêts européens incitent les États parties à procéder à une révision constitutionnelle.

Il est possible de classer les révisions qui ont été adoptées après une condamnation d'un État par la Cour de Strasbourg, selon la démonstration du Professeur D. SZYMCZAK[1682], en distinguant des révisions « conditionnées » par la condamnation survenue ou alors des révisions « spontanées », exprimant la prudence du législateur et entretenant des liens plus implicites avec la censure prononcée. En tout cas, il y a lieu d'admettre une liaison plus ou moins explicite entre les révisions initiées par le pouvoir constituant dérivé et les arrêts condamnatoires issus de la Cour de Strasbourg. Ceci manifeste d'une part, la volonté du pouvoir constituant dérivé de se rapprocher des exigences de la Convention, mais aussi, d'autre part, l'encadrement de son action à propos de l'obligation nationale d'exécution des arrêts rendus par la Cour.

À cet égard, bien que les modalités d'intervention du pouvoir de révision soient très différentes, de nombreuses révisions montrent la *prudence* du pouvoir constituant afin d'éviter des condamnations futures de la part de la Cour de Strasbourg sur la même matière. En guise d'exemple, un referendum a eu lieu en Irlande, après l'arrêt *Open Door et Dublin*. Ainsi, un 14e amendement à la Constitution fut adopté permettant d'obtenir ou de transmettre, sur le territoire irlandais, sous réserve des conditions prévues

---

[1680] R. ABRAHAM, « Les incidences de la CEDH sur le droit constitutionnel et administratif des Etats parties », *RUDH*, n°10 - 11, 1992, pp. 409 - 418, (p. 413).

[1681] S. WAGDI, *Pouvoir de révision constitutionnelle et droits fondamentaux : étude des fondements épistémologiques, constitutionnels et européens de la limitation matérielle du pouvoir constituant dérivé*, Rennes : Presses universitaires de Rennes, 2005, p. 195 et suiv.

[1682] D. SZYMCZAK, *La Convention européenne des droits de l'homme et le juge constitutionnel national*, *op. cit.*, p. 692.

par la loi, des informations relatives à des services légalement disponibles dans un autre État concernant le droit à l'avortement[1683]. De façon analogue, la *prudence* du pouvoir constituant dérivé grec peut être soulignée à propos de la révision constitutionnelle qui a eu lieu après l'arrêt *Lykourezos*. Avec une révision constitutionnelle votée par deux Assemblées successives comme prévu par la Constitution grecque, la révision constitutionnelle a eu lieu abrogeant l'incompatibilité professionnelle absolue pour les députés.

Également, la révision constitutionnelle peut avoir lieu à titre *préventif*, afin d'anticiper à une condamnation par la Cour de Strasbourg à propos d'une procédure déjà initiée devant la Cour[1684]. De même, les autorités nationales profitent d'une révision constitutionnelle pour aligner leurs dispositions constitutionnelles avec la jurisprudence strasbourgeoise qui sanctionne des violations de l'article 6. À cet égard, le cas de la Turquie donne un exemple très indicatif. La présence d'un magistrat militaire au sein de la Cour de sûreté de l'État d'Izmir a entraîné la condamnation de la Turquie[1685] pour violation de l'article 6 §1 de la Convention, relatif à l'indépendance et à l'impartialité de cette Cour. Par la suite, le Parlement turc a modifié l'article 143 de la Constitution concernant la composition des Cours de sûreté de l'État[1686].

De façon similaire, une réforme a été apportée au Conseil d'État luxembourgeois lors de la révision constitutionnelle du 12 juillet 1996, entrée en vigueur le 1er janvier 1997. Le Conseil d'État était, jusqu'à cette

[1683] Cour EDH, *Open Door et Dublin Well Woman contre Irlande*, précité. P. TAVERNIER, « Note sous Cour Européenne des Droits de l'Homme (Cour EDH), plénière, 29 octobre 1992, Open Door et Dublin Well Woman contre Irlande », *Journal du droit international*, n°3, 1993, pp. 751 - 755. Suivant cet arrêt une révision constitutionnelle a eu lieu peu après. Il s'agit du treizième amendement à la Constitution (dont le texte fut ajouté à l'article 40.3.3). « *40.3.3. L'Etat reconnaît le droit à la vie de l'enfant à naître et, compte dûment tenu du droit égal de la mère à la vie, s'engage à le respecter dans ses lois et, dans la mesure du possible, à le protéger et à le défendre par ses lois. Le présent alinéa ne peut limiter la liberté de se rendre dans un Etat étranger* ». « *Le présent alinéa ne peut limiter la liberté d'obtenir ou de transmettre, sur le territoire irlandais, sous réserve des conditions prévues par la loi, des informations relatives à des services légalement disponibles dans un autre Etat* ».

[1684] Voir le cas de la révision constitutionnelle en Italie à propos de Cour EDH, *Victor Emmanuel de Savoie contre Italie*, précité.

[1685] Cour EDH, Grande chambre, 9 juin 1998, *Inçal contre Turquie*, n°22678/93.

[1686] Modification de la Constitution turque par la loi 4388 du 18 juin 1999 prévoyant notamment que « *Les Cours de sûreté de l'Etat comprennent un président, deux membres titulaires et un membre suppléant* ». Par la suite, les Cours de sûreté de l'Etat ont été abolies et leurs compétences ont été transférées aux cours d'assises. J. - P. COSTA, « La Cour européenne des droits de l'homme est - elle une Cour constitutionnelle », *in Constitutions et pouvoirs : mélanges en l'honneur de Jean Gicquel*, Paris : Montchrestien, 2008, pp. 145 - 156, (p. 154).

réforme, investi d'une part, d'une fonction consultative, appelé à donner son avis sur tous les projets et propositions de loi ainsi que sur toutes autres questions déférées par le Grand - Duc ou le Gouvernement, et, d'autre part, d'une fonction juridictionnelle. Or, le cumul de ces deux fonctions par le Conseil d'État a entraîné la condamnation du Luxembourg devant la Cour EDH, à propos de l'arrêt *Procola*[1687] pour violation des exigences d'impartialité. C'est en effet cette condamnation qui a entraîné la réforme constitutionnelle qui limite, dès lors, le rôle du Conseil d'État à la seule fonction consultative.

Sur cette même ligne de mise en conformité du droit interne avec la jurisprudence de la Cour EDH, s'inscrit une révision autrichienne procédant à la création de chambres administratives indépendantes[1688] après la condamnation l'arrêt *Palaoro contre Autriche*[1689] pour violation de l'article 6 §1 de la Convention. Ces exemples, qui ne sont pas les seuls ayant conduit des États nationaux à une révision constitutionnelle après l'« intervention interprétative », de la Cour EDH[1690], illustrent le degré d'interaction entre le droit constitutionnel et la Convention EDH.

§2. Les apports du contentieux européen à la notion d'identité constitutionnelle

La Cour de justice est appelée de plus en plus souvent à se prononcer dans des domaines touchant aux équilibres politiques et juridiques essentiels des États membres[1691]. La validité d'une norme législative nationale est conditionnée par le double respect de la norme constitutionnelle et des normes européennes. Des conflits peuvent alors émerger dans l'hypothèse « où les exigences constitutionnelles et conventionnelles ne seraient non pas différentes, mais contradictoires »[1692]. À cet égard, le critère de distinction entre les principes communs et les principes propres à l'identité constitutionnelle nationale doit également régir les rapports entre le droit

---

[1687] Cour EDH, 28 septembre 1995, *Procola contre Luxembourg*, n°14570/89.

[1688] Article 129 de la Constitution autrichienne : « *Les chambres administratives indépendantes, et la Cour administrative à Vienne, sont chargées de garantir la légalité de l'ensemble de l'administration publique* ».

[1689] Cour EDH, 23 octobre 1995, *Palaoro contre Autriche*, n°16718/90.

[1690] J. - P. COSTA, « La Cour européenne des droits de l'homme est - elle une Cour constitutionnelle », *in Constitutions et pouvoirs : mélanges en l'honneur de Jean Gicquel, op. cit.*, pp. 154 - 156 pour l'exemple de l'Italie aussi.

[1691] M. - L. TREGUIER, « Cours constitutionnelles, Cour de justice des Communautés européennes et droits fondamentaux, » *in* J. RIDEAU (dir.), *Les droits fondamentaux dans l'Union européenne dans le sillage de la Constitution européenne,* Bruxelles : Bruyant, 2009, pp. 249 - 275, (p. 249).

[1692] B. MATHIEU, « Neuf mois de jurisprudence relative à la QPC, un bilan », *Pouvoirs*, n°137, 2011, pp. 57 - 71.

constitutionnel national, le droit de l'Union européenne et la Convention européenne[1693].

La redéfinition des rapports entre ordres juridiques conduit ainsi à une concentration de la notion d'identité constitutionnelle. Cette notion qui trouve des fondements institutionnels explicites à la jurisprudence de la Cour de justice (A) et des fondements plus discrets au sein de la jurisprudence de la Cour EDH (B), est susceptible d'être respectée comme moyen de « conciliation raisonnée »[1694] entre l'ordre juridique constitutionnel et les deux ordres européens.

A. La prise en compte croissante de l'identité constitutionnelle par la CJUE

La notion de l'identité constitutionnelle apparaît de façon de plus en plus explicite dans la jurisprudence de la Cour de justice. Afin de garantir le respect des éléments identitaires, il incombe, en premier lieu, aux États membres d'identifier les éléments qu'ils considèrent comme constitutifs de leur identité constitutionnelle nationale (1). Ensuite, dans le cas où les éléments reflétant l'identité constitutionnelle nationale trouvent aussi leur consécration au niveau européen par une règle de l'UE, il appartient à la Cour de justice, elle - même, en vertu de son monopole d'interprétation authentique du droit de l'UE, de décider dans quelle mesure lesdits éléments sont susceptibles d'être respectés en tant qu'éléments faisant partie de l'identité constitutionnelle nationale[1695](2).

1. La reconnaissance de la compétence étatique pour l'identification des spécificités nationales susceptibles d'être respectées comme faisant partie de l'identité constitutionnelle

Le respect de l'identité constitutionnelle nationale sert comme contre - limite[1696] aux exigences du droit de l'Union et peut être un moyen de

---

[1693] *loc. cit.*

[1694] A. LEVADE, « Identité constitutionnelle et exigence existentielle comment concilier l'inconciliable », *in* J. - Cl. MASCLET et al. (dir.), *L'union européenne. Union de droit, union des droits, Mélanges en l'honneur du Professeur Philippe Manin*, Paris : éd. A. Pédone, 2010, pp. 109 - 128, (p. 120).

[1695] D. RITLENG, « Le droit au respect de l'identité constitutionnelle nationale », *in* J. - Ch. BARBATO, J. - D. MOUTON (dir.), *Vers la reconnaissance de droits fondamentaux aux Etats membres de l'Union européenne ?*, Bruxelles : Bruyant, 2010, pp. 21 - 47, (p. 46).

[1696] L'identité constitutionnelle est envisagée comme une « contre limite ». Cette expression est issue de la doctrine italienne et vise les limitations mise à la primauté européenne en droit interne. L'Estonie a intégré les contre limites dans sa constitution sous la forme d'une clause constitutionnelle défensive qui subordonne résolution de conflits entre les exigences constitutionnelles et européennes. L'idée selon laquelle l'Union européenne respecte les identités constitutionnelles des États membres fait écho à la consécration jurisprudentielle de cette notion par la Cour de justice, mais aussi au Traité sur l'Union européenne. Précisément, l'article 4 §2 du Traité sur l'Union européenne prévoit, de manière expresse, le respect de l'Union de l'identité nationale des États membres, inhérente à leurs structures fondamentales politiques et constitutionnelles[1697]. En outre, la garantie de l'identité constitutionnelle par l'Union européenne imprègne l'essence même du projet européen initié au début des années 1950, qui consiste à avancer sur la voie de l'intégration tout en préservant l'existence politique des États[1698].

De plus, le respect de l'identité constitutionnelle s'est déjà manifesté à travers certains protocoles qui, en visant expressément certaines dispositions

---

l'appartenance à l'Union aux principes fondamentaux de la Constitution de la République d'Estonie (amendement à la Constitution du 14 septembre 2002, entré en vigueur de 14 décembre 2003, article 1). J. - P. JACQUE, « L'instabilité des rapports de système entre ordres juridiques », *RFDC*, n°69, 2007, pp. 3 - 37, (p. 11 et 15).

1697 M. KRITIKOS, « Commentaire à l'article 4 du traité sur l'Union européenne », *in* V. CHRISTINOS (dir.), *Traité sur l'Union européenne et Traité sur le fonctionnement de l'Union européenne commentaire par article,* Athènes : éd. Nomiki Vivliothiki, 2012, pp. 20 - 24.

1698 C. YANNAKOPOULOS, *L'influence du droit de l'Union européenne sur le contrôle juridictionnel de constitutionnalité des lois*, Athènes - Thessalonique : éd. Sakkoulas, 2013, p. 360 et H. GAUDIN, « Primauté, la fin d'un mythe ? Autour de la jurisprudence de la Cour de Justice », *in* J. - Cl. MASCLET et al. (dir.), *L'union européenne. Union de droit, union des droits, Mélanges en l'honneur du Professeur Philippe Manin*, Paris : éd. A. Pédone, 2010, pp. 639 - 656, (p. 652). Voir aussi les conclusions de l'avocat général M.M. POIARES MADURO dans l'affaire *Michaniki*, C - 213/07 présentées le 8 octobre 2008, point 31 : « *Il est vrai que le respect de l'identité constitutionnelle des États membres constitue pour l'Union européenne un devoir. Ce devoir s'impose à elle depuis l'origine. Il participe, en effet, de l'essence même du projet européen initié au début des années 1950, qui consiste à avancer sur la voie de l'intégration tout en préservant l'existence politique des États. Preuve en est qu'il fut énoncé pour la première fois explicitement à l'occasion d'une révision des traités dont les avancées sur la voie de l'intégration qu'elle prévoyait ont rendu nécessaire aux yeux des constituants son rappel. C'est ainsi que l'article F, paragraphe 1 du traité de Maastricht, devenu l'article 6, paragraphe 3 du traité sur l'Union dispose : «l'Union respecte l'identité nationale de ses États membres». L'identité nationale visée comprend à l'évidence l'identité constitutionnelle de l'État membre. Le confirmerait, s'il en était besoin, l'explicitation des éléments de l'identité nationale tentée par l'article I - 5 de la Constitution pour l'Europe et par l'article 4, paragraphe 2 du traité sur l'Union tel qu'issu du traité de Lisbonne. Il appert, en effet, du libellé identique de ces deux textes que l'Union respecte l'«identité nationale (des États membres), inhérente à leurs structures fondamentales politiques et constitutionnelles*».

juridiques nationales, parfois constitutives d'une identité nationale, entendaient manifestement les consacrer et les garantir au niveau de l'Union européenne, et ce, en dépit de leur contradiction *prima facies* avec certains principes européens[1699]. Il est ainsi évident que les auteurs des traités manifestent leur volonté d'éviter les conflits entre droit de l'Union et identité constitutionnelle nationale. Néanmoins, en raison de l'indétermination de cette notion, le conflit ne peut pas toujours être évité. Dans ce contexte, il appartient au juge de l'UE de se prononcer sur la définition dans chaque cas d'espèce de l'identité constitutionnelle[1700].

Ainsi, au niveau jurisprudentiel, la Cour de justice s'est récemment engagée dans la voie du respect de l'identité constitutionnelle des États en faisant aussi évoluer considérablement cette notion. Des exemples jurisprudentiels concernant la détermination de la notion d'identité constitutionnelle soulignent la tentative de certains avocats généraux d'inciter la Cour de justice à faire reconnaître le respect de l'identité constitutionnelle[1701].

La notion de l'identité constitutionnelle a été invoquée par l'avocat général RUIZ - JARABO COLOMER qui, afin de justifier les diverses conceptions de la fonction juridictionnelle au sein des États membres, s'appuie, entre autres, sur « *l'identité et l'autonomie constitutionnelle nationale que la Cour respecte* »[1702]. À intervalle rapproché, deux affaires ont donné lieu au rappel du devoir de l'Union de respecter l'identité constitutionnelle des États membres. À cet égard, l'avocat général POIARES MADURO fait mention « *au devoir, imposé à l'Union par l'article 6,*

1699 V. CONSTANTINESCO, « La confrontation entre identité constitutionnelle européenne et identités constitutionnelles nationales Convergence ou contradiction ? Contrepoint ou hiérarchie » *in* J. - Cl. MASCLET et al. (dir.), *L'union européenne. Union de droit, union des droits, Mélanges en l'honneur du Professeur Philippe Manin*, Paris : éd. A. Pédone, 2010, pp. 79 - 94, (p. 89). Voir en la matière la Déclaration n°59 au Traité d'Amsterdam, où la Grèce a exprimée sa position lors de son adhésion à la Communauté européenne : « *En ce qui concerne la déclaration relative aux églises et aux associations ou communautés non - confessionnelles, la Grèce rappelle la Déclaration relative au Mont - Athos annexée à l'Acte final du traité d'adhésion de la République hellénique aux communautés européennes* ».

1700 Fl. BENOIT - ROHMER, « Identité européenne et identité nationale absorption, complémentarité ou conflit ? », *in Mélanges en l'honneur de Jean - Paul Jacqué*, Paris : Dalloz, 2010, pp. 63 - 80, (pp. 76 - 77).

1701 J. - D. MOUTON, « Réflexions sur la prise en considération de l'identité constitutionnelle des Etats membres de l'Union européenne », *in* J. - Cl. MASCLET et al. (dir.), *L'union européenne. Union de droit, union des droits, Mélanges en l'honneur du Professeur Philippe Manin*, Paris : éd. A. Pédone, 2010, pp. 145 - 154, (p. 147).

1702 Conclusions de l'avocat général Dámaso RUIZ - JARABO COLOMER dans l'affaire *Umweltanwalt von Kärnten*, C - 205/08, présentées le 25 juin 2009, point 47.

paragraphe 3, UE, de respecter l'identité nationale des États membres, dont la composition de la communauté nationale constitue, à l'évidence, un élément essentiel »[1703] De façon encore plus explicite, l'avocat général KOKOTT rappelle qu'« *en vertu de l'article 6, paragraphe 3, UE, l'Union européenne respecte l'identité nationale de ses États membres. Cela implique que l'Union ne porte pas atteinte à l'ordre constitutionnel d'un État membre, que celui - ci soit centralisé ou fédéral et n'influence pas la répartition des compétences au sein d'un État membre. La nouvelle version de cette disposition adoptée par le traité de Lisbonne souligne expressément le respect des structures constitutionnelles des États membres par l'Union* »[1704].

Toutefois, les arrêts rendus à la suite de ces conclusions citées ne font pas mention explicite à la notion de l'identité constitutionnelle. Il importe alors d'affirmer que la Cour de justice est réticente à apprécier des normes internes susceptibles d'être qualifiées d'identitaires pour un ordre juridique national[1705]. La raison de l'absence de mention explicite est complexe. Elle réside dans le rôle du juge de l'UE. Interprète authentique du droit de l'Union, le juge de Luxembourg risquerait, en cas d'appréciation des normes internes identitaires, de s'ériger en interprète du droit constitutionnel national et, de surcroît, en juge de dernier ressort, à travers les renvois préjudiciels qui lui seraient obligatoirement soumis par le juge national[1706].

Respectant ainsi son rôle en tant qu'interprète authentique du droit de l'UE la Cour de justice laisse aux juridictions internes la faculté de délimiter les éléments de leur identité constitutionnelle. Tout d'abord, il est à préciser que la Cour reconnaît la compétence étatique pour l'identification des spécificités nationales[1707]. Par exemple, l'avocat général M.M. POIARES MADURO affirme, dans ses conclusions rendues à propos de l'affaire *Marrosu*, que « *sans doute doit - on reconnaître aux autorités nationales, et notamment aux juridictions constitutionnelles, la responsabilité de définir la nature des spécificités nationales pouvant justifier une telle différence de traitement. Celles - ci sont, en effet, les mieux placées pour définir l'identité*

[1703] Conclusions de l'avocat général M.M. POIRES MADURO dans l'affaire *Rottmann*, C - 135/08, présentées le 30 septembre 2009, point 25.

[1704] Conclusions de l'avocat général Mme Julianne KOKOTT dans l'affaire *Unión General de Trabajadores de la Rioja*, C - 428/06 à C - 434/06, présentées le 8 mai 2008, point 54.

[1705] Th. PAPADIMITRIOU, *La régulation des rapports entre l'ordre constitutionnel français et l'ordre juridique de l'Union européenne par le Conseil constitutionnel*, thèse en droit, Université Paris I, 2010, p. 156.

[1706] *loc. cit.*

[1707] M. BLANQUET, « Mêmeté et ipséité constitutionnelles dans l'Union européenne », *in* N. de GROVE - VALDEYRON, M. BLANQUET, V. DUSSART (dir.), *Mélanges en l'honneur du Professeur Joël Molinier,* Paris : LGDJ, 2012, pp. 53 - 91, (p. 77).

constitutionnelle des États membres que l'Union européenne s'est donnée pour mission de respecter »[1708]. D'une manière identique, dans l'arrêt *Michaniki* visant l'article 14 alinéa 9 de la Constitution grecque relatif à l'incompatibilité des activités parallèles dans le domaine des médias et dans celui des marchés publics, la Cour indique que « *chaque État membre est, en effet, le mieux à même d'identifier, à la lumière de considérations historiques, juridiques, économiques ou sociales qui lui sont propres (...), les situations propices à l'apparition de comportements susceptibles d'entraîner des entorses au respect de ces principes* »[1709].

Ainsi, il est apparent que l'identité constitutionnelle soit susceptible d'être respectée par la juridiction européenne. Or, cela ne conduit pas jusqu'à l'affirmation que la Cour de justice vise une immunité constitutionnelle nationale. C'est pourquoi l'avocat général M.M. POIRES MADURO signale, dans ses conclusions rendues dans l'affaire *Arcelor*, que « *le droit communautaire ayant ainsi intégré les valeurs constitutionnelles des États membres, les constitutions nationales doivent adapter leurs prétentions à la suprématie, afin de respecter l'exigence existentielle de primauté du droit communautaire dans son champ d'application* »[1710].

2. La notion de l'identité constitutionnelle soumise au contrôle juridictionnel de la Cour de justice

Dans un premier temps, il revient aux États membres de préciser les éléments identitaires de leur ordre juridique national. Toutefois, dans un second temps, il importe à la Cour de justice d'exercer un contrôle juridique de proportionnalité à propos des dispositions nationales susceptibles d'être qualifiées comme faisant partie de l'identité constitutionnelle nationale.

La Cour de justice ne considère en aucun cas que les dispositions nationales puissent, en raison de leur rang constitutionnel, écarter l'application du droit de l'Union. Partant, elles doivent être soumises à son contrôle. Tel était le cas à propos de l'arrêt *Michaniki*[1711] où la Cour a procédé à un strict contrôle de proportionnalité afin d'établir si les mesures prévues par la Constitution grecque pouvaient répondre aux exceptions au principe d'égalité de traitement, dans le but de justifier des dérogations aux règles issues des traités et aux actes de droit dérivé. Ainsi, en l'espèce, c'est

---

[1708] Conclusions de l'avocat général M. M. POIARES MADURO dans l'affaire *Marrosu et Sardino*, C - 53/04, présentées le 20 septembre 2005, point 40.

[1709] CJCE, Grande chambre, 16 décembre 2008, *Michaniki*, C - 213/07, Rec. 2008 p. I - 9999, point 56.

[1710] Conclusions de l'avocat général M.M. POIARES MADURO dans l'affaire *Société Arcelor Atlantique et Lorraine et autres*, C - 127/07, présentées le 21 mai 2008, point 17.

[1711] CJCE, *Michaniki*, précité.

le caractère disproportionné de la mesure nationale de rang constitutionnel poursuivant des « objectifs légitimes » qui fait obstacle au droit de l'UE[1712] et précisément au cadre prévu par les directives européennes sur la passation des marchés publics.

Dans le même sens, la CJUE est intervenue après la mise en vigueur de la nouvelle Constitution de la Hongrie[1713]. Précisément, à propos de l'arrêt *Commission contre Hongrie*[1714], la juridiction européenne s'est interrogée sur le caractère discriminatoire de la nouvelle mesure constitutionnelle imposant aux juges, aux procureurs et aux notaires de partir à la retraite dès qu'ils atteignent l'âge de 62 ans et non plus 70 ans, comme le prévoyait le régime antérieur. Procédant en deux temps, la Cour de justice a d'abord constaté que les dispositions nationales litigieuses instauraient une différence de traitement fondé sur l'âge au sens de la directive 2000/78/CE, dans la mesure où les personnes devant cesser leurs fonctions une fois atteint l'âge de 62 ans étaient dans une situation comparable à celles n'ayant pas encore atteint cet âge. La Cour a ainsi estimé que les mesures n'étaient ni nécessaires ni proportionnées aux buts poursuivis. Elle a ensuite jugé qu'en particulier, « le caractère abrupt et considérable de la limite d'âge de cessation obligatoire d'activité » nouvellement imposée était susceptible, selon elle, de porter atteinte à la confiance légitime des personnes concernées[1715]. Ce qui amène la Cour à statuer que la différence de traitement fondée sur l'âge n'avait pas un caractère proportionné par rapport aux objectifs poursuivis[1716].

[1712] A. LEVADE, « Identité constitutionnelle et exigence existentielle comment concilier l'inconciliable », *in L'Union européenne. Union de droit, union des droits, Mélanges en l'honneur du Professeur Philippe Manin*, *op. cit.*, pp. 123 - 124.

[1713] Il est à noter que la nouvelle Constitution de la Hongrie, adoptée le 18 avril 2011 et entrée en vigueur le 1er janvier 2012, a donné lieu à de nombreuses contestations. A. LEVADE, « La nouvelle Constitution hongroise mise en cause par l'Union européenne », *Constitutions*, n°1, 2012, pp. 68 - 69.

[1714] CJUE, 6 novembre 2012, *Commission européenne contre Hongrie*, C - 286/12, non encore publié.

[1715] *ibid.*, point 68.

[1716] Derrière le changement de l'âge de partir à la retraite des juges, procureurs et avocats, c'est finalement le bouleversement de l'ordre constitutionnel hongrois initié par le gouvernement hongrois qui était en cause. L'enjeu de cette affaire était aussi politique. Voir B. DELZANGLES, « Les affaires hongroises ou la disparition de la valeur "intégration" dans la jurisprudence de la Cour de justice », *RTDE*, n°2, 2013, pp. 201 - 215, (p. 209). Voir aussi le débat au Parlement européen le 4 juillet 2013 sur le rapport Tavares (Rapport sur la situation en matière de droits fondamentaux : normes et pratiques en Hongrie n°A7 - 0229/2013, INI, 25 juin 2013), D. SIMON, « Hongrie : valeurs de l'Union versus identité constitutionnelle des États membres » *Europe*, n°8/9, 2013, pp. 1 - 2.

Également, la Cour de justice, à propos de l'arrêt *Commission contre Luxembourg*[1717], est partie du même constat, à savoir que le respect de l'identité nationale est un but légitime[1718]. Cependant, elle a ensuite estimé que le dispositif législatif posant une condition de nationalité à l'exercice des activités notariales ne saurait être justifié par la sauvegarde de l'identité nationale, dès lors que cet intérêt pouvait « être utilement préservé par d'autres moyens »[1719], en rappelant que « *des mesures restrictives d'une liberté fondamentale ne peuvent être justifiées par des motifs liés à l'ordre public que si elles sont nécessaires pour la protection des intérêts qu'elles visent à garantir et seulement dans la mesure où ces objectifs ne peuvent être atteints par des mesures moins restrictives* »[1720]. Ces jugements font preuve du constat que l'éventuel respect des particularités constitutionnelles par la CJUE est aussi soumis au contrôle de la Cour de justice. Ce contrôle est plus rigoureux dans les cas susmentionnés, car le cadre législatif de l'UE est très élaboré et des exceptions constitutionnelles, susceptibles de porter atteinte à l'application uniforme du droit de l'UE ne pourraient donc pas être admises.

À l'opposé de ces jugements où le contrôle de proportionnalité n'a pas permis la qualification des particularités nationales comme étant identitaires, se trouve l'arrêt *Omega*[1721]. Dans cet arrêt la Cour semble emprunter un raisonnement proche à celui adopté par la juridiction interne, en reconnaissant que l'invocation du principe de dignité de la personne humaine, tel que garanti par la Loi fondamentale allemande, pouvait justifier

[1717] CJUE, Grande chambre, 4 mai 2011, *Commission contre Luxembourg*, C - 51/08, Rec. 2011 p. I - 4231. A. LEVADE, « Trois arrêts pour cerner un intérêt légitime ou comment identité constitutionnelle des États et primauté du droit de l'Union sont re - conciliées », *Constitutions*, n°3, 2011, pp. 332 - 333.

[1718] CJUE, Grande chambre, 4 mai 2011, *Commission contre Luxembourg*, précité, point 123. Voir aussi l'arrêt CJCE, 2 juillet 1996, *Commission contre Luxembourg*, C - 473/93, Rec. 1996 p.I - 3207, point 35 affirmant de façon pareille que reconnue par l'ancien article F alinéa 1 TUE dans la version issue du Traité de Maastricht l'identité nationale constituait un « but légitime ».

[1719] CJUE, 12 mai 2011, *Runevič - Vardyn et Wardyn*, C - 391/09, Rec. 2011 p. I - 3787, point 124.

[1720] CJUE, 4 mai 2011, *Commission contre Luxembourg*, précité, point. 90, A. LEVADE, « Identités constitutionnelles et hiérarchies », *op. cit.*, p. 465.

[1721] CJCE, 4 octobre 2004, *Omega,* C - 36/02, Rec. 2004 p. I - 9609, surtout points 34 - 39. A. VON WALTER, « La protection de la dignité humaine face au droit communautaire » *AJDA*, n°3, 2005, pp. 152 - 154 ; J. - M. BELORGEY, St. GERVASONI, Ch. LAMBERT, « Actualité du droit communautaire, Les droits fondamentaux de la personne - Dignité humaine et libre prestation des services CJCE 14 octobre 2004, Omega », *AJDA*, n°6, 2005, pp. 308 - 318 ; P. CASSIA, « Dignité de la personne humaine et droit communautaire », *Droit administratif*, n°1, 2005, pp. 29 - 31.

une entrave à la libre prestation de services. Toutefois, pour aboutir à cette conclusion, la Cour s'assure que les normes nationales sont justifiées, dans le sens où elles sont appropriées et nécessaires au regard de l'objectif poursuivi[1722].

Bien que la notion de l'identité constitutionnelle soit encore loin d'une définition complète et précise, des jugements récents issus de la Cour de justice manifestent l'évolution sensible de cette notion. Ainsi, deux arrêts font expressément référence à l'identité constitutionnelle des États membres et tendent à affirmer la liaison de cette notion avec l'organisation politique, institutionnelle et culturelle de chaque pays.

Tout d'abord, le noyau dur de l'identité constitutionnelle se trouve dans leurs structures politiques et constitutionnelles. À cet égard, la Cour de justice a reconnu l'attribution par le Royaume Uni du droit de vote et d'éligibilité au Parlement européen à des citoyens du Commonwealth résidant à Gibraltar et n'ayant pas la qualité de citoyens de l'Union. La Cour a jugé à ce propos qu'« *en l'absence, dans les traités communautaires, de dispositions indiquant de manière explicite et précise quels sont les bénéficiaires du droit de vote et d'éligibilité au Parlement européen, la décision britannique se justifiait pour des raisons liées à sa tradition constitutionnelle* »[1723].

Ensuite, de façon plus explicite, l'identité constitutionnelle des États membres fut consacrée dans les domaines touchants de près à la citoyenneté[1724].L'exemple le plus illustratif en la matière est l'arrêt *Ilonka Sayn - Wittgenstein contre Landeshauptmann von Wien*[1725], à propos du port

[1722] O. PEIFFERT, « L'encadrement des règles constitutionnelles par le droit de l'Union européenne », *CDE*, n°2, 2011, pp. 433 - 470, (p. 445) ; V. CONSTANTINESCO, « La confrontation entre identité constitutionnelle européenne et identités constitutionnelles nationales Convergence ou contradiction ? Contrepoint ou hiérarchie », *in L'Union européenne. Union de droit, union des droits, Mélanges en l'honneur du Professeur Philippe Manin, op. cit.*, pp. 90 - 92.

[1723] CJCE, Grande chambre, 12 septembre 2006, *Espagne contre Royaume - Uni*, C - 145/04, Rec. 2006 p. I - 7917, point 79. Fl. CHALTIEL, « Note sous Cour de Justice des Communautés Européennes (CJCE), Grande Chambre, 12 septembre 2006, Espagne contre Royaume - Uni, affaire C - 145/04 », *Journal du droit international*, n°2, 2007, pp. 612 - 615 et F. KAUFF - GAZIN, « Droits de vote et d'éligibilité au Parlement européen », *Europe*, n°11, 2006, pp. 8 - 9.

[1724] D. SIMON, « L'identité constitutionnelle dans la jurisprudence de l'Union », *in* L. BURGORGUE - LARSEN (dir.), *L'identité constitutionnelle saisie par les juges en Europe*, Paris : éd. A. Pédone, 2011, pp. 27 - 43, (p. 34).

[1725] CJUE, 2 décembre 2010, *Sayn - Wittgenstein*, C - 208/09, Rec. 2010 p. I - 13693. J. HAUSER, « Nom, titre de noblesse et libre circulation des personnes en Europe : noblesse n'oblige pas les États européens ; Note sous Cour de justice de l'Union européenne, deuxième Chambre, 22 décembre 2010, affaire C - 208/09, Ilonka Sayn - Wittgenstein contre Landeshauptmann von Wien », *RTDC*, n°1, 2011, des titres nobiliaires en Autriche. L'affaire concernait Madame Ilonka Sayn - Wittgenstein, ressortissante autrichienne vivant en Allemagne, qui disposait une pièce d'identité sous le nom complet d'« Ilonka *Fürstin von* Sayn - Wittgenstein » laissant ainsi apparaître son titre nobiliaire de « princesse de ». Elle se faisait même inscrire sous ce nom à l'état civil autrichien. Néanmoins, à la suite d'un arrêt de la Cour constitutionnelle autrichienne dans une affaire similaire, le chef du Gouvernement du Land a décidé, qu'en application de la disposition constitutionnelle abolissant la noblesse en Autriche et interdisant aux citoyens autrichiens de porter des titres nobiliaires, son nom, tel qu'il figure dans l'état civil autrichien, devait être corrigé en « Sayn - Wittgenstein ».

Particulièrement mécontente de ce changement de nom, la requérante a porté l'affaire devant la juridiction administrative autrichienne qui, à son tour, a renvoyé la question devant la Cour de justice. La Cour a affirmé alors que le droit de l'Union, en vertu de l'article 21 TFUE ne s'oppose pas au refus des autorités autrichiennes de reconnaître, dans le nom d'un citoyen de l'Union, un titre de noblesse qui figure pourtant dans les documents d'identité délivrés par son État de résidence. Même si la Cour constate qu'il s'agit d'une restriction portée à la liberté de circulation de tout citoyen de l'Union européenne, cette restriction est, selon elle, justifiée. Le juge de l'Union passe alors, dans un premier temps, le droit national « au crible du contrôle de proportionnalité » en statuant que « *des mesures restrictives d'une liberté fondamentale ne peuvent être justifiées par des motifs liés à l'ordre public que si elles sont nécessaires pour la protection des intérêts qu'elles visent à garantir et seulement dans la mesure où ces objectifs ne peuvent être atteints par des mesures moins restrictives* »[1726]. Cependant, la motivation de la Cour est très illustrative, car elle fait grand cas de la nature des règles nationales en cause. Elle met alors, l'accent sur le caractère constitutionnel de l'interdiction faite aux Autrichiens de porter des titres nobiliaires[1727] : « *dans le contexte de l'histoire constitutionnelle autrichienne, la loi d'abolition de la noblesse, en tant qu'élément de l'identité nationale, peut être prise en compte lors de la mise en balance d'intérêts légitimes avec le droit de libre circulation des personnes reconnu par le droit de l'Union* »[1728].

---

pp. 98 - 99 ; E. CUSAS, « Arrêt Sayn - Wittgenstein : la libre circulation et les titres de noblesse », *Journal de droit européen*, n°178, 2011, pp. 100 - 101 ; C. MURPHY, « Note sous l'arrêt, Cour de Justice de l'Union européenne, 22 décembre 2010, affaire numéro C - 208/09, Ilonka Sayn - Wittgenstein contre Landeshauptmann von Wien », *RDUE*, n°1, 2011, pp. 131 - 138 ; M. AUBERT, E. BROUSSY, Fr. DONNAT, « Chronique de jurisprudence de la CJUE », *AJDA*, n°5, 2011, pp. 264 - 274 .

[1726] CJUE, *Sayn - Wittgenstein*, précité, point 88.

[1727] M. AUBERT, E. BROUSSY, Fr. DONNAT, « Chronique de jurisprudence de la CJUE », *op. cit.*, pp. 264 - 274.

[1728] CJUE, *Sayn - Wittgenstein*, précité, point 83.

Le contrôle du principe de proportionnalité fut davantage poussé dans l'arrêt *Runevic Vardyn*[1729] en matière de protection de langue officielle nationale. Au terme de cet arrêt la Cour, après avoir rappelé que « *conformément à l'article 4, paragraphe 2, TUE, l'Union respecte également l'identité nationale de ses États membres, dont fait aussi partie la protection de la langue officielle nationale de l'État* »[1730], a indiqué qu'« *il s'ensuit que l'objectif poursuivi par une réglementation nationale telle que celle en cause au principal, visant à protéger la langue officielle nationale par l'imposition des règles de graphie prévues par cette langue, constitue, en principe, un objectif légitime susceptible de justifier des restrictions aux droits de libre circulation et de séjour prévus à l'article 21 TFUE et peut être prise en compte lors de la mise en balance d'intérêts légitimes avec lesdits droits reconnus par le droit de l'Union* ».

En s'appuyant sur la jurisprudence rendue, on pourrait admettre que la substance des droits invoqués donne déjà certaines caractéristiques essentielles susceptibles de contribuer à la définition de l'identité constitutionnelle. Ces caractéristiques, relevant principalement de l'organisation politique, institutionnelle et culturelle nationale, ont été prises en compte pour justifier la différence de traitement, laissant penser que la Cour pourrait « s'orienter vers un traitement normativement différencié »[1731]. Toutefois, même ces matières n'échappent pas au contrôle de proportionnalité effectué par la Cour.

En effet, c'est l'intensité d'exercice du contrôle de proportionnalité qui pèse sur la considération par la Cour de justice d'une règle comme exprimant l'identité constitutionnelle d'un État membre[1732]. On constate donc que le contrôle de proportionnalité est moins dense à propos des matières où l'Union européenne n'a pas un cadre législatif élaboré. Le raisonnement de l'arrêt *Espagne contre Royaume-Uni* prouve ce constat, en affirmant le respect de l'identité constitutionnelle du Royaume Uni en absence de dispositions dans les traités indiquant de manière explicite et précise quels sont les bénéficiaires du droit de vote. En revanche, centrée sur la garantie de l'application effective du droit de l'UE, la Cour de justice ne

---

[1729] CJUE, 12 mai 2011, *Runevič - Vardyn et Wardyn*, C - 391/09, Rec. 2011 p. I - 3787. AVENA - ROBARDET Valérie, « Transcription, dans les actes d'état civil d'un État membre, des prénoms et des noms de famille Arrêt rendu par Cour de justice de l'Union européenne12 - 05 - 2011 n°C - 391/09 », *AJ Famille*, 2011, p. 332.

[1730] CJUE, *Runevič - Vardyn et Wardyn*, précité, point 86.

[1731] A. LEVADE, « Trois arrêts pour cerner un intérêt légitime ou comment identité constitutionnelle des États et primauté du droit de l'Union sont re - conciliées », *op. cit.*, p. 332 - 333.

[1732] O. PEIFFERT, « L'encadrement des règles constitutionnelles par le droit de l'Union européenne », *op. cit.*, p. 448 et Fr. - X. MILLET, *L'Union européenne et l'identité constitutionnelle des Etats membres*, *op cit.*, pp. 226 - 228.

reconnaît pas l'identité constitutionnelle dans les filières où le droit de l'UE, primaire et dérivé, est plus développé.

En dernier lieu, la Cour de justice, à travers ces échanges avec le juge interne par voie préjudicielle, peut adopter des solutions de conciliation en vue d'aligner les valeurs nationales avec les valeurs de l'Union[1733], tout en respectant les dispositions constitutionnelles étatiques et en apaisant d'éventuels conflits décelés[1734]. Alors que la Cour EDH pourrait suivre la même démarche, l'absence d'une voie de dialogue institutionnalisée avec les cours nationales a comme conséquence une affirmation plus discrète de la notion d'identité constitutionnelle par le juge conventionnel.

B. Les apports discrets de la jurisprudence de la Cour EDH

L'identité constitutionnelle est une notion qui n'est pas explicitement consacrée par la jurisprudence conventionnelle. Néanmoins, cette notion trouve des attaches au sein du système conventionnel (1). Elle semble ainsi occuper une place essentielle, pas en tant qu'« acteur », mais tout du moins en tant qu'« arbitre »[1735], comme les apports jurisprudentiels le révèlent (2).

1. Les fondements institutionnels de l'identité constitutionnelle dans la Convention EDH

Tout d'abord, le terme d'« identité constitutionnelle » ne figure pas dans le texte de la Convention ou de ses Protocoles, ni dans l'abondante jurisprudence de la Cour de Strasbourg. En de rares occasions, la notion d'« identité » est mentionnée, soit par les requérants, soit par les États défendeurs, soit par la Cour elle - même[1736]. La définition de cette notion, en soi « floue », apparaît difficile.

Dans un premier temps, il incombe d'affirmer que la « nécessité » d'une délimitation de la notion d'identité constitutionnelle par l'ordre conventionnel est amoindrie du fait, d'une part, de la convergence entre les catalogues conventionnels et constitutionnels des droits fondamentaux et, d'autre part, de l'apparente neutralité de la Convention à l'égard de la

---

[1733] A. LEVADE, « Quelle identité constitutionnelle nationale préserver face à l'Union européenne ? », *Annuaire de droit européen, op. cit.*, pp. 196 - 197.

[1734] A. LEVADE, « Perspectives : confrontation entre contrôle de conventionnalité et contrôle de constitutionnalité », *AJDA*, n°22, 2011, pp. 1257 - 1261, (p. 1261).

[1735] D. SZYMCZAK, « L'identité constitutionnelle dans la jurisprudence conventionnelle », *in L'identité constitutionnelle saisie par les juges en Europe*, *op. cit.*, p. 45.

[1736] *ibid.*, p. 46, voir aussi en titre d'exemple les arrêts Cour EDH, Grande chambre, 17 février 2004, *Gorzelik et autres contre Pologne*, n°44158/98 et Cour EDH, Grande chambre, 16 mars 2006, *Ždanoka contre Lettonie*, n°58278/00.

structure constitutionnelle des États parties[1737]. Toutefois, la concrétisation et la précision de cette notion pourraient aider à mieux définir les domaines de l'ingérence conventionnelle ainsi que les particularités nationales qui peuvent être respectées comme faisant partie de l'identité constitutionnelle.

La notion de l'identité constitutionnelle trouve des fondements institutionnels au sein de la Convention EDH, à propos de la délimitation du pluralisme et du principe de subsidiarité. D'une part, le pluralisme constitue un mot qui est absent du texte conventionnel. Néanmoins, la fameuse formule de l'arrêt *Handyside*[1738] fait preuve que la notion du pluralisme est une notion inhérente au fonctionnement du système conventionnel. Énonçant que « le pluralisme, la tolérance et l'esprit d'ouverture, sans lesquels il n'est pas de 'société démocratique' »[1739], l'arrêt *Handyside* contribue à ce que le pluralisme devienne une notion consubstantielle à la Convention EDH[1740].

À cet égard, le pluralisme au sein de la Convention EDH signée par 47 membres, implique l'existence des différentes identités, nationales, religieuses, ethniques ou culturelles qui sont présentes au sein d'un groupe organisé dans les États parties. Cette notion, qui est au cœur de la dialectique du droit de la Convention, renvoie à deux aspects : tant à la garantie de l'unité qu'au respect de la diversité. Concrètement, en ce qui concerne le principe de diversité, le principe de pluralisme semble étroitement lié au caractère subsidiaire du mécanisme conventionnel et, consécutivement, à la marge nationale d'appréciation qui traduit « la reconnaissance d'un pluralisme irréductible au sein de la Communauté des États européens »[1741].

La prémisse que la Convention a un caractère second par rapport aux droits nationaux empêche que les règles conventionnelles se substituent aux règles internes. Par conséquent, le principe de pluralisme, combiné avec le principe de subsidiarité, s'entend en tant que garantie de diversité[1742]. D'un côté, le principe de subsidiarité est alors susceptible de conduire à un ample respect de l'identité constitutionnelle nationale. D'un autre côté, le principe du pluralisme est aperçu non seulement comme un principe de diversité, mais aussi comme un principe d'unité imposant l'harmonisation de la protection des droits consacrés par la Convention. Il est ainsi est susceptible

---

[1737] R. ABRAHAM, « Les incidences de la CEDH sur le droit constitutionnel et administratif des Etats parties », *RUDH*, n°10 - 11, 1992, pp. 409 - 418, (p. 409).

[1738] Cour EDH, plénière, 7 décembre 1976, *Handyside contre Royaume Uni*, n°5493/72.

[1739] *ibid.*, §49.

[1740] F. SUDRE, « Le pluralisme saisi par le juge européen », *in* L. FONTAINE (dir.), *Droit et pluralisme*, Bruxelles : Némésis Bruylant, 2007, pp. 261 - 286, (p. 261).

[1741] Th. PAPADIMITRIOU, *La régulation des rapports entre l'ordre constitutionnel français et l'ordre juridique de l'Union européenne par le Conseil constitutionnel*, *op. cit.*, p. 169.

[1742] F. SUDRE, « Le pluralisme saisi par le juge européen », *in Droit et pluralisme*, *op. cit.*, p. 277.

de conduire la Cour EDH à un contrôle strict de toutes les situations susceptibles de faire partie de l'identité constitutionnelle nationale.

2. Le contrôle conventionnel des éléments identitaires

La jurisprudence issue de la Cour EDH respecte le principe de diversité. Ceci se manifeste à travers une jurisprudence qui tient d'une part, à respecter les particularités nationales et, d'autre part, à s'abstenir d'imposer une uniformité absolue quant à l'application de la Convention[1743].

Sur le premier point, la jurisprudence de la Cour européenne reflète souvent le respect des particularités nationales, en affirmant que « *la Cour ne peut négliger les caractéristiques de fond et de procédure de leurs droits internes respectifs* »[1744]. Ces particularités relèvent tant de l'organisation constitutionnelle des États parties que des particularités culturelles. À cet égard, la Cour européenne confirme que les matières concernant la politique et les droits électoraux relèvent de l'organisation constitutionnelle des États parties[1745]. En ce sens, la Cour de Strasbourg à propos de l'arrêt *McGuiness*[1746] confirme la conventionnalité de l'obligation, pour les membres de la Chambre des communes, de prêter serment d'allégeance au Monarque, sous peine de perdre leur droit d'y siéger. Selon la Cour, il s'agissait d'une obligation imposée aux intéressés afin d'affirmer leur loyauté envers les principes constitutionnels qui constituent la base, notamment, du fonctionnement de la démocratie représentative dans l'État. Cet arrêt contribue à la reconnaissance de l'identité constitutionnelle du

---

[1743] *loc. cit.*

[1744] Cour EDH, plénière, 26 avril 1979, *Sunday Times contre Royaume Uni*, n°6538/74, §61. Voir aussi M. de SALVIA, *Compendium de la CEDH, les principes directeurs de la jurisprudence relative à la Convention européenne des Droits de l'Homme*, Kehl Strasbourg Arlington : éd. N - P Engel 2003, p. 4.

[1745] Dans cette perspective, voir aussi l'arrêt Cour EDH, 11 janvier 2005, *Py contre France*, n°66289/01. Le juge européen se pose pour la compatibilité des règles électorales applicables en Nouvelle - Calédonie avec l'article 3 du Protocole n°1 (article 188, loi organique n°99 - 209 relative à la Nouvelle Calédonie). Ainsi la Cour juge que les conditions d'inscription sur les listes électorales calédoniennes ne portent pas atteinte à l'essence même du droit à des élections libres, tel que garanti par l'article 3 du Protocole n°1 (§65 de l'arrêt). A. ROBLOT - TROISIER, « La suprématie de la Constitution - La position des européennes, CEDH, 11 janvier 2005, Py contre France (n°66289/01) » *in* M. VERPEAUX et al., *Droit constitutionnel les grandes décisions de la jurisprudence*, Paris : PUF, 2011, pp. 279 - 286, (pp. 282 - 283).

[1746] Cour EDH, 8 juin 1999, *McGuinness contre Royaume Uni*, n°39511/98.

Royaume Uni à travers la validation de la conventionnalité d'une particularité constitutionnelle[1747].

Dans cette perspective s'inscrit aussi l'arrêt *Py contre France*[1748]. Le juge européen se prononce sur la compatibilité des règles électorales applicables en Nouvelle - Calédonie avec l'article 3 du Protocole n°1[1749]. Ainsi, la Cour de Strasbourg que la condition de résidence pour l'inscription sur les listes électorales calédoniennes ne porte pas atteinte à l'essence même du droit à des élections libres, tel que garanti par l'article 3 du Protocole n°1[1750]. La Cour conclut que l'histoire politique et institutionnelle tourmentée et le statut de la Nouvelle - Calédonie sont tels qu'ils peuvent être considérés comme caractérisant des « nécessités locales » de nature à permettre les restrictions apportées au droit de vote[1751]. La jurisprudence de Cour de Strasbourg permet alors le respect des particularités nationales qui sont attachées à la tradition historique et institutionnelle.

De façon similaire, la Cour de Strasbourg affirme respecter les « facteurs historiques ou politiques propres à chaque État » à propos des conditions d'éligibilité des parlementaires à propos de l'affaire *Gitonas contre Grèce*[1752]. Également, les particularités culturelles et historiques sont susceptibles d'être respectées par le système conventionnel, en matière religieuse, comme par exemple en matière de divorce et de remariage[1753] ou à propos de la présence de crucifix dans les salles de classe des écoles publiques italiennes[1754].

Toutefois, alors que la jurisprudence rendue ne semble pas gommer les particularismes nationaux, elle tente à les neutraliser. Plus précisément, le respect du pluralisme en tant que principe d'unité qui amène la Cour à exercer un contrôle juridictionnel veillant à l'application effective de la Convention et à la mise en demeure des particularités nationales. À cet égard, la Cour semble respecter la liberté religieuse et de considérer que c'est un choix étatique de se qualifier comme État laïque ou comme État rattaché à travers sa culture et histoire à une religion concrète. Néanmoins, l'État doit toujours favoriser le respect à la confession de la religion et faciliter son exercice. Les condamnations de la Grèce, où la Constitution érige le christianisme orthodoxe en tant que religion dominante dans l'État

---

1747 D. SZYMCZAK, « L'identité constitutionnelle dans la jurisprudence conventionnelle », *in L'identité constitutionnelle saisie par les juges en Europe*, *op. cit.*, p. 52.

1748 Cour EDH, 11 janvier 2005, *Py contre France*, précité.

1749 Article 188, loi organique n°99 - 209 relative à la Nouvelle Calédonie.

1750 Cour EDH, *Py contre France*, précité, §65.

1751 *ibid.* §62 et 64.

1752 Cour EDH, *Gitonas et autres contre Grèce*, précité, §39.

1753 Cour EDH, plénière, *F. contre Suisse*, 18 décembre 1987, n°11329/85.

1754 Cour EDH, Grande chambre, 18 mars 2011, *Lautsi et autres contre Italie*, n°30814/06.

en font preuve. La Grèce fut condamnée à plusieurs reprises par la Cour de Strasbourg du fait de ne pas concilier les intérêts des divers groupes religieux et de promouvoir, de façon claire, la religion orthodoxe[1755] au détriment des autres dogmes ou religions.

La Cour européenne souligne aussi son respect à la particularité constitutionnelle grecque de l'article 57 concernant les incompatibilités parlementaires à propos de l'affaire *Lykourezos*[1756]. Toutefois, elle affirme que cet article établit une incompatibilité rarement rencontrée au sein des autres États européens et refuse de la qualifier comme identitaire, car elle vide de sens de l'article 3 du protocole additionnel n°1 et la substance même des droits garantis par l'article 3 du Protocole n° 1, affectant son application effectivité.

Sur le second point, la Convention, conformément au principe de subsidiarité et à la marge d'appréciation laissée aux États membres, n'impose aucune « uniformité absolue »[1757]. Si cet énoncé paraît assez abstrait et illusoire il trouve pourtant une précision jurisprudentielle à travers l'affirmation d'absence d'une notion uniforme de la morale ou d'une « conception uniforme de la signification de la religion dans la société »[1758]. Il s'agit alors de cette acceptation de diversité qui favorise la marge d'appréciation des États à l'égard de la mise en œuvre de la Convention.

Néanmoins, la marge nationale d'appréciation, notion qui exprime au niveau jurisprudentiel le principe de subsidiarité, est aussi soumise au contrôle conventionnel. Il s'agit ainsi de la reconnaissance d'une marge, à la fois large et très restreinte. Son ampleur dépend, essentiellement, de « la présence ou absence d'un dénominateur commun aux systèmes juridiques des Etats »[1759]. Ainsi, en l'absence d'un dénominateur commun amplement

---

[1755] En guise d'exemple voir les arrêts Cour EDH, 25 mai 1993, *Kokkinakis contre Grèce*, n°14307/88 ; Cour EDH, 24 février 1998, *Larissis et autres contre Grèce*, n°s 23372/94 26377/94 26378/94 ; Cour EDH, 26 septembre 1996, *Manoussakis contre Grèce*, n°18748/91 ; Cour EDH, 14 décembre 1999, *Serif contre Grèce*, n°38178/97 ; Cour EDH, Grande chambre, 6 avril 2000, *Thlimmenos contre Grèce*, n°34369/97 qui concernent la violation de la liberté religieuse.

[1756] Cour EDH, *Lykourezos contre Grèce*, précité.

[1757] Cour EDH, *Sunday times contre Royaume Uni*, précité, §61.

[1758] Cf. notamment, Cour EDH, 20 septembre 1994, *Otto Preminger Institut contre Autriche*, n°13470/87, §50, comme cité par F. SUDRE, « Le pluralisme saisi par le juge européen », *in, Droit et pluralisme*, *op. cit.*, p. 279. Cf. aussi Cour EDH, 24 mai 1998, *Müllet et autres contre Suisse*, n°10737/84, §35.

[1759] Cour EDH, 27 mars 1998, *Petrovic contre Autriche*, n°20458/92, §38 ; Cour EDH, Grande chambre, 16 juillet 2014, *Hämäläinen contre Finlande*, n°37359/09 §109.

partagé, que les États parties jouissent encore d'une grande marge d'appréciation[1760].

Cependant, ce critère de contrôle reste assez aléatoire et ne peut, à l'état actuel du droit, conduire à tirer un constat sur des éléments identitaires. En guise d'exemple, la Cour, à propos de l'affaire *Sitaropoulos*[1761], ne tient pas compte de l'existence d'un dénominateur commun au sein de la majorité des États parties pour la protection des droits de vote pour les expatriés. Au contraire, elle accepte la légalité d'une disposition constitutionnelle de normativité affaiblie. En l'espèce, en raison de l'inaction du législateur et de l'absence de vote d'une loi prévoyant les conditions de vote des grecs expatriés, la disposition constitutionnelle prévoyant ledit droit n'a jamais été appliquée. En dépit de ça, une grande marge est reconnue en Grèce quant à la mise en œuvre de la disposition constitutionnelle en cause, ce qui a empêché la Cour à statuer sur une violation conventionnelle. Cependant, ceci ne saurait pas nous mener au constat qu'il s'agit, en espèce, d'un élément identitaire de la Grèce en raison de la présence d'une règle dépourvue d'effectivité au sein de la Constitution nationale. À l'opposé de cet exemple, l'interdiction de l'avortement, prévue dans la Constitution irlandaise, qui fut l'objet de l'arrêt *Open Door et Dublin*[1762], est considérée comme une particularité constitutionnelle irlandaise même en absence d'un dénominateur commun.

La Cour européenne, par sa jurisprudence, non seulement protège, mais aussi encadre l'identité constitutionnelle des États membres. Dans ce contexte, soutenant une position claire, la Cour de Strasbourg a condamné la violation du droit d'expression du fait de l'interdiction du droit à l'information en matière d'avortements, ce qui a conduit l'Irlande à une révision constitutionnelle[1763]. Néanmoins, l'arrêt *A, B et C*[1764], issu postérieurement sur la même question, a démontré, de façon très illustrative, que la Cour EDH respecte aussi la spécificité nationale irlandaise et fait état, en la matière, d'une autolimitation juridique considérable. En l'espèce, la Cour, qui fut invitée par les requérantes à reconnaître l'existence d'un droit autonome à l'avortement, est venue préciser que l'article 8 ne saurait s'interpréter comme consacrant un droit à l'avortement[1765]. Elle a ainsi exprimé la neutralité de la Convention au regard des valeurs morales et du

---

[1760] Cour EDH, 10 mai 2001, *Mata Estevez contre Espagne*, n 56501/00, décision sur la recevabilité, et Cour EDH, 24 juin 2010, *Schalk et Kopf contre Autriche*, n°30141/04, §92.

[1761] Cour EDH, *Sitaropoulos et Giakoumopoulos contre Grèce*, précité.

[1762] Cour EDH, *Open Door et Dublin Well woman*, précité.

[1763] *loc. cit.*

[1764] Cour EDH, Grande chambre, 16 décembre 2010, *A, B et C contre Irlande*, n°25579/05.

[1765] *ibid.*, §214.

droit individuel des femmes à la libre disposition de leur corps[1766]. La Cour a ainsi statué que « la base est les idées morales profondes du peuple irlandais concernant la nature de la vie et la protection à accorder en conséquence au droit à la vie des enfants à naître l'avortement pour motifs de santé ou de bien être sur son territoire, l'État irlandais n'a pas excédé [sa] marge d'appréciation »[1767].

En dernier lieu, la référence à la notion d'identité renvoie, selon les cas, à l'identité nationale, religieuse, ethnique ou culturelle. Néanmoins, même si ces références contribuent à la formation de l'identité constitutionnelle des États parties, elles ne permettent pas véritablement de la définir[1768]. À cet égard, des exemples tirés de la jurisprudence de la Cour EDH démontrent la difficulté pour mettre en place une typologie de son contrôle exercé au regard des éléments susceptibles d'être qualifiés comme identitaires. Contrairement à la jurisprudence de la Cour de justice qui, à propos de la détermination de la notion d'identité constitutionnelle, est plus évoluée, la Cour EDH semble juger *ad hoc* des éléments susceptibles de faire partie de cette notion sans pouvoir cerner de critères bien précis.

[1766] Ch. AKRIVOPOULOU, « L'affaire A, B et C contre Irlande, Cour EDH (16.12.2010) entre droit et éthique. Le droit à l'avortement la chance manquée pour un arrêt Roe versus Wade », *DtA*, n°55, 2012, pp. 729 - 759.

[1767] Cour EDH, *A, B et C contre Irlande*, précité, § 241.

[1768] D. SZYMCZAK, « L'identité constitutionnelle dans la jurisprudence conventionnelle », *in L'identité constitutionnelle saisie par les juges en Europe*, *op. cit.*, p. 46.

Section 2. Les initiatives nationales à l'égard de la mise en valeur de la Constitution

Les révisions constitutionnelles approuvées par plusieurs États au fil de l'évolution de la construction européenne, permet d'affirmer que la Constitution n'échappe pas à l'interaction continue de l'ordre interne avec les ordres européens. Néanmoins, la Constitution ne se trouve pas seulement en état d'interaction avec les ordres européens, mais aussi au cœur de conflits avec eux. La jurisprudence, de plus en plus riche, des deux Cours européennes en matière constitutionnelle permet de s'interroger sur des moyens de renforcement de la Constitution nationale pour trouver de voies de dialogue effectives avec les deux ordres européens et créer des lignes de résistance face à l'empiétement de ceux - ci dans l'ordre interne.

Ayant déjà étudié les manifestations jurisprudentielles européennes, il est nécessaire de proposer quelques solutions afin que la Constitution devienne une norme rigide dotée de la capacité de s'adapter aux évolutions de la construction européenne (§1). Ainsi, le juge national peut développer à son tour une jurisprudence dynamique, s'appuyant sur une Constitution forte, constituant « un acte vivant, un acte ouvert à la création continue de droits et libertés »[1769], garantissant des résistances substantielles et contentieuses face au droit de l'UE et au droit de la Convention EDH. De même, la définition de la notion d'identité constitutionnelle peut servir comme contre limite à la construction européenne. À cet égard, il est opportun de s'interroger sur les domaines qui demeureraient en interaction avec les ordres européens, et sur ceux qui constitueraient des situations purement internes et qui seraient ainsi dépourvus de « magnétisme juridique »[1770] au sein des ordres juridiques européens (§2).

§1. Le rôle de la Constitution : entre adaptation et stabilité des normes

Dans la plupart de cas, l'adoption de la Constitution nationale précède la ratification de la Convention EDH ou l'adhésion du pays à l'Union européenne. De plus, la manière dont la Constitution est rédigée, son contenu ainsi que la clarté des objectifs visés par le constituant[1771],

---

1769 D. ROUSSEAU, *Droit du contentieux constitutionnel,* Paris : LGDJ, 10e ed., 2013, p. 447.

1770 J. - P. PUISSOCHET, St. GERVASONI, « Droit communautaire et droit national : à la recherche des situations de l'ordre interne », *in* R. DENOIX DE SAINT MARC (dir.), *Juger l'administration, administrer la justice, mélanges en l'honneur de Daniel Labetoulle*, Paris : Dalloz, 2007, pp. 717 - 732, (p. 719).

1771 M. FATIN - ROUGE STEFANINI, « La constitution doit - elle être efficace ? », *in* M. FATIN - ROUGE STEFANINI, L. GAY, A. VIDAL - NAQUET (dir.), *L'efficacité de la* contribuent à la rendre efficace et à garantir son autorité. Or, l'importance grandissante des normes européennes nous amène à remettre en question l'autorité de la Constitution[1772].

Afin de garantir son autorité, la Constitution nationale doit être ajustée aux nouvelles conditions d'interaction entre l'ordre national et les deux ordres européens. Il existe ainsi un impératif d'adapter le texte constitutionnel à des nouvelles réalités initialement ignorées. Cet impératif est complété par la nécessité d'assurer la cohérence du texte constitutionnel[1773]. À ce propos, l'actualisation de la Constitution grecque, mais aussi la garantie de sa continuité imposent une réforme de la procédure de la révision constitutionnelle (A) ainsi que le renforcement de la qualité rédactionnelle de la Constitution est donc nécessaire (B).

A. La nécessité de modifier la procédure de révision constitutionnelle

Sur un plan général, la révision constitutionnelle dans l'ordre juridique grec est soumise à un nombre de conditions très strictes qui empêchent son recours fréquent. En raison de la procédure de révision très compliquée, des dispositions constitutionnelles doivent interprétées *contra constitutionnem* par le juge ou elles doivent être révisées implicitement par le pouvoir législatif affaiblissent la normativité de la Constitution, ce qui peut porter atteinte à son pouvoir symbolique.

En guise d'exemple, l'article 16 de la Constitution dispose que l'instruction est gratuite à tous les degrés, dans les établissements d'enseignement de l'État. Cet article, qui n'a pas changé depuis son entrée en vigueur en 1975, était initialement interprété de façon de permettre l'instruction à titre gratuit des études de troisième cycle et, plus précisément les études en master dispensées par les Universités en Grèce. Le Conseil d'État, confronté à la question de la constitutionnalité de la prévision de frais imposés par certains établissements universitaires pour le cursus d'études en master, a adopté une interprétation *contra constitutionnem* en vue de conclure sur la constitutionnalité de la disposition législative permettant l'imposition des frais de scolarité[1774].

---

norme juridique : nouveau vecteur de légitimité ?, Bruxelles : Bruylant, 2012, pp. 209 - 231, (p. 227).

[1772] P. De MONTALIVET, « La dégradation de la qualité de la norme constitutionnelle sous la Ve République », *RDP*, n°4, 2012, pp. 925 - 946, (p. 945).

[1773] J. PASCAL, « L'instabilité constitutionnelle sous la Ve République. Les dangers du bavardage constitutionnel », *in* Ch. BOUTAYEB et al. (dir.), *La Constitution, l'Europe et le droit : liber amicorum discipulorumque mélanges en l'honneur de Jean - Claude Masclet*, Paris : Publications de la Sorbonne, pp. 273 - 282, (p. 273).

[1774] Conseil d'État, Assemblée plénière 2411/2012.

La rigidité de la Constitution grecque met parfois en doute la possibilité de la Constitution de s'adapter aux nouvelles réalités juridiques tout en garantissant la stabilité des normes. Les modalités de révision de la Constitution grecque étant très strictes, elles ne permettent pas de réviser la Constitution que si deux Assemblées successives la valide et dans un délai d'au minimum cinq ans depuis la dernière révision Constitution. En outre, des majorités parlementaires renforcées sont requises pour que la révision de la Constitution soit validée. Ces conditions très strictes mènent souvent à une situation paradoxale où, bien que les dispositions constitutionnelles soient contraires aux exigences européennes, leur révision n'est pas admise. La pertinence de la méthode retenue est alors remise en question.

Le nombre de révisions que la Constitution grecque a subi pendant ces presque 40 ans est limité. La Constitution n'a été révisée que trois fois[1775] depuis 1975 ; les deux révisions les plus récentes, visaient implicitement son actualisation conformément aux exigences européennes, avec l'ajout de dispositions relatives à la protection des droits fondamentaux, ainsi que l'ajout de la déclaration interprétative de son article 28 concernant le processus d'intégration européenne. En contraste, la Constitution française a fait l'objet de nombreuses révisions. Ainsi, depuis son entrée en vigueur en 1958, elle a fait l'objet de vingt - quatre révisions, dont six sont intervenues pour prendre en compte « les étapes européennes renouvelées »[1776], en vue d'adapter la norme constitutionnelle aux évolutions de la construction européenne[1777].

Cette situation opposée entre deux États qui participent à la construction européenne nous mène à réfléchir sur le niveau de rigidité approprié de la Constitution[1778]. Il y a lieu d'affirmer que l'ordre grec s'adapte de façon très

---

[1775] Il s'agit des révisions constitutionnelles qui ont eu lieu en 1986, 2001 et 2008.

[1776] M. GUILLAUME, « La Constitution de 1958 et l'Europe, de l'Union libre au pacs », *op. cit.*, p.80.

[1777] Révision constitutionnelle permettant la ratification du Traité de Maastricht (Loi constitutionnelle n°92 - 554 du 25 juin 1992, ajoutant à la Constitution un titre « Des Communautés européennes et de l'Union européenne) ; la ratification du Traité d'Amsterdam (Loi constitutionnelle n°99 - 49 du 25 janvier 1999, modifiant les articles 88 - 2 et 88 - 4 de la Constitution) ; du Traité établissant une Constitution pour l'Europe (Loi constitutionnelle n°2005 - 204 du 1er mars 2005 modifiant le titre XV de la Constitution) ; du Traité de Lisbonne (Loi constitutionnelle n°2008 - 103 du 4 février 2008 modifiant le titre XV de la Constitution) et la ratifications les dispositions de la Convention d'application de l'accord de Schengen relatives au droit d'asile (Loi constitutionnelle n°93 - 1256 du 25 novembre 1993 relative aux accords internationaux en matière de droit d'asile). L. GUILLOUD, « Révision constitutionnelle et intégration européenne, l'insoutenable légèreté de la Constitution », *RDP*, n°2, 2009, pp. 397 - 424, (p. 399).

[1778] L'auteur L. GUILLOUD, « Révision constitutionnelle et intégration européenne, l'insoutenable légèreté de la Constitution », *op. cit.*, p. 400 se positionne en faveur efficace aux évolutions européennes à travers la clause générale d'intégration de l'article 28. Toutefois, la concurrence entre l'ordre constitutionnel et les ordres européens ne se manifeste pas au moment de l'intégration des droits européens dans l'ordre interne, mais plus tard, par le biais de la jurisprudence européenne qui est amenée à statuer sur la compatibilité des dispositions constitutionnelles avec les droits européens. Cela étant, même si la norme constitutionnelle grecque contient des dispositions très précises concernant la protection des droits de l'homme, il est vrai que, dans sa première version, il était impossible de répondre totalement aux engagements émanant, tant du droit du Conseil de l'Europe que du droit de l'UE, tels que précisés par la jurisprudence des deux Cours européennes. Ainsi, la Constitution se trouve face à la nécessité d'une actualisation afin de correspondre aux nouveaux de la construction européenne.

Dans le cadre de la « juridictionnalisation » des droits européens[1779], ainsi que de l'élargissement continu des champs d'intervention des deux Cours européennes, l'objectif d'actualisation de la Constitution implique nécessairement une réforme de la procédure de révision. Surtout en ce qui concerne les limites de temps. D'une part, la condition posée par l'alinéa 6 de l'article 110 qui interdit la révision de la Constitution avant que cinq ans se soient écoulés à partir de la fin de la révision précédente, restreint le pouvoir constituant dérivé. D'autre part, l'approbation de la révision par deux Assemblées successives implique, nécessairement, la tenue d'élections. Des considérations politiques ou électoralistes peuvent alors conditionner la révision constitutionnelle.

Pour que l'autorité de la Constitution ne soit pas affaiblie et afin d'essayer de lisser les points de friction entre les ordres juridiques européens, la Constitution nationale doit pouvoir être révisée suivant une procédure moins complexe dans le cas d'incompatibilité manifeste entre la norme suprême nationale et les droits européens. L'alignement des finalités constitutionnelles et européennes par le pouvoir constituant dérivé devrait avoir aussi comme but de renforcer l'autorité et la stabilité de la Constitution sans pour autant altérer son caractère rigide. C'est pourquoi, mis à part son actualisation, la stabilité fonctionnelle de la Constitution joue aussi un rôle majeur et constitue un but à poursuivre.

---

de l'insertion d'une clause générale autorisant largement les transferts de compétences en vue de la poursuite du processus d'intégration sous une procédure généralisée. Ce choix ôterait à la procédure suivie son caractère circonstanciel qui tend à la manipulation du texte Constitutionnel. Voir à ce propos M. VERPEAUX, « Comment faciliter l'entrée de certains États dans l'Union européenne ? », *LPA*, n°97, 2008, pp. 96 - 97.

[1779] X. KONTIADIS, « Les points de friction entre la Constitution et le système juridique européen », *ToS*, 2006, pp. 1071 - 1090, (pp. 1089 - 1090).

B. Le renforcement de la qualité rédactionnelle de la Constitution

L'impératif de la stabilité constitutionnelle s'impose en raison de deux objectifs : établir l'organisation politique et assurer la protection des droits et libertés[1780]. Néanmoins, la perte de qualité de la Constitution grecque est très marquée à propos d'un nombre des dispositions constitutionnelles. Un exemple de disposition constitutionnelle très analytique est celle de l'article 97 alinéa 1er de la Constitution concernant la composition des tribunaux à jury mixte, composés de magistrats du siège et de jurés. Il s'agit par ailleurs d'une disposition pas seulement très analytique, mais qui pourrait être prévue par une loi ordinaire et non pas par la Constitution. De même la disposition très détaillée de l'article 14 alinéa 9 prévoit de façon très détaillée un régime d'incompatibilité des activités parallèles dans le domaine des médias et dans celui des marchés publics.

En effet, au sein de la Constitution, ont été insérées des dispositions détaillées qui n'avaient pas un caractère constitutionnel, mais, au contraire, avaient le caractère de loi ordinaire, et de plus présentaient des défauts et une rédaction très complexe. Avec l'insertion de telles dispositions détaillées, surtout celles relatives à l'article 14 alinéa 9 des points de friction avec les droits européens ont très tôt émergé et, de plus, la qualité de la Constitution a été affectée en raison de la mise en doute de l'objectif de protection des droits.

Il est vrai qu'à propos de la procédure révisionnelle de 2001, l'« enthousiasme » et le « maximalisme révisionnel »[1781] ont dominé. C'est pourquoi la Constitution nationale s'est trouvée au centre de conflits avec les droits européens. La portée dans le temps de la Constitution se voit alors limitée, lui donnant un caractère précaire, étant donné que souvent les dispositions constitutionnelles qui sont au centre des conflits sont révisées de façon indirecte par la voie jurisprudentielle ou par les lois ordinaires votées ultérieurement.

Cette situation qui a mené vers un changement profond de l'ordre constitutionnel grec nous conduit à deux constats. Tout d'abord, il faut garantir la clarté du texte constitutionnel. Ensuite, il faut opter pour une

---

[1780] Ch. GESLOT, « Stabilité et révisions constitutionnelles sous la Ve République », *RDP*, n°3, 2013, pp. 641 - 672, (pp. 663 - 664).

[1781] Pour la révision constitutionnelle ainsi que la qualité de la Constitution voir E. VENIZELOS, *L'acquis révisionnel*, Athènes - Komotini : éd. A. Sakkoulas, 2002, p. 121 et E. VENIZELOS, « Conscience constitutionnelle ou verve révisionnelle ?, Les 'après' et les 'avant' d'une révision constitutionnelle », *in* X. KONTIADIS (dir.), *5 ans après la révision constitutionnelle, appréciation et propositions pour une nouvelle révision constitutionnelle, Centre de droit européen et constitutionnel* Athènes - Komotini : éd. A. Sakkoulas, 2006, pp. 987 - 1073, P. FOUNTEDAKI, « Tentative d'une révision constitutionnelle : à la recherche des principes fondamentaux », *ToS*, 2006, pp. 783 - 821, (p. 795).

répartition des compétences effectives entre le pouvoir législatif et le pouvoir constituant dérivé.

Sur le premier plan annoncé, afin de mieux assurer l'adaptation de la Constitution aux évolutions européennes, mais aussi garantir sa stabilité, il faudrait mettre en œuvre des révisions constitutionnelles qui permettent d'insérer dans la Constitution des règles courtes, mais précises. De plus, Il faut éviter de régler des problèmes trop complexes et particuliers par le biais de dispositions constitutionnelles. En outre, les dispositions constitutionnelles prévoyant une habilitation constitutionnelle, restant inappliquées, sont dotées d'une effectivité réduite et relativisent la normativité de la Constitution. L'habilitation constitutionnelle de l'article 51 alinéa 4 concernant le droit de vote des grecs expatriés confirme ce constat. Même si la Grèce ne fut pas condamnée devant la Cour de Strasbourg à propos de l'arrêt *Sitaropoulos*, cet article qui prévoit le droit de vote des Grecs expatriés et renvoie à la loi pour fixer les modalités d'exercice de ce droit, reste inactif pendant presque 40 ans, depuis le vote de la Constitution de 1975. Toutes ces situations ont comme résultat l'affaiblissement de la qualité de la Constitution.

En effet, l'étude du droit constitutionnel et du fonctionnement des institutions démontre, que les dispositions constitutionnelles ne doivent pas être très précises et techniques[1782]. La Constitution grecque, comme plusieurs Constitutions des États européens, se trouve souvent aux prises de la jurisprudence européenne. Le danger pour une disposition très précise de devenir obsolète et inappliquée est grand surtout à cette époque de forte interaction entre l'ordre national et les ordres européens.

Ceci étant, il semble plus pertinent de s'appuyer sur des principes généraux du droit contenus dans le texte de la Constitution, afin d'éviter l'introduction de dispositions particulièrement détaillées et circonstanciées[1783]. Du point de vue ontologique, la Constitution devrait

---

[1782] M. FATIN - ROUGE STEFANINI, « La constitution doit - elle être efficace ? », *in L'efficacité de la norme juridique : nouveau vecteur de légitimité ?, op. cit.*, p. 219.

[1783] Ph. SPYROPOULOS, « Approches spécifiques de la liberté économique », *ToS*, 2006, pp. 1147 - 1150, (p. 1149) et X. KONTIADIS, « La délimitation de la relation du pouvoir politique avec les médias. Pluralisme et transparence au système communicatif selon les articles 14 et 15 de la nouvelle Constitution », *in* D. TSATSOS, E. VENIZELOS (dir.), *La nouvelle Constitution, colloque sur la Constitution révisée de 1975/1986/200*, Athènes - Komotini :éd. A. Sakkoulas, 2001, pp. 265 - 345, (p. 284) qui propose l'interprétation historique et évolutive de l'article 14 alinéa 9 tel qui était avant la révision, afin qu'il devienne conforme aux directives européennes. Voir aussi la proposition de P. FOUNTEDAKI, « L'Université et la Constitution, révision de l'article 16 » *in* Ch. AKRIVOPOULOU, N. PAPACHRISTOS (dir.), *Le défi de la révision constitutionnelle*, Athènes - Komotini : éd. A. Sakkoulas, 2013, pp. 199 - 210 qui propose la révision de l'article nécessairement rester « courte » et ne comporter que des règles peu nombreuses et formulées en termes généraux, le reste étant délégué à des normes de rang inférieur[1784]. Ainsi, une Constitution qui permet d'énoncer des principes généraux opératoires, des règles relatives au fonctionnement des institutions et des règles relatives à la protection des droits fondamentaux pourrait servir à l'adaptation de la norme constitutionnelle aux exigences toujours croissantes tant du droit de l'Union européenne que du droit de la Convention EDH.

Dans tous les cas, la Constitution ne peut jamais se réduire complètement à une définition formelle qui ne prend en compte que les aspects techniques de ses dispositions. Elle doit toujours être complétée par d'autres éléments, à savoir de textes complémentaires ou des règles non écrites ainsi que par la jurisprudence[1785]. À ce propos, une interprétation évolutive de la Constitution est nécessaire d'être effectuée, au cas par cas, par le juge pour permettre à la norme constitutionnelle d'assurer son pouvoir d'adaptation aux évolutions sociales et politiques. Dans ce contexte, la Constitution peut être considérée comme « vivante »[1786], en faisant ainsi appel à la théorie de « living constitution » consacrée aux États - Unis.

Par cette dénomination il faut entendre « la théorie selon laquelle la Constitution doit constamment s'adapter, par le biais du juge, aux valeurs morales et aux idéaux évolutifs du peuple américain. À cette fin sont mobilisés les principes fondamentaux qui sous - tendent le texte » [1787]. La notion de la Constitution vivante renvoie alors à une notion très large[1788] qui pourrait, en tant que méthode d'interprétation juridique, être appliquée pour

---

16 en prévoyant le fonctionnement des Universités publiques ainsi que privées mais satisfaisant un certain nombre des garanties prévues par la loi.

1784 Ch. GESLOT, « Stabilité et révisions constitutionnelles sous la Ve République », *RDP*, n°3, 2013, pp. 641 - 672, (p. 658).

1785 M. de VILLIERS, A. LE DIVELLEC, *Dictionnaire de droit constitutionnel*, Paris : Dalloz, 2013, définition de la constitution, pp. 73 - 78, (p. 77).

1786 L'idée d'une Constitution *vivante* fut déjà avancée par le juge Oliver Wendell HOLMES en 1914 dans l'arrêt *Gompers v. United States* et explicitement consacré en 1920 dans l'arrêt où *Missouri vs. Holland*, 252 U.S. 416 (1920) où il qualifia la Constitution « d'être dont le développement ne pouvait pas être prévu par les plus talentueux de ses géniteurs ». Pour la naissance de cette notion voir aussi E. ZOLLER, *Les grands arrêts de la Cour suprême des Etats - Unis*, Paris : Dalloz, 2010, pp. 306 - 308.

1787 A. VLACHOGIANNIS, *La Living Constitution : Les juges de la Cour suprême des États - Unis et la Constitution*, Paris : Classiques Garnier, 2014, p. 597.

1788 Voir aussi à ce propos D. STRAUSS, *The living Constitution*, New York Oxford : Oxford University Press, 2010 et A. Le QUINIO, *Recherche sur la circulation des solutions juridiques : le recours au droit comparé par les juridictions constitutionnelles*, Paris : LGDJ, 2011, pp. 261 - 265.

permettre, dans le contexte européen, d'interpréter la Constitution aux évolutions européennes.

Sur le second plan annoncé, afin d'éviter les dangers du bavardage constitutionnel qui caractérisent l'ordre juridique grec, il faut aussi opter pour une répartition des compétences effective entre le pouvoir législatif et le pouvoir constituant dérivé. Éviter la dégradation de la norme constitutionnelle, liée à sa complexification et aux conditionnements et d'habilitation constitutionnels peu précis constitue alors un but primordial. Par conséquent, et afin d'éviter les difficultés d'interprétation, il est opportun de laisser au pourvoir législatif l'adoption dispositions détaillées et complexes.

Enfin, il est vrai que l'importance grandissante des normes européennes contribue à remettre en question l'autorité de la Constitution. Face à ce défi, il faut que la Constitution ne renonce pas à sa qualité rédactionnelle.

§2. La recherche de la définition de l'identité constitutionnelle grecque à l'aune de droit comparé

« L'insoutenable indétermination de l'identité constitutionnelle telle qu'elle est saisie par les juges en Europe saute aux yeux »[1789]. En effet, la concrétisation de cette notion est très difficile comme elle recouvre plusieurs conceptions et donc plusieurs contenus qui sont variables d'une juridiction à l'autre.

L'hétérogénéité de la notion d'identité constitutionnelle est alors incontestable. Cette hétérogénéité est néanmoins justifiée à certains égards. Chaque ordre national souhaite conserver la possibilité de défendre jusqu'à un certain point ses valeurs et ses principes propres, ce qu'on peut appeler un « moi constitutionnel »[1790]. La Grèce, de son côté, n'invoque pas, de façon explicite, la notion d'identité constitutionnelle. Toutefois, les exemples des autres États membres pourraient contribuer à la définition de cette notion et, inciter les juridictions grecques à faire appel à cette notion.

Afin de définir la notion d'identité constitutionnelle de façon qu'elle puisse être respectée par les deux ordres européens, il y a lieu de chercher ses caractéristiques principales propres à chaque État. Tout d'abord, l'identité constitutionnelle de chaque pays se reflète *a priori* essentiellement dans le texte constitutionnel (A). Or, la notion d'identité constitutionnelle est

---

[1789] L. BURGORGUE - LARSEN, « L'identité constitutionnelle en question(s) » *in* L. BURGORGUE - LARSEN (dir.), *L'identité constitutionnelle saisie par les juges en Europe*, Paris : éd. A. Pédone, 2011, pp. 155 - 168, (p. 158).

[1790] Expression de A. VIALA, « Le concept de l'identité constitutionnelle », *in* L. BURGORGUE - LARSEN (dir.), *L'identité constitutionnelle saisie par les juges en Europe*, éd. Paris : éd. A. Pédone, 2011, pp. 7 - 24, (p. 12).

une notion en pleine évolution, ce qui permet aussi sa définition à travers les échanges jurisprudentiels entre les juridictions nationales et européennes (B).

A. Le reflet de l'identité nationale dans le texte constitutionnel

Même si l'identité constitutionnelle ne se réduit pas à la somme des normes qui composent la Constitution, il a lieu d'affirmer que la Constitution de tout État peut être considérée comme « la source privilégiée d'identification de son identité nationale »[1791]. Afin de déterminer la notion de l'identité constitutionnelle, nous nous appuyons sur le texte constitutionnel. Des éléments reflétant une ipséité constitutionnelle[1792] à chaque pays peuvent alors être présents dans la Constitution (1). En outre, l'ancrage de la notion de l'identité constitutionnelle dans les dispositions constitutionnelles non révisables de la Constitution est évidente (2).

1. De particularités nationales inscrites dans la Constitution

Tout d'abord, l'identité constitutionnelle qui est propre à chaque pays se définit par rapport à la protection des droits fondamentaux. Les difficultés d'établir une identité des normes et des sources se traduisent également en tant que difficultés de conclure à une identité des niveaux de protection des droits, car chaque ordre juridique dispose de ses propres mécanismes et admet ses propres exceptions. C'est pourquoi, souvent, l'identité constitutionnelle se voit, non pas comme un niveau de protection « identique », mais comme un niveau de protection « comparable » ou « équivalent »[1793].

Tout d'abord, l'identité constitutionnelle, se reflète surtout à propos des « clauses constitutionnelles d'intégration » c'est - à - dire l'inscription explicite ou implicite dans la Constitution du principe de la participation du pays à l'Union européenne[1794]. L'article 28 alinéa 3 de la Constitution grecque qui stipule que « *la Grèce procède librement, par une loi adoptée à la majorité absolue du nombre total des députés, à des restrictions à l'exercice de la souveraineté nationale, dans la mesure où cela est dicté par un intérêt national important, ne lèse pas les droits de l'homme et les*

[1791] A. LEVADE, « Quelle identité constitutionnelle nationale face à l'Union européenne ? », *Annuaire de droit européen*, Vol. II, 2004, pp. 173 - 197, (p. 194).

[1792] M. BLANQUET, « Mêmeté et ipséité constitutionnelles dans l'Union européenne », *in Mélanges en l'honneur du Professeur Joël Molinier*, *op. cit.*, p. 63.

[1793] V. CHAMPEIL - DESPLATS, « Les droits fondamentaux et l'identité des ordres juridiques : l'approche publiciste », *in* E. DUBOUT, S. TOUZE (dir.), *Les droits fondamentaux : charnières entre ordre et systèmes juridiques*, Paris : éd. A. Pédone, 2010, pp. 149 - 163, (pp. 157 - 158).

[1794] A. LEVADE, « Quelle identité constitutionnelle nationale face à l'Union européenne ? » *op. cit.*, p. 177 - 178.

fondements du régime démocratique et est effectué sur la base du principe d'égalité et sous condition de réciprocité», pourrait servir comme contre limite à l'application du droit de l'UE[1795] et dès lors comme fondement de l'identité constitutionnelle. Ensuite, l'identité constitutionnelle, notion fortement liée à la notion d'État souverain peut être définie, selon les énoncées de l'article 4TUE, à travers les caractéristiques structurelles et fonctionnelles de chaque État, telles que la structure politique et constitutionnelle, la langue parlée, l'organisation de la défense, le territoire[1796].

Or, des particularités constitutionnelles qui pourraient faire partie de la notion de l'identité nationale se retrouvent dans les réserves exprimées par les États membres en vue de leur participation dans la construction européenne. Ainsi, certaines dispositions nationales peuvent être constitutives de l'identité constitutionnelle nationale bien qu'elles tendent au même moment à relativiser l'uniformité d'application des principes européens. Il s'agit d'éléments dont leur qualification d'identitaires dépend des échanges jurisprudentiels entre les juridictions nationales et européennes.

À ce propos, le respect des identités constitutionnelles se manifeste par l'inscription, à l'occasion de révision des traités constitutifs, des protocoles ou des déclarations. Deux exemples sont particulièrement illustratifs[1797]. D'une part, le protocole n°35 annexé au TFUE tend à garantir la disposition constitutionnelle irlandaise qui reconnaît le droit à la vie de l'enfant à naître et, par conséquent, l'interdiction volontaire de grossesse. Dans un premier temps, ce sujet a été résolu avec l'ajout d'un protocole juridiquement contraignant au Traité de Maastricht[1798], selon lequel aucune disposition du droit de l'UE ne peut affecter l'application en Irlande de l'article 40.3.3 de la Constitution[1799]. Par ailleurs, l'Irlande a exprimé sa réserve quant au respect

---

[1795] C. YANNAKOPOULOS, *L'influence du droit de l'Union européenne au contrôle juridictionnel de constitutionnalité des lois*, *op. cit.*, p. 374.

[1796] Rapport final du groupe de travail V « compétences complémentaires », CONV 375, pp. 10 - 12.

[1797] V. CONSTANTINESCO, « La confrontation entre identité constitutionnelle européenne et identités constitutionnelles nationales Convergence ou contradiction ? Contrepoint ou hiérarchie », *in L'union européenne. Union de droit, union des droits, Mélanges en l'honneur du Professeur Philippe Manin*, *op. cit.*, p. 87 - 89.

[1798] Il s'agit du protocole n°17 : « *Aucune disposition du traité sur l'Union européenne, des traités instituant les Communautés européennes ni des traités et actes modifiant ou complétant lesdits traités n'affecte l'application en Irlande de l'article 40.3.3 de la Constitution de l'Irlande* ».

[1799] Il s'agit du protocole n°35 annexé au TFUE. Selon D. Curtin ce protocole a été introduit pour « fermer la porte que la CJUE a laissé peu ouverte » avec l'arrêt C - 159/90, D. CURTIN, The constitutional structure of the union a Europe of bits and pieces, *CMLRev* 1993, pp. 17 et suiv. (p. 51) cité par L. PAPADOPOULOU, de cette disposition tout au long de la procédure visant à instituer une Constitution pour Europe[1800], ainsi qu'au stade de la ratification du Traité de Lisbonne[1801]. Ainsi, cette disposition constitutionnelle interdisant l'avortement qui semble relativiser le principe de libre prestation de services à l'intérieur de l'UE, est toutefois susceptible d'être respectée par l'UE.

D'autre part, en Grèce, l'Église orthodoxe dispose une place prépondérante dans la société hellénique et deux articles constitutionnels la définissent en tant que religion dominante[1802]. De plus, l'article 105 de la Constitution détermine le régime spécial du mont Athos, région de l'État grec qui abrite un ensemble de monastères. Cet article renvoie à la charte statutaire du Mont Athos qui interdit de manière expresse l'accès et le séjour des femmes, quelle que soit leur nationalité. Afin de légitimer cette exception par rapport au principe d'égalité, une déclaration commune fut annexée au traité d'adhésion de la Grèce à la CEE. Cette déclaration vise, de façon générale, la reconnaissance du statut spécial du Mont Athos sans faire pour autant mention explicite à l'interdiction d'accès aux femmes[1803]. La réserve de la Grèce fut confirmée par une déclaration annexée au traité d'Amsterdam[1804], tendant à nouveau à sauver la compatibilité d'une particularité nationale avec le droit de l'UE. Ainsi, on peut conclure que la religion dominante de Grèce, loin d'être qualifiée dans tous ses aspects comme étant un élément identitaire absolu et restant hors du champ du contrôle de deux Cours, peut toutefois, sous certains aspects, être respectée en raison de son ancrage dans la tradition culturelle du pays. C'est dans ces

---

Constitution nationale et droit communautaire, La question de primauté, op. cit., p. 312.

[1800] Voir l prévision pour le protocole n°31 « *Aucune disposition du traité sur l'Union européenne, des traités instituant les Communautés européennes ni des traités et actes modifiant ou complétant lesdits traités n'affecte l'application en Irlande de l'article 40.3.3 de la Constitution de l'Irlande* ».

[1801] Le protocole annexé au traité sur l'Union européenne et aux traités instituant les Communautés européennes est modifié comme suit : a) Le protocole est intitulé « Protocole sur l'article 40.3.3 de la Constitution de l'Irlande ».

[1802] Article 3 de la Constitution grecque.

[1803] La déclaration annexée au traité d'adhésion de la Grèce aux Communautés européennes du 28 mai 1979 est formulée comme suivant : « *En reconnaissant que le statut spécial qui a été concédé au Mont - Athos, comme il est garanti par l'art. 105 de la Constitution hellénique, est justifié exclusivement pour des raisons spirituelles et religieuses, la Communauté veillera à ce que des raisons soient prises en compte pendant l'application et l'élaboration des dispositions du droit communautaire, surtout en ce qui concerne les exemptions fiscales et douanières* ».

[1804] Il s'agit de la déclaration n°59 : « *En ce qui concerne la Déclaration relative aux églises et des associations ou communautés non confessionnelles, la Grèce rappelle la Déclaration relative au Mont Athos annexée à l'Acte final du traité d'adhésion de la République hellénique aux Communautés européennes* ».

cas, que l'on peut toujours déceler la préservation des valeurs proprement nationales. Ces déclarations ont pour objet d'enlever la possibilité de contradiction avec le droit de l'UE.

De la même façon, à propos de la ratification de la Convention EDH, des réserves émises constituent un moyen pour les États de maîtriser leurs engagements, en excluant certains domaines, ou en précisant le sens d'une disposition conformément à une interprétation donnée[1805]. En guise d'exemple, la réserve émise par l'Espagne concernant la restriction constitutionnelle de la liberté de se syndiquer pour les Forces ou Corps armés[1806] et les juges, magistrats et procureurs[1807], relativise la portée de l'article 11 de la Convention EDH, mais peut être qualifiée comme élément identitaire susceptible d'être respecté par la Cour de Strasbourg[1808].

La mise de réserves par les États n'exclut pas pour autant le contrôle européen sur les sujets visés. Les réserves n'ont pas comme résultat de rendre les deux Cours totalement incompétentes pour connaître les domaines et les situations que les États ont entendu se réserver. Néanmoins, elles posent des principes pour que des situations présentant certaines particularités étatiques conduisent à la relativisation de l'uniformité d'application des droits européens. Dans ce contexte, un premier signe du respect de l'identité constitutionnelle grecque peut être retracé, de façon implicite, en matière religieuse.

2. Les sources de l'identité nationale aux dispositions non révisables de la Constitution

L'identité constitutionnelle se manifeste par les dispositions constitutionnelles déclarées non susceptibles de révision. La finalité du pouvoir constituant originaire est surtout d'assurer la permanence de valeurs constitutionnelles les plus importantes en les rendant insusceptibles de révision. Le caractère non révisable de certains articles constitutionnels

---

[1805] B. DELZANGLES, *Activisme et autolimitation de la Cour européenne des Droits de l'Homme*, *op. cit.*, p. 173, pour la liste des réserves et déclarations d'interprétation des Etats parties de la Convention voir le site : http://conventions.coe.int/Treaty/Commun/ListeDeclarations.asp?CL=FRE&CM=8&NT=005&VL=0.

[1806] Conformément à l'article 28 alinéa 1er de la Constitution espagnole : « *(...) La loi peut limiter ou exclure de l'exercice de ce droit les forces armées, les institutions ou les autres corps soumis à la discipline militaire et elle règle les particularités de son exercice pour les fonctionnaires publics. (...)* »

[1807] Article 127 alinéa 1er de la Constitution espagnole : « *Les juges et les magistrats ainsi que les procureurs, tant qu'ils sont en activité, ne peuvent exercer d'autres charges publiques, ni appartenir à un parti politique ou à un syndicat* (...) »

[1808] Réserve remise lors du dépôt de l'instrument de ratification, le 4 octobre 1979.

exprime alors leur fonction de composante de l'identité constitutionnelle nationale[1809].

Ainsi, l'article 79 - 3 de la Loi fondamentale allemande, qui interdit la révision des dispositions touchant à l'organisation de la Fédération en Länder, au principe de concours des Länder à la législation fédérale ou principe de dignité, et au principe démocratique ainsi qu'à l'état de droit, relèvent de l'identité constitutionnelle du pays et renvoient à son histoire et à sa culture politique.

De même, la prohibition de révision de la « forme républicaine du gouvernement », prévue dans l'article 89 de la Constitution française, constitue le « noyau de l'identité constitutionnelle française »[1810]. De la même manière, les stipulations de l'article 110 de la Constitution grecque, mentionnant que « *les dispositions de la Constitution peuvent faire l'objet d'une révision, à l'exception de celles qui déterminent la base et la forme du régime politique en tant que République parlementaire...* », déterminent une partie de l'identité constitutionnelle grecque qui pourrait être opposable aux deux ordres européens en cas de conflit.

Toutefois, les limites à la révision constitutionnelle qui renvoient à la portée de la défense de l'identité constitutionnelle nationale ne sont pas toujours bien définies dans tous les États[1811]. Alors que certains pays optent pour l'institution des réserves explicites dans leur Constitution à propos des dispositions non révisables[1812], d'autres admettent la possibilité de recourir à la révision constitutionnelle sous conditions strictes, mais sans pour autant défendre *a priori* un noyau constitutionnel dur[1813].

Même s'il semble que la première catégorie de pays pose des limites précises quant à la concrétisation de l'identité constitutionnelle nationale tandis que la seconde pose des limites plus « floues » ce constat ne

---

[1809] V. CONSTANTINESCO, » La confrontation entre identité constitutionnelle européenne et identités constitutionnelles nationales Convergence ou contradiction ? Contrepoint ou hiérarchie », *in L'union européenne. Union de droit, union des droits, Mélanges en l'honneur du Professeur Philippe Manin*, *op. cit.*, p. 84.

[1810] *ibid.*, p. 85.

[1811] Fr. MAYER, « L'identité constitutionnelle dans la jurisprudence constitutionnelle allemande, » *in* L. BURGORGUE - LARSEN (dir.), *L'identité constitutionnelle saisie par les juges en Europe*, éd. Paris : éd. A. Pédone, 2011, pp. 63 - 88, (p. 79).

[1812] En guise d'exemple, tel est le cas de l'Allemagne (article 79 - 3), de la Grèce (article 110) de l'Estonie (article 1.2 et 123).

[1813] A part la réserve énoncée à l'article 89 de la Constitution française la France fait partie de cette catégorie ainsi que le Danemark la Hongrie, la Slovénie et la Slovaquie, C. GREWE, J. RIDEAU, « L'identité constitutionnelle des Etats membres de l'Union européenne : flash back sur le coming - out d'un concept ambigu », *in Mélanges en l'honneur de Jean - Paul Jacqué*, Paris : Dalloz, 2010, pp. 319 - 345, (pp. 338 - 340).

correspond pas à la réalité juridique. Il relève essentiellement à la jurisprudence nationale constitutionnelle de contribuer à la détermination de la notion d'identité constitutionnelle en dehors même de dispositions constitutionnelles non révisables[1814].

C'est, en guise d'exemple, le cas de la Cour suprême de Danemark qui dans sa jurisprudence sur l'article 20 de la Constitution relatif au transfert de compétences exclut le transfert des compétences constitutionnelles, notamment en matière des droits et libertés et interdit que l'on puisse conférer à une organisation internationale la compétence pour déterminer l'étendue de sa propre compétence[1815].

De même, bien que la notion d'identité constitutionnelle soit fortement liée à la Constitution elle - même, cela ne signifie pas qu'elle se définit seulement à partir des dispositions constitutionnelles nationales. Elle est conçue surtout à travers l'application et l'interprétation de ces dernières par les organes publics et, en particulier, par l'élaboration doctrinale et la concrétisation jurisprudentielle de cette notion en combinaison avec les sources historiques, sociales et culturelles de chaque État[1816]. Ainsi, l'identité constitutionnelle nationale est une notion qui varie d'un État à l'autre, étant directement liée aux particularités nationales[1817]. Les sources de l'identité constitutionnelle grecque se trouvant à l'article 28 alinéa 3 de la Constitution et dans dispositions non révisables telles que précisées par l'article 110, sa consécration jurisprudentielle est dès lors nécessaire.

B. Les jugements visant le respect de l'identité constitutionnelle, marque de l'« euro - dialogue » et limite à la hiérarchisation des normes

La notion d'« identité constitutionnelle nationale » étant plus développée quant au rapport entre le droit national et le droit de l'UE, mène les États à construire une jurisprudence fructueuse en vue de l'évolution du concept de l'identité constitutionnelle (2). À l'opposé, s'agissant du rapport entre le droit national et la Convention, ce concept est moins développé. Il ne fait guère de doute que les exigences issues de la Convention doivent prévaloir même en cas de conflit avec les Constitutions nationales. La Cour EDH

[1814] C. YANNAKOPOULOS, *L'influence du droit de l'Union européenne au contrôle juridictionnel de constitutionnalité des lois*, *op. cit.*, p. 366 et suiv.

[1815] Cour suprême danoise (Højesteret), 6 avril 1998, I 361/1997, *Maastricht, Carslen v Rassmussen*, cité par C. GREWE, J. RIDEAU, « L'identité constitutionnelle des Etats membres de l'Union européenne : flash back sur le coming - out d'un concept ambigu », *in Mélanges en l'honneur de Jean - Paul Jacqué*, *op. cit.*, p. 340.

[1816] C. YANNAKOPOULOS, *L'influence du droit de l'Union européenne au contrôle juridictionnel de constitutionnalité des lois*, *op. cit.*, p. 365

[1817] L. PAPADOPOULOU, *Constitution nationale et droit communautaire, La question de primauté, op. cit.*, pp. 330 - 331.

intervient ainsi pour « neutraliser » l'identité constitutionnelle des États parties qui réagissent en exprimant des réserves[1818] à travers la jurisprudence nationale (1).

1. Les réserves exprimées par les Cours constitutionnelles nationales face à la neutralisation de leur identité constitutionnelle par la Cour EDH

Alors que la Grèce s'est vue condamnée à plusieurs reprises par la Cour EDH, elle n'a pas mis en perspective de réserves précises tenant à préserver son identité constitutionnelle. Toutefois, la jurisprudence de droit comparé démontre que les Cours constitutionnelles réagissent à la neutralisation de leur identité constitutionnelle par la Cour de Strasbourg.

En premier lieu, alors que la Cour EDH reconnaît que l'interprétation des Constitutions nationales relève du juge constitutionnel national, il existe des situations où l'interprétation adoptée par la Cour nationale est incompatible avec la Convention. Dans ces cas, la Cour de Strasbourg adopte souvent des positions contraires à celles adoptées par le juge national. À cet égard, l'arrêt *Von Hannover contre Allemagne*[1819] où la Cour de Strasbourg s'est saisie d'un conflit entre la liberté de la presse et la protection de la vie privée est très illustratif. À propos de cet arrêt la Cour de Strasbourg a privilégié, contrairement à la Cour de Karlsruhe, le droit à la vie privée de la princesse Carolina au détriment du droit à l'information. Alors que la Cour de Karlsruhe se pose pour une interprétation favorable à la liberté de la presse, la Cour de Strasbourg a refusé d'adopter le même raisonnement. Elle a ainsi statué pour la violation de la vie privée de la princesse Carolina constamment harcelée par des paparazzis.

À cet égard, la Cour de Karlsruhe, en prenant compte le fait qu'elle fut contredite par le juge de Strasbourg à propos de l'arrêt *Von Hannover*, a statué de façon vague que les autorités allemandes devaient s'efforcer de « prendre en considération » les arrêts de la Cour de Strasbourg[1820].

La Cour constitutionnelle italienne, de son côté, s'avère plus critique, et ce, afin de préserver son identité constitutionnelle « menacée » par la Cour

---

[1818] D. SZYMCZAK, « L'identité constitutionnelle dans la jurisprudence conventionnelle », *in L'identité constitutionnelle saisie par les juges en Europe*, *op. cit.*, p. 55.

[1819] Cour EDH, 26 juin 2004, *Von Hannover contre Allemagne*, n°59320/00. DERIEUX Emmanuel, « Limites à la liberté d'expression au nom de la protection de la vie privée », *LPA*, n°4, 2005, pp. 5 - 13 ; J. - L., HALPERIN, « Anecdote monégasque ou européanisation de la privacy ? », *D.*, n°5, 2005, pp. 340 - 342 ; F. SUDRE, G. GONZALEZ et al., « Chronique de jurisprudence de la Cour européenne des Droits de l'Homme (2004) », *RDP*, n°3, 2005, pp. 755 - 831.

[1820] BVerfGE, 14 octobre 2004, 2 BvR 1481/04, *Görgülü*.

de Strasbourg comme cela est illustré par deux décisions rendues en 2007[1821]. La Cour constitutionnelle italienne, confrontée à une incompatibilité entre une norme conventionnelle et la Constitution, se verra contrainte « de déclarer l'inaptitude de celle - ci à compléter le paramètre constitutionnel en prenant soin de l'extraire de l'ordre juridique italien », en ajoutant également que le droit constitutionnel italien ne saurait être « modifié par des sources externes »[1822]. En accentuant en outre, sa critique envers la jurisprudence rendue par la Cour de Strasbourg, le juge italien nuance sa position affirmée par ces deux décisions rendues en 2007[1823] et confirme le contour de son office. Il met l'accent sur la place prépondérante de la Convention EDH dans l'ordre interne et le rôle de celle - ci concernant la protection des droits fondamentaux. Cependant, le juge constitutionnel italien affirme qu'il lui revient de vérifier si l'interprétation de la Convention, effectuée à travers les arrêts de la Cour EDH entre en conflit avec la Constitution italienne[1824]. Si une contrariété entre la convention et la Constitution est constatée c'est la loi nationale de transposition qu'il faut déclarer contraire à la Constitution.

Dans le même cadre, en Autriche, où la Convention EDH jouit d'un statut constitutionnel, la Cour constitutionnelle a souligné à travers l'énoncé d'une réserve explicite, la possibilité d'écarter la jurisprudence de la Cour EDH si son application était susceptible d'entraîner une violation de la Constitution[1825].

[1821] Cour constitutionnelle italienne n°348 et 349 du 24 octobre 2007. Fr. LAFAILLE, « Convention européenne des droits de l'homme et Constitution italienne : la place du droit conventionnel au sein de la hiérarchie normative », *RDP*, n°4, 2009, pp. 1137 - 1154 et D. SZYMCZAK, « Convention européenne des droits de l'homme et Cours constitutionnelles nationales » *Annuaire de droit européen*, vol. VI, 2008, pp. 1141 - 1174, (pp. 1170 - 1174).

[1822] D. SZYMCZAK, « L'identité constitutionnelle dans la jurisprudence conventionnelle », *in L'identité constitutionnelle saisie par les juges en Europe*, *op. cit.*, p. 59.

[1823] Cour constitutionnelle italienne, 16 novembre 2009 n°311/2009 et Cour constitutionnelle italienne, 30 novembre 2009, n°317/2009. Ces deux arrêts réaménagent la jurisprudence constitutionnelle précitée (arrêts n°348 et 349 de 2007) du point de vue de la place de la Convention EDH dans l'ordre interne et du rôle de celle - ci concernant la protection des droits fondamentaux en Italie, F. JACQUELOT, « Rapport entre l'ordre juridique italien et la CEDH : la Cour constitutionnelle réajuste sa position (les arrêts n°311 et 317 de 2009) », *AIJC*, 2009, pp. 760 - 763.

[1824] L. BURGORGUE - LARSEN, « Chronique de jurisprudence européenne comparée », *RDP*, n°6, 2010, pp. 1807 - 1842, (p. 1841).

[1825] Cour constitutionnelle autrichienne, Miltner, VfSlg 11500/1987, cité par G. MARTINICO, « Is the European Convention going to be supreme ? A comparative - constitutionnal overview of ECHR and EU law before National Courts », *EJIL*, vol. 23, 2012, pp. 401 - 424, (p. 422).

Étant donné que les relations entre Constitutions nationales et Convention EDH ne sont pas très tendues, et que les rapports hiérarchiques sont moins ordonnés que dans les rapports entre l'ordre national et le droit de l'UE, l'identité constitutionnelle nationale n'est pas une notion très développée et sa défense jurisprudentielle par les Cours suprêmes n'apparaît pas suffisamment claire. Nous observons néanmoins, une réaction des Cours constitutionnelles nationales face à la jurisprudence audacieuse de la Cour de Strasbourg au regard de défense des caractéristiques qui leur sont propres qui pourrait contribuer à la construction de la notion d'identité constitutionnelle nationale.

La consolidation de la notion d'identité constitutionnelle par la Convention EDH pourrait être facilitée à travers l'entrée en vigueur du protocole n°16 de la Convention EDH prévoyant la possibilité pour les plus hautes juridictions des États parties d'adresser des demandes d'avis consultatif à la Cour sur des questions relatives à l'interprétation ou à l'application des droits et libertés définis par la Convention et ses protocoles. De cette façon, la Grèce pourrait aussi être invitée à émettre de réserves concernant le respect de son identité constitutionnelle.

2. L'identité nationale, comme terme opposable au droit de l'Union européenne

La jurisprudence rendue par les Cours constitutionnelles, défendant l'identité constitutionnelle nationale face au droit de l'UE, est emblématique et contribue à une vraie évolution de cette notion. Il y a lieu d'affirmer que cette jurisprudence varie considérablement d'un État à l'autre.

En premier lieu, il est à noter que les Cours constitutionnelles ayant rendu une jurisprudence en matière de protection d'identité constitutionnelle nationale l'ont fait à des époques très différentes. Ainsi, la jurisprudence de la Cour fédérale d'Allemagne a développé la notion d'identité constitutionnelle depuis l'arrêt *So lange* rendu en 1974[1826], la jurisprudence constitutionnelle italienne depuis 1989[1827], tandis que le Conseil constitutionnel français ne se réfère explicitement à cette notion[1828] que

[1826] BVerfGE, 29 mai 1974 2 BvL 52/71 (solange). Voir aussi sur l'évolution de la jurisprudence en la matière, Fr. MAYER, « L'identité constitutionnelle dans la jurisprudence allemande », *in* L. BURGORGUE - LARSEN (dir.), *L'identité constitutionnelle saisie par les juges en Europe*, Paris : éd. A. Pédone, 2010, pp. 63 - 87.

[1827] Cour constitutionnelle italienne, 21 avril 1989, n°232/1989.

[1828] Voir la jurisprudence du Conseil constitutionnel en matière de protection de l'identité constitutionnelle de la France : décision n°2006 - 540 DC du 27 juillet 2006, *Loi relative au droit d'auteur et aux droits voisins dans la société de l'information*, Recueil, p. 88, *JO* du 3 août 2006, p. 11541 cons. 19 et 28 ; n°2006 - 543 DC du 30 novembre 2006, *Loi relative au secteur de l'énergie*, Recueil, p. 120, *JO* du 8 décembre 2006, p. 18544 cons. 6 ; n°2008 - 564 DC du 19 juillet 2008, *Loi* depuis 2006. Comme l'indique le Professeur B. MATHIEU, « la notion même de principes inhérents à l'identité constitutionnelle de la France pose le problème de la répartition des compétences entre la Cour de justice de l'Union européenne et le Conseil constitutionnel en ce qui concerne la ligne de démarcation entre la protection des principes communs par la Cour de justice de l'Union européenne et la protection exceptionnelle, des principes identitaires par le Conseil constitutionnel, à l'encontre le cas échéant des exigences européennes »[1829]. Dans ce contexte, le Conseil constitutionnel français, en engageant les juridictions françaises vers une extension du champ de son contrôle[1830], a conclu que « *la transposition d'une directive ne saurait aller à l'encontre d'une règle ou d'un principe inhérent à l'identité constitutionnelle de la France, sauf à ce que le constituant y ait consenti* »[1831].

En second lieu, les jurisprudences constitutionnelles définissent de façon très différente les caractéristiques identitaires, opposables au droit de l'UE. Ainsi, la jurisprudence française semble assez laconique, en se référant

---

relative aux organismes génétiquement modifiés, Recueil, p. 313, *JO* du 26 juin 2008, p. 10228, cons. 44 ; n°2010 - 605 DC du 12 mai 2010, *Loi relative à l'ouverture à la concurrence et à la régulation du secteur des jeux d'argent et de hasard en ligne*, Recueil, p. 78, *JO* du 13 mai 2010, p. 8897, cons. 18 ; n°2010 - 79 QPC du 17 décembre 2010, *M. Kamel D. [Transposition d'une directive]*, Recueil, p. 406, *JO* du 19 décembre 2010, p. 22373, cons. 3 et 4 ; n°2011 - 631 DC du 09 juin 2011, *Loi relative à l'immigration, à l'intégration et à la nationalité*, Recueil, p. 252, *JO* du 17 juin 2011, p. 10306, cons. 45 voir, A. LEVADE, « Identité constitutionnelle et exigence existentielle comment concilier l'inconciliable », *in L'Union européenne. Union de droit, union des droits, Mélanges en l'honneur du Professeur Philippe Manin, op. cit.*, p. 112. Le Conseil constitutionnel fait aussi référence aux matières ou compétences inhérents à l'exercice de la souveraineté nationale : 2004 - 505 DC du 19 novembre 2004, *Traité établissant une Constitution pour l'Europe,* Recueil, p. 173, *JO* du 24 novembre 2004 cons. 27, 29 et 33 et décision n°2007 - 560, 20 du 20décembre 2007, *Traité de Lisbonne modifiant le traité sur l'Union européenne et le traité instituant la Communauté européenne,* Recueil, p. 459, *JO* du 29 décembre 2007, p. 21813 cons. 18, 20 et 23.

1829 B. MATHIEU, « Première table ronde ; le Conseil constitutionnel et les juges », *in* B. MATHIEU, M. VEPREAUX (dir.), *L'autorité des décisions du Conseil constitutionnel,* Paris : Dalloz, 2010, p. 121.

1830 Voir en titre indicatif E. PIWNICA, « Faut - il contrôler la constitutionnalité de la loi promulguée ? », *in* G. DRAGO (dir.), *L'application de la Constitution par les Cours suprêmes. Conseil constitutionnel, Conseil d'État, Cour de cassation,* Paris : Dalloz, 2006, pp. 89 - 96, (p. 93) ; J. RIDEAU, « Contrôle de constitutionnalité et contrôle de conventionnalité : les orphelins de la pyramide », *RDP*, dossier spécial, n°3, 2009, pp. 601 - 630, (pp. 606 - 615).

1831 Voir la mention de la notion du *principe inhérent à l'identité constitutionnelle* aux décisions : CC n°2006 - 540 DC précité, cons. 19 ; n°2006 - 543 DC précité, cons. 6 ; n°2008 - 564 DC précité, cons. n°44 ; n°2010 - 605 DC, précité, cons. 18.

explicitement à la notion d'identité constitutionnelle sans pour autant préciser cette notion[1832]. Cependant, la jurisprudence allemande et polonaise construisent la notion d'identité constitutionnelle nationale en se référant à un long catalogue de notions et de principes, tels que le principe démocratique, le principe de l'état de droit, le principe de l'état social, le principe de subsidiarité, ainsi que le principe de la protection des droits de l'homme[1833]. La réserve *ultra vires* occupe aussi une place prépondérante à la jurisprudence constitutionnelle allemande, exprimée en tant qu'obligation de contrôler si l'UE n'a pas respecté les critères d'attribution de compétences. Cette réserve, développée par la Cour constitutionnelle allemande[1834] a aussi été invoquée très récemment à propos du premier renvoi d'une question préjudicielle à la CJUE par la Cour de Karlsruhe[1835], concernant la compatibilité de l'exécution de la décision OMT[1836] avec le droit primaire de l'Union[1837]. La Cour constitutionnelle allemande interrogea la Cour de justice sur la compatibilité de ladite décision avec les articles 119 et 127, §1 et 2, TFUE tout en impliquant son incompatibilité à cause d'une action *ultra vires* de l'Union. À ce propos, la Cour constitutionnelle semble « guider » la Cour de justice vers une interprétation qui soit susceptible d'être compatible avec le droit primaire de l'UE et se réserve de se prononcer elle - même en la matière, après la réponse de la Cour sous l'aspect de protection de l'identité constitutionnelle ainsi que de la

---

[1832] C. YANNAKOPOULOS, *L'influence du droit de l'Union européenne au contrôle juridictionnel de constitutionnalité des lois*, *op. cit.*, p. 366 et G. DRAGO, *Contentieux constitutionnel français*, Paris : PUF, 2e éd., 2011, pp. 539 - 541, n°574.

[1833] L. BURGORGUE - LARSEN, « L'identité constitutionnelle en question(s) », *in* L. BURGORGUE - LARSEN (dir.), *L'identité constitutionnelle saisie par les juges en Europe*, Paris : éd. A. Pédone, 2011, pp. 155 - 168, (p. 160 et suv.) et St. LAULHE SHAELOU, « 'Nous les peuples'. L'identité constitutionnelle dans les jurisprudences tchèque, polonaise et lettone », *in* L. BURGORGUE - LARSEN (dir.), *L'identité constitutionnelle saisie par les juges en Europe*, Paris : éd. A. Pédone, 2011, pp. 133 - 152, (p. 143 et suiv.).

[1834] Le principe du contrôle *ultra vires* a été posé pour sa part par la Cour de Karlsruhe à l'occasion de la décision relative au Traité de Maastricht, BVerfGE, 12 octobre 1993, 2 BVR 2134/92 et 2 BVR 2159/92 et réaffirmé par le jugement rendu à propos du Traité de Lisbonne, BVerfGE, 30 juin 2009, 2BvE 2/08, 2BvE 5/08, 2BvR 1010/08, 2BvR 1022/08, 2BvR 1259/08 et 2BvR 182/09, Fr. - X. MILLET, *L'Union européenne et l'identité constitutionnelle des Etats membres*, *op cit.*, p. 80

[1835] Le premier renvoi par la BVerfGE d'une question préjudicielle à la Cour de justice a eut lieu le 7 février 2014 à propos de l'arrêt BvR 2728/13 qui vise la compatibilité concernant l'exécution de la décision OMT de la avec le droit primaire de l'Union. Affaire C - 62/14.

[1836] Il s'agit de la décision du Conseil des gouverneurs de la Banque centrale européenne du 6 septembre 2012 sur les caractéristiques techniques des opérations monétaires sur titres [Technical features of Outright Monetary Transactions].

[1837] BVerfGE, 7 février 2014, 2BvR 2728/13.

souveraineté budgétaire[1838]. Dans des contextes similaires, la réserve *ultra vires* a été reprise par la Cour suprême danoise[1839] la Cour constitutionnelle polonaise[1840] et la Cour constitutionnelle tchèque[1841].

En Espagne, des réserves visant la protection de son identité constitutionnelle ont été énoncées à propos de l'intégration du droit de l'UE dans le droit espagnol. Le Tribunal constitutionnel espagnol a jugé en la matière que l'intégration n'étant acceptable que dans la mesure où la norme européenne est compatible avec le respect des structures constitutionnelles de base et du système de valeurs des principes fondamentaux de l'État démocratique et social et de l'état de droit consacrés par la Constitution espagnole[1842].

D'après cette analyse, il y a lieu de constater que la concrétisation jurisprudentielle de l'identité constitutionnelle se voit plutôt comme une délimitation des traditions constitutionnelles communes, conditionnées par le respect de la souveraineté nationale, ce qui est le cas pour l'Allemagne[1843].

1838 Affaire C - 62/14. A. PLIAKOS, « Le premier renvoi préjudiciel de la Cour constitutionnelle allemande à la CJUE », *NoV*, 2014, pp. 462 - 472. cf aussi les conclusions de l'avocat général M. Pedro CRUZ VILLALON présentées le 14 janvier 2015.

1839 Cour suprême danoise (Højesteret), 6 avril 1998, I 361/1997, *Maastricht, Carslen v Rassmussen.*

1840 Tribunal constitutionnel polonais, 11 mai 2005, K 18/04.

1841 Cour constitutionnelle tchèque, 26 novembre 2008, Pl. ÚS 19/08 : *Treaty of Lisbon I*, points n°120, 139, 216 et Cour constitutionnelle tchèque, 3 novembre 2009, Pl. ÚS 29/09 : *Treaty of Lisbon II*, point n°150. Cf. M. WENDEL, « La Cour constitutionnelle fédérale allemande et l'intégration européenne », *AIJC*, vol. VII, 2012, pp. 627 - 645, (p. 641).

1842 Tribunal constitutionnel espagnol, 13 décembre 2004, déclaration n°1/2004. Fr. MODERNE, « Présentation de la question dans la déclaration du Tribunal constitutionnel espagnol du 13 décembre 2004 », *RFDA* n°1, 2005 pp. 43 - 50 ; L. BURGORGUE - LARSEN, « La déclaration du 13 décembre 2004 une Solange à l'espagnole », *CCC*, n°18, 2005, pp. 154 - 161. Pour une analyse exhaustive de la jurisprudence constitutionnelle espagnole en ce qui concerne l'identité nationale, voir A. SAIN ARNAIZ, « Identité nationale et droit de l'Union européenne dans la jurisprudence constitutionnelle espagnole », *in* L. BURGORGUE - LARSEN (dir.), *L'identité constitutionnelle saisie par les juges en Europe*, Paris : éd. A. Pédone, 2010, pp. 101 - 131, (pp. 112 - 124).

1843 BVerfGE, 30 juin 2009, 2BvE 2/08, 2BvE 5/08, 2BvR 1010/08, 2BvR 1022/08, 2BvR 1259/08 et 2BvR 182/09. A. Von UNGERN - STERNBERG, « L'arrêt Lisbonne de la Cour constitutionnelle fédérale allemande, la fin de l'intégration européenne ? », *RDP*, n°1, 2010, pp. 171 - 195 et P. BUHLER, *La puissance au XXIe Les nouvelles définitions du monde*, *op. cit.*, p. 379, affirmant que la souveraineté réside dans le peuple allemand. Cet arrêt comporte 33 fois le mot souveraineté pourtant absent de la Constitution allemande. Cf. M. FROMONT, « Les juges constitutionnels allemand et français défenseurs de la souveraineté nationale », *in*

Pour ce qui est de l'Italie, elle s'oriente davantage vers une définition propre de l'identité constitutionnelle en se référant aux « principes inhérents à l'identité constitutionnelle », pour le cas de la France, ou en indiquant que « *on ne saurait affirmer avec certitude que tous les principes fondamentaux de l'ordre constitutionnel se retrouvent parmi les principes communs aux ordres juridiques des États membres et sont donc compris dans l'ordre juridique communautaire* »[1844]. Ce qui confirme le fait que le concept de l'identité nationale, à travers des jurisprudences nationales, se définit à deux niveaux : d'une part, l'identité constitutionnelle renvoie aux traditions constitutionnelles communes complétées par les principes constitutionnels fondamentaux de chaque ordre juridique, comme le démontre la position jurisprudentielle de l'Allemagne et, d'autre part, elle renvoie aussi aux particularités nationales qui sont susceptibles d'être respectées par le droit de l'UE[1845], ce qui ressort avant tout de la jurisprudence du Conseil constitutionnel français.

Sur un plan général, la référence à l'identité constitutionnelle peut apparaître comme un rempart symbolique invoqué par une juridiction interne en vue de préserver le fondement de l'ordre juridique interne[1846]. La riche jurisprudence issue des Cours constitutionnelles étrangères pourrait inciter la Grèce à participer à la consécration de la notion d'identité constitutionnelle. Jusqu'à aujourd'hui, aucune juridiction, suprême ou ordinaire grecque n'a fait référence à la notion de l'identité constitutionnelle. Une seule mention de l'article 4 §2 du TUE qui prévoit la protection de l'identité nationale est

---

Ch. BOUTAYEB et al. (dir.), *La Constitution, l'Europe et le droit mélanges en l'honneur de Jean - Claude Masclet*, Paris : Publications de la Sorbonne, 2013, pp. 593 - 615, (p. 601).

[1844] Cour constitutionnelle italienne, 21 avril 1989, n°232/1989, *Societa Fragd, RUDH* 1989 pp. 258 - 262, V. CONSTANTINESCO, « La confrontation entre identité constitutionnelle européenne et identités constitutionnelles nationales Convergence ou contradiction ? Contrepoint ou hiérarchie », *in L'union européenne. Union de droit, union des droits, Mélanges en l'honneur du Professeur Philippe Manin*, *op. cit.*, p. 84 et D. RITLENG, « Le droit au respect de l'identité constitutionnelle nationale », *in Vers la reconnaissance de droits fondamentaux aux Etats membres de l'Union européenne ?*, *op. cit.*, p. 39. Voir aussi Cour constitutionnelle italienne, 7 et 19 octobre 2009, n°262/2009, censure de la loi dite Alfano, C. SEVERINO, « La censure de la loi Alfano par la Cour constitutionnelle italienne », *Constitutions*, n°1, 2010, pp. 39 - 44.

[1845] L. PAPADOPOULOU, *Constitution nationale et droit communautaire, La question de primauté, op. cit.* p. 330 - 331.

[1846] A. ROBLOT - TROISIER, « L'identité constitutionnelle de la France, CC, Décision n°2006 - 540 DC du 27 juillet 2006, *Loi relative au droit d'auteur et aux droits voisins dans la société de l'information*, Recueil, p. 88 » *in* M. VERPREAUX et al., *Droit constitutionnel les grandes décisions de la jurisprudence*, Paris : PUF, 2011, pp. 20 - 29, (p. 27).

repérée. Toutefois, l'invocation de la notion d'identité constitutionnelle et de l'article 4 TUE n'a pas servi comme contre limite au droit de l'UE, mais comme moyen de renforcement de l'argument que la Grèce constitue un État nation ayant sa propre histoire et tradition constitutionnelle[1847]. De plus, une mention plus abstraite de la notion d'identité nationale, mais sans aucune référence au Traité européen se trouve à l'arrêt 3457/1998 de l'Assemblée plénière du Conseil d'État où la Cour, en défendant l'interdiction constitutionnelle grecque de création d'Universités privées face aux exigences du droit européen dérivé, citait que l'éducation est indispensable pour la « garantie de l'identité nationale »[1848].

Il y a lieu de constater que dans le cadre d'un contrôle exercé *a posteriori* par le juge ordinaire, l'édiction des réserves précises, tenant à délimiter la notion de l'identité constitutionnelle n'est pas une tâche facile. D'une part, les juridictions suprêmes, ayant la qualification de juridictions ordinaires et non pas de juridictions constitutionnelles, ne peuvent pas donner une interprétation contraignante pour les autorités nationales, mais aussi l'ensemble des juridictions étatiques en vue d'une évolution homogène de la notion d'identité constitutionnelle. D'autre part, en l'état actuel du droit, marqué par la crise économique et financière, les relations entre la Grèce et l'UE sont déterminées par la pression de se conformer aux mesures imposées par le plan du sauvetage, ce qui justifie la réticence du Conseil d'État grec d'opposer des limites constitutionnelles à l'égard de la construction européenne[1849].

Toutefois, la non invocation de la notion d'identité constitutionnelle pourrait être circonstancielle. La jurisprudence nationale pourrait, lors des prochains jugements, invoquer de façon explicite la notion de l'identité constitutionnelle en s'appuyant sur les limites énoncées par l'article 28 alinéa 3 et l'article 110 de la Constitution. Enfin, bien que les cours grecques ne fassent pas référence aux particularités nationales, la non concrétisation de l'identité nationale grecque ne les empêche pas de faire référence plus implicitement à cette notion, au regard des rapports de systèmes[1850]. À ce propos, les juridictions grecques, à travers l'imbrication entre le contrôle de

[1847] Conseil d'État, Assemblée plénière 460/2013 concernant la constitutionnalité de la loi d'attribution de la nationalité grecque.

[1848] Conseil d'État, Assemblée plénière 3457/1998, considérant 16.

[1849] C. YANNAKOPOULOS, *L'influence du droit de l'Union européenne au contrôle juridictionnel de constitutionnalité des lois*, *op. cit.*, p. 377

[1850] Selon C. GREWE, J. RIDEAU, « L'identité constitutionnelle des Etats membres de l'Union européenne : flash back sur le coming - out d'un concept ambigu », *in Mélanges en l'honneur de Jean - Paul Jacqué*, *op. cit.*, p. 325, l'identité constitutionnelle constitue un thème explicitement développé et évolué seulement par le Conseil constitutionnel français et la Cour constitutionnelle allemande. Dans les autres Etats membres, (y comprise la Grèce) cette idée s'exprime plus implicitement à travers l'analyse des rapports de système.

constitutionnalité et le contrôle de conventionnalité, sont en mesure d'envisager les conflits entre le droit constitutionnel national et le droit de l'UE, tout en préservant l'autorité constitutionnelle.

Conclusion du Chapitre I

Dans l'état actuel du droit, la jurisprudence tant de la Cour EDH que de la Cour de justice, se montre particulièrement « interventionniste » en statuant sur un grand nombre de matières constitutionnelles. Les deux Cours européennes finissent ainsi par embrasser presque toute la sphère du droit constitutionnel en exerçant un contrôle *concret* des règles constitutionnelles qui sont susceptibles de violer les exigences du droit de l'UE ou de la Convention EDH.

Toutefois, une jurisprudence européenne se construit parallèlement autour de la notion d'identité constitutionnelle. Si la jurisprudence de la Cour de justice s'inscrit dans une logique de respect des éléments identitaires des États membres, tout en exerçant un contrôle juridictionnel de proportionnalité, la jurisprudence de la Cour EDH semble ne pas obéir à des critères aussi bien définis. Or, la jurisprudence conventionnelle tend en effet à concilier, d'une part, le principe de subsidiarité qui imprègne le système conventionnel avec, d'autre part, la qualification de la Convention comme un instrument vivant qu'il faut interpréter à la lumière des conditions de vie actuelle[1851]. Dans ce contexte, l'émergence de la notion de l'identité constitutionnelle à propos des jugements statuant *ad hoc* sur les éléments susceptibles d'être qualifiés comme identitaires est possible.

À l'égard de l'évolution de la jurisprudence des deux Cours européennes, il est à constater que, bien que les critères de la Cour de Strasbourg ne soient pas clairs, ses apports dans les ordres internes sont très importants. La Grèce a ainsi été conduite à adopter une révision constitutionnelle en vue de concilier les dispositions constitutionnelles avec les exigences conventionnelles.

Ces constats généraux, ont comme résultat de mobiliser les initiatives nationales pour renforcer la suprématie de la Constitution. D'abord, il importe de reformer les conditions de la révision constitutionnelle méritent toutefois une transformation pour permettre une plus facile révision dans le cas des matières jugées contraires à la construction européenne. De plus, le renforcement de la qualité rédactionnelle de la Constitution est nécessaire afin de gérer de façon efficace les conflits entre la Constitution et les droits européens, mais aussi afin de les éviter.

Ensuite, il paraît opportun que la Grèce commence à consacrer, de façon expresse, le concept d'identité constitutionnelle. Alors qu'il paraît être une tâche difficile en raison de l'absence d'une Cour constitutionnelle dans l'ordre grec, ceci est néanmoins possible. Une interprétation fondée sur la clause générale de l'article 28 de la Constitution ainsi que sur l'article 110

[1851] Cour EDH, Grande chambre, 23 mars 1995, *Loizidou contre Turquie*, n°15318/89, §71 ; Cour EDH, 25 avril 1978, *Tyrer contre Royaume - Uni*, n°5856/72.

concernant les dispositions non révisables pourraient contribuer à définir des contres limites susceptibles d'être respectées par les deux ordres européens.

En dernier lieu, il appartient surtout aux juges nationaux de garantir l'autorité de la Constitution tout en assurant au même temps l'application effective des droits européens dans l'ordre interne. Or, pour y arriver, une restructuration du système procédural, afin de faciliter les échanges avec les ordres européens et l'évitement des conflits est nécessaire.

Chapitre II. La restructuration du système procédural

L'influence des droits européens dans l'ordre interne s'exprime par des effets considérables sur le choix des mécanismes procéduraux nationaux.

D'une part, soucieux de garantir leur efficacité dans l'ordre interne, les deux ordres européens finissent par encadrer, à travers la jurisprudence rendue, plusieurs aspects du contentieux constitutionnel national et des compétences constitutionnelles. Par conséquent, les hautes juridictions nationales, qu'il s'agisse des Cours suprêmes ou des Cours constitutionnelles, ne bénéficient pas d'une immunité ; au contraire, l'autonomie constitutionnelle se trouve aux prises avec le droit de l'UE et de la Convention EDH.

D'autre part, au niveau national, la nécessité d'une harmonisation du système national avec les références de la jurisprudence européenne subsiste. La problématique de la conciliation du système juridictionnel national avec les exigences européennes est aussi évidente dans la jurisprudence issue du Conseil d'État qui énonce à ce propos que « *ce système de contrôle de constitutionnalité des lois et de protection juridictionnelle qui établit la Constitution, n'est certainement pas contraire au principe général de la protection juridictionnelle effective du droit communautaire* »[1852].

Néanmoins, comme le Professeur D. ROUSSEAU le signale, supprimant un « désordre » interne, en initiant de changements sur le système procédural national, ceci ne supprimerait pas automatiquement le « désordre » général, qui porte sur les divergences possibles entre les juridictions internes et les juridictions européennes. Il faut alors, en prenant en considération les influences européennes en matière procédurale (Section 1), inventer un « mécanisme de liaison »[1853], afin de faire face aux conflits existants et éliminer la potentialité de nouveaux conflits. C'est alors dans ce cadre qu'un réaménagement du système procédural national apparaît pertinent (Section 2).

[1852] Conseil d'État, Assemblée plénière 3976 - 3978/2009 et 3981/2009.

[1853] D. ROUSSEAU, « Faut - il une Cour constitutionnelle pour contrôler la constitutionnalité des lois ? », *in Constitutions et pouvoirs : mélanges en l'honneur de Jean Gicquel,* Paris : Montchrestien, 2008, pp. 465 - 474, (p. 474).

Section 1. L'autonomie procédurale conditionnée par les exigences européennes

En vertu du principe de subsidiarité juridictionnelle, les deux ordres européens manifestent un certain respect face à l'autonomie procédurale nationale. Or, ce principe, en dépit de sa fonction première de respect de l'office du juge national, peut aussi avoir un effet inverse. Le principe de subsidiarité judiciaire constitue donc une notion dynamique, à l'opposé de la notion d'autonomie procédurale qui constitue une notion figée[1854]. Il peut conduire à un encadrement de l'autonomie procédurale des ordres nationaux[1855] et des compétences du juge interne qui est tenu de satisfaire aux exigences européennes.

D'une part, s'agissant du principe d'autonomie institutionnelle et procédurale, la Cour de justice penche largement du côté d'exigence de « pleine efficacité » du droit de l'UE. L'autonomie procédurale et institutionnelle des États membres est donc encadrée par les principes d'effectivité et d'équivalence. En d'autres termes, les modalités procédurales des recours destinés à assurer la sauvegarde des droits que les justiciables tirent du droit de l'UE ne doivent pas être moins favorables que celles concernant des recours similaires de nature interne et ne doivent pas rendre pratiquement impossible ou excessivement difficile l'exercice des droits conférés par l'ordre juridique de l'UE[1856]. La Cour de justice insiste, à travers ces jugements sur l'effectivité du droit de l'UE au détriment du principe d'équivalence[1857]. Cette dernière implique une difficulté dans son appréciation dès lors qu'il suppose l'existence de procédures européennes et nationales effectivement comparables, ce qui n'est pas le cas en l'état actuel du droit.

D'autre part, la Cour EDH, intervient en encadrant l'autonomie procédurale nationale, pour pallier les insuffisances nationales susceptibles de porter atteinte aux droits garantis par la Convention. Les mécanismes procéduraux de saisine de deux Cours européennes ainsi que l'ensemble des exigences européennes substantielles, ont des incidences considérables sur le contentieux constitutionnel national.

[1854] Fr. FINES, « Subsidiarité et responsabilité », *RAE*, 1998, pp. 95 - 101, (p. 97).

[1855] J. ANDRIANTSIMBAZOVINA, « La subsidiarité devant la Cour de justice des communautés européennes et la Cour européenne des droits de l'homme », *RAE*, 1998, pp. 28 - 47, (p. 36).

[1856] Voir entre autres, CJCE, 16 décembre 1976, *Comet*, aff. 45/76, Rec. 1976 p. 2043, point 13 ; CJCE, 9 novembre 1991, *Francovich et Bonifaci contre Italie*, C - 6/90 et C - 9/90 (aff. jointes), Rec. 1991 p. I - 5357, point 43.

[1857] «La juridiction nationale doit vérifier la similitude des recours concernés sous l'angle de leur objet, de leur cause et de leurs éléments essentiels» : CJCE, 1er décembre, 1998, *Levez*, C - 326/96, Rec. I - 7835, points 41 - 43 ; CJCE, 16 mai 2000, *Preston e.a.*, C - 78/98, Rec. I - 3201, points 55 - 57.

Dans un premier temps, la portée croissante des droits européens due tant au dynamisme interprétatif du juge de Strasbourg et de Luxembourg, qu'à l'extension du droit de l'UE conduit à un tempérament de la neutralité européenne face au système procédural national (§1). Dans un second temps, la neutralité européenne semble céder définitivement. Une jurisprudence européenne de plus en plus concrète tend à promouvoir un système procédural national disposant des caractéristiques précises, compatibles avec les mécanismes de contrôle européen (§2).

§1. Le tempérament de la neutralité européenne face au système procédural national

Les États sont libres d'instaurer le système de contrôle de constitutionnalité qui convient le mieux à leur histoire constitutionnelle. En outre, ni la Convention EDH, ni le droit de l'UE, primaire ou dérivé, ne contiennent des prescriptions visant à encadrer explicitement le mécanisme de contrôle de constitutionnalité des lois nationales. Toutefois, la nécessité de l'existence de voies de recours internes afin que les dispositions de la Convention EDH et du droit de l'UE soient respectées est amplement reconnue[1858].

En outre, les interactions entre les Cours suprêmes nationales et les deux Cours européennes sont de plus en plus développées en raison de l'élargissement du champ d'application des droits européens. Ainsi, la jurisprudence européenne a progressivement entrepris de contrôler l'activité des cours suprêmes et d'influencer l'organisation contentieuse nationale. Deux objectifs principaux incitent le dynamisme européen en matière procédurale ; d'une part, l'objectif d'uniformité des engagements européens (A) et, d'autre part, l'objectif de protection juridictionnelle effective (B).

A. La neutralité européenne relativisée par l'objectif d'uniformité des engagements étatiques

La Cour EDH, afin de protéger l'efficacité des droits garantis par la Convention, fait recours à la technique des notions autonomes. Cette technique s'analyse comme une voie de création d'un droit commun qui vise à pallier l'absence d'homogénéité des droits nationaux et assurer l'application harmonisée de la Convention. Le juge européen a fait usage principalement de cette interprétation « autonome » à propos du droit à un

[1858] J. - Fr. FLAUSS, « L'influence du droit européen sur l'instauration d'un contrôle de constitutionnalité des lois par la voie préjudicielle », *in* G. DRAGO (dir.), *L'application de la Constitution par les Cours suprêmes. Conseil constitutionnel, Conseil d'État, Cour de cassation*, Paris : Dalloz, 2006, pp. 165 - 173, (pp. 166 - 167).

procès équitable et, plus concrètement, des notions d'accusation en matière pénale et obligations de caractère civil[1859]. La technique des notions autonomes a conduit à une emprise croissante de l'article 6 sur les procédures internes en vue de renforcer l'efficacité de ce droit. L'applicabilité de l'article 6 est aujourd'hui étendue même au contentieux constitutionnel (1). En outre, l'Union européenne cherche à uniformiser les engagements nationaux en étendant progressivement sa compétence en matière procédurale (2).

1. L'étendue de l'application du droit à un procès équitable au procès constitutionnel

Dans un premier temps, la Cour EDH avait commencé par mettre en avant la spécificité des juridictions constitutionnelles et du contentieux y afférant pour les faire bénéficier d'une « immunité conventionnelle »[1860]. Mais, dans un second temps, elle a fini par intégrer le contentieux constitutionnel dans le champ conventionnel[1861], ce qui conduit à une soumission procédurale du juge constitutionnel à la Convention EDH[1862].

L'interaction entre la Convention EDH et les juridictions suprêmes nationales s'est développée au cours des dernières décennies. En effet, au moment de l'entrée en vigueur de la Convention EDH, en 1953, seules deux Cours suprêmes étaient en activité : la haute Cour d'Autriche et la Cour constitutionnelle fédérale allemande. Plus d'un demi - siècle plus tard, 35 des 47 pays membres du Conseil de l'Europe sont dotés d'une justice constitutionnelle[1863]. Les rapports entre les Cours constitutionnelles et la Cour européenne ont évolué, car cette dernière a progressivement entrepris de contrôler l'activité des Cours constitutionnelles[1864] en devenant le juge

---

[1859] F. SUDRE, *Droit européen et international des droits de l'homme*, Paris : PUF, 11e éd., 2012, pp. 254 - 256.

[1860] Cour EDH, 6 mai 1981, *Buccholz contre Allemagne*, n°7759/77 ; Cour EDH, plénière, 22 octobre 1984, *Sramek contre Autriche*, n°8790/79.

[1861] L. BURGORGUE - LARSEN, « L'autonomie constitutionnelle aux prises avec la Convention européenne des droits de l'homme », *Revue Belge de droit constitutionnel*, 2001, pp. 31 - 64, (p. 55).

[1862] D. SZYMCZAK, *La Convention européenne des droits de l'homme et le juge constitutionnel national*, Bruxelles : Bruylant, 2006, p. 474.

[1863] L. FAVOREU, « Cours constitutionnelles nationales et Cour européenne des Droits de l'Homme, » *in Libertés, justice, tolérance, mélanges en hommage au Doyen Gérard Cohen - Jonathan*, Bruxeles : Bruylant, 2004, pp. 789 - 811, (p. 790).

[1864] L. FAVOREU, « Cours constitutionnelles nationales et Cour européenne des Droits de l'Homme », *in Libertés, justice, tolérance, mélanges en hommage au Doyen Gérard Cohen - Jonathan*, *op. cit.*, p. 796 et la critique exprimée à cette activité répandue de la Cour EDH : « *Ce qui est tout à fait critiquable non seulement parce que, déjà submergé de recours, le juge européen n'avait pas besoin de ce* des « procédures constitutionnelles », ce qui implique « le contrôle du procès constitutionnel »[1865]. La Cour européenne contrôle ainsi presque toute l'activité des Cours constitutionnelles. Le contrôle de conventionnalité exercé par la Cour de Strasbourg connaît de multiples applications[1866] qui tiennent surtout à l'emploi des garanties du procès équitable, prévues par l'article 6 de la Convention.

L'applicabilité de l'article 6 aux Cours constitutionnelles est susceptible de créer une complication procédurale supplémentaire[1867]. Cette application fut clairement affirmée par le célèbre arrêt *Ruiz Mateos*[1868], rendu par la Cour européenne en 1993. Cet arrêt énonce que lorsque le droit national prévoit l'existence d'une telle juridiction constitutionnelle dont l'accès est ouvert directement ou indirectement aux justiciables, les procédures qui se déroulent devant elle, doivent respecter les principes de l'article 6 §1 de la

---

surcroît de travail mais aussi parce que cela méconnait profondément la nature de la justice constitutionnelle ».

[1865] L. FAVOREU, « Cours constitutionnelles nationales et Cour européenne des Droits de l'Homme », *in Libertés, justice, tolérance, mélanges en hommage au Doyen Gérard Cohen - Jonathan, op. cit.*, p. 801 et L. BURGORGUE - LARSEN, « L'autonomie constitutionnelle aux prises avec la Convention européenne des droits de l'homme », *op. cit.*, pp. 55 - 60. La procédure de la QPC se met aussi sous le regard de la Convention EDH et des exigences de l'article 6 ; voir en guise d'exemple G. DRAGO, « Quels principes directeurs pour le procès constitutionnel », *in* J. - M. COULON (dir.), *Justices et droit du procès: du légalisme procédural à l'humanisme processuel mélanges en l'honneur de Serge Guinchard,* Paris : Dalloz, 2010, pp. 439 - 452, (pp. 449 - 452).

[1866] Sur la jurisprudence de la Cour EDH en matière du contentieux constitutionnel voir J. - Fr. FLAUSS, « Les Cours constitutionnelles et la règle du délai raisonnable : le contrôle de la Cour européenne des droits de l'homme, Renouveau du droit constitutionnel », *in Mélanges en l'honneur de Louis Favoreu,* Paris :Dalloz, 2007, pp. 1263 - 1277 ; L. BURGORGUE - LARSEN, « L'autonomie constitutionnelle aux prises avec la Convention européenne des droits de l'homme », *op. cit.*, pp.31 64, J. - Fr. FLAUSS, « Droit constitutionnel et Convention des Droits de l'Homme », *RFDC*, n°30, 1997, pp. 377 - 399 et M. GUILLAUME, « Question prioritaire de constitutionnalité et Convention européenne des Droits de l'Homme », *in* P. TITIUN, P. DUMAINE (dir.), *La conscience des droits : Mélanges en l'honneur de Jean Paul Costa*, Paris :Dalloz, 2011, pp. 293 - 309.

[1867] J. - Fr. FLAUSS, « L'influence du droit européen sur l'instauration d'un contrôle de constitutionnalité des lois par la voie préjudicielle », *in L'application de la constitution par les Cours suprêmes - Conseil constitutionnel - Conseil d'État - Cour de cassation, op. cit.*, p. 170.

[1868] Cour EDH, plénière, 26 juin 1993, *Ruiz Mateos contre Espagne*, n°12952/87. G. COHEN - JONATHAN, « Justice constitutionnelle et convention européenne des droits de l'homme, l'arrêt Ruiz - Matéos contre Espagne », *RFDC*, n°17, 1994, pp. 175 - 183 et L. FAVOREU, « Cours constitutionnelles nationales et Cour européenne des Droits de l'Homme », *in Libertés, justice, tolérance, mélanges en hommage au Doyen Gérard Cohen - Jonathan, op. cit.*, pp. 798 - 801.

Convention quand la décision à rendre peut influer l'issue du litige civil débattu devant les juridictions ordinaires. En conséquence, la Cour de Strasbourg perçoit la phase constitutionnelle comme « accessoire » par rapport à la phase civile qui était « principale » et la soumet aux exigences issues de l'article 6 de la Convention[1869]. Il est à préciser que les organes de contrôle de la Convention ont en effet appliqué à l'instance constitutionnelle non seulement le critère du caractère raisonnable du délai de jugement, mais aussi l'ensemble des impératifs qui découlent du droit à un procès équitable, conduisant ainsi à une « application intégrale » des garanties de l'article 6 §1 au procès constitutionnel[1870]. En dépit des critiques et des réserves que cette position soulève, notamment de la part de juges à la Cour européenne[1871], cet arrêt fut régulièrement rappelé depuis lors[1872].

Par la suite, dans l'arrêt *Kudla contre Pologne*[1873], la Cour indiqua que le droit à un recours effectif doit être interprété comme étant le droit pour un individu de disposer d'un recours lui permettant de remédier, devant une instance nationale, à une durée excessive des procédures devant les Cours européennes[1874].

La jurisprudence européenne est particulièrement dense dans la mesure où la Cour de Strasbourg estime que l'intégralité des exigences de l'article 6 §1de la Convention s'applique aux Cours constitutionnelles, que ce soit en matière de délai raisonnable, de principe du contradictoire, de principe d'impartialité et de principe de l'égalité des armes[1875].

[1869] D. SZYMCZAK, *La Convention européenne des droits de l'homme et le juge constitutionnel national*, *op. cit.*, p. 407.

[1870] *ibid.*, p. 409.

[1871] Opinion partiellement dissidente du juge PETTITI, approuvée par les juges LOPES ROCHA et RUIZ - JARABO COLOMER : « *Étendre aux cours constitutionnelles l'application des règles du procès équitable, telles que le principe du contradictoire, l'égalité des armes, la publicité des débats, aurait des conséquences très négatives pour l'équilibre constitutionnel des États et déformerait la règle de saisine pour la transformer en droit d'accès aux dossiers dans une controverse étatique et politique* ».

[1872] Cour EDH, Grande chambre, 19 septembre 2008, *Korbely contre Hongrie*, n°9174/02. Voir aussi la confirmation de la soumission des recours constitutionnels aux exigences du procès équitable par les arrêts Cour EDH, Grande chambre, 16 septembre 1996, *Süssmann contre Allemagne*, n°20024/92 et Cour EDH, 3 mars 2000, *Krcmar et autres contre République Tchèque*, n°35376/97.

[1873] Cour EDH, Grande chambre, 26 octobre 2000, *Kudla contre Pologne*, n°30210/96.

[1874] J. - Fr. FLAUSS, « Les Cours constitutionnelles et la règle du délai raisonnable : le contrôle de la Cour européenne des droits de l'homme, Renouveau du droit constitutionnel », *in Mélanges en l'honneur de Louis Favoreu*, *op. cit.*, p.1268.

[1875] Pour une approche exhaustive sur ce sujet cf. la thèse de D. SZYMCZAK, *La Convention européenne des droits de l'homme et le juge constitutionnel national*,

La jurisprudence européenne statue sur le droit d'accès à des recours constitutionnels, c'est - à - dire sur la réglementation relative à l'accès à la Cour constitutionnelle[1876], ainsi que sur les limitations légalement apportées[1877]. Le contrôle conventionnel porte également sur l'impartialité des juges[1878], l'égalité des armes[1879], le principe du contradictoire[1880], la publicité des débats[1881], la motivation des jugements[1882], ainsi que sur la compétence *ratione materiae* des Cours constitutionnelles[1883].

En effet, l'article 6 §1 s'applique aux procédures constitutionnelles dans trois hypothèses[1884] : dans le cadre d'un renvoi préjudiciel ou d'une question constitutionnelle à l'initiative d'un juge ou à la demande d'une partie[1885],

---

op. cit. ; St. DE LA ROSA, « Droit constitutionnel et CEDH, l'article 6§1 de la convention européenne, le Conseil constitutionnel et la question préjudicielle de constitutionnalité », *RFDA*, n°80, 2009, pp. 817 - 836 ; J. - Fr. FLAUSS, « Droit constitutionnel et Convention européenne des droits de l'homme. Le droit constitutionnel national devant la Cour européenne des droits de l'homme », *RFDA* n°44, 2000, pp. 843 - 877, (pp. 849 - 853) ; V. BERGER, « Les Cours constitutionnelles et la Cour européenne des droits de l'homme », *NCCC*, n°32, 2011, pp. 7 - 17.

1876 Cour EDH, 12 novembre 2002, *Zvolsky et Zvolska contre République Tchèque*, n°46129/99 ; Cour EDH, 20 avril 2004, *Bulena contre République Tchèque*, n°57567/00 ; Cour EDH, 24 mai 2004, *Kadlec et autres contre République Tchèque*, n°49478/99 ; Cour EDH, 28 juin 2005, *Zednik contre République Tchèque*, n°74328/01.

1877 Cour EDH, Grande chambre, 29 juillet 1998, *Guérin contre France*, n°25201/94.

1878 Cour EDH, 22 février 1996, *Bulut contre Autriche*, n°17358/90 ; Cour EDH, 27 aout 2002, *Didier contre France*, n°58188/00 ; Cour EDH, 19 mai 2005, *Steck - Risch et autres contre Lichtenstein*, n°63151/00 ; Cour EDH, 15juillet 2005, *Mežnarć contre Croatie*, n°71615/01.

1879 Cour EDH, Grande chambre, 10 juillet 2002, *Gratzinger et Gratzingerova contre République Tchèque*, n°39794/98 ; Cour EDH, 27 avril 2004, *Gorraiz Lizarraga et autres contre Espagne*, n°62543/00.

1880 Cour EDH, *Krcmar République Tchèque*, précité.

1881 Cour EDH, 28 mai 1997, *Pauger contre Autriche*, n°16717/90 ; Cour EDH, 19 janvier 2004, *Haider contre Autriche*, n°63413/00 et Cour EDH, 14 octobre 2010, *Kugler contre Autriche*, n°65631/01.

1882 Cour EDH, 9 décembre 1994, *Ruiz Torija contre Espagne*, n°18390/91, §30.

1883 Cour EDH, 18 novembre 2004, *QUFAJ CO. SH.P.K. contre Albanie*, n°54268/00. Pour l'adaptation du Conseil constitutionnel à propos de l'examen de la QPC aux principes conventionnels européens voir L. BURGORGUE - LARSEN, « La question de la soumission du conseil constitutionnel aux principes conventionnels européens », *Annuaire de droit européen*, vol. VII, 2012, pp. 93 - 108.

1884 F. SUDRE et al., *Les grands arrêts de la Cour européenne des droits de l'homme*, Paris : PUF, 6e éd. 2012, pp. 266 - 267.

1885 Cour EDH, 27 avril 2004, *Gorraiz Lizarraga et autres contre Espagne*, n°62543/00.

dans le cas d'un recours contre une violation de droits et en matière de résolution des conflits constitutionnels, tel que le recours *amparo*[1886], ainsi que dans le cas d'un recours dirigé directement contre une loi si le droit national prévoit un tel recours[1887]. La Cour n'examine pas la spécificité de la procédure devant les Cours constitutionnelles prises en tant que gardiennes de la Constitution, si bien qu'elle prend en compte la nature d'une affaire ou son importance sur le plan politique et social[1888].

Enfin, la compatibilité des procédures constitutionnelles à l'article 6 de la Convention reste en pleine évolution étant donné que « le chantier du procès équitable n'est jamais clos »[1889], ce qui relativise en effet de façon considérable la neutralité de la Convention face aux systèmes procéduraux des États parties.

2. L'étendue des compétences de l'Union en matière procédurale

L'Union européenne se positionne en faveur de l'autonomie procédurale des États membres. À cet égard, le droit primaire de l'UE ne manifeste pas la nécessité de prévoir un moyen procédural national spécifique qui se distinguerait de ceux régulièrement mis en œuvre devant les cours nationales et qui pourrait assurer l'application du droit de l'UE[1890]. La Cour juge alors, par une jurisprudence constante, qu'en absence de règle communautaire, il appartient à l'ordre juridique interne de chaque État membre de désigner les juridictions compétentes et de régler les modalités procédurales des recours en justice destinés à assurer la sauvegarde des droits que les justiciables

---

1886 Cour EDH, 25 novembre 2003, *Soto Sanchez contre Espagne*, n°66990/01. Cf. aussi l'arrêt CEDH, 19 février 2013, *Garcia Mateos contre Espagne*, n°38285/09 §48 : « *la protection dispensée par le tribunal constitutionnel s'est révélée inefficace », la requérante n'ayant pu obtenir satisfaction ni sur le fond, ni sur sa demande d'indemnisation et conclut que « l'absence de rétablissement de la requérante dans la plénitude de son droit a rendu illusoire la protection dispensée par l'octroi de l'amparo par le tribunal constitutionnel »*, L. MILANO, « Implications de la non - exécution d'un arrêt du tribunal constitutionnel », *JCP G*, n°11, 2013, p. 552.

1887 Cour EDH, 8 janvier 2004, *Voggenreiter contre Allemagne*, n°47169/99.

1888 F. SUDRE et al., *Les grands arrêts de la Cour européenne des droits de l'homme*, *op. cit.*, p. 267.

1889 F. SUDRE, « L'exception d'inconstitutionnalité un chantier difficile, question préjudicielle de constitutionnalité et convention européenne des droits de l'homme », *RDP*, n°3, 2009, pp. 671 - 684, (p. 684).

1890 Voir l'arrêt de la CJCE, 7 juillet 1981, *Rewe - Handelsgesellschaft Nord mbH and Rewe - Markt Steffen v Hauptzollamt Kieln*, aff. 158/80, Rec. 1981, p. 01805, point 44.

tirent de l'effet direct du droit communautaire[1891]. Cette jurisprudence, combinée avec le principe d'attribution des compétences ont conduit une partie de la doctrine à soutenir que l'autonomie procédurale des États membres constitue un principe général du droit de l'UE[1892].

Néanmoins, cette position ne semble pas convaincante[1893]. En l'état actuel du droit, l'autonomie procédurale des États membres semble céder devant les exigences du droit de l'UE et, surtout, devant le contrôle européen sur les normes internes afin d'assurer l'uniformité d'application du droit de l'UE. D'abord, alors que les règles procédurales sont absentes dans l'ordre de la Convention EDH, des dispositions explicites du droit de l'UE encadrent les règles procédurales nationales et mobilisent le contrôle de la Cour de justice. Plus précisément, considérant que l'Union européenne dispose de la compétence d'édicter des règles de droit substantiel, il serait paradoxal de ne pas lui octroyer la compétence d'édicter aussi des règles de droit procédural.

En effet, il est possible d'envisager l'hypothèse d'une limitation de l'exercice des droits émanant des règles posées par le droit de l'UE du fait de son interaction avec les règles procédurales nationales[1894]. L'Union européenne, afin d'uniformiser les procédures contentieuses au sein des ordres juridiques nationaux, a procédé à l'adoption des directives procédurales en matière de passation des marchés publics[1895] et de coopération judiciaire en matière civile ou commerciale[1896] ainsi qu'à

[1891] CJCE, 11 décembre 1973, *Lorenz contre Allemagne*, C - 120/73, points 8 - 9, J. - Cl. BONICHOT, « Loin des théories : le refus de la Cour de justice d'imposer un modèle juridictionnel européen », *RDP*, n°3, 2008, pp. 745 - 753, (p. 745).

[1892] Cf. E. PREVEDOUROU, *L'évolution de l'autonomie procédurale des Etats membres de l'Union européenne. Recherches sur le pouvoir du juge administratif d'apprécier d'office la compatibilité du droit national avec le droit communautaire*, Bibliothèque de droit public européen, volume XII, LTD London : Esperia Publications, 1999, p. 90 ; R. MEHDI, « L'autonomie institutionnelle et procédurale et le droit administratif », *in* J. - B. AUBY, J. DUTHEIL DE LA ROCHERE (dir.), *Droit administratif européen*, Bruylant : Bruxelles, 2007, pp. 685 - 726, cités par E. PREVEDOUROU, *L'influence du droit européen au procès devant le Conseil d'État*, Athènes :éd. Nomiki Vivliothiki, 2012, p. 22.

[1893] Cf. C. YANNAKOPOULOS, « L'obligation d'interprétation conforme et d'application des règles de procédure administrative, conformément au droit communautaire », *EfimDD*, n°1, 2008, pp. 102 - 124.

[1894] A. GERONTAS, *L'« européanisation » du droit administratif et procédural national*, Athènes - Thessalonique : éd. Sakkoulas, 2009, p. 283.

[1895] G. DELLIS, « Le Traité de Lisbonne et les défis procéduraux du droit de l'Union européenne », *EDD*, 2010, pp. 47 - 79, (p. 51). Voir aussi en titre indicatif les directives 89/665CEE et 92/13CEE et 2007/66CE comme exemple des directives procédurales dans le champ des contrats publics.

[1896] Règlement 44/2001 et 1206/2001 ainsi que directive 2003/8CE.

l'adoption des décisions facilitant la coopération judiciaire en matière pénale[1897].

Même si, selon la jurisprudence de la Cour, l'Union européenne ne dispose d'aucune compétence législative générale dans le domaine procédural[1898], il y a lieu d'affirmer qu'il existe pourtant une compétence partagée en vertu de l'article 114 TFUE que l'Union n'a pas encore pleinement exercé[1899].

Ensuite, l'uniformité d'application du droit de l'UE, partiellement acquise en vertu des règles procédurales de l'Union, est également affirmée en tant qu'exigence européenne à travers la jurisprudence de la Cour de justice. Il est important de souligner que le principe d'uniformité a été mis en avant par la Cour de justice à propos de son jugement *Melloni*[1900] concernant l'application de la décision - cadre 2009/299 sur le mandat d'arrêt européen, au détriment d'une protection juridictionnelle plus étendue consacrée par la Constitution de l'Espagne. La Cour de justice met alors l'accent sur l'uniformité du droit de l'UE.

L'étendu des compétences de l'Union en matière procédurale est donc de plus en plus affirmé. Par conséquent, l'autonomie procédurale nationale semble prendre la forme d'une compétence procédurale qui s'exerce avec « une certaine marge d'autonomie »[1901] par les États membres et non pas comme un principe du droit de l'Union. Cette marge d'autonomie se relativise encore plus en vertu de l'objectif de protection juridictionnelle effective.

B. La neutralité européenne relativisée par l'objectif de protection juridictionnelle effective

La neutralité du droit de l'Union européenne et de la Convention EDH face au système de contrôle de constitutionnalité adopté par les États recule dans la mesure où le système procédural est susceptible d'empêcher la garantie de la protection juridictionnelle effective des droits conférés aux justiciables par le la Convention EDH (1) et par droit de l'Union européenne (1).

1. Les apports de la jurisprudence de la Cour de Strasbourg

[1897] Décision - cadre 2009/299.

[1898] Conclusions de l'avocat général Mme Verica TRSTENJAK, dans l'affaire *Banco Español de Crédito*, C - 618/10, présentées le 14 février 2012, point 58.

[1899] C. YANNAKOPOULOS, *L'influence du droit de l'Union européenne au contrôle juridictionnel de constitutionnalité des lois*, Athènes - Thessalonique : éd. Sakkoulas, 2013, p. 74.

[1900] CJUE, Grande chambre, 26 février 2013, *Melloni*, C - 399/11, non encore publié.

[1901] CJUE, *Banco Español de Crédito*, précité, point 62.

La neutralité conventionnelle face au système procédural se relativise par le contrôle effectué par rapport au droit à un recours effectif consacré à l'article 13 de la Convention EDH. Alors que dans un premier temps, la Cour a hésité à affirmer son application autonome lorsqu'il n'y avait pas violation d'autres dispositions de la Convention[1902], elle a ensuite affirmé son autonomisation sous condition de l'allégation d'une violation des droits et libertés protégés par la Convention[1903]. C'est en effet grâce à une application autonome de l'article 13 de la Convention que la Cour consacre une jurisprudence dynamique tenant à l'exigence de la protection effective des droits garantis par la Convention pour les particuliers, aux seins des ordres internes.

À cet égard, la Cour EDH a jugé qu'il est nécessaire de prévoir, au sein de chaque ordre juridique national, une voie de recours offrant aux intéressés la possibilité d'exercer un recours effectif tel qu'énoncé à l'article 13 de la Convention[1904], recours leur permettant d'exposer leurs griefs défendables et d'obtenir réparation en cas de violation de la Convention[1905]. Selon la Cour, le contrôle exercé par l'instance nationale doit être d'une intensité équivalente à celle du contrôle européen. Dans le cas contraire, le recours en question perd son caractère effectif[1906].

La portée de cette jurisprudence est néanmoins limitée. La Cour EDH a confirmé qu'elle avait pour mission de contrôler l'adéquation des États parties à la Convention européenne, mais qu'elle ne pouvait pas pour autant négliger les caractéristiques de fond et de procédure des différents systèmes nationaux[1907]. L'article 13 « *ne va pas jusqu'à exiger un recours par lequel on puisse dénoncer, devant une autorité nationale, les lois d'un État*

[1902] Cour EDH, 6 décembre 1976, *Syndicat suédois des conducteurs de locomotive contre Suède*, n°5614/72.

[1903] Cour EDH, plénière, 6 septembre 1978, *Klass et autres contre Allemagne*, n°5029/71.

[1904] Article 13 de la Convention EDH : « *Toute personne dont les droits et libertés reconnus dans la présente Convention ont été violés, a droit à l'octroi d'un recours effectif devant une instance nationale, alors même que la violation aurait été commise par des personnes agissant dans l'exercice de leurs fonctions officielles* ».

[1905] Cour EDH, 18 décembre 1996, *Valsamis contre Grèce*, n°21787/93, §48 - 49 ; Cour EDH, Grande chambre, 4 juillet 2006, *Ramirez Sanchez contre France*, n°59450/00, §166.

[1906] Cour EDH, *Smith et Grady contre Royaume Uni*, 27 septembre 1999, n os 33985/96, 33986/96.

[1907] G. COHEN - JONATHAN, « La Convention européenne des Droits de l'Homme et les systèmes nationaux des Etats contractants », *in* R. - J. DUPUY, L. - A. SICILIANOS (dir.), *Mélanges en l'honneur de Nicolas Valticos*, Paris : éd. A. Pédone, 1999, pp. 385 - 404, (p. 392). Voir aussi les arrêts Cour EDH, plénière, 26 avril 1979, *Sunday Times* n°6538/74 et plénière, 23 juillet 1968, *Affaire linguistique belge*, n^{os}1474/62 1677/62 1691/62 1769/63 1994/63 2126/64.

contractant comme contraires en tant que telles à la Convention ou à des normes juridiques nationales équivalentes »[1908]. Ainsi, la Convention EDH n'impose pas aux États parties d'établir une procédure de contrôle de conventionnalité des lois nationales, ni *a fortiori* un recours en inconstitutionnalité contre ces mêmes lois nationales[1909]. De même, la Cour ne pousse pas l'obligation issue de l'article 13 jusqu'à l'exigence d'un recours permettant de contester une jurisprudence constitutionnelle à effet normatif[1910]. Néanmoins, il importe de remarquer, qu'en vertu de l'objectif de protection juridictionnelle effective, la jurisprudence de la Cour EDH est susceptible de conditionner les modalités procédurales du contrôle de constitutionnalité des lois.

2. Les apports de la jurisprudence de Luxembourg

La Cour de justice rappelle à plusieurs reprises que les droits fondamentaux processuels liés au droit à une protection juridictionnelle effective, font partie d'« *un principe général du droit de l'Union aujourd'hui exprimé à l'article 47 de la charte* »[1911]. En l'état actuel du droit, la protection juridictionnelle effective est garantie non pas seulement à travers la Convention EDH et l'article 47 de la chartre des droits fondamentaux, mais également, depuis la signature du Traité de Lisbonne, par l'article 19 §1, deuxième alinéa du TUE. Cet article dispose que : « *les États membres établissent les voies de recours nécessaires pour assurer une protection*

[1908] Cour EDH, plénière, 21 février 1986, *James et autres contre Royaume Uni*, n°8793/79, §85. Voir aussi J. - Fr. FLAUSS, « L'influence du droit européen sur l'instauration d'un contrôle de constitutionnalité des lois par la voie préjudicielle », *in* G. DRAGO (dir.), *L'application de la Constitution par les Cours suprêmes. Conseil constitutionnel, Conseil d'État, Cour de cassation*, Paris : Dalloz, 2006, pp. 165 - 173, (p. 166).

[1909] J. - Fr. FLAUSS, « Des incidences de la Convention européenne des droits de l'homme sur le contrôle de constitutionnalité des lois en France », *LPA*, n°148, 1988, pp. 3 - 7, (p. 5). Avis de la Commission du 14 décembre 1979 *Young james et webster contre Royaume Uni*, n°s 7601/76 et 7806/77, §177 ; Cour EDH, plénière, 21 février 1986, *James et autres contre Royaume Uni*, n°8793/79, §85. Voir aussi les arrêts plus récents : Cour EDH, 11 juillet 2002, *Willis contre Royaume Uni*, n°36042/97 ; Cour EDH, Grande chambre, 19 octobre 2005, *Roche contre Royaume Uni*, n°32555/96.

[1910] Cour EDH, Grande chambre, 6 janvier 2011, *Paksas contre Lituanie*, n°34932/04, §114.

[1911] CJUE, 22 décembre 2010, *DEB*, C - 279/09, Rec. 2010 p. I - 13849, points 30 - 31 ; CJUE, 1er mars 2011, *Chartry*, C - 457/09, Rec. 2011 p. I - 819, point 25 ; CJUE, 28 juillet 2011, *Samba Diouf*, C - 69/10 Rec. 2011 p. I - 7151, point 49. Cf. F. PERALDI - LENEUF, « Le contrôle de compatibilité des actes de l'Union au regard des droits fondamentaux, ex ante ou ex post ? », *in* N. de GROVE - VALDEYRON, M. BLANQUET, V. DUSSART (dir.), *Mélanges en l'honneur du Professeur Joël Molinier*, Paris : LGDJ, 2012, pp. 495 - 518, (p. 505).

juridictionnelle effective dans les domaines couverts par le droit de l'Union ».

En effet, le système institué par les Traités accorde aux particuliers un accès limité à la juridiction de l'Union[1912]. Par conséquent, il incombe aux États membres de prévoir des voies de recours et de procédures pour compléter les mécanismes de protection assurés par le traité et garantir l'application du principe de la protection juridictionnelle effective[1913].

L'étude de la jurisprudence de la Cour de Luxembourg mène au constat que, bien que celle - ci ait maintenu une position neutre concernant les caractéristiques que tout système procédural national doit posséder, elle a fini par statuer sur la conventionnalité de certaines matières procédurales nationales en vue de garantir la protection juridictionnelle effective, de telle façon qu'elle influence considérablement l'autonomie procédurale des États. Dans ce contexte, la Cour considère que, conformément au principe de coopération loyale, les juridictions internes sont tenues d'interpréter et d'appliquer les règles internes de procédure gouvernant l'exercice des recours d'une manière qui permette aux particuliers de contester en justice la légalité de toute décision ou de toute autre mesure nationale relative à l'application à leur égard d'un acte de l'Union[1914].

La position de la CJUE quant au système procédural national et à la garantie de la protection juridictionnelle effective fut explicitée dans l'arrêt *Unibet*[1915], qui met en effet l'« autonomie institutionnelle et procédurale sous

---

[1912] Article 263 §4 TFUE.

[1913] J. L. DA CRUZ VILAÇA, « Le principe de l'effet utile du droit de l'Union dans la jurisprudence de la Cour », *in* A. ROSAS, E. LEVITS, Y. BOT (dir.), *La Cour de Justice et la construction de l'Europe : analyses et perspectives de soixante ans de jurisprudence*, The Hague : Asser Press, 2013, pp. 279 - 306, (p. 301).

[1914] Voir notamment les arrêts CJCE, 25 juillet 2002, *Unión de Pequeños Agricultores contre Conseil*, C - 50/00 P, Rec. 2002 p. I - 6677, point 42 et CJCE, 22 mars 2007, *Regione Siciliana contre Commission*, C - 15/06 P, Rec. 2007 p. I - 2591, point 39.

[1915] CJCE, Grande chambre, 13 mars 2007, *Unibet*, C - 432/05, Rec. 2007 p. I - 2271. Cf. C. YANNAKOPOULOS, « Le caractère diffus et incident du contrôle de constitutionnalité des lois en Grèce, sous l'aspect du droit européen communautaire », *op. cit.*, pp. 830 - 83 ; Cl. BLUMANN, « Le juge national, gardien menotté de la protection juridictionnelle effective en droit communautaire », *JCP G*, n°30, 2007, I 175, pp. 13 - 19 ; E. BROUSSY, Fr. DONNAT, « Autonomie procédurales des Etats membres », *AJDA*, n°21, 2007, pp. 1119 - 1120 ; M. NICOLELLA, M. - P. VEDRENNE, « Note sous Cour de Justice des Communautés Européennes (CJCE), 13 mars 2007, affaire C - 432/05, Unibet (London) Ltd, Unibet (International) Ltd c. Justitiekanslern », *Gazette du Palais*, n°189, 2007, p. 54, ; D. SIMON, « Note sur l'arrêt, Cour de Justice des Communautés Européennes (CJCE), grande chambre, 13 mars 2007, Unibet, affaire C - 432/05 », *Europe*, n°5, 2007, pp. 9 - 10 ; F. SCHMIED, « L'accès des particuliers au juge de la légalité - L'apport de l'arrêt Unibet », *Journal de droit européen*, n°140, 2007, pp. 166 - 170 et A. VAN WAEYENBERGE, P.

surveillance »[1916]. À propos de cette affaire, il a été jugé qu'il existe une obligation positive pour les États membres de l'Union européenne de prévoir une certaine voie de recours permettant la restitution de la violation du droit de l'Union européenne[1917].

Par la suite, le souci d'assurer la protection juridictionnelle effective a conduit la jurisprudence de Luxembourg, dans son arrêt *Factortame*[1918] à reconnaître au juge national la compétence d'ordonner toute mesure provisoire nécessaire à l'encontre de toute règle nationale susceptible d'être incompatible avec le droit de l'Union. Cette condition fut répétée à propos de l'arrêt *Melki et Abdeli*[1919]. Par ailleurs, la jurisprudence a clairement affirmé que le juge national est investi par le droit européen du pouvoir de le préserver, même dans le cas où le contentieux national ne le prévoit pas explicitement[1920].

En principe, la CJUE respecte l'autonomie procédurale des États membres, affirmant qu'il appartient à l'ordre interne de désigner les juridictions compétentes et de régler les modalités procédurales de recours destinés à assurer les droits que les justiciables tirent du droit de l'UE. Il n'en demeure pas moins que trois conditions doivent être respectées : tout d'abord, les procédures prévues doivent respecter le droit à une protection juridictionnelle effective ; ensuite, les juridictions nationales doivent avoir la faculté d'accorder des mesures provisoires destinées à sauvegarder les droits des justiciables dans l'attente de la réponse de la Cour de justice à la question préjudicielle posée. Enfin, les mesures provisoires prévues doivent respecter les principes d'équivalence et d'effectivité, et ne pas être moins favorables que celles qui concernent des demandes similaires de nature

---

PECHO, « L'arrêt Unibet et le Traité de Lisbonne, un pari sur l'avenir de la protection juridictionnelle effective », *CDE*, n°1 - 2, 2008, pp. 123 - 156.

[1916] Cl. BLUMANN, « Le juge national, gardien menotté de la protection juridictionnelle effective en droit communautaire », *op. cit.*, p. 16.

[1917] CJUE, *Unibet* précité, point 41 ; CJUE, Grande chambre, 18 octobre 2011, *Boxus e.a.*, C - 128/09 à C - 131/09, C - 134/09 et C - 135/09, Rec. 2011 p. I - 9711, point 54 ; CJUE, 16 février 2012, *Solvay e.a.* C - 182/10, non encore publié point 49, C. YANNAKOPOULOS, *L'influence du droit de l'Union européenne au contrôle juridictionnel de constitutionnalité des lois*, *op. cit.*, p. 79.

[1918] CJUE, 19 juin 1990, *The Queen contre Secretary of State for Transport, ex parte Factortame*, C - 213/89, Rec. 1990 p. I - 2433.

[1919] CJUE, Grande chambre, 22 juin 2010, *Melki et Abdeli*, C - 188/10 et C - 189/10, Rec. 2010 p. I - 5667, point 57.

[1920] CJCE, *The Queen contre Secretary of State for Transport, ex parte Factortame*, précité, C. YANNAKOPOULOS, « L'influence du droit de l'Union européenne sur le système de contrôle juridictionnel de constitutionnalité des lois : les paradigmes français et grec », *RFDC*, n°91, 2012, pp. 537 - 56, (pp. 554 - 555).

interne ou être excessivement difficiles quant à leur exercice[1921]. Par conséquent, l'autonomie procédurale nationale est relativisée par l'impératif de la protection juridictionnelle effective et par la protection juridictionnelle provisoire des droits conférés aux justiciables par le droit de l'UE[1922].

§2. Le contrôle européen favorisant un système procédural national précis

Les deux ordres européens mettent en place des mécanismes de contrôle très différents. D'une part, le mécanisme de renvoi des questions préjudicielles à la Cour de justice établit un moyen de dialogue entre l'UE et les Cours nationales. D'autre part, la Convention EDH met en place un droit au recours individuel, conditionné par l'épuisement des voies de recours internes. Pour garantir l'effectivité d'application du droit de l'UE, tous les juges internes doivent pouvoir saisir la Cour de justice afin de lui demander de statuer sur l'interprétation du droit de l'Union européenne et, le cas échéant, effectuer un contrôle de la validité de ses dispositions. Le mécanisme consacré par l'article 267 TFUE et la jurisprudence européenne rendue en la matière, visent à garantir le contrôle diffus du droit de l'UE[1923] ce qui est susceptible d'influencer l'organisation procédurale de la justice constitutionnelle (B).

En outre, la Cour EDH, en vertu de la condition d'épuisement des voies de recours internes, intervient *a posteriori* pour contrôler la violation éventuelle de la Convention par des règles internes. Cette condition donne lieu à une jurisprudence abondante qui influence de façon considérable les systèmes procéduraux nationaux, de telle manière qu'une prise de position européenne sur l'étendue du contrôle procédural interne est constatée (A).

A. Le contrôle européen sur l'épuisement des voies de recours internes portant sur l'étendue du contrôle de constitutionnalité

[1921] C. YANNAKOPOULOS, « Le caractère diffus et incident du contrôle de constitutionnalité des lois en Grèce, sous l'aspect du droit européen communautaire », *op. cit.*, p. 555.

[1922] E. BROUSSY, Fr. DONNAT, « Autonomie procédurales des Etats membres », *op. cit.*, pp. 1119 - 1120, D. SIMON, « Note sur l'arrêt, Cour de Justice des Communautés Européennes (CJCE), grande chambre, 13 mars 2007, Unibet, affaire C - 432/05 », *op. cit.*, pp. 9 - 10 et B. BRUNESSEN, « La double allégeance du juge national. La question prioritaire de constitutionnalité à l'épreuve du droit de l'Union européenne », *Annuaire de droit européen*, vol. VII, 2012, pp. 55 - 77, (pp. 74 - 76).

[1923] C. YANNAKOPOULOS, « L'influence du droit de l'Union européenne sur le système de contrôle juridictionnel de constitutionnalité des lois : les paradigmes français et grec », *op. cit.*, p. 545 et suiv.

La règle de l'épuisement des voies de recours internes est l'expression du principe de subsidiarité qui imprègne le mécanisme de contrôle conventionnel. En vertu de la règle de l'épuisement des voies de recours internes, la Cour de Strasbourg encadre dans un premier temps les mécanismes initiés devant les Cours constitutionnelles en statuant notamment sur leur efficacité (1). Dans un second temps, il tend, à travers sa jurisprudence, à prendre implicitement position sur le système de constitutionnalité choisi et notamment sur l'étendue du contrôle exercé (2).

1. Les mécanismes initiés devant les Cours constitutionnelles encadrés par la Cour EDH

L'article 35 de la Convention EDH prévoit l'épuisement des voies de recours internes, en tant que condition procédurale qui doit se satisfaire afin que la Cour puisse être saisie. L'article 47 du règlement de la Cour détaille le contenu de la requête individuelle disposant que celle - ci, déposée par le requérant, doit « *indiquer (...) un exposé concis et lisible confirmant le respect par le requérant des critères de recevabilité énoncés à l'article 35 § 1 de la Convention* ».

Selon la jurisprudence rendue par la Cour EDH, la condition de l'épuisement préalable des voies de recours internes est la marque procédurale de la subsidiarité du mécanisme de protection des droits institué par la Convention[1924] et repose, en effet, tant sur l'épuisement des griefs que sur celui des instances[1925]. Exerçant les recours internes disponibles, le requérant doit soulever tous les griefs visant la violation de la Convention devant les juges nationaux. De cette façon, les autorités nationales et, surtout, les Cours peuvent éviter les violations alléguées à la Convention. Il s'agit là, alors, « du double épuisement vertical et horizontal des voies de recours interne »[1926].

Bien que cette condition procédurale soit directement liée au principe de subsidiarité, la jurisprudence rendue en la matière conduit la Cour de Strasbourg à encadrer les mécanismes initiés devant les Cours suprêmes nationales[1927].

[1924] Cour EDH, plénière, 7 décembre 1976, *Handyside contre Royaume Uni*, n°5493/72, §48 ; Cour EDH, Grande chambre, 16 septembre 1996, *Akdivar et autres contre Turquie*, n°21893/93, §65 ; Cour EDH, Grande chambre, 26 mars 2006, *Cocchiarella contre Italie*, n°64886/01, §38.

[1925] F. SUDRE et al., *Les grands arrêts de la Cour européenne des droits de l'homme*, *op. cit.*, p. 811.

[1926] M. GUILLAUME, « Question prioritaire de constitutionnalité et Convention européenne des droits de l'homme », *NCCC*, n°32, 2011, pp. 67 - 95, (p. 84).

[1927] Nous citons aussi la Recommandation du Comité des Ministres aux Etats membres sur l'amélioration des recours internes (CM/Rec(2004)6), adoptée par le Comité des Ministres le 12 mai 2004, lors de sa 114e session ; elle indique les

Ainsi, par une jurisprudence constante et abondante la Cour de Strasbourg inclut les recours individuels de constitutionnalité prévus dans un nombre d'États parties comme des recours à épuiser avant la saisine de la Cour européenne. En revanche, la jurisprudence conventionnelle est beaucoup moins riche en ce qui concerne les saisines indirectes du juge constitutionnel c'est - à - dire les questions posées par le juge qui doute de la constitutionnalité de la loi[1928]. En outre, la Cour européenne n'a pas, jusqu'à aujourd'hui, statué sur la participation de la QPC à l'épuisement des voies de recours internes. Même si cette question n'a pas encore été tranchée, il semble que ce mécanisme n'est pas inclus dans la condition de l'épuisement de recours internes ; la Cour de Strasbourg a, à plusieurs reprises, précisé que la règle de l'épuisement des recours interne vise les recours efficaces, utiles et *directement* accessibles à la disposition du requérant[1929].

Sur ce plan, la Cour EDH a inclus le recours constitutionnel allemand, qui est à la disposition des citoyens (*Verfassungbeschvwerbe*), parmi les voies de recours internes à épuiser avant la saisine de la Cour de Strasbourg[1930]. La même règle s'applique aussi au *recurso de amparo*, le mécanisme constitutionnel espagnol qui permet la saisine du Tribunal constitutionnel espagnol à l'initiative des particuliers, du ministère public et du défenseur du peuple[1931], à l'exception de griefs qui sont relatifs au droit

---

carences existant dans de nombreux Etats membres concernant la disponibilité de recours internes et/ou leur effectivité, avec comme conséquence une charge de travail supplémentaire pour la Cour (paragraphe 12 de la recommandation). Elle charge le Secrétaire Général du Conseil de l'Europe de déployer les moyens nécessaires pour donner une assistance appropriée aux Etats membres qui le demanderaient, afin de les aider à mettre en place les recours effectifs - spécifiques ou généraux - exigés par la Convention.

[1928] Th. LARROUTUROU, « La QPC est - elle une voie de recours à épuiser avant de saisir la Cour européenne des droits de l'homme ? », article présenté lors du IXème Congrès français de droit constitutionnel, http://www.droitconstitutionnel.org/congresLyon/CommLC/C - larrouturou_T2.pdf, p. 5.

[1929] Voir à ce propos les Cour EDH, 28 septembre 1995, *Spadea et Scalabrino contre Italie*, n°12868/87, §24 ; arrêts Cour EDH, Grande chambre, 28 juillet 1999, *Immobiliare Saffi contre Italie*, n°22774/93, §42. D. SZYMCZAK, « La compatibilité de la saisine prioritaire avec la Convention européenne des droits de l'homme », *Annuaire de droit européen*, vol. VII, 2012, pp. 79 - 92, (p. 82) et Th. LARROUTUROU, « La QPC est - elle une voie de recours à épuiser avant de saisir la Cour européenne des droits de l'homme ? », *op. cit*.

[1930] Commission EDH, plénière, 18 juillet 1986, *W contre Allemagne*, n°10785/84, Cour EDH, 4 décembre 2008, *Adam contre Allemagne*, n°44036/02 ; Cour EDH, 3 février 2009, *Schädlich contre Allemagne* n°21423/07.

[1931] Commission EDH, 11 décembre 1987, *Union Alimentaria Sanders SA contre Espagne*, n°11681/85 ; Cour EDH, décision, 14 juin 2011, *Del Pino Garcia et Ortin Mendez c. Espagne*, n°23651/07.

de propriété, lequel n'est pas couvert par le recours en question[1932]. Il en va de même pour la voie de recours constitutionnel ouverte aux particuliers prévus dans l'ordre juridique de la République tchèque[1933] et de la Turquie[1934] ainsi que pour le recours en annulation belge[1935].

Néanmoins, l'exigence d'épuisement de voies de recours constitutionnel est relativisée par la jurisprudence de la Cour de Strasbourg, dans le cas où le requérant se plaint d'une durée excessive de la procédure. Ainsi, par deux arrêts, la Cour a statué que la Cour constitutionnelle fédérale allemande n'a de pas compétence pour imposer des délais à l'instance inférieure ou pour ordonner d'autres mesures afin d'assurer l'accélération de la procédure litigieuse ni, par ailleurs, la possibilité d'allouer des indemnisations au requérant qui n'avait pas alors l'obligation de soumettre à la juridiction constitutionnelle son grief visant la durée de la procédure[1936].

La Cour de Strasbourg condamne ainsi l'Allemagne pour violation de l'article 6 et refuse de qualifier le recours constitutionnel national comme un recours effectif dans le cadre de l'article 13 de la Convention en raison des compétences limitées que la Cour constitutionnelle dispose en matière de recours juridictionnels de durée excessive. Le juge de Strasbourg l'exclut ainsi de l'épuisement des recours internes[1937]. Il suit le même raisonnement pour le cas de la Cour constitutionnelle tchèque, où elle considère que cette dernière ne peut ni accorder une indemnité ni inviter les tribunaux à prendre des mesures d'accélération de la procédure, tout en admettant la règle plus générale selon laquelle, lorsque le requérant s'appuie sur une jurisprudence de la Cour constitutionnelle bien établie et défavorable pour lui, il est dispensé d'épuiser cette voie de recours[1938].

[1932] Cour EDH, 8 octobre 2002, *Arcadio Fernandez - Molina Gonzalez contre Espagne*, n°64359/01.

[1933] Commission EDH, 7 avril 1994, *J.A. contre République tchèque*, n°22926/93 ; Commission EDH, 29 juin 1994, *Karel Hava contre République tchèque*, n°23256/94.

[1934] Cour EDH, 30 avril 2013, *Hasan Uzun contre Turquie*, n°10755/13. A. LEVADE, « La QPC pourrait - elle être un recours interne à épuiser ? (CEDH, 30 avril 2013, Hasan Uzun c/ la Turquie, n°10755/13) », *Constitutions*, n°2, 2013, pp. 192 - 194.

[1935] Cour EDH, 6 avril 2004, *S. B. et autres c. Belgique*, n°63403/00.

[1936] Cour EDH, Grande chambre, 8 juin 2006, *Sürmeli contre Allemagne*, n°75529/01, §105 - 108 ; Cour EDH, 11 janvier 2007, *Hersbt contre Allemagne*, n°20027/02, §62 - 63.

[1937] Il est à noter que récemment, dans la décision du 29 mai 2012, *Reinhold Taron contre Allemagne*, n°53126/07, la Cour a déclaré des requêtes irrecevables en raison de l'entrée en vigueur de la loi prévoyant l'octroi d'une indemnité pour la durée excessive d'une procédure. Pour ce faire, elle a pris en considération notamment le fait que la loi prévoyait l'application des critères de la Convention.

[1938] Cour EDH, 16 février 2012, *Eremiášová et Pechová contre République tchèque*, n°23944/04, §98 - 101.

La jurisprudence de la Cour de Strasbourg est encore plus critique à propos du contentieux constitutionnel belge où deux voies d'accès au juge constitutionnel coexistent : la voie d'accès direct, qui est qualifiée de recours en annulation, ainsi que la voie d'accès incidente, qui correspond à la question préjudicielle de constitutionnalité. La Cour européenne a jugé que le recours en annulation constitue une voie de recours accessible et effective et doit être examinée au regard de la règle de l'épuisement des voies de recours interne[1939]. Toutefois, elle a rendu un jugement significatif à propos du refus de la Cour de cassation belge de poser une question préjudicielle à la Cour constitutionnelle. À ce propos, la Cour a affirmé qu'« *il est conforme au fonctionnement de pareil mécanisme que le juge vérifie s'il peut ou doit poser une question préjudicielle, en s'assurant que celle - ci doit être résolue pour permettre de trancher le litige dont il est appelé à connaître. Cela étant, il n'est pas exclu que, dans certaines circonstances, le refus opposé par une juridiction nationale, appelée à se prononcer en dernière instance, puisse porter atteinte au principe de l'équité de la procédure, tel qu'énoncé à l'article 6 § 1 de la Convention, en particulier lorsqu'un tel refus apparaît comme entaché d'arbitraire* »[1940]. En l'occurrence, les procédures de renvoi préjudiciel en inconstitutionnalité ne sont pas jugées comme nécessitant un traitement spécifique[1941]. Or la Cour a jugé que la question préjudicielle belge peut être examinée sous l'angle du droit à un recours effectif dans le cadre de l'article 13 de la Convention[1942], confirmant ainsi le lien étroit existant entre la règle de l'article 35§1 et le droit à un recours effectif de l'article 13.

Selon la jurisprudence conventionnelle actuelle, la non transmission d'une question préjudicielle devant la cour constitutionnelle ou suprême n'a jamais été sanctionnée par la Cour EDH[1943]. Or, il y a lieu d'affirmer que la Cour EDH encadre les modalités d'exercice du contrôle constitutionnalité des lois, en particulier sur les modalités ouvertes aux justiciables, en statuant sur leur efficacité. Cet encadrement porte surtout sur le *fonctionnement* de l'exercice du contrôle. Toutefois, l'absence d'un recours ouvert aux justiciables est susceptible d'amener la Cour à prendre position sur l'*étendue* du contrôle de constitutionnalité.

[1939] Cour EDH, 6 avril 2004, *S. B et autres contre Belgique*, n°63403/00.

[1940] Cour EDH, 22 juin 2000, *Coëme contre Belgique*, n°32492/96, §124, voir aussi L. BURGORGUE - LARSEN, « L'autonomie constitutionnelle aux prises avec la Convention européenne des droits de l'homme », *op. cit.*, p. 58 - 59.

[1941] J. - Fr. FLAUSS, « Droit constitutionnel et Convention européenne des droits de l'homme. Le droit constitutionnel national devant la Cour européenne des droits de l'homme (actualité jurisprudentielle 1997 - 1998 - 1999 - 2000) », *op. cit.*, p. 850.

[1942] M. GUILLAUME, « Question prioritaire de constitutionnalité et Convention européenne des droits de l'homme », *op. cit.*, p. 93.

[1943] D. SZYMCZAK, « La comptabilité de la saisine prioritaire avec la Convention européenne des droits de l'homme », *op. cit.*, p. 88.

2. La prise de position implicite de la Cour EDH face au système de contrôle de constitutionnalité

De manière générale, la Cour de Strasbourg, à propos de l'arrêt *Hasan Uzun*[1944], a dégagé deux critères pour l'épuisement de recours internes : « *a) l'existence d'un recours constitutionnel spécifique qui permet i. de remédier à des violations de droits et libertés commises par une autorité publique, ii. ou, lorsque la violation d'un droit garanti par la Constitution résulte d'une ingérence autre qu'une décision, d'interdire à l'autorité concernée de poursuivre la violation de ce droit, iii. et de lui ordonner de rétablir, autant que faire se peut, le statu quo ante ; b) le fait que le recours constitutionnel offre un remède aux violations trouvant leur origine immédiate et directe dans un acte ou une omission d'un organe judiciaire, indépendamment des faits qui ont donné lieu à la procédure* »[1945].

La lecture de l'arrêt ne permet pas de conclure si lesdits critères sont alternatifs ou cumulatifs. Or, comme le Professeur A. LEVADE le relève « la Cour entend privilégier une approche pragmatique, seule pertinente lorsqu'il s'agit de déterminer si, en droit et en pratique, le recours constitutionnel prévu par un système national présente les garanties justifiant qu'il dût être épuisé »[1946].

Ce constat est vérifié par l'arrêt *Vallianatos contre Grèce*[1947] où la Cour met l'accent sur les garanties présentées par les recours internes susceptibles de remédier à la violation de la Convention. Dans ce cas d'espèce, la loi nationale en cause, limitait la conclusion du « pacte de vie commune »[1948] uniquement aux couples hétérosexuels. Les requérants ont saisi la Cour EDH

[1944] Cour EDH, *Hasan Uzun contre Turquie*, précité.

[1945] *ibid.*, §48.

[1946] A. LEVADE, « La QPC pourrait - elle être un recours interne à épuiser ? (CEDH, 30 avril 2013, Hasan Uzun c/ la Turquie, n°10755/13) », *op. cit.*, p. 193.

[1947] Cour EDH, Grande chambre, 7 novembre 2013, *Vallianatos et autres contre Grèce*, n°s 29381/09, 32684/09. Ch. ANTHOPOULOS, « La CEDH en tant que Cour constitutionnelle. Réflexions à propos de l'arrêt Vallianatos et autres contre Grèce », *EfimDD*, n°5, 2013, pp. 595 - 601 ; Fr. LAFAILLE, « L'arrêt Vallianatos contre Grèce et la protection conventionnelle des couples homosexuels. Du contrôle de constitutionnalité des lois in abstracto opéré par la Cour constitutionnelle européenne des droits de l'homme », *D.*, n°43, 2013, pp. 2888 - 2891 ; F. SUDRE, « Exclusion des couples de même sexe du pacte de vie commune », *JCP G*, n°49, 2013, p. 2219 ; L. BURGORGUE - LARSEN, « Interdiction des discriminations », *AJDA*, n°3, 2014, p. 150 ; J. - Fr. RENUCCI, « Droit européen des droits de l'homme. La notion de « victime » au sens de l'article 34 de la Convention européenne des droits de l'homme », *D.*, n°4, 2014, pp. 238 - 243.

[1948] Loi 3719/2008.

alléguaient sous l'angle des articles 8 et 14 combinés que le fait que le « pacte de vie commune » destiné uniquement aux couples hétérosexuels portait atteinte à leur droit à la vie privée et familiale et opérait une discrimination injustifiée entre les couples hétérosexuels et les couples homosexuels, au détriment de ces derniers. En effet, en Grèce, en absence d'un recours constitutionnel direct, la constitutionnalité et la conventionnalité d'une loi peuvent être examinées de façon seulement incidente. Toutefois, cette loi fut directement applicable et par la suite les requérants ne pourraient pas contester la loi en cause devant les Cours grecques. Il s'agit en effet d'une omission du législateur de ne pas étendre la conclusion du pacte de vie commune aux couples homosexuels. Dans l'ordre grec, par voie d'exception, la responsabilité de l'État en cas d'omission illégale peut être constatée par la voie de l'action en dommages - intérêts, exercée conformément à l'article 105 de la loi d'introduction du code civil[1949]. Toutefois, la Cour EDH a rejeté l'argument du gouvernement que ce recours constitue un recours effectif à épuiser. Le juge de Strasbourg constate que, même dans le cas où le recours serait accueilli par les juridictions internes, aucune obligation légale ne pèserait sur l'État de modifier la loi en question et de porter remède aux griefs que les requérants tirent des articles 8 et 14 de la Convention[1950].Ainsi, il juge que ce recours ne satisfait pas aux exigences prévues par la Convention, et critique le caractère incident du contrôle de constitutionnalité en Grèce.

Cette position va à l'encontre du principe de subsidiarité qui imprègne le système conventionnel[1951] et est fortement critiqué par le juge PINTO DE ALBUQUERQUE qui, dans son opinion en partie concordante et en partie dissidente, affirme que « *la Cour n'aurait pas dû examiner l'affaire au fond, ce qu'elle a fait en se comportant comme une cour constitutionnelle européenne jouant le rôle d'un « législateur positif » à la demande directe des personnes concernées. Hans Kelsen lui - même, l'architecte du système de contrôle juridictionnel constitutionnel concentré, n'aurait pas rêvé qu'un tel pas puisse être un jour franchi en Europe* »[1952]. En l'espèce, il y a lieu de

---

[1949] Pr. DAGTOGLOU, *Droit du contentieux administratif*, Athènes - Thessalonique : éd. Sakkoulas, 5e éd., 2011, pp. 205 - 211.

[1950] Cour EDH, *Vallianatos et autres contre Grèce*, précité, §55.

[1951] Conformément au principe de subsidiarité, la Cour EDH a jugé, à propos de l'arrêt *Anastassakos et autres contre Grèce* du 3 mai 2011, n°41380/06, que le recours instauré par l'article 105 de la loi d'introduction du code civil pourrait violer les droits des requérants en raison de la divulgation d'un rapport judiciaire confidentiel aux médias. P. VOGIATZIS, « L'article 35 de la Convention EDH, commentaire », *in* L. - A. SISILIANOS (dir.), *Convention européenne des droits de l'homme*, commentaire par article, Athènes : éd. Nomiki vivliothiki, 2013, pp. 569 - 596, (p. 576).

[1952] Cour EDH, *Vallianatos et autres contre Grèce*, précité, opinion en partie concordante et en partie dissidente du juge PINTO DE ALBUQUERQUE.

se demander si la Cour EDH considère que, dans le cas où le litige porte directement sur une loi ou sur une omission législative, un recours direct permettant l'examen de la conformité de la loi en cause avec la Convention serait nécessaire[1953].

Sur un plan général, la Cour rappelle « *qu'elle n'a point pour tâche de se prononcer in abstracto sur une législation, raison pour laquelle elle ne peut statuer sur la compatibilité en général des dispositions de la pratique* »[1954]. Néanmoins, le recours individuel détermine la spécificité du système européen permettant aux individus d'attaquer un État devant la Cour européenne des droits de l'homme. Ainsi, la Cour, afin de rendre les exigences de la Convention concrètes et effectives[1955] exerce dans certaines circonstances exceptionnelles un contrôle *in abstracto*[1956]. Tel fut le cas de l'affaire *Vallianatos*. En effet, le but de ce contrôle est, dans un premier temps, que la mise en œuvre de la Convention ne soit pas affaiblie. Or, le contrôle exercé par la Cour prend une dimension particulière, relativisant l'autonomie procédurale des États parties dans le cas où le contrôle porte sur une violation de la Convention à cause de l'omission du législateur national.

[1953] Cour EDH, 5 avril 2005, *Iordachi et autres contre Moldavie*, (décision), n°25198/02. Il est à noter que conformément à la législation moldave, seul le Parlement peut apporter des modifications aux lois et seule la Cour constitutionnelle, dans laquelle les individus et les organisations n'ont pas accès direct, peuvent déclarer les lois inconstitutionnelles. Ainsi en espèce, l'état de droit, caractérisé par l'absence des garanties juridiques contre les abus n'était pas susceptible d'être contrôlé devant les Cours (il s'agissait en espèce des interceptions de communications téléphoniques et postales) P. VOGIATZIS, « L'article 35 de la Convention EDH », commentaire *in Convention européenne des droits de l'homme, commentaire par article*, *op.cit.*, p. 576.

[1954] Cour EDH, Grande chambre, 25 mars 1999, *Nikolova contre Bulgarie*, n°31195/96, §60, M. de SALVIA, « *Compendium de la CEDH, les principes directeurs de la jurisprudence relative a la convention européenne des droits de l'homme* », *op. cit.*, p. 15. Cour EDH, plénière, 18 décembre 1987, *F. contre Suisse*, n°11329/85, §31 : « *dans une affaire tirant son origine d'une requête individuelle, il lui faut se borner autant que possible à examiner les problèmes soulevés par le cas concret dont on l'a saisie. Sa tâche ne consiste donc point à examiner in abstracto, au regard de la Convention, le texte* de droit interne incriminé, mais à apprécier la manière dont il a été appliqué à l'intéressé ou l'a touché ».

[1955] Cour EDH, Grande chambre, 23 mars 1995, *Loizidou contre Turquie*, n°15318/89, §72 : « *l'objet et le but de la Convention, instrument de protection des êtres humains, appellent à interpréter et à appliquer ses dispositions d'une manière qui en rende les exigences concrètes et effectives* ».

[1956] B. DELZANGLES, *Activisme et autolimitation de la Cour européenne des Droits de l'Homme*, Paris : LGDJ, 2009, p. 303. Voir aussi l'arrêt Cour EDH, *Klass et autres contre Allemagne*, précité, §34

Le contrôle correcteur, exercé par la Cour de Strasbourg semble aussi avoir un caractère incitatif envers les États membres[1957]. Le contrôle européen pallie les carences du contrôle national ce qui constitue son effet correcteur. Cependant, étant donné que la loi en cause, n'a pas connu un contrôle juridictionnel inerme, le contrôle se révèle abstrait. Cette jurisprudence pourrait inciter la Grèce, en raison de son abstractivité, à étendre le contrôle de constitutionnalité au contrôle des omissions législatives. Il s'agit donc d'un contrôle européen qui ne porte pas pour autant sur l'*organisation* du contrôle de constitutionnalité, mais sur son *étendue*.

En effet, il serait opportun de faire une comparaison. L'arrêt *Vallianatos* de la Cour EDH, précité, peut être considéré comme l'équivalent de l'arrêt *Unibet* issu par la CJUE présentant toutefois une différence considérable. En effet, à propos de l'affaire *Unibet*, la Cour de justice a jugé qu'il existe une obligation positive pour les États membres de prévoir une voie de recours permettant la restitution de la violation du droit de l'Union européenne[1958]. Or, la Cour affirme qu'il incombe aux États membres de prévoir un système de voies de recours et de procédures permettant d'assurer le respect de ce droit[1959]. Contrairement à cet arrêt qui laisse l'initiative aux États membres, la Cour EDH, de son côté, critique le système juridictionnel de contrôle incident dans le cadre d'un contrôle *abstrait* de la conventionnalité de la loi en cause.

L'abstractivité de ce contrôle mène la Cour à statuer sur l'ineffectivité du recours à la demande de dommages - intérêts étant donné que même dans le cas où ce recours serait accueilli par les juridictions internes, aucune obligation légale ne pèserait sur l'État de modifier la loi en question et de porter remède aux griefs que les requérants tirent des articles 8 et 14 de la Convention[1960]. De cette façon, la Cour semble adopter une position plus concrète quant au contrôle de constitutionnalité des lois.

La raison pour cette distinction quant à l'intensité du contrôle et les solutions adoptées par les deux Cours européennes réside sur les différences entre les mécanismes procéduraux de celles - ci. Bien que la CJUE puisse, dans le cadre d'un renvoi préjudiciel, être un vrai interlocuteur des États membres, la Cour EDH intervenant à propos de recours individuels, semble devenir le juge des juges suprêmes nationaux et revendique le pouvoir de « dernier mot » en procédant à la condamnation du pays pour des omissions législatives d'une façon plus stricte que celle adoptée par la CJUE.

[1957] D. SZYMCZAK, *La Convention européenne des droits de l'homme et le juge constitutionnel national*, *op. cit.*, p. 293.

[1958] CJUE, *Unibet*, précité, point 41 ; CJUE, *Boxus e.a.*, précité, point 54 ; CJUE, *Solvay e.a.*, précité, point 49.

[1959] CJUE, *Unibet*, précité, point 42.

[1960] Cour EDH, *Vallianatos et autres contre Grèce*, précité.

B. Le mécanisme de renvoi de question préjudicielle portant sur l'organisation de la justice constitutionnelle

À travers la jurisprudence de la CJUE, des lignes directrices peuvent être dégagées sur les exigences de l'Union quant à l'application du droit de l'UE par les juridictions internes et la garantie de l'effectivité du mécanisme de renvoi préjudiciel. Au fil d'une jurisprudence qui devient de plus en plus riche, la Cour de justice s'intéresse à l'organisation du contrôle de la justice constitutionnelle. Les considérants de principe peuvent être retracés à l'arrêt *Simmenthal* où la Cour estime que « *tout* juge saisi dans le cadre de sa compétence d'appliquer intégralement le droit communautaire et de protéger les droits que celui - ci confère aux particuliers, en *laissant inappliquée toute disposition éventuellement contraire* de la loi nationale, que celle - ci soit antérieure ou postérieure à la règle communautaire »[1961]. L'accent doit alors être mis sur deux éléments : la faculté, voire l'obligation, de tout juge de saisir la CJUE, conduit à la favorisation implicite d'un contrôle déconcentré (1). De même, l'obligation de laisser inappliquées les dispositions européennes contraires au droit de l'UE est susceptible de relativiser la priorité du jugement sur la constitutionnalité (2).

1. La promotion d'un contrôle diffus

Le droit de l'UE, en principe neutre face au système procédural adopté par les États membres, n'exclut pas le système concentré de constitutionnalité des lois. Toutefois, au regard de la jurisprudence rendue au cours des dernières années, il apparaît de moins en moins favorable à l'introduction de mécanismes de concentration de contrôle juridictionnel de constitutionnalité et, à l'inverse, de plus en plus favorable à l'introduction ou le maintien de l'exception d'inconstitutionnalité des lois[1962].

Depuis sa jurisprudence *Mecanarte*[1963], il a été admis que le juge portugais, saisi d'un litige concernant le droit de l'UE et qui constate

[1961] Italiques ajoutés. Voir entre autres les arrêts CJCE, 9 mars 1978, *Simmenthal*, aff. 106/72, Rec. 1978, p. 629, point 21 ; CJCE, 5 mars 1998, *Solred*, C - 347/96, Rec. 1998 p. I - 937, point 30. Cf. C. YANNAKOPOULOS, « L'obligation d'interprétation conforme et d'application des règles de procédure administrative, conformément au droit communautaire », *op. cit.*, p.110 et suiv.

[1962] C. YANNAKOPOULOS, « L'influence du droit de l'Union européenne sur le système de contrôle juridictionnel de constitutionnalité des lois : les paradigmes français et grec », *op. cit.*, p. 545 - 546.

[1963] CJCE, 27 juin 1991, *Mecanarte - Metalurgica da Lagoa / Alfandega do Porto*, C - 348/89, Rec. 1991 p. I - 3277.

l'inconstitutionnalité d'une disposition nationale, n'est pas privé de la faculté ou dispensée de l'obligation, prévues à l'article 177 du Traité CEE (article 267 TFUE) de saisir la Cour de justice des questions concernant l'interprétation ou la validité du droit de l'UE, du fait que cette constatation est soumise à un recours obligatoire devant la Cour constitutionnelle[1964]. Par ailleurs, dans l'arrêt *Unibet* précité, la Cour de justice a imposé l'interprétation des règles procédurales nationales, conformément au droit de l'UE et a conclu que les États membres doivent instituer un tel système procédural permettant d'assurer le contrôle de conventionnalité des lois avec le droit de l'Union européenne[1965].

Les paramètres d'effectivité du contrôle de conformité de toutes les règles nationales avec le droit de l'Union sont clairement affirmés à propos des arrêts *Melki* et *Abdeli* du 22 juin 2010[1966]. La CJUE a conclut à la

---

1964 *ibid.*, points 45 - 46.

1965 A. GERONTAS, « La protection des droits fondamentaux et la protection juridictionnelle effective dans l'Union européenne, (à propos des arrêts C - 432/05, Unibet et C - 354 - 5/04, Gestoras et Segi) », *EfimDD*, n°5, 2008, pp. 724 - 732.

1966 CJUE, Grande chambre, 22 juin 2010, *Melki et Abdeli*, C - 188/10 et C - 189/10, Rec. 2010 p. I - 5667, point 57, D. ROUSSEAU, Question prioritaire de constitutionnalité, *Gazette du Palais*, n°178 - 180, 2010, pp. 19 - 21 ; A. RIGAUX, « Premier épisode procédural de la question prioritaire de constitutionnalité devant la Cour », *Europe*, n°7, 2010, pp. 21 - 22 ; P. GILLIAUX, « Constitutionnalité et conformité au droit de l'Union question de priorité », *Journal de droit européen*, n°173, 2010, pp. 269 - 275 ; J. - B. PERRIER, « La CJUE et la question prioritaire de constitutionnalité :entre primauté et priorité », *LPA*, n°172, 2010, pp. 9 - 14 ; A. I. SALICETI, « Constitution et primauté : un bilan jusqu'à l'arrêt «Melki Abdeli » », *Revue de l'Union européenne,* n°3, 2010, pp. 583 - 624 ; J. ROUX, « La Cour de justice et le contrôle incident de constitutionnalité des directives de l'Union : remarques sur un obiter dictum », *D.*, n°38, 2010, pp. 2524 - 2525 ; P. CASSIA, E. SAULNIER - CASSIA, « La QPC peut - elle être « prioritaire » ? », *D.*, n°26, 2010, pp. 1636 - 1637 ; M. AUBERT, E. BROUSSY, Fr. DONNAT, « Chronique de la jurisprudence de la CJUE, QPC et droit européen », *AJDA*, n°28, 2010, pp 1578 - 1580, St. THANOU, « Contrôle de constitutionnalité d'une disposition législative nationale et droit de l'Union européenne, commentaire des arrêts CJCE du 22 juin 2010, C - 199/10 Aziz Melki et C - 189/10 Sélim Abdeli », *EfimmDD*, n°3, 2010, pp. 313 - 329 et T. BURRI, B. PIRKER, « Note sous Cour de justice de l'Union européenne, 22 juin 2010, affaires jointes numéros C - 188/10 Aziz Melki et C - 189/10 Sélim Abdeli », *RDUE*, n°3, 2010, pp. 647 - 651. Il est à noter que même si la CJUE rend sa décision le 22 juin 2010, le Conseil constitutionnel donne sa réponse le 12 mai 2010 à l'occasion d'un recours de parlementaires lui demandant d'apprécier la loi sur les jeux de hasard au droit du droit de l'UE. Il précise ainsi que l'autorité de ses décisions « ne limite pas la compétence des juridictions administratives et judiciaires pour faire prévaloir ces engagements sur une disposition législative incompatible avec eux, même lorsque cette dernière a été déclarée conforme à la Constitution ». cf CC, n°2010 - 605 DC du 12 mai 2010, *Loi relative à l'ouverture à la concurrence et à la régulation du secteur des jeux* conformité du système procédural français prévoyant la question prioritaire de constitutionnalité avec le droit de l'Union européenne. Cependant, elle a soumis sa conformité à la condition générale d'adopter toute mesure nécessaire afin d'assurer la protection juridictionnelle provisoire des droits conférés par l'ordre juridique de l'UE, déjà évoquée dans sa jurisprudence, ainsi que deux autres conditions spécifiques. La première condition porte sur la liberté du juge national de rester libre de « *saisir, à tout moment de la procédure qu'il juge approprié et même à l'issue de la procédure incidente de contrôle de constitutionnalité, la Cour de toute question préjudicielle qu'il juge nécessaire* »[1967].

À cet égard, les juridictions nationales doivent avoir une faculté étendue de saisir la Cour de justice si elles considèrent qu'une affaire soulève des questions sur l'interprétation du droit de l'UE. Cette liberté du juge ne saurait pas être limitée par des mécanismes internes susceptibles d'engager les juges de renvoi par des appréciations portées en droit par la juridiction supérieure, si celle - ci estime, eu égard à l'interprétation qu'elle a sollicitée de la Cour, que lesdites appréciations ne sont pas conformes au droit de l'Union[1968].

L'avancée la plus significative effectuée par la jurisprudence de la Cour de justice consiste à affranchir la juridiction nationale du respect d'une règle constitutionnelle dès lors que celle - ci porte atteinte à l'unité et l'efficacité du droit de l'Union. La Cour de justice renforce sa jurisprudence à propos d'une affaire récente, en affirmant que la règle nationale qui oblige la Cour suprême de Slovaquie à suivre la position juridique de la Cour constitutionnelle ne saurait empêcher le juge de renvoi de saisir la Cour de justice d'une demande de décision préjudicielle « *à tout moment de la procédure qu'il juge approprié* », ainsi que d'écarter, le cas échéant, les appréciations exprimées par la Cour constitutionnelle qui se révéleraient contraires au droit de l'Union[1969].

Cette jurisprudence fait preuve que l'objectif de garantir l'efficacité du système de contrôle diffus de conformité des normes nationales avec le droit de l'UE mène la Cour, en effet, à favoriser le système déconcentré de constitutionnalité des lois. Il favorise aussi un contrôle concret qui permet

---

d'argent et de hasard en ligne, Recueil, p. 78, *JO* du 13 mai 2010, p. 8897 cons. 13, B. MATHIEU, D. ROUSSEAU, *Les grandes décisions de la question prioritaire de constitutionnalité*, Paris : LGDJ, 2013, pp. 91 - 95.

[1967] CJUE, *Aziz Melki et Sélim Abdeli*, précité, point 57.

[1968] CJUE, Grande chambre, 5 octobre 2010, *Elchinov*, C - 173/09, Rec. 2010 p. I - 8889.

[1969] CJUE, Grande chambre, 15 janvier 2013, *Križan e.a.*, C - 416/10, non encore publié, F. PICOD, « Un juge national peut ne pas respecter la position d'une cour constitutionnelle s'agissant du droit de l'Union », *JCP G*, n°5, 2013, p. 195.

l'inapplication des dispositions nationales contraires au droit de l'UE, deuxième condition énoncée lors de l'arrêt *Melki et Abdeli*.

2. La priorité du contrôle de constitutionnalité conditionnée par l'obligation d'écarter l'application d'une norme contraire au droit de l'Union européenne

La deuxième condition énoncée à propos de l'affaire *Melki et Abdeli* porte sur l'obligation pour le juge national de laisser inappliquée, à l'issue d'une telle procédure incidente, la disposition législative nationale en cause s'il la juge contraire au droit de l'Union. Cette condition signifie, par ailleurs, que la mise en œuvre du contrôle de conformité avec le droit de l'UE des règles nationales n'a pas nécessairement à attendre l'aboutissement du contrôle de leur constitutionnalité[1970]. Il en va de soi que cette condition relativise la priorité absolue de la question de constitutionnelle. Ainsi la Cour a affirmé que l'article 267 TFUE « *s'oppose à une législation d'un État membre qui instaure une procédure incidente de contrôle de constitutionnalité des lois nationales, pour autant que le caractère prioritaire de cette procédure a pour conséquence d'empêcher, tant avant la transmission d'une question de constitutionnalité à la juridiction nationale chargée d'exercer le contrôle de constitutionnalité des lois que, le cas échéant, après la décision de cette juridiction sur ladite question, toutes les autres juridictions nationales d'exercer leur faculté ou de satisfaire à leur obligation de saisir la Cour de questions préjudicielles* »[1971].

Cette position de la Cour, répétée à propos des renvois préjudiciels de la Cour constitutionnelle belge[1972], réaffirme et fait évoluer les conclusions de l'arrêt *Kükiideveci* aux termes duquel, la Cour a mis l'accent sur la nécessité de laisser inappliquée une règle du droit national contraire au droit de l'UE. Précisément, selon cet arrêt, le juge ordinaire allemand doit laisser inappliquée une loi nationale contraire au droit de l'UE, qu'il estime aussi contraire à la Constitution, sans attendre que cette disposition ait été préalablement déclarée inconstitutionnelle par la Cour constitutionnelle, et

---

[1970] C. YANNAKOPOULOS, « L'influence du droit de l'Union européenne sur le système de contrôle juridictionnel de constitutionnalité des lois : les paradigmes français et grec », *op. cit.*, p. 544 ainsi que les arrêts cités : CJUE, Grande chambre, 10 mai 2011, *Römer*, C - 147/08, Rec. 2011 p. I - 3591 et CJUE, 19 novembre 2009, *Filipiak*, C - 314/08, Rec. 2009 p. I - 11049.

[1971] CJUE, *Aziz Melki et Sélim Abdeli*, précité, point 57.

[1972] CJUE Ordonnance du 1er mars 2011, *Chartry*, C - 457/09, Rec. 2011 p. I - 819. A. LEVADE, « Ordonnance d'incompétence : la Cour de justice n'examine pas le caractère prioritaire de la question préjudicielle de constitutionnalité belge CJUE, ord. 1er mars 2011, n°C - 457/09, Claude Chartry c/ État belge », *Constitutions* n°3, 2011 pp. 330 - 331 et P. NIHOUL, « Les relations entre la Cour constitutionnelle belge et les autres pouvoirs : Indépendance et influence », *Constitutions*, n°4, 2012 pp. 525 - 542.

indépendamment de la faculté dont le juge national dispose conformément à l'article 267 TFUE de saisir la Cour de justice à titre préjudiciel[1973].

Cette jurisprudence qui oblige le juge ordinaire de laisser inappliquée la règle nationale contraire au droit de l'UE, en dépit des règles procédurales internes qui l'engagent à saisir la juridiction suprême de la question de constitutionnalité de la même règle, se consolide à travers à l'arrêt 112/13 du 11 septembre 2014[1974]. En l'espèce, il s'agit d'une affaire similaire à l'affaire *Melki et Abdeli*. La Cour de cassation autrichienne (Oberster Gerichtshof) a saisi la Cour de justice de la question de savoir s'il faillait déduire du principe d'équivalence du droit de l'Union que, lorsqu'une loi est contraire à une règle de l'UE[1975] les juridictions ordinaires doivent aussi, pendant la procédure, saisir la Cour constitutionnelle d'une demande d'annulation générale de la loi et ne pas se contenter de la laisser inappliquée. En l'occurrence, la Cour de justice, dans sa réponse, reprend les conclusions de l'affaire *Melki et Abdeli*. Cependant, il faut mettre l'accent sur un point précis : alors que la juridiction de renvoi invoque le principe d'équivalence pour « justifier » le traitement prioritaire de constitutionnalité qui va jusqu'à l'annulation de la loi en cause et ne se contente pas de son inapplication, la Cour de justice requalifie cette formulation. Elle statue donc que si la juridiction de renvoi se réfère uniquement au principe d'équivalence en raison de la jurisprudence de la Cour constitutionnelle (Verfassungsgerichtshof) ayant fondé sur ce principe l'obligation de lui soumettre une demande d'annulation générale de toute loi contraire à la Charte, la motivation de la décision de renvoi fait apparaître que cette juridiction s'interroge, notamment, sur la conformité de cette jurisprudence au regard des obligations des juridictions ordinaires en vertu de l'article 267 TFUE[1976]. Par ce raisonnent, la Cour de justice insiste sur l'effectivité du mécanisme de renvoi préjudiciel au détriment de la condition d'équivalence.

Dans ce contexte, l'affirmation du juge BONICHOT en 2008, selon laquelle en l'état actuel de la jurisprudence de l'UE ne semble pas avoir « a priori, aucun préjugé quelconque, sur l'un ou l'autre système juridictionnel ou sur la procédure déterminée et suivie dans les États membres et qui sont, comme on le sait le produit de l'histoire, des mœurs, de l'organisation générale des États en un mot des traditions nationales »[1977], est démentie par la jurisprudence récente.

[1973] CJUE, Grande chambre, 19 janvier 2010, *Kücükdeveci*, C - 555/07, Rec. 2010 p. I - 365, point 54. A. PLIAKOS, *Le droit de l'Union européenne, droit institutionnel et matériel*, Athènes : éd. Nomiki Vivliothiki, 2012, p. 311.

[1974] CJUE, 11 septembre 2014, *A*, C - 112/13, non encore publié.

[1975] En l'occurrence l'article 47 de la charte des droits fondamentaux.

[1976] CJUE, *A*, précité, point 29.

[1977] J. - Cl. BONICHOT, « Loin des théories : le refus de la Cour de justice d'imposer un modèle juridictionnel européen », *op. cit.*, p. 753.

Section 2. Le réaménagement nécessaire du système procédural national

La « guerre des juges »[1978] prend aujourd'hui la forme d'une « guerre des trois »[1979], les trois correspondant à la Cour de justice, la Cour EDH et les Cours constitutionnelles ou suprêmes nationales. Ces juridictions s'attachent à trois ordres, profondément imbriqués, mais néanmoins distincts. Alors que la jurisprudence issue des deux Cours européennes saisit largement l'ordre interne ayant une influence sur le contentieux constitutionnel, les deux ordres européens sont dotés d'une organisation fonctionnelle imparfaite. Ils s'appuient surtout sur le droit interne afin de mettre en œuvre les exigences énoncées. Il incombe ainsi à l'ordre national un rôle primordial en matière procédurale.

En raison même du rôle prépondérant de l'Union européenne et de la portée de la Convention EDH, un réaménagement du système procédural serait opportun. À travers ce réaménagement le juge grec pourrait contribuer à la défense de la place de la Constitution au sommet de l'ordre interne, une Constitution vivante dont s'approprient les citoyens - requérants. Il pourrait aussi contribuer à l'évolution fructueuse du dialogue avec les deux juridictions européennes.

Toutefois, les confrontations entre les jugements portant sur la constitutionnalité d'une disposition nationale et ceux portant sur sa conventionnalité ne pourraient jamais être éliminées en raison du dynamisme qui imprègne le fonctionnement des systèmes. En essayant de décrire un système procédural apte à satisfaire au bon fonctionnement de rapports de systèmes deux lignes directrices semblent se dégager : la marginalisation tantôt de conflit de compétences (§2) que de conflits d'interprétation (§1)[1980].

§1 La marginalisation des conflits d'interprétation

La validité d'une norme législative exige le respect des normes constitutionnelles ainsi que le respect des normes européennes. Sur un plan

---

[1978] La formule « guerre des juges » qui est devenu un classique doctrinal, fait une première apparition sous la plume du Président B. GENEVOIS, dans ses célèbres conclusions dans l'affaire *Cohn - Bendit*. Il y considère qu'« à l'échelon de la Communauté européenne, il ne doit y avoir ni gouvernement des juges ni guerre des juges. Il doit y avoir place pour le dialogue des juges ».

[1979] A. LEVADE, « La 'guerre des trois' n'aura pas lieu ! Sur l'improbabilité des conflits », *JCP G*, supplément au n°26, 2011, pp. 16 - 22.

[1980] On reprend ici les deux questions principales traitées par le Professeur A. LEVADE à propos de son article, A. LEVADE, « Perspectives : confrontation entre contrôle de conventionnalité et contrôle de constitutionnalité », *AJDA*, n°22, 2011, pp. 1257 - 1261.

général, la constitutionnalité ne peut exclure l'inconventionnalité. Or, ceci ne nous empêche pas de nous interroger sur les moyens nationaux de limiter la portée des conflits d'interprétation. À ce propos, deux facteurs jouent un rôle primordial. D'une part, l'imbrication entre le contrôle de constitutionnalité et de conventionnalité (A). D'autre part, le moment d'exercice des deux types de contrôles (B).

A. La portée du contrôle exercé par le juge interne

L'examen du droit positif démontre que les contrôles de constitutionnalité et de conventionnalité ne sont pas assimilables. Au contraire, ils disposent de caractéristiques qui leur sont propres. Or, de nombreux indices contribuent à affirmer qu'en dépit de leurs différences institutionnelles, leurs liens sont étroits et justifient la coordination de leur exercice aux mains d'un même juge. Leur exercice coordonné peut harmoniser les rapports entre les deux ordres européens (1). De même, leur exercice simultané s'avère opportun en vue de garantir l'autorité de la Constitution à travers des questions préjudicielles posées (2). Si, en Grèce, la coordination des deux types de contrôle est largement affirmée, des exemples de droit comparé illustrent l'opportunité de coordination de deux contrôles avant la saisine de la Cour de justice, en vue de garantir l'autorité constitutionnelle.

1. La coordination des contrôles de constitutionnalité et de conventionnalité pour harmoniser les rapports entre les deux ordres européens

L'imbrication juridique de deux types de contrôle est nécessaire afin de conduire à des rapports dialectiques de l'ordre interne avec les deux ordres européens. Dans ce contexte, le système procédural grec semble tendre vers l'harmonie, car l'imbrication de deux types de contrôle est prévue à tous les niveaux. En l'état actuel du droit, l'utilité de l'exercice coordonné du contrôle de constitutionnalité et du contrôle de conventionnalité ressort également de la coexistence de la Convention EDH et du droit de l'UE dans l'ordre interne et est susceptible de contribuer aux rapports harmoniques entre les deux ordres européens.

D'un côte, le droit de l'UE devient, part entière du droit national et, cela étant, les juges s'engagent à l'appliquer. De même, la transposition de la Convention EDH se fait par le biais d'une loi ou d'un décret présidentiel, ainsi le droit européen devient une loi interne, ce qui permet le contrôle de conventionnalité dans l'ordre interne. De l'autre côté, le juge national doit devenir juge européen, appliquer le droit européen et refuser d'appliquer une loi nationale s'il apparaît que celle - ci viole le droit de l'Union européenne[1981]. De façon analogue, l'article 1er de la Convention impose aux États parties la charge d'assurer « *à toute personne relevant de leur juridiction les droits et libertés définis au titre I de la présente Convention* ». De ce point de vue, au « dédoublement fonctionnel » du juge interne, qui tire son habilitation pour se prononcer sur l'application du droit de l'Union dans l'ordre interne de la spécificité de l'ordre juridique de l'Union, correspond le « dédoublement fonctionnel » du même juge qui tire son habilitation pour se prononcer sur les violations de la Convention EDH du principe de subsidiarité qui imprègne le système conventionnel. Le juge interne peut donc, par le biais de l'exercice du contrôle de conventionnalité tant à l'égard du droit de l'UE qu'à l'égard du droit de la Convention EDH, devenir régulateur des rapports entre les deux ordres européens et aussi garantir l'harmonie des droits issus des deux ordres européens distincts.

En effet, la liaison entre les deux contrôles est très grande en matière des droits fondamentaux. Comme l'a souligné le Professeur D. de BECHILLON, « en ce qui concerne les droits fondamentaux, les normes de références du contrôle de conventionnalité et du contrôle de constitutionnalité des lois au fond sont à peu près les mêmes (...) L'addition des exigences prescrites par les Traités applicables au sein de l'ordre juridique français fournit une liste des droits supérieure ou égale à celle qui donne notre bloc de constitutionnalité »[1982].

Du point de vue européen, la Convention EDH possède le catalogue le plus complet des droits et libertés fondamentaux et a été enrichie par une abondante jurisprudence émanant de la Cour EDH[1983] permettant de faire évoluer le contenu de ces droits. Également, le domaine de compétence de l'UE s'étend de plus en plus, surtout à propos du droit dérivé et de vote de

---

[1981] Arrêt *Simmenthal* précité, cf. aussi l'arrêt récent, CJUE, 26 février 2013, *Åkerberg Fransson*, C - 617/10, non encore publié où la CJUE rappelle, à propos de la Charte des droits fondamentaux, qu'une pratique judiciaire qui subordonne l'obligation, pour le juge national, de laisser inappliquée toute disposition contraire à un droit fondamental garanti par la Charte à la condition qu'une telle contrariété ressorte clairement du texte de cette dernière ou de la jurisprudence y afférente, est incompatible avec le droit de l'Union dès lors qu'elle refuse au juge national le pouvoir d'apprécier pleinement, avec le cas échéant la coopération de la Cour sur renvoi préjudiciel, la compatibilité de la disposition nationale avec la Charte. F. PICOD, « La Charte doit être respectée dès qu'une réglementation nationale entre dans le champ d'application du droit de l'Union », *JCP G*, n°11, 2013, p. 505.

[1982] D. de BECHILLON, « De quelques incidences du contrôle de la conventionnalité internationale des lois par le juge ordinaire », *RFDA*, n°2, 1998, pp. 225 - 242, (p. 225).

[1983] O. DUTHEILLET DE LAMOTHE, « Contrôle de constitutionnalité et contrôle de conventionnalité, Juger l'administration, administrer la justice », *in* R. DENOIX DE SAINT MARC (dir.), *Mélanges en l'honneur de Daniel Labetoulle*, Paris : Dalloz, 2007, pp. 315 - 327, (p. 325).

directives. De plus, après l'entrée en vigueur de la charte des droits fondamentaux de l'Union, l'éventualité d'une concurrence entre les deux instruments des droits de l'homme est évidente[1984]. Ce processus permet d'éviter à contrôler la compatibilité d'une norme issue d'un des deux ordres européens par rapport à une norme issue de l'autre.

Le juge interne peut alors atténuer la concurrence et privilégier la complémentarité en exerçant un contrôle parallèle de conventionnalité tant avec les dispositions du droit de l'UE qu'avec les dispositions de la Convention EDH. Il est donc important que les droits fondamentaux d'origine constitutionnelle et européenne se voient garantir une unité d'interprétation jurisprudentielle[1985] et ce, afin de préserver une « homogénéité » juridique[1986].

Un arrêt récent en matière procédurale présente une importance majeure, car la Commission des sursis du Conseil d'État, réunie en Assemblée plénière, en invoquant un nombre des directives européennes en matière procédurale ainsi que la Cour EDH sur la protection juridictionnelle effective, a jugé inconstitutionnelle la disposition qui prévoit le versement des frais de dépôt judiciaire majorés comme une condition de recevabilité de la demande des mesures provisoires devant la justice administrative[1987]. Cette mesure, qui est le fruit de la lutte actuelle contre la crise économique et budgétaire, avait comme but d'empêcher l'exercice mal fondé des voies de recours et de contribuer au bon fonctionnement des tribunaux[1988]. Cette décision fait partie du nombre très limité d'arrêts dans lesquels le Conseil d'État prononce l'inconstitutionnalité de mesures satisfaisant les exigences du plan de sauvetage. En l'espèce, le Conseil d'État a procédé à une interprétation de la mesure en s'appuyant sur le droit à la protection juridictionnelle effective tel que protégé par l'article 20 de la Constitution et qui est un principe général du droit de l'UE, concrétisé à travers la

---

[1984] B. BONNET, *Repenser les rapports entre ordres juridiques*, Paris : Lextenso, 2013, p. 124.

[1985] D. de BECHILLON, « Plaidoyer pour l'attribution aux juges ordinaires du pouvoir de contrôler la constitutionnalité des lois et la transformation du Conseil Constitutionnel en Cour suprême », *in Renouveau du droit constitutionnel, mélanges en l'honneur de Louis Favoreu*, Paris : Dalloz, 2007 pp. 109 - 129, (p. 118).

[1986] Gh. ALBERTON, « Peut - on encore dissocier exception d'inconstitutionnalité et exception d'inconventionnalité ? », *AJDA*, n°18, 2008, pp. 967 - 973, (p. 970).

[1987] La commission des sursis du Conseil d'État, dispose en effet lu pouvoir de prononcer le sursis à exécution ou d'ordonner toute autre mesure provisoire qu'elle estime nécessaire à propos d'un acte attaqué devant elle par recours, aux conditions posées par la loi. Article 52 du décret présidentiel 18/1989, relatif au Conseil d'État grec. Commission des sursis de l'Assemblée plénière du Conseil d'État, 136/2013, *NoV*, 2013, pp. 831 - 837.

[1988] Article 11 du décret - loi voté le 4 décembre 2012 et devenu article 28 de la loi 4111/2013.

jurisprudence de la CJUE[1989] ainsi que de la Cour EDH[1990]. Tout en renforçant l'assise de son jugement avec les visas européens, la Cour a considéré que la mesure portait atteinte au droit à la protection juridictionnelle effective et qu'elle présentait un caractère disproportionné par rapport au but poursuivi, tendant ainsi à une harmonisation du niveau de protection des droits dans les ordres européens et national.

2. La coordination des contrôles de constitutionnalité et de conventionnalité comme garantie de l'autorité constitutionnelle

La coordination de deux types de contrôle juridictionnel permet au juge interne de poser des questions préjudicielles à la Cour de justice. À travers la formulation de ces questions le juge tend implicitement à garantir l'autorité de la Constitution à travers la création d'un système de valeurs communes avec l'UE.

Saisies de la constitutionnalité d'un acte national d'exécution du droit de l'Union, les cours constitutionnelles, agissant comme gardiennes de l'autorité de la Constitution peuvent, en effet, contester la validité d'un acte du droit dérivé en invoquant son incompatibilité avec le droit primaire de l'UE. Dans ce cas, un conflit entre la Constitution et le droit dérivé est traduit par le juge interne comme un conflit entre le droit primaire et le droit dérivé. Le juge interne traduit alors le conflit existant à un conflit dans la sphère de l'UE. Saisissant la Cour de justice par voie préjudicielle le juge interne lui confie le soin de résoudre ce conflit dès lors qu'il existe une règle européenne qui assure une protection équivalente à la norme constitutionnelle invoquée[1991].

Telle est la solution retenue à propos de l'arrêt *Arcelor*[1992] où le Conseil d'État français a contesté la validité européenne de la directive en cause, en confiant à la Cour de justice le soin de statuer s'il existe une règle européenne qui assure une protection équivalente à la norme

---

[1989] Voir les arrêts : CJCE, *Unibet*, précite ; CJCE, Grande chambre, 15 avril 2008, *Impact*, C - 268/06, Rec. 2008 p. I - 2483 ; CJUE, 6 mai 2010, *Club Hotel Loutraki e.a.*, C - 145/08 et C - 149/08, Rec. 2010 p. I - 4165.

[1990] Cour EDH, 26 mars 2007, *Tsalkitzis contre Grèce*, n°11801/04 concernant l'examen d'un rapport raisonnable de proportionnalité quant aux restrictions apportées au droit d'accès à un tribunal et Cour EDH, Grande chambre, 15 octobre 2009, *Micallef contre Malte*, n°17056/06 concernant l'applicabilité des garanties de l'article 6 aux mesures provisoires.

[1991] D. RITLENG, « Cours constitutionnelles nationales et renvoi préjudiciel », *in* N. de GROVE - VALDEYRON, M. BLANQUET, V. DUSSART (dir.), *Mélanges en l'honneur du Professeur Joël Molinier*, Paris : LGDJ, 2012, pp. 585 - 604, (p. 601).

[1992] Conseil d'État, Assemblée plénière, 8 février 2007, *Société ARCELOR Atlantique et Lorraine et autres*, n°287110.

constitutionnelle invoquée[1993]. De façon analogue, le Conseil d'État grec, a tenté de présenter le conflit entre la disposition constitutionnelle de l'article 14 alinéa 9 et la directive européenne en cause comme une incompatibilité entre le droit primaire et dérivé de l'Union[1994].

En effet, lorsque les cours constitutionnelles ou suprêmes constatent une « congruence constitutionnelle »[1995] entre l'ordre national et l'ordre de l'UE, elles saisissent la Cour de justice d'une question préjudicielle[1996] en lui confiant le soin de vérifier le respect par les actes de l'Union des principes et valeurs constitutionnels. Ce raisonnement des cours constitutionnelles peut être analysé comme un effort de conciliation entre la primauté européenne et la suprématie constitutionnelle par la création d'un système de valeurs communes.

Dans ce contexte, le Tribunal constitutionnel espagnol a saisi, pour la première fois, la CJUE en lui confiant le soin de statuer sur la conformité du mandat d'arrêt européen avec les articles 47 et 48 de la Charte. De même, il a demandé si une protection juridictionnelle constitutionnelle plus large que celle garantie par la Charte pourrait être admise. Il a tenu, à travers la formulation des questions préjudicielles, à assurer l'autorité de la Constitution et implicitement à « revendiquer » une exception à l'homogénéité de l'application du droit de l'UE, en cherchant un appui sur une exception nationale plus protectrice que le droit primaire, à savoir l'article 53 de la Charte.

[1993] D. RITLENG, « Cours constitutionnelles nationales et renvoi préjudiciel », *in Mélanges en l'honneur du Professeur Joël Molinier*, *op. cit.*, p. 601.

[1994] Conseil d'État, Assemblée plénière 3670/2007. Pour l'analyse de cet arrêt voir Partie II, Titre I, chapitre I.

[1995] D. RITLENG, « Cours constitutionnelles nationales et renvoi préjudiciel », *in Mélanges en l'honneur du Professeur Joël Molinier*, *op. cit.*, p. 601.

[1996] Voir en guise d'exemple l'arrêt de renvoi du Tribunal constitutionnel espagnol, 9 juin 2011, n°86/2011 à propos de l'interprétation du mandat d'arrêt européen et la réponse de la Cour de justice, CJUE, Grande chambre, 26 février 2013, *Melloni*, C - 399/11, non encore publié ; sur la même matière : Cour d'arbitrage belge (aujourd'hui Cour constitutionnelle), 13 juillet 2005, n°124/2005 et la réponse de la Cour de justice, CJUE, Grande chambre, 3 mai 2007, *Advocaten voor de Wereld*, C - 303/05, Rec. 2007 p. I - 3633 et Cour constitutionnelle belge, 10 octobre 2007, n°128/2007sur l'éventuelle violation du principe d'égalité des sexes par la directive 2004/113 CE et la réponse de la Cour de justice, CJUE, Grande chambre, 1er mars 2011, *Association Belge des Consommateurs Test - Achats et autres*, C - 236/09, Rec. 2011 p. I - 773. Enfin, le renvoi de la Cour constitutionnelle de Lituanie, 8 mai 2007, n°47/04 sur la directive 2003/54 CE du parlement européen et du conseil du 26 juin 2003 concernant des règles communes pour le marché intérieur de l'électricité et la réponse de justice, CJUE, 9 octobre 2008, *Sabatauskas et autres*, C - 239/07, Rec. 08 p. I - 7523.

De cette façon, il est important de remarquer la tentative implicite des États de garantir l'autorité des exceptions constitutionnelles qui peuvent être qualifiées comme identitaires. Parallèlement, il est constaté une tentative de hiérarchisation commune entre les ordres juridiques internes et l'Union européenne. Cette hiérarchisation est ancrée sur une double légitimité : fondement constitutionnel au niveau national, fondement conventionnel au niveau européen, « [e]lle est la suivante : principes européens communs ou principes inhérents à l'ordre juridique national ; directive européenne ; loi nationale »[1997].

Cette résolution des conflits, opérationnelle et pratique, est susceptible de contribuer au bon fonctionnement des rapports de systèmes. Il est alors opportun que la Grèce, à travers la jurisprudence rendue par les Cours suprêmes contribue à création de valeurs communes avec l'UE ainsi qu'à la défense de ses éléments identitaires. Les juges grecs, compétents pour l'exercice parallèle de contrôle de constitutionnalité et de conventionnalité, sont alors capables de contribuer à un ensemble juridique uniformisé tout en respectant tant la primauté européenne que l'autorité constitutionnelle.

B. Le moment d'exercice du contrôle

La Grèce, constitue un exemple de la conjonction d'éléments de chacun des deux modèles historiques de contrôle de constitutionnalité des lois, le modèle américain et le modèle européen[1998]. Optant pour un système de contrôle qui est en principe diffus, ce contrôle se transforme, sous certaines conditions, en un contrôle concentré. Sur un plan général, le contrôle *a posteriori*, qui est en effet un système d'application des lois, semble satisfaire aux exigences européennes et renforcer les rapports équilibrés avec les deux ordres européens alors que ses faiblesses ne pourraient jamais être effacées (1). En prenant en compte les fruits de la jurisprudence européenne sur les questions procédurales, il paraît opportun d'élargir l'étendue du contrôle juridictionnel exercé à travers l'institution d'un recours de constitutionnalité direct (2).

[1997] B. MATHIEU, « Rapports normatifs entre le droit communautaire et le droit national », *RFDC*, n°4, 2007, pp. 675 - 693, (p. 693).

[1998] Fr. FERNANDEZ SEGADO, « La faillite de la bipolarité 'modèle américain - modèle européen' en tant que critère analytique du contrôle de constitutionnalité et la recherche d'une nouvelle typologie explicative », *in mélanges en l'honneur de Franck Moderne*, Paris : Dalloz, 2004, pp. 1077 - 1116, (p. 1106).

1. Le contrôle ordinaire d'application des lois et les faiblesses existantes

À l'égard du bon fonctionnement des rapports de systèmes, le système de contrôle de constitutionnalité et de conventionnalité des lois qui apparaît le plus approprié est le contrôle *a posteriori*.

Il est vrai que chaque pays a, depuis longtemps, choisi librement le type de contrôle de constitutionnalité convenant le mieux à son histoire constitutionnelle. Précisément, les facteurs relatifs à la situation des juges ordinaires, au statut de la loi et à l'intérêt des citoyens sont des facteurs influençant le système procédural adopté[1999]. À cela doit s'ajouter l'influence des deux ordres juridiques européens qui apparaît aujourd'hui comme un des principaux facteurs susceptible de conduire à l'évolution et la mutation du modèle de contrôle de constitutionnalité, comme ce fut le cas récemment en France à propos l'institution du mécanisme de QPC.

L'Union européenne semble se placer, à travers sa jurisprudence, en faveur d'un système de contrôle de constitutionnalité *a posteriori*. Pour sa part, la Cour EDH intervient *a posteriori* en exerçant un contrôle dynamique qui peut influencer le système procédural national[2000]. Ainsi, l'intervention *a posteriori* du juge national, permet de garantir l'application des règles nationales tout en les mettant en conformité avec les énoncés européens et les dispositions équivalentes constitutionnelles. Cette intervention *a posteriori* permet, ensuite, d'examiner la possibilité d'une convergence jurisprudentielle nationale avec la jurisprudence européenne, et d'adapter la jurisprudence nationale dans le cas de l'existence d'une jurisprudence européenne différente. Par conséquent, un système de contrôle de constitutionnalité tel que prévu en Grèce pourrait garantir un lien interprétatif entre les jurisprudences nationales et européennes.

Il s'agit en effet, ici, d'un contrôle d'application de la loi[2001] au lieu d'un contrôle de la loi elle - même. Ce dernier correspond au contrôle effectué en l'absence de tout conflit d'intérêts subjectifs, alors que le premier système englobe les contrôles à exercer suite à un litige opposant des intérêts subjectifs.

[1999] D. ROUSSEAU, « Faut - il une Cour constitutionnelle pour contrôler la constitutionnalité des lois », *in Constitutions et pouvoirs : mélanges en l'honneur de Jean Gicquel, op. cit.*, pp. 465 - 474.

[2000] J. - P. COSTA, « La Cour européenne des Droits de l'Homme est - elle une Cour constitutionnelle », *in Constitutions et pouvoirs : mélanges en l'honneur de Jean Gicquel*, Paris : Montchrestien, 2008, pp. 145 - 156, (p. 147).

[2001] Distinction effectuée par Fr. FERNANDEZ SEGADO, « La faillite de la bipolarité 'modèle américain - modèle européen' en tant que critère analytique du contrôle de constitutionnalité et la recherche d'une nouvelle typologie explicative », *in mélanges en l'honneur de Franck Moderne*, *op. cit.*, p. 1112.

Ce contrôle de l'application de la loi permet de gérer les conflits apparents, mais aussi, dans le cas d'un contrôle de constitutionnalité articulé avec le contrôle de conventionnalité, permet l'exercice d'un contrôle d'application de la loi apte à concilier les exigences nationales et européennes, tout en respectant l'autorité de la chose interprétée des deux Cours européennes. De cette façon, le contrôle constitutionnel d'application de la loi et sa coordination avec le contrôle de conventionnalité, permet d'éviter deux situations particulières : d'abord, la restriction de l'autorité des décisions du juge constitutionnel, ensuite, la paralysie indirecte du report de l'abrogation d'un texte jugé inconstitutionnel.

Ces deux situations peuvent se retrouver dans le système français, où le moment du contrôle de constitutionnalité et de conventionnalité varie, tout comme l'ampleur du contrôle confié aux juges. Deux arrêts font état de ces deux hypothèses. Le premier exemple concerne un arrêt de la Cour administrative d'appel de Paris[2002] qui devait se prononcer sur la conventionnalité d'une validation législative[2003] permettant, en l'espèce, la validation du permis de construire un musée accordé à la Fondation Louis Vuitton. La question de la conformité de cette disposition par rapport à l'article 6 §1 de la Convention européenne se posait. Cette question s'avérait d'une complexité encore plus grande en raison d'une affaire QPC[2004], qui a jugé la même disposition litigieuse conforme à la Constitution contre toute attente, selon les observateurs.

La question abordée traitait essentiellement de la conventionnalité des dispositions litigieuses. Mais une autre question, celle de l'articulation de ces deux contrôles de constitutionnalité et de conventionnalité, était sous-jacente. En l'espèce, la Cour administrative d'appel a fait une application restrictive de l'article 62 de la Constitution assimilant l'autorité des décisions du Conseil d'État à l'autorité de la chose jugée. Ainsi, faute d'identité de cause juridique, la Cour administrative d'appel a conclu à l'inconventionnalité de l'article en cause pour violation de l'article 6 §1 de la Convention EDH bien que sa constitutionnalité avait été validée par le Conseil constitutionnel.

Le second exemple concerne une décision de la première chambre civile de la Cour de cassation a jugé inconventionnel l'article L. 224 - 8 du Code de

[2002] CAA Paris 18 juin 2012, *Fondation d'entreprise Louis Vuitton pour la création et ville de Paris*, n°de requête 11PA00758 et 11PA00812. X. LARUE et al., « Légalité du permis de construire du musée d'art contemporain de la fondation Louis Vuitton », *AJDA*, n°27, 2012, pp. 1496 - 1501, S. VIDAL, « L'inconventionnalité d'une loi de validation déclarée constitutionnelle », *RFDA*, n°4, 2012, pp. 650 - 661.

[2003] Il s'agit de l'article 10 de la loi 2011 - 590 du 26 mai 2011.

[2004] CC, n°2011 - 224 QPC du 24 février 2011, *Coordination pour la sauvegarde du bois de Boulogne*, Recueil p. 136, *JO* du 25 février 2012, p. 3287. S. FERRARI, « Le retour des lois individuelles ? », *Droit administratif*, n°5, 2012, pp. 30 - 33.

l'action sociale et des familles pour atteinte au recours effectif résultant de l'absence de publicité de l'arrêté d'admission en qualité de pupille de l'État pris par le président du conseil général au visa de l'article 6, §1 de la Convention européenne des droits de l'homme. Or, ledit article a déjà été jugé inconstitutionnel par le Conseil constitutionnel, mais cela ne prenait effet qu'à partir de 2014[2005]. Ainsi, par un moyen de pur droit tiré de l'inconventionnalité de l'article en cause déjà déclaré inconstitutionnel par la décision QPC du Conseil constitutionnel, ce double contrôle de fondamentalité pose la question de l'articulation de ces deux contrôles. En l'espèce, la Cour de cassation, tout en respectant l'autorité des décisions du Conseil constitutionnel, a pris le soin d'assurer son rôle de juge européen dans l'application de la Convention EDH[2006].

Ces problèmes pourraient aussi apparaître en Grèce où la Cour suprême spéciale statue sur la question de constitutionnalité de façon abstraite et ces décisions ont un effet erga omnes. Dans le cas d'une éventuelle inconventionnalité de la loi jugée définitivement constitutionnelle par la Cour suprême spéciale, le juge ordinaire serait tenu de l'écarter soulevant son inconventionnalité. Bien que cette éventualité ne puisse jamais être écartée, elle peut cependant être atténuée à travers à l'exercice coordonné de deux types de contrôle juridictionnel.

2. L'exception du recours constitutionnel direct

Même si le contrôle ordinaire diffus, c'est - à - dire le contrôle d'application des lois, fonctionne en Grèce de manière satisfaisante, des ajustements sont nécessaires en vue de renforcer la cohérence interne et de contribuer au bon fonctionnement des rapports de systèmes. Le renforcement des compétences de la Cour suprême spéciale peut satisfaire à ces buts.

L'institution d'un recours direct serait opportune d'une part, contre les dispositions législatives attentatoires aux droits fondamentaux qui ne

---

2005 Cour de cassation, 1ère chambre civile, 9 avril 2013, n°de pourvoi 11 - 27071, voir aussi, P. CHEVALIER, Avocat général référendaire « Propos d'audience ; Nouveauté devant la Cour de cassation du moyen tiré de la violation du droit conventionnel d'accès au juge » , *D.*, n°16, 2013, pp. 1100 - 1106 et M. DOUCHY - OUDOT, « L'inconventionnalité de l'article L. 224 - 8, alinéa 1er du code de l'action sociale et des familles », *D.*, n°16, 2013, pp. 1106 - 1109. Cf. respectivement CC, n°2012 - 268 QPC du 27 juillet 2012, *Annie M.*, Recueil, p. 136, *JO* du 25 février 2012, p. 3287. F. EUDIER, « Pupille de l'État: inconstitutionnalité de l'article L. 224 - 8, alinéa 1er, du code de l'action sociale et des familles », *Actualité Juridique Famille*, n°9, 2012, pp. 454 - 455, A. NIEMEC - GOMBERT, « L'inconstitutionnalité de l'absence de publicité des arrêtés d'admission d'enfants en qualité de pupilles de l'Etat », *LPA*, n°211, 2012, pp. 6 - 12.

2006 M. DOUCHY - OUDOT, « L'inconventionnalité de l'article L. 224 - 8, alinéa 1er, du code de l'action sociale et des familles », *op. cit.*, p. 1108.

nécessitent aucune mesure d'application et, d'autre part, contre les omissions législatives.

Sur le premier cas, il est envisageable de confier ce recours à la Cour suprême spéciale après révision préalable de l'article 100 de la Constitution grecque[2007]. L'institution d'un tel recours satisfait à l'objectif de garantir une protection juridictionnelle effective des droits conférés par l'ordre juridique de l'Union et l'ordre juridique conventionnel. En outre, il peut contribuer à l'application d'une interprétation conforme du droit national avec les règles européennes[2008].

Le Conseil d'État a envisagé le contrôle des dispositions législatives attentatoires aux droits fondamentaux par l'adaptation interprétative de l'actuel système juridictionnel de contrôle des lois. Cette approche casuistique de la résolution du problème a pu satisfaire aux exigences européennes[2009]. Néanmoins, l'institution d'un recours constitutionnel devant la Cour suprême spéciale est susceptible de mieux satisfaire et de marginaliser la possibilité d'un conflit d'interprétations. De plus, l'instauration de ce recours ne changerait pas pour autant le système actuel de constitutionnalité des lois en Grèce qui s'est avéré satisfaisant au regard des exigences européennes et qui peut être institué par voie législative. Un tel recours pourrait, en effet, conduire la Cour suprême spéciale à admettre le déclassement de la disposition législative en cause et sa requalification en tant qu'acte administratif fonctionnel. Ceci permettrait ensuite l'exercice d'un recours pour excès de pouvoir auprès du Conseil d'État[2010].

Sur le second cas, la mise en place d'un recours portant sur les omissions législatives, peut s'inspirer des exemples de droit comparé. Dans certains systèmes juridiques étrangers des dispositions constitutionnelles interdisent au législateur de ne pas agir et sanctionnent les omissions législatives. Ainsi, l'article 283 de la Constitution portugaise prévoit la compétence du Tribunal constitutionnel pour constater une omission inconstitutionnelle de l'organe législatif dans l'institution des mesures nécessaires à l'application de la Constitution[2011]. Le Tribunal constitutionnel portugais mit en œuvre pour la

---

[2007] L'article 100 de la Constitution grecque prévoit de façon limitative les compétences de la Cour suprême spéciale.

[2008] Voir à ce propos considérant 9 de l'arrêt Conseil d'État, Assemblée plénière, 3470/2011.

[2009] Conseil d'État 391/2008 et Conseil d'État, Assemblée plénière 4076/2010.

[2010] C. YANNAKOPOULOS, « L'influence du droit de l'Union européenne sur le système de contrôle juridictionnel de constitutionnalité des lois : les paradigmes français et grec », *op. cit.*, p. 560.

[2011] Constitution portugaise, Article 283 : « *Inconstitutionnalité par omission 1. A la demande du président de la République, du médiateur ou, en se fondant sur la violation des droits des régions autonomes, des présidents des Assemblées législatives des régions autonomes, le Tribunal constitutionnel apprécie et constate* première fois cet article dans son arrêt 182/1989, en vérifiant l'existence d'une omission législative, dans le cas où une loi était nécessaire pour la mise en œuvre des paragraphes 2 et 3 de l'article 35 de la Constitution concernant la définition des exceptions à la règle de la prohibition de l'accès des tiers aux fichiers contenant de données personnelles[2012]. Selon une jurisprudence consolidée de la Cour, il suffit de déclencher la procédure de contrôle de l'omission pour que le législateur s'empresse de combler l'absence de législation[2013].

De son côté, le Conseil constitutionnel français se refuse à contrôler l'omission législative. À propos du contrôle exercé *a priori*, seulement un exemple est décelé à propos duquel le Conseil semble procéder à une injonction au législateur[2014].

En Espagne, les omissions législatives caractérisées par un défaut de production de toute norme légale pour régir une situation juridique déterminée par la Constitution sont sanctionnées. Tel fut le cas à propos de l'article 30 de la Constitution espagnole qui dispose, la loi doit déterminer les obligations militaires des Espagnols et régira avec les garanties

---

l'inobservation de la Constitution par omission des mesures législatives nécessaires à l'application de normes constitutionnelles. [Modifié 2004]

2. Quand le Tribunal constitutionnel constate l'existence d'une inconstitutionnalité par omission, il en donnera connaissance à l'organe législatif compétent ».

[2012] Tribunal constitutionnel portugais, 1er février 1989, n°182/1989.

[2013] J. MIRANDA, J. ALEXANDRINO, « Note sur l'arrêt du tribunal constitutionnel portugais n°182/89 » *in* P. BON, D. MAUS (dir.), *Les grandes décisions des cours constitutionnelles européennes*, Paris : Dalloz 2008 pp. 759 - 760.

[2014] CC, n°2003 - 468 DC *Loi relative à l'élection des conseillers régionaux et des représentants au Parlement européen ainsi qu'à l'aide publique aux partis politiques* Recueil, p. 325, *JO* du 12 avril 2003, p. 6493 cité par O. DUTHEILLET DE LAMOTHE, « Le contrôle de l'omission législative par le Conseil constitutionnel : Jean - Claude Colliard et les femmes corses », *in* J. - Ph. DEROSIER (dir.), *L'Etat, le droit, le politique : mélanges en l'honneur de Jean - Claude Colliard*, Paris :Dalloz, 2014, pp. 215 - 225, (p. 218 - 219). Néanmoins, la compétence du juge constitutionnel semble plus élargie à propos de l'exercice du contrôle *a posteriori*. Le Conseil constitutionnel a ainsi jugé que le grief tiré de l'incompétence négative pouvait être invoqué à l'appui d'un recours dans le cadre du mécanisme QPC, dès lors que le législateur n'avait pas épuisé sa compétence en matière d'exercice des droits et libertés fondamentaux, matière que la Constitution lui réserve exclusivement CC, décisions QPC, 2010 - 5, 2010 - 33, 2010 - 45, 2010 - 73, 2010 - 95 comme cités par P. RRAPI, « 'L'incompétence négative' dans la QPC : de la double négation à la double incompréhension », *NCCC*, n°34, 2012, pp. 163 - 171. cf. la jurisprudence constante CC, décisions QPC, 2010 - 95, 2011 - 134, 2011 - 171/178, 2011 - 182, 2011 - 176, 2011 - 183/184, 2011 - 221, 2011 - 223, 2012 - 225, 2012 - 230, 2012 - 231/234, 2012 - 254, 2012 - 262, 2012 - 269, 2012 - 270, 2012 - 277, 2012 - 278, 2012 - 282, 2012 - 283, 2013 - 308, 2013 - 317, 2013 - 343, 2013 - 351, 2013 - 364, 2013 - 367, 2014 - 373, 2014 - 288, 2014 - 389, 2014 - 393, 2014 - 395, 2014 - 396.

pertinentes, l'objection de conscience ainsi que les autres causes d'exemption du service militaire obligatoire. En absence de régime spécifique sur le droit pour les objecteurs de conscience de s'abstenir de leur service militaire, l'administration militaire les incorporait régulièrement[2015].

Également, la Cour de Karlsruhe «sanctionne » l'omission du législateur sans pour autant annuler la loi. Elle ne fait que constater la carence législative et charge le Parlement de la combler lui - même[2016]. De même, la Cour constitutionnelle italienne déclare inconstitutionnelle une disposition législative pour ce qu'elle ne prévoit pas sans introduire une nouvelle norme, mais un principe que le législateur devra concrétiser. Parfois, la Cour précise le délai au terme duquel le législateur est tenu d'intervenir. Toutefois, si le législateur n'intervient pas il appartient aux juges ordinaires de respecter la décision de la Cour et de concrétiser dans l'espèce le principe constitutionnel retenu par celle - ci[2017]. En Pologne, le Tribunal constitutionnel peut se saisir pour déclarer que le défaut d'une loi dans tel ou tel domaine nuit à l'accomplissement des droits constitutionnels[2018]. C'est en outre sur ce fondement que reposent les actions en omission prévues au Brésil[2019] ou en Hongrie[2020].

[2015] O. DUTHEILLET DE LAMOTHE, « Le contrôle de l'omission législative par le Conseil constitutionnel : Jean - Claude Colliard et les femmes corses », *in L'État, le droit, le politique : mélanges en l'honneur de Jean - Claude Colliard*, *op. cit.*, pp. 218 - 219. Il s'agit de la décision du Tribunal constitutionnel espagnol, 23 avril 1982, 15/1982.

[2016] BVerfGE, 14 mars 1972, 2BvR 41/71.

[2017] M. - Cl. PONTHOREAU, « Réflexions sur le pouvoir normatif du juge constitutionnel en Europe continentale sur la base des cas allemand et italien », *CCC*, n°24, 2008, pp. 98 - 103, (p. 101). Sur les décisions de la Cour constitutionnelle qui sanctionnent les omissions législatives cf. A. PIZZORUSSO, « Procédures et techniques de protection des droits fondamentaux. Cour constitutionnelle italienne », *Revue internationale de droit comparé*, vol. 33, 1981, pp. 395 - 416

[2018] Article 6 de la loi du 29 avril 1985 sur le Tribunal constitutionnel polonais cf. D. ROUSSEAU, *La justice constitutionnelle en Europe*, Paris : Montchrestien, 3e édition, 2003, p. 93.

[2019] Voir la réception postérieure de cette mesure par la Constitution brésilienne, article 103 §2 « *Lorsque l'inconstitutionnalité est déclarée par défaut de mesures devant rendre effective une norme constitutionnelle, il en est donné connaissance au Pouvoir compétent pour qu'il prenne les mesures nécessaires ; lorsqu'il s'agit d'un organe administratif, il est tenu de le faire dans un délai de trente jours* ».

[2020] En Hongrie l'article 1 de la loi XXXII de 1989 sur la Cour constitutionnelle lui confie « la suppression d'une cause d'inconstitutionnalité résultant d'une omission », action qui peut même être engagée d'office par la Cour, voir A. VIDAL - NAQUET, « Le droit du silence. 'Les silences interdits ou la norme imposée' », *RDP*, n°4, 2012, pp. 1089 - 1103, (p. 1094 et note n°27).

Le nombre d'États ayant prévu la sanction de l'omission du législateur par des voies de recours, ainsi que l'effectivité de ces recours vérifiée à travers la jurisprudence rendue, pourrait inciter la Grèce à l'institution d'un recours contre les omissions législatives. En outre, la jurisprudence issue de la Cour EDH, met souvent l'accent sur les omissions du législateur, en condamne la Grèce sur ce point pour les violations de la Convention. De même, le caractère abstrait inhérent au contrôle conventionnel qui porte sur les omissions législatives engage considérablement l'ordre interne et est susceptible de conduire à une révision constitutionnelle[2021].

Afin que le juge national décourage l'inertie du législateur, il paraît opportun l'élargissement de l'étendue en parallèle du contrôle de constitutionnalité et de conventionnalité en vue de sanctionner les omissions législatives. Or, la seule façon pour y arriver est de confier cette compétence à une juridiction suprême telle que la Cour suprême spéciale. Comme toutes ces situations décrites répondent à une logique objective et abstraite, dans un premier temps, l'ouverture de ces recours devrait être confiée aux acteurs de la vie politique sans pour autant qu'un recours initié par une personne titulaire de droits subjectifs soit *a priori* exclut.

§2. L'atténuation des conflits de compétences

La Cour de justice de l'UE et la Cour EDH peuvent toujours intervenir en adoptant leur propre interprétation sur une norme législative nationale et sa conformité avec les règles européennes. L'objectif de l'exercice des contrôles de constitutionnalité et de conventionnalité des lois est de contribuer au renforcement d'un dialogue des juges, éliminant les conflits d'interprétation. Cette tentative se heurte cependant au fait qu'elle ne résout pas les éventuels conflits qui portent sur la répartition des compétences entre le juge national et le juge de Strasbourg ou de Luxembourg. Afin d'adopter des solutions solides, et en vue de marginaliser l'hypothèse de l'émergence des conflits des compétences, le rôle de chaque juge doit être bien délimité. Dans le cadre du contrôle exercé principalement de façon diffuse en Grèce, il semble que le rôle du Conseil d'État, mais aussi de la Cour suprême spéciale, juridiction saisie *ad hoc* jouent le rôle le plus important à propos du contrôle de constitutionnalité des lois. Il convient donc de rechercher les moyens pour le renforcement de leur rôle. En effet, la question de la compétence des juges apparaît fondamentale en matière d'exercice du contrôle de constitutionnalité et de conventionnalité (A), tout comme celle de l'effet de ces contrôles (B).

[2021] Citons à ce propos les arrêts de la Cour EDH, 25 juin 2006, *Lykourezos contre Grèce*, n°33554/03. Sur la même logique s'inscrit l'arrêt *Vallianatos contre Grèce*, précité qui sanctionne implicitement l'omission du législateur grec de protéger les droits des homosexuels.

A. Le renforcement du rôle de la Cour suprême spéciale et du Conseil d'État

Afin de renforcer leur rôle comme juges de constitutionnalité, mais aussi comme interlocuteurs avec les juges européens il convient de mettre l'accent sur l'opportunité d'exercice du contrôle sous la double facette de constitutionnalité et de conventionnalité par les deux Cours susmentionnées afin de mieux satisfaire aux besoins du dialogue européen, mais aussi et surtout afin de mieux articuler la coexistence du mécanisme de renvoi préjudiciel à la CJUE et des mécanismes de renvoi des questions de constitutionnalité (1). Ensuite, il y a lieu de constater, en s'appuyant sur des exemples de droit comparé, l'intérêt de l'exercice du contrôle de conventionnalité par la Cour suprême spéciale en vue d'éviter l'issue d'une jurisprudence controversée ou alors la rivalité entre le juge ordinaire et suprême(2).

1. L'articulation entre les mécanismes de question préjudicielle de constitutionnalité et le mécanisme de renvoi préjudiciel à la CJUE

Sur un plan général, l'instance compétente pour l'exercice du contrôle concentré peut se saisir selon quatre modalités distinctes[2022] : contrôle à la demande d'un organe juridictionnel (question préjudicielle), contrôle à la demande d'une personne qui voit ses droits violés (*amparo*), contrôle suscité par les organes constitutionnels des États et contrôle soulevé par les collectivités infra - étatiques[2023].

Le rôle du mécanisme de renvoi préjudiciel de constitutionnalité est très important, car il contribue à l'organisation du contrôle de constitutionnalité depuis les Cours de première instance jusqu'aux Cours suprêmes, favorisant ainsi une certaine cohérence jurisprudentielle[2024] et une interprétation

---

[2022] Selon la classification faite par cité par A. ROUX, « Contrôle de constitutionnalité. Organisations juridictionnelle », *in* M. TROPER, D. CHAGNOLLAUD (dir.), *Traité international de droit constitutionnel Tome III*, Paris : Dalloz, 2012, pp. 108 - 146, (p. 142).

[2023] *loc. cit.*

[2024] Pour le fonctionnement de la question préjudicielle en droit comparé voir, à titre indicatif, M. FATIN - ROUGE STEFANINI, « La question de constitutionnalité en droit comparé », *AIJC*, vol. XXIII, 2007, pp. 11 - 21 et J. - J. PARDINI, » Question prioritaire de constitutionnalité et question incidente de constitutionnalité italienne : ab origine fidelis », *Pouvoirs*, n°137, 2011, pp. 101 - 122.

harmonisée de la loi[2025]. La QPC du système français, l'*amparo*[2026] prévu en droit espagnol, le *verfassungsbescherde*[2027] prévu en droit allemand constituent des mécanismes de renvoi préjudiciel de constitutionnalité. Le système grec connaît aussi deux mécanismes de renvoi préjudiciel où la question de constitutionnalité doit être renvoyée devant une juridiction autre que celle initialement saisie de l'affaire. Il s'agit du mécanisme de la saisine obligatoire de la Cour suprême spéciale en cas de conflit jurisprudentiel entre les trois Cours suprêmes ainsi que de la saisine obligatoire des Assemblées plénières des Cours suprêmes par une Section des celles - ci lorsqu'elle est appelée à examiner la constitutionnalité d'une disposition législative[2028].

À propos de ces mécanismes de question de constitutionnalité il convient de mettre l'accent sur deux éléments qui présentent d'importance. Tout d'abord, dans le cas où une question de constitutionnalité et de conventionnalité se pose dans le litige en cause, la solution la plus appropriée implique, en effet, une recherche *ad hoc* de l'opportunité de la priorité de la saisine de la Cour de justice avant la saisine de la Cour suprême spéciale. Dans l'hypothèse de l'unité des deux contrôles au profit du même juge, c'est au juge de renvoi qu'il incombe de chercher la conciliation des normes constitutionnelles et européennes. Ensuite, si c'est le cas, la Cour saisie suite au renvoi de la question de constitutionnalité, en l'occurrence l'Assemblée plénière des Cours suprêmes ou la Cour suprême spéciale, dotée aussi d'une compétence de contrôle de conventionnalité, peut s'appuyer sur les solutions admises par la jurisprudence de la Cour de justice et si elle trouve opportun de saisir la CJUE par voie préjudicielle en cherchant l'interprétation authentique par la CJUE pour trancher définitivement le conflit.

Sur le premier plan annoncé, l'arrêt 161/2010 du Conseil d'État[2029] est emblématique de la difficile conciliation de la suprématie constitutionnelle avec la primauté du droit de l'UE. En l'espèce, le Conseil d'État s'est trouvé face à une question qui mettait en cause la conformité d'une loi tant avec la

---

2025 B. MATHIEU, « La QPC, une protection efficace des droits et libertés ? », *JCP G*, n°11, 2013, p. 514.

2026 Pour le système de contrôle de constitutionnalité en Espagne voir P. BON, « La question d'inconstitutionnalité en Espagne », *Pouvoirs*, n°137, 2011, pp. 123 - 141.

2027 Pour le système de contrôle de constitutionnalité en Allemagne voir C. GREWE, « Le contrôle de constitutionnalité de la loi en Allemagne, quelques comparaisons avec le système français », *Pouvoirs*, n°137, 2011, pp. 143 - 154. Pour des éléments de droit comparé sur les systèmes procéduraux adoptés par d'autres pays de l'Europe voir P. BEVOLVE, « Conclusions », *in* G. DRAGO (dir.), *L'application de la Constitution par les Cours suprêmes. Conseil constitutionnel, Conseil d'État, Cour de cassation,* Paris : Dalloz, 2006, pp. 205 - 234, (pp. 228 - 234).

2028 Article 100 de la Constitution.

2029 Conseil d'État, arrêt 161/2010, *ThPDD*, n°7, 2010, pp.773 - 787.

Constitution qu'avec une règle du droit découlant de l'Union européenne. Dans la mesure où le Conseil d'État avait déjà conclu à l'inconstitutionnalité de l'article 24 §1 de la loi 2685/1999 et en raison d'un jugement contraire de la Cour de Cassation[2030], l'affaire aurait dû être renvoyée devant la Cour suprême spéciale pour un jugement définitif, conformément à l'article 100 alinéa 1er de la Constitution[2031]. Toutefois, la question de la conformité de cette disposition avec le droit de l'UE s'est également posée.

Le Conseil d'État a réglé la matière en jugeant qu'avant d'examiner la conformité de l'article 28 §1 de la loi 2685/1999 aux règles de l'UE, il fallait d'abord examiner la question de la constitutionnalité de cette disposition. Car dans le cas où cette disposition est jugée inconstitutionnelle, donc non applicable, il sera inopportun d'examiner sa conformité au droit découlant de l'Union européenne. En revanche, si la disposition en cause est jugée conforme à la Constitution, il sera nécessaire d'examiner la conformité de cette disposition avec le droit découlant de l'Union européenne.

On pourrait reprocher au Conseil d'État d'avoir méconnu la jurisprudence *Simmenthal* de la CJUE en se préoccupant de conserver la primauté de la Constitution[2032] et donc la priorité de son application. En toute hypothèse, l'obligation de renvoi de l'affaire devant la Cour suprême spéciale ainsi que le décalage du renvoi de la même affaire à la CJUE porte en germe l'émergence de deux jugements contradictoires de la part des deux Cours.

Toutefois, le Conseil d'État grec, par une justification assez complète, a choisi de ne pas fonder en l'espèce l'examen prioritaire de la constitutionnalité d'une disposition législative sur le seul respect de la Constitution et sa place au sommet de la hiérarchie des normes. L'arrêt a fondé son choix de prioriser le contrôle de constitutionnalité sur l'obligation de satisfaire aux exigences du droit de l'UE[2033]. Le Conseil d'État a ainsi jugé que l'exercice du contrôle de la conventionnalité présupposait que sa constitutionnalité soit déjà tranchée. Le respect de cet ordre dans lequel le contrôle de constitutionnalité d'une loi est exercé en priorité ne méconnaît pas *a priori* l'obligation imposée au juge national de ne pas appliquer une disposition législative nationale contraire au droit de l'Union européenne,

---

[2030] Cour de Cassation, Assemblée plénière, 13/2001.

[2031] Selon l'article 100, alinéa 1er de la Constitution : « *Il est constitué une Cour supérieure spéciale, à laquelle ressortissent (...) e) Le règlement des contestations sur l'inconstitutionnalité de fond ou sur le sens des dispositions d'une loi formelle, si le Conseil d'État, la Cour de cassation ou la des Cour des comptes ont prononcé des arrêts contradictoires à leur sujet.* ».

[2032] E. PREVEDOUROU, *L'influence du droit européen sur le procès devant le Conseil d'État*, Athènes : éd. Nomiki Vivliothiki, 2012, p. 9.

[2033] C. YANNAKOPOULOS, « L'influence du droit de l'Union européenne sur le système de contrôle juridictionnel de constitutionnalité des lois : les paradigmes français et grec », *op. cit.*, pp. 553 - 554.

conformément au principe de la primauté du droit de l'UE. Néanmoins, cet ordre d'examen n'est pas la seule solution susceptible de conduire à un examen de conventionnalité. L'examen de conventionnalité ainsi que l'examen de l'opportunité du renvoi d'une question préjudicielle devant la CJUE ne présuppose pas nécessairement un jugement concret concernant la conformité de la disposition en cause avec la Constitution nationale.

Il faut relever que selon l'opinion dissidente de l'arrêt commenté[2034], il serait opportun, au regard du contenu et du sens de la disposition en cause, d'examiner dans un premier temps, sa conformité avec le droit découlant de l'Union européenne, avant de se pencher sur sa constitutionnalité. D'ailleurs, cette pratique serait conforme au principe de primauté du droit de l'UE qui exige que les dispositions constitutionnelles des États membres soient interprétées à la lumière du droit découlant de l'Union européenne.

De plus, il convient de souligner que c'était la première fois que la problématique de la priorité du contrôle de constitutionnalité était clairement tranchée par le Conseil d'État. Toutefois, malgré la solution retenue, le système juridique grec semble satisfaire aux exigences du droit de l'UE. Ainsi, dans le cadre du contrôle de constitutionnalité et de conventionnalité des lois, les juges ordinaires et suprêmes restent libres de donner, selon les circonstances, la priorité soit au contrôle de constitutionnalité soit au contrôle de conventionnalité d'une loi.

Sur le second plan annonce, la Cour suprême spéciale, une fois saisie devrait procéder au contrôle parallèle de la conventionnalité de la loi en cause si cette question présente un intérêt. Surtout, en ce qui concerne le droit de l'Union européenne, il est opportun que la Cour suprême participe de façon efficace au dialogue européen en posant des questions préjudicielles devant la Cour de justice.

La tendance de la part des cours constitutionnelles nationales d'admettre, de plus en plus, le mécanisme de renvoi préjudiciel à la Cour de justice[2035] contribue à souligner son importance pour garantir la cohérence interne. En effet, pendant longtemps, le dialogue entre la Cour de justice et les cours constitutionnelles n'a été entretenu qu'avec la Cour constitutionnelle belge[2036]

[2034] Conseil d'État, Assemblée plénière 161/2010, précité.

[2035] C. YANNAKOPOULOS, « La proposition d'institution d'une Cour constitutionnelle sous le prisme de l'évolution des rapports entre droit national et droit de l'Union européenne », *in* Ch. AKRIVOPOULOU, N. PAPACHRISTOS (dir.), *Le défis de la révision constitutionnelle*, Athènes - Thessalonique : éd. Sakkoulas, 2013, pp. 163 - 182, (p. 175) et D. SIMON, « La prolixité des juridictions constitutionnelles des États membres sur la mise en œuvre du droit de l'Union », *Europe*, n°4, 2014, pp. 1 - 2.

[2036] Voir en titre indicatif l'arrêt de la Cour constitutionnelle belge, 30 mars 2010, n°30/2010 et la réponse de la CJUE, 16 février 2012, *Solvay e.a.*, C - 182/10, non encore publié. Dans le même sens : Cour constitutionnelle belge, 25 novembre 2010, n°133/2010 et la réponse de la CJUE, 22 mars 2012, *Inter - Environnement* et la Cour constitutionnelle autrichienne[2037]. Pourtant, il est aujourd'hui mené également par les Cours constitutionnelles lituanienne[2038], italienne[2039] et le Tribunal constitutionnel espagnol[2040]. On ajoutera également le tribunal Constitutionnel polonais[2041] et leur homologue portugais[2042], qui ont reconnu être liés par l'article 267 TFUE[2043]. Très récemment, la Cour constitutionnelle fédérale allemande a aussi établi un dialogue direct avec la CJUE[2044].

Bruxelles e.a., C - 567/10, non encore publié, Cour constitutionnelle belge, 06 avril 2011, n°49 et 50/2011 et la réponse de la CJUE, 8 mai 2013, *Libert e.a.*, C - 197/11 et C - 203/11, non encore publié.

[2037] Cour constitutionnelle autrichienne, 12 décembre 2000, KR 1/00 et la réponse de la CJUE, 20 mai 2003, *Österreichischer Rundfunk e.a.*, C - 465/00, C - 138/01 et C - 139/01, Rec. 2003 p. I - 4989.

[2038] Cour constitutionnelle de Lituanie, 8 mai 2007, n°47/04 et la réponse de la CJUE, 9 octobre 2008, *Sabatauskas e.a.*, C - 239/07, Rec. 2008 p. I - 7523.

[2039] Cour constitutionnelle italienne 13 février 2008, arrêt 102/2008 et ordonnance 103/2008 et la réponse CJUE, Grande chambre, 17 novembre 2009, *Presidente del Consiglio dei Ministri*, C - 169/08, Rec. 2009 p. I - 10821.

[2040] Tribunal constitutionnel espagnol, 9 juin 2011, n°86/2011 à et la réponse de la CJUE, *Melloni*, précité. A. LEVADE, Mandat d'arrêt européen : quand confiance et reconnaissance mutuelles font obstacle au « sauf si » !, (CJUE 26 février 2013, Stefano Melloni c/ Ministerio Fiscal, aff. C - 399/11), *Constitutions*, n°2, 2013 pp. 184 - 186.

[2041] Tribunal constitutionnel polonais, 11 mai 2005, K 18/04. La Cour a été également amenée à se prononcer sur la constitutionnalité de l'article 234 CE dans la mesure où cette disposition instaure, à l'égard des juridictions nationales de dernière instance, l'obligation de soumettre des questions préjudicielles à la Cour de justice des Communautés européennes. La Cour constitutionnelle a précisé que l'article 234 CE n'est applicable que dans le cas où les juridictions nationales sont soumises à l'obligation d'appliquer les dispositions communautaires. Or, l'application du droit communautaire par les organes de la République de Pologne est limitée par l'étendue des compétences transférées à l'Union européenne sur la base de la Constitution. En effet, les Communautés européennes (et l'Union européenne) ne peuvent fonctionner que dans les limites des compétences qui leur ont été conférées par les États membres.

[2042] Tribunal constitutionnel portugais, 23 mai 1990, n°163/1990 du et la réponse de la CJUE, 1er juillet 1992, *Haneberg contre BALM*, C - 28/91, Rec. 1992 p. I - 4165.

[2043] D. RITLENG, « Cours constitutionnelles nationales et renvoi préjudiciel », *in Mélanges en l'honneur du Professeur Joël Molinier*, *op. cit.*, pp. 588 - 589.

[2044] BVerfGE, 2 mars 2010, 1BvR 256/08, 1BvR 263/08, 1BvR 586/08 ; selon la juridiction, ce n'est pas la directive qui est contraire aux droits fondamentaux, mais la loi allemande qui la transpose. Il n'y avait dès lors pas lieu à question préjudicielle. La première fois que la BVerfGE renvoie une question préjudicielle à la Cour de justice c'est le 7 février 2014 à propos de l'arrêt BVerfGE 2728/13 concernant la compatibilité de l'exécution de la décision OMT avec le droit primaire de l'Union. Affaire C - 62/14, *Gauweiler e.a.* D. SIMON, « Une première un peu

Le renvoi préjudiciel effectué par le Conseil constitutionnel confirme, par ailleurs, cette tendance. À ce propos, il fut constaté dans un premier temps par la doctrine « l'apport d'un tempérament à la jurisprudence IVG par la reconnaissance de la compétence du Conseil constitutionnel pour contrôler la conformité d'une loi à la directive qu'elle transpose »[2045]. De plus, il est à noter que bien que le Conseil constitutionnel exerce un dialogue « sans paroles »[2046] avec la Cour EDH[2047], il est pourtant un bon connaisseur du droit de la Convention et de la jurisprudence de Strasbourg. Ceci est illustré par le contenu des dossiers documentaires qu'il établit dans le cadre de la préparation de ses décisions ce qui montre l'édiction d'une jurisprudence « européenement inspirée »[2048]. De plus, il arrive régulièrement au Conseil, d'édicter une jurisprudence « européenement articulée »[2049], dans le cadre de l'interprétation de normes constitutionnelles, en s'inspirant de solutions européennes[2050].

---

ambiguë : la Cour de Karlsruhe interroge la Cour de Luxembourg sur le plan de sauvetage de l'euro », *Europe*, n°3, 2014, p.1.

[2045] Ch. CHARPY, « Droit constitutionnel et droit communautaire Le statut constitutionnel du droit communautaire dans la jurisprudence (récente) du Conseil constitutionnel et du Conseil d'État (contribution à l'étude de systèmes constitutionnel et communautaire) », *RFDC*, n°80, 2009, pp. 795 - 815 voir aussi B. de LAMY, « L'exception d'inconstitutionnalité : une vieille idée neuve », *in* G. DRAGO (dir.), *L'application de la Constitution par les Cours suprêmes. Conseil constitutionnel, Conseil d'État, Cour de cassation,* Paris : Dalloz, 2006, pp. 117 - 141, (p. 125) concernant l'exercice du contrôle de conventionnalité avant la reforme du système ainsi que J. BONNET, *Le juge ordinaire français et le contrôle de la constitutionnalité des lois : analyse critique d'un refus*, Paris : Dalloz, 2009.

[2046] O. DUTHEILLET DE LAMOTHE, « Le Conseil constitutionnel et la Cour européenne des droits de l'homme : un dialogue sans paroles », *in mélanges en l'honneur de Bruno Genevois*, Paris : Dalloz, 2009, pp. 403 - 417.

[2047] Pour le dialogue implicite du Conseil constitutionnel avec la Cour EDH voir D. SZYMCZAK, *La Convention européenne des droits de l'homme et le juge constitutionnel national, op. cit.*, pp. 185 - 195

[2048] Expression de A. LEVADE, « Le contrôle indirect du droit européen par le Conseil constitutionnel », *Annuaire de droit européen*, VII, 2012, pp. 109 - 125, (p. 112 - 114).

[2049] *ibid.*, pp. 115 - 120.

[2050] B. MATHIEU, « Devant le juge constitutionnel : Un nouvel équilibre entre les considérations liées à l'intérêt général et celles relatives à la garantie des droits ? », *RFDA* n°1, 1998, pp. 148 - 159 ; P. WACHSMANN, « Question prioritaire de constitutionnalité et Convention européenne des droits de l'homme », *in* G. COHEN - JONATHAN et al. (dir.), *L'homme et le droit : en hommage au professeur Jean - François Flauss*, Paris : éd. A. Pédone, 2014, pp. 796 - 816.

Ainsi, en exerçant un contrôle de conventionnalité implicite et en tenant compte de la jurisprudence européenne[2051], ou un contrôle limité dans le cadre de l'examen des lois de transpositions de directives[2052], le Conseil constitutionnel exerce un nouveau rôle européen[2053] qui permet, en France, de maintenir un bon fonctionnement de la justice, et ce, d'une part, en enrichissant les jugements relatifs aux droits fondamentaux et, d'autre part, en contribuant au renforcement de l'état de droit et au fonctionnement même de la société[2054]. Ce constat est solennellement prouvé par le renvoi préjudiciel effectué par le Conseil constitutionnel[2055]. Le jeu du renvoi

---

[2051] B. MATHIEU, *Question prioritaire de constitutionnalité : la jurisprudence mars 2010 - novembre 2012*, Paris : Lexisnexis, 2013, p. 97 concernant l'influence de la jurisprudence de la Cour EDH à la décision du Conseil où il a considéré que la notion de famille au sens du Préambule de 1946 incluait les couples de même sexe (CC, n°2010 - 92 QPC du 28 janvier 2011, *Mme Corinne C. et autres*). Voir aussi : A. LEVADE, « La 'guerre des trois' n'aura pas lieu ! Sur l'improbabilité des conflits », *JCP G,* n°26, 2011, numéro spécial, pp. 16 - 22 et A. LEVADE, « Perspectives : confrontation entre contrôle de conventionnalité et contrôle de constitutionnalité », *AJDA*, n°22, 2011, pp. 1257 - 1261.

[2052] CC, n°2004 - 496 DC du 10 juin 2004 *Loi pour la confiance dans l'économie numérique*, Recueil, p. 101, *JO* du 22 juin 2004, p. 11182 et Décision n°2006 - 540 DC du 27 juillet 2006, *Loi relative au droit d'auteur et aux droits voisins dans la société de l'information*, Recueil, p. 88, *JO* du 3 août 2006, p. 11541 ; B. MATHIEU, « Première table ronde : le Conseil constitutionnel et les juges », *in* B. MATHIEU, M. VEPREAUX (dir.), *L'autorité des décisions du Conseil constitutionnel*, Paris :Dalloz, 2010, p. 121.

[2053] J. - Cl. COLLIARD, « Un nouveau Conseil constitutionnel », *Pouvoirs*, n°137, 2011, pp. 155 - 167, (p.165).

[2054] D. de BECHILLON, « Cinq Cours suprêmes ? Apologie (mesurée du désordre) », *Pouvoirs*, n°137, 2011, pp. 33 - 45.

[2055] CC, n°2013 - 314P QPC du 4 avril 2013, *M. Jeremy F.* Recueil, p. 523, *JORF* du 7 avril 2013 p. 5799. Réponse de la CJUE, 30 mai 2013, *F.*, C - 168/13 *PPU*, non encore publié et CC, n°2013 - 314 du 14 juin 2013, *M. Jeremy F.*, *JORF* du 16 juin 2013 p. 10024. Voir en titre indicatif Fl. CHALTIEL, « Constitution et droit européen : le Conseil constitutionnel, juge européen. A propos d'un nouveau type de décision: les décisions en « P » », *Revue de l'Union européenne*, n°568, 2013, pp. 261 - 262 ; A. LEVADE, « Anatomie d'une première: envoi préjudiciel du Conseil constitutionnel à la Cour de justice ! », *JCP G*, n°3, 2013, pp. 1111 - 1114 ; J. - Cl. BONICHOT, « Le Conseil constitutionnel, la Cour de justice et le mandat d'arrêt européen », *D.*, n°26, 2013, pp. 1805 - 1809 ; H. LABAYLE, R. MEHDI, « Le Conseil constitutionnel, le mandat d'arrêt européen et le renvoi préjudiciel à la Cour de justice », *RFDA,* n°3, 2013, pp. 461 - 476 ; A. LEVADE, « Premier renvoi préjudiciel du Conseil constitutionnel à la Cour de justice : nouveau cadre procédural du dialogue des juges ! », *Constitutions*, n°2, 2013, pp. 187 - 189 ; B. BONNET, « Le paradoxe apparent d'une question prioritaire de constitutionnalité instrument de l'avènement des rapports de systèmes », *RDP*, n°5, 2013, pp. 1229 - 1250 ; A. LEVADE, « Articulation des contrôles : l'examen de la constitutionnalité « par suite » préjudiciel est, à présent, généralement admis par les juges constitutionnels nationaux, la France et l'Allemagne y participant aussi. Une participation future de la Cour suprême spéciale grecque au dialogue européen, initié par la saisine de la Cour de justice à propos de renvoi des questions préjudicielles paraît donc opportune.

2. La concentration des contrôles comme moyen d'évitement du désordre juridictionnel interne

Le juge ordinaire est le juge principal compétent de l'exercice du contrôle de conventionnalité. Or, l'exercice de cette compétence par le juge suprême ou constitutionnel est aussi très important. L'abstention du juge suprême par le renvoi de questions préjudicielles, résultat de la dissociation de l'exercice du contrôle de constitutionnalité et du contrôle de conventionnalité, peut conduire à la déstabilisation de l'équilibre juridictionnel interne. Précisément, la dissociation du contrôle de constitutionnalité et du contrôle de conventionnalité attribue au juge ordinaire tout pouvoir pour devenir prioritairement juge de conventionnalité au détriment du contrôle de constitutionnalité et ceci est susceptible de faire émerger des conflits internes.

L'exemple de la République tchèque est emblématique. À propos de l'arrêt *Landtová*[2056], la Haute juridiction administrative, défendant sa propre jurisprudence contre la jurisprudence de la Cour constitutionnelle a envoyé des questions préjudicielles à la Cour de justice. En défendant sa compétence comme juge de conventionnalité, le juge ordinaire tchèque a, toutefois, montré son désaccord face à la Cour constitutionnelle, en s'opposant à sa jurisprudence. Il a par la suite entraîné une forte réaction de la Cour constitutionnelle tchèque lors de la réponse de la Cour de justice. Précisément, après l'arrêt *Landtová*, la Cour constitutionnelle tchèque a affirmé que « *si les institutions européennes interprètent ou font évoluer le droit de l'Union dans un sens susceptible de mettre en péril les fondements de la constitutionnalité matériellement entendue et les exigences essentielles d'un État démocratique fondé sur le droit qui, aux termes de la Constitution de la République tchèque, sont intangibles (art. 9, § 2, C.), de tels actes ne*

---

d'un arrêt préjudiciel », *JCP G*, n°29, 2013, pp. 1448 - 1451 et M. AUBERT, E. BROUSSY, H. CASSAGNABERE, « Mandat d'arrêt européen - dialogue des juges », *AJDA*, n°29, 2013, pp. 1686 - 1689.

[2056] CJUE, 22 juin 2011, *Landtová*, C - 399/09, Rec. 2011 p. I - 5573. A. LEVADE, « L'identité constitutionnelle tchèque méconnue : quand la Cour constitutionnelle conteste une décision de la Cour de justice », *Constitutions*, n°2, 2012, pp. 292 - 293 ; G. ANAGNOSTARAS, « Activation of the Ultra Vires Review: The Slovak Pensions Judgment of the Czech Constitutional Court », *German Law Journal*, vol. 14, 2013, pp. 959 - 973.

lieront pas la République tchèque »[2057]. Selon la juridiction nationale, c'est l'absence de prise en considération par la Cour de justice de ce que la Cour constitutionnelle considère comme relevant de l'identité constitutionnelle de la République tchèque qui est contestée. Or, cela a conduit, pour la première fois, une Cour constitutionnelle à considérer que la Cour de justice a outrepassé les compétences qui sont les siennes aux termes des traités et à ne pas appliquer la décision rendue.

Après l'arrêt *Landtová*[2058] et le refus du juge constitutionnel de suivre l'arrêt de la Cour de justice, la Cour suprême administrative de la République tchèque, en défendant sa jurisprudence face à la jurisprudence contraire de la Cour constitutionnelle, a de nouveau sollicité la Cour de justice à propos d'une question préjudicielle qui fut néanmoins récemment retirée[2059]. Or, il est indéniable qu'à travers ce renvoi préjudiciel, la Cour suprême administrative tchèque a cherché une réponse contraignante de la part de la CJUE, susceptible de légitimer sa méconnaissance face à la jurisprudence de la Cour constitutionnelle nationale, sous prétexte de l'incompatibilité de cette dernière avec le droit de l'UE.

De façon identique, une polémique a entouré la mise en œuvre de la QPC durant ses premiers mois entre le Conseil constitutionnel et la Cour de cassation française. La saisine de la Cour de justice par la voie préjudicielle[2060], suivie par un blocage de la transmission d'une QPC de la part de la Cour de cassation et de la mise en avant du contrôle de conventionnalité[2061], montre bien que la Cour de cassation a « cherché le conflit »[2062] afin de voir son rôle garanti en tant que juge de conventionnalité

[2057] Cour constitutionnelle tchèque, 31 janv. 2012, *Régime de pensions slovaque*, Pl. ÚS 5/12.

[2058] CJUE, *Landtová*, précité.

[2059] Cette question portait sur la compatibilité, avec le droit de l'UE, de l'engagement de cette juridiction conformément au droit national au regard de l'appréciation juridique effectuée par la Cour constitutionnelle dans le cas où il apparaît que cette appréciation n'est pas conforme au droit de l'Union, tel qu'interprété par la Cour de justice. Demande de décision préjudicielle présentée par le Nejvyšší správní soud (République tchèque) le 24 mai 2012 - *JS/Česká správa socialního zabezpečení (*Affaire C - 253/12), retirée.

[2060] Cour de cassation, 16 avril 2010, n°de pourvoi 10 - 40.001 et 10 - 40.002.

[2061] Cour de cassation, Assemblée plénière, 29 juin 2010, n°de pourvoi 10 - 40.001 et 10 - 40.002.

[2062] A. LEVADE, « Renvoi préjudiciel versus Question prioritaire de constitutionnalité : la Cour de cassation cherche le conflit ! », *D.*, n°20, 2010, pp. 1254 – 1258 ; B. MATHIEU, La Cour de cassation tente de faire invalider la question prioritaire de constitutionnalité par la Cour de Luxembourg, *JCP G*, n°17, 2010, pp. 866 - 867.

et en confiant au juge du Luxembourg le soin de trancher la question entre priorité du contrôle constitutionnel et contrôle conventionnel[2063].

Le problème de l'éventualité des conflits internes au lieu de s'atténuer par la jurisprudence de la CJUE est au contraire favorisé. Dans ce cadre, la Cour de justice a expressément invité les Cours ordinaires de l'Allemagne à ne pas suivre un arrêt issu de la Cour constitutionnelle fédérale dont les effets étaient différés dans le temps. La question se posait de savoir si le juge saisi au principal devait attendre l'annulation de la réglementation pour cause d'inconstitutionnalité en appliquant, pendant cette période transitoire, une réglementation interne contraire au droit de l'Union[2064]. En raison de la primauté du droit de l'Union directement applicable la Cour de justice a répondu par la négative, relativisant ainsi les effets de la jurisprudence rendue par la Cour constitutionnelle allemande. Également, l'arrêt *Križan*[2065] invite la Cour suprême de Slovaquie à saisir la CJUE d'une demande de décision préjudicielle « *à tout moment de la procédure qu'il juge approprié* » ainsi que d'écarter, le cas échéant, les appréciations exprimées par la Cour constitutionnelle qui se révéleraient contraires au droit de l'Union.

En prenant en compte les apports jurisprudentiels et les enjeux internes, il est possible de constater que l'abstention de la juridiction constitutionnelle de saisir la Cour de justice peut mener à un déséquilibre interne ou à la mise en échec de l'autorité de la cour constitutionnelle. C'est pourquoi il y a lieu de constater qu'il serait très opportun que la Cour suprême spécial exerce le contrôle de conventionnalité et fasse recours au mécanisme de renvoi préjudiciel devant la CJUE.

[2063] Voir à ce propos, A. LEVADE, « Droit national, droit international et droits européens », *Constitutions*, n°3, 2010, pp. 385 - 393 ; D. ROUSSEAU, *Droit du contentieux constitutionnel*, 9e éd. 2013, Paris : LGDJ - Lextenso, pp. 251 - 252 (point 264) et X. MAGNON, « La doctrine, la QPC et le Conseil constitutionnel : Quelle distance ? Quelle expertise ? », *RDP*, n°1, 2013, pp. 135 - 154 où l'auteur codifient aussi les réactions de la doctrine face à cette polémique.

[2064] CJUE, Grande chambre, 8 septembre 2010, *Winner Wetten*, C - 409/06, Rec. 2010 p. I - 8015, point 69 « *Compte tenu de tout ce qui précède, il convient de répondre à la première question posée que, en raison de la primauté du droit de l'Union directement applicable, une réglementation nationale relative à un monopole public sur les paris sur les compétitions sportives qui, selon les constatations opérées par une juridiction nationale, comporte des restrictions incompatibles avec la liberté d'établissement et la libre prestation des services, faute pour lesdites restrictions de contribuer à limiter les activités de paris d'une manière cohérente et systématique, ne peut continuer à s'appliquer pendant une période transitoire* ».

[2065] CJUE, *Križan e.a.* précité.

B. Les effets du contrôle juridictionnel

Lorsque le contrôle de constitutionnalité et de conventionnalité sont réunis au profit du même juge, quatre configurations juridiques sont possibles. En premier lieu, la concordance des deux contrôles peut conduire le juge grec à confirmer la constitutionnalité et la conventionnalité de la disposition législative en cause. En deuxième lieu, la déclaration d'inconstitutionnalité peut aussi entraîner la déclaration d'inconventionnalité. Dans ces deux hypothèses, les solutions sont concordantes. En troisième lieu, une disposition législative peut être déclarée inconstitutionnelle sans pour autant que son conventionnalité soit mise en cause. En quatrième lieu, le juge peut écarter l'application d'une disposition en raison de son inconventionnalité éventuelle, sans que sa constitutionnalité soit contestée. Dans ces deux dernier cas, les solutions peuvent donc être discordantes.

Afin de tempérer l'hypothèse d'intervention des deux Cours européennes, portant sur la même matière tranchée par le juge interne il importe d'étudier l'hypothèse de la concordance des solutions juridiques apportées après la réunion de deux contrôles (1) avant d'étudier l'hypothèse de la discordance des solutions apportées (2).

1. La concordance des solutions jurisprudentielles

Tout d'abord, le juge national peut, à travers ses jugements, aller au - delà de l'interprétation adoptée, tant par la Cour européenne, que par la Cour de justice[2066]. Il peut ainsi, en application des normes européennes, procéder à un contrôle parallèle de conventionnalité et de constitutionnalité d'une disposition législative nationale. Le constat final de constitutionnalité est donc combiné au contrôle préalable de conventionnalité[2067].

Conformément au système procédural grec, le jugement sur la constitutionnalité (et la conventionnalité) produit un effet *inter partes* lorsqu'il s'agit d'un contrôle diffus. Le jugement produit un effet *erga omnes* lorsqu'il s'agit d'une décision de la Cour suprême spéciale.

A priori, le jugement sur la constitutionnalité et la conventionnalité d'une loi permet l'interaction interprétative des règles constitutionnelles et européennes. L'interprétation adoptée par la juridiction interne peut ensuite

---

[2066] Ch. PETTITI, « Interventions - Table ronde », *in* C. TEITGEN - COLLY (dir.), *Cinquantième anniversaire de la Convention européenne des Droits de l'Homme*, Bruxelles : Bruylant, 2002, pp. 289 - 293, (p. 289).

[2067] Gh. ALBERTON, « Peut - on encore dissocier exception d'inconstitutionnalité et exception d'inconventionnalité ? », *op. cit.*, pp. 967 - 973.

être admise par les deux Cours européennes, ce qui affaiblit l'hypothèse d'un jugement condamnatoire *ex post* de leur part.

Selon le système juridique français antérieur à 2008, il y a eu des cas où, après l'édiction des jugements statuant sur la constitutionnalité d'une disposition, une condamnation par Cour de Strasbourg ou du Luxembourg a eu lieu. Toutefois, en raison du système de contrôle *a priori*, la constitutionnalité de la même loi ne pouvait pas être de nouveau contestée[2068].Un exemple est donné par l'arrêt *Zielinski et Pradal et Gonzalez et autres contre France* du 28 octobre 1999[2069], par lequel la Cour européenne considère qu'une loi de validation jugée conforme à la Constitution par le Conseil constitutionnel français est néanmoins contraire à l'article 6 §1 de la Convention. De même, la décision *Lecarpentier - Cabourdin*[2070] constate la violation de la Convention du fait de l'existence

[2068] N. LENOIR, « La jurisprudence de la CEDH, facteur d'actualisation de la DDHC de 1789 », *LPA*, n°254 2010, pp. 26 - 28, (p. 27) et J. BONNET, « Le contrôle de la loi par le juge ordinaire ou les carences de la question préjudicielle en appréciation de la constitutionnalité des lois », pp. 10 - 11 article présenté au congrès de Paris en 2008 [http://www.droitconstitutionnel.org/congresParis/comC5/BonnetTXT.pdf].

[2069] Cour EDH, Grande chambre, 28 octobre 1999, *Zielinski et Pradal et Gonzales et autres contre France*, n°s 24846/94 34165/96 34166/96 34167/96 34168/96 34169/96 34170/96 34171/96 34172/96 34173/96. B. MATHIEU, « Les validations législatives devant le juge de Strasbourg : une réaction rapide du Conseil constitutionnel mais une décision lourde de menaces pour l'avenir de la juridiction constitutionnelle », *RFDA*, n°2000, pp. 289 - 304 ; B. MATHIEU, « Une jurisprudence qui pêche par excès de timidité, CEDH, 28 octobre 1999, Zielinski et Pradal et Gonzales et autres c/ France », *RFDA*, n°6, 2000, pp. 1201 - 1205 ; St. BOLLE, « L'inconventionnalité d'une validation législative conforme à la Constitution: l'arrêt de la Cour européenne des droits de l'homme du 28 octobre 1999 », *RFDA*, n°6, 2000, pp. 1254 - 1267 ; F. SUDRE, Chronique de jurisprudence de la Cour européenne des Droits de l'Homme: Affaires françaises (1999), *RDP*, n°3, 2000, pp. 699 - 738.

[2070] Cour EDH, 14 février 2006, *Lecarpentier et autre contre France*, n°67847/01, C. RONDEY, « Le point final n'est pas mis à 'l'affaire du tableau d'amortissement', CEDH, 14 février 2006, Lecarpentier et autre c/ France », *D.*, n°10, 2006, p. 717 ; J. - P. MARGUENAUD, « L'épilogue européen de l'affaire du tableau d'amortissement, (Cour EDH 2e section, 14 févr. 2006, Lecarpentier et autre c/ France », *RTDCiv*, n°2, 2006, pp. 261 - 263 ; E. GARAUD, « La loi de validation intervenue dans l'affaire du tableau d'amortissement méconnaît le droit au respect des biens, (Cour Européenne des Droits de l'Homme, 14 février 2006) », *LPA*, n°88, 2006, pp. 12 - 15 ; J. RAYNAUD, « La rétroactivité condamnée par la CEDH dans l'affaire du tableau d'amortissement des prêts immobiliers : note sous CEDH, deuxième section, 14 février 2006, Lecarpentier et a. contre France, requête numéro 67847/01 », *JCP, E*, n°27, 2006, pp. 1208 - 1212 et F. SUDRE, « Droit de la Convention européenne des droits de l'homme », *JCP, G*, n°31, 2006, pp. 1587 - 1592.

d'une loi préalablement déclarée conforme à la Constitution[2071]. Enfin, dans son arrêt *Commission contre République française* du 25 février 1988, la CJCE a constaté une contrariété entre une loi promulguée, préalablement soumise à l'examen du Conseil constitutionnel, et le droit communautaire dérivé[2072].

Sur un plan général, les arrêts des juges européens statuant sur l'inconventionnalité d'une règle nationale, produisent des effets limités. La disposition législative peut alors rester en vigueur et est susceptible d'être appliquée par une autre juridiction[2073]. L'autorité de la chose jugée des juridictions européennes ne peut être invoquée que si les trois conditions d'identité de parties, d'objet et de cause juridique sont réunies. Les effets juridiques résultant d'une part, du contrôle de conventionnalité et de l'autre, du contrôle de constitutionnalité concentré sont alors très différents.[2074].

Toutefois, afin de respecter l'autorité de la chose interprétée, le juge grec, dans le cadre du contrôle diffus où le contrôle produit un effet *inter partes*, peut procéder à une nouvelle interprétation de la constitutionnalité de la loi, en différenciant l'interprétation sur sa conventionnalité et en essayant de la rendre compatible avec le droit européen. Si la loi ne pouvait pas être jugée conforme au droit européen, ou alors si le jugement national antérieur est issu de la Cour suprême spéciale et jouit donc un effet *erga omnes*, il serait pertinent de procéder à la révision de la disposition législative en cause, respectant l'autorité de la chose jugée de la Cour EDH, mais aussi de la Cour nationale qui épuise ses effets dans la reconnaissance de la validité d'une loi au regard de la Constitution[2075]. Il y aurait alors une « hiérarchie des

---

[2071] CC, n°96 - 375 DC du 9 avril 1996, *Loi portant diverses dispositions d'ordre économique et financier* Recueil, p. 60, *JO* du 13 avril 1996, p. 5730 sur la conformité de l'article 87 - 1 de la loi du 12 avril 1996. Dans le même sens : Cour de Cassation, 1ère chambre civile, 20 juin 2000, *Banque Crédit Lyonnais*, n°98 - 10.350, J. SAINTE - ROSE, « Le contrôle de la conventionnalité des validations législatives par le juge judiciaire », *RFDA*, n°6, 2000, pp. 1189 – 1200 ; M. THIOYE, « La conformité à la CEDH de la loi de validation du 12 avril 1996, (Cour de cassation, première Chambre civile, 20 juin 2000) », *LPA*, n°45, 2011, pp. 12 - 17.

[2072] Il s'agissait en l'espèce de la loi de finances pour 1981, objet de la décision du Conseil constitutionnel n°80 - 126 DC du 30 décembre 1981, *Loi de finances pour 1981*, Recueil, p. 53 - *JO* du 31 décembre 1980, p. 3242.

[2073] R. BADINTER, « L'exception d'inconstitutionnalité », *in Le dialogue des juges, mélanges en l'honneur du président Bruno Genevois*, Paris : Dalloz, 2009, pp. 42 - 43.

[2074] O. DUTHEILLET DE LAMOTHE, « Contrôle de constitutionnalité et contrôle de conventionnalité », *in Juger l'administration, administrer la justice, mélanges en l'honneur de Daniel Labetoulle*, Paris : Dalloz, 2007, pp. 315 - 327, (p. 322).

[2075] B. MATHIEU, « Les décisions du Conseil constitutionnel et de la Cour européenne des droits de l'homme : coexistence - autorité - conflits - régulation », *NCCC*, n°32, 2011, pp. 45 - 66, (p. 58).

interprètes »[2076] dans le sens où l'interprétation donnée par la Cour de Strasbourg s'impose. Il en va de même pour le cas où la Cour de justice interviendrait après un recours en manquement, ce qui obligerait le juge national à procéder à la révision de la disposition législative en cause. Dans le cas où la Cour de justice intervient après un renvoi préjudiciel, l'approche interprétative entre normes constitutionnelles et européennes est toujours anticipée dans le cadre du même jugement. Dans l'hypothèse étudiée, l'effet produit est ainsi lié à l'articulation des décisions rendues dans le cadre de l'exercice du contrôle de constitutionnalité et de conventionnalité conduit par le juge national et européen.

Ensuite, dans l'hypothèse où le juge conclut sur l'inconstitutionnalité et l'inconventionnalité d'une loi, les conflits éventuels avec les deux ordres européens sont encore plus marginaux. La loi déclarée inconstitutionnelle, ne s'applique pas dans le cas d'espèce s'il s'agit d'un contrôle diffus ou alors disparaîtrait et une nouvelle loi serait adoptée.

Néanmoins, la Cour EDH se réserve la compétence de statuer sur la conventionnalité d'une disposition législative nationale, en dépit de l'existence d'un jugement national statuant sur son inconstitutionnalité et entraînant son abrogation pour l'avenir. La Cour EDH s'est ainsi prononcée sur une disposition abrogée par le Conseil constitutionnel. Elle a statué que « *la décision du Conseil constitutionnel et les conséquences qui en découlent pour l'avenir ne changent rien à la conclusion de la Cour, qui concerne une situation jugée antérieurement à cette décision* »[2077]. Or, il faut souligner que dans ce cas, il n'existe pas un vrai conflit de compétence entre la juridiction européenne et les juridictions internes. Grâce à l'abrogation de la disposition litigieuse à propos de sa déclaration d'inconstitutionnalité, tout conflit est évité. Ce jugement de la Cour EDH peut alors s'interpréter comme une réserve de compétence pour le litige et pour réparer la violation soufferte par le requérant en raison du temps écoulé avant l'abrogation constitutionnelle. Toutefois, dans le cas d'une déclaration d'inconstitutionnalité[2078], afin d'éviter les lacunes juridiques il faut chercher la règle applicable en faisant appel à des lois plus générales. L'application directe d'une norme constitutionnelle est aussi envisageable.

Dans le cas d'un contrôle effectué par la Cour suprême spéciale qui produit un effet *erga omnes*, la juridiction grecque doit en effet suivre l'exemple du Conseil constitutionnel français qui, lors de ses jugements, opte parfois pour la modulation des effets dans le temps. Ce choix est en

---

[2076] M. DISANT, « L'autorité de la chose interprétée par le Conseil constitutionnel - Permanence et actualité(s) », *CCC*, n°28, 2010, pp. 197 - 201, (p. 200).

[2077] Cour EDH, 23 janvier 2014, *Montoya contre France*, n°62170/10, §36.

[2078] Voir à ce propos C. YANNAKOPOULOS, *L'influence du droit de l'Union européenne au contrôle juridictionnel de constitutionnalité des lois*, *op. cit.*, p. 316 et suiv.

effet pertinent en vue de garantir l'effectivité du contrôle de constitutionnalité[2079]. En guise d'exemple, le Conseil constitutionnel saisi de la loi relative aux organismes génétiquement modifiés[2080] a censuré un renvoi opéré par le législateur au pouvoir réglementaire sur le fondement de l'incompétence négative. Néanmoins, la disposition litigieuse, étant nécessaire pour la transposition de deux directives communautaires, sa déclaration d'inconstitutionnalité entraînait la non transposition de deux directives dans les délais demandés. Afin d'éviter l'émergence d'un conflit avec l'UE, étant donné que la France faisait l'objet d'une procédure en manquement devant la Cour de justice, le Conseil constitutionnel s'est reconnu le pourvoir de moduler dans le temps les effets de la déclaration d'inconstitutionnalité. Ce pouvoir, reconnu pour la première fois à propos de ce litige, est désormais pratiqué de façon efficace par le Conseil constitutionnel même à propos des arrêts QPC[2081].

En conclusion, si la concordance des solutions juridiques adoptées réduit considérablement l'émergence des conflits, il n'en va pas de même pour les hypothèses où le contrôle de constitutionnalité et de conventionnalité ne sont pas coordonnés.

2. La discordance des solutions jurisprudentielles

Alors que, dans les hypothèses susmentionnées, la concordance des solutions adoptées par le juge était évidente, il existe des cas où le juge interne n'arrive pas à la même conclusion concernant la constitutionnalité et la conventionnalité d'une disposition législative.

D'abord, une loi peut être jugée conventionnelle, mais inconstitutionnelle. D'une part, à propos du contrôle diffus exercé par toutes les juridictions internes grecque, le jugement produit un effet *inter partes* et donc la disposition en cause est inapplicable dans le cas d'espèce. Néanmoins, ce jugement n'a pas comme résultat son abrogation définitive, donc elle continue à satisfaire les exigences conventionnelles. D'autre part, dans le cas d'un contrôle concentré, qui produit un effet *erga omnes*, cette disposition disparaît et donne sa place à une nouvelle loi susceptible de servir à nouveau les exigences européennes[2082]. Toutefois, dans ce cas, une

---

2079 A. VIDAL - NAQUET, « L'efficacité dans le contrôle de constitutionnalité », *in* M. FATIN - ROUGE STEFANINI, L. GAY, A. VIDAL - NAQUET (dir.), *L'efficacité de la norme juridique : nouveau vecteur de légitimité ?*, Bruxelles : Bruylant, 2012, pp. 187 - 207, (pp. 206 - 207).

2080 CC, décision 2008 - 564 DC du 19 juin 2008, *Loi relative aux organismes génétiquement modifiés*, Recueil, p. 313 *JO* du 26 juin 2008, p. 10228.

2081 Cf. G. DRAGO, « Quels principes directeurs pour le procès constitutionnel », *in justices et droit du procès : du légalisme procédural à l'humanisme processuel mélanges en l'honneur de Serge Guinchard*, *op. cit.*, p. 447.

2082 En guise d'exemple, le Conseil d'État et la Cour de Cassation français, avaient jugé l'article L. 7 du code électoral conforme à la Convention européenne des droits modulation des effets dans le temps, similaire à celle décrite lorsqu'un jugement conclut sur l'incostitutionnalité et l'inconventionnalité d'une disposition législative est également opportune.

Ceci étant, les conflits avec les juridictions européennes, notamment à travers leur intervention postérieure au jugement interne, peuvent aussi être évités. En outre, la jurisprudence des deux Cours européennes a montré un certain respect à l'égard des décisions d'inconstitutionnalité rendues par les Cours suprêmes nationales[2083].

Ensuite, dans la dernière hypothèse, où une loi serait déclarée constitutionnelle, mais inconventionnelle, le juge devrait essayer d'adopter une interprétation permettant d'éviter le conflit de compétences et anticiper l'issue d'une éventuelle décision condamnatoire de la part des Cours européennes. Le rapprochement interprétatif des règles nationales et européennes lors de la réunion de contrôle de constitutionnalité et de conventionnalité est, dans la plupart de cas, possible à travers la prise en compte par le juge interne des apports jurisprudentiels européens. Si cette possibilité reste inachevée, la priorité d'application du droit européen pourrait dans ce cas amener le juge à une priorisation du contrôle de conventionnalité afin de satisfaire aux exigences européennes. Le juge grec peut alors être conduit à écarter l'application de la disposition législative en cause en raison de son inconventionnalité.

Enfin, une autre hypothèse doit aussi être abordée dans un sens plus théorique et moins concret. Il s'agit du cas où non pas les règles en tant que telles, mais les exigences, européenne et constitutionnelle sont incompatibles. Tel fut, par exemple, le cas dans l'ordre juridique grec où l'interdiction constitutionnelle de création d'Universités privées fut déclarée incompatible avec l'exigence européenne de la reconnaissance des diplômes acquis dans les États membres, et donc l'exigence constitutionnelle s'est vue relativisée[2084]. En réalité, une telle contrariété entre le droit constitutionnel et

---

de l'homme, en mettant en avant le fait que la juridiction pouvait relever l'interdiction de sa condamnation (Cour de Cassation, 2e chambre civile, 18 décembre 2003, n°03 - 60.315 et Conseil d'État, section, 1er juillet 2005, *M. Ousty*, n°261002). Au contraire, le Conseil constitutionnel a censuré cette disposition pour violation du principe d'individualisation des peines dans la décision n°2010 - 6/7 QPC, 11 juin 2010, *M. Stéphane A. et autres*, Recueil, p. 111 - *JO* du 12 juin 2010, p. 10849. M. GUILLAUME, « Intervention sur la quatrième conférence, contrôle de constitutionnalité et contrôle de conventionnalité », *in* J. - M. SAUVE (dir.), *Le droit européen des droits de l'homme : un cycle de conférences du Conseil d'État*, Paris : éd. La documentation française, Paris, 2011, pp. 126 - 138, (pp. 130 - 131).

2083 L. GARLICHI, « Contrôle de constitutionnalité et contrôle de conventionnalité sur le dialogue des juges », *in La conscience des droits, mélanges en l'honneur de Jean Paul Costa*, Dalloz : Paris, 2011, pp. 271 - 280.

2084 Voir en guise d'exemples les arrêts CJCE, 23 octobre 2008, *Commission contre Grèce*, C - 274/05, Rec. 2008 p. I - 7969 ; CJCE, 4 décembre 2008, *Commission* le droit européen peut se résoudre en faveur du droit constitutionnel dans la mesure où l'exigence constitutionnelle concernée pourrait se qualifier en tant qu'exigence faisant partie de l'identité constitutionnelle, notion qui est susceptible d'être respectée tant par l'ordre juridique de l'UE que par l'ordre juridique conventionnel.

Il en va de même pour le cas de contrariété entre l'autorité de la chose jugée par les juridictions nationales et l'autorité de la chose interprétée par les juridictions européennes. Dans ce cas, les conflits peuvent ainsi être évités en faisant appel à la réserve identitaire. Néanmoins, le caractère identitaire des règles défendues à travers les jugements internes doit pouvoir satisfaire aux exigences européennes. Cette dernière condition est susceptible de faire naître un certain nombre de difficultés étant donné qu'il incombe, en dernier lieu, aux juges européens de statuer sur cette question.

---

contre Grèce, C - 84/07, Rec. 2008 p. I - 171*, Pub.somm. ; CJCE, 4 décembre 2008, *Chatzithanasis*, C - 151/07, Rec. 2008 p. I - 9013.

Conclusion du chapitre II

L'étude des rapports entre l'ordre national et les ordres européens mène au constat que les modalités procédurales de justice constitutionnelle sont soumises, soit implicitement soit explicitement, au contrôle exercé par les deux Cours européennes. C'est en vertu d'une mise en œuvre *inversée* du principe de subsidiarité que les deux Cours européennes finissent par saisir largement l'ordre interne en matière procédurale. L'ordre national doit alors ajuster les modalités procédurales afin de garantir l'application effective des droits garantis tantôt par la Convention tantôt par le droit de l'UE, et de rapprocher, au bénéfice des citoyens, les Cours nationales avec la Cour EDH et la CJUE[2085]. À ce propos, il faut tenir compte des apports de la jurisprudence des deux Cours européennes sur les systèmes procéduraux nationaux.

Si les apports jurisprudentiels européens en matière procédurale ne sont pas identiques, ils ne sont pas pour autant opposés. Au contraire, la combinaison des critères énoncés est possible. La Cour de justice construit une jurisprudence plus concrète en matière procédurale qui porte surtout sur l'*organisation* de la justice. De son côté, la jurisprudence de la Cour EDH, moins abondante, porte sur l'élargissement de l'*étendue* du contrôle exercé par le juge. En effet, les mécanismes de contrôle de deux ordres juridiques européens étant très différents, l'influence qu'ils exercent au niveau procédural est aussi différente.

Sous l'angle du bon fonctionnement des rapports des systèmes on peut envisager des ajustements volontaires dans l'ordre juridique grec tenant, d'une part, à maintenir le contrôle diffus qui satisfait aux exigences des droits européens et, d'autre part, à renforcer le contrôle concentré en instituant un recours direct sur deux cas précis. Ces ajustements étant nécessaires, ils ne menacent pas pour autant la souveraineté nationale. Au contraire, ils sont susceptibles de contribuer à sa défense. À ce propos, la coordination de deux types de contrôle procédural joue un rôle primordial.

La coordination de deux types de contrôle peut même conduire le juge à prioriser l'application du droit européen, en envoyant des questions préjudicielles à la Cour de justice. Or, cette pratique pourrait aussi contribuer à la concrétisation de la notion d'identité constitutionnelle, à travers les échanges instaurés entre la Cour de justice et les cours nationales.

En dernier lieu, la garantie de l'autorité constitutionnelle tout en contribuant parallèlement au maintien de l'effectivité européenne paraît une tâche particulièrement complexe, mais réalisable. Le reconditionnement des compétences juridiques internes peut y contribuer. C'est, ainsi « la sagesse

---

[2085] M. GUILLAUME, « Question prioritaire de constitutionnalité et Convention européenne des Droits de l'Homme », *in* P. TITIUN, P. DUMAINE (dir.), *La conscience des droits : Mélanges en l'honneur de Jean Paul Costa*, Paris : Dalloz, 2011, pp. 293 - 309, (p. 309).

des juges (qui) permettra qu'un dialogue fécond l'emporte sur la confrontation stérile ! »[2086].

[2086] A. LEVADE, « Perspectives : confrontation entre contrôle de conventionnalité et contrôle de constitutionnalité », *op. cit.*, p. 1261.

Conclusion du Titre II

La résolution institutionnalisée des conflits qui émergent entre l'ordre constitutionnel et les ordres européens vise à préserver la cohérence interne. Si le but d'assurer la cohérence interne semble difficilement conciliable avec la garantie des exigences européennes, l'étude des apports jurisprudentiels européens et des ajustements nationaux proposés conduit à remettre en doute ce constat.

En effet, les exigences européennes se résument à la garantie d'un principe pratique : leur efficacité dans l'ordre interne. Il peut ainsi s'agir de l'efficacité de l'application des droits européens et de la non-violation de la Convention EDH et, respectivement, du droit de l'UE, de la protection juridictionnelle effective ou de l'efficacité du mécanisme conventionnel ou de la saisine de la Cour de justice. Les nombreux aspects du principe d'efficacité influent de façon considérable tantôt sur la Constitution nationale, tantôt sur le système procédural.

Au regard de ces apports jurisprudentiels, il faut constater que la garantie de l'autorité du droit constitutionnel national face à l'influence considérable des deux droits européens provoque des mutations au sein de l'ordre juridique grec. D'une part, une requalification des conditions très strictes de révision de la Constitution serait nécessaire. La simplification de la révision constitutionnelle ne remet pas en cause la stabilité constitutionnelle ; au contraire, elle peut conduire à la garantie de la stabilité, par l'entrée en vigueur de dispositions plus précises, claires et non conditionnelles. En effet, le « bavardage constitutionnel »[2087], constaté dans l'ordre grec, a déjà été source de conflits avec les droits européens. Ensuite, il serait pertinent pour les juges suprêmes grecs de suivre l'exemple des autres juridictions constitutionnelles en ce qui concerne la concrétisation de la notion d'identité constitutionnelle.

Le rôle des juges est alors primordial. Sur le plan contentieux, le système grec semble, de manière générale, satisfaire aux exigences européennes. Or, afin de renforcer l'autorité de la Constitution dans l'ordre interne, l'exercice du contrôle juridictionnel effectif de constitutionnalité et de conventionnalité des lois est nécessaire. Il en va de même pour la coordination des deux contrôles par la Cour suprême spéciale. De plus, il pourrait être opportun de renforcer les compétences de cette juridiction en lui attribuant la compétence du contrôle concentré des dispositions législatives.

La proposition d'une résolution institutionnalisée des conflits a pour objectif de renforcer les compétences internes ce qui contribuerait à des

---

[2087] Expression de J. PASCAL, « L'instabilité constitutionnelle sous la Ve République. Les dangers du bavardage constitutionnel », *in* Ch. BOUTAYEB et al. (dir.), *La Constitution, l'Europe et le droit : liber amicorum discipulorumque mélanges en l'honneur de Jean - Claude Masclet*, Paris : Publications de la Sorbonne, pp. 273 - 282, (p. 273).

échanges avec les ordres européens, mais aussi au rétablissement de la cohérence interne.

Dans ce cadre, la participation des juges suprêmes au mécanisme de renvoi préjudiciel contribuerait à éviter les conflits entre les juges internes, qui découlent essentiellement de la séparation du contrôle de constitutionnalité et du contrôle de conventionnalité. Cette mutation, parfaitement conforme à la jurisprudence de l'Union qui dispose que tout juge doit pouvoir saisir la Cour lorsqu'une question sur l'interprétation du droit de l'UE se pose, peut permettre aux Cours suprêmes grecques et à la Cour suprême spéciale, à travers la formulation de questions préjudicielles, de défendre leur identité constitutionnelle. De même, la garantie de l'effectivité des règles européennes conduit à l'élargissement du contrôle de constitutionnalité, qui satisfait au même but au niveau national, tout en éliminant la possibilité d'une condamnation par la Cour de Luxembourg ou de Strasbourg.

Loin de garantir l'élimination des conflits entre les ordres juridiques européens et l'ordre grec, ces ajustements nécessaires contribueraient néanmoins à leur marginalisation et, dans le cas de conflits, à une résolution institutionnalisée de ceux - ci.

CONCLUSION DE LA SECONDE PARTIE

La concurrence entre l'ordre constitutionnel et les ordres juridiques européens a donné lieu à de multiples conflits. Les moyens de régulation de ces conflits, mais aussi leurs effets dans l'ordre interne ont été mis en avant.

Dans un premier temps, le juge grec a abordé les conflits selon une logique souverainiste. En dépit de sa compétence, dans le cadre des contrôles simultanés de constitutionnalité et de conventionnalité, à tempérer les rapports concurrentiels avec les deux ordres européens, le juge grec a privilégié l'application de la norme suprême nationale sans opérer de conciliation raisonnée entre les exigences européennes et constitutionnelles. Les jugements rigoureux des deux cours européennes ont considérablement affecté l'ordre interne.

Dans un second temps, en dépit de la « réconciliation » entre les règles constitutionnelles et européennes à travers les jugements du Conseil d'État, l'effectivité des normes constitutionnelles jugées contraires aux exigences européennes a été sensiblement affaiblie. En sus des révisions constitutionnelles formelles, des révisions indirectes ont conduit à placer sous silence des normes constitutionnelles. De plus, les défauts institutionnels mis en relief à l'aune de l'interdépendance des ordres juridiques européens et constitutionnel ont conduit à des mutations forcées de l'ordre interne. On a procédé à une réforme incontestable de la Constitution en raison de la crise économique.

Les conflits entre ces trois ordres étroitement imbriqués ont dès lors été régulés de façon pragmatique et leurs effets dans l'ordre interne sont déterminants. Il y a lieu de tirer deux constats au regard de cette façon de régler les conflits. Premièrement, il n'existe aucune règle constitutionnelle susceptible d'être respectée par les juges européens alors qu'elle va à l'encontre des droits européens. Les règles constitutionnelles grecques qui constituaient des buts légitimes, mais qui allaient à l'encontre de l'application effective du droit de l'UE ont été mises en cause par la Cour de justice. Il en va de même des dispositions constitutionnelles violant le droit de la Convention EDH. Secondement, la situation de forte concurrence entre les trois ordres juridiques et les intrusions de plus en plus nombreuses et rigoureuses des deux ordres européens conduit à affirmer qu'il n'existe pas a priori de compétences strictement exclusives de l'ordre interne. S'agissant de l'UE, elle ne consacre pas expressément une sphère de compétences réservée aux États membres. Bien que l'article 4 §2 TUE énonce que l'Union « *respecte les fonctions essentielles de l'État, notamment celles qui ont pour objet d'assurer son intégrité territoriale, de maintenir l'ordre public et de sauvegarder la sécurité nationale* », cette disposition ne confère pas explicitement une compétence aux États membres. L'Union européenne jouit alors d'une force d'intégration en constante évolution qui engage toujours plus l'ordre grec. De même, la Convention européenne bénéficie d'un rayonnement matériel qui se renforce grâce au caractère constructif de la jurisprudence de la Cour ainsi qu'à l'élargissement de la portée des décisions rendues[2088]. La Cour EDH finit donc par investir presque toute la sphère de l'ordre constitutionnel.

Or, ces deux constats ne conduisent pas à affirmer que l'État cèdera face aux exigences européennes. À travers des ajustements volontaires, mobilisés sous l'influence européenne, l'ordre interne peut gagner en cohérence ce qui permettra au juge interne d'envisager de façon efficace les situations concurrentielles.

Dès lors, une systématisation des influences européennes conduit à penser à des moyens de renforcement de la Constitution, mais aussi à une restructuration de l'organisation procédurale. Au regard des faiblesses institutionnelles de l'ordre grec et de l'importance quantitative des jurisprudences des deux Cours européennes en matière procédurale, il est possible d'envisager des changements institutionnels.

D'une part, il faut souligner que la Cour de justice exerce un contrôle rigoureux sur les dispositions constitutionnelles nationales et les éléments constitutionnels susceptibles d'appartenir à la notion d'identité constitutionnelle. Toutefois, elle joue également un rôle primordial dans la définition de l'identité nationale. Cette notion est, en effet, « codéterminée » dans les échanges entre la Cour de justice et les juridictions constitutionnelles nationales. En matière procédurale, la Cour de justice semble construire une jurisprudence particulièrement interventionniste afin de garantir l'efficacité fonctionnelle du droit européen[2089] dans l'ordre interne. Elle parvient donc à « prédéterminer »[2090] les choix nationaux, en posant des bornes au législateur national et en favorisant un système juridictionnel de contrôle diffus.

[2088] C. TEITGEN - COLLY, « Le rayonnement de la Convention européenne des droits de l'homme, propos introductif », *in* C. TEITGEN - COLLY (dir.), *Cinquantième anniversaire de la Convention européenne des droits de l'homme*, Bruxelles : Nemessis Bruyant, 2002, pp. 69 - 96, (pp. 88 - 92).

[2089] J. - P. PUISSOCHET, St. GERVASONI, « Droit communautaire et droit national : à la recherche des situations de l'ordre interne », *in* R. DENOIX DE SAINT MARC (dir.), *Juger l'administration, administrer la justice, Mélanges en l'honneur de Daniel Labetoulle*, Paris : Dalloz, 2007, pp. 717 - 732, (p. 726).

[2090] Voir sur l'application des termes « codéterminer » et « prédéterminer » la terminologie appliquée par G. TIMSIT, *Les noms de la loi*, Paris : PUF, 1991, p. 152, reprise à propos du rôle du juge européen par M. DELMAS - MARTY, « Le rôle du juge européen dans la renaissance du *jus commune* », *in* Fr. MATSCHER, P. MAHONEY, H. PETZOLD (dir.), *Protection des droits de l'homme : la perspective européenne Mélanges à la mémoire de Rolv Ryssdal*, Köln Berlin : éd. C. Heymanns, 2000, pp. 397 - 414, (p. 399).

D'autre part, si la Cour de justice est plus interventionniste en matière procédurale, la jurisprudence de Strasbourg, de son côté, révèle un dynamisme particulier à travers le contrôle exercé sur la conformité des dispositions constitutionnelles à la Convention. Afin de garantir l'efficacité de la Convention, la jurisprudence de la Cour EDH étend son contrôle sur plusieurs domaines constitutionnels. On trouve dans sa jurisprudence une typologie des critères appliqués lorsqu'il incombe à la Cour de statuer sur des particularités constitutionnelles nationales. L'application de ces critères peut conduire à l'affirmation du respect de l'identité constitutionnelle. Sur le plan du contentieux, la jurisprudence conventionnelle est également très riche, mais elle ne conduit pas à une prédétermination des choix procéduraux nationaux.

La définition de la notion d'identité constitutionnelle est le fruit d'un dialogue implicite entre juridictions nationales et européennes qui est actuellement en pleine mutation. Cette notion est susceptible de servir de limite constitutionnelle à la construction européenne. En outre, au regard des apports européens sur le plan de la procédure, il y a lieu d'effectuer une réorganisation de celle - ci afin d'éliminer les conflits de compétences et de tempérer les conflits d'interprétation. À cet égard, grâce à la redéfinition des relations des droits européens et national, l'interdépendance et la complémentarité des contrôles de constitutionnalité et de conventionnalité joue un rôle primordial tant dans la gestion des conflits externes que dans l'évitement des conflits internes Les exemples très récents des renvois préjudiciels de la France et de l'Allemagne sont la preuve de l'ouverture des nouvelles voies de dialogue avec la Cour de justice. Or, la Cour suprême spéciale grecque pourrait y participer.

Enfin, on peut dire que le bon fonctionnement des rapports de systèmes et le règlement des conflits sont toujours des buts exigeants, mais réalisables. Ils impliquent néanmoins le rétablissement de la stabilité constitutionnelle par des réformes institutionnelles ou des changements d'approche juridique. Ces démarches ne seront opérées qu'au prix du sacrifice d'une forme de souveraineté. Or, comme l'affirme le Professeur BONNET, « le bilan coût avantages de l'adoption d'une telle logique nous semble aller dans le sens de cette évolution »[2091].

[2091] B. BONNET, *Repenser les rapports entre ordres juridiques*, Paris : Lextenso, 2013, p. 191.

CONCLUSION GENERALE

Les rapports entre l'ordre juridique constitutionnel et les ordres juridiques européens ne figurent pas une situation figée, mais un mouvement dynamique d'harmonisation qui, loin de conduire à la fusion entre les différents ordres ou à une « uniformisation anesthésiante »[2092], permet toutefois le fonctionnement raisonné des ordres imbriqués. Cette étude centrée sur la question des rapports entre l'ordre constitutionnel et les ordres juridiques européens permet d'esquisser le rôle de l'ordre interne dans ces rapports. Ce rôle change si l'on aborde la question de son rapport avec les ordres européens en état d'interdépendance ou en état de concurrence.

En état d'interdépendance, l'ordre constitutionnel grec a suivi les évolutions de la construction européenne et a contribué au bon fonctionnement des rapports de systèmes. Dans une situation de forte imbrication et d'interdépendance, les concepts constitutionnels traditionnels ont changé et le droit constitutionnel s'est adapté aux nouveaux besoins de la construction européenne.

L'article 28 de la Constitution grecque, clause d'intégration des droits européens, détermine en effet « le mouvement derrière la permanence »[2093]. Il s'agit du miroir de la construction européenne dans l'ordre interne. Article qui n'a pas subi de modification depuis son entrée en vigueur en 1975[2094], il a permis, en termes différents, l'intégration tant du droit de l'UE que du droit de la Convention EDH. Il a par la suite déterminé leur place dans l'ordre interne sans pour autant empêcher l'évolution des rapports qui ne se déterminent pas aujourd'hui en termes de hiérarchie, mais en vue de la garantie de l'application effective de droits européens dans l'ordre interne. Dès lors, l'article 28 devient un instrument utile entre les mains du juge grec afin de garantir les rapports fondés sur la complémentarité.

S'agissant du rapport entre ordre constitutionnel et ordre de l'UE, la primauté constitue une « exigence existentielle »[2095] du droit de l'Union et

[2092] J.-M. SOREL, « Le rôle du droit international dans le développement du pluralisme (et vice versa) : une liaison moins naturelle qu'il n'y paraît », *in* L. FONTAINE (dir.), *Droit et pluralisme*, Bruxelles : Némésis Bruylant, 2007, pp. 73 - 99, (p. 76), l'auteur désigne le pluralisme comme « le mouvement qui, partant d'une pluralité, conduit à la prise en compte de cette multiplicité, sans tendre vers une uniformisation anesthésiante, sans la logique panthéiste de dilution du moi dans la totalité ».

[2093] B. MATHIEU, *Constitution : rien ne bouge et tout change*, Paris : Lextenso, 2013, p. 8.

[2094] Exception faite de l'insertion de la clause interprétative introduite lors de la révision constitutionnelle de 2001.

[2095] P. PESCATORE, *L'ordre juridique des Communautés européennes : étude des sources du droit communautaire*, Pu Liège, 1975, réédition Bruxelles : Bruylant 2006, p. 227.

est donc un principe général qui imprègne l'ordre juridique de l'UE. Toutefois, le débat sur la question des rapports entre ordre juridiques ne se réduit pas en termes de primauté. La primauté constitue un principe opposable dans l'hypothèse d'un conflit. Or, en vue du bon fonctionnement des rapports de systèmes, le principe de primauté combiné à la doctrine de l'effet utile se décline en termes de *rang* et pas de *validité*[2096]. En effet, l'Union européenne dans ses rapports avec l'ordre constitutionnel est centrée sur l'exigence de l'application intégrale du droit de l'UE afin de lui permettre de développer tous ses effets. La lecture coordonnée de la doctrine de la primauté, d'effet direct et d'effet utile reflète l'exigence de l'UE de l'application effective des normes européennes[2097]. Par conséquent, une fois que l'on aborde la question de l'interdépendance entre ordres juridiques, l'exigence de primauté se résume à l'obligation du juge grec d'appliquer effectivement le droit de l'UE et de prioriser l'application de ce droit dans l'ordre interne sans toutefois que la supériorité normative du droit de l'UE soit affirmée, ni que la suprématie constitutionnelle soit mise en cause[2098].

S'agissant du rapport entre ordre constitutionnel et Convention EDH, la primauté n'étant pas un principe fondateur pour l'ordre conventionnel, les rapports entre l'ordre constitutionnel et la Convention EDH se déclinent également en termes d'efficacité et non pas de hiérarchie. En tout état de cause, la conciliation et non pas la hiérarchisation est le but à poursuivre dans la protection des droits fondamentaux. Toutefois, il faut constater que l'étendue de la jurisprudence de la Convention a largement évolué. Selon le préambule de la Convention, « le but du Conseil de l'Europe est de réaliser une union plus étroite entre ses membres, et (...) l'un des moyens d'atteindre ce but est la sauvegarde et le *développement* des droits de l'homme et des libertés fondamentales »[2099]. Le développement de la protection des droits fondamentaux est largement confirmé par l'étude du dynamisme de la jurisprudence de la Cour EDH. En effet, il reste peu de domaines, peu d'angles morts de la protection des droits fondamentaux dans lesquels la Cour n'aurait pas statué. De plus, la jurisprudence de la Cour finit par accaparer presque toute la sphère de la vie publique.

Si en état d'interdépendance le bon fonctionnement entre les ordres imbriqués est assuré par le juge grec à travers l'application effective des droits européens, il en va autrement quant aux rapports spécifiques de l'ordre national avec l'ordre de l'UE qui se construisent dans le cadre de la gestion de la crise financière. À ce propos, la dévalorisation tant de la Constitution

---

2096 Fr. - X. MILLET, *L'Union européenne et l'identité constitutionnelle des Etats membres*, Paris : LGDJ, 2013, p. 292.

2097 *loc. cit.*

2098 B. BONNET, *Repenser les rapports entre ordres juridiques*, Paris : Lextenso, 2013, p. 71.

2099 [nous soulignons].

que des règles du droit primaire de l'UE, est évidente. Les rapports ne sont pas dans ce cas concurrentiels, mais convergents, en tentant de satisfaire au même but : sauver l'Euro. Néanmoins, la souveraineté nationale cède et la volonté politique a été incapable de faire face aux exigences économiques. Par ailleurs, l'Union européenne, avant la révision de l'article 136 TFUE, ne disposait pas d'un cadre juridique nécessaire à la gestion une telle crise. Par conséquent, les actes adoptés par l'UE ont été façonnés par la réalité économique au détriment de la rigueur juridique[2100].

Alors que l'affaiblissement de la souveraineté nationale était évident pendant la crise économique, il faut noter la fonction positive de la Constitution nationale qui a constitué un frein face à l'inscription de la « règle d'or » dans la Constitution. Dans ce cas, la rigidité de la Constitution a été respectée et le débat sur la transcription constitutionnelle d'exigences européennes écarté.

Sur un plan général, le lieu d'interaction entre ordre constitutionnel et ordres européens est l'ordre constitutionnel, qui présente un dynamisme d'adaptation absorbant les carences constitutionnelles, et ce en vue du bon fonctionnement des rapports de systèmes. À l'inverse, en état de concurrence, les enjeux des rapports se déplacent au niveau européen. L'ordre constitutionnel national est alors largement saisi par les droits européens et ses défaillances s'érigent en sources de conflits avec eux. À propos de la concurrence entre différents ordres, l'organe régulateur, le juge interne se trouve face à des logiques différentes des ordres européens.

S'agissant du rapport entre ordre constitutionnel et ordre de l'UE, une fois que la concurrence entre les ordres juridiques se fait jour et que la Cour de justice intervient, elle statue pour la conformité du droit interne au droit de l'UE. La primauté, combinée à la garantie de l'efficacité, s'impose là où le droit de l'UE jouit d'une logique d'intégration. Dans ce cas, l'exigence existentielle combinée au principe d'uniformité et d'efficacité ne laisse pas de place à des divergences nationales qui peuvent se résumer à la notion opposable « d'identité constitutionnelle ». Ceci étant, l'évolution constante du droit de l'UE, et plus concrètement du droit dérivé sur la procédure de passation des marchés publics ou la reconnaissance des droits professionnels n'a pas laissé de place aux dispositions constitutionnelles grecques qui relativisaient l'uniformité et l'efficacité du droit de l'UE dans ces matières[2101]. En revanche, l'uniformité du droit de l'UE cède dans les domaines où l'intégration n'est pas absolue, dans les domaines où l'UE n'a

[2100] C. YANNAKOPOULOS, « Un Etat devant la faillite : entre droit et non - droit » publié sur constitutionnalism.gr [http://www.constitutionalism.gr/site/etat - devant - la - faillite - entre - droit - et - non - droit/], p. 11.

[2101] On se réfère à l'article 14 alinéa 9 de la Constitution qui systématise l'exigence de transparence économique des moyens d'information et à l'article 16 de la Constitution qui interdit la création d'Universités privées.

pas encore empiété et où les États se voient reconnaître de large marge de manœuvre. Par conséquent, la primauté reste un principe *général* du droit, mais qui n'est toutefois pas *absolu*. Dans les domaines où l'UE n'est pas encore intervenue, les enclaves constitutionnelles contribuent à sa limitation. Ordre d'intégration, l'ordre de l'UE n'est guère un ordre centré sur la protection maximale des droits fondamentaux. Avec l'entrée en vigueur de la Charte des droits fondamentaux, l'Union semble centrée sur la protection qui y est attribuée sans pour autant permettre des « exceptions » nationales[2102].

S'agissant des rapports entre ordre interne et ordre de la Convention, la jurisprudence constructive de la Cour Strasbourg révèle une tendance accrue à promouvoir un modèle plus intégré de garantie des droits fondamentaux[2103]. La subordination croissante des juges suprêmes internes au contrôle rigoureux de la Cour amène au constat qu'en l'état actuel du droit, l'ordre conventionnel constitue un ordre d'harmonisation standardisé des droits fondamentaux. Plusieurs révisions constitutionnelles ont été conditionnées par les condamnations devant la Cour de Strasbourg qui sanctionnaient l'inconventionnalité d'une norme constitutionnelle. La Grèce fait aussi partie de ces pays qui ont procédé à la révision de la Constitution après une décision de condamnation par la Cour de Strasbourg.

Il faut constater qu'alors que l'ordre de l'UE est centré sur le principe de primauté et que plusieurs révisions constitutionnelles ont été engagées par les États membres en vue de l'intégration européenne, le droit de la Convention influence de façon similaire les ordres internes et plus particulièrement l'ordre grec. Il y a lieu de constater toutefois un certain paradoxe dans les échanges des deux ordres européens avec l'ordre interne. Le paradoxe se résume dans le fait que la Cour EDH, tendant à l'harmonisation et non pas à l'uniformité, est toutefois beaucoup plus réticente à affirmer l'existence de l'identité constitutionnelle des États parties. La raison tient dans le fonctionnement et non pas l'esprit de cet ordre. Il s'agit d'affirmer que la jurisprudence de la Convention remplit en effet une fonction d'intégration sans gommer les particularismes des droits internes[2104]. Toutefois, la concrétisation de la notion d'identité constitutionnelle à travers le recours individuel est difficile. Ce moyen d'échange avec les ordres internes ne laisse pas toujours entendre les particularités nationales susceptibles d'être respectées par la Convention. À l'inverse, l'existence d'un mécanisme de renvoi préjudiciel à la Cour de

2102 CJUE, Grande chambre, 26 février 2013, *Melloni*, C - 399/11, non encore publié.

2103 D. SZYMCZAK, *La Convention européenne des droits de l'homme et le juge constitutionnel national*, Bruxelles : Bruylant, 2006, p. 387.

2104 F. SUDRE, « Le pluralisme saisi par le juge européen », *in* L. FONTAINE (dir.), *Droit et pluralisme*, Bruxelles : Némésis Bruylant, 2007, pp. 261 - 286, (p. 263).

justice est le moyen le plus adéquat pour la concrétisation de l'identité constitutionnelle.

En état de concurrence, l'ordre juridique grec se transforme sous la pression des exigences européennes. Les dispositions constitutionnelles qui se sont soumises au contrôle des deux Cours européennes disposent désormais d'une normativité affaiblie ou sont explicitement révisées en vue de se conformer aux exigences européennes.

Par ailleurs, la concurrence a mis en exergue les défaillances nationales. Si le grand avantage du système grec se trouve sur la coordination du contrôle de constitutionnalité et de conventionnalité dans les mains du même juge, les inconvénients relatifs à la distinction des deux contrôles et à la faveur donnée au contrôle de constitutionnalité a rapidement conduit à l'émergence de conflits avec les ordres européens. De même, la procédure très stricte de révision constitutionnelle qui garantit la rigidité de la Constitution a considérablement affaibli l'effectivité de la Constitution en raison d'une révision indirecte, par exemple la jurisprudence du Conseil d'État qui statue « *contra constitutionem* ». Finalement, face à un ordre interne profondément transformé, la recherche propose des solutions tendant à une résolution institutionnelle des conflits, permettant le bon fonctionnement des rapports de systèmes ainsi que la création de limites constitutionnelles.

En effet, après la déconstruction de l'ordre interne, est venu le temps de la reconstruction[2105], comme l'exprime SEGALEN : « mais comment donc rénover, comment restaurer l'ordre sans tout d'abord instaurer le désordre ? »[2106]. Des réajustements sont donc nécessaires.

À ce propos, les exigences de l'UE et de la Convention EDH se présentent sous un angle différent. La systématisation des influences européennes constitue une source de réflexion sur l'opportunité des mutations dans l'ordre interne qui n'auront pas lieu sous la pression des droits européens, mais sous leur influence du but de satisfaire au bon fonctionnement des rapports. En ce qui concerne la Constitution grecque, en considération des apports du contentieux européen sur la norme constitutionnelle, le reconditionnement de la procédure de révision constitutionnelle semble nécessaire. Il en va de même du renforcement de la qualité rédactionnelle de la Constitution. De plus, l'existence d'une clause générale d'intégration constitue un facteur favorisant l'adaptation et la stabilité des normes dans lesquelles se trouvent les ancrages de l'identité constitutionnelle grecque.

2105 B. BONNET, *Repenser les rapports entre ordres juridiques*, *op. cit.*, p. 191.

2106 V. SEGALEN, *Peintures*, Paris, nouvelle collection « les proses », Georges Crès &cie, 1916, p. 127.

Sur le plan de la procédure, les apports jurisprudentiels européens sont plus concrets et se résument à des influences sur *l'étendue du contrôle* juridictionnel, mais aussi sur *l'organisation de la justice constitutionnelle*.

L'articulation du contrôle de constitutionnalité et du contrôle de conventionnalité à tous les niveaux paraît opportune. L'exercice systématique du contrôle de conventionnalité par la Cour suprême spéciale contribuerait à éviter les conflits. La réunion des contrôles au profit du juge suprême afin d'éviter le désordre institutionnel interne et afin de garantir l'autorité de la Constitution dans l'ordre interne semble essentielle. De plus, une réforme nécessaire serait de prévoir la coexistence du contrôle ordinaire *a posteriori* d'application des lois avec l'exception du recours constitutionnel direct dans les cas des lois directement attentatoires aux droits fondamentaux.

Quant à l'influence des droits européens sur le système procédural, la promotion de la déconcentration par principe du contrôle de constitutionnalité des lois et la nécessité exceptionnelle d'un contrôle direct « dénote le passage du modèle kelsénien, qui met l'accent sur la sécurité juridique et la cohérence de l'ordre juridique au modèle du contrôle diffus et incident qui fait prévaloir la protection juridictionnelle effective des administrés »[2107]. L'influence du droit de l'UE et du droit de la Convention EDH est positive et satisfait à l'exigence de l'état de droit et au bon fonctionnement des rapports de systèmes.

En effet, il y a lieu d'affirmer que les limites constitutionnelles à la construction européenne ne se réduisent pas aux seules invocation et opposabilité de l'identité constitutionnelle. Afin de tenter d'échapper aux rapports fondés sur le principe hiérarchique pour construire et organiser des rapports fondés sur une *articulation* des normes et donc sur un dialogue de juges[2108], les compétences du juge interne jouent un rôle essentiel. Les rapports de systèmes sont dès lors une question constitutionnelle. Le rôle de l'ordre constitutionnel est fondamental dans le fonctionnement raisonné et équilibré des rapports de systèmes. Le renforcement institutionnel de la Constitution nationale et la restructuration des moyens procéduraux satisfaisant au dialogue européen sont susceptibles de privilégier la complémentarité et de tempérer le risque de conflits entre les trois ordres enchevêtrés.

Rien n'est ni assuré ni définitif ; « l'hiatus est inhérent à l'existence d'ordres et des systèmes juridiques qui, bien qu'étroitement imbriqués,

[2107] C. YANNAKOPOULOS, « L'influence du droit de l'Union européenne sur le système de contrôle juridictionnel de constitutionnalité des lois : les paradigmes français et grec », *RFDC*, n°91, 2012, pp. 537 - 561, (pp. 560 - 561).

[2108] B. BONNET, *Repenser les rapports entre ordres juridiques*, *op. cit.*, p. 67.

demeurent distincts »[2109]. Toutefois, dans l'imbrication des ordres juridiques, leur complémentarité et leur concurrence, il faut constater « une émulation normative, juridictionnelle et institutionnelle en permanence renouvelée »[2110]. Dès lors, l'interaction harmonique entre les trois ordres juridiques imbriqués et respectivement l'évitement des situations conflictuelles est toujours possible.

Enfin, on ne saurait nier que les rapports entre l'ordre constitutionnel et les ordres européens se caractérisent par leur dynamisme. De nouveaux points de vue se présenteront bientôt. La question des rapports entre ordres national et européens offrira de nouvelles potentialités à propos de l'entrée en vigueur du protocole n°16 de la Convention EDH prévoyant la possibilité pour les plus hautes juridictions des États parties d'adresser des demandes d'avis consultatif à la Cour sur des questions relatives à l'interprétation ou à l'application des droits et libertés définis par la Convention et ses protocoles. Au terme de ce processus, le nouveau protocole offre une véritable voie de dialogue entre les Cours suprêmes nationales et la Cour EDH et est susceptible de contribuer à l'évitement des conflits, mais aussi à la consolidation du standard conventionnel de protection des droits fondamentaux.

[2109] A. LEVADE, « Perspectives : confrontation entre contrôle de conventionnalité et contrôle de constitutionnalité », *AJDA*, n°22, 2011, pp. 1257 - 1261, (p. 1261).

[2110] B. BONNET, « Le paradoxe apparent d'une question prioritaire de constitutionnalité instrument de l'avènement des rapports de systèmes », *RDP*, n°5, 2013, pp. 1229 - 1257, (p. 1257).

BIBLIOGRAPHIE

I. DICTIONNAIRES ET OUVRAGES GENERAUX

En langue française

A

ALLAND Denis, RIALS Stéphane (dir.), *Dictionnaire de la culture juridique*, Paris : PUF, 2003

ARDANT Philippe, MATHIEU Bertrand, *Droit constitutionnel*, Paris : LGDJ, 25e éd., 2013

AVRIL Pierre, GICQUEL Jean, *Lexique de droit constitutionnel*, Paris : PUF, 2013

B

BLUMANN Claude, DUBOUIS Louis, *Droit institutionnel de l'Union européenne*, Paris : Lexisnexis, 5e éd., 2013

BON Pierre, MAUS Didier (dir.), *Les grandes décisions des cours constitutionnelles européennes*, Paris : Dalloz 2008

BONNET Baptiste, *Repenser les rapports entre ordres juridiques*, Paris : Lextenso, 2013

BUHLER Pierre, La puissance au XXIe Les nouvelles définitions du monde, Paris : éd. CNRS, 2011

C

CARREAU Dominique, *Droit international*, Paris : éd. A. Pédone, 10e éd., 2009

CHAGNOLAUD Dominique, DRAGO Guillaume (dir.), *Dictionnaire des droits fondamentaux*, Paris : Dalloz, 2010

CHANTEBOUT Bernard, *Droit constitutionnel*, Paris : Sirey 30e éd., 2013

CONSTANTINESCO Vlad, PIERRE - CAPS Stéphane, *Droit constitutionnel*, Paris : PUF, 6e éd., 2013

CORNU Gérard, *Vocabulaire juridique*, Paris : PUF, 10e éd., 2014

D

DELMAS - MARTY Mireille (dir.), *Critique de l'intégration normative, L'apport du droit comparé à l'harmonisation des droits*, Paris : PUF, 2004

DELMAS - MARTY Mirelle

— « Les nouveaux lieux et les nouvelles formes de régulation des conflits », texte disponible sur le site du réseau européen Droit & Société : http://www.reds.msh - paris.fr/communication/textes/cplx01.htm

— *Le pluralisme ordonné*, Paris : éd. du Seuil, 2006

— *Pour un droit commun*, Paris : éd. du Seuil, 1994
DUHAMEL Olivier, MENY Yves (dir.), *Dictionnaire constitutionnel*, Paris : PUF, 1992

F

FAVOREU Louis, et al., *Droit constitutionnel*, Paris : Dalloz, 16e éd., 2013
FLORENT Jacques, GIRAC - MARINIER Carine (dir.), *Le Petit Larousse illustré 2014*, Paris : Larousse, 2014
FROMONT Michel
— *Justice constitutionnelle comparée*, Paris : Dalloz, 2013
— *La justice constitutionnelle dans le monde*, Paris : Dalloz, 1996

G

GREWE Constance, RUIZ FABRI Helene, *Droits constitutionnels européens*, Paris : PUF, 1995

J

JACQUE Jean - Paul, *Droit institutionnel de l'Union européenne*, Paris : Dalloz, 7e éd., 2012

K

KARPENSCHIF Michaël, NOURISSAT Cyril, *Les grands arrêts de la jurisprudence de l'Union européenne*, Paris : PUF, 2010
KELSEN Hans, *Théorie pure du droit. Suivie de L'influence de Kelsen sur les théories du droit dans l'Europe francophone*, [ouvrage adapté de l'allemand par Michel Van De Kerchove et Henri Thévenaz], Neuchâtel : éd. de la Baconnière, 2e éd., 1988

L

LAMBERT Pierre, *La Grèce devant la Cour européenne des droits de l'homme*, Bruxelles, Athènes : Bruylant Nemesis, Sakkoulas, 2003

M

MANIN Philip, *Droit constitutionnel de l'Union européenne*, Paris : éd. A. Pédone, 2004
MATHIEU Bertrand (dir.), *1958 - 2008 Cinquantième anniversaire de la Constitution française*, Paris : Dalloz, 2008
MATHIEU Bertrand
— *La loi*, Paris : Dalloz, 2e éd., 2010
— *Question prioritaire de constitutionnalité : la jurisprudence mars 2010 - novembre 2012*, Paris : Lexisnexis, 2013
MATHIEU Bertrand, ROUSSEAU Dominique, *Les grandes décisions de la question prioritaire de constitutionnalité*, Paris : LGDJ, 2013

MATHIEU Bertrand, VEPREAUX Michel (dir.), *L'autorité des décisions du Conseil constitutionnel*, Paris : Dalloz, 2010
MATHIEU Bertrand, VEPREAUX Michel, *Droit constitutionnel*, Paris : PUF, 2004

O

OST François, Van der KERCHOVE Michel, *De la pyramide au réseau ? Pour une théorie dialectique du droit*, Bruxelles : Facultés universitaires Saint - Louis, 2002

P

PACTET Pierre, MELIN SOUCRAMANIEN Ferdinand, *Droit constitutionnel*, Paris : Sirey, 33e éd., 2014
PESCATORE Pierre, *L'ordre juridique des Communautés européennes : étude des sources du droit communautaire*, PU Liège, 1975, réédition Bruxelles : Bruylant, 2006

R

REY Alain et REY - DEBOVE Josette (dir.), *Le Petit Robert, Dictionnaire alphabétique et analogique de la langue française*, Paris : Le Robert, 2010
RIDEAU Joël, *Droit institutionnel de l'Union européenne*, Paris : LGDJ, 6e éd., 2010
ROUSSEAU Charles, *Droit international public, t. II*, Paris : Dalloz, 1974
ROUSSEAU Dominique, *La justice constitutionnelle en Europe*, Paris : Montchrestien, 3e éd., 1998

S

SUDRE Frédéric et al., *Les grands arrêts de la Cour européenne des droits de l'homme*, Paris : PUF, 6e éd., 2012

T

TIMSIT Gérard, *Les noms de la loi*, Paris : PUF, 1991
TROPER Michel, CHAGNOLLAUD Dominique (dir.)
— *Traité international de droit constitutionnel. t. I, Théorie de la Constitution*, Paris : Dalloz, 2012
— *Traité international de droit constitutionnel. t. III, Suprématie de la Constitution*, Paris : Dalloz, 2012
TROPER Michel, *Le droit et la nécessité*, Paris : PUF, 2011

V

VANDERLINDEN Jacques, *Les pluralismes juridiques*, Bruxelles : Bruylant, 2013

VERPEAUX Michel
— Droit constitutionnel français, Paris : PUF, 2013
— *Textes constitutionnels révolutionnaires français*, Paris : PUF, 1988
VERPEAUX Michel, MONTALIVET (de) Pierre, ROBLOT - TROIZIER Agnès, VIDAL - NAQUET Ariane, *Droit constitutionnel. Les grandes décisions de la jurisprudence*, Paris : PUF, 2011
VILLIERS (de) Michel, LE DIVELLEC Armel, *Dictionnaire de droit constitutionnel*, Paris : Sirey, 9e éd., 2013

Z
ZOLLER Élisabeth
— *Droit constitutionnel*, Paris : PUF, 2e éd., 1999
— *Introduction au droit public*, Paris : Dalloz, 2e éd., 2013
— *Les grands arrêts de la Cour suprême des Etats - Unis*, Paris : Dalloz, 2010

En langue grecque

C
CHRYSOGONOS Kostas, *Droit constitutionnel*, Athènes - Thessalonique : éd. Sakkoulas, 2003

D
DAGTOGLOU Prodromos
— *Droit constitutionnel*, Athènes - Thessalonique : éd. Sakkoulas, 2012
— *Droit européen communautaire I*, Athènes : éd. A. Sakkoulas, 2e éd., 1985

G
GEORGOPOULOS Konstantinos, *Droit constitutionnel*, Athènes - Komotini : éd. A. Sakkoulas, 11e éd., 2000

M
MANITAKIS Antonis, *Droit constitutionnel grec, vol. I, Notions fondamentales*, Athènes - Komotini : éd. A. Sakkoulas, 2004
MAVRIAS Kostas, *Droit constitutionnel*, Athènes - Komotini, éd. A. Sakkoulas, 5e éd., 2014

P
PARARAS Petros, *La Constitution de 1975, Corpus, t. II*, Athènes - Komotini, éd. A. Sakkoulas, 1985

PLIAKOS Asterios, *Le droit de l'Union européenne, droit institutionnel et matériel*, Athènes : éd. Nomiki Vivliothiki, 2012

R

RAIKOS Athanasios

— *Droit constitutionnel, t. I*, Athènes - Komotini : éd. A. Sakkoulas, 4e éd., 2011

— *Droit constitutionnel, t. II*, Athènes - Komotini : éd. A. Sakkoulas, 4e éd., 2012

S

SARIPOLOS Nikolaos

— *Le système de droit constitutionnel grec en comparaison avec les systèmes des États étrangers*, Athènes : imp. Raftani, 1923

— *Le système de droit constitutionnel grec en comparaison avec les systèmes des États étrangers, vol. B*, Athènes - Komotini : éd. A. Sakkoulas, 4e éd., 1987

STAHOPOULOS Michail, *Théorie Générale de Droit, Droits fondamentaux, Pouvoir juridictionnel et Constitution*, Athènes - Komotini : éd. A. Sakkoulas, 2007

T

TSATSOS Dimitris

— *L'interprétation de la Constitution*, Athènes - Komotini, éd. A. Sakkoulas, 1995

— *Droit constitutionnel I, Abrégé*, Athènes : éd. A. Sakkoulas, 1982

— *Droit constitutionnel, A' le fondement doctrinal*, Athènes - Komotini : éd. A. Sakkoulas, 3e éd., 1985

V

VENIZELOS Evangelos, *Cours de droit constitutionnel*, Athènes - Komotini : éd. A. Sakkoulas, nouvelle édition, 2008

II. OUVRAGES SPECIALISES MONOGRAPHIES ET THESES.

En langue française

B

BECHILLON (de) Denys, *Hiérarchie des normes et hiérarchie des fonctions normatives de l'Etat*, Paris : Economica, 1996

BELLESCIZE (de) Diane, FRANCESCHINI Laurence, *Droit de la communication*, Paris : PUF, 2005

BEN ACHOUR Yadh, *La Cour européenne des droits de l'homme et la liberté de religion*, Paris : éd. A. Pédone, 2005
BERGE Jean - Sylvestre, ROBIN - OLIVIER Sophie, *Droit européen : Union européenne, Conseil de l'Europe*, Paris : PUF, 2e éd., 2011
BERRAMDANE Abdelkhaleq, *La hiérarchie des droits : Droits internes et droits européen et international*, Paris Budapest Torino : l'Harmattan, 2002
BONNET Julien, *Le juge ordinaire français et le contrôle de la constitutionnalité des lois : analyse critique d'un refus*, Paris : Dalloz, 2009

C

CHAPUS René, *Droit du contentieux administratif*, Paris : Montchrestien, 13e éd., 2008
CLERC Olivier, *La gouvernance économique de l'Union européenne*, Bruxelles : Bruylant, 2012
CLERGERIE Jean - Louis, *Le principe de subsidiarité*, Paris : Ellipses, 1997
COHEN - JONATHAN Gérard
— *Aspects européens des droits fondamentaux*, Paris : Montchrestien, 2002
— *La convention européenne des droits de l'homme*, Aix - en - Provence Paris : Presses universitaires d'Aix - Marseille Economica, 1989
COSTA Jean - Paul, *La Cour européenne des droits de l'homme : des juges pour la liberté*, Paris : Dalloz, 2013

D

DELZANGLES Béatrice, *Activisme et autolimitation de la Cour européenne des Droits de l'Homme*, Paris : LGDJ, 2009
DRAGO Guillaume, *Contentieux constitutionnel français*, Paris : PUF, 2e éd., 2011

E

EISENMANN Charles, *Le droit administratif t le principe de légalité*, Paris : imprimerie nationale, 1957

F

FAVOREU Louis, MASTOR Wanda, *Les Cours constitutionnelles*, Paris : Dalloz, 2011
FROMONT Michel, *Droit administratif des États européens*, Paris : PUF, 2006

G

GREWE Constance, RUIZ - FABRI Hélène, *Droits constitutionnels européens*, Paris : PUF, 1995

H

HABERMAS Jürgen, BOUCHINDHOMME Christian, *La Constitution de l'Europe*, Paris : éd. Gallimard, 2012

K

KAMINIS Georges, *La transition constitutionnelle en Grèce et en Espagne*, Paris : Librairie générale de droit et de jurisprudence, 1993

L

LAURENS Yann, *Recherches sur la catégorie juridique de constitution et son adaptation aux mutations du droit contemporain* thèse en droit, Université de Nancy 2, 2009

LE QUINIO Alexis, *Recherche sur la circulation des solutions juridiques : le recours au droit comparé par les juridictions constitutionnelles*, Paris : LGDJ, 2011

LECUYER Yannick, *Les droits politiques dans la jurisprudence de la Cour européenne des droits de l'homme*, Paris : Dalloz 2009

M

MABACA Placide, *Problèmes et perspectives constitutionnels du processus de l'intégration européenne - Aspects nationaux et européens*, Athènes - Bruxelles : éd. A. Sakkoulas et Bruyant, 2006

MARCIALI Sébastien, *La flexibilité du droit de l'Union européenne*, Bruxelles : Bruylant, 2007

MARGUENAUD Jean - Pierre, *La Convention européenne des droits de l'homme*, Paris : Dalloz, 6e éd., 2012

MATHIEU Bertrand, *Constitution : rien ne bouge et tout change*, Paris : Lextenso, 2013

MILANO Laure, *Le droit à un tribunal au sens de la convention européenne des droits de l'homme*, Paris : Dalloz, 2006

MILLET François - Xavier, *L'Union européenne et l'identité constitutionnelle des États membres*, Paris : LGDJ, 2013

O

OLSON Terry, CASSIA Paul, *Le droit international, le droit européen et la hiérarchie des normes*, Paris : PUF, 2006

P

PAPADIMITRIOU Théodora, *La régulation des rapports entre l'ordre constitutionnel français et l'ordre juridique de l'Union européenne par le Conseil constitutionnel*, thèse en droit, Université Paris I, 2010

PAPANIKOLAOU Catherine, *Le contrôle de constitutionnalité des lois en droit public hellénique*, thèse en droit, Université Paris II, Panthéon Assas, 2003

PERTEK Jacques, *La pratique du renvoi préjudiciel en droit communautaire. Coopération entre CJCE et juges nationaux*, Paris : Litec 2001

PETITTI Louis - Edmond, DECAUX Emmanuel, IMBERT Pierre - Henri, (dir.), *La Convention européenne des droits de l'homme : commentaire article par article*, Paris : Economica, 2e éd., 1999

PICHERAL Caroline, *L'ordre public européen droit communautaire et droit européen des droits de l'homme*, Paris : La documentation française, 2001

POULIS Panayotis, *Droit constitutionnel et institutions helléniques : organisation de l'État, libertés individuelles, administration, fonctionnaires*, Paris : L'Harmattan, 2008

R

RENUCCI Jean - François, *Traité de droit européen des droits de l'homme*, Paris : LGDJ, 2012

ROUSSEAU Dominique

— *Droit du contentieux constitutionnel*, Paris : LGDJ, 10e éd., 2013

— *La justice constitutionnelle en Europe*, Paris : Montchrestien, 3e éd., 1998

S

SALVIA (de) Michel, *Compendium de la CEDH : les principes directeurs de la jurisprudence relative à la convention européenne des droits de l homme, Vol. 1. Jurisprudence 1960 à 2002*, Kehl Strasbourg Arlington, Va. : N.P. Engel, 2003

SUDRE Frédéric, *Droit européen et international des droits de l'homme*, PUF, 11e éd., 2012

SZYMCZAK David, *La Convention européenne des droits de l'homme et le juge constitutionnel national*, Bruxelles : Bruylant, 2006

V

VEGLERIS Phédon, *Le Conseil d'État et l'examen de la constitutionnalité des lois en Grèce*, Bologna : Zanichelli, 1961

VELU Jacques, ERGEC Rusen, *La convention européenne des droits de l'homme*, Bruxelles : Némésis Bruylant, 1990

VEPREAUX Michel, *La Liberté d'expression*, Strasbourg : éd. du Conseil de l'Europe, 2009

VLACHOGIANNIS Apostolos, *La Living Constitution : Les juges de la Cour suprême des États - Unis et la Constitution*, Paris : Classiques Garnier, 2014

W

WAGDI Sabète, *Pouvoir de révision constitutionnelle et droits fondamentaux : étude des fondements épistémologiques, constitutionnels et européens de la limitation matérielle du pouvoir constituant dérivé*, Rennes : Presses universitaires de Rennes, 2005

Y

YANNAKOPOULOS Constantin, *La notion des droits acquis en droit administratif*, Paris : LGDJ, 1997

En langue grecque

A

ALAMANIS Thanasis, *La privatisation de l'enseignement supérieur*, Athènes - Komotini : éd. A. Sakkoulas, 1989

ALIVIZATOS Nikos

— *Au delà de l'article 16*, Athènes : éd. Metaichmio, 2007

— *La Constitution et ses ennemis*, Athènes : éd. Polis, 2011

— *La modernisation incertaine et la révision constitutionnelle floue*, Athènes : éd. Polis, 2001

— *Les institutions politiques de la Grèce à travers les crises : 1922 - 1974*, Paris : éd. Librairie générale de droit et de jurisprudence, 1979

ANDRIKAKI Kur. et al., *La convention européenne des droits de l'homme dans la jurisprudence du Conseil d'État*, Athènes - Komotini : éd. A. Sakkoulas, 2001

ARNAOUTOGLOU Filis, *L'arrêt pilot devant le Conseil d'État*, Athènes : éd. Nomiki Vivliothiki, 2012

C

CHRYSOGONOS Kostas

— *Droits et libertés fondamentaux*, Athènes : éd. Nomiki Vivliothiki, 2006

— *L'intégration de la convention européenne des droits de l'homme dans l'ordre juridique interne*, Athènes - Komotini : éd. A. Sakkoulas, 2001

D

DAGTOGLOU Prokopis, *Droit du contentieux administratif*, Athènes - Thessalonique : éd. Sakkoulas, 5e éd., 2011

DELLIS Georges

— *La demande de satisfaction équitable de la loi 4055/2012*, Athènes : éd. Nomiki Vivliothiki, 2013

— *La justice administrative à la recherche de vitesse*, Athènes : éd. Nomiki Vivliothiki 2013

DIKAIOS Eleftherios, *Droit, économie et politique à l'époque des memoranda*, Athènes - Thessalonique : éd. Sakkoulas, 2012
DROSOS Yannis
— *L'ordre constitutionnel grec et les communautés européennes aux relations internationales*, Athènes - Komotini : éd. A. Sakkoulas, 1987
— *Le droit de votes de Grecs expatriés*, Athènes - Komotini : éd. A. Sakkoulas, 1990

E

EVRYGENIS Dimitrios, *Scripta Demetrii I. Evrigenis, vol. B*, Thessalonique : Université Aristote de Thessalonique, Faculté des sciences juridique et économiques, 1992

F

FOUNTEDAKI Penelope, *Les droits des députés*, Athènes - Komotini : éd. A. Sakkoulas, 1993

G

GERAPETRITIS George
— *Constitution et Parlement, autonomie et manque de contrôle aux interna corporis :* Athènes : éd. Nomiki Vivliothiki, 2012
— *Égalité et mesures positives*, Athènes - Komotini : éd. A. Sakkoulas, 2007
GERONTAS Apostolos
— *Droit public économique*, Athènes - Thessalonique : éd. Sakkoulas, 2011
— *L'« européanisation » du droit administratif et procédural national*, Athènes - Thessalonique : éd. Sakkoulas, 2009
— *L'« européanisation » du juge national administratif et du droit procédural,* Athènes - Thessalonique : éd. Sakkoulas, 2009
GLAVINIS Panayotis, *Le memorandum de Grèce*, Athènes - Thessalonique : éd. Sakkoulas, 2010

H

HATZOPOULOS Vasileios, *Le principe communautaire d'équivalence et de reconnaissance mutuelle dans la libre prestation de services*, Athènes Bruxelles : Sakkoulas Bruylant, 1999

I

ILIOPOULOS - STRANGAS Julia, *Droit constitutionnel grec et Unification européenne, aspects critiques des relations internationales avant et après la signature du traité de Maastricht*, Athènes - Komotini : éd. A. Sakkoulas, 1996

IOANNOU Krateros, OIKONOMIDIS Konstantinos, ROZAKIS Christos, FATOUROS Argyris
— *Droit public international, vol. B, sémitome A*, Athènes - Komotini : éd. A. Sakkoulas, 1983
— *Droit international public, Les relations entre le droit international et le droit interne*, Athènes - Komotini: éd. A. Sakkoulas, 1990

K

KALODOUKAS Dionysios, *La Constitution de 1952*, Athènes : éd. Ioannou Zacharopoulou, 1952
KAMTSIDOU Ifigeneia
— Le *préjudice de loi comme restriction, garantie et médiane des libertés*, Athènes - Thessalonique : éd. Sakkoulas, 2001
— *La réserve de la loi en tant que restriction garantie et médiane des libertés*, Athènes - Komotini : éd. A. Sakkoulas, 2001
KARAKOSTAS Velissarios, GEORGOPOULOU - ATHANASOULI Eleni, *La Constitution, commentaires interprétatifs et jurisprudence, t. III, article 11 - 16*, Athènes : éd. Nomiki Vivliothiki, 1996
KARAKOSTAS Velissarios, *La Constitution, commentaires interprétatifs - jurisprudence*, Athènes : éd. Nomiki Vivliothiki, 2006
KASIMATIS George, *Les conventions de prêt de la Grèce avec l'UE et le FMI*, Athènes : éd. du Barreau d'Athènes, 2010
KATROUGALOS Georges
— *La crise et le moyen d'en sortir*, Athènes : éd. Livani, 2013
— *Les droits sociaux*, Athènes - Komotini, éd. A Sakkoulas, 2006
KIOSSE - PAVLIDOU Leuki, *Les contrats de travail à durée déterminée dans le secteur public, aux personnes morales de droit public, La nouvelle situation des contractuels*, Athènes - Thessalonique : éd. Sakkoulas, 2010
KONTIADIS Xénophon, *Le nouveau constitutionnalisme et les droits de l'homme après la révision constitutionnelle de 2001*, Athènes - Komotini : éd. A. Sakkoulas, 2002
KOUTOUPA - REGAKOU Evangelia, *Des définitions additionnelles ou conséquentes concernant l'acte administratif*, Athènes - Komotini : éd. A. Sakkoulas, 1993
KTISTAKI Stavroula, L'application de la convention européenne des droits de l'homme par le Conseil d'État, Athènes - Komotini : éd. A. Sakkoulas, 2009
KYPRAIOS Michail, *La relation entre le la constitution et le droit européen*, Athènes - Komotini : éd. A. Sakkoulas, 1987

M

MAGGANAS Antonis, KARATZA Lila, *La Convention européenne des droits de l'homme*, décision et pratique de la Cour européenne, Athènes : éd. Nomiki Vivliothiki, 2e éd., 2005

MATHIAS Stefanos, (dir.), *La Convention européenne des droits de l'homme*, Athènes - Komotini : éd. A. Sakkoulas, 1999

MAVRIDIS Stylianos, *Les critères de la discipline financière à la construction de la zone euro, Le cas de la Grèce*, Athènes Thessaloniki : éd. Sakkoulas, 2011

METAXAS Antonis, *La responsabilité de l'État face aux violations du droit communautaire par les décisions des Cours suprêmes nationales*, Athènes - Thessalonique : éd. Sakkoulas, 2005

MOUSTAIRA Elina, *Droit comparé*, Athènes : éd. Nomiki Viviliothiki, 2012

MPOTOPOULOS Kostas, *Les inéligibilités parlementaires sous la lumière de la jurisprudence de la Cour suprême spécial*, Athènes - Komotini : éd. A. Sakkoulas, 1999

N

NASKOU - PERRAKI Paroula, *Le droit des organismes internationaux*, Athènes - Komotini : éd. A. Sakkoulas, 1993

NASKOU - PERRAKI Paroula, KTISTAKIS Ioannis (dir.), *Les affaires grecques à Strasbourg, t. A 1991 - 2001*, Athènes - Komotini : éd. A. Sakkoulas, 2006

P

PAPADIMITRIOU Christos, *L'influence du droit communautaire à la protection juridique des droits fondamentaux*, Athènes : éd. Sakkoulas, 2002

PAPADIMITRIOU Georges

— *Démocratie et intégration européenne, trois articles*, Athènes - Komotini : éd. A. Sakkoulas, 1993

— *La Constitution et la procédure d'unification européenne, le fondement constitutionnel et l'articulation de la fonction unificatrice, vol. A*, Athènes - Komotini : éd. A. Sakkoulas, 1982

— *La révision de la Constitution*, Athènes - Komotini, éd. A. Sakkoulas, 1995

— *Le droit de vote des citoyens expatriés*, Athènes - Komotini : éd. A. Sakkoulas, 1980

— *Une route qui traine vers la fédéralisation européenne, problématiques de l'actualité*, Athènes - Komotini : éd. A. Sakkoulas, 1997

PAPADOPOULOU Lina, *Constitution nationale et droit communautaire, La question de primauté*, Athènes - Komotini : éd. A. Sakkoulas, 2009

PAPAKONSTANTINOU Apostolos, *État et droit international, Le cadre constitutionnel des relations entre le droit interne et le droit international*, Athènes - Komotini : éd. A. Sakkoulas, 2001

PERRAKIS Stelios, *L'« affaire grecque » devant les organismes internationaux (1967 - 1974) : Droit et politique de la protection internationale des droits de l'homme*, Athènes - Komotini : éd. A. Sakkoulas, 1997

PLIAKOS Asteris, *Le droit de l'Union européenne*, Athènes : éd. Nomiki Vivliothiki, 2012,

POULIS Panayotis, *Droit de l'éducation et institutions*, Athènes - Thessalonique : éd. Sakkoulas, 5e éd. 2011

PREVEDOUROU Evgenia, *L'influence du droit européen sur le procès devant le Conseil d'État*, Athènes : éd. Nomiki Vivliothiki, 2012

R

ROTIS Vasileios, *Le contrôle juridictionnel de constitutionnalité des lois, en rapport avec la dynamique constitutionnelle*, Athènes - Komotini, éd. A. Sakkoulas, 1998

ROUCOUNAS Emmanouil, *Droit international, volume premier, relations entre droit interne et droit international*, Athènes - Komotini : éd. A. Sakkoulas, 3e éd., 2004

S

SACHPEKIDOU Evgenia, *Droit de l'Union européenne*, Athènes - Thessalonique : éd. Sakkoulas, 2013

SACHPEKIDOU Evgenia, STANGOS Petros, *Droit des communautés européennes et de l'Union européenne*, Athènes - Thessalonique : éd. Sakkoulas, 2009

SARMAS Ioannis

— *La jurisprudence constitutionnelle et administrative du Conseil d'État. Étude évolutive des grandes questions*, Athènes - Komotini, éd. A. Sakkoulas, 1994

— *La jurisprudence de la Cour européenne des droits de l'homme et de la Commission*, Athènes - Komotini : éd. A. Sakkoulas, 1998

SATLANIS Christos, *Introduction au droit de la protection internationale des droits de l'homme*, Athènes - Komotini : éd. A. Sakkoulas, 2003

SKOURIS Vasileios

— *L'interprétation des Traités pour l'Union européenne et la communauté européenne*, Athènes - Komotini : éd. A. Sakkoulas, 2003

— *La protection juridique comme sujet de la révision de la Constitution*, Athènes - Komotini : éd. A. Sakkoulas, 2000

— *Questions de protection judiciaire, à propos de la révision de la Constitution*, Athènes - Komotini, éd. A. Sakkoulas, 2000

SKOURIS Vasileios, VENIZELOS Evangelos, *Le contrôle juridictionnel de la constitutionnalité des lois*, Athènes - Komotini, éd. A. Sakkoulas, 1985
SKOURIS Vasileios, KOUTOUPA - REGKAKOU Evangelia, *Le droit à l'éducation*, Athènes - Thessalonique : éd. Sakkoulas, 4e éd., 2009
SOLDATOS Dimitris, *Prescriptions pour et contre le public, les personnes de droit public et des collectivités territoriales*, Thessalonique : éd. Tsimos, 2012
SOTIRELIS George, XIROS Athanasios, *La révision de la Constitution (1993 - 2001) chronique, propositions, amendements, rapports, scrutins, sources doctrinales, études, articles, articles de presse*, Athènes - Komotini : éd. A. Sakkoulas, 2001
SPILIOTOPOULOS Epaminondas
— *Manuel de droit administratif, t. 1*, Athènes : éd. Nomiki Vivliothiki, 14e éd., 2012
— *Manuel de droit administratif, t. 2*, Athènes : éd. Nomiki Vivliothiki, 14e éd., 2012
SPYROPOULOS Philippos, *L'interprétation conforme selon la Constitution, application ou dépassement de la méthodologie juridique traditionnelle ?*, Athènes - Komotini : éd. A. Sakkoulas, 1999
STASINOPOULOS Michail, *La responsabilité civile de l'État, des fonctionnaires publics et des personnes morales de droit public selon le code civil*, Athènes 1950, réimpression 1968

T

TSATSOS Dimitris, *Les incompatibilités parlementaires dans le droit constitutionnel grec*, Athènes : éd. A. Sakkoulas, 1966
TSATSOS Dimitris, VENIZELOS Evangelos (dir.), *La nouvelle Constitution*, Athènes - Komotini : éd. A. Sakkoulas, 2001
TZEMOS Vasileios, *Actionnaire majoritaire*, Athènes - Komotini : éd. A. Sakkoulas, 2006
TZIFRAS Parmenion, *La Cour suprême spéciale*, Athènes - Komotini, éd. A. Sakkoulas, 1976

V

VARVITSIOTIS Ioannis, *La Grèce devant 2000*, Athènes - Komotini, éd. A. Sakkoulas, 1998
VEGLERIS Phédon, *La convention des droits de l'homme et la Constitution*, Athènes : éd. Sakkoulas, 1977
VEGLERIS Théocharis, *Le Conseil d'État : étude de droit public*, Athènes : éd. Tzaka - Delagrammatika, 1963

VENIZELOS Evangelos

— *Le traité de Maastricht et l'espace communautaire constitutionnel*, Athènes - Komotini : éd. A. Sakkoulas, 1994

— *L'acquis révisionnel*, Athènes - Komotini : éd. A. Sakkoulas, 2002

— *L'intérêt général et les restrictions des droits constitutionnels*, Thessalonique : éd. Paratiritis, 1990

— *L'interprétation de la Constitution et les limites du contrôle juridictionnel de la constitutionnalité des lois*, Athènes - Komotini, éd. A. Sakkoulas, 1994

— *La révision de la Constitution le projet global pour la Grèce du 21e siècle*, Athènes - Komotini, éd. A. Sakkoulas, 1998

— *Les limites de la révision de la Constitution de 1975*, Thessalonique : éd. Paratiritis, 1984

VENIZELOS Evangelos, CHRYSOGONOS Kostas, *Le problème de la justice constitutionnelle en Grèce*, Athènes - Komotini : éd. A. Sakkoulas, 2006

Y

YANNAKOPOULOS Constantin

— *L'influence du droit de l'Union européenne sur le contrôle juridictionnel de constitutionnalité des lois*, Athènes - Thessalonique : éd. Sakkoulas, 2013

— *La transparence exigée par le droit communautaire de la concurrence en matière des contrats publics*, Athènes - Komotini : éd. A. Sakkoulas, 2003

YANNOPOULOS Konstantinos, *La Cour suprême spéciale*, Athènes - Komotini, éd. A. Sakkoulas, 2009

En langue anglaise

C

CHALMERS Damian, MONTI Giorgio, *European Union Law, Updating Supplement*, Cambridge : Cambridge University Press, 2008

H

HERINGA Aalt - Willem, KIIVER Philip, *Constitutions compared, An introduction to comparative constitutional law*, Antwerpen, Maastricht: Intersentia METRO, 3e éd., 2012

K

KELLER Helen STONE SWEET Alec (dir.), *A Europe of rights, the impact of the ECHR on national legal systems*, Oxford New York : Oxford University Press, 2008

M

MARTINICO Giuseppe, POLLICINO Oreste, *The national judicial treatment of the ECHR and EU laws: a comparative constitutional perspective*, Groningen : Europa Law Pub., 2010

R

REPETTO Giorgio, *The constitutional relevance of the ECHR in domestic and European law : an Italian perspective*, Cambridge : Intersentia, 2013

S

STELZER Manfred, *The Constitution of the Republic of Austria*, Oxford and Portland, Oregon : Hart publishing, 2011

V

VISSER (de) Maartje, *Constitutional review in Europe: a comparative analysis*, Oxford and Portland : Hart Publishing, 2014

III. ARTICLES, CONTRIBUTIONS ET NOTES

En langue française

A

ABRAHAM Ronny

— « L'applicabilité directe de la Convention devant la juridiction administrative », *RUDH*, dossier spécial le juge administratif français et la Convention européenne des droits de l'homme, 1991, pp. 275 - 280

— « Les incidences de la CEDH sur le droit constitutionnel et administratif des États parties », *RUDH*, n°10 - 11, 1992, pp. 409 - 418

ALBERTON Ghislaine, « Peut - on encore dissocier exception d'inconstitutionnalité et exception d'inconventionnalité ? », *AJDA*, n°18, 2008, pp. 967 - 973

ANDRIANTSIMBAZOVINA Joël

— « L'ordre public européen des droits de l'homme : la réaffirmation de l'autonomie du droit né de la Convention européenne des droits de l'homme ? Quelques réflexions sur le droit né de la Convention européenne des droits de l'homme », *Annuaire de droit européen*, vol. V, 2007, pp. 29 - 40

— « La Convention européenne des droits de l'homme, instrument de convergence des droits constitutionnels nationaux et du droit communautaire », *in* GAUDIN Hélène, GARRIGOU - LAGRANGE Jean - Marie (dir.), *Droit constitutionnel droit communautaire : vers un respect constitutionnel réciproque ?*, Paris Aix - en - Provence : Economica Presses universitaires d'Aix - Marseille, 2001, pp. 169 - 204

— « La Cour européenne des droits de l'homme à la croisée des chemins », *CDE*, n°5 - 6, 2002, pp. 736 - 771

— « La subsidiarité devant la Cour de justice des communautés européennes et la Cour européenne des droits de l'homme », *RAE*, 1998, pp. 28 - 47

— « Unité ou dualité du système de protection des droits fondamentaux de l'Union européenne depuis le Traité de Lisbonne ? Brèves réflexions théoriques sur les droits fondamentaux de l'Union européenne » *in* de GROVE - VALDEYRON Nathalie, BLANQUET Marc, DUSSART Vincent (dir.), *Mélanges en l'honneur du Professeur Joël Molinier*, Paris : LGDJ, 2012, pp. 15 - 21

ANDRIANTSIMBAZOVINA Joël, SERMET Laurent

— « Jurisprudence administrative et Convention européenne des droits de l'homme », *RFDA*, n°4, 2009, 715 - 728

— « Jurisprudence administrative et Convention européenne des droits de l'homme », *RFDA*, n°3, 2010, pp. 594 - 603

ARNAOUTOGLOU Filis, « Les points de vue des juridictions nationales (sur le dialogue des juges), Grèce : le Conseil d'État », *in* ILIOPOULOS - STRANGAS Julia (dir.), *Cours suprêmes nationales et cours européennes : concurrence ou collaboration ? in memoriam Louis Favoreu*, Athènes Bruxelles : A. Sakkoulas Bruylant, 2007, pp. 179 - 185

AUBERT Michel, BROUSSY Emmanuelle, CASSAGNABERE Herve, « Mandat d'arrêt européen - dialogue des juges », *AJDA*, n°29, 2013, pp. 1686 - 1689

AUBERT Michel, BROUSSY Emmanuelle, DONNAT Francis

— « Chronique de jurisprudence de la CJUE », *AJDA*, n°5, 2011, pp. 264 - 274

— « Chronique de la jurisprudence de la CJUE, QPC et droit européen », *AJDA*, n°28, 2010, pp. 1578 - 1580

AVENA - ROBARDET Valérie, « Transcription, dans les actes d'état civil d'un État membre, des prénoms et des noms de famille Arrêt rendu par Cour de justice de l'Union européenne12 - 05 - 2011 n°C - 391/09 », *AJ Famille*, 2011, p. 332

B

BACOYANNIS Constantinos

— « Chronique : Grèce », *AIJC*, vol. VI, 1990, pp. 683 - 732

— « Chronique : La jurisprudence de la Cour spéciale suprême de la Grèce en 1989 », *AIJC*, vol. V, 1989, pp. 521 - 544
— « Chroniques : Grèce », *AIJC*, vol. XIV, 1998, pp. 791 - 820
— « Le conseil d'État grec devant deux questions fondamentales liées à l'exercice du contrôle de constitutionnalité », *AIJC,* vol. VII, 1991, pp. 577 - 600
— « Le débat récent sur la nécessité d'une institution de justice constitutionnelle », *in Renouveau du droit constitutionnel, mélanges en l'honneur de Louis Favoreu*, Paris : Dalloz 2007, pp. 41 - 59
BADINTER Robert, « L'exception d'inconstitutionnalité », *in Le dialogue des juges : mélanges en l'honneur du président Bruno Genevois*, Paris : Dalloz, 2009, pp. 39 - 50
BEAUD Olivier, « Constitution et droit constitutionnel» *in* ALLAND Denis, RIALS Stéphane (dir.), *Dictionnaire de la culture juridique*, Paris : PUF, 2003, pp. 257 - 266
BECHILLON (de) Denys
— « Cinq cours suprêmes ? Apologie (mesurée) du désordre », *Pouvoirs*, n°137, 2011, pp. 33 - 45
— « De quelques incidences du contrôle de la conventionnalité internationale des lois par le juge ordinaire », *RFDA*, n°2, 1998, pp. 225 - 242
— « Plaidoyer pour l'attribution aux juges ordinaires du pouvoir de contrôler la constitutionnalité des lois et la transformation du Conseil Constitutionnel en Cour suprême », *in Renouveau du droit constitutionnel, mélanges en l'honneur de Louis Favoreu*, Paris : Dalloz 2007, pp. 109 - 129
BELORGEY Jean - Marc, GERVASONI Stéphane, LAMBERT Christian, « Actualité du droit communautaire, Les droits fondamentaux de la personne - Dignité humaine et libre prestation des services CJCE 14 octobre 2004, Omega », *AJDA*, n°6, 2005, pp. 308 - 318
BENOIT - ROHMER Florence, « Identité européenne et identité nationale absorption, complémentarité ou conflit ? », *in Mélanges en l'honneur de Jean - Paul Jacqué*, Paris : Dalloz, 2010, pp. 63 - 80
BERGE Jean - Sylvestre
— « Circulation et application du droit au niveau national, international, européen », *in Le droit entre tradition et modernité : mélanges à la mémoire de Patrick Courbe*, Paris : Dalloz, 2012, pp. 21 - 37
— « De la hiérarchie des normes au droit hiérarchisé : figures pratiques de l'application du droit à différents niveaux », *Journal du droit international*, n°1, 2013, pp. 3 - 25
— « La comparaison du droit national, international, européen : De quelques présupposés et finalités » *in Liber amicorum : mélanges en l'honneur de Camille Jauffret - Spinosi*, Paris : Dalloz, 2013, pp. 97 - 101

BERGEAL Catherine, « Le TSCG, Question de constitutionnalité », *in Le traité sur la stabilité, la coopération et la gouvernance,* Paris : éd. Panthéon Assas, 2013, pp. 45 - 61
BERGER Vincent, « Les Cours constitutionnelles et la Cour européenne des droits de l'homme », *NCCC*, n°32, 2011, pp. 7 - 17
BERLIOZ PIERRE, « Cour de justice de l'Union européenne : du dialogue à la cassation ? », *in* BOUDON Julien (dir.), *Concurrence des contrôles et rivalité des juges,* Paris : mare&martin, 2012, pp. 85 - 131
BERNARD Elsa
— « Causes d'exclusion de la participation à un marché public », *Europe*, n°7, 2009, p.13
— « note sous l'arrêt C - 213/07 », *Europe*, n°2, 2009, p. 21
BEYS (de) Julien, « Le droit européen est - il applicable aux situations purement internes ? », *Journal de droit européen*, n°80, 2001, pp. 137 - 144
BISMUTH Régis, « L'invocabilité de la Convention européenne des droits de l'homme dans l'ordre juridique de l'Union européenne », *in Union européenne et droit international, Mélanges Patrick Daillier*, Paris : éd. A. Pédone, pp. 642 - 653
BLANQUER Jean - Michel
— « Bloc de constitutionnalité ou ordre constitutionnel ? », *in Mélanges Jacques Robert : libertés*, Paris : Montchrestien, 1998, pp. 227 - 238
— « L'ordre constitutionnel d'un régime mixte. Le sens donné à la Constitution par le Conseil constitutionnel », *RDP*, n°5 - 6, 1998, pp. 1527 - 1540
— « La distance parcourue : de l'ordre institutionnel à l'ordre constitutionnel », *in Le Conseil constitutionnel a 40 ans*, Paris : LGDJ, pp. 25 - 33
— « Mêmeté et ipséité constitutionnelles dans l'Union européenne », *in* de GROVE - VALDEYRON Nathalie, BLANQUET Marc, DUSSART Vincent (dir.), *Mélanges en l'honneur du Professeur Joël Molinier,* Paris : LGDJ, 2012, pp. 53 - 91
BLUMANN Claude
— « Le contrôle juridictionnel des principes de subsidiarité et de proportionnalité en droit de l'Union européenne », *in* BOUTAYEB Chahira et al. (dir.), *La Constitution, l'Europe et le droit Mélanges en l'honneur de Jean - Claude Masclet*, Paris : Publications de la Sorbonne, 2013, pp. 439 - 461
— « Le juge national, gardien menotté de la protection juridictionnelle effective en droit communautaire », *JCP G*, n°30, 2007, pp. 13 - 19
BOLLE Stéphane, « L'inconventionnalité d'une validation législative conforme à la Constitution : l'arrêt de la Cour européenne des droits de l'homme du 28 octobre 1999 », *RFDA*, n°6, 2000, pp. 1254 - 1267
BON Pierre

— « Contrôle a posteriori », *in* DUHAMEL Olivier, MENY Yves (dir.), *Dictionnaire constitutionnel*, Paris : PUF, 1992, pp. 225 - 226
— « La question d'inconstitutionnalité en Espagne », *Pouvoirs*, n°137, 2011, pp. 123 - 141
BONICHOT Jean - Claude
— « La Convention européenne des droits de l'homme et l'Union européenne : avec ou sans contrat de mariage ? », *in* TEITGEN - COLLY Catherine (dir.), *La Convention européenne des droits de l'homme, 60 ans et après ?*, Paris : LGDJ - Lextenso, 2013, pp. 135 - 148
— « Le Conseil constitutionnel, la Cour de justice et le mandat d'arrêt européen », *D.*, n°26, 2013, pp. 1805 - 1809
— « Le Conseil d'État et la Convention européenne des droits de l'homme », *in* TEITGEN - COLLY Catherine (dir.), *Cinquantième anniversaire de la Convention européenne des droits de l'homme*, Bruxelles : Nemessis Bruyant, 2002, pp. 239 - 256
— « Le juge constitutionnel français et la « règle d'or » : Réviser ou ne pas réviser la Constitution ? That was the question », *in* KORNENBERGER Vincent, D'ALESSIO Maria Teresa, PLACCO Valerio (dir.), *De Rome à Lisbonne : les juridictions de l'Union européenne à la croisée des chemins, mélanges en l'honneur de Paolo Mengozzi*, Bruxelles : Bruylant, 2013, pp. 371 - 384
— « Loin des théories : le refus de la Cour de justice d'imposer un modèle juridictionnel européen », *RDP*, n°3, 2008, pp. 745 - 753
BONNET Baptiste
— « L'identité du droit public et le traitement juridictionnel des conflits entre norme interne et norme internationale », *in* BIOY Xavier (dir.), *L'identité du droit public*, Toulouse Paris : Presses de l'Université Toulouse 1 Capitole LGDJ, 2011, pp. 175 - 192
— « La Cour EDH et l'interdiction de la dissimulation du visage dans l'espace public », *JCP G*, n°29, 2014, pp. 1425 - 1428
— « Le paradoxe apparent d'une question prioritaire de constitutionnalité instrument de l'avènement des rapports de systèmes », *RDP*, n°5, 2013, pp. 1229 - 1250
BONNET Julien
— « L'indépendance du contrôle de conventionnalité des lois », *in* CLAPIE Michel, DENAJA Sébastien, IDOUX Pascale, MIAILLE Michel (dir.), *Indépendance(s). Études offertes au Professeur Jean - Louis Autin, Vol. 2*, Montpelier : Université de Montpellier 1, 2012, pp. 1231 - 1252
— « Le contrôle de la loi par le juge ordinaire ou les carences de la question préjudicielle en appréciation de la constitutionnalité des lois, Association française de droit constitutionnel », VIIe Congrès de Paris, publié sur, [http://www.droitconstitutionnel.org/congresParis/comC5/BonnetTXT.pdf]

BOULOIS Jean, « Remarques sur l'œuvre jurisprudentielle de la Cour de justice des communautés européennes », *in mélanges Marcel Waline, t. I*, Paris : LGDJ, 1974 pp. 149 - 171

BOURRINET Jacques, « Vers une refondation de la gouvernance économique de la zone euro ? », *in* Philip Christian et al. (dir.), *Réalisations et défis de l'Union européenne : droit, politique, économie, mélanges en hommage à Panayotis Soldatos*, Bruxelles : Bruylant, 2012, pp. 131 - 153

BOUVERSE Aude, « La mise en conformité des mesures nationales contraires au droit communautaire : le retrait, une obligation à géométrie variable », *in* ECKERT Gabriel (dir.), *Incidences du droit communautaire sur le droit public français*, Strasbourg : presses Universitaires de Strasbourg, 2007, pp. 129 - 161

BRIOLAS Dimitris, « L'application de la Convention européenne des droits de l'homme dans l'ordre juridique des États contractants : Théorie et pratique helléniques », *in* ILIOPOULOS - STRANGAS Julia (dir.), *Grundrechtsschutz im europaiscgen Raum*, Baden - Baden : Nomos, 1993, pp. 83 - 112

BROUSSY Emmanuelle, DONNAT Francis, LAMBERT Christian

— « Autonomie procédurale des États membres », *AJDA*, n°21, 2007, pp. 1119 - 1120

— « Chronique de jurisprudence communautaire », *AJDA*, n°5, 2009, pp. 252 - 254

BRUNESSEN Bertrand, « La double allégeance du juge national. La question prioritaire de constitutionnalité à l'épreuve du droit de l'Union européenne », *Annuaire de droit européen*, vol. VII, 2012, pp. 55 - 77

BURGORGUE - LARSEN Laurence

— « L'« autonomie constitutionnelle » aux prises avec la Convention européenne des Droits de l'Homme », *Revue Belge de droit constitutionnel*, 2001, pp. 31 - 64

— « Chronique de jurisprudence européenne comparée », *RDP*, n°6, 2010, pp. 1807 - 1842

— « De l'internationalisation du dialogue des juges », *in Le dialogue des juges : mélanges en l'honneur du président Bruno Genevois*, Paris : Dalloz, 2009, pp. 95 - 130

— « Interdiction des discriminations », *AJDA*, n°3, 2014, p. 150

— « L'identité constitutionnelle en question(s) » *in* BURGORGUE - LARSEN Laurence (dir.), *L'identité constitutionnelle saisie par les juges en Europe*, Paris : éd. A. Pédone, 2011, pp. 155 - 168

— « La déclaration du 13 décembre 2004 une Solange à l'espagnole », *CCC*, n°18, 2005, pp. 154 - 161

— « La question de la soumission du conseil constitutionnel aux principes conventionnels européens », *Annuaire de droit européen*, vol. VII, 2012, pp. 93 - 108

BURRI T., PIRKER Beate, « Note sous Cour de justice de l'Union européenne, 22 juin 2010, affaires jointes numéros C - 188/10 Aziz Melki et C - 189/10 Sélim Abdeli », *RDUE*, n°3, 2010, pp. 647 - 651

C

CALLEJON Francisco Balaguer, « Crise économique et crise constitutionnelle en Europe », *Constitutions*, n°2, 2013, p. 133 - 143

CALLEWAERT Johan

— « Quel avenir pour la marge d'appréciation », *in* MATSCHER Franz, MAHONEY Paul, PETZOLD Herbert (dir.), *Protection des droits de l'homme : la perspective européenne mélanges à la mémoire de Rolv Ryssdal*, Köln Berlin Bonn etc. : C. Heymanns, 2000, pp. 147 - 166

— « La subsidiarité dans l'Europe des droits de l'homme : la dimension substantielle », *in* VERDUSSEN Marc (dir.), *L'Europe de la subsidiarité*, Bruxelles : Bruylant, 2000, pp. 13 - 61

CASORLA Francis, « La justice séparée », *LPA*, n°139, 2007, pp. 4 - 11

CASSIA Paul, « Dignité de la personne humaine et droit communautaire », *Droit administratif*, n°1, 2005, pp. 29 - 31

CASSIA Paul, SALNIER - CASSIA Emmanuelle

— « Contrôle de constitutionnalité « a posteriori » et contrôle de conventionnalité de la loi : une coexistence impossible ? », *D.*, n°3, 2008, pp.166 - 167

— « La QPC peut - elle être « prioritaire » ? », *D.*, n°26, 2010, pp. 1636 - 1637

CANIVET Guy

— « Constitution nationale et ordre juridique communautaire 'contre - éloge de la tragédie' », *in* MASCLET Jean - Claude et al. (dir.), *L'Union européenne. Union de droit, union des droits, Mélanges en l'honneur du Professeur Philippe Manin,* Paris : éd. A. Pédone, 2010, pp. 611 - 624

— « Constitution nationale et Europe. La dialectique du Un et du Deux », *in Constitutions et pouvoirs : mélanges en l'honneur de Jean Gicquel*, Paris : Montchrestien, 2008, pp. 73 - 96

CAZAILLET Sophie, « La relance peut elle se passer de rigueur », *Hebdo fiscale*, n°452, 2011

CHALTIEL Florence

— « Constitution et droit européen : le Conseil constitutionnel, juge européen. À propos d'un nouveau type de décision : les décisions en « P » », *RDUE*, n°568, 2013, pp. 261 - 262

— « L'application du droit communautaire par le juge national », *in Mélanges en hommage à Guy Isaac, 50 ans de droit communautaire, t. 2*, Toulouse : éd. Presses de l'Université des sciences sociales de Toulouse, 2004, pp. 843 - 865

— « La Constitutionnalisation de l'Union européenne vision croisées des États membres », *in* MASCLET Jean - Claude et al. (dir.), *L'Union européenne. Union de droit, union des droits. Mélanges en l'honneur du Professeur Philippe Manin*, Paris : éd. A. Pédone, 2010, pp. 69 - 77

— « Note sous Cour de Justice des Communautés Européennes (CJCE), Grande Chambre, 12 septembre 2006, Espagne contre Royaume-Uni, affaire C - 145/04 », *Journal du droit international*, n°2, 2007, pp. 612 - 615

CHAMPEIL - DESPLATS Véronique

— « Les droits fondamentaux et l'identité des ordres juridiques : l'approche publiciste », *in* DUBOUT Edouard, TOUZE Sébastien (dir.), *Les droits fondamentaux : charnières entre ordre et systèmes juridiques*, Paris : éd. A. Pédone, 2010, pp. 149 - 163

— « Hiérarchie des normes, principe justificatif de la suprématie de la Constitution », *in* TROPER Michel, CHAGNOLAUD Dominique, *Traité international de droit constitutionnel, t. 1. Théorie de la Constitution*, Paris : Dalloz, 2012, pp. 733 - 764

CHAMPEIL - DESPLATS Véronique, TROPER Michel, « Proposition pour une théorie des contraintes juridiques », *in* TROPER Michel, CHAMPEIL - DESPLATS Véronique, GRZEGORCZYK Christophe (dir.), *Théorie des contraintes juridiques*, Bruxelles Paris : Bruylant LGDJ, 2005, pp. 11 - 23

CHARPY Chloé, « Droit constitutionnel et droit communautaire Le statut constitutionnel du droit communautaire dans la jurisprudence (récente) du Conseil constitutionnel et du Conseil d'État (contribution à l'étude de systèmes constitutionnel et communautaire) », *RFDC*, n°80, 2009, pp. 795 - 815

CHEVALIER Pierre, Avocat général référendaire « Propos d'audience ; Nouveauté devant la Cour de cassation du moyen tiré de la violation du droit conventionnel d'accès au juge », *D.*, n°16, 2013, pp. 1100 - 1106

CHEVALLIER Jacques, « L'ordre juridique », *in* CHEVALLIER Jacques (dir.), *Le droit en procès*, Paris : PUF, 1983, pp. 7 - 49

COHEN - JONATHAN Gérard

— « Conclusions générales », *in* TAVERNIER Paul (dir.), *Quelle Europe pour les droits de l'homme ?*, Bruxelles : Bruylant, pp. 477 - 509

— « Justice constitutionnelle et convention européenne des droits de l'homme, l'arrêt Ruiz - Matéos contre Espagne », *RFDC*, n°17, 1994, pp. 175 - 183

— « La Convention européenne des Droits de l'Homme et les systèmes nationaux des États contractants », *in* DUPUY René - Jean, SICILIANOS Linos - Alexandre (dir.), *Mélanges en l'honneur de Nicolas Valticos*, Paris : éd. A. Pédone, 1999, pp. 385 - 404

— « La fonction quasi constitutionnelle de la Cour européenne des droits de l'homme », *in Renouveau du droit constitutionnel, mélanges en l'honneur de Louis Favoreu*, Paris : Dalloz 2007, pp. 1127 - 1153

COLLIARD Jean - Claude, « Un nouveau Conseil constitutionnel », *Les pouvoirs* n°137, 2011, pp. 155 - 167
COMBACAU Jean, « Sources internationales et européennes du droit constitutionnel » *in* TROPER Michel, CHAGNOLAUD Dominique (dir.), *Traité international de droit constitutionnel, t. 1. Théorie de la Constitution*, Paris : Dalloz, 2012, pp. 405 - 439
COMBRADE Bertrand - Léo, « Libres propos... Et maintenant l'introduction de l'équilibre budgétaire dans la Constitution, La « frénésie normative » continue ! », *LPA*, n°74, 2011, p. 9
CONSTANTINESCO Vlad
— « La confrontation entre identité constitutionnelle européenne et identités constitutionnelles nationales Convergence ou contradiction ? Contrepoint ou hiérarchie », *in* MASCLET Jean - Claude et al. (dir.), *L'Union européenne. Union de droit, union des droits, Mélanges en l'honneur du Professeur Philippe Manin,* Paris : éd. A. Pédone, 2010, pp. 79 - 94
— « La primauté du droit communautaire, mythe ou réalité ? », *in* LÜKE Gerhard (dir.), *Rechtsvergeichung, Europarecht und Staatenintegration : Gedächtnisschrift für Léontin - Jean Constantinesco* Köln Berlin etc. : C. Heymann, 1983, pp. 109 - 123
— « Les rapports entre les traités et la Constitution : du droit interne au droit communautaire », *in Libertés, justice, tolérance, mélanges en hommage au Doyen Gérard Cohen - Jonathan*, Bruxelles : Bruylant, 2004, pp. 463 - 481
Costa Jean - Paul
— « La Cour européenne des Droits de l'Homme est - elle une Cour constitutionnelle », *in Constitutions et pouvoirs : mélanges en l'honneur de Jean Gicquel*, Paris : Montchrestien, 2008, pp. 145 - 156
— « La Cour européenne des Droits de l'Homme : un juge qui gouverne », *in Études en l'honneur de G. Timsit,* Bruxelles : Bruylant, 2004, pp. 67 - 88
COUSSIRAT COUSTERE Vincent, « Convention européenne et droit interne : primauté et effet direct », *in La convention européenne des droits de l'homme*, Bruxelles : Nemessis, 1992, pp. 11 - 23
COUZINET Jean - François, « Le Conseil d'État, la Cour de cassation et le renvoi préjudiciel : des progrès, mais peuvent mieux faire » *in Mélanges en hommage à Guy Isaac, 50 ans de droit communautaire, t. 2*, Toulouse : éd. Presses de l'Université des sciences sociales de Toulouse, 2004, pp. 803 - 820
CUSAS Eric, « Arrêt Sayn - Wittgenstein : la libre circulation et les titres de noblesse », *Journal de droit européen*, n°178, 2011, pp. 100 - 101

D

DA CRUZ VILAÇA José Luís, « Le principe de l'effet utile du droit de l'Union dans la jurisprudence de la Cour », *in* ROSAS Allan, LEVITS Egils,

BOT Yves (dir.), *La Cour de Justice et la construction de l'Europe : analyses et perspectives de soixante ans de jurisprudence*, The Hague : Asser Press, 2013, pp. 279 - 306

DEHOUSSE Renaud, BOUSSAGUET Laurie, « L'impact de la crise sur la gouvernance européenne », *RFDC*, n°98, 2014, pp. 7 - 18

DELMAS - MARTY Mirelle, « Le rôle du juge européen dans la renaissance du jus commune », *in* MATSCHER Franz, MAHONEY Paul, PETZOLD Herbert (dir.), *Protection des droits de l'homme : la perspective européenne mélanges à la mémoire de Rolv Ryssdal*, Köln Berlin : éd. C. Heymanns, 2000, pp. 397 - 414

DELZANGLES, Béatrice, « Les affaires hongroises ou la disparition de la valeur "intégration" dans la jurisprudence de la Cour de justice », *RTDE*, n°2, 2013, pp. 201 - 215

DENQUIN Jean - Marie, « L'objet du droit constitutionnel : État, Constitution, Démocratie ? », *in* TROPER Michel, CHAGNOLAUD Dominique (dir.), *Traité international de droit constitutionnel, t.1. Théorie de la Constitution*, Paris : Dalloz, 2012, pp. 39 - 65

DERIEUX Emmanuel, « Limites à la liberté d'expression au nom de la protection de la vie privée », *LPA*, n°4, 2005, pp. 5 - 13

DESMOULIN Gil, « L'émergence de règles financières supra - nationales : une menace pour la maîtrise du pouvoir budgétaire », *in* de GROVE - VALDEYRON Nathalie, BLANQUET Marc, DUSSART Vincent (dir.), *Mélanges en l'honneur du Professeur Joël Molinier*, Paris : LGDJ, 2012, pp. 157 - 174

DEVOLVE Pierre, « Conclusions », *in* DRAGO Guillaume (dir.), *L'application de la Constitution par les Cours suprêmes. Conseil constitutionnel, Conseil d'État, Cour de cassation,* Paris : Dalloz, 2006, pp. 205 - 234

DIETRIECH Alexandre, « Nature juridique de l'Union européenne et Conseil constitutionnel », *in* ECKERT Gabriel (dir.), *Incidences du droit communautaire sur le droit public français*, Strasbourg : Presses universitaires de Strasbourg, 2007 pp. 39 - 62

DISANT Mathieu, « L'autorité de la chose interprétée par le Conseil constitutionnel - Permanence et actualité(s) », *CCC*, n°28, 2010, pp. 197 - 201

DONNAY Luc, « L'obligation incombant au juge de poser une question préjudicielle à la Cour de justice, élément vaporeux du procès équitable », *RTDH*, n°96, 2013, pp. 887 - 908

DOUCHY - OUDOT Mélina, « L'inconventionnalité de l'article L. 224 - 8, alinéa 1er, du code de l'action sociale et des familles », *D.*, n°16, 2013, pp. 1106 - 1109

DRAGO Guillaume

— « Quels principes directeurs pour le procès constitutionnel », *in* COULON Jean - Marie (dir.), *Justices et droit du procès: du légalisme procédural à l'humanisme processuel mélanges en l'honneur de Serge Guinchard,* Paris : Dalloz, 2010, pp. 439 - 452

— « Conclusion sur le dossier spécial : le juge administratif français et la Convention européenne des Droits de l'Homme », *RUDH* 1991 pp. 368 - 369

DRIGUEZ Laetitia

— « Reconnaissance mutuelle des diplômes, CJCE, 23 oct. 2008, aff. C - 274/05, Commission c/ Grèce, CJCE, 23 oct. 2008, aff. C - 286/06, Commission c/ Espagne », *Europe*, n°12, 2008, pp. 19 - 20

— « Reconnaissance mutuelle du diplôme d'opticien, CJCE, 4 déc. 2008, aff. C - 84/07, Commission c/ Grèce, CJCE, 4 déc. 2008, aff. C - 151/07, Chatzithanasis », *Europe*, n°2, 2009, pp. 30 - 31

DU MARAIS Bertrand, KOVAR Jean - Philippe, RODRIGUES Stéphane, « Secteur public Cour de Justice des Communautés Européennes (CJCE), 16 décembre 2008, Michaniki (commentaire) », *Concurrences*, n°1, 2009, pp. 206 - 224

DU REAU Elisabeth, « La genèse de la Convention européenne des droits de l'homme », *in* TEITGEN - COLLY Catherine (dir.), *Cinquantième anniversaire de la Convention européenne des droits de l'homme*, Bruxelles : Nemessis Bruyant, 2002, pp. 47 - 58

DUBOS Olivier

— « La subsidiarité » *in La compétence, actes de colloque*, Paris : Litec, 2008, pp. 193 - 218

— « Les arrêts des juridictions européennes, quelles forces ? », *in* de GROVE - VALDEYRON Nathalie, BLANQUET Marc, DUSSART Vincent (dir.), *Mélanges en l'honneur du Professeur Joël Molinier*, Paris : LGDJ, 2012, pp. 175 - 190

DUBOUIS Louis, « Le Conseil d'État français et le droit de l'Union européenne », *ToS*, 1988, pp. 433 - 453

DUTHEIL DE LA ROCHERE Jacqueline, GALLEWAERT Johan, BONICHOT Jean - Claude, interventions sur « Les interférences entre les sources de droit européen et les influences croisées entre la Cour de justice de l'Union européenne et la Cour européenne des droits de l'homme », *in* SAUVE Jean Marc (dir.), *Le droit européen des droits de l'homme: un cycle de conférences du Conseil d'État*, Paris : La documentation française, 2011, pp. 87 - 102

DUTHEILLET DE LAMOTHE Olivier

— « Contrôle de constitutionnalité et contrôle de conventionnalité », *in Juger l'administration, administrer la justice, mélanges en l'honneur de Daniel Labetoulle*, Paris : Dalloz, 2007, pp. 315 - 327

— « Le Conseil constitutionnel et la Cour européenne des droits de l'homme : un dialogue sans paroles », *in Le dialogue des juges : mélanges en l'honneur de Bruno Genevois*, Paris : Dalloz, 2009, pp. 403 - 417

— « Le contrôle de l'omission législative par le Conseil constitutionnel : Jean - Claude Colliard et les femmes corses », *in* DEROSIER Jean - Philippe (dir.), *L'État, le droit, le politique : mélanges en l'honneur de Jean - Claude Colliard*, Paris : Dalloz, 2014, pp. 215 - 225

E

ECONOMIDES Constantin, « La révision des dispositions de la Constitution hellénique concernant les relations internationales », *in* DUPUY Rene - Jean (dir.), SICILIANOS Linos - Alexandros (coord.), *Mélanges en l'honneur de Nicolas Valticos, Droit et Justice*, Paris : éd. A. Pédone, 1999, pp. 643 - 654

EISSEN Marc - André, « Vers un ordre juridictionnel européen des droits et libertés ? L'intégration de la Convention européenne des Droits de l'homme au bloc de constitutionnalité », *in Conseil constitutionnel et Cour européenne des droits de l'homme : droits et libertés en Europe*, Paris : STH, 1990, pp. 117 - 153

EUDIER Frédérique, « Pupille de l'État: inconstitutionnalité de l'article L. 224 - 8, alinéa 1er, du code de l'action sociale et des familles », *Actualité Juridique Famille*, n°9, 2012, pp. 454 - 455

EVERLING Ulrich, « Le renvoi préjudiciel de l'article 177 du Traité CEE et la collaboration entre les Cours nationales et la Cour de justice de communauté européenne », *RTDE*, 1984, pp. 226 - 281

EVRIGENIS Dimitrios, « Réflexions sur la dimension nationale de la CEDH » *in Conseil de l'Europe, Actes du colloque sur la CEDH par rapport à d'autres instruments internationaux pour la protection des droits de l'homme*, Conseil de l'Europe : Strasbourg, 1979, p. 65

F

FATIN - ROUGE STEFANINI MARTHE

— « La constitution doit - elle être efficace ? », *in* FATIN - ROUGE STEFANINI Marthe, GAY Laurence, VIDAL - NAQUET Ariane (dir.), *L'efficacité de la norme juridique : nouveau vecteur de légitimité ?*, Bruxelles : Bruylant, 2012, pp. 209 - 231

— « La question de constitutionnalité en droit comparé », *AIJC*, vol. XXIII, 2007, pp. 11 – 21

FAVOREU Louis

— « Cours constitutionnelles nationales et Cour européenne des droits de l'homme », *in Libertés, justice, tolérance, mélanges en hommage au Doyen Gérard Cohen - Jonathan*, Bruxelles : Bruylant, 2004, pp. 789 - 811

— « Cours constitutionnelles », *in* DUHAMEL Olivier, MENY Yves (dir.), *Dictionnaire constitutionnel*, Paris : PUF, 1992, pp.255 - 256

— « La notion de Cour constitutionnelle » *in* AUER Andreas, ZEN - RUFFINEN Piermarco (dir.), *De la Constitution : études en l'honneur de*

Jean - François Aubert, Bâle Francfort - sur - le - Main : Helbing & Lichtenhahn, 1996, pp. 15 - 27
— « Le principe de constitutionnalité, essai de définition d'après la jurisprudence du Conseil constitutionnel », *in Recueil d'études en hommage à Charles Eisenmann*, Paris : éditions Cujas, 1977, pp. 33 - 48
— « Les Cours de Luxembourg et de Strasbourg ne sont pas des Cours constitutionnelles », *in Mélanges en l'honneur de Louis Dubouis*, 2002, Paris : Dalloz, pp. 35 - 45
— « Vers une justice constitutionnelle communautaire ? » *in* LOUIS Jean - Victor, WAELBROECK Denis, *Le Parlement européen dans l'évolution institutionnelle*, Bruxelles : éditions de l'Université de Bruxelles, 1989, pp. 233 - 249

FERNANDEZ SEGADO Francisco, « La faillite de la bipolarité 'modèle américain - modèle européen' en tant que critère analytique du contrôle de constitutionnalité et la recherche d'une nouvelle typologie explicative », *in Mélanges en l'honneur de Franck Moderne*, Paris : Dalloz, 2004, pp. 1077 - 1116

FERRARI Sébastien, « Le retour des lois individuelles ? », *Droit administratif*, n°5, 2012, pp. 30 - 33

FINES Francette
— « La construction européenne au défi de la crise des dettes souveraines dans la zone euro », *in* de GROVE - VALDEYRON Nathalie, BLANQUET Marc, DUSSART Vincent (dir.), *Mélanges en l'honneur du Professeur Joël Molinier*, Paris : LGDJ, 2012, pp. 220 - 232
— « Le principe de subsidiarité », *Annuaire de droit européen*, vol. VI, 2008, pp. 211 - 222
— « Subsidiarité et responsabilité », *RAE*, 1998, pp. 95 - 101

FLAESCH - MOUGIN Catherine, « Déclarations de compétences et affirmation de l'identité de l'Union européenne sur la scène internationale », *in* de GROVE - VALDEYRON Nathalie, BLANQUET Marc, DUSSART Vincent (dir.), *Mélanges en l'honneur du Professeur Joël Molinier*, Paris : LGDJ, 2012, pp. 233 - 253

FLAUSS Jean - François
— « L'influence du droit européen sur l'instauration d'un contrôle de constitutionnalité des lois par la voie préjudicielle », *in* DRAGO Guillaume (dir.), *L'application de la Constitution par les Cours suprêmes. Conseil constitutionnel, Conseil d'État, Cour de cassation*, Paris : Dalloz, 2006, pp.165 - 173
— « La Cour Européenne des Droits de l'Homme est - elle une Cour constitutionnelle », *RFDC*, n°36, 1998, pp. 711 - 728
— « Actualité de la Convention européenne des droits de l'homme », *AJDA*, n°31, 2006, pp. 1709 - 1919
— « Actualité de la Convention européenne des droits de l'homme », *AJDA*, n°34, 2005, pp. 1886 - 1895

— « De l'influence de la Convention européenne des droits de l'homme sur le juge administratif français », *Europe*, n°hors série, 1999, pp. 22 - 26
— « Des incidences de la Convention européenne des droits de l'homme sur le contrôle de constitutionnalité des lois en France », *LPA*, n°148, 1988, pp. 3 - 7
— « Droit constitutionnel et Convention des Droits de l'Homme », *RFDC*, n°30, 1997, pp. 377 - 399
— « Droit constitutionnel et Convention européenne des droits de l'homme. Le droit constitutionnel national devant la Cour européenne des droits de l'homme », *RFDA*, n°44, 2000, pp. 843 - 877
— « L'incorporation indirecte des traités de protection des droits de l'homme », *RTDH*, n°29, 1997, pp. 35 - 40
— « Convention européenne des droits de l'homme », *in* CHAGNOLAUD Dominique, DRAGO Guillaume (dir.), *Dictionnaire des droits fondamentaux*, Paris : Dalloz, 2010, pp. 69 - 108
— « Les Cours constitutionnelles et la règle du délai raisonnable : le contrôle de la Cour européenne des droits de l'homme », *in Renouveau du droit constitutionnel, mélanges en l'honneur de Louis Favoreu*, Paris : Dalloz 2007, pp. 1263 - 1277
— « L'internationalisation de l'exercice de la fonction constitutionnelle : une nouvelle forme de constitutionnalisme ? », *in Essays in honour of Georgios I. Kassimatis*, Athens, Komotini, Bruxelles, Berlin : éd. A. Sakkoulas, Bruylant, Berliner Wissenschafts - Verl, pp. 401 - 433
FLIZOT Stéphanie, « Les règles constitutionnelles de limitation de l'endettement public : l'exemple allemand », *Jus politicum*, n°8 : La théorie de l'État entre passé et avenir
FROGER Charles
— « La prescription des créances publiques », *Droit administratif*, n°6, 2010, pp. 39 - 40
— « Prescription des créances et dettes publiques et CEDH », *Droit administratif*, n°10, 2009, pp. 39 - 42
FROMONT Michel
— « La diversité de la justice constitutionnelle en Europe », *in Droit et politique à la croisée des cultures, Mélanges Philippe Ardant*, Paris : LGDJ, 1999, pp. 47 - 59
— « Les juges constitutionnels allemand et français défenseurs de la souveraineté nationale », *in* BOUTAYEB Chahira et al. (dir.), *La Constitution, l'Europe et le droit Mélanges en l'honneur de Jean - Claude Masclet*, Paris : Publications de la Sorbonne, 2013, pp. 593 - 615
FROWEIN A. Jochen, OELLERS - FRAHM Karin, « L'application des traités dans l'ordre juridique interne », *in* EISEMANN Pierre Michel (dir.), *L'intégration du droit international et communautaire dans l'ordre juridique national étude de la pratique en Europe*, The Hague London : Kluwer Law International, 1996, pp. 11 - 38

G
GAIA Patrick, « Les interactions entre les jurisprudences de la Cour européenne des droits de l'homme et du Conseil Constitutionnel », *RFDC*, n°28, 1996, pp. 725 - 745
GARAUD Eric, « La loi de validation intervenue dans l'affaire du tableau d'amortissement méconnaît le droit au respect des biens, (Cour Européenne des Droits de l'Homme, 14 février 2006) », *LPA*, n°88, 2006, pp. 12 - 15
GARLICHI Lech, « Contrôle de constitutionnalité et contrôle de conventionnalité sur le dialogue des juges », *in La conscience des droits : mélanges en l'honneur de Jean - Paul Costa*, Paris : Dalloz, 2011, pp. 271 - 280
GAUDEMET Yves, « Les nouvelles méthodes du juge administratif français », *in* PARARAS Petros (dir.), *État - loi administration : mélanges en l'honneur de Epaminondas P. Spiliotopoulos*, Athènes - Bruxelles, éd. Sakkoulas et Bruyant, pp. 147 - 158
GAUDIN Hélène
— « La Cour de justice, juridiction constitutionnelle », *RAE*, n°3, 2000, pp. 209 - 222
— « Primauté, la fin d'un mythe ? Autour de la jurisprudence de la Cour de Justice », *in* BOUTAYEB Chahira et al. (dir.), *La Constitution, l'Europe et le droit Mélanges en l'honneur de Jean - Claude Masclet*, Paris : Publications de la Sorbonne, 2013, pp. 639 - 656
— « Quelle(s) définition(s) pour le droit constitutionnel européen ? », *Annuaire de droit européen*, vol. VI, 2008, 2011, pp. 19 - 31
GAUDIN Hélène, ROUSSEAU Dominique, « Le droit constitutionnel européen en débat », *RDP*, n°3, 2008, pp. 721 - 730
GAUTRON Jean - Claude, « Un ordre juridique autonome et hiérarchisé », *in* RIDEAU Joël (dir.), *De la Communauté de droit à l'Union de droit*, Paris : LGDJ, 2000, pp. 25 - 64
GENEVOIS Bruno, « Cour européenne des droits de l'homme et juge nation : dialogue et dernier mot », *in La conscience des droits : mélanges en l'honneur de Jean - Paul Costa*, Paris : Dalloz, 2011, pp. 281 - 292
GESLOT Christophe, « Stabilité et révisions constitutionnelles sous la Ve République », *RDP*, n°3, 2013, pp. 641 - 672
GILLIAUX Pascal, « Constitutionnalité et conformité au droit de l'Union question de priorité », *Journal de droit européen*, n°173, 2010, pp. 269 - 275
GIORGI Florence, « Le pouvoir constituant européen, « L'arlésienne » du constitutionnalisme européen ? Quelques réflexions à propos de l'arrêt Pringle », *in* KORNENBERGER Vincent, D'ALESSIO Maria Teresa, PLACCO Valerio (dir.), *De Rome à Lisbonne : les juridictions de l'Union européenne*

à la croisée des chemins, Mélanges en l'honneur de Paolo Mengozzi, Bruxelles : Bruylant, 2013, pp. 265 - 278

GOSALBO BONO Ricardo, « Sur la théorie de la souveraineté et son application à (et dans) l'Union européenne », *in A Man for all treaties : liber amicorum en l'honneur de Jean - Claude Piris*, Bruxelles : Bruylant, 2012, pp. 195 - 318

GOY Raymond, « La garantie européenne du droit à des libres élections législatives : l'article 3 du Premier Protocole additionnel à a Convention de Rome », *RDP*, 1986 pp. 1275 - 1326.

GREWE Constance

— « Le contrôle de constitutionnalité de la loi en Allemagne, quelques comparaisons avec le système français », *Pouvoirs*, n°137, 2011, pp. 143 - 154

— « Cours constitutionnelles européennes », *in* CHAGNOLAUD Dominique, DRAGO Guillaume (dir.), *Dictionnaire des droits fondamentaux*, Paris : Dalloz, 2010, pp. 182 - 195

GREWE Constance, RIDEAU Joël, « L'identité constitutionnelle des États membres de l'Union européenne : flash back sur le coming - out d'un concept ambigu », *in Mélanges en l'honneur de Jean - Paul Jacqué*, Paris : Dalloz, 2010, pp. 319 - 345

GUILLAUME Marc

— « Intervention sur la quatrième conférence, contrôle de constitutionnalité et contrôle de conventionnalité », *in* SAUVE Jean Marc (dir.), *Le droit européen des droits de l'homme: un cycle de conférences du Conseil d'État*, Paris : éd. La documentation française, Paris, 2011, pp. 126 - 138

— « La Constitution de 1958 et l'Europe, de l'Union libre au pacs », *Pouvoirs*, n°126, 2008, pp. 71 - 85

— « Question prioritaire de constitutionnalité et Convention européenne des Droits de l'Homme », *in La conscience des droits : mélanges en l'honneur de Jean - Paul Costa*, Paris : Dalloz, 2011, pp. 293 - 309

« Question prioritaire de constitutionnalité et Convention européenne des droits de l'homme », *NCCC*, n°32, 2011, pp. 67 - 95

GUILLOUD Laetitia

— « Les révisions constitutionnelles induites par l'intégration européenne : l'introduction du désordre normatif dans la Constitution de 1958 » article présenté au congrès de Paris en 2008, http://www.droitconstitutionnel.org/congresParis/comC1/GuilloudTXT.pdf

— « Révision constitutionnelle et intégration européenne, l'insoutenable légèreté de la Constitution », *RDP*, n°2, 2009, pp. 397 - 424

GUYOMAR Mattias, « Le dialogue des jurisprudences entre le Conseil d'État et la Cour de Strasbourg : appropriation, anticipation, émancipation », *in La conscience des droits : mélanges en l'honneur de Jean - Paul Costa*, Paris : Dalloz, 2011, pp. 311 - 320

GUYOMAR Mattias, SIMON Denys, « La hiérarchie des normes en Europe », *Gazette du Palais*, n°42 - 43, 2009, pp. 256 - 260

H

HABERMAS Jürgen, « L'Europe après la crise grecque. Le sort de l'Europe », *Esprit*, n°7, 2010, pp. 22 - 28
HALPERIN Jean - Louis, « Anecdote monégasque ou européanisation de la privacy ? », *D.*, n°5, 2005, pp. 340 - 342
HAUSER Jean, « Nom, titre de noblesse et libre circulation des personnes en Europe : noblesse n'oblige pas les États européens ; Note sous Cour de justice de l'Union européenne, deuxième Chambre, 22 décembre 2010, affaire C - 208/09, Ilonka Sayn - Wittgenstein contre Landeshauptmann von Wien », *RTDC*, n°1, 2011, pp. 98 - 99
HEUSCHLING Luc, « La Constitution formelle » *in* TROPER Michel, CHAGNOLAUD Dominique, *Traité international de droit constitutionnel t. 1. Théorie de la Constitution*, Paris : Dalloz, 2012, pp. 265 - 296

I

ILIOPOULOS - STRANGAS Julia
— « Constitution hellénique et intégration européenne », *in Défense nationale - intégration européenne, les réponses constitutionnelles*, Athènes - Komotini, Bruxelles : éd. Sakkoulas, Bruylant, 2002, pp. 71 - 112
— « Table ronde, constitutions nationales et constitution européenne : Grèce », *AIJC*, vol. XXI, 2005, pp. 145 - 184
— « Juges constitutionnels et parlements : Grèce », *AIJC*, vol. XXVII, 2011, pp. 267 - 279
ILIOPOULOS - STRANGAS Julia, GEORGITSI Evangelia, « Grèce : juges constitutionnels et parlements », *AIJC*, vol. XXVII, 2011, pp. 267 - 279

J

JACOT - GUILLARMOD Olivier, « Autonomie procédurale des États (articles 6, 13, 35 et 46 CEDH) : de l'apport possible de la jurisprudence de Luxembourg à celle de Strasbourg », *in* MATSCHER Franz, MAHONEY Paul, PETZOLD Herbert (dir.), *Protection des droits de l'homme : la perspective européenne mélanges à la mémoire de Rolv Ryssdal*, Köln Berlin Bonn etc. : C. Heymanns, 2000, pp. 617 - 633
JACOT - GUILLARMOD Olivier, « La hiérarchie des règles dans l'ordre juridique constitutionnel de l'Union européenne », *in De la Constitution : études en l'honneur de Jean - François Aubert*, Bâle Francfort - sur - le - Main : Helbing & Lichtenhahn, 1996, pp. 41 - 55
JACQUE Jean - Paul
— « L'instabilité des rapports de système entre ordres juridiques », *RFDC*, n°69, 2007, pp. 3 - 37

— « L'apport de la Cour de justice à la mise en œuvre et à l'interprétation du traité de Lisbonne », *RTDE*, n°3, 2013, pp. 610 - 619

JACQUELOT Fanny, « Rapport entre l'ordre juridique italien et la CEDH : la Cour constitutionnelle réajuste sa position (les arrêts n°311 et 317 de 2009) », *AIJC*, vol. XXV, 2009, pp. 760 - 763

K

KAKOURIS Constantinos, « Existe - t - il une « autonomie » procédurale judiciaire des États membres ? » in *État - Loi - Administration : melanges en l'honneur de Epaminondas P. Spiliotopoulos*, Athènes - Bruxelles : éd. A. Sakkoulas, Bruylant, 1998, pp. 159 - 179

KAMTSIDOU Ifigeneia, « L'intérêt public au temps de crise », publié [http://www.constitutionalism.gr/site/wp - content/uploads/2013/08/2013_Kamtsidou_Linteret - general - et - la - crise - final.pdf].

KAPSALI Vasiliki, « Le vote des Grecs expatriés depuis leur lieu de résidence : à propos de l'arrêt Sitaropoulos et autres contre Grèce », *AIDH*, vol. V, 2010, pp.677 - 696

KAUFF - GAZIN Fabienne, « Droits de vote et d'éligibilité au Parlement européen », *Europe*, n°11, 2006, pp. 8 - 9

KELSEN Hans

— « Les rapports de système entre le droit interne et le droit international », *RCADI*, t.14, 1926, pp. 229 - 332

— « La transformation du droit international en droit interne » *RGDIP*, 1936, pp. 5 - 49

KERBER Marcus, Une apologie téléologique sans limites la décision Pringle de la CJUE comme acte juridique *ultra vires*, ou la cécité volontaire envers toute raison économique, *LPA*, n°211, 2013, pp. 7 - 11

KISS Alexandre, VEGLERIS Phédon, « L'affaire grecque devant le Conseil de l'Europe et la Commission européenne des droits de l'Homme », *AFDI*, 1971, pp. 889 - 931

KREILINGERS Valentin, « Le « making - of » d'un nouveau traité ; six étapes de négociations politiques », *Notre Europe*, *Les brefs*, n°52, février 2012, pp. 1 - 6

KROUSTALAKIS Evangelos, « L'application de la Convention Européenne des Droits de l'Homme dans l'ordre juridique des États contractants : Théorie et pratiques helléniques », *in* ILIOPOULOS - STRANGAS Julia (dir.), *La protection des droits de l'homme dans le cadre européen*, Baden Baden : Nomos, 1993, pp. 117 – 129

L

LABAYLE Henri, « Droits fondamentaux et droit européen », *AJDA,* n°spécial, 1998, pp. 75 - 91

LABAYLE, Henri, MEHDI Rostane, « Le Conseil constitutionnel, le mandat d'arrêt européen et le renvoi préjudiciel à la Cour de justice », *RFDA,* n°3, 2013, pp. 461 - 476

LAFAILLE Franck

— « Convention européenne des droits de l'homme et Constitution italienne : la place du droit conventionnel au sein de la hiérarchie normative », *RDP*, n°4, 2009, pp. 1137 - 1154

— « L'arrêt Vallianatos contre Grèce et la protection conventionnelle des couples homosexuels. Du contrôle de constitutionnalité des lois in abstracto opéré par la Cour constitutionnelle européenne des droits de l'homme », *D.*, n°43, 2013, pp. 2888 - 2891

LAHMER Marc, « séparation et balances des pouvoirs », *in* ALLAND Denis, RIALS Stéphane (dir.), *Dictionnaire de la culture juridique*, Paris : PUF, 2003, pp. 1406 - 1411

LAMY (de) Bertrand, « L'exception d'inconstitutionnalité : une vieille idée neuve », *in* DRAGO Guillaume (dir.), *L'application de la Constitution par les Cours suprêmes. Conseil constitutionnel, Conseil d'État, Cour de cassation,* Paris : Dalloz, 2006, pp.117 - 141

LARROUTUROU Thibault, « La QPC est - elle une voie de recours à épuiser avant de saisir la Cour européenne des droits de l'homme ? », article présenté lors du IXème Congrès français de droit constitutionnel, [http://www.droitconstitutionnel.org/congresLyon/CommLC/C - larrouturou_T2.pdf]

LARUE Xavier et al., « Légalité du permis de construire du musée d'art contemporain de la fondation Louis Vuitton », *AJDA*, n°27, 2012, pp. 1496 - 1501

LASCOMBE Michel, « Les vicissitudes de la « règle d'or » budgétaire », *in* de GROVE - VALDEYRON Nathalie, BLANQUET Marc, DUSSART Vincent (dir.), *Mélanges en l'honneur du Professeur Joël Molinier*, Paris : LGDJ, 2012, pp. 373 - 386

LATOURNERIE Marie - Aimée, « Le libre exercice du culte », *in* MASSIS Thierry, PETTITI Christophe (éd.), *La liberté religieuse et la Convention européenne des droits de l'homme*, Bruxelles : Nemesis Bruylant, 2004, pp. 131 - 145

LAULHE SHAELOU Stéphanie, « 'Nous les peuples'. L'identité constitutionnelle dans les jurisprudences tchèque, polonaise et lettone », *in* BURGORGUE - LARSEN Laurence (dir.), *L'identité constitutionnelle saisie par les juges en Europe*, Paris : éd. A. Pédone, 2011, pp. 133 - 152

LE BAUT - FERESSE Bernadette, « Dans quelle situation le droit communautaire trouve - t - il à s'appliquer en droit interne ? » *LPA*, n°97, 2005, pp. 4 - 9

LE BOT Olivier, « Contrôle de constitutionnalité a priori et a posteriori en Europe », *NCCC*, n°40, 2013, pp. 117 - 135
LE DIVELLEC Armel, « Un ordre constitutionnel confus. Indicibilité et incertitudes de la Constitution française », *in* CHAGNOLAUD Dominique, BALLADUR Édouard (dir.), *Les 50 ans de la Constitution : 1958 - 2008*, Paris : Litec, 2008, pp. 147 - 158
LE POURHIER Anne - Marie, « L'injustice constitutionnelle », *in Renouveau du droit constitutionnel, mélanges en l'honneur de Louis Favoreu*, Paris : Dalloz 2007, pp. 223 - 231
LEBEN Charles, « Ordre juridique » *in* ALLAND Denis, RIALS Stéphane (dir.), *Dictionnaire de la culture juridique*, Paris : PUF, 2003, pp. 1113 - 1119
LENOIR Noëlle
— « La jurisprudence de la CEDH, facteur d'actualisation de la DDHC de 1789 », *LPA*, n°254, 2010, pp. 26 - 28
— « Les rapports entre le droit constitutionnel français et le droit international à travers le filtre de l'article 54 de la Constitution de 1958 », *in* Dupuy Pierre - Marie. (dir.), *Droit international et droit interne dans la jurisprudence comparée du Conseil constitutionnel et du Conseil d'État*, Paris : éd. Panthéon - Assas, diff. LGDJ, 2001, pp. 11 - 30
LEVADE Anne
— « Perspectives : confrontation entre contrôle de conventionnalité et contrôle de constitutionnalité », *AJDA*, n°22, 2011, pp. 1257 - 1261
— « Anatomie d'une première : envoi préjudiciel du Conseil constitutionnel à la Cour de justice ! », *JCP G*, n°3, 2013, pp. 1111 - 1114
— « Articulation des contrôles : l'examen de la constitutionnalité « par suite » d'un arrêt préjudiciel », *JCP G*, n°29, 2013, pp. 1448 - 1451
— « Droit national, droit international et droits européens », *Constitutions*, n°3, 2010, pp. 385 - 393
— « Identité constitutionnelle et exigence existentielle comment concilier l'inconciliable », *in* MASCLET Jean - Claude et al. (dir.), *L'Union européenne. Union de droit, union des droits, Mélanges en l'honneur du Professeur Philippe Manin,* Paris : éd. A. Pédone, 2010, pp. 109 - 128
— « Identités constitutionnelles et hiérarchies », *AIJC*, vol. XXVI, 2010, pp. 453 - 477
— « L'adhésion de l'Union européenne à la Cour européenne des droits de l'homme », *AIJC*, vol. XXVIII, 2012, pp. 601 - 618
— « La 'guerre des trois' n'aura pas lieu ! Sur l'improbabilité des conflits », *JCP G*, supplément au n°26, 2011, pp. 16 - 22
— « La nouvelle Constitution hongroise mise en cause par l'Union européenne », *Constitutions*, n°1, 2012, pp. 68 - 69
— « La QPC pourrait - elle être un recours interne à épuiser ? (CEDH, 30 avril 2013, Hasan Uzun c/ la Turquie, n°10755/13) », *Constitutions*, n°2, 2013, pp. 192 - 194

— « Le cadre constitutionnel du contrôle de l'action du gouvernement par le parlement devant le conseil constitutionnel », *in* MAGNON Xavier, GHEVONTIAN Richard, FATIN - ROUGE STEFANINI Marthe (dir.), *Pouvoir exécutif et Parlement : de nouveaux équilibres ? l'impact de la révision constitutionnelle du 23 juillet 2008 sur le rééquilibrage des institutions*, Aix-en-Provence : Presses universitaires d'Aix Marseille, 2012, pp. 67 - 90
— « Le contrôle indirect du droit européen par le Conseil constitutionnel », *Annuaire de droit européen*, vol. VII, 2012, pp. 109 - 125
— « Le droit de l'Union ne régit pas les relations entre Convention européenne des droits de l'homme et droit national », *Constitutions*, n°2, 2012, pp. 290 - 292
— « L'identité constitutionnelle tchèque méconnue : quand la Cour constitutionnelle conteste une décision de la Cour de justice », *Constitutions*, n°2, 2012, p. 292 - 293
— « MES et TSCG et Loi Fondamentale allemande : compatibilité à préciser [C. const. féd. allemande, BVerfGE, 12 sept. 2012, 2 BvR 1390/12, 2 BvR 1421/12, 2BvR 1438/12, 2BvR 1439/12, 2 BvR 1440/12, 2 BvE 6/12] », *Constitutions*, n°4, 2012, pp. 581 - 582.
— « Ordonnance d'incompétence : la Cour de justice n'examine pas le caractère prioritaire de la question préjudicielle de constitutionnalité belge CJUE, ord. 1er mars 2011, n°C - 457/09, Claude Chartry c/ État belge », *Constitutions*, n°3, 2011 pp. 330 - 331
— « Premier renvoi préjudiciel du Conseil constitutionnel à la Cour de justice : nouveau cadre procédural du dialogue des juges ! », *Constitutions*, n°2, 2013, pp. 187 - 189
— « Quelle identité constitutionnelle nationale face à l'Union européenne ? », *Annuaire de droit européen*, Vol. II, 2004, pp. 173 - 197
— « Renvoi préjudiciel versus Question prioritaire de constitutionnalité : la Cour de cassation cherche le conflit ! », *D.*, n°20, 2010, pp. 1254 - 1258
— « Trois arrêts pour cerner un intérêt légitime ou comment identité constitutionnelle des États et primauté du droit de l'Union sont re - conciliées », *Constitutions* n°3, 2011, pp. 332 - 333
— « TSCG et Constitution française : quand l'interprétation fait la compatibilité ! Cons. const., 9 août 2012 », *Constitutions*, n°4, 2012, pp. 575 - 580
— « Mandat d'arrêt européen : quand confiance et reconnaissance mutuelles font obstacle au « sauf si » ! , (CJUE 26 février 2013, Stefano Melloni c/ Ministerio Fiscal, aff. C - 399/11) », *Constitutions*, n°2, 2013 p. 184 - 186
LEVINET Michel
— « L'autolimitation de la Cour européenne des droits de l'homme en matière de réglementation des droits politiques », *RFDA*, n°5, 1998, pp. 1007 - 1010
— « Société démocratique et laïcité dans la jurisprudence de la Cour européenne des droits de l'homme », *in* GONZALEZ Gérard (dir.), *Laïcité,*

liberté de religion et Convention européenne des droits de l'homme, Bruxelles : Nemessis - Bruyant, 2006, pp. 81 - 114

LOUIS Jean - Victor, « La primauté du droit de l'Union, un concept dépassé ? », *in* COHEN - JONATHAN Gérard, CONSTANTINESCO Vlad, MICHEL Valérie (dir.), *Chemins d'Europe : mélanges en l'honneur de Jean - Paul Jacqué*, Paris : Dalloz, 443 - 461

LUCIANI Massimo, « L'interprétation conforme et le dialogue des juges », *in Le dialogue des juges : mélanges en l'honneur du président Bruno Genevois*, Paris : Dalloz, 2009, pp. 695 - 707

M

MAGNON Xavier, « La doctrine, la QPC et le Conseil constitutionnel : Quelle distance ? Quelle expertise ? », *RDP*, n°1, 2013, pp. 135 - 154

MALLIOS Evangelos, « Les incompatibilités parlementaires face à la Convention européenne des droits de l'homme », *AIDH*, vol. II, 2007, pp. 609 - 621

MANESIS Aristovoulos, « La Constitution au seuil du XXIe siècle », *in mélanges en l'honneur de Nicolas Valticos*, droit et justice, Paris : éd. A. Pédone, 1999, pp.673 - 694

MANIN Philippe, « Une conséquence de la crise financière : la révision et l'adaptation des traités constitutifs de l'Union européenne », *in* BOUTAYEB Chahira et al. (dir.), *La Constitution, l'Europe et le droit Mélanges en l'honneur de Jean - Claude Masclet*, Paris : Publications de la Sorbonne, 2013, pp. 695 - 711

MARCUS - HELMONS Silvio, « Premier protocole additionnel. Article 3 », *in* PETTITI Louis - Edmond et al. (dir.), *La Convention européenne des droits de l'homme commentaire article par article*, Paris : Economica, 1995, pp. 1011 - 1020

MARGUENAUD Jean - Pierre, « L'épilogue européen de l'affaire du tableau d'amortissement, (Cour EDH 2e section, 14 févr. 2006, Lecarpentier et autre c/ France) », *RTDCiv*, n°2, 2006, pp. 261 - 263

MARIATTE Flavien, « Invocabilité de substitution des directives n°89/48 et n°92/51 sur la reconnaissance des diplômes. CJCE, C - 141/04, Peros, CJCE et C - 142/04, Aslanidou du 14 juillet 2005 », *Europe*, n°10, 2005, p. 13 - 14

MARINI Philippe, BOUVIER Michel, ALVENTOSA Jean - Raphaël, « L'introduction de la « règle d'or » budgétaire dans la Constitution », *Constitutions*, n°1, 2011, pp. 23 - 38

MASSIS THIERRY

— « L'avocat et la liberté de croire ou de ne pas croire (À propos de l'arrêt de la Cour EDH Alexandridis c / Grèce du 21 février 2008) », *Gazette du Palais*, n°103, 2008, p. 12.

— « Respect des croyances, dignité et liberté d'expression », *in* MASSIS Thierry, PETTITI Christophe (éd.), *La liberté religieuse et la Convention européenne des droits de l'homme*, Bruxelles : Nemesis Bruylant, 2004, pp. 115 - 129

MATHIEU Bertrand

— « De la difficulté et de l'utilité de modifier les droits fondamentaux inscrits dans la Constitution », *in Terres du droit : mélanges en l'honneur d'Yves Jégouzo*, Paris : Dalloz, 2009, pp. 149 - 156

— « Devant le juge constitutionnel : Un nouvel équilibre entre les considérations liées à l'intérêt général et celles relatives à la garantie des droits ? », *RFDA*, n°1, 1998, pp. 148 - 159

— « Droit constitutionnel français et construction européenne », *in, Défense nationale - intégration européenne, les réponses constitutionnelles*, Athènes - Komotini - Bruxelles : éd. A. Sakkoulas et Bruylant, 2002, pp.47 - 70

— « La QPC, une protection efficace des droits et libertés ? », *JCP G*, n°11, 2013, p. 514.

— « Les décisions du Conseil constitutionnel et de la Cour européenne des droits de l'homme : coexistence - autorité - conflits - régulation », *NCCC*, n°32, 2011, pp. 45 - 66

— « Neuf mois de jurisprudence relative à la QPC, un bilan », *Pouvoirs*, n°137, 2011, pp. 57 - 71

— « Première table ronde : le Conseil constitutionnel et les juges », *in* MATHIEU Bertrand, VEPREAUX Michel (dir.), *L'autorité des décisions du Conseil constitutionnel*, Paris : Dalloz, 2010, p. 121

— « Rapports normatifs entre le droit communautaire et le droit national », *RFDC*, n°72, 2007, pp. 675 - 693

— « Une jurisprudence qui pêche par excès de timidité, CEDH, 28 octobre 1999, Zielinski et Pradal et Gonzales et autres c/ France », *RFDA* n°6, 2000, pp. 1201 - 1205

— « La Cour de cassation tente de faire invalider la question prioritaire de constitutionnalité par la Cour de Luxembourg », *JCP G*, n°17, 2010, pp. 866 - 867.

MATHIEU Bertrand, LEVADE Anne, « L'internationalisation du droit constitutionnel acteurs - domaines - techniques », *Revue européenne de droit public*, n°1, 2006, pp. 161 - 214

MAUS Didier, « L'Europe constitutionnelle », *in* MASCLET Jean - Claude et al. (dir.), *L'Union européenne. Union de droit, union des droits, Mélanges en l'honneur du Professeur Philippe Manin,* Paris : éd. A. Pédone, 2010, pp. 129 - 144

MAYER Franz, « L'identité constitutionnelle dans la jurisprudence constitutionnelle allemande », *in* BURGORGUE - LARSEN Laurence (dir.), *L'identité constitutionnelle saisie par les juges en Europe*, éd. Paris : éd. A. Pédone, 2011, pp. 63 - 88

MEHDI Rostane, « L'exécution nationale du droit communautaire. Essai d'actualisation d'une problématique au cœur des rapports de systèmes » *in Mélanges en hommage à Guy Isaac, 50 ans de droit communautaire, t. 2*, Toulouse : éd. Presses de l'Université des sciences sociales de Toulouse, 2004, pp. 615 - 637,

MESSNER Francis, « Les rapports entre les Églises et les États en Europe : La laïcité comme modèle ? », *in* GONZALEZ Gérard (dir.), *Laïcité, liberté de religion et Convention européenne des droits de l'homme*, Bruxelles : Nemessis - Bruyant, 2006, pp. 51 - 80

MILANO Laure, « Implications de la non - exécution d'un arrêt du tribunal constitutionnel », *JCP G*, 2013, n°317, p. 552

MIRANDA Jorge, ALEXANDRINO Jose, « Note sur l'arrêt du tribunal constitutionnel portugais n°182/89 », *in* BON Pierre, MAUS Didier (dir.), *Les grandes décisions des cours constitutionnelles européennes*, Paris : Dalloz 2008 pp. 759 - 760

MODERNE Franck, « Présentation de la question dans la déclaration du Tribunal constitutionnel espagnol du 13 décembre 2004 », *RFDA*, n°1, 2005 pp. 43 - 50

MONTALIVET (de) Pierre, « La dégradation de la qualité de la norme constitutionnelle sous la Ve République », *RDP*, n°4, 2012, pp. 925 - 946

MOUTON Jean - Denis, « Réflexions sur la prise en considération de l'identité constitutionnelle des États membres de l'Union européenne », *in* MASCLET Jean - Claude et al. (dir.), *L'Union européenne. Union de droit, union des droits, Mélanges en l'honneur du Professeur Philippe Manin*, Paris : éd. A. Pédone, 2010, pp. 145 - 154

MOUZOURAKI Paraskevi, « Table ronde, la Cour constitutionnelle et l'équilibre des finances publiques : Grèce », *AIJC*, vol. XXVIII, 2012, pp. 307 - 321

MURPHY Cameron, « Note sous l'arrêt, Cour de Justice de l'Union européenne, 22 décembre 2010, affaire numéro C - 208/09, Ilonka Sayn - Wittgenstein contre Landeshauptmann von Wien », *RDUE*, n°1, 2011, pp. 131 - 138

N

NICOLELLA Mario, VEDRENNE Marie - Pierre, « Note sous Cour de Justice des Communautés Européennes (CJCE), 13 mars 2007, affaire C - 432/05, Unibet (London) Ltd, Unibet (International) Ltd c. Justitiekanslern », *Gazzette du Palais*, n°191, 2007, p. 54

NIEMEC - GOMBERT, Amélie, « L'inconstitutionnalité de l'absence de publicité des arrêtés d'admission d'enfants en qualité de pupilles de l'État », *LPA*, n°211, 2012, pp. 6 - 12

NIHOUL Pierre, « Les relations entre la Cour constitutionnelle belge et les autres pouvoirs : Indépendance et influence », *Constitutions*, n°4, 2012 pp. 525 - 542

O

OLIVA Eric

— « La loi organique du 17 décembre 2012 relative à la programmation et à la gouvernance des finances publiques : l'inclusion dans l'ordre juridique national de la règle d'équilibre et des administrations publiques », *RFDA*, n°2, 2013, pp. 440 - 456

— « Le pacte de stabilité devant les juridictions constitutionnelles », *RFDA*, n°6, 2012, pp. 1043 - 1057

ORSONI Gilbert, « Faut - il juridiciser l'équilibre budgétaire ? », *in* de GROVE - VALDEYRON Nathalie, BLANQUET Marc, DUSSART Vincent (dir.), *Mélanges en l'honneur du Professeur Joël Molinier*, Paris : LGDJ, 2012, pp. 483 - 493

P

PALLI Barbara, « Le droit du travail confronté à la faillite de l'État : le cas de la Grèce », *Droit social*, 2013, pp. 4 - 16.

PANAGOPOULOS Antonis

— « La révision de la Constitution hellénique et la justice constitutionnelle », *RFDC*, n°51, 2002, pp. 677 - 682

— « Une Cour constitutionnelle en Grèce, remarques sur l'institution proposée par l'opposition dans le cadre de la révision constitutionnelle », *AIJC*, vol. XXI, 1995, pp.75 - 88

PANAGOULIAS Konstantinos, « Le droit de vote de la diaspora, une limitation excessive de la marge nationale d'appréciation, à propos de l'arrêt de la Cour européenne des droits de l'homme du 8 juillet 2010, Sitaropoulos et autres c. Grèce », *AIDH*, vol. V, 2010, pp. 697 - 718

PAPADOPOULOU Olga, AKRIVOPOULOU Christina, « La problématique d'une Cour constitutionnelle en Grèce dans le contexte d'une nouvelle révision constitutionnelle », *AIDH,* vol. III, 2008, pp. 551 - 566

PARDINI Jean - Jacques, « Question prioritaire de constitutionnalité et question incidente de constitutionnalité italienne : ab origine fidelis », *Pouvoirs*, n°137, 2011, pp. 101 - 122

PASCAL Jan, « L'instabilité constitutionnelle sous la Ve République. Les dangers du bavardage constitutionnel » *in* BOUTAYEB Chahira et al. (dir.), *La Constitution, l'Europe et le droit Mélanges en l'honneur de Jean - Claude Masclet*, Paris : Publications de la Sorbonne, 2013, pp. 273 - 282

PASTRE - BELDA Béatrice, « La Cour européenne des droits de l'homme, entre promotion de la subsidiarité et protection effective des droits », *RTDH*, n°94, 2013, pp. 251 - 273

PEIFFERT Olivier, « L'encadrement des règles constitutionnelles par le droit de l'Union européenne », *CDE*, n°2, 2011, pp. 433 - 470

PERALDI - LENEUF Fabienne, « Le contrôle de compatibilité des actes de l'Union au regard des droits fondamentaux, ex ante ou ex post ? », *in* de GROVE - VALDEYRON Nathalie, BLANQUET Marc, DUSSART Vincent (dir.), *Mélanges en l'honneur du Professeur Joël Molinier*, Paris : LGDJ, 2012, pp. 495 - 518

PEREZ Sophie, « Les juridictions administratives françaises et les droits fondamentaux garantis par l'Union européenne », *in*, RIDEAU Joël (dir.), *Les droits fondamentaux dans l'Union européenne dans le sillage de la Constitution européenne* Bruxelles : Bruyant, 2009, pp. 321 - 343

PERRIER Jean - Baptiste, « La CJUE et la question prioritaire de constitutionnalité : entre primauté et priorité », *LPA*, n°172, 2010, pp. 9 - 14

PESCATORE Pierre, « La Cour de justice des communautés européennes et la Convention européenne des Droits de l'homme », *in Protection des droits de l'homme mélanges en l'honneur de Gérard J. Wiarda*, Köln : C. Heymanns, 2e éd., 1990, pp. 441 - 455.

PETTITI Christophe, « Interventions - Table ronde », *in* TEITGEN - COLLY Catherine (dir.), *Cinquantième anniversaire de la Convention européenne des droits de l'homme*, Bruxelles : Nemessis Bruyant, 2002, pp. 289 - 293

PETTITI Louis - Edmond, « Les États parties et leurs engagements », *in* PETTITI Louis - Edmond (dir.), *La Convention européenne des droits de l'homme*, Paris : Economica, 2e éd. 1999, pp. 3 - 25

PFERSMANN Otto

— « Hiérachie des normes », *in* ALLAND Denis, RIALS Stéphane (dir.), *Dictionnaire de la culture juridique*, Paris : PUF, 2003, pp. 779 - 783

— « Le nouveau constitutionnalisme comparé et les rapports entre juridictions suprêmes », *in* ILIOPOULOS - STRANGAS Julia (dir.), *Cours suprêmes nationales et cours européennes : concurrence ou collaboration ? in memoriam Louis Favoreu*, Athènes Bruxelles : A. Sakkoulas Bruylant, 2007, pp. 45 - 60

PICARD Étienne, « Construction européenne et droit constitutionnel », *in* HEUZE Vincent, HUET Jérôme, TERRE François (dir.), *Construction européenne et état de droit*, Paris : éditions Panthéon - Assas diff. LGDJ, 2012, pp. 37 - 103

PICOD Fabrice

— « La Charte doit être respectée dès qu'une réglementation nationale entre dans le champ d'application du droit de l'Union », *JCP G*, n°11, 2013, p. 505

— « Un juge national peut ne pas respecter la position d'une cour constitutionnelle s'agissant du droit de l'Union », *JCP G*, n°5, 2013, p. 195

PINON Stéphane, « Le droit constitutionnel européen, une discipline autonome ? », *Annuaire de droit européen*, vol. VI, 2008, pp. 61 - 73

PIRIS Jean - Claude, « L'Union européenne, vers une nouvelle forme de fédéralisme », *RTDE*, n°41, 2005, pp. 243 - 260

PIWNICA Emmanuel, « Faut - il contrôler la constitutionnalité de la loi promulguée ? », *in* DRAGO Guillaume (dir.), *L'application de la Constitution par les Cours suprêmes. Conseil constitutionnel, Conseil d'État, Cour de cassation*, Paris : Dalloz, 2006, pp. 89 - 96

PIZZORUSSO Alessandro, « Procédures et techniques de protection des droits fondamentaux. Cour constitutionnelle italienne », *Revue internationale de droit comparé*, vol. 33, 1981, pp. 395 - 416

PUISSOCHET Jean - Pierre, GERVASONI Stéphane, « Droit communautaire et droit national : à la recherche des situations de l'ordre interne », *in Juger l'administration, administrer la justice, Mélanges en l'honneur de Daniel Labetoulle*, Paris : Dalloz, 2007, pp. 717 - 732

Q

QUEROL Francis, La crise financière mondiale et la gouvernance au sein de la zone euro : entre logique intergouvernementale et logique fédérale, *in* de GROVE - VALDEYRON Nathalie, BLANQUET Marc, DUSSART Vincent (dir.), *Mélanges en l'honneur du Professeur Joël Molinier*, Paris : LGDJ, 2012, pp. 551 - 572

R

RAYNAUD Julien, « La rétroactivité condamnée par la CEDH dans l'affaire du tableau d'amortissement des prêts immobiliers : note sous CEDH, deuxième section, 14 février 2006, Lecarpentier et a. contre France, requête numéro 67847/01 » *JCP E*, n°27, 2006, pp. 1208 - 1212

RENUCCI Jean - François, « Droit européen des droits de l'homme. La notion de « victime » au sens de l'article 34 de la Convention européenne des droits de l'homme », *D.*, n°4, 2014, pp. 238 - 243

RIBES Didier, « L'incidence financière des décisions du juge constitutionnel », *CCC*, n°24, 2008, pp. 104 - 108

RIDEAU Joël

— « Contrôle de constitutionnalité et contrôle de conventionnalité : les orphelins de la pyramide », *RDP*, dossier spécial, n°3, 2009, pp.601 - 630

— « Les implications constitutionnelles de l'appartenance à l'Union européenne », *in Mélanges en hommage à Guy Isaac, 50 ans de droit communautaire, t. 1*, Toulouse : éd. Presses de l'Université des sciences sociales de Toulouse, 2004, pp. 83 - 103

RIGAUX Anne, « Premier épisode procédural de la question prioritaire de constitutionnalité devant la Cour », *Europe*, n°7, 2010, pp. 21 - 22

RITLENG Dominique

— « Cours constitutionnelles nationales et renvoi préjudiciel », *in* de GROVE - VALDEYRON Nathalie, BLANQUET Marc, DUSSART Vincent (dir.), *Mélanges en l'honneur du Professeur Joël Molinier*, Paris : LGDJ, 2012, pp. 585 - 604

— « Le droit au respect de l'identité constitutionnelle nationale », *in* BARBATO Jean - Christophe, MOUTON Jean - Denis (dir.), *Vers la reconnaissance de droits fondamentaux aux États membres de l'Union européenne ?*, Bruxelles : Bruyant, 2010, pp. 21 - 47

RIVERO Jean, « Contrôle de la constitutionnalité des lois, commentaire à la décision du 15 janvier 1975 », *AJDA*, n°3, 1975, pp. 134 - 138

ROBERT Jacques, « Les relations des églises et de l'État en Europe », *in La liberté religieuse et la Convention européenne des droits de l'homme*, Bruxelles : Nemessis - Bruyant, 2004, pp. 25 - 40

ROBLOT - TROISIER Agnès

— « L'identité constitutionnelle de la France, CC, Décision n°2006 - 540 DC du 27 juillet 2006, *Loi relative au droit d'auteur et aux droits voisins dans la société de l'information*, Recueil, p. 88 » *in* VERPREAUX Michel et al. *Droit constitutionnel les grandes décisions de la jurisprudence*, Paris : PUF, 2011, pp. 20 - 29

— « La suprématie de la Constitution - La position des européennes, CEDH, 11 janvier 2005, Py contre France (n°66289/01) » *in* VERPEAUX Michel et al. *Droit constitutionnel les grandes décisions de la jurisprudence*, Paris : PUF, 2011, pp. 279 - 286

ROLLAND Patrice

— « L'interprétation de la Convention », *RUDH*, dossier spécial le juge administratif français et la Convention européenne des droits de l'homme, 1991, pp. 280 - 288

— « Le contrôle de l'opportunité par la Cour Européenne des Droits de l'Homme », *in* ROUSSEAU Dominique et SUDRE Frédéric (dir.), *Conseil Constitutionnel et Cour Européenne des Droits de l'Homme*, Paris : STH, 1990, pp. 47 - 75

— « Synthèse et conclusion », *in* GONZALEZ Gérard (dir.), *Laïcité, liberté de religion et Convention européenne des droits de l'homme*, Bruxelles : Nemessis - Bruyant, 2006, pp. 249 - 266

RONDEY Céline, « Le point final n'est pas mis à 'l'affaire du tableau d'amortissement', CEDH, 14 février 2006, Lecarpentier et autre c/ France », *D.*, n°10, 2006, p. 717

ROSSETTO Jean, « Quelques observations sur les conditions de l'adhésion de l'Union européenne à la CEDH », *in* BOUTAYEB Chahira et al. (dir.), *La Constitution, l'Europe et le droit Mélanges en l'honneur de Jean - Claude Masclet*, Paris : Publications de la Sorbonne, 2013, pp. 927 - 939

ROUCOUNAS Emmanouil

— « Grèce : Les traités », *in* Eisemann Pierre Michel (dir.), *L'intégration du droit international et communautaire dans l'ordre juridique national étude de la pratique en Europe*, The Hague London : Kluwer Law international, 1996, p. 287 - 315

— « Le droit international dans la Constitution de la Grèce », *RHDI* 1976 pp. 51 - 73

ROUSSEAU Charles, « Étendue du caractère obligatoire de la Convention européenne des droits de l'homme (Cour d'appel de Paris, 29 février 1980, Georges Audrieu) », *Revue générale de Droit international public*, n°1, 1983, pp. 225 - 226

ROUSSEAU Dominique

— « Faut - il une Cour constitutionnelle pour contrôler la constitutionnalité des lois », *in Constitutions et pouvoirs : mélanges en l'honneur de Jean Gicquel*, Paris : Montchrestien, 2008, pp. 465 - 474

— « La notion de patrimoine constitutionnel européen », *in*, *Droit et politique à la croisée des cultures, Mélanges Philippe Ardant*, Paris : LGDJ, 1999, pp. 27 - 46

— « Synthèse : bonne fête à la Convention européenne des Droits de l'Homme », *LPA*, n°254, 2010, pp. 47 - 48

— « Vers un ordre juridictionnel européen des droits et libertés ? L'intégration de la Convention européenne des Droits de l'homme au bloc de constitutionnalité », *in* ROUSSEAU Dominique et SUDRE Frédéric (dir.), *Conseil Constitutionnel et Cour Européenne des Droits de l'Homme*, Paris : STH, 1990, pp. 117 - 153

— « Question prioritaire de constitutionnalité », *Gazette du Palais*, n°178 - 180, 2010, pp. 19 - 21

ROUX André, « Contrôle de constitutionnalité. Organisations juridictionnelles », *in* TROPER Michel, CHAGNOLLAUD Dominique (dir.), *Traité International de droit constitutionnel, t. III Suprématie de la Constitution*, Paris : Dalloz, 2012, pp.108 - 146

ROUX Jérôme, « La Cour de justice et le contrôle incident de constitutionnalité des directives de l'Union : remarques sur un obiter dictum », *D.*, n°38, 2010, pp. 2524 - 2525

RUEDA Frédéric, « 'Règle d'or' ou règles d'or. De la discipline budgétaire en droit comparé européen », *in* de GROVE - VALDEYRON Nathalie, BLANQUET Marc, DUSSART Vincent (dir.), *Mélanges en l'honneur du Professeur Joël Molinier*, Paris : LGDJ, 2012, pp. 605 - 622

RUSSO Carlo, « Le rôle joué par le Professeur Pierre - Henri Teitgen dans l'élaboration de la Convention européenne des droits de l'homme », *in* TEITGEN - COLLY Catherine (dir.), *Cinquantième anniversaire de la Convention européenne des droits de l'homme*, Bruxelles : Nemessis Bruyant, 2002, pp. 59 - 66

S

SAIN ARNAIZ Alejandro, « Identité nationale et droit de l'Union européenne dans la jurisprudence constitutionnelle espagnole », *in* BURGORGUE - LARSEN Laurence (dir.), *L'identité constitutionnelle saisie par les juges en Europe*, Paris : éd. A. Pédone, 2010, pp. 101 - 131

SAINTE - ROSE Jerry, « Le contrôle de la conventionnalité des validations législatives par le juge judiciaire », *RFDA*, n°6, 2000, pp. 1189 - 1200

SALICETI Alessandro Ianniello, « Constitution et primauté : un bilan jusqu'à l'arrêt «Melki Abdeli » », *Revue de l'Union européenne,* n°3, 2010, pp. 583 - 624

SALVIA (de) Michel, « Liberté de religion, esprit de tolérance et laïcité dans la jurisprudence de la Cour européenne des droits de l'homme », *in Libertés, justice, tolérance, mélanges en hommage au Doyen Gérard Cohen - Jonathan, t. I,* Bruxelles : Bruylant, 2004, pp. 591 - 606

SARMAS Ioannis, « Spécificités nationales : le cas grec », *LPA*, n°254, 2010, pp. 44 - 46

SAULNIER - CASSIA Emmanuelle, « Le droit européen dans l'élaboration de la loi » *in* Jean - Bernard AUBY (dir.), *L'influence du droit européen sur les catégories du droit public*, Paris : Dalloz, 2010, pp. 21 - 38

SCHMIED Frédéric, « L'accès des particuliers au juge de la légalité - L'apport de l'arrêt Unibet », *Journal de droit européen*, n°140, 2007, pp. 166 - 170

SCHWARZE Jürgen, « Introduction », *in* SCWHARZE Jürgen (dir.), *La naissance d'un ordre constitutionnel européen: l'interaction du droit constitutionnel national et européen*, Baden - Baden Bruxelles : Nomos Verl. Bruylant, 2001, pp. 11 - 21

SCHWERER François, « Le principe de subsidiarité dans la construction européenne » *in* BICHOT Jacques, COULANGE Pierre, LECAILLON Jean - Didier (dir.), *La subsidiarité,* Aix - en - Provence : Presses Universitaires d'Aix - Marseille, 2014, pp. 67 - 83

SCMIED Frédéric, « L'accès des particuliers au juge de la légalité - L'apport de l'arrêt Unibet », *JDE*, n°140, 2007, pp. 166 - 170

SEVERINO Caterina, « La censure de la loi Alfano par la Cour constitutionnelle italienne », *Constitutions*, n°1, 2010, pp. 39 - 44.

SIMON Denys

— « note sur l'arrêt, Cour de Justice des Communautés Européennes (CJCE), grande Chambre, 13 mars 2007, Unibet, affaire C - 432/05 », *Europe*, n°5, 2007, pp. 9 - 10

— « Hongrie : valeurs de l'Union versus identité constitutionnelle des États membres », *Europe*, n°8/9, 2013, pp. 1 - 2

— « état de droit et compétences de l'Union européenne », *in* HEUZE Vincent, HUET Jérôme, TERRE François (dir.), *Construction européenne et état de droit*, Paris : éditions Panthéon - Assas diff. LGDJ, 2012, pp. 21 - 35

— « L'identité constitutionnelle dans la jurisprudence de l'Union », in BURGORGUE - LARSEN Laurence (dir.), *L'identité constitutionnelle saisie par les juges en Europe*, Paris : éd. A. Pédone, 2011, pp. 27 - 43

— « La prolixité des juridictions constitutionnelles des États membres sur la mise en œuvre du droit de l'Union », *Europe*, n°4, 2014, pp. 1 - 2

— « Note sur l'arrêt, Cour de Justice des Communautés Européennes (CJCE), grande chambre, 13 mars 2007, Unibet, affaire C - 432/05 », *Europe*, n°5, 2007, pp. 9 - 10
— « Une première un peu ambiguë : la Cour de Karlsruhe interroge la Cour de Luxembourg sur le plan de sauvetage de l'euro » : *Europe*, n°3, 2014, p. 1
SOREL Jean - Marc, « Le rôle du droit international dans le développement du pluralisme (et vice versa) : une liaison moins naturelle qu'il n'y paraît », *in* FONTAINE Lauréline (dir.), *Droit et pluralisme*, Bruxelles : Némésis Bruylant, 2007, pp. 73 - 99
SPILIOTOPOULOS Epaminondas
— « Chronique de la jurisprudence grecque », *AIJC*, vol. V, 1985, pp. 435 - 456
— « Le juge constitutionnel : Grèce », *AIJC*, vol. IV, 1988, pp.155 - 163
— « Les méthodes de travail des juridictions constitutionnelles », *AIJC*, vol. VIII, 1992, pp. 267 - 274
— « première table ronde internationale sur les techniques juridictionnelles du contrôle de constitutionnalité des lois, contrôle diffus et dualité des juridictions sont ils conciliables ? », *AIJC*, vol. V, 1985, pp. 98 - 105
— « Table ronde, les discriminations positives, le cas de la Grèce », *AIJC*, vol. XIII, 1997, pp. 175 - 183
STIRN Bernard, « Le Conseil d'État et les juridictions communautaires : un demi - siècle de dialogue des juges », *Gazette du Palais*, n°45, 2009, pp. 289 - 293
STONE SWEET Alec, « Sur la Constitutionnalisation de la Convention européenne des droits de l'homme : cinquante ans après son installation, la Cour européenne des droits de l'homme conçue comme une Cour constitutionnelle », *RTDH*, n°80, 2009, pp. 923 - 944
STRAUSS David, *The living Constitution*, New York Oxford: Oxford University Press, 2010
STREEL (de) Alexandre, « La gouvernance économique européenne réformée », *RTDE*, n°3, 2013, pp. 455 - 481
STRUYS Michel, FLYNN Leo, « La subsidiarité au sein de l'Union européenne : la dimension juridictionnelle », *in Verdussen Marc (dir.), L'Europe de la subsidiarité*, Bruxelles : Bruylant, 2000, pp. 201 - 250
SUDRE Frédéric
— « Chronique de jurisprudence de la Cour européenne des Droits de l'Homme: Affaires françaises (1999) », *RDP*, n°3, 2000, pp. 699 - 738.
— « Droit de la Convention européenne des droits de l'homme », *JCP G*, n°31, 2006, pp. 1587 - 1592.
— « Exclusion des couples de même sexe du pacte de vie commune », *JCP G*, n°49, 2013, p. 2219
— « Existe - t - il un ordre public européen ? », *in* TAVERNIER Paul (dir.), *Quelle Europe pour les droits de l'homme ?*, Bruxelles : Bruylant, 1996, pp. 39 - 81

— « L'exception d'inconstitutionnalité un chantier difficile, question préjudicielle de constitutionnalité et convention européenne des droits de l'homme », *RDP*, n°3, 2009, pp. 671 - 684
— « L'ordre public européen », *in* Marie Joëlle REDOR (dir.), *L'ordre public:Ordre public ou ordres publics Ordre public et droits fondamentaux*, Bruxelles : Bruylant, 2001, pp. 109 - 132
— « Le pluralisme saisi par le juge européen », *in* FONTAINE Laureline (dir.), *Droit et pluralisme*, Bruxelles : Némésis Bruylant, 2007, pp. 261 - 286
— « À propos du 'dialogue des juges' et du contrôle de conventionnalité », *in Les dynamiques du droit européen en début du siècle. Études en l'honneur de J - C Gautron*, Paris : éd. A. Pedone, 2004, pp. 205 - 224
— « Les obligations positives dans la jurisprudence européenne des droits de l'homme », *RUDH*, 1995, pp. 363 - 384
— « Question préjudicielle de constitutionnalité et convention européenne des droits de l'homme », *RDP*, n°3, 2009, pp.670 - 684.
SUDRE Frédéric, GONZALEZ Gérard et al., « Chronique de jurisprudence de la Cour européenne des Droits de l'Homme (2004) », *RDP*, n°3, 2005, pp. 755 - 831
SZYMCZAK David
— « La compatibilité de la saisine prioritaire avec la Convention européenne des droits de l'homme », *Annuaire de droit européen*, vol. VII, 2012, pp. 79 - 92
— « Convention européenne des droits de l'homme et Cours constitutionnelles nationales » *Annuaire de droit européen*, vol. VI, 2008, pp. 1141 - 1174
— « L'identité constitutionnelle dans la jurisprudence conventionnelle », *in* BURGORGUE - LARSEN Laurence (dir.), *L'identité constitutionnelle saisie par les juges en Europe*, Paris : éd. A. Pédone Paris, 2011, pp. 45 - 60

T
TAVERNIER Paul
— « De la protection équivalente. La jurisprudence Bosphorus à l'heure de l'adhésion de l'Union européenne à la Convention des droits de l'homme », *in* BOUTAYEB Chahira et al. (dir.), *La Constitution, l'Europe et le droit Mélanges en l'honneur de Jean - Claude Masclet*, Paris : Publications de la Sorbonne, 2013, pp. 1003 - 1018
— « Note sous Cour Européenne des Droits de l'Homme (Cour EDH), plénière, 29 octobre 1992, Open Door et Dublin Well Woman contre Irlande », *Journal du droit international*, n°3, 1993, pp. 751 - 755
TCHAKALOFF Marie - France Christophe, GODIN Olivier, « La Constitution est - elle encore la norme fondamentale de la République ? », *D.*, n°12, 1999, pp. 120 - 166

TEITGEN - COLLY Catherine, « Le rayonnement de la Convention européenne des droits de l'homme, propos introductif », *in* TEITGEN - COLLY Catherine (dir.), *Cinquantième anniversaire de la Convention européenne des droits de l'homme*, Bruxelles : Nemessis Bruyant, 2002, pp. 69 - 96

THIOYE Moussa, « La conformité à la CEDH de la loi de validation du 12 avril 1996, (Cour de cassation, première Chambre civile, 20 juin 2000) », *LPA*, n°45, 2001, pp. 12 - 17

THÜRNHERR Daniela, « The reception process in Austria and Switzerland », *in* KELLER Helen, STONE SWEET Alec (dir.), *A Europe of rights, the impact of the ECHR on national legal systems,* Oxford New York : Oxford University Press, 2008, pp. 311 - 392

TITUIN Patrick, « Inéligibilité et convention européenne des droits de l'homme », *in Mélanges en hommage à Luis Edmond Pettiti*, éd. Bruylant : Bruxelles, 1998, pp. 721 - 731

TIZANO Antonio, « Notes sur le rôle de la Cour de justice », *in* KRONENBERGER Vincent et al. (dir.), *De Rome à Lisbonne: les juridictions de l'Union européenne à la croisée des chemins mélanges en l'honneur de Paolo Mengozzi*, Bruxelles : Bruylant, 2013, pp. 223 - 244

TOUZE Sébastien, « Pour une lecture anzilotienne de la Convention européenne des droits de l'homme. À travers la subsidiarité un dualisme oublié ? », *Droits*, n°56, 2012, pp. 255 - 273

TREGUIER Marie - Laure, « Cours constitutionnelles, Cour de justice des communautés européennes et droits fondamentaux », *in* RIDEAU Joël (dir.), *Les droits fondamentaux dans l'Union européenne dans le sillage de la Constitution européenne*, Bruxelles : Bruxelles, 2009, pp. 249 - 275

TROPER Michel

— « La pyramide est toujours debout ! Réponse à Paul Amselek », *RDP*, n°6, 1978, pp. 1523 - 1536

— « Système juridique et État », *in Archives de philosophie du droit*, 1986, t. 31, « système juridique », pp. 29 - 44

TUDEL Michel, « L'évolution de la relation droit - économie au prisme de la mondialisation », *JCP G*, n°19, 2013, p. 959

TUSSEAU Guillaume

— « Critique d'une metanotion fonctionnelle. La notion (trop) fonctionnelle de 'notion fonctionnelle' », *RFDA*, n°4, 2009, p. 641 - 656

— « Le constitutionnalisme européen aux prises avec la « désobéissance institutionnelle » des juges nationaux », *RFDA*, n°1, 2013, pp. 149 - 157

— « Le pacte de stabilité devant les juridictions constitutionnelles. La décision de la Cour constitutionnelle fédérale allemande du 12 septembre 2012 », *RFDA*, n°6, 2012, pp. 1058 - 1068

— « Les budgets d'austérité face aux principes constitutionnels », *RFDA*, n°3, 2013, pp. 672 - 679

V

VALTICOS Nicolas, « Droit de l'homme et démocratie : la Crise grecque », *in* TEITGEN - COLLY Catherine (dir.), *Cinquantième anniversaire de la Convention européenne des droits de l'homme*, Bruxelles : Nemessis Bruyant, 2002, pp. 97 - 105

VAN WAEYENBERGE Arnaud, PECHO Peter, « L'arrêt Unibet et le Traité de Lisbonne, un pari sur l'avenir de la protection juridictionnelle effective », *CDE*, n°1 - 2, 2008, pp.123 - 156.

VEDEL George, « La juridiction compétente pour prévenir faire cesser ou réparer la voie de fait administrative », *JCP G*, 1950, article n°851

VEGLERIS Fédon

— « Le Conseil d'État et l'examen de la constitutionnalité des lois », in *Studi in onore di Silvio Lessona*, Bologna : Zanichelli Editore, 1961, pp. 597 - 655

— « Statut de la Convention des droits de l'homme dans le droit grec » *in Mélanges dédiés à Robert Pelloux*, Lyon : Ed. l'Hermès, 1980, pp. 299 - 318

VERDUSSEN Marc, WILLEMART Elisabeth, « Observations de synthèse. La subsidiarité européenne, instrument d'articulation des ordres juridiques » *in* VERDUSSEN Marc (dir.), *L'Europe de la subsidiarité*, Bruxelles :Bruylant, 2000, pp. 251 - 277

VERPEAUX Michel, « Comment faciliter l'entrée de certains États dans l'Union européenne ? », *LPA*, n°97, 2008, p. 96 - 97

VIALA Alexandre, « Le concept de l'identité constitutionnelle », *in* BURGORGUE - LARSEN Laurence (dir.), *L'identité constitutionnelle saisie par les juges en Europe*, éd. Paris : éd. A. Pédone, 2011, pp. 7 - 24

VIDAL - NAQUET Ariane

— « L'efficacité dans le contrôle de constitutionnalité », *in* FATIN - ROUGE STEFANINI Marthe, GAY Laurence, VIDAL - NAQUET Ariane (dir.), *L'efficacité de la norme juridique : nouveau vecteur de légitimité ?*, Bruxelles : Bruylant, 2012, pp. 187 - 207

— « Le droit du silence. 'Les silences interdits ou la norme imposée' », *RDP*, n°4, 2012, pp. 1089 - 1103

VIDAL Sylvie, « L'inconventionnalité d'une loi de validation déclarée constitutionnelle », *RFDA*, n°4, 2012, pp. 650 - 661

VILARAS Michail, « Le juge communautaire en tant que juge administratif », *in livre jubilaire pour les 75 ans du Conseil d'État*, Athènes - Thessalonique : éd. Sakkoulas, 2004, pp. 1240 - 1261

VIRALLY Michel

— « Sur un pont aux ânes : les rapports entre droit international et droit interne », *in Problèmes de droit des gens, Mélanges offerts à H.Rolin*, Paris : éd. A. Pedone, 1964, pp. 488 - 505

— « Cours général de droit international public, Souveraineté des États et autorité de droit » *RCADI*, t. 183, 1983, pp. 165 - 246

Von UNGERN - STERNBERg Antje, « L'arrêt Lisbonne de la Cour constitutionnelle fédérale allemande, la fin de l'intégration européenne ? », *RDP*, n°1, 2010, pp. 171 - 195
VON WALTER André, « La protection de la dignité humaine face au droit communautaire » *AJDA* n°3, 2005, pp. 152 - 154
VOYATZIS Panayotis, « Les effets des arrêts de la Cour européenne des droits de l'homme dans le temps juridique. Le cas du revirement de jurisprudence et de la violation potentielle », *in La Convention européenne des droits de l'homme un instrument vivant, mélanges en l'honneur de Christos L. Rozakis*, Bruxelles : Bruylant, 2011, pp. 705 - 740

W

WACHSMANN Patrick
— « Les limitations à l'exercice des droits et l'étendue du contrôle juridictionnel », *RUDH,* dossier spécial le juge administratif français et la Convention européenne des droits de l'homme, 1991, pp. 289 - 295
— « Question prioritaire de constitutionnalité et Convention européenne des droits de l'homme », *in* COHEN - JONATHAN Gérard et al. (dir.), *L'homme et le droit : en hommage au professeur Jean - François Flauss*, Paris : éd. A. Pédone, 2014, pp. 796 - 816
WALINE Jean
— « L'influence des décisions de la Cour européenne des droits de l'homme sur le droit positif français », *in Libertés, justice, tolérance : mélanges en hommage au doyen Gérard Cohen - Jonathan, t. II*, Bruxelles : Bruyant, 2004, pp. 1707 - 1727
— « La boite de Pandore : droit administratif et droit communautaire », *in Mélanges en l'honneur de Louis Dubouis, au carrefour des droits*, Paris : Dalloz, 2004, pp. 461 - 489
WENDEL Mattias, « La Cour constitutionnelle fédérale allemande et l'intégration européenne », *AIJC*, VII, 2012, pp. 627 - 645
WOHLFAHRT Stéphane, « Note sous Cour européenne des droits de l'homme, 30 janvier 1998, Parti communiste Unifié de Turquie et autres contre Turquie et 25 mai 1998, Parti Socialiste et autres contre Turquie », *Journal du droit international*, n°1, 1999, pp. 213 - 215

Y

YANNAKOPOULOS Constantin
— « L'influence du droit de l'Union européenne sur le système de contrôle juridictionnel de constitutionnalité des lois : les paradigmes français et grec », *RFDC*, n°91, 2012, pp.537 - 561
— « Le juge national, le droit de l'Union européenne et la crise financière », *RTDE*, n°1, 2013, pp. 147 - 152

— « Un Etat devant la faillite : entre droit et non - droit » publié sur constitutionnalism.gr [http://www.constitutionalism.gr/site/etat - devant - la - faillite - entre - droit - et - non - droit/]

Z

ZARKA Jean - Claude

— « Accord sur le projet de Traité européen de discipline budgétaire », *D.*, n°1, 2012, p. 16

— « Le traité sur la stabilité, la coordination et la gouvernance dans l'Union économique et monétaire (TSCG) », *D.*, n°14, 2012, pp. 893 - 900

— « Union européenne (gouvernance économique) : accord sur le « two - pack » », *D.*, n°11, 2013, p. 709

ZIMMER Willy

— « Interdiction de concourir à un marché pour non-respect des obligations sociales ou fiscales au sens de la directive 92/50 " services " », *Contrats et Marchés publics*, n°4, 2006, p. 12 - 14

— « Motifs d'exclusion de la participation à des procédures de marchés publics », *Contrats et Marchés publics*, n°2, 2009, pp. 18 - 20

ZUPANCIC Bostjan, « Droit constitutionnel et jurisprudence de la Cour européenne des droits de l'homme », *Revue de justice constitutionnelle est - européenne*, n°spécial, 2003, pp. 93 - 101

En langue grecque

A

AGAPITOS Georgios, « Le PSI diminue la dette publique, mais augmente les taux de chômage », *DEN*, 2012, pp. 481 - 484

AKRIVOPOULOU Christina

— « Constitution et suspension de paiement du 13eme et 14eme salaire au Portugal, arrêt n°353/2012 », *EfimDD*, n°5, 2012, pp. 628 - 657

— « L'affaire A, B et C contre Irlande, Cour EDH (16.12.2010) entre droit et éthique. Le droit à l'avortement la chance manquée pour un arrêt Roe versus Wade », *DtA*, n°55, 2012, pp. 729 - 759

— « La « caméra cachée », le droit à l'image et le respect de la vie privée des personnages publics » *EfimDD*, n°1, 2011, pp. 101 - 112

ALIVIZATOS Nikos, « De l'État de conflits à un état de droit européen », *in* TSAPOGAS Michalis, CHRISTOPOULOS Dimitris (dir.), *Les droits en Grèce, 1953 - 2003 : De la fin de la guerre civile jusqu'à la restitution de la démocratie,* Athènes : éd. Kastanioti, 2004, pp. 513 - 517

ANAGNOSTARAS George, « L'étendue de la compétence nationale en matière d'éducation. À propos de la reconnaissance des diplômes communautaires acquis sur la base des accords de franchising », *EEEurD*, n°4, 2008, pp. 621 - 640

ANAGNOSTOU Dionysios, « Les limites constitutionnels de l'intervention étatique à la radio - télévision, (Conseil d'État 5040/87) », *ToS*, 1987, pp. 718 - 735

ANASTIADOU Eliso, « note sous l'arrêt Conseil d'État 1882/2003 », *Armenopoulos*, 2005, pp. 432 - 443

ANTHOPOULOS Charalampos

— « L'incompatibilité prévue pour les propriétaires des médias avant et après la révision de l'article 14 paragraphe 9 de la Constitution », *in* KONTIADIS Xénophon (dir.), *5 ans après la révision constitutionnelle, appréciation et propositions pour une nouvelle révision constitutionnelle,* Athènes - Komotini : éd. Sakkoulas, 2006, pp. 313 - 366

— « La CEDH en tant que Cour constitutionnelle. Réflexions à propos de l'arrêt Vallianatos et autres contre Grèce », *EfimDD*, n°5, 2013, pp. 595 - 601

— « La perspective de l'institution d'une Cour constitutionnelle », *EfimDD*, n°1, 2006, pp.11 - 12.

— « Les Universités non étatiques et la nature publique de l'éducation universitaire », *EfimDD*, n°4, 2006, pp. 423 - 434

— « Monopole de radiodiffusion étatique, méthodes d'interprétation et théories de la Constitution », *in livre jubilaire pour les 75 ans du Conseil d'État*, Athènes - Thessalonique : éd. Sakkoulas, 2004, pp. 113 – 131

ANTONIOU Théodora

— « L'arrêt du Conseil d'État pour le memorandum, une affaire européenne sans approche européenne », *ToS*, 2012, pp. 197 - 222

— « La position de la 4e Section du Conseil d'État sur la relation entre droit communautaire et droit constitutionnel, quelques remarques à propos de l'arrêt 3242/2004 du Conseil d'État sur l'« actionnaire majoritaire » », *EfDD*, 2005, pp. 29 - 44

APOSTOLAKIS Georgios, « Droit constitutionnel grec et droit communautaire : Quel droit prédomine ? », *ElIDik*, 1999, pp. 1014 - 1027

ARGYRIADIS Alkis, « Le projet de loi proposé concernant les jeux techniques et électroniques et les jeux d'animations et son incompatibilité avec le droit communautaire », *DiMEE*, 2008, pp. 303 - 311

ARGYROS Antonis

— « note sous l'arrêt Conseil d'État, Assemblée plénière 3470/2011 », *NoV*, 2011, pp. 2385 - 2397

— « note sous l'arrêt Cour Suprême Spéciale 1/2012 et 2/2012 », *NoV*, 2012, pp. 1579 - 1581

— « note sous l'arrêt Conseil d'État Assemblée plénière, 692/2013 ». *NoV*, 2013, pp. 1029 - 1032
— « note sous l'arrêt Conseil d'État, Assemblée plénière 9/2013 » *NoV*, 2013, pp. 2282 - 2288
— « note sous l'arrêt Conseil d'État, Assemblée plénière 3472/2011 », *NoV*, 2011, pp. 2385 - 2397
— « note sous l'arrêt Cour Suprême Spéciale 1/2012 et 2/2012 » *NoV*, 2013, pp. 217 - 227
— « Le Conseil d'État et les Cours européennes », *NoV*, 2005, pp. 1977 - 1982
— « note sous l'arrêt du Conseil d'État 372 - 5/2005 », *DtA*, n°28, 2005, pp.1329 - 1344
— « Une loi contraire à une convention internationale est - elle inscostitutionnelle ? », *ToS*, 1982, pp. 546 - 564

B

BACOYANNIS Constantinos, « La Cour suprême spéciale : compte tenu des premières vingt années », *in colloque sur les vingt premières années de l'application de la Constitution*, Athènes - Komotini : éd. A. Sakkoulas, pp.1998, 311 - 337
BOTSIS Foivos, « La liberté religieuse dans le cadre de l'ordre juridique grec : réalité ou desideratum invétéré ?, (Une approche critique de la jurisprudence nationale récente) », *EfDD*, 2004, pp. 49 - 91

C

CHARALAMPAKIS ARISTOTELIS, « La liberté de la conscience religieuse selon la CEDH, la Constitution et les lois », *DtA*, n°21, 2004, pp. 23 - 41
CHARALAMPIS Dimitris, « Réflexions à propos de la transparence, des « qualités incompatibles » et l'« actionnaire majoritaire » », *DiMME*, 2004, pp. 21 - 40
CHATZOPOULOS Vasileios, « Reconnaissance de l'équivalence professionnelle des titulaires des titres étrangers : dialogues entre le Conseil d'État et la CJCE concernant l'application directe des systèmes généraux de reconnaissance », *NoV*, 2005, pp. 237 - 250
CHIOLOS Konstantinos
— « commentaire de l'arrêt 189/2007 de l'Assemblée plénière du Conseil d'État », *Fiche de la jurisprudence*, 2007, pp. 525 - 526
— « L'égalité entre les deux sexes », *Fiche de la jurisprudence*, 2005, pp. 850 - 852
CHRYSOGONOS Kostas

— « L'interprétation des lois conformément à la Constitution dans la jurisprudence de Conseil d'État », *ToS*, 1994, pp. 223 - 279
— « La convention européenne des droits de l'homme, un démi siècle après sa ratification », *in* KTISTAKIS Yannis (dir.), *L'influence de la convention européenne des droits de l'homme à l'interprétation et à l'application du droit grec*, Athènes - Komotini : éd. A. Sakkoulas, 2002, pp. 31 - 74
— « La gloire perdue de la démocratie grecque », *NoV*, 2010, pp. 1353 - 1374
— « La nécessité d'institution d'une Cour constitutionnelle en Grèce », *EfimDD*, n°4, 2006, pp. 510 - 518
CHRYSOGONOS Kostas, KAIDATZIS Akritas, «Le vain sacrifice d'Iphigénie. Réflexions préliminaires sur l'inconstitutionnalité de la loi 4093/2012 », *NoV*, 2012, pp. 2682 - 2708

D

DAGTOGLOU Prodromos
— « La nouvelle Constitution et les communautés européennes », *NoV*, 1976, pp. 497 - 500
— « Le juriste grec et le droit communautaire », *NOV*, 1976, pp. 929 - 934
DELIGIANNI - DIMITRAKOU Christina, « Les décisions du Comité européen des Droits sociaux concernant les mesures grecques d'austérité et leur effectivité », *EErgD*, 2013, pp. 135 - 157
DELLIS Georges, « Le Traité de Lisbonne et les défis procéduraux du droit de l'Union européenne », *EfDD*, volume spécial, 2010, pp. 47 - 79
DEMERTZIS Kostas, « La portée de la loi et la protection juridique de l'avocat à propos d'une affaire disciplinaire, étude avec note sous l'arrêt 189/2007 de l'Assemblée plénière du Conseil d'État », *Diki,* 2007, pp. 678 - 733
DIKAIOS Eleftherios, « La question de la nature juridique du « memorandum » et ses conséquences », *EfimDD*, n°1, 2011, pp. 21 - 36
DIMITROPOULOS Andreas, « La Constitution et la détermination à l'avance de la politique gouvernementale », *EDDD*, n°1, 2014, pp. 5 - 12.

DIVANI Christina
— « note sous l'arrêt Conseil d'État 953/2011 », *ThPDD*, n°5, 2011, pp. 645 - 647
— « note sous l'arrêt Conseil d'État, Assemblée plénière 3341/2013 », *ThPDD*, n°10, 2013, pp. 903 - 906
DOUKAS Dimitrios, « Le renvoi préjudiciel : Le dialogue du juge grec et du juge communautaire à travers l'évolution de la jurisprudence de la CJCE », *EEEurD*, n°2, 1995, pp. 331 - 348
DROSOS Yannis

— « Constitutionnalisme et crise économique », *EfimDD*, n°6, 2011, pp. 764 - 778
— « Questions de l'organisation constitutionnelle, de protection constitutionnelle et de démocratie à l'époque de la crise actuelle », *ThPDD,* n°6, 2012, pp. 465 - 471

E

EVRYGENIS Dimitrios
— « L'œuvre juridique du conseil de l'Europe », *Armenopoulos*, 1955, pp. 105 - 119

F

FOUNTEDAKI Penelope
— « L'Université et la Constitution, révision de l'article 16 » *in* AKRIVOPOULOU Christina, PAPACHRISTOS Nikos (dir.), *Le défis de la révision constitutionnelle*, Athènes - Komotini : éd. A. Sakkoulas, 2013, pp. 199 - 210
— « Les relations entre l'État et l'Église dans l'espace européen », *ToS*, 2000 pp. 647 - 723
— « Tentative d'une révision constitutionnelle : à la recherche des principes fondamentaux », *ToS*, 2006, pp. 783 - 821
FRAGKAKIS Nikos
— « note sous l'arrêt Conseil d'État, Assemblée Plénière 3457/1998 » *NoV*, 1999 pp. 1019 - 1037
— « note sous l'arrêt de la Cour d'appel d'Athènes 8777/1985 », *NoV*, 1986, p. 84

G

GERAPETRITIS George
— « Contrôle de constitutionnalité des lois exercé d'office aussi au pourvoi en cassation ?, commentaire sur l'arrêt du Conseil d'État 3195/2000 », *DtA*, n°16, 2002, pp.1195 - 1202
— « Equilibre des pouvoirs et interventionnisme juridique : esquisses comparées sur le fonctionnement du Conseil d'État grec et de la Cour suprême fédérale des États – Unis », *in livre jubilaire pour les 75 ans du Conseil d'État grec*, Athènes - Thessalonique : éd. Sakkoulas, 2004, pp. 197 - 227
— « La Constitution et le juge, une relation dialectique éternelle. Réflexions à propos des décisions 3242/2004 et 3243/2004 du Conseil d'État concernant l'actionnaire majoritaire », *NoV*, 2005, pp. 443 - 458
— « La crise économique comme élément de déstabilisation de la hiérarchie des normes : respect des lois ou prétexte ? », *in études sur le mémorandum*, Athènes : éd. du Barreau d'Athènes, 2013, pp. 229 - 243

— « La crise économique comme élément de déstabilisation de la hiérarchie des normes : respect des lois ou prétexte ? », *NoV*, 2012, pp. 2754 - 2761
— « Le contrôle des choix financiers par le juge : Projection du new deal », *EfimDD*, n°3, 2011, pp. 460 - 472
— « note sous l'arrêt Conseil d'État, Assemblée plénière 692/2013 », *ThPDD*, n°2, 2013, pp. 125 - 133
GERARIS Christos
— « CJCE - Question préjudicielle », *EEEurD*, n°1, 1995, pp. 297 - 312
— « L'ouverture du dialogue entre juge communautaire et juge grec », *NoV*, 1988, pp. 1037 - 1044
GERONTAS Apostolos
— « L'interprétation conforme selon la Constitution », *ToS*, 1983, pp. 1 - 13
— « La protection de propriété selon la jurisprudence de la CEDH - évolutions jurisprudentielles récentes », *NoV*, 2009, pp. 1884 - 1901
— « La protection des droits fondamentaux et la protection juridictionnelle effective dans l'Union européenne, (à propos des arrêts C - 432/05, Unibet et C - 354 - 5/04, Gestoras et Segi) », *EfimDD*, n°5, 2008, pp. 724 - 732
— « La responsabilité de l'État membre pour les décisions illicites des Cours nationales suprêmes », *DtA*, n°35, 2007, pp. 851 - 894
— « Le memorandum et la procédure d'élaboration des lois », *EfimDD*, n°5, 2010, pp. 705 - 728
GERONTAS Apostolos, PAPAIOANNOU Zoi, « Une constitutionnalité et incompatibilité éventuelle avec les dispositions du droit communautaire, de la loi 3037/2002 et de l'arrêté ministériel commun, édicté après habilitation législative, Avis juridique, » *DiDIk*, 2005, pp. 1123 - 1140
GOGOS Konstantinos
— « 'crime' et châtiment : la procédure de déficit excessif à l'union économique et monétaire entre loi et politique », *EfimDD*, n°4, 2010, p. 426 - 437
— « Mesures de la loi 3900/2010 visant l'accélération de procédure devant les cours administratives », *in Finances publiques et droit, volume d'honneur pour le Professeur Nikolaos I. Mparmpas*, éd. Sakkoulas, Athènes - Thessalonique 2013, pp. 17 - 28

I

IOANNIDIS Michalis, « L'interdiction constitutionnelle de création des Universités privées », *ToS*, 2009, pp. 823 - 871
IOANNIDOU Aimilia, « Le droit social fondamental d'action collective, le droit d'établissement et la liberté de prestation des services du Traité CE, Préoccupations sur les aspects d'équilibre et de cohérence systémique dans le cadre du droit communautaire, à propos des arrêts Viking (C - 438/05) et Laval (C - 341/05) de la Cour de justice des communautés européennes », *ThPDD*, n°3, 2010, pp. 265 - 180.

IOANNOU Krateros, « Le juge grec appliquant le droit communautaire (1981 - 1985) », *EEEurD*, n°1 - 2, 1985, pp. 73 - 118

K

KAIDATZIS Akritas

— « Fonctionnement de maison de prière et liberté religieuse », *EfimDD*, n°6, 2010, pp. 765 - 774

— « L'influence de la Convention européenne des droits de l'homme en droit public grec », *EDDD*, 1999, pp. 20 - 55

— « La prescription biennale de l'article 90 par.3 de la loi 2362/1995 et le principe d'égalité, résumé et commentaire à l'arrêt 953/2011 », *EfimDD*, n°2, 2011, pp. 188 - 195.

— « note sous l'arrêt Cour Suprême Spéciale 1/2012 et 2/2012 », *Armenopoulos*, 2013, pp. 339 - 349

KAKOURIS Konstantinos, « La relation entre l'ordre juridique communautaire et l'ordre juridique national des états membres », *EEEurD*, n°2 - 3, 1986, pp. 525 - 591

KALDIS Dimitrios, « Réflexions et propositions pour la révision de la justice constitutionnelle », *DForN*, 2006, pp.325 - 328

Kalogeropoulos Andreas, « Le principe de primauté du droit communautaire face au droit des états membres », *ToS*, 1980, pp. 1 - 76

KAMINIS Georges, « Conclusions générales, (l'exécution des arrêts de la Cour européenne des droits de l'homme) », *ToS*, 2003, pp. 281 - 293

KAMTSIDOU Ifigeneia, « L'éducation supérieure et le problème des Universités privées », *in* KONTIADIS Xénophon (dir.), *5 ans après la révision constitutionnelle, appréciation et propositions pour une nouvelle révision constitutionnelle,* Athènes - Komotini : éd. Sakkoulas, 2006, pp. 367 - 384

KANNELOPOULOU - MALLOUCHOU Neda, « Recours en annulation contre mesures individuelles prévues par la loi, L'européanisation de la protection juridiction effective, présentation de l'arrêt du Conseil d'État Assemblée plénière 4076/2010 », *DtA*, n°54, 2012, pp. 459 - 502

KAPOTAS Panayotis

— « note sous l'arrêt Conseil d'État Assemblée plénière 3354/2013 », *ThPDD*, n°10, 2013, pp. 883 - 892

— « CEDH Lykourezos contre Grèce, commentaire sur l'arrêt », *EfimDD*, n°5, 2006, pp. 608 - 615

KARAGOUNI Vasiliki, « note sous l'arrêt Cour Suprême Spéciale 1/2012 et 2/2012 » *ThPDD*, n°4 - 5, 2012, pp. 335 - 342

KARAKOSTAS Velissarios, « quelques mots sur la garantie constitutionnelle du recours en annulation des actes administratifs », *Diki*, 2009, pp. 829 - 837

KARELOS Lambros

— « L'influence de la jurisprudence de la Cour européenne des droits de l'homme dans la jurisprudence grecque, hommage pour les cinquante ans de la Cour européenne », *NoV*, 2009, pp. 1928 - 1938
— « Nature juridique du memorandum et obligation de sa ratification », *NoV*, 2012, pp. 2709 - 2724
KASIMATIS George
— « L'incompatible de la qualité de propriétaire, d'associé, d'actionnaire majoritaire ou de cadre dirigeant d'une entreprise de médias, d'information, avec la qualité de personnes chargées de l'exécution de travaux, de fournitures ou de prestations de services », *ToS*, 2003, pp. 295 - 310
— « L'inconventionnalité des conditions essentielles des conventions de prêt avec la Constitution », *DtA*, n°49, 2011 pp. 11 - 24
— « Les mesures inconstitutionnelles des conventions de prêts, Les positions prises par l'arrêt 668/2012 de l'Assemblée plénière du Conseil d'État », *NoV*, 2012, pp. 2648 - 2678
KASOULIS Konstantinos, « La place du Conseil d'État dans le système grec d'état de droit », *in La révision de la Constitution et le Conseil d'État*, Athènes - Komotini, éd. A. Sakkoulas, 2001, pp. 117 - 121
KASTANAS Ilias
— « Le droit à la propriété : pour l'enrichissement du contenu réglementaire et pour la levée des déficits juridiques », *in* TSAPOGAS Michalis, CHRISTOPOULOS Dimitris (dir.), *Les droits en Grèce, 1953 - 2003 : De la fin de la guerre civile jusqu'à la restitution de la démocratie, Union grecque pour les droits de l'homme*, Athènes : éd. Kastanioti, 2004, pp. 235 - 243
— « note sous l'arrêt Conseil d'État, Assemblée plénière 4202/2012 », *ThPDD*, n°12, 2012, pp. 1105 - 1113
KATRANIS Alexandros, « Démocratie, droits fondamentaux et la primauté du droit communautaire », *ToS*, 1987, pp. 651 - 677
KATROUGALOS Georges
— « La relation entre la Constitution et le droit communautaire », *NoV*, 2000, pp. 1089 - 1113
— « La responsabilité du Président de la République face à la 'loi contre constitutionnelle' », *DtA*, n°57, 2013, pp. 109 - 116
— « Le Conseil d'État et la deuxième « loi contre constitutionnelle » », *ToS*, 2012, pp. 171 - 195
— « Le rapport entre la Constitution et le droit communautaire », *NoV*, 2000, pp. 1089 - 1133
— « Memoranda sunt Servanda ? La constitutionnalité de la loi 3845/2010 et du memorandum pour les mesures d'applications des accords avec le FMI, l'UE et la BCE », *EfimDD*, n°2, 2010, pp. 151 - 163
— « Le problème du rapport entre droit communautaire et Constitutions nationales, à la lumière du « dualisme institutionnel » de l'Union européenne », *EDDD*, n°4, 2000, pp. 1235 - 1252

KAVVADA Dimitra, OIKONOMOU Michail, « Crise économique : un nouvel aspect du rôle de l'État et de la constitution économique », *ThPDD*, n°10 - 11, 2011, pp. 918 - 933

KONDYLIS Dionysis, « La relation de la constitution et du droit communautaire », *EfimDD*, n°1, 2006, pp. 7 - 9

KONTIADIS Xénophon

— « La délimitation de la relation du pouvoir politique avec les médias. Pluralisme et transparence au système communicatif selon les articles 14 et 15 de la nouvelle Constitution », *in* TSATSOS Dimitris, VENIZELOS Evangelos (dir.), *La nouvelle Constitution, colloque sur la Constitution révisée de 1975/1986/200*, Athènes - Komotini : éd. A. Sakkoulas, 2001, pp. 265 - 345

— « Les points de friction entre la Constitution et le système juridique européen », *ToS*, 2006, pp. 1071 - 1090

— « Questions sur la révision de l'article 16 de la Constitution », *EfimDD*, n°4, 2006, pp. 416 - 422

KONTIADIS Xénophon, FOTIADOU Alkmini, « Droits sociaux, proportionnalité et crise financière, remarques à propos de l'arrêt Conseil d'État Assemblée plénière 668/2012 », *DtA*, n°53, 2012, pp. 27 - 51

KONTIADIS Xénophon, SYNODINOS Charis, « L'actionnaire majoritaire et le nouvel avis motivé de la commission européenne, réflexions sur les limites de l'interprétation conforme avec le droit communautaire », *EfimDD*, n°4, 2007, pp. 412 - 420

KONTOGEORGA - THEOCHAROPOULOU Dimitra, THEOCHAROPOULOS Loukas, « 'Sous le signe' des crises : administration publique et gestion budgétaire », *EfimDD*, n°3, 2010, pp. 274 - 289

KOTSIRIS Lambros, « La logique des définitions - un exemple : l'« actionnaire majoritaire» », *DEE*, 2005, pp. 379 - 384

KOUKOULI - SPILIOTOPOULOU Sophia

— « De l'arrêt 3242/2004 à l'arrêt 3670/2006 : le Conseil d'État et les principes constitutionnels de l'ordre juridique communautaire », *EfimDD*, n°3, 2007, pp. 290 - 304

— « L'harmonisation de la vie familière et professionnelle des hommes et des femmes : l'acquis communautaire et national (à propos de l'arrêt du Conseil d'État Assemblée plénière 3216/2003) », *DiDik*, 2004, pp. 572 - 592

KOURTIS Georgios, « La contribution de la jurisprudence du Conseil d'État à l'interprétation de l'article 3 paragraphe 1 de la Constitution de 1975/2001 », *in livre jubilaire pour les 75 ans du Conseil d'État*, Athènes - Thessalonique : éd. Sakkoulas, 2004, pp. 287 - 300

KOUVARAS Ilias, « La relation entre le législateur et le juge quant au sujet des impacts sur l'environnent », *ThPDD*, n°7, 2010, pp. 748 - 757

KRITIKOS Michalis, « Commentaire à l'article 4 du traité sur l'Union européenne », *in* CHRISTINOS Vasileios (dir.), *Traité sur l'Union européenne*

et Traité sur le fonctionnement de l'Union européenne commentaire par article, Athènes *:* éd. Nomiki Vivliothiki, 2012, pp. 20 - 24.
KROUSTALAKIS Evangelos
— « L'application du droit communautaire par les tribunaux nationaux et ses problèmes », *Justice*, 1978, pp. 225 - 239
— « La Contribution des juristes à la consolidation de l'Europe Unie à propos de l'application des règles du droit communautaire », *EEEurD*, n°1, 1992, pp. 19 - 30
— « Le droit communautaire et la jurisprudence grecque, le droit communautaire dans la pensée juridique, le cas de la Grèce », *EEEurD*, n°1 - 2, 1985, pp. 59 - 72
KTISTAKI Stavroula
— « Aspects de contrôle juridictionnel de la politique budgétaire au temps de crise », *ThPDD*, n°7, 2013, pp. 577 - 587.
— « L'influence de la crise économique sur les droits sociaux », *EDKA*, 2012, pp. 481 - 506
— « La reconnaissance des titres d'études étrangères et le rôle de DIKATSA, réflexions sur l'arrêt 3457/1998 de l'Assemblée Plénière du Conseil d'État », *DtA*, n°8, 2000, pp. 1019 - 1024
KTISTAKIS Ioannis, « Les minorités religieuses (la conformation défectueuse aux décisions de Strasbourg) », *ToS*, 2003, pp. 273 - 280
KYPRAIOS Michail, « Le contrôle de constitutionnalité des lois par les Cours, interprétation de l'article 28 de la Constitution pour l'intégration de la Grèce à la communauté économique européenne »*, in livre jubilaire pour le Conseil d'État, 1929 - 1979,* Athènes - Komotini : éd. A. Sakkoulas, 1979, pp. 201 - 270
KYPRAIOS Michail, PSILOS Georgios, « Interdiction aux contribuables endettés à l'Organisme de sécurité sociale (IKA) de quitter le territoire », *DEN*, 1995, pp. 897 - 904

L

LAZARATOS Panos, « La constitutionnalité des exceptions de titres par la procédure du 'PSI' », *EfimDD*, n°1, 2012, p. 139 - 144

M

MALLAKI Asimina, « note sous l'arrêt CJUE, Grande chambre, 5 avril 2011, *Toki*, C - 424/09, Rec. 2011 p. I – 2587 », *ThPDD*, n°8 - 9, 2011, pp. 876 - 880
MALLIOS Evangelos
— « Incompatibilité professionnelle pour les députés ou incompatibilité de la Constitution face à la convention européenne des droits de l'homme ? », *DtA*, n°42, 2009, pp. 561 - 595

— « Jeux électroniques et internet cafés, une encore condamnation devant la CJCE », *DiMEE*, 2004, pp. 505 - 506
— « Jeux électroniques et internet cafés. Encore une condamnation de la Grèce devant la CJCE », *DiMEE*, 2004, pp. 505 - 506
MANITAKIS Antonis
— «L'institution de la Cour constitutionnel, entre les symplégades de la justice constitutionnelle et ordinaire » *in* MANITAKIS Antonis, FOTIADOU Alkmini (dir.), *La Cour constitutionnelle au sein d'un système incident de contrôle de constitutionnalité des lois* Athènes - Thessalonique, éd. Sakkoulas, 2008, pp. 67 - 105
— « L'institution d'une Cour Constitutionnelle, une tentative de politisation de la Constitution à travers la constitutionnalisation de la politique », *ToS*, 2008, pp. 3 - 28
— « L'interaction entre le contrôle juridictionnel de constitutionnalité avec le contrôle de conventionnalité des lois à l'égard de la CEDH dans l'exemple des créances personnelles », *NoV*, 2008, pp. 2541 - 2567
— « La constitutionnalité de la dispense législative par l'incompatibilité de l'article 14§9 alinéa 6 de la Constitution des conjoints et des parents sous condition de la preuve de leur indépendance économique », *ToS*, 2003, pp. 311 - 323
— « La liberté d'éducation et le principe de confiance légitime (à propos de la nouvelle loi prévoyant une autorisation administrative préalable pour le fonctionnement des centres d'études libres) », *EfimDD*, n°1, 2009, pp. 87 - 95
— « Les (auto)limitations du juge quant au contrôle incident d'(in)constitutionnalité des lois », *ToS*, 2006, pp.403 - 429
— « Les éléments historiques du contrôle juridictionnel de constitutionnalité des lois en Grèce et ses prérequis raisonnables », *ToS*, 2003, pp. 13 - 47
— « Les questions constitutionnelles du memorandum », *DtA*, n°51, 2011, pp. 689 - 719
— « Les questions constitutionnelles du memorandum face à la souveraineté nationale partagée et à la politique financière surveillée », publié sur [http://constitutionalism.gr/site/wp - content/mgdata/pdf/manitakis_2011_11_3_20_0_23.pdf]
— « Les limites de la compétence communautaire et leur vision constitutionnelle », *ToS*, 1984, pp. 476 - 498
MANTZOUFAS Panayotis
— « L'influence de la jurisprudence de la CEDH dans la formation du procès équitable à la justice civile », *ToS*, 2008, pp. 331 - 349
— « La règle d'or dans la Constitution. Résolution du problème ou encore un obstacle à l'adaptation économique et la protection des droits » *in* AKRIVOPOULOU Christina, PAPACHRISTOS Nikos (dir.), *Le défis de la*

révision constitutionnelle, Athènes - Komotini : éd. Sakkoulas, 2013, pp. 123 - 139

MANTZOUTSOS Alexandros, « commentaires sur l'arrêt Sitaropoulos contre Grèce », *ThPDD*, n°11, 2010, pp. 1218 - 1230

MARIAS Epaminondas, « Les 'diplômes toxiques' et la mise en question du fonctionnement des Universités grecques après les arrêts de la CJCE sur les centres des études libres », *EfimDD*, n°5, 2008, pp. 694 - 713

MARINOS Anastasios, « Les rôles distincts de l'État et de l'Église », *EDDD*, 2008, pp. 561 - 569

MARKATIS Spyros, « note sous l'arrêt du Conseil d'État 1721/1991 », *ToS*, 1991 pp.430 - 435

MATHIAS Stephanos, « La reconnaissance de titre d'études par les Universités de pays membres de l'Union européenne », *ToS*, 2003, pp. 1 - 11

MATHIOUDAKIS Iakovos

— « note sous l'arrêt Conseil d'État Assemblée plénière 1972/2012 », *Armenopoulos* 2012, pp. 1454 - 1475

— « note sous l'arrêt Conseil d'État, Assemblée plénière 2770/2011 », *Armenopoulos*, 2012, pp. 303 - 305

— « note sous l'arrêt Conseil d'État, Assemblée plénière, 668/2012 », *Armenopoulos* 2012 pp. 634 - 636

— « note sous l'arrêt du Conseil d'État 3381/1995 », *EllDik*, 1996, pp. 765 - 766

— « note sous l'arrêt Tribunal de paix d'Athènes, n°559/2012 » *Armenopoulos*, 2012, pp. 1454 - 1475

MATSOS Georgios, « Aspects financiers et constitutionnels des conventions de prêts étatiques régies par le droit étranger », *in Finances publiques et droit, volume d'honneur pour le Professeur Nikolaos I. Mparmpas*, éd. Sakkoulas, Athènes - Thessalonique, 2013, pp. 211 - 239

MELFOS Thalis, « La protection des droits personnels selon la Constitution et la convention européenne des droits de l'homme, commentaire à propos de la décision de la Cour de Cassation (Assemblée plénière) 40/1998 », *ToS*, 2001, pp. 87 - 120

MENOUDAKOS Konstantinos

— « L'application de l'article 100 par.5 de la Constitution dans la jurisprudence du Conseil d'État, (note préliminaire de Papaspyros N.) », *EfimDD*, n°3, 2006, pp.191 - 193

— « La Cour constitutionnelle au sein d'un système incident de contrôle de constitutionnalité des lois », *in* MANITAKIS Antonis, FOTIADOU Alkmini (dir.), *La Cour constitutionnelle au sein d'un système incident de contrôle de constitutionnalité des lois* Athènes - Thessalonique, éd. Sakkoulas 2008, pp. 3 - 12

MICHALAKIS Nikos

— « Présentation de la révision constitutionnelle », *ToS*, 2007, pp. 1389 - 1411

— « Révision constitutionnelle, présentation de la procédure », *ToS*, 2007, pp. 653 - 702

MICHALOPOULOU Zoi, « Les conséquences de la déclaration d'inconstitutionnalité d'une loi par la Cour suprême spéciale » *EfimDD*, n°3, 2010, pp. 330 - 356

MOUAMELETZI Eutychia, « La reconnaissance des diplômes de l' 'étranger' et la nouvelle dimension du franchising éducatif », *NoV*, 1999, pp. 1056 - 1076

MOUKIOU Chryssoula, « Des revirements jurisprudentiels et des convergences jurisprudentielles à propos du sujet des employés contractuels dans le secteur public », *EfimDD*, n°3, 2007 pp. 324 - 330

MPALAS George, « Les décisions de la CJUE et du Conseil d'État concernant la déviation du cours de Acheloos, aspects critiques », *NoV*, 2012, pp. 2231 - 2242

MPEI Sofia, « La prescription des créances des fonctionnaires des personnes morales de droit public », *DtA*, n°50, 2011, pp. 597 - 603

MPEIS Kostas

— « L'influence du droit européen au droit grec procédural », *Diki*, 1999, pp. 971 - 983

— « note sous l'arrêt Cour EDH, 22 mai 2008, *Meidanis contre Grèce »*, *Diki*, 2008, pp.704 - 716

MPOTOPOULOS Kostas, « L' 'incompatibilité parlementaire' : une boussole toujours actuelle pour l'approche des empêchements et incompatibilités » *in Constitution, État grec, confédération européenne, hommage à Dimitris Tsatsos*, Athènes - Komotini : éd. A. Sakkoulas, 2004, pp. 371 - 389

N

NASKOU - PERRAKI Paroula, « La jurisprudence de la Cour européenne des droits de l'homme concernant la protection de la liberté religieuse en Grèce », *EEEurD*, n°4, 1999 pp. 785 - 814

NIKIFOROS Dimitris, « La fin de l' 'actionnaire majoritaire' à travers le principe de proportionnalité comme intermédiaire entre ordre juridique national et européen. Remarques à propos de l'arrêt du Conseil d'État Assemblée plénière 3470/2011 » publié sur [http://www.constitutionalism.gr/site/wp - content/uploads/2012/09/nikiforos3470 - 2011.pdf]

NIKOPOULOS Dimos, « note sous l'arrêt Conseil d'État, Assemblée Plénière 4674/1998 », *Armenopoulos* 1999 pp. 745 - 751

NTOSTRAS Michalis, « La prochaine révision constitutionnelle et la justice », publié sur [http://constitutionalism.gr/site/wp - content/mgdata/pdf/ntostas.pdf]

P

PANOPOULOS Georges, « La Constitution comme limite du pouvoir du juge, réflexions à propos de l'arrêt 81/2005 de la commission de sursis du Conseil d'État pour l'actionnaire majoritaire », *EEEurD*, n°3, 2005, pp. 579 - 594

PAPACHRISTOS Nikos, « L'enseignement privé dans la jurisprudence du Conseil d'État », *in livre jubilaire pour les 75 ans du Conseil d'État*, Athènes - Thessalonique : éd. Sakkoulas, 2004, pp. 415 - 426

PAPADIMITRIOU Christos

— « Des moyens pour le renforcement de la protection juridique des droits de l'homme au niveau de droit de l'Union européenne dans l'ordre juridique grec », *DtA*, n°35, 2006, pp. 823 - 838

— « L'application des principes de subsidiarité et de proportionnalité dans le cadre de protection juridique des droits fondamentaux par le droit communautaire », *EDKA,* 2006, pp. 88 - 105.

— « L'impossible exercice de contrôle de constitutionnalité aux normes du droit communautaire par les Cours nationales », *Diki*, 2006, pp. 517 - 529

— « La protection procédurale des droits découlant du droit communautaire dans les ordres juridiques nationaux, sous le prisme de la jurisprudence récente de la CJCE », *Diki*, 2008, pp. 1005 - 1018

— « La reconnaissance des diplômes acquis par des Universités étrangères, La violation de la directive 89/48 et de l'article 49 du Traité CE par l'État grec », *DtA*, n°40, 2008, pp. 1287 - 1322

— « L'application du droit communautaire par le juge national et la possibilité de recours des individus aux Cours de l'Union européenne selon le droit en cours et le Traité de Lisbonne », *Procès international*, 2008, pp. 1113 - 1131

— « Résumé et critique de la jurisprudence des hautes juridictions relativement à la valeur supra constitutionnelle du droit communautaire », *DforN*, 2006, pp. 306 - 314

PAPADIMITRIOU Evangelia, « note sous l'arrêt Conseil d'État arrêt 781/2009 », *Armenopoulos*, 2009, pp. 929 - 930

PAPADIMITRIOU Georges

— « L'interaction de la protection nationale, internationale et communautaire des Droits de l'Homme en Europe », *NoV*, 2004, pp. 1137 - 1142

— « L'interaction de la protection nationale, internationale et communautaire des droits de l'homme », *NoV*, 2004, pp. 1137 - 1142

— « L'internationalisation et la communautarisation de la protection législative », *NoV*, 1996, pp.569 - 573

— « Le fondement constitutionnel de l'adhésion aux communautés européennes », *in* PAPADIMITRIOU Georges (dir.), *Études européennes (1975 - 2005), vol. II, Unification européenne, constitutionnalisation de*

l'Union européenne, le problème de Chypre et la Constitution environnementale, Athènes - Thessalonique : éd. Sakkoulas, 2007, pp. 3 - 21
— « Le juge grec et la CEDH », *ToS*, 2002, pp. 673 - 676
PAPADOPOULOU Lina
— « La codification du gouvernement à plusieurs niveaux dans les Constitutions de l'Europe ancienne », *in* KONTIADIS Xénophon (dir.), *5 ans après la révision constitutionnelle, appréciation et propositions pour une nouvelle révision constitutionnelle,* Athènes - Komotini : éd. Sakkoulas, 2006, pp. 179 - 220
— L'« autodestruction créative » de la Constitution ou comment la Constitution reçoit le phénomène du droit communautaire, *in 20 ans depuis l'intégration de la Grèce à l'Union européenne : Bilan et perspectives*, Athènes - Komotini : éd. A. Sakkoulas, 2002, pp. 23 - 45
PAPADOPOULOU Reveka - Emmanouella, « Réflexions à propos de l'arrêt de la Cour des communautés européennes, VALENTINA Neri du 13 novembre 2003 (affaire C - 153/02) », *EfDD*, 2004, pp. 31 - 48
PAPAGIANNIS Donatos, « La protection des droits fondamentaux par les Cours de Strasbourg et de Luxembourg », *DtA*, n°39, 2008, pp. 753 - 787
PAPAIOANNOU Apostolos, « note sous l'arrêt du Conseil d'État 1357/2000 », *ToS*, 2001, pp.166 - 172
PAPAKONSTANTINOU Apostolos
— « note sous l'arrêt Conseil d'État, Assemblée Plénière 3457/1998 » *ToS*, 1999, pp. 977 - 979
— « Le cadre constitutionnel de la compétence internationale, le modèle de la géométrie variable avec un souverain institutionnel », *EDDD*, 2004, pp. 237 - 271
— « La protection des droits personnels au niveau supra législatif : entre une doctrinaire juridique et les besoins modernes, (observation à propos de la décision 43/2002 de la Cour de Cassation) », *ToS*, 2002, pp. 411 - 445
— « note sous l'arrêt Conseil d'État 1333/2001 » *ToS*, 2001, pp. 917 - 937
PAPANADREOU Marios, « Exercice du droit de vote pour les Grecs expatriés, remarques sur l'arrêt CEDH du 8 juillet 2010 Sitaropoulos et autres contre Grèce », *DtA*, n°54, 2012, pp. 503 - 513
PAPASTYLIANOS Christos, « L'identité constitutionnelle des États membres de l'Union européenne et l'application uniforme du droit communautaire par les États membres », *EfimDD*, n°4, 2009, pp. 538 - 541
PAPAVASILEIOU Alexandros
— « La mesure de l'interdiction aux contribuables endettés au fisc de quitter le territoire sous le prisme de l'application du droit communautaire », *DforN*, 1994, pp. 1628 - 1630
— « note sous l'arrêt Conseil d'État 3502/1994 », *Diki*, 1995 pp. 937 - 949
PARARAS Petros
— « L'acquis de la culture constitutionnelle européenne », *DtA*, n°10, 2001, pp. 543 - 570

— « L'extension interprétative de la juridiction de la Cour suprême spéciale », *ToS*, 2000, pp. 145 - 150
— « L'incompatibilité professionnelle des députés », *DtA*, n°42, 2009, pp. 545 - 552
— « L'interprétation jurisprudentielle de l'article 93, alinéa 4 de la Constitution, présentation de l'arrêt 3195/2000 du Conseil d'État », *DtA*, n°16, 2002, pp. 1171 - 1174
— « Le contrôle de constitutionnalité des lois dans la ligne de mire de la révision constitutionnelle », *DtA*, n°9, 2001, pp. 75 - 81
— « Le droit européen des droits de l'homme », *DtA*, n°56, 2012, pp. 1131 - 1190
— « Le régime juridique crucial applicable aux actes administratifs et la compétence de la Cour suprême spéciale en cas de controverse. Remarques sur l'arrêt de la Cour de Cassation 1003/76 », *ToS*, 1977, pp. 607 - 622
— « note sous rapport consultatif de l'Assemblée Plénière du Conseil d'État 621/2002 », *DtA*, n°21, 2004, pp. 270 - 273
— « L'article 72, alinéa 1er de la Constitution ne s'applique pas aux lois concernant les droits sociaux. note sous l'arrêt du Conseil d'État 2304/1995 (Assemblée Plénière) », *ToS*, 1997, pp. 413 - 416.
PAVLOPOULOS Prokopis
— « La responsabilité civile des organes publics selon les règles du droit public », *in* YANNAKOPOULOS Constanin (éd.), *Droit administratif*, Athènes - Komotini : éd. A. Sakkoulas, pp. 321 - 346
— « Remarques sur la nature juridique du memorandum et les conséquences juridiques du 'memorandum' », *in Le droit public en évolution, études en l'honneur du Professeur Petros Pararas*, Athènes - Komotini : éd. A. Sakkoulas, 2012, pp. 791 - 809
PEPONIS Anastasios, « La Grèce dans l'Union européenne, article 28 et 70 de la Constitution, rapport au comité pour la révision de la Constitution », *ToS,* 1998, pp. 59 - 65
PERRAKIS Manolis, « Présentation et commentaire sur l'arrêt de la Cour de justice de l'Union européenne Pringle (C - 370/12) concernant le mécanisme européen de stabilité », *NoV*, 2013, pp. 572 - 594
PERRAKIS Stelios, « Le juge grec et la Cour de Strasbourg », *in* TAVERNIER Paul, IMBERT Pierre - Henri (dir.), *Quelle Europe pour les droits de l'homme ?* Bruxelles : Bruylant, 1996, pp. 171 - 187
PETROGLOU Athina, « Le memorandum of understanding de la loi 4046/2012 et les réformes accordées pour la sécurité sociale », *EDKA* 2012, p. 75 - 78
PETROGLOU Ioannis, « Valeur supra constitutionnelle du droit communautaire et de la CEDH. Inconstitutionnalité de l'interdiction aux contribuables endettés au fisc de quitter le territoire. Commentaire sur l'arrêt 249/1997 du Conseil d'État (4e Section) », *EDKA*, 1997, pp. 73 - 77

PETROGLOU Panagiota, « note sous l'arrêt Conseil d'État, Assemblée Plénière 189/2007 », *EDKA*, 2007, pp. 213 - 231

PETROPOULOS Panayotis, « L'incompatibilité professionnelle des députés devant la Cour européenne des droits de l'homme, commentaire sur l'arrêt Lykourezos contre Grèce », *ToS*, 2006, pp. 891 - 907

PIKRAMENOS Michalis, « L'exercice du contrôle de constitutionnalité des lois, selon l'article 100 al. 5 de la Constitution, et la problématique sur l'institution d'une Cour constitutionnelle », *in* KONTIADIS Xénophon (dir.), *5 ans après la révision constitutionnelle, appréciation et propositions pour une nouvelle révision constitutionnelle,* Athènes - Komotini : éd. Sakkoulas, 2006, pp. 775 - 811

PINAKIDIS George

— « L'« interprétation conforme selon la Constitution ». Technique du contrôle juridictionnel de constitutionnalité des lois ou méthode d'interprétation de la Loi d'après la Constitution ? », *ToS*, 2001, pp. 461 - 494

— « Le sens constitutionnel de la Convention européenne des droits de l'homme », *DtA*, n°33, 2007, pp. 71 - 94

PISILIS George, « note sous l'arrêt Conseil d'État Assemblée plénière 1685/2013 », *DEE*, 2013, pp. 880 - 887

PLIAKOS Asteris, « Le premier renvoi préjudiciel de la Cour constitutionnelle allemande à la CJUE », *NoV*, 2014, pp. 462 - 472

POULAKOS Christos, « Des gigantomachies modernes entre la matière de la prescription spéciale quadriennale et le respect de la propriété individuelle », *ThPDD*, n°1, 2012, pp. 8 - 11

PREVEDOUROU Evgenia

— « Concernant l'application directe de la directive 89/48CEE, commentaire à l'arrêt du Conseil d'État 3977/2003 », *DtA*, n°28, 2005, pp. 1277 - 1325

— « Le contrôle d'annulation des actes administratifs sous le prisme de la convention européenne des droits de l'homme », *ThPDD*, n°8 - 9, 2010, pp. 858 - 895

— « La notion de l'organe juridique selon la jurisprudence récente du Conseil d'État et de la CJCE », *EDDD*, 2009, pp. 287 - 327

PREZAS Athanasios, « L'incompatibilité avec le droit communautaire, selon l'arrêt rendu par la CJCE, des dispositions de la loi 3037/2002 concernant l'interdiction des jeux électroniques, est le seul élément permettant la révocation des arrêts édictés après demande de suspension des amendes imposées en application des dispositions de ladite loi », *DforN*, 2008, pp. 588 - 591

R

RANTOS Athanasios, « La proposition révisionnelle pour l'institution d'une Cour constitutionnelle en Grèce », *in* MANITAKIS Antonis, FOTIADOU Alkmini (dir.), *La Cour constitutionnelle au sein d'un système incident de contrôle de constitutionnalité des lois,* Athènes - Thessalonique : éd. Sakkoulas, 2008, pp. 13 - 22

RAPTOPOULOS Themistoklis, « L'applicabilité des dispositions constitutionnelles contenant d'habilitations constitutionnelles restant inactives. Quelques réflexions sur le pouvoir normatif de la Constitution à la suite des arrêts Lykourezos et Sitaropoulos de la CEDH », *EfimDD*, n°1, 2011, pp. 138 - 155

ROZAKIS Christos, « Quelques réflexions sur la nouvelle Cour européenne des droits de l'homme », *ToS*, 2002, pp. 13 - 28

RRAPI Patricia, « 'L'incompétence négative' dans la QPC : de la double négation à la double incompréhension », *NCCC*, n°34, 2012, pp. 163 - 171

S

SACHPEKIDOU Evgenia

— « Le renvoi préjudiciel : la procédure devant le juge national jusqu'au point du renvoi de question préjudicielle », *EEEurD*, n°2, 1995, pp. 315 - 330

— « Une approche des conditions de renvoi préjudiciel prévues aux paragraphes 2 et 3 de l'article 177 Traité CEE - à propos de l'arrêt CILFIT de la CJCE », *EEEurD*, n°3, 1983, pp. 335 - 364

SAKELLAROPOULOU Catherine, « Le contrôle de constitutionnalité des lois selon l'article 100 par.5 de la Constitution, Vers une organisation procédurale ou une restriction de l'exercice de contrôle diffus ? » *ToS*, 2007, pp.789 - 812

SAMARTZIS Konstantinos, « note sous l'arrêt Conseil d'État Assemblée plénière 232/2011 » *NoV*, 2011, pp. 594 - 611

SARTZETAKI Petroula - Anastasia, « Reconnaissance des diplômes d'études de troisième cycle, aff., C - 424/09 Christine I. Toki contre ministre de l'éducation du 5.4.2011 », *EfimDD*, n°2, 2011, pp. 246 - 252

SIMEONIDIS Ioannis, « Les récentes reformes de la justice administrative et le dialogue qui a ouvert sur une nouvelle voie de cette branche », *EfimDD*, n°3, 2011, pp. 384 - 393

SKIADAS Dimitris, « Constitution et règles budgétaires : une relation difficile », *EfimDD*, n°1, 2011, pp. 11 - 20

SKIAS Antonios, « La crise économique en Grèce et son influence à la pensée juridique », *EfimDD*, n°1, 2012, pp. 81 - 84

SKOURIS Vasileios

— « Discours du Président de la Cour des communautés européennes, hommage aux 75 du Conseil d'État grec », *NoV*, 2004, pp. 1523 - 1531

— « La position discrète de la Constitution en la matière d'intégration européenne », *in* TSATSOS Dimitris, VENIZELOS Evangelos (dir.), *La nouvelle Constitution, colloque sur la Constitution révisée de 1975/1986/200*, Athènes - Komotini : éd. A. Sakkoulas, 2001, pp. 457 - 464
— « Le droit communautaire dans la législation et la jurisprudence grecque - certaines questions de base », *EEEurD*, n°1, 1985, pp. 1523 - 1531
- « Les systèmes de contrôle juridictionnel de constitutionnalité des lois », *ToS*, 1982, pp. 507 - 545
— « Le droit communautaire dans la législation grecque, législation et jurisprudence, problématique de base », *EEEurD*, n°1 - 2, 1985, pp. 3 - 16
SOTIRELIS George, « Le cadre juridique concernant les empêchements et les incompatibilités parlementaires » *in* KONTIADIS Xénophon (dir.), *5 ans après la révision constitutionnelle, appréciation et propositions pour une nouvelle révision constitutionnelle,* Athènes - Komotini : éd. Sakkoulas, 2006, pp. 669 - 699
SPILIOTOPOULOS Epaminondas, « L'évolution des compétences juridictionnelles du Conseil d'État en Grèce », *in Études en l'honneur de G. Timsit,* Bruxelles : Bruylant, 2004, pp. 569 - 577
SPYROPOULOS Philippos, « Approches spécifiques de la liberté économique », *ToS*, 2006, pp. 1147 - 1150
STATHOPOULOS Michail, « Les relations entre l'État et l'Église et la révision Constitutionnelle de 2001 », *in* KONTIADIS Xénophon (dir.), *5 ans après la révision constitutionnelle, appréciation et propositions pour une nouvelle révision constitutionnelle,* Athènes - Komotini : éd. A. Sakkoulas, 2006, pp. 575 - 599
SYNODINOS Charis
— « Arrêt 3242/2004 : 'Imposition' de la primauté constitutionnelle ou bras de fer entre juge national et juge communautaire ? », *DiMEE,* 2005, pp. 34 - 54
— « Commentaire à l'arrêt 3457/1998 du Conseil d'État », *NoV*, 1999, pp. 1033 - 1037
— « Commentaire aux arrêts du Conseil d'État, Assemblée plénière 3470 - 2/2011 », *ThPDD*, n°12, 2010, pp. 1116 - 1131
— « Conseil d'État, Assemblée Plénière 4675/1998 », *EDKA*, 1999, pp. 922 - 930
— « L'incompatibilité entre les médias et les entreprises des contrats publics, objet d'incompatibilité avec le droit communautaire », *Revue contrats publics et aides d'État*, n°1, 2004, pp. 15 - 27
— « L'incompatibilité éventuelle entre la législation concernant interdiction aux contribuables endettés à l'Organisme de sécurité sociale (IKA) de quitter le territoire avec le droit communautaire, réflexions à propos de l'arrêt 249/1997 du Conseil d'État », *EDKA*, 1997, pp. 565 - 569
— « note sous l'arrêt CJUE, 2 décembre 2010, *Vandorou e.a.*, C - 422/09, C - 425/09 et C - 426/09 », *ThPDD*, n°6, 2011, pp. 660 - 670

— « note sous l'arrêt Conseil d'État 1882/2003 », *NoV*, 2004, pp. 137 - 151
— « note sous l'arrêt Conseil d'État Assemblée Plénière 3457/1998 » *ToS*, 1999, pp. 961 - 979
— « note sous l'arrêt Conseil d'État, Assemblée plénière, 605/2008 et 606/2008 » *ThPDD*, n°10, 2010 pp. 1055 - 1075

T

TAKIS Andreas, « Certaines culpabilités pour les droits personnels », *ToS*, 1996, pp. 901 - 936

TARARA Eleni

— « note sous l'arrêt 17346/2008 du Tribunal administratif de première instance », *DtA*, n°43, 2009, pp. 879 - 904
— « La reconnaissance des titres d'études étrangers, une approche nationale et communautaire », *DtA*, n°41, 2009, pp. 115 - 177

TASOPOULOS Yannis

— « La position constitutionnelle de la justice dans le cadre du système politique grec » *in* TSATSOS Dimitris, VENIZELOS Evangelos (dir.), *La nouvelle Constitution, colloque sur la Constitution révisée de 1975/1986/200*, Athènes - Komotini : éd. A. Sakkoulas, 2001, pp. 357 - 384
— « L'unification européenne dans l'œuvre de Georges Papadimitriou » *in Constitution, Démocratie et institutions politiques, colloque en mémoire de Georges Papadimitriou*, Athènes - Thessalonique : éd. Sakkoulas, 2011, pp. 183 - 195

THANOU Stella

— « Contrôle de constitutionnalité d'une disposition législative nationale et droit de l'Union européenne, commentaire des arrêts CJCE du 22 juin 2010, C - 199/10 Aziz Melki et C - 189/10 Sélim Abdeli », *EfimmDD*, n°3, 2010, pp. 313 - 329
— « Le principe du délai raisonnable et le droit de recours effectif devant l'autorité nationale selon la Convention EDH (Cour EDH 50973/08, 21.12.2010 Vasileios Athanasiou et autres contre Grèce) », *EfimDD*, n°2, 2011, pp. 227 - 245

THEOFULAKTOU Vera, « Liberté professionnelle et droit communautaire (note sous l'arrêt 1243/07 4e Section CE) », *ThPDD*, n°3, 2008, pp. 317 - 328

TRAKAS Konstantinos, « La situation financière actuelle de la Grèce, est - est conforme avec le budget et les bilans budgétaires de l'État ? Qu'est qu'il faut faire », *ThPDD*, n°10 - 11, 2011, pp. 900 - 906

TROVA Eleni

— « Discours politique et légalité, L'organisation d'éducation supérieure aux pays membres de la communauté économique européenne », *ToS*, 1990, pp. 419 - 444

— « L'arrêt de la CJCE C - 274/05, commission contre Grèce », *DtA*, n°40, 2008, pp. 1257 - 1285
TSAPRAZIS Georgios - Dionysios, « Dialogue entre Cours grecques et Cour européenne des droits de l'homme », *DtA*, n°50, 2011, pp. 567 - 596.
TSEVAS Athanasios
— « L'incompatibilité de l'« actionnaire majoritaire » entre la liberté de communication et le droit communautaire de contrats publics », *DiMME,* 2004, pp. 323 - 328
— « L'institution des actes administratifs avec une disposition législative », *in livre jubilaire pour les 75 ans du Conseil d'État*, Athènes - Thessalonique : éd. Sakkoulas, 2004, pp. 462 - 491
TSILIOTIS Chalarampos
— « La problématique constitutionnelle de la prise des mesures positives pour la restitution de l'égalité essentielle entre hommes et femmes, à propos de l'arrêt du Conseil d'État Assemblée plénière 1922/1998 », *ToS*, 1999, pp. 263 - 295
— « Le contrôle parlementaire de constitutionnalité des lois », *Armenopoulos*, n°12, 2011, pp.1941 - 1956.
— « La proposition pour l'institution d'une Cour constitutionnelle des lois, une tranche dans le vif pour le système grec de constitutionnalité des lois ou «la montagne accouche d'une souris » », *EfimDD*, n°2, 2007, pp. 241 - 256
TSIMEKAS George, « note sous l'arrêt 626/1994 du Conseil d'État », *ToS*, 1994, pp. 845 - 47
TSIRIS Panayotis, « note sous l'arrêt Cour Suprême Spéciale 1/2012 et 2/2012 », *DiDik*, 2013, pp. 176 - 198
TSIRONAS Athanasios, « La prescription des créances des fonctionnaires des personnes morales de droit public ne viole pas l'article 1 du Protocole additionnel n°1, Cour EDH, n° 25816/2009, 3 octobre 2013, Giavi contre Grèce », *ThPDD*, n°10, 2013, pp. 935 - 941
TSOGKAS Grigoris, « note sous l'arrêt du Conseil d'État 693/2011 » *Armenopoulos*, 2011, pp. 820 - 830
TZELOU Alexandra, « note sous les arrêts Conseil d'État, Assemblée plénière 605 - 606/2008 », *Armenopoulos*, 2008 pp. 1406 - 1419
TZEMOS Vasileios, « état de droit démocratique, données économiques difficiles et clause de frein à l'endettement », *ThPDD*, n°4 - 5, 2011, pp. 496 - 506
TZIAMOU Théodora, « Actualité de la jurisprudence du Conseil d'État de l'année 2007 », *ToS*, 2008, pp. 139 - 146

V

VALTICOS Nicolas, « Le juge national et les conventions internationales sur les droits de l'homme. Problèmes pratiques de l'application de ces conventions », *in Mélanges en l'honneur de Aristovoulos Manessis, t. II*, Athènes - Komotini : éd. Sakkoulas, 1999, pp. 663 - 678

VEGLERIS Phédon

— « La convention des droits de l'homme et la Constitution », *ToS*, 1976, pp. 533 - 571

— « La Convention européenne des droits de l'homme et la Constitution », *ToS*, 1977, pp. 199 - 250

— « Les caractéristiques du Conseil d'État grec » *in livre jubilaire pour le Conseil d'État grec, 1929 - 1979*, Athènes - Thessalonique : éd. Sakkoulas, 1979, pp. 13 - 43

VENIZELOS Evangelos

— « Conscience constitutionnelle ou verve révisionnelle ?, Les 'après' et les 'avant' d'une révision constitutionnelle », *in* KONTIADIS Xénophon (dir.), *5 ans après la révision constitutionnelle, appréciation et propositions pour une nouvelle révision constitutionnelle*, Athènes - Komotini : éd. A. Sakkoulas, 2006, pp. 987 - 1073

— « L'assimilation de la révision constitutionnelle à travers la jurisprudence du Conseil d'État », *in livre jubilaire pour les 75 ans du Conseil d'État*, Athènes - Thessalonique : éd. Sakkoulas, 2004, pp. 133 - 144

— « L'institution d'une Cour constitutionnelle dans le cadre du système grec de contrôle de constitutionnalité des lois », *ToS*, 2006, pp. 35 - 64

— « La relation entre l'ordre juridique grec et l'ordre juridique communautaire et le droit national comme objet de révision constitutionnelle », *ToS*, 2000, pp. 493 - 508

— « La relation entre la Constitution nationale et le droit communautaire européen après la signature du Traité sur la Constitution européenne de 2001 », *EEEurD*, n°1, 2005, pp. 1 - 36

— « Les garanties de la polyphonie et de la transparence des médias selon l'article 14 alinéa 9 et les règles d'interprétation de la Constitution et les relations entre la Constitution et le droit communautaire », *NoV*, 2005, pp. 425 - 442

— « Les initiatives maladroites de la législation hellénique sur la radiotélévision dans le cadre de l'article 15 par. 2 de la Constitution », *EEEurD*, n°2, 1989, pp. 207 - 219

— « Les particularités du système grec de contrôle juridictionnel de constitutionnalité des lois : facteur d'amplification ou de limitation de contrôle ? », *ToS*, 1988, pp. 454 - 473

— « Relativisme interprétatif, contraintes procédurales et dilemmes politiques dans la jurisprudence du Conseil d'État sur les relations entre la Constitution nationale et le droit communautaire, La fonction paradigmatique de l'Assemblée Plénière du Conseil d'État (arrêt 3670/2006) pour l'article 14 alinéa 9 de la Constitution », *EfimDD*, n°1, 2008, pp. 85 - 101

VILARAS Michail

— « Le juge communautaire en tant que juge administratif », *in livre jubilaire pour les 75 ans du Conseil d'État*, Athènes - Thessalonique : éd. Sakkoulas, 2004, pp. 1240 - 1261.
— « Demande de satisfaction équitable en raison de dépassement du délai raisonnable au procès administratif » *in* PIKRAMENOS Michalis (dir.), *La Cour européenne des droits de l'homme et le Conseil d'État en dialogue permanent*, Athènes - Thessalonique : éd. Sakkoulas, 2013, pp. 85 - 100
VLACHOPOULOS Spyridon, « Le contrôle de constitutionnalité des lois, exercé par les sections des Cours suprêmes », *DtA*, n°9, 2001, pp.83 - 97
VOGIATZIS Panayotis
— « L'article 35 de la Convention EDH - commentaire » *in* SISILIANOS Linos Alexandros (dir.), *Convention européenne des droits de l'homme, commentaire par article*, Athènes : éd. Nomiki Vivliothiki, 2013, pp. 569 - 596
— « Les affaires grecques devant la Cour de Strasbourg avant et après la reconnaissance de la requête individuelle », *in* TSAPOGAS Michalis, CHRISTOPOULOS Dimitris (dir.), *Les droits en Grèce, 1953 - 2003 : De la fin de la guerre civile jusqu'à la restitution de la démocratie,* Athènes : éd. Kastanioti, 2004, pp. 487 - 498
VOLOSIN G.A., « Pour l'exercice de la souveraineté des États - membres de l'UE : restriction ou évolution du dogme traditionnel ? », *EfimDD*, n°2, 2008, pp. 293 - 296
VOUTSAKIS Vasileios, « note sous l'arrêt du Conseil d'État 3545/2002 », *NoV*, 2003, pp. 348 - 369

X

XYLOURIS Yannis, « La relation entre le droit communautaire et le droit constitutionnel », *DiDik*, 2000, pp. 16 - 25

Y

YANNAKOPOULOS Constantin
— « Cour constitutionnelle et droit communautaire européen : Taking European Law Seriously », *EfimDD*, n°1, 2006, pp.10 - 11.
— « Entre les buts et les limites constitutionnels : l'évolution dialectique de la réalité constitutionnelle dans l'ordre juridique national et européen », *EfimDD*, n°5, 2008, pp. 733 - 752
— « L'article 16 de la Constitution, le droit communautaire et le Conseil d'État…dix ans plus tard », *EfimDD*, n°2, 2007, pp. 140 - 147
— « L'état de droit et la souveraineté nationale devant le FMI », *EfimDD*, n°1, 2010, pp. 2 - 3
— « L'intérêt public sous l'aspect de la crise économique », *EfimDD*, n°1, 2012, pp. 100 - 112

— « L'obligation d'interprétation conforme et d'application des règles de procédure administrative, conformément au droit communautaire », *EfimDD*, n°1, 2008, pp. 102 - 124
— « La proposition d'institution d'une Cour constitutionnelle sous le prisme de l'évolution des rapports entre droit national et droit de l'Union européenne », *in* AKRIVOPOULOU Christina PAPACHRISTOS Nikos (dir.), *Le défis de la révision constitutionnelle*, Athènes - Thessalonique : éd. Sakkoulas, 2013, pp. 163 - 182
— « Le contrôle d'office d'(in)constitutionnalité des lois, commentaire sur l'arrêt 3195/2000 du Conseil d'État », *DtA*, n°16, 2002, pp. 1175 - 1193
— « Le renvoi préjudiciel au jugement des mesures provisoires selon le droit communautaire », *in Droit communautaire, 25 ans de son application en Grèce,* Athènes - Komotini : éd. A. Sakkoulas, pp. 57 - 82
— « Le système de la justice administrative selon la Constitution (réflexions sur la procédure de la nouvelle révision de la Constitution) », *EfimDD*, n°5, 2006, pp. 554 - 559
— « Les droits fondamentaux dans la jurisprudence du Conseil d'État », *in* TSAPOGAS Michalis, CHRISTOPOULOS Dimitris (dir.), *Les droits en Grèce, 1953 - 2003 : De la fin de la guerre civile jusqu'à la restitution de la démocratie,* Athènes : éd. Kastanioti, 2004, pp. 439 - 468
— « Les proclamations des travaux publics, et le contrôle incident des actes réglementaires, commentaire sur l'arrêt du Conseil d'État (Assemblée plénière) 1415/2000 », *DtA*, n°14, 2002, pp. 513 - 540
— « Le caractère diffus et incident du contrôle de constitutionnalité des lois en Grèce, sous l'aspect du droit européen communautaire », *EfimDD*, n°6, 2009, pp. 825 - 847
YOTOPOULOU - MARAGKOPOULOU Aliki, « Commentaire aux arrêts du Conseil d'État Assemblée plénière, 1933/98 et 1917 - 1929/98 », *ToS*, pp. 773 - 792

Z

ZOLOTAS Triantafyllos
— « L'engagement du juge national par la jurisprudence et l'autorité de la chose jugée de la Cour européenne des droits de l'homme », *EfimDD*, n°1, 2010, pp. 102 - 113
— « Liberté d'expression et protection de l'honneur selon la CEDH », *ToS*, 2008, pp. 546 - 578
ZONTANOS Panayotis, « Procédures de jugements à un délai raisonnable et protection judiciaires des personnes placées aux organismes publics, réflexions à propos des retards provoqués par l'article 100 par. 5 de la Constitution » *EDKA*, 2008, pp.14 - 34

T

TSIROVASILI Katerina, « note sous l'arrêt du Conseil d'État 4395/2013 », *NoV*, 2014, pp. 411 - 422

F

FRAGKAKIS Nikos, « note sous l'arrêt du Conseil d'État 4467/2012 », *ThPDD*, n°12, 2012 pp. 1088 - 1097

En langue anglaise

A

ALIVIZATOS Nikos, « The costitutional treatment of religius minorities in Greece », *in Mélanges en l'honneur de Nicolas Valticos*, droit et justice, Paris : éd. A. Pédone, 1999, pp. 629 - 642

ALKEMA Evert Albert, « The European Convention as a constitution and its Court as a constitutional Court », *in Protection des droits de l'homme: la perspective européenne mélanges à la mémoire de Rolv Ryssdal*, Köln Berlin Bonn etc. :C. Heymanns, 2000, pp. 41 - 63

ANAGNOSTARAS Georgios, « Activation of the Ultra Vires Review: The Slovak Pensions Judgment of the Czech Constitutional Court », *German Law Journal*, vol. 14, 2013, pp. 959 - 973

B

BROBERG Morten, « Acte clair revisited: adapting the acte clair criteria to the demands of the times », *Common Market Law Review*, vol. 45, 2008, pp. 1383 - 1397

C

CEDE Philip, « Report on Austria and Germany », *in* MARTINICO Giuseppe, POLLICINO Oreste (eds), *The National Judicial Treatment of the ECHR and EU Laws: A Comparative Constitutional Perspective*, Groningen: Europa Law Pub, 2010, pp. 55 - 80

D

DANN Philipp, « Thoughts on a Methodology of European Constitutional Law », *German Law review*, vol. 6, 2005, pp. 1453 - 1474
DANNIGER Stephan, 'A new rule « the swiss Debt brake »', January 2002, IMF working paper, pp. 1 - 27
DAWSON Mark, de WITTE Floris, « Constitutional balance in the EU after the Euro - Crisis », *The modern law review*, vol. 76, 2013, pp. 817 - 844

F

FATOUROS Argyris, « International law in the New Greek Constitution », *AJIL*, vol. 70, 1976, pp. 492 - 506

G

GERAPETRITIS George, « The hellenic Council of state vis - à - vis the European court of justice: from voluntary seclusion to inevitable constitutional dialogue », *in Essays in honour of Georgios I. Kassimatis*, Athens, Komotini Bruxelles Berlin : éd. A. Sakkoulas, Bruylant, Berliner Wissenschafts - Verl., 2004, pp. 83 - 100

I

IOANNOU Krateros, « The application of the European convention on human rights in the greek legal order », *EEEurD*, n°2, 1996, pp. 223 - 250

K

KABOGLU Ibrahim Ozden, KOUTNATZIS Stylianos - Ioannis, « The reception process in Greece and Turkey", *in* KELLER Helen STONE Sweet Alec (dir.), *A Europe of rights, the impact of the ECHR on national legal systems*, Oxford New York : Oxford University Press, 2008, pp. 451 - 529
KELLER Helen, STONE SWEET Alec
— « Assessing the impact of the ECHR on National Legal Systems », *in* KELLER Helen, STONE SWEET Alec (dir.), *A Europe of rights, the impact of the ECHR on national legal systems,* Oxford New York : Oxford University Press, 2008, pp. 677 - 712
— « Introduction: The Reception of the ECHR in National Legal Orders », *in* KELLER Helen, STONE SWEET Alec (dir.), *A Europe of rights, the impact of the ECHR on national legal systems*, Oxford New York : Oxford University Press, 2008, pp. 11 - 36

L

LENAERTS Koen, « The EU charter of fundamental rights scope of application and methods of interpretation », *in* KRONENBERGER Vincent et al. (dir.), *De Rome à Lisbonne: les juridictions de l'Union européenne à la*

croisée des chemins mélanges en l'honneur de Paolo Mengozzi, Bruxelles: Bruylant, 2013, pp. 107 - 143
LETSAS George, « Two Concepts of the Margin of Appreciation », *Oxford Journal of Legal Studies*, vol. 26, 2006, pp. 705 - 732

M

MARTINICO Giuseppe, « Is the European Convention going to be supreme ? A comparative - constitutional overview of ECHR and EU law before National Courts », *EJIL*, vol. 23, 2012, pp. 401 - 424

S

SCHORKOPF Frank, « Case Nos. 2 BvE2/08, 2BvE5/08, 2BvR1010/08, 2BvR1259/08, and 2BvR182/09 ; Note sous Federal Constitutional Court of Germany, 30 June 2009, Case Nos. 2 BvE2/08, 2BvE5/08, 2BvR1010/08, 2BvR1259/08, and 2BvR182/09 », *AJIL*, vol. 104, 2010, pp. 259 - 265
STONE SWEET Alec
— « The European Convention on human rights and national constitutional reordering », *Cardozo Law Review*, vol. 33, 2012, pp. 1859 - 1869
— « The european court of justice », *in* CRAIG Paul, De BURCA Gráinne (dir.), *The evolution of EU law*, Oxford: university press, 2e éd., 2011, pp. 121 - 153

T

TRIDIMAS Takis, « Knocking on heaven's door: Fragmentation, efficiency and defiance in the preliminary reference procedure », *Common Market Law Review,* vol. 40, 2003, pp. 9 - 50

V

VAN OOIK Ronald, « The European Court of justice and the division of Competence in the European Union », *in* OBRADOVIC Daniela, LAVRANOS Nikolaos (dir.), *Interface between EU law and national Law*, Groningens: Europa law publ., 2007, pp. 11 - 40
VON BOGDANDY Armin, « The past and promise of doctrinal constructivism. A strategy for responding to the challenges facing constitutional scholarship in Europe », *International Journal of Constitutional Law*, vol. 7, 2009, pp. 364 - 400

Z

ZIMMERMAN Claus, « The concept of Monetary Sovereignty Revisited», *EJIL*, vol. 2, 2013, pp. 797–818

Index de jurisprudence

I. Arrêts des juridictions européennes

1. Arrêts de la Cour de justice de l'Union européenne

aff. 6/60	16 décembre 1960	*Jean - E. Humblet contre État belge*	408
aff. 26/62	5 février 1963	*Van Gend en Loos contre Administratie der Belastingen*	65, 163
aff.28 - 30/62	27 mars 1963	*Da Costa*	271
aff. C - 6/64	15 juillet 1964	*Costa contre E.N.E.L.*	42, 61, 127, 152, 431
aff.90 - 91/63	13 novembre 1964	*Commission contre Grand - Duché de Luxembourg et Royaume de Belgique*	78
aff.34/67	4 avril 1968	*Lück*	162
aff. 13/68	13 décembre 1968	*Salgoil c. Ministerio del commercio con l'estero*	162
aff. 11/70	17 décembre 1970	*Internationale Handelsgesellschaft*	42, 127, 431
aff. 7/71	14 décembre 1971	*Commission contre République française*	78
aff.51 à 54/71	15 décembre 1971	*International Fruit Company NV et autres contre Produktschap voor groenten en fruit*	163
aff. 120/73	11 décembre 1973	*Lorenz contre Allemagne*	496
aff. 41/74	4 décembre 1974	*Van Duyn contre Home Office*	65
aff. 60/75	22 janvier 1976	*Carmine Antonio Russo v. Azienda di Stato per gli Interventi sul Mercato Agricolo (AIMA)*	408
aff. 41/76	15 décembre 1976	*Donckerwolke e.a. contre Procureur de la République e.a.*	157
aff. 45/76	16 décembre 1976	*Comet*	163, 189, 490

aff. 106/72	9 mars 1978	*Simmenthal*	42, 127, 191, 431, 512
aff. 107/76	24 mai 1979	*Hoffmann - La Roche*	273
aff. 148/78	5 avril 1979	*Ratti*	65
aff. 158/80	7 juillet 1981	*Rewe - Handelsgesellschaft Nord mbH and Rewe - Markt Steffen v Hauptzollamt Kieln*	163, 496
aff. 283/81	6 octobre 1982	*Cilfit*	271
aff.35 - 36/82	27 octobre 1982	*Morson et Jhanjan*	273
aff. 14/83	16 avril 1984	*Von Colson et Kamann*	282
aff. 294/83	23 avril 1986	*Parti écologiste "Les Verts" contre Parlement européen*	27
C - 213/89	19 juin 1990	*The Queen contre Secretary of State for Transport, ex parte Factortame*	502
C - 106/89	13 novembre 1990	*Marleasing contre Comercial Internacional de Alimentación*	282
C - 143/88 et C - 92/89 (aff. jointes)	21 février 1991	*Zuckerfabrkik Soest*	273
C - 340/89	7 mai 1991	*Vlassopoulou*	352
C - 348/89	27 juin 1991	*Mecanarte - Metalurgica da Lagoa / Alfandega do Porto*	512
C - 87, 88 - 89/90	11 juillet 1991	*Verholen e.a. contre Sociale Verzekeringsbank Amsterdam*	39, 210
C - 76/90	25 juillet 1991	*Säger contre Dennemeyer*	336
C - 6/90 et C - 9/90	9 novembre 1991	*Francovich et Bonifaci contre Italie Francovich et Bonifaci contre Italie*	39, 210, 408, 473, 490
C - 28/91	1er juillet 1992	*Haneberg contre BALM*	535
C - 101/91	19 janvier 1993	*Commission contre Italie*	285
C - 19/92	31 mars 1993	*Kraus contre Land*	336

		Baden - Württemberg	
C - 465/93	9 novembre 1995	*Atlanta Fruchthandelsgesellschaft e.a.*	273
C - 55/94	30 novembre 1995	*Gebhard contre Consiglio dell'Ordine degli Avvocati e Procuratori di Milano*	336
C - 430/93 et C - 431/93	14 décembre 1995	*Van Schijndel contre Stichting Pensioenfonds voor Fysiotherapeuten*	210
C - 415/93	15 décembre 1995	*Bosman e.a.*	362
C - 46/93 et C - 48/93	5 mars 1996	*Factortame e.a.*	386
C - 473/93	2 juillet 1996	*Commission contre Luxembourg*	453
C - 84/94	12 novembre 1996	*Royaume-Uni contre Conseil*	159
C - 233/94	13 mai 1997	*RFA contre Parlement et Conseil*	159
C - 398/95	5 juin 1997	*Syndesmos ton en Elladi Touristikon kai Taxidiotikon Grafeion contre Ypourgos Ergasias*	336
C - 347/96	5 mars 1998	*Solred*	512
C - 326/96	1er décembre 1998	*Levez*	189, 490
C - 234/97	8 juillet 1999	*Fernández de Bobadilla*	352
C - 212/97	9 mars 1999	*Centros*	336
C - 58/99	23 mai 2000	*Commission contre Italie*	336
C - 78/98	16 mai 2000	*Preston e.a.*	189, 490
C - 6/99	21 mars 2000	*Greenpeace France e.a.*	273, 299, 415
C - 377/98	9 octobre 2001	*Pays - Bas contre Parlement et Conseil*	159
C - 379/98	13 mars 2001	*PreussenElektra*	362
C - 399/98	12 juillet 2001	*Ordine degli Architetti e.a.*	355
C - 390/99	22 janvier 2002	*Canal Satélite Digital*	354, 355
C - 367/98	4 février 2002	*Commission contre Portugal*	354

C - 99/00	4 juin 2002	*Lyckeskog*	272
C - 50/00 P	25 juillet 2002	*Unión de Pequeños Agricultores contre Conseil*	499, 501
C - 491/01	10 décembre 2002,	*British American Tobacco (Investments) et Imperial Tobacco*	159
C - 318/00	21 janvier 2003	*Bacardi - Martini et Cellier des Dauphins*	362
C - 465/00, C - 138/01 et C - 139/01	20 mai 2003	*Österreichischer Rundfunk e.a.*	535
C - 243/01	6 novembre 2003	*Gambelli e.a.*	354
C - 153/02	13 novembre 2003	*Neri*	326, 345, 366, 367
C - 313/01	13 novembre 2003	*Morgenbesser*	352
C - 36/02	4 octobre 2004	*Omega*	453, 505
C - 397/01 à C - 403/01	5 octobre 2004	*Pfeiffer e.a.*	282
C - 154/04 et C - 155/04	12 juillet 2005	*Alliance for Natural Health e.a.*	159
C - 141/04	14 juillet 2005	*Peros*	35, 367, 462,
C - 461/03	6 décembre 2005	*Gaston Schul Douane - expediteur*	272, 274
C - 226/04 et C - 228/04	9 février 2006	*La Cascina e.a.*	365
C - 234/04	16 mars 2006	*Kapferer*	163
C - 212/04	4 juillet 2006	*Adeneler e.a.*	291
C - 300/04	12 septembre 2006	*Eman et Sevinger*	366
C - 145/04	12 septembre 2006	*Espagne contre Royaume-Uni*	366, 454
C - 65/05	26 octobre 2006	*Commission contre Grèce*	285, 414
C - 432/05	13 mars 2007	*Unibet*	189, 364, 501, 503, 513
C - 15/06 P	22 mars 2007	*Regione Siciliana contre*	501

		Commission	
C - 303/05	3 mai 2007	*Advocaten voor de Wereld*	522
C - 492/06	4 octobre 2007	*Consorzio Elisoccorso San Raffaele*	294
C - 438/05	11 décembre 2007	*The International Transport Workers' Federation et The Finnish Seamen's Union*	160
C - 341/05	18 décembre 2007	*Laval un Partneri*	160
C - 268/06	15 avril 2008	*Impact*	521
C - 364/07	12 juin 2008	*Vasilakis e.a.*	291
C - 402/05 P et C - 415/05 P	3 septembre 2008	*Kadi et Al Barakaat International Foundation contre Conseil et Commission*	35
C - 239/07	9 octobre 2008	*Sabatauskas e.a.*	522, 535
C - 286/06	23 octobre 2008	*Commission contre Espagne*	367, 389
C - 274/05	23 octobre 2008	*Commission contre Grèce*	367, 368, 379, 546
C - 84/07	4 décembre 2008	*Commission contre Grèce*	368, 369, 389, 547
C - 151/07	4 décembre 2008	*Chatzithanasis*	368, 369, 547
C - 213/07	16 décembre 2008	*Michaniki*	362, 363, 364, 365, 379, 388, 448, 451
C - 19/08	29 janvier 2009	*Petrosian*	163, 191, 291, 483
C - 378/07, C - 379/07 et C - 380/07	23 avril 2009	*Angelidaki e.a.*	291
C - 519/08	24 avril 2009	*Koukou*	291
C - 538/07	19 mai 2009	*Assitur*	364
C - 109/08	4 juin 2009	*Commission contre Grèce*	414
C - 465/08	2 juillet 2009	*Commission contre Grèce*	370
C - 169/08	17 novembre	*Presidente del Consiglio*	535

	2009	*dei Ministri*	
C - 314/08	19 novembre 2009	*Filipiak*	515
C - 555/07	19 janvier 2010	*Kücükdeveci*	364, 516
C - 145/08 et C - 149/08	6 mai 2010	*Club Hotel Loutraki e.a.*	295, 521
C - 58/08	8 juin 2010	*Vodafone e.a.*	159
C - 188/10 et C - 189/10	22 juin 2010	*Melki et Abdeli*	502, 513-516
C - 409/06	8 septembre 2010	*Winner Wetten*	540
C - 173/09	5 octobre 2010	*Elchinov*	514
C - 422/09, C - 425/09 et C - 426/09	2 décembre 2010	*Vandorou e.a.*	389
C - 208/09	2 décembre 2010	*Sayn - Wittgenstein*	454, 455
C - 279/09	22 décembre 2010	*DEB*	500
C - 457/09	1er mars 2011	*Chartry*	500, 515
C - 236/09	1er mars 2011	*Association Belge des Consommateurs Test - Achats et autres*	522
C - 424/09	5 avril 2011	*Toki*	367, 379, 389
C - 51/08	4 mai 2011	*Commission contre Luxembourg*	453
C - 147/08	10 mai 2011	*Römer*	515
C - 314/08	19 novembre 2009	*Filipiak*	515
C - 391/09	12 mai 2011	*Runevič - Vardyn et Wardyn*	453, 456
C - 399/09	22 juin 2011	*Landtová*	538
C - 69/10	28 juillet 2011	*Samba Diouf*	500
C - 128/09 à C - 131/09, C - 134/09 et	18 octobre 2011	*Boxus e.a.*	412, 502

C - 135/09			
C - 182/10	16 février 2012	*Solvay e.a.*	502, 534
C - 567/10	22 mars 2012	*Inter - Environnement Bruxelles e.a.*	535
C - 571/10	24 avril 2012	*Kamberaj*	35
C - 618/10	14 juin 2012	*Banco Español de Crédito*	498
C - 43/10	11 septembre 2012	*Nomarchiaki Aftodioikisi Aitoloakarnanias e.a.*	411
C - 302/11 à C - 305/11	18 octobre 2012	*Valenza e.a.*	291
C - 286/12	6 novembre 2012	*Commission européenne contre Hongrie*	452
C - 370/12	27 novembre 2012	*Pringle*	173
C - 186/11 et C - 209/11	24 janvier 2013	*Stanleybet International e.a.*	286
C - 416/10	15 janvier 2013	*Križan e.a.*	514, 540
C - 399/11	26 février 2013	*Melloni*	498, 522, 535, 560
C - 128/12	7 mars 2013	*Sindicato dos Bancários do Norte e.a.*	179
C - 197/11 et C - 203/11	8 mai 2013	*Libert e.a.*	535
C - 168/13 *PPU*	30 mai 2013	*F.*	537
C - 264/12	26 juin 2014	*Sindicato Nacional dos Profissionais de Seguros e Afins*	179
C - 112/13	11 septembre 2014	*A*	516

2. Tribunal de l'Union européenne (ex - Tribunal de Première Instance des Communautés Européennes)

T - 29/92	12 janvier 1993	*Vereniging van Samenwerkende Prijsregelende Organisaties in de Bouwnijverheid et autres contre Commission européenne*	159
T - 541/10	27 novembre 2012	*ADEDY e.a. contre Conseil*	181

3. Arrêts de la Cour européenne des droits de l'homme

23 juillet 1961	*Lawless contre Irlande*	147
9 février 1967	*Affaire linguistique belge*	129
23 juillet 1968	*Affaire linguistique belge*	26, 146, 499
18 juin 1971	*De wilde Ooms et Versyp contre Belgique*	146
6 décembre 1976	*Syndicat suédois des conducteurs de locomotive contre Suède*	499
7 décembre 1976	*Handyside contre Royaume Uni*	146, 458, 504
25 avril 1978	*Tyrer contre Royaume-Uni*	129, 487
6 septembre 1978	*Klass et autres contre Allemagne*	422, 499, 510
26 avril 1979	*Sunday Times contre Royaume Uni*	148, 246, 459, 461
13 juin 1979	*Marckx contre Belgique*	372
9 octobre 1979	*Airey contre Irlande*	62
6 novembre 1980	*Van Oosterwijck contre Belgique*	65

6 mai 1981	*Buccholz contre Allemagne*	492
22 octobre 1981	*Dudgeon contre Royaume Uni*	149, 422
10 février 1983	*Albert et Le Compte contre Belgique*	405, 406
22 octobre 1984	*Sramek contre Autriche*	492
25 mars 1985	*Barthold contre Allemagne*	246
21 février 1986	*James et autres contre Royaume Uni*	65, 499, 500
8 juillet 1986	*Lingens contre Autriche*	246
2 mars 1987	*Mathieu - Mohin et Clerfayt contre Belgique*	150
18 décembre 1987	*F. contre Suisse*	460, 510
29 avril 1988	*Belilos contre Suisse*	143
27 août 1991	*Philis contre Grèce*	299
26 novembre 1991	*Observer et Guardian contre Royaume-Uni*	246
29 novembre 1991	*Vermeire contre Belgique*	422
29 octobre 1992	*Open Door et Dublin Well woman*	43, 127, 137, 149, 422, 442-445, 462
16 décembre 1992	*Hatjianastasiou contre Grèce*	299
16 décembre 1992	*Niemitz contre Allemagne*	245
22 avril 1993	*Modinos contre Chypre*	422
25 mai 1993	*Kokkinakis contre Grèce*	254, 279, 461
26 juin 1993	*Ruiz Mateos contre Espagne*	43, 137, 493
20 septembre 1994	*Otto Preminger Institut contre Autriche*	461
23 septembre 1994	*Jersild contre Denmark*	246
24 novembre 1994	*Kremmache contre France*	148
9 décembre 1994	*Stran et Stratis Andreadis contre Grèce*	299, 415

9 décembre 1994	*Les saints monastères contre Grèce*	249, 252
9 décembre 1994	*Ruiz Torija contre Espagne*	495
9 décembre 1994	*Lopez Ostra contre Espagne*	62
23 mars 1995	*Loizidou contre Turquie*	27, 487, 510
28 septembre 1995	*Spadea et Scalabrino contre Italie*	505
28 septembre 1995	*Procola contre Luxembourg*	236, 446
23 octobre 1995	*Palaoro contre Autriche*	446
31 octobre 1995	*Papamichalopoulos contre Grèce*	422
22 février 1996	*Bulut contre Autriche*	148, 495
27 mars 1996	*Goodwin contre Royaume Uni*	246
25 avril 1996	*Gustafsson contre Suède*	439
1 juin 1996	*Gallego Garcia contre Espagne*	148
16 septembre 1996	*Süssmann contre Allemagne*	494
16 septembre 1996	*Akdivar et autres contre Turquie*	504
26 septembre 1996	*Manoussakis contre Grèce*	255, 257, 279, 461
15 novembre 1996	*Ahmet Sadik contre Grèce*	146
18 décembre 1996	*Valsamis contre Grèce*	255, 499
18 décembre 1996	*Efstratiou contre Grèce*	256
19 mars 1997	*Hornsby contre Grèce*	299
28 mai 1997	*Pauger contre Autriche*	495
29 mai 1997	*Georgiadis contre Grèce*	256, 279, 299
1er juillet 1997	*Gitonas et autres contre Grèce*	150, 440, 460
22 octobre 1997	*Papageorgiou contre Grèce*	299, 415

23 octobre 1997	*National & Provincial Building Society Leeds Permanent Building Society et Yorkshire Building Society (Building Societies) contre Royaume - Uni*	300, 415
30 janvier 1998	*Parti communiste unifié de Turquie et autres contre Turquie*	43, 422, 442
24 février 1998	*Larissis et autres contre Grèce*	254, 279, 461
27 mars 1998	*Petrovic contre Autriche*	461
24 mai 1998	*Müllet et autres contre Suisse*	461
9 juin 1998	*Inçal contre Turquie*	445
10 juillet 1998	*Sidiropoulos et autres contre Grèce*	255
29 juillet 1998	*Guérin contre France*	495
2 septembre 1998	*Ahmed et autres contre Royaume Uni*	150, 393
21 janvier 1999	*Fressoz et Roire contre France*	246
21 janvier 1999	*Garcia Ruiz contre Espagne*	149
18 février 1999	*Matthews contre Royaume-Uni*	142
20 mai 1999	*Rekvényi contre Hongrie*	435
25 mars 1999	*Nikolova contre Bulgarie*	510
8 juin 1999	*McGuinness contre Royaume Uni*	459
28 juillet 1999	*Immobiliare Saffi contre Italie*	505
27 septembre 1999	*Smith et Grady contre Royaume Uni*	499
28 octobre 1999	*Zielinski et Pradal et Gonzalez contre France*	43, 127, 415, 542

8 décembre 1999	*Pellegrin contre France*	301
14 décembre 1999	*Serif contre Grèce*	255, 279, 461
3 mars 2000	*Krcmar et autres contre République tchèque*	494
6 avril 2000	*Thlimmenos contre Grèce*	256, 279, 461
30 mai 2000	*Sadak et autres contre Turquie*	442
22 juin 2000	*Coëme contre Belgique*	507
29 juin 2000	*Sandra Brike contre Lettonie*	150, 393
17 octobre 2000	*Karakasis contre Grèce*	279
26 octobre 2000	*Kudla contre Pologne*	145, 494
7 novembre 2000	*Anagnostopoulos contre Grèce*	300
11 janvier 2001	*Platakou contre Grèce*	299, 418
18 janvier 2001	*Chapman contre Royaume Uni*	422
24 janvier 2001	*Kurtulmuş contre Turquie*	149
15 février 2001	*Dahlab contre la Suisse*	149
10 mai 2001	*Mata Estevez contre Espagne*	462
24 juin 2010	*Schalk et Kopf contre Autriche*	35, 462
13 septembre 2001	*Victor Emmanuel de Savoie contre Italie*	436
28 septembre 2001	*Agoudimos contre Grèce*	415
10 janvier 2002	*Informationsverein Lentia contre Autriche*	248
21 février 2002	*Schüssel conte Autriche*	306
15 mars 2002	*Adamogiannis contre Grèce*	279
21 mars 2002	*Vasilopoulou contre Grèce*	279
11 avril 2002	*Hatzitakis contre Grèce*	250

11 avril 2002	*Smokovitis et al. contre Grèce*	299, 415
29 avril 2002	*Pretty contre Royaume Uni*	245
20 juin 2002	*Koskinas contre Grèce*	299
10 juillet 2002	*Gratzinger et Gratzingerova contre République tchèque*	495
11 juillet 2002	*Willis contre Royaume Uni*	500
27 août 2002	*Didier contre France*	495
8 octobre 2002	*Arcadio Fernandez - Molina Gonzalez contre Espagne*	505
5 novembre 2002	*Wyner et centre hospitalier interregional Edith - Cavell contre Belgique*	418
12 novembre 2002	*Zvolsky et Zvolska contre République tchèque*	495
24 avril 2003	*Victor Emmanuel de Savoie contre Italie*	436, 445
10 juillet 2003	*Murphy contre Irlande*	149, 455
25 novembre 2003	*Soto Sanchez contre Espagne*	496
15 janvier 2004	*Sakkopoulos contre Grèce*	279
19 janvier 2004	*Haider contre Autriche*	495
17 février 2004	*Gorzelik et autres contre Pologne*	457
19 février 2004	*Yarenios contre Grèce*	279
6 avril 2004	*S. B et autres contre Belgique*	507
20 avril 2004	*Bulena contre République tchèque*	495
27 avril 2004	*Gorraiz Lizarraga et autres contre Espagne*	495
24 mai 2004	*Kadlec et autres contre République tchèque*	495

27 mai 2004	*Rizos et Daskas contre Grèce*	230
27 mai 2004	*Ogis - institut Stanislas Ogec st. pie x et blanche de castille et autres contre France*	281, 392
26 juin 2004	*Von Hannover contre Allemagne*	286, 455
18 novembre 2004	*QUFAJ CO. SH.P.K. contre Albanie*	495
11 janvier 2005	*Sciacca contre Italie*	306
11 janvier 2005	*Py contre France*	459, 460
5 avril 2005	*Iordachi et autres contre Moldavie*	510
19 mai 2005	*Steck - Risch et autres contre Lichtenstein*	495
28 juin 2005	*Zednik contre République tchèque*	495
30 juin 2005	*Affaire Bosphorus contre Irlande*	36, 142
15 juillet 2005	*Mežnarć contre Croatie*	495
28 septembre 2005	*Broniowski et autres contre*	441
6 octobre 2005	*Draon contre France*	422
19 octobre 2005	*Roche contre Royaume Uni*	500
10 novembre 2005	*Leyla Şahin contre Turquie*	149
24 janvier 2006	*Köse et 93 autres contre Turquie Lecarpentier et autre contre France*	149
16 mars 2006	*Zdanoka contre Lettonie*	150, 393
26 mars 2006	*Cocchiarella contre Italie*	504
8 juin 2006	*Sürmeli contre Allemagne*	506
15 juin 2006	*Lykourezos contre Grèce*	371, 392, 394, 396, 443, 461, 530

4 juillet 2006	*Ramirez Sanchez contre France*	499
27 juillet 2006	*Efstathiou et autres contre Grèce*	299
14 décembre 2006	*Markovic et autres contre Italie*	145
11 janvier 2007	*Hersbt contre Allemagne*	506
22 février 2007	*Perlala contre Grèce*	299
22 octobre 2007	*Papageorgiou contre Grèce*	299, 415
26 mars 2007	*Tsalkitzis contre Grèce*	521
3 mai 2007	*Baczkowski et autres contre Pologne*	441
28 juin 2007	*Wagner et J.M.W.L. contre Luxembourg*	191
29 juin 2007	*Folgerø et autres contre Norvege*	149
5 juillet 2007	*Lionarakis contre Grèce*	246
11 octobre 2007	*Kanellopoulou contre Grèce*	246
6 décembre 2007	*Katrami contre Grèce*	246
17 janvier 2008	*Vasilakis contre Grèce*	246, 291
4 mars 2008	*El Morsli contre France*	150
21 avril 2008	*Alexandridis contre Grèce*	256
28 avril 2008	*Hutten - Czapska contre Pologne*	441
22 mai 2008	*Meidanis contre Grèce*	400, 418
19 septembre 2008	*Korbely contre Hongrie*	494
4 décembre 2008	*Kervanci contre France*	149
4 décembre 2008	*Adam contre Allemagne*	505
3 février 2009	*Schädlich contre Allemagne*	505
25 juin 2009	*Zouboulidis contre Grèce*	400, 418, 419-421, 424
30 juin 2009	*Aktas contre France*	149

30 juin 2009	*Ranjit Singh contre France*	149
15 octobre 2009	*Micallef contre Malte*	521
22 décembre 2009	*Sejdić et Finci contre Bosnie et Herzégovine*	443
24 juin 2010	*Schalk et Kopf contre Autriche*	35, 462
8 juillet 2010	*Sitaropoulos et autres contre Grèce*	437
14 octobre 2010	*Kugler contre Autriche*	495
16 décembre 2010	*A B et C contre Irlande*	462, 463
21 décembre 2010	*Athanasiou contre Grèce*	302
6 janvier 2011	*Paksas contre Lituanie*	500
21 janvier 2011	*M.S.S. contre Belgique et Grèce*	148
18 mars 2011	*Lautsi et autres contre Italie*	149, 460
3 mai 2011	*Anastassakos et autres contre Grèce*	509
20 septembre 2011	*Ullens de Schooten et Rezabek contre Belgique*	35
3 novembre 2011	*S.H et autres contre Autriche*	149
16 février 2012	*Eremiášová et Pechová contre République tchèque*	506
23 février 2012	*Hirsi Jamaa contre Italie*	35
15 mars 2012	*Sitaropoulos et Giakoumopoulos contre Grèce*	438, 462
10 mai 2012	*Magnin contre France*	191
29 mai 2012	*Reinhold Taron contre Allemagne*	506
3 juillet 2012	*Michelioudakis contre Grèce*	302

13 décembre 2012	*De Souza Ribeiro contre France*	145
30 janvier 2013	*Glykantzi contre Grèce*	303
7 février 2013	*Fabris contre France*	191
19 févr. 2013	*Garcia Mateos contre Espagne*	496
30 avril 2013	*Hasan Uzun contre Turquie*	506, 508
7 mai 2013	*Koufaki et Adedy contre Grèce*	179
3 octobre 2013	*Giavi contre Grèce*	424
8 octobre 2013	*Da Conceição Mateus et Santos Januário contre Portugal*	179
7 novembre 2013	*Vallianatos et autres contre Grèce*	508, 509, 511
23 janvier 2014	*Montoya contre France*	544
1er juillet 2014	*S.A.S. contre France*	150
16 juillet 2014	*Hämäläinen contre Finlande*	461

4. Décisions de la Commission européenne des droits de l'homme

16 décembre 1961	*Retimag S.A. contre République Fédérale d'Allemagne*	146
5 mars 1964	*cinquante - sept habitants de Louvain et des environs de cette ville contre la Belgique*	146
14 décembre 1979	*Young james et webster contre Royaume Uni*	500
18 juillet 1986	*W contre Allemagne*	505
11 décembre 1987	*Union Alimentaria Sanders SA contre Espagne*	505

7 avril 1994	*J.A. contre République tchèque*	505
29 juin 1994	*Karel Hava contre République tchèque*	505

II. Décisions des juridictions françaises

1. Décisions du Conseil constitutionnel

76 - 71 DC	30 décembre 1976	*Décision du Conseil des communautés européennes relative à l'élection de l'Assemblée des Communautés au suffrage universel direct*	33
86 - 216	3 septembre 1986	*Loi relative aux conditions d'entrée et de séjour des étrangers en France*	388
92 - 307 DC	25 février 1992	*Loi portant modification de l'Ordonnance n° 45 - 2658 du 2 novembre 1945 modifiée relative aux conditions d'entrée et de séjour des étrangers en France*	440
92 - 308 DC	09 avril 1992	*Traité sur l'Union européenne*	33, 167
96 - 375 DC	9 avril 1996	*Loi portant diverses dispositions d'ordre économique et financier*	543

2004 - 496 DC	10 juin 2004	*Loi pour la confiance dans l'économie numérique*	537
2004 - 505 DC	19 novembre 2004	*Traité établissant une Constitution pour l'Europe*	61, 481
2006 - 540 DC	27 juillet 2006	*Loi relative au droit d'auteur et aux droits voisins dans la société de l'information*	480, 481, 484, 537
2006 - 543 DC	30 novembre 2006	*Loi relative au secteur de l'énergie*	480, 481
2008 - 564 DC	19 juillet 2008	*Loi relative aux organismes génétiquement modifiés*	480, 481, 545
2010 - 605 DC	12 mai 2010	*Loi relative à l'ouverture à la concurrence et à la régulation du secteur des jeux d'argent et de hasard en ligne*	480, 481
2010 - 6/7 QPC	11 juin 2010	*M. Stéphane A. et autres*	546
2010 - 79 QPC	17 décembre 2010	*M. Kamel D. [Transposition d'une directive]*	480
2010 - 92 QPC	28 janvier 2011	*Mme Corinne C. et autres*	537
2011 - 631 DC	09 juin 2011	*Loi relative à l'immigration à l'intégration et à la nationalité*	480
2012 - 268 QPC	27 juillet 2012	*Annie M.*	526

2012 - 655 DC	24 octobre 2012	*Loi relative à la mobilisation du foncier public en faveur du logement et au renforcement des obligations de production de logement social*	216
2013 - 314P QPC	4 avril 2013	*M. Jeremy F*	537
2013 - 314 QPC	14 juin 2013	*M. Jeremy F*	537

2. Arrêts des juridictions administratives

2.1. Conseil d'État

Conseil d'État, Assemblée plénière	19 juin 1964	*Sté des pétroles Shell Berre et autres*	275
Conseil d'État	1er juillet 2005	*M. Ousty*	546
Conseil d'État	8 février 2007	*Société ARCELOR Atlantique et Lorraine et autres*	356, 357, 451, 521

2.2. Cour d'Appel Administrative

CAA Paris	18 juin 2012	*Fondation d'entreprise Louis Vuitton pour la création et ville de Paris*	525

3. Arrêts des juridictions judiciaires

Cour de Cassation	20 juin 2000	n°de pourvoi 98 - 10.350	543
Cour de Cassation	18 décembre 2003	n°de pourvoi 03 - 60.315	546
Cour de Cassation	16 avril 2010	n°de pourvoi 10 - 40.001 et 10 - 40.002	539
Cour de Cassation, Assemblée plénière	29 juin 2010	n°de pourvoi 10 - 40.001 et 10 - 40.002	539
Cour de Cassation	9 avril 2013	n°de pourvoi 11 - 27071	526

III. Décisions des juridictions grecques

1. Arrêts de la Cour suprême spéciale

Cour suprême spéciale	7/1977	225, 264
Cour suprême spéciale	47/1982	225
Cour suprême spéciale	16/1983	224
Cour suprême spéciale	17/1983	225
Cour suprême spéciale	78/1985	225
Cour suprême spéciale	4/1986	225
Cour suprême spéciale	3/1989	225
Cour suprême spéciale	18/1990	225
Cour suprême spéciale	44/1991	225
Cour suprême spéciale	1/1993	222, 324
Cour suprême spéciale	45/1997	251
Cour suprême spéciale	56/1997	221, 223
Cour suprême spéciale	57/1997	221, 223

Cour suprême spéciale	27/1999	226
Cour suprême spéciale	29/1999	222, 230
Cour suprême spéciale	7/2002	339
Cour suprême spéciale	11/2003	339, 340, 370, 395
Cour suprême spéciale	5/2006	340
Cour suprême spéciale	9/2009	417
Cour suprême spéciale	1 - 2/2012	222, 223, 402, 421
Cour suprême spéciale	14/2013	226

2. Arrêts du Conseil d'État

Conseil d'État	239/1966	73
Conseil d'État	607/1967	73
Conseil d'État	2011/1976	89
Conseil d'État	3531/1976	89
Conseil d'État, Assemblée plénière	2313/1976	264
Conseil d'État	1270/1977	201
Conseil d'État, Assemblée plénière	1767/1977	264
Conseil d'État	395/1978	131, 284
Conseil d'État	1460/1978	304, 305
Conseil d'État, Assemblée plénière	3634/1978	304
Conseil d'État	4129 - 30/1980	201
Conseil d'État, Assemblée plénière	902 - 3/1981	199, 201
Conseil d'État	2183/1983	89
Conseil d'État, Assemblée plénière	2788/1984	208

Conseil d'État	155/1984	410
Conseil d'État	1285/1984	410
Conseil d'État, Assemblée plénière	2858/1985	264
Conseil d'État	4183/1987	131
Conseil d'État	5024/1987	225
Conseil d'État	989/1987	248, 353
Conseil d'État	1094 - 5/1987	282
Conseil d'État, Assemblée plénière	5040/1987	248, 353
Conseil d'État, Assemblée plénière	1144/1988	248
Conseil d'État, Assemblée plénière	1145/1988	248
Conseil d'État, Assemblée plénière	17/1988	264
Conseil d'État, Assemblée plénière	867/1988	305
Conseil d'État	2739/1988	326
Conseil d'État	1964/1989	326
Conseil d'État	2565/1990	264
Conseil d'État	2567/1990	264
Conseil d'État, Assemblée plénière	2274/1990	326, 328
Conseil d'État	1680/1990	328
Conseil d'État	1975/1991	131
Conseil d'État, Assemblée plénière	106/1991	208
Conseil d'État	2099/1991	259
Conseil d'État	2705/1991	223, 282
Conseil d'État	1521/1992	207, 208
Conseil d'État	1849/1992	264

Conseil d'État	3585/1992	264
Conseil d'État	3799/1992	264
Conseil d'État	1424/1992	276
Conseil d'État	495/1993	247
Conseil d'État	2409/1993	276
Conseil d'État	3439/1994	256
Conseil d'État	626/1994	326
Conseil d'État	1545/1995	264, 265
Conseil d'État	4261/1995	264
Conseil d'État	3381/1995	276
Conseil d'État	3118/1996	207
Conseil d'État, Assemblée plénière	4575/1996	251
Conseil d'État	4331/1996	249
Conseil d'État	2027/1996	259
Conseil d'État	4746/1996	259
Conseil d'État, Assemblée plénière	1438/1996	259
Conseil d'État	5645 - 57/1996	298
Conseil d'État	5495/1996	300
Conseil d'État	5512 - 6/1996	300
Conseil d'État	3257/1996	410
Conseil d'État	3078/1997	247
Conseil d'État	4212/1997	259
Conseil d'État	4459/1997	259
Conseil d'État	4799/1997	259
Conseil d'État, Assemblée plénière	4613/1997	259
Conseil d'État	2371/1997	300, 301
Conseil d'État	2711/1997	300

Conseil d'État	2807/1997	327
Conseil d'État, Assemblée plénière	4367/1997	410
Conseil d'État, Assemblée plénière	173/1998	208
Conseil d'État, Assemblée plénière	3451 - 3/1998	250
Conseil d'État, Assemblée plénière	1930 - 2/1998	251
Conseil d'État, Assemblée plénière	1937/1998	251
Conseil d'État, Assemblée plénière	4674/1998	266, 275
Conseil d'État, Assemblée plénière	4675/1998	266, 275
Conseil d'État, Assemblée plénière	920/1998	298
Conseil d'État	2601/1998	289
Conseil d'État, Assemblée plénière	3457/1998	327-329, 352, 485
Conseil d'État	2544/1999	247, 249
Conseil d'État, Assemblée plénière	1484/1999	410
Conseil d'État	3195/2000	206-209
Conseil d'État, Assemblée plénière	1415/2000	276, 277
Conseil d'État	1440/2000	328
Conseil d'État	1331/2000	410
Conseil d'État	1750/2001	237
Conseil d'État	4078/2001	237
Conseil d'État	4508/2001	256
Conseil d'État	2522/2001	301
Conseil d'État	2709/2001	328

Conseil d'État, Assemblée plénière	621/2002	214, 234
Conseil d'État	3545/2002	247, 249
Conseil d'État, Assemblée plénière	602 - 3/2002	259
Conseil d'État	1793/2002	259
Conseil d'État	3339/2002	259
Conseil d'État	1850/2002	298
Conseil d'État	1851 - 9/2002	298
Conseil d'État	1893/2002	298
Conseil d'État	2336/2002	298
Conseil d'État	3118/2002	298
Conseil d'État	3714 - 3735/2002	298
Conseil d'État, Assemblée plénière	3612/2002	410
Conseil d'État	1528/2003	208
Conseil d'État	3199/2003	237
Conseil d'État	553 - 4/2003	249
Conseil d'État	284/2003	256
Conseil d'État	536/2003	260
Conseil d'État	1882/2003	331
Conseil d'État	2667/2003	328
Conseil d'État	1329/2003	407
Conseil d'État	1332 - 3/2003	407
Conseil d'État, Assemblée plénière	1249 - 50/2003	310
Conseil d'État	3243/2004	110, 341
Conseil d'État	1476/2004	238
Conseil d'État	2094/2004	238
Conseil d'État	3794/2004	238

Conseil d'État	3242/2004	110, 341, 342, 344, 355, 357
Conseil d'État	2202 - 3/2004	250
Conseil d'État	1000/2004	298
Conseil d'État	622 - 635/2004	298
Conseil d'État, Assemblée plénière	3633/2004	300
Conseil d'État	2392/2004	328
Conseil d'État	2709/2004	328
Conseil d'État	165/2004	407
Conseil d'État	158/2004	284, 413
Conseil d'État	372 - 5/2005	414
Conseil d'État	2544/2005	250
Conseil d'État	2604 - 8/2005	250
Conseil d'État	3848 - 50/2005	250
Conseil d'État	1137/2005	298
Conseil d'État	1837 - 9/2005	298
Conseil d'État	1843 - 4/2005	298
Conseil d'État	1847/2005	298
Conseil d'État	1850/2005	298
Conseil d'État	2716/2005	328
Conseil d'État	1120/2005	410
Conseil d'État	1568/2005	409
Conseil d'État, Assemblée plénière	1986/2005	296
Conseil d'État	3551 - 3/2006	297
Conseil d'État	3405/2006	297
Conseil d'État	1550/2006	297
Conseil d'État	2/2006	297

Conseil d'État	2061/2006	297
Conseil d'État	261/2006	298
Conseil d'État	414/2006	298
Conseil d'État	415/2006	298
Conseil d'État	1395 - 9/2006	298
Conseil d'État	3536/2006	298
Conseil d'État	418/2006	298
Conseil d'État	2551/2006	298
Conseil d'État	1253 - 6/2006	290
Conseil d'État, Assemblée plénière	3670/2006	336, 346, 347, 349, 355, 356, 357, 360
Conseil d'État	1841/2006	328
Conseil d'État	1448/2006	407
Conseil d'État	3428/2006	417
Conseil d'État	1472/2007	239
Conseil d'État	3632/2007	250
Conseil d'État	2674/2007	250
Conseil d'État	1845/2007	256
Conseil d'État	3311/2007	296
Conseil d'État	120/2007	296
Conseil d'État	2993 - 2994/2007	300
Conseil d'État	3198/2007	300
Conseil d'État	4411/2007	290
Conseil d'État	2228 - 9/2007	290
Conseil d'État	798/2007	408
Conseil d'État	3065/2007	407
Conseil d'État	3076/2007	407

Conseil d'État, Assemblée plénière	189/2007	406, 407
Conseil d'État	1698/2007	409
Conseil d'État	2144/2007	389
Conseil d'État	2639/2008	291
Conseil d'État	3337/2008	296
Conseil d'État	2135/2008	296
Conseil d'État	3/2008	296
Conseil d'État	2164/2008	298
Conseil d'État	143/2008	300
Conseil d'État	438/2008	300
Conseil d'État	646/2008	300
Conseil d'État	664/2008	300
Conseil d'État	1041/2008	300
Conseil d'État	1203/2008	300
Conseil d'État	1632/2008	300
Conseil d'État	2006 - 7/2008	300
Conseil d'État	3601/2008	300
Conseil d'État	888/2008	284
Conseil d'État, Assemblée plénière	605 - 6/2008	294
Conseil d'État	391/2008	410, 527
Conseil d'État	1078/2008	407
Conseil d'État	369/2008	389
Conseil d'État	3654/2008	417
Conseil d'État, Assemblée plénière	1663/2009	400
Conseil d'État, Assemblée plénière	3503/2009	208
Conseil d'État	781/2009	415

Conseil d'État	2144/2009	286, 414
Conseil d'État	592/2009	260
Conseil d'État	28 - 9/2009	291
Conseil d'État	1041/2009	291
Conseil d'État	2118/2009	296
Conseil d'État	2112/2009	296, 301
Conseil d'État	612/2009	297
Conseil d'État	879/2009	298
Conseil d'État	337/2009	300
Conseil d'État	340/2009	300
Conseil d'État	732 - 3/2009	300
Conseil d'État	1342/2009	300
Conseil d'État	1757/2009	300
Conseil d'État	1779/2009	300
Conseil d'État	1996/2009	300
Conseil d'État	689/2009	301
Conseil d'État	1734/2009	301
Conseil d'État	2144/2009	286, 414
Conseil d'État, Assemblée plénière	3976 - 78/2009	410
Conseil d'État, Assemblée plénière	3980 - 81/2009	489
Conseil d'État	1639/2009	389
Conseil d'État	1684/2009	389
Conseil d'État	3741 - 2/2009	389
Conseil d'État, Assemblée plénière	3319/2010	301
Conseil d'État, Assemblée plénière	3320/2010	209
Conseil d'État	1386 - 1388/2010	209
Conseil d'État	2718/2010	291

Conseil d'État	3200 - 5/2010	291
Conseil d'État	3462/2010	291
Conseil d'État	3226/2010	296
Conseil d'État	3227/2010	296
Conseil d'État	1006/2010	296
Conseil d'État	899/2010	296
Conseil d'État	569/2010	296
Conseil d'État	3762/2010	297
Conseil d'État	482/2010	286
Conseil d'État	3182/2010	301
Conseil d'État, Assemblée plénière	1213/2010	306
Conseil d'État, Assemblée plénière	168 - 9/2010	408
Conseil d'État	1087/2010	408
Conseil d'État	853/2010	389
Conseil d'État	1466/2010	389
Conseil d'État	1670/2010	389
Conseil d'État	161/2010	532, 534
Conseil d'État	1620/2011	400
Conseil d'État	693/2011	400
Conseil d'État	2097/2011	209
Conseil d'État	2060/2011	296
Conseil d'État	3074/2011	296
Conseil d'État	851/2011	297, 386
Conseil d'État, Assemblée plénière	231/2011	286
Conseil d'État, Assemblée plénière	232/2011	286
Conseil d'État	2067/2011	301

Conseil d'État, Assemblée plénière	953/2011	403, 420, 421
Conseil d'État	2658/2011	408
Conseil d'État	2037/2011	407
Conseil d'État	1622/2011	407
Conseil d'État, Assemblée plénière	3472/2011	387
Conseil d'État, Assemblée plénière	3470/2011	387, 527
Conseil d'État, Assemblée plénière	2770/2011 et 2771/2011	389
Conseil d'État, Assemblée plénière	668/2012	57, 122, 170, 177-9, 180, 202, 267, 402
Conseil d'État, Assemblée plénière	1972/2012	268, 276
Conseil d'État	4467/2012	302
Conseil d'État	1540/2012	302
Conseil d'État	1501/2012	408
Conseil d'État	1207/2012	408
Conseil d'État, Assemblée plénière	2411/2012	465
Conseil d'État, Assemblée plénière	3354/2013	268, 276
Conseil d'État	1337/2013	304
Conseil d'État	4395/2013	304
Conseil d'État, Assemblée plénière	692/2013	390, 391
Conseil d'État, Assemblée plénière	1685/2013	400, 402
Conseil d'État	3408 - 9/2013	402
Conseil d'État, Assemblée plénière	9/2013	421

Conseil d'État, Assemblée plénière	460/2013	485
Conseil d'État	726/2014	260
Conseil d'État, Assemblée plénière	1116 - 7/2014	268
Conseil d'État, Assemblée plénière	26/2014	411

3. Décisions de la Cour de Cassation

Cour de Cassation	23/1897	52
Cour de Cassation	1107/1985	257
Cour de Cassation	421/1991	257
Cour de Cassation	721/1992	282
Cour de Cassation	20/2001	257
Cour de Cassation, Assemblée plénière	13/2001	533
Cour de Cassation	145/2006	417, 420
Cour de Cassation	250/2006	417, 420
Cour de Cassation	588/2007	417, 420
Cour de Cassation	31/2007	417
Cour de Cassation	1491/2007	417
Cour de Cassation	1560/2007	417
Cour de Cassation	1561/2007	417
Cour de Cassation	19 - 20/2007	290
Cour de Cassation	372/2010	420
Cour de Cassation	766/2010	420
Cour de Cassation	1081/2010	420
Cour de Cassation	1131/2010	420
Cour de Cassation	1132/2010	420

Cour de Cassation	1505/2010	420
Cour de Cassation	1722/2010	420
Cour de Cassation	1728/2010	420
Cour de Cassation	2/2011	420
Cour de Cassation	123/2011	420
Cour de Cassation	135/2011	420
Cour de Cassation	224/2011	420
Cour de Cassation	258/2011	420
Cour de Cassation	495/2011	420
Cour de Cassation	562/2011	420
Cour de Cassation	578/2011	420
Cour de Cassation	580/2011	420
Cour de Cassation	804/2011	420
Cour de Cassation	977/2011	420
Cour de Cassation	984/2011	420
Cour de Cassation	1555/2011	420
Cour de Cassation	1556/2011	420
Cour de Cassation	1614/2011	420

IV. Décisions des juridictions étrangères

1. Cour constitutionnelle fédérale d'Allemagne

BVerfGE	30 juillet 1952	I BvF 1/52	95
BVerfGE	7 mai 1953	1BvL 104/52	281
BVerfGE	14 mars 1972	2BvR 41/71	529
BVerfGE	29 mai 1974	2 BvL 52/71 (solange)	480
BVerfGE	12 octobre 1993	2 BVR 2134/92 et 2 BVR 2159/92	482
BVerfGE	14 octobre 2004	2 BvR 1481/04	478
BVerfGE	30 juin 2009	2BvE 2/08, 2BvE 5/08, 2BvR	181, 482, 483

		1010/08, 2BvR 1022/08, 2BvR 1259/08 et 2BvR 182/09	
BVerfGE	2 mars 2010	1BvR 256/08, 1BvR 263/08, 1BvR 586/08	535
BVerfGE	19 juillet 2011	2BvR 2365/09	281
BVerfGE	12 septembre 2012	2BVR 1390/12	95, 171, 174
BVerfGE	7 février 2014	2BvR 2728/13	482, 535
BVerfGE	18 mars 2014	2BVR 1390/12	95, 174

2. Tribunal constitutionnel portugais

Tribunal constitutionnel portugais	23 mai 1990	n°163/1990	535
Tribunal constitutionnel portugais	5 juillet 2012	n°353/2012	119, 182
Tribunal constitutionnel portugais	5 avril 2013	n°187/2013	183
Tribunal constitutionnel portugais	19 décembre 2013	n°862/2013	183

3. Tribunal constitutionnel espagnol

Tribunal constitutionnel espagnol	13 décembre 2004	n°1/2004	483
Tribunal constitutionnel espagnol	9 juin 2011	n°86/2011	522, 535

4. Cour constitutionnelle italienne

Cour constitutionnelle italienne	13 avril 1989	n°232/1989(*Fragd)*	480, 484
Cour constitutionnelle italienne	24 octobre 2007	n°348 et 349/2007	479
Cour constitutionnelle italienne	13 février 2008	n°102/2008	535
Cour constitutionnelle italienne	7 et 19 octobre 2009	n°262/2009	484
Cour constitutionnelle italienne	16 novembre 2009	n°311/2009	479
Cour constitutionnelle italienne	30 novembre 2009	n°317/2009	479
Cour constitutionnelle italienne	11 octobre 2012	n°223/2012	183
Cour constitutionnelle italienne	3 juin 2013	n°116/2013	183

5. Cour constitutionnelle lettone

Cour constitutionnelle lettone	21 décembre 2009	n°2009 - 43 - 1	181

6. Cour constitutionnelle de Roumanie

Cour	25 juin 2010	n°872/2010	181

constitutionnelle de Roumanie			

7. Cour constitutionnelle belge (ex Cour d'arbitrage)

Cour d'arbitrage belge	22 juillet 2004	n°136/2004	287
Cour d'arbitrage belge	13 juillet 2005	n°124/2005	522
Cour constitutionnelle belge	10 octobre 2007	n°128/2007	522
Cour constitutionnelle belge	30 mars 2010	n°30/2010	535
Cour constitutionnelle belge	25 novembre 2010	n°133/2010	535
Cour constitutionnelle belge	6 avril 2011	n°49 et 50/2011	535

8. Cour constitutionnelle de Lituanie

Cour constitutionnelle de Lituanie	8 mai 2007	n°47/04	522, 535

9. Cour constitutionnelle autrichienne

Cour constitutionnelle autrichienne	14 Octobre 1987	Miltner, VfSlg 11500/1987	479
Cour constitutionnelle autrichienne	12 décembre 2000	KR 1/00	535

10. Cour suprême danoise (Højesteret)

Cour suprême danoise	6 avril 1998	I 361/1997, *Maastricht, Carslen v Rassmussen*	477, 483

11. Cour constitutionnelle tchèque

Cour constitutionnelle tchèque	26 novembre 2008	Pl. ÚS 19/08 : *Treaty of Lisbon I*	483
Cour constitutionnelle tchèque	3 novembre 2009	Pl. ÚS 29/09 : *Treaty of Lisbon II*	483
Cour constitutionnelle tchèque	31 janv. 2012	*Régime de pensions slovaque*, Pl. ÚS 5/12	539

12. Tribunal constitutionnel polonais

Tribunal constitutionnel polonais	11 mai 2005	K 18/04	483, 535

V. Autres

1. Conclusions des Avocats généraux de la Cour de justice

M. F. G. JACOBS	affaire *Wiener*, C - 338/95	10 juillet 1997	272
Dámaso RUIZ JARABO COLOMER	affaire *K.B.*, C - 117/01	10 juin 2003	27
Dámaso RUIZ - JARABO COLOMER	affaire *Gaston Schul*, C - 461/03	30 juin 2005	272
M. Philippe	affaire *Traghetti*	11 octobre 2005	260

LEGER	*del Mediterraneo*, C - 173/03		
Mme Julianne KOKOTT	affaire *Unión General de Trabajadores de la Rioja*, C - 428/06 à C - 434/06	8 mai 2008	450
M.M. POIARES MADURO	affaire *Société Arcelor Atlantique et Lorraine et autres*, C - 127/07	21 mai 2008	357, 451
M.M. POIARES MADURO	affaire *Michaniki*, C - 213/07	8 octobre 2008	363, 364, 448
Dámaso RUIZ - JARABO COLOMER	affaire *Umweltanwalt von Kärnten*, C - 205/08	25 juin 2009	449
M.M. POIRES MADURO	affaire *Rottmann*, C - 135/08	30 septembre 2009	450
M. Pedro CRUZ VILLALON	Affaire *Gauweiler e.a.*, C - 62/14	14 janvier 2015	536

2. Comité européen des Droits sociaux

Comité européen des Droits sociaux	18 juin 2012	*Fédération générale des employés des compagnies publiques d'électricité (GENOP - DEI)/Confédération des syndicats des fonctionnaires publics (ADEDY) contre Grèce, n° 65 et 66/2011*	179

Index terminologique

D

S

T

U

V

Z

Table des matières

Questions juridiques aux éditions L'Harmattan

Dernières parutions

CONCILIATION ET MÉDIATION DEVANT LA JURIDICTION ADMINISTRATIVE
Actes du colloque du Conseil d'État du 17 juin 2015
Sous la direction de Jacques Biancarelli et Béatrice Blohorn-Brenneur
Voici près de 25 ans que le Conseil d'État, confronté à une judiciarisation croissante de la société, réfléchit aux modes alternatifs de règlement des différends afin de les pacifier et de rendre les justiciables davantage confiants en la justice administrative. Après avoir rappelé le contexte juridique et les enjeux d'une telle impulsion, un bilan comparatif des pratiques du juge administratif et du juge judiciaire a permis de mesurer combien il est nécessaire et urgent de compléter la boîte à outils dont dispose le premier. Voici une réflexion, les références et les outils nécessaires à la juridiction administrative.
(Coédition GEMME, 24.00 euros, 246 p.)
ISBN : 978-2-343-07270-8, ISBN EBOOK : 978-2-336-39774-0

L'ERREUR JUDICIAIRE
Apprendre à douter pour lutter contre les erreurs judiciaires
Sous la direction de Xavier Pin
L'erreur judiciaire hante autant qu'elle jalonne l'histoire de notre justice pénale. Nous avons tous en mémoire de retentissants procès ayant vu des individus accusés ou condamnés, avant d'être disculpés, graciés ou réhabilités. Le législateur y est sensible au point de réformer régulièrement la procédure pénale pour tenter d'éviter, de corriger ou de réparer, autant que possible, de telles erreurs. Une loi du 20 juin 2014 réforme les procédures de révision et de réexamen des condamnations pénales définitives : elle est l'occasion d'essayer de comprendre ces fiascos judiciaires.
(Coll. Droit privé et sciences criminelles, 15.00 euros, 126 p.)
ISBN : 978-2-343-07284-5, ISBN EBOOK : 978-2-336-39807-5

LE DROIT CONSTITUTIONNEL DE LA Ve RÉPUBLIQUE
(Treizième édition)
Lascombe Michel, Toulemonde Gilles
Cet ouvrage s'adresse aux étudiants en droit, aux élèves des instituts d'études politiques et aux candidats aux concours administratifs. Il couvre l'essentiel du programme de droit constitutionnel, c'est-à-dire aussi bien les constitutions françaises depuis 1789 que l'actuel texte constitutionnel. Cette nouvelle édition tient compte des derniers développements induits par les changements politiques, des dernières réformes des règlements des assemblées et de la jurisprudence la plus récente.
(Coll. Logiques Juridiques, 42.00 euros, 506 p.)
ISBN : 978-2-343-07916-5, ISBN EBOOK : 978-2-336-39877-8

LA PROXIMITÉ EN DROIT INTERNATIONAL PRIVÉ DE LA FAMILLE
Bouyahia Sabrine Maya - Préface de Lotfi Chedly et Marie Goré
Parmi les méthodes proposées pour trancher les litiges présentant un élément d'extranéité, figure celle reposant sur le principe de proximité. L'étude porte sur deux systèmes de droit international privé de la famille différents (droit français et droit tunisien) pour mettre en exergue d'une

part l'adaptation de cette méthode aux spécificités de chaque ordre étatique et d'autre part son adéquation avec tous les différents systèmes de droit.
(Coll. Logiques Juridiques, 54.00 euros, 618 p.)
ISBN : 978-2-343-05464-3, ISBN EBOOK : 978-2-336-39866-2

QUARTIER-FEMMES ÉCROU 10970
Boh-Petit Dominique
Cellule 24 : une femme dit toute sa souffrance d'être enfermée. Elle a tué. Son histoire est à la rubrique des faits divers. La Cour d'assises la jugera. Bien des années plus tard, elle est libérée. La vie doit reprendre. Ce récit est parfaitement conforme à la réalité. Tout a existé et existe encore.
(Coll. La justice au quotidien, 15.00 euros, 130 p.)
ISBN : 978-2-343-07436-8, ISBN EBOOK : 978-2-336-39812-9

GABELOUS ET CONTREBANDIERS
Histoire des fermiers généraux de Dijon (1760-1780)
Evrard Sébastien - Préface de Marc Fradet
En exhumant un registre du personnel de la direction des fermes de Dijon, l'auteur retrace, entre 1760 et 1780, la vie méconnue de centaines d'agents au service du doit et de l'impôt. Ces derniers servaient un système protecteur (la retraite fait son apparition dès 1768), parfois très rémunérateur, mais qui s'avère aussi, sous certains aspects, une machine à broyer les hommes : le régime des sanctions que met en place la Ferme est d'une efficacité redoutable. En définitive, la Ferme présente un aspect mitigé.
(Coll. Mémoires des Douanes, 28.50 euros, 278 p.)
ISBN : 978-2-343-06683-7, ISBN EBOOK : 978-2-336-39845-7

DICTIONNAIRE OHADA
(3e édition)
Bitsamana Hilarion Alain
Ce dictionnaire spécial du droit des affaires OHADA propose une définition claire et précise, avec tous les compléments nécessaires, des principaux termes utilisés tous les jours se rapportant à l'OHADA. Un ouvrage de référence permettant de décoder l'OHADA, accessible à toute personne s'intéressant au monde des affaires en Afrique comme à l'étranger.
(39.00 euros, 398 p.)
ISBN : 978-2-343-07656-0, ISBN EBOOK : 978-2-336-39786-3

LA DÉJUDICIARISATION ET LES PROCÉDURES NON CONTENTIEUSES EN AFRIQUE
Amboulou Hygin Didace
La déjudiciarisation comprend l'ensemble des mécanismes de gestion des différends en rationalisant les moyens matériels et humains de la justice, afin de pallier les déficiences du système judiciaire et de limiter les surcharges des juridictions. Les institutions de nombreux pays sont analysées et les déjudiciarisations en droit public et en droit privé sont abordées.
(Coll. Études africaines, 17.50 euros, 156 p.)
ISBN : 978-2-343-06928-9, ISBN EBOOK : 978-2-336-39805-1

COMMENT RENFORCER L'INDÉPENDANCE DE LA MAGISTRATURE AU SÉNÉGAL ?
Ngom Babacar
Préface de Amadou Mahtar Mbow
L'ouvrage présente dans une première partie les garanties légales d'indépendance de la justice, notamment la règle de la séparation des pouvoirs, le principe de la soumission des juges à l'autorité de la loi et celui de l'inamovibilité du magistrat du siège. Après une analyse critique de ces dispositions, l'auteur formule des propositions de renforcement de l'indépendance de la magistrature.
(13.50 euros, 124 p.)
ISBN : 978-2-343-05158-1, ISBN EBOOK : 978-2-336-39837-2

LE DROIT PÉNAL DES AFFAIRES AU CAMEROUN
Djila Kouayi Kemajou Rose
Préface de Victor-Emmanuel Bokalli
Dans le domaine des affaires, la liberté d'entreprendre et d'investir comporte de nombreux risques, au rang desquels le risque pénal. La délinquance en col blanc n'étant plus réservée aux grandes sociétés commerciales, les moyens de lutte et de sécurisation des investisseurs nécessitent un droit pénal des affaires dont l'objectif est la recherche d'une éthique dans ce domaine.
(Coll. Études africaines, 35.50 euros, 350 p.)
ISBN : 978-2-343-07840-3, ISBN EBOOK : 978-2-336-39777-1

50 ANS DE MARIAGE
Réflexions d'un notaire sur l'évolution du couple ces cinquante dernières années
Dauptain Pierre
De la pilule contraceptive jusqu'au mariage pour tous, l'auteur nous propose une réflexion sur les lois qui ont accompagné l'évolution du couple au cours des cinquante dernières années. Il analyse cette évolution pour aborder les problématiques juridiques et morales qui font tant débat de nos jours. Il s'appuie sur des travaux de juristes ou de sociologues, des articles de presse, mais aussi sur les chansons et les films qui ont marqué ces années et qui témoignent de façon si éclairante des changements de mentalités.
(Éditions Pepper, 16.50 euros, 148 p.)
ISBN : 978-2-343-07677-5, ISBN EBOOK : 978-2-336-39690-3

MÉTHODOLOGIE ET ASPECTS FORMELS DE LA RECHERCHE
Petit manuel à l'usage des juristes
Marain Gaëtan
L'ouvrage propose un véritable apprentissage du formalisme qui doit permettre aux étudiants et aux professionnels confrontés à la rédaction d'une thèse ou d'un mémoire juridique d'aborder ce travail avec sérénité. L'auteur donne une méthode de recherche pour définir le sujet, trouver et compulser les références utiles, échafauder un plan. Il aborde également les thèmes des citations d'auteur, notes de bas de page, mise en page. Il traite enfin du travail de relecture et de l'épreuve de soutenance.
(19.00 euros, 178 p.)
ISBN : 978-2-343-07638-6, ISBN EBOOK : 978-2-336-39556-2

RISQUES, ACCIDENTS ET CATASTROPHES
Liber amicorum
En l'honneur de Madame le professeur Marie-France Steinlé-Feuerbach
Sous la direction Hervé Arbousset, Caroline Lacroix et Benoît Steinmetz
L'étude et l'analyse des risques sont au cœur des réflexions du Professeur Steinlé-Feuerbach. Ses nombreux écrits de doctrine sur la thématique des accidents et des catastrophes ont amené à ce que ses collègues et amis lui dédient cet ouvrage. Ces mélanges donnent une vue d'ensemble d'une matière devenue une véritable discipline transcendant le clivage droit public-droit privé.
(Coll. Sciences criminelles, 34.00 euros, 334 p.)
ISBN : 978-2-343-07169-5, ISBN EBOOK : 978-2-336-39677-4

ÉTAT, COLLECTIVITÉS TERRITORIALES ET DROITS SOCIAUX
Étude du droit comparé
Sous la direction d'Olivier Lecucq
Comment, selon leur organisation territoriale respective, La France, l'Espagne et l'Italie œuvrent à la satisfaction des droits sociaux. Quels sont les rôles de l'État en ce domaine ? Quelles sont les actions qui en découlent et comment se coordonnent-elles ? Quelles en sont les implications en termes d'égalité des citoyens et des territoires ? L'ouvrage tente de répondre à ces questions en interpellant la réalisation de l'État social dans un contexte de crise, de réduction des déficits et de maîtrise des dépenses.
(Coll. Bibliothèques de droit, 22.50 euros, 221 p.)
ISBN : 978-2-343-07585-3, ISBN EBOOK : 978-2-336-39683-5

LE PRINCIPE DE PRÉCAUTION

Au carrefour de la philosophie, du droit et des sciences

Calderaro Norbert

La notion de principe de précaution, qui donne lieu à beaucoup de controverses, nécessite de la part d'un juriste une analyse objective pour écarter ce qu'elle n'est pas et définir son contenu véritable. Après un aperçu des sources philosophiques, l'auteur réalise une synthèse du principe de précaution en droit international, européen, en droit comparé et en droit interne. Il intègre notamment les tout derniers développements de la jurisprudence du Conseil d'État.

(18.50 euros, 180 p.)

ISBN : 978-2-343-05457-5, ISBN EBOOK : 978-2-336-39452-7

LES COLLECTIVITÉS TERRITORIALES ET LA SPÉCULATION

Goasdoué Mélissa - Avant-propos de Michel Verpeaux

Préface de Julien Martin

L'ancien dispositif empêchant la conclusion d'opérations financières spéculatives par les collectivités locales ayant échoué, un nouveau dispositif fonctionnant au cas par cas a été mis en place. Après une étude des imperfections de la notion de spéculation puis des liens unissant ces imperfections à l'échec du précédent dispositif dans la protection des collectivités contre les risques spéculatifs, le présent ouvrage s'attache à démontrer comment et dans quelle mesure cette protection est désormais rendue possible.

(Coll. Droit des collectivités territoriales, série Travaux, 15.00 euros, 140 p.)

ISBN : 978-2-343-07619-5, ISBN EBOOK : 978-2-336-39520-3

LE DROIT DE LA GUERRE

Traité sur l'emploi de la force armée en droit international (3 volumes)

Cumin David

Aussi ancien que la guerre et que le droit international dont il constitue le cœur historique, le droit de la guerre existe. Croisant droit et polémologie, portant sur les conflits armés internationaux et internes, ce traité expose, explique et reconstruit l'ensemble du droit international contemporain relatif à l'emploi de la force armée - auteurs et acteurs de la belligérance, ses buts, moyens, théâtres, régimes - et propose une analyse critique de la responsabilité réparatrice et punitive.

Volume 1 (Coll. Droit comparé, 46.00 euros, 458 p.)

ISBN : 978-2-343-06498-7, ISBN EBOOK : 978-2-336-39588-3

Volume 2 (Coll. Droit comparé, 60.00 euros, 760 p.)

ISBN : 978-2-343-07707-9, ISBN EBOOK : 978-2-336-39589-0

Volume 3 (Coll. Droit comparé, 48.00 euros, 468 p.)

ISBN : 978-2-343-07708-6, ISBN EBOOK : 978-2-336-39590-6

LA RESPONSABILITÉ DE PROTÉGER

Nouvelle approche du droit international

Gandou D'Isseret Crépin Gyscard

Le droit d'ingérence humanitaire se comprend comme une éthique de détresse, une obligation de protéger les personnes en danger de mort. La responsabilité de protéger traduit en acte la nécessité impérative de prendre soin de l'homme, ou de la collectivité humaine en général, quand les conditions de son existence connaissent une détérioration significative ou quand elles sont sur le point de le devenir.

(Coll. Harmattan Congo, 16.50 euros, 152 p.)

ISBN : 978-2-343-06724-7, ISBN EBOOK : 978-2-336-39575-3

L'HARMATTAN ITALIA
Via Degli Artisti 15; 10124 Torino
harmattan.italia@gmail.com

L'HARMATTAN HONGRIE
Könyvesbolt ; Kossuth L. u. 14-16
1053 Budapest

L'HARMATTAN KINSHASA
185, avenue Nyangwe
Commune de Lingwala
Kinshasa, R.D. Congo
(00243) 998697603 ou (00243) 999229662

L'HARMATTAN CONGO
67, av. E. P. Lumumba
Bât. – Congo Pharmacie (Bib. Nat.)
BP2874 Brazzaville
harmattan.congo@yahoo.fr

L'HARMATTAN GUINÉE
Almamya Rue KA 028, en face
du restaurant Le Cèdre
OKB agency BP 3470 Conakry
(00224) 657 20 85 08 / 664 28 91 96
harmattanguinee@yahoo.fr

L'HARMATTAN MALI
Rue 73, Porte 536, Niamakoro,
Cité Unicef, Bamako
Tél. 00 (223) 20205724 / +(223) 76378082
poudiougopaul@yahoo.fr
pp.harmattan@gmail.com

L'HARMATTAN CAMEROUN
BP 11486
Face à la SNI, immeuble Don Bosco
Yaoundé
(00237) 99 76 61 66
harmattancam@yahoo.fr

L'HARMATTAN CÔTE D'IVOIRE
Résidence Karl / cité des arts
Abidjan-Cocody 03 BP 1588 Abidjan 03
(00225) 05 77 87 31
etien_nda@yahoo.fr

L'HARMATTAN BURKINA
Penou Achille Some
Ouagadougou
(+226) 70 26 88 27

L'HARMATTAN SÉNÉGAL
10 VDN en face Mermoz, après le pont de Fann
BP 45034 Dakar Fann
33 825 98 58 / 33 860 9858
senharmattan@gmail.com / senlibraire@gmail.com
www.harmattansenegal.com

L'HARMATTAN BÉNIN
ISOR-BENIN
01 BP 359 COTONOU-RP
Quartier Gbèdjromèdé,
Rue Agbélenco, Lot 1247 I
Tél : 00 229 21 32 53 79
christian_dablaka123@yahoo.fr

Achevé d'imprimer par Corlet Numérique - 14110 Condé-sur-Noireau
N° d'Imprimeur : 130839 - Dépôt légal : juillet 2016 - *Imprimé en France*

www.ingramcontent.com/pod-product-compliance
Lightning Source LLC
LaVergne TN
LVHW011215061026
849535LV00001BA/42
* 9 7 8 2 3 4 3 0 9 7 6 2 6 *